THE MAGUS:

KUNDALINI AND THE GOLDEN DAWN

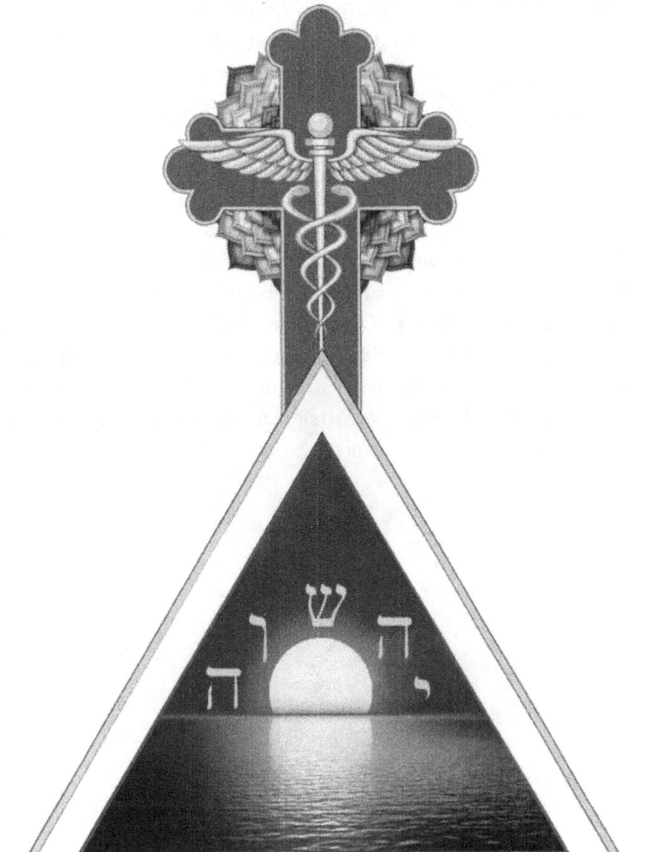

EIN VOLLSTÄNDIGES SYSTEM DER MAGIE DAS ÖSTLICHE SPIRITUALITÄT UND WESTLICHE MYSTERIEN MITEINANDER VERBINDET

NEVEN PAAR

ÜBERSETZT VON BARBARA SCHNEE UND MARA OVERBECK

Umschlagbild von Emily Paar
Illustrationen von Neven Paar
Übersetzt ins Deutsche von Barbara Schnee und Mara Overbeck

Gedruckt in Kanada
Erstdruck: März 2024
Von Winged Shoes Publishing

ISBN— 978-1-998071-11-1

Ich widme dieses Werk dem Sucher nach verborgenem Wissen, in der Hoffnung, dass es Licht auf die vielen Themen der westlichen Mysterien wirft und dir die notwendigen Werkzeuge an die Hand gibt, um den Prozess der spirituellen Alchemie selbst in Angriff zu nehmen - das Große Werk.

-Neven Paar

Andere Bücher von Neven Paar

Serpent Rising: The Kundalini Compendium

www.nevenpaar.com

Winged Shoes Publishing
Toronto, Ontario

Liste der Abbildungen:

Liste der Tabellen:

THE MAGUS: KUNDALINI AND THE GOLDEN DAWN
Von Neven Paar

Inhalt

AUTORENEINLEITUNG

DEN BAUM DES LEBENS ERWECKEN

Der Caduceus des Hermes ist ein abendländisches Mysteriensymbol, das in der Medizin der heutigen Gesellschaft verwendet wird. Sie haben ihn schon oft gesehen, wenn Sie einen Arzt aufgesucht haben, aber den meisten von Ihnen ist wahrscheinlich nicht bewusst, dass der Caduceus verschiedene verborgene Bedeutungen hat. Er symbolisiert Heilung, weist aber auch auf einen Mechanismus oder Prozess des spirituellen Erwachens hin, den die Menschen des Ostens Kundalini nennen.

Nachdem ich ein Kundalini-Erwachen erfahren durfte und nach weiteren Antworten suchte, brauchte ich einige Zeit, um herauszufinden, wie es mit dem Caduceus des Hermes zusammenhing. Als ich es jedoch herausgefunden hatte, konnte ich mehr Antworten über die Kundalini erhalten, allerdings durch eine westliche Sichtweise - was für mich hilfreich war, da ich in Nordamerika und nicht irgendwo im östlichen Teil der Welt lebe, wo ein anderes Grundverständnis kulturell bedingt besteht.

Von der westlichen Mysterien Schule, der ich viele Jahre angehörte, dem Golden Dawn, lernte ich, dass der Caduceus des Hermes der Lebensbaum der Qabalah ist. Mit dieser Information erkannte ich, dass ich die Kundalini nicht durch hinduistische Bücher und Praktiken studieren musste (wie es heute üblich ist), sondern dass ich alle Antworten, die ich brauchte, in der Qabalah und den westlichen Traditionen fand. Darüber hinaus kam ich, nachdem ich weitere Parallelen zwischen der Kundalini und dem Lebensbaum gezogen hatte, zu dem Schluss, dass ein Erwachen der Kundalini ein vollständiges Erwachen des Lebensbaums im Individuum ist.

Die zehn Sephiroth oder Sphären auf dem Baum des Lebens sind Bewusstseinszustände, wobei die niedrigste Malkuth (die Erde) und die höchste

Kether - das *Weiße Licht* - genannt wird. (Beachten Sie, dass die kursiv gedruckten Begriffe im Glossar am Ende des Buches näher definiert werden.) Die innere Welt eines Menschen besteht aus den Bewusstseinszuständen zwischen Malkuth und Kether, wobei Kether die höchste Manifestation der göttlichen Energie ist.

Die vollständige Erweckung der Kundalini führt zu einer Aktivierung des gesamten Lebensbaums im Individuum. Durch diese Erfahrung erhält das Bewusstsein sofortigen Zugang zu allen Sphären. Da die inneren Gesetze jedoch mental sind, muss man mental in die höheren Sphären des Lebensbaums aufsteigen, um sein Bewusstsein mit seinem *höheren Selbst in* Einklang zu bringen und sich vollständig zu transformieren. Es handelt sich also um einen Prozess und nicht um ein Unterfangen, das über Nacht geschieht. Aber die Erweckung der Kundalini stößt diesen Prozess an.

Das Kybalion: Hermetische Philosophie ist ein okkultes Buch aus dem frühen zwanzigsten Jahrhundert, das die Prinzipien der Schöpfung erläutert. Es stellt als Wahrheit unserer Existenz fest: "Alles ist Geist, das Universum ist geistig". In den letzten Jahren hat die Wissenschaft gelernt, dass die Natur des physischen Universums praktisch ein leerer Raum ist und dass das, was wir sehen und als *Materie* klassifizieren, ein Hologramm sein kann. Viele Wissenschaftler und Philosophen behaupten sogar, wir würden in einer digitalen Simulation leben.

Wenn die Welt um uns herum ein Hologramm innerhalb einer Simulation ist, dann könnte meine Theorie, dass wir im "Traum Gottes" leben, richtig sein. Wir werden nachts an diese Realität erinnert, wenn wir träumen, so wie Gott uns träumt und durchleben so die Welt unseres Verstandes. Nur ist unser Verstand endlich, während der Verstand Gottes unendlich ist. Während wir träumen, träumt unser Schöpfer uns. Der Unterschied ist eine Frage der Schwingungsfrequenz, aber die Substanz ist dieselbe. Die Alten nannten diese Substanz Geist. Geist ist die substanzielle Realität, die allen Dingen des Lebens zugrunde liegt.

Interessanterweise bringt ein vollständiges Kundalini-Erwachen (wenn die Energie dauerhaft im Gehirn lokalisiert wird) einen Daseinszustand hervor, in dem die erwachte Person die Welt um sich herum als eine digital verbesserte wahrnehmen kann. Visuell werden ein silbriges Leuchten und eine erhöhte Schärfe von Objekten auf die gleiche Weise wahrgenommen wie eine makellose Simulation der virtuellen Realität - dies geschieht aufgrund des Erwachens des inneren Lichts, das alle Dinge durchdringt, die die physischen Augen sehen.

Nach dem sehr intensiven Kundalini-Erwachen, das ich früher in meinem Leben hatte, sehe ich die Welt auf diese Weise. Ich kann persönlich bestätigen, dass die Welt um uns herum eine holografische Natur hat, die sehr wohl eine digital verbesserte Simulation sein kann. Was auch immer ihre wahre Natur ist, eines ist sicher: Sie ist *Maya - eine* Illusion.

Auch wenn unsere Welt illusorisch sein mag, erfahren wir durch den Geist (der alle Aspekte der Welt auf einer tiefen Ebene verbindet) bedingungslose Liebe. Bedingungslose Liebe vereint alle Lebewesen und hat keine Grenzen, genau wie die Energie des Geistes. Es ist eine spirituelle Art von Liebesenergie ohne Bedingungen, Einschränkungen oder Erwartungen. Diese bedingungslose Liebe ist das, was wir alle tief in uns suchen, ob wir uns dessen bewusst sind oder nicht.

Das Kundalini-Erwachen ist ein Erwachen zur vierten Dimension, der *Dimension der Schwingung.* Hier wird der Geist zum Bindeglied zwischen der spirituellen und der materiellen Realität, während der physische Körper das Vehikel des Bewusstseins ist. Der Verstand ist der Empfänger, der sich auf die verschiedenen Schwingungsebenen, die die kosmischen Ebenen bilden, einstimmen kann. Zu diesen kosmischen Ebenen gehören unter anderem die untere Astralebene (ätherisch), die höhere Astralebene (emotional), die untere Mentalebene, die höhere Mentalebene und die spirituelle Ebene. Diese fünf Ebenen werden üblicherweise in die drei kosmischen Ebenen Astral, Mental und Spirituell unterteilt. Und die Sephiroth des Lebensbaums sind Verkörperungen dieser Ebenen und der Ebenen dazwischen.

"Alles im Universum, in allen seinen Reichen, ist bewusst, d.h. mit einem eigenen Bewusstsein und auf seiner eigenen Wahrnehmungsebene ausgestattet." - H. P. Blavatsky; Auszug aus "Die Geheimlehre: Die Synthese von Wissenschaft, Religion und Philosophie"

Wenn ich auf meine Lebensreise nach dem Kundalini-Erwachen zurückblicke und etwas über den Lebensbaum lerne, habe ich bestimmte Schlussfolgerungen über mein eigenes Leben gezogen und darüber, wie ich in der Vergangenheit auf die verschiedenen Sphären des Lebensbaums zugegriffen habe, meist instinktiv. Die Erfahrung der Polarisierung meines Bewusstseins in der Sphäre von Hod (der Domäne von Merkur oder Hermes) führte überhaupt erst zu meinem Kundalini-Erwachen. Ich werde kurz einige andere Lebenserfahrungen schildern, die mit den Sphären des Lebensbaums zusammenfielen und die alle zu diesem großartigen Ereignis führten.

ÜBERWINDUNG DES VERLANGENS

Ich erlebte die Sphäre von Netzach und den Planeten Venus, als ich mit meiner ersten Liebe in der High School zusammen war - das war der Beginn meiner spirituellen Reise. Sie in meinem Leben zu haben, erlaubte mir, im Bewusstsein nach oben zu reisen. Ich war verliebt, und das Gefühl der Liebe verband mich mit meinem *Heiligen Schutzengel* (Höherer Genius), der mich damals führte. Zu dieser Zeit erkannte ich intuitiv, dass die Gedanken mein Lebensgefühl steuerten, und ich wollte auf einer tieferen Ebene eine Art Kontrolle darüber gewinnen.

Ich sah den Prozess des Schicksals, der es mir ermöglichte, mit dem Fluss des Lebens zu gehen, ohne mich emotional an etwas zu binden. Ich verstand, dass Anhaftung zu Angst führt, das Objekt meiner Begierde zu verlieren - das war ein sehr buddhistischer Ansatz, der mir half, die Begierden zu beseitigen und das Ego zu beruhigen. Ich musste die Angst aus meinem Leben entfernen, wenn ich das *Nirvana* erreichen wollte. Das wurde mein höchstes Ziel, nachdem ich mich zum ersten Mal mit dem Geist verbunden hatte.

Ich betrachtete jeden Augenblick des Lebens als eine Prüfung meines Glaubens an Gott - den Schöpfer und die höhere Wirklichkeit, die ich auf einer tiefen Ebene zu verstehen schien. Je mehr Tests ich bestand, desto höher wurden meine Bewusstseinsebenen, bis meine ganze Welt völlig verändert war. Das Bestehen dieser Prüfungen hatte einen kumulativen Effekt und verstärkte die positive Energie und den Schwung, den ich brauchte, um mein Ziel zu erreichen. Ich erinnere mich, dass ich zu mir selbst sagte: "Wenn nur der Rest der Menschen auf der Welt sehen könnte, was ich gesehen habe, und glauben könnte, was ich geglaubt habe, wäre die Welt ein besserer Ort, und die Macht des Göttlichen würde nicht angezweifelt werden."

Ich lebte in einem Zustand ständiger Glückseligkeit. Nichts konnte mein neues Weltbild stören. Durch dieses Loslassen aller Erwartungen empfand ich bedingungslose Liebe für alle und alles. Ich begann, alltägliche Ereignisse so umzugestalten, dass ich sie durch eine positive Linse betrachtete - das war der Schlüssel zum Aufbau und zur Aufrechterhaltung meiner Dynamik -, indem ich jede negative Sache in eine positive umwandelte.

Im Laufe des Tages geschehen viele Dinge, die dem Ego nicht gefallen, und es will uns dazu bringen, uns irgendwie aufzuregen. Zu lernen, das Ego zu regulieren und das intellektuelle, rationale Selbst bei der Verarbeitung von Lebensereignissen einzusetzen, ist der Schlüssel zur Überwindung negativer Emotionen. Nach dem *Kybalion* können wir auf diese Weise die Emotionen neutralisieren, die auf natürliche Weise im Laufe des Tages ständig von positiv zu negativ und wieder zurückschwingen. Dieses rhythmische Schwingen der Emotionen ist auf die Wahrnehmung des Egos zurückzuführen. Wie ein Kind, das nicht bekommt, was es will, wird es wütend. Realistischerweise reagieren wir unser ganzes Leben lang wie Kinder; der einzige Unterschied ist, dass wir als Erwachsene lernen, unsere Emotionen zu zügeln und logisch und vernünftig zu handeln. Dennoch erleben wir ein emotionales Tief, wenn wir unseren Willen nicht durchsetzen können.

Die Sphäre des logischen, rationalen Verstandes wird im Baum des Lebens Hod genannt. Sein Gegenstück ist Netzach, die Sphäre der Emotionen. Hod enthält sowohl positive als auch negative Sichtweisen auf das Leben; es ist unsere Aufgabe als spirituelle Menschen, die beiden miteinander zu versöhnen, indem wir die Energie der bedingungslosen Liebe anwenden. Wir können zu jedem Zeitpunkt eine optimistische Sichtweise wählen, wenn wir nur unseren Geist in die richtige Richtung lenken und unsere Willenskraft richtig einsetzen. Auf diese Weise überwinden wir den Sog in die negative Richtung, in die uns das Ego zu lenken versucht, damit es unsere Ängste anzapfen kann. Das Ego ernährt sich von der Angst, während das Höhere Selbst sich von der bedingungslosen Liebe ernährt. Die beiden sind einander entgegengesetzt.

DAS KYBALION

Nachdem ich durch meine Verliebtheit Zugang zur Sphäre von Netzach erhalten hatte, wurde ich neugierig auf andere Möglichkeiten. Als meine Beziehung zu meiner ersten Liebe endete, lernte ich neue Menschen kennen und nahm wieder Kontakt zu einigen Freunden auf, die alle gemeinsame Eigenschaften hatten, die es ihnen ermöglichten, Macht über andere und ihre eigene Realität auszuüben. Ich versuchte zu lernen, was sie wussten, und darüber hinaus. Ob es nun mein Ego war, das nach Macht strebte, oder meine Neugierde auf das, was in der Welt möglich und erreichbar ist - ich beschloss, diese Idee der persönlichen Macht zu erforschen, daraus zu lernen und zu wachsen. Auf diese Weise polarisierte ich mich vollständig in der Hod-Sphäre und distanzierte mich von meinen Gefühlen.

Im Jahr 2004 gelangte *das Kybalion* in meinen Besitz. Wie bereits erwähnt, beschreibt dieses Buch die Prinzipien der *Schöpfung* und wie sie auf allen Ebenen der Existenz funktionieren. Nachdem ich es unzählige Male gelesen und seine Prinzipien in der realen Welt angewandt hatte, begann ich, seine Ideen und Konzepte auf einer tiefen Ebene zu verstehen. Und genau das war der Schlüssel - das Verstehen. Ich erkannte die Weisheit der Prinzipien auf den tiefsten Ebenen meiner intuitiven Fähigkeit. Ich fühlte mich besonders *vom* Kybalion-Prinzip der Schwingung angezogen und davon, wie es mit Polarität, Rhythmus und Geschlecht - den anderen Prinzipien des Buches - zusammenpasst.

Als ich dieses Buch weiter las, ging ich völlig in der Sphäre von Hod und meiner Mentalität auf. Meine Existenz verschwand aus meinem Herzen und meinen Gefühlen, und ich begann, ausschließlich aus meinem Kopf und meinem Intellekt zu leben. Ich konnte meine Gefühle nur noch intellektuell erfassen, da ich die Fähigkeit verlor, sie zu fühlen. Das mag auf den ersten Blick wie eine Verschlechterung erscheinen, aber es fühlte sich wie eine Verbesserung an, da ich einen Grad an Kontrolle über meine Realität erlangte, der vorher unmöglich war. Schließlich bestimmt die Wahrnehmung unsere Realität. Indem Sie also kontrollieren, wie Sie die Außenwelt und die Ereignisse in ihr wahrnehmen, können Sie Ihre eigene Erfahrung dessen, was die Realität für Sie ist, kontrollieren.

Und so wurde ich ein Zauberer des Geistes. Indem ich meine Willenskraft einsetzte, steigerte sich meine Vorstellungskraft, und ich konnte meine Wahrnehmung der Realität in einem Maße kontrollieren, das für die meisten Menschen unergründlich ist. So übte ich die Herrschaft über die Mentalebene aus und wandelte jedes negative Ereignis in ein positives um. Wie das alte hermetische Axiom besagt: "Wie oben, so unten" - indem ich meinen Verstand kontrollierte, lenkte ich meine Emotionen und manifestierte jede von mir gewünschte Realität.

Mit dieser neu gefundenen Fähigkeit, meine Realität zu kontrollieren, konnte ich jede Lebenssituation und jede Interaktion mit anderen Menschen so gestalten, dass meine Realität die Oberhand gewann. Ich lernte, dass es in jeder Gruppe von Menschen auf der gleichen Wellenlänge nur eine Realität gibt, und diese Realität gehört der Person, die ihre Willenskraft höher schwingen lässt als andere. Mit anderen Worten: sie glauben mehr an sich selbst als andere. Als ich diese Prinzipien lernte, stieg mein Selbstvertrauen auf ein außergewöhnliches Niveau. Ich benutzte immer meinen schnellen, rationalen Verstand, um das Richtige zur richtigen Zeit zu sagen. Ich fühlte mich ganz oben auf der Welt und sah, dass mit dieser neuen Einstellung alles möglich war.

Ich erkannte, dass ich mich nur dann besiegt fühlen konnte, wenn ich glaubte, dass ich es war, denn meine Wahrnehmung der Lebensereignisse war nur eine Frage der Polarität, nichts weiter. Wenn ich glaubte, dass ich etwas tun konnte, hatte ich Recht. Und wenn ich glaubte, dass ich es nicht konnte, hatte ich auch recht. Mein Verstand konnte mir alle Gründe nennen, warum ich Recht hatte oder warum ich im Unrecht war; es kam nur darauf an, was ich von ihm verlangte. So verlor ich in keiner Situation die Fassung und konzentrierte mich immer auf das positive Ergebnis. Diese Art der Gedankenkontrolle kann Wunder bewirken, und bei mir hat sie es getan.

"Der Gedanke ist eine Kraft - eine Manifestation von Energie - mit einer magnetischen Anziehungskraft." - William Walker Atkinson; Auszug aus "Mind-Power: The Secret of Mental Magic"

Ich habe eine starke Affinität zu Hermes Trismegistus entwickelt, da die Kybalion-Prinzipien seine Lehren sind. Er wird Trismegistus genannt, weil er der "Dreifache Große" ist, was bedeutet, dass er die Kontrolle über die drei inneren Ebenen der Existenz hat. Um deine Realität zu beherrschen, musst du deine Gedanken kontrollieren, denn die Gedanken gehen allen Dingen voraus. Und da Emotionen ein Nebenprodukt von Gedanken sind, haben Sie durch die Kontrolle Ihrer Gedanken auch die Autorität darüber, wie Sie sich fühlen wollen. Indem du deine Gedanken kontrollierst, stellst du auch eine Verbindung zur geistigen Energie und zum Feld des unendlichen Potenzials her. Auf diese Weise wird das Leben sehr aufregend und angenehm, da Sie immer lernen, im gegenwärtigen Moment, im *Jetzt,* zu leben. Und was gibt es für ein größeres Geschenk des Göttlichen als dieses Wissen?

Der Sommer 2004 entwickelte sich wie ein Film, in dem ich die Hauptrolle spielte. Die Dinge, die in meinem Leben passierten, wurden so unwirklich, dass ich zu glauben begann, dass ich wirklich etwas Besonderes war. Ich meine, es war schwer, es nicht zu glauben. Ich hatte gerade Superhelden-ähnliche Fähigkeiten entwickelt, indem ich die Kybalion-Prinzipien beherrschte und sie in die Praxis umsetzte. Ich lernte, dass Wissen die beste Quelle der Macht ist. Im Leben ist alles möglich, und man kann seine tiefsten Träume verwirklichen, wenn man seine persönliche Macht durch die Anwendung von Wissen maximiert.

Wenn Sie daran interessiert sind, mehr über die Einzelheiten der außergewöhnlichen Ereignisse zu erfahren, die sich ereigneten und mein Schicksal aufklärten, empfehle ich Ihnen, meine Autobiografie *"Man of Light"* zu lesen, an der ich zur gleichen Zeit wie an diesem Buch arbeitete. Nur so können Sie die Dynamik verstehen, die ich durch das Erlernen und Anwenden der Prinzipien des *Kybalion* erzeugte, denn eben diese Dynamik sollte noch im selben Jahr mit einem lebensverändernden Ereignis seinen Höhepunkt erreichen.

MEIN KUNDALINI-ERWACHEN

Nach dem grandiosen Sommer 2004 las ich das Kybalion regelmäßig wieder und gewann jedes Mal etwas Neues daraus. Eines Nachts, im Oktober 2004, hatte ich einige tiefgreifende Erkenntnisse über die Prinzipien, die an diesem Abend zu einem sehr intensiven Kundalini-Erwachen führten. Dieses Ereignis war eine spontane Aktivierung, da ich zu diesem Zeitpunkt nichts über dieses Thema wusste. Aber im Nachhinein betrachtet, führte alles in meinem Lebensweg zu diesem Ereignis, es war also kein Zufall.

Die Kundalini-Energie stieg bis zur Krone (Sahasrara) auf und aktivierte auf ihrem Weg die sieben Chakras. Der Erweckungsprozess war abgeschlossen, als die Kundalini die *zweiundsiebzigtausend Nadis* oder Energiekanäle, die in der hinduistischen Tradition besprochen werden, belebte - und dadurch meinen *Körper des Lichts* (oder Lichtkörper) vollständig aktivierte und sein gesamtes latentes Potenzial erweckte. Ich wurde innerhalb weniger Minuten auf die Ebene des *kosmischen Bewusstseins* gehoben. Im Sinne des Lebensbaums hatte ich alle seine zehn Sphären auf einmal erweckt. Danach konnte ich die Sephiroth erfahren, indem ich meinen Lichtkörper als Fahrzeug benutzte (um in diesen inneren Ebenen zu reisen). Indem ich den gesamten Lebensbaum erweckte, hatte ich auch die höheren, spirituellen Energiesphären erweckt. So begann der transformative Prozess der Integration aller Teile des Selbst mit dem Geist.

Meine bisherige Konditionierung musste jedoch bereinigt werden. Die Zeit war gekommen, eine neue Lebensweise zu erlernen. Eine vollständige Transformation von Geist, Körper und Seele war angesagt, damit ich mich in das neu entdeckte kosmische Bewusstsein integrieren konnte, das zu einem Teil meines täglichen Lebens wurde. Und obwohl dies keine leichte Aufgabe war, so war es doch eine notwendige.

Das Kundalini-Erwachen aktivierte das gesamte verborgene Potenzial in mir. Da die sieben Chakren gleichzeitig erweckt wurden, trat das in jedem Chakra gespeicherte negative Karma in den Vordergrund meines Bewusstseins. Beachten Sie, dass es neben den Sieben Chakren, die auch als Hauptchakren oder allgemeine Chakren bezeichnet werden, auch verschiedene Nebenchakren entlang der energetischen Punkte des Körpers gibt, die bei der Erweckung der Kundalini ebenfalls aktiviert wurden. Nebenchakren sind Hilfsenergiezentren, die mit den Hauptchakren zusammenarbeiten und den Energiefluss leiten und regulieren. Sie unterstützen die Hauptchakren bei der Erfüllung ihrer Aufgaben und sind daher mit ihnen verbunden. Da sich dieses Buch jedoch nur mit den sieben Hauptchakren befasst, werde ich sie der Einfachheit halber nur als Chakren bezeichnen, es sei denn, ich erkläre sie als Nebenchakren.

Da der gesamte Lebensbaum nun in mir erwacht war, brachte er eine Menge Angst und Unruhe hervor. Alles im Leben begann mich zu beunruhigen. Die Kundalini zu erwecken, bevor man bereit ist, einen solchen Zustrom von Energie zu empfangen, kann und wird eine große Herausforderung sein, denn um sich auf die höheren Sphären des Lebensbaums einzustimmen, muss man das negative Karma aus den niederen Sphären überwinden. Es gibt keinen anderen Weg. Der Prozess der spirituellen Evolution ist universell.

"Die Sorge ist das Kind der Angst - wenn du die Angst ausrottest, wird die Sorge mangels Nahrung sterben." - William Walker Atkinson; Auszug aus "Thought Vibration or the Law of Attraction in the Thought World"

Obwohl ich mich gesegnet fühlte, eine so tiefgreifende Erfahrung gemacht zu haben, die von Anfang an viele Veränderungen in Geist, Körper und Seele mit sich brachte, hatte ich immer noch Angst und Unruhe in mir. Ich konnte sie in jeder meiner Handlungen spüren, und ich musste unbedingt einen Weg finden, mir selbst zu helfen. Niemand konnte verstehen, was mit mir geschehen war, als ich von meinem

Erlebnis erzählte. Einige schlugen mir sogar vor, eine Therapie zu machen und Medikamente zu nehmen, weil meine Gedanken und Gefühle durcheinandergeraten waren. Ich entschied mich, ihrem Rat nicht zu folgen und suchte nach einer anderen Möglichkeit, mir selbst zu helfen.

Mein Gehirn fühlte sich kaputt an, und die ständige Angst und Unruhe machten mir das Leben schwer. Das alte Modell des Funktionierens existierte nicht mehr, und ich schien verloren. Ich hatte keine Kontrolle mehr über meine Gedanken und Gefühle. Bald setzte eine Depression ein, weil ich einer Energie ausgeliefert war, die ich nicht verstand - die Kundalini. Ich weinte mich viele Nächte in den Schlaf und fühlte mich allein.

Aufgrund der tiefgreifenden Veränderungen in meiner Wahrnehmung der Welt war ich jedoch entschlossen, mir selbst um jeden Preis zu helfen. Also begann ich, nach spirituellen Praktiken zu suchen, die meinem mentalen und emotionalen Selbst helfen sollten, wieder ins Gleichgewicht zu kommen. Ich wollte meine Ängste und Befürchtungen überwinden und lernen, mein neues Selbst zu genießen, und nichts würde mich aufhalten.

DAS SYSTEM DES GOLDEN DAWN

Nachdem ich mich damit beschäftigt hatte, durch Bücher mehr über die Kundalini und die *Hermetik zu* erfahren, fühlte ich mich zu einer westlichen Mysterienschule namens *Esoteric Order of the Golden Dawn* hingezogen. Der Golden Dawn ist eine Schule der okkulten Wissenschaften, die ihre Schüler in Qabalah, Hermetik, Tarot, Astrologie, *Geomantie*, den ägyptischen und christlichen Mysterien und vor allem in zeremonieller Magie unterrichtet. Ich sage "vor allem", weil der *Chef-Adept* (des Toronto-Tempels) mir sagte, dass der Zweck der Zeremonialmagie innerhalb der Schule darin besteht, einen Prozess der spirituellen Alchemie zu durchlaufen, um die Chakren zu reinigen und zu läutern und dadurch das in ihnen gespeicherte negative Karma zu entfernen. Da ich genau das brauchte, was der Golden Dawn zu bieten hatte, beschloss ich, dem Orden beizutreten.

Da jedes neue Ordensmitglied einen magischen Namen erhält, wurde ich Frater Prudentia de Animus Lux oder kurz Frater P.A.L. genannt. Der Name ist lateinisch, und seine englische Übersetzung lautet "Weisheit des spirituellen Lichts". Der Chef-Adept erzählte mir, dass er den Namen aus den göttlichen Reichen gechannelt hatte, was mich inspirierte. Von diesem Moment an beschloss ich, dass es meine feierliche Pflicht sei, meinem magischen Namen unter allen Umständen gerecht zu werden.

Es war an der Zeit, dass ich änderte, wer ich war und wer ich bis zu diesem Zeitpunkt geworden war. Andere zum persönlichen Vorteil zu benutzen und Macht über sie zu suchen, wurde etwas, das ich in mir selbst neutralisieren musste, um meine Chakren einzustimmen. Ich lernte, dass jede Handlung, die nicht aus einem Ort der bedingungslosen Liebe kommt, eine egoistische Handlung ist, die karmische Konsequenzen hat. Zu dieser Zeit erlebte ich mein Karma in Echtzeit, von Augenblick zu Augenblick, denn das Kundalini-Erwachen ließ all meine negativen Gedanken und Gefühle realer denn je erscheinen.

Die Kundalini-Energie überbrückt das bewusste und das unterbewusste Denken, sodass man sich nicht mehr vor seinen Gedanken verstecken kann. Man muss sich mit allem auseinandersetzen und es überwinden. Ich konnte nicht mehr mit Energie herumspielen, die nicht rein und vom Licht war, da sie in mir Angst auslöste. Der Prozess des Kundalini-Erwachens zwang mich, mich zu verändern, meine Gedanken zu klären und meinen Geist zu beruhigen wie nie zuvor.

Da ich immer noch in Hod polarisiert war und bis zu diesem Zeitpunkt ein eher mentales Dasein führte, begann ich eine Verschiebung zurück nach Netzach, um wieder in Kontakt mit meinen Gefühlen und der Kraft der Liebe zu kommen. Da die Sphäre von Hod die Energien der anderen Sphären filtert, bevor sie sich manifestieren, musste dieser Aspekt meiner Persönlichkeit geändert werden. Die täglichen rituellen Übungen, die mir vom Golden Dawn vorgestellt wurden, begannen sich sofort positiv auf mich auszuwirken. Nach einem Jahr der Suche habe ich endlich mein Selbstheilungswerkzeug gefunden.

Im ersten Grad des Golden Dawn, Neophyt, wurde ich in das Lesser Banishing Ritual of the Pentagram (LBRP) eingeführt. Sein Zweck war es, meine Aura (das eiförmige persönliche Energiefeld) von positiven und negativen Energieeinflüssen zu reinigen und mich durch Stille und Seelenfrieden mit meiner Seele in Kontakt zu bringen. Ich erhielt auch das Middle Pillar Exercise (MP), die Licht in die Aura brachte, indem ich die mittleren Sphären des Lebensbaums anrief. Ich arbeitete direkt mit dem Baum des Lebens durch die Middle Pillar, während die Kundalini-Energie in mir aktiv war. Das Middle Pillar Exercise ist ein allmählicher Prozess, um Licht hineinzubringen, aber ein sehr kraftvoller Prozess. Ich machte diese beiden rituellen Übungen etwa einen Monat lang, und zum ersten Mal seit der Erweckung der Kundalini fühlte ich mich täglich besser und besser. Ich stellte fest, dass die Anwendung dieser beiden Übungen keine negativen Folgen hatte. Ich hatte fast jede Nacht Energieanpassungen in meinem Lichtkörper, während die Kundalini-Energie durch mich arbeitete.

Im darauffolgenden Monat begann ich mit der Arbeit an meinem Karma und den Chakren selbst, nachdem ich in den Grad des Zelator, den Grad des Erdelements, eingeweiht worden war. Dieses Element entspricht dem Basis-Chakra-Muladhara. Mir wurde das Lesser Invoking Ritual of the Pentagram (LIRP) gegeben, mit dem ich das Erdelement direkt in meine Aura angerufen habe. Das LIRP wird verwendet, um die vier elementaren Energien anzurufen. Der Zweck des LIRP ist es, die karmische

Energie zu aktivieren und das Chakra zu stimmen, das zu der angerufenen elementaren Energie gehört.

In Zelator wurde mir auch das Banishing Ritual of the Hexagram (BRH) gegeben, das karmische planetarische Einflüsse aus meiner Aura entfernte und mich mehr in Kontakt mit meiner Seele brachte. Das Lesser Banishing Ritual of the Pentagram reinigt den Mikrokosmos, während das Banishing Ritual of the Hexagram die negativen Einflüsse aus dem Makrokosmos beseitigt. Der Mikrokosmos ist die Welt im Inneren des Menschen, während der Makrokosmos die Welt außerhalb ist. Das eine reflektiert und beeinflusst das andere - wie oben, so unten.

"Alles, was im Universum im Großen zu finden ist, spiegelt sich im Menschen im Kleinen." - Franz Bardon; Auszug aus "Einweihung in die Hermetik"

Im Zelator-Grad hatte ich viele Energieausrichtungen in meinem Lichtkörper, vor allem durch die Erdung meiner Gedanken und der Energielinien, die sich mit den Nebenchakren in meinen Fußsohlen verbinden. Die Energielinien in den Fußsohlen müssen sich mit der Erde verbinden, auf der wir gehen, was bedeutet, dass es eine Ausrichtung im Muladhara Chakra geben muss. Die Kundalini transformierte mich weiter, und die rituellen Übungen, mit denen ich arbeitete, halfen erheblich bei der Transformation.

In der nächsten Stufe von Theoricus begann ich mit dem Element Luft zu arbeiten. Die Luft ermöglichte es mir, mich mehr mit meinen Gedanken zu verbinden. Das erwies sich als eine enorm transformative Erfahrung und beseitigte einen Großteil der Angst und Furcht, die ich zuvor hatte. Das Luftelement steht in direkter Verbindung mit dem Ego und den niederen Gedanken und Begierden. Die Anrufung der Luft ermöglichte es mir, mich mit meinem Herz-Chakra-Anahata zu verbinden und es zu stimmen und zu reinigen.

Ich wurde hochgradig auf meine Träume eingestimmt und träumte fast jede Nacht luzide. *Luzide Träume* waren mein erster Vorgeschmack auf außerkörperliche Erfahrungen (OBEs), da mein Bewusstsein meinen Lichtkörper verkörperte, um in diese rätselhaften, inneren kosmischen Bereiche zu reisen. Meine Gedanken wurden viel ruhiger und friedlicher, nachdem ich drei Monate lang mit dem Luftelement gearbeitet und die darin enthaltenen karmischen Herausforderungen überwunden hatte.

Im Theoricus verband ich mich mehr mit der spirituellen Energie. Ich erlebte Energieausrichtungen in meinem neu geformten Lichtkörper, als eine kühlende, geistige Energie die kleinen Chakren an meinen Fußsohlen und Handflächen durchdrang. Diese Erfahrung ermöglichte es mir, neue übersinnliche Kräfte zu erwecken und mit allem, was ich in der physischen Welt betrachtete, eins zu werden. Die Reinigung des Luftelements im Selbst ist entscheidend, wenn man den Kundalini-Erweckungsprozess durchläuft. Tatsächlich ist der Caduceus des Hermes das repräsentative Emblem des Luftelements. Luft ist sowohl mit Heilung als auch mit Licht - dem ultimativen Heiler - verbunden.

Der nächste Grad, Practicus, war der Zeitpunkt, an dem ich begann, mich durch das Wasserelement, das Swadhisthana - dem Sakralchakra - entspricht, auf die bedingungslose Liebe einzustimmen. Ich spürte, wie die beruhigende, liebevolle Energie des Wassers meinen Lichtkörper durchdrang und meinen Geist in einen Zustand tiefer Ruhe versetzte. Furcht und Angst wurden in der Gegenwart dieser schönen, liebevollen Wasserenergie weggespült. Ich verbrachte viele Nächte weinend in der warmen Umarmung dieses Prozesses der spirituellen Transformation, den ich durchlief. Alles, was ich mit diesen rituellen Übungen erlebte, wirkte Wunder, um meine Kundalini-Erfahrung zu erhöhen und meine spirituelle Entwicklung voranzutreiben.

Nachdem ich zwei Monate im Practicus gewesen war, war ich bereit, das Feuerelement zu umarmen und mein Solarplexus-Chakra-Manipura zu stimmen; so trat ich in den folgenden Grad des Philosophus ein. Manipura war das letzte der unteren vier Chakras. Die Beherrschung des Feuerelements und meiner Willenskraft bedeutete, dass ich für Anrufungen des Geistes bereit war. Diese Feuer-Energie schien (in gewisser Weise) der Energie der Kundalini zu ähneln, als ich sie zum ersten Mal erweckte, aber ausgeglichener. Da ich bis zu diesem Zeitpunkt so viel an der Einstimmung der unteren Chakren und der Beseitigung von Angst und Furcht in meinem Energiesystem gearbeitet hatte, machte die Arbeit mit dem Feuer Spaß und war relativ einfach. Meine größte Herausforderung im Feuer-Grad war die Überwindung jeglicher Wut-Probleme.

Da ich an der Abstimmung meiner Willenskraft arbeitete, musste ich sie mit meinem höheren Selbst und nicht mit meinem Ego in Einklang bringen. Die Herausforderung, zwischen den Impulsen der beiden zu unterscheiden, war Teil der Arbeit, die ich unternahm. Die Dichotomie von Ego und Geist ist immer präsent. Wir müssen das Element Wasser und die bedingungslose Liebe als Anker und Grundlage für unser Handeln nutzen.

An diesem Punkt meiner magischen Reise verließ ich den Golden Dawn Orden, da die Politik innerhalb der Organisation begann, die wichtige persönliche Arbeit, die ich tat, zu überschatten. Von diesem Moment an beschloss ich, ein einsamer Magus zu sein.

Nachdem ich sieben Monate lang mit dem Feuerelement gearbeitet hatte, war ich bereit, die Anrufungen des Geistes vorzunehmen. Ich benutzte das Supreme Invoking Ritual of the Pentagram (SIRP), um die vier Elemente unter dem Vorsitz und der

Leitung der Geistenergie anzurufen. Spirit ist kein Element an sich, sondern wirkt durch die anderen vier Elemente. Die Chakren des Geist-Elements sind die drei höchsten - Vishuddhi, Ajna und Sahasrara.

In Wirklichkeit lernen Sie, durch die drei höchsten Chakren zu funktionieren, indem Sie die Kundalini erwecken. Wenn Sie mit Ihrem höheren Selbst in Einklang kommen (durch Sahasrara), lernen Sie, durch Intuition und die direkte Erfahrung von Energie zu handeln - auch bekannt als Gnosis. Wenn Sie loslassen und ein Kanal für das Licht werden. Zu lernen, sich auf die untersten vier Chakren einzustimmen und das negative Karma von jedem einzelnen zu entfernen, ist von größter Wichtigkeit, um Ihre spirituelle Entwicklung nach der Erweckung der Kundalini voranzutreiben.

Ich arbeitete neun Monate lang mit dem höchsten Ritual des Pentagramms, bevor ich meine magische Reise auf die nächste Ebene brachte, indem ich begann, mit henochischer Magie zu arbeiten. Das System der henochischen Magie ermöglichte es mir, meine spirituelle Entwicklung und meinen spirituellen Alchemieprozess voranzutreiben. Die Erfahrung mit diesem System war für mich von unschätzbarem Wert, insbesondere die Arbeit mit den Dreißig Äthyrn. Diese konzentrischen Kreise in der Aura stimulierten die Ida und Pingala *Nadis - die* männlichen und weiblichen Ströme, die die Kundalini-Energie regulieren - und arbeiteten direkt mit ihnen.

Ich hatte viele tiefe mystische und transzendentale Erfahrungen, während ich mit henochischer Magie arbeitete. Ich fand, dass die dreißig Äthyre der Schlüssel waren, um mein Bewusstsein über den Abgrund zu bringen, was ein Prozess ist, den ich in diesem Buch wegen seiner Bedeutung sehr detailliert besprechen möchte. Allerdings stelle ich in diesem Buch nur Praktiken der henochischen Magie für fortgeschrittene Aspiranten vor. Ich werde später erklären, warum das so ist.

Ich habe auch planetarische Magie als Teil des Lehrplans in *The Magus* aufgenommen. Meiner Erfahrung nach war die planetarische Magie sehr nützlich, um die verschiedenen Teile meiner Psyche zu isolieren, die zu den archetypischen Kräften gehören, die meinen Charakter und meine Persönlichkeit ausmachen. Diese können als die höheren Kräfte der Chakren gesehen werden, obwohl sie eher mit den Kräften der Sephiroth auf dem Baum des Lebens verwandt sind. Durch die Anwendung der planetarischen Magie baute ich meine Ethik und Moral auf, was mir half, meine neuen Überzeugungen über mich selbst und die Welt, in der ich lebe, zu formen. Diese Arbeit war wesentlich für meinen spirituellen Alchemieprozess mit zeremonieller Magie.

WISSEN UND WEISHEIT TEILEN

Ich arbeitete über fünf Jahre lang mit magischen Ritualen und leitete dann zwei Jahre lang meine eigene Golden Dawn Gruppe in Toronto, Kanada. Danach löste ich mich von dem organisierten System, unterrichtete aber weiterhin viele Menschen, die auf der Suche nach spiritueller Evolution meinen Weg gegangen waren, in zeremonieller Magie. Ich hatte mich in die Themen dieses Buches verliebt, als ich durch die westlichen Mysterien reiste. Aufgrund meiner Leidenschaft widmete ich meine ganze Energie der Beherrschung all dieser Themen. Jetzt präsentiere ich dieses lang erwartete Werk hier für Sie, den Leser. Ich möchte, dass andere Suchende (wie ich selbst) den vollen Nutzen aus der Anwendung der Zeremoniellen Magie ziehen können. Deshalb präsentiere ich die erwähnten rituellen Übungen zusammen mit dem dazugehörigen theoretischen Wissen.

Als Verkünder guter Nachrichten, als Bote der Götter, freue ich mich darauf, meine Entdeckungen mit anderen zu teilen, insbesondere mit Kundalini-Erweckten. Ich hoffe, ihr Leben auf die gleiche Weise zu segnen, wie ich gesegnet wurde, als ich vor sechzehn Jahren den Golden Dawn Tempel in Toronto betrat und nach innerer Heilung suchte, nachdem ich die Kundalini Energie erweckt hatte. Im Laufe der Jahre habe ich akzeptiert, dass der magische Name, der mir innerhalb des Golden Dawn Ordens gegeben wurde (Frater P.A.L.), auch symbolisch für meine Rolle als "Kumpel" oder "Freund" für alle Menschen ist, die spirituelle Führung und Lehren suchen. Als die Verkörperung der "Weisheit des spirituellen Lichts" ist es meine Pflicht, dieses Licht mit anderen auf ihrer Suche nach heiligem Wissen und spiritueller Transzendenz zu teilen.

Meine siebzehnjährige Reise durch ein Leben mit erweckter Kundalini ist ein Beweis für die Kraft der hermetischen Lehren, vom *Kybalion* über die Qabalah bis hin zur zeremoniellen Magie. Diese drei mächtigen Werkzeuge sind von unschätzbarem Wert für jeden Aspiranten, der sich spirituell weiterentwickeln und sein wahres Potenzial verwirklichen möchte. Ich freue mich, dies mit Ihnen, dem Leser, zu teilen, da ich weiß, dass Sie sich spirituell weiterentwickeln werden, wenn Sie die empfohlene Zeit aufwenden, um sich über diese Themen zu informieren und die rituellen Übungen selbst zu praktizieren.

Ganz gleich, ob Sie ein Kundalini-Erwachter sind und nach einer Praxis suchen, die Ihnen hilft, mit den Ängsten und Befürchtungen umzugehen, die beim Erwachen auftauchen (so wie ich es war), oder ob Sie sich selbst helfen wollen, spirituell zu wachsen und Ihr Bewusstsein zu erweitern, diese rituellen Übungen und Lehren sind für Sie. Es ist mir eine Ehre, Ihnen diese Informationen zu präsentieren, und ich freue mich gleichzeitig, Ihnen bei Ihrer spirituellen Entwicklung helfen zu können.

Wenn es darum geht, zeremonielle Magie zu praktizieren, ist der beste Ratschlag, den ich je erhalten habe, entschlossen, ausdauernd und konsequent täglich an den rituellen Übungen zu arbeiten, denn der kumulative Effekt der täglichen Praxis führt zu den besten Ergebnissen. Wenn Sie die Übungen nur überfliegen, aber nicht ausprobieren, oder wenn Sie sie ein paar Mal ausprobieren und sie dann für zu langweilig halten, um sie täglich konsequent durchzuführen, werden Sie nichts davon haben. Falls Sie jedoch dranbleiben und das vorgeschriebene Programm befolgen, werden Sie in vielerlei Hinsicht profitieren.

Ich habe alles klar und prägnant dargestellt, sodass Sie die Schritte leicht nachvollziehen und die gewünschten Ergebnisse erzielen können. Seien Sie ausdauernd in Ihrem Studium und in der täglichen Arbeit mit den rituellen Übungen, und geben Sie sich ein paar Wochen bis einen Monat Zeit, um erste Ergebnisse zu sehen. Ich garantiere Ihnen, dass Sie auf lange Sicht nicht enttäuscht sein werden. Sie werden höchstwahrscheinlich eine tiefe Liebe und Bewunderung für diese Übungen entwickeln, weil Sie sich positiv auf Ihr Leben und Ihre Fähigkeit, Ihr wahres Potenzial zu erreichen, auswirken werden.

EIN MANN MIT EINER MISSION

Ich habe hier versucht, meine spirituelle Reise in so wenigen Worten wie möglich zusammenzufassen, damit Sie eine Vorstellung davon haben, wer ich bin und wie ich hierhergekommen bin. Ich wollte, dass Sie den Hintergrund meines Kundalini-Erwachens und meiner Reise in die Magie kennen, und wie sie mir geholfen hat, als ich sie am meisten brauchte. Nach dem Kundalini-Erwachen wurde ich vom Göttlichen gezwungen, mich auf allen Ebenen des Selbst zu transformieren, damit ich ein Kanal und ein Gefäß für diese neu entdeckte Kundalini-Energie werden konnte. Die Stille des Geistes wurde mein oberstes Ziel. Ich war nicht mehr damit beschäftigt, meine Realität zu kontrollieren, wie es vor dem Erwachen der Fall war. Ich lernte, mein Ego zu überwinden, um mich mit meinem Höheren Selbst in Einklang zu bringen, denn das wurde nach dem Erwachen meine Bestimmung.

Ich habe dieses Buch während einer dreijährigen Schreibphase geschrieben, die im Oktober 2016 begann, genau zwölf Jahre nach dem Erwecken der Kundalini. Während dieser drei Jahre habe ich auch an drei anderen Werken gearbeitet. Diese Schreibphase dauert bis heute an und könnte sich als lebenslanges Unterfangen erweisen. Nichtsdestotrotz haben sich in diesen drei Jahren meine Ideen verfestigt, und der größte Teil des Textes für jedes der vier Werke wurde geschrieben.

"Man of Light" ist meine Autobiographie - meine Lebensreise. Es ist ein detaillierter Blick auf mein Leben, das zum Erwachen führte, und auf alles, was darauf folgte. Es ist eine chronologische Abfolge von Ereignissen in meinem Leben, die mich zu dem gemacht haben, was ich heute bin. Auf diesen Seiten habe ich Ihnen nur eine kleine, verwässerte Version meiner gesamten Lebensgeschichte gegeben. Es gibt viel mehr auf meiner Reise als das, was Sie bis jetzt gelesen haben, aber zumindest verstehen Sie jetzt, wie ich dazu kam, *The Magus* zu schreiben.

"Man of Light" wird in einer Reihe von Romanen vorgestellt, in denen ich alle meine

Lebensgeschichten erzähle, einige unterhaltsam und informativ, andere schwer zu glauben. Obwohl der Inhalt der Bücher von *Man of Light* als Fiktion wahrgenommen werden kann, ist er es nicht. Jede Geschichte und jedes Ereignis in der Serie ist mir irgendwann einmal passiert. Meine Transformation ist auch nach siebzehn Jahren des Lebens mit einer erweckten Kundalini noch nicht abgeschlossen, und *Man of Light* handelt davon, wie ich diese monumentalen Veränderungen in mein persönliches Leben integriert habe.

Mein zweites Werk, *Serpent Rising: The Kundalini Compendium* enthält alles, was Sie zum Thema Kundalini wissen müssen, einschließlich der Wissenschaft der Bioenergie, gekreuzt mit der menschlichen Anatomie, der Philosophie und Praxis des Yoga (mit Ayurveda), Kristallen, Stimmgabeln, Aromatherapie, Tattvas, Merkaba-Mysterien und so viel mehr. Ich bespreche auch den Kundalini-Erweckungs- und Transformationsprozess im Detail, einschließlich permanenter und teilweiser Kundalini-Erweckungen, luzidem Träumen, der Rolle von Nahrung, Wasser, Nährstoffen und sexueller Energie während der Integration und Gipfelereignissen im gesamten Transformationsprozess.

Dieses Buch enthält mein gesamtes Wissen und meine Erfahrungen, die ich in den letzten siebzehn Jahren gesammelt habe, einschließlich der äußerst wichtigen Meditationen über verschiedene Energiepunkte im und um den Kopf herum, die ich entdeckt habe, als ich auf Energiestagnationen und Blockaden stieß. Wenn du weißt, wie Ida, Pingala und Sushumna innerhalb des Kundalini-Systems funktionieren, kannst du dein eigener Mechaniker sein und den Motor reparieren, wenn er nicht mehr funktioniert. Du kannst diese speziellen Kundalini-Meditationen nutzen, um das System zu reparieren, wenn du einen Kurzschluss hast, was nach einem traumatischen Ereignis oder durch Drogen, Alkohol oder andere Substanzen geschehen kann.

Da ich im Laufe der Jahre vielen Kundalini-Erweckten geholfen habe, die auf der Suche nach Antworten "im Dunkeln tappten", habe ich auch ihre häufigsten Fragen und Bedenken in das Buch aufgenommen. *Serpent Rising: The Kundalini Compendiunm* ist eine gründliche und fortgeschrittene Darstellung der Kundalini, die für jeden, der an diesem Thema und seinem spirituellen Wachstum interessiert ist, ein Muss ist. Als Vorschau auf dieses Buch und um Ihnen eine Vorstellung von der Art der übersinnlichen Gaben zu geben, die Sie durch die Erweckung der Kundalini erhalten können, habe ich einige Artikel, die ich für einen Blog geschrieben habe, in die Rückseite von *The Magus* aufgenommen.

Serpent Rising II: Kundalini in the Ancient World setzt meine Kundalini-Forschungsreise fort; es beinhaltet historische Forschungen, die beweisen, dass unsere Vorfahren volles Wissen über die Kundalini hatten, wie sie symbolisch in ihrer Kunst, ihren Skulpturen und Schriften dargestellt wurde. Darüber hinaus habe ich durch die Untersuchung alter Traditionen und Religionen herausgefunden, dass die

Kundalini ein roter Faden ist, der ihre spirituellen Systeme, Praktiken und Glaubensvorstellungen verbindet. Ich freue mich, diese Arbeit zusammen mit dem ersten Teil zu veröffentlichen, der den Test der Zeit als das weltweit umfassendste Werk über das menschliche Energiepotenzial bestehen wird.

Mein drittes Werk, *Cosmic Star-Child,* befasst sich mit der vielleicht wichtigsten Frage über die Kundalini - warum haben wir sie überhaupt? Warum werden wir nicht mit einer erweckten Kundalini geboren, sondern müssen sie in diesem Leben selbst aktivieren? Um diese schwierigen Fragen zu beantworten, habe ich die Welt zu antiken Stätten bereist, um von unseren Vorfahren Einblick in die Kundalini zu erhalten. Indem wir herausfinden, woher wir kommen, können wir herausfinden, wohin wir gehen. Meine Erkenntnisse im Laufe der Jahre haben mich dazu gebracht, unsere Geschichte und die Ursprünge der Menschheit zu hinterfragen. Vieles von dem, was ich aus erster Hand gesehen und erlebt habe, stimmt nicht mit dem überein, was uns als Wahrheit über das, was wir sind, vorgegaukelt wird.

In *Cosmic Star-Child* stelle ich die alten, von der Darwinschen Evolutionstheorie auferlegten Überzeugungen in Frage und biete Einblicke in eine esoterischere Version der Wurzeln der Menschheit mit Vorfahren, die nicht von dieser Welt sind. Dieses Werk enthält rigorose Erkundungen und Forschungen, die durch die neuesten wissenschaftlichen und archäologischen Erkenntnisse gestützt werden. Alle Schlussfolgerungen in diesem Werk sind faktengeprüft - sie stimmen mit dem überein, was viele Gelehrte in der heutigen Zeit als die Wahrheit über die Geschichte und die Ursprünge der Menschheit akzeptieren. Ich bin der Meinung, dass wir die kritischsten Fragen bezüglich der Existenz und des Zwecks der Kundalini-Energie nur dann ehrlich beantworten können, wenn wir der Wahrheit darüber auf den Grund gehen, wer wir sind und wie wir hierher gekommen sind.

In allen vier Werken habe ich meine eigenen Lebenserfahrungen und die Themen, die mir am meisten am Herzen liegen, aufgegriffen, um meine Erkenntnisse mit Ihnen, dem Leser, zu teilen. Alle meine Bücher gehen Hand in Hand, obwohl jedes von ihnen unterschiedliche Themen im Detail behandelt.

Ich danke Ihnen, dass Sie sich entschieden haben, mich an Ihrer spirituellen Reise teilhaben zu lassen. Ich bin zuversichtlich, dass Sie sehr von meinem Wissen und meiner Erfahrung profitieren werden und dass Sie, wenn Sie sich der Arbeit in diesem Buch widmen, Ihre spirituelle Entwicklung vorantreiben werden. Um Zugang zu den Farbbildern aus *The Magus: Kundalini and the Golden Dawn,* besuchen Sie www.nevenpaar.com und folgen Sie dem Link des Buches in der Hauptnavigation. Das Passwort für den Zugang zu dieser Seite lautet: Youarethemagus

Fiat Lux,
Neven Paar

"O Menschen der Erde, die ihr aus den Elementen geboren und geschaffen seid, aber den Geist des göttlichen Menschen in euch tragt, erhebt euch aus eurem Schlaf der Unwissenheit! Seid nüchtern und nachdenklich. Erkennt, dass eure Heimat nicht auf der Erde, sondern im Licht ist. Warum habt ihr euch dem Tod ausgeliefert, obwohl ihr die Macht habt, an der Unsterblichkeit teilzuhaben? Tut Buße und ändert eure Meinung. Verlasst das Dunkle Licht und schwört der Verderbnis für immer ab. Bereitet euch darauf vor, durch die Sieben Ringe (Chakren) zu steigen und eure Seelen mit dem Ewigen Licht zu verschmelzen."

-Hermes Trismegistus

aus "*Poimandres*", der "*Vision des Hermes*"

TEIL I: DIE QABALAH

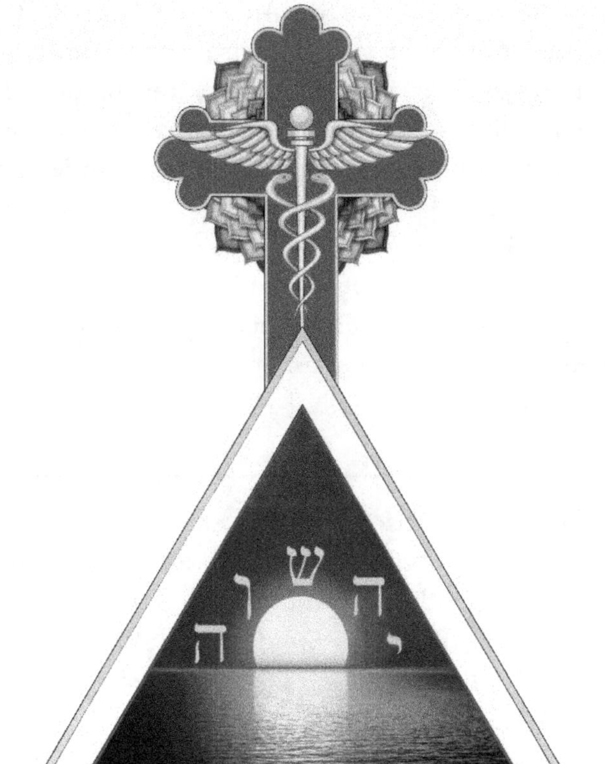

ÖSTLICHE UND WESTLICHE SPIRITUELLE SYSTEME

KUNDALINI UND MAGIE

Kundalini ist ein Sanskrit-Wort, das "die Aufgerollte" bedeutet - es bezieht sich auf eine Form der Urenergie, die *Shakti* genannt wird und von der die Hindus sagen, sie befinde sich an der Basis der Wirbelsäule und sei dreieinhalbmal aufgerollt in einem Zustand des Potenzials. Dieses Energiezentrum korrespondiert mit Muladhara, dem Erdchakra. Wenn sich die Kundalini erhebt, trifft Shakti am Scheitelpunkt des Kopfes auf *Shiva*, und ihre göttliche Vermählung stellt die Vereinigung des individuellen Bewusstseins mit dem kosmischen Bewusstsein dar. Die Kundalini-Energie ist Lebensenergie, und ihr Hauptzweck besteht darin, das menschliche Bewusstsein zu erweitern. Sie schlummert in den meisten Menschen und kann durch Meditationstechniken oder sogar spontan, ohne jede bewusste Anstrengung des Einzelnen, erweckt werden.

"Wenn es dir gelingt, die Kundalini zu erwecken, so dass sie beginnt, sich aus ihrer bloßen Potenzialität heraus zu bewegen, beginnst du notwendigerweise eine Welt, die sich von unserer Welt völlig unterscheidet. Es ist die Welt der Ewigkeit." - Carl Gustav Jung; Auszug aus "The Psychology of Kundalini Yoga: Notes of the Seminar Given in 1932 by C. G. Jung"

Kundalini ist austauschbar mit dem westlichen Begriff "Schlangenkraft" und wurde aus verschiedenen Gründen mit einer Schlange verglichen. Erstens ähnelt das innere

Geräusch, das die Kundalini macht, wenn sie erwacht, dem Zischen einer Schlange. Zweitens finden ihre Bewegung und Ausdehnung in der Wirbelsäule statt, die wie eine aufrechte Schlange geformt ist. Drittens: Die Schlange häutet sich monatlich und erneuert sich dadurch ständig. Wenn die Kundalini einmal aktiviert ist, kann sich der Mensch kontinuierlich verwandeln und "häuten", bis er spirituell vervollkommnet ist.

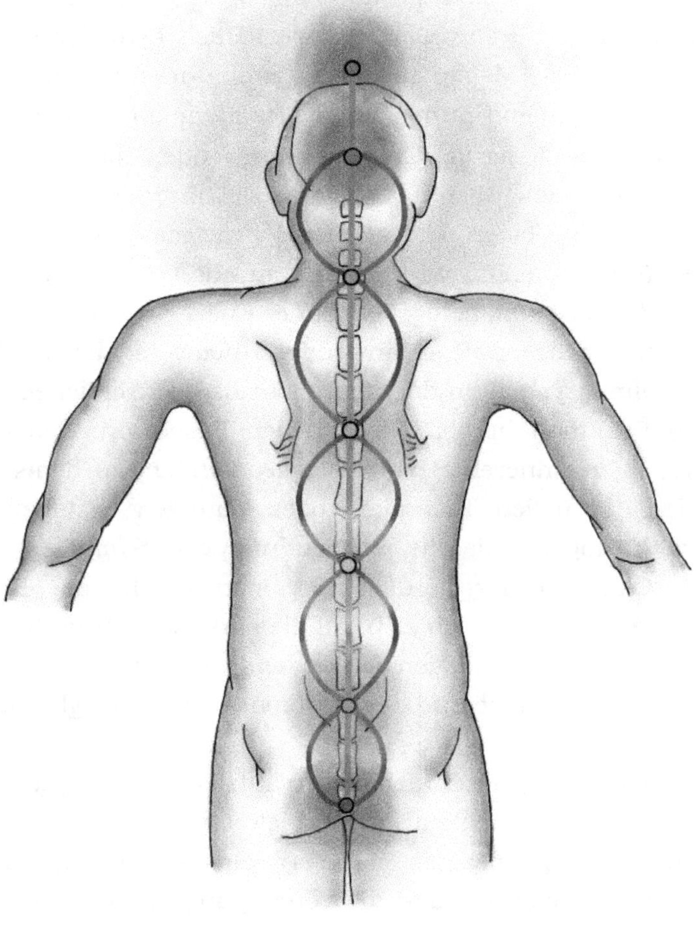

Abbildung 1: Kundalini-Energie, die zur Krone aufsteigt

Sobald die Kundalini-Energie den Scheitelpunkt des Kopfes erreicht (Abbildung 1), durchbricht sie das *kosmische Ei.* Sie aktiviert den Lichtkörper und die zweiundsiebzigtausend Nadis, die wie Spinnweben von jedem Chakra zu unserem Lichtkörper fließen - das ist es, was als "vollständiges" oder "permanentes" Kundalini-

Erwachen bezeichnet wird. Von einer "teilweisen" Kundalini-Erweckung spricht man, wenn die Kundalini in ein bestimmtes Chakra aufsteigt und dann wieder zur Basis der Wirbelsäule zurückfällt, nur um irgendwann in der Zukunft wieder aufzusteigen. Obwohl es Praktiken gibt, die ein Kundalini-Erwachen herbeiführen können, ist es letztendlich etwas, das für dich in diesem Leben vom Göttlichen ausgewählt wird.

Wie ich in der "Einführung des Autors" erwähnt habe, ist eine kraftvolle Methode zur Reinigung und Läuterung der Chakren die Verwendung von rituellen Übungen der Zeremoniellen Magie. Zusammen mit der Qabalah und dem Baum des Lebens sind diese Übungen westlichen Ursprungs. In diesem Buch werde ich Ihnen erklären, was Qabalah und Zeremonielle Magie sind und wie sie Ihnen helfen können. Außerdem gebe ich Ihnen diese rituellen Übungen an die Hand, damit Sie sich mit ihnen vertraut machen und sie auf Ihrer Reise des Erwachens anwenden können. Zeremonielle Magie ist der Schlüssel, um sich über das negative Karma der ersten vier elementaren Chakren hinaus zu entwickeln und zu lernen, wie man sich auf die drei höheren spirituellen oder ätherischen Chakren einstimmt und mit ihnen arbeitet.

Zeremonielle Magie ist eine heilige Kunst der Energieanrufung und -beschwörung. Die rituellen Beschwörungen, die sie anwendet, rufen verschiedene Energien aus dem Makrokosmos (Sonnensystem) in den Mikrokosmos (menschliche Aura) mit dem Ziel der spirituellen Evolution herbei. Die rituellen Beschwörungen ermöglichen dem Magier den Zugang zu inneren Bewusstseinszuständen, zu denen er sonst keinen Zugang hat. Diese rituellen Techniken oder Übungen bestehen aus magischen Formeln (Beschwörungen), die die Verwendung von Symbolen, Zahlen und die Vibration (das Chanten) der göttlichen Namen beinhalten. Die Übungen der zeremoniellen Magie konzentrieren sich auf die karmische Entwicklung der Chakras, die gleichbedeutend mit den Energien der Elemente und Unterelemente sind. Auf diese Weise beschreiben das östliche und das westliche System die gleichen Ideen, nur mit anderen Begriffen.

Östliche und westliche Philosophien mögen auf den ersten Blick nichts miteinander zu tun haben, aber in Wirklichkeit gibt es viele Gemeinsamkeiten zwischen ihnen. Beide dienen dazu, ein gemeinsames Ziel zu erreichen - die Erweiterung und Evolution des menschlichen Bewusstseins und die Vereinigung mit dem Göttlichen. Wenn wir über die Energien der sieben Chakren des östlichen Systems sprechen, ist das dasselbe wie über die Energien der fünf Elemente des westlichen Systems. In *The Magus* werden wir die westlichen Mysterien (einschließlich Qabalah, zeremonieller Magie und hermetischer Philosophie) untersuchen, während wir alles mit dem östlichen System der Sieben Chakren und der Kundalini vergleichen.

DIE CHAKREN

Chakra ist ein Sanskrit-Wort für "Spinnrad" oder "Wirbel" und ist ein östlicher Begriff. Dieses Wort wird verwendet, um die unsichtbaren Energiezentren entlang der Wirbelsäule zu beschreiben, die aus vielfarbig fließender Energie bestehen. Diese Zentren balancieren, speichern und verteilen die Lebensenergien in unseren verschiedenen feinstofflichen Körpern. Die feinstofflichen Körper sind Ausdruck der verschiedenen inneren kosmischen Ebenen, denn jeder feinstoffliche Körper hat eine entsprechende kosmische Ebene. Chakren sind Energieleiter, die aus den kosmischen Ebenen kommen, und jedes ist für die Überwachung bestimmter Aspekte des Lebens eines Menschen verantwortlich. Wenn sie gereinigt und ausgeglichen sind, bieten die Chakren außergewöhnliche übersinnliche Fähigkeiten.

"Die Chakras oder Kraftzentren sind Verbindungspunkte, an denen die Energie von einem Körper des Menschen zum anderen fließt ... alle diese Räder drehen sich unaufhörlich, und in die Nabe oder den offenen Mund eines jeden strömt immer eine Kraft aus einer höheren Welt." - Charles W. Leadbeater; Auszug aus "Die Chakren"

Chakren sind nicht physisch. Sie befinden sich im Körper des Lichts. Sie manifestieren sich in einem zirkulierenden Muster in sieben Hauptbereichen des Lichtkörpers. Man kann sich vorstellen, dass sie wie Blumen in voller Blüte geformt sind. Jedes Chakra hat eine bestimmte Anzahl von Blütenblättern, radartige Energiewirbel, die nach außen strahlen und horizontale, rechte Winkel bilden. Die Chakras drehen sich im Uhrzeigersinn, und die Geschwindigkeit, mit der sie sich drehen, bestimmt, wie gestimmt oder verstimmt sie sind. Je schneller sie sich drehen, desto mehr Licht kanalisieren sie, und desto besser funktionieren sie.

Chakras regulieren das Bewusstsein. Unabhängig davon, ob Sie die Kundalini erweckt haben oder nicht, sind Ihre Chakras bis zu einem gewissen Grad aktiv, aber wenn Sie bestimmte Chakras nicht täglich benutzen können sie so stagnieren, dass sie praktisch zu ruhen scheinen. Sobald Sie die Kundalini erweckt und ins Gehirn gehoben haben, werden deine Chakras durch das Licht der Kundalini-Energie gestärkt. Sie werden wie Glühbirnen, die mit maximaler Kapazität funktionieren. Wenn ein Chakra mit negativer Energie gefüllt ist, strahlt es eher ein schwaches als ein helles Licht aus. Persönliches Karma steht dem hellen Leuchten des inneren Lichts im Weg, weshalb die Chakren gereinigt und geläutert werden müssen. Sobald dieser Prozess abgeschlossen ist, kann das Licht wieder hell erstrahlen.

KARMISCHE ENERGIE

Im Kontext dieses Buches bezieht sich karmische Energie auf negative Energie, die irgendwo in der Aura gespeichert ist und sich durch eines der sieben Chakren manifestiert. Diese karmische Energie verdunkelt das Licht des jeweiligen Chakras, zu dem sie gehört. Um das Chakra zu reinigen und es zu stimmen, müssen wir daher das darin gespeicherte negative Karma entfernen. Sobald dies geschehen ist, wird der Energiefluss in der Aura robust und lebendig sein, und die Chakren werden auf ihrem optimalen Niveau funktionieren.

Karma ist ein östlicher Begriff, der im Hinduismus und Buddhismus definiert wird als "die Summe der Handlungen einer Person in diesem Leben und in früheren Leben, die als Schicksals-bestimmend für zukünftige Existenzen angesehen werden. "Das Wort selbst hat sich im Laufe der Zeit international durchgesetzt, und heute verstehen wir alle in gewissem Maße, was es bedeutet. Wenn Sie das Sprichwort "Man erntet, was man sät" oder "Was man sät, kommt zurück" kennen, dann verstehen Sie, wie das Gesetz des Karma auf menschlicher Ebene funktioniert - wir bekommen zurück, was wir im Wesentlichen investiert haben.

Karma wird auch als Bestimmung oder Schicksal definiert, als Folge einer Ursache. Nach dem Gesetz des Karmas ist jede Handlung die Wirkung einer oder mehrerer früherer Handlungen und wird die Ursache für eine oder mehrere zukünftige Handlungen sein. Wenn Sie also negative Energie in einem Chakra haben, bedeutet das, dass Sie sich irgendwann in der Vergangenheit jemandem gegenüber negativ verhalten und schlechtes Karma angesammelt haben. Unser Verhalten und unsere Handlungen bestimmen also unser Schicksal. Durch die Arbeit, die in diesem Buch vorgestellt wird, lernen Sie, Ihren moralischen Kompass und Ihre Ethik zu entwickeln und zu verstärken. Indem Sie Ihre karmische Last überwinden, werden Sie ein besserer Mensch, was Ihre Chakren reinigt und ihre Effizienz verbessert.

Die Vorstellung von Karma wird in der Regel von der Idee der Reinkarnation begleitet - dass jedes Leben die Auswirkung früherer Leben ist und die Ursache für zukünftige Leben sein wird. Vielleicht sind Sie in diesem Leben ein guter Mensch, aber in einem Ihrer früheren Leben waren Sie es nicht. Sie hätten immer noch karmische Energie zu überwinden, die irgendwo in Ihren Chakren gespeichert ist.

"Das Leben wird dir die Erfahrung geben, die für die Entwicklung deines Bewusstseins am hilfreichsten ist. Woher weißt du, dass dies die Erfahrung ist, die du brauchst? Weil dies die Erfahrung ist, die du in

diesem Moment machst." - Eckhart Tolle; Auszug aus "Eine neue Erde: Das Erwachen zu deiner Lebensaufgabe"

Unsere gegenwärtige Inkarnation auf der Erde dient dazu, Erfahrungen zu sammeln und die Lektionen der Natur zu lernen, die uns erlauben, unsere spirituelle Evolution fortzusetzen. Und wir bringen diese Lektionen (oder deren Fehlen) aus unseren vergangenen Leben zum Ausdruck. In diesem Sinne ist Karma zyklisch - es beinhaltet Lebensereignisse von ähnlicher Qualität, aus denen man etwas lernen und sich weiterentwickeln soll. Interessanterweise werden sich diese Ereignisse so lange wiederholen, bis Sie die beabsichtigte karmische Lektion gelernt haben.

Da jedes Chakra ein Teil davon ist, wie Sie Ihre Persönlichkeit und Ihren Charakter in der Welt ausdrücken, ist das Karma jedes Chakras negative Energie, die damit verbunden ist, wie Sie sich in der Welt ausdrücken. Deshalb muss das Chakra gereinigt und gestimmt werden, damit Ihre Handlungen aus einem Ort der bedingungslosen Liebe kommen. Wenn sie aus einem Ort der Liebe kommen, erleuchten Sie das Chakra dieses Ausdrucks Ihres Selbst.

Wenn Sie also egoistisch, wütend, lüstern, ängstlich, gierig, arrogant usw. sind, müssen Sie an diesen Teilen Ihres Selbst arbeiten und diese Handlungen in ihr positives, liebevolles Gegenstück verwandeln. Mit anderen Worten: Sie müssen das Karma in den Chakren, die diese spezifischen Verhaltensweisen ausdrücken, bearbeiten. Ziel dieses Buches ist es, Ihnen beizubringen, wie Sie negative (oder schlechte) karmische Energie in positive Energie umwandeln und sich spirituell weiterentwickeln können.

CHAKRA-REINIGUNG UND TUNING-PRAKTIKEN

Die rituellen Übungen der zeremoniellen Magie des westlichen Systems sind eine der Praktiken zur Reinigung und Abstimmung der Chakren, aber es gibt noch andere erwähnenswerte spirituelle Heilpraktiken. Alle diese Praktiken richten sich gegen die Stagnation der Energie in der Aura. Sie helfen auch dabei, den Energiefluss der Chakren zu optimieren. Ich werde hier nur auf einige wenige eingehen, die ich auf meiner spirituellen Reise als besonders hilfreich empfunden habe, obwohl es noch viele weitere gibt. Die spirituellen Praktiken, die ich als am wertvollsten empfunden habe, arbeiten an der Anrufung oder Beschwörung von Energie in der Aura, ähnlich wie die Übungen der zeremoniellen Magie.

Ein wirkungsvolles Mittel zur Reinigung und Abstimmung der Chakren ist die Verwendung von Edelsteinen, auch Natursteine oder Kristalle genannt. Ein Edelstein ist ein von der Natur erzeugter Edel- oder Halbedelstein, der in Gesteinsformationen zu finden ist. Die meisten Edelsteine sind Mineralkristalle, aber nicht alle. Edelsteine werden seit Tausenden von Jahren von den alten Völkern des Ostens und des Westens zur spirituellen Heilung verwendet. Jeder Edelstein strahlt eine andere Art von Energie aus, die bei Anwendung auf die menschliche Aura verschiedene Heilwirkungen hat. Da die Wissenschaft der Edelsteine jedoch keine exakten Angaben über die Art und Menge der von jedem Stein ausgestrahlten Energie macht, ist es viel schwieriger, einzelne Chakren zu isolieren, um an ihnen zu arbeiten. Darüber hinaus können viele Edelsteine für mehr als ein Chakra verwendet werden, was den Prozess im Vergleich zu den rituellen Übungen der Zeremoniellen Magie zu einem willkürlichen Prozess macht.

Eine weitere spirituelle Praxis oder ein Werkzeug für die Arbeit mit den Chakren sind Stimmgabeln, die in der Klangheilung verwendet werden, die sowohl eine östliche als auch eine westliche Praxis ist. Da jedes Chakra auf einer bestimmten Frequenz schwingt, kann eine Stimmgabel, die auf der gleichen Frequenz schwingt, verwendet werden, um das Chakra zu stimmen und die Energien in der Aura zu heilen. Die Stimmgabel passt sich der Frequenz eines Chakras an und bringt es so in seine optimale, gesunde Schwingung zurück. Die Grenzen dieser Praxis liegen darin, dass sie relativ neu ist (weniger als vierzig Jahre) und dass die Frequenzen der Stimmgabeln in Bezug auf ihre Anwendung auf spirituelle Heilung korrekt sein können oder auch nicht. Bislang hat sich jedoch gezeigt, dass sie recht effizient funktioniert.

Die Verwendung von Tattvas ist eine östliche Praxis, die es seit über zweitausend Jahren gibt. Das Wort "Tattva" selbst ist ein Sanskrit-Wort und bedeutet "Essenz", "Prinzip" oder "Element". Tattvas stehen für die vier Elemente Erde, Wasser, Luft und Feuer sowie für das fünfte Element, den Geist. Sie sind einfach in der Anwendung und gleichzeitig sehr wirksam. Es gibt fünf primäre Tattvas, von denen jedes fünf Sub-Tattvas hat, insgesamt also dreißig. Tattvas werden am besten als "Fenster" in die kosmischen Ebenen betrachtet, die den Energien der Chakras entsprechen.

Tattvas sind hilfreich bei der Arbeit mit den Chakras und der darin enthaltenen karmischen Energie. Sie erzeugen keine Energie an sich, wie Edelsteine und Stimmgabeln es tun, aber sie sind nützlich, um sich auf die inneren kosmischen Ebenen zu konzentrieren und an den entsprechenden Chakren zu arbeiten. Meiner Erfahrung nach geht die Arbeit mit den Tattvas Hand in Hand mit der Anwendung von Ritualen der zeremoniellen Magie, die sich auf die Elemente beziehen.

Dies sind nur einige der erwähnenswerten Praktiken, die für das spirituelle Heilen Anwendung finden. Weitere Heilpraktiken sind unter anderem Yoga, *Reiki*, Akupunktur, Qigong, Tai Chi, Aromatherapie, Reflexologie, Biofeedback, Ruach-Heilung, Rückführung in vergangene Leben, Hypnose, Transzendentale Meditation und Neuro-Linguistisches Programmieren. Was Sie wählen, bleibt Ihnen überlassen. Aber wie gesagt, nach meiner persönlichen Erfahrung, nachdem ich so ziemlich jede

Methode ausprobiert habe, die es gibt, habe ich festgestellt, dass die Zeremonielle Magie der präziseste und effektivste Weg ist, mit den Chakren zu arbeiten und sich spirituell zu heilen und weiterzuentwickeln.

DIE KUNDALINI-KRISE

Ob Sie die Kundalini-Energie erweckt haben oder nicht, Sie werden in Ihrem Leben mit karmischer Energie zu tun haben. Jeder muss seine Chakren von negativer Energie reinigen, um spirituell voranzukommen. Bei nicht erweckten Menschen arbeitet ihr Bewusstsein in den meisten Fällen von einem Chakra aus. Je nachdem, welche innere Fähigkeit Sie benutzen, springen Sie von Chakra zu Chakra, um diese Fähigkeiten auszudrücken. Ihre Emotionen gehören zu einem anderen Chakra als zum Beispiel Ihre Vorstellungskraft oder Ihre Willenskraft. Aber in allen Fällen können Sie diese inneren Fähigkeiten fein abstimmen, sodass Ihre persönliche Kraft zunimmt.

Diejenigen Menschen, die ein vollständiges, dauerhaftes Kundalini-Erwachen erlebt haben, haben es mit einer viel schwierigeren Situation zu tun. Alle ihre Chakren strömen gleichzeitig ins Bewusstsein. Da ich selbst vor Jahren durch diese Situation gegangen bin, kann ich mit Sicherheit sagen, dass dieser Zustand eine Art Krise ist. Für diese Menschen ist es von entscheidender Bedeutung, sofort damit zu beginnen, die karmische Energie aus jedem Chakra zu klären, um diesen unangenehmen Zustand zu überwinden.

Nach einem vollständigen, dauerhaften Kundalini-Erwachen werden alle Ängste vergrößert, da jeder Gedanke in den Köpfen dieser Menschen so real erscheint wie du und ich. Dies geschieht, weil das Licht, das von innen projiziert wird, alle Gedanken vergrößert, sie belebt und ihnen Leben verleiht. Wenn die Kundalini in das Gehirn aufsteigt, wird eine Brücke zwischen dem bewussten und dem unterbewussten Verstand geschaffen, die sie verbindet und ihnen Einheit verleiht. Bei unerwachten Menschen pendelt das Bewusstsein jedoch zwischen dem bewussten und dem unterbewussten Geist hin und her, wobei eine klare Trennung besteht. Um die karmische Energie zu klären, müssen wir also in erster Linie daran arbeiten, die schädlichen Inhalte des Unterbewusstseins zu klären, denn dort ist die meiste negative Energie gespeichert.

Wir alle haben unsere Dämonen (negative Gedankenübermittler), vor denen wir uns verstecken. Wir haben sie irgendwo im hinteren Teil unseres Unterbewusstseins untergebracht und versucht, sie irgendwann in der Vergangenheit zu vergessen. Gelegentlich tauchen sie auf, aber meistens werden diese Dämonen in Ruhe gelassen. "Aus den Augen, aus dem Sinn", wie das Sprichwort sagt. Sie sind jedoch immer noch ein Teil von uns und müssen bekämpft werden. Solange wir sie nicht überwunden haben, werden wir unser höchstes Potenzial als spirituelle Menschen nicht ausschöpfen können.

Die in diesem Buch vorgestellte Arbeit soll Ihnen helfen, sich Ihren Dämonen und Ängsten zu stellen und sie zu überwinden. Wir versuchen, unseren Dämonen, bildlich gesprochen, Flügel zu verleihen und sie in ihre liebevollen Gegenspieler, die Engel (positive Gedankenübermittler), zu verwandeln. Wir können unsere Dämonen zu Verbündeten im Leben machen und sie nutzen, um unsere persönliche Macht drastisch zu erhöhen.

Indem Sie Ihre Dämonen überwinden, entfernen Sie auch die Angst aus Ihrem System, denn Dämonen ernähren sich von der Energie der Angst, während die Engel sich von der Energie der Liebe ernähren. Unbewältigte Dämonen und karmische Energie gehen Hand in Hand; daher müssen Sie lernen, sich Ihren Dämonen zu stellen und sie zu unterwerfen, wenn Sie Ihre karmische Energie überwinden und sich spirituell weiterentwickeln wollen.

"F.E.A.R. steht für False Evidence Appearing Real". - Anonym

Für die Kundalini-Erweckten, die ein vollständiges und dauerhaftes Erwachen erlebt haben, gibt es in dieser Angelegenheit keine Wahl. Da diese Brücke zwischen dem Unterbewusstsein und dem bewussten Verstand geschaffen wurde, haben alle ihre Dämonen täglich vollen Zugang zu ihrem Bewusstsein. Sie können nicht mehr vor ihnen weglaufen oder sich vor ihnen verstecken. Und wenn all diese negativen Inhalte des Unterbewusstseins freigesetzt werden, um bearbeitet zu werden, kann dies zu einer sehr unangenehmen Lebenserfahrung werden. Ich erinnere mich daran, weil ich vor siebzehn Jahren dabei war. Ich musste unbedingt einen Weg, eine Praxis oder ein Werkzeug finden, um mit meinen Dämonen fertig zu werden, wenn ich mein Leben wieder genießen wollte. Und wie es das Schicksal wollte, stieß ich auf die Zeremonielle Magie, und meine Gebete wurden erhört.

Bei vollständig und dauerhaft erweckten Kundalini-Personen ist außerdem ein ständiges Vibrationsgeräusch im Kopf zu hören, das wie ein Düsentriebwerk oder ein Bienenschwarm klingt. Diese ständige Vibration, die nach einem Kundalini-Erwachen rund um die Uhr vorhanden ist, ist anfangs sehr beunruhigend und erfordert eine Anpassung. Darüber hinaus verstärkt die Angst vor dem Unbekannten die allgemeine Angst und Unruhe, sobald diese anderen inneren Transformationen stattgefunden haben.

Leider können keine Mediziner helfen, denn das Kundalini-Phänomen ist noch relativ neu, das heißt, in unserer Gesellschaft ist noch nicht viel darüber bekannt. Wir haben es nicht mit etwas Physischem zu tun, sondern mit Energie - einer nicht greifbaren Substanz. Die meisten Psychologen oder Psychiater können auch nicht helfen, denn wenn sie nicht selbst ein Kundalini-Erwachen erlebt haben, können sie unmöglich verstehen, was diese Menschen durchmachen. Die Arbeit an der Überwindung der karmischen Energie in jedem Chakra ist von größter Bedeutung, um diesen Menschen zu helfen, in ihrer spirituellen Entwicklung voranzukommen.

DIE FÜNF ELEMENTE

Die fünf Elemente entsprechen den sieben Chakren (Abbildung 2). Die ersten vier entsprechen der Erde, dem Wasser, dem Feuer bzw. der Luft. Die drei höheren Chakren entsprechen dem Geist oder *Äthyr* (die beiden Begriffe sind austauschbar). Indem die Energie der fünf Elemente angerufen wird, wirken die rituellen Übungen der Zeremoniellen Magie auf die Abstimmung und Reinigung der ihnen zugeordneten Chakren. Der Abstimmungsprozess findet statt, wenn die Elementarenergien durch diese Übungen in die Aura gebracht und im Bewusstsein verarbeitet werden. Dieser Prozess beeinflusst Ihre Psyche und aktiviert Ereignisse auf der karmischen Ebene, die überwunden werden müssen, damit Sie das Chakra bzw. die Chakren, die mit der entsprechenden Elementarenergie korrespondieren, reinigen und erhöhen können. So beschleunigen die in diesem Buch vorgestellten Übungen der Zeremoniellen Magie Ihr Karma in seinem Entfaltungsprozess und beschleunigen Ihren spirituellen Evolutionsprozess.

Durch die Arbeit mit den Elementen wird viel karmische Energie auf Sie zukommen, aber das ist gut so, wenn Sie versuchen, spirituell zu wachsen. Es mag anfangs unangenehm sein, aber Sie werden den Prozess bald begrüßen, wenn Sie beginnen Ihre karmische Energie zu überwinden. Wenn Sie die Türen zu Ihrer inneren Psyche öffnen werden Sie außerdem feststellen, dass sich weitere Türen öffnen, von denen Sie nicht einmal wussten, dass sie existieren. Auf diese Weise werden Sie sich zu einem spirituellen Krieger entwickeln.

Der Weg der Erleuchtung ist nur für die Starken. Die Arbeit mit den Übungen der Zeremoniellen Magie wird Sie widerstandsfähig und resistent gegen negative Energie machen. Sie werden lernen, mit negativer Energie zu leben und sie produktiv zu nutzen, anstatt von ihr benutzt zu werden. Indem Sie lernen, sich nicht vor negativer Energie zu fürchten, wird die Angst, die bei Konfrontationen im Leben aufkommt, abnehmen und Ihre persönliche Kraft zunehmen.

Wenn Sie sich durch diese Arbeit spirituell weiterentwickeln, werden Sie eine ganz neue Art zu leben entdecken. Sie lernen, im Einklang mit dem Kosmos und den universellen Gesetzen zu leben, indem Sie die Elemente Ihres Seins meistern. Und wenn Sie auf diese Weise leben, wird das Universum Sie segnen, indem es alle Ihre

Träume wahr werden lässt. Klingt zu schön, um wahr zu sein? Das ist es nicht. Aber Sie haben eine Menge Arbeit vor sich, um dorthin zu gelangen.

"Der Mensch ist ein Mikrokosmos oder eine kleine Welt, denn er ist ein Extrakt aus allen Sternen und Planeten des ganzen Firmaments, aus der Erde und den Elementen, und so ist er deren Quintessenz." - Paracelsus; Auszug aus "Hermetische Astronomie"

Das Universum außerhalb von uns, einschließlich der Energiezusammensetzung jedes menschlichen Wesens, besteht aus den vier Elementen (fünf einschließlich des Geistes). Die hermetische Qabalah besagt, dass der Mikrokosmos den Makrokosmos direkt widerspiegelt und umgekehrt - wie oben, so unten. Der Mikrokosmos ist die Aura und die energetische Zusammensetzung eines Menschen, die ihr Spiegelbild im Universum und insbesondere in dem Sonnensystem findet, dessen Teil wir sind (das sich in einem äußeren Spiralarm der Milchstraße befindet).

Durch dieses hermetische Axiom "Wie oben, so unten" arbeiten wir mit unserer Magie, weil wir wissen, dass, wenn wir etwas außerhalb von uns beeinflussen, wir etwas in uns beeinflussen und umgekehrt. Die Elemente finden sich im physischen Universum, an dem wir teilhaben, und in uns selbst. In unserem Inneren werden sie durch die Chakren ausgedrückt. Außerhalb von uns werden sie durch das Land, das Meer, die Luft und die Sonne ausgedrückt.

Der Geist ist technisch gesehen kein Element an sich, sondern setzt sich aus der Summe der vier Elemente zusammen - er ist der Baustein, das Medium, der Klebstoff, der sie alle zusammenhält. Er ist die Prima Materia, die erste Substanz, und die Quelle von allem, was existiert. Alles, was sich manifestiert hat, ist aus dem Geist hervorgegangen, und alles ist dazu bestimmt, zum Geist zurückzukehren und wieder von ihm absorbiert zu werden. Der Geist schwingt mit der höchsten Schwingungsfrequenz und ist daher für die Sinne unsichtbar. Wenn sich die Schwingung verlangsamt, manifestiert sich der Geist nacheinander als die vier primären Elemente Feuer, Wasser, Luft und Erde. Während sich der Geist als die niederen Elemente manifestiert, behält er seine ursprüngliche Energie in einem Zustand des Potenzials. Es liegt an uns, unsere Elemente zu vergeistigen und unser Bewusstsein zurück zur Quelle - Gott, dem Schöpfer - zu erheben.

Die vier primären Elemente können als Reiche, Königreiche oder Abteilungen der Natur betrachtet werden. Sie sind die grundlegenden Formen der Existenz und des Handelns - die Bausteine von allem im Universum. Doch selbst die vier Elemente sind technisch gesehen nicht vier, sondern drei; denn das vierte Element, die Erde, ist die Zusammensetzung der drei grundlegenden Elemente in ihrer dichtesten Form. Erde und Geist sind daher so etwas wie Gegensätze - sie befinden sich an entgegengesetzten Enden der Schwingungsskala. Die drei grundlegenden Elemente sind Feuer, Wasser und Luft.

Feuer ist reinigend. Es vernichtet das Alte und macht Platz für das Neue. Alles Neue kommt aus dem Feuer, und alles Alte wird durch das Feuer verwandelt. Das Feuerelement ist das männliche Prinzip und die Vaterenergie - die treibende Kraft des Universums. Das Feuer steht für Kraft und Wille und ist das Element, das dem Geist am nächsten steht. Der aktive Teil des Selbst stützt sich auf das Feuerelement. Es ist der bewusste Verstand, die Willenskraft und die Vitalität eines menschlichen Wesens. Feuer ist die Verbrennung in der physischen Welt, die sowohl Wärme als auch Licht hervorbringt. Durch die Verbrennung bewirkt das Feuer Transmutation, Regeneration und Wachstum. Die Richtung des Feuers im Raum ist der Süden.

Wasser ist das weibliche Prinzip, die Mutterenergie, in Partnerschaft mit der Vaterenergie, dem Feuer. Es enthält den astralen Bauplan aller festen Körper im Universum. Das Wasserelement ist Form; die Kraft des Feuers kann ohne es nicht existieren. Die beiden sind einander entgegengesetzt und existieren als Dualität. Das Wasserelement ist der passive, rezeptive Teil des Selbst - das Unterbewusstsein. Es ist das, was Gefühle und Emotionen umfasst. Wasser ist Liebe, Bewusstsein und die unendlichen Möglichkeiten, die vor Form und Schöpfung existieren. In der physischen Welt besteht das Wasser aus Wasserstoff- und Sauerstoffmolekülen. Seine Richtung im Raum ist der Westen.

Luft ist überall um uns herum und ist immer in Bewegung. Alles Leben hängt von der Luft ab, der Nachkommenschaft der Elemente Feuer und Wasser. Als Abkömmling ist sie die Energie des Sohnes. In der physischen Realität kommen Feuer und Wasser zusammen, um Luft in Form von Dampf zu erzeugen. Daher ist das Element Luft der ausgleichende Punkt zwischen den anderen primären Elementen, Feuer und Wasser. Luft ist Aktion, und sie ist eng mit dem Feuer verbunden. Wie das Feuer ist auch das Element Luft männlich und steht für Aktivität und Energie. Im Gegensatz zum Feuer wird die Luft mit dem Intellekt und dem logischen Verstand in Verbindung gebracht. Das Denken und die Gedanken sind, genau wie das Element Luft, schnell, schnell veränderlich und formlos. Luft wird auch mit dem Geruchssinn in Verbindung gebracht. So wie das Feuerelement handelt, kommuniziert die Luft. Mit dem Gebrauch der gesprochenen Sprache ist die Luft der Atem des Lebens. Luft bildet die Erdatmosphäre in der physischen Welt als ein Gemisch von Gasen. Ihre Richtung im Raum ist der Osten.

Die Erde ist die dreidimensionale Welt, in der wir alle existieren. Sie ist der Boden, auf dem wir gehen, der materielle Ausdruck der universellen Energie. Das Erdelement wurde manifestiert, als die Energie des Geistes den niedrigsten Punkt der Dichte und Schwingungsfrequenz erreicht hatte. Es steht für Wachstum, Fruchtbarkeit und Regeneration in Bezug auf *Gaia, den* Planeten Erde. Die Erde ist die Synthese der

Elemente Feuer, Wasser und Luft in ihrer dichtesten Form und das Behältnis dieser Elemente auf der physischen Ebene. Im allgemeinen Sinne steht das Element Erde für Erdung und Stabilität. Es ist passiv und weiblich, genau wie das Wasserelement. Innerhalb der physischen Welt ist die Erde die organische und anorganische Verbindung unseres Planeten. Die Richtung der Erde im Raum ist Norden.

DIE SIEBEN CHAKREN

Muladhara, das erste Chakra, wird dem Element der Erde zugeordnet. Es befindet sich zwischen Damm und Steißbein (Steißbein). Muladhara ist direkt mit der Basis der Wirbelsäule verbunden, wo sich die Kundalini befindet, die bei unerweckten Individuen dreieinhalb Mal in einem Zustand des Potenzials aufgewickelt ist. Muladhara wird auch Wurzel- oder Basischakra genannt. Es ist mit dem physischen Körper und seinem Ausdruck in der materiellen Welt verbunden. Die Energie dieses Chakras ist die dichteste, da es mit der niedrigsten Frequenz aller Chakras schwingt. Muladhara hat vier Blütenblätter oder Wirbel und hat die Farbe Rot. Der feinstoffliche Körper von Muladhara ist der untere Astralkörper, da er durch die untere Astralebene direkt über der physischen Ebene funktioniert, diese aber berührt. Man beachte, dass der Untere Astralkörper immer mit dem physischen Körper verbunden ist und nicht etwas, das völlig von ihm getrennt ist. Viele Menschen sagen, dass Muladhara das Chakra ist, das nur den physischen Körper ausdrückt, obwohl es auch eine astrale oder unsichtbare Komponente hat. Der untere Astralkörper wird häufig als Ätherkörper bezeichnet.

Swadhisthana, das zweite Chakra, wird dem Element Wasser zugeschrieben. Seine Funktion ist es, unsere niederen Emotionen zu verarbeiten, die von unserem Unterbewusstsein projiziert werden. Swadhisthana befindet sich im Unterbauch. Es wird oft als Sakral-, Milz- oder sogar Nabelchakra bezeichnet und befasst sich mit sozialer Interaktion, Sexualität und Empathie gegenüber anderen. Dieses Chakra enthält die unteren Teile des Selbst, denn es ist der Sitz des Egos. Seine primäre Funktionsweise ist das Fühlen, da es die Quelle der Emotionalität ist. Swadhisthana ist der Ort, an dem unsere Stabilität und unser Fundament liegen. Es ist ein Ort, an dem wir nicht denken, sondern nur handeln - handeln in Richtung unseres Ausdrucks in der Außenwelt. Diese Handlung wird jedoch durch eine emotionale Reaktion ausgelöst. Swadhisthana hat sechs Blütenblätter und ist die Farbe Orange. Der feinstoffliche Körper von Swadhisthana ist der Höhere Astralkörper, und er funktioniert in der Höheren Astralebene, die über der Physischen und der Unteren Astralebene liegt. Es gibt keine klare Trennung zwischen der Unteren und der Höheren Astralebene, aber die eine führt in die andere hinein und korrespondiert mit ihr, so wie die Emotionen körperliche Handlungen beeinflussen und vice versa. Der höhere Astralkörper wird oft als Emotionalkörper bezeichnet.

Manipura, das dritte Chakra, wird dem Element Feuer zugeschrieben. Seine Funktion ist es, uns anzutreiben und zu motivieren und gleichzeitig unsere Kreativität zu fördern, da Manipura der Geburtsort unserer Vorstellungskraft ist. Manipura ist die Quelle unserer Willenskraft und befindet sich im Solarplexus; daher wird es auch Solarplexus-Chakra genannt. Es befasst sich mit Intelligenz, geistiger Klarheit und der Harmonisierung des Willens und der Emotionen. Manipura arbeitet mit dem darüber liegenden Chakra Anahata (das mit dem Denken zusammenhängt) zusammen, um die Vorstellungskraft zu aktivieren, was sowohl Willenskraft als auch Denken erfordert. Manipura ist der "Sitz der Seele" - es nutzt das Element Luft (darüber) sowie die Elemente Wasser und Erde (darunter). Manipura wirkt auf die Emotionen des Wassers und die Stabilität und Handlungen der Erde. Das Feuer, das auf die Erde einwirkt, ist die Art und Weise, wie wir den physischen Körper in der materiellen Welt beleben. Manipura hat zehn Blütenblätter und hat die Farbe Gelb. Der feinstoffliche Körper von Manipura ist der höhere Mentalkörper und funktioniert auf der höheren Mentalebene. Der Verstand steht über den unwillkürlichen Emotionen der Astralebene.

Anahata, das vierte Chakra, wird dem Element der Luft zugeordnet. Auch als Herz-Chakra bekannt, befindet sich Anahata zwischen den beiden Brüsten. Seine Funktion ist es, die Emotionen unserer Vorstellungskraft und Fantasien zu verarbeiten und gleichzeitig unsere Gedanken zu steuern. Durch es fühlen wir Liebe, aber wir erfahren auch das Karma der drei untersten Chakren. In Anahata verstehen wir auch unsere Lebensaufgabe und unseren Lebenszweck. Da das Luftelement das Denken ist, ist Anahata mit der Willenskraft und den Emotionen (darunter) verbunden, während es die Elemente Feuer und Wasser erhöht. Luft bewegt und erhält sowohl Wasser als auch Feuer, was die Elemente und ihre physischen Manifestationen betrifft. Luft hält auch das Gleichgewicht zwischen den Elementen Feuer und Wasser aufrecht. Da dieses Chakra der Ort ist, an dem wir Liebe empfinden, ist es der Ort, an dem wir Mitgefühl für andere empfinden, wenn es richtig aktiviert ist. Wenn dieses Chakra inaktiv ist, wenden wir uns dem Egoismus zu und "füttern" unser Ego. Anahata hat zwölf Blütenblätter, und seine Farbe ist grün. Der feinstoffliche Körper von Anahata ist der untere Mentalkörper, der auf der unteren Mentalebene funktioniert. Man beachte, dass die Untere und die Höhere Mentalebene in Wirklichkeit eine einzige Existenzebene sind, auch wenn man in ihrem Ausdruck eine Unterteilung vornehmen kann. Das Ego drückt sich eher durch das Luftelement aus, während die Seele sich durch das Feuerelement ausdrückt.

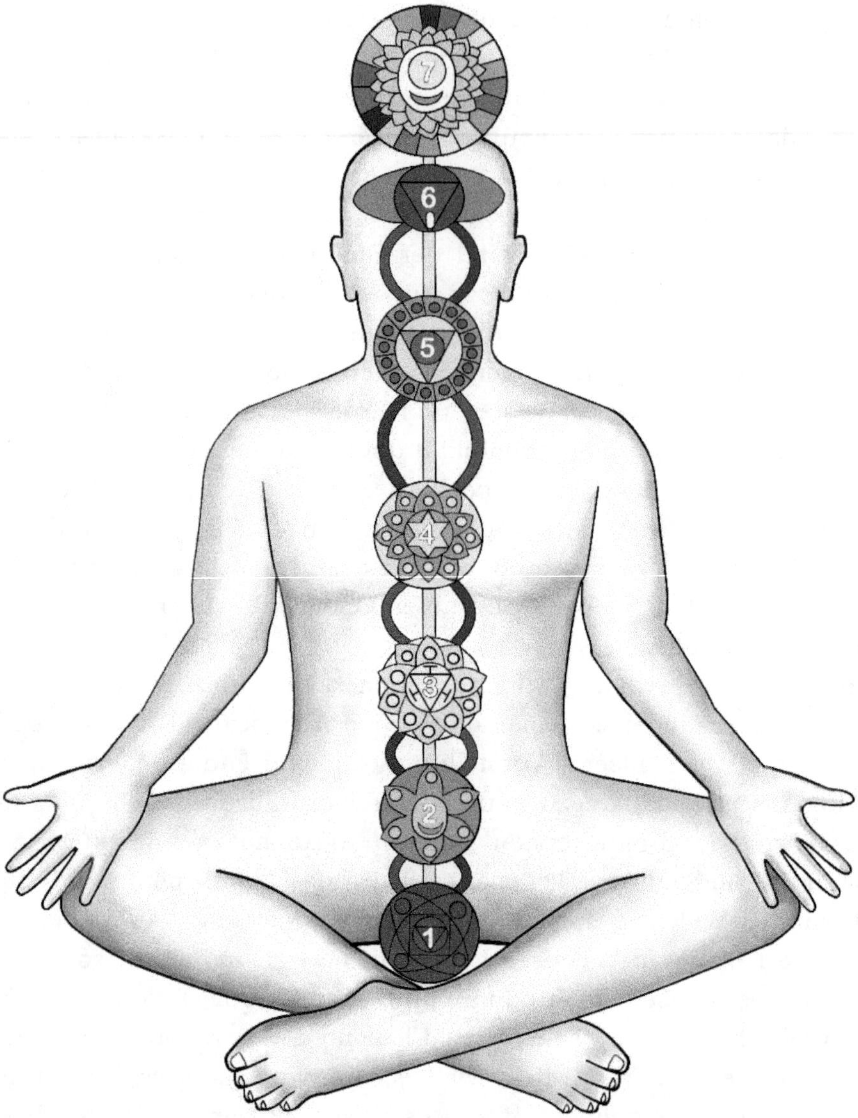

Abbildung 2: Die sieben Chakren

Vishuddhi, das fünfte Chakra, wird dem Element Geist (Äthyr) zugeschrieben. Vishuddhi ist auch als Kehlchakra bekannt und befindet sich in der Kehle. Vishuddhi arbeitet in Verbindung mit den beiden darüber liegenden Chakren Ajna und Sahasrara. Alle drei höchsten Chakras gehören zum geistigen Element. Vishuddhi steht im Zusammenhang mit dem Ausdruck des Selbst und den schriftlichen und mündlichen Fähigkeiten. Es erzeugt die Schwingung des gesprochenen Wortes, denn es ist das Zentrum der Kommunikation. Vishuddhi kontrolliert auch das Unterscheidungsvermögen und den Intellekt. Es hat sechzehn Blütenblätter und seine Farbe ist blau. Der feinstoffliche Körper von Vishuddhi ist der spirituelle Körper innerhalb der spirituellen Ebene. Die drei höchsten Chakras arbeiten im Einklang miteinander, während sie das Licht von Sahasrara (Kether auf dem Lebensbaum) nach unten leiten. Ich werde diesen Prozess im nächsten Kapitel über die Qabalah ausführlicher behandeln.

Ajna, das sechste Chakra, wird auch dem Element des Geistes, oder Äthyr, zugeschrieben. Ajna ist auch als Brauen- oder geistiges Auge-Chakra bekannt und befindet sich an einem Punkt im Kopf zwischen und direkt über den Augenbrauen. Ajna ist das primäre Chakra, das die inneren Welten oder Ebenen betrifft. Durch dieses Chakra erreichen wir die Krone/Sahasrara und verlassen unseren physischen Körper, um in verschiedene Dimensionen von Zeit und Raum zu reisen. Diese Reisen finden in den höheren kosmischen Ebenen statt, wobei wir unseren Lichtkörper als Vehikel benutzen. Luzides Träumen und Astralprojektion sind zwei Arten von spirituellen Reisen, die von Ajna abhängen. Ajna ist auch das Zentrum der Intuition, denn es empfängt Informationen aus den höheren Bereichen über ihm, die durch Sahasrara, das Kronenchakra, kommen. Ajna hat zwei Blütenblätter und ist die Farbe Indigo. Der feinstoffliche Körper von Ajna ist der spirituelle Körper innerhalb des geistigen Elements.

Sahasrara, das siebte Chakra, wird auch dem Element des Geistes, oder Äthyr, zugeschrieben. Sahasrara ist auch als Kronenchakra bekannt und befindet sich oben auf dem Kopf, in der Mitte. Es ist das letzte der persönlichen Chakras, die sich auf das Bewusstsein in Bezug auf den physischen Körper beziehen. Sahasrara ist das höchste Chakra des geistigen Elements. Als das höchste im menschlichen Bewusstsein ist es die Quelle des ultimativen Verstehens und Wissens. So wie das Wurzelchakra uns mit der Erde verbindet, ist das Kronenchakra unsere Verbindung zum Universum über uns. Sahasrara ist weißes Licht und die Quelle desselben. Das Licht kommt durch Sahasrara herein, und es wird schwächer, je nachdem, wie viel Karma in den unteren Chakren ist. Je schwächer die unteren Chakren sind, desto mehr Ego ist vorhanden und desto weniger ist das Höhere Selbst vorhanden. Die Quelle des Höheren Selbst ist Sahasrara. Traditionell wird dieses Zentrum wie ein Rad mit tausend (unzähligen) Blütenblättern oder Wirbeln dargestellt. Da es die Quelle von allem ist, ist es auch die Quelle und die Gesamtheit aller Kräfte und der Chakras. In einigen Denkschulen ist die Farbe des Sahasrara Chakra weiß, während sie in anderen violett ist. Sahasrara ist das Tor zu den göttlichen Welten, die jenseits des Verständnisses liegen. Der feinstoffliche Körper von Sahasrara ist der spirituelle Körper.

Nachdem Sie nun die Farben der einzelnen Chakras kennengelernt haben, werden Sie feststellen, dass ihr spezifisches Muster etwas Besonderes ist. Alle Farben folgen dem Muster des Regenbogens, beginnend mit Rot und endend mit Violett. Der Regenbogen entsteht, wenn Wassertröpfchen in der Luft das weiße Licht der Sonne brechen. Das Ergebnis ist das Spektrum des Lichts mit sieben verschiedenen Farben. Die Gesamtheit der Chakras ist also das Weiße Licht der Sonne, das von oben (durch das Sahasrara Chakra) hereinkommt und nach unten in jedes Chakra filtert und es dadurch mit Energie versorgt. Die Buddhisten bezeichnen den Lichtkörper als den *Regenbogenkörper*.

Nach Ansicht vieler spiritueller Denkschulen gibt es neben den Haupt- und Nebenchakren auch die transpersonalen Chakren. Das sind Chakren außerhalb des Lichtkörpers, mit denen der Mensch energetisch verbunden ist. Wenn wir die energetische Säule der Sieben Chakren nach oben und unten verlängern, würde dies bedeuten, dass es verschiedene Transpersonale Chakren oberhalb von Sahasrara und eines unterhalb von Muladhara gibt, in unterschiedlichen Bewusstseinsgraden. Transpersonal bedeutet, dass sie die Bereiche der inkarnierten Persönlichkeit transzendieren. Ich werde jedoch in diesem Buch nicht auf diese Chakren eingehen, da dies den Rahmen der Arbeit hier sprengen würde. Informationen zu den transpersonalen Chakras finden Sie in meinem zweiten Buch, *Serpent Rising: The Kundalini Compendium.*

Oberhalb der spirituellen Ebene gibt es auch die göttlichen Ebenen, zu denen die Chakras oberhalb von Sahasrara gehören. Wenn Sie in Ihrer spirituellen Entwicklung weit genug gekommen sind, kann Ihnen der Eintritt in diese göttlichen Ebenen gewährt werden. Unabhängig davon gibt es zwar einige gemeinsame Merkmale von einer Erfahrung zur nächsten, aber keine zwei Erfahrungen auf den Göttlichen Ebenen sind gleich. Daher ist das, was Sie sehen, fühlen und hören, nur für Sie persönlich.

TABELLE 1: Die sieben Chakren und ihre Entsprechungen

Chakra #	Chakra Name (Sanskrit & Englisch)	Standort auf der Stelle	Farbe und Anzahl der Blütenblätter	Element & Tattva, Kosmische Ebene	Körper/ Sein	Stimmgabel Hz - kosmisch & musikalisch	Edelsteine
1	Muladhara, Wurzel oder Basis	Zwischen Damm und Steißbein	Rot, 4	Erde (Prithivi), Untere Astral-/Ätherebene ich	Überleben, Erdung, Sicherheit, Kundalini (Ursprung)	194.18, 256.0 & 512.0	Hämatit, Schwarzer Turmalin, Roter Jaspis, Schneeflockenobsidian
2	Swadhisthana, Sakral oder Milz	Unterbauch	Orange, 6	Wasser (Apas), Höhere Astralebene/ Emotionale Ebene	Emotionen, Unterbewusstsein, Sexualität	210.42, 288.0	Karneol, Orangencalcit, Tigerauge, Septarium
3	Manipura, Solarplexus	Solarplexus	Gelb, 10	Feuer (Tejas), Höhere Mentalität	Willenskraft, Kreativität, Vitalität, Bewusstes Denken	126.22, 320.0	Citrin, Goldtopas, Gelber Jaspis, Gelber Opal
4	Anahata, Herz	Zwischen den Brüsten	Grün, 12	Luft (Vayu), Niedere Mentalität	Gedanken, Vorstellungskraft, Liebe, Mitgefühl, Heilung	136.10, 341.3	Grüner Aventurin, grüne Jade, Malachit, Rosenquarz,
5	Vishuddhi, Kehle	Kehle	Blau, 16	Geist (Akasha), spirituell	Kommunikation, Intelligenz	141.27, 384.0	Amazonit, Aquamarin, Blauer Spitzenachat, Blauer Topas, Türkis
6	Ajna, Augenbraue / Geistiges Auge/ Drittes Auge	Zwischen den Augenbrauen (knapp darüber)	Indigo, 2	Geist (Akasha), spirituell	Hellsichtigkeit, Intuition, Übersinnliche Sinne	221.23, 426.7	Lapislazuli, Saphir, Sodalith
7	Sahasrara, Krone	Oberer Teil des Kopfes (Mitte)	Weiß/ Violett, 1000	Geist (Akasha), spirituell	Einssein, Gott-Selbst, Verstehen, kosmisches Bewusstsein	172.06, 480.0	Amethyst, Diamant, Klarer Quarz, Rutilquarz, Selenit

DIE QABALAH UND DER BAUM DES LEBENS

"Kurz gesagt, der Lebensbaum ist ein Kompendium von Wissenschaft, Psychologie, Philosophie und Theologie." - Dion Fortune; Auszug aus "Die mystische Qabalah"

Das Wort Qabalah stammt aus dem hebräischen "QBL" und bedeutet "eine mündliche Überlieferung". "Die Qabalah ist die esoterische Komponente des Judentums, die von Dion Fortune als "Yoga des Westens" bezeichnet wird. Die Qabalah umfasst eine ganze Reihe von hebräischen mystischen Prinzipien, die den Grundstein und die Grundlage der westlichen esoterischen Tradition bilden. Die meisten westlichen Mysterienschulen verwenden die Qabalah als ihren primären Rahmen, so wie östliche Schulen Yoga und Meditation praktizieren. Das Ziel beider Schulen des Denkens ist die Erleuchtung.

Es gibt insgesamt vierundzwanzig verschiedene Schreibweisen des Begriffs "Qabalah", von denen die folgenden drei die häufigsten sind. Kabbala (mit K) ist die jüdische Kabbala, in Bezug darauf, wie diese antike Praxis innerhalb der jüdischen Tradition studiert wird. Cabala (mit einem C) ist ein Begriff, der die Verwendung der qabalistischen Lehren im Christentum bezeichnet. Qabalah (mit einem Q) ist die hermetische Qabalah als Teil der westlichen esoterischen Tradition, die sich mit Mystik und Okkultismus beschäftigt. Die vielen Themen, die in diesem Werk behandelt werden, fallen alle unter die Überschrift der hermetischen Qabalah. Daher wird diese Form der Schreibweise verwendet.

Wie bei den meisten okkulten Kenntnissen sind die genauen Ursprünge der Qabalah unbekannt. Aus dem Studium der Qabalah geht jedoch klar hervor, dass sie

Einflüsse aus der ägyptischen, griechischen und chaldäischen Tradition enthält. Die Qabalah bietet eine symbolische Darstellung der Ursprünge des Universums und der Verbindung der Menschheit mit Gott, dem Schöpfer. Sie basiert auf der Vorstellung, dass alle Dinge in der Schöpfung von dieser Quelle (Gott) abgeleitet sind.

Der Baum des Lebens (Abbildung 3), auf dem praktisch alle westlichen spirituellen Systeme beruhen, ist die Schlüsselkomponente der Qabalah. Qabalisten betrachten ihn als die Blaupause der gesamten Existenz. Ain Soph Aur, das "Unendliche Weiße Licht" (nach der Qabalah), ist die höchste vorstellbare Quelle von allem, was ist. Es manifestiert sich in aufeinanderfolgender Reihenfolge durch zehn verschiedene Sephiroth auf dem Baum des Lebens. Die Sephiroth sind auch als Sphären oder Emanationen bekannt. Das Wort "Sephiroth" bezieht sich auf mehrere Sphären, während sich das Wort "Sephira" auf eine einzige Sphäre bezieht. Im Wesentlichen sind die Sephiroth Zustände des Bewusstseins.

Israel Regardie, der Autor von *The Golden Dawn*, nannte den Lebensbaum einen "spirituellen Aktenschrank", der in sich selbst die perfekte Methode zur Klassifizierung aller Phänomene des Universums und zur Aufzeichnung ihrer Beziehungen enthält. Qabalisten sagen, dass alles in der Natur auf dem Lebensbaum kategorisiert werden kann, da alles in der Natur einen bestimmten Zustand oder eine bestimmte Schwingungsfrequenz aufweist. So hat alles eine Bewusstseinsebene, die irgendwo auf dem Lebensbaum abgebildet werden kann.

Die Qabalah wird seit Tausenden von Jahren mündlich überliefert. Ihre Ursprünge sind in ein Geheimnis gehüllt. Die Legende besagt, dass die *Gottheit* die Qabalah an eine ausgewählte Gruppe von Engeln weitergab. Diese Engel gründeten dann eine theosophische Schule im Garten Eden, um dieses Wissen zu bewahren und weiterzugeben. Nach dem Fall der Menschheit aus Eden übernahmen die Engel die Verantwortung, uns die Qabalah zu lehren, damit wir uns spirituell transformieren und wieder nach Eden (Paradies) zurückkehren können. Diese Geschichte offenbart die Absicht und das Potenzial der Qabalah.

Adam soll der erste Qabalist gewesen sein, gefolgt von Abraham, dem zugeschrieben wird, die Lehre nach Ägypten gebracht zu haben. Die Einflüsse der Qabalah sind in der ägyptischen Mystik präsent. Die Ägypter waren eine sich entwickelnde, esoterische Gesellschaft, die ständig expandierte und an allen Fronten wuchs. Dort wurde Moses von den Engeln selbst in die Qabalah eingeweiht. Auch David und Salomon gehören zu den frühesten Qabalisten. Durch direkte Kommunikation mit dem Göttlichen (Gnosis) wurde die qabalistische Tradition zuerst den Menschen auf der Erde gegeben. Dann wurde sie durch Mundpropaganda (und in einigen Fällen direkt vom Göttlichen) an jede nachfolgende Generation weitergegeben.

Die Doktrin der Qabalah besteht aus vier einzigartigen Teilen:

I. Praktische Qabalah - Talismanische und zeremonielle Magie
II. Wörtliche Qabalah - Das Studium von Gematria, Notarikon und Temurah
III. Ungeschriebene Qabalah-Die Qabalah, die nur mündlich weitergegeben wird
IV. Dogmatische Qabalah - Der lehrhafte Teil der Qabalah; die drei wesentlichen Bücher der jüdischen Mystik: *Die Sepher Yetzirah, der Zohar* und *der Aesch Mezareph*

Das qabalistische System stützt sich auf die Energie von Zahlen und Buchstaben. *Die Sepher Yetzirah,* bekannt als "Das Buch der Formation", wird dem Patriarchen Abraham zugeschrieben. Es enthält die zehn Zahlen und zweiundzwanzig Buchstaben des hebräischen Alphabets. Diese zweiunddreißig Symbole sind als die zweiunddreißig Pfade der Weisheit bekannt.

Der Zohar oder "Glanz", der eine Fülle von Erkenntnissen enthält, ist das meistzitierte der kabbalistischen Bücher. Im Wesentlichen handelt es sich dabei um eine Gruppe von Veröffentlichungen, die Diskurse über die mystischen Aspekte der *Tora* und Schriftauslegungen, Mystik, Kosmologie und mystische Psychologie enthalten.

Das Aesch Mezareph, oder "Reinigendes Feuer", ist das hermetische und alchemistische Feuer. Es enthält auch mystisches Wissen über die verschiedenen Aspekte des Lebensbaums, wie sie in der spirituellen Alchemie angewendet werden.

Das eigentliche Ziel der Qabalah ist die Beantwortung der primären, grundlegenden, existenziellen Fragen, die wir als Menschen in Bezug auf die Schöpfung haben. Diese Fragen beziehen sich auf Gott - die Quelle, ihre Natur und ihre Eigenschaften, unser Sonnensystem, die Schöpfung und das Schicksal der Engel und der Menschen, die Natur der menschlichen Seele, die fünf Elemente, die universellen Gesetze, die transzendentale Symbolik der Numerologie sowie die verborgenen Wahrheiten, die in den zweiundzwanzig hebräischen Buchstaben enthalten sind.

Nach der Qabalah haben alle Aspekte der Schöpfung ihren Ursprung in Ain Soph Aur. Die zehn Emanationen Gottes, der Quelle (zehn Sephiroth), offenbaren die vielen Aspekte der Natur des Göttlichen. Das System ist jedoch monotheistisch, mit dem androgynen Einen Gott, von dem die gesamte Schöpfung ausgeht. Die zehn Sphären werden in drei Säulen dargestellt, die durch zweiundzwanzig Pfade verbunden sind, die den zweiundzwanzig Großen Arkana des Tarots zugeordnet sind. Wie Sie sehen können, ist die Zahl zweiundzwanzig die Zahl der hebräischen Buchstaben und der Großen Arkana des Tarot, was bedeutet, dass es eine Entsprechung zwischen ihnen gibt.

Es wird Ihnen sofort klar werden, dass der Baum des Lebens ein wunderschönes System von Mathematik, Symmetrie und Gleichgewicht ist. Die Sephiroth drücken die göttlichen Attribute aus, die in einem archetypischen Muster dargestellt sind und als

Modell für alles in der Schöpfung dienen. Es gibt zehn Sephiroth, weil zehn eine perfekte Zahl ist, die jede Ziffer ohne Wiederholung enthält und gleichzeitig die gesamte Essenz jeder Ziffer einschließt.

QABALAH UND MAGIE

Der Zweck der zeremoniellen Magie ist die spirituelle Evolution. Der Qabalistische Lebensbaum bietet den "Fahrplan" zu diesem Ziel, während die Magie die Mittel dazu bereitstellt. Zeremonielle Magie und die Qabalah sind daher untrennbar miteinander verbunden. In dem Maße, in dem sich der Einzelne spirituell weiterentwickelt, wird seine Willenskraft mit der Zeit immer stärker, da die Fähigkeit, in der realen Welt Veränderungen zu bewirken, ein wesentlicher Bestandteil der spirituellen Entwicklung ist. Sowohl die zeremonielle Magie als auch die Qabalah lehren den Einzelnen, wie er die Realität seinem Willen anpassen und seine Wünsche manifestieren kann.

"Magie ist die Kunst und Wissenschaft, Veränderungen in Übereinstimmung mit dem Willen herbeizuführen." - Aleister Crowley; Auszug aus "Magick in Theorie und Praxis"

Die Qabalah hat eine spirituelle Verbindung zum Gnostizismus, denn Gnosis ist die direkte Kommunikation mit dem Göttlichen durch die Anrufung oder Evokation von Energie und die Gemeinschaft mit ihr. Es wird davon ausgegangen, dass fast drei Viertel der Qabalah durch eigene Erfahrung und nicht durch das Studium von Literatur erlernt werden müssen. Diese Tatsache unterstreicht den Wert der Zeremonialmagie und der Anrufung (und Evokation) der universellen Energien als bester Weg, die Gnosis zu erhalten. Die Verwendung von Zeremonialmagie und das Auswendiglernen der Entsprechungen des Lebensbaums sind die beste Methode, um die Qabalah zu studieren. Es wird den Praktizierenden auch in die Lage versetzen, die Beziehung zwischen den Chakren und den Elementen zu verstehen, was einer der beabsichtigten Zwecke von *The Magus ist.*

Jeder Mann und jede Frau hat ihren eigenen Lebensbaum, denn das Göttliche hat uns nach seinem Bild geschaffen. Daher kann deine spirituelle Entwicklungsstufe irgendwo auf deinem Baum abgebildet werden. Die verschiedenen Energien der Sephiroth gehen mit aktiven Kräften in deiner Psyche in Resonanz. Sie können mit

Ihrem Lebensbaum arbeiten, indem Sie rituelle Übungen der zeremoniellen Magie anwendest, die Ihnen helfen, sich spirituell weiterzuentwickeln.

Durch die Arbeit mit den verschiedenen Energien des Lebensbaums können Sie Ihren Geist auf organisierte Weise umstrukturieren, so dass Sie leicht Zugang zu den Kräften der einzelnen Sephira haben. Auf diese Weise können Sie durch das Studium und die Praxis der Qabalah ein unglaublich hohes Maß an Selbstkontrolle erlangen.

Qabalah ist eine Form der aktiven Psychologie, besonders wenn man sie mit Hilfe der Zeremonialmagie erforscht. Wenn Sie die Energien des Lebensbaums anrufen, werden Sie in der Lage sein, alle Aspekte Ihres inneren Selbst zu erfassen und neue Grade der Kontrolle über die verschiedenen Komponenten zu erlangen, aus denen es besteht. Dazu gehören Ihre Willenskraft, Ihre Vorstellungskraft, Ihr Verstand, Ihre Gefühle, Ihre Wünsche, Ihre Erinnerungen, Ihre Gedanken, Ihre Intuition und Ihre gesamte innere Kraft.

Wenn Sie sich den Lebensbaum und seine Entsprechungen einprägen, haben Sie leichten Zugang zu den grundlegenden Archetypen, die die ursprünglichen Strukturelemente der menschlichen Psyche sind. Archetypen sind universell, was bedeutet, dass alle Menschen an ihnen teilhaben. Sie geben uns das geistige Fundament, auf dem wir unsere Realitäten aufbauen können. Und wenn Sie mit den Energien arbeiten, die durch die Übungen der Zeremoniellen Magie herbeigerufen werden, können Sie sich mit diesen Archetypen verbinden, von ihnen lernen und sie proaktiv in Ihrem eigenen Leben einsetzen.

Durch das praktische Studium des Lebensbaums wird der spirituelle Fortschritt und der spirituelle Weg selbst viel reibungsloser und verständlicher. Ohne dieses Wissen und diese Erfahrung kann der Weg unklar sein. Das Qabalistische System bietet die geistige Grundlage, während die Zeremonielle Magie die Energie liefert, um aktiv damit zu arbeiten. Zusammen haben Sie die notwendigen Werkzeuge, die das verborgene Potenzial in Ihnen freisetzen können, so dass Sie ein Mitschöpfer in dieser Realität sein und Ihre innersten Wünsche manifestieren können. Das Ziel ist es, durch die bewusste Anwendung der Universellen Gesetze zur Ursache statt zur Wirkung zu werden.

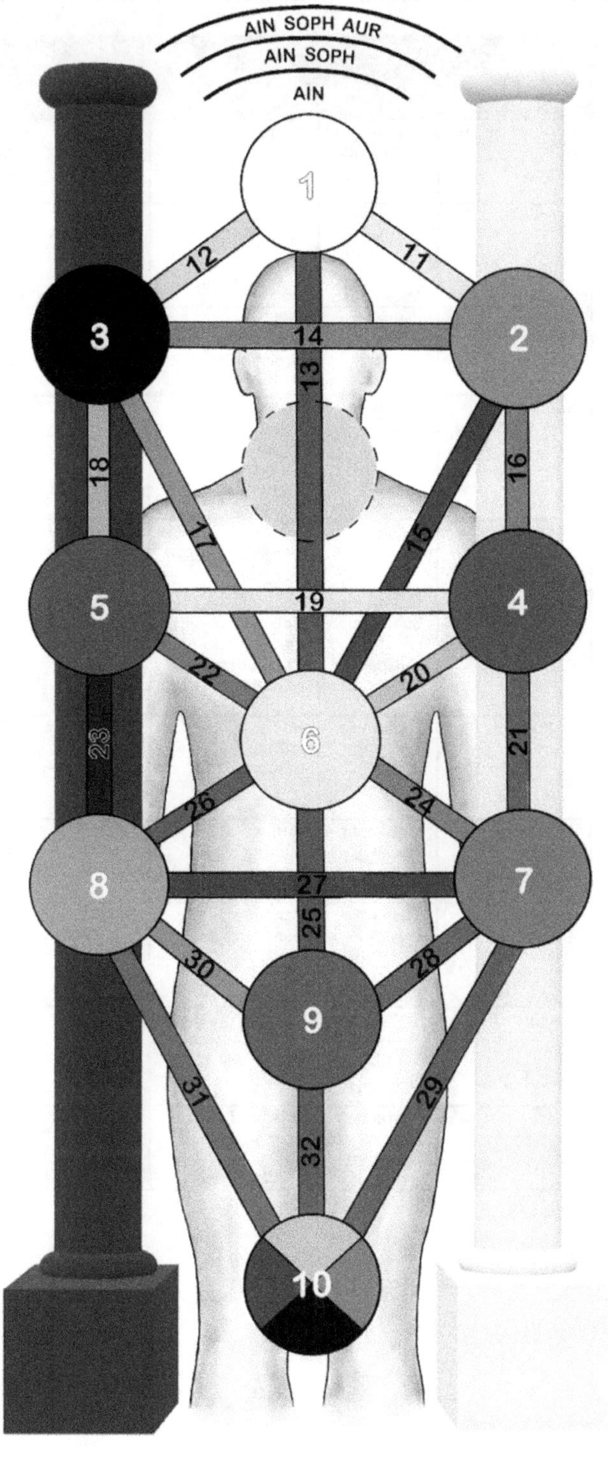

Abbildung 3: Der Qabalistische Lebensbaum

TABELLE 2: Die zehn Sephiroth und ihre Entsprechungen

Sephira #	Hebräische und englische Namen	Intelligenz (Sepher Yetzirah)	Spirituelle Erfahrung	Symbole	Farbe (Briah)	Körper/Sein	Planet & Element Qualität
1	Kether, Krone	Bewundernswert/ Versteckt	Vereinigung mit Gott	Krone, Spitze, Fylfot Kreuz	Weiß	Wirkliches Selbst, Einheit, Spiritualität, Wahrheit	Kein Planet, Geist
2	Chokmah, Weisheit	Erhellend	Vision von Gott von Angesicht zu Angesicht	Gerade Linie, Jod, Phallus	Grau	Geistiger Wille, Zweck, Intelligenz	Kein Planet, Geist
3	Binah, Verstehen	Heiligsprechende	Vision des Kummers	Kelch-Kelch, Gebärmutter, Dreieck, Ha	Schwarz	Intuition, Bewusstheit, Hellsichtigkeit, Glaube	Saturn, Geist
4	Chesed, Barmherzigkeit	Kohäsiv/ Rezeptionsbereich	Vision der Liebe	Krummstab, Zepter, Pyramide, Quadrat, Kreis, Äquivalent - Armkreuz	Blau	Bedingungslose Liebe, Bewusstsein, Erinnerung	Jupiter, Wasser
5	Geburah, Strenge	Radikal	Vision der Macht	Schwert, Speer, Geißel, Pentagon	Scharlachrot (Rot)	Willenskraft, Tapferkeit, Tatkraft	Mars, Feuer
6	Tiphareth, Schönheit	Vermittlung von	Vision der Schönheit / Harmonie	Rose und Kalvarienbergkreuz, Pyramidenstumpf, Würfel, Vav	Goldgelb	Persönliches Selbst, I-Zentrum, Vitalität, Heilung	Sonne, Luft
7	Netzach, Sieg	Okkultes	Vision vom Triumph der Schönheit	Rose, Hüftgürtel, Lampe	Smaragdgrün	Gefühle, Begehren, Romantische Liebe	Venus, Feuer
8	Hod, Pracht	Absolute/ Perfekt	Vision der Pracht	Namen der Macht, Freimaurerschürze	Orange	Logik und Vernunft, Intellekt	Quecksilber, Wasser
9	Yesod, Stiftung	Rein/Klar	Vision der Maschinerie des Universums	Parfüm, Sandalen	Violett	Gedanken, Unterbewusstes, Illusionen, Sexualität, Kundalini	Mond, Luft
10	Malkuth, Königreich	Prachtvoll	Vision des Heiligen Schutzengels	Altar, Mys. Kreis, Dreieck der Kunst, Heh-Final	Citrin, Olive, Russet, Schwarz	Physischer Körper, Überlebensinstinkt, Erdung	Erde - Planet und Element
Versteckt	Daath, Wissen	-	Herrschaft über die Dunkelheit	Prisma, Leerer Raum	Lavendel	Kommunikation, Transformation	Kein Planet, Geist

TABELLE 3: Die zweiundzwanzig Tarot-Pfade und ihre Entsprechungen

Pfad #	Tarotkarte	Tarot-Titel	Hebräischer Buchstabe & englischer Name	Herrscher & Farbe (Atziluth)	Intelligenz (Sepher Yetzirah)	Körper/Organe
11	Der Narr	Der Geist des Äthyr	Aleph, Ox	Luft, helles Blassgelb	Schillernd	Atmungssystem
12	Der Magier	Magus der Macht	Beth, Haus	Quecksilber, Gelb	Transparent	Zerebrales Nervensystem
13	Die Hohepriesterin	Priesterin des Silbernen Sterns	Gimel, Kamel	Mond, Blau	Vereint	Lymphatisches System, alle Flüssigkeiten im Körper
14	Die Herrscherin	Tochter der Mächtigen	Daleth, Tür	Venus, Smaragdgrün	Erhellend	Taktile Organe, Innere Sexualorgane
15	Der Herrscher	Sohn des Morgens	Heh, Fenster	Widder, Scharlach (Rot)	Konstituierend	Kopf-Gesicht, Gehirn, Augen
16	Der Hierophant	Magus der Ewigen Götter	Vau, Haken/Nagel	Stier, Rot-Orange	Triumphal	Kehle, Hals, Schilddrüse, Gesang
17	Die Liebenden	Kinder der göttlichen Stimme	Zayin, Schwert	Zwillinge, Orange	Entsorgen	Arme, Lunge, Schultern, Hände
18	Der Streitwagen	Kind der Mächte des Wassers	Cheth, Zaun	Krebs, Amber	Beeinflussung	Brust, Brüste, Magen
19	Stärke	Tochter des Flammenschwerts	Teth, Schlange	Löwe, Grünlich-Gelb	Spirituelle Aktivitäten	Herz, Brustkorb, Wirbelsäule, oberer Rücken
20	Der Eremit	Magus der Stimme des Lichts	Jod, Hand	Jungfrau, Gelblich Grün	Willentlich	Verdauungssystem, Milz, Eingeweide
21	Rad des Schicksals	Herr der Kräfte des Lebens	Kaph, Handfläche/Faust	Jupiter, Violett	Schlichtung	Leber, Nebennieren, Ischiasnerven, Füße
22	Gerechtigkeit	Tochter der Herren der Wahrheit	Lamed, Ochsenziemer	Waage, Smaragd	Treu	Nieren, Haut, Gesäß, Lendenwirbelsäule
23	Gehängter Mann	Geist der Mächtigen Wasser	Mem, Wasser	Wasser, tiefblau	Stabil	Organe der Ernährung
24	Tod	Kind des Großen Transformators	Nonne, Fisch	Skorpion, Grün Blau	Einfallsreich	Äußere Geschlechtsorgane, Reproduktionssystem.
25	Mäßigung	Tochter der Versöhner	Samekh, Requisite	Schütze, Blau	Vorläufige	Hüften, Oberschenkel, Leber
26	Der Teufel	Herr der Tore der Materie	Ayin, Auge	Steinbock, Indigo	Erneuerung	Knie, Gelenke, Skelettsystem
27	Der Turm	Herr der Heerscharen der Mächtigen	Peh, Mund	Mars, Scharlachrot (Rot)	Aktiv oder aufregend	Muskulatur, Nase, Hoden, Sehnen
28	Der Stern	Tochter des Firmaments	Tzaddi, Fisch	Wassermann, Violett	Natürlich	Knöchel, Kreislaufsystem
29	Der Mond	Kind der Söhne der Mächtigen	Qoph, Hinterkopf	Fische, Karminrot	Körperlich	Füße, Zehen, Fettgewebe, Lymphatisches System
30	Die Sonne	Herr des Feuers der Welt	Resh, Leiter	Sonne, Orange	Kollektiv	Herz, Augen, Vitalität, Kreislaufsystem
31	Urteil	Geist des Urfeuers	Schienbein, Zahn	Feuer, Orange - Scharlachrot	Ewige	Organe der Intelligenz
32	Das Universum	Der Große der Nacht der Zeit	Tav, Tav-Kreuz	Saturn, Indigo	Verwaltung	Haut, Haare, Zähne, Knochen, Gelenke, Milz

DIE QABALAH UND DIE ELEMENTE

Die vier Elemente sind ein komplizierter Teil der Qabalah, und ihre Energien sind im Baum des Lebens enthalten. Ich werde die verschiedenen Ebenen der Manifestation der Elemente in Bezug auf ihre Funktionen innerhalb des Lebensbaums aufschlüsseln. Dies wird helfen, das Gesamtsystem der Qabalah und den Prozess der Manifestation der göttlichen Energie zu verstehen. Obwohl Sie die meisten dieser qabalistischen Konzepte zum ersten Mal hören werden, werde ich nicht jetzt auf ihre Beschreibungen eingehen, sondern später, wenn ich sie einzeln bespreche. Verwenden Sie diese Informationen als Referenz und als Einführung in die Elemente der Qabalah.

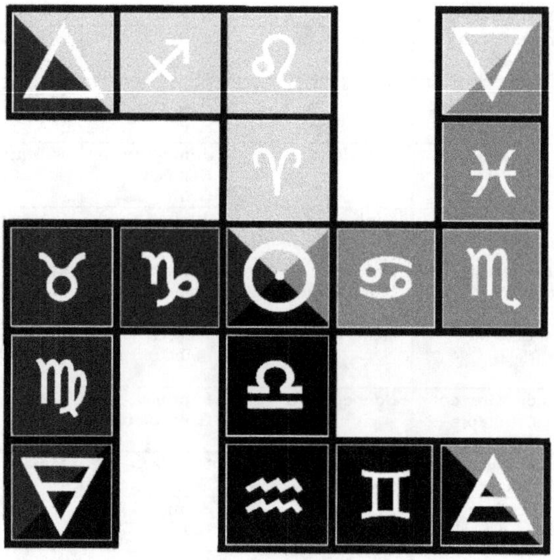

Abbildung 4: Das Fylfot-Kreuz

Die Urelemente befinden sich in Kether. In Anbetracht der Tatsache, dass Kether das Potenzial aller existierenden Dinge ist, sind die Elemente auf dieser Ebene undifferenziert und befinden sich in einem Zustand reinen Potenzials. Da das Fylfot-Kreuz (Abbildung 4) die Kether-Energie darstellt, erklärt es, wie die Elemente auf dieser Ebene funktionieren. Es hat vier gleich lange Arme, die jeweils einem der Elemente Erde, Luft, Wasser und Feuer zugeordnet sind. Innerhalb der vier Elemente befinden sich die zwölf Tierkreiszeichen in dreifacher Ausführung, da jedes Tierkreiszeichen zu einem der vier Elemente gehört.

Jeder Arm des Fylfot-Kreuzes setzt sich im rechten Winkel fort, was die Bewegung um ein Zentrum symbolisiert. Im Zentrum steht der Stern unseres Sonnensystems, die Sonne. Die vier Arme drehen sich so schnell um den Sonnenmittelpunkt, dass sie praktisch in Ruhe zu sein scheinen. Auf diese Weise ist die spirituelle Energie für die Sinne unsichtbar, da ihre Schwingung eine so hohe Frequenz hat.

Das Fylfot-Kreuz wird auch "Hammer des Thor" oder Swastika genannt. Die Swastika wurde in den indischen Religionen als Symbol für Göttlichkeit und Spiritualität verwendet, lange bevor die deutschen Nazis es als Teil ihrer Bewegung übernahmen.

Primäre Elemente sind das Tetragrammaton - die hebräischen Buchstaben YHVH (hebr. Gott Jehova), die auf die vier Welten der Qabalah angewendet werden. Primal bedeutet im Wesentlichen primär. Innerhalb der Primärelemente wird der Buchstabe Yod dem Feuer, Heh dem Wasser, Vav der Luft und Heh-final der Erde zugeordnet. Jede der vier Welten hat einen Lebensbaum, und diese werden Atziluth, Briah, Yetzirah und Assiah genannt.

Atziluth wird dem Feuerelement zugeschrieben, Briah dem Wasser, Yetzirah der Luft und Assiah der Erde. Ich werde die vier Welten der Qabalah in einem späteren Kapitel dieses Buches ausführlicher behandeln. Alles, was Sie an dieser Stelle verstehen müssen, ist, dass ich mich auf die vier Welten beziehe, wenn ich von den Urelementen spreche.

Spezifische Elemente sind das Tetragrammaton oder YHVH, wie es auf Chokmah, Binah, Tiphareth und Malkuth in jeder der vier Welten angewendet wird. Zum Beispiel wird Chokmah dem Feuerelement, Binah dem Wasser, Tiphareth der Luft und Malkuth der Erde zugeordnet. In der Welt von Atziluth haben wir also Feuer (spezifisch) des Feuerelementes, Wasser (spezifisch) des Feuerelementes, Luft (spezifisch) des Feuerelementes und Erde (spezifisch) des Feuerelementes. Und das Gleiche gilt für die anderen drei Urelemente.

Die Übergangselemente sind das Yod, Heh und Vav oder das Feuer, das Wasser und die Luft, wie sie auf die Pfade des Lebensbaums angewendet werden. Die Übergangselemente befinden sich immer im Transit zwischen den Sephiroth. Sie helfen dabei, die Tarotkarten anders zu verstehen, da die zweiundzwanzig Großen Arkana des Tarot den zweiundzwanzig Pfaden des Lebensbaums zugeordnet sind.

Astralelemente sind das Tetragrammaton von YHVH, das auf die vier untersten Sephiroth von Netzach, Hod, Yesod und Malkuth angewendet wird, die die Astralebene bilden.

Die Basiselemente sind in Malkuth zu finden - dies ist die endgültige Manifestation der Elemente in ihrer dichtesten Form, die die Welt der Materie ausmachen.

Die sephirothischen Elemente beziehen sich auf die allgemeine elementare Qualität jedes der zehn Sephiroth im Baum des Lebens. Wenn ich die einzelnen Sephiroth bespreche, werde ich mich auf ihre allgemeine elementare Qualität und alle anderen elementaren Zuschreibungen beziehen, die sie haben.

Man beachte, dass das fünfte Element des Geistes kein Teil der Qabalah ist, den man aufschlüsseln und vom Ganzen trennen könnte. Der Geist ist (in gewisser Weise) der Klebstoff, der das ganze System zusammenhält. Er ist auch die ursprüngliche Essenz, die erste Substanz und die Quelle aller Manifestation. Innerhalb des Geistes befinden sich die vier Elemente in ihrem Zustand des Potenzials. Umgekehrt befindet sich in den Urelementen der Geist als die Substanz, aus der sie hervorgehen. Wenn etwas von etwas anderem ausgeht, trägt es das Potential desjenigen, von dem es ausgegangen ist - das bedeutet, dass der Geist ein Teil von allem ist, was existiert. Das Ziel des Alchemisten ist es, den Geist aus allen Aspekten seiner Manifestation durch Transmutation hervorzubringen. Transmutation ist der Vorgang der Veränderung oder der Zustand der Veränderung von einer Form in eine andere.

DIE DREI SÄULEN DES BAUMS DES LEBENS

Die zehn Sephiroth des Lebensbaums sind in drei Säulen unterteilt. Auf der rechten Seite befindet sich die Säule der Barmherzigkeit und auf der linken Seite die Säule der Strenge. In der Mitte befindet sich die Säule des Gleichgewichts (oder der Sanftheit). Zusammen symbolisieren diese drei Säulen das Spiel der Dualität in der gesamten Schöpfung und die ausgleichende Kraft, die sie vereint.

Die Säule der Barmherzigkeit auf der rechten Seite wird als männlich, aktiv und positiv beschrieben. Sie ist die Säule der Kraft und hat die Farbe Weiß, die das Licht repräsentiert. Sie enthält die Sephiroth von Chokmah, Chesed und Netzach. Die Säule der Schwere auf der linken Seite wird als weiblich, passiv und negativ beschrieben. Sie ist die Säule der Form und hat die Farbe Schwarz, die für die Dunkelheit steht. Sie enthält die Sephiroth von Binah, Geburah und Hod. Zusammen repräsentieren die Säule der Barmherzigkeit und die Säule der Schwere die Dualität in all ihren Aspekten - Yin und *Yang*.

Die Säule des Gleichgewichts, die auch als mittlere Säule bezeichnet wird, steht für das Gleichgewicht und bringt die anderen beiden Säulen ins Gleichgewicht. Sie bringt Einheit in die vielen dualistischen, konkurrierenden Kräfte des Lebens. Sie hat eine graue Farbe und steht in Verbindung mit dem Middle Pillar Exercise, deren Zweck es ist, das Licht aus Kether hereinzubringen, um Geist, Körper und Seele ins Gleichgewicht zu bringen. Die Säule des Gleichgewichts (Mittlere Säule) enthält die Sephiroth von Kether, Tiphareth, Yesod und Malkuth.

Die Sephiroth tragen auch die Eigenschaften der drei Elemente Feuer, Wasser und Luft. Die Säule der Kraft ist von der Qualität des Feuerelements, der Essenz von

Weisheit und Wissen. Umgekehrt ist die Säule der Form aus dem Wasserelement, der Essenz der Liebe. Die mittlere Säule schließlich hat die Qualität des Luftelements, denn sie dient dem Ausgleich zwischen den Elementen Feuer und Wasser. Die energetische Natur des Luftelements ist die Wahrheit.

In der Tradition des Golden Dawn wird die Säule der Form Boas genannt, während die Säule der Kraft Jachin genannt wird. Die Säule der Form repräsentiert die Materie und die Dunkelheit, während die Säule der Kraft den Geist und das Licht darstellt. Die mittlere Säule steht für das mystische Bewusstsein, das die beiden in ein Gleichgewicht bringt.

Im Kundalini-System repräsentiert die Säule der Barmherzigkeit die männliche Pingala Nadi des Feuer-Elements. Im Gegensatz dazu repräsentiert die Säule der Strenge die weibliche Ida Nadi des Wasser-Elements. Die zentrale Säule, Sushumna, ist die mittlere Säule, die beide miteinander versöhnt und dem Luftelement entspricht. Wenn die Kundalini durch die menschliche Wirbelsäule aufsteigt, trägt ihre hohle, röhrenartige Natur die Energie nach oben und endet im Gehirn. Sushumna ist der Kanal, der das Bewusstsein ausdehnt und reguliert.

Die Sephiroth sind alle perfekt auf den drei Säulen ausbalanciert. Die gegensätzlichen Sephiroth auf der Säule der Strenge und der Säule der Barmherzigkeit sollen sich gegenseitig ausgleichen, während die mittlere Säule sich selbst ausbalanciert. Während die drei Säulen die Qualitäten der Elemente Feuer, Wasser und Luft repräsentieren, tauschen sich die Elemente aus, wenn man den Lebensbaum hinabsteigt. Jede Sephira enthält in sich alle Sephiroth über ihr, wenn man den Lebensbaum von oben betrachtet. Wenn ein Element, das in einer Sephira vorkommt, durch die Mittlere Säule reflektiert wird, ist es auch in der darauf folgenden Sephira enthalten, wenn auch in einer niedrigeren Form desselben Elements. Auf diese Weise werden in der Säule der Strenge und der Barmherzigkeit die Elemente Feuer und Wasser miteinander vertauscht.

Die Mittlere Säule funktioniert jedoch ein wenig anders, da sie dem Luftelement größtenteils treu bleibt. Die beiden manifestierten Sephiroth Tiphareth und Yesod sind beide von der Qualität des Luftelements, wobei jeder von ihnen entweder einen Einfluss des Feuer- oder des Wasserelements erhält. Tiphareth erhält die Energie des Feuerelements und ist mit der Seele verbunden, während Yesod die Energie des Wasserelements erhält und mit dem Ego verbunden ist.

Die mittlere Säule ist eine perfekte Darstellung von *Himmel* und Erde. An ihrem tiefsten Punkt befindet sich Malkuth, die Erde, während an ihrem höchsten Punkt Kether ist - die reine, undifferenzierte Geistenergie. In ihm befindet sich das Luftelement mit dem Einfluss der Elemente Feuer und Wasser. Auf die gleiche Weise haben wir unsere eigene Erde und die sie umgebende Atmosphäre, die die Luft enthält, die wir zum Atmen und Leben brauchen, gefolgt vom Himmel darüber. Ich werde einige dieser Ideen bei der Beschreibung der einzelnen Sephira näher erläutern. Von der Gottheit (Ain Soph Aur) bis hinunter zur manifestierten Welt gibt es die zehn Sephiroth.

AIN SOPH AUR (GRENZENLOSES LICHT)

Das Universum ist die Gesamtheit aller existierenden Dinge und der Lebewesen, die es enthält. Es wird so verstanden, dass es seinen ursprünglichen Ursprung im unendlichen Raum hat. Dieser unbegrenzte Raum ist das Ain, was übersetzt "Nichts" bedeutet. "

"Bevor er irgendeine Form in der Welt erschaffen hat, bevor er irgendeine Form hervorgebracht hat, war er allein, ohne Form, nichts ähnelnd. Wer könnte Ihn begreifen, wie Er damals war, vor der Schöpfung, da Er keine Form hatte? " - "Der Zohar"

Das Ain ist kein Wesen, es ist einfach ein "Nicht-Ding". "Wir können es nicht begreifen, und wir können es nicht kennen. Soweit es unser begrenztes menschliches Bewusstsein betrifft, existiert es nicht. Der Gedanke dahinter ist, dass der menschliche Verstand nur begrenzt in der Lage ist, das Ain zu verstehen. Deshalb sollten wir ein solches Unterfangen nicht einmal versuchen. Es ist unaussprechlich, unerkennbar und undenkbar. Die Zahl Null ist dem Ain zugeordnet. Es ist der höchste *Schleier* im Prozess der Schöpfung.

Um sich seiner selbst bewusst zu werden und sich selbst verständlich zu machen, wird das Ain zu Ain Soph, was "keine Grenze" oder "Unendlichkeit" bedeutet. "Da es nichts gibt, gibt es auch keine Grenzen oder Begrenzungen. Es ist die grenzenlose Grundlage, das Ewige in seiner reinsten Essenz. Das Ain Soph ist der zweite Schleier nach dem Ain.

Darüber hinaus manifestiert sich das Ain Soph als Ain Soph Aur, was "grenzenloses oder ewiges Licht" bedeutet. "Ain Soph Aur geht aus Ain Soph als eine Notwendigkeit hervor. Es ist der unterste der Drei Schleier, der dem Lebensbaum am nächsten ist. Licht spielt in der Qabalah eine wichtige Rolle, und Ain Soph Aur ist seine Quelle.

Nach Albert Einsteins Relativitätstheorie würden, wenn Sie mit Lichtgeschwindigkeit reisen würden, einige faszinierende Dinge in Raum und Zeit geschehen - Sie wären an allen Orten und zu allen Zeiten gleichzeitig. Mit anderen Worten: Sie würden ewig werden und erleben, was das Licht aus seiner Perspektive erlebt. Sie wären in der Lage, riesige Entfernungen im Bruchteil einer Sekunde zurückzulegen und sich sogar in der Zeit rückwärts und vorwärts zu bewegen.

Um die Schöpfung zu manifestieren, zieht sich das Ain Soph Aur durch einen Prozess, den *der Zohar* Tzim Tzum nennt, zu einem zentralen Punkt ohne Dimension zusammen. Auf diese Weise wird die erste Sephira auf dem Baum des Lebens gebildet - Kether, die Krone. Nach Kether werden die anderen neun Sephiroth der Reihe nach gebildet, während das Licht nach unten filtert, bis das physische Universum erschaffen ist.

Ain Soph Aur ist in der Qabalah auch als die drei Schleier der negativen Existenz bekannt. Das liegt daran, dass sich alles oberhalb von Kether (der höchsten Sephira auf dem Baum des Lebens) in den äußeren Grenzen der Existenz befindet, als der anfängliche Impuls der Schöpfung, und noch nicht erschaffen worden ist.

KETHER (DIE KRONE)

Kether entspricht Sahasrara, dem "Kronen"-Chakra. An der Spitze der Säule des Gleichgewichts gelegen, ist Kether der Kopf der Sephiroth auf dem Baum des Lebens. Sein Element ist Geist/Äthyr, und es ist der erste Punkt der *Nicht-Dualität.* Als solcher ist Kether auch das Tor zum Jenseits und zu den transpersonalen Chakren oberhalb der Krone. Man beachte, dass die Chakren oberhalb der Krone, innerhalb der göttlichen Ebenen, immer noch Teil von Kether sind und nicht innerhalb der drei Schleier der negativen Existenz, da nichts innerhalb von Ain Soph Aur existieren kann. Die Urelemente finden sich in Kether als die vier Elemente in ihrem Zustand des unmanifestierten Potentials. Der hebräische göttliche Name von Kether ist Eheieh, und der *Erzengel* ist Metatron. Im Golden Dawn System der Magie gehört Kether zum Ipsissimus (10=1) Grad der dritten Ordnung.

"Der Erste Pfad wird die Bewundernswerte oder die Verborgene Intelligenz (die Höchste Krone) genannt, denn er ist das Licht, das die Macht gibt, das erste Prinzip zu verstehen, das keinen Anfang hat; und er ist die ursprüngliche Herrlichkeit, denn kein erschaffenes Wesen kann seine Essenz erreichen. "Die Sepher Yetzirah" (über Kether)

Der Begriff "Verborgene Intelligenz" impliziert, dass Kether unmanifestiert ist, keinen Anfangspunkt hat und dass niemand seine Essenz erreichen kann, während er im physischen Körper lebt. Kether kann nur durch die nächsten beiden Sephira

Chokmah und Binah (Weisheit und Verstehen), durch Intuition, erfahren werden. Das eigene Bewusstsein muss rein sein, um einen Blick auf die "ursprüngliche Herrlichkeit" von Kether zu werfen, da die Dualität der Gedanken transzendiert werden muss. Kether ist die erste Ursache hinter allen Ursachen, die im *Zohar* als *Makroprosopus*, das "Weite Antlitz" oder Arik Anpin bezeichnet wird. Es ist Gott im Himmel, über der Dualität, als der große Architekt des Universums.

Kether ist die ungeteilte Quelle und die Absolute Wahrheit von allem, was ist. Er ist die Essenz der gesamten Schöpfung. Alles strömt aus Kether aus, und alles kehrt in ihn zurück. Im Wesentlichen ist Kether der Kanal für das Große Weiße Licht, und als solcher ist die Farbe von Kether ein weißer Glanz. Die Zahl für Kether ist eins, denn sie enthält in sich selbst die neun verbleibenden Ziffern der Dezimalskala.

Die erste Emanation des Lebensbaums ist Kether, der Bewusstseinszustand, in dem sich die Schöpfung mit den drei Schleiern der negativen Existenz vereint. Kether ist die *Monade*, die Singularität und die höchste Vorstellung von der Gottheit. Wenn die göttliche Lebensessenz den Lebensbaum hinabsteigt, durchläuft sie lediglich einen Transformationsprozess von einer Energieform oder einem Bewusstseinszustand zu einem anderen.

In der mystischen Überlieferung symbolisiert die Androgynität (männlich und weiblich in einer Form vereint) Kether, das einen Zustand der Transzendenz und der Vereinigung mit dem Göttlichen darstellt. Kether ist vergleichbar mit den östlichen Vorstellungen von *Satori* und Nirvana. Weisheit (Chokmah) ist männlich, während Verstehen (Binah) weiblich ist. Zusammen liegen sie unmittelbar unter Kether auf dem Baum des Lebens. Kether transzendiert jedoch die Dualität der beiden als der erste Funke des Göttlichen.

Ein vollständiges Kundalini-Erwachen, das die Energie anhebt und das Kronen-Chakra, Sahasrara, durchdringt, ist im Wesentlichen ein Erwachen zur Kether-Sephira. Das bedeutet, dass sich alle Sephiroth unterhalb von Kether als erreichbare Bewusstseinszustände öffnen. Ein vollständiges, dauerhaftes Kundalini-Erwachen ist im Wesentlichen eine Aktivierung und Belebung des gesamten Lebensbaums im Individuum - ein Konzept, auf das ich mich oft beziehen werde.

Kether hat keine planetarische Entsprechung, wie die meisten anderen Sephiroth. Seine Symbole sind eine Krone, ein Punkt und das Fylfot-Kreuz. Zu Kethers Gottheitsentsprechungen aus spirituellen und religiösen Pantheons gehören Nudjer, Ptah, Aither, Aether, Dagda, Ymir, Brahman, Damballah, Ayida Wedo und Olodumare.

CHOKMAH (WEISHEIT)

Chokmah ist die zweite Sephira des Lebensbaums und befindet sich an der Spitze der Säule der Barmherzigkeit. Es funktioniert durch das Auge des Geistes Chakra, und sein Element ist Geist/Äthyr. "Weisheit" ist notwendig, um Sahasrara, das Kronenchakra, zu erreichen, zusammen mit seinem Gegenteil, dem Verstehen. Der hebräische göttliche Name von Chokmah ist Yah, während der Erzengel Raziel ist. Im Golden Dawn System der Magie entspricht Chokmah dem Magus (9=2) Grad des dritten Ordens.

"Der Zweite Pfad ist der der erleuchtenden Intelligenz; er ist die Krone der Schöpfung, der Glanz der Einheit, der ihr gleichkommt, und er wird über jedes Haupt erhoben und von den Qabalisten die Zweite Herrlichkeit genannt. "Die Sepher Yetzirah" (über Chokmah)

Da Chokmah (Weisheit) nicht in Abwesenheit ihres Gegenteils, Binah (Verstehen), erkannt werden kann, gehört sie zum dualistischen Bereich. Chokmah ist die männliche Komponente des Selbst. Es ist die Vaterenergie, die Kraft, der Wahre Wille, der Heilige Schutzengel und der erste verständliche Aspekt des Selbst jenseits von Kether.

Chokmah ist nicht dasselbe wie das Weiße Licht von Kether. Vielmehr ist es die "Weisheit", die es wahrnehmen kann - die "erleuchtende Intelligenz". Chokmah ist die Quelle der Intelligenz im Menschen, denn es ist die Quelle des Wissens. Es ist die Komponente des Selbst, die uns zum Durchgang des Lichts von Sahasrara bringt, dem Portal in andere, höhere Reiche.

Die Farbe von Chokmah ist grau. Der weiße Glanz von Kether vermischt sich mit seinem Gegenteil, dem Schwarz, um die graue Sphäre von Chokmah zu schaffen. Chokmah ist die höchste Sphäre, die die Schönheit von Sahasrara begreifen kann, da sie ihr am nächsten ist. Sie ist ein Werkzeug, mit dem Sie sich (ebenso wie mit ihrem Gegenteil, Binah) in die Welt der Nicht-Dualität von Kether (Sahasrara) katapultieren können. In Chokmah befindet sich der Heilige Schutzengel - der Ausdruck Ihres Gott-Selbst. Ihr Heiliger Schutzengel kann nur durch völlige Stille des Geistes und das Abschalten der Sinne erreicht werden.

Der ursprünglich männliche Aspekt der Schöpfung ist das (spezifische) Feuerelement, das in Chokmah zum Ausdruck kommt, im Gegensatz zur Androgynität von Kether. Es ist der himmlische Vater und der archetypische positive Pol der Existenz. Die Energie von Chokmah ist dynamisch und gebend, denn sie ist die große

Ursache der Stimulation im Universum. Sie ist Aktion und Bewegung - das lebenswichtige, energetisierende Element der gesamten Schöpfung.

Die Zahl Chokmah ist zwei, und diese Zahl wurde durch Kether, die Zahl Eins, die sich selbst reflektiert, gebildet. Aus der Eins entstanden die Zwei und die Drei - Chokmah und Binah, die Elemente Feuer (spezifisch) und Wasser (spezifisch), die sich durch den Geist manifestierten.

Der Tierkreis ist die physische Repräsentation von Chokmah, da die Sterne eine Manifestation des unmanifestierten weißen Lichts von Kether sind, das allen Dingen im Universum zugrunde liegt. Die Sterne kanalisieren das (spezifische) Feuer des ursprünglichen Feuerelements, das im Wesentlichen die Seelen aller Lebewesen im Universum sind. Die Symbole von Chokmah sind der Phallus, die Linie und der hebräische Buchstabe Yod (als Teil von YHVH). Zu den Gottheiten, die mit Chokmah korrespondieren, gehören Thoth, Uranus, Caelus, Lugh, Odin, Vishnu, Nan Nan Bouclou und Olofi.

BINAH (VERSTEHEN)

Binah ist die dritte Sephira des Lebensbaums und befindet sich an der Spitze der Säule der Schwere. Wie sein Gegenstück, Chokmah, funktioniert Binah durch das Chakra des Geistigen Auges, und sein Element ist Geist/Äthyr. Man braucht "Verständnis", um den Pfad nach Sahasrara zu durchqueren und das Reich der Nicht-Dualität zu betreten. Der hebräische göttliche Name von Binah ist YHVH Elohim, und der Erzengel ist Tzaphqiel. Im Golden Dawn System der Magie gehört Binah zum Magister Templi (8=3) Grad des Dritten Ordens.

"Der dritte Weg ist die heiligende Intelligenz: sie ist die Grundlage der ursprünglichen Weisheit, die der Schöpfer des Glaubens genannt wird, und ihre Wurzeln sind AMN (Amen); und sie ist die Mutter des Glaubens, von der der Glaube ausgeht. "Die Sepher Yetzirah" (über Binah)

Die obige Aussage spricht von der Verbindung von Binah mit dem Konzept des Glaubens, das auf dem Verstehen aufbaut - wir verstehen, dass eine spirituelle Realität existiert, auch wenn wir keinen greifbaren Beweis dafür haben. Da sie die "heiligende Intelligenz" ist, impliziert sie, dass sie heilig und frei von Schlechtigkeit ist. Sie ist rein, denn ihre Grundlage ist das Licht der Weisheit (Chokmah).

Binah ist die Große Mutter und der weibliche Aspekt des Selbst - das (spezifische) Element Wasser des Bewusstseins. Während Chokmah aktiv ist, ist Binah passiv. Es ist der negative Pol der Existenz und der Schoß der gesamten Schöpfung, der das Leben hervorbringt. Nach der Weisheit ist das Verstehen der zweite verständliche Aspekt des Selbst. In Partnerschaft mit Chokmah dient Binah dazu, das Verständnis für unsere wahre Essenz zu kultivieren und uns in Kether (Sahasrara) zu bringen.

Was die Persönlichkeit auf dem Lebensbaum betrifft, so bringt Binah unsere intuitiven Fähigkeiten hervor. Sie erhält ihren Impuls von Chokmah, dem heiligen Schutzengel, der mit uns kommuniziert, wenn unser Verstand schweigt. Das Element von Binah ist Geist/Äthyr, und seine Farbe ist schwarz. Da sie schwarz ist, wie auch Malkuth (die Erde), gibt es eine Korrelation zwischen den beiden. Binah ist der Urheber der holographischen, astralen Blaupause aller Formen der Existenz. Es ist das "Meer des Bewusstseins", das alle Materie im Universum enthält.

Kraft und Form sind zwei männliche bzw. weibliche Qualitäten, die im Baum des Lebens immer wieder auftauchen, beginnend mit Chokmah und Binah. Zusammen sind sie die beiden ursprünglichen Bausteine der Schöpfung - das Proton und das Elektron. Sie stellen auch die höchsten Sephiroth auf den beiden entgegengesetzten Säulen dar, der Säule der Kraft und der Säule der Form, den männlichen und weiblichen Komponenten der Schöpfung. Binah, das Verstehen, bringt die Vorstellung des Erfassens der Ideen hervor, die Chokmah (Weisheit), dem vollständigen und unendlichen Wissen, innewohnen. Nur in Sahasrara, mit Weisheit und Verstehen, können wir die Nicht-Dualität erfahren und in die inneren göttlichen Ebenen oder Reiche eintauchen. Wir brauchen jedoch ein Mittel, um solche Erfahrungen zu begreifen, und Chokmah und Binah dienen als dieses Mittel.

Die ersten drei Sephiroth des Lebensbaums gehören zu dem, was als das Supernal-Dreieck bekannt ist - auch "Supernal" genannt. "Die Überirdischen sind der Aspekt von uns, der jenseits von Geburt und Tod liegt - der Teil von uns, der ewig ist - der spirituelle Teil des Selbst.

Die Zahl von Binah ist drei, wie der *Heilige Geist* der christlichen Dreifaltigkeit. Der Vater ist Kether, der Unwissende, während der Sohn Chokmah, sein Spiegelbild, ist. Der Heilige Geist ist das Meer des Bewusstseins von Binah und die Substanz, auf die der Sohn seine (spezifische) Feuerenergie reflektiert. Binah wird zum "Meer der Liebe", sobald es das Licht der Weisheit von Chokmah empfängt und integriert.

Chokmah belebt alles Existierende und schafft das Konzept der Zeit, während Binah der Raum ist, in dem alle Dinge existieren. Binah ist daher negativ und dunkel, wie auch der äußere Raum des Universums selbst. Die Dreifaltigkeit hat alle lebenden Dinge hervorgebracht und ist ihre Quelle. In der Alchemie ist die Trinität das Quecksilber-, Schwefel- und Salzprinzip.

Da Binah die Große Mutter ist, muss sie uns erziehen und uns lehren, wie wir mit anderen Menschen zusammenleben können. Daher ist die planetarische

Entsprechung von Binah Saturn, der Planet der Beschränkung, Disziplin, Begrenzung und Zeit. Die Symbole von Binah sind die Gebärmutter, das Dreieck, der Kelch und der hebräische Buchstabe Heh (als Teil von YHVH). Zu Binahs Gottheitsentsprechungen aus anderen Pantheons gehören Isis, Hera, Rhea, Juno, Danu, Frigga, Mahashakti, Guede und Oya.

Obwohl Saturn eine Affinität zum Erdelement hat, ist Binahs korrespondierendes Element Geist/Äthyr, jedoch mit dem Einfluss von Saturn, der sich auf die Erde bezieht. Es gibt auch eine Korrelation zwischen Binah und der Sphäre von Yesod. Binah ist der Anfang aller Form, während Yesod die endgültige astrale Blaupause ist, die alle darüber liegenden Sephiroth umfasst.

DAATH (WISSEN)

Als Beginn des Geist/Äthyr-Elements dient Daath als Trennungspunkt zwischen Geist/Äthyr und den unteren vier Elementen. Daath ist die verborgene elfte Sephira des Baumes des Lebens. Sie ist bekannt als der "Große Abgrund" oder der Abyss. Sie trennt die Supernalen von der gesamten manifestierten Schöpfung. Die Überirdischen sind der Bestandteil des Selbst, der ewig und jenseits von Zeit und Raum ist, da sie seine eigentliche Quelle sind. Als solches ist Daath die Sphäre des "Wissens", da wir unsere körperlichen Umschließungen transzendieren und unser Bewusstsein durch Wissen zu göttlichen Höhen erheben können. Die Quelle allen Wissens und aller Weisheit ist Chokmah.

Das Überirdische existiert im Geistelement und wirkt durch die vier Elemente, die auf der Manifestationsskala des Göttlichen niedriger sind. Das Ego wirkt ebenfalls durch diese niederen vier Elemente, ohne das fünfte Element des Geistes. Daher trennt Daath das Ego vom Höheren Selbst - den physischen Körper von der Seele und dem Geist. Daath ist daher Vishuddhi, das Kehlchakra, da dieses Chakra das Element des Geistes oben von den unteren vier Elementen unten trennt.

Alles, was unterhalb der Sphäre von Daath liegt, gehört zum Bereich der physischen Existenz und unterliegt dem Zyklus von Geburt und Tod. Die Überirdischen oberhalb von Daath stehen über dem Zyklus von Geburt und Tod, da sie nicht dem Bereich der Dualität angehören. Aber da sie selbst dual sind, sind Chokmah und Binah der Aspekt des menschlichen Wesens, der fähig ist, die Nicht-Dualität zu verstehen.

Daath ist dafür verantwortlich, die Reinheit des himmlischen Dreiecks vor den unteren Teilen des Lebensbaums zu schützen. Sie ist eine unsichtbare Sephira, was bedeutet, dass sie kein offizieller Bestandteil des Lebensbaums ist. Sie ist jedoch in der qabalistischen Philosophie enthalten und spielt eine bedeutende Rolle.

Daath ist auch die Sphäre, durch die man die negative Seite des Lebensbaums, den Baum des Todes, erreicht. In *The Nightside of Eden* von Kenneth Grant beschreibt er den Abgrund als eine Tür, die in die *Unterwelt* führt, das böse und verzerrte Reich, in dem die Qlippoth wohnen. Die Qlippoth ist ein qabalistischer Begriff, der mit Dämonen gleichzusetzen ist. Die Qlippoth existieren in uns, aber auch außerhalb von uns. Wir müssen sie aus dem äußeren Universum angezogen haben, damit sie uns beeinflussen können. Wenn man Daath betritt und den Abyss durchquert, muss man zuerst den Baum des Todes überqueren, der in Malkuth beginnt und nach oben klettert, bevor man das himmlische Dreieck erreicht.

Das bedeutet, dass Sie, wenn Sie metaphorisch sterben, einige Zeit in der *Hölle* (der Unterwelt) verbringen und ein König oder eine Königin dieses höllischen Bereichs werden müssen, bevor Sie wieder auferstehen und ein König oder eine Königin des Himmels werden. Sie müssen Ihre Dämonen und die Angst in Ihnen selbst besiegen, um im Geiste wieder aufzuerstehen. Indem Sie Ihre inneren Ängste überwinden, lernen Sie, Ihre Dämonen zu beherrschen und zu kontrollieren, so dass Sie sich ihnen ohne Angst nähern können. Dadurch wird Ihre persönliche Macht erheblich gestärkt, da Sie in der Lage sein werden, ihre negative Energie im Leben konstruktiv zu nutzen, anstatt von ihr benutzt und missbraucht zu werden. Ihre Dämonen zu überwinden bedeutet, Ihre Laster zu überwinden und sie in Tugenden zu verwandeln.

In der christlichen Tradition ist Jesus Christus gleich nach der Kreuzigung in die Hölle hinabgestiegen (während sein physischer Körper drei Tage lang in der Dunkelheit des Grabes lag), bevor er geistig wieder auferstanden ist. Er musste erst die Herrschaft über das dämonische Reich (die Hölle) erlangen, bevor er im Himmel zum König gekrönt wurde. In der ägyptischen Tradition starb *Osiris Onnofris* in einem Sarg als Teil eines Plans seines bösen Bruders Set. Osiris wurde mit Hilfe seiner Frau Isis von den Toten wiedererweckt. Er wurde bei den Ägyptern als der Herr der Unterwelt und des Jenseits bekannt. In beiden Geschichten gibt es eine Verbindung zwischen dem Tod, der Unterwelt (Hölle) und der anschließenden Auferstehung.

Interessanterweise ist eines der Symbole des Osiris die Djed-Säule, die seine Wirbelsäule darstellt. Es war die Djed-Säule, die Isis benutzte, um Osiris von den Toten auferstehen zu lassen. Die Djed-Säule steht in der ägyptischen Tradition für Stabilität und Stärke, auch wenn ihre wahre Bedeutung für Uneingeweihte verschleiert ist. Eingeweihten der ägyptischen Mysterien ist eine weitere symbolische Bedeutung hinter der Djed-Säule bekannt - als antikes Symbol für die Kundalini-Energie. Die Kundalini-Energie wirkt als eine Kraft, die den spirituellen Auferstehungsprozess aktiviert. In der ägyptischen Mystik ist das Erheben der Djed-Säule eine Zeremonie, bei der der Eingeweihte seine Kundalini-Energie erhebt und eine spirituelle Transformation erlangt.

"Der Abgrund wird durch die Masse des Adepten und seines Karmas überschritten. " - Aleister Crowley; Auszug aus "Magie in Theorie und Praxis"

Kundalini-Eingeweihte wissen, dass der Weg der spirituellen Wiedergeburt emotional und geistig schmerzhaft ist und dass sie zunächst ihre Ängste und Befürchtungen überwinden müssen, bevor die Kundalini-Energie sie in Frieden mit sich selbst bringt. Diese Menschen müssen sich über ihr Karma hinaus entwickeln, um ihr Bewusstsein zu erleuchten und es über die Dichte der Materie hinaus zu erheben. Nur dann können sie den Abgrund erfolgreich durchschreiten.

Die ersten Jahre sind für jeden, der einen vollständigen Kundalini-Erweckungsprozess durchläuft, schmerzhaft. Der spirituelle Prozess der Wiedergeburt erfordert, dass du dich durch deine Angst hindurcharbeitest, bevor du stark wirst und in der Lage bist, die Schönheit und Transzendenz zu erlangen, die ein Kundalini-Erwachen mit sich bringt. Dieser Prozess findet in der Sphäre von Daath statt, denn sie ist das Tor zur Unterwelt oder Hölle. Hier durchdringt die Kundalini das Kehlchakra auf ihrem Weg nach oben durch die Sushumna und "springt" dich sofort über den Abgrund und auf deinen negativen Lebensbaum, metaphorisch gesprochen. Denken Sie jedoch immer daran, dass die Hölle nur insofern real ist, als der Verstand betroffen ist, da es der Verstand ist, der die Dualität von Himmel und Hölle erlebt. Außerhalb des Verstandes und des Gehirns gibt es die Hölle nicht.

Da Daath mit dem Kehlchakra korrespondiert, ist der Begriff der Sprache und des Sprechens hier von Bedeutung, da wir durch das gesprochene Wort mit dem Göttlichen kommunizieren können. Die Farbe von Daath ist lavendel. Daath ist auch mit dem Tod verbunden, genauer gesagt mit dem Tod des Egos, der den Weg für die anschließende Wiedergeburt des Höheren Selbst frei macht. Die Worte "Daath" und "Tod" haben eine ähnliche Aussprache, was auf eine Übereinstimmung zwischen den beiden hinweist. Die Symbole für Daath sind das Prisma und der leere Raum. Zu den Gottheiten, die Daath entsprechen, gehören Nephthys, Hypnos, Janus, Arianrhod, Heimdall, Aditi, Pushan und die Barone.

CHESED (BARMHERZIGKEIT)

Chesed ist die vierte Sephira des Lebensbaums und befindet sich unterhalb von Chokmah auf der Säule der Barmherzigkeit. Sie ist die erste Sphäre unseres physischen Universums, denn alles oberhalb des Abgrunds ist unmanifestiert. Die elementare Qualität von Chesed ist Wasser. Es wirkt durch Swadhisthana, das Sakralchakra, und repräsentiert den höheren Aspekt des Wasserelements. Chesed ist das spirituelle Sakralchakra, weil es durch den Tarot-Pfad des Hierophanten mit dem Übernatürlichen verbunden ist. Die Farbe von Chesed ist blau - die Farbe des Elements Wasser.

Chesed ist die Manifestation des (spezifischen) Wasser-Elements von Binah, das durch Daath projiziert wird und sich als die greifbare Emotion der bedingungslosen Liebe manifestiert. Als solches wird das Sakralchakra, Swadhisthana, durch das Herzchakra, Anahata, verherrlicht. Eine der Funktionen von Anahata ist es, die erhöhten Zustände des Feuer- und Wasserchakras (Manipura und Swadhisthana) zu erfahren, da Luft sowohl Feuer als auch Wasser bewegt. Aus diesem Grund wird die Emotion der bedingungslosen Liebe im Herzen empfunden. Der hebräische göttliche Name von Chesed ist El, während der Erzengel Tzadqiel ist. Im Golden Dawn System der Magie entspricht Chesed dem Adeptus Exemptus (7=4) Grad des Zweiten Ordens.

"Der vierte Pfad wird die kohäsive oder rezeptive Intelligenz genannt; und sie wird so genannt, weil sie alle heiligen Kräfte enthält und von ihr alle geistigen Tugenden mit den erhabensten Essenzen ausgehen: sie gehen voneinander aus durch die Kraft der ursprünglichen Emanation, der höchsten Krone, Kether. " - "Die Sepher Yetzirah" (über Chesed)

Chesed ist von der gleichen Art von Energie wie Chokmah, aber auf einer manifesteren Ebene. Während Chokmah der allmächtige und wissende Vater ist, ist Chesed die schützende, vergebende und liebende Energie des Vaters, da er im Meer der Liebe von Binah gebadet wurde. Aus diesem Grund ist Chesed die Sephira der "Barmherzigkeit". "Die tragende Struktur von allem in der Schöpfung befindet sich in Chesed, ebenso wie alle Sphären, die ihm vorausgehen. Daher wird sie die "kohäsive oder aufnehmende Intelligenz" genannt, die als Auffangbecken für die vorangehenden Energien dient.

Chesed ist die erste Sephira, die vom menschlichen Verstand erfasst werden kann, denn hier erfährt man die Klärung der abstrakten Ideen, die von den Überirdischen präsentiert werden. Darüber hinaus wird diese Klärung durch die höchste denkbare menschliche Emotion ausgedrückt, die bedingungslose Liebe - einer der Hauptbausteine aller Dinge der Existenz.

Chesed wird mit dem Kind von Chokmah und Binah verglichen, da es deren dichter manifestiertes Nebenprodukt ist. Chesed hat eine Affinität zum Wasserelement und ist bedingungslose Liebe, Mitgefühl und die Kultivierung von Weisheit. Es ist die höchste Auffassung von Liebe für uns als Menschen (da es viele Formen der Liebe gibt) und bringt sein Gegenstück, die Sephira Geburah (Ernsthaftigkeit), mit sich. Um zu verstehen, wie diese beiden Sphären funktionieren, muss man sich klarmachen, dass man, wenn man etwas oder jemanden liebt, für sie und in ihrem Namen kämpft. Es ist ein Instinkt, dies zu tun, wenn es um Liebe geht. Das wässrige Gefühl der Liebe kann nicht ohne das Feuer existieren, das uns antreibt, für das zu kämpfen, was wir lieben.

Chesed und Geburah stellen das Dreieck des Feuerelements (aufrecht) und das Dreieck des Wasserelements (umgedreht) dar, die übereinander liegen. Dieses Symbol ist das Hexagramm, das von den Hebräern auch als Davidstern bezeichnet wird und den vervollkommneten Menschen und das höchste spirituelle Streben repräsentiert.

Es ist wichtig zu beachten, dass ihre gegensätzlichen Sphären alle Sephiroth auf dem Baum des Lebens ausgleichen müssen. Nur die Sephiroth innerhalb der Middle Pillar sind selbstbalancierend. Chokmah und Binah arbeiten zusammen, um Weisheit und Verständnis zu erzeugen, die durch Intuition empfangen werden. Chesed und Geburah erzeugen die Energie von Barmherzigkeit und Strenge. Intuition ist eine unwillkürliche Erfahrung, die durch das geistige Auge empfangen wird. Im Fall von Barmherzigkeit und Strenge müssen die Elemente Wasser und Feuer bewusst eingesetzt werden, um ein gesundes Gleichgewicht zwischen beiden zu erreichen.

In Bezug auf die menschliche Psyche ist Chesed die Erinnerung. Es befindet sich direkt unter dem Abgrund, denn alles, was über dem Abgrund liegt, hat per se keine Erinnerung, sondern wird ausschließlich durch Intuition erfahren. Die Erinnerung ist das, was uns an das Ego und die Dualität von Vergangenheit und Gegenwart bindet. Das Ego ist oberhalb des Abgrunds nicht präsent, da das Überirdische zeitlos und ewig ist. Das Ego ist an den manifestierten physischen Körper gebunden; daher wird es schließlich ausgelöscht, wenn der physische Körper untergeht.

Die Entwicklung des Egos und des Gedächtnisses erzeugt die Energie der bedingungslosen Liebe, das höchste Streben des Menschen. Bedingungslose Liebe gibt uns etwas, wonach wir streben und wofür wir kämpfen können, da wir dadurch in der Einheit allen Lebens im Universum aufgehen. Indem wir bedingungslose Liebe erfahren, transzendieren wir die Erinnerung und das Ego und können die Früchte des Übernatürlichen kosten.

Der Planet, der dem Chesed zugeordnet wird, ist Jupiter, der Planet der Expansion, der Moral und der Ethik. Seine Symbole sind der Krummstab, das Zepter, die Pyramide, das Quadrat, der Orbis und das gleicharmige Kreuz. Zu den Gottheiten, die Chesed entsprechen, gehören Amoun, Zeus, Jupiter, Llyr, Frey, Indra, Agwe und Obatala.

GEBURAH (STRENGE)

Geburah ist die fünfte Sephira des Lebensbaums und befindet sich unterhalb von Binah an der Säule der Schwere. Sie ist die zweite Sphäre des bekannten Universums. Sie funktioniert durch Manipura, das Solarplexus-Chakra, als die Willenskraft des individuellen Selbst. Die elementare Qualität von Geburah ist Feuer. Dieses Feuer ist nicht dasselbe wie das (spezifische) Element Feuer in Chokmah, sondern eine Manifestation davon auf einer niedrigeren Ebene. Da es sich direkt unter dem Abgrund und dem Überirdischen befindet, enthält es die Geistenergie (wie auch Chesed), die in diesem Fall durch den Pfad der Tarotkarte Wagen empfangen wird. Die Farbe von Geburah ist Scharlach (rot), die Farbe des Feuerelements.

Das (spezifische) Element Feuer aus Chokmah projiziert sich durch Daath und manifestiert sich als Willenskraft in Geburah. Auf seiner grundlegendsten Ebene ist es die Motivation und der Antrieb, als lebender Organismus im Universum zu überleben. Das Überleben hängt von der persönlichen Kraft ab, die ein Attribut der Sephira von Geburah ist. Da die Willenskraft ein Ausdruck des Feuerelements ist, wird sie durch das Feuerchakra, Manipura, gespeist. Wenn sie im Namen des Höheren Selbst eingesetzt wird, wird dieses Feuer in Anahata, dem Herz-Chakra, erhöht. Der hebräische göttliche Name von Geburah ist Elohim Gibor, während der Erzengel Kamael heißt. Im Golden Dawn System der Magie gehört Geburah zum Adeptus Major (6=5) Grad des Zweiten Ordens.

"Der Fünfte Pfad wird die radikale Intelligenz genannt, weil er der Einheit ähnelt und sich mit Binah oder der Intelligenz vereint, die aus den ursprünglichen Tiefen der Weisheit oder Chokmah hervorgeht." - Die Sepher Yetzirah" (über Geburah)

Geburahs Name ist die "Radikale Intelligenz", weil ihr Handeln extrem ist, da sie danach strebt, Veränderungen zu schaffen. Geburahs Aufgabe ist es, die Evolution zu unterstützen, und aus diesem Grund fordert sie jederzeit Gerechtigkeit, während sie die barmherzige Energie der Liebe von Chesed mildert. Von allen Sephiroth auf dem Baum des Lebens ist Geburah die am meisten gefürchtete und falsch interpretierte. Ihre Aufgabe ist es, Cheseds Wohlwollen, Barmherzigkeit und formschaffende Eigenschaften durch ihre Anwendung von forschen und zerstörerischen Handlungen auszugleichen.

Geburah ist die restriktive weibliche Energie von Binah, aber auf einer manifesteren Ebene. So wie eine Mutter ihr Kind beschützt, ist Geburah der Aspekt von uns, der uns schützt und für Respekt und Ehre in der Welt kämpft. Geburah setzt "Strenge" und "Gerechtigkeit" (ihr anderer Titel) durch. Oft kann sie Zerstörung bringen, wenn sie nicht durch ihr Gegenstück, Chesed (Barmherzigkeit), ausgeglichen wird. Geburah bringt Disziplin durch ein reinigendes Feuer hervor, indem sie alles in Frage stellt, was ihr Gegenteil, Chesed, darstellt. Sie gebietet Respekt, da ihr Zweck darin besteht, das Energiesystem (Aura) von Unreinheiten zu reinigen - sie spielt die Rolle der "Rechten Hand Gottes", was bedeutet, dass sie danach strebt, den Willen Gottes zu tun.

Eine wichtige Lektion aus der Neophyteneinweihung des Golden Dawn besagt, dass unausgewogene Barmherzigkeit die Unfruchtbarkeit des Willens ist, während unausgewogene Strenge Tyrannei und Unterdrückung bedeutet. In Wirklichkeit müssen Sie also ein Gleichgewicht zwischen Barmherzigkeit und Strenge in sich haben, denn wenn Sie das nicht haben, werden Sie nicht in der Lage sein, Ihre innere Macht auszuüben. Sie werden ein "Fußabtreter" sein, auf dem die Leute herumtrampeln können, wie es ihnen gefällt, oder Sie werden ein schlechtes Temperament haben und jede Gelegenheit nutzen, um mit anderen zu streiten, verbal und sogar physisch.

Geburah stärkt den individuellen Willen. Wofür Sie Ihre Willenskraft im Leben einsetzen, bleibt Ihnen überlassen. Da Geburah die Willenskraft ist, ist es der Bereich, zu dem die *gefallenen Engel* (Dämonen) Zugang haben, denn Schwere impliziert den Gebrauch dessen, was oft als negative Energie angesehen wird. Geburah hat eine Verbindung zu Daath und dem dämonischen Reich der Qlippoth, da das Feuerelement dem Geist am nächsten ist. Die Beherrschung von Geburah impliziert die Beherrschung der eigenen inneren Dämonen. Wenn Sie das tun erhalten Sie die meiste persönliche Macht.

Eine weitere wichtige Lektion aus der Golden Dawn Neophyten-Einweihung besagt, dass man zum Komplizen des Bösen wird, wenn man das Böse nicht bestraft, wenn man ihm ausgesetzt ist. Daher ist es jedermanns Aufgabe im Leben, gerecht zu leben, mit Respekt gegenüber anderen Menschen. Wenn uns Unrecht widerfährt oder wir sehen, dass anderen Unrecht angetan wird, müssen wir unser Bestes tun, um dieses Verhalten zu korrigieren, sonst werden wir zu Komplizen. Voltaire hat es am besten gesagt: "Mit großer Macht kommt große Verantwortung". Wir müssen die Verantwortung für unser eigenes Leben übernehmen und, wenn nötig, Strenge walten lassen, um im Leben voranzukommen und zu streben. Wir müssen die menschliche Evolution unterstützen, indem wir aktive Mitschöpfer mit dem Schöpfer sind.

Zorn kommt aus der Sphäre von Geburah. Er ist ein Missbrauch der Energie von Geburah, da ihm die richtige Dosis an Liebe und Barmherzigkeit von Chesed fehlt. Ob du dich entscheidest, ein Tyrann zu sein, der nur nach Macht strebt, um sein Ego zu verherrlichen, oder ein ausgeglichenes Individuum, das diese Sphäre nutzt, um Gerechtigkeit walten zu lassen und das Böse zu bestrafen und zu korrigieren, liegt ganz bei dir. Eine angemessene Dosis Barmherzigkeit muss jedoch immer mit Strenge angewendet werden, denn wenn man die gefallenen Engel in Geburah einsetzt, ohne zu wissen, wie man sie mit Liebe mildert, macht das den Unterschied zwischen Gottesgerechtigkeit und Selbstgerechtigkeit aus.

Geburah ist die Sphäre der Ehre und Herrlichkeit, wenn sie richtig angewendet wird. Wir müssen die wahre Natur der gefallenen Engel lernen und Autorität über sie erlangen, anstatt ihnen zu erlauben, uns zu kontrollieren. Die gefallenen Engel müssen immer im Namen Gottes eingesetzt werden, wenn man negatives Karma vermeiden will. Zu lernen, das Feuerelement zu kontrollieren, ist eine der größten Herausforderungen im Leben. Sich dieser Herausforderung zu stellen und sie zu überwinden, wird sich direkt auf Ihren Erfolg und Ihre Leistungen im Leben auswirken.

Der Planet, der Geburah zugeschrieben wird, ist Mars, der Planet der Tatkraft und des Handelns. Was das Konzept des "Überlebens des Stärkeren" betrifft, so ist Mars der Planet des Krieges und des Wettbewerbs. Symbole für Geburah sind das Schwert, der Speer, die Geißel und das Fünfeck. Geburahs Gottheitskorrespondenzen umfassen Horus, Ares, Mars, Morrigan, Thor, Tyr, Shiva, Ogoun, und Oggun.

TIPHARETH (HARMONIE/SCHÖNHEIT)

Tiphareth ist die sechste Sephira des Lebensbaums und befindet sich auf der mittleren Säule, der Säule des Gleichgewichts. Tiphareth befindet sich genau in der Mitte des gesamten Baumes. Da es sich in der Mitte befindet, ist es der Empfänger der Kräfte aller anderen Sephiroth. Es repräsentiert das (spezifische) Element Luft und funktioniert in erster Linie über Anahata, das Herz-Chakra.

Es wäre falsch, Tiphareth keine Feuerqualitäten zuzuschreiben, da sein Planet die Sonne ist, die unserem Sonnensystem Feuer und Licht spendet. Daher lässt sich Tiphareth am besten als das (spezifische) Element Luft beschreiben, auf das das Element Feuer einwirkt. Anahata, das Herz-Chakra als primärer Ausdruck, beeinflusst durch das Chakra darunter, Manipura, das Solarplexus-Chakra. Die tatsächliche Platzierung des Tiphareth Sephira würde irgendwo zwischen diesen beiden Chakren liegen.

Da Tiphareth durch den Pfad der Tarotkarte Hohepriesterin mit Kether verbunden ist, ist das geistige Element der motivierende Faktor in Tiphareth, wie Sie bei der Untersuchung sehen werden. Die Farbe von Tiphareth ist goldgelb, die Farbe, die dem Luftelement (gelb) entspricht.

Die Mittlere Säule wird dem Luftelement zugeschrieben, ist aber auch die Quelle des Geistes in der Krone (Kether). Daher gibt es eine Verbindung zwischen dem Geist und dem Luftelement, die ich weiter unten im Detail untersuchen werde. Wenn die Barmherzigkeit von Chesed und die Strenge und Gerechtigkeit von Geburah im Gleichgewicht sind, werden "Harmonie" und "Schönheit" erreicht. Der hebräische göttliche Name von Tiphareth ist YHVH Eloah ve-Daath, während der Erzengel Raphael ist. Im Golden Dawn System der Magie gehört Tiphareth zum Adeptus Minor (5=6) Grad des Zweiten Ordens.

"Der Sechste Pfad wird die vermittelnde Intelligenz genannt, weil sich in ihm die Zuflüsse der Emanationen vervielfachen, denn er bewirkt, dass der Einfluss in alle Reservoirs der Segnungen fließt, mit denen diese selbst vereinigt sind. "Die Sepher Yetzirah" (über Tiphareth)

Tiphareth ist der Vermittler zwischen den Sephiroth, da er auf dem Baum des Lebens steht. Daher auch sein Name, die "vermittelnde Intelligenz". Das Element Luft (spezifisch) wird ihm zugeschrieben, da Luft das Denken ist und das Denken die Grundlage aller inneren Prozesse des Menschen ist. So wie Chokmah und Binah der Vater und die Mutter sind, die Elemente Feuer (spezifisch) und Wasser (spezifisch), ist Tiphareth der manifestierte Sohn jenseits des Abgrunds. Der manifestierte Sohn ist die Sonne, der Spender von Licht und Leben in unserem Sonnensystem. Es ist kein Zufall, dass das Wort "Sohn" eine ähnliche Aussprache hat wie das Wort "Sonne".

Tiphareth ist die Sphäre der spirituellen Wiedergeburt. Es ist der Aufenthaltsort der Lebens-Tod-Auferstehungs-Gottheiten, wie Osiris und Jesus Christus. Der Versöhner (Erlöser) bringt die Einheit zwischen dem, was oben ist, und dem, was unten ist. Da sich Tiphareth im Zentrum des Lebensbaums befindet, dient es als Vermittler von Energien - es empfängt Energien direkt von allen Sphären (außer Malkuth, der Erde). Als solches ist Tiphareth die Verbindung zwischen dem niederen und dem höheren Selbst. Der Name, der Tiphareth im *Zohar* gegeben wird, ist der *Microprosopus* oder das "Kleinere Antlitz". "

Tiphareth ist eine Sphäre der Erleuchtung und der Heilung. Da das Luftelement sowohl Feuer als auch Wasser bewegt, dient Tiphareth als der Ort, an dem der Einzelne Kontakt mit seinem heiligen Schutzengel aus der himmlischen Triade oberhalb des Abgrunds hat. Es ist die Sphäre des *Christusbewusstseins*, wo Materie und Geist in perfektem Gleichgewicht sind. In Bezug auf die menschliche Persönlichkeit ist Tiphareth die Vorstellungskraft.

Die drei Sephiroth Chesed, Geburah und Tiphareth bilden das sogenannte ethische Dreieck. Das ethische Dreieck ist der Teil des Selbst, der den Charakter des Menschen formt. Es ist verantwortlich für unsere Moral und Ethik, die Bausteine unseres Charakters.

Der Aufbau der Tugenden im Selbst ist die höchste Manifestation des Göttlichen im Menschen - deshalb werden Chesed, Geburah und Tiphareth das "ethische" Dreieck genannt. Aufgrund ihrer Platzierung auf dem Baum des Lebens sind diese drei Sphären direkt mit dem Übernatürlichen verbunden. Die spirituelle Energie ist diejenige, die uns inspiriert, ethisch und moralisch zu handeln. Die Persönlichkeit und das Ego befinden sich im astralen Dreieck unterhalb des ethischen Dreiecks.

So wie es einen Schleier gibt, der das Überirdische vom Rest des Lebensbaums trennt (Schleier des Abgrunds), so gibt es auch einen Schleier, der das ethische Dreieck von den unteren Sphären trennt (Schleier von Paroketh). Das Astraldreieck besteht aus Netzach, Hod und Yesod. Es ist unbedingt notwendig, den Unterschied zwischen dem ethischen Dreieck und dem astralen Dreieck zu verstehen. Ein Mensch mit Ethik und Moral glaubt im Allgemeinen an das Gute in dieser Welt. Deshalb mäßigen Sie ihre Geburah mit Chesed - Ihre Willenskraft und Strenge mit bedingungsloser Liebe und Barmherzigkeit. Wenn Sie die bedingungslose Liebe nicht als Motivationsfaktor in Ihrem Leben nutzen, dann nutzen Sie stellvertretend die Selbstliebe, denn in allem gibt es Gegensätze, auch in den Ausdrucksformen der Liebe.

Der Planet, der Tiphareth zugeschrieben wird, ist die Sonne, der Planet der Vitalität und Kreativität. So wie die Sonne das Zentrum unseres Sonnensystems ist, ist Tiphareth das Zentrum des Lebensbaums. Die Alten nannten unsere Sonne "Sol", was wie das Wort "Seele" klingt. Auch das Wort "Solar" ist von "Sol" abgeleitet. Unsere Sonne hat alle Seelen in unserem Sonnensystem geboren, und sie nährt uns weiterhin durch ihr Licht, indem sie uns Wärme spendet und unsere Lebensenergie erhält. Wenn die Sonne eines Tages aufhören würde zu leuchten, würden alle Seelen in unserem Sonnensystem vernichtet werden.

Tiphareth hat auch eine engere Beziehung zu Chokmah, da es der Heilige Schutzengel (Ihr Gott-Selbst aus Chokmah) ist, der durch den Pfad der Emperor Tarotkarten in Tiphareth projiziert wird. Da Tiphareth mit allen Sphären außer Malkuth verbunden ist, wird es die Ideen enthalten, die in allen Sphären zu finden sind. Die Symbole von Tiphareth sind das Rosenkreuz, das Kalvarienkreuz, der Pyramidenstumpf, der Würfel und der hebräische Buchstabe Vav (als Teil von YHVH). Zu den Entsprechungen von Tiphareth mit Gottheiten gehören Osiris, Ra, Buddha, Dionysos, Apollo, Sol, Angus Og, Balder, Krishna, Surya, Legba und Eleggua.

NETZACH (SIEG)

Netzach ist die siebte Sephira des Lebensbaums und befindet sich am Fuß der Säule der Barmherzigkeit. Netzach funktioniert über das Manipura Chakra und entspricht dem Feuerelement (Astralelement), das die menschlichen Instinkte und

Begierden kanalisiert. Netzach steht auch mit den Gefühlen in Verbindung, die eine Eigenschaft des Wasserelements sind. Als solches nutzt es die Energie des unteren Chakras, Swadhisthana, und des oberen Chakras, Anahata. Es funktioniert also nicht nur durch ein bestimmtes Chakra, wie es bei den meisten Sephiroth unterhalb des Abyss der Fall ist.

Netzach ist das Feuer in Geburah, das durch die Sphäre von Tiphareth und die Persönlichkeit des Astraldreiecks projiziert wird und Begehren erzeugt. Der "Sieg" wird errungen, wenn die Schwere von Geburah mit der Schönheit von Tiphareth gemildert wird. Aufgrund seiner Platzierung auf dem Baum des Lebens erhält Netzach keine spirituelle Energie direkt von den Überirdischen. Es empfängt nur von den manifestierten Sephiroth unterhalb des Abyss. Der hebräische göttliche Name von Netzach ist YHVH Tzabaoth, während der Erzengel Haniel ist. Im Golden Dawn System der Magie gehört Netzach zum Philosophus (4=7) Grad der ersten Ordnung.

"Der siebte Pfad ist die okkulte Intelligenz, denn sie ist der strahlende Glanz aller intellektuellen Tugenden, die mit den Augen des Intellekts und durch die Kontemplation des Glaubens wahrgenommen werden. "Die Sepher Yetzirah" (über Netzach)

Der obige Verweis auf die "okkulte Intelligenz" weist auf die "verborgene Intelligenz" (Kether) hin, etwas in uns Verborgenes, das wir wiederentdecken müssen - unsere göttliche Natur, die von unseren weltlichen Emotionen und Denkprozessen verdeckt wird. So steht Netzach auch für den inneren Wunsch, spirituelle Erleuchtung zu erlangen und sich mit unserem höheren Selbst zu vereinen. Das Verlangen wird auf dieser Bewusstseinsebene zur manifestierten Komponente unserer Seele, da wir unser angeborenes Geburtsrecht, das spirituelle Reich - den Garten Eden - verloren haben. Durch Verlangen versuchen wir, mehr zu sein als das, was wir sind.

Netzach steht in Verbindung mit dem Nephesh, dem tierischen Selbst, und dem Ego. Es ist die dynamische Kraft, die uns inspiriert und antreibt. Es ist der Teil des Selbst, der subjektiv ist und nicht mit bedingungsloser Liebe wie Chesed, sondern mit persönlicher oder romantischer Liebe zu tun hat. Romantische Liebe involviert oft das Ego, und so werden unsere Unsicherheiten an die Oberfläche gebracht, damit wir uns damit auseinandersetzen. Da Netzach das Verlangen und die Emotionen sind, kann es dazu dienen, das Ego zu befriedigen oder das höhere Selbst zu erhöhen, indem es ethisches und moralisches Verhalten anregt. Man braucht Logik und Vernunft, um diese Entscheidung zu treffen, die durch das Gegenstück von Netzach, die Sphäre von Hod, symbolisiert wird.

Es ist schwer, Netzach das Feuerelement zuzuordnen, ohne es in Verbindung mit dem Wasserelement zu sehen, denn Netzach ist Emotion, und seine Farbe ist Smaragdgrün, eine Kombination aus dem Blau von Chesed und dem Gelb von Tiphareth. Daher ist Netzach mit Chesed, bedingungsloser Liebe und Barmherzigkeit verbunden. Netzach hat mit Verlangen zu tun und nutzt das Luftelement und Gedanken aus Anahata, dem Herzchakra, um zu projizieren. Es ist auch mit Yesod darunter verbunden, der Quelle unserer sexuellen Energie. Daher kann das Verlangen sexuelle Liebe und Lust sein, die damit zusammenhängen, wie das Ego liebt, mit Anhaftung. Glücklicherweise kann es zu bedingungsloser Liebe erhoben werden, wie es die Natur von Chesed oben ist.

Netzach ist der Wohnsitz des Gruppengeistes, der die Sammlung von Symbolen und Bildern in jedem von uns ist. Es ist die Quelle der Inspiration für den Künstler, den Tänzer, den Musiker und den Dichter. Der Planet, der Netzach zugeordnet ist, ist Venus, der Planet des Begehrens, der romantischen Liebe und der Schönheit. Die Symbole von Netzach sind die Rose, der Gürtel und die Lampe. Zu den Gottheiten, die Netzach zugeordnet sind, gehören Hathor, Aphrodite, Venus, Brigit, Freyr, Lakshmi, Parvati, Erzulie und Oshun.

HOD (PRACHT)

Hod ist die achte Sephira des Lebensbaums und befindet sich am unteren Ende der Säule der Schwere. Sie funktioniert über das Swadhisthana Chakra und entspricht dem Wasser- (Astral-) Element, da sie sich auf Logik und Vernunft bezieht, die primäre Eigenschaften von Hod sind. Aber so wie Netzach eine Affinität sowohl zum Feuer- als auch zum Wasserelement hat, so hat auch Hod eine Affinität, da Logik und Vernunft eine Form der freiwilligen mentalen Aktivität sind, die das Feuerelement als treibende Kraft nutzt. Daher funktioniert Hod durch Swadhisthana, aber auch durch Manipura, das durch das Luftelement und das Denken in Anahata gemildert wird.

Hod ist das Wasserelement von Chesed, projiziert durch die Sphäre von Tiphareth und die Persönlichkeit des Astraldreiecks. Mit anderen Worten, die Barmherzigkeit von Chesed, die durch die Schönheit von Tiphareth reflektiert wird, ergibt "Glanz". "Aufgrund seiner Position auf dem Baum des Lebens erhält Hod keine spirituelle Energie direkt von den Überirdischen. Genauso wie Netzach erhält Hod nur Energie von den manifestierten Sephiroth unterhalb des Abyss. Der hebräische göttliche Name von Hod ist Elohim Tzabaoth, während der Erzengel Michael heißt. Im Golden Dawn System der Magie gehört Hod zum Practicus (3=8) Grad der ersten Ordnung.

"Der Achte Pfad wird die Absolute oder Vollkommene Intelligenz genannt, weil er das Mittel des Ursprünglichen ist, das keine Wurzel hat, an der es sich festhalten kann, noch ruht, außer in den verborgenen Orten der Gedulah, der Großartigkeit, von der seine eigene Essenz ausgeht. "Die Sepher Yetzirah" (über Hod)

In dem obigen Auszug wird eine Position zwischen Kraft und Form angedeutet, die den Intellekt erschafft. Daher wird es die "Absolute oder Perfekte Intelligenz" genannt, da die Quelle der Kraft des Intellekts das Weiße Licht ist, das in jeder Hinsicht perfekt ist. Chesed wird von Qabalisten häufig als "Gedulah" bezeichnet, was sich auf das darin enthaltene Wasserelement bezieht. Der Intellekt nutzt das Wasserelement, um auf der Ebene des Hod einen Eindruck zu hinterlassen. Die Bildung von Intelligenz durch Logik und Vernunft ist ein Attribut auf dieser Ebene der Manifestation, da wir die spirituelle Komponente nicht mehr haben und rationalisieren müssen, um sie zu erreichen. Die Wiedervereinigung mit dem Geist ist eine Entscheidung, die wir bewusst und willentlich treffen müssen, während wir von Hod aus agieren.

Hod ist der rationale, organisierende und kategorisierende Aspekt des Verstandes, aus dem Schrift, Sprache und Kommunikation hervorgehen. Er repräsentiert die linke Hemisphäre des Gehirns, die intellektuelle Komponente. Ihr Gegenstück, die rechte Region, ist der emotionale Teil - Netzach. Logik und Vernunft bilden die Grundlage des Intellekts, der sich von der Intuition durch die Aufnahme von Wissen unterscheidet. Intuition ist ein direktes Erkennen der Wahrheit, da das archetypische Feuer aus der Außenwelt einen Eindruck auf die Seele macht.

Andererseits basiert der Intellekt auf im Laufe der Zeit erlerntem Wissen. Das Ego kann den Intellekt nutzen, um die Realität abzuleiten und zukünftige Lebensentscheidungen zu treffen. Er basiert auf dem Gedächtnis, das das Element Wasser aus Chesed ist, während die Intuition ein Impuls ist, eine Kraft, die aus dem Urelement Feuer aus Chokmah stammt. Der Intellekt kann genutzt werden, um zu entscheiden, ob die Person für sich selbst oder für andere arbeiten oder kämpfen will. Er sucht nach einer Belohnung für seine Handlungen. Als solches kommt er nicht aus einem Ort der bedingungslosen Liebe. Daher die sehr egoistische Natur der Sphäre von Hod, denn wenn er nicht die richtigen Informationen von den höheren Sphären erhält, kann er sich für das Ego entscheiden und rationalisieren, um eine Handlung auszuführen, die nicht im Namen des Guten ist, sondern stattdessen versucht, sich selbst und seine Wünsche zu befriedigen.

So wie Netzach die Wohnstätte des Gruppengeistes ist, ist Hod die Wohnstätte des individuellen Geistes. Es ist die geringere Form der Energie von Chesed, die durch Tiphareth vermittelt wird. Die Energie von Hod ist fließend und wässrig, genau wie der

Intellekt. Sie braucht Netzach, um den Intellekt zum Leben zu erwecken. Die Intelligenz ist abhängig von ihrem Gegenstück, der Emotion. Die Beziehung zwischen Netzach und Hod ist eine symbiotische Beziehung. Ihr gemeinsames Gleichgewicht unterstützt eine gesunde Persönlichkeit. Im Gegensatz zu den darüber liegenden Sphären sind Netzach und Hod die am häufigsten genutzten und für den Durchschnittsmenschen täglich leicht zugänglichen.

Hod nutzt die Luft, das Denken und die Vorstellungskraft von Tiphareth und die persönlichen Wünsche und Gefühle von Netzach, um seine Entscheidungen im Leben zu treffen. Hod ist orange, eine Kombination aus Geburahs Rot und Tiphareths Gelb. Daraus ergibt sich die Verbindung zu Geburah und dem Feuerelement - mit einer Verbindung zu Yesod, den ursprünglichen Impulsen und der sexuellen Energie.

Für viele Menschen sind Hod und Netzach die am meisten genutzten Sphären in ihrem Leben. Der vorherrschende Glaube in der Gesellschaft ist, dass man sich im Leben von Logik und Vernunft leiten lassen muss, während man dies mit seinen Emotionen und seinem angeborenen Wunsch nach Sex und der Suche nach einem Partner in Einklang bringen muss. Die kollektive Ebene der spirituellen Evolution der Gesellschaft liegt irgendwo zwischen diesen beiden Sphären.

Der Planet, der Hod zugeschrieben wird, ist Merkur, der Planet der Kommunikation, der Logik und der Vernunft. Merkur wird von den Griechen auch Hermes genannt. Die Assoziation von Hod mit dem Planeten Merkur (Hermes) ist passend, da Hermes als Erfinder der vielen intellektuellen Ausdrucksformen wie Mathematik, Astronomie, Sprache usw. gilt. Er ist auch der Gott der Weisheit und des Wissens, der mit der Sephira Chokmah verbunden ist. Da Chokmah Weisheit ist, wirkt sich der Ausdruck des darin enthaltenen Wissens durch den Intellekt auf Hod aus.

Die Symbole von Hod sind die *göttlichen Namen der Macht* (die in der Magie verwendet werden) und der Freimaurerschurz. Hods Gottheitskorrespondenzen sind Anubis, Khnum, Hermes, Merkur, Ogma, Loki, Bragi, Hanuman, Simbi und Shango.

YESOD (DIE STIFTUNG)

Yesod ist die neunte Sephira des Lebensbaums und befindet sich unter Tiphareth auf der Säule des Gleichgewichts. Yesod ist das Ergebnis der Einheit zwischen Netzach und Hod, als die Sephira der Astralebene, die das Astrallicht enthält. Es ist der Empfänger der Energien aus jeder vorangegangenen Sephira, die, wenn sie kombiniert werden, eine subtile, astrale Blaupause schaffen, die aus Astrallicht besteht. Daher wird sie auch "Fundament" genannt, da sie die Grundlage aller Dinge ist. Der hebräische göttliche Name von Tiphareth ist Shaddai El Chai, während der Erzengel

Gabriel heißt. Im Golden Dawn System der Magie gehört Yesod zum Theoricus (2=9) Grad der ersten Ordnung.

"Der neunte Pfad ist die reine Intelligenz, die so genannt wird, weil sie die Zahlen reinigt, sie prüft und korrigiert die Gestaltung ihrer Darstellung und verfügt über ihre Einheit, mit der sie ohne Verkleinerung oder Teilung verbunden sind. "Die Sepher Yetzirah" (über Yesod)

Yesods Aufgabe ist es, die vorhergehenden Emanationen zu korrigieren und zu läutern, bevor sie sich im materiellen Reich manifestieren, daher sein Name "Reine Intelligenz". Er ist von Natur aus reflektierend und allgegenwärtig, ebenso wie das Astrallicht, seine Substanz. Sie ist ein Medium aus äußerst subtiler Materie, die hochgradig magnetisch und elektrisch ist, da sie die Impulse der darüber liegenden Sphären empfängt, um die Physische Welt zu erschaffen. Es ist die unveränderliche und endlose Ebbe und Flut aller unsichtbaren Kräfte in der Welt, da es ihre eigentliche Existenzgrundlage darstellt.

Die intuitiven Fähigkeiten fließen in Yesod ein - denn Yesod hat eine Verbindung zu Binah (Verstehen). Die irdische Ebene ist auf Yesod aufgebaut, der das Ätherkörper-Doppel von allem, was existiert, ist - das Fundament. Jedes weltliche Ereignis entfaltet sich auf der Astralebene, bevor es sich auf der physischen Ebene manifestiert. Aus diesem Grund bedient sich der Magus des Yesod und des Astrallichtes, um die Aktivitäten der Welt vor ihrer physischen Manifestation zu beeinflussen. Wie das hermetische Axiom besagt, "Wie oben, so unten" - was wir in einer Ebene verändern, manifestiert sich in einer anderen. Dieser Prozess ist die Essenz der Magie, die sich in Yesod entfaltet - wie alle magische Arbeit.

In Bezug auf die menschliche Aura ist Yesod das (astrale) Luftelement. Es funktioniert durch Anahata, das Herz-Chakra, aber auf einer viel niedrigeren Ebene als Tiphareth, da es die Sexualität und die Emotionen nutzt, die in den Chakren Swadhisthana und Muladhara zu finden sind. Da Yesods Position in der Leistengegend ist, würde seine Platzierung irgendwo zwischen dem Erd-Chakra, Muladhara, und dem Wasser-Chakra, Swadhisthana, liegen.

Einige spirituelle Denkschulen ordnen die Sexualität dem Erd-Chakra, Muladhara, zu, da die Quelle der Kundalini im Erd-Chakra am Steißbein, an der Basis der Wirbelsäule, liegt. Das Steißbein ist der tiefste Punkt des menschlichen Energiesystems, das sich mit den Nebenchakren in den Fußsohlen verbindet, die wiederum mit der Erde verbunden sind. Die Sphäre von Malkuth würde sich genau an den Füßen befinden, wo sie die Erde berühren, auf der wir gehen. So aktivieren die Fußsohlenchakren das Erdchakrazentrum an der Basis der Wirbelsäule. Da Yesod der

Sitz des Egos und des Unterbewusstseins ist, steht es auch mit dem Wasser-Chakra, Swadhisthana, in Verbindung. Auch hier ist es schwierig, die Chakren den Sephiroth des Lebensbaums zuzuordnen, da die Sephiroth in ihrer Funktion komplexer sind.

Aufgrund seiner Position auf dem Lebensbaum erhält Yesod keine direkte spirituelle Energie; daher wird es am häufigsten vom Ego benutzt. Das Ego befindet sich im Astraldreieck, das vom ethischen Dreieck durch den Schleier von Paroketh getrennt ist. Er ist auch bekannt als der "Schleier des Tempels" oder der "Schleier der Illusion". Der Tempel, auf den hier Bezug genommen wird, ist der innere Tempel, der das innere Gott-Selbst des Menschen beherbergt. Unser Gott-Selbst ist ein Teil des Überirdischen. Die spirituelle Energie wird durch den Weg der Hohepriesterin in das ethische Dreieck gebracht. Der Schleier von Paroketh trennt also den Geist von der Materie. Unter dem Schleier leben wir in der Illusion, dass die Welt der Materie substantiell und real ist.

Die Tarotkarte Mäßigung stellt den Weg dar, der Yesod mit Tiphareth, dem Mond und der Sonne, verbindet und der den Schleier von Paroketh mit Hilfe des Bogens von Quesheth zerreißt, der symbolisch für einen Regenbogen steht. Der Regenbogen dient als Brücke zwischen Himmel und Erde, zwischen Gottheit und Menschheit. Diese Brücke bezieht sich auf die Chakren in der menschlichen Aura, die, wenn sie durch die Kundalini-Energie auf ihrem Aufstieg gestärkt werden, den Regenbogenkörper, den Körper des Lichts, aktivieren.

Das Wort "Paroketh" setzt sich aus vier hebräischen Buchstaben zusammen, von denen jeder für eines der vier Elemente steht: Peh (Wasser), Resh (Luft), Kaph (Feuer) und Tav (Erde). Der Schleier von Paroketh wird gelüftet, wenn wir das gesamte latente Potenzial im Körper des Lichts aktivieren, indem wir die Kundalini erwecken und sie zum Kronenchakra erheben. Nur dann können wir die Welt um uns herum als das wahrnehmen, was sie ist - Maya, eine Illusion.

Sexualität ist eine Funktion des physischen Körpers, der Malkuth ist - die niedrigste Sphäre und eine unter Yesod. Yesod kanalisiert Logik, Vernunft und Emotionen aus den beiden höheren Sphären darüber, Netzach und Hod. Das astrale Dreieck aus Netzach, Hod und Yesod ist die am leichtesten verfügbare Energie für die Menschheit und eine, die wir täglich nutzen. Die Nutzung dieser Energien formt unser Ego und unsere Persönlichkeit.

Yesod ist der Beginn der Astralebene, der Welt der Gedanken, Emotionen, Phantasie, Willenskraft, Erinnerung, Intuition und des höheren Willens. Es ist alles, was wir in uns tragen, was nicht der bloße physische Körper ist, den wir im Spiegel sehen. Die Tarotkarte Universum ist die perfekte Darstellung von Yesod - es ist die Blaupause des Äußeren Universums und des Inneren Universums - einschließlich all der verschiedenen Aspekte, die in den Sephiroth über Yesod enthalten sind. Als solches ist Yesod unser Tor zum inneren Selbst durch die Astralwelt.

Die Sexualität ist die treibende Kraft des Egos, aber auch unsere Quelle der Kreativität. Sie ist der Mechanismus, der uns, wenn er sublimiert (transformiert) wird, spirituelle Erleuchtung schenken kann. Die sexuelle Energie wird durch Prana (Hindu), Chi oder Qi (Chinesisch), Mana (Hawaiianisch) gespeist. Sie ist die Grundlage unserer Existenz. Alle drei oben genannten Begriffe bedeuten im Wesentlichen Lebensenergie oder Lebenskraft. Folglich erhalten wir diese Lebensenergie durch Nahrung und Wasser, da sich die darin enthaltenen Nährstoffe in Lichtenergie umwandeln, die die Essenz von Prana ist. Diese Energie wird dann durch die Nadis - die energetischen Bahnen oder Kanäle im Körper - verteilt. Die Lichtenergie erhält unsere innere und äußere Welt aufrecht. Ihre Quelle ist die spirituelle Energie.

In ihrem potenziellen Zustand befindet sich die Kundalini an der Basis der Wirbelsäule und wird durch sublimierte sexuelle und pranische Energie von Yesod ausgelöst. Die Kundalini ist mit Malkuth, der Erde, verbunden, wird aber durch die Gedanken und Gefühle von Hod und Netzach stimuliert.

Alle Teile des Lebensbaums müssen in den Prozess einbezogen werden, wenn man ein vollständiges Erwachen erleben will. Der Gebrauch der Vorstellungskraft (Tiphareth) muss durch die Anwendung von Willenskraft (Geburah) und Erinnerung (Chesed) vorhanden sein. Am wichtigsten ist jedoch, dass Weisheit (Chokmah) und Verständnis (Binah) in den Prozess einbezogen werden, da die Kundalini-Energie auf ihrem Aufstieg das Gehirn erreichen muss - das bedeutet, dass das Ajna Chakra während des Kundalini-Erweckungsprozesses in irgendeiner Weise beteiligt sein muss.

Wenn die Überirdischen nicht in den Prozess einbezogen werden, wird die Kundalini-Energie niemals das Gehirn erreichen, sondern stattdessen zur Basis der Wirbelsäule zurückfallen - und der Prozess wird sich in Zukunft wiederholen. All diese inneren Funktionen werden durch Yesod, die Astralwelt, erreicht - daher ist sie die Grundlage aller Dinge, die das innere Selbst betreffen.

Der Planet, der Yesod zugeordnet ist, ist der Mond, und seine Farbe ist violett. Der Mond ist der Planet der Gefühle, Stimmungen und Instinkte. Der Mond macht bei der Beschreibung von Yesod vollkommen Sinn, weil der Mond nur das Licht der Sonne reflektiert, so wie Yesod nur das in Tiphareth enthaltene Licht reflektiert. Yesod hat keinen direkten Kontakt mit dem ethischen Dreieck, außer seiner Reflexion durch Tiphareth. Er hat keinen direkten Kontakt mit Geburah und Chesed, aber die Tatsache, dass ihre Farben in ihm enthalten sind (Rot und Blau ergeben Violett) zeigt, dass er diese Sphären reflektiert, wenn auch indirekt.

Der Mond erschafft eine Illusion in unserem Geist, da er die Wahrheit nicht direkt wahrnehmen kann. Die Alten nannten den Mond "Luna", und das Wort "lunatic" (das chaotisches und unberechenbares Verhalten beschreibt) ist mit der Funktion des Mondes verbunden. Jetzt sehen Sie, warum die Illusionen in unserem Geist diese Art von Reaktion auslösen.

Die Sphären von Yesod, Hod und Netzach bilden das Astraldreieck. Das astrale Dreieck ist ein Spiegelbild des ethischen Dreiecks, so wie die Persönlichkeit den Charakter eines Menschen widerspiegelt. Der Charakter ist auf Tugenden aufgebaut, und er erhebt das Höhere Selbst. Tugenden gehören zu dem ewigen Teil von uns, der nie geboren wurde und nie sterben wird. Im Gegensatz dazu gehört die Persönlichkeit zum Ego und zum Bereich der Dualität, einschließlich des Zyklus von Tod und Wiedergeburt. Jedes Mal, wenn ein Mensch stirbt, stirbt auch sein Ego, nur um in einem anderen physischen Körper wiedergeboren und von Grund auf neu aufgebaut zu werden.

Die mit Yesod assoziierten Symbole sind Parfüm und Sandalen. Die Gottheitsentsprechungen von Yesod sind Shu, Khonsu, Artemis, Diana, Cerridwen, Nanna, Chandra, Soma, Masa und Yemaya.

MALKUTH (DAS KÖNIGREICH)

Malkuth ist die zehnte Sephira des Lebensbaums und befindet sich direkt unter Yesod auf der mittleren Säule des Gleichgewichts. Malkuths Position ist bei den Füßen, die auf der Erde gehen. Daher ist Malkuth unsere Verbindung zu Mutter Erde. Die Kleinen Chakren an den Fußsohlen sind durch die Energiekanäle in den Beinen mit der Basis der Wirbelsäule verbunden. So ist Malkuth direkt mit dem Wurzelchakra, Muladhara, und der Kundalini-Energie verbunden. In Bezug auf die menschliche Aura ist Malkuth das (spezifische) Element Erde.

In all seinen Bezeichnungen ist Malkuth immer dem Element Erde zugeordnet. Es ist die physische Realität, das Universum, das wir berühren, hören, sehen, riechen und schmecken können. Alles, was über den Punkt Malkuth hinausgeht, nutzt unsere innere sexuelle Energie durch den Baum des Lebens und seine Sephiroth, die die Kräfte sind, die zusammenarbeiten, um unsere Realität zu manifestieren. Malkuth ist das "Königreich", in dem wir leben, uns bewegen und unser Sein haben. Der hebräische göttliche Name von Malkuth ist Adonai ha-Aretz, während der Erzengel Sandalphon ist. Im Golden Dawn System der Magie gehört Malkuth zum Zelator (10=1) Grad der ersten Ordnung.

"Der zehnte Pfad ist die strahlende Intelligenz, die so genannt wird, weil sie über jedes Haupt erhaben ist und auf dem Thron von Binah sitzt. Sie erleuchtet den Glanz aller Lichter und bewirkt, dass ein Einfluss vom

Fürsten der Gesichter, dem Engel von Kether, ausgeht. "Die Sepher Yetzirah" (über Malkuth)

Der Begriff "Glänzende Intelligenz" impliziert eine enge Verbindung zu Kether, da die Zahl Eins in der Zahl Zehn enthalten ist. Kether, der Geist, existiert in allem um uns herum, vom kleinsten Insekt bis hin zum Boden, auf dem wir gehen. Im Sinne des Vier-Welten-Konzepts (auf das wir später noch eingehen werden) wird Malkuth zu Kether in einem anderen Lebensbaum auf einer anderen Realitätsebene.

Es gibt auch eine Verbindung zwischen Binah, der Großen Mutter, und Malkuth, der Unteren Mutter. Einmal vergeistigt, wird Malkuth, das Königreich, zu Binah, dem Verstehen. Diese Verbindung findet sich in den Farben von Malkuth wieder, die Citrin, Oliv, Rotbraun und Schwarz sind. Oft wird Malkuth als rein schwarz beschrieben, was ihm die Assoziation mit Binah verleiht, da es ebenfalls schwarz ist. Binah ist das Große Weibliche Prinzip und der Heilige Geist im christlichen Sinne, während Malkuth die Manifestation dieses Heiligen Geistes in der Materie ist.

Malkuth ist gleichbedeutend mit Gaia, als Mutter Erde, obwohl Malkuth die gesamte Materie im Universum repräsentiert. Beachten Sie auch die klangliche Ähnlichkeit zwischen dem Wort "Materie" und "Mutter". Das sagt Ihnen, dass es eine Korrelation zwischen diesen beiden Ideen gibt.

Da Binah die spirituelle Blaupause von Malkuth ist, besteht unsere allgemeine Aufgabe als Eingeweihte des Lichts darin, unsere eigene Erde zu vergeistigen (metaphorisch gesprochen) und den Garten Eden wiederherzustellen. Wir müssen unser eigenes Malkuth zurück in Binah erheben. (Auf die Symbolik des Gartens Eden werden wir später noch eingehen.) Aber um das zu tun, müssen wir alle Sephiroth zwischen Malkuth und Binah vergeistigen. Der Gesamtzweck unseres Lebens hier auf der Erde ist die spirituelle Evolution.

Malkuth, das Königreich, ist die Welt der Materie, aber auch die Pforte zum *Reich Gottes*. Wie Jesus Christus verkündete: "Siehe, das Reich Gottes ist inwendig in dir" (Lukas 17,21). Das Konzept, dass das Reich Gottes nicht etwas "da draußen" ist, sondern etwas in jedem von uns, ist eine der wichtigsten Botschaften Jesu an die Menschheit. Das Reich Gottes ist bereits in Malkuth vorhanden, weil es mit Binah und dem Heiligen Geist verbunden ist. Es liegt jedoch an jedem Einzelnen, sein Bewusstsein auf seine Ebene zu heben. Und das geschieht durch Weisheit und Verständnis, durch die Einsicht, dass wir Geist und Materie in einem sind.

Malkuth ist der Ausgangspunkt der Inneren Welten (kosmischen Ebenen) und der inneren Vorgänge des Menschen. Während Malkuth stabil bleibt, sind die anderen Sephiroth über ihm kinetisch und mobilisiert. Die Stabilität von Malkuth ist das Ergebnis seiner niedrigen Schwingungsrate. Alle Sphären über Malkuth schwingen mit höheren Frequenzen, wobei die Schwingung von Sphäre zu Sphäre zunimmt, wenn man sich nach oben arbeitet. Malkuth ist der Empfänger des ätherischen Rahmens der Manifestation von Yesod. Er ist der Behälter der übrigen neun Sephiroth, da er diese Energien im materiellen Reich erdet. Als solches ist es die letzte Sephira der Form. Malkuth ist das endgültige Gefäß für all die verschiedenen Energieströme, die den Baum des Lebens ausmachen.

Malkuth ist auch mehr als nur die physische Welt und die Erde. Es ist auch die Sephira, auf der jedes der anderen drei Elemente basiert, nur in einer niedrigeren Form der Manifestation. In der Qabalah werden sie die Basiselemente genannt. Sie werden in den Farben von Malkuth dargestellt, da sie die Kräfte der drei Sephiroth von Yesod, Hod und Netzach widerspiegeln. Malkuth ist nur mit diesen drei Sephiroth auf dem Baum des Lebens verbunden. Malkuth ist auch dem Erd-Element (Astral) zugeordnet, was bedeutet, dass es sich zwar auf die physische Welt bezieht, aber auch eine Verbindung mit der Astralwelt hat. Malkuth manifestiert sich durch das Muladhara Chakra, das auch einen subtilen Körper hat, der als unterer Astralkörper (Ätherkörper) bezeichnet wird.

Bei den vier Elementen gibt es drei verschiedene Zustände der Materie: fest (Erde), flüssig (Wasser) und gasförmig (Luft). Dem Element Feuer wird das Prinzip der Elektrizität zugeordnet. Alle physikalischen Phänomene fallen unter die vier Elemente, was uns die Möglichkeit gibt, ihren Charakter und ihre Eigenschaften zu verstehen. Jedes der vier Elemente wird verwendet, um die physische, materielle Essenz von Malkuth zu beschreiben.

Die Symbole von Malkuth sind der doppelte kubische Altar, der mystische Kreis, das Dreieck der Kunst (Evokation) und der hebräische Buchstabe Heh-final (als Teil von YHVH). Zu den Gottheitsentsprechungen von Malkuth gehören Geb, Demeter, Ceres, Cernunnos, Nerthus, Ganesha, Azaka und Ochosi.

DER PFAD DES FLAMMENDEN SCHWERTES

Der Pfad des Flammenden Schwertes (Abbildung 5) stellt die Abfolge der Manifestation der Sephiroth dar. Das Flammende Schwert wird von Qabalisten oft als "Blitz" bezeichnet. Im Wesentlichen steht der Pfad des Flammenden Schwertes für den Prozess der Schöpfung. Seine Abfolge beginnt mit Kether, gefolgt von Chokmah, dann Binah, Daath, Chesed, Geburah, Tiphareth, Netzach, Hod, Yesod und endet mit Malkuth.

Nach der Überlieferung der Qabalisten wurde, als Michael Luzifer aus dem Himmel verbannte, das Flammenschwert an seinem Platz platziert, um ihn an der Rückkehr zu hindern. Luzifer ist bekannt als das "Licht des Morgensterns" - der Funke des höheren Bewusstseins im Menschen, der uns dazu inspiriert, nach mehr als nur einer einfachen physischen Existenz zu streben. Der Fall Luzifers ist gleichbedeutend mit unserem Fall aus dem Garten Eden. Wir sind Luzifer in dieser Geschichte.

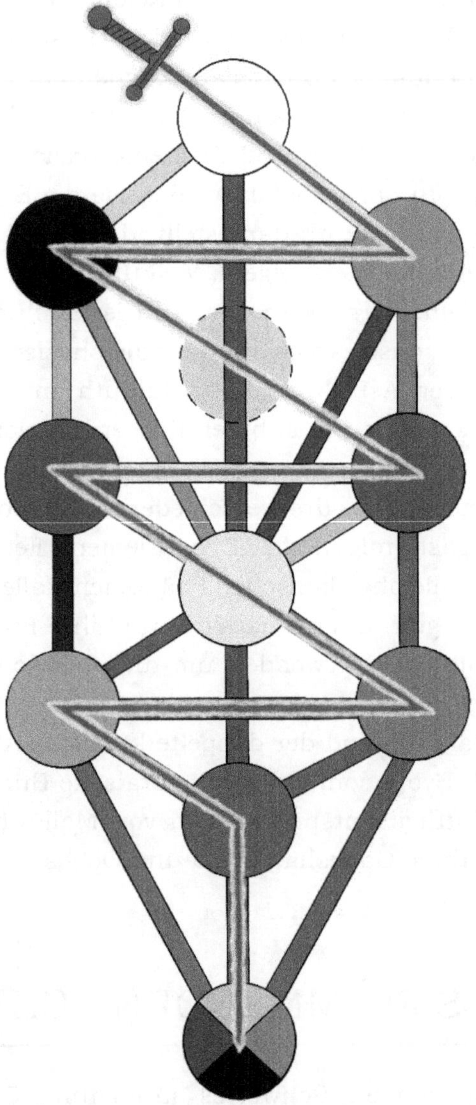

Abbildung 5: Der Pfad des flammenden Schwertes

Wenn wir den Garten Eden wieder betreten wollen, müssen wir den Baum des Lebens erklimmen, indem wir den Pfad des Flammenden Schwertes in umgekehrter Richtung beschreiten. Wir beginnen in Malkuth und schreiten durch die unteren vier Chakren, bevor wir den Abgrund bei Daath in das Reich der Geister überqueren. Bei einer vollständigen Kundalini-Erweckung wird der gesamte Lebensbaum aktiviert, einschließlich der Überirdischen. Das Bewusstsein kann jedoch erst dann mit der vollen Kapazität des Lichts arbeiten, wenn die unteren Sphären (die den unteren Chakren entsprechen) alle energetisch gereinigt wurden. Man muss den Lebensbaum über die umgekehrte Sequenz des Pfades des flammenden Schwertes hinaufwandern.

DIE SCHLANGE DER WEISHEIT

In der Qabalah bezieht sich die Schlange der Weisheit (Abbildung 6) auf die Richtung oder den Verlauf der hebräischen Buchstaben, die auf den zweiundzwanzig Tarot-Pfaden der Zweiunddreißig Pfade der Weisheit stehen. Zusammen bilden diese Pfade ein Symbol - die Schlange der Weisheit. Daher entsprechen die Tarot-Pfade der Schlange der Weisheit, während die Sephiroth dem Pfad des Flammenden Schwertes entsprechen. So wie der Pfad des flammenden Schwertes die Schöpfung darstellt, die vom höchsten zum niedrigsten Pfad (Kether zu Malkuth) hinabsteigt, so erklimmt die Schlange der Weisheit den Baum des Lebens vom niedrigsten Pfad (Tav) zum höchsten Pfad (Aleph).

Sie können nun sehen, wie die Symbolik der Schlange in der Qabalah und dem Lebensbaum präsent ist. Es ist die Kundalini-Energie, die den gesamten Lebensbaum erhellt, wenn sie erweckt wird. Es ist die Schlange, die Eva im Garten Eden dazu verleitet hat, vom Baum der Erkenntnis von Gut und Böse zu essen, obwohl Gott dies strikt verboten hat. Durch ihren Ungehorsam gegenüber Gott wurden Adam und Eva aus dem Garten verbannt.

Nun ist es wieder diese Schlange, durch die wir in den Garten Eden zurückkehren sollen. Wir tun dies durch die Erweckung der Kundalini, deren Prozess gleichbedeutend ist mit der Aktivierung und Belebung des gesamten Lebensbaums und der Reise nach oben im Bewusstsein. Wir steigen den Lebensbaum der Reihe nach aufwärts, beginnend mit der untersten Sephira, Malkuth, und endend mit der höchsten Sephira, Kether.

"Das große Werk ist vor allen Dingen die Schöpfung des Menschen durch sich selbst, das heißt, die volle und vollständige Eroberung seiner Fähigkeiten und seiner Zukunft; es ist vor allem die vollkommene Emanzipation seines Willens." - Eliphas Levi; Auszug aus "Transzendentale Magie"

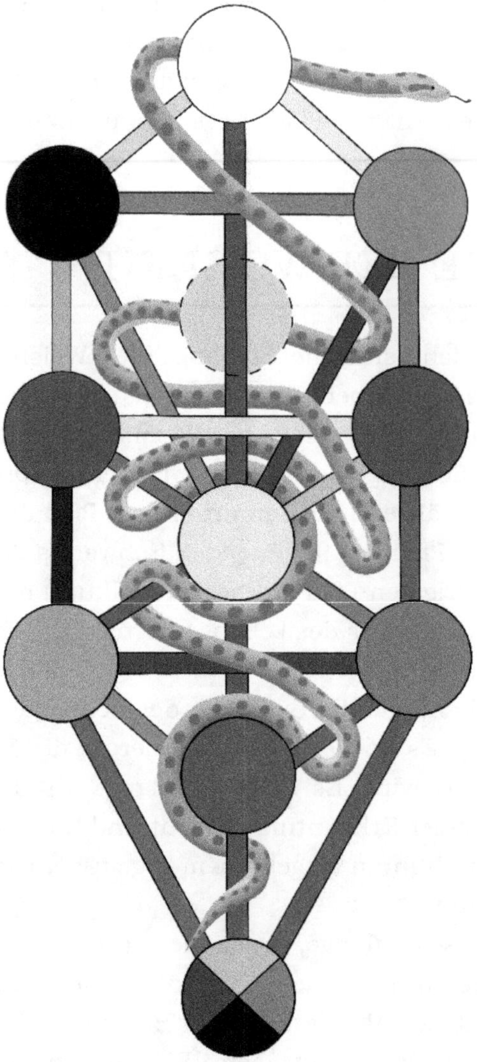

Abbildung 6: Die Schlange der Weisheit

Dieser gesamte Prozess wird das Große Werk oder die Spirituelle Alchemie genannt und ist die Grundlage dieses Buches. Der Zweck des Großen Werkes ist die Erleuchtung oder die spirituelle Evolution und der Aufstieg. Die Durchführung des Großen Werkes wird Ihre persönliche Kraft entfesseln und Ihr Potenzial in diesem Leben maximieren. Und für diejenigen, die ein Kundalini-Erwachen erleben, wird es ihnen die Werkzeuge geben, mit denen sie eine tägliche Praxis haben, mit der sie die Angst und Furcht bekämpfen können, die entfesselt wird, wenn sie ein Erwachen durchmachen, besonders ein vollständiges, anhaltendes Erwachen.

DIE ZWEIUNDDREIßIG PFADE DER WEISHEIT

Um die Qabalah wirklich zu schätzen, muss man verstehen, wie tiefgreifend das System ist. Bisher habe ich den Baum des Lebens und die zehn Sphären erläutert. Es gibt jedoch zweiundzwanzig Verbindungspfade zwischen ihnen - die zweiundzwanzig Pfade ergeben zusammen mit den zehn Sephiroth die zweiunddreißig Pfade der Weisheit. Die zweiundzwanzig Pfade entsprechen den zweiundzwanzig Großen Arkana des Tarot, die wiederum mit den drei Hauptelementen Luft, Feuer und Wasser, den zwölf Tierkreiszeichen und den sieben alten Planeten korrespondieren. Die Elemente werden in diesem Fall "Übergangselemente" genannt, da sie Energien darstellen, die sich im Übergang zwischen den Sephiroth befinden.

Die zweiundzwanzig Pfade korrelieren auch mit den zweiundzwanzig Buchstaben des hebräischen Alphabets, die in ihrem Gebrauch als sehr magisch gelten, sei es durch das Schreiben oder die Aussprache der hebräischen göttlichen Namen. Alles, was ich gerade erwähnt habe, wird als hermetisches Wissen betrachtet, da die Hermetik im Wesentlichen das Studium unseres Sonnensystems und seiner Energien ist.

Wie bereits erwähnt, ist die Qabalah die Blaupause des Universums (insbesondere unseres Sonnensystems), einschließlich der kosmischen Ebenen der Existenz. Die zehn Sephiroth sind Zustände des Bewusstseins. Die verbindenden Pfade sind die Energien, die in diese Zustände hinein und aus ihnen heraus fließen. Das Verständnis dieser Pfade bietet Ihnen einen immensen Einblick in Ihre Psyche und Persönlichkeit und gibt Ihnen einen Fahrplan, um sicher und effizient von einem Bewusstseinszustand in den nächsten zu gelangen.

Da jeder Mann und jede Frau ihren Lebensbaum hat, bedeutet dies, dass wir unser Bewusstsein irgendwo auf unserem Baum abbilden können. Wenn du zum Beispiel Logik und Vernunft benutzt, befindet sich dein Bewusstsein in Hod, während du, wenn du die Emotion des Verlangens erlebst, in Netzach bist. Wenn Sie das Gefühl der Angst empfinden, befinden Sie sich in Ihrem Unterbewusstsein, das sich in Jod befindet - dies ist folglich der Ort, an dem Ihre sexuelle Energie aktiviert wird. Wenn Sie Ihre Vorstellungskraft nutzen, befinden Sie sich in Tiphareth, und wenn Sie Ihre Willenskraft einsetzen, arbeiten Sie von Geburah aus. Der Prozess der Erinnerung an die Vergangenheit findet in Chesed statt, ebenso wie die bewusste Anwendung der Energie der bedingungslosen Liebe. Im Übernatürlichen tritt Intuition als direktes Wissen um die Wahrheit auf. Dies sind einige der Entsprechungen der Qabalah zu unserer psychologischen Konstitution, aber es gibt noch viele mehr.

In der Qabalah geht es um Entsprechungen zwischen Dingen, die wir in der Natur finden, und deshalb ist das Auswendiglernen dieser Entsprechungen der erste Schritt zur Erlangung der Gnosis. Durch den Prozess der Gnosis wird Ihr eigenes Höheres

Selbst zu Ihrem Lehrer. Ihr eigener Höherer Genius (Heiliger Schutzengel) lehrt Sie die wahre Qabalah - das ist der Teil von Ihnen, der von Gott ist, der Teil von Ihnen, der ewig ist - das Höhere Selbst. Die bewusste Arbeit Ihrerseits besteht darin, sich die Entsprechungen einzuprägen. Diese Erinnerungen werden wie Aktenschränke sein, die der Höhere Genius benutzen wird, um Sie zu lehren.

DAS HEBRÄISCHE ALPHABET

Die Sepher Yetzirah teilt die zweiundzwanzig Buchstaben des hebräischen Alphabets in drei verschiedene Klassen ein: die Mutterbuchstaben, die Doppelbuchstaben und die Einfachen. Die drei Mutterbuchstaben sind Aleph, Mem und Shin. Sie bilden eine Dreifaltigkeit, aus der alles in der Schöpfung hervorgeht. Die drei Mutterbuchstaben entsprechen den Elementen Luft, Wasser und Feuer. Mem (Wasser) und Shin (Feuer) sind Gegensätze, während Aleph (Luft) das ausgleichende Element zwischen ihnen ist.

Der Geist, auch wenn er zum besseren Verständnis als Element betrachtet wird, ist im Wesentlichen der Klebstoff von allem, was existiert, aber er ist im Lebensbaum nicht auf einem der zweiundzwanzig Pfade zu finden. Der beste Weg, den Geist zu verstehen, ist, ihn als den himmlischen Teil des Baumes zu begreifen. Auch Malkuth ist kein separater Bestandteil, da es die Welt der Materie ist. Sowohl Geist als auch Materie stellen das Alpha und das Omega dar - den Anfang und das Ende des Universums.

Zu den sieben Doppelbuchstaben gehören Beth, Gimel, Daleth, Kaph, Peh, Resh und Tav. Sie werden als Doppelbuchstaben bezeichnet, da jeder Buchstabe in seiner Aussprache einen harten und einen weichen Klang enthält. Außerdem hat jeder von ihnen einen doppelten Satz von Eigenschaften. Die Doppelgänger stehen für die sieben antiken Planeten, die sieben Tage der Schöpfung, die sieben Öffnungen des Menschen (für die Wahrnehmung) und die sieben Raumrichtungen (Norden, Osten, Süden, Westen, Oben, Unten, Mitte).

Die zwölf einfachen (oder einzelnen) Buchstaben sind Heh, Vav, Zayin, Cheth, Teth, Yod, Lamed, Nun, Samekh, Ayin, Tzaddi und Qoph. Die zwölf Simples stehen für die zwölf verschiedenen Tierkreiszeichen, die zwölf Monate des Jahres und die zwölf verschiedenen Organe des menschlichen Körpers.

Wie bereits erwähnt, entsprechen die zweiundzwanzig Pfade des Lebensbaums den zweiundzwanzig Buchstaben des hebräischen Alphabets. Ihre wörtlichen Übersetzungen haben auch eine sehr esoterische Bedeutung, die es Ihnen ermöglicht, ein noch tieferes Verständnis der Qabalah zu entwickeln. Ich werde diese Übersetzungen in dem Abschnitt über die Großen Arkana des Tarot näher erläutern.

DER BAUM DES LEBENS UND DAS SONNENSYSTEM

"Denn die Sonne befindet sich im Zentrum des Kosmos und trägt ihn wie eine Krone." - Hermes Trismegistus; Auszug aus "Hermetica: Das griechische Corpus Hermeticum und der lateinische Asklepios"

Menschen, die sich nach dem Baum des Lebens erkundigen, bitten um eine möglichst praktische Beschreibung dessen, was er ist. Die Antwort auf ihre Frage ist einfach: Der Baum des Lebens ist die Blaupause unseres Sonnensystems. Wenn wir den Lebensbaum nehmen, ihn horizontal auslegen und jede Sphäre als den Planeten wahrnehmen, dem sie entspricht, erhalten wir ein dreidimensionales Layout, das fast identisch mit der Anordnung der Planeten in unserem Sonnensystem ist.

Denken Sie daran, dass die Alten nichts von den neuen Planeten Uranus, Neptun und Pluto wussten; daher wurden sie nicht als Teil des qabalistischen Rahmens aufgenommen. Einige moderne Qabalisten fügen sie hinzu, indem sie Chokmah dem Uranus und Kether dem Neptun zuordnen. Aufgrund seiner Größe und seiner unregelmäßigen Umlaufbahn wurde Pluto als Planet degradiert. In den letzten Jahren wurde er jedoch wieder als Planet eingestuft.

Obwohl die Erde in unserem Sonnensystem zwischen Venus und Mars liegt, würden wir, wenn wir die Erde an die Stelle der Sonne als Zentrum setzen, aus dem alle anderen planetarischen Energien hervorgehen, die exakte numerische Reihenfolge erhalten, die der Positionierung der Planeten auf dem Baum des Lebens entspricht. Wenn die Erde das Zentrum unseres Sonnensystems ist, dann wäre der Mond der nächste (am nächsten zur Erde), gefolgt von Merkur, Venus, der Sonne (anstelle der Erde), Mars, Jupiter und Saturn.

Diese Anwendung macht viel Sinn, wenn wir die Korrespondenz zwischen den Worten "Seele" und "Sol", dem lateinischen Namen, den die Alten für die Sonne verwendeten, anwenden. Das Licht der Seele korreliert mit dem Licht der Sonne. Es ist nicht das physische Licht, das wir mit unseren Augen sehen, sondern ein Licht mit einer höheren Schwingungsfrequenz. Es ist kein Wunder, dass die Alten die Seele als den "Ewigen Funken der Sonne" bezeichneten. Da wir also unsere physische Existenz auf der Erde haben und unsere Seele von der Sonne in unserem Sonnensystem stammt, ist das Licht in unserer Seele unsere Verbindung zu unserem Schöpfer. Es ist die höchste Quelle in uns und das, was wir im Grunde genommen sind. Dies deckt sich mit den Lehren von Jesus Christus und dem ersten Monotheisten der Geschichte - dem ägyptischen Pharao Echnaton.

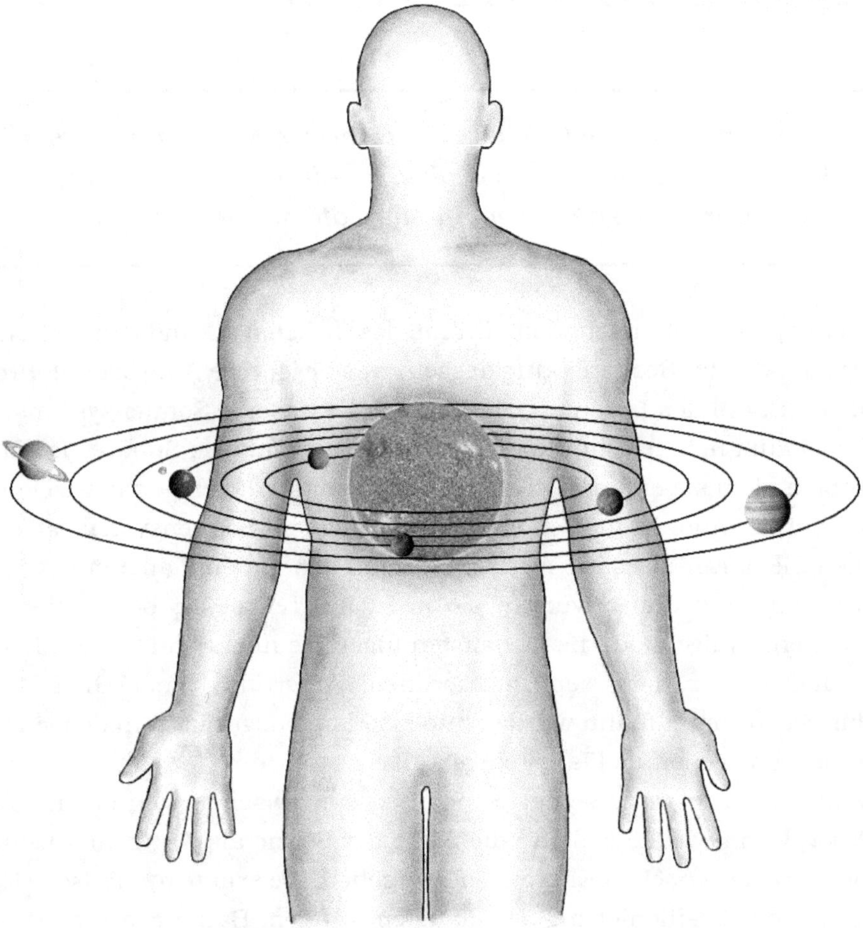

Abbildung 7: Der Mensch als Mini-Sonnensystem

Die Planeten werden durch eine kugelförmige Kraft, die sich als unsichtbare konzentrische Kugel manifestiert, auf ihrer Umlaufbahn um die Sonne gehalten. Optisch sieht dies ähnlich aus wie die Schichten einer Zwiebel, die übereinander liegen. Wenn wir uns vorstellen, dass die Erde das Zentrum der Zwiebel ist, sind die planetarischen Energien ihre Schichten, die der numerischen Reihenfolge des Lebensbaums folgen. Diese Energien bilden die Aura der Erde, die der menschlichen Aura entspricht. Die planetarischen Energien sind in beiden enthalten - wie oben, so unten - der Mikrokosmos spiegelt den Makrokosmos wider.

So wie der Lebensbaum unser Sonnensystem widerspiegelt, ist unser individueller Lebensbaum ein Spiegelbild unseres Sonnensystems als Ganzes - wenn man bedenkt, dass wir nach dem Bild unseres Schöpfers geschaffen wurden. Wenn Sie sich selbst als ein Wesen von immenser Größe vorstellen können (Abbildung 7), dann befindet sich die Sonne (unser Zentralgestirn) in Ihrem Solarplexusbereich, dem Sitz der Seele und der Quelle des Lichts und des Feuerelements. Die qabalistische Entsprechung wäre die Sephira Tiphareth, das (spezifische) Luftelement, auf das das solare Feuerelement einwirkt.

Tiphareth ist die zentrale Sephira, die die Einflüsse aller anderen Sephiroth empfängt, mit Ausnahme von Malkuth. Als solches ist es das Anahata Chakra, auf das das Manipura Chakra einwirkt. Das genaue solare Zentrum (Tiphareth) liegt irgendwo zwischen diesen beiden Chakren - es ist die Quelle unseres Seins, durch die wir mit der Sonne selbst verbunden sind. Diese Verbindung wird durch bedingungslose Liebe erreicht - die verbindende Energie aller Dinge in unserem Sonnensystem.

Um unsere eigene zentrale Sonne (in unserem Solarplexus) befinden sich die planetarischen Energien, die sich als unsere höheren Kräfte manifestieren. Sie sind die verschiedenen Komponenten unseres inneren Selbst, die Quelle unserer Moral und Ethik. Die planetarischen Energien sind in der menschlichen Aura enthalten. Ihr Einfluss auf unsere Seelen wird direkt von der Bewegung der Planetenkörper auf ihrer Umlaufbahn um unsere Sonne beeinflusst. Wir sind mit den Kräften der Planeten verbunden und sind auf diese Weise ein perfekter Mikrokosmos des Makrokosmos - ein Mini-Sonnensystem, das das große Sonnensystem widerspiegelt, in dem wir unsere physische Existenz haben.

Das Verständnis der Planeten und ihrer Kräfte ist für diese Arbeit von größter Bedeutung. Das Wissen um die fünf Elemente (die sich durch die sieben Chakren ausdrücken) und die sieben alten Planeten sowie die zwölf Tierkreiszeichen ist der Kern, die Grundlage der hermetischen Lehren und des kabbalistischen Lebensbaums.

DREI TEILE DES SELBST

Die Qabalisten betrachten die zehn Sephiroth und die sie verbindenden Pfade als eine Einheit ohne Teilung, die Adam Kadmon, den "himmlischen Menschen", bilden. "*Im Zohar* wird Adam Kadmon auch der "Große Alte Mann" genannt. Er ist ein großer, organischer, spiritueller Körper, in dem jedes menschliche Wesen als eine einzige Zelle betrachtet wird, vielleicht sogar weniger. In Adam Kadmon steckt das Potenzial von allem in unserem Sonnensystem, und er ist eine Manifestation des Ganzen und der Einheit aller Dinge.

Adam Kadmon ist auch der Prototyp eines menschlichen Wesens. Die Sephiroth sind die kosmischen Prinzipien, die im Makrokosmos (unserem Sonnensystem) wirken. Sie spiegeln sich auch in der Menschheit wider - wie oben, so unten.

Das Selbst ist das "Ich", das den physischen Körper bewohnt und ihn als Vehikel für seine Manifestation benutzt. Ohne das Selbst ist der menschliche Körper wie eine Glühbirne ohne Strom oder ein Computer ohne die Software, die ihn zum Laufen bringt.

Das menschliche Selbst hat drei verschiedene Komponenten oder Teile, die fast unabhängig voneinander funktionieren, aber dieselbe Zeit und denselben Raum einnehmen. Jeder dieser Teile des Selbst funktioniert gleichzeitig mit allen anderen Teilen, aber wir können immer nur einen von ihnen erleben, und das ist derjenige, der unsere Aufmerksamkeit erhält. Unser Bewusstsein für einen der drei Teile des Selbst bestimmt unseren Bewusstseinszustand. Wir erleben diese verschiedenen Teile des Selbst durch unsere Gedanken, denn Gedanken sind die Grundlage aller Realität. Und wir erleben unsere Gedanken durch den Verstand - das Bindeglied zwischen Geist und Materie.

Da sich die drei Teile des Selbst auf die verschiedenen Sephiroth im Baum des Lebens beziehen, müssen wir den Baum des Lebens auf den physischen Körper übertragen, um die Entsprechungen zu verstehen. Nach der Qabalah ist die erste und höchste Abteilung oder der Teil des Selbst als die Große Neschamah bekannt, die weiter in die Yechidah, Chiah und die Kleine Neschamah unterteilt werden kann. Das

Größere Neschamah befindet sich im Gehirn. Es ist unser wahres Selbst - der Teil von uns, der göttlich ist.

Yechidah befindet sich in Kether, im Sahasrara Chakra, am oberen Ende des Kopfes. Es ist ewig - jenseits von Zeit und Raum - und bezieht sich auf das Freudsche Über-Ich - das Höhere Selbst. Yechidah ist unsere Verbindung zum kosmischen Bewusstsein. Es treibt unseren Drang an, uns über unser physisches Menschsein hinaus zu entwickeln und unser Bewusstsein mit dem kosmischen zu vereinen. Es ist unerkennbar, da es das Weiße Licht ist, von dem wir alle ein Teil sind, aber es kann durch das Chiah und das Lesser Neschamah bekannt werden, die unmittelbar darunter liegen.

Yechidah ist auch unsere Verbindung zu den Akasha-Aufzeichnungen, einer Art Gedächtnisbank, die im kosmischen Bewusstsein enthalten ist. Sie enthält alle menschlichen Ereignisse, Gedanken, Emotionen und Absichten, die in der Vergangenheit geschehen sind, jetzt geschehen oder in der Zukunft geschehen werden. Aus der Perspektive Gottes, des Schöpfers, hat die Zukunft bereits stattgefunden, aber da wir physische Wesen sind, die an Raum und Zeit gebunden sind, müssen wir sie noch erleben. Das Wort "Akasha" ist im Sanskrit ein Begriff für "Raum" oder "Äthyr". "Es spielt auf das geistige Element an - das belebende Prinzip hinter der gesamten Schöpfung. Die Yechidah kann durch das Jetzt, den gegenwärtigen Moment, auf die Akasha-Aufzeichnungen zugreifen.

"Ein Mensch, der seinen Wahren Willen tut, hat die Trägheit des Universums, um ihm zu helfen." - Aleister Crowley; Auszug aus "Magick in Theorie und Praxis"

Das Chiah (zu finden in der Sphäre von Chokmah) ist unser Wahrer Wille. Es ist der männliche, projektive Teil des Selbst, der zum Feuerelement gehört. Es ist unser heiliger Schutzengel und der Teil von uns, der uns ständig antreibt, uns der Göttlichkeit zu nähern. Das Chiah beeinflusst die Funktionen der linken Gehirnhälfte, wie z. B. analytisches Denken, Logik, Vernunft, Wissenschaft und Mathematik, Argumentation und Schreibfertigkeit. Da diese Funktionen jedoch über den Verstand ablaufen, ist der Teil des Selbst, der Ruach genannt wird, beteiligt. Yechidah und Chiah sind im Grunde archetypisch, das heißt, sie liegen bis zu einem gewissen Grad außerhalb unserer Fähigkeit, sie vollständig zu verstehen. Wir können die linke Seite unseres Gehirns benutzen, aber wir können weder verstehen, warum wir wissen, was wir wissen, noch die Quelle dieses Wissens.

Die Kleinere Neschamah befindet sich in der Sphäre von Binah. Sie ist weiblich und rezeptiv und gehört zum Wasserelement. Das Geringere Neschamah dient als unsere psychische Intuition. Sie ist das höchste Bestreben des Selbst und unsere tiefste Sehnsucht oder unser höchster Bewusstseinszustand. Schließlich verbindet uns unsere intuitive Kraft direkt mit dem Göttlichen. Beim Durchschnittsmenschen ist dieser Aspekt des Selbst relativ schlafend und unentdeckt. Erst wenn wir beginnen, spirituell zu erwachen, beginnen wir, die Kräfte des mystischen Verständnisses und der Transzendenz zu entdecken. Damit diese Entdeckung stattfinden kann, muss jedoch zunächst ein Dialog zwischen dem Höheren Selbst und dem *Niederen Selbst* stattfinden. Das Untere Neschamah beeinflusst die Funktionen der rechten Gehirnhälfte, wie Kreativität, Vorstellungskraft, Einsicht, ganzheitliches Denken und das Bewusstsein für Musik und Kunstformen im Allgemeinen.

Die Intuition ist der höchste Teil des greifbaren Selbst. Dieser Teil von uns kann Informationen aus den inneren kosmischen Ebenen kanalisieren. Je spirituell entwickelter wir sind, desto mehr funktionieren wir durch Intuition. Die Intuition wird durch Ajna, das Chakra des Geistigen Auges, empfangen. Diejenigen, die in hohem Maße auf Intuition eingestimmt sind, werden zu Telepathen und Empathen. Telepathie ist das direkte Wissen um die Gedanken anderer, während Empathie das direkte Wissen um die Gefühle anderer ist. Beides geschieht durch Intuition, da ihre Funktion darin besteht, Energie zu sehen und zu verarbeiten. Ein Kundalini-Erwachen ist das Erwachen zu einem Prozess der Umwandlung des Selbst, so dass das Individuum hauptsächlich durch Intuition funktioniert. Die Dualität, die in den unteren Teilen des Selbst zu finden ist, wird durch die Energie des Heiligen Geistes, die durch die Kundalini freigesetzt wird, vereinheitlicht.

Die nächste Komponente des Selbst (nach der Neschamah) ist der Ruach, der bewusste Aspekt unseres Seins. Durch die Ruach wird uns die Fähigkeit des Denkens gegeben. Die Ruach ist der Verstand, während die Neschamah der Geist ist. Zwischen ihnen liegt der Abgrund (Daath), der Geist und Materie trennt. Diese Trennung findet in Vishuddhi, dem Kehlchakra, statt, das die höheren drei Chakren des Geistes von den unteren vier Chakren der vier Elemente Luft, Feuer, Wasser und Erde trennt.

Die Ruach enthält sowohl die Seele als auch das Ego, das im Namen des niederen Selbst handelt. Durch die Ruach kämpfen diese beiden Teile des Selbst gegeneinander um die Vorherrschaft. Das Ziel der Seele ist es, das individuelle Bewusstsein auf die Ebene des Höheren Selbst (des Geistes) anzuheben, während das Ziel des Egos darin besteht, das Bewusstsein auf die Ebene der Materie zu senken.

Nechamah lebt in der Einheit, da sie der undifferenzierte Geist ist, während die Dualität auf der Ebene der Ruach und des Verstandes vorhanden ist. Aus dieser Dualität entstehen Logik und Vernunft, das Werkzeug, das die Ruach benutzt, um die Realität zu erschließen. Auf diese Weise entsteht der Intellekt, der eine niedrigere Erscheinungsform des Wissens ist als die Wahrheit, die nur die Intuition empfangen kann.

Ruach ist der Sitz des so genannten "Äußeren Bewusstseins". "Hier können wir uns der Gedankenbilder bewusst werden, bevor wir sie in Handlungen umsetzen können. Ruach ist mit den meisten unserer täglichen Gedanken verbunden. Er setzt sich aus fünf Sephiroth zusammen - Chesed, Geburah, Tiphareth, Netzach und Hod.

Chesed befasst sich mit dem Gedächtnis, und es liegt auf der linken Schulter. Es ist der Teil der Ruach, der sich Informationen merken und behalten kann. Das Gedächtnis ist mit dem Karma verbunden. Daher besteht sein letzter Zweck darin, uns zu lehren, wie wir uns gemäß den universellen Gesetzen verhalten sollen.

Geburah hat mit Willenskraft und Standfestigkeit zu tun und liegt auf der rechten Schulter. Geistesstärke ist notwendig, damit wir lernen, unsere Willenskraft im Namen unserer Seele und nicht des Egos einzusetzen. Tiphareth ist die Vorstellungskraft, und sie ist der ausgleichende Faktor zwischen Willenskraft und Gedächtnis, denn beides ist notwendig, damit sie richtig funktioniert. Sein Platz ist im Bereich des Solarplexus.

Netzach befindet sich entlang der linken Hüfte und befasst sich mit unseren Wünschen. Unser ultimativer Wunsch ist die Einheit mit dem Göttlichen, obwohl der Wunsch viele Formen annehmen kann. Hod schließlich befindet sich in der rechten Hüfte und hat mit Logik und Vernunft zu tun. Der ultimative Zweck der Ruach ist es, das individuelle Bewusstsein auf die Ebene des kosmischen Bewusstseins anzuheben.

Die Ruach bezeichnet die Zwischenebene zwischen der höchsten und der niedrigsten Komponente des Selbst. Hier ist die ethische Fähigkeit, zwischen Gut und Böse zu unterscheiden, am Werk. In der Ruach kann sich der Mensch entweder auf vorübergehende persönliche Wünsche des Egos oder auf höhere spirituelle Ziele und Ideale der Seele konzentrieren. Die fokussierte Aufmerksamkeit der Ruach verbindet uns entweder mit unserem niederen oder höheren Selbst, da sie der Vermittler zwischen den beiden ist.

Die Ruach ist mit der Großen Nechamah so verbunden, wie das Element Luft mit dem Geist verbunden ist. Die Ur-Luft ist in der Tat eine niedrigere Manifestation der Geist-Energie, da der Geist sich in einem niedrigeren Element manifestierte, um als Versöhner der beiden anderen Urelemente - Wasser und Feuer - zu dienen. Feuer und Wasser brauchen die Luft, um zu überleben, da sie sie beide mit Energie versorgt. Luft ist also der Gedanke, aktiv und passiv, freiwillig und unfreiwillig, der die Quelle der Willenskraft und der Emotionen ist - die Elemente Feuer und Wasser.

Die nächste Komponente des Selbst ist das Nephesh - die dunkle Seite und der unterbewusste Verstand, bekannt als das niedere Selbst. Das Nephesh, das auch als das "Schattenselbst" verstanden wird, reagiert auf die ursprünglichen, animalischen Instinkte in uns. Das Nephesh ist ein wesentlicher Bestandteil des Selbst. Es verbindet die Menschheit mit dem physischen Reich der Elemente sowie mit unseren tierischen Vorfahren. Dieser Teil von uns treibt uns dazu an, die gleichen Aktivitäten wie alle anderen Tiere auszuüben - einschließlich Schlafen, Essen und sexueller Aktivitäten.

Das Nephesh gebar das Ego, das der Widersacher der Seele ist, da eine seiner Hauptfunktionen darin besteht, die Aufgaben des Nephesh weiter auszuführen und dabei den Geist zu vernachlässigen.

Das Nephesh ist der erste Aspekt des Selbst, der bei der Geburt aktiviert wird. Man findet ihn in der Sphäre von Yesod, in der Leistengegend, symbolisiert durch den Mond. Aus diesem Grund ist er etwas irreführend, da er lediglich das Licht der Sonne in Tiphareth reflektiert. Daher ist die Information, die er projiziert, trügerisch, denn nur das Licht der Sonne ist die wahre Wahrheit. Hier ist die Mondenergie sehr bedeutsam, da es diese sexuelle Energie und Kraft ist, die zur Aktivierung der Kundalini dient. Im Nephesh-Bereich wird Prana, Chi, Mana (Lebensenergie) erzeugt. In der Qabalah wird diese Lebensenergie auch Ruach genannt, nicht zu verwechseln mit dem Ruach als einem der drei Teile des Selbst.

Das Nephesh steht symbolisch für unsere grundlegenden Impulse, sich dem gesellschaftlichen Ganzen zu widersetzen - einschließlich der Vorstellungen der Gesellschaft von idealem Verhalten. Das Nephesh ist die dunkle Seite des Bewusstseins innerhalb der Ruach, des Geistes. Es kann mit der Freudschen Identität verglichen werden.

Der Ruach muss immer die Kontrolle über das Nephesh behalten - das Unterbewusstsein muss immer unter der Kontrolle des Bewusstseins sein. Das Nephesh ernährt sich von der Angst und ist ihre Quelle. Das Niedere Selbst (das Nephesh) kann das Mittlere Selbst (die Ruach) heraufbeschwören, das dann wiederum das Größere Neschamah (das Göttliche oder Gott-Selbst) aktivieren kann. Dieser Prozess bewirkt, dass das Größere Neschamah in die unteren Teile des Selbst hinabsteigt, um das Individuum zu einer bewussten Anerkennung des Göttlichen Selbst zu bringen. Dieser Vorgang wird "Vergeistigung des Ego" genannt.

Die letzte Komponente des Selbst ist als G'uph bekannt. Das G'uph befindet sich in der Sphäre von Malkuth, an den Füßen, und ist mit dem physischen Körper und dem gesamten Spektrum der psychophysischen Funktionen verbunden. Wann immer es eine physische Bedrohung für den Körper gibt, kommuniziert das G'uph mit dem Gehirn darüber, was falsch sein könnte. Das G'uph ist eine untergeordnete Ebene des Unterbewusstseins, deren Aufgabe es ist, das Gehirn über den Zustand des Körpers zu informieren. Es ist im Wesentlichen unser "Kampf- oder Flucht"-Impuls. Das G'uph und das Ego sind Verbündete, ebenso wie die Seele und der Geist. Der Ursprung des Wortes "Goof" könnte mit dem G'uph zusammenhängen, denn sich wie ein "Goof" zu verhalten, bedeutet, auf einer niedrigeren Ebene des menschlichen Bewusstseins zu operieren.

Das Verständnis der drei Teile des Selbst ermöglicht es Ihnen, Ihre psychologische Verfassung, Ihren Charakter und Ihre Persönlichkeit zu verstehen. Wenn Sie das Selbst meistern wollen, ist es von größter Bedeutung zu wissen, wie die verschiedenen Komponenten und Energien in Ihnen funktionieren. Zu verstehen, wie die Psychologie funktioniert, ist daher für die spirituelle Entwicklung und die Vollendung des Großen Werkes von größter Bedeutung.

TETRAGRAMMATON UND PENTAGRAMMATON

Die Konzepte des Tetragrammatons und des Pentagrammatons enthalten viel Symbolik im Zusammenhang mit dem Kundalini-Erweckungsprozess und seinem allgemeinen Zweck. Für die Qabalisten ist der Name Gottes YHVH, der in der Qabalah das Tetragrammaton genannt wird (Abbildung 8). Jehovah, der hebräische Gott der *Thora* (Altes Testament), wurde nach dem Tetragrammaton benannt. Tetragrammaton ist hebräisch für "vier Buchstaben", die für Yod (Feuer), Heh (Wasser), Vav (Luft) und Heh-final (Erde) stehen. Es wird davon ausgegangen, dass niemand die richtige Aussprache des Namens Gottes (YHVH) kennt und dass wir als Menschen uns mit unserem Heiligen Schutzengel oder Höheren Genius, dem Höheren Selbst, verbinden müssen, um ihn zu lernen.

Es gibt eine ganze Reihe von Bedeutungen und Entsprechungen, die mit den vier Buchstaben des Tetragrammatons in Einklang stehen. Jod (Feuer) steht für archetypische Männlichkeit. Yod steht für den Kopf, den erleuchteten Geist und unsere Verbindung zum Himmel (den Sternen). Heh (Wasser) steht für die archetypische Weiblichkeit. Heh steht für die Schultern und Arme als unser Vehikel, um die Ideen unseres Geistes zu manifestieren. Vav (Luft) steht für die physische Männlichkeit. Vav ist der Torso, der die Wirbelsäule trägt, die als Kanal für das Kundalini-Feuer dient. Der Heilige Geist aktiviert, wenn er erweckt ist, die Chakren und verbindet den Himmel oben und die Erde unten. Und schließlich steht Heh-final (Erde) für die physische Weiblichkeit. Heh-final sind die Beine, die auf dem Planeten Erde selbst laufen.

Beachten Sie die Entsprechung zwischen Heh (Wasser) und Heh-final (Erde). Sowohl die Beine als auch die Arme des physischen Körpers werden benötigt, um sich in dieser Welt der Materie zu manifestieren. Außerdem impliziert jeder Ausdruck des Buchstabens Heh eine Dualität, da sowohl die Arme als auch die Beine jeweils zwei Gliedmaßen haben. Ihre Ausdrucksweise ist auf die physische Welt ausgerichtet, da diese Welt der Materie eine Welt der Dualität ist. Die Arme drücken das Luftelement (den Geist) aus, da sie buchstäblich in der Luft um uns herum schweben und zwischen dem Kopf (Himmel) und den Beinen (Erde) vermitteln. Die Beine dienen allen Elementen, da sie auf dem Planeten Erde ruhen und den Torso, die Arme und den Kopf tragen.

Abbildung 8: Das Tetragrammaton-YHVH

Denken Sie immer daran, dass die Qabalah dazu gedacht ist, durch Symbole, Allegorien, Zahlen und Metaphern interpretiert zu werden. Wenn Sie eine Ähnlichkeit zwischen zwei Ideen in der Qabalah sehen, existiert auch eine Entsprechung in der spirituellen Realität - wie oben, so unten.

Wie in früheren Lektionen erwähnt, befinden sich die vier Elemente in den untersten vier Chakren. Die höchsten drei Chakren sind die des Äthyr. Was ist der Äthyr? Ganz einfach, das Äthyr ist das spirituelle Element. Ein Kundalini-Erwachen ist ein Erwachen zum Spirituellen Element und seiner vollständigen Integration in alle Chakren.

Das ultimative Ziel des Kundalini-Erweckungsprozesses ist, dass die Kundalini-Energie das Kronen-Chakra erreicht - damit Shakti Shiva erreicht. Das Kronenchakra ist nicht dual; daher enthält es kein Karma. Wenn die Kundalini das Kronenchakra erreicht, ist die spirituelle Aktivierung abgeschlossen. Sobald sie von der Kundalini-Energie durchdrungen ist, öffnet sich die Krone wie eine Lotusblüte und ermöglicht es dem göttlichen Geist von oben, in die darunter liegenden Chakren hinabzusteigen und sie dauerhaft zu durchdringen. Auf diese Weise erhält der Mensch eine Verbindung mit seinem Höheren, göttlichen Selbst aus dem Überirdischen.

Die Kluft zwischen dem Ego und dem Höheren Selbst wird als Abgrund bezeichnet. Das Ego verschwindet, sobald man den Abgrund überquert und das Überirdische erreicht hat. Das Ego kann niemals ausgelöscht werden, solange es im physischen Körper lebt, aber sein Einfluss auf das individuelle Bewusstsein nimmt drastisch ab, sobald der Abgrund durchschritten ist. Alle Sephiroth unterhalb des Abgrunds enthalten das Ego.

Der Wächter des Abgrunds ist der berüchtigte Teufel, der die Dualität und die materielle Welt im Allgemeinen repräsentiert. Der Teufel ist der große Verführer des individuellen Ichs, da das Ich durch den irdischen Körper geboren wurde und die Intelligenz ist, die zu ihm neigt. Daher ist es zutreffend zu sagen, dass das Ego das Nebenprodukt des Teufels ist.

Da die Dualität in allen Dingen unseres Universums vorhanden ist, können wir sie auch in unserem Verständnis von Gut und Böse finden. Wenn es Gott gibt, der reiner Geist und allgütig ist, dann muss das auch bedeuten, dass Gottes Erz-Nemesis als Personifikation des "D(the)-Evil" in der Welt der Materie existiert. Daher der Aufstieg des Teufels als Gottes Gegenspieler. Der Teufel verführt uns durch die verlockenden Eigenschaften der materiellen Welt. Ich werde die Energie des Teufels in der Tarotkarte Teufel näher erläutern.

Da Gut und Böse Konzepte sind, die durch den Geist erfahren werden, existiert auch der Teufel nur im Geist. Schließlich ist der Verstand das Bindeglied der Menschheit zwischen Geist (Gut) und Materie (Böse) und unser Medium für die Erfahrung der Welt der Materie. Und da der Körper nicht ohne den Geist leben kann, bedeutet dies, dass wir einen Geist haben werden, solange wir auf diesem Planeten leben.

"Im Grunde genommen gibt es jedoch weder Gut noch Böse; dies beruht auf menschlichen Vorstellungen. Im Universum gibt es weder Gut noch Böse, denn alles ist nach unveränderlichen Gesetzen geschaffen worden. In diesen Gesetzen spiegeln sich die göttlichen Prinzipien wider, und nur

wenn wir diese Gesetze kennen, können wir uns dem Göttlichen nähern."
- Franz Bardon; Auszug aus "Einweihung in die Hermetik"

Wenn Sie die Dualität des Verstandes überwunden und das Überirdische erreicht haben, verschwinden der Teufel und seine dämonischen Lakaien (gefallene Engel). Sie waren nie real, sondern nur in deinem Kopf, in deinem Verstand. Das Ego entwickelte sich aufgrund der Illusion des Verstandes, diese Welt der Materie als real wahrzunehmen. Das Ego wiederum brachte die Dichotomie von Gut und Böse, Gott und Teufel hervor.

Während sich das Ego von der Angst ernährt, ernährt sich das Höhere Selbst von der Liebe. Angst ist also subjektiv und wird nur innerhalb des physischen Körpers durch den Verstand erlebt. Die Zukunft der menschlichen Evolution besteht darin, dass wir uns spirituell transformieren, so dass wir alle Angst auslöschen können und nur noch durch Liebe funktionieren. Um dies zu erreichen, müssen wir jedoch lernen, unseren freien Willen im Leben auszuüben und bewusst das Gute dem Bösen vorzuziehen.

Wie Sie Ihr Prinzip des freien Willens ausüben, bestimmt, wie viel negative karmische Energie Sie in Ihren Chakren haben. Diejenigen, die nicht wissen, wie sie ihren Freien Willen anwenden können, sind ihrem Karma ausgesetzt, das hauptsächlich ein Nebenprodukt ihrer vergangenen Konditionierung ist. Ohne die Anwendung des Freien Willens sind Sie wie ein Automat, der die gleichen Handlungen wiederholt, blind und ohne Rücksicht auf die persönliche Entwicklung.

Menschen, die zulassen, dass ihre Vergangenheit ihr Schicksal bestimmt, verlassen sich auf ihr Gedächtnis, um sich im Leben zurechtzufinden. Sie stecken im Alten fest und haben keinen Platz, um Neues in ihr Leben zu lassen. Wie sie vergangene Ereignisse verarbeitet haben, bestimmt, wie sie mit aktuellen und zukünftigen Ereignissen umgehen. Alle Ereignisse sind das Nebenprodukt von Zeit und Raum in dieser dreidimensionalen Welt, an der unsere physischen Körper teilhaben. In allen Ereignissen gibt es das Nichts (Ain) und sein Gegenteil - das reine unbegrenzte Potenzial, das grenzenlose weiße Licht (Ain Soph Aur).

Der Schwingungszustand unseres Bewusstseins bestimmt unsere Ebene der Erfahrung der grenzenlosen Existenz, da wir untrennbar mit dem Weißen Licht verbunden sind. Die Wahrnehmungen unseres Egos werden durch unsere vergangenen Konditionierungen beeinflusst, die unsere Begrenzungen im Leben schaffen. Unser Freier Wille kann jedoch in einem bestimmten Augenblick alle Begrenzungen durchbrechen und uns mit der grenzenlosen Existenz des Weißen Lichts verbinden. Der Freie Wille setzt sich über unsere Konditionierung und Umweltfaktoren hinweg und bricht das Ego vollständig auf, indem er uns in den

Moment - das Jetzt - versetzt. Wenn du im Jetzt bist, kann dein Höheres Selbst in dein Bewusstsein eintreten und mit dir kommunizieren.

Eines der Ziele des Großen Werkes ist es, dich auf deinen freien Willen einzustimmen und dich zu lehren, wie du ihn nutzen kannst. Ihr Freier Wille ist Ihre größte magische Waffe in dieser Welt, denn er ist der Teil von Ihnen, der zur Gottheit gehört. Im Wesentlichen ist dein Freier Wille das Wort, ob laut oder leise zu dir selbst gesprochen.

"Im Anfang war das Wort, und das Wort war bei Gott, und das Wort war Gott." - "Die Heilige Bibel" (Johannes 1:1)

Viele Christen glauben, dass Johannes der Täufer Jesus Christus als das Wort bezeichnete, was dieser Zeile eine doppelte Bedeutung verleiht. Wer aber war Jesus Christus? Wie sind wir mit ihm verbunden? Die Antworten auf diese Fragen liegen direkt vor unseren Augen, wenn wir wissen, wo wir suchen müssen.

Der Name von Jesus ist sehr eigenartig und symbolisch. Sein hebräischer Name ist Yahshuah (gewöhnlich mit Josua übersetzt), buchstabiert YHShinVH, in der Qabalah auch Pentagrammaton genannt (Abbildung 9). In symbolischer Hinsicht steht YHShinVH für Feuer (Yod), Wasser (Heh), den hebräischen Buchstaben Shin, Luft (Vav) und Erde (Heh-final). Das Pentagrammaton ähnelt dem Tetragrammaton, mit dem einzigen Unterschied, dass der hebräische Buchstabe Shin als Versöhner zwischen den vier Elementen hinzugefügt wird.

Der hebräische Buchstabe Shin symbolisiert das Element des Heiligen Feuers in der Qabalah. Er besteht aus drei Strichen, die drei Flammen darstellen. Die Qabalah bezeichnet die drei Flammen von Shin als die "Dreifache Flamme der Seele". Shin entspricht demnach dem Heiligen Geist und der Kundalini-Energie - Ida auf der einen Seite, Pingala auf der anderen und Sushumna in der Mitte. Shin bedeutet im Hebräischen auch "Zahn". Die Funktion des Zahns besteht darin, die Nahrung zu zerkleinern, damit sie in den Körper aufgenommen und verdaut werden kann. Danach verwandelt sich die Nahrung in Lebensenergie - Prana, Chi, Mana, Ruach.

Shin repräsentiert einen bestimmten Pfad auf dem Baum des Lebens, der der Tarotkarte des Gerichts entspricht, deren magischer Name die "Geister Gottes" oder der "Geist des Urfeuers" ist. Das Element Feuer (Übergangselement) repräsentiert den Pfad des Shin. Wenn der Buchstabe Shin in die Mitte des Tetragrammatons (YHVH) gesetzt wird, wird es zu einem Wort mit fünf Buchstaben, das die Vereinigung aller Gegensätze, der männlichen und weiblichen Dualität, durch den Heiligen Geist/die Kundalini bedeutet. Wenn sich der Geist in das Selbst integriert, werden die kosmischen Ebenen als erreichbare Bewusstseinszustände aktiviert.

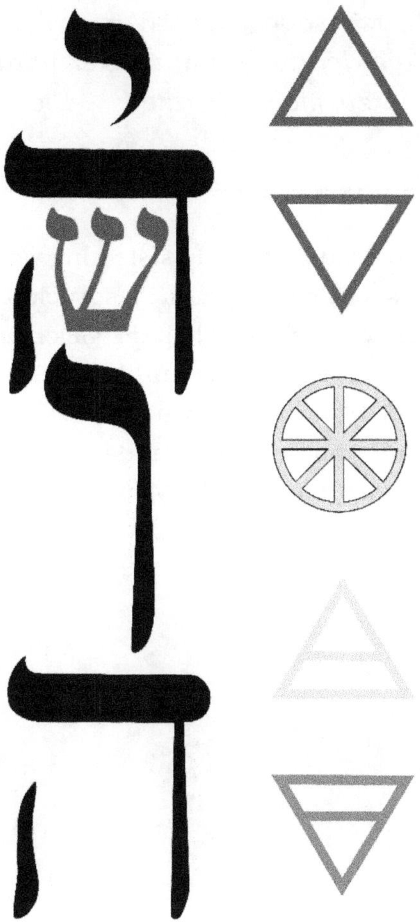

Abbildung 9: Das Pentagrammaton - YHShinVH (Yahshuah)

Dieses qabalistische Mysterium enthält das Geheimnis der wahren Natur Jesu und erklärt, warum sein Mythos für uns in der heutigen Zeit so wichtig ist. Wir alle müssen die Rolle Jesu übernehmen, wie er es prophezeite, als er sagte, er würde in der Zukunft nach seinem Tod am Kreuz auf die Erde zurückkehren. Jesus sagte im Wesentlichen, dass er sich durch den Eingeweihten manifestieren würde, der eine Kundalini-Erweckung durchmacht. Wir müssen unser eigener Erlöser sein, unser eigener Messias, wenn Sie so wollen. Und um die Kundalini zu erwecken, müssen wir lernen, unseren eigenen freien Willen zu nutzen und das Gute dem Bösen vorzuziehen.

"Wahrlich, wahrlich, ich sage euch: Wer an mich glaubt, der wird die Werke, die ich tun werde, auch tun; und er wird größere Werke tun als diese; denn ich gehe zu meinem Vater." - Die Heilige Bibel" (Johannes 14:12)

Dem obigen Ausspruch Jesu ging die Feststellung voraus, dass er im Vater ist und der Vater in ihm ist. Jesus wollte damit zum Ausdruck bringen, dass die Menschen in der fernen Zukunft in der Lage sein werden, die gleichen Werke zu vollbringen wie er und sogar noch bemerkenswerter, da sie mit ihrem Schöpfer (Vater) verbunden sein werden, wie er es war. Jesus war sich bewusst, dass seine Kraft aus der Erweckung der Kundalini-Energie kam und dass die Kundalini die Bestimmung der Menschheit war. Es ist nur eine Frage der Zeit, bis alle Menschen spirituell transformiert werden, so wie Jesus es war.

DIE VIER WELTEN DER QABALAH

Das Modell der vier Welten der Qabalah (Abbildung 10) dient dazu, uns einen Schlüssel an die Hand zu geben, mit dem wir den Prozess der Schöpfung und der Manifestation der göttlichen Energie besser verstehen können. Darüber hinaus ist die Philosophie, die es darlegt, hilfreich bei der Beschreibung der Bewusstseinszustände, die erreicht werden, wenn ein Individuum ein vollständiges und dauerhaftes Kundalini-Erwachen erlebt hat.

Nach der Qabalah ist das Universum in vier verschiedene Welten unterteilt. Der Pfad des Flammenden Schwertes führte zur Erschaffung der Sephiroth, die anschließend die vier Welten ins Leben riefen. Jede der vier Welten entwickelte sich aus der vorangegangenen und verfestigte sich in dem Maße, in dem sie sich in der physischen Realität manifestierte.

Die vier Welten sind ein Synonym für die kosmischen Ebenen. Wie bereits erwähnt, gibt es drei kosmische Hauptebenen: die spirituelle Ebene, die mentale Ebene und die Astralebene. Dazu kommt noch die physische Ebene, die die vier Welten bildet. Diese vier Welten liegen übereinander, wie die Schichten einer Zwiebel. Außerdem wird jede Welt durch einen der hebräischen Buchstaben des Tetragrammatons (YHVH) bezeichnet, was das Konzept des vierfachen qabalistischen Modells des Universums noch verstärkt.

"Alle Dinge, die sich in den unteren Welten manifestieren, existieren zuerst in den ungreifbaren Ringen der oberen Sphären, so dass die Schöpfung in Wahrheit der Prozess ist, das Ungreifbare greifbar zu machen, indem das Ungreifbare in verschiedene Schwingungsraten ausgedehnt wird." - Manly P. Hall; Auszug aus "The Qabbalah, the Secret Doctrine of Israel"

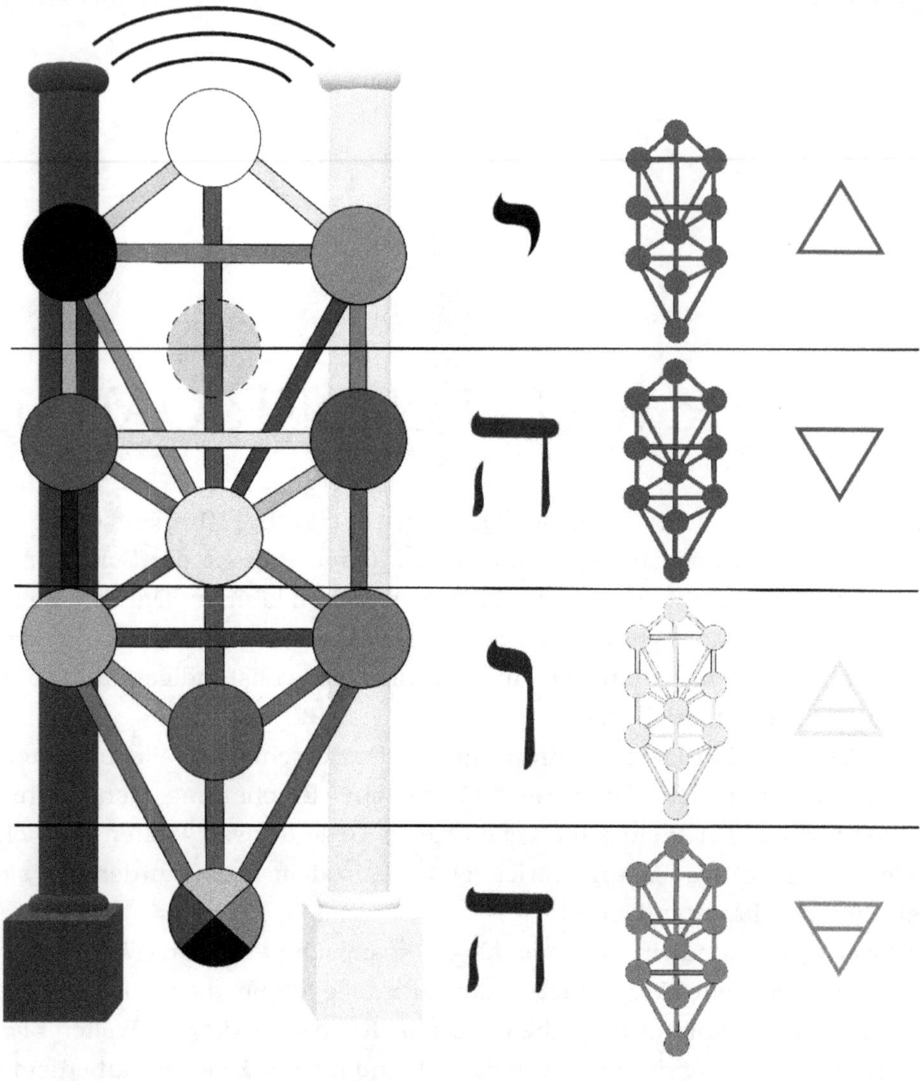

Abbildung 10: Die vier Welten: Atziluth, Briah, Yetzirah und Assiah

Die erste Welt ist als Atziluth bekannt. Den Qabalisten zufolge ist Atziluth die Welt des reinen Geistes. Sie ist die archetypische Welt, die die anderen drei Welten einleitet. Mit anderen Worten, die anderen drei Welten haben sich aus Atziluth entwickelt. Der Buchstabe Yod im Tetragrammaton (YHVH) wird Atziluth als die Welt des Urfeuers zugeordnet. Atziluth ist letztlich unbeschreiblich, da seine spirituelle Essenz jenseits von Raum, Zeit und Manifestation liegt. Einige Qabalisten bezeichnen die Göttliche Ebene oder die Welt, in der die Gedanken Gottes sind, als Atziluth. Atziluth ist die Welt der reinen göttlichen Energie. Wie auch immer seine Bezeichnung lautet, Atziluth hat die drei anderen, darunter liegenden Welten in einer absteigenden Skala des Lichts hervorgebracht.

In Bezug auf die kosmischen Ebenen wäre Atziluth die spirituelle Ebene. Man beachte, dass diese Welt zur Spirituellen Ebene gehört, aber von Qabalisten als Welt des Urfeuers betrachtet wird. Das spirituelle Element wird im Modell der vier Welten des qabalistischen Rahmens ausgelassen, da wir unsere Verbindung mit ihm nach dem Sündenfall im Garten Eden verloren haben.

Das Vier-Welten-Modell beschreibt die derzeitige Position der Menschheit, und das Geistige Element ist etwas, das wir aus unserer Perspektive noch erlangen müssen. Die beiden kommenden Lektionen über den Garten Eden werden bei der Beschreibung des gegenwärtigen geistigen Zustands der Menschheit weiterhelfen. Der Klarheit halber werde ich jedoch das Geistige Element als Teil des Rahmens einbeziehen, damit Sie verstehen können, wie sich das Vier-Welten-Modell zu den Kosmischen Ebenen verhält. Schließlich ist es eines der Ziele von *The Magus*, eine Brücke zwischen der Qabalah und dem chakrischen System zu schlagen.

Einige qabalistische Denkschulen ordnen Atziluth den drei Sephiroth von Kether, Chokmah und Binah zu, während andere es nur Kether zuschreiben. Das Wichtigste, was man aus dieser Welt mitnehmen kann, ist die Vorstellung und der Archetyp, dass sie ein "Gedanke Gottes" ist, der der Menschheit eine Vorlage gibt, an der wir arbeiten können. Atziluth ist jenseits von Zeit und Raum das erste, was uns durchdringt, wenn wir uns auf die Welt um uns herum beziehen und nach außen schauen. Ein Apfel ist ein Apfel, keine Orange, genauso wie eine Tasse eine Tasse ist und kein Löffel.

Wenn wir Archetypen haben, auf die wir uns alle einigen können, können wir unsere Realitäten aufbauen. Wie wir den Apfel und die Orange sehen, hängt von den unteren Welten ab, die die Archetypen durchdringen, da diese Welten mit der Wahrnehmung zu tun haben. In Bezug auf den Lebensbaum hat die Welt Atziluth ihren Lebensbaum, und der Malkuth von Atziluth ist der Kether der nächstunteren Welt, genannt Briah.

Die zweite Welt ist Briah, auch bekannt als die schöpferische Welt. Qabalisten bezeichnen Briah als die Welt des reinen Intellekts, den fließenden Geist und die Welt des ursprünglichen Wassers. Der Buchstabe Heh aus dem Tetragrammaton (YHVH) wird ihr zugeschrieben. Was die kosmischen Ebenen betrifft, so entspricht Briah der Mentalebene.

Im qabalistischen Rahmen wird das Urwasser im Sinne von Briah nur zur Beschreibung der nächsten Phase der Manifestation der göttlichen Energie verwendet. So wie Feuer die Kraft darstellt, repräsentiert Wasser die Form. Diese Bezeichnung bezieht sich jedoch nicht auf den Ausdruck des Wasserelements in Bezug auf die kosmischen Ebenen. Wenn wir uns vorstellen, dass das Element Geist als Teil des Ganzen integriert wurde, dann gehört die Welt von Briah zu den Elementen Feuer und Luft (die höheren und unteren Mentalebenen).

Einige qabalistische Denkschulen ordnen das ethische Dreieck von Chesed, Geburah und Tiphareth der Welt von Briah zu, und einige schreiben sogar nur Chokmah und Binah zu. Denken Sie immer daran, dass sich die qabalistische Wissenschaft mit unsichtbaren Kräften befasst, die nicht mit physikalischen Instrumenten gemessen oder untersucht werden können, sondern nur durch abstraktes Denken. Es handelt sich also eher um eine Philosophie, die dazu dient, die verschiedenen Energien des Sonnensystems und unserer Aura zu beschreiben, einschließlich des Prozesses der Manifestation des Göttlichen.

Briah ist der Wohnsitz der Erzengel, da es diese Energien sind, die uns dazu bewegen, moralisch und ethisch zu handeln. Wasser wird am besten verstanden, wenn man es mit seinem Gegenteil, dem Feuer, in Verbindung bringt. Die göttliche Kraft sendet also einen Gedankenimpuls in die göttliche Form und manifestiert damit eine archetypische Idee. Diese archetypische Idee ist kein visuelles Bild (das sich auf die nächste Welt bezieht), aber wir können sie durch Intuition erfahren. Es ist immer noch ein Gedanke, aber eher ein Impuls, eine Ahnung, etwas, das wir auf einer tiefen Seelenebene fühlen und erfahren können. Wir fühlen diesen Gedanken durch die Energie der bedingungslosen Liebe in unserem Herzchakra. So lässt sich Briah am besten als die Bewusstseinszustände erklären, die durch das Herz-Chakra, Anahata, erfahren werden.

Je mehr bedingungslose Liebe du in deinem Herzchakra trägst, desto höher bist du gehoben und desto intuitiver und empathischer bist du. Du wirst ein Fühler statt ein Denker, was bedeutet, dass dein Bewusstsein in der Welt von Briah wohnt. Briah ist die höchste Vorstellung von Gott, die wir erfahren können, da die Welt darüber, Atziluth, keine Form hat.

Die menschlichen Fähigkeiten können die ersten flüchtigen Blicke der Form in der Welt von Briah durch das Chakra des geistigen Auges sehen. Dieses Chakra ist der rezeptive Teil des Selbst, der von der Welt über ihm empfängt. Das Mind's Eye Chakra, Ajna, ist mit Sahasrara, dem Kronenchakra, verbunden. Das, was durch das Mind's Eye Chakra gesehen und erfahren wird, wird nach unten gefiltert und im Herz Chakra gefühlt. Die Welt von Briah hat auch ihren Lebensbaum. Der Malkuth ihrer Welt ist der Kether der Welt darunter.

In Bezug auf die Art und Weise, wie wir die Realität um uns herum wahrnehmen, gibt es auf der Ebene von Briah noch keine Illusion. Intuitiv stimmen wir mit dem überein, was unser geistiges Auge sieht, aber wenn wir beginnen, es mit unserem Ego intellektuell aufzuschlüsseln, gelangen wir in die niederen Welten unterhalb von Briah. Das Licht, das von oben scheint, wird durch die Illusion - die Reflexion der Wahrheit - abgeschwächt. Unsere vergangene Konditionierung kommt jetzt ins Spiel, und das, was wir sehen oder intuitiv fühlen, beginnt seine visuelle Form zu bekommen, was dazu führt, dass wir es in unserem Verstand als Bilder sehen können.

Visuelle Bilder manifestieren sich in der dritten Welt, genannt Yetzirah, der Welt der Formation. Yetzirah ist der Ort, an dem die subtilen und blitzenden Muster hinter der physischen Materie zu finden sind. Die Qabalisten nennen dies die Welt der Urluft und schreiben ihr den Buchstaben Vav im Tetragrammaton (YHVH) zu. Yetzirah ist der Aufenthaltsort der verschiedenen Engelsordnungen. Diese Welt wird der Astralebene zugeschrieben, da hier das ätherische Gerüst des physischen Universums zu finden ist. Viele qabalistische Denkschulen ordnen diese Welt dem astralen Dreieck von Netzach, Hod und Yesod zu.

In dieser Welt beginnt das Ego, sich an der Interpretation der Realität um uns herum zu beteiligen. Obwohl die Qabalisten diese Welt der Urluft zuschreiben, gehört die Astralebene im Modell der kosmischen Ebenen zu den Elementen Wasser und Erde. Im Hinblick darauf, wie das Ego funktioniert und sich ausdrückt, macht diese Bezeichnung jedoch vollkommen Sinn, da das Ego im Modell der kosmischen Ebenen der unteren Mentalebene des Luftelements und der höheren Astralebene des Wasserelements angehört.

Da die Elemente Geist und Feuer Ausdrucksformen der Seele sind, drückt sich das Ego in erster Linie durch das Element Luft aus, da Luft als eine niedrigere Manifestation des Geistes angesehen wird. Luft ist essentiell, weil sie den Elementen Wasser und Feuer Leben verleiht und sie ohne sie als Ausdrucksmittel nicht existieren können. Um sich auszudrücken, brauchen Feuer (Seele) und Wasser (Bewusstsein) Luft (Gedanken). Luft ist das Firmament, das die beiden anderen Elemente im Gleichgewicht hält. Ohne Luft gibt es kein Leben. Diese letzte Aussage ist symbolisch und physisch wahr, da jedes Lebewesen Luft zum Überleben braucht - der Atem erhält alles Leben.

Durch das Luftelement sehen und fühlen wir die Astralwelt. Die unsichtbaren Ebenen werden durch das Chakra des geistigen Auges erfahren, weil unsere Gedanken als Informationskanäle dienen. Sie übermitteln das, was oben ist, an das, was unten ist, und umgekehrt.

Wenn das Feuer der Seele darauf einwirkt, wird der Gedanke zur Phantasie. Ein Mensch ohne Vorstellungskraft ist kein voll funktionsfähiges menschliches Wesen. Er wohnt ganz im Körper, ohne Motivation, Antrieb oder Inspiration. Er lebt wie ein Gemüse, das sich durch das Ego um die Bedürfnisse und Wünsche des physischen Körpers kümmert, aber nicht voll und ganz an der schönen Sache teilhat, die wir menschliches Leben nennen. Um ein glückliches, ausgeglichenes Leben zu führen, braucht man Vorstellungskraft. Die Vorstellungskraft ist der Kern der gesamten Schöpfung.

"Die Vorstellungskraft ist der erste Schritt der Schöpfung, sei es in Worten oder in Kleinigkeiten. Das geistige Muster muss immer der materiellen

Form vorausgehen." - William Walker Atkinson; Auszug aus "Das Geheimnis des Erfolgs"

Leider fehlt es vielen Menschen an Vorstellungskraft und sie leben ausschließlich in ihrem Ego, das durch die Konditionierung der Vergangenheit funktioniert. Sie leben weder im Jetzt noch planen sie für eine strahlende Zukunft. Um dies zu tun, brauchen Sie Vorstellungskraft. Sie müssen Ihre Gedanken mit Vitalität und Kraft aktiv nutzen.

Am Punkt der Astralwelt wird das, was wir sehen, durch die Illusion und unsere vergangenen Konditionierungen gemildert. Die Illusion des Mondes wirkt auf die Schöpfung, und so enthält die Astralwelt viele Lügen. Die Wahrheit ist nur im Licht der Sonne zu finden, während der Mond dieses Licht nur reflektiert; daher kann man ihm nicht trauen. Die Welt von Briah kann die Wahrheit aufgrund ihrer Positionierung auf dem Baum des Lebens wahrnehmen, während Yetzirah dies nicht kann. Daher wird die Wahrheit durch die Illusion des Mondes in der Welt von Yetzirah verschleiert. Aus diesem Grund wird das Ego das "Falsche Selbst" genannt. "Die Welt von Yetzirah hat auch ihren Lebensbaum. Ihr Malkuth ist der Kether der darunter liegenden Welt, die Assiah genannt wird.

Die vierte und letzte Welt ist Assiah, die aktive und physische Welt der Sinne und der sichtbaren und unsichtbaren Energien des materiellen Reiches. Die Zwölf Tierkreiszeichen und die Sieben Alten Planeten werden Assiah zugeordnet, da es die physisch manifestierte Welt ist, in der wir alle mit unseren physischen Körpern und fünf Sinnen tätig sind.

Der letzte Buchstabe Heh des Tetragrammatons (YHVH) wird Assiah, der Welt der Urerde, zugeschrieben. Das Erd-Chakra entspricht dieser Welt, aber es gehört auch zur unteren Astralebene (Äther). In Assiah existieren die vier Elemente, aus denen das physische Universum besteht, sowohl in der Wahrnehmung als auch in den verborgenen Eigenschaften der Materie.

Ich werde nicht viel über diese Assiah sprechen, weil wir seit unserer Geburt in ihr leben. Aufgrund unserer fünf Sinne können wir uns alle über die Existenz und den Ausdruck dieser Welt einigen. Das Ego hat sich aufgrund der Erfahrung unserer fünf Sinne entwickelt und sich mit dem Bewusstsein verbunden. Die Funktion des Egos ist es, sich um den physischen Körper und seine Bedürfnisse und Wünsche zu kümmern. Es versucht, sich selbst zu erhalten und sich gegen jegliche Bedrohung durch die Außenwelt zu verteidigen. Seine primäre Lebensweise ist das Überleben. Auf diese Weise sind das Ego und der G'uph miteinander verbunden.

Dass jede der vier Welten ihren eigenen Lebensbaum hat, ist ein altes Konzept, das uns hilft, den Prozess der Manifestation besser zu verstehen. Was das Kundalini-Erwachen betrifft, so öffnen sich die vier Welten (kosmischen Ebenen) als zugängliche Bewusstseinszustände für das Individuum, sobald es aufrechterhalten und dauerhaft ist. Denken Sie immer daran, dass ein Kundalini-Erwachen ein vollständiges Erwachen der Gesamtheit des spirituellen Selbst ist. Daher werden all diese qabalistischen Konzepte und Sephiroth in dem erwachten Individuum aktiv. Das Individuum beginnt auf der Ebene des intuitiven Fühlens der Energie um sich herum zu funktionieren, was bedeutet, dass es von den Supernalen (jenseits des Abgrunds) aus agiert und Informationen von den drei höchsten Sephiroth erhält.

Die Überirdischen können am besten als in Atziluth oder der Welt des Urfeuers existierend beschrieben werden. Das Feuer ist jedoch eine bloße Kraft ohne ein Gegenstück, das es ihm ermöglicht, die Idee zu registrieren, dass es in den Verstand projiziert - man kann es sich am besten so vorstellen, dass es direkt von Atziluth empfangen und gleichzeitig in Briah projizieren kann. Schließlich braucht die Weisheit das Verstehen, um sich selbst zu begreifen - die Kraft braucht die Form. Ein Kundalini-Erwachter lebt in der Dimension der Schwingung, und sein Bewusstsein reicht bis in die höchste Welt von Atziluth.

Wenn man in der vierten Dimension, der Dimension der Schwingung, lebt, ist das Bewusstsein nicht von der Dualität befleckt und arbeitet im ständigen Akt der Schöpfung. Das Kundalini-System ist in ständiger Bewegung, dehnt das Bewusstsein ständig aus und befindet sich in einem kontinuierlichen Akt des *Werdens*. Der Akt des Werdens ist der Ausdruck des Wasserelements des Bewusstseins, das sich ständig verändert, transformiert und entwickelt, sobald das Feuerelement unaufhörlich auf es einwirkt.

Kether ist völlig unverschlossen und offen, und durch den Kether der einen Welt kann man in die anderen Welten gelangen. So sind das ganze System der Qabalah und verschiedene Bewusstseinszustände erreichbar. Aber diese Erweiterung des Selbst und das Erleben jenseitiger Dimensionen hängt ganz davon ab, wie viel Einfluss das Ego auf das individuelle Bewusstsein hat.

DER HERMES-KRUZIFIX

Der Caduceus des Hermes ist das medizinische Symbol, das in der modernen Gesellschaft für die Heilung steht. Diese Bezeichnung des Caduceus ist jedoch in eine Allegorie gehüllt. Für den Eingeweihten des Lichts hat der Caduceus des Hermes viele bedeutende spirituelle Bedeutungen. Der Ursprung des Wortes "Caduceus" ist griechisch und bedeutet "Stab des Herolds" oder "Stock des Herolds".

Hermes ist der Gott der Weisheit und der göttliche Herold - der Bote der Götter bei den Griechen. Er ist der zweitjüngste der zwölf olympischen Götter und wird als Träger eines Stabes dargestellt, der mit zwei Schlangen verschlungen ist, deren Köpfe in einer geflügelten Scheibe enden. Hermes war bekannt als der göttliche Trickser, der Gott der Grenzen und der Grenzüberschreitung. Er überlistet andere Götter, oft zu seiner eigenen Zufriedenheit oder zur Zufriedenheit der Menschen.

Der Ursprung von Hermes liegt in der ägyptischen Tradition. Im ägyptischen Pantheon der Götter wurde Hermes Thoth genannt. Er wurde als Mann mit dem Kopf eines Ibis-Vogels dargestellt. Thoths Aufgabe war es, als Schreiber der Götter zu fungieren. In Ägypten wurde er als Autor aller Werke der Wissenschaft, Religion, Philosophie und Magie angesehen. In der römischen Adaption des griechischen Pantheons der Götter wurde Hermes mit Merkur gleichgesetzt. Die Bezeichnung seiner Eigenschaften und Kräfte blieb jedoch die gleiche wie bei den Griechen.

Hermes wird zumeist als jüngerer Mann mit einem geflügelten Helm auf dem Kopf und geflügelten Sandalen an den Füßen dargestellt (Abbildung 11). Der Legende nach trug Hermes einen einfachen Stab bei sich, bis er eines Tages auf zwei kämpfende Schlangen stieß. Er trennte sie mit seinem Stab, woraufhin sie sich harmonisch um ihn wickelten. So entstand der Caduceus des Hermes. Die Idee, Gegensätze zu versöhnen und auszugleichen, findet sich im Caduceus wieder.

Hermes ist der Vermittler zwischen den Göttern und den Menschen. Er kann sich schnell zwischen der Welt der Menschen und der Welt der Götter bewegen. Die Flügel an seinem Helm und seinen Sandalen verleihen ihm große Schnelligkeit und die Fähigkeit zu fliegen. Da er sich frei zwischen den Welten bewegt, führt er in der griechischen und römischen Tradition auch die Seelen der Toten in die Unterwelt und ins Jenseits.

Abbildung 11: Hermes und der Caduceus

Hermes wird mit dem Erzengel Raphael aus der *Heiligen Bibel* verglichen, dem Archetyp des Luftelements. Raphael wird auch so dargestellt, dass er den Caduceus-Stab trägt, da er für Heilung und das Astrallicht steht. Es ist kein Zufall, dass Hermes dem Luftelement entspricht, da die Geschwindigkeit der Gedanken seine Kraft darstellt.

Gedanken sind das Einzige, was zwischen den Inneren Welten reisen kann, und sie sind so schnell wie Hermes. Man kann sogar behaupten, dass Hermes mit Lichtgeschwindigkeit reisen kann, weshalb Gedanken oft durch einen Prozess, den wir als Hellsichtigkeit bezeichnen, in die Vergangenheit und Zukunft sehen können.

In der Qabalah wird Hermes/Merkur dem Hod zugeordnet - der Sephira, die mit dem Geist, der Logik und der Vernunft verbunden ist.

Während die beiden Schlangen einen Stab umschlingen, kreuzen sie sich an fünf Punkten und enden mit ihren Köpfen, die sich gegenüberstehen und auf die gekrönte Scheibe an der Spitze des Stabes blicken. Der Caduceus des Hermes steht für die Kundalini-Energie im Menschen und den Prozess des Erwachens, wenn diese Energie die Wirbelsäule hinaufsteigt und sich im Zentrum des Gehirns sammelt. Die beiden Schlangen des Caduceus sind Ida, die weibliche Strömung, und Pingala, die männliche Strömung. Ida und Pingala stehen für Dualität und Gegensätze in der Natur.

Ida und Pingala regulieren auch die Temperatur im Körper. Ida ist die kalte Strömung, während Pingala die heiße Strömung ist. Sie steigen entlang der zentralen Säule oder des Stabes, Sushumna, auf und kreuzen sich an fünf Punkten (den unteren fünf Chakras), bevor sie im Gehirn enden (wo sich die beiden höchsten Chakras befinden). Sie steigen aus dem untersten Chakra, Muladhara, dem Sitz der Kundalini-Energie, auf. Wenn die Kundalini-Energie an der Basis der Wirbelsäule aktiviert wird, erwacht sie aus ihrem Zustand des Potenzials. Sie steigt durch das hohle Rohr der Wirbelsäule nach oben und durchdringt auf ihrem Weg jedes der unteren fünf Chakras.

Ida und Pingala steigen gleichzeitig mit Sushumna nach oben und kreuzen sich an den chakrischen Punkten, bis alle drei das Gehirn und das Mind's Eye Chakra erreichen. Hier vereinigen sich Ida und Pingala und steigen gemeinsam zum Scheitelpunkt des Kopfes, dem Kronenchakra, Sahasrara, auf. Die geflügelte Scheibe steht für diesen Vorgang, da die Person, die eine Kundalini-Erweckung erlebt, nach ihrem Abschluss am Kronenchakra eine Bewusstseinserweiterung erfährt. Die Scheibe mit den Flügeln steht also für das nun beschwingte, transzendentale, höhere Bewusstsein.

Die geflügelte Scheibe ist ein perfektes Symbol für Sahasrara, denn dieses Chakra ist nicht dual und jenseits von Gegensätzen. In den alten Traditionen haben die Flügel immer etwas Himmlisches, Luftiges repräsentiert, das zu den Engeln und Göttern gehört. Die Flügel auf Hermes' Helm und Sandalen repräsentieren ebenfalls die spirituellen Elemente. Wir können also sagen, dass Hermes mit dem Kopf im Himmel steht, während er mit den Füßen fest auf der Erde verankert ist.

Der Caduceus des Hermes ist auch ein Symbol für den vollständigen Lebensbaum in der Qabalah (Abbildung 12). Der hebräische Buchstabe Aleph wird im Caduceus als die Köpfe und oberen Hälften der Schlangen gesehen. Er ist das Symbol für das Element Luft. Die beiden Schwänze der Schlangen bilden zusammen den Buchstaben Mem, der das Wasserelement symbolisiert. Die Flügel und die Spitze des Stabes bilden den hebräischen Buchstaben Shin, der das Feuerelement und die dreifache Flamme der Seele sowie die drei Haupt-Nadis des Kundalini - Ida, Pingala und Sushumna - darstellt.

Wie Sie sehen können, sind die drei Elemente Feuer, Luft und Wasser im Caduceus enthalten. Dies sind die drei primären Elemente des Lebens, während Spirit die Kombination dieser Elemente in himmlischer Form ist - der Ort, an dem das Höhere Selbst oder Gott-Selbst residiert. In ihrer dichteren Form bilden die drei Elemente das Erdelement, den Aspekt des Selbst, der mit dem Ego und dem physischen Körper verbunden ist.

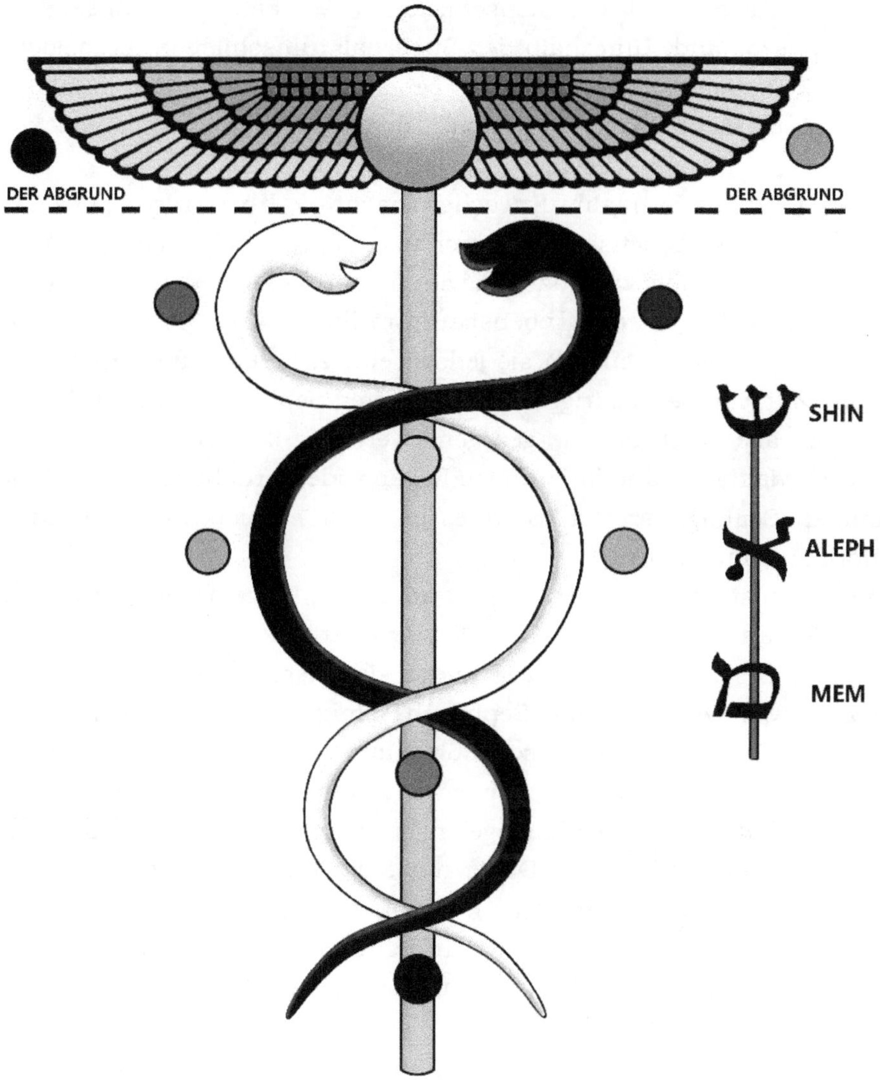

Abbildung 12: Qabalistische Entsprechungen des Caduceus von Hermes

Die drei Elemente auf dem Stab erzeugen das Feuer des Lebens oben und das Wasser der Schöpfung unten. Die Luft schwingt zwischen ihnen und dient als ihr Versöhner. In allen Dingen der Schöpfung gibt es zwei konkurrierende Kräfte, wobei eine dritte Kraft dazu dient, sie auszugleichen. Du siehst also, im Caduceus ist das Geheimnis der Schöpfung verborgen.

Der höchste Punkt des Stabes liegt auf der Krone (Kether), während sich die Flügel der Scheibe nach außen zur Weisheit (Chokmah) und zum Verstehen (Binah) erstrecken. Zusammen repräsentieren sie das himmlische Dreieck und den ewigen, göttlichen Aspekt des menschlichen Wesens - unseren höchsten Bewusstseinszustand. Unterhalb des Supernals umschließen die beiden Schlangen die restlichen sieben Sephiroth des Lebensbaums. Sie werden als Ströme des Astrallichts betrachtet und sind auch als die "Zwillingsschlangen von Ägypten" bekannt.

In Bezug auf das Kundalini-Erwachen macht die Überlagerung des Caduceus des Hermes mit dem Lebensbaum durchaus Sinn. Nach dem vollständigen und anhaltenden Erwachen wird das Individuum in einen neuen Bewusstseinszustand katapultiert, da der gesamte Lebensbaum in ihm erwacht ist. Um das Karma jeder Sephira zu bereinigen, müssen sie jedoch eine Art Reinigungsprozess durchlaufen, der ihnen hilft, von der niedrigsten zur höchsten Sephira aufzusteigen - da Teile ihrer Psyche in alle Richtungen gezogen werden. Ihr Bewusstsein arbeitet mit Hypergeschwindigkeit und ist in vielen Fällen widersprüchlich. Sie sind nicht in einer bestimmten Sephira verortet. Stattdessen fühlt es sich wie eine Erfahrung aller Sephiroth auf einmal an.

Mit dem Aufsteigen der drei Energieströme Ida, Pingala und Sushumna wird Licht in jede Sephira eingeleitet. Es ist zwingend erforderlich, dass der neu erwachte Eingeweihte des Lichts einen Weg findet, das negative Karma jedes Elements zu bereinigen, was wiederum die Sephiroth reinigt und das Bewusstsein über den Abgrund hinaus erhebt, um ausschließlich aus dem himmlischen Dreieck zu wirken.

Durch diesen Prozess wird der Eingeweihte eins mit seinem Heiligen Schutzengel - seinem Gott-Selbst. Um dorthin zu gelangen, muss jedoch zuerst das negative Karma jeder Sephira beseitigt werden. Daher muss der Eingeweihte einen Weg finden, sich auf seine individuellen Chakren zu konzentrieren, sie zu isolieren und an ihnen zu arbeiten. Er muss von den niederen zu den höheren Chakren aufsteigen, indem er seine Psyche ins Gleichgewicht bringt und seine verschiedenen subtilen Körper - den astralen, mentalen und spirituellen - reinigt.

Die rituellen Übungen, die in *The Magus* enthalten sind, dienen dazu, diesen Zweck zu unterstützen. Die Programme der Spirituellen Alchemie hierin reinigen und stimmen die Chakren und ermöglichen es den Kundalini-Erweckten, sich auf das ihnen zur Verfügung stehende höhere, transzendentale Bewusstsein einzustimmen.

DER GARTEN VON EDEN

Die Geschichte vom Garten Eden stammt aus dem *Buch Genesis* in der *Thora* und der *Heiligen Bibel.* Sie ist in der ganzen Welt bekannt und den meisten Menschen in Nordamerika vertraut, unabhängig davon, welcher Religion oder Tradition sie angehören. Sie wird häufig erwähnt, ebenso wie die Geschichte von der Geburt Jesu Christi, und ist mit der Zeit zu einem Teil der modernen Gesellschaft geworden. Die Geschichte besagt, dass wir derzeit in einem geistig "gefallenen" Zustand leben, so wie es jeder versteht. Bevor es die Welt, wie wir sie kennen, gab, existierte der Garten Eden, in dem der erste Mann, Adam, und die erste Frau, Eva, lebten.

Nach der Schöpfungsgeschichte im *Buch Genesis* schuf Gott den ersten Mann und die erste Frau und setzte sie in den Garten Eden, wo sie den Baum der Erkenntnis von Gut und Böse bewachen sollten. Adam und Eva waren beide unbekleidet, um ihre ursprüngliche Unschuld darzustellen. Gott sagte ihnen, sie könnten von jedem Baum im Garten essen, außer vom Baum der Erkenntnis von Gut und Böse.

Es gibt Vieles, das die Geschichte des Garten Eden uns lehren kann, wenn wir über den traditionellen Rahmen, wie im Christentum und Judentum gelehrt, hinausschauen. Bei esotherischer Interpretation der Geschichte wird offensichtlich, dass der Garten Eden Teil eines viel Größeren Ganzen ist, das mit allgemeinen mythologischen Themen und Aspekten anderer spirtueller Traditionen, menschlicher Psycholgie und mehr verbunden ist.

Im Folgenden wird die Geschichte des Gartens Eden, wie sie in der Tradition des Golden Dawn gelehrt wird, aus qabalistischer Sicht dargestellt. Die beiden Diagramme, die in dieser Lektion vorgestellt werden, bieten viele neue Einblicke in diese Geschichte und geben Ihnen die Schlüssel zu Ihrer spirituellen Entwicklung. Außerdem werden Sie Ihnen viele Antworten auf die Frage geben, was die Natur der Menschheit ist und warum wir derzeit in diesem Gefallenen Zustand leben.

DER GARTEN EDEN VOR DEM SÜNDENFALL

Das erste Diagramm, das wir untersuchen müssen, ist der Garten Eden vor dem Sündenfall (Abbildung 13), als die Menschheit in einem Zustand der geistigen Vollkommenheit lebte. An der Spitze des Diagramms befand sich das himmlische Eden, das die drei himmlischen Sephiroth von Kether, Chokmah und Binah enthielt. Außerdem wohnte Aima Elohim, die himmlische Mutter, in Eden.

Im "Buch der Offenbarung" aus dem Neuen Testament der *Heiligen Bibel* ist Aima Elohim die Frau der Apokalypse. Sie trägt eine Krone aus zwölf Sternen auf ihrem Kopf, was auf die zwölf Tierkreiszeichen anspielt. Sie hat die Sonne in ihrer Brust und den Mond zu ihren Füßen, was das perfekte Gleichgewicht zwischen den männlichen und weiblichen Energien darstellt. Die Macht des Vaters, das Tetragrammaton (YHVH), ist ebenfalls in diesem Diagramm enthalten. Dies sind die vier Elemente Feuer, Wasser, Luft und Erde.

Der Baum der Erkenntnis von Gut und Böse entspringt aus Malkuth - der Erde, dargestellt durch die Zweige mit den Blättern, die aus ihm herauswachsen und die sieben alten Planeten in ihrer binären Form symbolisieren. Sieben Zweige ragen nach oben zum Baum des Lebens und den unteren sieben Sephiroth, während weitere sieben nach unten ragen.

Unterhalb von Malkuth liegt das Königreich der Muscheln, auch bekannt als das dämonische Königreich. Es wird durch den Großen Roten Drachen repräsentiert, der sieben Köpfe (sieben höllische Paläste) und zehn Hörner (zehn abweisende Sephiroth) hat. Er war unter Malkuth, der Erde, zusammengerollt und hatte keinen Platz im Baum des Lebens, sondern befand sich unter ihm.

Innerhalb des Diagramms herrscht ein Gefühl des Gleichgewichts, da der Vater mit der Mutter verbunden ist. Die Mutter ist in den Überirdischen Kether, Chokmah und Binah präsent. Die Krone der zwölf Sterne ist der Tierkreis, und die Sonne in ihrer Brust und der Mond zu ihren Füßen stehen für Gleichgewicht und perfekte Funktion. Vor dem Sündenfall im Garten Eden lebten wir in einer spirituellen Realität und empfingen Energie direkt von den Überirdischen. Der ganze Baum des Lebens stand uns offen, und unser Bewusstsein war auf das Höhere Selbst der spirituellen Energie ausgerichtet.

Die sieben Köpfe des Roten Drachens repräsentieren die sieben alten Planeten und ihre Kräfte in umgekehrter Form - denn die Planeten haben duale Kräfte. Die zehn Hörner sind die zehn Sephiroth des Lebensbaums, ebenfalls in ihrer umgekehrten Form. Da sie unter Malkuth liegen, haben sie nicht an der Schöpfung teilgenommen. Irgendwann in der Vergangenheit wurden wir also nicht vom dämonischen Reich beeinflusst - das ist der Schlüssel.

Abbildung 13: Der Garten Eden vor dem Sündenfall

Der Baum des Lebens selbst befand sich oberhalb von Malkuth, und er wird durch Eva dargestellt, die die beiden Säulen der Polarität, die positive und die negative, hält. Adam befand sich in der Mitte mit der Sphäre von Yesod zu seinen Füßen und Tiphareth zu seinem Kopf. Seine Arme streckten sich nach Chesed und Geburah aus, während Netzach und Hod an seinen Seiten lagen. Eva trug den gesamten Baum des Lebens und hielt Adam fest. Über Adams Kopf befand sich der Ort der unsichtbaren elften Sephira, Daath, der als Versöhner der Kräfte von Chesed und Geburah diente.

Der Fluss Naher ging aus den Supernals und Aima Elohim hervor, der sich an der Spitze von Daath in vier Köpfe teilte. Die erste Quelle war Pison, die in Geburah floss, und es war der Fluss des Feuers. Die zweite Quelle war Gihon, die in Chesed mündete, und sie war der Fluss des Wassers. Der dritte war Hiddekel, der Strom der Luft, der sich in Tiphareth ergoss. Der vierte Fluss war Phrath, der Euphrat, der die Tugenden der anderen drei Flüsse aufnahm und in Malkuth, die Erde, floss.

Der Euphrat war der Fluss der Apokalypse. Sein Wasser des Lebens war klar wie Kristall und ging aus dem Thron Gottes hervor, mit dem Lamm auf der anderen Seite, das der Baum des Lebens war. Der Thron Gottes war das herrschende Zentrum Gottes, von dem ewiges Leben ausging. Es war ein Ort der Souveränität und der Heiligkeit.

Der Baum des Lebens hat in seiner Vollkommenheit zwölf Früchte hervorgebracht, die die zwölf Tierkreiszeichen darstellen. Im Diagramm wird diese Idee durch die Blätter dargestellt, die aus dem mittleren Sephiroth kommen. Die Flüsse von Eden bildeten ein Kreuz. Am Kreuz befand sich der große Adam, der Sohn. Er sollte die Völker mit einem "eisernen Stab" regieren. In Malkuth ist Eva, die Mutter von allem, die Vollendung von allem. Oberhalb des Universums stützte sie mit ihren Händen die ewigen Säulen der Sephiroth. So war das Große Werk vollendet, und alles war in vollkommenem Gleichgewicht und Harmonie.

Es ist wichtig zu beachten, dass die elfte Sephira von Daath dort war, wo sich der Fluss Naher in vier Köpfe teilte, und sie war ein Teil des Baums des Lebens. Im Baum des Lebens nach dem Sündenfall ist die Sphäre von Daath der Abyss. Im Abgrund ist die Dualität von der Nicht-Dualität und der Vollkommenheit des Überirdischen, das ewig und unendlich ist, getrennt. Der Abgrund schützt daher das Geistige Element, und jeder einzelne Mensch muss es in die Vier Elemente reintegrieren. Vor dem Sündenfall war das Geistelement jedoch ein Teil der Schöpfung, und wir alle waren in jeder Hinsicht vollkommen.

Daher ist der Abgrund oder Daath der Trennungspunkt zwischen dem Geist und den anderen vier Elementen. Wir müssen diesen nächsten Punkt verstehen, denn er ist von größter Bedeutung: Malkuth war vor dem Sündenfall in Daath. Daath war ein Teil des Baumes des Lebens, und es gab keine Trennung zwischen Geist und Materie - sie waren eins. Reines physisches Leben war reines geistiges Leben, und umgekehrt.

DER GARTEN EDEN NACH DEM SÜNDENFALL

Nachdem wir nun gesehen haben, wie unser ursprünglicher Zustand im Garten Eden war, können wir mit dem zweiten Teil der Geschichte fortfahren. Wenn wir "Der Garten Eden nach dem Sündenfall" (Abbildung 14) aus der Sicht der Qabalistik betrachten, erhalten wir den Schlüssel dazu, wie wir diese Geschichte auf unser eigenes Leben anwenden können, um unsere spirituelle Entwicklung voranzutreiben.

Die Schlange verführte die Große Göttin Eva, von den Früchten des Baumes der Erkenntnis von Gut und Böse zu kosten. Die Zweige des Baumes der Erkenntnis von Gut und Böse ragten nach oben zu den sieben unteren Sephiroth, aber auch nach unten in das dämonische Reich. Als Eva nach ihnen griff, wurden die beiden Säulen, die sie in ihren Händen hielt, nicht mehr gestützt. Ohne Evas Unterstützung zerbrachen die Säulen, und der gesamte Baum des Lebens fiel auseinander. Dies war der Sündenfall von Adam und Eva.

Der große rote Drache erhob sich, nun mit Kronen auf seinen Köpfen, die seine Herrschaft symbolisieren. Eden war verödet. Der Drache umschloss Malkuth und verband es mit dem dämonischen Königreich, dem Königreich der Schalen. Durch diesen Akt wurde Malkuth, die Erde, dual und enthielt sowohl die Natur des Guten als auch des Bösen. Die Qlippoth, deren wörtliche Übersetzung "Hüllen" oder "Schalen" bedeutet, sind die unreinen und bösen spirituellen Kräfte, die vom dämonischen Königreich aus wirken. Sie sind die gefallenen Engel oder Dämonen, die nun in Malkuth, die Erde, eingedrungen sind, um an der Schöpfung teilzunehmen.

Die Köpfe des Großen Roten Drachens stiegen in die sieben unteren Sephiroth auf und gaben so den Qlippoth die Macht, auch von ihnen aus zu wirken. Der Drache reichte bis nach Daath und zu den Füßen von Aima Elohim selbst. Die vier Flüsse von Eden wurden verunreinigt. Der Drache schüttete die Höllischen Wasser in Daath aus seinem Maul aus. Diese Höllischen Wasser werden "Leviathan" genannt, die stechende und krumme Schlange, die nun im Baum des Lebens Fuß gefasst hat. Auf diese Weise wurde die Reinheit des ursprünglichen Lebensbaums zerstört.

Doch es war noch nicht alles verloren. Tetragrammaton Elohim stellte die vier heiligen Buchstaben YHVH und das Flammenschwert der Zehn Sephiroth zwischen den verwüsteten Garten und das himmlische Eden. Durch diesen Akt wurde der Menschheit ein Weg zurück in den Garten Eden eröffnet. Es wurde unsere Bestimmung, seine Reinheit und Schönheit wieder zu genießen.

Um das System wiederherzustellen, musste ein zweiter Adam entstehen. So wie der erste Adam am Kreuz der vier himmlischen Flüsse gekreuzigt wurde, muss ein zweiter Adam an den höllischen Flüssen des vierarmigen Kreuzes des Todes gekreuzigt werden. Er muss in die unterste Sephira, Malkuth, hinabsteigen und dann auf dem umgekehrten Pfad des Flammenschwerts aufsteigen. Dann, wenn der Zweite Adam von den Vier Elementen (YHVH) gereinigt und geweiht ist, wird er wiedergeboren. Der Zweite Adam kann durch diesen Prozess seinen Weg zurück in den Garten Eden finden.

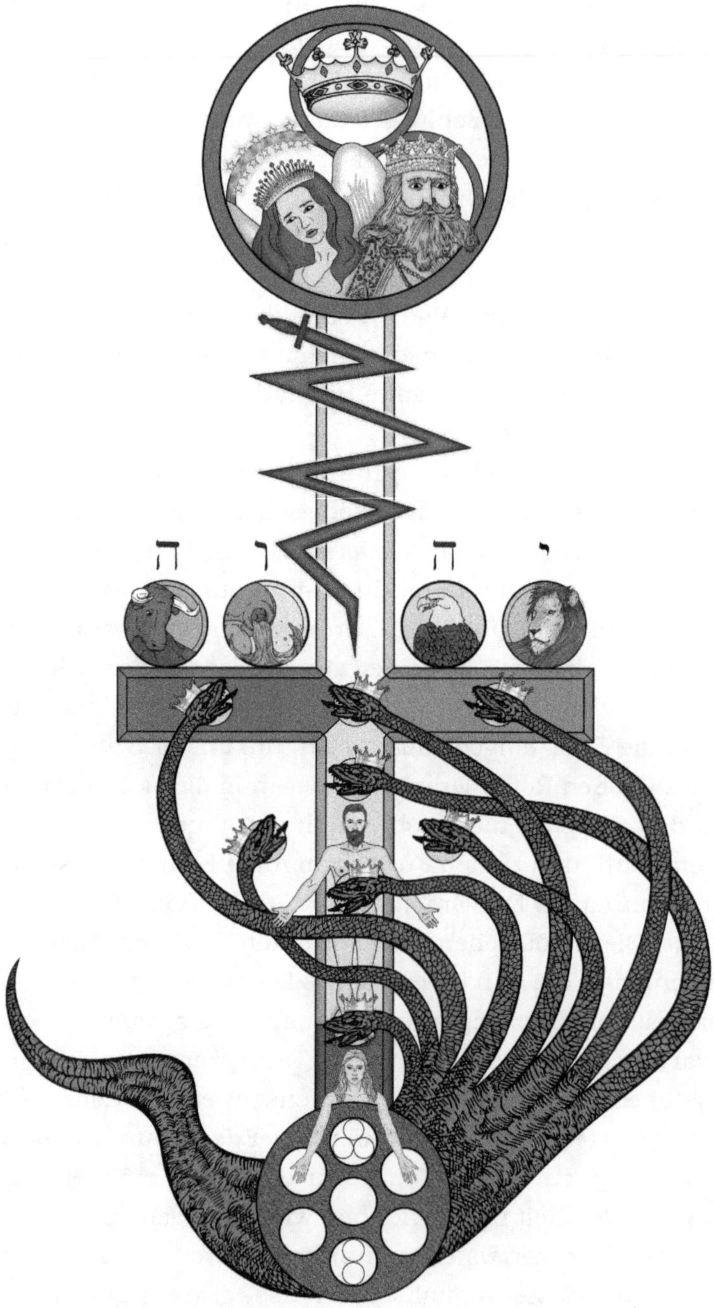

Abbildung 14: Der Garten Eden nach dem Sündenfall

***

Um zu verstehen, was in dieser Geschichte aus einer spirituellen Perspektive geschieht, müssen wir ihre Symbolik analysieren. Die Schlange verführte Eva, vom Baum der Erkenntnis von Gut und Böse zu essen. Symbolisch gesehen stürzte der Baum des Lebens, auf den sie sich stützte, zusammen, als sie den Apfel vom Baum der Erkenntnis pflücken wollte. Beachten Sie, dass die Schlange Eva in Versuchung führt und die erste Ursache für den Sündenfall ist. Aufgrund einer angeborenen Neugier oder Begierde hört Eva auf die Schlange und tut das, was Gott Adam und Eva verboten hat.

Erstens kann die Idee der Schlange mit der Kundalini-Energie im Menschen in Verbindung gebracht werden - dem Auslöser, der die Evolution des Bewusstseins und die vollständige Aktivierung des Lichtkörpers bewirkt. Es ist kein Zufall, dass die Schlange in dieser kryptischen Geschichte neben Adam, Eva und natürlich Gott, dem Schöpfer, als einer der Hauptakteure vorkommt. Da die Schlange die Ursache für den Sündenfall ist, muss sie auch in der Wirkung wieder auftauchen - bei der Wiederherstellung des Gartens Eden. Daher können wir sagen, dass ein Kundalini-Erwachen, das Erwecken der Schlangenkraft, unser Weg zurück in den Garten Eden ist.

Vor dem Sündenfall war alles in perfektem Gleichgewicht. Es gab keine Trennung zwischen Geist und Materie, und alles war eins und himmlisch. Der höllische Drache war nicht in den Baum des Lebens eingebunden, sondern befand sich unter Malkuth, der Erde. Er nahm nicht an der Schöpfung teil, sondern stand außerhalb von ihr. Als Eva nach dem Apfel griff, wurden die Säulen nicht mehr gestützt, und der ganze Lebensbaum zerbrach.

An diesem Punkt der Schöpfungsgeschichte verbannte Gott Adam und Eva aus dem Garten Eden, weil sie ihm nicht gehorchten. Wir sehen, dass der große rote Drache sich über Malkuth erhebt und bis nach Daath reicht, wo sich der eine Fluss in vier teilt. Dieser eine Fluss, der für das geistige Element steht, ist nicht in den Sündenfall verwickelt und bleibt unangetastet. Die anderen vier Flüsse, die für die vier Elemente Feuer, Wasser, Luft und Erde stehen, sind in den Sündenfall verwickelt und werden entweiht.

Das Tetragrammaton Elohim platziert die vier Buchstaben YHVH und das Flammenschwert der zehn Sephiroth zwischen den verwüsteten Garten und das himmlische Eden. Daath wird nun zur Kluft oder zum Abgrund, der die Reinheit des himmlischen Edens (reiner Geist) vom Baum des Lebens trennt, der nun dual wird und Gut und Böse in sich trägt.

Einst war Daath symbolisch Malkuth, und Geist war Materie. Aber nach dem Sündenfall wird Daath zum Trennungspunkt zwischen dem Geist (Himmel) und der

Welt der Dualität von Gut und Böse (Erde). Diese Kluft befindet sich im Geist, denn der Geist ist das Bindeglied zu Geist und Materie.

Es ist kein Wunder, dass Jesus Christus, der nach dem *Buch Genesis* kam, um die Rolle des Messias zu übernehmen, am Kreuz der vier Elemente, dem Höllenkreuz, gekreuzigt wurde. Seine Tat symbolisiert den Triumph des Geistes über die Materie und die Wiedergeburt und Rückkehr in den Garten Eden. Er wurde der zweite Adam und der Prototyp für uns, dem wir folgen müssen, um in den Garten Eden zurückzukehren - unsere wahre Heimat. Jetzt muss jeder Mensch sein eigener Messias sein und die volle Verantwortung für seine spirituelle Entwicklung übernehmen.

Wir alle müssen in Malkuth, der Erde, beginnen und unseren Lebensbaum hinaufwandern, indem wir dem Pfad des Flammenden Schwertes in umgekehrter Richtung folgen. Während wir dies tun, erneuern wir uns durch die vier Elemente. Die Geschichte vom Garten Eden gibt uns aus der qabalistischen Perspektive den Schlüssel zum spirituellen Evolutionsprozess, bei dem wir zuerst in den Elementen baden müssen, bevor wir wieder in den Geist aufgenommen werden und den Garten Eden in uns selbst wiederherstellen können.

Im Golden Dawn und anderen westlichen esoterischen Mysterienschulen wird dies systematisch durch zeremonielle Magie und die Anrufung der Elemente durch rituelle Übungen erreicht. Der Einzelne steigt von Malkuth (Erde) zu Yesod (Luft), dann zu Hod (Wasser) und schließlich zu Netzach (Feuer) auf. An diesem Punkt im System des Golden Dawn steht der Mensch an der Schwelle zum Geist. Sie müssen dann lernen, wie sie die Lektionen jedes Elements in den Geist integrieren und in ihm aufgehen können.

Sobald der gesamte Lebensbaum während der Kundalini-Erweckung vollständig aktiviert und mit Licht belebt worden ist, hat der Transformationsprozess offiziell begonnen. Der nächste Schritt besteht darin, die unteren vier Chakren Erde, Luft, Wasser und Feuer zu reinigen, damit das Bewusstsein von den oberen drei Geist-Chakren Vishuddhi, Ajna und Sahasrara (der Krone) aus wirken kann.

Die Geschichte vom Garten Eden unterstreicht die Bedeutung der Arbeit mit den vier Elementen, die gleichbedeutend mit den Chakren sind, nämlich den vier untersten Chakren, um aufzusteigen und das Bewusstsein zu erhöhen. Es liegt an jedem einzelnen von uns, den Garten Eden in uns selbst wiederherzustellen. Niemand kann das für uns tun.

DER BAUM DES LEBENS UND DIE KUNDALINI

Es gibt zwei Schlüsselverse in der Schöpfungsgeschichte aus dem *Buch Genesis*, die weitere Hinweise auf das Gesamtbild unserer spirituellen Entwicklung geben. Ich werde mich auf die weithin gelesene King James Version der *Heiligen Bibel* beziehen, um zusätzliche Einblicke in die Geschichte des Gartens Eden zu gewinnen.

Analysieren wir zunächst die Frage der Schlange an Eva, ob sie und Adam vom Baum der Erkenntnis von Gut und Böse essen werden. Eva erzählt der Schlange, dass Gott, der Herr, gesagt hat, dass sie sterben würden, wenn sie vom Baum der Erkenntnis essen würden. Die Antwort der Schlange auf diese Frage ist interessant.

"Ihr werdet sicher nicht sterben. Denn Gott weiß, dass an dem Tag, an dem ihr davon esst, eure Augen aufgetan werden, und ihr werdet sein wie Götter und wissen, was gut und böse ist." - Die Heilige Bibel (Genesis 3:4-5)

Es ist interessant festzustellen, dass der erste Schritt in der Evolution der Menschheit unmittelbar nach unserer Erschaffung als Spezies stattfand. Wir waren perfekt und lebten in einem unberührten Zustand der Existenz im Garten Eden, wo Geist Materie und Materie Geist war. Aufgrund unseres angeborenen Verlangens nach Wissen und unserer Neugierde auf das Unbekannte waren wir jedoch dazu bestimmt, aus dem Garten Eden zu fallen. Unser Sündenfall war die Folge, während die Versuchung der Schlange die Ursache war. Sie hat Evas Neugierde geweckt und sie dazu gebracht, das zu tun, was Gott ihr verboten hatte - vom Baum der Erkenntnis von Gut und Böse zu essen. Folglich war es nach den Worten der Schlange genau das, was sie und Adam "wie Götter" machen und ihnen die Erkenntnis von Gut und Böse geben würde.

Gott, der Herr, sagte Eva und Adam, dass sie sterben würden, wenn sie vom Baum der Erkenntnis aßen. Der Tod, von dem Gott sprach, ist ein geistiger Tod, eine Veränderung des Bewusstseins. Da Gott die innere Natur seiner Schöpfung kannte, wusste er, dass Adam und Eva ihm nicht gehorchen und vom Baum der Erkenntnis essen würden. Da er ihnen jedoch einen freien Willen gab, wollte er, dass es ihre Entscheidung war. Er wusste, dass ihr Ungehorsam dazu führen würde, dass sie aus dem Garten Eden verbannt würden und sich auf eine gefährliche spirituelle Reise begeben müssten, die schließlich in ihrem symbolischen Tod enden würde, gefolgt von einer Wiedergeburt und dem Wiedereintritt in den Garten.

Zu einem weit entfernten Zeitpunkt gab es den Abgrund oder den Abyss (den Ort, an dem die Dualität existiert, den Verstand) nicht als eine Funktionsweise. Das ganze Leben war intuitiv und instinktiv. Es bestand keine Notwendigkeit zu denken, sondern nur zu tun. Indem sie in den Bereich des Verstandes eintraten (wo die Dualität als eine Form der Wahrnehmung stattfindet), fielen Adam und Eva aus dem Garten. Um wieder zurückkehren zu können, mussten sie durch die Elemente, einschließlich des Geistelements, wiedergeboren werden.

Gut und Böse zu kennen bedeutet, im Wissen zu wachsen. Es bedeutet, die angeborene Logik und Vernunft zu aktivieren - den Teil, der den Intellekt ausmacht, der mit der Zeit Weisheit entwickelt. Gut und Böse zu kennen bedeutet, aktive Teilnehmer (Mitschöpfer) zu sein und im Leben Entscheidungen zu treffen. Indem sie Mitschöpfer im Leben sind, sind die Menschen "wie" Götter, d. h. sie werden zum Ebenbild ihres Schöpfers.

Der Sündenfall im Garten Eden war eine Möglichkeit, die Fähigkeit der Menschheit zu testen, das Richtige zu tun. Um genau zu sein, war es der Beginn dieses Tests, um zu sehen, was die Menschheit mit dem freien Willen tun würde. Schließlich waren wir dazu bestimmt, in dieser Realität Mitschöpfer zu sein. Daher musste unsere Fähigkeit, bewusste Entscheidungen über unsere Zukunft zu treffen, getestet werden.

Als Adam und Eva von der Frucht des Baumes der Erkenntnis von Gut und Böse aßen, fand Gott, der Herr, heraus, was sie getan hatten. Also verfluchte er beide und sagte ihnen, dass sie aus dem Garten Eden verbannt seien. Nachdem er sie verbannt hatte, machte der Herrgott jedoch eine merkwürdige Aussage über den Baum des Lebens.

"Siehe, der Mensch ist geworden wie wir, dass er weiß, was gut und böse ist; und nun, damit er nicht seine Hand ausstrecke und nehme von dem Baum des Lebens und esse und lebe ewiglich." - Die Heilige Bibel (Genesis 3:22)

Der Herrgott sagt, dass die Menschheit "wie" Gott sein wird, indem sie Gut und Böse kennt, aber um ewig zu leben und ewig zu sein, müssen wir vom Baum des Lebens essen. Er meint damit, dass der Mensch alle Sphären des Lebensbaums aktivieren muss, was nur durch ein vollständiges und dauerhaftes Kundalini-Erwachen erreicht werden kann.

Eine Kundalini-Erweckung, die zur vollständigen Aktivierung des Lichtkörpers führt, indem die Energie zum Kronenchakra, Sahasrara, angehoben wird, ist eine Erweckung des gesamten Lebensbaums im Individuum. Nach dem Erwachen werden die verschiedenen Bewusstseinszustände, die durch die zehn Sephiroth repräsentiert werden, als Funktionsweisen verfügbar.

Auf diese Weise ist die menschliche Evolution ein dreistufiger Prozess. Der erste Schritt war vor dem Sündenfall, als alles perfekt war; Geist war Materie, und Materie war Geist. Der Mensch funktionierte allein aufgrund von Intuition und Instinkt. In dieser Stufe gab es jedoch kein Wissen über die Dualität. Logik und Vernunft existierten nicht, weil sie Nebenprodukte des Denkens über Vergangenheit und Zukunft sind - eine Dualität. Da die Entwicklung unseres Intellekts inhärent ist, da er ein wesentlicher Teil von uns ist, musste der nächste Schritt getan werden.

Der Sündenfall war der nächste Schritt, den wir unternehmen mussten, um etwas über die Dualität und über Gut und Böse zu lernen. Dieser Schritt beinhaltet die Entwicklung des Geistes und die Anwendung unseres freien Willens. Das ist die Macht der Wahl und das, was wir mit ihr tun wollen. Um uns bis zum Äußersten unseres Potenzials zu entwickeln, wurden wir allein gelassen und mussten lernen, für uns selbst zu sorgen.

Die Menschheit befindet sich seit Tausenden von Jahren in diesem Zustand und ist immer noch dort. In ihrer Gesamtheit haben wir uns noch nicht zur dritten Stufe entwickelt. Wir lernen immer noch über uns selbst, unsere innere Natur und wie wir das Böse in großem Maßstab besiegen können. Wir haben die Macht des Guten und der bedingungslosen Liebe gelernt. In gewisser Weise ist es zu unserer Prüfung geworden, die Selbstliebe mit bedingungsloser Liebe zu überwinden, da dies ein notwendiger Schritt in der Evolution des Bewusstseins ist.

Der dritte Schritt unserer Evolution ist die Erweckung der Kundalini. Es ist die Aktivierung des gesamten Lebensbaums und die Anhebung des individuellen Bewusstseins in das Überirdische (Abbildung 15). Sobald wir dies erreicht haben, werden wir den Garten Eden wieder betreten. Wir werden ewig leben, wie Gott gesagt hat. Natürlich nicht in unseren physischen Körpern, aber durch die Vergeistigung unseres Egos werden wir unsere Seelen von den Schmerzen und der Angst des Lebens in der materiellen Welt befreien. Unser Bewusstsein wird sich erweitern und sich mit dem kosmischen Bewusstsein der Gottheit vereinen.

Nur sehr wenige Menschen auf der Welt haben diesen dritten Schritt getan. Dennoch ist dieser Auslöseschalter der Kundalini-Energie in jedem Menschen vorhanden. Es ist eine Frage der Wahl, sich spirituell zu entwickeln und sich über den Verstand und die Dualität zu erheben. Wenn die Kundalini zur Krone aufsteigt, wird der Verstand erneut umgangen. Das Bewusstsein beginnt auf die gleiche Weise zu funktionieren wie vor dem Fall - durch Intuition und Instinkt. Der Hauptunterschied besteht darin, dass Logik, Vernunft und Intellekt uns immer noch als Funktionsweisen zur Verfügung stehen. Mit anderen Worten: Die Lektion ist gelernt, und der Mensch hat bewusst das Gute über das Böse, die Liebe über die Angst gewählt.

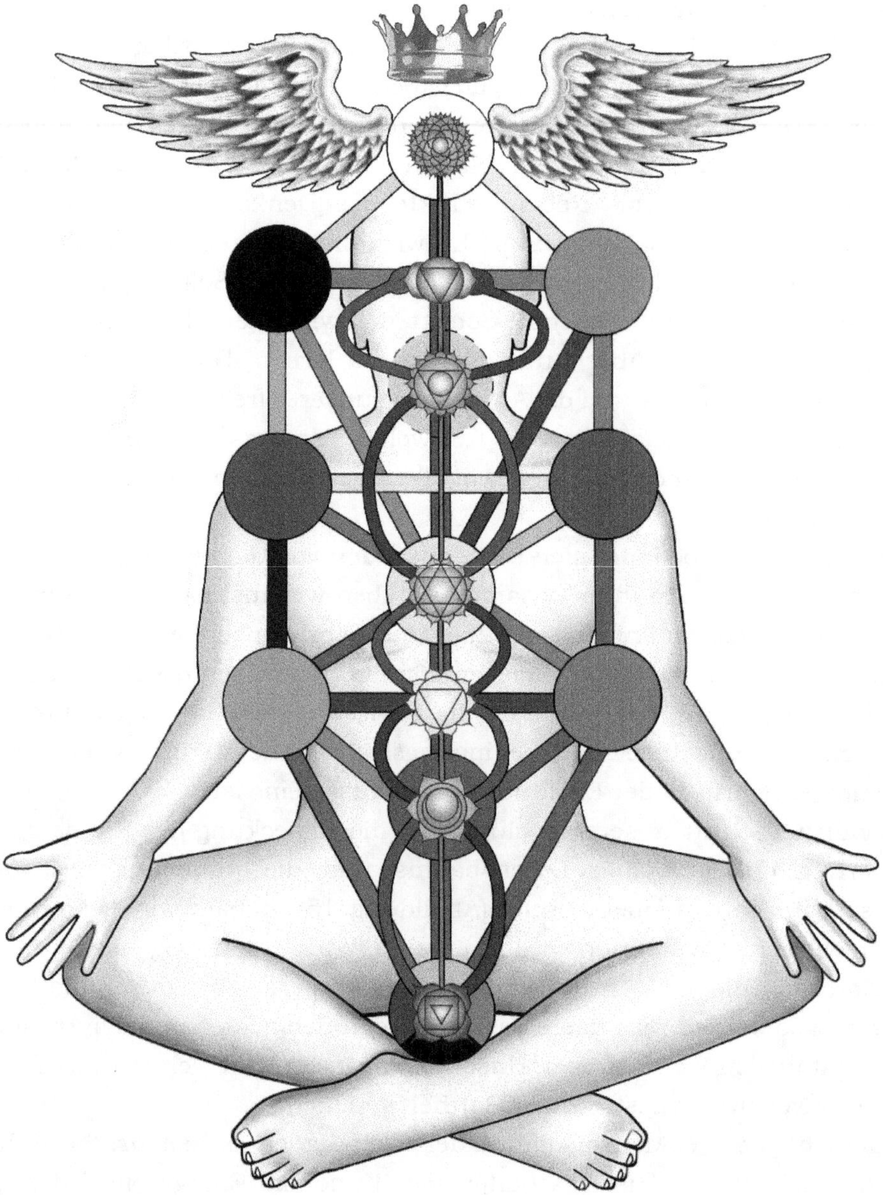

Abbildung 15: Der Baum des Lebens und die Kundalini

In gewisser Weise testet die spirituelle Evolution unsere Fähigkeit als Menschen, einander vor allen Dingen zu lieben. Sie ist ein Weg, um unsere Entscheidungen im Leben zu testen und den Geist zu schützen. Wenn wir uns dafür entscheiden, einander zu lieben und Gutes zu tun, um Gutes zu tun, werden wir das Böse überwinden und uns wieder mit der ursprünglichen spirituellen Energie verbinden können.

Jeder von uns muss sein eigener Messias werden und spirituell wiedergeboren werden. Wir müssen unseren Lebensbaum mit der Kundalini-Energie aktivieren und erleuchten und unser Bewusstsein zu den Überirdischen erheben. Die Aufgabe eines jeden ist es, aus dem gefallenen Zustand, in dem er sich befindet, den Weg zurück in den Garten Eden zu finden - das ist die tiefste, wenn auch verschleierte Bedeutung, die wir aus dieser kryptischen Geschichte ableiten sollen.

DIE SEPHIROTH UND DIE CHAKREN

Im Laufe der Jahre haben viele spirituelle Lehrer versucht, die zehn Sephiroth des Lebensbaums mit den sieben Chakren in Einklang zu bringen, um eine gemeinsame Basis zwischen den beiden Systemen zu finden. Ihre Methode bestand darin, die zehn Sephiroth des Lebensbaums auf das chakrische System zu übertragen - und die gegensätzlichen Sephiroth miteinander zu versöhnen. Wenn man die Säule der Barmherzigkeit und die Säule der Strenge in der mittleren Säule vereint, erhält man sieben Sephiroth, was der Zahl sieben der Chakras entspricht. In der Theorie funktioniert diese Methode, ja. Bei der Prüfung der Ergebnisse zeigt sich jedoch, dass die Entsprechungen der vereinigten Sephiroth mit den Chakras einfach nicht übereinstimmen.

Aus meiner persönlichen Erfahrung in der Arbeit mit den Energien des Lebensbaums und der Chakren glaube ich, dass es einen Weg gibt, die beiden Systeme in Einklang zu bringen. Es ist allerdings sehr viel komplizierter als die oben erwähnte Methode. Ich denke, dass die Menschen, die diese erste Methode lehren, in ihrem Verständnis beider Systeme eingeschränkt sind, da sie keine direkte Erfahrung haben, sondern ihre Schlussfolgerungen rein auf ihren Intellekt und die Werke anderer Menschen stützen. Die einzige Möglichkeit, die Energien des Lebensbaums wirklich zu verstehen, besteht darin, eine praktikable Methode der Energiebeschwörung zu praktizieren, die sich mit diesen besonderen Energien befasst - wie die Zeremonialmagie. In meinem Fall hatte ich das Privileg, mit einer erweckten Kundalini zu leben, während ich Zeremonialmagie praktizierte, was es mir ermöglichte, die Energien sowohl des Lebensbaums als auch der Chakren in einem unglaublich hohen Grad durch Gnosis zu erfahren.

Nach vielen Jahren direkter Arbeit mit den oben genannten Energien glaube ich, dass ich eine gemeinsame Basis zwischen dem östlichen und dem westlichen System gefunden habe und einen Weg, sie zu vereinen und zu versöhnen. Schließlich gibt es nur eine Schöpfung, und es gibt nur einen Schöpfer, egal welchen Namen wir ihm/ihr geben. Jeder Mensch ist gleich aufgebaut, unabhängig von unserer kulturellen oder religiösen Erziehung. Wir alle bestehen aus den Grundbausteinen der Schöpfung, die sowohl im östlichen als auch im westlichen System zu finden sind - den Energien der fünf Elemente Geist, Feuer, Wasser, Luft und Erde. Diese fünf Energiearten finden sich sowohl im Lebensbaum als auch im chakrischen System (Abbildung 16) und sind der verbindende Faktor zwischen den beiden Denkschulen.

"...einige der Sephiroth und die Chakras sind ähnlich, aber nicht exakt. Nimmt man alle zehn Sephiroth in Betracht, wird diese Ähnlichkeit geringer. Die Sephiroth und die Chakren haben unterschiedliche Funktionen, unterschiedliche Entsprechungen und eine Vielzahl anderer Eigenschaften, die spezifisch für die kulturellen Wurzeln des jeweiligen Systems sind." - Israel Regardie; Auszug aus "The Middle Pillar: Das Gleichgewicht zwischen Geist und Magie"

The Magus enthält eine einzigartige, umfassende und allumfassende unsichtbare Wissenschaft der Energie, an der wir alle als menschliche Wesen teilhaben, und die Methoden (rituelle Übungen), die Sie verwenden können, um diese elementaren Energien anzurufen/zu beschwören, um Ihre spirituelle Entwicklung zu fördern. Um am besten zu erklären, wie das östliche und das westliche System zusammenhängen, werde ich jedes der zehn Sephiroth des Lebensbaums untersuchen, indem ich den Baum nach oben skaliere, indem ich dem umgekehrten Pfad des flammenden Schwertes folge, während ich sie mit den Energien der Chakras vergleiche.

Wir beginnen unsere Übung in der untersten Sephira, Malkuth - der Erde. Wie bereits erwähnt, ist Malkuth die physische Welt, in der wir leben, die Welt der Materie. Als solche korrespondiert sie mit dem Erd-Chakra, Muladhara. Das Erd-Chakra hat Teil an der physischen Welt der Materie und dem Bewusstseinszustand der Astralebene, nämlich der unteren Astralebene. Das Erd-Chakra ist also das Bindeglied zwischen der physischen Ebene und der Astralebene und nicht nur der physischen Welt, wie viele spirituelle Lehrer meinen.

Wenn wir nach oben gehen, haben wir die Sephira Yesod, die Astralebene, die durch die sexuelle Energie eines Mannes oder einer Frau zugänglich ist. Sie befindet sich auf dem Lebensbaum in der Leistengegend. Im chakrischen System ist diese Region jedoch die Position von Muladhara, dem Erd-Chakra. Die sexuelle Energie kommt mit Sicherheit aus dem Unterleib, denn wenn wir eine sexuelle Erregung verspüren, können wir sie dort zuerst als Emotion spüren. So haben wir die Verbindung zum zweiten Chakra, Swadhisthana, da dort die niederen Emotionen erlebt werden. Niedrig bedeutet in diesem Fall, dass sie in irgendeiner Weise mit dem Ausdruck der sexuellen Energie verbunden sind. Die Genitalien treiben diese sexuelle

Energie an, und sie befinden sich unterhalb des Steißbeins. Das Steißbein ist der Ort der Kundalini-Energie an der Basis der Wirbelsäule, wo sie sich in ihrem ruhenden Zustand dreieinhalb Mal aufgerollt haben soll und aus dem Muladhara Chakra des Erdelements stammt.

Es herrscht Verwirrung darüber, ob Yesod einfach das Swadhisthana Chakra und das Wasserelement ist, oder vielleicht Muladhara, das Erdelement - denn das ist es, was wir erhalten, wenn wir das Chakrensystem direkt auf den Lebensbaum legen. Außerdem wird Yesod nach der Qabalah dem Luftelement zugeschrieben. Diese Zuordnung trägt weiter zur Verwirrung bei, da Anahata, das Herzchakra, ebenfalls dem Luftelement zugeordnet ist - und Yesod liegt weit unter Anahata. Wir sind erst bis Yesod vorgedrungen, und schon herrscht große Verwirrung darüber, welches Chakra welcher Sphäre zuzuordnen ist - die Entsprechungen sind völlig durcheinander. Diese Verwirrung setzt sich fort, wenn wir auf dem Lebensbaum weiter nach oben gehen und die Energien und Attribute untersuchen.

Wenn wir am Swadhisthana Chakra vorbei nach oben gehen, erreichen wir das Feuer-Chakra-Manipura im Solarplexus. Hier haben viele Lehrer gesagt, dass die Sphären von Hod und Netzach in ihrer Opposition das Feuer von Manipura repräsentieren. Ich würde die Gültigkeit dieser Aussage bestreiten, da das Feuer nach dem Vier-Welten-Konzept die höchste der vier Elementarwelten ist (mit Ausnahme des Geistes) und archetypisch ist, was bedeutet, dass es ohne Form ist. Bei Hod und Netzach haben wir jedoch eine Form, da sie die am leichtesten zugänglichen Teile des Selbst im Laufe des Tages sind - Logik und Emotionen. Beide sind gedankenbasiert und drücken sich durch die Astral- und Mentalebene aus. Das Feuerelement manifestiert sich nur auf der höheren Mentalebene, und diese Ebene ist etwas Besonderes für die Seele, nicht für das Ego. Im Gegensatz dazu ist das Ego mit Emotionen verbunden, die der Astralebene und dem Wasserelement, nicht dem Feuerelement angehören.

Nach oben hin haben wir Tiphareth, von dem viele spirituelle Lehrer sagen, es sei das Herz-Chakra, Anahata. Diese Aussage ist vielleicht die einzig richtige, da Tiphareth dem Luftelement zugeordnet wird, und Anahata ist es auch. Aber auch hier wird Tiphareth im qabalistischen Rahmen dem Solarplexus, dem Seelenzentrum, zugeordnet, das dem Manipura Chakra entspricht. Außerdem hat Tiphareth, wie ich bereits erwähnt habe, feurige Qualitäten, da es in der Qabalistik der Sonne zugeschrieben wird, der Quelle von Licht und Wärme in unserem Sonnensystem. Daher sollte seine Platzierung irgendwo zwischen den beiden Chakren Manipura und Anahata liegen, wo es in erster Linie das Luftelement ausdrückt und eine enge Verbindung mit dem Feuer der Seele hat.

Und was ist mit den beiden darüber liegenden Sphären, Geburah und Chesed? Die Attribute von Chesed und Geburah, die als Kehlchakra, Vishuddhi, in Einklang gebracht werden, ergeben keinen Sinn, da Vishuddhi dem Geistelement zugeordnet wird. Gleichzeitig gehören Chesed und Geburah zu den Elementen Wasser und Feuer. Nach der Qabalah sind die Attribute von Geburah die Farbe Scharlach (rot), der Planet Mars, Strenge, Stärke und Willenskraft. Sind dies nicht die Eigenschaften des Feuerelements? Und ist Chesed nicht das Wasserelement? Nach der Qabalah ist es blau, Planet Jupiter, Barmherzigkeit und bedingungslose Liebe, alles Eigenschaften des Wasserelements. Auch die Attribute von Hod und Netzach, die vereinigt werden, um das Feuer-Chakra von Manipura zu repräsentieren, machen keinen Sinn, da diese auch eindeutig Wasser- und Feuerelemente sind, aber auf einer niedrigeren Ebene als Chesed und Geburah.

Anstatt Chesed und Geburah als ein Chakra zu integrieren und Netzach und Hod zu verbinden, um ein anderes Chakra zu repräsentieren, ist es genauer zu sagen, dass Chesed und Hod zusammenkommen, um das Wasserelement zu stärken, das von Swadhisthana (dem Wasserelement-Chakra) aus wirkt. Im Gegensatz dazu drücken Geburah und Netzach in Kombination das Feuerelement aus und wirken durch Manipura (das Feuerelement-Chakra). Und diese beiden Paare von versöhnten/vereinigten Sephiroth werden durch die Sphäre von Tiphareth (das Luftelement-Chakra) gefiltert.

Und Tiphareth ist nicht nur das Anahata Chakra, denn Anahata bezieht sich auf bedingungslose Liebe, die eine Emotion ist und zur Natur des Wasserelements gehört, daher die Verbindung zum Swadhisthana Chakra. Aber Manipura, das Feuerelement-Chakra, versorgt diese Emotion mit Energie, sobald es einen Zustrom von weißem Licht aus den darüber liegenden Chakren gibt.

Erinnere dich daran, dass Manipura der Sitz der Seele ist. Weißes Licht muss die unteren vier Chakren mit Energie versorgen, wenn die Seele das Bewusstsein anstelle des Egos beherrschen soll. Sobald die Krone geöffnet ist und das Licht herabsteigt, werden die Chakren vergeistigt, und der Mensch kann höhere Gefühle und Gedanken, wie z.B. bedingungslose Liebe, erfahren. Ohne den Zustrom von Licht wird das Individuum zu Selbstliebe neigen, was bedeutet, dass das Ego die Führung übernimmt.

Die drei Chakras Manipura, Swadhisthana und Anahata scheinen im Einklang zu arbeiten, indem sie sich gegenseitig mit Energie versorgen und die unterschiedlichen Energien der fünf Sephiroth Chesed, Geburah, Tiphareth, Netzach und Hod bereitstellen, die den Ruach - das belebende Prinzip des Menschen - umfassen. Das Atmen und die Aufnahme von Prana-Energie über Nahrung und Wasser aktiviert diese Prinzipien und Sephiroth oder Sphären.

Die Chakren Muladhara und Swadhisthana werden am häufigsten vom Nephesh, dem Unteren Selbst, benutzt, das von der sexuellen Energie von Yesod angetrieben wird. Das Nephesh wird neutralisiert, sobald das Weiße Licht in die unteren vier Chakren gebracht wird. Sie werden erhöht und beginnen mit ihrer optimalen Kapazität zu arbeiten, was es der Seele ermöglicht, das Bewusstsein zu beherrschen.

Die Aussage, dass die Sphären von Chokmah und Binah sich im Ajna Chakra vereinigen, ist relativ genau. Chokmah und Binah sind Weisheit und Verstehen, die im Einklang arbeiten und durch Intuition empfangen werden. Ajna Chakra ist der Eintrittspunkt in die Höheren Welten, vorbei an den fünf Sinnen (unter Verwendung des sechsten Sinns und des geistigen Auges, das durch Intuition funktioniert). Ajna ist auch das Tor zu den kosmischen Ebenen im Allgemeinen und enthält Formen und Bilder, die in Yesod (der Astralwelt) gefunden werden. Auch hier ist die Zuordnung also nicht ganz korrekt. Auch hier scheinen die Sephiroth zusammenzuarbeiten, um die Ergebnisse zu erzielen, die in den Chakras zu finden sind. Die einzige Möglichkeit, die beiden Systeme wirklich in Einklang zu bringen, sind die fünf Elemente Erde, Luft, Wasser, Feuer und Geist, da die Elemente in beiden Systemen eine Rolle spielen.

Dass das Sahasrara Chakra die Sphäre von Kether ist, ist eine zutreffende Aussage, denn sowohl im östlichen als auch im westlichen System wird dieses Chakra oder diese Sephira dem Geist in seinem reinsten Sinne zugeschrieben, der unwissend, ewig und unbeschreiblich ist. Daher ist in Wirklichkeit nicht viel darüber bekannt, noch kann es ohne persönliche Erfahrung mit dem Weißen Licht verstanden werden. Daher wird seine Erfahrung nicht auf unser tägliches Leben und unsere Funktion in der Welt um uns herum angewendet. Wir können Kether nur erfahren, wenn wir in mystische Bewusstseinszustände eintreten - entweder durch Meditation oder durch inspiriertes und erhabenes Denken. Eine enge Verbindung mit Kether zu erlangen, ist das Ziel eines jeden Menschen auf diesem Planeten, da dies zum Herabsteigen der Geistenergie und zu einer dauerhaften Transformation des Bewusstseins führen kann.

Wir wissen mit Sicherheit, dass die ersten vier Chakren die vier Elemente Erde, Wasser, Feuer und Luft tragen. Wir wissen auch, dass die nächsten drei Chakren dem Äthyr/Geist-Element angehören - sie beginnen im Hals-Chakra und enden am Scheitel des Kopfes, der Krone. Der Hals und der Nacken trennen den Kopf vom Rest des Körpers. Daher macht es am meisten Sinn, daraus zu schließen, dass dies der Bereich ist, in dem der Geist beginnt und die unteren Elemente enden.

Das Kehlchakra ist Vishuddhi, dessen Hauptzweck in der Unterstützung der Kommunikation besteht. In Vishuddhi erzeugen wir Schwingungen in unserer Stimme, um mit der Außenwelt zu kommunizieren. Das gesprochene Wort ist unsere Verbindung mit dem Göttlichen. Und da es göttlich ist, gehört es zum geistigen Element. Daher muss alles, was sich in Vishuddhi und darüber befindet, ebenfalls göttlich sein, während alles, was sich darunter befindet, es nicht ist. Unterhalb von Vishuddhi haben wir nach dem chakrischen System die vier Elemente. Sie sehen also, die zehn Sephiroth oder Sphären des Lebensbaums lassen sich nicht einfach dadurch auflösen, dass man die gegenüberliegenden Sphären in der mittleren Säule zusammenfasst.

Ich schlage vor, dem Leser ein völlig anderes Konzept für die Betrachtung des Lebensbaums zu vermitteln. Anstatt ihn von Malkuth aus zu betrachten, stellen Sie sich vor, Sie stünden in Tiphareth, Ihrem Sonnenzentrum und Seelenkern, und betrachteten den Lebensbaum aus einer dreidimensionalen Perspektive, indem Sie ihn horizontal flach hinlegen. So können Sie die Grenzen der Versöhnung der gegensätzlichen Sphären überwinden, indem Sie den Lebensbaum systematisch nach oben skalieren.

Unter diesem Gesichtspunkt kann Chesed mit Hod integriert werden, während Geburah mit Netzach vereint werden kann. Das eine hat eine höhere Funktion als das andere, aber beide Gegensatzpaare wirken entweder aus dem Wasser- oder dem Feuerelement. Das Element Luft verbindet den Geist oben und die niederen Elemente unten. Und diese Verbindung, wie auch die Trennung, findet in Vishuddhi, dem Kehlchakra, statt.

Der ewige Teil des Selbst existiert jenseits des Abgrunds (Vishuddhi Chakra) und trennt das überirdische Selbst vom reinkarnierten, manifestierten Selbst. Wie bereits erwähnt, ist das Überirdische Selbst das Element des Geistes. Es wird durch die unsichtbare elfte Sphäre des Daath getrennt, die der Abgrund selbst ist, was den Tod des Ego bedeutet, der erforderlich ist, um den Geist zu erreichen. Der Tod des Egos ist notwendig, um sich auf das spirituelle Selbst auszurichten. Die Elemente Wasser und Feuer existieren als duale Gegensätze, männliche und weibliche Energien, die Bausteine und Werkzeuge, die das spirituelle Selbst verwendet, um das Ego auszulöschen.

Sobald wir unter das Überirdische und den Daath gehen, finden wir das ethische Dreieck, das astrale Dreieck und den physischen Körper. Luft ist das verbindende Medium, das Bindeglied zwischen Geist und Materie, was Sinn macht, weil Luft allen Lebewesen Leben gibt. Ohne Atem können wir nicht länger als ein paar Minuten leben. Das Luftelement befindet sich im Anahata Chakra und ist auch mit der Leiste und dem Ort verbunden, an dem wir Prana, unsere Lebensenergie, empfangen.

Die mittlere Säule des Lebensbaums ist das Bindeglied zwischen Himmel und Erde. Die Luft ist das Bindeglied zwischen dem Göttlichen und dem Menschen. Unser Prana wird durch Atem, Nahrung und Wasser gespeist, das in der Leistengegend durch unsere sexuelle Energie, die Quelle aller Kreativität, aktiviert und gelenkt wird. Eine physische Manifestation der Prana-Energie ist also der sexuelle Ausdruck, während eine spirituelle Manifestation die Aktivierung der Kundalini ist. Beide werden durch sexuelle und pranische Energien angetrieben, die sich voneinander unterscheiden, aber eng miteinander verbunden sind.

Die Kundalini wird zum Vehikel, durch das wir die Sephiroth unserer Mittleren Säule verbinden und durch Daath in das Überirdische aufsteigen, um uns mit unserem Sahasrara Chakra zu verbinden und uns für den Zustrom von Spirit von oben zu öffnen. Daath stellt den symbolischen Tod dar, der notwendig ist, um im Geist wiedergeboren zu werden. Das Feuerelement-Chakra, das durch die Sphären von Geburah und Netzach wirkt, wird nun durch das Wasserelement-Chakra und die

Sphären von Chesed und Hod gemildert. Diese schaffen die inneren Funktionen, die das Selbst ausmachen und die wir nutzen, um unser Bewusstsein zu erhöhen und das Höhere Selbst zu erreichen, das zur Gottheit gehört.

Erinnern Sie sich daran, dass das Leben ein Spiel ist, ein göttliches Spiel, und wir brauchen einen Grund, um Handlungen in der physischen Welt auszuführen - die Elemente Feuer und Wasser geben uns diese Gründe. Das eine ist die bedingungslose Liebe, das andere ist die Willenskraft - die Liebe unter dem Willen. Die Willenskraft braucht einen Grund zum Handeln, und dieser Grund ist die bedingungslose Liebe. Die bedingungslose Liebe braucht eine Handlung, durch die sie sich selbst erkennen kann, und diese Handlung ist die Willenskraft. Diese beiden Aussagen implizieren die Dichotomien von Gott und Göttin, männlich und weiblich, Feuer und Wasser, Manipura und Swadhisthana - das eine arbeitet für und mit dem anderen. Aus diesem Grund stehen Manipura und Swadhisthana im chakrischen System übereinander. Das Firmament, das verbindende Glied, befindet sich im Herzen und repräsentiert das Luftelement-Chakra, Anahata.

Yesod ist auch Luft, also sehen wir, dass der Luftkanal nicht aufhört - er wird sofort nach der Erde produziert. Unsere Lebensenergie, unser Prana, ist ständig aktiv. Man muss nicht sexuell erregt sein, um sie zu spüren, denn sie ist immer vorhanden. Die aufgenommene Nahrung verwandelt sich in Prana und dient als primärer Treibstoff für den physischen Körper und die subtilen Körper der kosmischen Ebenen.

Prana-Energie, gekoppelt mit sexueller Energie, aktiviert unsere Vorstellungskraft. Die Vorstellungskraft gibt uns die Fähigkeit, auf dieselbe Weise zu erschaffen, wie wir erschaffen wurden - durch Gedanken. Wie der Mensch denkt, so ist er. Und laut dem *Buch Genesis* wurden wir nach dem Bild unseres Schöpfers geschaffen.

Das Leben ist die ständige Befruchtung des Unterbewusstseins durch die Vorstellungskraft, die kontinuierlich durch pranische und sexuelle Energie angeheizt und durch die Elemente Feuer und Wasser gemildert wird. Indem wir unsere Prana- und Sexualenergie sublimieren, können wir die Kundalini erwecken und den Daath durchbrechen, indem wir dem Tod des Egos begegnen und uns für das Überirdische und die Gottheit, unsere Quelle, öffnen.

Die Kundalini ist der "Aktivierungsschalter" des Menschen und unser Ziel und unsere Mission in diesem Leben. Ihr Erwachen ist eine Errungenschaft, die eintritt, wenn das Ethische Dreieck vervollkommnet wurde; wenn die Vorstellungskraft das Unterbewusstsein mit Gedanken gefüllt hat, die mit Weisheit und Verständnis in Resonanz stehen, und wenn man sich über die körperlichen Begierden und egozentrischen Sichtweisen erhoben hat.

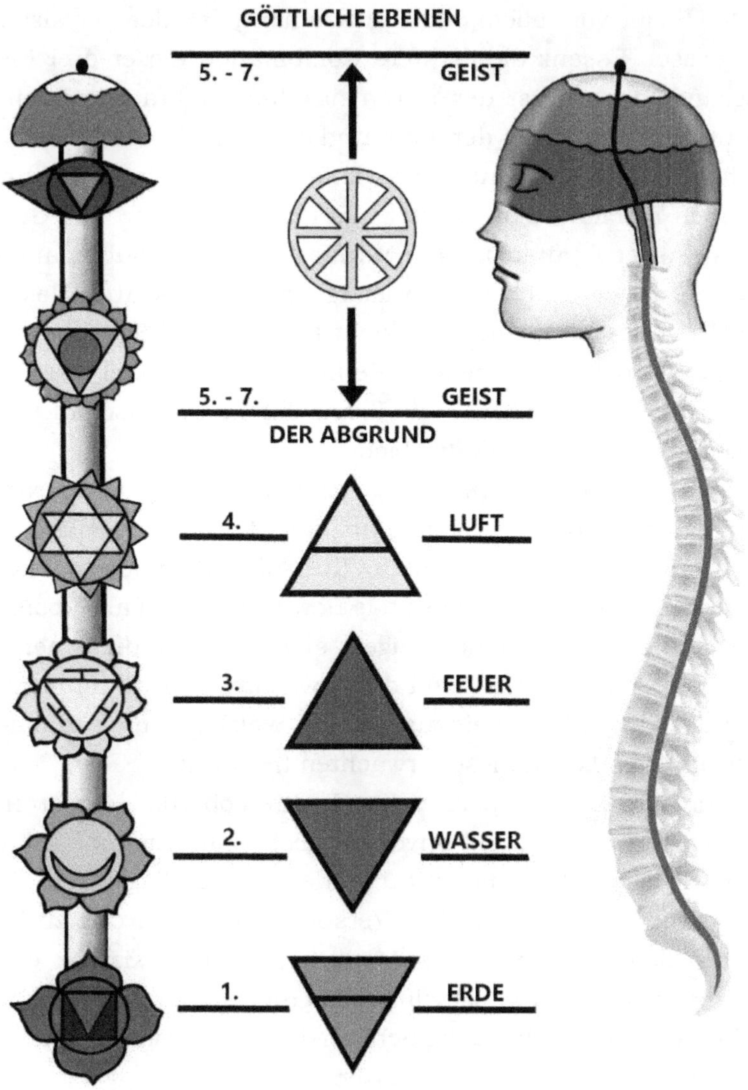

Abbildung 16: Die Chakren und die Elemente

Obwohl das chakrische System den Lebensbaum nicht perfekt überlagert, können wir sehen, wie die fünf Elemente des Lebens in beiden vorhanden sind, nur anders dargestellt. Sowohl das chakrische System als auch der Lebensbaum stellen denselben Schöpfungsprozess dar.

Beginnen wir damit, alles in die drei Hauptelemente aufzuteilen. Erstens: Feuer und Wasser, die in perfekter Verbindung stehen, bilden symbolisch ein Hexagramm.

Dann dient das Element Luft als das Firmament, das sie stützt, indem es ihnen Leben einhaucht. Die Basis von allem, das Fundament, ist der physische Körper des Erdelements, dessen Essenz die dichtere Kombination dieser drei Elemente ist. Es folgt der Abgrund, der Abyss, der durch das Kehlchakra repräsentiert wird. Der Abgrund trennt beim Menschen den Kopf und das Gehirn vom Rest des Körpers.

Das Kehlchakra, Vishuddhi, nutzt das Luftelement (Gedanken), um sich mit dem darüber liegenden Element, dem Geistelement, zu verbinden. Der Geist benutzt das Kehlchakra als Ausgangspunkt für die Manifestation und Sublimation von Energie. Als Nächstes benutzt er durch das vorletzte Chakra, das Auge des Geistes (Ajna), Weisheit und Verständnis, um sich zur Nicht-Dualität und Schönheit von Sahasrara, der Sphäre von Kether, zu erheben. Kether ist der Gipfel unserer spirituellen Entwicklung. Er bedeutet Nirvana - die Krone der Errungenschaft und das Ziel des Yogi, des Weisen und des Suchers des Lichts.

Das Ziel des Kundalini-Mechanismus ist es, die pranische und sexuelle Energie zu sublimieren und in den Kopf zu erheben, um das Überirdische zu erleuchten und das individuelle Bewusstsein zu erweitern. Die Kundalini-Energie erweckt den gesamten Lebensbaum und alle Chakren, so dass das Bewusstsein auf alle kosmischen Ebenen zugreifen kann, die jedem Chakra eigen sind. Sobald die Energie den Daath durchbrochen hat, stirbt das Ego, und das erwachte Individuum beginnt, sich mehr und mehr auf das Überirdische einzustimmen. Weisheit und Verstehen werden zur Hauptführungskraft im Leben dieser erwachten Individuen.

Ich werde nicht auf die Transpersonalen Chakren oberhalb der Krone eingehen, da sie für den menschlichen Verstand unverständlich sind. Dennoch solltet ihr euch die Existenz der göttlichen Welten, die weit über der unseren liegen und in diesem Leben erreichbar sind, vor Augen führen. Der Versuch, ihre Erfahrung zu beschreiben, ist vergleichbar mit dem Versuch eines Menschen, seine Existenz einer Ameise zu erklären. Das menschliche Bewusstsein ist so groß und kann sich in so große Höhen ausdehnen, dass es unmöglich ist, die Schönheit dessen, was jenseits unserer bloßen, physischen Existenz liegt, in Worte zu fassen.

In *The Magus* werden wir uns nur auf die Diskussion der zehn Sephiroth, der sieben Chakren, der vier Elemente und des Geistes beschränken. Der Zweck dieses Buches ist es, Ihnen zu helfen, die Größe von Sahasrara zu erreichen. Was Sie durch Sahasrara erfahren, bleibt Ihnen, und nur Ihnen, überlassen, zu erforschen.

TEIL II:
DAS TAROT

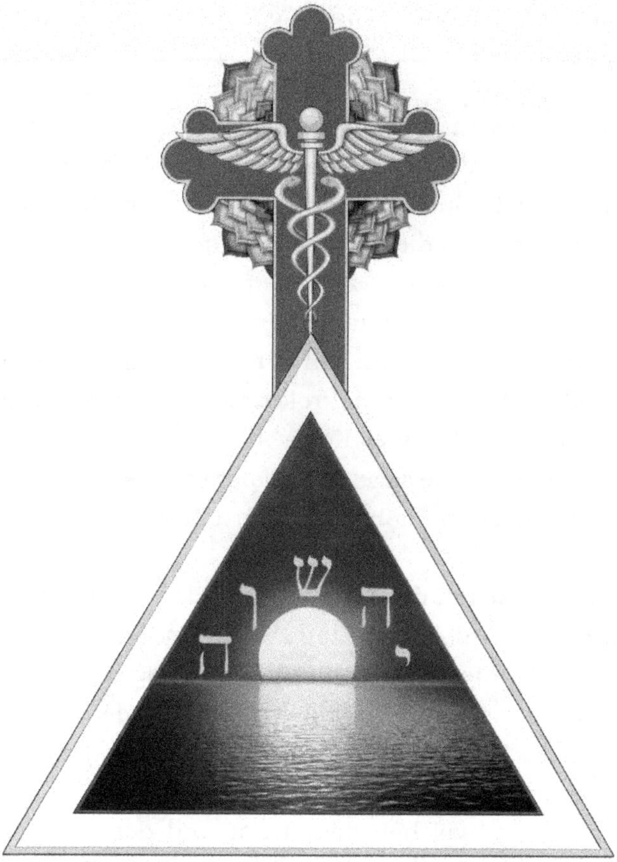

DIE HAUPT-ARKANA DES TAROTS

"Das Tarot verkörpert symbolische Darstellungen universeller Ideen, hinter denen alle Implikationen des menschlichen Verstandes liegen, und in diesem Sinne enthalten sie eine geheime Lehre, die die Verwirklichung von Wahrheiten, die im Bewusstsein aller verankert sind, durch einige wenige ist." - A. E. Waite; Auszug aus "The Pictorial Key to the Tarot"

Tarotkarten sind ein wesentlicher Bestandteil der westlichen Mysterientradition, die unglaubliche Bilder und zeitlose, esoterische Weisheiten über die gesamte Schöpfung enthält. Es ist ein vollständiges und kompliziertes System, das die unsichtbaren Kräfte beschreibt, die das Universum beeinflussen.

Tarotkarten dienen als Schlüssel zu einem besseren Verständnis der okkulten Wissenschaften. Seit Jahrhunderten haben Mystiker, Magier und andere, die mit dem Okkulten zu tun haben, Tarotkarten zur Unterstützung ihrer Weissagungen und Meditationen verwendet. Da sie den Makrokosmos und den Mikrokosmos umfassen, bieten uns Tarotkarten auch eine Karte der verschiedenen Komponenten der menschlichen Psyche. Beim Wahrsagen ermöglichen uns die Tarotkarten eine direkte Kommunikation mit unserem höheren Selbst, während wir das Unbekannte erforschen.

Das Tarot ist untrennbar mit der Qabalah und dem Baum des Lebens verbunden. 1850 erkannte Eliphas Levi die Beziehung zwischen den zweiundzwanzig Trümpfen, den Großen Arkana des Tarots, und den zweiundzwanzig Buchstaben des hebräischen Alphabets. Diese Erkenntnis löste eine Wiederbelebung der okkulten Wissenschaften aus. Okkultisten aus aller Welt beschäftigten sich eingehend mit dem Tarot und seiner Verbindung zur Qabalah.

Obwohl die Verbindung zwischen dem Tarot und der Qabalah offensichtlich ist, sind die Ursprünge des Tarots immer noch unbekannt. Einige behaupten, das Tarot habe seine Wurzeln in Ägypten, im "Buch des Thoth". "Andere bestehen darauf, dass es von einer Gruppe von Adepten geschaffen wurde, die es in einem Spielkartenset versteckten, um die Bewahrung ihrer esoterischen Philosophie zu gewährleisten. Letztendlich bleibt die vollständige Geschichte des Tarots ein Rätsel.

Das Tarot besteht traditionell aus achtundsiebzig Karten, die in vier Farben zu je vierzehn Karten und zweiundzwanzig Trümpfe (Große Arkana) unterteilt sind. Die Großen Arkana dienen dazu, die Reise der menschlichen Seele zu beschreiben. In *The Magus* werden wir uns nur auf die Großen Arkana konzentrieren, da ihr Wissen Hand in Hand mit dem Wissen über die Qabalah und den Baum des Lebens geht.

Die Kleine Arkana enthält vierzig kleine, nummerierte Karten und sechzehn Hofkarten. Die kleinen Karten sind von Ass bis Zehn nummeriert und sind in vier verschiedene Farben unterteilt - Stäbe, Kelche, Schwerter und Pentakel. Diese vier Farben stehen für die vier Elemente, das Tetragrammaton und die vier Welten der Qabalah. Außerdem ist jede der zehn kleinen Karten mit einem der zehn Sephiroth verbunden. Obwohl ich in der folgenden Lektion nicht auf die Kleinen Arkana eingehen werde, ist es Sache des Lesers, mehr über sie zu erfahren. Ihr Wissen wird einen umfassenderen Überblick über das Tarot und seine Beziehung zur Qabalah und dem Baum des Lebens ermöglichen.

DER BAUM DES LEBENS UND DIE GROẞEN ARKANA

Die zweiundzwanzig Großen Arkana des Tarot sind die Hauptkarten, die beim Wahrsagen verwendet werden, und ihre Energie repräsentiert die zweiundzwanzig Pfade, die die zehn Sephiroth des Lebensbaums vereinen (Abbildung 17). Diese zweiundzwanzig Pfade, einschließlich der zehn Sephiroth, stellen die zweiunddreißig Pfade der Weisheit dar. Die zweiundzwanzig Pfade stellen die Energie dar, die sich von einer Sphäre zur nächsten verbindet und ausströmt, und wie erwähnt, stellen die Sphären Bewusstseinszustände dar.

Die Großen Arkana sind Kräfte im Übergang - karmische Kräfte, die die Geschehnisse der Vergangenheit beeinflusst haben und die Ereignisse in der Gegenwart und Zukunft beeinflussen werden. Sie stehen für spirituelle Lektionen oder Erfahrungen, die Sie auf Ihrem Weg durchs Leben machen. Daher ist es wichtig, etwas über die Großen Arkana zu lernen, denn dieses Wissen wird dir auf deiner spirituellen Reise helfen. Allein das Wissen über sie kann verborgene, unterbewusste Kräfte auslösen und freisetzen, die dir helfen, in deiner spirituellen Entwicklung weiterzukommen.

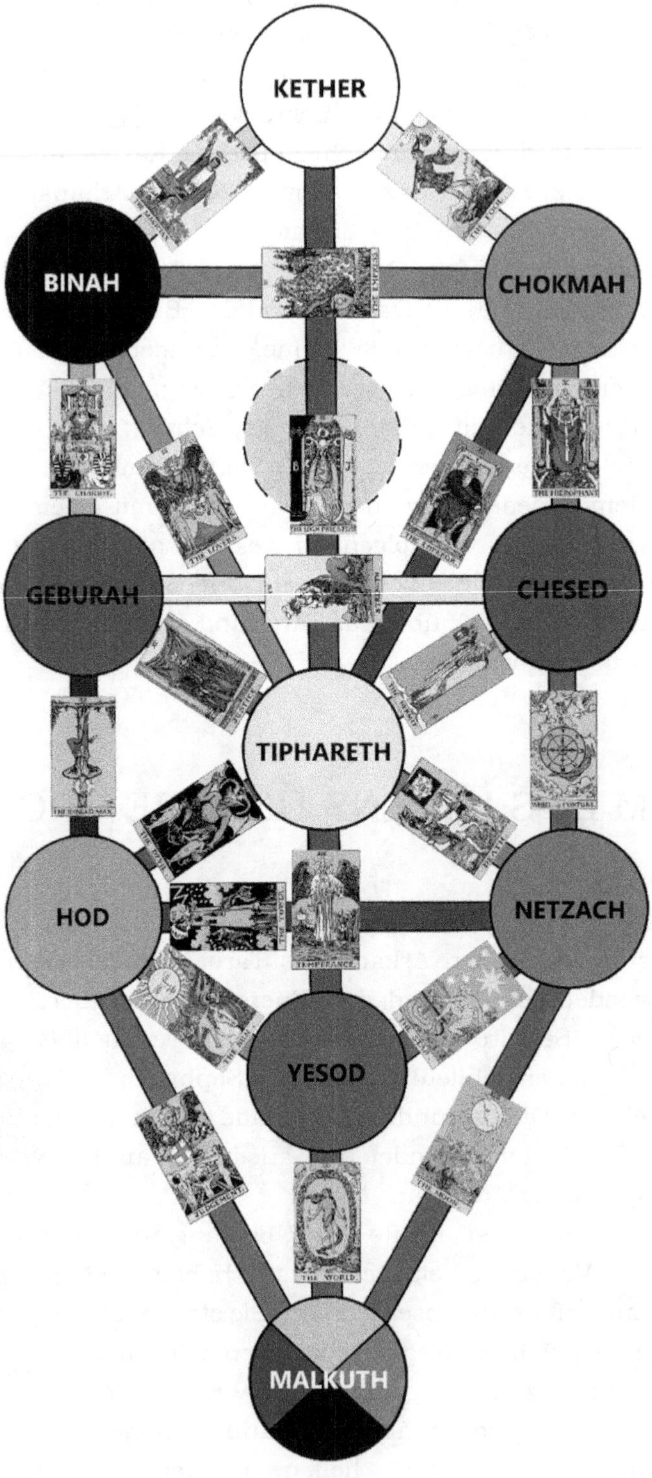

Abbildung 17: Der Baum des Lebens und die Großen Arkana des Tarot

Der höchste Zweck des Tarots ist ein System der Selbstinitiation und Erleuchtung. Die zweiundzwanzig Trümpfe gelten als Schlüssel der universellen Weisheit. Für diejenigen, die diese heilige Kunst praktizieren, ist das Tarot ein heiliger Spiegel, in dem sie sich selbst und die tieferen Aspekte des Selbst sehen können. Es ist eine Landkarte in die Reiche der spirituellen Glückseligkeit und eine Aufzeichnung der Beziehung des Menschen zum Kosmos.

Aufgrund des darin enthaltenen Wissens kann das Tarot als ein Lehrbuch der okkulten Lehren betrachtet werden. Die Großen Arkana sind eine symbolische Karte des inneren Raums und beschreiben verschiedene Bewusstseinszustände, von den erhabenen spirituellen Höhen der Göttlichkeit bis hinunter zur materiellen Welt der Menschen und der Materie. Auf diese Weise umfasst das Tarot die gesamte Existenz.

Die zweiundzwanzig Pfade können in die drei Übergangselemente Feuer, Wasser und Luft, die zwölf Tierkreiszeichen und die sieben alten Planeten unterteilt werden. Von den zweiundzwanzig Karten der Großen Arkana wird gesagt, dass sie die Gesamtheit der Energien unseres Sonnensystems enthalten. Das Wissen um den Baum des Lebens und die Großen Arkana bildet zusammen mit dem Wissen um *die* Schöpfungsprinzipien *des Kybalion* die Grundlage der Hermetik.

Ein weiterer wichtiger Punkt ist, dass jeder der Großen Arkana-Karten einer der zweiundzwanzig Buchstaben des hebräischen Alphabets zugeordnet ist. Die zweiundzwanzig Buchstaben des hebräischen Alphabets sind eine vollständige qabalistische Philosophie und ein eigenständiges System. Jeder Buchstabe ist ein Symbol mit vielen Ideen, die mit ihm verbunden sind. Diese Ideen bringen bestimmte Archetypen hervor, die mit der Energie der Tarotkarten in Resonanz sind. Archetypen öffnen die Türen unseres Unterbewusstseins, um mit unserem inneren Selbst zu kommunizieren. Daher findet mit Hilfe des Tarots eine ständige Kommunikation zwischen dem bewussten und dem unterbewussten Geist statt, die uns hilft, uns spirituell weiterzuentwickeln.

Von Bedeutung ist auch die Aufteilung der zweiundzwanzig hebräischen Buchstaben in die drei Mutterbuchstaben, die sieben Doppelbuchstaben und die zwölf einfachen Buchstaben. Diese Aufteilung ist gleichbedeutend mit der Assoziation des Tarot mit den drei Elementen, den sieben antiken Planeten und den zwölf Tierkreiszeichen, also insgesamt zweiundzwanzig.

In diesem Abschnitt werde ich Ihnen die Aufschlüsselung jeder Tarotkarte geben, mit einer kurzen Beschreibung der Energie, die sie repräsentiert. Beachten Sie, dass dies nur eine allgemeine Einführung in die Welt des Tarot ist. Es wird empfohlen, dass Sie sich auf eigene Faust weiter mit dem Tarot befassen. Es gibt viele Bücher und Ressourcen, mit denen Sie Ihre Studien fortsetzen können.

"Die Symbolik ist die Sprache der Mysterien. Durch Symbole haben die Menschen immer versucht, sich gegenseitig jene Gedanken mitzuteilen, die die Grenzen der Sprache überschreiten." - Manly P. Hall; Auszug aus "The Secret Teachings of All Ages"

Die zweiundzwanzig Trümpfe des Tarot kommunizieren durch visuelle Bilder, die Symbole, Zahlen und Metaphern enthalten. Da die Tarot-Karten eine archetypische Bildsprache haben, sprechen sie zu uns aus der höchsten der vier Welten, der Welt von Atziluth oder dem Urfeuer. Wenn wir das Tarot benutzen, kommunizieren wir also direkt mit dem Göttlichen. Außerdem stellen die Bilder des Tarot die spirituellen Wahrheiten unserer Existenz dar. Aus diesem Grund wird das Tarot von den Eingeweihten der westlichen Mysterien als das am häufigsten verwendete Wahrsagewerkzeug angesehen.

Die Farben, die in den Tarotkarten verwendet werden, sind ebenfalls sehr wichtig. Sie beziehen sich größtenteils auf die Farben des Lebensbaums, dem jede Tarotkarte entspricht. Außerdem weisen sie die Farben der Elemente auf, die in jeder Karte enthalten sind, sowie planetarische und zodiakale Zuordnungen. Obwohl dies nicht für alle Major-Arcana-Karten in den unzähligen verfügbaren Decks gilt, halten sich die meisten an diese Regel.

TAROTKARTEN UND WAHRSAGEN

Das Wort "Divination" leitet sich vom lateinischen Wort "divinare" ab, was "voraussehen, von Gott inspiriert sein" bedeutet. Wahrsagen ist die Praxis, aus dem Unbekannten Informationen über die Vergangenheit, Gegenwart und Zukunft zu gewinnen. Sie ermöglicht es Ihnen, Zeit und Raum zu überwinden und durch übernatürliche Mittel Erkenntnisse über ein Ereignis, eine Situation oder sogar über sich selbst oder eine andere Person zu gewinnen.

Wahrsagen ist in allen Zivilisationen und Kulturen zu finden, in alten wie in neuen, und wird seit jeher praktiziert. Es kann ein hellseherischer Prozess sein, bei dem eine Kristallkugel oder ein Hellseher-Spiegel verwendet wird, oder es können verschiedene Hilfsmittel eingesetzt werden, die intuitive Interpretationen durch den Wahrsager erfordern. Zu den Wahrsagewerkzeugen gehören das I Ging, Runen, Geisterbretter, Teetassen, Pendel und vor allem die Tarotkarten.

Das Tarot-Kartenlegen ist die beliebteste Wahrsagemethode in der westlichen Welt. Sie funktioniert, indem man eine Frage formuliert und dann die Karten zieht und interpretiert. Spirituelle Kräfte wirken sich auf die materielle Welt aus, und deshalb können Sie, sobald Sie eine klare Vorstellung von den spirituellen Kräften haben, bestimmte Wahrheiten in Ihrem Leben feststellen, die sowohl Ihre innere als auch Ihre äußere Realität betreffen - das Axiom "Wie oben, so unten" spielt auch hier eine Rolle. Durch die Tarotkarten versuchen wir, das "Oben" zu verstehen - die spirituelle Realität, die allen Dingen zugrunde liegt. Sobald wir das verstehen, können wir wissen, wie es sich auf das "Unten" auswirkt - die materielle Existenz auf dem Planeten Erde. Die Tarot-Karten lesen also Energie, bevor sie sich manifestiert.

Das Legen des Kreises ist Teil der Lektion über das Tarot. Ihr Zweck ist es, die spirituellen Einflüsse jeder Situation in Ihrem Leben zu ermitteln. Da ein großer Teil von *The Magus* darin besteht, mit verschiedenen Energien zu arbeiten und sie in Ihre Aura zu rufen, ist es hilfreich, eine Methode zu haben, um zu bestimmen, wie eine magische Operation Sie (oder eine Situation in Ihrem Leben) beeinflussen wird, sobald sie abgeschlossen ist.

Die Circle Spread Divination deckt nur die zweiundzwanzig Großen Arkana ab, weil sie eine spirituelle Divination ist, die nur die spirituelle Natur einer bestimmten Handlung offenbart. Andere Tarot-Wahrsagungen können spezifischer sein, wenn ihr Zweck darin besteht, einen Einblick in ein zukünftiges Ereignis zu erhalten oder eine genaue Antwort auf profanere Fragen oder Erkundigungen zu bekommen. Diese umfassenderen Divinationen schließen oft die Kleinen Arkana ein, die dem Wahrsager mehr Möglichkeiten bieten, um die gewünschte Antwort auf eine bestimmte Frage zu erhalten.

Nach dieser kurzen Einführung in das Tarot werde ich jede der zweiundzwanzig Großen Arkana-Karten beschreiben. Wenn Sie mit der Circle Spread Divination arbeiten, müssen Sie die Bedeutungen der Karten in der Divination verwenden, die am Ende der Beschreibung jeder Tarotkarte angegeben sind. Beachten Sie, dass die Bedeutungen, die mit einer aufrecht gezogenen Tarotkarte verbunden sind, sich von den Bedeutungen unterscheiden, die mit der gleichen Karte verbunden sind, wenn sie umgedreht gezogen wird.

Da es eine Fülle von Informationen zu jeder der Großen Arkana-Karten gibt, ist die beste Art, dieses Thema zu studieren, die Kontemplation und Meditation über die Namen jeder Karte, einschließlich ihrer qabalistischen Entsprechungen, Symbole, Zahlen und Farben. Auf diese Weise werden Sie die spirituelle Wahrheit jeder Karte in Ihr Unterbewusstsein einprägen. Um dieses Ziel zu erreichen, habe ich eine Methode zum "Hellsehen" der Großen Arkana beigefügt. Das Kartenlesen ist eine mächtige Divinationsmethode, um Gnosis zu erlangen und Ihr Verständnis der Großen Arkana bezüglich der heiligen Mysterien des Universums und Ihrer Psyche zu vertiefen.

RIDER-WAITE UND DER GOLDEN DAWN

Die beiden Golden Dawn Tarot-Decks, auf die ich mich in den folgenden Beschreibungen der Großen Arkana-Karten beziehen werde, sind das *Golden Dawn Tarot* von Robert Wang und das *Golden Dawn Magical Tarot* von Chic Cicero und Sandra Tabatha Cicero. Studenten der westlichen Mysterientradition verwenden diese beiden Tarotdecks häufig. Ihre qabalistischen Entsprechungen und Bilder verweisen auf die zeitlose, esoterische Weisheit, die in der Welt des Tarot enthalten ist.

Abgesehen davon, dass in beiden Decks fast die gleichen Symbole verwendet werden, besteht der Hauptunterschied zwischen diesen beiden Golden Dawn-Decks in der Verwendung von Farben. Das Tarot-Deck von Ciceros ist reichhaltiger und lebendiger und zeigt oft gegensätzliche Elementarfarben, die in Wangs Deck nicht vorkommen. Das Tarot-Deck von Ciceros ist auch in der Bildsprache komplexer und enthält zusätzliche Symbole, die im Deck von Wang nicht vorhanden sind. Die Kraft von Wangs Tarot-Deck liegt in seiner Einfachheit, denn die Symbole, Bilder und Farben halten sich an die grundlegenden Bedeutungen der einzelnen Karten.

Die Symbole in beiden Decks erinnern an die Lehren des Golden Dawn und die hermetischen Lehren, die über die Jahrhunderte weitergegeben wurden. Daher ergänzen sich die beiden Tarotdecks größtenteils gegenseitig. Daher werde ich mich nicht zu sehr auf die Unterschiede zwischen den Golden Dawn Decks konzentrieren, sondern sie als Referenzrahmen für den Vergleich mit dem populärsten und weltberühmten (im gesamten zwanzigsten Jahrhundert) hermetischen Tarotdeck, dem *Rider-Waite* Tarotdeck, verwenden.

Die Illustratorin Pamela Colman Smith zeichnete die Karten des 1909 erstmals veröffentlichten Rider-Waite-Tarot nach den Anweisungen des Okkultisten und Mystikers A.E. Waite. Interessanterweise gehörten sowohl Smith als auch Waite dem Hermetic Order of the Golden Dawn an, dem ursprünglichen Golden-Dawn-Orden, auf dem alle späteren Golden-Dawn-Orden basierten. (Mehr zu diesem Thema in einem späteren Kapitel.)

Ich habe die Bilder der *Rider-Waite* Major Arcana aus dem *Pictorial Key to the Tarot* (veröffentlicht 1911) als Referenz beigefügt. Die Bilder der beiden Golden Dawn Tarot Decks können online oder durch den Kauf eines jeden Decks gefunden werden.

Eine Sache, die das *Rider-Waite* Deck von den beiden Golden Dawn Decks unterscheidet, ist die Verwendung von Farben in den Karten. Das Rider-Waite-Deck konzentriert sich nicht so sehr auf Farbattribute, die den Lebensbaum betreffen, sondern auf Bilder und Symbole. Außerdem ist es in Bezug auf den Präsentationsstil und die Farbverwendung eher einfach, da es nur Primär- und Sekundärfarben verwendet.

Die Golden Dawn Decks verwenden aufwändigere Darstellungen von Bildern mit komplizierten Farben. Was das Rider-Waite-Deck jedoch so schön und kraftvoll macht, ist seine Einfachheit. Ich werde nicht zu tief in die Analyse der Farben eindringen, sondern lediglich auf die Unterschiede hinweisen, um die einzelnen Tarotkarten zu verstehen. Ich lade den Leser ein, auf eigene Faust weitere Nachforschungen anzustellen, was auch immer ihn an den einzelnen Tarotkarten interessiert.

Als Teil jeder Beschreibung einer Tarotkarte habe ich einen Auszug aus einem der frühesten und ältesten Dokumente des Golden Dawn mit dem Titel "Notes on the Tarot" eingefügt. Dieses Dokument wurde von einem der Gründer des Hermetic Order of the Golden Dawn, S.L. MacGregor Mathers, unter dem Namen G.H. Frater S.R.M.D. verfasst. Wegen seiner Bedeutung wurde dieses Dokument auch in Israel Regardies bahnbrechendes Werk *The Golden Dawn* aufgenommen.

Außerdem hat jede der zweiundzwanzig Tarotkarten einen magischen Namen, der aus S. L. MacGregor Mathers' *Book T- The Tarot stammt*, einem Manuskript, das an Adepten innerhalb des Hermetic Order of the Golden Dawn als Teil des Adeptus Minor Lehrplans ausgegeben wurde. Die magischen Namen der Pfade wurden auch in den nachfolgenden Orden des Golden Dawn verwendet. Deshalb füge ich sie hier ein, um Ihnen zu helfen, die Energie jedes Pfades besser zu verstehen.

Abbildung 18: Die Schlüssel des Tarot (Null bis Drei)

DER NARR

Der Narr ist der Nullschlüssel des Tarots und der elfte Pfad des Lebensbaums, der Kether und Chokmah verbindet. Diese Karte repräsentiert den anfänglichen Energiestrom des unmanifesten Schöpfers. Der magische Name des Narren ist "Der Geist der Äthyre", denn er ist die feurige Intelligenz und der erste Schwingungsstrom in seinem potenziellen Zustand. Dieser Pfad wird aus dem grenzenlosen Licht von Ain Soph Aur gebildet und ist der Funke des Denkens. Das Element Luft (Übergangselement) beherrscht diesen Pfad. Daher repräsentiert der Narr die Taufe der Luft. Die Narrenkarte repräsentiert Spiritualität in ihrer höchsten Essenz aufgrund ihrer engen Verbindung mit der Quelle (Gott, dem Schöpfer).

"Der Narr ist die Krone der Weisheit, das Primum Mobile, das durch die Luft auf den Tierkreis wirkt. "S. L. MacGregor Mathers; "Notes on the Tarot"

Das obige Zitat beschreibt die Energie des Pfades des Narren auf dem Baum des Lebens. Das Primum Mobile bezieht sich auf die "ersten Wirbel" der Manifestation, die von Gott, der Quelle, ausgehen. Dieser Prozess lässt sich am besten als die Anfangsphase der Schöpfung des Universums beschreiben; es ist die Aktion der kosmischen Energie am Anfangspunkt der Schöpfung.

Das Primum Mobile steht hinter aller Bewegung im manifestierten Universum. Die Narrenkarte repräsentiert das Primum Mobile, wie es durch das (Übergangs-)Element Luft auf Chokmah wirkt, mit dem der Tierkreis verbunden ist. Wenn das Licht von der Quelle Kether in die Sterne geleitet wird, wird es durch das Luftelement und die Gedanken zugänglich.

Der ägyptische Kindergott Harpocrates ist ein hervorragendes Beispiel für die Energie dieses Weges, da er seinen Zeigefinger auf die Lippen legt und mit dieser Geste das Konzept der "Stille" ausdrückt. Diese Geste wird als Teil der rituellen Übungen in *The Magus* verwendet und wird das Zeichen der Stille genannt. Die Narrenkarte steht für die Stille des Geistes, des Körpers und der Seele und zeigt das reine Potenzial des unmanifestierten Schöpfers. Nur durch die Stille des Geistes, des Körpers und der Seele können wir die wichtigsten Geheimnisse und Mysterien des Universums kontemplieren.

In den Tarotdecks des Golden Dawn wird ein Kind nackt dargestellt, was seine Unschuld symbolisiert. Ein Wolf wird in der Karte auch gezeigt, um die potenzielle Gefahr der Unschuld auszudrücken. Er ist an einer Leine und wird von dem Kind geführt. Das Kind scheint sich nicht bewusst zu sein, dass der Wolf es verletzen kann;

so sind es das Wachstum und die Erfahrung im Leben, die das Kind lehren werden, alle Gefahren zu vermeiden. Die vorherrschende Farbe auf der Karte ist Gelb, was die Verbindung zum Element Luft symbolisiert. Grün ist ebenfalls vorhanden, um das natürliche Element zu repräsentieren, ebenso wie Weiß, das den Geist symbolisiert.

Im Rider-Waite-Tarot wird anstelle des Kindes ein Narr dargestellt. Diese Darstellung spielt auf einen anderen Namen an, der der Narrenkarte in einigen alten Versionen des Tarots gegeben wurde - "der Hofnarr". Der Hofnarr hat statt eines Wolfs einen kleinen Hund an seiner Seite und ist kurz davor, von einer Klippe zu stürzen. Sowohl die Rider-Waite-Tarot-Karten als auch die Karten des Golden Dawn betonen die Narrheit und die Glückseligkeit der Unwissenheit. Ob der Narr unschuldig ist oder einfach nur nichts von seiner Umgebung weiß, bleibt ein Rätsel. Wie auch immer, sein Mangel an Selbsterkenntnis hat ihn in eine gefährliche Situation gebracht. Die Karten des *Rider-Waite* Tarot haben dasselbe Farbschema wie die Karten des Golden Dawn.

Diese Karte bietet einen Sinn für geistige, emotionale und spirituelle Erneuerung. Der Narr steht für die Unschuld eines Kindes oder die Unwissenheit des Narren und die Verletzlichkeit beim Verkörpern dieser Geisteszustände. Darüber hinaus repräsentiert der Narr die Energie eines Kindes vor der Bildung des Egos oder eines Narren, bevor er sich seiner selbst bewusst wird. Es besteht also ein Zusammenhang zwischen dem Erreichen des Selbstbewusstseins und der Geburt des Ichs. Um in dieser Welt zu leben, müssen wir uns des Selbst bewusst werden. Aber wenn wir das tun, verlieren wir unsere göttliche Unschuld.

Der hebräische Buchstabe, der der Narrenkarte zugeordnet ist, ist Aleph, was "Ochse" bedeutet und ein würdiges Symbol für die Zeugungskraft der Natur ist. Aleph ist auch der erste Buchstabe des hebräischen Alphabets und symbolisiert damit den Neubeginn. Die Zahl des Narren ist Null, ausgedrückt durch den Schwanzfresser, den Ouroboros - eine Schlange, die ihren Schwanz frisst. Der Narr steht für die Einheit der manifestierten Welt und die Quelle der gesamten Schöpfung.

Im Zusammenhang mit der Kundalini steht diese Karte für die Erneuerung des Denkens. Es ist die Inspiration, sowie die Vorstellungskraft. Sie repräsentiert Lebensenergie, Prana, und die Erweiterung des Bewusstseins durch das Element Luft. Bei dieser Karte erfolgt die gesamte Kommunikation durch Gnosis - die direkte Weitergabe von Informationen vom Göttlichen an den Menschen. Daher die Stille und die Wahrheit, die nur durch sie kommuniziert werden kann.

In einer Wahrsagung bezieht sich der Narr im Allgemeinen auf die Spiritualität, die versucht, sich über die materielle Ebene zu erheben, es sei denn, es handelt sich um eine Weissagung materieller Natur, bei der die Narrenkarte die umgekehrte Bedeutung annimmt. Der Narr steht für inspiriertes Denken, neue Anfänge, Spontaneität, Staunen, Ehrfurcht, Neugierde und spirituelle Freiheit. In der umgekehrten Form steht der Narr für Leichtsinn, Nachlässigkeit, Vorsicht und Torheit. Wie der Narr in der Divination zu deuten ist, hängt von der Art der Frage ab. Wenn es sich um eine spirituelle Frage handelt, dann hat der Narr (aufrecht) eine sehr luftige, spirituelle Natur und wird als positive Karte betrachtet.

DER MAGIER

Der Magier ist der erste Schlüssel des Tarots und der zwölfte Pfad des Lebensbaums, der zwischen Kether und Binah verläuft. Der magische Name der Karte ist der "Magus der Macht", der von Merkur, dem Planeten des Intellekts, regiert wird. Sobald die spirituellen Lektionen durch Lebenserfahrung gelernt wurden, wird der Narr zum Magier; daher steht er ihm auf dem Baum des Lebens direkt gegenüber. Der Narr hat durch die Entwicklung und Evolution der Seele gelernt, zwischen Gut und Böse zu unterscheiden. Infolgedessen ist er an Weisheit und Wissen gewachsen und wird zum Magier. Die spirituelle Reise beginnt mit dem Narren und endet mit dem Magier.

"Der Magier ist die Krone des Verstehens, der Beginn der materiellen Produktion, das Primum Mobile, das durch den philosophischen Merkur auf Saturn wirkt. " - S. L. MacGregor Mathers; "Anmerkungen zum Tarot"

Das obige Zitat beschreibt die Essenz des Pfades des Magiers. Wenn das Weiße Licht von Kether auf den Verstand einwirkt, wird es durch Intuition empfangen und erzeugt so das Verstehen in Binah. Da Merkur den Verstand repräsentiert und Saturn die dreidimensionale Welt darstellt, wird der Verstand zum Bindeglied zwischen Geist und Materie. Der Pfad des Magiers steht für die Macht der bewussten Kontrolle über Ereignisse in Zeit und Raum durch den Einsatz des Intellekts. Intelligenz wird aufgebaut, indem Weisheit und Wissen durch den Verstand erlangt werden.

Der Magier ist der Gedanke, der sich manifestiert, denn er ruft die Lichtenergie an und lenkt sie. Wir alle sind bestrebt, der Magier zu werden, denn er ist der Meister der Elemente. In einigen älteren Versionen des Tarot wird er als "der Magus" bezeichnet. Sein anderer Name ist "der Jongleur" - da er die Elemente kontrollieren und ausgleichen kann. Der hebräische Buchstabe, der der Karte des Magiers zugeordnet ist, ist Beth, was "Haus" bedeutet. Der Magier ist das Haus, in dem der göttliche Geist wohnt.

Der Caduceus des Hermes wird in vielen Beispielen der Magierkarte als die primäre Kraft gezeigt. Schließlich ist Hermes ein anderer Name für Merkur. Der Caduceus des Hermes ist ein Synonym für die Kundalini-Energie. Der Magier ist der Meister der vier

Elemente, einschließlich des fünften Elements des Geistes, das durch die Kundalini eingebracht wird. Das Symbol des Magiers ist auch das aufrechte Pentagramm, das die vier Elemente (die vier unteren Punkte des Pentagramms) unter dem Vorsitz des Geistes (der höchste Punkt des Pentagramms) darstellt.

Der Magier ist also ein Kundalini-Erweckter, dessen Bewusstsein durch das Durchschreiten der Chakren angehoben wurde. Das Individuum agiert nun durch das spirituelle Element in den höchsten drei Chakren. Aus diesem Grund werden sie Magier genannt - sie können Wunder vollbringen und Magie wirken.

In den Tarotdecks des Golden Dawn wird der Magier als ein Mann dargestellt, der vor einem quadratischen Altar steht. Der quadratische Altar stellt die vier Ecken des Raumes in der Welt der Materie und die vier Elemente des Seins dar. Auf dem Altar befinden sich die vier Elementarwerkzeuge (oft auch als Elementarwaffen bezeichnet) - der Kelch (Westen), der Stab (Süden), der Dolch (Osten) und das Pentagramm (Norden). Diese symbolisieren die Elemente Wasser, Feuer, Luft und Erde. Ein Symbol der Unendlichkeit ist in das Bild integriert, um die ewige, göttliche Energie darzustellen. Die vorherrschende Farbe der Karte ist Gelb, um die Verbindung zum und die Dominanz des Luftelements darzustellen.

Auch das *Rider-Waite* Tarotdeck zeigt die gleichen Symbole auf dem Bild dieser Karte. Der Hauptunterschied besteht darin, dass eine Hand nach oben zeigt, während die andere nach unten zeigt. Diese Geste symbolisiert das Oben und das Unten, den Himmel und die Erde. "Wie oben, so unten" bezieht sich auf den Prozess der Manifestation der göttlichen Energie. Es bezieht sich auch auf die Manipulation dieser Energie durch die Praxis der Magie.

Der Magier spiegelt sich im Intellekt wider, der Wissen sammelt und speichert. Daher sind Logik und Vernunft wichtige Bestandteile dieser Karte. Im *Rider-Waite* Tarot ist die Farbe Rot im Umhang des Magiers enthalten, um die energetisierte Willenskraft zu symbolisieren.

Während der Narr in der Stille und Kontemplation der Wahrheit verweilt, ist der Magier im Akt der Manifestation tätig - der Magier ist der Vertreter der kreativen Kraft. Er repräsentiert Thoth, den ägyptischen Gott, auch bekannt als Hermes, den griechischen Gott der Kommunikation, der Sprache, der Magie und der Weisheit. Wie bereits erwähnt, wird Hermes von den Römern Merkur genannt, um dieselbe göttliche Energie zu repräsentieren.

Diese Karte hat eine sehr direkte Verbindung zur Kundalini in der Gesamtheit ihrer Erfahrung. Wir alle bringen uns in Einklang mit dem "Gedanken des Gottes" - Thoth, dem ägyptischen Gott der Weisheit. Die Aussprache von "Thoth" und dem englischen "thought" (Gedanke) ist sehr ähnlich, was auf eine Übereinstimmung zwischen den beiden Ideen hinweist.

In einem späteren Abschnitt über das *Kybalion* werde ich auf die Macht der Gedanken und das Konzept eingehen, dass das Universum ein lebendiger Gedanke

Gottes ist, da Gedanken der Kern aller Existenz sind. Aber für den Moment sollten Sie Ihrem Unterbewusstsein die Beziehung zwischen der Magierkarte, Hermes (oder Thoth) und der Kundalini-Kraft einprägen - sie sind alle eins.

In einer Divination repräsentiert der Magier die Kraft der Manifestation, der Anpassung, der Weisheit, des Einfallsreichtums, der Geschicklichkeit und der Verwirklichung des Potenzials. Es ist eine sehr merkurielle Karte; sie bezieht sich also auf geistige Schärfe. In umgekehrter Reihenfolge steht sie für Egoismus, nicht verwirklichte Talente und Fähigkeiten, schlechte Planung, Einbildung, Manipulation und sogar Manie.

DIE HOHEPRIESTERIN

Die Hohepriesterin ist der zweite Schlüssel des Tarots und der dreizehnte Pfad des Lebensbaums. Es ist der längste Pfad, jenseits des Schleiers des Abgrunds, von Gott der Krone (Kether) bis zur Manifestation Gottes als der auferstandene Sohn (Tiphareth). Die Hohepriesterin ist ein sehr wässriger Pfad, der vom Mond beherrscht wird. Er ist die Wurzelessenz des Bewusstseins und die Substanz und der ultimative Ausdruck des Elements Wasser. Der magische Name der Hohepriesterin ist die "Priesterin des Silbersterns".

"Die Hohepriesterin ist die Krone der Schönheit, der Anfang von Souveränität und Schönheit, das Primum Mobile, das durch den Mond auf die Sonne wirkt. "S. L. MacGregor Mathers; "Notes on the Tarot"

Das obige Zitat beschreibt die Essenz des Pfades der Hohepriesterin auf dem Baum des Lebens. Der Schöpfer projiziert sein Weißes Licht durch den Mond in die Sonne. Somit ist das Licht der Sonne nur eine Reflexion des Lichts von Kether. Diese Aussage impliziert, dass die Welt der Materie einfach eine Illusion ist, eine Phantasmagorie - wenn man bedenkt, dass alle Dinge in der physischen Welt aus Lichtpartikeln bestehen, die von der Sonne projiziert werden.

Gimel, der hebräische Buchstabe, der "Kamel" bedeutet, wird mit der Hohepriesterin assoziiert, da das Kamel die Fähigkeit besitzt, die Wüste (den Abgrund) lange zu durchqueren, da es in der Lage ist, Wasser zu speichern. Wasser steht für Bewusstsein, während das Kamel für das Bewusstsein steht, das sich durch den Abgrund in die spirituelle Ebene bewegt.

Das Durchschreiten des Pfades der Hohepriesterin ist gleichbedeutend mit der Erhöhung der Kundalini-Energie vom Herz-Chakra (Anahata) zum Kronen-Chakra (Sahasrara), was die Vollendung des vollständigen Kundalini-Erwachens markiert. Durch ein Kundalini-Erwachen können wir die Welt um uns herum als das wahrnehmen, was sie wirklich ist - spirituelle Energie.

Um die Kundalini vom Herzen in das Gehirnzentrum zu erheben, musst du das Kehlchakra, Vishuddhi, durchstoßen. Das Kehlchakra ist der Ort, an dem die niederen Elemente enden und das Äthyr/Spirit-Element beginnt. Wenn du das Spirituelle Element in dir aktivierst, durchquerst du den Abgrund des Verstandes. Der Verstand enthält die Dualität, während der Geist in der Einheit, in der Einzigartigkeit existiert. Um die spirituelle Energie zu erlangen, musst du den Verstand zum Schweigen bringen und das Kamel benutzen, um den Abgrund zu überqueren, metaphorisch gesprochen. Wenn du das getan hast, hast du die Kundalini in das Gehirnzentrum gehoben. Wenn sie einmal in das Gehirn aufgestiegen ist, fällt sie nie wieder zurück, was ein vollständiges, dauerhaftes Kundalini-Erwachen bedeutet.

Die Hohepriesterin ist die symbolische Form der großen weiblichen Isis, der Shekinah und der Mutter Maria. Durch die Selbstaufopferung des erschlagenen und wiederauferstandenen Gottes in Tiphareth ist die Vereinigung mit der Hohepriesterin der Lohn. Um wiedergeboren zu werden, muss man zuerst das Ego und seine niederen Triebe opfern. Ohne Selbstaufopferung können Sie Ihr Bewusstsein nicht auf die Ebene des Geistes erheben.

In den Tarotdecks des Golden Dawn wird eine Frau in einem blauen Kleid dargestellt, die einen Kelch mit Wasser hält, der für das Element Wasser steht. Sie trägt eine Mondsichel auf dem Kopf und ist mit einem Schleier bedeckt. Der Schleier steht für den Schleier des Abgrunds, der die Grenze des individuellen Bewusstseins darstellt, die das Überirdische von Kether, Chokmah und Binah von den unteren sieben Sephiroth trennt. Die gesamte Karte hat eine überwiegend blaue Farbe, um die Verbindung zum und die Dominanz des Wasserelements zu unterstreichen.

Das Rider-Waite-Tarotdeck zeigt ein ähnliches Bild mit denselben Symbolen, einschließlich der beiden schwarz-weißen Säulen in Salomons Tempel - Boas und Jachin (Strenge und Gnade). Die Hohepriesterin befindet sich zwischen den Säulen, um das Gleichgewicht und die Platzierung der Karte auf dem Baum des Lebens zu symbolisieren, da sie sich auf der mittleren Säule befindet. Sie trägt die Krone der Isis auf dem Kopf, was bedeutet, dass sie an die Magie glaubt. Das Sonnenkreuz auf ihrer Brust zeigt an, dass sie mit den Jahreszeiten der Erde verbunden ist. Die Mondsichel zu ihren Füßen bedeutet, dass sie ihre Gefühle vollständig unter Kontrolle hat. Die Granatäpfel auf dem Tuch hinter ihr symbolisieren Leben, Tod, Wiedergeburt und ewiges Leben.

Die Hohepriesterin ist eine Karte des Geheimnisses, der Passivität und der Stille. Dies sind die Wasser der Schöpfung, die ebenso grenzenlos sind wie das kosmische

Bewusstsein selbst. Die Ideen der Reflexion und der inneren Instinkte sind in dieser Karte präsent. In einigen älteren Versionen des Tarots wird die Hohepriesterin als "die Päpstin" bezeichnet.

Der Himmelskörper des Mondes wird dieser Karte zugeschrieben, weil die Energie des Mondes uns hilft, visuelle Gedanken zu bilden. Dieselbe Kraft wird genutzt, um die Kundalini-Energie aus dem Muladhara zu erheben. Die schöpferische Kraft wird durch das Fahrzeug der Hohepriesterin kanalisiert, die dann ihre Manifestation in Form einleitet.

Form ist visueller Gedanke. Aus diesem Grund ist die Hohepriesterin die ausgleichende Kraft und das Gegenstück zum Magier. Der Magier benutzt Vorstellungskraft, Willenskraft und Gedanken, um seine Magie zu wirken. Indem er sich etwas vorstellt und Energie in diesen Gedanken projiziert, wird es sich unweigerlich manifestieren - wie oben, so unten.

In einer Divination repräsentiert die Hohepriesterin das Göttlich-Weibliche, Intuition, heiliges Wissen, das Unterbewusstsein, Instinkte, Fluktuation und Veränderung. Diese Karte ist eine Mondkarte, und deshalb sollten Sie sich der Mondzyklen bewusst sein und wissen, ob der Mond zum Zeitpunkt der Deutung zu- oder abnimmt. Wenn die Hohepriesterin umgedreht ist, steht sie für eine Trennung von der Intuition, unterdrückte Gefühle, Unwissenheit, oberflächliches Wissen über die betreffenden Ereignisse und Geheimnisse.

DIE HERRSCHERIN

Die Herrscherin ist der dritte Schlüssel des Tarots und der vierzehnte Pfad des Lebensbaums. Die Herrscherin verbindet Chokmah und Binah und fungiert als Mittlerin zwischen diesen beiden Sphären. Der magische Titel dieser Karte ist die "Tochter der Mächtigen". Der hebräische Buchstabe, der der Herrscherin-Karte zugeordnet ist, ist Daleth, was "Tür" bedeutet. Die Herrscherin ist die Tür zur Liebe. Sie repräsentiert den Weg der Einheit von Kraft und Form, den gegensätzlichen Säulen von Barmherzigkeit und Strenge. Diese Karte repräsentiert die Liebe zwischen dem Vater und der Mutter, Chokmah und Binah. Die Herrscherin ist die Kraft, die alle gegensätzlichen Konzepte zusammenbringt, denn die Liebe ist die grundlegende Energie der gesamten Schöpfung.

"Die Herrscherin ist die Weisheit des Verstehens, die Vereinigung der Kräfte des Entstehens und der Produktion; die Sphäre des Tierkreises, die

durch Venus auf Saturn wirkt. "S. L. MacGregor Mathers; "Notes on the Tarot"

Das obige Zitat beschreibt die Energie des Pfades der Herrscherin auf dem Baum des Lebens. Die projektive Kraft des Vaters (Chokmah) vereint sich mit der rezeptiven Fähigkeit der Mutter (Binah) und manifestiert so Licht und Bewusstsein, die Elemente Feuer und Wasser. Da der Planet Venus die universelle Energie der Liebe repräsentiert, wird er zu einer verbindenden Kraft zwischen Kraft und Form. Die Herrscherin ist also die Erbauerin der Form und die Gebärmutter, in der die Manifestation empfangen wird.

Die Herrscherin steht unter der Herrschaft von Venus, dem Planeten der Liebe. Die Herrscherin repräsentiert die Essenz der Emotionen in ihrer raffiniertesten, reinsten Form. Die Liebe ist die Energie, die Emotionen erzeugt, die die Seele benutzt, um ihren Kurs durch das Leben zu lenken. Die Liebe ist auch die Energie, die in der gesamten Schöpfung zu finden ist, da sich alle Dinge durch die Liebe manifestiert haben.

In den Tarotdecks des Golden Dawn wird eine Frau mit einer Krone auf dem Kopf dargestellt, die auf einem Thron sitzt. Ihr Kleid ist rot mit grünen Elementen, während der Hintergrund überwiegend grün ist. In der einen Hand hält sie ein Zepter, in der anderen ein *Ankh*, das für das ewige Leben steht. Außerdem ist im Hintergrund eine Taube zu sehen, die für den Heiligen Geist steht. Die Frau spielt auf die ägyptische Göttin Isis an, die positive Seite der Natur. Qabalistisch gesehen ist sie die Schekina, die göttliche Gegenwart Gottes, des Schöpfers, die unser inneres Verlangen und unsere Sehnsucht nach Vereinigung mit der Quelle der Schöpfung repräsentiert.

Im Tarotdeck *Rider-Waite ist* ein ähnliches Bild auf dieser Karte zu sehen. Der Hauptunterschied besteht darin, dass die Rider-Waite-Karte einen überwiegend gelben Hintergrund hat. Darin sind Körner und Feldfrüchte zu sehen, denn die Herrscherin hat die Herrschaft über die Natur. Sie trägt eine Sternenkrone aus zwölf Sternen (dem Tierkreis), was ihre Herrschaft über das Sonnenjahr unterstreicht. Ihr Gewand ist mit Granatäpfeln gemustert und steht für Fruchtbarkeit. Sie steht für das Wachstum in der natürlichen Welt und für die Kraft des Herzens und der Gefühle.

Im Zusammenhang mit dem Kundalini-Erwachen steht die Herrscherin-Karte für die Liebe in verschiedenen Formen. Die Liebe ist die treibende und motivierende Kraft hinter unseren Tugenden, unserer Ethik und Moral. Ohne Liebe wenden sich unsere Herzen der Bosheit zu. Die Energie der Herrscherin ist die Energie der Wiedergeburt. Die Liebe ist die Kraft, die unsere Wiedergeburt im Geist bewirkt. Daher auch die Verbindung mit der Taube und dem Ankh. Der Planet der Herrscherin, Venus, umfasst jeden der Sephiroth. Venus ist die primäre Energie bei der Bildung und Vereinigung der vielen Aspekte des Universums.

In einer Divination steht die Herrscherin für Weiblichkeit, Natur, Pflege, Sinnlichkeit, Schönheit, Genuss, Fruchtbarkeit, Überfluss und kreativen Ausdruck. Im umgekehrten Fall bedeutet es einen Mangel an individueller Willenskraft, Vernachlässigung der eigenen Bedürfnisse, Abhängigkeit von anderen und kreative Blockaden.

DER HERRSCHER

Der Herrscher ist der vierte Schlüssel des Tarots und der fünfzehnte Pfad des Lebensbaums, der Tiphareth und Chokmah verbindet. Der Imperator wird "Sohn des Morgens" genannt, "Oberhaupt der Mächtigen". Der Imperator empfängt die Energie der Herrscherin und kanalisiert sie in das Höhere Selbst hinab. Somit sind die männlichen und weiblichen Energien auf dieser Karte ausgeglichen. Der Herrscher war ein Kriegerkönig, der in der Vergangenheit sein Schwert gegen den Zauberstab eintauschte. Im Laufe der Zeit ist er reifer geworden und hat an Weisheit gewonnen. Mit dieser Karte kommt ein Gefühl der Kontrolle und Führung über das Selbst. Der Herrscher initiiert die Energie und ihre schöpferische Kraft, da er der Stimulator der dynamischen Strömung ist.

"Der Herrscher ist die Weisheit der Souveränität und der Schönheit und der Urheber derselben; die Sphäre des Tierkreises, die durch den Widder auf die Sonne wirkt und den Frühling einleitet. "S. L. MacGregor Mathers; "Anmerkungen zum Tarot".

Das obige Zitat beschreibt die Energie des Pfades des Imperators. Es bezieht sich auf den in der Natur enthaltenen Zyklus von Leben/Tod/Wiedergeburt. Dieser Zyklus wird durch das Unterelement Feuer des Widders eingeleitet, dem ersten Tierkreiszeichen und dem ersten Zeichen der ersten Jahreszeit im Sonnenjahr. Da die Sonne allen Lebewesen in unserem Sonnensystem Seele und Leben schenkt, reguliert ihr Licht die Zyklen der Zeit, denen wir alle unterworfen sind.

Der hebräische Buchstabe, der dem Herrscher zugeschrieben wird, ist Heh, was "Fenster" bedeutet. Der Herrscher ist das Fenster zur persönlichen Macht. Dieser Pfad ist sehr feurig, da das Tierkreiszeichen Widder ihn regiert. Obwohl diese Karte leicht männlich erscheinen mag, offenbart ihre Assoziation mit dem Widder und dem Frühlingsanfang ihre weibliche Komponente, denn der Zyklus der Wiedergeburt ist ein weiblicher Prozess. Da der Widder jedoch unter der Herrschaft von Mars steht, ist diese Karte ein Symbol für kraftvolle schöpferische Energie und Herrschertum.

Abbildung 19: Die Schlüssel des Tarot (Vier bis Sieben)

In den Golden Dawn Tarotdecks wird ein Mann dargestellt, der auf einem Thron sitzt. Er trägt eine Krone auf dem Kopf, ähnlich wie bei der Herrscherin-Karte. In der Ciceros-Version der Karte ist er mit einem Bart dargestellt, während er in der Wang-Version ohne Bart ist. Er ist in Rot gekleidet und hält ein Zepter mit einem Widderkopf, der die Souveränität symbolisiert. Auch seine Füße sind auf einem Widder platziert. In der anderen Hand hält er eine Weltkugel mit einem Ankh auf der Spitze. Die vorherrschenden Farben des Hintergrunds sind Grün und Rot. Die verschiedenen Rottöne stehen für die energetischen Kräfte in dieser Karte. Während die Herrscherin die positive weibliche Kraft darstellt, ist der Herrscher die positive männliche Kraft.

Im *Rider-Waite Tarot Deck ist* kein Widder vorhanden, obwohl das Widdersymbol auf dem Thron abgebildet ist, auf dem er sitzt. Er hat einen langen Bart, ein Symbol für seine Weisheit. In der einen Hand hält er ein Ankh-Zepter, in der anderen einen Globus, ein Symbol der Herrschaft. Er sitzt auf einem kahlen Berg, der Herrschaft und unnachgiebige Macht symbolisiert. Auf dieser Karte ist kein Grün, sondern Grau zu sehen, um die Weisheit und Souveränität des Herrschers zu symbolisieren.

Im Zusammenhang mit dem Kundalini-Erwachen steht der Herrscher für das Ego, das unter der Führung des Höheren Selbst steht. Wir alle streben danach, in unserem eigenen Leben der Herrscher zu sein und die Kontrolle über unser inneres Selbst zu haben, was uns die Kontrolle über unsere äußere Realität geben wird. Diese Karte steht dafür, mit dem Höheren Selbst im Einklang zu sein und über das Ego und die materielle Welt zu herrschen. Sie steht für die Kontrolle über die niederen Kräfte, anstatt von ihnen kontrolliert zu werden.

In einer Divination steht der Herrscher für Männlichkeit, göttliches Wissen, rohe Kraft, schöpferische Energie, Kontrolle, Struktur, Dominanz, Autorität, Disziplin, Stabilität, Ehrgeiz und Eroberung in einer Sache. Im umgekehrten Fall steht er für Machtmissbrauch, Tyrannei, Wut, Grausamkeit, Starrheit, mangelnde Disziplin, übermäßige Kontrolle, blinden Ehrgeiz und Selbstgerechtigkeit.

DER HIEROPHANT

Der Hierophant ist der fünfte Schlüssel des Tarots und der sechzehnte Pfad des Lebensbaums, der Chesed und Chokmah verbindet. Der magische Titel der Karte ist der "Magus der ewigen Götter". Der Hierophant symbolisiert das Höhere Selbst, die Verbindung zwischen dem Oben und dem Unten. Der hebräische Buchstabe, der mit dieser Karte assoziiert wird, ist Vav, was "Haken" oder "Nagel" bedeutet. Der Hierophant stellt die verbindende Kraft zwischen dem Oben und dem Unten dar. Um diesen Gedanken weiterzuführen, ist die verbindende Energie von Geist und Materie der "Gedanke".

"Der Hierophant ist die Weisheit und die Quelle der Barmherzigkeit; die Sphäre des Tierkreises, die durch den Stier auf Jupiter wirkt. "S. L. MacGregor Mathers; "Notes on the Tarot"

Das obige Zitat beschreibt die Energie des Pfades des Hierophanten. Durch die Erlangung von Wissen und Weisheit können wir die Barmherzigkeit und das Mitgefühl des Schöpfers erfahren. Die Figur des Hierophanten ist niemand anderes als unser Höheres Selbst, ein Spiegelbild des Schöpfers, das uns die Mysterien der Schöpfung lehrt. Das Höhere Selbst nutzt das stabile, geerdete Zeichen Stier (Luft der Erde), um uns Informationen zu übermitteln und dadurch unsere Gefühle zu beeinflussen.

Der Hierophant symbolisiert Barmherzigkeit und wird in den Tarotdecks des Golden Dawn als auf einem Stier sitzend dargestellt, was die Kontrolle über das Ego bedeutet. Er hält eine Schriftrolle mit dem *Logos* (dem Wort) in der Hand, während er von dem himmlischen Licht von oben erleuchtet wird. Der Hierophant ist in Rot gekleidet - wie die Herrscherin und der Herrscher. Rot symbolisiert seine Macht und Dominanz. In der anderen Hand hält er einen Krummstab, der für das Königtum steht.

Der Hierophant wird mit einem Bart dargestellt, der die Weisheit symbolisiert. Sein Gewand ähnelt dem eines Hohepriesters, und als solcher ist er die Ergänzung zur Hohepriesterin. Die Farben im Hintergrund der Karte variieren beträchtlich, es gibt verschiedene Brauntöne und Kastanienbraun. Diese Farben vermitteln ein eher nachdenkliches Gefühl, wie zum Beispiel tiefe Gedanken und Kontemplation.

Im *Rider-Waite Tarotdeck* überwiegt die graue Farbe. Die Figur des Hierophanten auf der Karte sieht aus wie ein Papst, wie sein Name in einigen älteren Versionen der hermetischen Tarotdecks. Er sitzt auf einem Thron zwischen zwei Säulen, die Gesetz und Freiheit bzw. Gehorsam und Ungehorsam symbolisieren. Er hält ein dreifaches Kreuz mit drei horizontalen Balken, die den Vater, den Sohn und den Heiligen Geist darstellen. Vor ihm sitzen zwei Akolythen, die die Weitergabe von heiligem Wissen in religiösen Institutionen veranschaulichen. Der Hierophant steht für alles, was in der Welt rechtschaffen und heilig ist. Er ist der Führer der menschlichen Rasse und das Oberhaupt jeder anerkannten Hierarchie.

Das geerdete Tierkreiszeichen Stier regiert den Hierophanten. Es ist der höchste Pfad auf der Säule der Barmherzigkeit und ein sehr maskuliner Pfad. Der Hierophant nutzt die Stabilität der Stier-Energie, um als großer Lehrer zu kommunizieren, denn Stier ist die Luft der Erde. Er offenbart die Mysterien, und seine Offenbarungen sollen eher durch Gefühl und Intuition als durch den Intellekt wahrgenommen werden, denn er ist das innere Licht - das Höhere Selbst. Der Hierophant ist der reflektierende oder mystische Aspekt der männlichen Energie - er ist der Denker, während der Herrscher ein Mann der Tat ist.

Der Gedanke der inneren Lehre ist eng mit dieser Karte verbunden. Im Kontext der Kundalini-Erweckung ist der Hierophant das innere Licht, das dem Eingeweihten nun enthüllt wird. Daher ist jede Mitteilung von innerer Weisheit und Wissen das Werk des Höheren Selbst - des Hierophanten.

In einer Divination steht der Hierophant für spirituelle Weisheit, Moral und Ethik, Barmherzigkeit, Lehre und Übereinstimmung mit traditionellen religiösen Überzeugungen. Im umgekehrten Fall steht er für Rebellion, das Infragestellen des Status quo, persönliche Freiheit und neue Ansätze für alte Überzeugungen und Ideale.

DIE LIEBENDEN

Die Liebenden ist der sechste Schlüssel des Tarots und der siebzehnte Pfad des Lebensbaums, der Tiphareth und Binah verbindet. Der magische Titel dieser Karte ist "Kinder der göttlichen Stimme; Orakel der mächtigen Götter". Die Liebenden repräsentieren die Persönlichkeit in Einheit mit dem Höheren Selbst. Diese Einheit wird erreicht, wenn die beiden gegensätzlichen Kräfte innerhalb des Lichtkörpers sublimiert werden und eins werden. Sobald dies geschieht, kann die spirituelle Energie in die niederen Teile des Seins hinabsteigen.

"Die Liebenden sind das Verständnis von Schönheit sowie die Produktion von Schönheit und Souveränität; Saturn wirkt durch Zwillinge auf Sol. " - S. L. MacGregor Mathers; "Anmerkungen zum Tarot"

Das obige Zitat beschreibt die Energie des Pfades der Liebenden. Die Vereinigung von Gegensätzen geschieht auf der Ebene des Geistes, wo die Dualität auftritt. Die Karte der Liebenden repräsentiert die Sublimierung von Gedanken und Emotionen, da Zwillinge dem Unterelement Wasser der Luft angehören, das die Vereinigung von bewusstem und unterbewusstem Geist, den männlichen und weiblichen Aspekten des Seins repräsentiert. Durch die Vereinigung aller Gegensätze innerhalb des Selbst erreicht die Seele das ultimative Verständnis ihrer wahren Natur und erlangt so eine Verbindung mit dem höheren Selbst.

Die Golden Dawn Tarotdecks unterscheiden sich grundlegend von den *Rider-Waite Tarotdecks*. Die Golden Dawn Decks zeigen den griechischen Helden Perseus im Kampf mit einem Seeungeheuer, das das Konzept der Angst repräsentiert. Sein Ziel ist es, die schöne Andromeda von ihrer Fesselung an einen Felsen zu befreien. Perseus steht hier symbolisch für das höhere Selbst, während Andromeda das niedere Selbst darstellt. Der Stein steht für das materielle Reich und die Sterblichkeit. Durch den Planeten Venus und die Liebe findet die Sublimierung der Energien statt, was das Thema dieser Karte, die göttliche Vereinigung, begründet. Die vorherrschenden Farben sind blau und gelb und stehen für die Elemente Wasser und Luft, die im Tierkreiszeichen Zwillinge vorkommen.

Im *Rider-Waite Tarotdeck* werden zwei Figuren nackt dargestellt, was zeigt, dass sie nichts voreinander zu verbergen haben. Die göttliche Vereinigung wird durch den Erzengel Raphael hinter ihnen in den Wolken dargestellt, der sie beschützt und segnet. Raphael repräsentiert das Element Luft, das mit geistiger Aktivität und Kommunikation in Verbindung gebracht wird, da dies die Grundlage einer jeden gesunden Beziehung ist. Hinter der Frau steht der Baum der Erkenntnis von Gut und Böse, hinter dem Mann ein Baum mit zwölf dreiflammigen Flammen, die den Tierkreis darstellen. Sie scheinen sich im Garten Eden zu befinden, was eine Anspielung auf Adam und Eva als das erste göttliche Paar ist.

Der dieser Karte zugeordnete hebräische Buchstabe ist Zayin, was "Schwert" oder "Rüstung" bedeutet. Schwert und Rüstung sind die symbolischen Werkzeuge, um die Angst zu besiegen. Das doppelte Tierkreiszeichen der Zwillinge regiert diesen Weg. Die göttliche Liebe zwischen den Zwillingen ist in keiner Weise sexuell. Die Liebenden repräsentieren die Vereinigung der männlichen (Sonne) und weiblichen (Mond) Energien im Eingeweihten, die durch Zwillinge auf Sol (die Seele) einwirken. Die Wirkung von Inspiration und Intuition führt zu Befreiung und Erleuchtung, löst die Fesseln des Materialismus und schafft die göttliche Vereinigung.

Diese Karte stellt die Reflexion des bewussten und des unterbewussten Geistes dar, wie sie sich vereinen und als Einheit in den Spiegel zurückkehren. Das Meer des Bewusstseins von Binah steht für diesen Spiegel. Am einen Ende des Schwingungsspektrums befindet sich die materielle Form, am anderen das reine, unmanifeste Bewusstsein. Das Kundalini-Erwachen ist ein Erwachen zu diesen beiden Kräften. Die Vereinigung der Gegensätze erfolgt im Laufe der Zeit, wenn der bewusste und der unterbewusste Geist lernen, im Einklang miteinander zu arbeiten.

In einer Divination steht die Liebespaar-Karte für Liebe, Harmonie, Anziehung, Vereinigung, Dualität und Partnerschaften. Umgekehrt bedeutet sie Selbstliebe, Verlust der Liebe, Einseitigkeit, Disharmonie und Ungleichgewicht.

DER WAGEN

Der Wagen ist der siebte Schlüssel des Tarots und der achtzehnte Pfad des Lebensbaums, der Geburah und Binah verbindet. Der magische Titel dieser Karte ist "Kind der Mächte des Wassers; Herr des Triumphs des Lichts". Das hartnäckige

Tierkreiszeichen Krebs regiert den Streitwagen. Es ist der erste Pfad, der den Abgrund von den unteren Sephiroth durchquert. Da sich der Wagen mit völliger Leichtigkeit zwischen allen kosmischen Daseinsebenen bewegen kann, steht er für die Eroberung dieser Ebenen. Bevor dies jedoch erreicht werden kann, muss ein vollständiger Abstieg und eine Integration der spirituellen Energie erfolgen. Diese Integration ist es, die dieser Weg darstellt.

"Der Wagen ist der Verstand, der auf die Strenge einwirkt; Saturn wirkt durch den Krebs auf den Mars. "S. L. MacGregor Mathers; "Notes on the Tarot"

Das obige Zitat beschreibt die Energie des Pfades des Wagens auf dem Baum des Lebens. Da Binah durch das reflektierende Tierkreiszeichen Krebs (Unterelement Feuer des Wassers) auf Geburah wirkt, hat das höhere Selbst die Kontrolle. Dieser Pfad veranschaulicht den bewussten Einsatz von Willenskraft, indem er die Dualität des Geistes erkennt. Nur wenn das Höhere Selbst "beide Seiten der Medaille" gleichzeitig sieht, kann es mit Verstand handeln. Und um dies zu erreichen, muss eine angemessene Dosis bedingungsloser Liebe angewendet werden.

In den Tarotdecks des Golden Dawn bewegt sich ein Wagen durch den Raum, der von zwei Pferden gelenkt wird. Ein Pferd ist schwarz, das andere weiß und steht für die positiven und negativen Kräfte der Existenz. Der Wagen wird durch die Vereinigung dieser beiden gegensätzlichen Kräfte angetrieben. Der Reiter auf dem Bild symbolisiert das höhere Selbst. Er hat sowohl die negativen als auch die positiven Energien sublimiert und steht nun unter der Führung des Geistes allein. Er ist in die höheren Sephiroth eingedrungen, indem er sich über die Wolken der Illusion erhoben hat. Die vorherrschenden Farben sind Blau und Gelb, zusammen mit einem tiefen Blau-Violett, das die Sublimierung der Psyche darstellt.

Im *Rider-Waite Tarot Deck liegt* der Schwerpunkt auf den Pferden, die als zwei Sphinxen erscheinen, wiederum mit dem gleichen schwarz-weißen Motiv, das die Gegensätze in der Natur symbolisiert. Die Figur im Wagen trägt eine Rüstung, die das kriegerische Element des Geistes darstellt. Die Krone auf seinem Kopf bedeutet, dass er erleuchtet und von reinem Willen ist. Auf seiner Brust befindet sich ein Quadrat, das für das Erdelement Tattva und die materielle Welt steht, und das als Grundlage für alle seine Handlungen dient. Der Sternenhimmel über dem Kopf des Wagenlenkers steht für die Einflüsse der himmlischen Sphären und die göttlichen Kräfte im Himmel, die ihn leiten. Das Farbschema ist das gleiche wie bei den Golden Dawn Decks.

Der Streitwagen symbolisiert das Höhere Selbst, das sich durch die kosmischen Ebenen der Existenz bewegt. Es ist ein wässriger Pfad auf der Säule der Schwere. Das

Gegenstück zum Wagen ist der Hierophant, der sich auf der Säule der Barmherzigkeit befindet. Sein Himmelskörper ist der Mond, der Planet, der den Krebs regiert und den Wagen durch die kosmischen Ebenen führt. Der hebräische Buchstabe, der dieser Karte zugeordnet ist, ist Cheth, was "Zaun" oder "Einfriedung" bedeutet. Der Zaun trennt Binah und Geburah, das Übernatürliche, von der körperlichen Umhüllung.

Der Wagen steht für die Kontrolle über die Dualität in der gesamten Existenz, insbesondere in der mentalen Realität. Um dies zu erreichen, müssen Sie jedoch in der Lage sein, alle gegensätzlichen Standpunkte zu neutralisieren, indem Sie die Energie der bedingungslosen Liebe anwenden. Außerdem musst du kontrollieren, wie du die Realität wahrnimmst, indem du alles objektiv und nicht subjektiv siehst, da subjektive Perspektiven nur "eine Seite der Medaille" sehen. Da der Wagen der Weg ist, der die Willenskraft (Geburah) mit dem Verstehen (Binah) verbindet, steht er dafür, dass man seine Willenskraft mit Verstand einsetzt und sich mental und emotional nicht vom Schmerz der Dualität beflecken lässt.

In einer Wahrsagung ist das Wagen eine sehr positive Karte, die für Willenskraft und Geistesstärke, mentale Kontrolle, Sieg, Triumph, Orientierungssinn und Entschlossenheit steht. Seine Bedeutung hängt jedoch davon ab, wo er im Legekreis liegt. Fällt er in die Erde, ist er in der Regel von langer Dauer, fällt er in die Luft, kann er vergänglich sein. Wenn der Wagen umgekehrt ist, steht er für Richtungslosigkeit, mangelnde Kontrolle und Widerstand. Es zeigt an, dass alle Hindernisse, die sich Ihnen in den Weg stellen, höchstwahrscheinlich nicht überwunden werden können.

DIE STÄRKE

Stärke ist der achte Schlüssel des Tarots und der neunzehnte Pfad des Lebensbaums, der Geburah und Chesed verbindet. Der magische Titel der Karte lautet: "Tochter des flammenden Schwertes, Anführerin des Löwen". Stärke ist ein bedeutender Pfad unterhalb des Abgrunds, der die beiden konkurrierenden Kräfte des Höheren Selbst - Gnade und Strenge - miteinander verbindet. Dieser Weg steht für Leidenschaften unter der Kontrolle des Willens und die Beherrschung des niederen Selbst durch das höhere Selbst. Dieser Karte ist Löwe zugeordnet, das einzige Tierkreiszeichen, das von der Sonne regiert wird. Als solches steht es für Vitalität und Autorität.

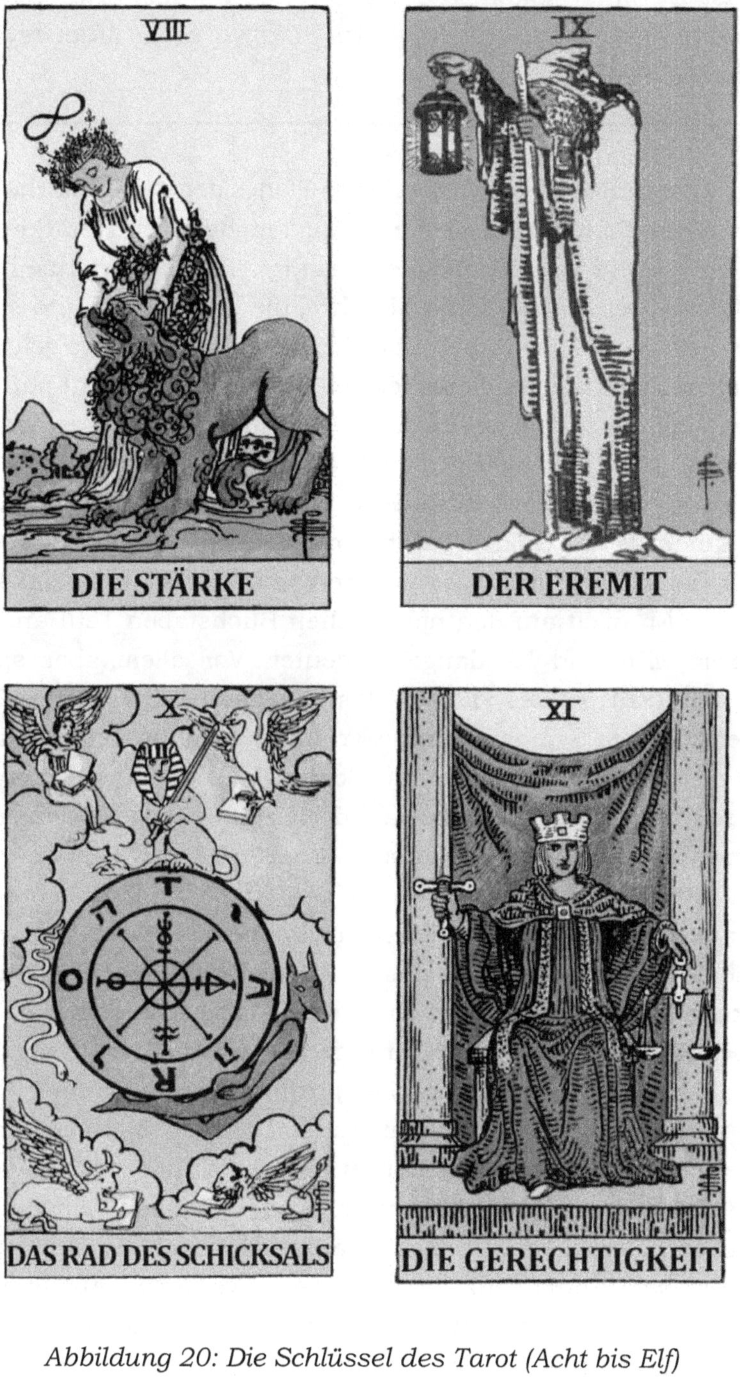

Abbildung 20: Die Schlüssel des Tarot (Acht bis Elf)

"Stärke ist Barmherzigkeit, die die Strenge mildert; die Herrlichkeit der Stärke; Jupiter wirkt durch Löwe auf Mars. "S. L. MacGregor Mathers; "Notes on the Tarot"

Das obige Zitat beschreibt die Energie des Pfades der Karte "Stärke" auf dem Baum des Lebens. Wenn Barmherzigkeit die Strenge mildert, wird Stärke erreicht, die im Menschen das Gefühl der Herrlichkeit erzeugt. Jesus Christus hat dies als die *Herrlichkeit Gottes bezeichnet.* Es ist die Ehre, die man erfährt und spürt, wenn man das richtige Gleichgewicht zwischen Barmherzigkeit und Strenge gefunden hat. Wenn Jupiter durch das aktive, männliche Zeichen Löwe (Unterelement Luft des Feuers) auf Mars einwirkt, kommt es zu einer Einheit zwischen den Elementen Wasser und Feuer. Die Willenskraft fällt unter die Herrschaft der bedingungslosen Liebe, die notwendig ist, um das richtige Gleichgewicht in Geist, Körper und Seele zu erreichen.

In den Tarotdecks des Golden Dawn wird ein Löwe mit einer Frau dargestellt, die ihn mit ihrer Hand führt. Im Deck von Ciceros hat der Schwanz des Löwen die Form einer Schlange. Er spielt auf den hebräischen Buchstaben Teth an, der mit diesem Pfad assoziiert wird und "Schlange" bedeutet. Vor allem aber spielt er auf die formverändernde Energie des Pfades selbst an, denn Schlange und Löwe sind eins. Während der Löwe ein Symbol für rohe Kraft ist, die entweder zum Guten oder zum Bösen eingesetzt werden kann, steht die Schlange für die Energie der Kundalini. Und die Kundalini wird natürlich benutzt, um den Lichtkörper und seine entsprechenden Energiezentren vollständig zu aktivieren.

Die Kundalini-Aktivierung soll durch den Willen des Höheren Selbst geleitet werden, das durch die Frau auf der Karte symbolisiert wird. Diese Frau ist Aima Elohim - die Große Mutter. Sie ist das weibliche Prinzip der Schöpfung, das in den Großen Arkana in ihren vielen Formen zu sehen ist. In dieser Karte hält sie Blumen, die die Unschuld symbolisieren, die erforderlich ist, um den Löwen zu zähmen. Da dieser Weg direkt unter dem Abgrund liegt, befindet er sich in der Wüste. Im Ciceros-Deck ist sie nackt dargestellt, mit einem grünen Löwen, der auf die wilde, rohe Energie anspielt, die vom höheren Selbst gemeistert werden soll.

Die Karte Stärke steht für die Beherrschung des niederen Selbst durch das höhere Selbst. Die Seele hält das Ego in Schach, dargestellt durch die vorherrschende braune Farbe der Wüstenerde, auf der die Frau und der Löwe stehen. Ausdauer ist notwendig, um das Selbst zu beherrschen, was durch die blassen Farben der Karte dargestellt wird. Wir müssen alle Herausforderungen des Lebens überwinden, um im spirituellen Wachstum erfolgreich zu sein.

Im Tarotdeck *Thoth wird* diese Karte als "Lust" bezeichnet. Lust ist die psychologische Kraft, die ein intensives Verlangen nach etwas hervorruft, das viele

Formen annehmen kann. Wir müssen unsere Energie des Verlangens auf etwas konzentrieren, das ein positives Ergebnis in unserem Leben bringen kann.

Das *Rider-Waite Tarotdeck* enthält die gleichen symbolischen Elemente wie die Golden Dawn Decks. Der Hauptunterschied ist das Symbol der Unendlichkeit auf dem Kopf der Frau, das darauf hinweist, dass sie von der ewigen, göttlichen Energie geführt wird. Sie hält das Maul des Löwen mit ihren Händen offen und zeigt damit Anmut, Liebe, Mut und Mitgefühl. Sie ist ruhig und gefasst, zeigt aber auch Dominanz. Ihre Geste zeigt die Notwendigkeit von Disziplin und Kontrolle im Angesicht großer Widrigkeiten. Die gelbe Farbe in dieser Karte steht für das Luftelement und die Gedanken, die fein abgestimmt werden müssen, um die Kontrolle über das niedere Selbst zu erlangen.

Wenn der Baum des Lebens auf den menschlichen Körper gelegt wird, verbindet der Pfad der Stärke den linken und den rechten Arm. Diese Verbindung steht symbolisch für die Kraft, die entsteht, wenn beide Arme in Harmonie zusammenarbeiten. Wahre Stärke wird erreicht, wenn sich Gegensätze vereinen. So lautet das Gesetz.

Wir brauchen die Stärke von Geist, Körper und Seele, um unseren Kurs auf der spirituellen Reise beizubehalten. Diese Karte steht für den Mut, den man im Laufe der Zeit aufbaut, nachdem man durch die Herausforderungen des Lebens geprüft wurde und sich durchgesetzt hat. Daher wird diese Karte in einigen älteren Versionen des Tarot auch als "Fortitude" bezeichnet. Wahre Stärke wird nicht dadurch bestimmt, wie schnell man fällt oder bei einem Versuch scheitert, sondern dadurch, wie schnell man wieder aufsteht und es erneut versucht. So entsteht Tapferkeit, die Stärke des Geistes. Das Große Werk ist nichts für schwache Nerven, sondern für diejenigen, die entschlossen, ausdauernd und konsequent in ihren täglichen Bemühungen sind, sich in Geist, Körper und Seele weiterzuentwickeln.

In einer Divination steht die Karte Stärke für innere Stärke, Kraft, Tapferkeit, Entschlossenheit, Tapferkeit, Ausdauer, Mut und Mitgefühl. Die Prüfung der anderen Karten im Legekreis ist von entscheidender Bedeutung, da Macht unter dem Willen eines schlechten Urteils eine negative Sache sein kann. Umgekehrt steht die Karte Stärke für Selbstzweifel, Unsicherheit, Schwäche und geringe Energie.

DER EREMIT

Der Eremit ist der neunte Schlüssel des Tarots und der zwanzigste Pfad des Lebensbaums, der Tiphareth und Chesed verbindet. Der magische Name des Eremiten ist der "Magus der Stimme des Lichts, der Prophet der Götter". Der Einsiedler repräsentiert die göttliche Weisheit. Er ist der Weise und der Mystiker - der Bote des göttlichen Lichts. Diese sehr bedeutende Karte stellt die Kommunikation zwischen dem Höheren Selbst des Ethischen Dreiecks und dem Spirituellen Selbst des Überirdischen Dreiecks dar. Aus diesem Grund ist der Einsiedler der *Lichtträger* und derjenige, der die Botschaft des Höheren Selbst überbringt.

"Der Einsiedler ist die Barmherzigkeit der Schönheit, die Herrlichkeit der Souveränität, Jupiter, der durch die Jungfrau auf Sol einwirkt. " - S. L. MacGregor Mathers; "Anmerkungen zum Tarot"

Das obige Zitat beschreibt die Essenz des Weges des Eremiten. Das Wort Gottes befindet sich in der Schwingungsfrequenz des Lichts und ist die Quelle der universellen Weisheit. So wie das Licht der Sonne seine Energie über unser Sonnensystem ausbreitet, tut dies auch das Wort Gottes. In der Karte des Eremiten wird das Wissen über die Emotionen durch die passive, weibliche Energie der Jungfrau (Unterelement Wasser der Erde) vermittelt.

In den Tarotdecks des Golden Dawn wird ein älterer Mann mit einem langen, grauen Bart dargestellt, der in der einen Hand eine Laterne und in der anderen einen Stab hält. Das Licht der Laterne erhellt seinen Weg, während er in der Nacht wandert. Er trägt eine Kapuze und einen Mantel und steht auf der Wüstenerde. Die braune Farbe der Erde überwiegt im unteren Teil der Karte. Sein Gewand ist im Tarot-Deck von Wang gelb-grün mit braun und im Deck von Ciceros rot und blau. Sein Stab steht für Autorität und Macht. Dieselbe Schlange, die in der Karte Stärke am Schwanz des Löwen zu finden ist, befindet sich in dieser Karte zu Füßen des Eremiten und repräsentiert die Kundalini-Energie und das durch sie empfangene Wort.

Im *Rider-Waite Tarotdeck* werden ähnliche Bilder dargestellt, wobei der Hauptunterschied in den vorherrschenden Farben, nämlich Dunkelblau und Grau, besteht. Außerdem steht der Eremit nicht in der Wüste, sondern auf einem Berg, was auf Leistung und Erfolg hinweist. Er ist bereit, das hohe spirituelle Wissen, das er erlangt hat, mit der Welt zu teilen. Die Laterne, die er in der Hand hält, enthält einen sechszackigen Stern, der als "Siegel Salomos" bekannt ist und für Weisheit steht. Salomon war der weise König von Israel und auch ein mächtiger Magus.

Der Eremit ist mit dem hebräischen Buchstaben Yod verbunden, der das Vaterprinzip und das Urfeuer im Tetragrammaton darstellt. Im Hebräischen bedeutet Yod "Hand". Es gibt auch einen phallischen Bezug zu Yod, der in Verbindung mit dem Tierkreiszeichen Jungfrau gemäß der Zuordnung der Karte das Symbol der sexuellen Liebe in ihrer jungfräulichen, unmanifestierten Form darstellt. Seine Quelle ist die bedingungslose Liebe des Universums. Darüber hinaus repräsentiert das Yod den Logos oder das Wort der Macht, das das niedere Selbst und das höhere Selbst durch die Schwingungsfrequenz des Lichts verbindet. Die Schwingung des gesprochenen Wortes hat die Macht, bis zu den Enden des Universums zu schwingen.

Der Eremit wird symbolisiert durch Anubis, den ägyptischen Gott, eine niedere Form von Hermes/Thoth, dem Götterboten. In der Neophyteneinweihung des Golden Dawn ist er der Kerux, der Lichtträger - einer, der die Lampe des verborgenen Wissens hält und der den Kandidaten führt.

Der Eremit besitzt die Eigenschaften von Feuer (Jod) und Erde (Jungfrau). Daher repräsentiert er den Anfang und das Ende der Elemente und des Tetragrammatons. Die Lampe des Eremiten repräsentiert das Licht, das in alle kosmischen Ebenen und Dimensionen von Raum und Zeit ausstrahlt. Im Zusammenhang mit dem Kundalini-Erwachen wird das (jetzt intuitiv erlangte) Wort, das durch Weisheit spricht, als Manifestation der Eremitenkarte angesehen.

In einer Divination steht der Eremit für die Suche nach Wahrheit, innerer Führung und Introspektion. Im umgekehrten Fall bedeutet er Einsamkeit, Isolation und den Verlust des Kontakts mit dem inneren Licht, das den Weg im Leben weist.

DAS RAD DES SCHICKSALS

Das Rad des Schicksals ist der zehnte Schlüssel des Tarot und der einundzwanzigste Pfad des Lebensbaums, der die Sphären von Netzach und Chesed verbindet. Der magische Titel des Rad des Schicksals ist der "Herr der Lebenskräfte". Das Rad des Schicksals symbolisiert die vier Elemente, die vom Geist gekrönt und vereinigt werden. Dieser Pfad stellt den Energiefluss zwischen der Persönlichkeit (dem niederen Selbst) und dem höheren Selbst auf der Säule der Milde dar. Das Rad des Schicksals ist auch ein Symbol für Karma und Zeit, da es in ständiger Fluktuation ist und vergangene Handlungen zurück in die Gegenwart und weiter in die Zukunft bringt. Es ist der Kreislauf der menschlichen Inkarnation und des Schicksals.

"Das Rad des Schicksals ist die Barmherzigkeit und Großartigkeit der Souveränität; Jupiter wirkt durch Jupiter direkt auf Venus. "S. L. MacGregor Mathers; "Notes on the Tarot"

Das obige Zitat beschreibt die Energie des Rad des Schicksalspfades auf dem Lebensbaum. Da Jupiter für Barmherzigkeit und Mitgefühl steht, ist es die Anwendung dieser Energie oder deren Fehlen, die Karma hervorbringt. Da Venus die Wünsche repräsentiert, ist es der Ausdruck dieser Wünsche, der gutes oder schlechtes

Karma für das Individuum hervorbringt. Aufgrund der zyklischen Natur des Universums, das ständig in Bewegung ist, bindet sich negative karmische Energie an unsere Aura, so dass wir sie abarbeiten können, bevor wir spirituell höher getragen werden.

In den Tarot-Decks des Golden Dawn ist der Cynocephalus, der Affe mit dem Hundegesicht, unter dem Rad des Schicksals abgebildet und repräsentiert das niedere, animalische Selbst. Er ist ein Gefährte von Hermes und symbolisiert Zeit und Ewigkeit. Die Sphinx ist oberhalb des Rad des Schicksals abgebildet und steht für das höhere Selbst, den Wächter der okkulten Geheimnisse. Das Rad dreht sich ständig und lässt die Energie zwischen der Sphinx und dem Affen, dem Höheren Selbst und dem Niederen Selbst kreisen. Die zwölf Speichen des Rad des Schicksals stehen für die zwölf Tierkreiszeichen. Die vorherrschende Farbe auf der Karte ist Blau, was dem Element Wasser entspricht. Tiefes Purpur und Violett sind ebenfalls in der Karte enthalten und symbolisieren ihre mystischen Elemente.

Das gleiche Rad findet sich im *Rider-Waite Tarot Deck*, allerdings mit acht statt zwölf Speichen. In ihm sind die vier Buchstaben des Tetragrammaton (YHVH) enthalten. Vier geflügelte Kreaturen befinden sich in jeder Ecke der Karte. Die Sphinx sitzt oben auf dem Rad, während sich unten eine Figur befindet, die entweder Anubis oder der Teufel sein könnte. Die Sphinx steht für die Weisheit der Götter und Könige, während Anubis (oder der Teufel) für die Unterwelt oder die Hölle steht. Hellblau ist die vorherrschende Farbe auf der Karte und steht für den Himmel, begleitet von weißen Wolken, die den Himmel symbolisieren. Jedes geflügelte Wesen hält ein Buch, das als Heilige Schrift dient - die Quelle der Weisheit und des Verständnisses für die Menschheit. Links vom Rad befindet sich eine Schlange, die sich nach unten bewegt, was den Abstieg in die Welt der Materie anzeigt.

Die in der Natur anzutreffende Dualität und die Interaktion zwischen den extremen Polen (positiv und negativ) sind es, die das Rad in Bewegung setzen. Das Rad des Schicksals dient als Vermittler zwischen zwei Gegensätzen. Es wird als die "Intelligenz der Versöhnung" bezeichnet. In der Wirkung des Rad des Schicksals findet sich das hermetische Prinzip von Ursache und Wirkung, das in einem späteren Kapitel über das *Kybalion* besprochen wird. Ursache und Wirkung und Karma sind untrennbar miteinander verbunden.

Der diesem Pfad zugeordnete hebräische Buchstabe ist Caph, was "Handfläche" oder "Faust" bedeutet. Er verweist auf Reichtum und Armut, die beide vom Planeten Jupiter beeinflusst werden, da er der Planet des Überflusses ist. Da Jupiter der Planet des Elements Wasser ist, zeigt diese Karte die Korrespondenzen zwischen dem Wasserelement, dem Karma und dem Bewusstsein.

Das Rad des Schicksals ist auch das Rad des Lebens, des Todes und der Wiedergeburt, da alle Dinge in der Schöpfung diesen Zyklus durchlaufen müssen. Der Begriff der Wiedergeburt spielt hier auf die Vergeistigung aller Dinge im Universum an. Unser angeborenes Geburtsrecht ist das spirituelle Reich, denn es ist unser letztes Ziel. Es ist nur eine Frage der Zeit, bis alle manifestierten Dinge wieder mit ihrem Quellgeist vereint sind.

In einer Divination ist das Rad des Schicksals eine positive karmische Karte, die Glück und Freude anzeigt. Je nach Frage steht es aber auch für Veränderung, Lebenszyklen, Schicksal, Bestimmung und Karma im Allgemeinen. Umgekehrt steht das Rad des Schicksals für Unglück, schlechtes Karma, mangelnde Kontrolle, Widerstand gegen Veränderungen und das Durchbrechen von Zyklen.

DIE GERECHTIGKEIT

Gerechtigkeit ist der elfte Schlüssel des Tarots und der zweiundzwanzigste Pfad des Lebensbaums, der Tiphareth und Geburah verbindet. Der magische Titel dieser Karte ist die "Tochter der Herren der Wahrheit, die Hüterin des Gleichgewichts". Dieser Pfad ist für das Gleichgewicht des gesamten Lebensbaums verantwortlich, indem er ein Gleichgewicht zwischen den Funktionen jeder seiner Sphären und der Sphäre seiner härtesten, strengsten Wirkung - Geburah - herstellt.

"Gerechtigkeit ist die Strenge der Schönheit und Souveränität; Mars wirkt durch Waage auf Sol. "S. L. MacGregor Mathers; "Anmerkungen zum Tarot".

Das obige Zitat beschreibt die Energie der Gerechtigkeitskarte im Baum des Lebens. Mars ist die harte, fordernde, oft zerstörerische Energie des Feuerelements. Da er auf die Sonne einwirkt, prüft er alle Ungleichgewichte, die er von den anderen Sephiroth erhält, und richtet sie neu aus. Die Waage-Energie (Unterelement Feuer der Luft) stellt das bewusste Abwägen von Gegensätzen dar, das die Feuer-Energie des Mars mildert, wenn sie in die Sonne, den Spender des Lichts, eingebracht wird. Im Licht sind diese Qualitäten als Teil seiner Schwingungsfrequenz zu finden. So ist das Konzept, im Namen von etwas Höherem nach Gerechtigkeit zu streben, Teil unserer menschlichen Existenz.

In den Tarot-Decks des Golden Dawn ist eine weibliche Figur in grünem Gewand zu sehen. In der einen Hand hält sie das "Schwert der Gerechtigkeit". In der anderen hält sie die Waage, die alle Handlungen abwägt. Sie steht zwischen den beiden Säulen von Hermes und Salomon, die Form und Kraft, Schwarz und Weiß, Yin und Yang darstellen. Im Wesentlichen stehen die Säulen für die Dualität. Zu ihren Füßen steht ein Schakal, der Anubis, den Gott der Unterwelt, darstellt. Im ägyptischen *Totenbuch* hat er die Aufgabe, die Seelen der unreinen Menschen in der Halle der Wahrheit zu entfernen. Ihre Seelen werden mit der Feder der ägyptischen Göttin Maat gewogen, die auf Unreinheit prüft. In dieser Karte symbolisiert Anubis die Beseitigung aller unreinen Handlungen, die nicht vom Licht sind und ein Ungleichgewicht auf dem Baum des Lebens verursachen. In Wangs Deck ist der Boden kariert, was sich auf den schwarz-weißen Boden des Golden Dawn Tempels bezieht.

Im *Rider-Waite Tarotdeck* vermittelt die Gerechtigkeitskarte mit einer ähnlichen Symbolik die gleichen Ideen. Allerdings ist die weibliche Figur in Rot statt in Grün gekleidet, und es ist kein Schakal zu sehen. Außerdem trägt sie eine Krone, um ihre Autorität darzustellen. Alle drei Kartendecks weisen unterschiedliche Farben im Hintergrund auf, die von Grün über Grau und Blau bis hin zu Violett-Lila reichen. Das Violett-Lila im *Rider-Waite Tarotdeck* steht für die Intuition, die notwendig ist, um die Wahrheit in der Realität zu erkennen. Es muss ein Gleichgewicht zwischen Intuition und Logik herrschen, damit der Einzelne in der Lage ist, wahre Gerechtigkeit herzustellen.

Der hebräische Buchstabe, der diesem Weg zugeschrieben wird, ist Lamed, was "Ochsenziemer" bedeutet; der Stock, der benutzt wird, um die Bestie zu ermutigen, sich weiter zu bewegen. In diesem Fall ist die Bestie unser Ego und der physische Körper. Die Gerechtigkeit ist mit der Narrenkarte verbunden, da der Ochse, das Ego, mit dem Ochsenziemer angeregt wird. Das Ego befindet sich im Luftelement der Narrenkarte. Der Ochsenstachel spornt uns an, auf dem Weg weiterzugehen, und zwar auf ausgewogene Weise und in eine positive Richtung. Er prüft uns, wenn wir vom gewünschten Weg abschweifen.

Das Tierkreiszeichen der Waage ist mit diesem Weg verbunden, da es ständig abwägt und beurteilt, genau wie sein Symbol, die Waage. Sie ist sehr aktiv und gehört zu den universellen Gesetzen. Die Tugend der Gerechtigkeit begleitet zwei der anderen Kardinaltugenden der Großen Arkana, nämlich die der Tarotkarten Mäßigung und Stärke.

Die Bedeutung dieses Pfades besteht darin, dass er die Kraft des Mars und sein hartes, direktes und unerbittliches Urteil über Tiphareth, den Sitz der Seele, bringt. So stellt er sicher, dass der gesamte Lebensbaum in Balance und Gleichgewicht ist. Dieser Pfad korrigiert ständig ein Ungleichgewicht. Wenn du zum Beispiel in deinen Handlungen unausgewogen bist und übermäßig barmherzig bist, wird das Schwert der Geburah auf die Seite der Strenge schwingen. Wenn du übermäßig streng und sogar tyrannisch bist, wird sich das Schwert der Geburah auf die Seite der Barmherzigkeit wenden.

Das metaphorische Schwert schneidet alle Anzeichen von Ungleichgewicht in einer kämpferischen, notwendigen Weise weg. Seine Wirkung ist vergleichbar mit der eines Pendels - es schwingt hin und her, um die Gegensätze auszugleichen. Das tut es so lange, bis ein Gleichgewicht erreicht ist. Zu jeder Zeit sorgt das Schwert der Geburah für Harmonie, Gleichgewicht und Vorwärtsbewegung. Es wird oft als Schwert der Gerechtigkeit bezeichnet, da sein Zweck darin besteht, das zu erhalten, was in den Augen Gottes, des Schöpfers, gerecht ist.

In einer Divination ist die Gerechtigkeit eine karmische Karte, die für Fairness, Wahrheit, Gesetz, Gleichgewicht, Klarheit und Ursache und Wirkung steht. Umgekehrt bedeutet sie Unausgewogenheit, fehlendes Gleichgewicht, Unfairness, Verantwortungslosigkeit und Unehrlichkeit.

DER GEHÄNGTE

Der Gehängte ist der zwölfte Schlüssel des Tarot und der dreiundzwanzigste Pfad des Lebensbaums, der Hod und Geburah miteinander verbindet. Sein magischer Titel ist der "Geist der Mächtigen Wasser", daher wird ihm das (Übergangs-)Element Wasser zugeschrieben. Der Weg des Gehängten ist ein Weg der Selbstaufopferung und der Vorstellung vom göttlichen Tod. Er steht in Beziehung zu den Erzählungen über den sterbenden Gott, einschließlich des Mythos von Osiris und der Kreuzigung Jesu Christi. In beiden Geschichten durchläuft die Gottesfigur einen Prozess von Tod und Wiedergeburt und wird zu etwas Größerem als ihr früheres Selbst. In diesem Sinne ist der metaphorische Tod ein obligatorischer Schritt, damit etwas Neues und Besseres wiedergeboren werden kann.

"Der Gehängte ist die Strenge des Glanzes und die Vollstreckung des Urteils; Mars wirkt durch Wasser auf Merkur. "S. L. MacGregor Mathers; "Notes on the Tarot"

Das obige Zitat beschreibt die Essenz des Pfades des Gehängten. Die fordernde Kraft des Feuerelements in Mars nutzt die Energie der bedingungslosen Liebe des Wasserelements, um die Sphäre des Hod, den Intellekt, zu beeinflussen. Die Selbstaufopferung wird zu einem Akt des Mitgefühls, entweder für sich selbst oder für andere Menschen. Diese Handlung im Namen des Höheren Selbst bringt den emotionalen Aspekt des Leidens mit sich, den der Intellekt als ehrenvolle Geste interpretiert. Auf diese Weise lernt der Verstand den Wert einer solchen Handlung und ihre Ausführung wird zu einer göttlichen Verpflichtung, da er weiß, dass man sich durch das Leiden selbst erneuert.

Abbildung 21: Die Schlüssel des Tarot (Zwölf bis Fünfzehn)

In den Tarotdecks des Golden Dawn ist das zentrale Thema die Figur eines Mannes, der kopfüber an einem Baum hängt, in Form des hebräischen Buchstabens Tav, dem letzten Buchstaben des hebräischen Alphabets. In diesem Fall symbolisiert der Baum sowohl den Anfang als auch das Ende des Universums. Die Beine des Mannes sind gekreuzt, was an das Fylfot-Kreuz erinnert, eine Anspielung auf Kether und die ersten Wirbel. Seine Arme sind gekreuzt, was das umgekehrte Symbol des Schwefels und die feurige Energie von Geburah darstellt, die auf diesem Pfad nach unten strömt. Die vorherrschende Farbe ist blau und steht für das Wasserelement. Sein Anzug ist orange, in Anspielung auf Hod, die Sephira des Intellekts.

Das *Rider-Waite Tarot Deck* zeigt die gleichen Elemente in der Karte, mit dem einzigen Unterschied, dass die Hände des Mannes auf dem Rücken gefesselt sind, anstatt über seinem Kopf. Außerdem ist um seinen Kopf ein Heiligenschein abgebildet, der den Abstieg des Geistes in die Materie durch Selbstaufopferung symbolisiert. Diese Verbindung zum Geist zeigt sich auch in der vorherrschenden Farbe der Karte, die hellviolett ist und Sahasrara, das Kronenchakra, darstellt. Diese Karte steht für die Transformation und Inkarnation Gottes in einen Menschen - das Höhere Selbst, das in das Niedere Selbst hinabsteigt. Der Mann trägt eine rote Hose, die für den physischen Körper und die menschlichen Leidenschaften steht, während sein Hemd blau ist, stellvertretend für die Gelassenheit seiner Gefühle. Das Gelb um seinen Heiligenschein und seine Schuhe stehen für einen scharfen Intellekt.

"Im esoterischen Sinne ist der Gehängte der menschliche Geist, der an einem einzigen Faden vom Himmel herabhängt. Nicht der Tod, sondern die Weisheit ist der Lohn für dieses freiwillige Opfer, bei dem die menschliche Seele, die über der Welt der Illusion schwebt und über ihre Unwirklichkeit meditiert, durch die Erlangung der Selbstverwirklichung belohnt wird." - Manly P. Hall; Auszug aus "The Secret Teachings of All Ages"

Obwohl er kopfüber aufgehängt ist, ist das Gesicht des Gehängten ruhig und friedlich und suggeriert Transzendenz ohne Leiden. In dieser Geste wird die Freude an der Selbstaufopferung angedeutet, die nicht als Last empfunden wird, wie es auf den ersten Blick scheinen mag. Diese Aufopferung findet über den "Waters of Mem" statt, die den Gehängten durch bedingungslose Liebe erheben. Mem, einer der drei Mutterbuchstaben, ist der hebräische Buchstabe, der mit dieser Karte assoziiert ist, was "Wasser" bedeutet.

Der Gehängte steht für die Wassertaufe, das Element der bedingungslosen Liebe. Dieser Weg ist ein Weg der Selbst-Kreuzigung, ein intellektuelles Unterfangen, das notwendig ist, um vom Geist in Hod in das Feuer von Geburah zu gelangen. Du kannst die höheren Bereiche des Selbst nicht erreichen und dich mit deinem Wahren Willen in Einklang bringen, ohne diesen Schritt der Selbstkreuzigung und Selbstaufopferung zu tun - das Ego und sein Antrieb zum Handeln. Durch Selbstaufopferung erlangt man Selbstverwirklichung.

Der Gehängte ist eine relevante Karte, die im Leben von Menschen, die einen Kundalini-Transformationsprozess durchlaufen, ständig in Aktion ist. Da ein Kundalini-Erwachen eine Transformation des Selbst auf vielen Ebenen ist, wird die Selbstaufopferung zu einer Schlüsselkomponente beim Aufbau der Energie der bedingungslosen Liebe im Selbst. Sie ist auch ein Hauptbestandteil beim Aufbau von Ethik und Moral, indem sie die von der Kundalini-Energie angestrebte Transformation kontinuierlich aufrechterhält.

Wenn du dich im Namen der bedingungslosen Liebe beständig demütig zeigst, wird dein Geist erhöht, was dir erlaubt, aus deinem Ego herauszuwachsen und dich zu transformieren. Wenn du dich hingegen in dieser Hinsicht nicht in Selbstaufopferung übst, wirst du im Ego verweilen und an ihm festhalten, was viel geistiges, mentales und emotionales Leiden verursachen wird.

In einer Divination steht der Gehängte für Opfer, Märtyrertum, Hingabe und Befreiung. Es ist eine Karte des Leidens, aus der die Person weiser hervorgeht. Umgekehrt steht der Gehängte für Egoismus, die Angst vor Opfern, unnötige Opfer, Hinhalten, Widerstand und Unentschlossenheit.

DER TOD

Der Tod ist der dreizehnte Schlüssel des Tarots und der vierundzwanzigste Pfad des Lebensbaums, der Netzach und Tiphareth verbindet. Der magische Titel dieser Karte ist das "Kind des großen Wandlers". Der Tod ist ein bedeutender Weg, wenn man den Lebensbaum durch den umgekehrten Pfad des Flammenschwerts nach oben klettert. Es ist eine Initiation, bei der die Persönlichkeit (das Ego) freiwillig stirbt, um sich in das höhere Selbst zu verwandeln und Wissen zu erlangen. Der Schlüsselgedanke dabei ist die Vorstellung von Transformation, da egozentrische Sichtweisen in gereinigte Gedanken umgewandelt werden. Das Ego wird mit der Zeit unterworfen, während das Höhere Selbst den Geist, den Körper und die Seele übernimmt.

Der Tod ist die Souveränität und das Ergebnis des Sieges; Sol, der durch Skorpion auf Venus einwirkt, oder Osiris unter der zerstörerischen Macht von Typhon, der Isis heimsucht. "S. L. MacGregor Mathers; "Anmerkungen zum Tarot".

Das obige Zitat beschreibt die Energie der Todeskarte im Baum des Lebens. Skorpion wird oft mit dem Tod assoziiert, weil der Skorpion die Kraft hat, mit seinem Stachel zu töten. Dieser Tod ist eine Art Regeneration, da die Gedanken und Emotionen transformiert werden, wenn man bedenkt, dass Skorpion das Unterelement Luft des Wassers ist. Der Sieg wird errungen, wenn die Wünsche des Selbst auf die Selbsttransformation ausgerichtet sind. Das Ego versperrt den Weg zum Höheren Selbst; daher muss eine Transformation stattfinden, bevor der Geist in das Selbst hinabsteigen kann.

Typhon und Apophis (auf Griechisch) sind weitere Namen, die mit Set in Verbindung gebracht werden, dem bösen Bruder von Osiris, der ihn tötete, um seinen Thron als Pharao von Ägypten zu übernehmen. Isis war diejenige, die Osiris "wiedererweckte", nachdem Set ihn in Stücke zerschnitten und in ganz Ägypten verteilt hatte. Sobald Osiris' Körper wiederhergestellt war, wurde ihr Sohn Horus posthum gezeugt. Horus kämpfte dann gegen Set und besiegte ihn, wodurch er den Thron zurückeroberte.

Set steht in der obigen Geschichte für das Ego, den Widersacher, und spielt auch auf Satan (den Teufel) an. Das Wort "Sonnenuntergang" korrespondiert mit Set, da es das Verschwinden des Lichts und die Ankunft der Dunkelheit symbolisiert. Osiris steht für die Seele und das höhere Selbst. Da das Ego der Widersacher der Seele im Leben ist, zerreißt Set (das Ego) Osiris (die Seele) in Stücke und nimmt seinen Thron im Königreich ein. Das Königreich ist der physische Körper, während der Thron der Sitz des Bewusstseins ist. Dass Set das Königreich regiert, ist ein Symbol für die Übernahme des Bewusstseins durch das Ego, das damit die Kontrolle über den physischen Körper erlangt.

Da Isis die weibliche Polarität des Höheren Selbst repräsentiert, ist es ihre Liebe, ihr Glaube und ihre Weisheit, die Osiris wiederherstellt und ihn als seinen Sohn Horus reinkarniert. Eine der Lektionen des Lebens ist, dass wir durch die Dunkelheit gehen müssen, um das Licht zu sehen. Während sich unsere Egos entwickeln und schließlich das Selbst verdrängen, erwerben wir auf unserer Lebensreise Wissen und Weisheit, die uns dazu bringen, eine spirituelle Transformation zu suchen.

Horus steht symbolisch für die Sonne und hat denselben Geburtstag wie Jesus Christus - den 25. Dezember. Dieses Datum liegt direkt nach der Wintersonnenwende und repräsentiert die Zeit des Jahres, in der die Tage länger werden, da das Licht der Sonne zunimmt. Horus symbolisiert das Licht, das im Inneren vorhanden ist, die Seele, die von der Sonne ausgeht. Die Seele weist den Weg im Leben und ist die Quelle der höchsten Weisheit und des Verständnisses. Horus symbolisiert auch das kosmische Bewusstsein, mit dem wir untrennbar verbunden sind. Indem wir die Verantwortung für unsere spirituelle Entwicklung übernehmen, erkennen wir, dass wir unser eigener Messias werden müssen. Wir müssen das Ego und unsere alten Gedanken und Emotionen transformieren, damit wir uns wieder mit unserer Seele und unserem Höheren Selbst verbinden und unser Bewusstsein weiterentwickeln können.

Da der Pfad der Todeskarte von Tiphareth nach Netzach führt, spielt auch der Planet Venus eine Rolle in seinem Geheimnis. Venus, das Licht des Morgensterns, wurde mit Jesus Christus, aber auch mit Luzifer, dem Lichtträger, in Verbindung gebracht. In der Gesellschaft gibt es ein Missverständnis über das Wesen Luzifers, da er im Laufe der Jahrhunderte einen negativen Ruf erhalten hat. Im Grunde genommen ist Luzifer der Eingeweihte in die Mysterien des Kosmos - am Anfang seines Weges zur Erleuchtung. Er ist das "Licht in der Dunkelheit" und der Wunsch, etwas Bedeutsameres zu sein - ein spirituell erhabenes Wesen.

In den Tarotdecks des Golden Dawn wird das Ego als zerstückelt dargestellt, mit einer Skelettfigur, die die *Sense des Saturn* schwingt, seine Glieder abschneidet und sie auf dem Boden zurücklässt. Das Skelett ist das Einzige, das die zerstörerische Kraft der Zeit überlebt. Es ist das Fundament, auf dem unsere biologische Struktur aufgebaut ist. Der physische Körper kann dann unsere Seele und unser Bewusstsein beherbergen. Das Skelett überlebt die Veränderlichkeit von Zeit und Raum, da die Natur von unten nach oben arbeitet. Andererseits steht der Gehängte für die umwandelnde Kraft des Geistes, der von oben nach unten wirkt.

Der Tod steht für die Zerstückelung des früheren Selbst und die Umwandlung in das neue Selbst - das zentrale Thema dieser Karte. Es ist ein entscheidender Schritt, der aus eigenem Antrieb unternommen werden muss, bevor man die höheren Sephiroth auf dem Baum des Lebens erreicht. Bevor Sie die Auferstehung und Wiedergeburt in Tiphareth erleben können, müssen Sie den Sieg über Netzach und die niederen Wünsche erringen. Für alles im Universum gilt, dass der Tod des Alten die Wiedergeburt des Neuen ist. Energie kann nicht zerstört werden; sie kann nur in verschiedene Formen umgewandelt werden. Die vorherrschende Farbe in den Tarotdecks des Golden Dawn ist blau-grün, die beiden vorherrschenden Farbtöne der sichtbaren Welt der Materie.

Im *Rider-Waite Tarotdeck* wird eine andere Darstellung gezeigt, die dieselbe Idee vermittelt. Ein Skelett in einer Rüstung reitet auf einem weißen Pferd. Die Skelettfigur stellt in diesem Fall den *Sensenmann dar - ein* Symbol des Todes. Seine Rüstung steht für Unbesiegbarkeit - ein Zeichen dafür, dass niemand dem Tod entgehen oder ihn vernichten kann. Das weiße Pferd ist ein Symbol der Reinheit, denn der Tod soll das Alte läutern. Um ihn herum sind Tote und Sterbende aller Stände, darunter Könige, Bischöfe und einfache Bürger. Er trägt eine schwarze Fahne mit einer weißen Blume in der Mitte. Die Blume und die untergehende Sonne im Hintergrund symbolisieren, dass der Akt des Todes eine Verwandlung in etwas Höheres und in das Licht ist.

In Ciceros' Darstellung der Todeskarte endet das Rückenmark des Skeletts als Schlange am Boden und symbolisiert damit die Kundalini-Energie in ihrem Potentialzustand an der Basis der Wirbelsäule im Steißbeinbereich. Der gesamte Prozess des Kundalini-Erwachens steht in direktem Zusammenhang mit der Todeskarte. Sein Zweck ist es, das Ego zu transformieren, um die Schwingung des Höheren Selbst zu erreichen. Die Schlacken und die Negativität verbrennen langsam durch das intensive Feuer, das durch die Kundalini-Energie aufgebaut wird. Es ist das gleiche Konzept, wie wenn man Wasser durch die Anwendung von Feuer (Hitze) zum Sieden bringt; man verändert seinen Zustand und reinigt es durch die Verdampfung von Unreinheiten. Die Läuterung des Selbst ist ein Prozess der ständigen Transformation. Der Tod ist ein notwendiger Schritt, der unternommen werden muss, damit etwas Neues geschaffen werden kann - etwas Reines.

Der hebräische Buchstabe Nun, der "Fisch" bedeutet, ist mit dieser Karte verbunden. Er spielt auf die flüssige, wässrige Natur des Pfades an, da es die Emotionen des Egos sind, die du überwinden musst, bevor du dich zu einem höheren Bewusstsein erheben kannst. Das Wasser in dieser Karte ist das Wasser der Fäulnis. In Ciceros' Version der Tarotkarte ist ein Skorpion abgebildet (in Anspielung auf das Tierkreiszeichen Skorpion), während in Wangs Version stattdessen ein Adler zu sehen ist. Der Adler steht für das Element Wasser in seinem gereinigten Zustand.

In einer Divination steht der Tod für das Ende eines Zyklus, einen neuen Anfang, Veränderung, Metamorphose, Transformation und Übergang. Der Tod bringt in der Regel eine gewisse Fluktuation und Schmerz mit sich, sei es geistiger, emotionaler oder sogar körperlicher Natur. In umgekehrter Form steht die Karte Tod für Widerstand gegen Veränderungen, Festhalten und Stagnation.

DIE MÄßIGUNG

Die Mäßigung ist der vierzehnte Schlüssel des Tarots und der fünfundzwanzigste Pfad des Lebensbaums, der Yesod und Tiphareth verbindet. Der magische Titel dieser Karte ist die "Tochter der Versöhner, die Lebensbringerin". Die Mäßigkeit stellt ein Gleichgewicht der vier Elemente und ein Spiel mit der Dualität dar. Der hebräische Buchstabe Samekh, der "Stütze" bedeutet, ist der Karte zugeordnet. Die Stütze ist die weibliche Figur auf dem Bild, Aima Elohim selbst, in einer ihrer vielen Formen. Sie repräsentiert die himmlische Triade, den ewigen Teil des Selbst, der wie eine Stütze wirkt.

"Mäßigung ist die Schönheit ihrer festen Basis; die Souveränität der fundamentalen Kraft; Sol wirkt durch Schütze auf Luna. "S. L. MacGregor Mathers; "Notes on the Tarot"

Das obige Zitat beschreibt die Energie der Mäßigkeitskarte. Schütze ist die Energie des Unterelements Wasser des Feuers und steht daher für Gleichgewicht - Willenskraft, die durch bedingungslose Liebe ausgeglichen wird. Es ist auch Logik und Vernunft, die durch Emotionen ausgeglichen werden. Indem wir die gegensätzlichen Teile des Selbst konstruktiv nutzen, können wir die Illusion des Mondes durchbrechen, um die Wahrheit der Sonne zu erreichen. Mäßigung ist im Wesentlichen der Prozess zur Erreichung dieses Ziels, das nur durch den bewussten Einsatz der Elemente Feuer und Wasser erreicht werden kann.

In den Tarot-Decks des Golden Dawn ist eine riesige Frauenfigur in einem blauen Gewand zu sehen, die zwei Vasen mit Feuer und Wasser balanciert und auf ihrer Brust ein Tattvic-Symbol für Erde trägt. Sie steht mit einem Fuß im Wasser und einem auf der Erde. In dieser Karte finden wir ein Gleichgewicht zwischen dem Wasser- und dem Feuerelement, während wir auf der Grundlage des Erdelements arbeiten. Die Elemente stehen in diesem Fall für den kreativen Geist und die physische Materie. Ein Vulkan im Hintergrund und die Sonne über ihrem Kopf symbolisieren verschiedene Aspekte des Feuerelements - irdisch und solar. Darüber hinaus trägt sie Erzengelflügel, die das Luftelement und die Transzendenz der Gedanken darstellen.

Der Bogen von Quesheth wird in Ciceros Version der Karte gezeigt - geformt aus den drei untersten Teilen des Lebensbaums. Er repräsentiert den Aufstieg des Ego oder des niederen Selbst, das sich in Yesod befindet, und das die spirituelle Vereinigung mit dem höheren Selbst in Tiphareth anstrebt. Als solche wird diese Karte dem Schützen zugeordnet. Die ziehende Bewegung des Bogens von Quesheth erfordert die gegensätzlichen Kräfte des Feuer- und des Wasserelements, die in den entgegengesetzten Pfaden von Shin und Qoph zu finden sind - Urteil und Mond. Zusammengehalten werden sie durch die einschränkende Kraft des Saturn, der sich im Pfad von Tav (der Universumskarte) unterhalb der Mäßigkeit befindet. Der Pfad, der die Mäßigkeit kreuzt, ist der Turm. Er enthält die Energien des Mars, die die bewussten und unbewussten Kräfte bündeln, die in den Pfaden des Urteils und des Mondes zu finden sind. Die Mäßigkeitskarte zeigt Farben, die die vier Elemente repräsentieren, wie Blau, Rot, Gelb und Grün.

Im *Rider-Waite Tarot Deck* wird ein ähnliches Bild in der Karte dargestellt, mit dem Hauptunterschied, dass das tattwische Symbol der Erde auf der Brust durch ein Quadrat mit einem gelben Dreieck darin ersetzt wird. Auch die Vasen sind nicht rot und blau wie in den Golden Dawn Decks, sondern goldfarben. Hier wird die

Verdünnung von Wein mit Wasser dargestellt, ein Symbol für Mäßigung - eine der Kardinaltugenden. Das Farbschema ist auch ein wenig anders, mit der Hinzufügung eines violetten Himmels, der die Verbindung zum höchsten Chakra, Sahasrara, der Krone, darstellt. Es repräsentiert die himmlische Triade und das höhere Selbst.

Es gibt eine Ähnlichkeit zwischen dem Pfad der Mäßigung und dem Pfad der Liebenden. Bei beiden geht es darum, die positiven und negativen Energien innerhalb des Selbst bewusst zu mäßigen, was es dir ermöglicht, dich im Bewusstsein höher zu transzendieren. Diese Einheit der konkurrierenden Energien schafft ein Gleichgewicht im Selbst, das zu einer "Vision der Schönheit" führt, die in Tiphareth erlebt wird. Im Falle der Karte Mäßigkeit kann dies zu einem Gespräch mit dem Heiligen Schutzengel - dem höheren Selbst - führen. Bevor dies jedoch geschehen kann, müssen Sie ein hohes Maß an Kontrolle über Ihre sexuelle, animalische Natur erlangen, die Sie in Yesod finden. Da dieser Weg direkt vom Niederen zum Höheren Selbst führt, wird er als die *Dunkle Nacht der Seele bezeichnet.*

In einer Divination steht die Mäßigkeitskarte für Geduld, Gleichgewicht und Mäßigung. Sie bedeutet eine Kombination von Energien und Dingen, die zusammenkommen. Umgekehrt steht die Mäßigkeitskarte für Unausgewogenheit, Ungeduld, Exzess, extremes Verhalten und ein allgemeines Aufeinandertreffen von Energien oder Interessen.

DER TEUFEL

Der Teufel ist der fünfzehnte Schlüssel des Tarots und der sechsundzwanzigste Pfad des Lebensbaums, der Hod und Tiphareth verbindet. Der magische Titel der Karte ist der "Herr der Tore der Materie, das Kind der Kräfte der Zeit". Dieser Pfad enthält ein starkes sexuelles Gefühl. Er spielt auf die Lust und Perversion an, die in der Geschichte von Sodom und Gomorrah aus dem Alten Testament dargestellt wird. Sex um des bloßen körperlichen Vergnügens willen ist eine bindende Kraft für die Pforten der Materie durch das Laster der Lust. Der Zweck der Teufelskarte ist es, unsere Seelen an die Welt der Materie zu binden, indem sie an unsere körperlichen Sinne appelliert. Der Teufel ist also die Materie selbst und ihre verlockenden Eigenschaften. Je mehr wir uns auf die Welt der Materie ausrichten und sie als das Einzige betrachten, was wirklich ist, desto mehr werden wir uns vom Geist entfernen.

"Der Teufel ist die Souveränität und Schönheit des materiellen (und daher falschen) Glanzes; Sol wirkt durch Steinbock auf Merkur. "S. L. MacGregor Mathers; "Notes on the Tarot"

Das obige Zitat beschreibt die Essenz des Pfades des Teufels auf dem Baum des Lebens. Herrlichkeit wird durch bewusstes Verstehen der spirituellen Realität erreicht, indem man Logik und Vernunft anwendet. Wenn man Logik und Vernunft einsetzt, um die Welt der Materie als real zu akzeptieren, würde dies zu falschem Glanz führen. Die erlangte Schönheit ist vergänglich und erfüllt die Seele nicht. In der Teufelskarte müssen wir immer hinterfragen, was wirklich und was unwirklich ist, ohne das materielle Universum als die ultimative Wahrheit zu akzeptieren, sondern lediglich als eine Manifestation von etwas viel Höherem.

Steinbock, das Zeichen des Unterelements Feuer der Erde, wird diesem Pfad zugeschrieben. Da der Steinbock vom Planeten Saturn regiert wird, ist er mit Binah verbunden. Daher ist die Dualität in dieser Karte präsent, die höhere und die niedrigere Manifestation - das Oben und das Unten.

In den Tarot-Decks des Golden Dawn steht eine riesige Figur, die den Teufel darstellt, auf dem schwarzen, würfelförmigen Altar des Universums, an den zwei nackte Menschen, ein Mann und eine Frau, gekettet sind. Jeder von ihnen hat Hörner auf dem Kopf, die den Einfluss der dämonischen oder negativen Energie darstellen. Dennoch scheinen sie glücklich und zufrieden zu sein, da wo sie sind. Der Körper des Teufels steht für die Elemente des physischen Reichs. Die Flügel stehen für das Element Luft, die haarigen Beine für die Erde, die Adlerkrallen für das Wasser und die Fackel in seiner Hand für das Feuer. Die Fackel zeigt auf die Erde und symbolisiert das irdische Feuer und die Manifestation.

In der Leistengegend des Teufels brennt ein Feuer, das auf die rohe sexuelle Kraft dieses Pfades anspielt. Der Kopf des Teufels hat die Form eines umgekehrten Pentagramms, was auf die Dominanz der Materie über den Geist hinweist - das Ego, das über das höhere Selbst erhoben wird. Der Teufel hält ein Widderhorn des Widders, das die kriegerische, wilde Energie symbolisiert, die er besitzt. Die vorherrschenden Farben der Karte sind Goldbraun, Braun, Schwarz, Grau und Indigo. Alle Farben beziehen sich auf die dunkleren Aspekte der Erde in ihrem statischen Zustand. Im Tarotdeck von Ciceros sind Gold und Reichtum im Hintergrund abgebildet, stellvertretend für die illusorischen Ziele unserer weltlichen, physischen Existenz.

Fast identische Bilder und ähnliche Farben werden im *Rider-Waite Tarot Deck* verwendet. In diesem Fall hat die Teufelsfigur jedoch Widderhörner auf dem Kopf, anstatt das Widderhorn zu halten. Er hält eine Hand hoch, um den Menschen zu zeigen, dass er von oben kommt, was eine Lüge und eine Täuschung seinerseits ist.

Der männliche Mensch auf der Karte hat eine Flamme an seinem Schwanz, während die weibliche Person Trauben an ihrem Schwanz trägt. Dies sind Symbole für rohe Leidenschaften und die Berauschung durch die verlockende Qualität der materiellen Welt. Die Farbe im Hintergrund ist rein schwarz und steht für Malkuth, die Erde.

Die Inspiration für die Teufelskarte stammt zum Teil von Eliphas Levis berühmter Illustration des Baphomet aus *Transzendentale Magie: Ihre Lehre und ihr Ritual.* Baphomet ist ein Götzenbild, das die Tempelritter verehrt haben sollen und das später in verschiedene okkulte und mystische Traditionen Eingang gefunden hat. Er ist ein Symbol für das Gleichgewicht der Gegensätze in der Natur.

Der Teufel arbeitet mit der Todeskarte zusammen; während der Tod die Transformation und Umwandlung des Niederen in das Höhere darstellt, repräsentiert die Teufelskarte die Bindungskraft des Niederen Selbst an die Welt der Materie. Das eine ist zentrifugal und strebt nach Veränderung, während das andere zentripetal ist und will, dass die Dinge so bleiben, wie sie sind. Das Untere Selbst fürchtet und hasst den Prozess der Veränderung und will uns daher ständig an die Welt der Materie binden. Aber unsere spirituelle Evolution ist abhängig von der Auflösung und Erneuerung der Lebenskraft. Während uns also die Teufelskarte anzieht, erneuert und regeneriert die Todeskarte unser gesamtes Wesen.

Auf den ersten Blick ist dies eine sehr verwirrende Karte, die meist fälschlicherweise für etwas Böses oder Negatives gehalten wird, da der Teufel im Christentum als das Gegenteil von Gott gilt. Was die Karte jedoch wirklich repräsentiert, ist einfach Materialismus. Der Teufel ist der Vertreter und Herrscher der manifestierten Form. Er ist jedoch eine Illusion des Verstandes und nichts weiter, da unser Gehirn auch aus Materie besteht, was uns erlaubt, die Realität um uns herum (in der Welt der Materie) als real zu akzeptieren.

Als Menschen haben wir ein falsches Bild von der Welt und unserer Vorstellung von der Realität. Auf dem Pfad der Teufelskarte müssen wir unsere Illusion dessen, was wir als Realität wahrnehmen, hinter uns lassen. Wir müssen die Linse des Egos überwinden, wenn wir zu Tiphareth, der Sphäre der Auferstehung, aufsteigen wollen. In *der Sepher Yetzirah wird* dies als der Pfad der "Erneuerung der Intelligenz" beschrieben. Wir erlangen neue Einsichten und ein frisches Verständnis für die Schönheit, die in Tiphareth enthalten ist, indem wir die Teufelskarte verstehen.

Der hebräische Buchstabe Ayin ist mit diesem Pfad verbunden und bedeutet "Auge". Er spielt darauf an, dass das innere Auge des Geistes eine klarere Sicht hat als die beiden physischen Augen. Im Tarot-Deck von Ciceros hat die Teufelsfigur ein großes drittes Auge auf der Stirn, um auf dieses Geheimnis hinzuweisen.

Im Rahmen der Kundalini-Erweckung zielen wir darauf ab, die Energie des Teufels zu überwinden, die Bindung des niederen Selbst an die Welt der Materie durch Sex und körperliche Vergnügungen. Die Augen sind das, was die materielle Welt wahrnimmt, die das Gegenteil der spirituellen Welt ist. Deshalb müssen wir das Auge des Geistes, die Einzigartigkeit, benutzen, um die Dualität der physischen Augen zu überwinden.

Da die Teufelskarte für Materialismus steht, repräsentiert sie die Illusion der manifestierten Welt der Materie. Diese Welt enthält in sich selbst die Dualität von Gut und Böse. Wenn wir uns der manifesten Welt zuwenden, wird sie böse, da sie eine falsche Realität ist - eine Matrix. Wenn wir uns dem spirituellen Aspekt zuwenden, der alle Dinge verkörpert, wird er gut, da er die Seele nährt.

Während des Kundalini-Erwachens lernen wir, die Materie zu überwinden und uns auf den Geist einzustimmen. Der Teufel wird dann zum großen Versucher, denn er appelliert an das Ego und dessen Bedürfnisse und Wünsche. Daher müssen wir immer versuchen, den Teufel und das Ego zu überwinden, und diese Lektion ist eine Prüfung, mit der wir uns täglich auseinandersetzen. Indem wir sie überwinden, bringen wir unsere spirituelle Entwicklung voran.

In einer Divination steht die Teufelskarte für Materialismus, exzessives Sexualverhalten, Sucht, Besessenheit und das niedere Selbst - das Ego. Umgekehrt steht die Teufelskarte für Freiheit, Wiederherstellung der Kontrolle, Loslösung und das Loslassen einschränkender Glaubenssätze. Interessanterweise ist der Teufel eine der wenigen positiven Karten, wenn sie umgedreht wird, da sie die Überwindung des materiellen Reiches bedeutet.

DER TURM

Der Turm ist der sechzehnte Schlüssel des Tarots und der siebenundzwanzigste Pfad des Lebensbaums, der Hod und Netzach miteinander verbindet. Der magische Titel dieser Karte ist der "Herr des Heeres der Mächtigen". Das Hauptbild der Karte ist ein Turm, der die programmierten Überzeugungen symbolisiert, die wir über uns selbst und die Welt um uns herum haben. Diese Überzeugungen haben unsere Wahrnehmung in der Kindheit und bis ins Erwachsenenalter hinein geprägt, unter dem Einfluss unserer Eltern, Lehrer, Freunde und sozialen Institutionen. Auf die gleiche Weise wurde der Turm Stein für Stein gebaut. Unser Ego verteidigt den Turm im Erwachsenenalter um jeden Preis, um seine Identität und Glaubensstruktur zu schützen. Die Zerstörung des Turms steht also für die Zerstörung unserer alten Überzeugungen und Konzepte der Realität. Nur wenn wir das Alte zerstören, schaffen wir Raum für etwas Neues, das an seiner Stelle wachsen kann.

Abbildung 22: Schlüssel des Tarots (Sechzehn bis Neunzehn)

"Der Turm ist der Sieg über die Pracht; Venus wirkt durch Mars auf Merkur; rächende Kraft. "S. L. MacGregor Mathers; "Notes on the Tarot"

Das obige Zitat beschreibt die Essenz des Pfades des Turms auf dem Baum des Lebens. Der Sieg steht für den Wunsch, eine höhere Realität zu erreichen. Er überholt den Intellekt (dargestellt durch Merkur), da der Verstand Logik und Vernunft benutzt, um zu begründen, warum die Dinge gleich bleiben sollten. Das Ego nutzt die Intelligenz, um sich selbst zu verherrlichen. Es sucht nach Kontinuität, indem es die Dinge so belässt, wie sie sind, und fürchtet sich vor Veränderungen. Venus (die Emotionen) nutzt die Kraft von Mars (die zerstörerische Feuerenergie), um sich zu rächen und zu erneuern. Wenn der Intellekt vorherrscht, leiden die Gefühle, da sie gleich bleiben. Die Anwendung des Feuerelements ist notwendig, um Gedanken und Gefühle zu reinigen und zu läutern, was zu einer Erneuerung und Veränderung der Glaubenssysteme führt. Die Gedanken gehen den Gefühlen voraus, die mit der Zeit Gewohnheiten bilden, die schließlich ein Glaubenssystem schaffen.

In den Tarotdecks des Golden Dawn wird ein roter Blitz dargestellt, der in den Turm einschlägt und eine plötzliche Erkenntnis oder Erleuchtung anzeigt. In einem Augenblick werden die alten Realitäten und Glaubensstrukturen für immer verändert. Der Blitz steht für die Kräfte von Mars und Geburah, die überholte Überzeugungen und Realitäten zerstören. Rot ist die vorherrschende Farbe in der Karte, die für Mars, Geburah und das Feuerelement steht. Braun steht für die irdische Komponente, denn unsere Überzeugungen sind ein Teil unseres Lebens in Malkuth, der physischen Welt. Gelb steht für die spirituelle Komponente und das Luftelement, also für die Gedanken, die erneuert werden müssen. Und schließlich verbindet uns das Grau in der Karte mit der Kraft von Chokmah - dem Höheren Selbst und unserem Wahren Willen.

Die Krone an der Spitze des Turms ist Kether, das durch den Blitz abgeschnitten wird. Sie symbolisiert, dass sich unser Geist für neue Einflüsse von oben öffnet, die die alten Einflüsse von unten ersetzen werden. Die Karte zeigt Menschen, die aus dem Turm fallen, um das Abfallen alter Glaubenssätze auszudrücken. Viele Tarotgelehrte sagen, dass diese Menschen die Könige von Edom darstellen, die im Land Edom herrschten, bevor ein König das Volk Israel regierte. Verwüstung und Terror kennzeichneten ihre Herrschaft, daher ihr anderer Name, die "Herren des Chaos". Unsere Aufgabe ist es, sie symbolisch aus dem Turm zu befreien und damit alle unerwünschten, negativen Einflüsse aus unseren Glaubenssystemen zu entfernen. Auf der rechten Seite befindet sich der Lebensbaum mit zehn Sephiroth, die das Licht repräsentieren, während auf der linken Seite ein Lebensbaum mit elf Sephiroth zu sehen ist, die auf Daath und das Reich der Qlippoth, das dämonische, dunkle Reich, anspielen.

Das *Rider-Waite Tarotdeck* zeigt die gleiche Symbolik, aber anstelle der verschiedenen Versionen des Lebensbaums wird der hebräische Buchstabe Yod verwendet, mit elf Yods auf der linken und zehn auf der rechten Seite. Das Jod steht für das Urfeuer als erster Buchstabe des Tetragrammatons, YHVH-Jehova der Hebräer. Auch die Farben sind hier unterschiedlich, wobei Schwarz und Grau überwiegen und den Einfluss von Chokmah und Binah - Weisheit und Verständnis - darstellen. Aber das Schwarz steht auch für Malkuth - die Erde.

Der Weg des Turms ist der Weg der Zerstörung von einschränkenden Überzeugungen und alten Realitäten. Nach dieser Zerstörung entstehen neue Schöpfung, neue Ideen, neue Überzeugungen und eine insgesamt neue Realität. In dieser neuen Realität werden immer mehr Aspekte des Höheren Selbst enthüllt. Dieser Weg gleicht den Konflikt zwischen Hod und Netzach, dem Verstand und den Emotionen, aus. Man muss beides in Harmonie haben, um das Höhere Selbst anzustreben und zu erreichen. Der Prozess des inneren Wachstums kann manchmal recht schmerzhaft sein, da er von uns verlangt, dass wir unsere Haut von dem abstreifen, was wir einst über die Welt um uns herum und über uns selbst geglaubt haben.

Im Zusammenhang mit dem Kundalini-Erwachen ist die Turmkarte von wesentlicher Bedeutung - sie steht für die ständige Reinigung von alten Realitäten und Überzeugungen, sobald das innere Feuer der Kundalini freigesetzt ist. Dieses Feuer brennt täglich Unreinheiten weg, sowohl geistige als auch emotionale, und versetzt uns in einen ständigen Zustand der Erneuerung - einen Zustand des Werdens. Durch diese Erneuerung steigen wir im Bewusstsein auf und richten uns auf das Höhere Selbst aus.

Der hebräische Buchstabe Peh ist mit dem Pfad des Turms verbunden und bedeutet "Mund". Der Mund ist das Gefäß der Sprache und der Schwingung. Er steht für das gesprochene Wort, das mächtigste Werkzeug und Vermögen des Magus, das die Kommunikation mit dem Göttlichen ermöglicht. Durch das Wort werden Wirklichkeiten erschaffen und zerstört. Peh bezieht sich auf die Geschichte *vom Turmbau zu Babel*, deren zentrales Thema die Grenzen der Sprache und die Verwirrung ist, die sie den Menschen bringen kann.

In einer Divination steht die Turmkarte für plötzliche Veränderungen, Offenbarungen und das Erwachen zu neuen Ideen oder Gedanken. Sie impliziert die Zerstörung des Alten, damit etwas Neues seinen Platz einnehmen kann. Umgekehrt steht die Turmkarte für die Angst vor Veränderungen und das Festhalten an alten Realitäten und Lebensweisen.

DER STERN

Der Stern ist der siebzehnte Schlüssel des Tarot und der achtundzwanzigste Pfad des Lebensbaums, der von Yesod nach Netzach führt. Der magische Titel des Sterns ist die "Tochter des Firmaments, die Bewohnerin zwischen den Wassern". Der entscheidende Begriff auf diesem Pfad ist der der Meditation, die der bewusste Akt der Suche nach dem göttlichen Licht ist. Es erfordert den Einsatz von Vorstellungskraft und Wissen, um dies zu tun. Die astrale Persönlichkeit des Selbst benutzt die drei niederen Sephiroth von Yesod, Hod und Netzach, um zu meditieren. Meditation offenbart Intuition, da der "Angelhaken" des hebräischen Buchstabens Tzaddi in die Gewässer der Schöpfung und des reinen Bewusstseins geworfen wird, um einen Schimmer des göttlichen Wissens zu erhaschen. Die Aktivität der Meditation beinhaltet, den Geist zur Ruhe zu bringen. Sie zielt darauf ab, das göttliche Licht aus dem kosmischen Bewusstsein in das eigene Selbst zu ziehen.

"Der Stern ist der Sieg der fundamentalen Stärke; Venus, die durch Wassermann auf Luna wirkt; Hoffnung. "S. L. MacGregor Mathers; "Notes on the Tarot"

Das obige Zitat beschreibt die Energie des Pfades des Sterns auf dem Baum des Lebens. Die regenerative Kraft der Venus wirkt durch den Wassermann (das Unterelement der Luft) auf die illusionäre Natur des Mondes. Venus wendet die intuitive, spirituelle Energie des Wassermanns auf den Mond an, um die Illusion zu durchbrechen und zur Wahrheit zu gelangen. Eine Transformation findet statt, und das göttliche Licht strömt ein, da die Wahrheit in der Schwingungsfrequenz des Höheren Selbst liegt. Die Verbindung mit dem Heiligen Schutzengel führt zum Herunterladen göttlicher Informationen, auch Gnosis genannt.

In den Tarotdecks des Golden Dawn ist auf dieser Karte eine weibliche Figur abgebildet, die für die große weibliche Isis, Shekinah und Mutter Maria steht. Es handelt sich um dieselbe Figur wie in den Karten Herrscherin und Hohepriesterin. In der Sternkarte ist sie jedoch gänzlich unverhüllt, da sie sich in einem niedrigeren Zustand der Manifestation befindet. Die Sternkarte deutet an, dass das Große Weibliche durch den bewussten Akt der Meditation leichter zugänglich ist. Man sieht sie zwei gegenüberliegende Vasen haltend, aus denen sich das Wasser des Lebens (reines, flüssiges Bewusstsein) ergießt, das zu ihren Füßen einen Fluss bildet. Diese Vasen werden den Urelementen Wasser und Feuer - Binah und Chokmah -

zugeordnet. Diese Wasser fließen unaufhörlich, da sie vom Venusstern über ihrem Kopf eine konstante Energiezufuhr erhalten.

In Wangs Version der Tarotkarte befindet sich ein Fuß im Wasser und ein anderer an Land. Sieben andere Sterne umgeben den zentralen Stern, was eine weitere Anspielung auf die Venus ist, da die Zahl sieben die Sephira Netzach ist, die der Venus entspricht. Da Venus ein transformierender, regenerierender Planet ist, steht sie hier für die Transformation des Geistes des Eingeweihten durch den Akt der Meditation.

Der Baum des Lebens und der Baum der Erkenntnis von Gut und Böse sind hinter der weiblichen Figur abgebildet. Hier wird angedeutet, dass der Schauplatz der Sternkarte der Garten Eden ist - die Quelle der Wasser des Lebens und der Schöpfung. In beiden Golden Dawn-Versionen der Karte sitzt ein Ibis-Vogel auf einem der Bäume. Der Ibis-Vogel spielt auf den ägyptischen Thoth an, der auch Hermes/Merkur ist, der Repräsentant der göttlichen Weisheit und des Denkens. Wie bereits erwähnt, wird der Wassermann dem Weg des Sterns zugeordnet. Wassermann ist das Tierkreiszeichen des "Menschen", und seine Zuordnung zum Stern spielt auf den neuen Adam Kadmon an, der nach dem Sündenfall aus dem Garten Eden wieder auferstanden ist.

Die vorherrschenden Farben auf der Karte sind violett-lila, grün und blau. Das Violett-Lila bezieht sich auf die transzendente, mystische Energie, die bei der Meditation vorhanden ist, da diese Farbe mit dem Chakra des geistigen Auges, Ajna, verbunden ist. Das Grün verweist auf die regenerative Kraft der Natur und der Venus. Das Blau bezieht sich auf das Meer des Bewusstseins, während das Gelb im Venusstern zu finden ist. Da die Venus für die Liebe steht, bedeutet dies, dass der Akt der Meditation im Wesentlichen ein Akt der Liebe ist.

Im *Rider-Waite-Tarotdeck wird* eine ähnliche Symbolik verwendet, wobei die vorherrschende violett-lila Farbe fehlt und durch ein Himmelblau ersetzt wird. Eine Vase schüttet Wasser auf das Land, eine andere ins Wasser. Hier wird angedeutet, dass die Wasser der Schöpfung sowohl im Wasser- als auch im Erdelement zu finden sind. Auch ist nur ein Baum vorhanden, mit einem Berg im Hintergrund, der die hohen Höhen des Bewusstseins darstellt, die erreicht werden können.

Da der Stern Teil der astralen Persönlichkeitstriade ist, enthält er illusorische Formen, die er von Yesod, dem Mond, erhalten hat. Um das Niedere Selbst des Astraldreiecks auf die Schwingungen des Höheren Selbst auszurichten, musst du sowohl Intuition als auch Meditation einsetzen und dem Göttlichen Licht erlauben, in deinen Geist zu strömen und dein Bewusstsein zu erhöhen.

In einer Weissagung steht die Sternkarte für Verjüngung, Hoffnung, Glauben, Erneuerung und Spiritualität. Im umgekehrten Fall bedeutet sie Mangel an Glauben, Verzweiflung und eine Trennung vom Geist.

DER MOND

Der Mond ist der achtzehnte Schlüssel des Tarots und der neunundzwanzigste Pfad des Lebensbaums, der Malkuth und Netzach verbindet. Der magische Titel des Mondes ist der "Herrscher des Flusses und des Rückflusses, das Kind der Söhne des Mächtigen". Dieser Pfad ist bekannt als die "Körperliche Intelligenz", die für die Bildung aller Körper verantwortlich ist, da sie den physischen Körper mit den Emotionen verbindet. Es ist ein höchst sexueller Pfad, mit Lust, Fantasie und Illusionen, da er das Licht des Mondes nutzt, um deine Wünsche auf dich zu reflektieren. Die Mondkarte lässt sich am besten als das Unterbewusstsein beschreiben, der Bereich des Selbst, der Angst und angstbasierte Aktivitäten projiziert. Diesem Pfad wird der hebräische Buchstabe Qoph zugeordnet, was wörtlich "Hinterkopf" bedeutet.

"Der Mond ist der Sieg des Materiellen; Venus, die durch Fische auf die kosmischen Elemente einwirkt; die trügerische Wirkung der scheinbaren Macht der materiellen Kräfte. "S. L. MacGregor Mathers; "Anmerkungen zum Tarot".

Das obige Zitat beschreibt die Essenz des Pfades des Mondes auf dem Baum des Lebens. Da die Wünsche der Venus durch das Tierkreiszeichen Fische (Wasser des Unterelements Wasser) auf den physischen Körper einwirken, bilden sie instinktive Emotionen. Die scheinbare Macht der Welt der Materie hat eine verführerische Qualität, wobei das Bewusstsein durch ihre Formen getäuscht wird und sie als real wahrnimmt. Diese Lüge, diese Illusion der Realität, wirkt sich auf die niederen Gefühle der Astralwelt aus und erzeugt tief im Unterbewusstsein Angst. Die Furcht wird dann zu dem, was das Bewusstsein an die Welt der Materie bindet. Die Überwindung der Angst ist der erste Schritt auf dem Weg zur Erleuchtung.

In den Tarotdecks des Golden Dawn sind zwei Hunde abgebildet, die auf dem Land auf gegenüberliegenden Seiten eines Weges stehen. Sie dienen dazu, die Krebse, die aus dem Wasser auf den Weg kommen, einzuschüchtern und zu verscheuchen. Dieser Weg führt durch die beiden Türme von Chesed und Geburah (Barmherzigkeit und Strenge), die sich auf gegenüberliegenden Seiten befinden. Der Flusskrebs beginnt seinen Evolutionsweg, indem er aus dem Urwasser der Schöpfung aufsteigt, was die Entwicklung aller physischen Lebensformen symbolisiert. Da sich sein Bewusstsein auf einer niedrigen Stufe befindet, möchte er sich weiterentwickeln. Er möchte aus der Dunkelheit ins Licht aufsteigen.

Der Mond ist oben und nimmt auf der Seite von Chesed zu. Es gibt vier Symbole des hebräischen Buchstabens Yod, die vom Mond auf die Erde fallen. Hier ist ein Hinweis auf die vier Welten der Qabalah und das Urfeuer als die leitende Kraft des Krebses enthalten. Der Wahre Wille strebt danach, sich im Bewusstsein weiterzuentwickeln, damit er die Grenzenlosigkeit des Lichts und des kosmischen Bewusstseins wahrnehmen kann. Der Mond hat sechzehn primäre und sechzehn sekundäre Strahlen, die die Permutationen der vier Elemente und die Dualität jedes Elements darstellen. Die Elemente müssen im Selbst gereinigt werden, um die Angst aus dem Energiesystem zu entfernen.

Es ist wichtig zu beachten, dass die gesamte Szene der Mondkarte in der Nacht stattfindet, da der Mond in der Nacht auf die Erde einwirkt und viele Illusionen schafft. Die Nacht ist auch die Abwesenheit des Lichts der Sonne und der Wahrheit. Die Mondkarte ist ein Weg des "Blutes und der Tränen", auf dem Angst und Illusion und Schwäche des Geistes, des Körpers und der Seele überwunden werden müssen. Sie steht für das Leben der Vorstellungskraft, die sich vom Geist trennt und daher die Illusion erzeugt. Die vorherrschenden Farben der Karte sind Karmesin, Pflaume und dunkle Blautöne, die das Wasser und den Himmel darstellen. Auch das helle Grün der Erde ist in der Karte präsent.

Im *Rider-Waite Tarotdeck sind* ähnliche Bilder zu sehen. Der einzige Unterschied besteht darin, dass der zunehmende Mond fünfzehn Jods anstelle von vier hat, was die leitende Kraft des ursprünglichen Feuerelements unterstreicht. Auch die Farben sind im Vergleich zu den Golden Dawn Decks weniger blass. Der Himmel ist hellblau, obwohl die Szene in der Nacht spielen soll. Es gibt einen Wolf und einen Hund, die unsere tierische Natur repräsentieren. Der eine ist zivilisiert, während der andere wild und wild ist.

Die Illusion der Realität entsteht, sobald die Seele und das individuelle Bewusstsein in die Materie eingebettet sind. Sobald eine Seele in diese Welt geboren wird, akzeptiert ihr Bewusstsein die Realität als das, was die physischen Sinne wahrnehmen können. Mit der Zeit entwickelt sich das Ego, um die Illusion zu schützen, dass das Selbst der Körper ist. Das Ego behauptet, dass wir eine von der Außenwelt getrennte Komponente sind. Es wird dann notwendig, das Bewusstsein zurück zur Quelle zu entwickeln, aus der es stammt, um die Seele zu befreien. Die Tarotkarte Mond stellt den Anfangspunkt dieser Reise dar.

Die Mondkarte ist das Gegenstück zur Sonnenkarte, deren hebräischer Buchstabe Resh "Kopf" bedeutet. Wir haben also das Unterbewusstsein des Mondes und das Bewusstsein der Sonne. Das Unterbewusstsein ist der Bereich der Illusion - denn der Mond reflektiert nur das Licht der Sonne. Die Sonne hingegen projiziert das wahre Licht. Daher gibt es in der Sonne keine Illusionen, sondern nur die Wahrheit.

Da die Fische die Mondkarte beherrschen, repräsentieren sie das Tiefste des Tiefsten im Wasserelement und die unwillkürlichen, instinktiven Gefühle. Auf dem

Weg dieser Karte werden Sie mit den unterbewussten Inhalten Ihres Geistes konfrontiert, den Phantomen, illusorischen Formen und "Leichen im Keller", die sich buchstäblich in Ihrem Hinterkopf befinden. Diese Inhalte bestehen aus verdrängten Erinnerungen und negativen Erfahrungen, die Sie tief in Ihr Unterbewusstsein verdrängt haben. Die Dunkelheit ist die Herrscherin der Nacht auf diesem Pfad, während die Sonne am Tag regiert. Auf dem Weg des Mondes müssen Sie lernen, Ihre Angst vor der Nacht und der Dunkelheit zu überwinden und sich ihr in Erwartung des Sonnenaufgangs direkt zu stellen und sie zu untersuchen.

Im Zusammenhang mit dem Kundalini-Erwachen ist die Mondkarte der erste Weg, dem man begegnet, wenn man ein vollständiges und dauerhaftes Erwachen erlebt hat. Dunkelheit überkommt dich, wenn durch das Einströmen der Kundalini-Energie eine Brücke zwischen dem bewussten und dem unterbewussten Verstand entsteht. Alle Ängste und Befürchtungen kommen in "Echtzeit" zum Vorschein, um unterdrückt zu werden, wenn dies geschieht. Das Astrallicht, das eine lunare Qualität hat, entflammt dein inneres Wesen, legt deine Ängste und Dämonen frei und bringt sie an die Oberfläche. Dann wird es zwingend notwendig, deine Negativität zu überwinden, um dich spirituell weiterzuentwickeln. Dieses Astrallicht, der Mondstrom, wird durch die Ida Nadi in Dich hineingebracht.

In einer Weissagung steht die Mondkarte für Illusionen, das Unterbewusstsein, Furcht, Angst und Täuschung. Umgekehrt bedeutet sie die Befreiung von Angst, Verwirrung, Intuition und die Überwindung von Täuschung und Illusion.

DIE SONNE

Die Sonne ist der neunzehnte Schlüssel des Tarots und der dreißigste Pfad des Lebensbaums, der Hod und Yesod miteinander verbindet. Der magische Titel der Karte ist der "Herr des Feuers der Welt". Es ist der Pfad der Sonne, der den göttlichen Aspekt des Selbst mit dem tierischen Aspekt versöhnt. Der Sonnenplanet wird diesem Pfad zugeordnet. Obwohl die Sonne im qabalistischen Rahmen als einer der Sieben Alten Planeten betrachtet wird, ist sie in Wirklichkeit der Zentralstern unseres Sonnensystems, um den sich alle anderen Planeten unseres Sonnensystems drehen.

"Die Sonne ist der Glanz einer festen Basis; Merkur wirkt durch die Sonne auf den Mond. "S. L. MacGregor Mathers; "Anmerkungen zum Tarot"

Das obige Zitat beschreibt die Essenz des Pfades der Sonne auf dem Baum des Lebens. Merkur vermittelt Intelligenz durch das Licht der Sonne auf dem Fundament der Welt - der astralen Komponente der Realität, die durch den Mond repräsentiert wird. Glanz wird erreicht, wenn alle lebenden Astralformen durch das Licht belebt werden, das durch den Verstand zugänglich wird.

In den Tarotdecks des Golden Dawn zeigt die Karte einen Jungen und ein Mädchen, die sich nackt an den Händen halten, wobei einer von ihnen auf dem Land und der andere im Wasser ist. Über ihnen scheint die Sonne mit zwölf Strahlen, die von ihr ausgehen. Die eine Hälfte der Strahlen wird als Wellenlinien projiziert, um die Schwingung darzustellen, während die andere Hälfte gerade Linien sind, die die Strahlung darstellen. Zusammen symbolisieren die Strahlen die männlichen und weiblichen Energien, ebenso wie der Junge und das Mädchen. Hinter dem Jungen und dem Mädchen befindet sich eine aus vielen einzelnen Steinen errichtete Mauer, die den Kreis des Tierkreises darstellt, der die Kinder einschließt und sie unter seinem Einfluss festhält. Sobald die Kinder an Wissen und intellektuellen Fähigkeiten zugenommen haben, können sie die Mauer überwinden. Mit anderen Worten, sie werden in der Lage sein, den Einfluss der Tierkreisenergie auf sie zu überwinden.

Auf jeder Seite der Sonne befinden sich sieben hebräische Yods, die den Einfluss des Urfeuers des Vaters, Chokmah, darstellen, der durch die Sonne - seinen Nachkommen (Sohn) - auf die Erde herabsteigt. Die Zahl sieben steht für die sieben Planeten und ihre Kräfte. Auf dem Boden befinden sich zehn Blumen, die die zehn Sephiroth des Lebensbaums darstellen. In Wangs Deck sind sie alle auf der Erde, während in Ciceros Deck fünf auf der Erde und die anderen fünf im Wasser sind.

Die Kinder repräsentieren die passiven Elemente Wasser und Erde, während die Sonne und die absteigenden Jods die aktiven Elemente Luft und Feuer darstellen. Somit sind alle vier Elemente in diesem Pfad vertreten. Die vorherrschenden Farben sind Himmelblau, das für das Luftelement steht, die gelb/orangefarbene Sonne, die für das Feuerelement steht, die grüne Erde, die für das Erdelement steht, und das blaue Wasser, das für das Wasserelement steht. Die Wand ist grau und symbolisiert Chokmah und den Kreis des Tierkreises.

Im *Rider-Waite Tarotdeck* werden etwas andere Bilder dargestellt. Nur ein männliches Kind ist anwesend, nackt, auf einem weißen Pferd reitend. Im Hintergrund sind Sonnenblumen zu sehen, und das Kind hält eine rote Fahne, die das Blut der Erneuerung symbolisiert. Die Sonne ist anthropomorphisiert, da sie lächelt und damit auf den Erfolg hinweist. Die Symbolik der Karte besagt, dass der bewusste Verstand und der Intellekt die Ängste und Illusionen des Unterbewusstseins überholt haben. Da das Kind eine neue Funktionsweise entdeckt, wird seine Unschuld erneuert und bringt Hoffnung für die Zukunft. Die vorherrschenden Farben sind Gelb, Rot, Weiß und Grau.

Der Tierkreis hat einen großen Einfluss auf den Charakter und die Persönlichkeit eines Menschen während seines ganzen Lebens. Bei der Erstellung des Geburtshoroskops einer Person verwenden die Astrologen die Tierkreis-Energien der Sonne, um es zu erstellen. Daher ist dieser Pfad als "Sammelnde Intelligenz" bekannt. Er lässt sich am besten als die intellektuelle Energie oder der Denkprozess beschreiben und ist der erste Pfad des Astraldreiecks der Persönlichkeit des Eingeweihten. Dieser Pfad schafft eine Verbindung von Yesod, der astralen Grundlage aller Materie, zu Hod, dem Geist und dem Intellekt.

Der hebräische Buchstabe Resh, der "Kopf" bedeutet, wird dem Pfad der Sonnenkarte zugeordnet, also dem bewussten Geist, der Informationen und Wissen aus der Umwelt aufnimmt. Die Persönlichkeit nutzt diese Informationen dann, um nach einer höheren Realität als der des materiellen Reiches zu suchen. Da Resh ein Doppelbuchstabe ist, hat er eine doppelte Bedeutung, die sich darauf bezieht, was passiert, wenn man zu viel Sonne bekommt - sie verbrennt und versengt die Erde. Dieser Weg impliziert also ein notwendiges Gleichgewicht zwischen Intellekt (Verstand) und Emotionen.

Der Mythos von Ikarus, der der Sonne zu nahe kam und sich die Flügel verbrannte, veranschaulicht, was passiert, wenn wir nicht vorsichtig mit der Energie der Sonne umgehen. Wir müssen uns ihr mit Ehrfurcht und Demut nähern, wenn wir von ihrer Kraft profitieren wollen.

In Bezug auf die Kundalini-Erweckung ist dieser Pfad die Intelligenz, die verstärkt wird und sich entwickelt, wenn das erwachte Individuum den Zustrom des Kundalini-Lichts, des Lichts der Sonne selbst, durch die Pingala Nadi empfängt. Es ist nicht nur die Intelligenz, die sich durch das Kundalini-Erwachen entwickelt, sondern auch der Charakter in Bezug auf das Sprechen der Wahrheit, da es mit der Zeit zu einer natürlichen Lebensweise wird.

"Es gibt keine höhere Religion als die Wahrheit." - H. P. Blavatsky; Auszug aus "Der Schlüssel zur Theosophie"

Jesus Christus bezeichnete sich selbst als das Licht der Welt, und er wurde der Sohn (die Sonne) Gottes genannt. Seine zwölf Jünger waren eine symbolische Darstellung einer höheren Wahrheit, die in den allgemeinen Lehren Jesu enthalten war. Jesus war die zentrale Sonne, der Stern unseres Sonnensystems, und die zwölf Jünger entsprachen den zwölf Tierkreiszeichen - den anderen Sternen in unserer Milchstraßengalaxie. Er war eine Sonnengottheit, und seine Botschaft lautete, dass die Sonne die höchste Repräsentation des Schöpfergottes ist und wir daher keine anderen Götter außer ihm brauchen. Seine Lehre war also monotheistisch. Wir sind alle Söhne der Sonne (oder Töchter), wie er es war, da wir alle aus dem Licht sind.

Die Lehren Jesu sind eine Lebensweise, und ihre Grundlage sind bedingungslose Liebe und Mitgefühl, die Eigenschaften des Lichts sind. Um das Reich Gottes, das Christusbewusstsein (kosmisches Bewusstsein) ist, zu erlangen, müssen wir durch den Heiligen Geist auferweckt (transformiert) werden. Nur dann können wir in der Wahrheit wandeln und unsere wahre Natur annehmen.

"Ich bin das Licht der Welt; wer mir nachfolgt, der wird nicht wandeln in der Finsternis, sondern wird das Licht des Lebens haben." - Die Heilige Bibel" (Johannes 8:12)

Die Sonne ist die Quelle unserer Seelen, denn unsere Seelen sind Lichtfunken von der Sonne. Wie bereits erwähnt, nannten die Alten die Sonne "Sol", was der Ursprung des Wortes "Seele" sein könnte. Es kann kein Zufall sein, dass die Aussprache dieselbe ist, denn Zufälle gibt es nicht, wenn man ein Student der Mysterien des Kosmos ist. Jede Ursache hat eine Wirkung, und jede Wirkung hat eine Ursache, die wie eine Kette verläuft, wobei jedes Glied ein vergangenes Ereignis ist, das ein zukünftiges Ereignis beeinflusst hat.

Es gibt eine Entsprechung zwischen "Seele", "Sol" und einem anderen Wort mit der gleichen Aussprache - "Sohle", das sich auf die Fußsohlen bezieht. Die Fußsohlen verbinden den Menschen durch die Schwerkraft mit der Erde. Wir sind alle untrennbar mit dem Bewusstsein der Erde verbunden, und die Erde selbst hat ein Äon, eine Lebenskraft, einen aurischen Körper (Feld), mit dem wir verbunden sind.

Unsere Seelen sind durch unseren zentralen Kern, den Solarplexus - die Tiphareth Sephira - mit der Sonne verbunden. Die Kleinen Chakren an unseren Fußsohlen verbinden unsere Seelen ebenfalls mit dem Erdäon. Der Mensch ist also das Bindeglied zwischen der Sonne und der Erde, dem Vater und der Mutter - durch unser Bewusstsein. Der gesamte Vorgang ist im Wesentlichen ein Ausdruck des Einen, und dieses Eine ist Gott, der Schöpfer, der für die gesamte Schöpfung verantwortlich ist. Im Hermetismus wird dieser Vorgang durch das Axiom "Wie oben, so unten" ausgedrückt.

In einer Divination steht die Sonnenkarte für Freude, Glück, Erfolg, Vitalität, Wärme, Optimismus und Spaß. Im umgekehrten Fall steht sie für Traurigkeit, Negativität, übermäßigen Optimismus und Depression im Allgemeinen.

Abbildung 23: Die Schlüssel des Tarot (Zwanzig und Einundzwanzig)

DAS GERICHT

Das Gericht ist der zwanzigste Schlüssel des Tarots und der einunddreißigste Pfad des Lebensbaums, der Hod und Malkuth verbindet. Der magische Name dieser Karte ist der "Geist des Urfeuers", daher wird ihr das (Übergangs-)Element Feuer zugeschrieben. Das Jüngste Gericht lässt sich am besten als Taufe des Feuerelements beschreiben. Diese Karte bezieht sich auf den höchsten kosmischen Ausdruck des Feuer-Elements und der Geist-Energie. Shin ist der hebräische Buchstabe, der mit diesem Pfad assoziiert ist. Er bedeutet "Zahn" und spielt auf die Zersetzung von Nahrung und ihre Umwandlung in nutzbare Energie an. Der Buchstabe Shin wird auch die "Dreifache Flamme der Seele" genannt. Die drei Flammen, auf die er anspielt, sind die drei Arten von Feuer - solares, astrales und vulkanisches (irdisches) Feuer.

"Das Urteil ist der Glanz der materiellen Welt; Merkur wirkt durch das Feuer auf die kosmischen Elemente. "S. L. MacGregor Mathers; "Notes on the Tarot"

Das obige Zitat beschreibt die Energie des Pfades des Urteils auf dem Baum des Lebens. Der göttliche Geist steigt von Binah und der Schwarzen Säule der Form durch Hod in Malkuth - die Erde - hinab. So enthalten alle Dinge in der Welt der Materie ein spirituelles Gegenstück, und der Geist wird zum Bindeglied zwischen Geist und Materie.

In den Tarotdecks des Golden Dawn zeigt die Karte des Jüngsten Gerichts vier nackte Gestalten im Wasser, die das Heilige Feuer von oben empfangen, wobei der Erzengel Michael eine Trompete mit einer weißen Fahne und einem roten Kreuz darauf bläst. Die Trompete strahlt einen Zustrom geistiger Energie in die physischen Formen der vier Gestalten aus. Dieses Bild bedeutet, dass die Tarotkarte Das Urteil ein Akt der Einweihung in das Heilige Feuer ist, wobei Erzengel Michael als Initiator dient. Das Dreieck des Feuers ist ebenfalls in der Karte enthalten, um diese Idee weiter zu unterstreichen. Jede der Figuren auf der Karte wird durch die geistige Energie aufgeladen, die von Michaels Trompete ausgeht.

Das Land, das Meer, die Luft und die Sonne sind auf der Urteilskarte zu sehen und repräsentieren die vier Elemente. Zwei der Figuren stehen nebeneinander und symbolisieren die duale Natur des Astrallichts. Eine Figur repräsentiert das vulkanische Feuer, während die beiden anderen das astrale Feuer darstellen. Erzengel Michael repräsentiert das Sonnenfeuer. Die zentrale Figur hat den Rücken zugewandt und gibt das Zeichen des Theoricus, den Grad der Sephira Yesod im Orden des Golden Dawn. Er steht in einem offenen Sarg, der den von den Toten auferstandenen Lazarus darstellt. Er ist der Eingeweihte, wenn er auf dem Lebensbaum bis zur Stufe Hod aufgestiegen ist, da er die Energie der anderen drei Figuren auf der Karte empfängt. Die Farben der vier Elemente finden sich in der Karte wieder, darunter Rot, Blau, Gelb und Braun.

Im *Rider-Waite Tarotdeck sind* ähnliche Bilder abgebildet, mit dem Hauptunterschied, dass es nicht nur vier nackte Figuren gibt, sondern sechs. Sie haben einen gräulichen Teint und stehen mit ausgebreiteten Armen da und schauen ehrfürchtig zu dem Engel über ihnen auf. Bei dem Engel könnte es sich um Michael handeln, aber auch um Metatron, da Metatron mit dem Geistelement verbunden ist. Einige der Figuren tauchen aus Gräbern mit riesigen Bergen oder Flutwellen im Hintergrund auf. Dies könnte eine Anspielung auf das Meer sein, das am Jüngsten Tag des Gerichts seine Toten freigibt, wie es im *Buch der Offenbarung* im Neuen Testament der *Bibel* beschrieben wird. Die gesamte Szene soll der christlichen Auferstehung vor dem Jüngsten Gericht nachempfunden sein.

Der Weg dieser Urteilskarte bringt die Erfahrung der spirituellen Energie, wenn sie in die Materie hinabsteigt. Es ist ein Erwachen für den Geist und die Gegenwart des Göttlichen. Shins Feuer ist ein weihendes Feuer, das unaufhörlich die Unreinheiten von Körper, Geist und Seele wegbrennt und nur die ausgeglichene und gereinigte Energie zurücklässt.

Wenn man den Lebensbaum von Malkuth aus (durch zeremonielle Magie) hinaufsteigt, stellt diese Karte den ersten Pfad abseits der Säule des Gleichgewichts dar, da die mittlere Säule selbst ausgleichend ist. Alle Wege, die nicht auf der Säule des Gleichgewichts (Middle Pillar) liegen, sollen durch ihre Gegensätze ausgeglichen werden.

In Bezug auf die Kundalini ist der Buchstabe Shin die direkte Darstellung ihrer Energie. Die drei Striche des Buchstabens stehen für die drei Haupt-Nadis oder Kanäle der Kundalini-Erweckung. Pingala, die männliche Nadi, bezieht sich auf das Sonnenfeuer als das Licht und die Vaterenergie. Im Gegensatz dazu steht Ida, die weibliche Nadi, in Verbindung mit dem Astralfeuer als Meer des Bewusstseins und der Mutterenergie. Sushumna schließlich, der zentrale Nadi (oder Kanal), der entlang der menschlichen Wirbelsäule verläuft, ist das vulkanische oder terrestrische Feuer. Es ist die Erde als Nachkomme des Vaters und der Mutter. Sushumna ist die Materie und das physische Universum, das die Lichtenergie und das Bewusstsein reguliert.

Die drei Striche des Buchstabens Shin stehen auch für die Elemente Feuer und Wasser, mit Luft als deren Versöhner. Daher steht er im Zusammenhang mit dem Hexagramm oder dem Davidstern und dem Einströmen des Heiligen Geistes im Christentum. Daher wird Shin als Initiationsenergie betrachtet, da der Heilige Geist/das Kundalini-Feuer den Aspiranten in etwas Größeres als sich selbst einweiht. Das Kundalini-Feuer erweitert das Bewusstsein und bringt das Individuum mit seinem Höheren Selbst in Einklang - dem Teil von ihm, der zur Gottheit gehört.

In einer Divination steht Judgement für ein spirituelles Erwachen, eine Initiation, eine Wiedergeburt, eine innere Berufung oder eine Schlussfolgerung oder Entscheidung, die getroffen werden muss. Umgekehrt bedeutet es, "den Ruf" zu ignorieren, innere Zweifel zu hegen, Entscheidungen zu vermeiden und generell zu streng mit sich selbst zu sein.

DAS UNIVERSUM

Das Universum ist der einundzwanzigste Schlüssel des Tarots und der zweiunddreißigste Pfad des Lebensbaums, der Yesod und Malkuth verbindet. Der magische Titel der Karte ist der "Große der Nacht der Zeit". Dieser Pfad ist der Ausgangspunkt der Inneren Welt, der Astralebene, und er wird Universum genannt, weil er ein direktes Spiegelbild des äußeren Universums und aller Komponenten ist, aus denen es besteht - wie oben, so unten.

"Das Universum ist die Grundlage der kosmischen Elemente und der materiellen Welt; Luna wirkt durch Saturn auf die Elemente. "S. L. MacGregor Mathers; "Anmerkungen zum Tarot"

Das obige Zitat beschreibt die Essenz des Weges des Universums auf dem Baum des Lebens. Die reflektierende Kraft von Luna (dem Mond) wirkt durch Saturn (dem Planeten des Karmas und der Zeit) auf das Erdelement und die Welt der Materie. Auf diese Weise wird ein Abbild des materiellen Universums in astraler Form geschaffen. Die Astralebene ist der Ausgangspunkt, um nach innen zu gehen und den Baum des Lebens und seine verschiedenen, progressiven Bewusstseinszustände zu erklimmen. Als Spiegelbild des Sonnenlichts sind Ihre Gedanken das Medium, um die Astralebene und alle darüber liegenden Ebenen zu erfahren. Negative karmische Energie, die Sie im Laufe der Zeit angesammelt haben, wird Ihnen in der Astralebene begegnen, verkörpert durch persönliche Dämonen.

In den Tarotdecks des Golden Dawn ist die auf der Karte abgebildete Frau die Große Mutter von Binah, mit einer Mondsichel auf dem Kopf. Sie ist eine symbolische Form der Großen Weiblichen-Isis, Aima Elohim und Mutter Maria. In ihren Händen hält sie die beiden doppelköpfigen Stäbe der Macht, die für die positiven und negativen Strömungen stehen. Sie ist überwiegend nackt, mit einem Tuch, das eine Seite ihres Körpers bedeckt. Ihre Beine bilden ein Kreuz, das den hebräischen Buchstaben Tav symbolisiert, dem dieser Weg zugeschrieben wird. Sie dient als Tor zu Leben und Tod, Ewigkeit und Sterblichkeit, Geist und Materie. Sie repräsentiert auch den Schoß der gesamten Schöpfung, das große Meer von Binah - reines, undifferenziertes Bewusstsein.

Die Karte zeigt die zwölf Tierkreiszeichen und die vier *Cherubim*, die die vier Elemente darstellen - den Menschen, den Adler, den Stier und den Löwen. Zweiundsiebzig Sterne zieren den Tierkreis und stehen für den zweiundsiebzigfachen Namen Gottes, den *Shemhamphorash*. Das Bild enthält ein siebenzackiges Heptagramm oder einen Stern, der auf die sieben Paläste von Assiah - die sieben alten Planeten - anspielt. Der Planet, der der Universumskarte zugeordnet ist, ist Saturn. Für die Alten stellte Saturn die Grenzen unseres Sonnensystems dar, da sie keine Möglichkeit hatten, zu messen, was jenseits davon liegt. So steht die Universum-Karte für alles, was zwischen dem Planeten Saturn und uns liegt. Die Hintergrundfarbe der Karte ist Indigo, die Farbe des Saturns.

Im *Rider-Waite Tarotdeck* heißt die Universumskarte "Die Welt". Das ist ein passender Name, da die Universum-Karte das astrale Duplikat der Welt der Materie darstellt, an der wir alle teilhaben. Außerdem bezieht sich diese Karte auf die physische Welt, in der wir leben und in der wir unsere Reise nach innen und oben auf dem Baum des Lebens beginnen.

Eine ähnliche Symbolik findet sich im *Rider-Waite Tarot Deck*, wo eine nackte Frau zwei Stäbe hält und von einem Schal bedeckt ist. Die vier Cherubim befinden sich in jeder der vier Ecken der Karte. Anstelle der zwölf Tierkreiszeichen ist ein grüner Kranz abgebildet, der die Ewigkeit und den unendlichen Kreis des Lebens symbolisiert. Der Hintergrund ist himmelblau und nicht indigoblau, wie in den Golden Dawn Versionen dieser Karte.

Der hebräische Buchstabe Tav wird diesem Pfad zugeordnet, und da es der zweiundzwanzigste Buchstabe des hebräischen Alphabets ist, ist es der letzte Buchstabe. Er bedeutet "Kreuz" und bezieht sich auf die Kreuzung, an der man die äußere Welt der Materie verlässt, um die inneren kosmischen Ebenen zu betreten.

Die Astralebene ist die erste der kosmischen Ebenen, auf die man trifft, wenn man nach innen geht. Da sie der erste Pfad auf dem Baum des Lebens ist, der nach oben führt, ist sie wie der Eintritt in die Unterwelt, wo wir alle niederen Formen des Selbst erfahren. Und da Tav, der letzte hebräische Buchstabe, sich auf den ersten hebräischen Buchstaben Aleph bezieht, impliziert er eine Assoziation mit der Narrenkarte und dem Mangel an Erfahrung und Wissen, um beim Betreten der Astralebene zu unterscheiden, was real ist und was nicht.

Am Anfang erhältst du alle Schlüssel des Universums - die Zwölf Tierkreiszeichen, die Sieben Alten Planeten und die Vier Elemente. Doch wie ein unschuldiges Kind aus der Narrenkarte weißt du noch nicht, was du mit diesen Schlüsseln anfangen sollst. Deshalb musst du den Baum des Lebens erklimmen und seine Lektionen lernen, um die Schlüssel mit Weisheit und Verständnis zu benutzen.

Im Rahmen des Kundalini-Erweckungsprozesses wirst du durch das Einströmen des Astrallichts, das eine Brücke zwischen dem bewussten und dem unterbewussten Verstand bildet, durch die Universumskarte in die Astralwelt katapultiert. Das Astrallicht wird durch die Kundalini-Energie eingebracht. Daher muss jeder Kundalini-Eingeweihte mit diesem Pfad beginnen; er ist der Eingang zur Astralwelt und der Beginn der inneren Reise zur Erforschung des Lebensbaums.

Da dieser Pfad die Astralebene repräsentiert, enthält er viele Schatten, Geister und verdrängte Erinnerungen, mit denen wir uns auseinandersetzen müssen, bevor wir den Baum des Lebens weiter hinaufsteigen. Er bietet eine wertvolle Lektion in Gleichgewicht und Unterscheidungsvermögen, da wir diese beiden Qualitäten benötigen, um auf unserer spirituellen Reise voranzukommen.

In einer Divination steht die Karte Universum für Vollendung, Integration, Erfüllung, Harmonie und Reisen. Sie kann auch Erfolg und das Ende einer Angelegenheit bedeuten. Umgekehrt steht das Universum für die Suche nach einem Abschluss, Unvollständigkeit, Disharmonie, Verzögerungen und Abkürzungen.

***

Das Wissen über das Tarot bietet universelle spirituelle Lektionen, die für jeden Menschen, der sich mit seinem spirituellen Fortschritt beschäftigt, von Nutzen sind. Darüber hinaus beziehen sich diese Lektionen auf die gesamte Menschheit, da jeder Mensch seinen Lebensbaum hat, der den Ausdruck seiner verschiedenen Energien und seines Bewusstseins reguliert. So sind die Tarotkarten der Schlüssel zur universellen Weisheit und zur Funktionsweise der inneren Psyche.

Verwenden Sie die Beschreibungen der einzelnen Tarotkarten als meditatives Hilfsmittel, auf das Sie oft zurückgreifen können, um das beste Verständnis für dieses Thema zu erlangen. Diese Lektionen werden viele Wiederholungen erfordern, um das Wissen richtig zu assimilieren und Weisheit zu erlangen.

Oberflächlich betrachtet mögen diese Tarotkarten und ihre kryptischen Bedeutungen überwältigend und schwer zu verstehen sein. Denken Sie daran, dass der Verstand wie ein Aktenschrank funktioniert; versuchen Sie daher, sich so viel wie möglich von diesem Wissen zu merken. Wenn Sie erst einmal die qabalistischen Entsprechungen, Zahlen und Symbole jeder Tarotkarte abgespeichert haben, werden Sie beginnen, die mit jeder Karte verbundenen Bedeutungen auf einer tiefen Ebene zu verstehen. Ihr Gedächtnis gehört zur höchsten manifestierten Sphäre des Chesed, die an den Abgrund des Geistes grenzt. Ihr Höheres Selbst aus dem Überirdischen kann in Ihr Bewusstsein eindringen und Sie durch Gnosis unterrichten, sobald Sie genügend Informationen über die Großen Arkana auswendig gelernt haben.

Der Zweck des Tarots ist es, Sie der Erleuchtung einen Schritt näher zu bringen. Wenn Sie sich dem Erlernen der Tarot-Mysterien widmen, werden Sie tiefgreifende Veränderungen an Ihrem Geist, Ihrem Körper und Ihrer Seele vornehmen und Ihr Großes Werk voranbringen. Im Wesentlichen ist die Einheit mit dem Höheren Selbst, das in der qabalistischen Tradition auch als Heiliger Schutzengel bezeichnet wird, das übergeordnete Ziel des Großen Werkes. Diese Einheit wird Erleuchtung hervorbringen - im Licht sein.

DAS TAROT DEUTEN

Eine machtvolle Methode, um Gnosis aus den Tarotkarten der Großen Arkana zu erhalten, ist das "Scrying". Scrying kommt von dem englischen Wort "descry", was soviel bedeutet wie "schwach erkennen" oder "enthüllen". Scrying ist eine Form des Wahrsagens. Es ist ein Prozess, bei dem man durch übernatürliche Mittel geistige Einsicht in ein bestimmtes Thema erhält. Diese Praxis gibt es schon seit Tausenden von Jahren, und alle antiken Traditionen haben sie in der einen oder anderen Form praktiziert.

Für das Hellsehen wird ein Hilfsmittel oder Medium benötigt, zu dem Kristalle, Spiegel, Steine, Wasser, Feuer und sogar Rauch gehören. Der Zweck dieser Gegenstände ist es, dein Bewusstsein anzusaugen und dein geistiges Augenchakra zu aktivieren und zu fokussieren, so dass du Informationen aus höheren Reichen durch es kanalisieren kannst, gewöhnlich in Form von Visionen.

Im Falle des Tarots werden wir die Karten der Großen Arkana als Wahrsagewerkzeug verwenden. Um die Tarot-Scrying-Methode korrekt durchzuführen, sollten Sie sich ein Tarot-Deck zulegen, wenn Sie noch keines besitzen. Ich empfehle eines der drei bisher erwähnten hermetischen Tarot-Decks, aber jedes Tarot-Deck ist für diese spezielle Aufgabe ausreichend.

Nehmen Sie die großen Arkana-Karten aus dem Tarot-Deck heraus und wählen Sie eine der zweiundzwanzig Karten, die Sie deuten möchten. Halten Sie die Karte etwa 12 bis 14 Zentimeter von sich entfernt und beginnen Sie, das Bild der Karte zu betrachten. Entspannen Sie Ihre Augen leicht, während Sie die Karte aufmerksam anstarren. So können Sie während dieses Vorgangs Ihr geistiges Auge benutzen und Ihr Bewusstsein wird vollständig in das Bild der Tarotkarte eintauchen. Untersuchen Sie jedes Detail der Karte, einschließlich der Zahlenmuster, Symbole und einzigartigen Farben. Versuchen Sie, das, was Sie sehen, nicht zu rationalisieren, sondern erlauben Sie den Bildern, zu Ihnen zu sprechen, während Sie einen leeren Geist bewahren. Führen Sie diese Übung 3 bis 5 Minuten lang durch und achten Sie darauf, dass keine Gedanken eindringen und Ihre Konzentration unterbrechen.

Sehr oft werden Sie während Ihrer Hellsichtigkeitssitzung Visionen erhalten. Es ist nicht ungewöhnlich, dass die Bilder, auf die Sie blicken, direkt vor Ihren Augen lebendig werden. Auch wenn sie zufällig erscheinen mögen, werden diese Visionen in irgendeiner Weise mit dem Thema und der Bedeutung der Tarotkarte übereinstimmen, die Sie deuten. In den meisten Fällen dauert es jedoch etwas länger, bis sich die Symbole der einzelnen Karten in Ihrem Unterbewusstsein verankert haben, was bedeutet, dass sie Ihnen höchstwahrscheinlich im Traum mitgeteilt werden. Diese Kommunikation erfolgt in der Regel in Form von Offenbarungsträumen mit Themen und Bildern, die eine Geschichte erzählen, die von der Energie der Tarotkarte beeinflusst wird, die Sie an diesem Tag gezogen haben.

Der Zweck dieser Visionen durch Ihre Träume ist es, Ihnen Gnosis zu vermitteln und Ihre spirituelle Entwicklung zu fördern. Sie sollen Sie etwas über sich selbst und das Universum, von dem Sie ein Teil sind, lehren. Sie sollen Sie auch über die spirituellen Bedeutungen informieren, die mit den Tarotkarten der Großen Arkana verbunden sind. Letztendlich ist die Gnosis, die Ihnen durch das Tarot-Scrying vermittelt wird, abhängig von Ihrem Seelenfortschritt und dem, was Sie wissen müssen, um sich spirituell weiterzuentwickeln.

DIE CIRCLE SPREAD DIVINATION

Die Circle Spread Divination (im Kreis gelegte Weissagung) ist eine effiziente Tarot-Lesung, die die spirituellen Einflüsse auf Sie oder auf die Person, für die Sie die Lesung durchführen, bestimmt. Sie können sie verwenden, um Einblick in tiefere Aspekte Ihrer Psyche oder einer Situation, eines Ereignisses oder einer Handlung zu erhalten. Das Kreislegen hilft Ihnen zu verstehen, wer Sie sind, was Ihre Absichten und Motive sind und welche energetischen Einflüsse Sie umgeben.

Diese kraftvolle Wahrsagung durchbricht das oberflächliche Wissen über ein Thema, eine bestimmte Situation oder eine mögliche Handlung und enthüllt die Wahrheit der Sache. Als solche kann sie viele Bereiche Ihres Lebens erhellen. Sie kann Ihnen auch mehr über Sie selbst lehren als jedes andere spirituelle Werkzeug, das Ihnen zur Verfügung steht. Diese Art der Divination habe ich vor vielen Jahren zu einem Teil meiner spirituellen Reise gemacht, und ich mache sie bis heute, weil sie so effektiv ist.

Die Smaragdtafel besagt: "Wie oben, so unten", was bedeutet, dass alles, was sich in den höheren Ebenen manifestiert, schließlich in die physische Welt hinabfließt und entweder Belohnung oder Unheil bringt. Die Circle Spread Divination isoliert die Quelle eines Einflusses auf Sie und lässt Sie wissen, ob engelhafte oder dämonische Wesen diese Energie in einer höheren Ebene lenken.

Angenommen, negative Karten (dämonische Energie) beeinflussen eine Situation auf den höheren Ebenen. In diesem Fall können Sie spezielle rituelle Übungen der Zeremoniellen Magie anwenden, um diese negativen Energien zu beeinflussen, bevor sie eintreten. Während man also mit der Circle Spread Divination herausfinden kann, welche Art von Energie auf einen (oder eine Situation) einwirkt und in welcher Ebene sie existiert, können die Übungen der Zeremoniellen Magie dazu verwendet werden, diese bestimmte Ebene anzuvisieren und die Energie zu verändern, bevor sie sich manifestiert. Beide Methoden zu nutzen, um die Realität zu beeinflussen, ist der wahre Weg, um ein Magus zu werden und vollständige Herrschaft über dein Leben zu erlangen.

Die Circle Spread Divination hält sich an das qabalistische Vier-Welten-Modell, was den Prozess der Manifestation der göttlichen Energie betrifft. Da die göttliche Energie die drei Hauptebenen (die spirituelle, die mentale und die astrale Ebene) durchlaufen muss, bevor sie sich in der physischen Ebene manifestiert, sind die vier Elemente Feuer, Wasser, Luft und Erde an dieser Weissagung beteiligt. In diesem Fall, wie auch im Falle des Vier-Welten-Modells, ist das geistige Element nicht Teil des Rahmens, und die vier Hauptebenen werden der Einfachheit halber einem der vier Elemente zugeordnet.

Das Feuerelement wird der spirituellen Ebene (Willenskraft) zugeordnet, während das Luftelement der mentalen Ebene (Gedanken) zugeordnet ist. Der Astralebene (Emotionen) wird das Wasserelement zugeordnet. Das Erdelement schließlich wird der weltlichen, physischen Ebene als letzte Stufe der Manifestation in der Welt der Materie zugeordnet. Die Benennung der Elemente in der Circle Spread Divination ist an das Modell der kosmischen Ebenen angepasst, um eine optimale Deutung mit den zweiundzwanzig Großen Arkana zu ermöglichen.

Um zu beginnen, müssen Sie sich ein hermetisches Tarotkartenspiel besorgen. Ich spezifiziere, dass es sich um ein hermetisches Deck handelt, weil die zweiundzwanzig Großen Arkana die gleichen Attribute und Titel haben müssen, wie sie in der vorangegangenen Lektion "Die Großen Arkana des Tarot" vorgestellt wurden. Es gibt heute eine Vielzahl von Decks auf dem Markt, und einige der New Age Decks sind ein eigenes System, das sich nicht an die arkanen Lehren des Tarot hält. Wenn Sie also mit einem dieser Decks auf eigene Faust experimentieren wollen, ist das in Ordnung, aber um die Circle Spread Divination genau durchzuführen, müssen Sie sich ein hermetisches Tarot-Kartendeck besorgen. Auch hier empfehle ich eines der drei Decks, die ich in der vorherigen Lektion über das Tarot beschrieben habe. Jedes dieser Decks eignet sich optimal zum Hellsehen (Scrying) oder zur Durchführung der Circle Spread Divination.

Sobald Sie ein hermetisches Tarotdeck erhalten haben, trennen Sie die zweiundzwanzig Großen Arkana von den übrigen Karten. Die Circle Spread Divination verwendet nur die zweiundzwanzig Großen Arkana, und Sie können die Tarot-Beschreibungen in der vorherigen Lektion zur Unterstützung Ihrer Weissagung verwenden.

Obwohl ich Ihnen die Bedeutung jeder Karte der Divination gegeben habe, müssen Sie, um wirklich ein erfolgreicher Wahrsager zu werden, die gesamte esoterische, alchemistische und wörtliche Bedeutung jeder der zweiundzwanzig Großen Arkana verstehen und auswendig lernen. Sie werden feststellen, dass Sie, je öfter Sie diese Divination betreiben, immer besser darin werden, und dass der Prozess der Erkenntnisgewinnung immer einfacher wird. Wie bei allen Dingen gilt: Übung macht den Meister.

VORBEREITUNGEN VOR DER DIVINATION

Bevor man sich auf eine Tarot-Lesung einlässt, ist es wichtig, die richtige Einstellung zu haben und sich nicht von unausgewogenen Energien beeinflussen zu lassen. Der Geist sollte neutral sein, so dass Sie bereit sind, Informationen aus höheren Sphären zu empfangen. Wenn Sie wütend sind, bevor Sie das Tarot-Deck berühren, oder sogar übermäßig freudig oder aufgeregt, werden Sie diese Energie auf das Deck übertragen, was die Lesung beeinflussen wird.

Denken Sie daran, dass die Tarotkarten dazu gedacht sind, Energien aus dem Kosmos zu lesen, und dass sie ins Unbekannte vordringen können, um Ihnen einen Einblick in ein zukünftiges Ereignis oder eine Kraft zu geben, die Sie aus höheren Sphären beeinflusst. Wenn Sie jedoch mit einer überschüssigen Energie in eine Weissagung gehen, die Ihre Psyche beeinflusst, werden die Tarotkarten stattdessen diese Energie lesen. Das liegt daran, dass die Energie, die die Karten lesen, immer die dominierende Energie in deiner Aura ist. Wenn Sie die Karten für eine andere Person legen, werden die Karten stattdessen die vorherrschende Energie in deren Aura lesen, da diese Person die Karten mischen muss.

Bevor Sie mit Ihrer Circle Spread Divination beginnen, müssen Sie sich mit dem Raum befassen, in dem Sie sich befinden, und ihn von allen stagnierenden oder negativen Energien befreien. Das Verbrennen von Räucherstäbchen ist für diese Aufgabe hilfreich und ermöglicht es Ihnen, einen Zustand der Feierlichkeit aufrechtzuerhalten, während Sie die Divination durchführen.

Als nächstes müssen Sie sich in einen ausgeglichenen Geisteszustand versetzen, was bedeutet, dass Sie Ihre Aura von allen unausgewogenen Energien befreien müssen. Deshalb ist es ratsam, vor Beginn der Divinationsarbeit das Lesser Banishing Ritual of the Pentagram und das Banishing Ritual of the Hexagram durchzuführen. Diese beiden rituellen Übungen ermöglichen es Ihnen, ein "unbeschriebenes Blatt" zu werden, so dass Sie die Energien durch die Tarot-Karten richtig deuten können. Sie finden beide Übungen im folgenden Abschnitt über "Zeremonielle Magie". "Darüber hinaus sind beide rituellen Übungen Teil der Circle Spread Divination in Bezug auf das Legemuster der Karten.

Um die Tarot-Karten richtig zu deuten, müssen Sie ein Kanal für Informationen aus den höheren Reichen werden; daher muss Ihr Bewusstsein erhöht sein, um dies richtig zu tun. Ihr niederes Bewusstsein kann die Tarot-Karten nicht deuten, auch wenn Sie die Bedeutungen der einzelnen Karten auswendig gelernt haben. Denken Sie daran, dass der Intellekt nur die Hod-Sphäre auf dem Baum des Lebens ist.

Um die Tarot-Karten zu deuten, müssen Sie daher Ihren Geist zum Überirdischen erheben und direkt von Binah (Verstehen) und Chokmah (Weisheit) empfangen. Aus diesem Grund ist es hilfreich, vor einer Tarot-Lesung das Middle Pillar Exercise (MP) durchzuführen. Diese Übung zielt darauf ab, Ihre Aura mit Lichtenergie zu durchdringen, was Sie ausgleicht und die Schwingung Ihres Bewusstseins erhöht. Diese rituelle Übung ist auch im Abschnitt "Zeremonielle Magie" zu finden und wird am besten in der Reihenfolge nach den ebenfalls dort beschriebenen Übungen LBRP und BRH durchgeführt.

Ihr Unterbewusstsein ist das Bindeglied zu den Höheren Ebenen der Existenz, daher ist es unerlässlich, dass Sie in einem Zustand sind, in dem Sie bereit sind, von diesen Höheren Reichen zu empfangen. Da das Mind's Eye Chakra ein Tor zu den Höheren Welten ist, wäre es hilfreich, sich einen Moment Zeit zu nehmen und sich mit ihm zu verbinden. Wenn Sie Ihr Bewusstsein auf Ihr geistiges Auge ausrichten, können Sie Ihre Intuition nutzen, um die Tarotkarten zu deuten, und das ist der optimale Geisteszustand, in dem Sie sich vor einer Weissagung befinden sollten.

Wenn Sie sich also mit dem LBRP und dem BRH zentriert und geerdet haben und mit dem MP Licht in Ihre Aura einströmen lassen, wäre der nächste Schritt, ein paar Minuten mit der Mind's Eye Mediation zu verbringen und den Vierfachen Atem auszuführen. Auch diese Praktiken finden Sie im folgenden Abschnitt über "Zeremonielle Magie". "

Die Mind's Eye Meditation zielt darauf ab, dich mit dem Mind's Eye Chakra zu verbinden; daher sollten ein paar Minuten dieser Übung ausreichen. Wenn Sie jedoch eine längere Meditation mit dieser Methode durchführen möchten, ist das Ihre Entscheidung. Je stärker die Verbindung zu deinem Mind's Eye Chakra ist, desto genauer wird deine Weissagung sein, da deine Intuition verstärkt wird.

Alle notwendigen Vorbereitungen sind der Schlüssel zu einer erfolgreichen Tarot-Lesung. Als letztes Puzzleteil vor dem Beginn einer Tarot-Lesung ist es hilfreich, eine kleine Anrufung durchzuführen, um die richtigen spirituellen Energien zu beschwören, die Ihnen bei der genauen Interpretation Ihrer Tarot-Lesung helfen werden. Da der Große Engel Hru über die geheimen Weisheiten des Golden Dawn Ordens wacht, wird er von vielen Tarot-Praktizierenden (innerhalb und außerhalb des Ordens) oft um seine Hilfe bei der Wahrsagung gebeten. Sein Name ist identisch mit dem der ägyptischen Gottheit Horus (altägyptisch "Hru"), und viele Magier glauben, dass sie dasselbe Wesen sind. Es wurde sogar behauptet, dass Hru der engelhafte Wächter der Golden Dawn Tradition ist; daher kann seine Energie bei der Durchführung einer Tarot-Lesung sehr wirkungsvoll sein.

Es folgt eine Anrufung des Großen Engels Hru, die gegenüber der Originalversion des Golden Dawn leicht abgeändert wurde, um den beabsichtigten Zweck bestmöglich zu erfüllen. Wenn Sie diese Anrufung durchführen, sollten Sie aufrecht stehen und nach Osten schauen, während Sie das Tarotdeck in den Händen halten.

*"Unter der göttlichen Autorität von **Yooohd-Heyyy-Vaaav-Heyyy** (YHVH), dem einzig Weisen und einzig Ewigen, rufe ich **Heh-ru** (HRU) an, den großen Engel der geheimen und verborgenen Weisheit. Du, der du über die Mysterien des Tarot herrschst, wie die Sphynx über das Land Ägypten. Du, dessen mächtige Hand in den Wolken des Buches T abgebildet ist, dem heiligen und mystischen Buch der verborgenen Weisheit. Ich rufe dich an, sei jetzt hier! Verwandle diese Tarot-Karten von bloßen Kunstbildern in wahre und genaue Tore zu höheren Welten. Mache jede Karte zu einem Portal zu der wahren Macht, die sie darstellt. Weihe und reinige dieses Deck, Hru. Mache mich zu einem Kanal deiner göttlichen Weisheit und gib mir Einblick in das Unbekannte, damit ich das nötige Wissen erhalte, das mir hilft, meine spirituelle Natur oder die eines anderen zu erhöhen. Amen"*

Sobald Sie die Anrufung von Hru abgeschlossen haben, visualisieren Sie einen Strahl göttlichen weißen Lichts, der vom Himmel auf Ihr Tarotdeck herabfällt. Das Licht sollte vollständig in das Deck eindringen. Stellen Sie sich vor, dass die Karten in diesem Licht gebadet werden, als eine letzte Form der Reinigung und Weihe. Halten Sie diese Vision etwa zehn bis fünfzehn Sekunden lang, während Sie Ihren Kopf neigen und sich für diesen Segen des Göttlichen dankbar fühlen. Nachdem sich der Lichtstrahl verflüchtigt hat, zeichnen Sie mit Ihrer dominanten Hand ein Kreuz in die Luft über den Karten, während Sie die Karten mit der anderen Hand halten.

DIE DIVINATIONSMETHODE

Die notwendigen Vorbereitungen sind nun abgeschlossen, und Sie haben sich selbst zu einem geeigneten Kanal gemacht, um Informationen aus höheren Reichen zu empfangen. Alles, was jetzt noch fehlt, ist die eigentliche Divination. Um mit der Circle Spread Divination zu beginnen, müssen Sie sich eine Frage überlegen, die Sie in Bezug auf sich selbst, eine Situation, ein Ereignis oder eine Handlung, die Sie ausführen möchten, beantwortet haben möchten. Wenn Sie nur versuchen, einen Einblick in sich selbst und die Sie umgebenden Energien zu bekommen, dann machen Sie diese Absicht deutlich.

Sobald Sie sich über den Zweck Ihrer Divination im Klaren sind, behalten Sie diesen Gedanken im Kopf und beginnen Sie, die Karten zu mischen. Wiederholen Sie diesen Zweck immer wieder in Ihrem Kopf, während Sie die Karten mischen. Dieser Teil ist sehr wichtig. Lassen Sie während des Mischens der Karten keine Gedanken von außen in Ihren Geist eindringen, denn das, woran Sie denken, bestimmt, welche Antwort die Karten Ihnen geben werden.

Wenn Sie die Deutung für eine andere Person durchführen, muss diese Person die Karten selbst mischen und dabei an die Frage denken, zu der sie eine Antwort benötigt. Die Regel lautet, dass die Person, für die die Weissagung bestimmt ist, die Karten mischen muss. Nehmen Sie sich einige Minuten Zeit für diesen Teil des Prozesses. Das Mischen kann auf jede Art und Weise erfolgen, solange es Ende für Ende geschieht. Eine beliebte Art des Mischens ist es, alle Karten auf die Oberfläche zu legen, auf der Sie die Weissagung durchführen, sie gründlich zu mischen und sie dann aufzuheben.

Denken Sie daran, dass der Orden des Golden Dawn traditionell keine umgedrehten Karten verwendet hat. Die Karten wurden immer aufrecht gelegt. Es ist jedoch Ihre Entscheidung, ob Sie umgekehrte Karten verwenden wollen oder nicht. Ich empfehle Ihnen, die Karten zu Beginn des Lernens nur aufrecht auszulegen, und wenn Sie gut mit der Circle Spread Divination umgehen können, auch mit umgekehrten Karten zu experimentieren.

Nachdem die Karten gemischt worden sind, müssen Sie sie in vier Stapel aufteilen (Abbildung 24). Diese vier Stapel stehen für das Tetragrammaton und die vier Elemente - Yod (Feuer), Heh (Wasser), Vav (Luft) und Heh-final (Erde). Sie müssen die Karten von rechts nach links auslegen, so wie das Hebräische gelesen wird.

Abbildung 24: Das Tetragrammaton in der Circle Spread Divination

Nachdem Sie die Karten in vier Stapel aufgeteilt haben, nehmen Sie den rechten Stapel und legen ihn auf den nächsten Stapel, dann nehmen Sie diesen Stapel und legen ihn auf den übernächsten Stapel. Schließlich nehmen Sie den größten Stapel und legen ihn auf den letzten Stapel zu seiner Linken. Indem Sie die Stapel übereinander legen, buchstabieren Sie den Namen Tetragrammaton (YHVH), wobei Yod die oberste Karte ist. Jetzt können Sie die Karten auslegen.

Die folgenden Beschreibungen der Platzierungen und Bedeutungen der Tarotkarten in der Circle Spread Divination beziehen sich auf die Frage oder Anfrage, die Sie betrifft. Wenn die Deutung jedoch für eine andere Person bestimmt ist, gilt sie auch für diese.

Drehen Sie die erste Karte oben um, die Jod-Karte. Hier ist die wichtigste Karte Ihrer Wahrsagung, die Signifikator-Karte. Diese Karte repräsentiert Sie in diesem besonderen Moment in Bezug auf die spezifische Situation, nach der Sie fragen. Sie repräsentiert Ihre Energien zum Zeitpunkt des Lesens.

Die nächste Karte, die Sie umdrehen, ist der Beginn der Bildung des mikrokosmischen Teils der Circle Spread Divination (Abbildung 25). Nach dem hermetischen Axiom "Wie oben, so unten" ist der Mikrokosmos das Unten (die innere Welt), während der Makrokosmos das Oben (die äußere Welt) ist. Das Lesser Banishing Ritual oft the Pentagram repräsentiert den Mikrokosmos, während Banishing Ritual oft the Hexagram den Makrokosmos darstellt. Die vier mikrokosmischen Karten sind die spirituellen Einflüsse, die dich in deinem Einflussbereich, deiner Aura, umgeben. Es sind die spirituellen Einflüsse, die in diesem Moment auf Sie einwirken.

Drehen Sie die nächste Karte um und legen Sie sie direkt über die Signifikator-Karte. Diese Karte steht für die spirituellen Einflüsse, die durch das Element Luft auf Sie wirken. Da das Element Luft den Intellekt und andere mentale Vorgänge, die mit Ihren Denkprozessen zusammenhängen, zum Ausdruck bringt, deutet diese Karte auf die spirituellen Einflüsse auf Ihre Gedanken im Mikrokosmos hin.

Drehen Sie die folgende Karte um und legen Sie sie rechts neben die Signifikator-Karte. Diese Karte stellt die spirituellen Einflüsse dar, die durch das Element Feuer auf Sie wirken. Da das Feuerelement Ihren Antrieb, Ihre Vitalität und Ihre rohe Energie regiert, drückt diese Karte die spirituellen Einflüsse auf Ihre Willenskraft im gegenwärtigen Moment aus.

Die nächste Karte, die Sie aufdecken, sollte direkt unter die Signifikator-Karte gelegt werden. Diese Karte repräsentiert die spirituellen Einflüsse auf dich, gefiltert durch das Wasserelement. Das Wasserelement regiert die Emotionen, die ausdrücken, wie Sie sich fühlen. Emotionen können von geringerer Qualität sein, motiviert durch das Ego und Selbstliebe, oder von höherer Qualität, angetrieben durch das Höhere Selbst und bedingungslose Liebe. Diese Karte ist also Ausdruck der spirituellen Einflüsse auf Ihre Emotionen und wie Sie Liebe in Ihrem Leben ausdrücken.

Die letzte Karte wird links von der Signifikator-Karte gelegt. Diese Karte stellt die spirituellen Einflüsse dar, die durch das Erdelement gefiltert auf dich wirken. Da sich das Erdelement auf Ihr weltliches, alltägliches Leben bezieht, ist diese Karte Ausdruck der spirituellen Einflüsse auf Ihre physische Existenz, einschließlich Ihres physischen

Körpers. Und da das Erdelement die Kombination der Elemente Feuer, Wasser und Luft in einer dichteren Form ist, ist diese Karte repräsentativ für die spirituellen Einflüsse dieser Energien auf Ihr weltliches Leben.

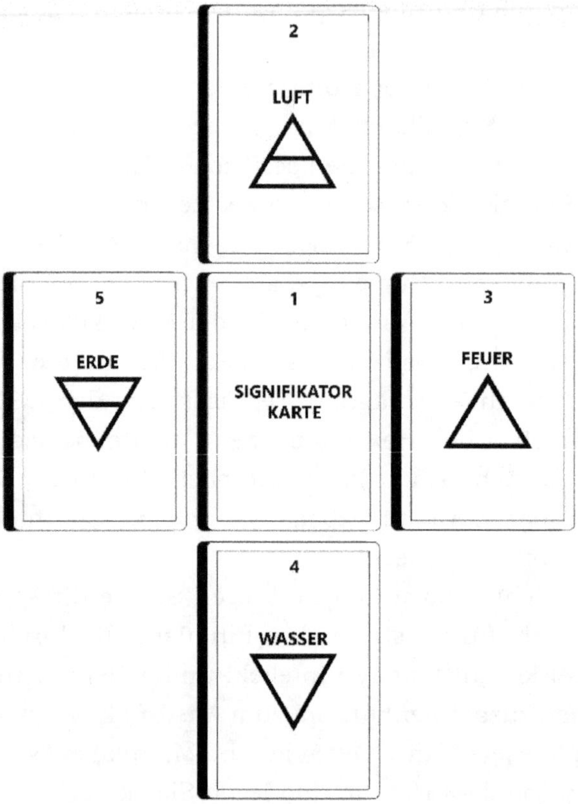

Abbildung 25: Die mikrokosmische Operation in der Circle Spread Divination

Wenn Sie nun die fünf Karten vor sich auslegen, werden Sie sehen, dass sie ein gleicharmiges Kreuz bilden. Das gleicharmige Kreuz ist ein Symbol für Chesed, die erste Sephira unterhalb des Abgrunds als Erbauer der Form, stellvertretend für unser manifestiertes, physisches Universum. Es stellt die Sonne inmitten unseres Sonnensystems dar, wobei jeder Arm des Kreuzes einem der vier Elemente entspricht. Der Buchstabe Jod des Tetragrammatons befindet sich in der Mitte des Kreuzes als Signifikator-Karte, da er das Licht der Sonne repräsentiert - unsere wahre innere Natur.

Das gleicharmige Kreuz ist auch ein Symbol für den Pfad des Tav, der die Universumskarte des Tarot ist. Durch die Universumskarte betreten wir das Astralreich, wo wir Zugang zu den inneren kosmischen Ebenen haben. So ist das gleicharmige Kreuz ein Tor zum Unbekannten und zu den höheren Ebenen der Spiritualität.

Der zweite Teil der Operation zeigt Ihnen die spirituellen Einflüsse um Sie herum auf der makrokosmischen Ebene (Abbildung 26). Diese Energien werden aus dem äußeren Universum projiziert und beeinflussen Sie oder eine Situation, über die Sie sich informieren wollen. Makrokosmische Energien stammen aus dem Verstand Gottes und der spirituellen Ebene und benutzen die Planetensphären als Ausdrucksmittel. Es handelt sich also um die geistigen Einflüsse aus den höheren Ebenen der Existenz.

Da das Banishing Ritual of the Hexagram makrokosmisch ist, basiert es auf den Positionen der Tierkreiszeichen am Himmel. Die Elemente sind in diesem Fall anders angeordnet als im Kleinen Banishing Ritual of the Hexagram. Wie das funktioniert, werde ich in späteren Kapiteln erklären, wenn ich die Hexagramm-Rituale bespreche.

Die nächste Karte wird in die obere linke Ecke gelegt, zwischen die mikrokosmischen Elemente Erde und Luft. Diese Karte ist dem Feuerelement im Makrokosmos zugeordnet und repräsentiert die spirituellen Einflüsse aus den höheren Ebenen auf deine Willenskraft. Da die Energien der höheren Ebenen einige Zeit brauchen, um sich in der weltlichen Welt zu manifestieren, zeigt diese Karte, wie Ihre Willenskraft beeinflusst wird und in welche Richtung sie sich mit der Zeit verändern wird.

Die folgende Karte liegt in der oberen rechten Ecke, zwischen den mikrokosmischen Elementen Luft und Feuer. Sie ist der Winkel des Erdelements im Makrokosmos und repräsentiert die spirituellen Einflüsse aus den höheren Ebenen auf Ihr weltliches Leben in der physischen Ebene der Existenz. In gewisser Weise fasst diese Karte die anderen drei makrokosmischen Karten in Bezug darauf zusammen, wie sich diese Elementarenergien in Zukunft in Ihrem Leben manifestieren werden.

Die nächste Karte legen Sie in die untere rechte Ecke, zwischen die mikrokosmischen Elemente Feuer und Wasser. Diese Karte ist dem Element Luft im Makrokosmos und den geistigen Einflüssen der höheren Ebenen auf Ihre Gedanken zugeordnet. Die Paare der Elementarkarten (Mikrokosmos und Makrokosmos) stellen die Dichotomie zwischen Gegenwart und Zukunft dar. Sie beziehen sich auf die Ausprägung eines bestimmten Elements in Ihnen selbst oder auf die Situation, die Sie erfragen möchten.

Die letzte Karte befindet sich in der unteren linken Ecke zwischen den mikrokosmischen Elementen Wasser und Erde. Es ist der Winkel des Wasserelements im Makrokosmos, der die spirituellen Einflüsse aus den höheren Ebenen auf Ihre Gefühle darstellt. Während die mikrokosmische Wasserkarte den gegenwärtigen Stand Ihrer Gefühle darstellt, zeigt die makrokosmische Wasserkarte die Richtung an, in die sich Ihre Gefühle im Laufe der Zeit verändern werden.

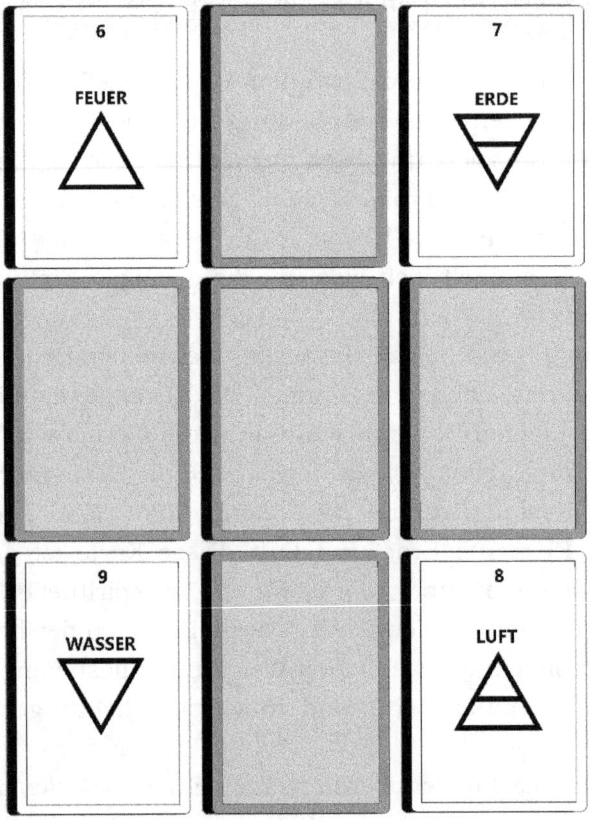

Abbildung 26: Die makrokosmische Operation in der Circle Spread Divination

Nachdem wir die letzte Karte gelegt haben, haben wir nun etwas, das wie ein Quadrat oder ein Würfel aussieht. Der Würfel des Raumes ist ein wesentliches Konzept in der *Sepher Yetzirah*, da er nach Ansicht der Qabalisten das physische Universum beschreibt. Die drei Achsen des Würfels, der Mittelpunkt, die sechs Seiten und die zwölf Kanten sind mit den zweiundzwanzig Buchstaben des hebräischen Alphabets verbunden. Diese Buchstaben umfassen den Makrokosmos und den Mikrokosmos, das Oben und das Unten.

Wenn wir also spirituellen Rat zu einer bestimmten Situation suchen oder die Einflüsse in uns und außerhalb von uns besser verstehen wollen, haben wir alle Karten, die wir brauchen, um eine angemessene Untersuchung durchzuführen. Deshalb sollten Sie an diesem Punkt der Weissagung einige Zeit damit verbringen, zu meditieren und über die Karten nachzudenken, die Sie erhalten haben.

Wenn die Frage nur dazu diente, etwas über sich selbst oder eine bestimmte Angelegenheit herauszufinden, dann müssen keine weiteren Karten ausgelegt werden, und die Circle Spread Divination ist an diesem Punkt abgeschlossen. Wenn Sie sich jedoch nach einer bestimmten Handlung, Entscheidung oder einer magischen Operation erkundigt haben und ob Sie damit fortfahren sollten, dann benötigen Sie zwei weitere Karten - eine auf der linken und eine auf der rechten Seite des Legekreises (Abbildung 27).

Legen Sie nun die erste Karte auf der linken Seite des Kartenspiels aus. Diese Karte zeigt das wahrscheinliche Ergebnis an, wenn man nichts unternimmt und die Dinge ihren derzeitigen Lauf nehmen lässt, ohne einzugreifen. Aus diesem Grund wird diese Karte die Gegenwartskarte genannt. Nehmen Sie sich jetzt einen Moment Zeit, um die Gegenwartskarte in Bezug auf die Angelegenheit der Anfrage zu betrachten.

Legen Sie danach die letzte Karte rechts vom Legesystem aus. Diese Karte zeigt das wahrscheinliche Ergebnis an, wenn Sie die Handlung ausführen, auf die Ihre ursprüngliche Frage oder Anfrage gerichtet war. Sie sagt Ihnen, welche karmischen Auswirkungen das Ergreifen dieser bestimmten Handlung hat und wie sie sich auf Ihr weltliches Leben auswirken wird. Deshalb wird diese Karte auch Zukunftskarte genannt. Nehmen Sie sich einen Moment Zeit, um über die Zukunftskarte nachzudenken, da sie für Sie die wichtigste Karte in diesem Legesystem sein könnte.

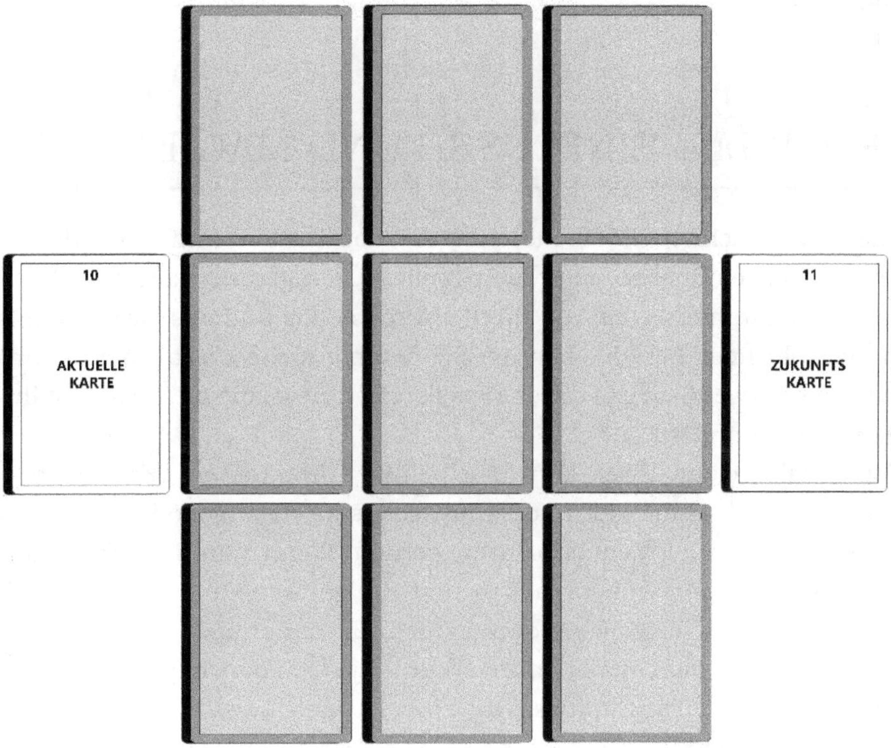

Abbildung 27: Die Karten der Gegenwart und Zukunft

Betrachten Sie die Gegenwarts- und Zukunftskarten in Bezug zueinander und lassen Sie sich von Ihrer Intuition und Ihrem höheren Selbst leiten. Seien Sie ehrlich zu sich selbst und lassen Sie nicht zu, dass Ihr Ego die Karten interpretiert. Wenn zum Beispiel die Zukunftskarte negativ ist, ist es vielleicht an der Zeit, die Situation so zu belassen, wie sie ist. Wenn die Zukunftskarte jedoch positiv ist, ist die Aktion ein Erfolg. Und wenn beide Karten positiv sind, haben Sie die Wahl, die Dinge so zu belassen, wie sie sind, oder einzugreifen, da beide Optionen zu positiven Ergebnissen führen werden.

Wenn beide Karten negativ sind, müssen Sie noch mehr Zeit damit verbringen, die spirituellen Einflüsse zu untersuchen, die Sie umgeben oder die Situation, nach der Sie gefragt haben. Vielleicht gibt es etwas, das Sie in Ihrer Deutung übersehen haben und das die gesamte Divination für Sie erhellen kann. Oder vielleicht müssen Sie Ihre eigenen inneren Überzeugungen und Einstellungen ändern, wenn die Weissagung in irgendeiner Weise mit Ihnen zu tun hat.

Da wir die Meister unseres Schicksals sind, können wir viele Methoden anwenden, um unsere Energie und die uns umgebenden spirituellen Einflüsse zu verändern. Zu diesen Methoden gehören Meditation, Gebet, tiefe Kontemplation und vor allem rituelle Magie.

SPIRITUELLE EINFLÜSSE UND MAGIE

Eine ausgezeichnete Methode, um die spirituellen Einflüsse, die Ihre Karten umgeben, zu beeinflussen, sind die rituellen Übungen der zeremoniellen Magie. Da sich das Pentagramm-Ritual auf Ihren Mikrokosmos und das Hexagramm-Ritual auf Ihren Makrokosmos bezieht, können Sie deren rituelle Übungen zur Anrufung oder Verbannung verwenden, um die spirituellen Einflüsse, die die Elemente Ihres Wesens umgeben, zu verändern.

Manchmal reicht die Anrufung einer bestimmten Energieart aus, um sicherzustellen, dass die mikro- oder makrokosmischen Energieeinflüsse positiv sind und das gewünschte Ergebnis bringen werden. Wenn nun die spirituellen Einflüsse Teil einer langen Kette von Ursachen und Ereignissen sind, dann kann die Energie der Karten nicht so leicht verändert werden. Es hängt alles von der ursprünglichen Frage oder Anfrage der Divination ab. Wenn es jedoch darum geht, sich selbst und die allgemeinen spirituellen Einflüsse, die einen umgeben, zu ergründen, dann ist diese Methode zur Veränderung der Energie sehr effizient.

Nach der Durchführung einer rituellen Übung kann es einige Stunden bis zu einem ganzen Tag dauern, bis die angerufenen Energien das entsprechende Chakra in Ihrer Aura durchdringen und Ihre Energie verändern. Bei manchen Menschen tritt diese

Veränderung sofort ein. Wenn Sie nach einer rituellen Übung ein Folgelesen mit der gleichen Frage oder Anfrage durchführen, werden Sie feststellen, dass Ihre Karten an die neue Energie in Ihrer Aura angepasst sind.

Denken Sie daran, dass Sie nur die Ritualübungen verwenden dürfen, mit denen Sie das Programm der Spirituellen Alchemie bereits abgeschlossen haben (oder wenn Sie sich gerade in einem solchen befinden). Sie sollten nicht mit Ritualübungen arbeiten, mit denen Sie noch keine Erfahrungen gemacht haben, da Sie dadurch Ihren Spiritual Alchemy-Prozess negativ beeinflussen und sich selbst zurückwerfen.

Wenn Sie zum Beispiel in Ihrem spirituellen Alchemieprogramm mit dem LIRP des Wassers arbeiten, aber die spirituellen Einflüsse auf Ihr Feuerelement im Mikrokosmos verändern wollen, sollten Sie dazu nicht das LIRP des Feuers durchführen, da Sie dessen Ebene noch nicht erreicht haben. Daher sollten Sie nur mit den Beschwörungs- oder Bannungsritualen des Pentagramms der Elemente Erde, Luft und Wasser arbeiten. Das schränkt Sie zwar in gewissem Maße ein, motiviert Sie aber auch, das gesamte vorgeschriebene Programm zu absolvieren, damit Ihnen alle mikrokosmischen Elemente zur Verfügung stehen, wann immer Sie wollen.

Um Ihren Makrokosmos zu beeinflussen, können Sie mit den Beschwörungs- oder Bannungsritualen des Hexagramms arbeiten, wie sie im Kapitel "Fortgeschrittene Planetenmagie" in *The Magus* vorgestellt werden. Dies sind die Energien der sieben alten Planeten, die durch die spirituelle Energie auf Ihren Makrokosmos einwirken.

Jeder der sieben alten Planeten ist mit einem der vier Elemente verbunden. Sie können sein Hexagramm-Ritual zur Anrufung oder Verbannung verwenden, um die gewünschte Elementarenergie in Ihrem Makrokosmos zu beeinflussen. Beachten Sie, dass zwei der Sieben Alten Planeten eine Affinität zu einem Element haben (mit Ausnahme des Erd-Elements, das eine Entsprechung zu Saturn hat).

Sie können gerne mit den komplementären Planetenpaaren experimentieren (arbeiten Sie mit einem pro Tag), um Ihre makrokosmischen Energieeinflüsse zu verändern. Wie beim Pentagramm-Ritual dürfen Sie jedoch nur mit den Planeten arbeiten, deren spirituelles Alchemie-Programm Sie abgeschlossen haben, und nichts, was über Ihr Niveau hinausgeht. Da Sie das vorgeschriebene Programm der spirituellen Alchemie mit den fünf Elementen (einschließlich des Geistes) abschließen müssen, um überhaupt mit den rituellen Anrufungen der Planeten beginnen zu können, ist die Veränderung der Energien Ihres Makrokosmos nur den fortgeschritteneren Magiern in der Ausbildung vorbehalten.

Interessant ist, dass je nachdem, mit welcher Energie Sie arbeiten (wenn Sie eines der Programme der Spirituellen Alchemie von *The Magus* anwenden), diese Qualität und Art von Energie in Ihrem gesamten Kartenlegen präsent sein wird. Wenn Sie z.B. mit dem Element Luft arbeiten, werden Sie feststellen, dass Ihr Legesystem stark von diesem Element beeinflusst wird und in den anderen Elementen unausgewogen sein kann. Das Gleiche gilt, wenn Sie mit den Elementen Erde, Wasser oder Feuer arbeiten.

Die Circle Spread Divination liest die vorherrschende Energie in Ihrer Aura; diese Energie wird stark von den rituellen Übungen beeinflusst, mit denen Sie täglich arbeiten.

REINIGEN UND AUFBEWAHREN IHRER TAROTKARTEN

Die Reinigung Ihrer Tarot-Karten ist wichtig, um die positive Energie Ihrer Tarot-Lesungen zu erhalten und mit Ihrem Tarot-Deck in Verbindung zu bleiben. Die beiden wichtigsten Faktoren bei der Reinigung Ihrer Karten sind die Art und Weise, wie Sie sie aufbewahren, und die Methode, mit der Sie sie bei Bedarf reinigen (clearen). Die Karten sollten häufig gereinigt werden, da ihre Energie immer neutral sein muss, damit die Weissagung erfolgreich ist.

Die erste Reinigung der Karten sollte durchgeführt werden, wenn Sie Ihr Tarot-Deck gekauft haben, besonders wenn Sie es aus zweiter Hand erhalten haben. Aber auch wenn Sie ein nagelneues Deck gekauft haben, empfehle ich Ihnen, die Karten zu reinigen, da Sie nie wissen, wer Ihr Deck vor Ihnen in die Hand genommen hat und welche Art von Energie diese Person (oder Personen) in das Deck eingeflossen ist. Erinnern Sie sich daran, dass wir jedes Mal, wenn wir etwas ansehen, es mit unserer Energie beeinflussen, und wenn wir mit einem Gegenstand in physischen Kontakt treten, lassen wir unsere Energie direkt auf diesen Gegenstand einwirken.

Als Faustregel gilt, dass nur Sie Ihr Tarot-Deck in die Hand nehmen sollten, es sei denn, Sie machen eine Lesung für eine andere Person, da diese das Deck selbst mischen muss. In diesem Fall, oder wenn jemand Ihr Deck versehentlich berührt hat, sollten Sie es anschließend reinigen. Auch wenn niemand Ihr Deck berührt hat, Sie sich aber aus irgendeinem Grund von den Karten getrennt fühlen, ist es hilfreich, sie zu reinigen und ihre Energie wieder zu neutralisieren.

Es gibt viele Methoden, um Ihre Karten zu reinigen, und ich werde ein paar besprechen, die am besten funktionieren. Die Methode, die ich gerne und oft anwende, nennt sich "Salzbegräbnis-Reinigung". Salz eignet sich hervorragend, um negative Energie aus den Tarotkarten herauszuziehen. Wickeln Sie Ihre Tarotkarten in eine Plastiktüte, legen Sie sie in die Mitte eines luftdichten Behälters und bedecken Sie sie vollständig mit Salz. Achten Sie darauf, dass die Tüte keine Löcher hat, da das Salz die Karten nicht direkt berühren sollte. Verschließen Sie den Behälter und lassen Sie die Karten ein paar Tage darin liegen, bevor Sie sie herausnehmen und das Salz entsorgen. Vergewissern Sie sich, dass der Behälter luftdicht verschlossen ist, da das

Salz nicht nur die Energien des Tarotdecks bindet, sondern auch die Feuchtigkeit in der Luft aufnimmt und so die Karten beschädigen kann.

Eine andere Methode, die meiner Meinung nach gut funktioniert, ist die "Vollmond-Reinigung". Da diese Reinigung bei Vollmond durchgeführt werden soll, kann sie nur an ein bis zwei Tagen im Monat erfolgreich abgeschlossen werden. Normalerweise nutze ich den Vollmond, um meine Karten zu reinigen, unabhängig davon, in welchem Zustand sie sich energetisch befinden. Um die Vollmond-Reinigung durchzuführen, legen Sie die Karten an ein Fenster oder nach draußen, da die Strahlen des Vollmonds die Karten durchdringen müssen. Lassen Sie die Karten über Nacht dort liegen und holen Sie sie am Morgen ab, oder lassen Sie sie eine weitere Nacht dort liegen und lassen Sie sie in den Strahlen des Mondes baden. Beachten Sie, dass sowohl die Salzbegräbnis-Reinigung als auch die Vollmond-Reinigung sehr effektiv sind, um die Energie von Edelsteinen zu reinigen.

Es gibt noch andere Methoden zur Reinigung von Tarotkarten, wie z.B. das Gebet, die Meditation, die Reinigung mit Räucherstäbchen und sogar das Auslegen der Karten an der frischen Luft nach einem Regenschauer. Ich finde jedoch, dass diese Methoden nicht so effizient sind wie die von mir genannten, aber Sie können gerne mit ihnen experimentieren und sehen, was für Sie am besten funktioniert.

Wenn eine Tarot-Lesung abgeschlossen ist, müssen Sie Ihre Karten sicher aufbewahren, so dass sie vor äußeren Energien geschützt sind und bei Bedarf wieder verwendet werden können. Es gibt viele Möglichkeiten, Ihre Tarot-Karten sicher aufzubewahren, und ich werde einige nennen, die meiner Meinung nach am optimalsten sind.

Die Methode, die ich gerne verwende, ist die Aufbewahrung der Karten in einem weißen Leinentuch. Da Weiß die Farbe der Reinheit und des Lichts ist, dient es als Schutzschild gegen alle äußeren Energien. Fremde Energien prallen an den eingewickelten Karten ab und kehren dorthin zurück, wo sie herkommen. Ein weiterer Verwendungszweck des weißen Leinentuchs ist die Unterlage für die Kartenlegung. Sie packen die Tarotkarten aus und legen das weiße Leintuch auf einen Tisch (oder eine andere Oberfläche, auf der Sie die Weissagung durchführen möchten) und legen die Karten darauf. Das weiße Leinentuch sollte also groß genug sein, um diese doppelte Aufgabe zu erfüllen (mindestens 2'x2').

Manche Menschen bewahren ihre Tarotkarten gerne in einer speziellen Schachtel auf. Wenn du dich für diese Art der Aufbewahrung entscheidest, empfehle ich dir, eine Schachtel zu kaufen, die groß genug ist, um einen Quarzkristall zusammen mit dem Tarotkartenspiel darin zu platzieren. Ein Quarzkristall ist ein hervorragender Absorber von Energien, und Sie können ihn verwenden, um die Energien der Karten zu klären und sie immer neutral zu halten. Wenn du einen ausreichend großen Quarzkristall für diese Aufgabe verwendest, brauchst du die Karten vielleicht nie zu reinigen, da der Kristall die ganze Arbeit für dich übernimmt. Denke immer daran, die

Karten mit Ehrfurcht und Respekt zu behandeln, und deine Weissagungen werden erfolgreich sein.

***

Der Diskurs über die Circle Spread Divination ist nun abgeschlossen. Ich bitte Sie inständig, selbst weitere Nachforschungen über das Tarot anzustellen und es zu einem lebenslangen Studienobjekt zu machen. Die Fähigkeit, Ihre Energie oder die einer anderen Person zu lesen, ist eine der großen Gaben des Göttlichen und erfordert Ihre größte Aufmerksamkeit. Auf dem Markt gibt es eine Menge großartiges Material, das Ihre Fähigkeiten und Fertigkeiten als Wahrsager verbessern kann.

Denken Sie daran, diese Divinationsmethode oft zu praktizieren, besonders wenn Sie an einem der Spiritual Alchemy Programme von *The Magus arbeiten.* Wenn Sie dieses Werkzeug zur Verfügung haben, können Sie sich jederzeit Ihrer Energie bewusst sein und selbst bestimmen, was Sie in das Universum aussenden. Es ermöglicht Ihnen, Dinge zu wissen, bevor sie geschehen, und eine Ursache statt einer Wirkung zu sein. Vor allem aber ermöglicht es Ihnen, ein tieferes Verständnis Ihres Wahren Willens und Ihres Höheren Selbst zu erlangen und der Vollendung des Großen Werkes einen Schritt näher zu kommen.

TEIL III: ZEREMONIELLE MAGIE

DIE FÜNF ELEMENTE

DIE SEELE UND DAS EGO

Egal, ob Sie ein Kundalini-Erwachen hatten oder den nächsten Schritt in Ihrer spirituellen Evolution machen möchten, dieser Abschnitt wird Ihnen die Schlüssel zur aktiven Arbeit mit den fünf Elementen Ihres Wesens zur Selbsttransformation und Erhöhung des Bewusstseins geben. Die hier vorgestellten rituellen Übungen der Zeremoniellen Magie sind Techniken, die Sie täglich anwenden können, um die negativen karmischen Einflüsse auf Ihre Chakren zu beseitigen, die Sie daran hindern, sich in Geist, Körper und Seele weiterzuentwickeln. Bevor ich Ihnen die Techniken vorstelle, ist es jedoch wichtig, Ihnen einen Überblick über jedes Element zu geben, damit Sie eine bessere Vorstellung von seiner Natur haben und davon, wie es sich in Ihrem Leben manifestiert.

Im Laufe des Lebens haben alle Menschen ihr Ego durch frühere Konditionierungen aufgebaut, was natürlich durch unsere Erfahrungen mit den Ereignissen des Lebens geschieht. Daher sind unsere Egos ein Nebenprodukt unserer Umgebung und unserer Reaktionen auf Lebensereignisse. Mit der Entwicklung des Egos kam die karmische Last, der Angst zu erlauben, in unser Leben einzutreten. Diese negative Energie der Angst manifestiert sich als karmische Blockaden in unseren Chakren. Da Angst das Gegenteil von Liebe ist, bedeutet dies, dass jedes Lebensereignis, auf das mit Angst statt mit Liebe reagiert wird, karmische Konsequenzen mit sich bringt. Der Gesamteffekt ist, dass die Chakren mit dunkler, negativer Energie verstopft werden (was ihre Funktion behindert) und das Licht der Seele mit der Zeit schwächer wird.

Der Zweck der Übungen der zeremoniellen Magie besteht darin, sich auf die einzelnen Chakren zu konzentrieren, um sie zu reinigen und jegliche negative, stagnierende Energie zu entfernen, damit sie mit ihrer maximalen Kapazität funktionieren können. Der Zweck dieser Arbeit besteht also darin, sich wieder mit der

Seele zu verbinden. Das innere Licht muss in der Aura wachsen und sich ausdehnen. Wenn wir uns aus den Fängen der Angst befreien, werden wir mit bedingungsloser Liebe als Grundlage zurückgelassen. Darin liegt die Bedeutung der spirituellen Evolution.

Als wir aufwuchsen und reiften, taten wir dies mit der göttlichen Neigung, unseren Charakter zu entwickeln, durch den wir uns nach außen hin ausdrücken. Denken Sie an den Unterschied zwischen Charakter und Persönlichkeit. Eine Persönlichkeit wird vom Ego benutzt, um sich der Außenwelt zu zeigen. Astrologisch gesehen ist sie mit dem aufsteigenden Zeichen bei der Geburt verknüpft. Der Charakter eines Menschen ist jedoch etwas ganz anderes. Er umfasst unsere tiefsten Bestrebungen und Überzeugungen und ist eher die Grundlage dessen, was wir sind, und nicht das, was wir glauben zu sein, was die Persönlichkeit wäre. Astrologisch gesehen ist der Charakter unser persönliches Sonnenzeichen. Der Charakter drückt die Seele aus, während die Persönlichkeit das Ego ausdrückt.

Der Charakter eines Menschen ist auf Tugenden aufgebaut, die seine ethischen und moralischen Überzeugungen bilden. Ich werde Ihnen die grundlegende Aufschlüsselung dieser Tugenden geben, damit das Bild klarer wird, wie die Elemente und die Chakren zusammenhängen.

Traditionell gibt es sieben Tugenden. Sie sind Keuschheit, Mäßigung, Nächstenliebe, Fleiß, Geduld, Freundlichkeit und Demut. Die Tugenden werden durch den engelhaften Teil von uns ausgedrückt. Jede dieser sieben Tugenden hat ein negatives Gegenstück, die sogenannten sieben Laster. Sie sind Lust, Völlerei, Gier, Trägheit, Zorn, Neid und Stolz. Die Laster drücken sich durch den dämonischen Teil von uns aus. Engel kanalisieren die Energie des Lichts und der Liebe, während Dämonen die Energie der Angst kanalisieren.

Da Sie nun die qabalistische Version der Geschichte vom Garten Eden kennen, wissen Sie, warum wir sowohl engelhafte als auch dämonische Gegenstücke haben. Diese Engel und Dämonen, die als positive und negative Kräfte (oder Gedankenübermittler) bekannt sind, drücken sich durch den Geist aus. Der Verstand ist das Bindeglied zwischen Geist und Materie (dem Oben und Unten). Er ist auch ein Empfänger, der sich auf alle kosmischen Ebenen zwischen den beiden einstimmen kann.

Wie ein Mensch seine Menschlichkeit zum Ausdruck bringt, ob durch Tugenden oder Laster, ist etwas Persönliches und in der Regel das Ergebnis seiner früheren Konditionierung und seines Karmas. Auch der freie Wille spielt eine Rolle, aber die meisten Menschen sind sich nicht einmal bewusst, dass sie einen freien Willen haben, geschweige denn, dass sie wissen, wie sie ihn produktiv nutzen können.

In unserem Kern sind wir alle Wesen des Lichts. Ob wir mit unserer Seele oder unserem Ego im Einklang sind, hängt davon ab, wo wir uns in unserem spirituellen Evolutionsprozess befinden. Diejenigen Menschen, die mehr mit ihrer Seele im

Einklang sind, bringen ihr Prinzip des freien Willens zum Ausdruck, während diejenigen, die mit ihrem Ego im Einklang sind, wie blinde Automaten sind und Entscheidungen in ihrem Leben auf der Grundlage von angstbasiertem Denken treffen. Der größte Betrug, den das Ego je durchgeführt hat, besteht darin, dich glauben zu machen, dass du es bist. Denken Sie immer daran.

"Furcht ist nichts anderes als Trägheit des Willens." - Eliphas Levi, Auszug aus "Der Schlüssel der Geheimnisse"

Da die Lehre vom Karma für die in diesem Buch vorgestellte Arbeit von entscheidender Bedeutung ist, lohnt es sich, ein paar weitere Worte zu diesem Thema zu verlieren. Karma bezieht sich auf das spirituelle Prinzip von Ursache und Wirkung, bei dem die Absichten und Handlungen eines Menschen (Ursache) die Zukunft dieses Menschen (Wirkung) beeinflussen. Die Universellen Gesetze besagen, dass alle Handlungen, die nicht durch bedingungslose Liebe und eine der sieben Tugenden ausgedrückt werden, negative Folgen für den Einzelnen haben. Die Energie der nachteiligen Handlung haftet am Karmarad des Einzelnen. Sie setzt sich auch in dem individuellen Chakra fest, das mit dem Ausdruck dieser bestimmten Handlung zu tun hat. Sie wird sich dann in der Zukunft wiederholen, wenn der Einzelne das Richtige tut, nämlich mit der Energie der bedingungslosen Liebe entsprechend zu reagieren.

Ich habe bereits erörtert, wie negative, auf Angst basierende Handlungen den Glanz des Chakras (oder der Chakren) verringern, das dem Ausdruck dieser Handlung entspricht. Je mehr Negativität sich in den Chakren ansammelt, desto geringer wird die Intensität ihrer Drehung, und das Licht der Seele wird schwächer. Erinnern Sie sich, jedes Chakra ist im Wesentlichen ein sich drehendes Rad, das eine Art von Energie ausstrahlt, die der Farbe des jeweiligen Chakras entspricht. Das Licht der Seele versorgt alle Chakren mit Energie, da das Licht alle Farben in sich trägt. Das Licht verteilt sich in einer der sieben Farben des Farbspektrums, die gleichbedeutend mit den Farben der Chakras sind. Wenn das Licht stark und klar ist, dann ist umgekehrt das Drehen der chakrischen Räder kraftvoller.

Das universelle Gesetz der Energie der bedingungslosen Liebe besagt, dass, wenn du anderen und dem Universum Licht und Liebe gibst, du dieses Licht und diese Liebe dreifach erhalten wirst. Licht ist Liebe und Weisheit - Liebe und Weisheit sind Licht. Daher wird jemand mit viel negativem Karma in seinen Chakren nicht so viel Licht ausstrahlen wie jemand mit weniger negativem Karma.

Es gibt nur sehr wenige Wesen, die kein negatives Karma haben, aber wenn Sie eine gute Grundlage haben, die auf Tugenden und nicht auf Lastern aufgebaut ist, werden Sie jemand sein, der im Allgemeinen ein gutes Karma hat, was bedeutet, dass

Ihnen gute Dinge widerfahren werden. Gutes Karma bedeutet, dass wir in Resonanz mit den universellen Gesetzen sind, denn das Universum möchte uns alles geben, was wir uns in dieser Welt wünschen. Daher ist es die natürliche Neigung der Universellen Energie, in die Richtung zu wirken, dass unsere Wünsche in Erfüllung gehen. Wenn wir jedoch schlechtes Karma anhäufen, weil wir nicht im Namen der Universellen Liebe handeln, bestraft uns das Universum, indem es uns nicht das gibt, was wir wollen, und zwingt uns dann, die Handlung zu wiederholen, bis wir es richtig machen.

Denken Sie daran, dass Karma über verschiedene Lebenszeiten und Inkarnationen hinweg zyklisch ist. Wenn Sie also in diesem Leben ein guter Mensch mit positivem Karma sind, aber in früheren Leben ein schlechter Mensch waren, kann es sein, dass das Universum Ihnen noch Hürden auferlegt, die Sie überwinden müssen, bevor es Sie mit seinem Segen überhäuft, sobald Sie Ihr negatives Karma aufgelöst haben.

Karma ist der "Sicherheitsschalter", den das Universum benutzt, um uns zu lehren, wer wir sind und wie wir uns verhalten sollen. Das Universum möchte, dass wir uns alle bedingungslos lieben - und uns in unserem Leben von Weisheit leiten lassen. Denn wenn wir dafür bestraft werden, dass wir selbstsüchtig, wütend, faul, hinterhältig, manipulativ oder unwissend sind, dann werden wir es uns zweimal überlegen, ob wir das nächste Mal selbstsüchtig und im Namen des Egos handeln, anstatt im Namen des Lichts (der Seele).

Das Universum ist unser Elternteil, und es möchte, dass wir uns alle entsprechend verhalten - und wenn wir das nicht tun, erhalten wir schlechtes oder negatives Karma. Da die menschliche Psyche eine Synthese aus dem Wirken der vier Elemente und der Infusion des fünften Elements des Geistes ist, wirken wir durch die einzelnen Chakren, die, wie bereits gezeigt, Ausdruck der einzelnen Elemente sind. Daher bedeutet ein gut funktionierendes Chakra, dass sich die Person auf einer höheren Bewusstseinsebene befindet als jemand mit einem Chakra, das mit negativem Karma gefüllt ist.

In diesem Abschnitt gebe ich eine Aufschlüsselung der fünf Elemente, ihre Entsprechungen und wie sie sich in der menschlichen Psyche ausdrücken. Im folgenden Abschnitt werde ich Ihnen die genauen Techniken vorstellen, mit denen Sie die Energie, die jedem Element entspricht, anrufen können, um das jeweilige Chakra richtig einzustimmen, das negative Karma davon zu entfernen und die Schwingung Ihres Bewusstseins zu erhöhen.

DAS PENTAGRAMM

Das Pentagramm ist ein fünfzackiger Stern, bei dem alle Linien die gleiche Länge haben und auch die Winkel gleich sind. Es ist eines der ältesten und mächtigsten

Symbole der Menschheitsgeschichte. Das Pentagramm hat in fast allen antiken Kulturen und Traditionen eine Rolle gespielt, darunter bei den Babyloniern, Ägyptern, Hebräern, Griechen, Hindus, Chinesen und sogar bei den Mayas in Mesoamerika. Außerdem hatte es für die antiken Völker verschiedene Bedeutungen, meist astronomische und religiöse.

In Babylon wurde das Pentagramm als Symbol für den Schutz vor bösen Mächten verwendet. Das frühe Christentum verwendete es, um die fünf Wunden Jesu Christi darzustellen. Heute verwenden viele neuheidnische Religionen, einschließlich Wicca, das Pentagramm als Symbol des Glaubens. Auch in der Freimaurerei ist es eines der bekanntesten Symbole.

Nach dem griechischen Philosophen und Mathematiker Pythagoras war die Fünf die Zahl des Menschen. Wenn wir also das Pentagramm auf den menschlichen Körper legen, stellen die beiden untersten Punkte die Beine, die beiden mittleren Punkte die Arme und der oberste Punkt den Kopf dar.

Das obige Konzept wird am besten durch Leonardo da Vincis berühmte Zeichnung, den "Vitruvianischen Menschen", ausgedrückt. Sein Bild basiert auf den Proportionen des menschlichen Körpers und zeigt die menschliche Form, die perfekt in einen Kreis und ein Quadrat eingeschrieben ist. Das Pentagramm hingegen ist von einem Kreis abgeleitet, der in fünf perfekte und gleiche Punkte oder Teile unterteilt ist. Das Symbol des Pentagramms innerhalb eines Kreises ist gemeinhin als Pentagramm bekannt.

Da die Griechen das Pentagramm zur Darstellung des Mikrokosmos verwendeten, fanden die gleichen Bedeutungen und Assoziationen ihren Weg in die Zeremonialmagie. Das aufrechte Pentagramm (Abbildung 28) wird der Siegelstern des Mikrokosmos genannt. Jeder seiner fünf Punkte steht für eines der fünf Elemente Erde, Luft, Wasser, Feuer und Geist. Die fünf Elemente wiederum stehen in Beziehung zum Pentagrammaton. Und die Gesamtheit der Macht des Pentagrammatons ist in der Symbolik des Caduceus von Hermes enthalten. Der Caduceus ist Ausdruck des vollständigen Erwachens der Kundalini-Energie im Menschen.

Die Ausrichtung des Pentagramms in der zeremoniellen Magie ist von größter Bedeutung. Wenn es aufrecht steht, repräsentiert es den Geist über die Materie als ein Symbol des Lichts, das Engelswesen anruft und vor bösen Kräften schützt. Umgekehrt steht das Pentagramm, wenn es umgedreht ist, für die Materie über den Geist und gilt als böses Symbol, da es dämonische Wesenheiten anruft. Aus diesem Grund wird das umgekehrte Pentagramm von satanistischen Gruppen oder von Personen, die sich mit Schwarzer Magie beschäftigen, verwendet.

Wenn das Pentagrammsymbol aufrecht steht, ruft es wohlwollende Kräfte an, die unsere spirituelle Entwicklung fördern. Daher werden wir im Rahmen der rituellen Übungen der Zeremoniellen Magie das aufrechte Pentagramm-Symbol bei den Anrufungen und Bannungen der Fünf Elemente verwenden.

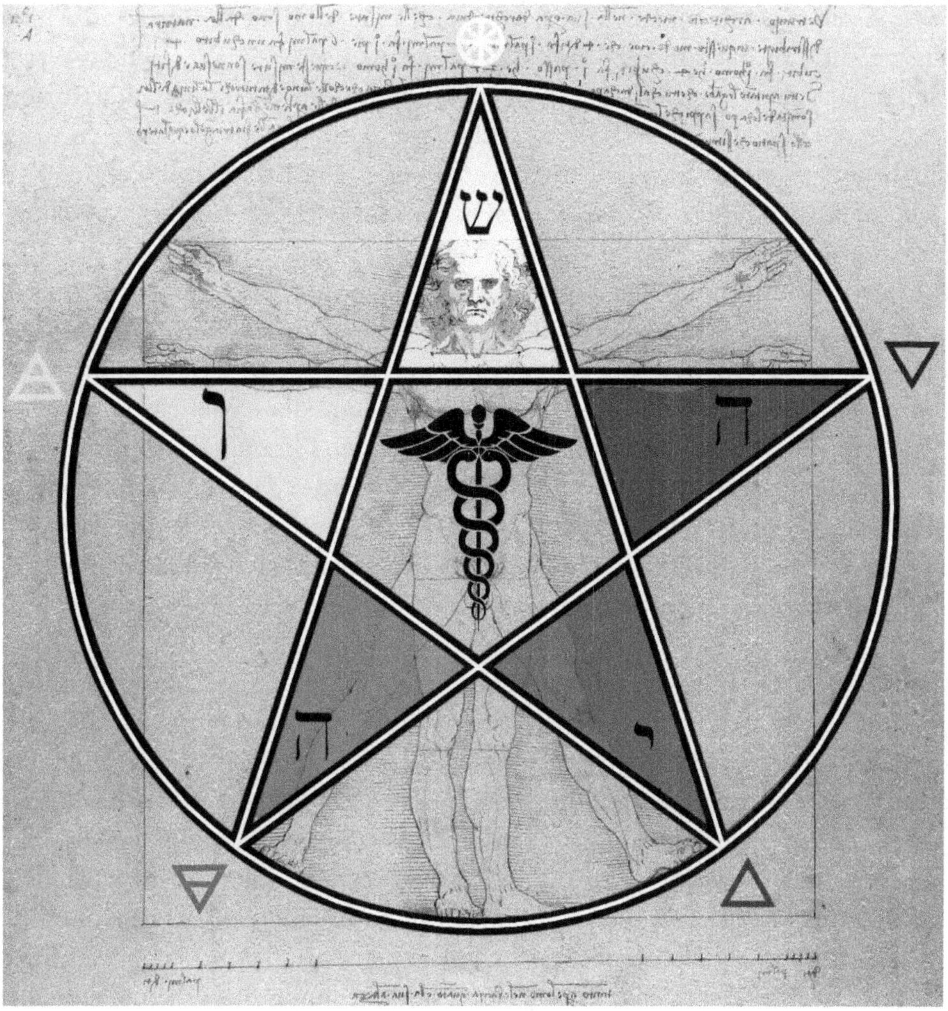

Abbildung 28: Das Pentagramm und seine Korrespondenzen

DAS ELEMENT ERDE

Das Erdelement ist Muladhara, das Wurzelchakra, das qabalistisch der Sphäre von Malkuth entspricht. Im aufrechten Pentagrammsymbol hat das Erdelement die Farbe Grün und bildet den unteren linken Teil des Pentagramms. Wenn wir den Menschen auf das Pentagrammsymbol legen, stellt das Erdelement das rechte Bein dar.

Muladhara ist das erste Chakra, das der physischen Erde am nächsten ist. Das Element der Erde ist der physische Körper, die materielle Welt. Sein Ausdruck in der Psyche ist immer mit unserer Verbindung zur materiellen Welt verbunden. Zu den eher weltlichen Aspekten des Erdelements gehören, dass wir einen Job haben, ein

Haus und ein Auto besitzen. Alles, was mit Geld und dem Besitz von materiellen Gütern zu tun hat, ist ein Ausdruck des Erdelements.

Die Erde ist das Gegenteil des Geistes - während der Geist die Energie von Feuer, Wasser und Luft auf einer höheren Ebene nutzt, verwendet die Erde diese drei Elemente auf einer niedrigeren, dichteren Ebene. Die Erdenergie versucht, uns mit den Dingen zu versorgen, die wir brauchen, um unsere materielle, physische Existenz glücklich zu gestalten.

Wie das hermetische Axiom sagt: "Wie oben, so unten" - Kether ist in Malkuth, und Malkuth ist in Kether. Gott ist in allem, was wir vor uns sehen, auch in der Mücke und dem Schmutz, auf dem wir gehen. Daher ist die Erde direkt mit Spirit verbunden, da Spirit die Erde verkörpert. Auf der unteren Ebene der Erde wirkt Spirit, indem er die Energie in Richtung Überleben und Materialismus kanalisiert.

Das Erdelement ist direkt mit dem Ego verbunden, da das Ego seine Domäne innerhalb des physischen Körpers hat. Der Hauptzweck des Egos, sein "modus operandi", ist der Schutz des physischen Körpers und der Persönlichkeit. Das Ego nutzt das Erdelement, um das Überleben des physischen Körpers um jeden Preis zu sichern.

Wenn Sie nicht vorhaben, Ihr weltliches Leben hinter sich zu lassen und nach Tibet oder Indien zu gehen, um in einem Tempel zu meditieren, müssen Sie sich in die Gesellschaft integrieren und ihre Abläufe respektieren. Ein Ausgestoßener zu sein, wird Ihr Überleben gefährden; daher besteht die erste Lektion des Erdelements darin, zu lernen, effektiv, effizient und in Zusammenarbeit mit anderen Menschen innerhalb der Gesellschaft zu funktionieren. Du musst lernen, dich in die Gesellschaft zu integrieren und dich "einzugliedern", bevor du ausbrichst und "herausstichst".

"Arbeit ist das Los des Menschen", wie Homer sagte. Daher ist Arbeit in unserem Leben von grundlegender Bedeutung, wenn man bedenkt, dass die meisten Menschen auf der Welt fünfmal pro Woche durchschnittlich acht Stunden am Tag arbeiten. Alle Menschen, die in einer zivilisierten Gesellschaft leben, müssen Geld verdienen, um zu überleben und sich den Luxus des Lebens leisten zu können, der ihr Leben auf dem Planeten Erde auf andere Weise angenehmer machen kann.

Zum Erdelement gehört also die Befriedigung unserer grundlegenden physiologischen Bedürfnisse, die für unser Überleben wichtig sind, wie der Bedarf an Luft, Wasser, Nahrung und Schlaf. Auch körperliche Bewegung ist wichtig, ebenso wie die Qualität der Nahrung und des Wassers, die wir unserem Körper zuführen. Die Aufnahme von Giftstoffen in den Körper oder Übergewicht kann zu gesundheitlichen Problemen führen und die Lebenserwartung des Körpers gefährden.

Sobald Sie Ihre grundlegenden Überlebensbedürfnisse befriedigt haben, besteht der nächste Schritt darin, "herauszustechen" und das Leben zu leben, von dem Sie immer geträumt haben. Wir alle werden mit Träumen und Hoffnungen für die Zukunft und mit dem Wunsch geboren, auf irgendeine Weise außergewöhnlich zu sein.

Niemand träumt davon, Durchschnitt zu sein. Wir alle wollen erfolgreich sein und ein Leben im Überfluss führen. Und Erfolg wird nicht dadurch definiert, wie viel Geld wir verdienen oder auf der Bank haben, sondern dadurch, dass wir die vierundzwanzig Stunden des Tages mit dem verbringen, was wir lieben.

Wenn Sie in einem Job oder einer Karriere feststecken, die Sie unglücklich macht, können Sie vielleicht die Rechnungen bezahlen, aber es wird Ihnen kein dauerhaftes Glück bringen. Du verdienst es, jeden Moment eines jeden Tages zu genießen, das heißt, du musst nach einem Job oder einer Karriere streben, die deine Seele mit Freude erfüllt. Ihr Ego mag zufrieden sein mit dem, wo Sie im Leben stehen, denn das Ego ist nur mit dem Überleben beschäftigt, während die Seele mit dem inneren Glück beschäftigt ist. Ihre Seele möchte, dass Sie ein außergewöhnliches Leben manifestieren, in dem Sie Ihr Schicksal selbst in die Hand nehmen und das tun, was Sie lieben.

Da das Erdelement mit der dreidimensionalen Welt von Raum und Zeit in Verbindung steht, ist die Art und Weise, wie du deine Zeit verbringst, von größter Bedeutung auf deinem Weg, ein außergewöhnliches Leben zu manifestieren. Sobald Sie also das Nötigste zum Leben getan haben, ist Ihr nächster Schritt, sich Ziele zu setzen und Ihre Zeit so einzuteilen, dass Sie diese Ziele erreichen.

Ihre Ziele sollten darauf ausgerichtet sein, Ihnen eine fruchtbarere Zukunft zu ermöglichen, z. B. einen Job oder eine Karriere, die Sie lieben. Wenn Sie täglich konsequent an Ihren Zielen arbeiten, werden Sie sie mit der Zeit erreichen. In den meisten Fällen ist es ein schrittweiser Prozess, der Fleiß und Geduld erfordert. Möglicherweise müssen Sie vorerst auf Ihre Bequemlichkeit verzichten und Ihre gesamte Freizeit darauf verwenden, etwas Neues zu lernen, das Ihnen helfen kann, Ihre Ziele zu erreichen, denn Wissen ist Macht.

Sie müssen lernen, den Herausforderungen des Lebens zu trotzen und motiviert und inspiriert zu bleiben. Schließlich können Sie nicht zulassen, dass andere Menschen oder die Umwelt Ihr Schicksal bestimmen, wenn Sie erfolgreich sein wollen. Wenn Sie jedoch den Schwung beibehalten und auf Ihre Ziele hinarbeiten, werden Sie schließlich den gewünschten Erfolg erzielen. Und wenn Sie Ihren Traumjob oder Ihre Traumkarriere haben und Ihre Zeit mit dem verbringen, was Sie lieben, sind Sie der Beherrschung des Erdelements in Ihrem Leben einen Schritt näher gekommen.

Da sich das Erdelement mit der Kraft der Manifestation befasst, gehört dazu auch die Manifestation der richtigen Beziehungen in Ihrem Leben. Denn wenn Sie ein außergewöhnliches Leben führen wollen, müssen Sie Ihre Zeit mit außergewöhnlichen Menschen verbringen. Ihre Zeit ist Ihr wertvollstes Gut; seien Sie daher vorsichtig, wem Sie Ihre Zeit schenken.

Wenn Sie in Ihrem Leben die richtigen Freundschaften mit Gleichgesinnten schließen, die ähnliche Ziele verfolgen, erhalten Sie die richtige Unterstützung, um auf Ihrem Weg voranzukommen. Wie ein Sprichwort sagt: "Du bist, wer deine Freunde sind." Umgeben Sie sich also mit positiven Menschen, von denen Sie etwas lernen können, und meiden Sie Menschen, die Sie runterziehen.

In Bezug auf romantische Beziehungen kann die Manifestation eines hochwertigen Partners in Ihrem irdischen Leben Ihre spirituelle Reise um das Zehnfache fördern und Ihnen die Freude und den Reichtum bringen, die Sie verdienen. Sich zu verlieben ist ein Prozess der Vereinigung der männlichen und weiblichen Energien in dir und ein direkter Zugang zur spirituellen Energie. Der richtige Partner, mit dem du bedingungslose Liebe teilen kannst, kann die wichtigste Quelle der Inspiration in deinem Leben sein. Er kann Heilung auf allen Ebenen bringen, sei es körperlich, emotional, mental oder spirituell.

Andererseits kann eine romantische Beziehung mit der falschen Person genau das Gegenteil bewirken. Es kann ein unvorstellbares Chaos in Ihrem Leben verursachen und Ihnen Ihre Lebensenergie entziehen, wie Sie es noch nie erlebt haben. Seien Sie daher vorsichtig, wen Sie in Ihr Leben lassen und mit wem Sie sich in einer Beziehung einlassen.

Denken Sie daran, dass ich, wenn ich über die Kraft der Manifestation spreche, nicht ausschließlich über das Erdelement spreche, denn die Manifestation hängt von der richtigen Anwendung der Elemente Feuer, Wasser und Luft im Verhältnis zur Erde ab. Um im Leben voranzukommen, braucht man zum Beispiel Tatkraft, die aus dem Feuerelement kommt. Da die Verwirklichung Ihrer Träume Vorstellungskraft und geistige Schärfe erfordert, muss auch eine richtige Dosis des Luftelements eingesetzt werden. Und da persönliche Beziehungen vor allem Herzensangelegenheiten sind, spielen das Wasserelement und die Emotionen eine Rolle.

Das Erdelement beruhigt unseren Geist und gibt uns die Energie, unsere täglichen körperlichen Aktivitäten zu bewältigen, deren Zweck es ist, uns in unserer irdischen Existenz voranzubringen. Die Anrufung des Erdelements hat eine erdende Wirkung, die den Geist fokussiert. Es beseitigt das Geschwätz des Egos, das uns sonst daran hindert, unsere täglichen Aufgaben mit Leichtigkeit zu erledigen. Wenn du das Erdelement anrufst, werden deine Gedanken geerdet, und du kannst die Dichte deines physischen Körpers spüren. Die Erdung ermöglicht es den anderen Elementen, sich durch dich effizienter zu manifestieren.

Da Sie unter dem Einfluss des Erd-Elements stehen, wird es Ihnen leicht fallen, alle täglichen Aufgaben zu erledigen, die körperliche Arbeit erfordern. Vielleicht haben Sie das Bedürfnis, einem Fitnessstudio beizutreten oder sich zu Hause körperlich zu betätigen. Die Idee, in der Natur spazieren zu gehen, wird Sie ebenso ansprechen wie ein Spaziergang in der Stadt, in der Sie leben. Dabei werden Sie eine stärkere Verbindung zur Welt um Sie herum spüren.

Die Stille in deinem Geist und die Dichte deines physischen Körpers werden es dir ermöglichen, die Klänge der Natur zu hören und das Leben der Pflanzen und Tiere wie nie zuvor zu spüren. Ziehen Sie ruhig Ihre Schuhe und Socken aus und gehen Sie barfuß auf der Erde oder umarmen Sie sogar einen Baum, um zu versuchen, sich noch mehr mit unserem Planeten zu verbinden. Sie werden vielleicht spüren, dass die Erde selbst einen leichten Duft und eine gleichmäßige Wärme abgibt, während Sie die Energie des Erdelements verkörpern. Da Ihre Fähigkeit, die Welt um Sie herum wahrzunehmen, sehr intensiv ist, werden auch die Gebäude und Strukturen der Stadt, in der Sie leben, prächtiger denn je erscheinen.

Sie werden feststellen, dass sich nach Ihrer ersten Serie von Erdbeschwörungen viele verschiedene Dinge in Ihrem Leben beschleunigt manifestieren werden. Sie mögen anfangs gesprächig sein, und die Menschen in Ihrem Leben werden gut auf Sie reagieren, aber Sie mögen manchmal stur erscheinen. Nach einigen Wochen der Erd-Beschwörungen werden Ihre Gedanken dichter werden, da Ihr Luftelement langsam abnimmt. Ihre Fähigkeit, sich mit Ihren Gedanken und Gefühlen und denen anderer Menschen zu verbinden, wird abnehmen, wenn Sie weiterhin Erde anrufen.

Da die Erde das erste Element ist, mit dem Sie in Ihrem Prozess der spirituellen Alchemie arbeiten werden, geht es darum, Ihre Gedanken zu erden und die Energie Ihrer Aura zu festigen. Sie werden offiziell im Arbeitsmodus sein, nicht im Denk- oder Kontemplationsmodus. Da die Erdenergie handlungsorientiert ist (nicht gedanken- oder emotionsorientiert), werden Sie nach einer Weile nicht mehr in der Lage sein, über irgendetwas zu tief nachzudenken. Infolgedessen wird das Ego stärker in den Vordergrund treten als je zuvor. Aber keine Sorge, dieser Teil des Prozesses ist notwendig, da Sie im folgenden Element Luft an Ihrem Ego arbeiten werden.

Die Tugend des Wurzelchakras, Muladhara, ist Fleiß, sein Laster ist Trägheit. Faulheit bei der Erfüllung der notwendigen Aufgaben im Alltag ist ein Aspekt des schlechten Karmas des Erd-Chakras. Jedes Mal, wenn du eine körperliche Handlung, die du tun solltest, nicht ausführst, machst du es schwieriger, die gleiche Handlung beim nächsten Mal zu tun. Da Faulheit negatives Karma im Erd-Chakra speichert, verwenden Sie die Erd-Element-Beschwörungen, um Ihre Gedanken zu erden, damit Sie Ihre täglichen Aufgaben mit Fleiß erledigen können. Auf diese Weise wird das negative Karma des Muladhara Chakras allmählich aufgelöst.

DAS ELEMENT LUFT

Das Luftelement ist das vierte Chakra, Anahata, das sich im Herzzentrum befindet - nicht im physischen Herzzentrum, sondern in der Mitte der Brust zwischen den beiden Brüsten. Im aufrechten Pentagrammsymbol hat das Luftelement die Farbe Gelb und bildet den oberen linken Teil des Pentagramms. Wenn wir den Menschen auf das Pentagrammsymbol legen, stellt das Luftelement den rechten Arm dar.

Das Luftelement entspricht der Sphäre von Tiphareth (deren planetarische Zuordnung die Sonne ist) und der Sphäre von Yesod (die dem Mond zugeordnet ist). Tiphareth ist das Zentrum des Lebensbaums, da es die Energien der anderen Sephiroth empfängt, mit Ausnahme von Malkuth - der Erde. Malkuth wird durch Yesod, den Mond, erreicht. Das Luftelement hat eine duale Natur. Es kann trügerisch sein wie der Mond oder es kann die Wahrheit ausdrücken wie die Sonne. Die Wahrheit wird durch Intuition empfangen und wahrgenommen.

So wie es beim Erd-Element-Chakra (Muladhara) um Stabilität ging, geht es beim Luft-Element-Chakra (Anahata) um das Gegenteil - Gedanken. Da die Gedanken aus einer ätherischen Substanz bestehen, gehören sie zum Geist. Sie sind unsichtbar, und doch haben wir alle Anteil an ihnen. Gedanken sind für den Menschen sehr wichtig, da sie den Elementen Feuer und Wasser in der Psyche Leben einhauchen. Feuer steht für Willenskraft, während Wasser für Emotionen und Liebe steht. Keines der beiden Elemente kann ohne Luft existieren, da beide durch Gedanken angetrieben werden. Bevor man also etwas in dieser Welt erreichen kann, muss man zuerst den Gedanken haben, diese Sache zu tun. Der Gedanke ist also die Wurzel der gesamten Schöpfung.

Luft steht auch in direktem Zusammenhang mit dem Element des Geistes/Äthyr und den Überirdischen. Das Luftelement ist die Säule des Gleichgewichts auf dem Lebensbaum, denn Luft ist der Ausgleicher aller mentalen, emotionalen und spirituellen Dinge. Als solches ist es direkt mit Kether, der Quelle der spirituellen Energie, verbunden.

Da Luft Denken ist, ist sie auch Intelligenz. Die Sphäre von Hod ist direkt mit dem Intellekt verbunden. In Hod wird die Luft jedoch durch das Wasserelement gemildert. Luft ist auch mit dem Element Feuer und emotionalen Gedanken oder Impulsen verbunden. Somit steht Luft in direkter Beziehung zu Netzach - Emotionen und Wünsche. Ein gut funktionierender Geist bedeutet, dass das Individuum im Element Luft gut ausgeglichen ist.

Die Wirkungsweise des Luftelements ist grundlegend und umfasst viele Dinge. Luft ist auch Astrallicht, ein Aspekt von Spirit, wenn Sie also dieses Element anrufen, werden Sie sehr oft luzide Träume haben. Luzide Träume treten auf, wenn die Aura durch rituelle Anrufungen mit dem Luftelement durchdrungen wird. Während Sie das Luftelement anrufen, werden Sie auch feststellen, dass Ihr physischer Körper abgekühlt wird. Sie werden besonders empfindlich auf die Luft um Sie herum reagieren, die sich wie eine ständige kühle Brise auf Ihrer Haut anfühlt.

Da das Ego im Verstand präsent ist und durch die Dinge, die es interpretiert, konditioniert wird, werden Sie sich, sobald Sie Luft anrufen, sehr stark mit Ihrem Ego, seinen Bedürfnissen, Wünschen und der Natur seiner Gedanken verbunden fühlen. Aber am anderen Ende des Spektrums, sobald eine bestimmte Anzahl von Luft-Beschwörungen abgeschlossen ist, wirst du anfangen, dich in Kontakt mit deinen Emotionen und der Energie der bedingungslosen Liebe, die durch deine Seele projiziert wird, zu fühlen. Um jedoch so hoch wie die Energie der bedingungslosen Liebe aufzusteigen, müssen Sie zuerst das Ego überwinden, denn der Gedanke kommt vor dem Gefühl, und das Ego befindet sich im Gedanken, im Verstand.

Das Ego wird von sexueller Energie angetrieben, was bedeutet, dass die Anrufungen des Luftelements dich auf deine sexuellen Wünsche einstimmen. Da ein ungeläutertes Ego natürlich oft an Sex denkt, kann es zu sexueller Erregung kommen, wenn Sie Ihre Gedanken mit den Luftelement-Beschwörungen verstärkst. Darüber hinaus wirkt Luft direkt auf das Unterbewusstsein, so dass Ihre tiefsten Gedanken verstärkt werden, wenn Sie mit dem Luftelement arbeiten.

Sie können viele Monate damit verbringen, Luft zu beschwören, und Sie werden spirituell nicht stagnieren, sondern stattdessen Ihren Geist mit jeder Anrufung reinigen. Das liegt daran, dass das Element Luft uns geistig heilt. Der Gedanke geht allen Gefühlen und Handlungen voraus und ist die Grundlage unserer Existenz. Daher gibt es eine Verbindung zwischen dem Luft-Element und dem Geist-Element - unserem belebenden Prinzip und der Quelle der heilenden Energie.

Die Elemente Luft und Geist sind miteinander verbunden, denn das Anahata Chakra liegt direkt unter dem Vishuddhi Chakra, dem ersten Chakra des Geistigen Elements. Luft trennt die unteren drei Chakren der Elemente Erde, Wasser und Feuer von den höheren drei Chakren des Spirituellen Elements. Da es der Vermittler und Vorläufer aller Dinge ist, die sich manifestieren, ist es eine Vorstufe zur Arbeit mit den anderen Elementen, die Natur deiner Gedanken kennenzulernen und mit ihnen in Kontakt zu kommen.

Da sich die Luft im Herz-Chakra, Anahata, befindet und die höheren Emotionen des Herzens Ausdruck bedingungsloser Liebe sind, wirkt das Luftelement als Ausdrucksmedium für das darüber liegende Geistelement, das diese höheren Liebesenergien kanalisiert. Erinnern Sie sich immer daran, dass die Luft alles in der Psyche antreibt, da sie die Elemente Feuer und Wasser belebt. Wenn Sie also den Impuls Ihres Egos durch die Anrufung des Luftelements klären, wird es dem Höheren Selbst leichter fallen, mit Ihnen zu kommunizieren - was diese höher schwingenden Gefühle der Liebe in Ihrem Herzchakra manifestieren wird.

Gefühle des Hochgefühls, der Inspiration, des Nachdenkens und des intellektuellen Erfassens der Welt um Sie herum sind alles Eigenschaften des Luftelements. Da die Luft direkt mit dem Geist verbunden ist, werden Sie sich bei Anrufungen der Luft sehr spirituell fühlen. Da das Luftelement eine ätherische, unsichtbare Qualität hat, werden Sie sich vielleicht beim inspirierenden Schreiben, in der Kunst, beim Philosophieren und bei anderen Tätigkeiten wiederfinden, die mit der Inspiration des Geistes zu tun haben. Das Element Luft fördert die Kreativität und die Vorstellungskraft; daher sind Aktivitäten, die Kreativität erfordern, am stärksten von Luft beeinflusst. Kreativität ist vielleicht eher eine Eigenschaft oder ein Ausdruck des Feuerelements, aber bedenken Sie, dass Feuer Luft braucht, um erfolgreich zu sein.

Die Menschen werden im Allgemeinen sehr gut auf Sie reagieren, wenn Sie das Element Luft anrufen. Ihr Sinn für Humor wird verstärkt, und Sie wirken auf andere vielleicht schrullig und lustig. Es macht Spaß, das Element Luft zu beschwören; es bringt anderen Inspiration und Kreativität, wenn Sie in ihrer Nähe sind. Da Sie jedoch sehr verstandesbetont und gedankenorientiert sind, kann es passieren, dass Sie zu viel reden und dabei die Gefühle der Menschen um Sie herum vernachlässigen. Eine der Kehrseiten der Arbeit mit dem Luft-Element ist, dass Sie Ihre Gefühle ausblenden können, was Sie anderen gegenüber kalt und distanziert erscheinen lässt.

In der Tradition des Golden Dawn heißt es, dass man, wenn man sich auf die Anrufung der Luft einlässt, direkt den Weg von Tav beschreitet, der Tarotkarte des Universums, die Malkuth mit Yesod verbindet. Tav steht für den unterbewussten Geist. Das bedeutet, dass der erste Schritt bei der spirituellen Alchemie darin besteht, sich mit dem unterbewussten, unwillkürlichen Geist zu verbinden und zu sehen, was in ihm liegt. Es ermöglicht Ihnen, Ihr Unterbewusstsein mit einer Lupe zu betrachten und die Gedanken und Emotionen, die sich in diesem Bereich befinden, zu erkennen. Und da das Unterbewusstsein das Lagerhaus für vergrabene und verdrängte psychologische Traumata ist, werden Sie mit Ihren inneren Ängsten und Dämonen arbeiten. Da dieser Weg sehr trügerisch und illusorisch ist, ist die Überwindung Ihrer Ängste unerlässlich, um in Ihrer spirituellen Entwicklung voranzukommen.

Verschiedene Laster und Tugenden haben die Qualität des Luftelements, da Luft mit Gedanken zu tun hat. Dazu gehören die Geduld und ihr Gegenstück, der Zorn. Da man schnell handelt und eine Emotion fühlt, was manchmal zu Impulsivität führen kann (besonders im Fall von Ärger oder Frustration), ermöglicht die Arbeit mit dem Luftelement, die Qualität des Herz-Chakras aufzubauen und die Impulse des Egos zu entfernen. Sie können lernen, stärker zu lieben, indem Sie erkennen, dass es das ethisch Richtige ist, das zu tun ist.

Mäßigung und Völlerei sind ebenfalls Ausdruck dieses Elements. Luft ermöglicht es Ihnen, Ihre Gedanken zu beherrschen, bevor Sie sich durch das Ego in leichtfertige Handlungen stürzen. Mäßigung erfordert Achtsamkeit, ebenso wie Geduld. Die Durchführung von Luft-Beschwörungen wird deine Aura mit der Energie von Anahata, dem Herz-Chakra, durchdringen. Es wird dir ermöglichen, dieses Chakra und die damit verbundenen Verhaltensweisen zu stimmen. Luft stimuliert auch die sexuelle Energie, die in Swadhisthana, dem Sakralchakra, zu spüren ist.

Das Element Luft ermöglicht es dir, Selbstbeherrschung zu üben. Es kann auch mit der Tugend der Keuschheit in Verbindung gebracht werden, da man Selbstbeherrschung braucht, um nicht der Lust zum Opfer zu fallen. Denken Sie daran, dass die Luft der große Verführer ist, da sie direkt mit der sexuellen Energie verbunden ist, so dass Sie zuerst durch die Lust gehen müssen, bevor Sie Selbstbeherrschung und Keuschheit üben können. Alle Handlungen des Egos, um sich selbst zu befriedigen, von Lust über Völlerei bis hin zu Zorn und Wut, erfordern die Arbeit mit dem Element Luft, um deine Psyche auszugleichen und das negative Karma in diesem Chakra zu beseitigen. Auf diese Weise können Sie Ihr Luftelement konstruktiver nutzen und ein gesünderes Leben führen.

Was das Programm der spirituellen Alchemie betrifft, so bringt das Element, mit dem Sie arbeiten, das folgende Element in Ihnen hervor. Zuerst hat die Erde die Luft hervorgebracht, da sich die Energie in eurer Aura verfestigt hat und das Ego herauskommen konnte. Dann reinigt die Luft das Ego, bis die Emotionen der Seele zum Vorschein kommen, was das Auftauchen des Wasserelements in Ihrer Psyche signalisiert. Aus den Gefühlen entsteht dann die Willenskraft, nämlich der Wahre Wille des Feuerelements. Und das Feuer wird den Ewigen Geist und das Höhere Selbst zum Vorschein bringen.

Da das Element, mit dem Sie arbeiten, das folgende Element hervorbringt, ist es nicht ungewöhnlich, dass Sie das Gefühl haben, dessen spirituelles Alchemieprogramm früher als erwartet abgeschlossen zu haben. Es ist jedoch von entscheidender Bedeutung, sich an das in *The Magus* vorgestellte Programm zu halten, was die Dauer der Anrufung jedes Elements betrifft. Ein häufiger Fehler ist es, sich aufzuregen, um schneller durch die Elemente zu kommen. Aufregung ist großartig, und sie wird Ihnen bei dieser Arbeit begegnen, aber nutzen Sie sie konstruktiv, um voranzukommen, anstatt zuzulassen, dass sie Sie vom vorgeschriebenen Programm abbringt.

Schneller als empfohlen durch die Elemente vorzudringen, kann Ihnen auf lange Sicht spirituell schaden, weil es Sie vom Prozess der spirituellen Alchemie abhält. Erinnern Sie sich daran, dass es sich um eine unsichtbare Wissenschaft handelt, die sich über die Jahrhunderte bewährt hat; behandeln Sie sie daher mit Ehrfurcht und Respekt.

DAS ELEMENT WASSER

Das Wasserelement ist das zweite Chakra, Swadhisthana, das sich zwischen dem Nabel und dem Unterbauch befindet. Im aufrechten Pentagrammsymbol hat das Wasserelement die Farbe Blau und bildet den oberen rechten Teil des Pentagramms. Wenn wir den Menschen auf das Pentagrammsymbol legen, stellt das Wasserelement den linken Arm dar.

Die Hauptfunktion des Wasserelements ist es, Emotionen zu erzeugen; seine qabalistische Entsprechung ist Chesed, dessen planetarische Zuweisung Jupiter ist. Chesed ist der Ausdruck von bedingungsloser Liebe, Barmherzigkeit und Altruismus, die die höchsten Ausdrucksformen des Wasserelements sind.

Da es mit Emotionen verbunden ist, umfasst das Wasserelement auch andere Sephiroth, genau wie das Luftelement (Gedanken). Da die Sphäre von Netzach die Form der niederen, eher instinktiven Emotionen ist, wie Lust und romantische Liebe, drückt sich das Wasserelement auch durch diese Sphäre aus. Netzach entspricht dem Planeten Venus und dem Begehren, das in diesem Fall als eine durch das Feuerelement gemilderte Emotion empfunden wird.

Das Wasserelement stärkt auch den logischen, denkenden Verstand von Hod, da Hod und Netzach einander ergänzen. Hod entspricht Merkur; daher arbeitet es in diesem Aspekt des Wasserelements in Kombination mit dem Luftelement und den Gedanken.

Das Wasserelement ist auch mit der sexuellen Energie und den Instinkten verbunden, die im Mond zu finden sind und mit der Sphäre von Yesod korrespondieren. Wie Sie sehen können, umfasst das Wasserelement mehrere mittlere und untere Sephiroth des Lebensbaums, ebenso wie die Elemente Luft und Feuer.

Es ist wichtig zu verstehen, dass eine Form der Liebe, die Selbstliebe, danach strebt, sich selbst zu befriedigen und Romantik zu finden, während sie eine egoistische Bindung an die Objekte der Begierde entwickelt. Die bedingungslose Liebe hingegen ist ethisch und kommt aus dem höheren Selbst. Daher ist es vorteilhafter, die bedingungslose Liebe mit allen zu teilen, und einige der Tugenden beruhen auf ihr.

Interessanterweise wird die romantische Liebe auf der Ebene von Netzach zu der Art von Liebe, die zu geistiger Besessenheit führen kann - dem Bedürfnis, das Objekt der Begierde zu besitzen oder zu kontrollieren. Netzach wird von Natur aus durch Hod (Logik und Vernunft) gemildert, was zu einer Art von Liebe führt, die einen Grund braucht, um sich auszudrücken, was bedeutet, dass sie das Ego benutzt. Im Falle der romantischen Liebe findet die Sublimierung der Gegensätze also nur auf der mentalen Ebene statt.

Auf der Ebene von Chesed wird bedingungslose Liebe erfahren, da Chesed durch Geburah, die individuelle Willenskraft, gemildert wird. Bedingungslose Liebe ist eine Art der Liebe, die frei von persönlicher Bindung ist; sie umgeht also das Ego. Sie hat eine höhere Schwingung und Qualität und ist begehrter als romantische Liebe, da sie den Geist über das Ego erhebt. Bedingungslose Liebe wird durch die Seele erfahren.

Die Form der Liebe in Netzach gehört zum Ego, da sie mit Yesod, dem Mond und dem tierischen Selbst verbunden ist. Andererseits ist die höhere Form der Liebe von Chesed mit dem Überirdischen durch den Pfad des Rad des Schicksalss verbunden, das vom großzügigen Planeten Jupiter regiert wird.

Das Wesen der Gefühlsform von Netzach wird durch die schöne Frau, halbnackt in einer Muschel, veranschaulicht, wie auch die Darstellung der griechischen Göttin Aphrodite in der klassischen Kunst. Venus ist ihre römische Entsprechung, die in der klassischen Kunst ebenfalls halbnackt dargestellt wird. Es ist ihre physische Form und ihre Schönheit, die zum Objekt der Begierde wird, aber wie wir bisher gesehen haben, gehört alles, was eine Verbindung zur Welt der Materie hat, zum Bereich des Ichs. Daher das Bedürfnis des Ichs, sein Objekt der Begierde zu besitzen, zu besitzen und anderweitig zu kontrollieren. Es liebt nicht um des Liebens willen, sondern um sein Objekt der Begierde zu erhalten und zu besitzen.

Romantische Liebe funktioniert in beide Richtungen, für Männer und Frauen. Nur auf der Ebene von Chesed können wir bedingungslos lieben, wo das Wasserchakra, Swadhisthana, erhöht ist. Wenn wir hingegen Liebe auf der Ebene von Netzach und Hod ausdrücken, schwingt das Licht des Wasserchakras auf einer niedrigeren Frequenz als das von Chesed. Beides sind Emotionen, und die Natur der Emotionen ist es, zu lieben, aber man kann entweder sich selbst innerlich lieben oder seine Liebe nach außen richten, um andere zu lieben.

In der zweiten Form der Liebe, der bedingungslosen Liebe, findet die Person ihr wahres Selbst, denn wenn die Liebe keinen Grund oder keine Ursache hat, ist sie viel stärker und spiritueller. Daher besteht die allgemeine Lektion in diesem Wasserchakra darin, zu lernen, wie man ohne Anhaftung durch die Seele lieben kann. Ihr müsst eure niederen Liebesgefühle in höhere umwandeln. Ihr müsst eure Seele über euer Ego stellen.

Da wir uns mit den Emotionen befassen, ist es notwendig, darauf hinzuweisen, dass sich die Emotionen im Lebensbaum hauptsächlich auf der Säule der Barmherzigkeit befinden. Die Säule der Barmherzigkeit ist jedoch männlich. Wenn Sie sich also auf der linken oder rechten Säule befinden, müssen Sie die ausgleichende Energie der Sphäre auf der gegenüberliegenden Säule berücksichtigen. Im Falle von Emotionen sind es also Willenskraft, Logik und Vernunft, die sie ausgleichen.

Elementarbeschwörungen in *The Magus* verbinden sich mit einer bestimmten Art von Energie von außen und "rufen" sie in deine Aura. Wasserbeschwörungen konzentrieren sich insbesondere auf das Swadhisthana Chakra. Der Zweck der Anrufung des Wasserelements ist es, das Swadhisthana Chakra zu stimmen und zu reinigen. Wenn Ihre Aura von Wasserenergie durchdrungen wird, wird die in diesem Chakra gespeicherte karmische Energie aktiviert, was sich auf zukünftige Lebenserfahrungen auswirkt. Dein Geist und dein Herz müssen dann diese Erfahrungen verarbeiten und die Lektionen des Lebens daraus lernen. Sobald Sie die mit dem Swadhisthana Chakra verbundenen Lektionen gelernt haben, werden Sie sich über alle Blockaden hinweg entwickeln, die verhindern, dass es mit seiner optimalen Schwingungsrate funktioniert. So wird das Wasserelement mit der Zeit Ihr emotionales Selbst heilen.

In den meisten Fällen ist es das Ego, das dich zu sich selbst zieht und dich daran hindert, mit deinem Höheren Selbst in Resonanz zu gehen und dich darauf einzustimmen. Zu den magischen Operationen mit den Elementen gehört es, etwas über das Ego zu lernen und sich an ihm vorbei zu entwickeln - denn das Ego wohnt in den unteren vier Chakren (den unteren vier Elementen) und nimmt nicht an der spirituellen Energie teil. Um die volle Kraft der Manifestation in deinem Leben zu haben, musst du durch deine Seele und nicht durch dein Ego leben. Deine Seele kann sich mit deinem Höheren Selbst verbinden, während dein Ego das nicht kann.

Wenn Sie das Wasserelement anrufen, werden Sie vielleicht sofort ein beruhigendes Gefühl in Ihren Emotionen bemerken und ein Gefühl der Liebe, das Sie überkommt. Ihr Herz-Chakra wird von liebevoller Energie überwältigt, die wie eine Welle über Sie hinwegfegt. Alle intuitiven Emotionen werden im Anahata Chakra gefühlt, auch wenn eine angerufenen Energie ein anderes Chakra durchdringt. Das Herz-Chakra erfährt Energie direkt, was Sie sofort spüren können, sobald neue Energie in Ihre Aura eintritt. Ihre Fähigkeit, Energien zu spüren, hängt von Ihrer Sensibilität und intuitiven Fähigkeit ab.

Nachdem Sie einige Tage lang das Wasserelement angerufen haben, werden Sie sich sehr wohl mit Ihrem Ego fühlen und es der Außenwelt zeigen. Das Ego ist normalerweise der erste Teil des Selbst, welcher bei der Arbeit mit den Elementen zum Vorschein kommt. Nachdem Sie einige Zeit damit verbracht haben, Ihr Ego zu verkörpern und es anderen zu zeigen, werden Sie die tieferen Aspekte des Wasser-Chakras einfließen lassen und beginnen, sich auf Ihre Seele und die Energie der bedingungslosen Liebe einzustimmen.

Da der vorherige Schritt der egoistische Teil der Anrufungen ist, ist dieser zweite Schritt der Chesed-Teil des Vorgangs. Sobald dies geschieht, werden Sie vielleicht starke Gefühle der Liebe gegenüber den Menschen in Ihrem Leben empfinden. Infolgedessen werden Sie feststellen, dass die Menschen liebevoll auf Sie reagieren, und es wird Ihnen leicht fallen, Bindungen zu anderen aufzubauen. Das andere Geschlecht wird Sie natürlich attraktiver finden. Sie werden sehr akzeptierend und nicht konfrontativ gegenüber anderen Menschen sein. Sie fühlen sich vielleicht wie die Verkörperung eines Heiligen oder einer anderen spirituellen Figur, die Barmherzigkeit, Liebe und Wahrheit vorlebt. Das Konzept "die andere Wange hinhalten" wird Ihnen sehr vertraut werden, da Sie sich in einem passiven, rezeptiven Modus befinden und völlig auf den Ausdruck bedingungsloser Liebe eingestimmt sind.

Vielleicht ertappen Sie sich oft dabei, dass Sie weinen und sich ohne logischen Grund sehr emotional fühlen. Hab keine Angst vor diesem Zustand, denn Weinen ist eine Methode zur Reinigung von Emotionen und ein Teil des spirituellen Evolutionsprozesses. Es ist eine Form der Verjüngung. Wenn du weinst, fühlst du die Gesamtheit der Emotion, über die du weinst, und in diesem Akt reinigst du diesen emotionalen Schmerz und lässt ihn durch Liebe los - denn es ist die Liebe in unseren Herzen, die uns überhaupt erst zum Weinen bringt. Beim Weinen wird das Feuerelement der Seele eingesetzt, das auf das Wasserelement einwirkt und es reinigt. Jede Träne steht für den Akt der Reinigung einer alten Emotion. Weinen ist ein gutes Zeichen dafür, dass Sie in Ihrer spirituellen Entwicklung vorankommt.

Bei Wasser-Beschwörungen werden Sie feststellen, dass Ihre Träume eine andere Qualität annehmen als bei Luft-Beschwörungen. In Ihren Träumen werden Sie sich in verschiedenen Lebenssituationen wiederfinden, in denen Sie zwischen der Liebe zu sich selbst und der Liebe zu anderen wählen müssen. Wenn Sie das Wasserelement beschwören, können Sie also aus Ihren Träumen Lehren für die Entwicklung von Ethik und Moral ziehen. Ihr Verstand spielt Ihnen einen Streich, damit Sie das negative Karma auch im Traumzustand loswerden können. Das ist ein gutes Zeichen, denn es bedeutet, dass Sie weiter vorankommen.

Sie werden sich so sehr von dem Gefühl der bedingungslosen Liebe erfüllt sehen, dass, wenn Sie ein Kundalini-Erwachen erlebt haben, ein vollständiger Hingabeprozess mit Anrufungen des Wasserelements stattfinden wird. Das Sakral- und das Herzchakra werden mit Liebesenergie überflutet und erlauben dem Ego, endlich loszulassen.

Die Wasserenergie bewirkt auch eine Stimulierung der sexuellen Energie, da sie im Unterleib zu spüren ist. Diese Erfahrung ist jedoch nicht die gleiche wie beim Element Luft. Im Wasser wird die sexuelle Energie in Liebesenergie sublimiert und verherrlicht. Deshalb werden Sie manchmal sexuell erregt sein, aber eher aus dem Gefühl der Liebe als aus dem der Lust. Die Lust gehört zum Element Luft, während die Liebe zum Element Wasser gehört.

Es ist unerlässlich, die Verbindung des Wasser-Chakras mit dem Gedächtnis zu beachten. Das Gedächtnis ist in der Sphäre von Chesed zu finden, aber es funktioniert durch das Element Wasser. Sogar das Wort "Erinnerung" entspricht dem hebräischen Buchstaben Mem, der sich auf das Wasserelement bezieht. Das Gedächtnis ist etwas, das das Selbst benutzt, um sich "wieder zu erinnern". Als solches gehört es in den Bereich der Vergangenheit. Man kann sich nicht an Dinge erinnern, die im Jetzt geschehen, da man sich im Akt der Erfahrung befindet. Und die Zukunft ist aus unserer menschlichen Sicht noch nicht eingetreten; daher können wir auch keine Erinnerung daran haben. Die Erinnerung bietet dem Bewusstsein eine Methode, sich selbst zu identifizieren. Ohne Erinnerung würde das Bewusstsein sich selbst verlieren. Wenn man sich selbst verliert, kann man folglich sein Wahres Selbst - den Geist - finden.

Man kann sagen, dass das Ego die Erinnerung benutzt, um sich zu identifizieren, was nicht weit von der Wahrheit entfernt ist. Der spirituelle Prozess ist ein Prozess des Vergessens, und je mehr du in der bedingungslosen Liebe aufgehst, desto mehr verlierst du die Erinnerung an die Vergangenheit, was dir ermöglicht, im Jetzt zu sein. Die meisten spirituell hochstehenden Menschen haben wenig Erinnerung an die Vergangenheit und benutzen sie nicht, um sich mit der Welt zu verbinden. Stattdessen leben sie ständig im Jetzt. Da Chesed jedoch die erste Sephira nach dem Abgrund und dem Überirdischen ist, bringt sie Erinnerung und Form hervor, ein Baustein des

Selbst, durch den es sich selbst erkennen, aus der Vergangenheit lernen und sich weiterentwickeln kann.

Wenn Sie ein Kundalini-Erwachen erlebt haben, werden Sie das Wasserelement sehr nützlich finden, um Ihre Transformation voranzutreiben, da es Sie befähigt, "mit dem Strom zu schwimmen". Mit dem Fluss zu gehen ist eine Herausforderung im Kundalini-Erweckungsprozess, weil es ein so gewaltiger Schlag für das Ego ist, das sich dann um jeden Preis an kleinen Fragmenten des Selbst festhält, um seine Identität zu bewahren.

Bei der Kundalini-Erweckung werden die Ängste zunächst verstärkt, und in dem sich neu entwickelnden Bewusstsein wird das Ego viele Versuche unternehmen, den Prozess zu kontrollieren. Da es sich um eine neue Realität handelt, in die ihr nun aufgestiegen seid, hat das Ego Schwierigkeiten, sich selbst zu finden. Der Aufbau des Wasserelements und seine Durchdringung in der Aura ist entscheidend, um diese Phase zu überwinden und sich der Kundalini-Energie zu öffnen.

In der Tradition des Golden Dawn bedeutet die Anrufung des Wasserelements nach der Arbeit mit Luft, dass man von der Sephira Yesod zur Sephira Hod übergeht. Die beiden Tarotpfade, die Yesod und Hod miteinander verbinden, sind der Pfad der Tarotkarten des Gerichts und der Pfad der Tarotkarten der Sonne. Das Gericht ist die Einweihung in das Element Feuer, wie Sie erfahren werden, wenn Sie eine Weile mit dem Wasserelement gearbeitet haben. Das Feuerelement der Seele wird sich enthüllen, ebenso wie sein Gegenstück, die Emotion der bedingungslosen Liebe. Der Sonnenpfad steht für die Sublimierung von Gegensätzen, die auf der mentalen Ebene stattfindet und die notwendig ist, um so hoch wie das Feuerelement und die Seele aufzusteigen. Im Wesentlichen besteht der Zweck des Wasserelements darin, Sie auf das Feuerelement vorzubereiten und Sie mit Ihrer Seele zu verbinden.

Im Wasserelement bist du ganz in den Wassern der Schöpfung und dem Meer des Bewusstseins versunken. Als solches ist das Wasserelement auch mit Binah, dem Großen Weiblichen Prinzip der Schöpfung, verbunden. Daher entstammen die mit dem Wasserelement verbundenen Tugenden der Energie der bedingungslosen Liebe, der höchsten Emotion, die alle Wesen im Universum miteinander verbindet.

In der christlichen Theologie sind die drei wichtigsten theologischen Tugenden der Glaube, die Hoffnung und die Nächstenliebe - uns verliehen durch die Gnade Gottes, des Schöpfers - sobald wir das Wasserelement in unseren Herzen und in unserem Verstand aufgebaut haben. Da innerer Frieden mit bedingungsloser Liebe einhergeht, ist Geduld eine weitere Tugend, die durch das Wasserelement aufgebaut wird. Da bedingungslose Liebe Ehrlichkeit in uns hervorbringt, werden wir immer die Wahrheit sagen, auch wenn wir wissen, dass wir dadurch in Schwierigkeiten geraten könnten. So ist die Wahrheit ein weiterer Ausdruck der Verkörperung der Energie der bedingungslosen Liebe.

Das Konzept des Glaubens impliziert einen starken Glauben an Gott, den Schöpfer, der noch verstärkt wird, wenn wir der Energie der bedingungslosen Liebe ausgesetzt sind. Glaube ist auch Zuversicht und Vertrauen in eine Person, ein Konzept oder eine Idee. Daher werden Sie häufig Ihre inneren Überzeugungen sowie Ihre Beziehungen zu anderen Menschen überprüfen. Im Wasserelement werden Sie sich mehr auf Ihr Gefühl verlassen, anstatt Ihre Gefühle zu intellektualisieren (was eher eine Eigenschaft des Luftelements ist).

Hoffnung ist eine optimistische Geisteshaltung, die auf der Erwartung eines positiven Ergebnisses beruht. Im Wasserelement werden Sie sich dabei ertappen, wie Sie optimistisch denken, selbst wenn eine Lebenssituation oberflächlich betrachtet nicht so günstig ist. Diese optimistische Geisteshaltung kommt daher, dass Sie mit dem Geist und der Energie der bedingungslosen Liebe verbunden sind, die auch im Angesicht von Widrigkeiten nicht nachlässt. Ihre Problemlösungsfähigkeiten werden bei der Arbeit mit dem Wasserelement verbessert, wenn Sie sich die Tugenden der Hoffnung und des Glaubens zu eigen machen können.

Die Nächstenliebe ist eine Form der Großzügigkeit und gilt als die größte der drei theologischen Tugenden. Nächstenliebe beinhaltet Selbstaufopferung, ein wesentliches Konzept für jeden Eingeweihten auf dem Pfad des Lichts. Man muss immer bereit sein, sich für einen anderen Menschen aufzuopfern, wenn man mit einem höheren Bewusstseinszustand in Resonanz treten will. In der Aufopferung verlierst du dich selbst und deine Identität und gelangst so hoch wie der Geist Gottes. Nächstenliebe ist eine Praxis des Wohlwollens, die Altruismus und Selbstlosigkeit beinhaltet.

Das Laster, das mit der Hoffnung einhergeht, ist die Verzweiflung. Wenn wir verzweifeln, haben wir das Gefühl, dass es keine Möglichkeiten gibt, die zu positiven Ergebnissen führen können. Anstatt nach Lösungen zu suchen, geben wir auf. Unser Ego übernimmt die Kontrolle und bringt Angst in unser Herz und unseren Verstand. Verzweiflung kommt, nachdem wir den Glauben verloren haben. Wenn wir den Glauben verlieren, beginnen wir an uns selbst und unserer Verbindung zu Gott, dem Schöpfer, zu zweifeln. Wir beginnen zu zweifeln, dass wir einzigartig sind und gute Dinge im Leben verdienen. Wieder ist es das Ego, das uns dazu bringt, den Glauben zu verlieren, denn sobald wir Angst einbringen, verlieren wir sofort den Kontakt mit der Energie der bedingungslosen Liebe. Man kann nicht gleichzeitig Kraft aus bedingungsloser Liebe und Angst schöpfen - das eine übertönt das andere.

Das Laster, das mit der Wohltätigkeit verbunden ist, ist die Gier, die ebenfalls zum Ego gehört. Gier ist eine Form des Hortens, des Nichtteilens mit anderen und der Suche nach Erfüllung nur für sich selbst. Sie ist das Gegenteil von Nächstenliebe und Liebe, denn Gier entsteht aus der Furcht, ein vom Rest der Welt getrenntes Wesen zu sein. Da wir jedoch alle eins sind, können wir diese Verbindung erfahren, sobald wir uns von bedingungsloser Liebe leiten lassen.

Zorn oder Wut ist das Gegenteil von Geduld. Wenn ihr die Liebe in eurem Herzen nicht spürt, neigt ihr dazu, Zorn zu zeigen, wenn das Ego nicht bekommt, was es will. Aber wenn die Liebe vorhanden ist, ist es unmöglich, Zorn oder Wut zu zeigen, da die Geduld natürlich auch vorhanden ist.

"Die Liebe ist geduldig, die Liebe ist freundlich. Sie ist nicht neidisch, sie prahlt nicht, sie ist nicht stolz. Sie entehrt den anderen nicht, sie ist nicht selbstsüchtig, sie ist nicht leicht zu erzürnen, sie merkt sich kein Unrecht. Die Liebe erfreut sich nicht am Bösen, sondern freut sich an der Wahrheit. Sie beschützt immer, vertraut immer, hofft immer, hält immer durch. "Die Heilige Bibel" (Korinther 13,4-7)

Wenn ihr Liebe in eurem Herzen habt, werden die Laster auf natürliche Weise aus eurem Selbst entfernt und die Tugenden werden erhöht. Die Liebe ist wahrlich der Baustein allen spirituellen Lebens und ist im Wasserelement zu finden.

DAS ELEMENT FEUER

Das Feuerelement ist das dritte Chakra, Manipura, das sich im Solarplexus befindet. Im aufrechten Pentagrammsymbol hat das Feuerelement die Farbe Rot und bildet den unteren rechten Teil des Pentagramms. Wenn wir den Menschen auf das Pentagrammsymbol legen, stellt das Feuerelement das linke Bein dar.

Die qabalistische Entsprechung des Feuerelements ist die Geburah Sephira, deren planetarische Zuordnung der Mars ist. Das Feuer von Geburah ist ein Feuer der Willenskraft und des Antriebs. Das Feuerelement ist der aktive, männliche Teil des Selbst, während das Wasserelement der passive, weibliche Teil des Selbst ist. Das Feuerelement ist die Seele, während das Wasserelement das Bewusstsein ist.

Das Feuerelement wird auch durch Netzach als Verlangen ausgedrückt, das eine Emotion ist, die vom Feuer angetrieben wird. Verlangen ist oft instinktiv und unwillkürlich, wie z. B. sexuelles oder sinnliches Verlangen. Das Feuerelement stimuliert auch die Intelligenz und treibt sie an; daher wird es auch durch die Hod Sephira ausgedrückt - als die Stärke des Geistes (Tapferkeit) angesichts schwankender Emotionen. Intellekt und Vernunft sind die treibende Kraft der Willenskraft auf den unteren Ebenen, während die Seele die treibende Kraft auf den höheren Ebenen ist. Die Willenskraft ist am stärksten, wenn sie durch bedingungslose Liebe motiviert ist.

Das Feuerelement ist das Vaterprinzip, während das Wasserelement das Mutterprinzip ist. Feuer ohne Wasser ist Tyrannei und Unterdrückung - es kann unkontrollierbar sein und sich oft als Wut manifestieren. Feuer braucht Wasser, um es auszugleichen; andernfalls kann es der Psyche und anderen Menschen schaden, da es schnell in Feindseligkeit umschlagen kann. Deshalb muss man die Natur seines Zorns verstehen und sich dem inneren Schmerz stellen, der ihn hervorruft.

Feuer ist die Motivation; es ist der Antrieb, die Dynamik, der aktive Gedanke und die konzentrierte Willenskraft, die jedem bewussten Gedanken und jeder Emotion zugrunde liegt. Somit ist das Feuer das höchste der vier Elemente. Feuer ist die Ursache hinter der Wirkung, und als solche ist es mehr mit dem Überirdischen verbunden als die anderen drei Elemente. Feuer ohne Wasser wäre eine Wirkung ohne Ursache. Feuer und Wasser existieren in ihrer Dualität zueinander. Die Willenskraft kämpft immer im Namen der Liebe, sei es die Selbstliebe oder die bedingungslose Liebe zu allen Lebewesen.

Das Element Feuer hat viel mit inneren Überzeugungen zu tun. Mit Feuerbeschwörungen kannst du deine Überzeugungen, Ideen und Einstellungen darüber, wer du glaubst zu sein, sowie die Welt um dich herum verändern. Mit Hilfe des Feuers beginnt man, Aspekte des Egos zu verbrennen, die der Bildung des neuen, erhöhten Bewusstseins abträglich sind. Die gleichen Probleme mit dem Ego, auf die Sie bei der Luftbeschwörung gestoßen sind, werden bei der Feuerbeschwörung um das Zehnfache verstärkt. Mit Feuerinvokationen stimmen Sie sich auf das Ego ein und darauf, wie es sich ausdrückt, einschließlich seiner Überzeugungen über seine Identität und die Welt, die es umgibt.

Stolz ist das primäre Laster, das sich bei Feuerbeschwörungen zeigt, denn Stolz ist der Baustein für die Überzeugungen des Egos. Deshalb muss man viel Zeit damit verbringen, Wasser zu beschwören, bevor man sich auf Feuer einlässt. Und es muss ein angemessenes geistiges Fundament in der Luft vorhanden sein, bevor man mit dem Wasser beginnt, und die richtige Stabilität in der Erde, bevor man mit der Luft beginnt.

Es ist wichtig zu beachten, dass Sie die Elemente systematisch durcharbeiten müssen, da Sie ein formuliertes Verfahren der spirituellen Alchemie durchlaufen. Der Prozess beginnt mit der Erde und geht weiter zu Luft, Wasser und schließlich Feuer. Zuerst mit dem Feuer zu arbeiten, ohne eine solide Grundlage in den anderen Elementen zu haben, wäre katastrophal und würde Sie in Ihrem Fortschritt in der spirituellen Evolution nur zurückwerfen.

Feuer kann ohne Luft nicht existieren, aber es wird durch zu viel davon gelöscht. Daher ist es sehr wichtig, eine gute geistige Grundlage zu haben, bevor man mit Feuer arbeitet, da Feuer die Gedanken anregt. Persönliche Überzeugungen sind bei der Arbeit mit dem Element Feuer am wertvollsten, denn Überzeugungen bestimmen die

Realität. Wenn Sie Ihre inneren Überzeugungen über sich selbst ändern, werden Sie auch die Welt um sich herum verändern.

Gandhi sagte: "Sei die Veränderung, die du in der Welt sehen willst". Das bedeutet, dass die Menschen um Sie herum entsprechend reagieren werden, sobald Sie Ihre Vorstellung davon ändern, wer Sie zu sein glauben, und dass sich Ihre Realität positiv verändern wird. Wenn Sie Ihre inneren Überzeugungen ändern, können Sie Ihr innerstes Potenzial anzapfen, und es werden sich Ihnen neue Möglichkeiten im Leben eröffnen, die es Ihnen ermöglichen, das Beste aus Ihrem Leben hier auf der Erde zu machen.

Mars wird dem Feuerelement zugeordnet, dessen Wirkung in der Turmkarte des Tarots symbolisch dargestellt wird. Die Turmkarte enthält das Bild eines Blitzes, der in einen Turm einschlägt und ihn zerstört, eine Anspielung auf die Geschichte vom Turmbau zu Babel im *Buch Genesis.* Der Turm steht für unsere Überzeugungen, während der Blitz das Yod, das Urfeuer, die Energie des Vaters darstellt. Er steht für die Tiefe des Feuerelements, denn es befindet sich in unserem Solarplexus, unserem Kern, und hat eine direkte Verbindung zur Gottheit, dem Schöpfer. Es ist auch wichtig, die Verbindung zwischen dem Feuerelement und Mars und Widder - den Göttern des Krieges - zu verstehen. Der große spartanische König Leonidas ist eine weitere mythologische Figur, die uns als Beispiel für einen Krieger in den Sinn kommt, der für Liebe und Gerechtigkeit kämpft.

Merkur ist der Gott der Weisheit und ist der entsprechende Planet in Hod. Hod ist die Sphäre der Kommunikation, Logik und Vernunft - das Wirken des inneren Feuers, das auf das Element Wasser und den Verstand einwirkt. Im Fall von Hod ist es das Feuer (Willenskraft), das auf die Luft (Gedanken) einwirkt und in das Wasser (Bewusstsein) projiziert, das den Intellekt bildet. Im Falle von Netzach ist es das Feuer, das auf das Wasser (in seiner Ausprägung als Emotionen) einwirkt und das Verlangen erzeugt. Es ist kein Wunder, dass der Planet Venus dem Netzach zugeordnet wird, denn sinnliche oder sexuelle Stimulation ist einer der wichtigsten Motivationsfaktoren für die Menschheit.

In der Tradition des Golden Dawn bedeuten Anrufungen des Feuerelements, dass man von der Hod-Sephira zur Netzach-Sephira fortschreitet. Drei Tarot-Pfade verbinden Netzach mit den unteren drei Sephiroth - der Turm, der Stern und der Mondpfad. Der Turm steht, wie bereits erwähnt, für die Überzeugungen über die Welt und die Anwendung der zerstörerischen Marsenergie, da das Alte zerstört werden muss, damit etwas Neues an seine Stelle treten kann.

Die Sternkarte steht für die Meditation und die Stille des Geistes, die notwendig sind, um das individuelle Bewusstsein erfolgreich auf Netzach auszurichten. Die Emotionen und Gedanken müssen zur Ruhe gebracht werden, damit die Energie des Feuerelements Manipura erfolgreich durchdringen kann. Und schließlich steht die Mondkarte für das Unterbewusstsein, den Hinterkopf, den tiefsten Teil unseres

Wasserelements und das, was transformiert werden muss. Wie Sie sehen können, ist der Gedanke der Transformation bei der Arbeit mit dem Feuerelement sehr präsent.

Sie werden feststellen, dass Sie nicht viel Schlaf brauchen, wenn Sie mit dem Feuerelement arbeiten, und Sie werden im Allgemeinen von Ihren Träumen getrennt sein, im Gegensatz zu den beiden vorherigen Elementen Wasser und Luft. Das Feuer gehört zur Seele, die sich damit beschäftigt, das Leben direkt durch Intuition zu erfahren. Sie werden daher einen tiefen Schlaf erleben, anstatt die Bilder in Ihrem Geist im Schlaf zu erfahren. Sie werden sich von den inneren visuellen Bildern losgelöst fühlen, aber mehr mit der archetypischen Energie und dem Gefühl hinter den Bildern in Einklang sein.

Demut ist die höchste Tugend, die aus der Erhöhung des Feuerelements hervorgeht. Sein Laster ist der Stolz, die Grundlage aller anderen Laster und des Egos. Sie können sehen, dass das Feuerelement der Kern Ihres Wesens, Ihrer Seele ist, da es die Überzeugungen über die Welt repräsentiert, die tief in Ihrem Unterbewusstsein verwurzelt und schwer zu ändern sind. Wenn Sie das Feuerelement in die Aura rufen, konzentrieren Sie sich auf das Solarplexus-Chakra, was Ihnen erlaubt, die tiefsten, innersten Ecken Ihrer Seele zu erreichen, um die notwendigen Veränderungen in diesem Bereich vorzunehmen.

Durch die Anrufungen des Feuers fühlen Sie sich sehr inspiriert, kreativ, aktiv und engagiert. Wie bereits erwähnt, werden Sie nicht viel Schlaf brauchen, um Ihre volle Leistungsfähigkeit zu erreichen. Im Bereich des Solarplexus wird eine konstante Hitze spürbar sein, und mit der Zeit werden Sie feststellen, dass sich Ihre Lebensüberzeugungen verändern, scheinbar ohne Ihr bewusstes Zutun.

Der Schmerz, der sich zuerst manifestiert, wird die Aura durch Reinigung mit dem Feuerelement verlassen. Innerer Schmerz ist etwas, das im Unterbewusstsein verankert ist. Er ist ein Teil des Gedächtnisses und gehört zum Wasserelement. Bei richtiger Anwendung wird das Feuerelement diesen Schmerz wegbrennen, so dass das Solarplexus-Chakra besser funktioniert und mehr Lichtenergie ausstrahlt. Dieser Prozess wird Ihr Bewusstsein mit Ihrer Seele in Einklang bringen und Sie von Ihrem Ego distanzieren.

Das Wasserelement sind die Emotionen. Um also Wasser zu reinigen, muss man es mit Feuer behandeln, so wie man physisches Wasser reinigen würde - man fügt ihm Hitze zu, bis es den Siedepunkt erreicht und die Unreinheiten in die Luft verdampfen. Dieser Prozess der Wasserreinigung kann auch auf die mentale und emotionale Ebene angewendet werden - wie oben, so unten. Wir wenden Hitze auf unsere Gedanken und Emotionen mit dem Feuerelement an, um das gewünschte Ergebnis zu erzielen.

Die Arbeit mit dem Feuerelement ist ein ausgezeichneter Zeitpunkt, um Meditation und Stille des Geistes zu üben. Indem Sie das Feuerelement verkörpern, können Si sich über das Gedankengeschwätz des Egos erheben, da das Feuerelement spirituell gesehen höher auf der Skala steht. In der Stille wird die Wahrheit durch Intuition erfahren, und das Feuerelement wird Sie mehr als jedes andere Element mit Ihrer Intuition verbinden.

Wenn Sie das innere Feuer der Kundalini erweckt haben, werden Sie feststellen, dass die Arbeit mit dem Feuerelement relativ einfach ist, da die Energie die Kundalini-Energie ergänzt. Die beiden werden sich oft wie dasselbe anfühlen, aber machen Sie sich keine Sorgen; das Feuerelement arbeitet immer noch an verschiedenen Aspekten des Selbst, während die Kundalini-Energie aktiv ist.

Das Feuerelement macht Sie sehr energiegeladen, und Sie werden das Bedürfnis verspüren, sich mit verschiedenen Aktivitäten zu beschäftigen, um seine Energie zu kanalisieren. Das können sowohl körperliche als auch geistige Aktivitäten sein, da das Feuerelement die anderen drei Elemente Erde, Luft und Wasser umfasst.

Da das Feuer das Luftelement in Ihnen entfacht, werden Ihre Kreativität und Phantasie zunehmen, ebenso wie Ihre Inspiration über das Leben im Allgemeinen. Sie verfügen über eine unerschütterliche Geistesstärke (Standhaftigkeit), die es Ihnen ermöglicht, diese Energie auf Aktivitäten anzuwenden und sie bis zum Ende durchzuziehen. Ihre Ausdauer und Entschlossenheit werden so stark sein wie nie zuvor, so dass Sie verschiedene Aufgaben mit Leichtigkeit bewältigen können.

"Die Verwendung des Willens als Projektor mentaler Ströme ist die wahre Grundlage aller Mentalmagie." - William Walker Atkinson; Auszug aus "Mind-Power: The Secret of Mental Magic"

Weil es Willenskraft ist, wird das Feuerelement Sie in die Lage versetzen, Ihre Träume und Ziele auf eine noch nie dagewesene Weise zu manifestieren. Die Manifestation eines außergewöhnlichen Lebens erfordert die richtige Anwendung des Feuerelements, gefiltert durch das Erdelement. Es gibt ein ständiges Hin und Her, Aktion und Reaktion, zwischen dem Feuer- und dem Erdelement, wenn Ihre Seele Ihre führende Kraft ist.

Umgekehrt, wenn das Ego Ihre leitende Kraft ist, wird die Willenskraft gekapert, und Ihr Erdelement bezieht seine Hauptenergie stattdessen aus den unwillkürlichen Emotionen des Wasserelements. Wie bereits erwähnt, wird das Luftelement benötigt, um sowohl das Feuer- als auch das Wasserelement anzutreiben, und Ihre Gedanken können Ihrer Seele oder Ihrem Ego dienen. Sie haben einen freien Willen, der es Ihnen erlaubt, zwischen beiden zu wählen. Der Durchschnittsmensch lässt jedoch meist seine Emotionen für sich denken und merkt nicht, dass er in dieser Angelegenheit eine Wahl hat.

Wenn Sie das Feuerelement anrufen, werden die Menschen gut auf Sie reagieren und Sie werden für andere inspirierend sein. Achten Sie darauf, ausgeglichen zu bleiben und nicht zuzulassen, dass sich das Feuer durch Ärger oder Ungeduld negativ manifestiert. Sie müssen lernen, Ihr Ego zu zügeln, wenn Sie mit dem Feuerelement arbeiten, was manchmal sehr schwierig erscheinen mag. Die Lektionen, die man bei der Arbeit mit den vorherigen Elementen gelernt hat, müssen angewandt werden. Wenn zum Beispiel die Willenskraft nicht durch bedingungslose Liebe gebremst wird, führt dies zu Selbstliebe, die negatives Karma hervorbringt, das in der Zukunft aufgearbeitet werden muss. Sie sehen also, dass eine gute Grundlage im Wasserelement wesentlich ist, bevor man zum Feuerelement übergeht.

Da das Feuerelement die Willenskraft und der Ausdruck Ihrer Seele ist, müssen Sie viele Monate lang mit dem Feuer arbeiten, bevor Sie zum nächsten Element des Geistes übergehen. Es dauert viele Monate, um negative, auf Angst basierende Emotionen durch die Anwendung von Hitze zu verändern und zu reinigen und um unerwünschte Überzeugungen über das Selbst und die Welt zu verändern. In den meisten Fällen hat es viele Jahre gedauert, eine Überzeugung über etwas aufzubauen, und es dauert wiederum sehr lange, diese negative Denkweise auszumerzen.

Sobald das Element Feuer durch rituelle Anrufungen in die Aura eingeflossen ist, wird es tun, was es tun muss, um das Manipura Chakra zu reinigen. Auch hier müssen Sie sich Ihrer Gedanken und Handlungen bewusst sein, während dieser Prozess stattfindet, damit Sie nicht dem Ego zum Opfer fallen. Indem Sie in Geist, Körper und Seele im Gleichgewicht bleiben, reicht es aus, das Feuerelement in die Aura zu bringen, um Ihre Gedanken und Emotionen zu reinigen, um Ihre Willenskraft einzustimmen und die Seele über das Ego zu erheben.

In vielen Fällen werden Sie die Wirkung hinter der Ursache spüren, und sie wird sich durch Sie manifestieren, da Sie alle Ihre mentalen und emotionalen Prozesse durch das Feuerelement filtern werden. Mit einer einfachen rituellen Übungsbeschwörung (LIRP) werden Sie feststellen, dass die Energie bis zu vierundzwanzig Stunden während Ihres Tages präsent bleibt. Im Schlaf, wenn Sie in den *Alpha-Zustand* eintreten, wird sich die überschüssige Energie auflösen, da sie durch alle Teile Ihres Selbst gefiltert wird und Ihre Aura vollständig verlässt.

DAS ELEMENT GEIST

Das englische Wort "Spirit" stammt vom lateinischen Wort "spiritus" ab, das "Atem" bedeutet. Diese Korrelation zwischen den beiden Wörtern sagt uns, dass es eine Entsprechung zwischen der Energie des Geistes und dem Akt des Atmens der uns umgebenden Luft gibt (die eine physische Manifestation des Elements Luft ist). Atmen bedeutet, Geist zu empfangen. Alle Lebewesen, die atmen müssen, um ihr Leben zu erhalten, sind ein Teil von Spirit. Daher ist der Atem der Beweis für Leben und Geist. Aus diesem Grund sind Atemtechniken in der Meditation und in der Rituellen Magie unerlässlich.

Das Geist/Äthyr-Element wird dem Kehlchakra (Vishuddhi), dem geistigen Augenchakra (Ajna) und dem Kronenchakra (Sahasrara) zugeordnet. Im aufrechten Pentagrammsymbol ist das Geistelement weiß und bildet den obersten Teil des Pentagramms. Wenn wir den Menschen auf das Pentagrammsymbol legen, repräsentiert das Geistelement den Kopf, unsere Verbindung mit der göttlichen Quelle.

"Der Himmel ist das erste Element." - Hermes Trismegistus; Auszug aus "Der göttliche Pymander"

In der Qabalah repräsentiert das Geistige Element die Supernalen - die Sphären von Kether, Chokmah und Binah. Das Geistige Element umfasst auch die Sphäre von Daath, die unsichtbare elfte Sphäre. Daath wird der Abyss genannt und ist der Punkt, an dem die Dualität der unteren sieben Sephiroth auf die Nicht-Dualität der Supernalen trifft. Die einzige Dualität, die auf der Ebene der Überirdischen existiert, ist Chokmah - der Vater und Binah - die Mutter. Die drei Sphären von Kether, Chokmah und Binah wirken jedoch als Ganzes. Chokmah erhält seine archetypische Energie von Kether, und Binah verwandelt diese archetypischen Ideen in Form. Das christliche Äquivalent der Überirdischen ist die Dreifaltigkeit - der Vater, der Sohn und der Heilige Geist (oder Spiritus).

Was die Chakren betrifft, so befindet sich Daath in der Kehle, die durch das Vishuddhi Chakra repräsentiert wird. Da Daath für Wissen steht und der Zweck der Kehle darin besteht, die Schwingung zu erzeugen, um mündlich zu sprechen, verbindet uns das durch Sprache ausgedrückte Wort mit dem Schöpfer. Daher wird das Wort zu unserem modus operandi, unserer Verbindung zu Gott, da wir sprechen und Worte zur Kommunikation verwenden können.

Das Kehlchakra ist die Stimme des Körpers, des Geistes und der Seele. Es ist ein Druckventil, durch das die Energie der anderen Chakren zum Ausdruck kommen kann. Wenn es aus dem Gleichgewicht geraten oder blockiert ist, kann dies die Gesundheit der anderen Chakren beeinträchtigen. Wenn es also im Gleichgewicht ist, können wir ausdrücken, was wir denken und fühlen. Wir sehen also die spirituelle Qualität dieses Chakras, denn der Geist ist der verbindende Faktor der anderen vier Elemente, die als Ausdruck des Geistes dienen.

Das Kehlchakra, Vishuddhi, ist der erste Punkt, an dem sich die unteren vier Elemente zum Geist synthetisieren und durch Kommunikation zum Ausdruck kommen. Vishuddhi ist direkt mit der Wahrheit verbunden; jemand, der immer die Wahrheit sagt, sollte ein ausgeglichenes Kehlchakra haben. Umgekehrt hat jemand, der lügt und andere manipuliert, ein unausgeglichenes Kehlchakra. Denke immer daran, dass Wahrheit und bedingungslose Liebe die beiden stärksten Faktoren sind, wenn es um spirituelle Dinge geht. Deshalb ist es wichtig, im Leben immer die Wahrheit zu sagen, denn nur so kannst du "mit Gott wandeln".

Lügen ist die Domäne von Gottes Gegenspieler, dem Teufel, und führt zu negativem Karma im Kehlkopfchakra. Der Teufel ist die Verkörperung eines Konzepts, einer Idee, nicht einer Entität an und für sich. Die Idee, die diesem Konzept zugrunde liegt, wird am besten durch die Tarotkarte Der Teufel" veranschaulicht. Der Titel und die Bedeutung dieser Karte, die als "Herr der Tore der Materie" bezeichnet wird, informieren uns darüber, dass der Teufel in Wirklichkeit die verlockende und energiebindende Qualität der Materie selbst ist. Alles, was dazu führt, dass wir unser Bewusstsein an die Materie statt an den Geist binden, gehört zum Teufel. Dies wäre die eher okkulte Beschreibung der Energie des Teufels.

"Und nun ist bewiesen, dass Satan oder der rote feurige Drache ... und Luzifer oder der "Lichtträger" in uns sind; es ist unser Verstand." - H. P. Blavatsky; Auszug aus "Die Geheimlehre: Die Synthese von Wissenschaft, Religion und Philosophie"

In der *Thora* und der *Heiligen Bibel* heißt der Teufel Satan. Der Name "Satan" wurde vom Planeten Saturn abgeleitet, und zwar wegen der engen Verbindung des Saturns mit der Welt der Materie. Da Saturn der sich am langsamsten bewegende Planet in unserem Sonnensystem ist, wurde er mit dem Vergehen der Zeit und dem Tod in Verbindung gebracht. Als solcher ist Saturn für den Aufbau des Ichs verantwortlich. In der Qabalistik wird Saturn mit Binah assoziiert, der großen weiblichen Energie und dem astralen Bauplan hinter aller Materie im Universum. Die Tarotkarte des Saturn ist die Universumskarte.

Der Teufel verleitet die Menschheit zur Lüge, weil Lügen die Energie der Angst statt der Liebe nutzen. Angst ist mit der Welt der Materie verbunden, weil das Ego den physischen Körper durch einen instinktiven Verteidigungsmechanismus schützt. Normalerweise lügen wir, um die Wahrheit zu verbergen, aus Angst, dass wir in Schwierigkeiten geraten, wenn wir sie enthüllen. Oder wir lügen für unser Ego, um das zu bekommen, was es sich wünscht, selbst wenn diese Sache unserer Spiritualität abträglich ist. Die Wahrheit ist direkt mit Ehre und persönlicher Integrität verbunden, während Lügen dazu dienen, andere zu verbergen und zu manipulieren, um sich persönlich zu bereichern. Blockaden im Kehlchakra können sich als Schilddrüsenprobleme manifestieren.

Das sechste Chakra, Ajna, ist unsere Verbindung zu den göttlichen und spirituellen Welten. Seine Gabe ist das "Sehen" - allerdings nicht physisch, sondern astral. Die Energie dieses Chakras ermöglicht es uns, klare Gedanken und die Gaben der spirituellen Kontemplation und Selbstreflexion zu erfahren.

Das Geistige Auge ist ein donutförmiges Portal zwischen den Augenbrauen, auf das man zugreifen kann, wenn man seine beiden physischen Augen darauf richtet, sobald sie geschlossen sind. Wenn wir unsere Augen auf dieses Portal des geistigen Auges richten, zieht eine magnetische Anziehungskraft unsere Aufmerksamkeit dorthin, was dazu führt, dass sich das Eingangsportal ganz natürlich öffnet. Der Zugang zum Portal des geistigen Auges auf diese Weise wird als Meditation betrachtet und ist die beliebteste und effektivste Methode. Alle Meditationsmethoden zielen darauf ab, Sie auf Ihr Mind's Eye Chakra einzustimmen.

Ajna ist direkt mit Chokmah und Binah verbunden; durch dieses Chakra haben wir Zugang zu diesen beiden Sphären. Das Ajna Chakra ist der Sitz der Intuition. Es erlaubt uns, Beobachter von Ereignissen zu sein, ohne an ihnen teilzunehmen. Es erlaubt uns auch, uns selbst und die Welt um uns herum in der dritten Person zu sehen und zu beobachten.

Eine Person, die ein vollständiges und anhaltendes Kundalini-Erwachen erlebt, wird das Chakra des Geistigen Auges "aufgesprengt" haben, wo sich sein durchschnittliches Donut (Kreis) förmiges Portal auf die Größe eines Autoreifens ausdehnt, bildlich gesprochen. Nachdem dies geschehen ist, wird alles, was das erwachte Individuum mit seinen beiden physischen Augen sieht, nun durch das erweiterte Geistige Auge gefiltert, was regelmäßig zu vielen transzendentalen Erfahrungen führt.

Ajna ermöglicht es uns, Zugang zu innerer Führung aus den göttlichen Welten zu erhalten und mit unserem heiligen Schutzengel in Kontakt zu treten - daher die Verbindung von Ajna zu Chokmah. Ajna ermöglicht es uns, Illusionen zu durchdringen und Zugang zu tieferen Wahrheiten über das Leben und das Universum zu erhalten, über den Verstand und die Worte hinaus zu sehen. Es erlaubt uns, die archetypische Energie hinter den Bildern, die in unserem Kopf spielen, zu erfahren.

Ajna wird gemeinhin als Drittes Auge bezeichnet, und seine volle Aktivierung erfolgt, wenn die Zirbeldrüse und die Hypophyse im Gehirn im Gleichgewicht sind. Die Zirbeldrüse ist eine kleine kegelförmige Drüse in der Mitte des Gehirns, die Melatonin produziert, ein von Serotonin abgeleitetes Hormon, das das Schlafverhalten steuert. Die Hirnanhangsdrüse ist eine kleine, erbsenförmige Drüse, die sich näher an der Vorderseite des Kopfes, entlang der Augenlinie befindet. Sie wird oft als "Hauptdrüse" bezeichnet und hat die Aufgabe, zahlreiche Hormone abzusondern, die verschiedene Körperorgane steuern.

Die Zirbeldrüse und die Hypophyse sind untrennbar mit den Funktionen von Ajna verbunden - aber auch mit dem darüber liegenden Chakra, Sahasrara. Ajna ist das Fahrzeug, das man benutzt, um Sahasrara zu erreichen. Sahasrara kann auch nicht erreicht werden, ohne vorher Ajna zu aktivieren. Wenn Ajna aktiviert ist, besteht eine der Funktionen von Ajna darin, als Empfänger von Informationen aus Sahasrara zu dienen.

Das siebte Chakra, Sahasrara, ist die Krone und die Krönung der anderen sechs Chakras darunter. Es befindet sich auf dem Scheitel des Kopfes. Sahasrara ist das letzte der Chakras des Selbst und der Beginn des *Transpersonalen Selbst.* Es ist unsere Verbindung zur göttlichen Quelle der gesamten Schöpfung. Auf einer grundlegenden Ebene bedeutet es Einheit und die Versöhnung von Gegensätzen, da es das Chakra der Einheit ist. Durch Sahasrara erfahren wir das mystische Einssein mit allem und jedem in der Natur. In diesem Chakra sehen wir, dass alles Eins ist und dass Trennung eine Illusion ist.

Sahasrara ist ein Sanskritwort und bedeutet "Tausendblättriger Lotus". Es öffnet uns wie eine Blume für die Schwingungen unseres göttlichen Universums. Qabalistisch wird dieses Chakra durch Kether - die Krone und den Beginn der drei Schleier der negativen Existenz - dargestellt. Sahasrara ist der Treffpunkt zwischen dem Endlichen und dem Unendlichen - es ist jenseits von Zeit und Raum, da es ewig ist. Sahasrara ist ein Kanal des reinen Geistes - des Großen Weißen Lichts.

Es ist wichtig zu beachten, dass alle drei obersten Chakren, Vishuddhi, Ajna und Sahasrara, zum Spirit/Äthyr-Element gehören, aber nur Sahasrara gehört zur Nicht-Dualität. Ajna ist das Vehikel, durch das man die Krone erreicht, während Vishuddhi die Verbindung zum Geist durch das gesprochene Wort ist. Sahasrara jedoch ist jenseits von Angst und Negativität, da das Ego es nicht erreichen kann. Das Ego verliert sich völlig in Ajna. Es ist noch in Vishuddhi präsent, dem letzten Ort, zu dem es Zugang hat.

Das Ego ist ein Nebenprodukt der Getrenntheit, das am Vishuddhi Chakra endet, da es der Abgrund des Geistes ist. Auf der anderen Seite ist Sahasrara das Gewahrsein, der "Samen der Wahrheit" und die ultimative Realität der Einheit aller Dinge. Es ist der Zugangspunkt zu den göttlichen Reichen und Chakren oberhalb der Krone. Sahasrara ist auch der Gipfel unserer spirituellen Entwicklung.

Alle drei Chakren, Vishuddhi, Ajna und Sahasrara, haben Anteil am geistigen Element. Sie sind seine Leiter und das Medium, durch das Sie Zugang zu den inneren kosmischen Reichen haben. Sie sollten erst dann mit dem Geistigen Element arbeiten, wenn Sie viel Zeit damit verbracht haben, die anderen vier Elemente - Erde, Luft, Wasser und Feuer - anzurufen. Der Zweck der Anrufungen des Spirituellen Elements ist es, die drei obersten Chakren einzustimmen und die vier Elemente zu synthetisieren, indem sie mit der Spirituellen Energie durchdrungen werden. Die Arbeit mit dem Geistigen Element bereitet dich auf die Adeptenschaft vor.

Die Auswirkungen der Spirit-Anrufungen auf den physischen Körper sind ein durchdringendes Gefühl des Friedens, der Ruhe und des Einsseins in euren Gedanken und Gefühlen. Der Körper wird sich zart anfühlen, wenn die spirituelle Energie in die tiefsten Tiefen deines Seins eindringt. Inspirierende Träume, transzendentale Bewusstseinszustände und inspirierte Meditation sind alles Nebenprodukte der Anrufung von Spirit.

Metaphorisch gesprochen führt die tägliche Anrufung des Spirituellen Elements dazu, dass Sie auf der Erde wandelen, während Sie ihren Kopf im Himmel, in den Wolken haben. Das bedeutet, dass, während die spirituelle Energie in Ihrer Aura präsent ist, die kosmischen Ebenen in Ihnen als zugängliche Bewusstseinszustände geöffnet werden. Das geistige Auge beginnt auf einer höheren Ebene zu funktionieren und kann Schwingungen jenseits des physischen Bereichs wahrnehmen, die sich in Ihrem Bewusstsein niederschlagen.

Wenn Sie das Spirit-Element anrufen, werden Sie feststellen, dass die Menschen im Allgemeinen gut auf Sie reagieren. Da Spirit jedoch direkt mit der Wahrheit verbunden ist, wird es Ihnen fast unmöglich sein, nicht immer Ihre Meinung zu sagen, was Sie oft in Konfliktsituationen bringen wird. Das Karma des Elements Spirit besteht darin, immer die Wahrheit zu sagen. Sie sollsen lernen, alle Konfrontationen mit anderen zu überwinden und Ihren Charakter zu entwickeln.

Das Spirituelle Element hebt Ihr Bewusstsein auf die Ebene der Vierten Dimension - die Dimension der Schwingung. Sobald Ihr Bewusstsein angehoben ist, können Sie Energie durch das Geistige Auge lesen und Schwingungen aus der Außenwelt empfangen, die Sie durch Intuition erfahren. Darüber hinaus können Sie durch die Anrufung des Geistigen Elements durch Chokmah und Binah - Weisheit und Verständnis - wirken.

Die Invokation des Spirituellen Elements kommt der Erfahrung, wie sich ein vollständiges Kundalini-Erwachen anfühlt, am nächsten. Die vollständige Erweckung der Kundalini aktiviert alle Elemente im Körper, was auch das Geistige Element tut. Geistige Anrufungen bewirken auch eine Feinabstimmung der drei obersten Chakren. Während die Chakras durch Spirit Invocations gestimmt werden, werden Blockaden im Kopfbereich beseitigt, so dass die Kundalini-Energie einen besseren Zugang zu allen ungenutzten Regionen des Gehirns hat und diese aktivieren kann.

ZEREMONIELLE MAGIE
RITUELLE ÜBUNGEN

DER HERMETISCHE ORDEN DES GOLDEN DAWN

Die rituellen Übungen, die ich Ihnen in diesem Abschnitt vorstelle, stammen aus dem Hermetic Order of the Golden Dawn. Der Golden Dawn war eine Organisation, die sich dem Studium und der Ausübung der *westlichen esoterischen Mysterien* widmete, einschließlich der Qabalah und der zeremoniellen Magie. Er wurde 1888 in London, Großbritannien, von einer Gruppe von Freimaurern, Qabalisten, Rosenkreuzern und Theosophen gegründet. William Wynn Westcott war die treibende Kraft hinter der Gründung des Golden Dawn - zusammen mit zwei anderen Freimaurern, Dr. William Robert Woodman und Samuel Liddell MacGregor Mathers. Der ursprüngliche Tempel des Hermetic Order of the Golden Dawn hieß Isis-Urania-Tempel.

Der Golden Dawn war eine hermetische Gesellschaft von Gleichgesinnten, die sich mit ihrer spirituellen Entwicklung befassten. Ihr System basierte auf Hierarchie und Einweihung, ähnlich wie bei den Freimaurerlogen. Der Hauptunterschied bestand darin, dass Frauen in den Orden des Golden Dawn aufgenommen wurden und den Männern gleichgestellt waren. Das Golden Dawn war in erster Linie eine Schule für okkultes Wissen, in der der Schwerpunkt auf der Theurgie (der Ausübung ritueller Übungen) und dem Erlernen der Mysterien des Universums lag. Der theurgische Teil basierte angeblich auf den Chiffriermanuskripten, bei denen es sich um kryptische Notizen handelte, die eine Reihe von magischen Initiationsritualen enthielten, die den spirituellen Elementen Erde, Luft, Wasser und Feuer entsprachen.

Der Orden des Golden Dawn hatte seinen Höhepunkt schon früh und löste sich 1903 aufgrund interner Streitigkeiten zwischen den Mitgliedern auf. Der Orden spaltete sich in verschiedene Fraktionen auf, und aus dem, was vom ursprünglichen

Orden übrig blieb, entstanden weitere Ableger. Die beiden wichtigsten Ableger waren der Orden der Stella Matutina und der Orden der Alpha et Omega. Die in *The Magus* vorgestellten rituellen Übungen und ihr Wissen waren zu jener Zeit geheim. Man musste in einen dieser magischen Orden eingeweiht werden, um an dem enormen Wissen teilzuhaben, das an ihre Mitglieder weitergegeben wurde.

Diese rituellen Übungen wurden erst 1937 veröffentlicht, als Israel Regardie das Buch *The Golden Dawn* herausgab, in dem er die Lehren und Praktiken des Hermetic Order of the Golden Dawn der breiten Öffentlichkeit vorstellte. Die New-Age-Bewegung war zu dieser Zeit in Europa und Nordamerika auf dem Vormarsch, was Regardie dazu veranlasste, seinen Eid der Geheimhaltung zu brechen und das Wissen des Golden Dawn zu veröffentlichen. Damit schuf er die Grundlage für den modernen westlichen Okkultismus.

Viele andere Orden des Golden Dawn kamen nach der Veröffentlichung von Regardies *The Golden Dawn auf* und behaupteten, die wahre Linie des ursprünglichen hermetischen Ordens des Golden Dawn zu vertreten, und viele von ihnen gibt es heute noch. Die Wahrheit ist jedoch, dass die echte Linie in den frühen 1900er Jahren verloren ging, als die wichtigsten Mitglieder des ursprünglichen Ordens diesen verließen. Einige von ihnen übernahmen sogar die Überzeugungen und Rituale des Golden Dawn in andere bestehende magische Orden, wie z. B. Aleister Crowley, der den Ordo Templi Orientis (OTO) reformierte. In Wirklichkeit sind die Kraft und die Anwendung dieser rituellen Übungen in der Öffentlichkeit immer noch relativ unbekannt, deshalb stelle ich sie mit der praktischsten Erklärung vor, wie und warum sie funktionieren.

HOHE UND NIEDERE MAGIE

Zeremonielle Magie wird auch Hohe Magie oder Weiße Magie genannt. Sie ist solare Magie und des Lichts. Sie bezieht Energie aus dem Sonnensystem und lässt durch rituelle Übungen Licht (in verschiedenen Frequenzen) in die Aura einfließen. Zeremonielle Magie hat eher einen spirituellen als einen praktischen Zweck.

Ein anderer Name für Hohe Magie ist Sonnenmagie, da die Sonne die Quelle des Lichts und des Lebens für uns ist. Die Energie wird direkt aus dem Universum über uns bezogen, und durch die Verwendung der Luft als Übertragungsmedium wird diese Energie in die Aura des Praktizierenden gerufen. Aus diesem Grund werden Sie oft einen Windhauch auf Ihrer Haut spüren, wenn Sie die Energie durch eine Übung der Zeremoniellen Magie anrufen.

Niedere Magie hingegen schöpft Energie aus der Erde - sie wird oft als Erdmagie oder natürliche Magie bezeichnet. Folk Magick ist ein weiterer gebräuchlicher Name für diese Methode. Bei der niederen Magie geht es darum, ein praktisches, materielles Ergebnis zu erzielen - sie nutzt natürliche Gegenstände wie Pflanzen, Tiere, Steine, Feuer, Wasser und alles, was in unserer Umgebung und der Natur zu finden ist. Sie beinhaltet oft Zaubersprüche, die aus viel weniger aufwendigen Ritualen bestehen als bei der Hohen Magie.

Niedere Magie ist die Magie des heidnischen Volkes, der Hexen, Zauberer, Hexenmeister und weisen Ältesten. Sie kann verwendet werden, um einen materiellen Gegenstand zu erlangen, Geld zu bekommen, Liebe zu finden, den physischen Körper zu heilen und alles andere, was damit zu tun hat, dass man sich um seine körperlichen, irdischen Wünsche, Bedürfnisse oder Sehnsüchte kümmert.

Der Hauptunterschied zwischen Hoher und Niederer Magie besteht darin, dass sie an verschiedenen Teilen des Selbst arbeiten. Niedere Magie arbeitet direkt mit dem physischen Körper und der Sephira Malkuth. Auf der anderen Seite kann die hohe Magie auf alle subtilen Körper innerhalb der inneren kosmischen Ebenen wirken, da sie den gesamten Lebensbaum umfasst.

Die Hohe Magie kann auch die gleichen Ergebnisse wie die Niedere Magie erzielen, allerdings nur durch die Anrufung des Erdelements. Niedere Magie ist eine genauere Wissenschaft, was die Manifestation in der materiellen Welt angeht, da die symbolischen Gegenstände, die sie in ihre Rituale einbezieht, dazu dienen, bestimmte Aufgaben zu erfüllen. Die Hohe Magie gibt Ihnen nur das, was Ihre Seele braucht, um sich spirituell weiterzuentwickeln, während die Niedere Magie von der Seele, aber auch vom Ego benutzt werden kann; daher sind ihre Ergebnisse aus karmischer Sicht nicht immer günstig für Sie.

In *The Magus* werden wir uns nur mit der Hohen Magie beschäftigen. Daher werde ich von nun an nicht mehr zwischen Hoher und Niederer Magie unterscheiden, sondern das Thema nur noch als Magick bezeichnen. Wenn Sie mehr über Niedere Magie erfahren wollen, lade ich Sie ein, selbst etwas zu recherchieren. Es kann nicht schaden, etwas über Niedere Magie oder irgendeine andere Art von Magie zu lernen. Ich rate jedoch davon ab, Energien aus anderen Systemen anzurufen, während Sie eines der Spiritual Alchemy Programme von *The Magus* durchführen. Dies könnte die gewünschten Ergebnisse, die Sie durch diese Arbeit zu erreichen versuchen, negativ beeinflussen.

DIE URSPRÜNGE DER MAGIE

Die Ursprünge der Magie sind von Geheimnissen und Intrigen umwoben. Nach dem *Buch der Wächter* (aus dem apokryphen *Buch Henoch*) existierte vor dem Ereignis der Sintflut Noahs eine Gruppe jenseitiger Wesen, die Wächter genannt wurden. Im Alten

Testament werden die Wächter als Engel bezeichnet, die vom Himmel herabkamen. In den mystischen hebräischen Sekten sind die Wächter in einer Erzengelhierarchie organisiert, mit Michael, Gabriel, Raphael und Auriel als ihren Anführern. In der zeremoniellen Magie sind diese vier Erzengel die Vertreter der vier Elemente.

Der Geschichte zufolge sandte Gott die Wächter auf die Erde, um über die Menschen zu wachen. Nach einer Weile begannen einige von ihnen, sich nach menschlichen Frauen zu sehnen. Angeführt von den Engeln Semyaza und Azazel rebellierten zweihundert der Wächter gegen Gott und kamen auf die Erde, um unter den Menschen zu leben. Sie nahmen sich menschliche Frauen und lehrten die Menschen gegen Gottes Willen verbotenes Wissen. Diese Gruppe wurde als die "Gefallenen Engel" bekannt. Die Geschichte der Wächter ist der Ursprung dieses populären Begriffs.

Die gefallenen Engel enthüllten der Menschheit viele okkulte Geheimnisse, darunter die Hohe und Niedere Magie. Sie lehrten die Menschen auch Astrologie, Astronomie, Meteorologie, Schreiben, Wissenschaft und Technologie, verschiedene kreative Künste, Landwirtschaft, Medizin und den Gebrauch von Kosmetika. Die gefallenen Engel lehrten die Menschen auch die Metallurgie - wie man kunstvolle Kriegswaffen wie Schwerter, Messer, Schilde und Brustpanzer herstellt.

Die gefallenen Engel pflanzten sich mit menschlichen Frauen fort, und ihre Nachkommen wurden als die Nephilim oder die "Riesen" bekannt. Im Alten Testament (Genesis 6:1-4) werden die Nephilim als Nachkommen der "Söhne Gottes" und der "Töchter der Menschen" bezeichnet. Sie wurden Riesen genannt, weil sie viel größer als die Menschen waren, im Durchschnitt vierzehn Fuß hoch. Infolgedessen verehrten die Menschen sie als Halbgötter.

Durch die ständigen Kriege, die zwischen den Menschen geführt wurden, sowie durch andere Formen der Gesetzlosigkeit und Sünde wurde die Erde sehr korrupt. Um die Sache noch schlimmer zu machen, wandten sich die Nephilim gegen die Menschen und begannen, sie zu fressen, als die Menschen es leid waren, sie mit ihren Erzeugnissen zu füttern. Als Gott sah, was vor sich ging, schickte er die Sintflut, um das Böse, das die Erde plagte, zu vernichten und der Menschheit einen Neuanfang zu ermöglichen.

Nach dieser Geschichte hat die Magie ihren Ursprung bei den Wächtern. Da der ursprüngliche Zweck der Wächter darin bestand, buchstäblich über die Menschheit zu wachen, gab uns die Gruppe, die rebellierte, eine spirituelle Praxis, die die Macht hat, uns energetisch einzustimmen und unser Bewusstsein auf göttliche Höhen und Ebenen anzuheben, die unser Geburtsrecht sind. Vielleicht fühlten sie, nachdem sie sich in menschliche Frauen verliebt hatten, eine persönliche Verantwortung, das Wissen der Magie mit uns zu teilen und uns bei unserer Entwicklung zu helfen.

Im *Buch der Jubiläen*, das auch als "Kleine Genesis" bekannt ist, stiegen die Wächter ursprünglich auf die Erde herab, um die Menschheit auf Gottes Geheiß zu unterrichten - ihr "Fall" war durch ihre Zeugung mit menschlichen Frauen gekennzeichnet und nicht durch die Verbreitung von Wissen. Nach dieser Version der Geschichte der Wächter war die Weitergabe von Wissen an die Menschheit keine verbotene Handlung, sondern der Hauptzweck ihres Abstiegs auf die Erde.

Nach der Sintflut überlebte die Menschheit und mit ihr auch das Wissen, das sie von den Wächtern erhalten hatte. Interessanterweise blieb das Wissen um die Magie in den folgenden Jahrtausenden einigen wenigen Auserwählten (Oberschicht und Priesterschaft) vorbehalten, und erst in jüngster Zeit (in den letzten hundert Jahren) wurde der Mantel der Geheimhaltung vor der allgemeinen Bevölkerung abgelegt. Es ist, als ob die Mächte, die die Weltbühne in den Zivilisationen nach der Sintflut beherrschten, nicht wollten, dass der Durchschnittsmensch dieses Wissen hat. Aus irgendeinem ruchlosen Grund zog man es vor, die kollektive Bewusstseinsebene der Menschheit auf einem niedrigeren Niveau zu halten.

Aus der Geschichte der Wächter sehen wir, dass sie göttlichen Ursprungs sind - ob sie nun Engel, Erzengel oder etwas ganz anderes sind. Außerdem waren die Wächter wahrscheinlich diejenigen, die der Menschheit das Wissen über die Qabalah vermittelten. Wie Sie bisher gesehen haben, gibt es viele Beziehungen zwischen der Qabalah und der Magie, einschließlich desselben Ziels - der spirituellen Transformation der menschlichen Rasse. Es kann auch kein Zufall sein, dass beide angeblich in der Antike von Engelswesen an die Menschheit weitergegeben wurden.

Waren die Beobachter jedoch ätherische Wesen, oder waren sie etwas ganz anderes? Wir wissen mit Sicherheit, dass die Beobachter sexuelle Beziehungen zu menschlichen Frauen hatten und körperliche Nachkommen zeugten. Das wäre ihnen nicht möglich, wenn sie nicht aus Fleisch und Blut wären, denn nicht-physische Wesen können keine menschlichen Frauen schwängern.

Ich denke, wenn wir die Natur der Nephilim untersuchen, können wir mehr darüber herausfinden, wer die Wächter waren. Erstens waren die Wächter nach dem Alten Testament die "Söhne Gottes". Diese Aussage besagt, dass sie den Menschen überlegen waren und selbst Götter waren. Zweitens hatten sie physische Körper, da sie physische Frauen schwängern konnten. Und drittens waren ihre Nachkommen Riesen im Vergleich zu den Menschen, d. h. ihre DNA war anders und der unseren überlegen, aber auch kompatibel.

Nach vielen Jahren der Forschung zu diesem Thema glaube ich, dass die Wächter keine Engel oder Erzengel waren, sondern Außerirdische. Was Sie hören, ist eine unorthodoxe Theorie, aber eine, die weiter untersucht werden muss, denn die vielen Teile des Puzzles passen perfekt zusammen, wenn wir diese Theorie als Möglichkeit akzeptieren können.

In den antiken Zivilisationen der ganzen Welt gibt es zahlreiche Beweise dafür, dass Außerirdische vor Hunderttausenden von Jahren an der Erschaffung des modernen Menschen beteiligt waren und uns sogar nach ihrem Ebenbild geschaffen haben. Im hebräischen Originaltext des *Buches Genesis wird zum Beispiel* das Wort "Elohim" anstelle von Gott verwendet, was "die Götter" (Plural) bedeutet - ein Hinweis darauf, dass wir nach dem Bild unserer Schöpfer und nicht nach dem unseres Schöpfers geschaffen wurden.

Alt-Astronautentheoretiker glauben, dass die Menschen in der fernen Vergangenheit Kontakt zu Außerirdischen hatten und dass unsere Evolution durch sie gefördert wurde, als sie unsere Gene mit ihren vermischten und uns Intelligenz verliehen. Aus diesem Grund entwickelt sich der Mensch als Spezies in allen Bereichen ständig weiter, während andere Tierarten dies nicht tun. Wenn diese Theorie stimmt, dann wurden die Beobachter geschickt, um über uns zu wachen, weil sie uns erschaffen haben und eine Verantwortung für uns hatten, so wie es Eltern für ihre Kinder tun. Es ist jedoch nicht das Ziel dieses Buches, die Anthropologie in Frage zu stellen, sondern die folgenden Punkte zu erläutern.

Wenn ein Mensch zum höchsten Potential seiner spirituellen Energie erwacht ist, ist er ein Wesen des Lichts. Der Zweck der Arbeit mit den fünf Elementen durch den spirituellen Alchemieprozess, der in *The Magus* vorgestellt wird, ist es, Erleuchtung zu erlangen - mit anderen Worten, Ihr höchstes Potenzial als Lichtwesen zu verwirklichen.

Wenn die Außerirdischen diejenigen sind, die uns erschaffen haben und uns dann das Wissen über Magie gegeben haben, um uns zu helfen, unser höchstes Potenzial zu erreichen, dann ist es sehr gut möglich, dass sie auch Wesen des Lichts gewesen sind. Schließlich haben sie uns nach ihrem Ebenbild geschaffen, und jedes geschaffene Ding enthält die Essenz seines Schöpfers. Vielleicht haben sie also die Magie erfunden, um sich selbst zu helfen, sich spirituell zu ihrem vollsten Potenzial zu entwickeln, und sie wussten, dass diese Praxis uns helfen würde, dasselbe Ziel zu erreichen, da wir nach ihrem Abbild geschaffen wurden - aus der Perspektive von Energie und Bewusstsein.

Außerdem haben unsere Schöpfer uns einen biologischen Mechanismus namens Kundalini eingepflanzt, dessen Zweck es ist, unseren spirituellen Evolutionsprozess zu beschleunigen. Dieser Mechanismus kann als "Sicherheitsschalter" dienen, da er zu jedem Zeitpunkt ausgelöst werden kann, um unsere Evolution als Spezies voranzutreiben. Es ist sogar möglich, dass dieser Schalter in der Zukunft massenhaft aktiviert wird, was uns kollektiv in das lang ersehnte Goldene Zeitalter führen wird, von dem in den religiösen Schriften weltweit gesprochen wird.

Meiner Erfahrung nach hatte ich gelernt, dass Zeremonialmagie ausnahmslos die beste Hilfe für den spirituellen Transformationsprozess ist, der begann, als ich ein vollständiges und dauerhaftes Kundalini-Erwachen erlebte. Vielleicht ist dies ein weiterer Grund, warum uns die Wächter Magie gegeben haben - damit wir, wenn es in der Zukunft zu massenhaften Kundalini-Erweckungen kommt, eine kraftvolle spirituelle Praxis haben, an die wir uns wenden können, um Hilfe zu erhalten, während wir kollektiv diese spirituelle Transformation durchlaufen.

Wenn wir erst einmal zu unserem höchsten spirituellen Potenzial erwacht sind, werden wir zu interdimensionalen Wesen - mit der Fähigkeit, die inneren, kosmischen Ebenen durch unsere Lichtkörper zu erfahren. Wir werden die Welt der Materie transzendieren und die Fesseln unseres physischen Körpers abstreifen, wodurch unser Bewusstsein in die Lage versetzt wird, die verschiedenen Schwingungsdimensionen des Kosmos zu erfahren.

Ob wir von Gott oder von Außerirdischen erschaffen wurden, spielt für uns keine Rolle, wenn es darum geht, wohin wir als Spezies kollektiv gehen. Unsere Bestimmung ist es, Wesen des Lichts zu werden, und der Zweck der Qabalah, der Magie und insbesondere des Kundalini-Mechanismus ist es, uns dabei zu helfen.

DIE MACHT DER MAGIE

Die wichtigsten Fragen, die sich Menschen stellen, wenn sie zum ersten Mal von Magick hören, sind, wie und warum Magick funktioniert. Zunächst einmal ist Magick eine unsichtbare, göttliche Wissenschaft. Der Prozess der Magick-Rituale beinhaltet die Beeinflussung der Astralwelt, indem man seine Vorstellungskraft und Willenskraft einsetzt. Wenn die Astralwelt beeinflusst wird, werden auch die entsprechenden kosmischen Ebenen beeinflusst - wie oben, so unten. Somit ist die Astralwelt der "Kontaktpunkt" zwischen dem Magus und den kosmischen Ebenen. Durch bewusste Beeinflussung der Astralebene lösen wir das Einströmen von Energie aus den kosmischen Ebenen aus.

Zweitens: Magie erhält ihre Kraft durch Wiederholung. Sobald man eine bestimmte rituelle Formel wiederholt, schafft man ein Energiefeld, das mit weiteren Wiederholungen an Kraft gewinnt. Da der Verstand "es sehen muss, um es zu glauben", muss man sein Gehirn auf die Funktionsweise der Magie einstimmen, um überzeugt zu sein, dass sie funktioniert. Sobald der Verstand zweifelsfrei davon überzeugt ist, werden seine Schleusen geöffnet, wodurch die gewünschte Energie effizienter in die Aura eingebracht wird. Im Wesentlichen funktioniert Magick so.

Warum es funktioniert, ist eine ganz andere Geschichte. Magie ist wirklich das, was das Wort impliziert - Magie. Es ist eine übernatürliche Kunstform mit göttlichen Ursprüngen. Es ist wichtig, den Unterschied zwischen dem englischen "Magick" mit einem "k" und "Magic" mit einem "c" zu beachten. Magie ("Magic") ist lediglich ein Kartentrick, eine Illusion und eine Form der Unterhaltung, während "Magick" die Kunst und Praxis der Energiebeschwörung (oder Evokation) und die Anpassung der Realität an den Willen ist. Magie ist eine göttliche Praxis, die dazu bestimmt ist, das

Bewusstsein zu erhöhen, und sie nutzt die Kraft der universellen Prinzipien der Schöpfung, um diese Aufgabe zu erfüllen. (Ich werde die Prinzipien der Schöpfung in einem späteren Abschnitt über die hermetische Philosophie eingehend erörtern.)

"Der Okkultist versucht nicht, die Natur zu beherrschen, sondern sich in Harmonie mit diesen großen kosmischen Kräften zu bringen und mit ihnen zu arbeiten." - Dion Fortune; Auszug aus "Angewandte Magie"

Jede der Ritualtechniken, die ich Ihnen gebe, wurde von vielen Menschen, die vor Ihnen kamen, erprobt und getestet. Sie funktionieren alle und sind kraftvoll und effektiv. Am Anfang werden Sie vielleicht nichts spüren, aber lassen Sie sich davon nicht beunruhigen; es funktioniert, solange die richtige Formel befolgt wird. Manchmal dauert es eine Weile, bis dein Geist beginnt, die Manifestationen dieser rituellen Übungen zu sehen und die Energie durch die Emotionen intuitiv in deinem Körper zu spüren. Wenn Sie die Kundalini erweckt haben, wird es Ihnen viel leichter fallen, die Energien zu spüren. In den meisten Fällen habe ich festgestellt, dass die Menschen die angerufenen Energien sofort spüren.

Alle magischen Traditionen raten dem Eingeweihten des Lichts zu Entschlossenheit, Beharrlichkeit, Ausdauer und Geduld. In der Tat dauert es in vielen Fällen seine Zeit, bis Magick funktioniert, aber lassen Sie mich beruhigen - es funktioniert. Über die Gründe, warum sie funktioniert, können wir hier sitzen und bis in alle Ewigkeit spekulieren. Unser endlicher Verstand wird niemals etwas vollständig begreifen, das dem unendlichen Verstand Gottes gehört. Wenn Sie die rituellen Übungen systematisch durchführen, wie es empfohlen wird, können Sie davon profitieren, denn sie helfen, die Chakren zu stimmen und zu heilen und die Schwingung Ihres Bewusstseins zu erhöhen.

"Niemand kann dir magische Kräfte geben. Ihr müsst sie euch verdienen. Es gibt nur einen Weg, dies zu tun. Üben, üben, üben!" - Donald Michael Kraig; Auszug aus "Modern Magick: Zwölf Lektionen in den hohen magischen Künsten".

Der Zweck dieser rituellen Übungen ist es, sich spirituell weiterzuentwickeln. Sie werden systematisch als Teil einer alchemistischen Formel vorgestellt, die seit Tausenden von Jahren existiert. Die Verwandlung von Blei in Gold und die Erlangung des Steins der Weisen des Alchemisten ist der Prozess der Verwandlung von unedler Materie in Geist und die Erhebung des Magus (Du) in göttliche Bewusstseinsebenen.

Diese rituellen Übungen sind für Kundalini-Erweckte von besonderem Interesse. Wenn die Kundalini einmal erwacht ist und systematisch jedes der Chakras auf ihrem Aufstieg durch die hohle Röhre in der Wirbelsäule aufgesprengt hat, wird sie für den Rest des Lebens im Gehirn lokalisiert bleiben. Dieses Ereignis würde dazu führen, dass Ihr Lichtkörper vollständig aktiviert und der gesamte Lebensbaum in Ihnen erweckt wird.

Die Angst und Furcht, die nach einer vollständigen Kundalini-Erweckung auftreten, bedeuten, dass die Chakren gereinigt und geläutert werden müssen. Während sie in diesem Zustand leben, brauchen diese Menschen eine spirituelle Praxis oder ein Werkzeug, um sich selbst zu helfen, sich zu entwickeln und ihr Bewusstsein über die ersten vier Elemente (oder Chakren) hinaus in das spirituelle Element der höchsten drei Chakren anzuheben.

Magische Ritualübungen bieten die notwendige Praxis, um die emotionale und mentale Negativität, die alle Kundalini-Erweckten nach der ersten Erweckung durchmachen, wirksam zu bekämpfen. Diese Übungen arbeiten daran, die Angst und Furcht zu beseitigen, die im Energiesystem (Aura) nach der Erweckung der Kundalini vorhanden ist.

SPIRITUELLE INITIATION

Über die spirituelle Initiation und ihre Bedeutung in der Magie ist schon viel geschrieben worden. Bei der spirituellen Einweihung geht es nicht darum, sich weiteres Wissen über ein Thema anzueignen - das ist nichts, was man aus Büchern lernen kann. Stattdessen geht es um den Tod von etwas Altem, damit etwas Neues seinen Platz einnehmen kann. Als solche ist die spirituelle Einweihung eng mit der Idee der spirituellen Wiedergeburt verbunden, da dies ihr Endziel ist.

Spirituelle Wiedergeburt bedeutet, metaphorisch gesprochen, durch den Geist wiedergeboren zu werden. Sie bedeutet die Eroberung des Egos durch das Höhere Selbst, das Wahre Selbst, das zur spirituellen Energie gehört. Die Initiation ist der Ausgangspunkt dafür, das Ego und seine Funktionsweise zu opfern, damit sich das Bewusstsein über die rein materielle Existenz erheben kann, die das Ego ihm im Laufe der Zeit auferlegt hat. Es handelt sich also um einen Prozess der Transformation des Bewusstseins.

Die spirituelle Einweihung bedeutet, dass Sie nicht mehr derselbe sein werden wie vorher, da sich Ihre kognitiven Funktionen nach der Einweihung drastisch verändern werden. Eine neue Sichtweise auf das Leben, neue Überzeugungen und erneuerte

Gedanken sind Teil der Einweihung in die Energien der Zeremoniellen Magie. Sie werden freundlicher und liebevoller zu den Menschen und durchsetzungsfähiger in Ihrem Leben sein. Die Einweihung ermöglicht es Ihnen, Ihr höchstes Potenzial als spiritueller Mensch auszuschöpfen und das Beste aus Ihrem Leben hier auf dem Planeten Erde zu machen.

Der eigentliche Einweihungsprozess findet in Ihnen, dem angehenden Magus, statt und nicht als Teil eines zeremoniellen Rituals oder "Ritus", der Ihnen von anderen Menschen vermittelt wird. Durch die Arbeit mit den rituellen Übungen, die in diesem Buch vorgestellt werden, initiieren Sie sich selbst in die kosmischen Energien, um all die Ziele zu erreichen, die ich gerade erwähnt habe.

"Wir nehmen die spirituelle Einweihung, wenn wir uns des Göttlichen in uns bewusst werden und dadurch mit dem Göttlichen außerhalb von uns in Kontakt treten." - Dion Fortune; Auszug aus "The Training and Work of an Initiate"

Die Zugehörigkeit zu einem magischen Orden (wie einem der Ableger des Golden Dawn oder des Ordo Templi Orientis) ist von Vorteil, um weitere Kenntnisse und Erfahrungen in den westlichen Mysterien zu erlangen. Sie ist jedoch nicht notwendig, um die Kraft der spirituellen Einweihung zu erhalten.

Die rituellen Übungen, die in *The Magus* vorgestellt werden, weihen den Einzelnen in die Energien der Fünf Elemente ein. Lassen Sie mich das noch einmal betonen, denn was ich sage, wird die Glaubensstrukturen erschüttern, die einige von Ihnen über die Einweihung in einen magischen Orden haben. Die hier vorgestellten Rituale, einschließlich des Lesser Invoking Ritual of the Pentagram (jedes der vier Elemente) und des Supreme Invoking Ritual of the Pentagram (Geist), sind die eigentlichen Initiationsrituale in diese besonderen Energien. Sie müssen das verstehen, weil die meisten Orden der zeremoniellen Magie erklären, dass Sie, wenn Sie eine spirituelle Einweihung erhalten möchten, einem Orden beitreten müssen, der sich mit den besonderen Energien beschäftigt, die Sie interessieren.

Die meisten Orden der zeremoniellen Magie arbeiten mit einem Graduierungssystem, bei dem jeder Grad einem der unteren Sephiroth des Lebensbaums entspricht. Jeder dieser Sephiroth entspricht wiederum einem der vier Elemente, einschließlich des fünften Elements des Geistes. Indem Sie sich durch die rituellen Übungen, die in *The Magus* vorgestellt werden, in die Energien der Elemente einweihen lassen, übernehmen Sie die volle Verantwortung für Ihre spirituelle Entwicklung. Sie umgehen die Notwendigkeit, einem Orden anzugehören, um diese äußerst wichtigen spirituellen Einweihungen zu erhalten.

Ein vollständiges Programm zur Durchführung der rituellen Übungen, die in diesem Abschnitt zu finden sind, finden Sie im Kapitel "Der spirituelle Alchemieprozess". Wenn Sie sich an die in diesem Buch vorgestellten Ritualformeln und ihre vorgeschriebenen Programme halten, werden Sie den Weg des Mystikers, des Weisen und des Magus beschreiten.

RITUELLE KLEIDUNG UND AUSSTATTUNG

Seit den Anfängen der westlichen Mysterientradition wurde viel Wert auf einzigartige rituelle Kleidung und den Rahmen gelegt, in dem die Rituale der Zeremoniellen Magie durchgeführt werden sollten. Daher ist ein Missverständnis zu diesem Thema entstanden, das geklärt werden muss, bevor wir weitergehen.

In der Tradition des Golden Dawn wird eine schwarze zeremonielle Robe als Teil der Insignien getragen, einschließlich eines Nemyss und einer Gradschärpe (Abbildung 29). Der Nemyss ist ein Stück gestreiftes Kopftuch, das die Pharaonen im alten Ägypten trugen. Die Gradschärpe stellt die Stufe eines Schülers im Orden dar, da jeder Grad, den er durchläuft, durch einen symbolischen Aufnäher auf der Schärpe gekennzeichnet ist. Sobald der Eingeweihte den Portalgrad erreicht hat, erhält er eine einfache weiße Schärpe. Andere magische Orden verwenden andere Insignien, die die Überzeugungen ihrer Tradition repräsentieren.

Um jedoch Zeremonialmagie mit den rituellen Übungen von *The Magus* zu praktizieren, können Sie alles tragen, was Ihnen heilig oder geweiht erscheint. Diese magischen Übungen funktionieren, indem Sie einfach die Ritualformel befolgen; daher sind Ihre Kleidung und Ihre Umgebung nur wichtig, um Sie in die richtige Stimmung zu versetzen, damit Sie motiviert sind und den rituellen Übungsprozess genießen.

Ich habe festgestellt, dass Menschen, die gerade erst in die Zeremonielle Magie einsteigen, eine Robe oder ein spezielles Outfit hilft, sich in die richtige spirituelle Haltung zu versetzen, bevor sie mit einer Übung beginnen. Wenn dann die Zeit vergeht und sie regelmäßig mit Zeremonieller Magie arbeiten, können sie die besondere Garderobe ablegen, da sie die gewünschte Geisteshaltung ohne zusätzliche Hilfe reproduzieren können. Deshalb ist die Kleidung, die Sie bei rituellen Übungen tragen, nur notwendig, um sich in die richtige Stimmung zu bringen. Vergessen Sie das nicht. Wer Ihnen etwas anderes erzählt, versucht Sie in die Irre zu führen.

Die meisten Menschen, die Zeremonialmagie praktizieren, schaffen sich gerne einen grundlegenden Ritualraum aus einfachen Alltagsgegenständen. Sie könnten zum Beispiel einen kleinen, quadratischen Tisch (hüfthoch) verwenden, um den zentralen Altar darzustellen, um den herum Sie Ihre rituelle Handlung durchführen werden. Am Kopfende des Tisches und in jeder Ecke sollten Sie dann ein Paar Kerzen aufstellen.

Abbildung 29: Traditionelle Golden Dawn Regalia (Äußerer Orden)

Das Anzünden der Kerzen ist ein symbolischer Akt für den Beginn des rituellen Prozesses, während das Auslöschen ein Akt für dessen Beendigung ist. Da Sie mit den fünf Elementen arbeiten werden, ist es am besten, einen quadratischen oder rechteckigen Raum für dieses Vorhaben zu verwenden, wobei die vier umgebenden Wände die vier Elemente darstellen, während die Decke und der Boden das Oben und Unten, den Himmel und die Erde repräsentieren.

Es ist hilfreich, einige symbolische Darstellungen jedes der vier Elemente in den vier Ecken des Altars zu haben. Im Osten haben wir die Luft, im Süden das Feuer, im

Westen das Wasser und im Norden die Erde. Der zentrale Altar steht für den Geist. Dies sind die rituellen Bezeichnungen der Elemente im Raum.

In der Tradition des Golden Dawn wird ein Dolch für das Luftelement, ein Stab für das Feuer, ein Becher für das Wasser und ein Pentagramm für die Erde verwendet. Wenn Sie keinen Zugang zu diesen Gegenständen haben, können Sie kreativ werden und stattdessen beliebige Gegenstände verwenden, die für Sie die vier Elemente symbolisieren.

Wenn man einen aufwendigen Tempel schaffen wollte, bräuchte man einen zentralen Altar und vier "Stationen" mit kleineren Altären, die den vier Elementen gewidmet sind. Traditionell werden im Golden Dawn zwei Säulen (die Licht und Dunkelheit repräsentieren) direkt vor dem zentralen Altar auf gegenüberliegenden Seiten (Norden und Süden) aufgestellt, ebenso wie die *Banner des Ostens und des Westens*. Die henochischen Tafeln befinden sich über den vier Elementarstationen. Der Boden ist schwarz-weiß kariert, die Wände sind schwarz gestrichen. Das Thema der Dualität ist in der gesamten Tempelumgebung präsent. Der Praktiker der Magie, der Ritualist, ist die Quelle des Lichts in der Dunkelheit des Raums, die symbolisch durch die schwarzen Wände dargestellt wird.

In der Tradition des Golden Dawn wird der Tempel vor Beginn eines Rituals von jeglicher verbrauchten, unerwünschten Energie gereinigt. Traditionell wird ein Aspergillum mit Weihwasser verwendet, um den Raum zu reinigen, und ein Kettenweihrauchfass mit Weihrauch, um ihn zu weihen. Sobald dies abgeschlossen ist, kann die rituelle Übung beginnen.

Die Bilder in Abbildung 30 zeigen den Tempel, den ich vor vielen Jahren in einem der Zimmer meines Hauses gebaut habe, als ich im Rahmen des Golden Dawn Ordens Zeremonialmagie praktizierte. Ich habe auch die traditionelle Tempelausrüstung des Golden Dawn geschaffen, um die Authentizität der Erfahrung zu verstärken.

Ich möchte jedoch nicht, dass die Betonung auf dem Bau eines persönlichen Tempels oder einer Tempelausrüstung liegt oder dass der Raum aufwendig gereinigt werden muss. Dies könnte Sie davon abhalten, die rituellen Übungen auszuprobieren, da der gesamte Prozess insgesamt als zu mühsam, langwierig und herausfordernd empfunden werden kann. Die Kraft hinter den rituellen Handlungen liegt in den Formeln, nicht in dem Ort, an dem man sie durchführt, oder in der Kleidung, die man trägt. Wenn Sie die Ritualformel richtig ausführen (unabhängig davon, wo Sie sich befinden oder wie Sie gekleidet sind), wird sie funktionieren.

Wenn Sie sich an einem Ort befinden, an dem Sie die Namen der Göttlichen Kraft nicht laut vibrierend sprechen können, können Sie sie auch leise intonieren, während Sie die rituelle Formel ausführen, und die Übung wird trotzdem funktionieren. Die beschworene Energie wird weniger stark sein, als wenn Sie die göttlichen Namen laut vibrierend sprechen würden, aber es wird trotzdem funktionieren.

Abbildung 30: Der persönliche Golden-Dawn-Tempel des Autors

Ich habe diese rituellen Übungen in Flugzeugtoiletten oder in Restaurants durchgeführt, wenn ich keinen geeigneteren Ort finden konnte, an dem ich für ein paar Minuten ungestört sein konnte - und es hat funktioniert. Um der Magus zu sein, muss man es wollen und bereit sein, unkonventionell zu sein, wenn es von einem verlangt wird.

Um diese rituellen Übungen außerhalb der Komfortzone Ihres Wohnsitzes durchzuführen, brauchen Sie nur einen einfachen Kompass bei sich zu haben, damit Sie sich immer nach Osten orientieren können, wenn Sie eine Bannung oder eine Energiebeschwörung durchführen wollen. Ich empfehle nicht, diese Übungen in Anwesenheit von Fremden in einer öffentlichen Umgebung durchzuführen (da Sie sich dabei unwohl fühlen könnten). Eine öffentliche Toilettenkabine mit genügend Platz, um sich im Kreis zu drehen, reicht jedoch aus. Wenn Sie glauben, dass Sie es können, haben Sie recht, und wenn Sie glauben, dass Sie es nicht können, haben Sie auch recht. Haben Sie also Vertrauen in sich selbst, wenn Sie mit diesen rituellen Übungen arbeiten, und Sie werden Erfolg haben.

DER RITUELLE PROZESS

Bevor Sie mit einer rituellen Übung beginnen, müssen Sie sich über deren Zweck oder Absicht klar werden. Warum machen Sie die Übung, und was wollen Sie erreichen? Da die rituellen Übungen in *The Magus* auf die spirituelle Entwicklung ausgerichtet sind, wird Ihre Absicht oder Ihr Zweck (in den meisten Fällen) darin bestehen, eine bestimmte Energie anzurufen oder zu evozieren, von ihr zu lernen und sich weiterzuentwickeln. Nehmen Sie sich also einen Moment Zeit, bevor Sie eine rituelle Übung beginnen, um sich daran zu erinnern. Schließlich ist unser Höheres Selbst derjenige, der unsere Handlungen bei der Durchführung von Magick-Ritualen leiten sollte, und nicht das Ego.

"Die erste Voraussetzung für den Erfolg in der Magie ist die Reinheit der Absicht." - Aleister Crowley; Auszug aus "Mondkind"

Wie bereits erwähnt, ist es hilfreich, die rituellen Übungen in einem von Ihnen geschaffenen heiligen Raum durchzuführen, aber in Wirklichkeit funktionieren sie überall, wo Sie sich entscheiden, sie durchzuführen, solange die richtige Formel befolgt wird. Wenn Sie etwas Privatsphäre haben, ist es eine gute Möglichkeit, die Übungen in einem Park oder Wald durchzuführen, um sich in der Natur zu erden und gleichzeitig an ihrem Energiefeld (Aura) zu arbeiten.

Es ist am besten, rituelle Übungen nach einer großen Mahlzeit zu vermeiden. Während Ihr Magen daran arbeitet, die Nahrung in Lichtenergie umzuwandeln, werden Ihre Sinne abgelenkt. Rituelle Übungen werden am besten ein paar Stunden nach einer Mahlzeit durchgeführt, wenn der Körper die neue Energie integriert hat und Sie sich besser konzentrieren können. Als Anfänger sollten Sie diese Regel befolgen. Wenn Sie fortgeschrittener sind und sich besser auf die Aufgabe konzentrieren können, können Sie ihre eigenen Regeln aufstellen.

Wenn Sie Ihr Ziel geklärt und entschieden haben, wo Sie die rituelle Übung durchführen wollen, müssen Sie sich im nächsten Schritt zentrieren. Sie müssen sich in einem ausgeglichenen mentalen Zustand befinden, in dem Sie sich positiv fühlen, damit die angerufenen Energien besser in die Aura eindringen können. Bei rituellen Anrufungen wird die Energie von außen in Ihre Aura gebracht. Schließlich sind diese Energien ein Teil unseres Sonnensystems und der gesamten Schöpfung. Bei Beschwörungen greifen Sie auf eine Art von Energie in Ihrem Inneren zu, die meist zur Selbstreflexion oder zum Entfernen von Energie aus Ihrer Aura eingesetzt wird.

Sie sollten den Vierfachen Atem ausführen, um Ihren Geist zu beruhigen und in die "Zone" zu kommen. Die Technik für diese Atemübung wird in diesem Abschnitt beschrieben. Vor der Arbeit mit Magie ist es wichtig, geistig und emotional gefasst zu sein. Genauso wie Sie sich mental auf ein wichtiges Sportspiel vorbereiten würden, müssen Sie dasselbe tun, bevor Sie Magick praktizieren. Aus diesem Grund verwenden viele Menschen gerne Räucherwerk, um ihren Raum heilig zu machen und sich in einen meditativen Zustand zu versetzen. Die beliebtesten Düfte, um die Energie eines Raumes zu klären, sind Salbei, Weihrauch und Sandelholz, aber jedes Räucherwerk, das Sie als angenehm empfinden, ist geeignet.

Alle rituellen Übungen sollten im Stehen mit Blick nach Osten durchgeführt werden. Sie sind im Uhrzeigersinn auszuführen und folgen dem Weg der auf- und untergehenden Sonne. Die Sonne geht im Osten auf (dem Luftelement zugeordnet), wo wir beginnen, das Licht zu empfangen. Die Sonne hat ihren höchsten Stand und erzeugt das meiste Licht im Süden (dem Feuerelement zugeordnet). Die Sonne beginnt dann unterzugehen und beendet ihren Zyklus im Westen (dem Wasserelement zugeordnet). Der Norden wird dem Erdelement zugeordnet und empfängt daher kein Licht - er steht für die Dunkelheit, bevor die Sonne aufgeht und ihren Zyklus wieder beginnt. Aus diesen Gründen folgen wir bei der Anrufung oder Verbannung von Energien symbolisch dem Weg der Sonne.

Da die Astralwelt der Kontaktpunkt für den Magus ist, ist es entscheidend, Willenskraft und Vorstellungskraft einzusetzen, damit eine rituelle Übung funktioniert. Dieser Prozess beinhaltet die Visualisierung bestimmter Bilder, die Ihnen als Teil der Formel der Übung gegeben werden, und deren Übertragung auf die physische Realität um Sie herum.

Indem Sie Ihre Vorstellungskraft einsetzen, während Sie mit Ihrer rechten Hand Symbole nachzeichnen und die göttlichen Namen der Macht vibrieren lassen, wird Energie in die Aura (oder aus ihr heraus) beschworen (oder evoziert). Es ist ziemlich einfach, wenn man weiß, was man tut und etwas Übung hat.

"In allen Formen der Magie ist die Vorstellungskraft oder die Fähigkeit, Bilder zu machen, der wichtigste Faktor." - Kenneth Grant; Auszug aus "The Magical Revival"

Zur Verdeutlichung: Bei einer rituellen "Invokation" bringen (rufen) Sie eine bestimmte Art von Energie aus dem äußeren Universum in Ihre Aura. Bei einer rituellen "Evokation" greifen Sie auf eine bestimmte Art von Energie aus Ihrem Inneren zu, um sie in sich aufzunehmen oder sie aus Ihrer Aura zu verbannen (wie bei den rituellen Übungen des verbannenden Pentagramms oder Hexagramms).

Es ist unerlässlich, dass Sie während der rituellen Übungen Ihre Vorstellungskraft und Willenskraft aktiv einsetzen, um sie mit Leben zu erfüllen. Damit die Magie funktioniert, muss eine rituelle Formel befolgt werden, die darin besteht, die göttlichen Namen der Macht zu vibrieren (zu singen) und bestimmte Symbole vor sich in die Luft zu zeichnen.

Das Zeichnen von Symbolen ist ein imaginärer Prozess, bei dem Sie mit Ihrer rechten Hand Symbole in die Luft zeichnen, indem Sie entweder einen Dolch, Ihre Finger oder ein anderes Werkzeug benutzen, mit dem Sie die Energie herbeirufen (oder evozieren) wollen. Was Sie dabei verwenden, bleibt Ihnen überlassen. In der Tradition des Golden Dawn wird der Daumen einfach zwischen den Ring- und Mittelfinger gelegt.

Der Daumen in der Mitte der vier Finger steht für den versöhnenden Faktor des Shin-Buchstaben zwischen dem Tetragrammaton, wodurch es zum Pentagrammaton oder zum Namen Jesu Christi wird. Wenn Sie das Symbol des Pentagramms oder Hexagramms zeichnen, sollten Sie sich vorstellen, dass es vor Ihnen steht und ihm dadurch Kraft verleiht.

Jede rituelle Übung hat ihre Formel, die bis ins kleinste Detail befolgt werden muss. Außerdem ist es wichtig, die göttlichen Namen der Kraft zu vibrieren. Wenn Sie tibetische Mönche chanten gehört haben, ist es ähnlich. Die Schwingungen müssen in monotonem, natürlichem C und mit langgezogener Aussprache ausgeführt werden. Außerdem müssen die Namen so ausgesprochen werden, wie sie geschrieben sind, und mit einem befehlenden, aber ehrfürchtigen Ton.

Die richtige Vibration dieser Namen wird die richtige Energie in deine Aura einbringen. Es ist sehr wichtig, sie in der Kehle vibrieren zu lassen und die Kraft des Unterleibs zu nutzen, wenn Sie sie chanten. Sie sollten spüren, wie ihr ganzer Körper vibriert, wenn Sie diese göttlichen Namen der Kraft aussprichen.

Worte sind Macht, und das gilt auch für unsere Fähigkeit, diese göttlichen Namen anzurufen. Unser Wort ist unser Bindeglied zu den Welten jenseits des physischen Reiches. Die Schwingungen umfassen die vielen göttlichen Namen Gottes, der Erzengel, der Engel und anderer heiliger Namen, je nach ritueller Übung und ihrem Ursprung. Die göttlichen Namen, die in diesen Übungen verwendet werden, existieren in den meisten Fällen schon seit Tausenden von Jahren und sind sehr kraftvoll.

Rituelle Übungen der zeremoniellen Magie funktionieren durch Wiederholung, da der Geist den Prozess assimiliert und Tore schafft, durch die die beschworene Energie in die Aura eindringen kann. Bei diesen Ritualen ist es der Geist, dem wir Streiche spielen, um ihn so zu beeinflussen, dass er sich auf Energien einstellt, die jenseits von uns sind, und sie in die Aura bringt.

Alle in *The Magus* vorgestellten rituellen Übungen verwenden den magischen Kreis. Der Ritualist erschafft diesen Kreis, um einen geschützten und heiligen Bereich zu schaffen. Da es sich bei den meisten der in diesem Werk vorgestellten Übungen um Anrufungen handelt, werden die Energien, mit denen Sie außerhalb von sich arbeiten, in Ihren magischen Kreis fließen und in Ihre Aura eindringen.

Wenn sich andere Menschen in Ihrem magischen Kreis befinden, sobald Sie ihn erschaffen haben, wird die gewünschte Energie auch in ihre Auren eindringen. Bei einem Gruppenritual kann eine Person die ganze Arbeit machen, um den magischen Kreis zu erschaffen, oder andere können sich aktiv beteiligen. Der Schlüssel zur Absorption der beschworenen Energien liegt darin, sich während der rituellen Übung im magischen Kreis aufzuhalten.

Deine Aura ist das alchemistische Alembic, in dem der spirituelle Alchemieprozess stattfindet. Ein Alembic ist in der Alchemie ein Apparat, der bei der Destillation verwendet wird, normalerweise ein Becher oder ein Kolben. Die Aura wird zum Destillierkolben, da die energetischen Veränderungen in ihr stattfinden, wodurch das Höhere Selbst erhöht wird.

Um jedoch wirklich über einen längeren Zeitraum von den rituellen Übungen zu profitieren, muss die Aura "hermetisch versiegelt" werden. Dieser Begriff bedeutet, dass es wichtig ist, diese Rituale geheim zu halten, zumindest für eine Weile, bis Sie sehen, dass der Prozess funktioniert, weil Sie nicht wollen, dass die Außenwelt Sie davon abhält, diese Übungen anzuwenden. Magie ist sehr fremd für Menschen, die sich noch nie damit beschäftigt haben. Menschen haben von Natur aus Angst vor Dingen, die sie nicht verstehen, und meiden diese Dinge im Allgemeinen, um die Angst vor dem Unbekannten aus ihrem Leben zu verbannen.

Ich möchte noch einmal betonen, dass diese Rituale funktionieren. Sie haben immer funktioniert, und sie werden auch weiterhin funktionieren. Sie müssen beharrlich und entschlossen sein, sie anzuwenden, und ich verspreche Ihnen, dass Sie die Ergebnisse sehen werden - geben Sie ihnen etwas Zeit. Der Verstand braucht eine gewisse Zeit, um sich an die neuen Realitäten zu gewöhnen, aber sobald er das tut, haben diese rituellen Übungen die Angewohnheit, süchtig zu machen.

Die Fähigkeit zu kontrollieren, wie Sie sich den ganzen Tag über fühlen wollen, ist eine unglaubliche Macht, die Sie über Ihr Leben haben. Und während sie sich fantastisch anfühlen, bewirken diese Übungen auch Wunder für deine Chakren, da sie die Energie der Elemente in ihnen reinigen.

Es ist mir ein Rätsel, warum diese heilige Wissenschaft in der Außenwelt relativ unbekannt ist, wo sie doch so mächtig und wertvoll ist. Ich glaube, dass der religiöse Glaube etwas damit zu tun hat, insbesondere das Konzept der meisten Religionen, die behaupten, dass sie die Antworten auf die vielen spirituellen Fragen haben, die wir haben. Die meisten Religionen wollen uns glauben machen, dass wir zu einem Gott außerhalb von uns selbst beten müssen, da ihr Gott ihrer Meinung nach "da draußen" ist und nicht in uns.

Die Rituale der zeremoniellen Magie hingegen basieren darauf, dass jeder von uns sein eigener Messias, Erlöser und Träger der Transformation von Materie in Geist ist. Auf diese Weise sollen wir die volle Verantwortung für unsere spirituelle Entwicklung übernehmen, anstatt einfach zu tun, was wir wollen, und zu hoffen, dass das Universum uns belohnt. Die Verwendung von Ritualen der zeremoniellen Magie ermöglicht es uns, das Schicksal in unsere eigenen Hände zu nehmen. Es gibt keinen effektiveren Weg, die eigene Macht zu maximieren, als Herr über das eigene Schicksal zu werden.

DAS MAGISCHE JOURNAL

Wenn Sie anfangen, Zeremonielle Magie zu praktizieren, werden ihnen viele grundlegende Wahrheiten über die Natur der Existenz in deinen Träumen offenbart. Wenn Sie in den Elementen fortschreiten, können Sie sogar anfangen, regelmäßig luzide zu träumen. Während eines luziden Traums können Sie die Fähigkeit entwickeln, Ihren Trauminhalt bewusst zu kontrollieren.

Wenn Sie zum "Filmregisseur" Ihrer Träume werden, werden Sie Ihre magischen Fähigkeiten auch im Traumzustand entwickeln. Bei all diesen neuen Erfahrungen ist es hilfreich, ein magisches Tagebuch zu führen, in dem Sie Ihre Träume aufschreiben und alles, was Ihnen widerfährt, festhalten können. Mit der Zeit werden Sie Muster in Ihren Träumen erkennen und in der Lage sein, Symbole zu deuten, die Sie anfangs nicht verstanden haben. Deine Träume erzählen die Geschichte von "Dir", und manchmal braucht es eine gewisse Zeit, bis Sie einen Schritt zurücktreten und das große Ganze sehen können.

Wenn Sie sich darin üben, Ihre Träume aufzuschreiben, richten Sie sich mehr auf Ihr Unterbewusstsein und die Fähigkeit aus, Bilder und Vorstellungen in Ihrem Kopf zu sehen. Als praktizierender Magier ist dies eine nützliche Fähigkeit, denn sie hilft Ihnen, eine bessere Kontrolle über Ihre Gedanken zu erlangen, was sich wiederum auf Ihre Fähigkeit auswirkt, Ihr Leben besser zu kontrollieren, indem Sie Ihre Willenskraft einsetzen.

Anstatt den Inhalt Ihrer Träume aufzuschreiben, können Sie auch ein Diktiergerät verwenden. Das ist bequemer, weil man die Informationen schneller aufzeichnen und dann wieder einschlafen kann, um weiter zu träumen. Wenn Sie mitten in der Nacht aufwachen, ist diese Methode optimal. Sie können sich die Sprachaufzeichnung immer am Morgen anhören und die Träume in Ihr magisches Tagebuch eintragen.

Indem Sie Ihre Träume aufschreiben, werden Sie auch zu Ihrem eigenen Psychologen. Allein der Akt des Aufschreibens ist ein Akt der Analyse Ihrer Psyche. Selbst ohne psychologische Vorkenntnisse werden Sie in der Lage sein, Symbole zu erkennen und Muster in Ihren Träumen zu erkennen. Diese Symbole und Wiederholungsmuster erzählen unweigerlich eine Geschichte über etwas, das das Unterbewusstsein versucht, dem Bewusstsein mitzuteilen.

Das Unterbewusstsein kann sich oft wie ein wildes Tier verhalten, das sich völlig unabhängig äußert. Da es in der Regel vor uns verborgen ist, sind wir vielleicht nicht in der Lage, seine Funktionsweise zu erkennen, es sei denn, wir beleuchten es mit einer Lupe, um seine Handlungen genau zu beobachten. Das Aufschreiben Ihrer Träume dient als diese Lupe; indem Sie es mit der Zeit tun, wird sich Ihnen das Unterbewusstsein mehr und mehr offenbaren. Es wird erkennen, dass es sich nicht mehr verstecken kann, da Sie sich dafür interessieren, was es Ihnen zeigt.

Wenn Sie Ihre Träume täglich aufschreiben, erhalten Sie einen besseren Zugang zu Ihrem Unterbewusstsein, auch im Wachzustand. Sie werden in der Lage sein, sich nach Belieben mit ihm zu verbinden und die Bilder zu sehen, die es projiziert, und sie zu analysieren. Dies wiederum wird Ihnen bei Ihrer spirituellen Entwicklung erheblich helfen. Auch Ihre Intuition wird sich immens verbessern.

Neben der Aufzeichnung Ihrer Träume sollten Sie Ihr magisches Tagebuch auch dazu verwenden, die von Ihnen durchgeführten Rituale zu notieren. Jedes Mal, wenn Sie ein Ritual durchführen, sollten Sie es in Ihrem Tagebuch notieren. Um optimale Ergebnisse zu erzielen, müssen Sie das Datum und die Uhrzeit notieren, zu der Sie die Übung durchgeführt haben. Dasselbe gilt für das Aufschreiben Ihrer Träume.

Es wird auch empfohlen, dass Sie sich einen Planetenführer besorgen (der die Bewegung der Planeten und des Mondes in Bezug auf die Sterne abbildet) und die astrologischen Einflüsse an dem Tag und zu der Zeit aufschreiben, an dem Sie die rituelle Übung durchgeführt haben. Dieser Teil ist nicht obligatorisch, aber es ist hilfreich, dies zu tun, wenn Sie es ernst meinen, ein fortgeschrittener Magier zu werden.

Die rituellen Elementarübungen wirken sich auf den Mikrokosmos aus, während die Planeten- und Mondzyklen den Makrokosmos beeinflussen - wie oben, so unten. Das eine beeinflusst das andere kontinuierlich. Deshalb ist es wichtig, die Bewegungen der Planeten in unserem Sonnensystem und die Mondzyklen aufmerksam zu verfolgen, damit Sie eine Vorstellung davon haben, welche makrokosmischen Energien Sie täglich beeinflussen. Nachdem Sie das erste Programm der Spirituellen Alchemie mit den Elementen abgeschlossen haben, ermöglicht Ihnen das folgende Programm, Ihre makrokosmischen Einflüsse durch Anrufungen der Planetenenergien direkt zu verändern.

Nachdem Sie die rituelle Übung, die Sie durchgeführt haben, aufgeschrieben haben, müssen Sie aufschreiben, wie Sie sich bei dieser Übung gefühlt haben und was Ihnen vor und nach der Übung durch den Kopf ging. Die Idee dabei ist, nachdenklich zu sein und aufzuschreiben, wie die Übung Sie psychologisch beeinflusst hat. Anfangs fühlen Sie vielleicht nichts und haben keine inspirierenden Gedanken dazu, aber das wird sich mit der Zeit ändern. Indem Sie die rituellen Übungen wiederholen und Ihre Psyche ihren Energien aussetzen, wird sich Ihre Erfahrung mit der Zeit verstärken.

Es ist wichtig, dass Sie jedes Mal, wenn Sie eine rituelle Übung durchführen, Ihre Gedanken zu Papier bringen, um zu sehen, wie Sie sich im Laufe der Zeit entwickeln und die Fähigkeit erlangen, sich geistig und emotional mit diesen Übungen zu verbinden. Auf diese Weise können Sie Ihren Fortschritt und Ihre Entwicklung zu einem Magi verfolgen.

DER VIERFACHE ATEM

Der Vierfache Atem ist eine stressreduzierende, meditative Übung, die täglich durchgeführt werden kann, sei es direkt vor oder nach einer rituellen Praxis oder zu jeder Zeit des Tages, wenn Sie in einen ruhigen, ausgeglichenen Geisteszustand gelangen wollen. Ihre Anwendung wird jedes Mal sehr positive Ergebnisse bringen, da die Atemkontrolle entscheidend ist, um in einen meditativen Zustand zu gelangen. Darüber hinaus geht die Durchführung des Vierfachen Atems Hand in Hand mit den rituellen Übungen, denn ein ruhiger und ausgeglichener Geisteszustand hilft dabei, sich auf die angerufenen Energien einzustimmen und erlaubt ihnen, sich effizienter in das Selbst zu integrieren.

Der Vierfache Atem ist eine Pranayama-Yoga-Technik, die als Sama-Vritti bekannt ist, was im Englischen "gleichmäßiges Atmen" bedeutet. Sie ist nicht nur eine vorbereitende Atemtechnik für rituelle Übungen, sondern kann auch eingesetzt werden, wenn Sie sich in einer stressigen Situation befinden oder mit Ängsten zu kämpfen haben. Ihre Anwendung wird Sie innerhalb weniger Minuten beruhigen und Sie in die Lage versetzen, klar zu denken. Darüber hinaus versetzt ihre Ausführung Ihr Bewusstsein in den Alpha-Zustand.

Die Anwendung des Vierfachen Atems öffnet das psychische Zentrum, das Mind's Eye Chakra (Ajna), das wiederum eine stärkere Verbindung mit dem Kronenchakra (Sahasrara) herstellt und dich so mit der spirituellen Energie in Einklang bringt. Die Einstimmung auf das Mind's Eye Chakra bringt mit der Zeit Gleichgewicht und Ruhe in Geist, Körper und Seele. Das Mind's Eye Chakra ist ein Tor, ein "Portal", das zu inneren kosmischen Reichen und höheren Bewusstseinsebenen führt.

Es ist wichtig zu beachten, dass Sie, wenn Sie die Kundalini vollständig erweckt haben und sie sich nun im Gehirn befindet und einen starken Druck im Kopf verursacht (was in diesem Zustand üblich ist), die folgende Mind's Eye Meditation überspringen und dass Sie sich auf den Vierfachen Atem konzentrieren sollten. Führen Sie den Vierfachen Atem als einfache meditative Technik durch und schicken Sie die Energie nach unten statt nach oben. Dies erreichen Sie, indem Sie Ihre Aufmerksamkeit und Ihr Gewahrsein auf Ihren Unterleib richten, während Sie diese Atemübung durchführen. Das Ergebnis ist, dass die Energie vom Kopf in den Bauch abwärts fließt, den Druck vom Kopf nimmt und zu einem entspannten und ausgeglichenen Zustand führt.

Der Vierfache Atem soll Sie in den richtigen Geisteszustand bringen. Um ihn auszuführen, entspannen Sie Ihren Körper und atmen Sie auf vier Zählzeiten aus. Halten Sie den Atem bis zum Zählen von vier an. Dann atmen Sie auf vier Zählzeiten ein. Halten Sie die Einatmung bis zum Zählen von vier an. Einfach. Wiederholen Sie diesen Zyklus und führen Sie ihn mindestens drei bis fünf Minuten lang durch, wenn Sie diese Übung zum ersten Mal durchführen. Zählen Sie in einer gleichmäßigen, angenehmen Geschwindigkeit, während Sie versuchen, Ihrer natürlichen Atmung zu folgen. Es kann ein paar Tage dauern, bis Sie ein Tempo gefunden haben, das Ihrem Körper entspricht und das gewünschte Ergebnis erzielt.

Die rhythmische Atmung des Vierfachen Atems ist notwendig, da sie die Kundalini-Energie und das Astrallicht stimuliert. Er versetzt Sie sofort in einen meditativen Geisteszustand und gibt Ihnen die richtige Vorbereitung, bevor Sie eine rituelle Übung oder eine andere Meditationstechnik beginnen. Da Sie den Vierfachen Atem immer dann anwenden können, wenn Sie sich selbst beruhigen müssen, sollten Sie ihn häufig praktizieren und zu einem regelmäßigen Bestandteil Ihres Lebens machen.

DIE MEDITATION DES GEISTIGEN AUGES

Die Mind's Eye Meditation (Meditation des Inneren, Geistigen oder Dritten Auges) wird am besten im Liegen oder im Lotussitz ausgeführt, obwohl sie jederzeit durchgeführt werden kann, wenn der Körper ruhig ist und sich in einem Zustand der Entspannung befindet. Das Mind's Eye Chakra befindet sich zwischen den Augenbrauen und knapp über der Augenhöhe, etwa 1/5 des Weges in Richtung Haaransatz. Es befindet sich einen Zentimeter im Inneren des Kopfes, wenn man an dieser Stelle mit geschlossenen Augen nach oben schaut. Obwohl es kein physisches drittes Auge im Körper gibt, befindet sich in diesem Bereich ein Bewusstseinszentrum.

Das geistige Auge ist ein kleines, rundes Portal, ein Fenster in die kosmischen Reiche. Wenn wir uns darauf konzentrieren, gelangen wir sofort in einen meditativen Zustand. Wenn wir jedoch unsere Aufmerksamkeit für eine kurze Zeit dort halten und das Geschwätz des Egos vernachlässigen, werden wir beginnen, Visionen und Bilder zu empfangen, die wie auf einer Kinoleinwand über diesen Bereich fließen.

Führen Sie den Vierfachen Atem durch und konzentrieren Sie sich dabei auf das Zentrum des Geistigen Auges. Sie sollten beginnen, eine Verbindung mit diesem Zentrum zu spüren und eine Kraft, die Ihre Augen langsam dorthin ziehen. Es gibt eine magnetische Anziehungskraft und eine leichte Anstrengung für Ihre Augen, wenn Sie diese Übung durchführen. Sie werden wissen, dass Sie eine Verbindung mit dem Geistigen Auge hergestellt haben, wenn ein angenehmes Gefühl in Ihr Herz eintritt. Sie werden dann beginnen, Visionen zu sehen, die durch diesen Bereich strömen. Versuchen Sie, sich mit diesen Visionen zu verbinden, indem Sie ihnen Ihre größtmögliche Aufmerksamkeit schenken. Halten Sie jedes Bild nicht zu lange fest, denn es wird flüchtig sein. Betrachten Sie es stattdessen und lassen Sie es los. Wenn Sie diese Meditation nach einer rituellen Anrufung durchführen, werden sich die Bilder in irgendeiner Weise auf die Natur der Energie beziehen, die Sie angerufen haben.

Ihr Körper und Ihr Geist sollten sich nun in einem Alpha-Zustand befinden, während Sie den Vierfachen Atem ausführen, was ein notwendiger Zustand ist, damit die Energie, die Sie angerufen haben, beginnt, mit Ihnen zu kommunizieren. Sie werden diese Gedanken wie in einem Traum sehen und erkennen, dass der wahre "Beobachter" in Ihnen ist. Mit anderen Worten, Sie werden in der Lage sein, den Stillen Zeugen in Ihnen wahrzunehmen. Er oder sie ist etwas anderes als der Körper oder der Verstand, aber er ist ein Teil von Ihnen. Es ist das Höhere Selbst, das Teil des reinen, undifferenzierten kosmischen Bewusstseins des Universums ist.

Bleiben Sie zehn bis fünfzehn Minuten in diesem Zustand. Je mehr Zeit Sie in diesem Zustand verbringst, desto besser, denn Sie entwickeln dabei Ihre übersinnlichen Fähigkeiten und stimmen sich gleichzeitig auf die Energie des Geistes ein. Kehren Sie nun langsam aus diesem Zustand in einen normalen Zustand zurück. Lösen Sie die Anspannung von Ihren Augen und bringen Sie sie allmählich aus dem Zentrum des Geistigen Auges in ihre normale Position, so dass Ihr Geist in das normale Wachbewusstsein zurückkehren kann.

Gönnen Sie sich ein paar Minuten Ruhe, damit Sie die Erfahrung integrieren können. Denken Sie über die Bilder nach, die Sie gesehen haben, und über alle Botschaften, die Sie in diesem meditativen Zustand erhalten haben. Öffnen Sie langsam Ihre Augen. Ihre Meditation ist nun abgeschlossen.

Diese Meditation hilft Ihnen, die Energie zu kanalisieren, mit der Sie durch die rituellen Übungen arbeiten, und Gnosis zu erlangen. Sie trägt auch dazu bei, die Konzentration zu entwickeln und deine intuitiven Kräfte zu steigern. Ihre Anwendung wird auch die Kundalini stimulieren und kann zu einem spontanen Kundalini-Erwachen führen, wenn Sie nicht bereits eines hatten.

Die Mind's Eye Meditation ist die grundlegendste und effektivste Meditation, die es gibt. Sie ist sehr kraftvoll, denn wenn Sie sie täglich ausführen, werden Sie ihre spirituelle Entwicklung in nur wenigen Monaten um das Zehnfache steigern. Diese Meditation arbeitet gut mit dem Vierfachen Atem und den rituellen Übungen zusammen, weil sie es dir ermöglicht, deinen Geist in einen ruhigen und entspannten Zustand zu versetzen, wodurch die Energien effizienter in deine Chakras eindringen können.

Abgesehen davon, dass Sie einen sehr entspannten und ausgeglichenen Geisteszustand erlangen, arbeiten Sie daran, Ihr geistiges Augenchakra zu öffnen und Energien von Ihrem Überirdischen, Ihrem Gott-Selbst, zu empfangen. Sie können nicht allein auf Sahasrara zugreifen, sondern müssen das Geistige Auge als Eingangsportal benutzen. Wenn Sie mit dieser Meditation arbeiten haben Sie Zugang zu den beiden höchsten Chakren und öffnen sich für ihre Energien. Auf diese Weise werden Sie auf ihrer spirituellen Evolutionsreise gut vorankommen.

LESSER BANISHING RITUAL OF THE PENTAGRAM

Diese rituelle Übung ist eine Art Verbannung sowohl der negativen als auch der positiven Energieeinflüsse in deiner Aura und sollte mindestens ein paar Mal am Tag durchgeführt werden. Das Lesser Banishing Ritual of the Pentagram (LBRP) verbannt den Mikrokosmos, während das Banishing Ritual of the Hexagram (BRH) den Makrokosmos verbannt. Auch wenn es seltsam erscheinen mag, positive Energieeinflüsse beseitigen zu wollen, so handelt es sich doch um Energien, die Sie davon abhalten können, Ihre gewünschten Ziele zu erreichen.

Der Mikrokosmos ist der Mensch und gilt als Spiegelbild des Sonnensystems, das den Makrokosmos darstellt. Nach dem hermetischen Axiom "Wie oben, so unten" ist der Makrokosmos das Oben, während der Mikrokosmos das Unten ist. Wir wenden dieses hermetische Axiom bei allen magischen Operationen an.

Der Mikrokosmos ist die Aura des Menschen und die in ihr enthaltenen elementaren Energien, die durch die Chakren wirken. Der Makrokosmos sind die Energien, die in unserem Sonnensystem enthalten sind, d.h. die Energien der sieben alten Planeten, der zwölf Tierkreiszeichen und der Elementarenergien außerhalb von uns. Die LBRP ist die erste rituelle Übung, die dem angehenden Magus gegeben wird, und sie konzentriert sich auf den Mikrokosmos, die menschliche Aura.

Es ist optimal, das LBRP zu drei bestimmten Zeiten am Tag durchzuführen - einmal am Morgen (gleich nach dem Aufwachen), einmal während der täglichen Hauptinvokation und einmal am Abend (kurz vor dem Einschlafen). Die Hauptinvokation im ersten Programm der Spirituellen Alchemie umfasst das Ritual der Middle Pillar, das Banishing Ritual of the Hexagram (BRH) und ein Elementar-Invokationsritual - unter Verwendung des Lesser Invoking Ritual of the Pentagram (LIRP). (Sie finden diese Ritualübungen in diesem Abschnitt, im Anschluss an das LBRP).

Das LBRP sollte gleich am Morgen durchgeführt werden, weil es dazu beiträgt, den Morgen mit einem Gefühl der Ausgeglichenheit in Geist, Körper und Seele zu beginnen, da dieser Zustand normalerweise den Ton für den gesamten Tag angibt. Ebenso sollte das LBRP vor dem Schlafengehen durchgeführt werden, da es alle negativen Einflüsse, wie z.B. negative Gedanken, die uns nachts wach halten können, vertreibt. Dies hilft, schneller einzuschlafen und einen besseren Schlaf zu haben.

Die LBRP ist sehr einfach durchzuführen, und wenn man sie einmal geübt und auswendig gelernt hat, kann man diese Übung in weniger als ein paar Minuten ausführen. Diese rituelle Übung wird zusammen mit dem BRH und dem Middle Pillar als "Brot und Butter" des Praktizierenden betrachtet - als seine Grundlage. Ihr Zweck ist es, Sie ins Gleichgewicht zu bringen und Sie mit Ihrem Zentrum, Ihrer Seele, in Kontakt zu bringen, was die wichtigste Voraussetzung für jede magische Arbeit ist. Denn wenn Sie nicht im Gleichgewicht sind, kann sich das Einbringen von Energien von außen negativ auf sie auswirken, da es Gedankensender aktiviert, die nicht vom Licht sind und schnell das Bewusstsein übernehmen können.

Der LBRP ist notwendig, um sich zu erden, da er das bannende Pentagramm der Erde verwendet, um die dichten Energien der drei Elemente zu entfernen, die Sie beschweren können. Auf diese Weise bringt sie Frieden, Ruhe und Gleichgewicht. Es ist vergleichbar mit einem intensiven Gebet vor jeder magischen Handlung, um sich mit dem Höheren Selbst in Einklang zu bringen, mit der zusätzlichen Komponente, deine Aura zu schützen. Während Sie die göttlichen Namen der Macht im LBRP vibrierst, denken Sie daran, jedes Wort in einem kontinuierlichen Fluss zu verlängern und einen vollen Atemzug zu benutzen. Das ist notwendig, um die besten Ergebnisse zu erzielen. Diese rituelle Übung hat eine vierteilige Formel.

Wie bereits erwähnt, ist die LBRP die am häufigsten verwendete Übung, zusammen mit der BRH, die als nächstes im Rahmen der täglichen Bannungen gegeben wird. Indem Sie die dichten Energien der Erde verbannen, erhöhen Sie die Schwingung Ihres Bewusstseins, während Sie in Kontakt mit Ihrem Kern und Zentrum kommen und in allen Teilen Ihres Selbst ausgeglichen werden.

Lesser Banishing Ritual of the Pentagram

Formel 1: Das Qabalistische Kreuz

Stellen Sie sich in die Mitte des Kreises, in dem Sie Ihren magischen Kreis bilden werden, und schauen Sie nach Osten. Wenn Sie Elementaraltäre und (oder) einen zentralen Altar haben, stellen Sie sich hinter den zentralen Altar. Das Qabalistische

Kreuz wird zum Öffnen und Schließen des Rituals verwendet. Beginnen Sie damit, den Vierfachen Atem ein oder zwei Minuten lang auszuführen, um sich in einen ruhigen, ausgeglichenen Geisteszustand zu versetzen. Schließen Sie die Augen. Stellen Sie sich mit waagerecht ausgestreckten Händen hin und bilden Sie mit Ihrem Körper ein Kreuz. Ihre beiden Arme bilden den horizontalen Teil des Kreuzes, während Ihre Füße zusammen mit Ihrem Kopf den vertikalen Teil des Kreuzes bilden.

Stellen Sie sich einen Lichtball von der Größe eines Basketballs vor, der Ihr Kronenchakra berührt und über Ihnen schwebt. Es ist Kether, das belebte Sahasrara Chakra. Stellen Sie sich vor, wie er sich dreht und wirbelt, und spüren Sie die Wärme des reinen weißen Lichts, das von ihm ausgeht. Sobald Sie es sich gut vorgestellt haben, greifen Sie mit ihrer rechten Hand hinein, indem Sie Mittel- und Zeigefinger zusammenlegen. Während Sie hineingreifen, halten Sie mmer noch Ihre linke Hand ausgestreckt und die Füße zusammen gepflanzt. Berühren Sie nun mit ihrer rechten Hand ihre Stirn, während Sie sich vorstellen, dass ein Lichtstrahl aus dieser Sphäre kommt und Sie ihn in ihren Kopf tragen. Sie werden diesen Lichtstrahl in Ihren Körper tragen, wo immer Sie Ihre rechte Hand (mit zusammengelegten Mittel- und Zeigefingern) bewegen.

Vibrieren:

Aaaahhh-taaahhh

(Atah: "Du bist")

Berühres Sie jetzt die Mitte ihrer Brust und zeigen Sie dann auf die Erde zu Ihren Füßen, während Sie sehen, wie das Licht von Ihrem Kopf zu Ihren Füßen getragen wird und dabei eine zentrale Lichtsäule bildet, die Ihren physischen Körper durchdringt. Während Sie diese Bewegungen ausführen, halten Sie Ihre linke Hand weiterhin nach außen gestreckt.

Vibrieren:

Mahllll-kooot

(Malkuth: "Das Königreich")

Bewegen Sie nun Ihre rechte Hand senkrecht nach oben und berühren Sie wieder die Mitte Ihrer Brust. Berühren Sie dann mit der rechten Hand Ihre rechte Schulter und strecken Sie sie nach außen, während Sie den Lichtstrahl in Ihre Handfläche bewegen. Während Sie diese Bewegung ausführen, bewegen Sie Ihre linke Hand nach innen und berühren mit dem Mittel- und Zeigefinger Ihrer linken Hand die Mitte Ihrer Brust. Halten Sie diese Position und verbinden Sie sich mit dem Licht in Ihrem Körper. Sie haben den zentralen Kanal des Kreuzes und den rechten Arm gebildet.

Vibrieren:

vihhh-Geh-booo-raaah

(ve-Geburah: "Und die Macht")

Bewegen Sie Ihre rechte Hand nach links und berühren Sie die Mitte Ihrer Brust. Während dieser Bewegung strecken Sie Ihre linke Hand noch einmal nach außen.

Bewegen Sie den Lichtstrahl mit der rechten Hand zu Ihrer linken Schulter, indem Sie sie berühren, und berühren Sie dann die Handfläche Ihrer linken Hand. (Sie haben nun den Lichtstrahl durch Ihren gesamten linken Arm getragen.) Ziehen Sie das Licht in einer schwungvollen Bewegung horizontal über Ihren Körper, beginnend mit der linken Hand und nach rechts hinüber. Ihre rechte Hand sollte noch einmal nach außen gestreckt sein. Ihr physischer Körper sollte die Form eines Kreuzes haben, wie zu Beginn dieser Übung. Der einzige Unterschied besteht darin, dass sich jetzt ein ganzes Kreuz aus Licht über Ihren Körper legt.

Vibrieren:

vihhh-Geh-dooo-laaah

(ve-Gedulah: "Und die Herrlichkeit")

Legen Sie Ihre Hände in Gebetshaltung vor der Brust zusammen und halten Sie dabei die Visualisierung des Kreuzes des Lichts in sich aufrecht.

Vibrieren:

Layyy-Ohhh-lahmmm

(Le-Olahm: "Für immer")

Nun strecken Sie Ihre Hände wieder in Form des Kreuzes aus.

Vibrieren:

Ah-mennnn

(Amen: "So sei es.")

Wenn Sie sich eine Minute Zeit nehmen und ein Gebet an den Herrn des Universums (Ihre Vorstellung vom All oder von Gott) richten wollen, können Sie das tun. Jedes Gebet wird funktionieren, solange es an die Gottheit gerichtet ist. Es zu verrichten, würde Sie mehr in Kontakt mit Ihrem Höheren Selbst bringen und Ihre Absicht hinter der Durchführung der rituellen Handlung festigen.

Formel 2: Formulierung der Pentagramme

Schritt 1: Nachdem Sie das Qabalistische Kreuz fertiggestellt haben, stellen Sie sich mit dem Gesicht nach Osten. Benutzen Sie Ihr magisches Werkzeug zum Aufzeichnen von Symbolen oder benutzen Sie einfach Ihre Hand mit dem Daumen zwischen Ring- und Mittelfinger und zeichnen Sie ein Pentagramm in einem leuchtenden, flammenden Blau. Zeichnen Sie es direkt vor sich, in beachtlicher Größe und in der Entfernung einer vollen Armlänge. Das Wichtigste beim Zeichnen eines Pentagramms ist die Art und Weise, wie es gezeichnet wird, denn wenn Sie es von einem der fünf Punkte und Richtungen aus zeichnen, wird es unterschiedliche Elementarenergien erzeugen und entweder eines der fünf Elemente anrufen oder verbannen. In diesem Fall verwenden wir das bannende Pentagramm der Erde (Abbildung 31), also müssen Sie es entsprechend zeichnen.

Beginnen Sie unten an der linken Hüfte, bewegen Sie sich nach oben zum Kopf, dann zur rechten Hüfte, quer über den Körper zur äußersten linken Seite, dann quer nach rechts und enden Sie dort, wo Sie begonnen haben. Sie haben das Pentagramm in flammendem Blau vor sich gezeichnet. Wenn Sie Ihren Arm steif und gerade machen und diese Bewegungen von Ihrer rechten Schulter aus ausführen, sollte er die ideale Größe des Pentagramms bilden.

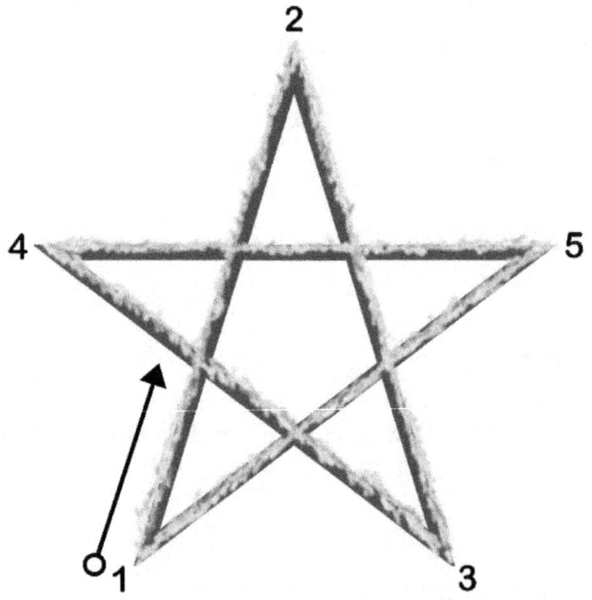

Abbildung 31: Bannendes Pentagramm der Erde

Schritt 2: Stellen Sie sich vor das Pentagramm. Atmen Sie durch die Nase ein, während Sie in die Lichtkugel über ihren Kopf (Kether) greifen. Ihre beiden Arme sollten dabei senkrecht nach oben gehen. Bringen Sie dieses Licht nach unten zu Ihrer Brust, während Sie Ihre Hände in die Mitte Ihres Kopfes bewegen, so dass sie sich auf Augenhöhe befinden. Als Nächstes projizieren Sie das Licht mit den Fingerspitzen. Ihre Arme sollten sich vor Ihnen ausstrecken, während Sie direkt auf das Pentagramm zeigen. (Ihre Handflächen sollten dabei zum Boden zeigen.)

Während Sie mit Ihren Händen projizieren, bewegen Sie in der gleichen Bewegung Ihren linken Fuß etwa einen Fuß vor Ihren rechten (Abbildung 32). Die gesamte Bewegung von Schritt 2 ist eine vollständige symbolische Darstellung des Projektionszeichens, das auch das Zeichen des Horus oder das "Zeichen des Eintretenden" genannt wird und das Sie verwenden werden, um die Pentagramme und Hexagramme in den rituellen Übungen in diesem Buch zu entflammen. Sehen Sie, wie das Licht aus Ihren Fingern schießt und beim Auftreffen auf das Pentagramm dieses in Flammen aufgehen lässt, fast so, als ob Sie Benzin auf ein bereits bestehendes Feuer gießen würden.

Vibrieren:

Yooohd-Heyyy-Vaaav-Heyyy

(YHVH)

Jetzt ist das Pentagramm mit dem göttlichen Namen YHVH bevollmächtigt und stärker als je zuvor. Wenn Sie die göttlichen Namen aussprichen, tun Sie dies mit einem befehlenden Ton in natürlichem C. Versuchen, Sie sich mit dieser Erfahrung zu verbinden, während Sie spüren, wie Ihr ganzer Körper bei jeder Aussprache vibriert. Während Sie schwingen, achte darauf, jedes Wort in einem kontinuierlichen Fluss zu verlängern, indem Sie einen vollen Atemzug benutzt. Mit jeder Schwingung sollten Sie mental jeden göttlichen Namen bis in die entferntesten Winkel der Himmelsrichtung, in der Sie stehen, widerhallen hören.

Ihre Hände sollten noch ausgestreckt sein. Bewegen Sie sie dann wieder zu den Seiten und legen Sie mit der linken Hand den Zeigefinger zum Mund, um das Zeichen des Harpokrates zu zeigen. Bewegen Sie mit der gleichen Bewegung den linken Fuß nach hinten, wo der rechte Fuß steht (Abbildung 32). Das Zeichen des Harpokrates (Gott der Stille) wird auch als Zeichen des Schutzes oder als "Zeichen des Schweigens" bezeichnet. Sein Zweck ist es, den Energiekanal zu unterbrechen, der durch das Aufladen des Pentagramms (oder Hexagramms) mit dem Zeichen des Eintretenden entstanden ist.

Schritt 3: Stechen Sie mit Ihrem magischen Werkzeug (oder Ihrer rechten Hand) in die Mitte des Pentagramms und übertragen Sie eine strahlend weiße Linie von der Mitte aus, die sich nun im Uhrzeigersinn in die folgende Himmelsrichtung bewegt. Wenn Sie sich nach rechts bewegen, folgen Sie dem Weg der auf- und untergehenden Sonne. Zum Schluss stichen Sie das Ende der weißen Linie in die Mitte dieser nächsten Himmelsrichtung. Sie haben einen Bogen von neunzig Grad mit der weißen Linie des zuletzt erstellten Pentagramms gebildet.

Bis jetzt haben Sie das flammende blaue Pentagramm im Osten gezeichnet und eine weiße Linie, die von seinem Zentrum ausgeht und sich mit dem Süden verbindet. Stellen Sie sich nun hin und wenden Sie sich dem Süden zu.

Schritt 4: Wiederholen Sie im Süden das gleiche Verfahren wie in Schritt 1 und Schritt 2, verwenden Sie jedoch den folgenden göttlichen Namen:

Aaahhh-dooohhh-nyyyeee

(Adonai)

Sie haben das flammende blaue Pentagramm im Osten und im Süden gezeichnet und eine weiße Linie, die sie verbindet. Wiederhole nun Schritt 3 und verschiebe diese weiße Linie nach Westen. Stellen Sie sich hin und schauen Sie nach Westen.

Schritt 5: Wiederholen Sie im Westen das gleiche Verfahren wie in Schritt 1 und Schritt 2, verwenden Sie jedoch den folgenden göttlichen Namen:

Eeehhh-heyyy-yeyyy

(Eheieh)

Bisher haben Sie, dass flammende blaue Pentagramm im Osten, Süden und Westen gezeichnet und eine weiße Linie, die alle drei in einem kreisförmigen Muster verbindet. Die eine Hälfte Ihres magischen Kreises ist fertig. Wiederholen Sie nun Schritt 3 und verschieben Sie diese Linie nach Norden. Stellen Sie sich hin und schauen Sie nach Norden.

Schritt 6: Wiederholen Sie im Norden das gleiche Verfahren wie in Schritt 1 und Schritt 2, verwenden Sie jedoch diesen göttlichen Namen:

Aaahhh-Glaaahhh

(AGLA)

Sie haben nun alle vier Pentagramme in alle vier Himmelsrichtungen gezeichnet und drei Viertel Ihres magischen Kreises geschaffen. Wiederholen Sie nun Schritt 3 und führen die weiße Linie vom Zentrum des Nord-Pentagramms aus und verbinden Sie sie mit dem Pentagramm im Osten. Auf diese Weise haben Sie den gesamten magischen Kreis mit einer weißen Linie geschaffen, die alle vier flammenden blauen Pentagramme verbindet.

Schritt 7: Während Sie mit dem Gesicht nach Osten stehen, führen Sie das Zeichen des Eintretenden und das Zeichen der Stille aus und sehen alle vier Pentagramme noch stärker leuchten, einschließlich der weißen Linie, die sie verbinden.

Komm zurück in die Mitte des magischen Kreises und schau nach Osten. Wenn Sie einen zentralen Altar haben, dann stellen Sie sich dahinter.

Formel 3: Die Beschwörung der Erzengel

Strecken Sie Ihre Arme wieder waagerecht in Form eines Kreuzes aus. Spüren Sie das Qabalistische Kreuz in sich, wie Sie es vor dem Zeichnen der Pentagramme gefühlt haben. Konzentrieren Sie sich auf den Osten und sagen Sie:

"Vor mir".

Vibrieren:

Raaahhh-faaayyy-elll

(Raphael)

Stellen Sie sich vor, dass der Große Erzengel der Luft, Raphael, außerhalb Ihres magischen Kreises vor Ihnen steht, mit dem Rücken zu Ihnen. Er trägt ein gelbes Gewand, das mit violetten Akzenten überzogen ist. Er trägt den Caduceus-Zauberstab in seiner rechten Hand und steht auf einem hohen Berg. Er ist sehr groß und steht mit dem Rücken zu dir, um den Osten zu bewachen. Sehen Sie seine riesigen Erzengelflügel und erlauben Sie sich, sich mit dem visuellen Bild von ihm und seiner Umgebung so gut wie möglich zu verbinden. Spüren Sie jetzt eine frische Luftbrise im Osten und die Essenz des Elements Luft. Sobald Sie dies getan haben, wenden Sie Ihre Aufmerksamkeit nach Westen und sagen Sie, dass Sie mit den Füßen immer noch fest auf dem Boden stehen:

"Hinter mir".

Vibrieren:

Gahhh-breee-elll

(Gabriel)

Stellen Sie sich den Großen Erzengel des Wassers, Gabriel, vor, wie er außerhalb Ihres Kreises hinter Ihnen steht, mit dem Rücken zu Ihnen. Er ist in ein blaues Gewand mit orangefarbenen Highlights gekleidet. Er hält einen Becher in seiner rechten Hand und steht mit den Füßen in einem See, der von Wasserfällen umgeben ist. Sehen Sie seine riesigen Erzengelflügel, spüren Sie die Feuchtigkeit in der Luft und hören Sie die Wasserfälle rauschen. Verbinden Sie sich mit dem Bild von Gabriel und spüren Sie die Essenz des Elements Wasser. Wenn Sie das getan haben, wenden Sie Ihre Aufmerksamkeit, ohne Ihre Füße zu bewegen, nach Süden, nicken Sie mit Ihrer rechten Hand und sagen:

"Zu meiner Rechten,"

Vibrieren:

Meee-khaaaiii-elll

(Michael)

Visualisieren Sie nun den Großen Erzengel des Feuers, Michael, der zu Ihrer Rechten und außerhalb des Kreises steht, den Sie geschaffen haben, mit dem Rücken zu Ihnen. Er ist in ein rotes Gewand mit grünen Akzenten gekleidet. Michael hält ein flammendes Schwert in seiner rechten Hand, und seine riesigen Erzengelflügel sind Ihnen zugewandt. Stellen Sie sich seine gigantische Präsenz vor, die Sie überragt, während er in einer feurigen Grube steht. Verbinden Sie sich mit diesem Bild und spüren Sie die Essenz des Feuerelements und die Hitze, die vom Süden ausgeht. Sobald Sie eine richtige Verbindung hergestellt haben, wenden Sie ihre Aufmerksamkeit nach Norden, ohne Ihre Füße zu bewegen, während Sie mit Ihrer linken Hand leicht nicken, und sagen:

"Und zu meiner Linken,"

Vibrieren:

Ohhh-reee-elll

(Auriel)

Visualisieren Sie nun den Großen Erzengel der Erde, Auriel, der zu Ihrer Linken steht. Er befindet sich außerhalb Ihres Kreises und steht mit dem Rücken zu Ihnen. Er trägt ein schwarzes Gewand mit zitrus-, oliv- und rostroten Akzenten. In seiner rechten Hand hält er eine Weizengarbe, während er in einer Höhle steht. Sehen Sie seine riesigen Flügel und verbinden Sie sich mit dem Bild von ihm und seiner Umgebung. Spüren Sie jetzt das Erdelement, das vom Norden ausgeht, die Qualitäten von Kälte und Trockenheit.

Wenn Sie die Erzengel herbeigerufen haben, um die vier Himmelsrichtungen zu bewachen, sagen Sie:

"Denn vor mir flammt das Pentagramm,
Und hinter mir leuchtet der sechsstrahlige Stern. "

Formel 4: Das Qabalistische Kreuz

Wiederholen Sie das Qabalistische Kreuz. Damit ist das Lesser Banishing Ritual of the Pentagram abgeschlossen.

***

Sie werden feststellen, dass Sie nach der Durchführung des LBRP von einem Gefühl des Friedens durchdrungen sind. Sie werden sich sofort spiritueller, ruhiger und gelassener fühlen. Dieses Gefühl hält an, bis Sie zulassen, dass unausgewogene Energie in Ihr Energiefeld, Ihre Aura, eindringt. Es kann aber auch stundenlang anhalten, wenn Sie nach dieser Übung Achtsamkeit üben. Sie können diese rituelle Übung mehrmals am Tag durchführen - immer dann, wenn Sie spüren, dass Sie geistig und emotional aus dem Gleichgewicht geraten sind. Sie bringt Sie sofort wieder in Kontakt mit Ihrer Mitte und entfernt alle negativen Energieeinflüsse in Ihrer Aura. Zusammen mit dem Vierfachen Atem ist die LBRP die perfekte Übung, wenn Sie sich in einer stressigen Situation befinden, die Ihnen Angst macht.

Wie bereits erwähnt, folgt auf die LBRP normalerweise die BRH als Teil der Standardbannungen. Wenn man mit rituellen Übungen zu arbeiten beginnt, sollte man jedoch nur die LBRP anwenden, aber die BRH wird bald darauf als Teil der täglichen Praxis gegeben sein. Daher ist es am besten, zuerst die LBRP zu lernen und sich mit ihr vertraut zu machen, bevor man eine kompliziertere rituelle Übungssequenz erhält. Ich möchte nicht, dass Sie sich zu früh abschrecken lassen, weil Sie die Sequenzen zu komplex finden, um sie auswendig zu lernen. Wenn Sie jedoch die Ritualsequenzen des LBRP gelernt haben, werden Sie mühelos mit dem Lesser Invoking Ritual of the Pentagram zurechtkommen, da sich nur die Richtung der Zeichnung des Pentagramms und die Ausrichtung der Erzengel unterscheiden.

Abbildung 32: LBRP Magische Gesten

BANISHING RITUAL OF THE HEXAGRAM

Das Hexagramm ist ein kraftvolles Symbol, das das Wirken der sieben alten Planeten unter dem Vorsitz der Sephiroth und des siebenbuchstabigen Namens ARARITA darstellt. Während das LBRP dazu dient, negative und positive Energien auf der mikrokosmischen Ebene der Chakren zu bannen, vertreibt das Banishing Ritual of the Hexagram (BRH) unerwünschte Energie auf der makrokosmischen Ebene. Das Pentagramm ist der Siegelstern oder das Symbol des Mikrokosmos, während das Hexagramm der Siegelstern des Makrokosmos ist - wie oben, so unten.

Das BRH ist eine Verbannung des Planeten Saturn, der der Planet des Karmas und der Zeit ist und direkt mit der materiellen Welt in Verbindung steht. Da Saturn der am weitesten von der Erde entfernte Planet im qabalistischen Modell ist, verbannt die Verbannung seiner Energien auch alle unerwünschten Energien der anderen Planeten, die dazwischen liegen. Die BRH ist eine Verbannung der positiven und negativen Energien der sieben alten Planeten, der zwölf Tierkreiszeichen und der vier Elementarenergien, die dich beeinflussen, aus dem Makrokosmos. Die Durchführung wird eine "leere Tafel" schaffen, die Ihnen eine ausgezeichnete Grundlage für die Ausübung von Magie bietet.

Das BRH bringt Sie in Kontakt mit Ihrer Sonnenenergie, da das Hexagramm die Sonne repräsentiert. Das Ritual des Kleinen Hexagramms wird auch verwendet, um einen der sieben alten Planeten anzurufen und zu bannen. (Diese Techniken werden in einem späteren Kapitel mit dem Titel "Fortgeschrittene Planetenmagie" vorgestellt). Indem Sie Saturn bannen, überwinden Sie seine karmischen Einflüsse, was Ihr Bewusstsein anhebt. Auf diese Weise kommen Sie in Kontakt mit Ihrem inneren Kern, Ihrem Lichtfunken - Ihrer Seele.

Die LBRP und BRH sind nacheinander als Teil der täglichen Bannungen zu absolvieren. Die Bannungen können oft während des Tages durchgeführt werden, wie es empfohlen wird. Die BRH lässt die Sonnenenergie und das Licht heller strahlen, indem sie diese unerwünschten planetarischen, zodiakalen und elementaren Energien entfernt. Die Kombination der beiden rituellen Übungen versetzt Sie in einen höchst ausgeglichenen, zentrierten Zustand. Allein die tägliche Anwendung von LBRP und BRH wird Wunder für Ihre spirituelle Alchemie bewirken.

Sie sollten den Namen ARARITA in alle vier Himmelsrichtungen schwingen und dabei die vier Formen des Hexagramms nachzeichnen, die angegeben sind. ARARITA ist ein siebenbuchstabiger Name Gottes. Er ist ein Akronym, auch Notarikon genannt. Ein Notarikon ist die Reduktion eines vollständigen Wortes auf einen seiner Bestandteile, in den meisten Fällen den Anfangsbuchstaben. ARARITA bedeutet auf Englisch: "Eins ist seine Einheit, Eins ist seine Individualität, seine Permutation ist Eins."

Jedes Mal, wenn Sie den Namen ARARITA schwingen, drücken Sie die Einheit der Göttlichkeit aus. Da dies eine solare rituelle Operation ist und es sieben alte Planeten gibt, enthält ARARITA, ein Wort mit sieben Buchstaben, auch einen der sieben alten Planeten in jedem Buchstaben. Daher beinhaltet dieses Wort die Einheit, die beschworen werden soll. Saturn wird Aleph zugeschrieben, Jupiter ist Resh, Mars ist Aleph, Venus ist Resh, Sonne ist Yod, Merkur ist Tav und Luna ist Aleph.

Die vier Formen des Hexagramms sollen die Positionen der Elemente im Zodiak darstellen. Im Osten ist die Position des Feuers im Tierkreis angegeben. Der Süden ist die Position der Erde im Tierkreis, mit der Sonne an ihrem Kulminationspunkt am Mittag. Im Westen befindet sich die Position der Luft im Tierkreis. Im Norden schließlich befindet sich die Position des Wassers im Tierkreis. (Ich werde das Hexagrammsymbol im Kapitel "Fortgeschrittene Planetenmagie" näher beschreiben.)

Banishing Ritual of the Hexagram

Formel 1: Das Qabalistische Kreuz

Führen Sie den Vierfachen Atem ein oder zwei Minuten lang aus, um sich in einen ruhigen, ausgeglichenen Geisteszustand zu versetzen. Stellen Sie sich in die Mitte Ihres Kreises und schauen nach Osten. Wenn Sie Elementaraltäre und (oder) einen zentralen Altar haben, stellen Sie sich hinter den zentralen Altar. Führen Sie das Qabalistische Kreuz nach der Formel aus, die in den Anweisungen für das LBRP angegeben ist. An diesem Punkt hätten Sie den LBRP abgeschlossen; fahren Sie daher fort, in Ihrer Vorstellung die flammenden Pentagramme, den magischen Kreis mit der weißen Linie, die sie verbindet, und die Formen der Erzengel in allen vier Himmelsrichtungen zu halten.

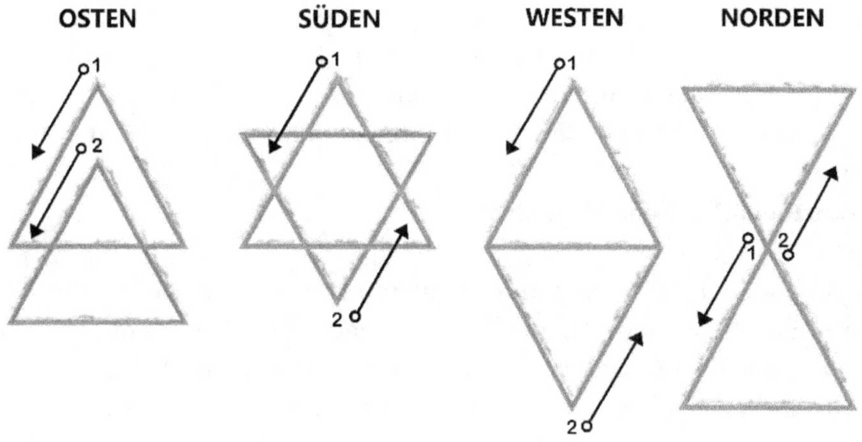

Abbildung 33: LBRP Magische Gesten

Formel 2: Nachzeichnen der vier Formen des Hexagramms in den vier Himmelsrichtungen (Abbildung 33)

Bewegen Sie sich nach Osten und zeichnen das bannende Feuerhexagramm wie vorgegeben. Visualisieren Sie es in einer goldenen Flamme (im Gegensatz zur blauen Flamme der Pentagramme). Sehen Sie es auf das Pentagramm übertragen, das zuvor im LBRP gezeichnet wurde. Atmen Sie ein und ziehen Sie dabei die Energie aus der Kether-Sphäre über Ihnen ein. Holen Sie das Licht aus Kether herab und strecken Sie Ihre Finger im Zeichen des Eingetretenen nach vorne, wie es im LBRP-Ritual gegeben wurde.

Vibrieren Sie mit dem vollen Umfang Ihres Atems:

Aaahhh-Raaahhh-Reee-Taaahhh

(ARARITA)

Sehen Sie das Hexagramm entflammt. Beenden Sie mit dem Zeichen der Stille, wie im LBRP-Ritual angegeben.

Stechen Sie mit der Hand oder einem rituellen Beschwörungswerkzeug in die Mitte des Hexagramms, das Sie gerade gezeichnet haben, und ziehen Sie eine weiße Linie nach Süden, so wie Sie es im LBRP getan haben. Zeichnen Sie das Bannungshexagramm der Erde wie im obigen Diagramm dargestellt. Sehen Sie, wie es auf das Pentagramm übertragen wird, das Sie zuvor im LBRP gezeichnet haben.

Führen Sie das Zeichen des Eingetretenen aus, gefolgt von der Vibration des Namens:

Aaahhh-Raaahhh-Reee-Taaahhh

(ARARITA)

Sehen Sie das Hexagramm entflammt. Enden Sie mit dem Zeichen der Stille.

Verschieben Sie die weiße Linie auf dieselbe Weise nach Westen. Zeichnen Sie das bannende Hexagramm der Luft, wie es im obigen Diagramm dargestellt ist. Auch hier wird es auf das Pentagramm übertragen, das zuvor im LBRP gezeichnet wurde.

Führen Sie das Zeichen des Eingetretenen aus, gefolgt von der Vibration des Namens:

Aaahhh-Raaahhh-Reee-Taaahhh

(ARARITA)

Sehen Sie wieder das Hexagramm entflammt. Schließen Sie mit dem Zeichen der Stille ab. Bis jetzt haben Sie den halben magischen Kreis mit der weißen Linie gezeichnet und die Hexagramme im Osten, Süden und Westen miteinander verbunden. Bewegen Sie nun die weiße Linie auf die gleiche Weise nach Norden und zeichnen das Bannhexagramm des Wassers. Sehen Sie auch hier, wie es auf das Pentagramm übertragen wird, das zuvor im LBRP gezeichnet wurde.

Führen Sie das Zeichen des Eingetretenen aus, gefolgt von der Vibration des Namens:

Aaahhh-Raaahhh-Reee-Taaahhh

(ARARITA)

Sehen Sie das Hexagramm entflammt. Enden Sie mit dem Zeichen der Stille.

Verbinden Sie die weiße Linie von Norden nach Osten und schließen Sie damit Ihren magischen Kreis. Während Sie im Osten stehen, führen Sie das Zeichen des Eingetretenen und das Zeichen der Stille aus und entzünden die Hexagramme und die darunter liegenden Pentagramme, einschließlich der weißen Linie, die sie verbindet.

Kommen Sie zurück in die Mitte des magischen Kreises und schauen Sie nach Osten. Wenn Sie einen zentralen Altar haben, dann stellen Sie sich dahinter.

Formel 3: Das Qabalistische Kreuz

Stellen Sie sich nun in die Mitte Ihres Kreises und wiederholen das Qabalistische Kreuz. Damit ist das Banishing Ritual of the Hexagram abgeschlossen.

***

Nehmen Sie sich jetzt eine Minute Zeit, um über die LBRP und die BRH nachzudenken, die Sie gerade durchgeführt haben, und um sich mit Ihrem Kern, Ihrem Seelenzentrum zu verbinden. Da die LBRP dazu dient, den Geist zu beruhigen und zur Ruhe zu bringen, werden Sie feststellen, dass dieses Gefühl des Friedens und der Gelassenheit in Kombination mit der BRH noch verstärkt wird. Dieser meditative Zustand ist eine Voraussetzung, um mit weiteren rituellen Anrufungen, wie der Middle Pillar und dem LIRP, fortzufahren. Sie können diese Zeit auch nutzen, um die Mind's Eye-Meditation durchzuführen, wenn Sie zu diesem Zeitpunkt keine Energien anrufen wollen. Sie werden feststellen, dass es Ihnen viel leichter fallen wird, zu meditieren und sich mit dem Chakra des Geistigen Auges zu verbinden, als wenn Sie die LBRP und BRH nicht durchgeführt hätten.

Wenn Ihr Ziel nur darin bestand, Ihre Gedanken zu erden und das Ego vorerst zum Schweigen zu bringen, fahren Sie mit den Aufgaben fort, die Sie für den Tag geplant haben. Wie bereits erwähnt, wird die innere Ruhe, die Sie erleben, anhalten, wenn Sie es nicht zulassen, dass Gedankengeber wieder Einfluss auf Ihr Bewusstsein nehmen. Üben Sie daher Achtsamkeit.

MIDDLE PILLAR EXERCISE

Die Middle Pillar ist eine wirksame Licht-induzierende Übung, die Ihre astralen Sinne entwickelt und schärft. Diese rituelle Übung ist zusammen mit dem LBRP und dem BRH ein wesentlicher Bestandteil der grundlegenden Vorbereitungen, die durchgeführt werden müssen, bevor Elementar- oder Planetenbeschwörungen stattfinden können.

Die LBRP und BRH zentrieren und balancieren Sie geistig und emotional aus, während sie alle karmischen Einflüsse aus dem Mikro- und Makrokosmos entfernen. Sie versetzen Sie in einen meditativen Zustand, in dem Sie effizienter in der Astralwelt arbeiten können, wo alle magischen Handlungen stattfinden.

Andererseits infundiert oder beschwört die Middle Pillar das Licht, das von Kether ausgeht, in die Aura und die subtilen Körper. Diese Übung setzt die Energien der Mittleren Säule des Lebensbaums ein und ruft ihre Eigenschaften hervor. Sie versöhnt alle Gegensätze in den Gedanken und Gefühlen, indem sie Lichtenergie einbringt.

Nach Abschluss der Übung nutzen Sie die Lichtenergie, um die Vorstellungskraft und die Willenskraft zu stärken, um mit der nächsten größeren rituellen Anrufung/Beschwörung fortzufahren.

Alternativ kann die Middle Pillar auch für sich allein durchgeführt werden, um die Aura mit Lichtenergie zu versorgen und Sie auf Ihrer Reise der spirituellen Transformation voranzubringen. Das Middle Pillar Exercise wird am besten nach dem LBRP und BRH durchgeführt, da Sie den Geist ausgleichen müssen, bevor Sie Lichtenergie aufnehmen.

Die mittlere Säule des Lebensbaums ist die Säule des Luftelements, da alle seine Sphären eine luftige Qualität haben. Daher werden Sie sich nach dem Middle Pillar Exercise inspirierter und kreativer fühlen, da Sie in Kontakt mit Ihrem Seelenzentrum und Ihren Gedanken sind. Aus diesem Grund sollte das Middle Pillar Exercise nach dem LBRP und dem BRH durchgeführt werden, da alle drei Ritualübungen dazu dienen, Sie auf das Licht Ihrer Seele einzustimmen und negative Gedankengeber zu entfernen.

Bei dem Middle Pillar Exercise entzündet das beschworene Licht Ihre Seele, wodurch die Gesamtenergiemenge des Lichts in Ihrer Aura erhöht wird. Wenn sich Ihre Seele mit Lichtenergie entzündet, wird auch die latente Energie in Ihren Chakren aktiviert, die dann in verschiedene Teile Ihres Selbst, die mit den Elementen Ihres Seins verbunden sind, gefiltert wird.

Kundalini-Erweckte werden feststellen, dass das Middle Pillar Exercise direkt mit dem Kundalini-Feuer arbeitet, da beide Energien von der Qualität des Lichts sind. Wenn die beschworene Lichtenergie auf das Kundalini-Feuer wirkt, wird weitere karmische Energie in Ihrem Leben aktiviert. Welches Karma auch immer auf Sie wartet, an dem Sie wachsen und sich spirituell entwickeln können, wird mit der Anwendung der Middle Pillar viel schneller initiiert als ohne sie.

Wenn Sie das Middle Pillar Exercise täglich durchführen, werden Sie anfangen, luzide Träume zu haben - in den meisten Fällen innerhalb weniger Wochen. Luzides Träumen tritt in diesem Fall auf, weil die Aura von Lichtenergie durchdrungen wird, deren hohe Schwingung Ihr Bewusstsein in die höheren kosmischen Reiche hinaushebt. Die Lichtenergie erweckt auch Ihre innere Vorstellungskraft während des Schlafes, wenn Sie am entspanntesten sind und Ihr Gehirn sich im Alpha-Zustand befindet. Dies führt dazu, dass Sie in Traumzuständen bewusst werden und den Inhalt Ihrer Träume in hohem Maße kontrollieren können.

Sie werden feststellen, dass das zehnmalige Vibrieren der Göttlichen Namen ausreicht, um Lichtenergie für den ganzen Tag zu sammeln. Wenn Sie die göttlichen Namen mehr als zehnmal singen, wird mehr Lichtenergie zugeführt, da diese rituelle Übung eine messbare Wirkung hat. Wenn Sie die Göttlichen Namen mehr als zwanzig Mal chanten, könnte es sein, dass Sie zu viel Lichtenergie in die Aura einleiten. In diesem Fall kann es sein, das Sie sich benommen fühlen, dass Ihnen schwindelig wird und Sie sich energetisch so aufgeladen fühlen, dass Sie während des Rituals sogar das Bewusstsein verlieren. Ich habe das in einem Gruppenritual erlebt, als die Anzahl der Schwingungen der mittleren Säule zu hoch war.

Das Middle Pillar Exercise sollte mindestens einmal am Tag durchgeführt werden. Sie können sie auch öfter machen, aber als allgemeine Regel gilt, dass Sie sie nie vor dem Schlafengehen oder nach 20 Uhr durchführen sollten, da Sie mit so viel Lichtenergie nicht einschlafen können. Wenn Sie es mehr als einmal am Tag machen und sich zu "abgehoben" fühlen (was vorkommen kann), ist es am besten, wenn Sie es auf einmal am Tag reduzieren. Zu viel Licht kann auch dazu führen, dass Sie sich unruhig fühlen, da es buchstäblich alle Teile Ihres inneren Selbst "beleuchtet", einschließlich aller positiven und negativen Aspekte. Achten Sie daher darauf, wie Sie auf diese rituelle Übung reagieren und wie andere auf Sie reagieren, und passen Sie entsprechend an, wie oft am Tag Sie sie am besten durchführen. Denken Sie jedoch daran, dass es eine Grundvoraussetzung ist, sie einmal am Tag durchzuführen, und dass sie niemals negative Ergebnisse bringt.

Es gibt zwei Versionen des Middle Pillar Exercise - die einfache und die fortgeschrittene. Das Einfache Middle Pillar ist derselbe rituelle Vorgang, lässt aber die Zirkulation der Lichtkugel aus, die in der Fortgeschrittenen Middle Pillar enthalten ist. Ich werde Ihnen die Technik für die Fortgeschrittene Middle Pillar geben, aber wenn Sie nur die Grundlegende Middle Pillar verwenden und die Zirkulation der Lichtkugel auslassen wollen, ist das Ihre Entscheidung. Die Fortgeschrittene Middle Pillar wird mehr Licht in die Aura bringen, aber beide Versionen werden funktionieren. Manchmal haben Sie vielleicht nicht genügend Zeit, um die Fortgeschrittene Middle Pillar zu machen, in diesem Fall können Sie die Grundlegende Middle Pillar machen.

Middle Pillar Exercise

Formel 1: Gebet oder Lobpreis

Die LBRP sollte bereits durchgeführt worden sein, ebenso wie die BRH. Während Sie sich in der Mitte Ihres magischen Kreises befinden, wenden Sie sich nun nach Westen und stellen Ihre Füße zusammen. Sie sollten aufrecht stehen und Ihre Hände mit den Handflächen nach außen an den Seiten halten. Führen Sie den Vierfachen Atem ein oder zwei Minuten lang aus, um sich in einen meditativen Zustand zu versetzen.

Beginnen Sie das Middle Pillar Exercise mit einem Gebet. Nachfolgend finden Sie den Lobpreis an Gott, den Schöpfer, von Hermes Trismegistus aus *Buch I* des *Corpus Hermeticum*, leicht abgewandelt vom Original, um dem beabsichtigten Zweck zu entsprechen. Jedes Gebet oder jeder Lobpreis würde hier funktionieren, solange es heilig ist und Ihre Absicht bekräftigt, sich mit der Gottheit zu verbinden und dieses magische Ritual zu heiligen.

Heilig ist Gott, der Vater von Allem.
Heilig ist Gott, dessen Wille durch seine eigenen Kräfte vollendet wird.
Heilig ist Gott, der erkannt werden will und von denen erkannt wird, die ihm gehören.
Heilig bist du, der durch das Wort alles vereint hat, was ist.
Heilig bist du, von dem die ganze Natur ein Bild geworden ist.
Heilig bist du, der stärker ist als alle Macht.
Heilig bist du, der du höher bist als alle Vornehmheit.
Heilig bist du, der das Lob übertrifft.
Ich bete dich an und rufe dich an.
Sieh mit Wohlwollen auf mich,
So wie ich demütig vor dir stehe.
Und gewähre deine Hilfe für das höchste Streben meiner Seele,
Damit ich das Große Werk vollenden kann.
Und bin Eins mit dir.
Bis ans Ende der Zeit.
Amen

Dieses Gebet ist optional, nicht obligatorisch. Es ist nicht Teil der Formel für die Anrufung der Middle Pillar, sondern dient dazu, dass Sie sich weiter in den gewünschten Zustand zu versetzen, in dem Sie mit ihrem Höheren Selbst im Einklang sind. Wenn Sie aus irgendeinem Grund wenig Zeit haben und das Gebet auslassen wollen, ist das in Ordnung. Das Middle Pillar Exercise wird auch ohne sie funktionieren.

Formel 2: Grundlegende Middle Pillar (Abbildung 34)

Visualisieren Sie ein strahlend weißes Licht über Ihrem Kopf, so groß wie ein Basketball - als Ihre Kether/Sahasrara-Kugel. Sie schwebt oben auf Ihrem Kopf und wirbelt und dreht sich. Sie befindet sich genau im Inneren des Kopfes, wie in der folgenden Zeichnung dargestellt. Spüren Sie die Energie ihrer Gegenwart und vibrieren Sie zehnmal den göttlichen Namen Eheieh. Wenn Sie nicht viel Zeit haben, um die Übung durchzuführen, können Sie beliebig oft vibrieren, aber seien Sie konsequent. Wenn Sie zum Beispiel den ersten göttlichen Namen fünfmal vibrieren, müssen Sie alle anderen göttlichen Namen jeweils fünfmal vibrieren. Um die Formel korrekt auszuführen, müssen die göttlichen Namen gleich oft vibriert werden, da sonst die einströmende Energie unausgewogen ist. Die Aussprache von Eheieh ist wie folgt:

Eeehhh-heyyy-yeyyy

(Eheieh)

Visualisieren Sie nun eine Welle aus weißem Licht, die sich von Eheieh, der Krone, in Ihren Halsbereich erstreckt, wo sich eine kleinere Lichtkugel befindet. Es ist Daath, die Sphäre des Wissens. Seine Farbe ist lavendel, ungefähr so groß wie ein Tennisball. Vibrieren Sie den folgenden göttlichen Namen von YHVH Elohim genauso oft wie Ehehieh:

Yooohd-Heyyy-Vaaav-Heyyy Elll-oooh-heeemmm

(YHVH Elohim)

Visualisieren Sie nun eine weitere Lichtwelle, die sich von Daath, der lavendelfarbenen Kugel, in Ihren Solarplexusbereich erstreckt, und stellen Sie sich dort eine weitere basketballgroße Lichtkugel vor. Es ist die Sphäre von Tiphareth, Ihre eigene zentrale Sonne, die Farbe von Gold/Gelb. Vibrieren Sie den göttlichen Namen YHVH Eloah Ve Daath so oft wie die ersten beiden Sphären:

Yooohd-Heyyy-Vaaav-Heyyy Elll-ooo-aaah vihhh-Daaah-aath

(YHVH Eloah ve-Daath)

Bringen Sie einen weiteren Lichtstrahl von der Tiphareth-Sphäre in Ihre Leistengegend, wo Sie eine weitere basketballgroße Lichtkugel von violetter Farbe visualisieren sollen. Es ist die Sphäre von Yesod, Ihr Mondzentrum. Vibrieren Sie den göttlichen Namen Shaddai El Chai so oft wie die ersten drei Sphären:

Shaaah-dyeee Elll Chaaaiii

(Shaddai El Chai)

Bringen Sie nun den Lichtstrahl von Yesod zu Ihren Füßen hinunter, während Sie in einer anderen Kugel von der Größe eines Basketballs stehen, die die Farbe Schwarz hat. Die obere Hälfte umschließt Ihre Füße, während die untere Hälfte in dem Boden ist, auf dem Sie stehen. Es ist Malkuth, die Erde. Vibrieren Sie Adonai ha-Aretz so oft wie die anderen Sphären:

Aaahhh-dooohhh-nyyyeee haaa-Aaah-retz

(Adonai ha-Aretz)

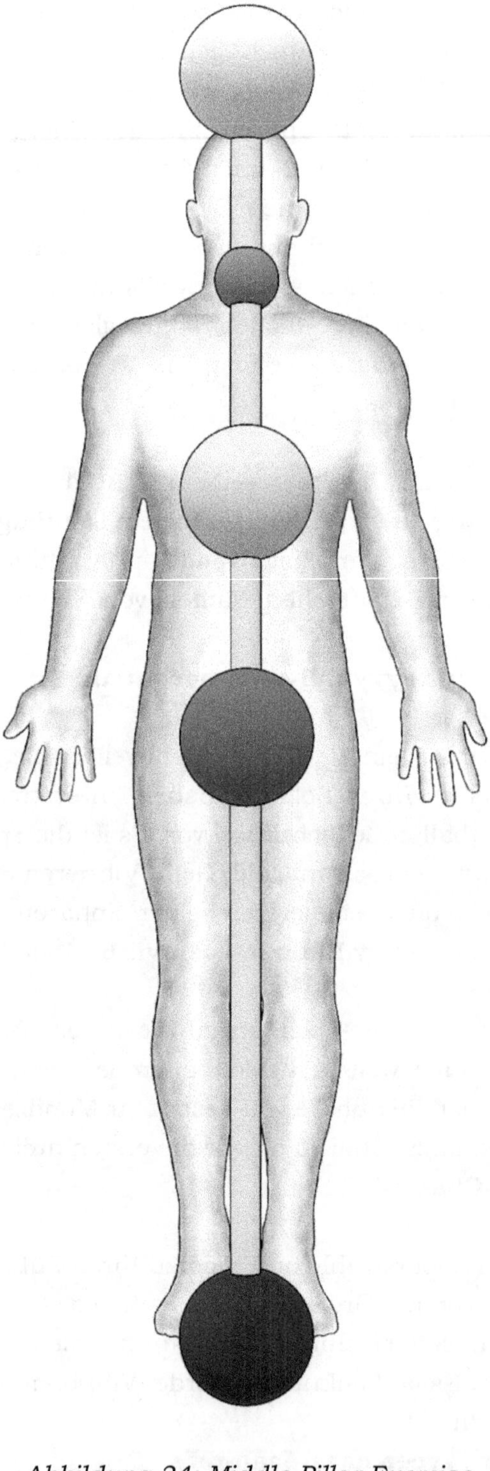

Abbildung 34: Middle Pillar Exercise

Wenn Sie diesen Vorgang abgeschlossen haben, sollten Sie fünf Kugeln haben, die jeweils hell erleuchtet und durch einen Lichtstrahl verbunden sind. Der nächste Teil des Middle Pillar Exercise ist die Zirkulation der Lichtkugel, die Teil der Übung "Fortgeschrittene Middle Pillar" ist. Auch diesen Teil der Übung müssen Sie nicht machen, wenn Sie wenig Zeit und an diesem Tag einen vollen Terminkalender haben. Ich möchte nicht, dass Sie sich entmutigt fühlen, wenn Sie keine Zeit dafür haben, da der zentrale Teil der Übung, die Anrufung der Lichtenergie der Middle Pillar, an diesem Punkt vollendet ist. Aber dieser nächste Teil der rituellen Übung festigt den Prozess und stimmt Sie mehr auf die Lichtenergie ein, indem er Ihre gesamte Aura mit Licht bedeckt und es ihr erlaubt, Ihre Chakren weiter zu durchdringen.

Formel 3: Zirkulation der Lichtkugel

Dieser Teil des Middle Pillar Exercise beinhaltet die Verwendung des Vierfachen Atems, da Sie ihn dazu verwenden, die Bewegung der imaginären Astralkugel des Lichts zu timen. Da Sie gerade die Grundübung des Middle Pillar Exercise beendet haben, beginnen Sie mit der Zirkulation des Lichtballs in Malkuth an den Füßen. Visualisieren Sie zunächst einen basketballgroßen Ball aus weißem Licht, der aus der schwarzen Sphäre von Malkuth kommt und sich langsam an der rechten Seite des Körpers nach oben bewegt. Auf seinem Weg nach oben zum Kronenchakra streift der Ball aus weißem Licht den physischen Körper. Sobald er das Kronenchakra erreicht, durchdringt er es weiter mit Lichtenergie.

Bewegen Sie den Lichtball allmählich aus der Krone heraus und tragen Sie ihn an der linken Körperseite hinunter. Sie sollten wieder bei den Füßen enden, in Malkuth. Der Vierfache Atem sollte Ihnen vier Sekunden Zeit geben, ihn nach oben zu bewegen, dann halten Sie ihn vier Sekunden lang im Kronenchakra, dann nehmen Sie sich weitere vier Sekunden Zeit, um ihn wieder nach unten zu bewegen, und halten ihn dann vier Sekunden lang in Malkuth. Wiederholen Sie den Vorgang auf die gleiche Weise, so dass Sie den Lichtball zweimal an ihren Seiten entlang zirkulieren lassen können, von Ihren Füßen zu Ihrem Kopf und wieder nach unten.

Bewegen Sie den Lichtball von Malkuth mit der gleichen Technik des Vierfachen Atems an der Vorderseite Ihres Körpers hinauf. Dann bewegen Sie ihn auf der Rückseite des Körpers wieder nach unten. Nun wiederholen Sie den Vorgang ein weiteres Mal. Bewegen Sie die Lichtkugel jetzt im Uhrzeigersinn an Ihrer linken Seite entlang nach oben (statt gegen den Uhrzeigersinn auf Ihrer rechten Seite). Sie bewegst sie jetzt in umgekehrter Reihenfolge und machen den gesamten Vorgang, den Sie gerade gemacht haben, genauso oft, aber in umgekehrter Reihenfolge. Sie sollten acht vollständige Umläufe mit der Lichtkugel gemacht haben, wenn Sie an der gleichen Stelle enden, an der Sie begonnen haben - der Sphäre von Malkuth zu Ihren Füßen.

Visualisieren Sie mit der Technik des Vierfachen Atems die Lichtkugel, die aus Malkuth kommt und sich spiralförmig im Uhrzeigersinn an Ihrem Körper entlang bewegt und Ihre gesamte Aura vollständig mit Licht bedeckt. Dieser Teil der Übung wird "Mumienwickel" genannt. Wenn Sie die Krone erreicht haben, halten Sie vier Sekunden lang und drehen dann die Bewegung der Lichtkugel gegen den Uhrzeigersinn in einer spiralförmigen Bewegung um, bis Sie Malkuth erreichen. Führen Sie nun die gleiche Prozedur durch, wobei Sie zuerst gegen den Uhrzeigersinn beginnen und dann die Lichtkugel wieder umdrehen. Wiederholen Sie nun den gesamten Vorgang ein weiteres Mal, so dass Sie viermal die Auf- und Abwärtsbewegung der Lichtkugel visualisiert haben.

Wenn Sie wieder in Malkuth sind, stellen Sie sich vor, wie die Lichtkugel einen Strom von Lichtenergie von Malkuth durch die Lichtsäule, die die Sphären der mittleren Säule verbindet, in Ihr Kronenchakra schießt. Wenn Sie das Kronenchakra erreichen, strömt die Lichtenergie aus ihm heraus, als ob Sie eine Lichtfontäne wären, und überschüttet Ihre gesamte Aura mit Lichtpartikeln. Visualisieren Sie dies etwa zehn bis fünfzehn Sekunden lang, während Sie spüren, wie die Lichtenergie durch Ihren Körper strömt.

Wenn dieser Teil der Übung richtig ausgeführt wird, wird die Kundalini-Energie zur Aktivität angeregt, was sogar zu einem Erwachen führen kann. Da dies der letzte Teil der Übung ist, liegt es an Ihnen, ob Sie mehr Zeit als empfohlen mit dieser Visualisierung verbringen wollen. Wenn Sie sich länger mit dieser Visualisierung beschäftigen, erhöht sich Ihre Chance, die Kundalini-Energie zu aktivieren.

Die Übung "Fortgeschrittene Middle Pillar" ist nun abgeschlossen. Sie können Ihr volles Wachbewusstsein wiedererlangen und den physischen Raum um sich herum spüren. Sie müssen nicht aufhören, das Licht in Ihrer Aura zu spüren, da es für den größten Teil des Tages präsent bleiben wird, aber Sie können jetzt mit dem nächsten Teil Ihrer Ritualsequenz fortfahren oder mit einem Qabalistischen Kreuz enden, wenn dies der letzte Teil Ihrer Ritualsequenz für den Tag war.

LESSER INVOKING RITUAL OF THE PENTAGRAM

Das Lesser Invoking Ritual of the Pentagram (LIRP) wird auf die gleiche Weise wie das LBRP durchgeführt, der einzige Unterschied besteht in der Richtung, in der das Pentagramm gezogen wird (Abbildung 35), und darin, dass die Erzengel Ihnen gegenüberstehen, anstatt Ihnen den Rücken zuzuwenden.

Indem Sie das Erdbannungs-Pentagramm durch das Beschwörungs-Pentagramm des Elements, das Sie anrufen, ersetzen und dann die Erzengel zu Ihnen blicken lassen, werden Sie die Energie dieses Elements in Ihren magischen Kreis sowie in Ihre Aura einfließen lassen. Die LIRP-Formel mag nicht sehr kompliziert erscheinen, da Sie nur zwei Faktoren aus dem LBRP verändern. Dennoch ist die Energie, die Sie nach der rituellen Übung erfahren werden, wie Tag und Nacht im Vergleich zum LBRP - sie ist ganz anders.

Allein die einfache Richtungsänderung beim Zeichnen des Pentagramms ruft eine völlig andere elementare Energie hervor, die sich völlig anders anfühlt und auf Sie wirkt. Dieser Prozess ist echte Magie - es gibt kein anderes Wort, um ihn zu erklären oder ihm die Anerkennung zu geben, die er verdient. Auch hier verwenden Sie dieselbe Formel wie beim LBRP, dieselben göttlichen Namen und alles andere, mit Ausnahme der Richtung, in der Sie das Pentagramm zeichnen und die Erzengel Ihnen zugewandt sind.

Die letzte zusätzliche Komponente im LIRP ist die Verwendung eines Gradzeichens, das dem Element, mit dem Sie arbeiten, eigen ist. Die Gradzeichen und der Zweck ihrer Ausführung werden in einem späteren Kapitel im Abschnitt "Große Arbeit" mit dem Titel "Gradzeichen der fünf Elemente" beschrieben. Ein Gradzeichen wird unmittelbar nach Beendigung der LIRP-Formel verwendet, während Sie in der Mitte deines Kreises stehen.

Bei der Durchführung des Bannungsrituals des Pentagramms stehen die Erzengel mit dem Rücken zu Ihnen, so dass die Richtung des Energieflusses von Ihnen zum äußeren Universum geht. Bei einem Verbannungsritual des Pentagramms strömt die Energie eines Elements aus Ihrer Aura. Sie verbannen (beschwören) die Elementarenergie Ihrer Wahl aus Ihrer Aura und aus Ihrem magischen Kreis und lassen sie zurück in das Universum, aus dem sie stammt.

Wenn die Erzengel Ihnen jedoch zugewandt sind und das Pentagramm aus einer bestimmten Richtung gezeichnet wird, hat das eine ganz andere Wirkung. Es wird zu einer Anrufung, da diese Energie aus dem äußeren Universum in deinen magischen Kreis gebracht wird. In den Verbannungs- und Anrufungsritualen des Pentagramms dienen die Erzengel als Dirigenten der elementaren Energien.

Der magische Kreis ist die Grenze zwischen dir (und anderen Menschen, wenn sie sich in deinem magischen Kreis befinden) und dem Universum. Innerhalb dieser Grenze findet der magische Prozess statt. Sie können zum Beispiel eine bestimmte Art von Energie aus sich selbst (und aus anderen Menschen, wenn sie sich in Ihrem magischen Kreis befinden) hervorrufen und sie in das Universum entlassen. Oder Sie können eine Art von Energie aus dem äußeren Universum herbeirufen und ihr erlauben, in Ihren magischen Kreis und folglich in Ihre Aura zu strömen. Wenn neue Energie in Ihrer Aura angerufen wird, bleibt sie dort für eine Weile, bis Sie sie im Laufe des Tages verbrauchen oder während des Schlafes wieder ins Universum entlassen.

Wenn Sie im Abschnitt "Fortgeschrittene Planetenmagie" mit den Planetenenergien arbeiten, haben Sie auch die Möglichkeit, die Energie eines Planeten zu bannen, was wiederum als Beschwörung betrachtet wird. Hier werden Sie das Hexagramm für die Beschwörungen und Evokationen verwenden und einen magischen Kreis bilden. Denken Sie daran, dass sich die bisher beschriebenen Methoden der Evokation und

Invokation nur auf die Arbeit mit dem Pentagramm und den rituellen Übungen des Hexagramms beziehen. Sobald Sie zur henochischen Magie kommen, ist das gesamte System, das in *The Magus* vorgestellt wird, eine Reihe von Beschwörungen durch die henochischen Schlüssel oder Rufe. Diese Beschwörungen unterscheiden sich von Bannungen der Elemente oder Planeten - mehr dazu in einem späteren Abschnitt über Henochische Magie.

Wenn Sie die Elemente durch das Lesser Invoking Ritual of the Pentagram anrufen, denken Sie daran, dass jedes Element, das Sie anrufen, auch gebannt werden kann - wenn Sie aus irgendeinem Grund Schwierigkeiten haben, mit seiner Energie umzugehen. Für die Zwecke der spirituellen Alchemie ist es jedoch wichtig, dass Sie mit der Energie des Elements, das Sie anrufen, arbeiten, anstatt es einfach zu verbannen, wenn es schwierig wird, damit zu arbeiten.

In den seltenen Fällen, in denen Sie mit einem Element, das Sie anrufen, überfordert sind und das Gefühl haben, dass Sie in diesem Moment nicht mit seiner Energie umgehen können, können Sie dieses Element verbannen. Es ist also ein nützliches Werkzeug, wenn man mit diesen Energien arbeitet.

Um ein beliebiges Element zu bannen, müssen Sie die LBRP-Formel verwenden, aber das Bannungspentagramm der Erde durch das Bannungspentagramm des gewünschten Elements ersetzen. Nachdem Sie die Bannung eines Elements durchgeführt haben, haben Sie die Energie, die Sie zuvor angerufen haben, und jede natürliche Energie, die Sie vor der Anrufung von diesem bestimmten Element hatten, ausgestoßen. Es wird mindestens ein paar Stunden dauern, bis sich die Elementarenergie in Ihrer Aura wieder aufgebaut hat; seien Sie sich dessen bewusst, wenn Sie in anderes Element als die Erde bannen wollen.

Sobald Sie das Element in ihren Kreis gerufen haben und die Energie Ihrer Aura durchdrungen haben, haben Sie nun die Wahl, ob Sie mit dem Vertreter dieser besonderen Energie, einem der vier Erzengel, kommunizieren möchten. Raphael ist der Erzengel der Luft, Gabriel ist der Erzengel des Wassers, Michael ist der Erzengel des Feuers, und Auriel ist der Erzengel der Erde.

Der Prozess der Verbindung findet statt, wenn Ihre Aura von der Energie des Elements, das Sie angerufen haben, eingenommen wird, wenn es auf Ihre Vorstellungskraft wirkt und sich als personifiziertes Bild manifestiert. Das Element kommuniziert nun mit Ihrem Geist und Ihrer Seele, wenn Sie sich die Zeit nehmen, zuzuhören. Die Technik der Visualisierung ist "Imagination unter Willenskraft". Im Falle der Kommunion wird die Willenskraft aufgehoben, wenn die angerufenen Elementarenergien die Vorstellungskraft übernehmen. Wenn Sie also mit Ihrem Herzen und Ihrem Verstand zuhören, werden Sie Botschaften vom repräsentativen Erzengel eines bestimmten Elements erhalten.

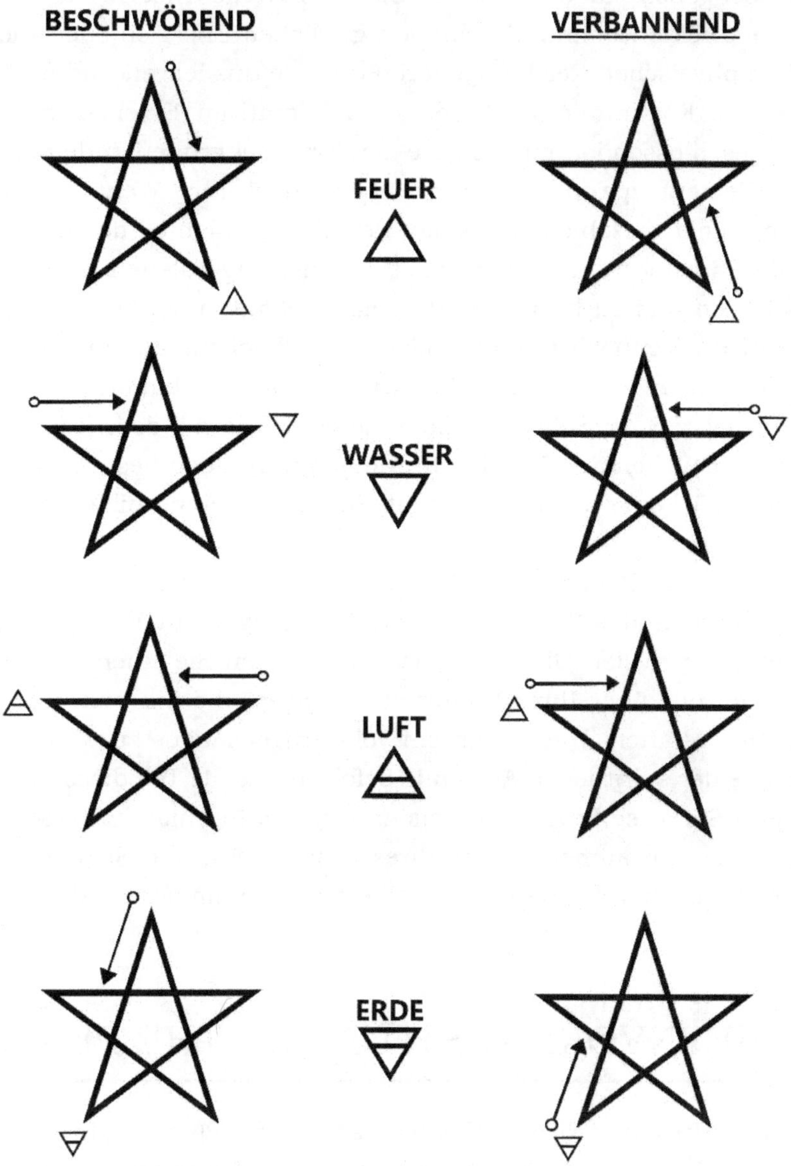

Abbildung 35: Beschwörungs- und Verbannungspentagramme der Elemente

Die Kommunion mit einem Erzengel kann eine sehr erhellende Erfahrung sein. Da die Natur jedes Elements für die Psyche persönlich ist (und sich von Mensch zu Mensch unterscheidet), kann die Kommunion sehr informativ sein. Die Erzengel werden Ihnen Botschaften über Sie selbst geben und darüber, wie Sie sich spirituell weiterentwickeln können. Sie werden Ihnen auch Informationen über die Natur des

Elements selbst geben - all das erhalten Sie durch reine Gnosis. Wie bereits erwähnt, ist Gnosis die direkte Kommunikation von göttlichen Energien oder anderen Wesen, die nicht dem physischen Reich angehören und die uns lehren und führen wollen.

Nachdem die Kommunion mit dem repräsentativen Erzengel des angerufenen Elements abgeschlossen ist, müssen Sie den Erzengel grüßen, indem Sie das für das angerufene Element spezifische Gradzeichen ausführen. Wenn Sie, aus welchem Grund auch immer, beschlossen haben, den Kommunionteil des LIRP auszulassen, machen Sie sich keine Sorgen, denn die Natur der angerufenen Elementarenergie ist es, uns zu lehren und zu heilen, unabhängig davon, ob wir aktiv daran teilnehmen wollen oder nicht. Wenn wir also beschließen, im Wachzustand nicht zuzuhören, weil unser Ego zu sehr involviert ist, werden wir die Kommunikation erhalten, wenn sich das Ego beruhigt, z.B. im Schlaf. Denken Sie immer daran, dass jede Energie, die Sie anrufen, die vier Welten der Qabalah durchlaufen und den besten Weg finden muss, um mit Ihnen zu kommunizieren, damit Sie diese Kommunikation verstehen und integrieren können.

Die Fähigkeit, ein Element nach Belieben zu beschwören oder zu bannen, ist ein mächtiges Werkzeug, das Ihnen als angehender Magus zur Verfügung steht. Durch das Erlernen der rituellen Übungssequenzen erhalten Sie einen Schlüssel, um eine Ebene der Kontrolle über Ihre Realität zu erlangen, die Sie wahrscheinlich nie für möglich gehalten hätten. Um jedoch ein vollwertiger Magus zu werden, müssen Sie die Programme der spirituellen Alchemie befolgen, die als Teil dieses Werkes gegeben werden. Wenn Sie diese Programme bis zum Ende durchlaufen haben, werden ihre rituellen Übungen für immer ein Teil Ihres Lebens sein, und Sie können sie nutzen, um Ihre Energie nach Belieben zu kontrollieren, wann immer Sie dies wünschen.

SUPREME INVOKING RITUAL OF THE PENTAGRAM

Das Supreme Invoking Ritual of the Pentagram (SIRP) muss durchgeführt werden, nachdem die anderen vier Elemente für die im Programm der Spirituellen Alchemie im nächsten Kapitel vorgeschriebene Mindestzeit angerufen wurden. Das SIRP ist die mächtigste rituelle Übung, die bisher vorgestellt wurde, da sie die henochischen göttlichen Namen für die aktiven und passiven Geist-Pentagramme verwendet, um ihnen ihre Kraft zu verleihen. Als solche ist diese Übung eine Einführung in die henochische Magie, die erst dann durchgeführt werden sollte, wenn Sie die SIRP ausreichend lange praktiziert haben. Henochische Magie kann für diejenigen, die dafür nicht bereit sind, sehr gefährlich sein; daher habe ich sie ans Ende des Buches gestellt.

Die SIRP vereint die besten Qualitäten der vier Elemente - jetzt unter dem Vorsitz von Spirit. Nachdem Sie diese Übung durchgeführt haben, werden Sie sofort ein Gefühl des Friedens und der Ruhe verspüren, sowie erhöhte intuitive Fähigkeiten. Diese rituelle Übung ist sehr mystisch - ihr Zweck ist es, Ihre innere Sicht auf die erste unsichtbare Welt, die Astralebene, vollständig zu erwecken. Denken Sie daran, dass der Manifestationsprozess die Astralwelt durchlaufen muss, bevor er in der physischen Welt ankommt. Da die Astralwelt der Kontaktpunkt zwischen dem Magus und den kosmischen Ebenen ist, werden Sie, wenn Sie die SIRP täglich durchführen, "auf der Erde wandeln, während Ihr Kopf im Himmel ist", wie die Adepten des Golden Dawn sagen würden.

Die SIRP verwandelt den Magus in einen "Sky-Walker", ein spirituell verbessertes menschliches Wesen, das zwischen der Inneren und der Äußeren Welt wandelt - metaphorisch gesprochen hat er einen Fuß in der Astralebene und den anderen auf der Erde. Das SIRP stimuliert und aktiviert das Chakra des Geistigen Auges, stärkt das Kehlchakra und den Akt der Kommunikation und schafft das Tor zum Transpersonalen Selbst im Sahasrara Chakra.

Diese rituelle Übung ist eine Vorbereitung auf die Adeptenschaft. Der Beginn von Anrufungen des Geistelements stellt einen Meilenstein in Ihrer Karriere als Zeremonienmagier dar, da dies die nächste Stufe Ihrer spirituellen Entwicklung ist. Während Sie mit den bisher vorgestellten rituellen Übungen "gehen gelernt" haben, lernen Sie nun mit den Geistbeschwörungen "laufen".

Spirit ist im Wesentlichen die Synthese der vorangegangenen Elementar-Beschwörungen mit der Hinzufügung eines fünften Elements - eines sehr mystischen und transzendentalen Elements. Spirit-Beschwörungen mit dem SIRP sollten mindestens neun Monate lang durchgeführt werden, nachdem die Arbeit mit den LIRPs der vier Elemente abgeschlossen ist. Es wird alle Teile Ihrer Psyche (mental und emotional) ausgleichen und Sie auf die höheren Wirkungen der spirituellen Energie in Ihnen einstimmen.

Bevor Sie mit der SIRP beginnen, sollten Sie zumindest die LBRP und die BRH durchgeführt haben, um unerwünschte Energie zu verbannen und sich auf das Einströmen des Geistelements vorzubereiten. Die Middle Pillar wird ebenfalls empfohlen, bevor man mit der SIRP beginnt, ist aber nicht zwingend erforderlich.

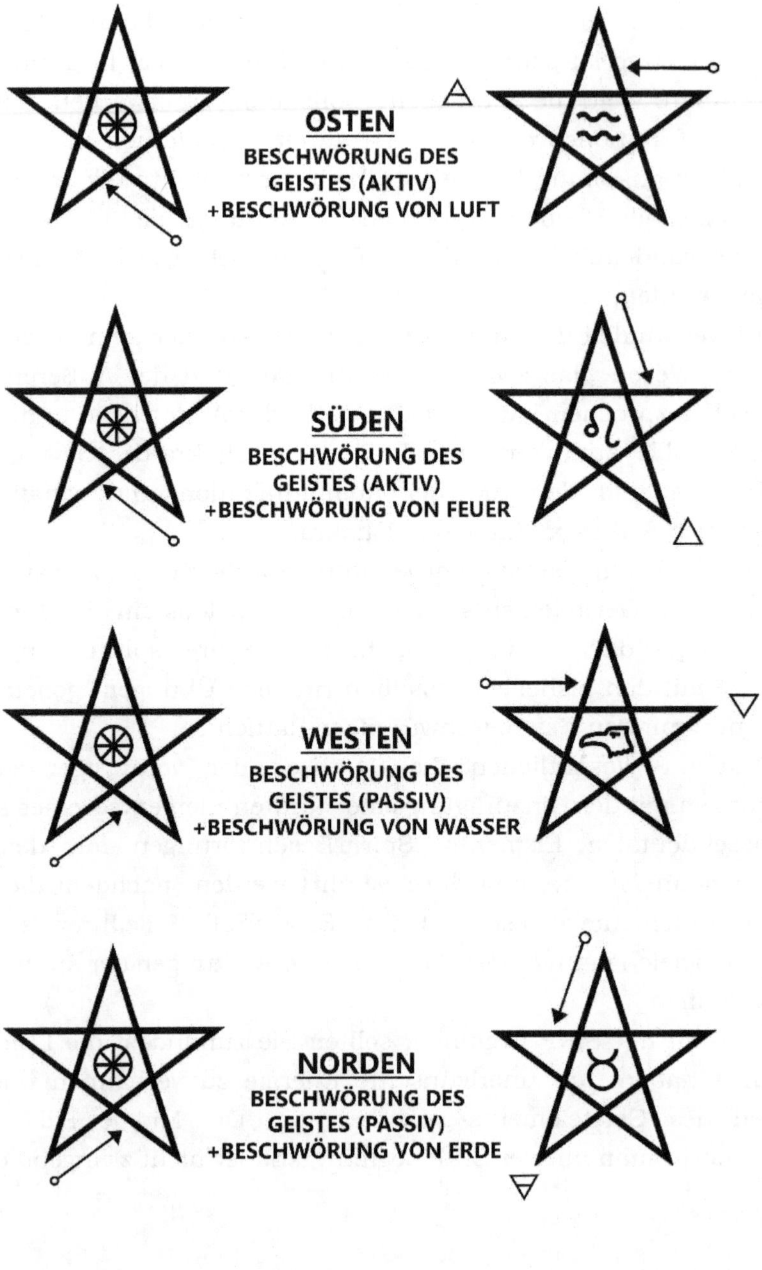

Abbildung 36: Die aufrufenden Pentagramme der SIRP

Supreme Invoking Ritual of the Pentagram

Formel 1: Das Qabalistische Kreuz

Führen Sie den Vierfachen Atem ein oder zwei Minuten lang aus, um sich in einen ruhigen, ausgeglichenen Geisteszustand zu versetzen. stellen Sie sich in die Mitte Ihres Kreises und schauen Sie nach Osten. Wenn Sie Elementaraltäre und (oder) einen zentralen Altar haben, stellen Sie sich hinter den zentralen Altar. Führen Sie das Qabalistische Kreuz gemäß der Formel in der Anleitung für das LBRP durch.

Formel 2: Nachzeichnen des aktiven und passiven Geist-Pentagramms und Anrufung der Elemente (Abbildung 36)

Bewegen Sie sich nun nach Osten. Zeichnen Sie das Gleichgewichtige Aktive Pentagramm des Geistes in flammendem Blau.

Vibrieren Sie dabei:

Exxx-Ahrrr-Peyyy

(EXARP)

Sehen Sie es in Flammen, während Sie es mit dem göttlichen Namen EXARP durchdringen. Zeichnen Sie das Rad in der Mitte des Pentagramms in weißem Licht im Uhrzeigersinn nach.

Vibrieren Sie dabei:

Eeehhh-heyyy-yeyyy

(Eheieh)

Greifen Sie in die Kether-Sphäre über Ihrem Kopf und stoßen Sie das Licht aus Kether mit dem Zeichen des Eingetretenen nach vorne, um das Pentagramm und das Rad vollständig mit Licht zu durchdringen und es in Flammen aufgehen zu lassen. Beenden Sie es mit dem Zeichen der Stille. Ziehen Sie das beschwörende Pentagramm der Luft über das Pentagramm des Geistes in flammendem Blau, um es mit Licht zu durchdringen.

Vibrieren Sie dabei:

Ohh-Rowww Eee-Bahhh-Hahhh Ahhh-Ohhh-Zooohd-Peee

(ORO IBAH AOZPI)

Zeichnen Sie das Zeichen des Wassermanns in der Mitte des Pentagramms in Gelb nach. Ziehen Sie es im Uhrzeigersinn, von links nach rechts.

Vibrieren Sie dabei:

Yooohd-Heyyy-Vaaav-Heyyy

(YHVH)

Reichen Sie in die Kether-Sphäre hinein und stoßen Sie das Licht aus Kether in das Luft-Pentagramm mit dem Wassermann-Symbol in der Mitte vor, so dass es in Flammen steht, während Sie das Zeichen des Eingetretenen machen. Schließen Sie mit dem Zeichen der Stille ab. Dann stechen Sie mit Ihrem magischen Werkzeug oder

Ihrer rechten Hand in die Mitte des Pentagramms und erzeugen eine weiße Linie, die Sie im Uhrzeigersinn in Richtung Süden weiterführen.

Wenden Sie sich jetzt nach Süden. Zeichnen Sie das gleichgewichtige aktive Pentagramm des Geistes in flammendem Blau.

Vibrieren Sie dabei:

Bayyy-Eeee-Tohhh-Ehmmm

(BITOM)

Sehen Sie es in Flammen und zeichnen ein weißes Rad in der Mitte des Pentagramms im Uhrzeigersinn.

Vibrieren Sie dabei:

Eeehhh-heyyy-yeyyy

(Eheieh)

Reichen Sie in die Kether-Sphäre hinein und stoßen das Licht mit dem Zeichen des Eindringlings vorwärts, um das Pentagramm und das Rad mit Licht zu durchdringen. Beenden Sie mit dem Zeichen der Stille. Ziehen Sie das beschwörende Pentagramm aus Feuer über das Geist-Pentagramm, ebenfalls in flammendem Blau.

Vibrieren Sie dabei:

Ohhh-Eee-Payyy Tayyy-Ahhh-Ahhh Payyy-Dohhh-Kayyy

(OIP TEAA PEDOCE)

Zeichnen Sie das Zeichen Löwe in Rot in die Mitte des Pentagramms. Tun Sie dies im Uhrzeigersinn.

Vibrieren Sie dabei:

Elll-oooh-heeemmm

(Elohim)

Greifen Sie erneut in die Kether-Sphäre und stoßen Sie das Licht aus Kether in das Feuer-Pentagramm mit dem Löwe-Sigel, indem Sie es in Flammen sehen, während Sie das Zeichen des Eindringlings machen. Schließen Sie mit dem Zeichen der Stille ab. Mit Ihrem magischen Werkzeug oder Ihrer rechten Hand stechen Sie in die Mitte des Pentagramms und ziehen eine weiße Linie nach Westen, wodurch Sie eine Hälfte des bisherigen magischen Kreises bilden.

Wenden Sie sich jetzt nach Westen. Zeichnen Sie das gleichgewichtige passive Pentagramm des Geistes in flammendem Blau.

Vibrieren Sie dabei:

Hayyy-Cohhh-Maaah

(HCOMA)

Sehen Sie es in Flammen und zeichnen Sie ein weißes Rad in der Mitte des Pentagramms im Uhrzeigersinn.

Vibrieren Sie dabei:

Aaahhh-Glaaahhh

(AGLA)

Greifen Sie in die Kether-Sphäre und stoßen Sie das Licht aus Kether in das Pentagramm vor und schließen mit dem Zeichen des Eingetretenen und dem Zeichen der Stille ab. Dann ziehen Sie das beschwörende Pentagramm des Wassers in flammendem Blau über das Geist-Pentagramm.

Vibrieren Sie dabei:

Ehmmm-Payyy-Hayy Ahrrr-Selll Gahhh-Eee-Ohlll

(EMPEH ARSEL GAIOL)

Zeichnen Sie das Zeichen "Adlerkopf" in der Mitte in Blau. Tun Sie dies im Uhrzeigersinn.

Vibrieren Sie dabei:

Elll

(El)

Greifen Sie in die Kether-Sphäre und stoßen Sie das Licht aus Kether in das Wasser-Pentagramm vor, indem Sie es in Flammen sehen, während Sie das Zeichen des Eindringlings machen. Schließen Sie mit dem Zeichen der Stille ab. Mit Ihrem magischen Werkzeug oder Ihrer rechten Hand stechen Sie in die Mitte der gezeichneten Pentagramme und fahren fort, Ihren Kreis mit einer weißen Linie zu bilden, wobei Sie sich jetzt nach Norden bewegen.

Wenden Sie sich jetzt nach Norden. Zeichnen Sie das gleichgewichtige passive Pentagramm des Geistes in flammendem Blau.

Vibrieren Sie dabei:

Ehnnn-Aaahhh-Ehnnn-Taaahhh

(NANTA)

Sehen Sie es in Flammen und zeichnen Sie ein weißes Rad in der Mitte des Pentagramms im Uhrzeigersinn.

Vibrieren Sie dabei:

Aaaahhhh-Gllaaaaahhh

(AGLA)

Greifen Sie in die Kether-Sphäre und stoßen Sie das Licht aus Kether in das Pentagramm vor, schließen Sie mit dem Zeichen des Eingetretenen ab, gefolgt von dem Zeichen der Stille. Ziehen Sie das anrufende Pentagramm der Erde über das Geist-Pentagramm, ebenfalls in flammendem Blau.

Vibrieren Sie dabei:

Eeee-Mohrrr Deee-Ahhhlll Hekkk-Tayyy-Gaaahhh

(EMOR WÄHLT HECTEGA)

Zeichnen Sie das Zeichen Stier in brauner Farbe in die Mitte des Pentagramms. Machen Sie dies im Uhrzeigersinn, von links nach rechts.

Vibrieren Sie dabei:

Aaahhh-dooohhh-nyyyeee

(Adonai)

Greifen Sie in die Kether-Sphäre und stoßen Sie das Licht aus Kether in das Erd-Pentagramm vor, indem Sie es in Flammen sehen, während Sie das Zeichen des Eindringlings machen. Beenden Sie es mit dem Zeichen der Stille. Benutzen Sie das magische Werkzeug oder Ihre rechte Hand, stechen nun in die Mitte des Pentagramms und führen Ihre weiße Linie dorthin, wo sie im Osten begonnen haben. Ihr magischer Kreis ist nun vollständig. Schließen Sie den magischen Kreis mit dem Zeichen des Eingetretenen und dem Zeichen der Stille. Gehen Sie nun in die Mitte Ihres Kreises. Wenn Sie einen Altar in der Mitte haben, dann stellen Sie sich hinter ihn.

Formel 3: Anrufung der Erzengel

Verwenden Sie die Formel der "Evokation der Erzengel" aus dem LBRP (*Formel 3*), aber lassen Sie die Erzengel Ihnen gegenüberstehen, anstatt Ihnen den Rücken zuzuwenden, wie im LIRP (wodurch es zu einer Invokation wird). Die Energie der vier Elemente, unter dem Vorsitz des Geistelements, wird in Ihren magischen Kreis und folglich in Ihre Aura einfließen.

Formel 4: Das Qabalistische Kreuz

Wiederholen Sie das Qabalistische Kreuz wie zu Beginn.

Formel 5: Die Portal-Zeichen

Beenden Sie die SIRP, indem Sie das Zeichen der Öffnung des Schleierportals ausführen. Dieses dreistufige Zeichen wird im Abschnitt "Großes Werk" in einem Kapitel mit dem Titel "Gradzeichen der fünf Elemente" gegeben.

***

Beachten Sie, dass Sie auch das Supreme Banishing Ritual of the Pentagram (SBRP) durchführen können, wenn Sie Schwierigkeiten haben, die Energien des SIRP zu steuern. Dazu müssten Sie die Ströme umkehren und die bannenden Pentagramme anstelle der anrufenden verwenden (Abbildung 37). Die einzigen Unterschiede zur Formel des SIRP sind die Richtung der Pentagramme, die Beschwörung der Erzengel mit dem Rücken zu Ihnen und die Beendigung der rituellen Übung durch die Verwendung des Portalzeichens "Schließen des Schleiers" (wie im Kapitel "Gradzeichen und ihre Verwendung" beschrieben).

Bedenke, dass Sie bei der Durchführung der SBRP die gesamte Elementar- und Geistenergie verbannen, die Sie mit der SIRP beschworen haben (falls Sie vorher eine gemacht haben), sowie jede natürliche Energie, die Sie vor der SIRP von den Elementen und dem Geist hatten. Es wird dann ein paar Stunden oder mehr dauern, bis Sie diese Energien in Ihrer Aura auf natürliche Weise wieder aufbauen können. Die Pentagramme zur Geistbannung sind unten angegeben.

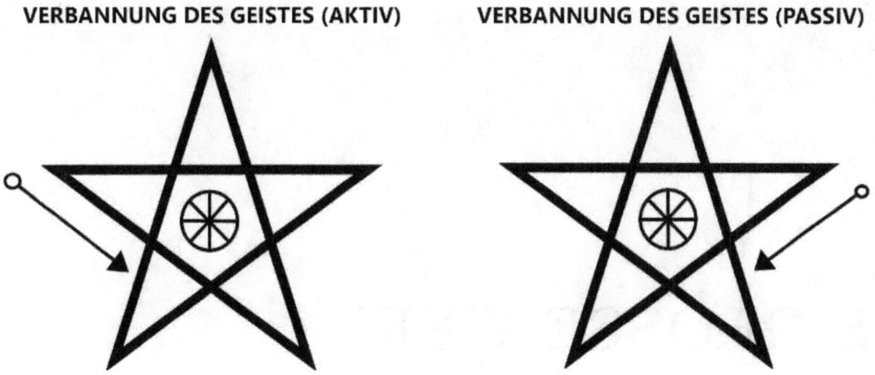

Abbildung 37: Bannende Pentagramme des Geistes

DAS GROSSE WERK

"Die Hermetik ist die Wissenschaft der Natur, die in den Hieroglyphen und Symbolen der antiken Welt verborgen ist. Sie ist die Suche nach dem Prinzip des Lebens, zusammen mit dem Traum (für diejenigen, die es noch nicht erreicht haben), das Große Werk zu vollenden, das heißt die Reproduktion des göttlichen, natürlichen Feuers, das die Wesen erschafft und neu erschafft, durch den Menschen." - Eliphas Levi; Auszug aus "Die kabbalistische und okkulte Philosophie von Eliphas Levi - Band 1: Briefe an Schüler"

Das Große Werk oder "Magnum Opus" ist ein Begriff, der von Alchemisten verwendet wird, um die bewusste Anstrengung zu beschreiben, den höchsten Zustand der Spiritualität zu erreichen. Das Ziel des Großen Werkes ist die Erleuchtung und die Vereinigung mit der Gottheit. Das Große Werk bezieht sich auch auf den Prozess der Schöpfung. Aus diesem Grund muss der Eingeweihte (oder Praktizierende) der Spirituellen Alchemie intellektuell die Natur des Kosmos und die Funktionsweise der Dinge verstehen. Da der Mikrokosmos das Spiegelbild des Makrokosmos ist, ist das Große Werk des Eingeweihten der Prozess des Großen Werkes der Schöpfung, aber in umgekehrter Richtung.

Magnum Opus ist ein hermetischer Begriff, wie auch die Natur der Alchemie selbst. Dieses Buch gibt Ihnen nicht nur die Möglichkeit, Ihre Chakren zu heilen (spirituelle Alchemie), sondern entwickelt auch Ihren Intellekt, damit Sie die verschiedenen Aspekte des Universums und des Sonnensystems, in dem wir leben, verstehen können. Jedes der bisher behandelten Themen ist ein Aspekt der Schöpfung selbst, und das Lernen darüber wird Ihnen die Türen zu Ihrer Psyche öffnen und Sie befähigen, ihre Funktionsweise zu verstehen. Sobald das intellektuelle Fundament gelegt ist, kann der Prozess der spirituellen Alchemie leichter integriert werden. Auf diese Weise ist jede Komponente von *The Magus ein* Teil des Großen Werks.

SPIRITUELLE ALCHEMIE PROGRAMM I - DIE FÜNF ELEMENTE

0=0: Neophytengrad (Probezeit)

Sie beginnen Ihre spirituelle Alchemie-Reise, indem Sie zunächst das Lesser Banishing Ritual of the Pentagram (LBRP) und die Middle Pillar als Teil Ihrer täglichen Routine einführen. Dies sollen Sie zwei Wochen lang tun. Mindestens einmal am Tag mit dem LBRP und höchstens einmal am Tag mit der Middle Pillar. Diese beiden rituellen Übungen dienen dazu, Ihre Aura zu reinigen und das Licht anzurufen. Sie sind eine Vorbereitung für die Arbeit mit den Elementen.

Im Orden des Golden Dawn ist dies die Praxis, die im ersten Grad des Neophyten gegeben wird, da es der erste Schritt auf der alchemistischen Reise ist. Der Grad des Neophyten wird im Golden Dawn als ein vorbereitender Grad angesehen, da er mit keinem Sephiroth des Lebensbaums korrespondiert, wie es bei den anderen Graden der Fall ist. Aus diesem Grund wird der Neophyt als Grad Null betrachtet.

Der Neophytengrad und die folgenden vier Grade sind Teil des Äußeren Ordens des Golden Dawn. Da die folgenden vier Grade einem der Elemente Erde, Luft, Wasser und Feuer entsprechen, ist der Zweck des Äußeren Ordens die spirituelle Alchemie und die Transformation der unteren vier Chakren, bevor man sich dem Element des Geistes zuwendet, das den höheren drei Chakren entspricht. Das Ziel des Neophytengrades mit dem LBRP und der Middle Pillar ist die Erhöhung der Seele und des Geistes über das Ego.

Die LBRP kann mehrmals am Tag durchgeführt werden, vorzugsweise einmal nach dem Aufwachen und einmal vor dem Schlafengehen. Die Middle Pillar sollte jedoch nur einmal am Tag während dieser Zeitspanne durchgeführt werden, um das Licht in der Aura sicher und effizient aufzubauen.

Die tägliche rituelle Übungsfolge für die Wochen 0-2 ist LBRP, MP.

Sie müssen konsequent sein und jede dieser beiden Übungen täglich durchführen. Wenn Sie gelegentlich einen Tag auslassen, kann es leicht passieren, dass Sie die Konzentration auf die Aufgabe verlieren und sogar frühzeitig aufgeben. Seien Sie daher entschlossen und ausdauernd, sich die rituellen Abläufe durch tägliche Wiederholung einzuprägen. Die ersten Wochen sind die schwierigsten, weil sie das Tempo für die weitere Arbeit vorgeben. Außerdem ist es gut, von Anfang an das magische Tagebuch zu benutzen und die rituellen Übungen, die Sie durchführen, sowie Ihre Träume zu notieren, da Ihre Träume sofort von der beschworenen Energie beeinflusst werden.

1=10: Zelator-Grad (Malkuth) - Das Erdelement

Das Banishing Ritual of the Hexagram (BRH) soll nach den zwei Wochen eingeführt werden und ein regelmäßiger Teil deiner rituellen Praxis werden, wobei Sie immer dem LBRP als Teil der täglichen Bannungen folgen sollst.

Das LBRP, BRH und Middle Pillar können und sollten täglich durchgeführt werden, um sich selbst ins Gleichgewicht zu bringen, unerwünschte Energieeinflüsse von außen zu entfernen und Lichtenergie in die Aura zu bringen. Das Lesser Invoking Ritual of the Pentagram (LIRP) muss für spirituelle Alchemiezwecke durchgeführt werden, und um es korrekt durchzuführen, gibt es eine Formel, die befolgt werden muss.

Um den Prozess der spirituellen Alchemie mit den Elementen zu beginnen, muss man mit der Erde beginnen und LIRPs der Erde für eine bestimmte Zeit durchführen. Im Golden Dawn wird diese rituelle Praxis durchgeführt, sobald der Eingeweihte in den ersten Grad, Zelator, aufsteigt. Zelator bezieht sich auf die zehnte Sephira, Malkuth, da die Erde der Ort ist, an dem wir unsere spirituelle Reise beginnen und von dort aus aufwärts und nach innen gehen.

Die tägliche rituelle Übungsfolge für die Wochen 2-6 ist LBRP, BRH, MP und LIRP der Erde.

Die Mindestzeit, die Sie mit den Erd-LIRPs verbringen sollten, beträgt einen Monat. Sie sollten diese rituelle Anrufung einmal täglich durchführen, vorzugsweise am Morgen, aber jede Tageszeit ist geeignet. Es ist wichtig zu beachten, dass die LIRPs eines bestimmten Elements mindestens drei bis vier Mal pro Woche durchgeführt werden sollten. Wenn Sie dies nicht tun, wird die Aura nicht ausreichend mit einem bestimmten Element durchdrungen. Denken Sie daran, dass Sie, wenn Sie das Middle Pillar Exercise direkt vor dem Schlafengehen durchführen, aufgrund des massiven Zustroms von Lichtenergie wahrscheinlich nicht einschlafen können. Daher sind die Morgen- oder Nachmittagsstunden die bevorzugte Zeit für größere rituelle Anrufungen.

Es sollten insgesamt mindestens 20 LIRPs der Erde absolviert werden, bevor man zum nächsten Element der Luft übergehen kann. Beachte noch einmal, dass eine LIRP eines Elements nie öfter als einmal am Tag durchgeführt werden sollte. Und wenn Sie die Erdenergie als zu dicht und erdend empfindest, können und sollten Sie die LIRP der Erde alle zwei Tage machen und nicht jeden Tag. Die Aura braucht Zeit, um von einem Element durchdrungen zu werden und auf das entsprechende Chakra zu wirken. Denken Sie immer daran, dass dies ein Prozess der spirituellen Alchemie ist, was bedeutet, dass ein strenges Programm und Formeln befolgt werden müssen, um erfolgreich zu sein.

Nach den ersten zwei Wochen kann das Middle Pillar Exercise auf Wunsch mehrmals am Tag durchgeführt werden, aber wenn man sie zu oft macht, kann sie einen zu abgehoben und unruhig machen; daher wird nicht empfohlen, sie mehr als zweimal am Tag durchzuführen. Wenn Sie mindestens zwanzig Erd-LIRPs durchgeführt haben, werden Sie gut geerdet sein und das Muladhara Chakra wird den richtigen Zustrom von Energie aus der Erde unter Ihnen und den kleineren Chakrapunkten in den Fußsohlen erhalten. Eine gute Erdung in der Erde ist notwendig, bevor man die anderen Elemente hinzufügt.

2=9: Theoricus-Grad (Yesod) - Das Luftelement

Jetzt sind Sie bereit, mit der Anrufung des Luftelements durch das LIRP der Luft zu beginnen. Im Golden Dawn wird die rituelle Übung der Luftanrufung im zweiten Grad, Theoricus, gegeben, der der neunten Sephira, Yesod, entspricht. Wenn man den Baum des Lebens nach oben erklimmt, ist Yesod gleichbedeutend mit dem Luftelement. Die zu befolgende rituelle Abfolge ist LBRP, BRH, Middle Pillar und LIRP der Luft. Für die Anrufung des Luftelements und die Reinigung des Egos muss man sogar noch mehr Zeit aufwenden als für das vorhergehende Element der Erde.

Die tägliche rituelle Übungsfolge für die Wochen 6-18 ist LBRP, BRH, MP und LIRP of Air.

Das Luft-Element sollte mindestens drei Monate lang angerufen werden, wobei mindestens <u>60 LIRPs der Luft</u> absolviert werden sollten, bevor man zum nächsten Element, dem Wasser, übergeht. Das Luftelement befasst sich mit Gedanken, dem Unterbewusstsein und dem Ego. Daher brauchen Sie reichlich Zeit, um Ihre Gedanken und Ihr Ego zu untersuchen, um die Lektionen des Anahata Chakra richtig zu verinnerlichen und Ihr Luftelement zu reinigen.

Auch hier sollten Sie die Luft nicht öfter als einmal am Tag durch das LIRP anrufen, und wenn Sie sich zu luftig und nicht geerdet genug fühlen, sollten Sie es jeden zweiten Tag statt jeden Tag tun. Obwohl man in den meisten Situationen gerne das Element Luft anruft, da es Kreativität, Vorstellungskraft und Inspiration anregt, wovon man eigentlich nie genug bekommen kann.

3=8: Practicus-Grad (Hod)-das Wasserelement

Das nächste Element in der Folge ist das Wasser, das die Anwendung des LIRP des Wassers beinhaltet. Im Golden Dawn wird diese Übung im dritten Grad, Practicus, gegeben, der der achten Sephira, Hod, entspricht, die auf dieser Ebene des

Lebensbaums gleichbedeutend mit dem Element Wasser ist. Sie müssen mindestens zwei Monate damit verbringen, Anrufungen des Wasserelements zu machen und in dieser Zeit mindestens 40 LIRPs des Wassers. Um gereinigt und erhöht zu werden, muss das entsprechende Chakra, Swadhisthana, korrekt mit dem Wasserelement durchdrungen sein.

Die tägliche rituelle Übungsfolge für die Wochen 18-26 ist LBRP, BRH, MP und LIRP of Water.

Erinnern Sie sich noch einmal daran, dass Sie den Prozess der spirituellen Alchemie nicht beschleunigen können, indem Sie die LIRP mehr als einmal am Tag durchführen. Sie müssen geduldig mit dieser Praxis sein, denn sie wird sich am Ende auszahlen. Wenn Sie sich übermäßig emotional fühlen und im Wasserelement ertrinken, können Sie die Anrufung auf einmal alle zwei Tage reduzieren, um den Zustrom von Wasserenergie zu verringern. Wenn Sie mit dieser Praxis das Minimum von fünfundvierzig LIRPs des Wassers nach den vorgesehenen zwei Monaten nicht erreicht haben, dann verlängern Sie die zwei Monate. Der Schlüssel liegt darin, jedes Element insgesamt so oft wie vorgeschrieben anzurufen, unabhängig davon, wie oft Sie das Element pro Woche anrufen.

Das Wasserelement befasst sich mit den Emotionen und den Ausdrucksformen der Liebe. Sein Chakra zu erheben bedeutet, persönliche Liebesgefühle zu überwinden und sich mit bedingungsloser Liebe zu verbinden. Man muss das Wasser nacheinander mit den beiden anderen Elementen Erde und Luft anrufen, bevor man sich dem Element Feuer zuwendet. In den *chaldäischen Orakeln*, die Teil des Lehrplans des Golden Dawn sind, heißt es: "Deshalb muss der Priester, der die Werke des Feuers beherrscht, zuerst mit den leuchtenden Wassern des lauten und schallenden Meeres besprengen." Das bedeutet, dass man eine starke Basis in bedingungsloser Liebe haben muss, bevor man das sehr mächtige Feuerelement anruft; andernfalls fällt man den negativen Ausdrücken des Feuers zum Opfer.

4=7: Philosophus-Grad (Netzach)-das Feuerelement

Wenn Sie die nötige Zeit mit der Anrufung des Wassers verbracht und eine gute Grundlage geschaffen haben, können Sie mit dem LIRP des Feuers weiterarbeiten. Im Golden Dawn wird diese Übung im vierten Grad, Philosophus, gegeben, der mit der siebten Sephira, Netzach, korrespondiert, die auf dieser Ebene des Lebensbaums das Feuerelement ist. Erinnern Sie sich daran, dass Sie durch diesen Prozess der spirituellen Alchemie den Baum des Lebens entlang des umgekehrten Pfades des flammenden Schwertes nach oben klettern, so dass Sie den Garten Eden wieder betreten können.

Sie sollten die verschiedenen Diskurse in diesem Buch studieren und wiederholen, während Sie durch den Prozess der Spirituellen Alchemie arbeiten. Oft erhalten sie weitere Einblicke in ein Thema, wenn Sie unter dem Einfluss einer bestimmten Energie stehen, die dieses Thema erhellen kann. Insbesondere die Beschreibungen der Elemente sind etwas, zu dem Sie immer wieder zurückgehen wollen, wenn Sie sie anrufen. Aber da die meisten der hier vorgestellten Themen sich mit Ausdrücken von Energiearten befassen, werden Sie mehr lernen und verschiedene Konzepte und Ideen besser verstehen, wenn Sie sie mehrmals lesen.

Feuer ist das flüchtigste der Elemente und eines, das die Unreinheiten im entsprechenden Manipura Chakra wegbrennt. Manipura befasst sich mit den Ausdrucksformen der Seele. Das Feuerelement sorgt auch für die Feinabstimmung der anderen drei Chakren, die den Elementen Erde, Wasser und Luft entsprechen, da die Seele die Elemente benutzt, um sich auszudrücken. Daher sollten Sie mindestens sieben Monate damit verbringen, mit dem LIRP Anrufungen des Feuers zu machen. Mindestens 140 LIRPs des Feuers sollten abgeschlossen sein, bevor man mit dem Geist-Element weiterarbeitet.

Die tägliche rituelle Übungsfolge für die Wochen 26-54 ist LBRP, BRH, MP und LIRP des Feuers.

Das Feuerelement befindet sich im Kern unseres Seins, in der Ersten Welt von Atziluth, wo die Archetypen liegen. Es bezieht sich auf unsere Überzeugungen über uns selbst und die Welt, die tief in uns verankert sind. Da das Feuerelement durch die anderen drei Elemente wirkt, werden Feuerbeschwörungen bisher die meisten Veränderungen in Ihrer psychologischen Konstitution bewirken. Aus diesem Grund sollten Sie mehr Zeit mit der Anrufung des Feuerelements verbringen als mit der Anrufung der anderen drei Elemente, denn das Feuer hat mit Transformation zu tun.

Auch hier gilt: Wenn Sie sich durch das Feuerelement zu sehr aufgewühlt fühlen (was vorkommen kann) und es Sie dazu bringt, in Ihrem täglichen Leben auf negative, destruktive Weise zu handeln, dann führen Sie die LIRPs des Feuers stattdessen einmal alle zwei Tage oder sogar einmal alle drei Tage durch. Sie müssen immer ein Element in sich selbst durch die gegebenen rituellen Übungen hinzufügen und abziehen, damit Sie sich mit dem Prozess der spirituellen Alchemie wohl fühlen. Achten Sie immer darauf, dass sich ein Element nicht negativ in Ihrem persönlichen Leben manifestiert.

Oft hilft es, zu den vorhergehenden Elementen zurückzugehen und an diesen weiterzuarbeiten, bevor man mit dem aktuellen Element fortfährt, da das letzte Element, mit dem man gearbeitet hat, für das folgende hilfreich sein soll. Aus diesem Grund ist die Reihenfolge, in der die Elemente angerufen werden, entscheidend. Ein späterer Abschnitt über hermetische Alchemie wird mehr Licht darauf werfen, warum die Elemente in dieser Reihenfolge angerufen werden. Die spirituelle Alchemie ist ein bewährtes Verfahren, das funktioniert - wie es seit Tausenden von Jahren von Alchemisten und Magiern gleichermaßen erprobt und bewährt wurde.

Schleier von Paroketh: Portalgrad-Das Geistelement

Wenn Sie die nötige Zeit für die Anrufung des Feuers aufgebracht haben, können Sie mit dem Supreme Invoking Ritual of the Pentagram (SIRP) beginnen und das Geistelement anrufen. Diese Übung wird im Golden Dawn im Portalgrad gegeben. Der Portalgrad ist der Vorläufer des Adeptus Minor Grades, der mit der Tiphareth Sephira übereinstimmt. Der Zweck des Eintritts in Tiphareth ist es, das Leben, den Tod und die Auferstehung von Jesus Christus, Mithras und Osiris von Ägypten zu erleben und in dieser Sphäre durch das Geistelement wiederaufzuerstehen. Vor dem Eintritt in diese Sphäre muss jedoch genügend Zeit damit verbracht werden, mit dem SIRP zu arbeiten und das Spirituelle Element in die Aura und die Chakren zu infundieren, und dieser Prozess beginnt mit dem Portalgrad.

Die tägliche rituelle Übungsfolge für die Wochen 54-90 ist LBRP, BRH, MP und SIRP.

Alchemistisch gesehen dauert dieser Vorgang der Geisterbeschwörung neun Monate, was der Zeit entspricht, in der ein Fötus im Mutterleib heranwächst. Dieser Prozess ist gleichbedeutend mit der christlichen Auferstehung und der Wiedergeburt aus dem Geist. In diesen neun Monaten müssen Sie mindestens 180 SIRPs machen, um den alchemistisch-spirituellen Prozess abzuschließen. Wenn Sie so viele SIRPs machen, werden das geistige Element vollständig in Ihre Aura und Psyche aufgenommen.

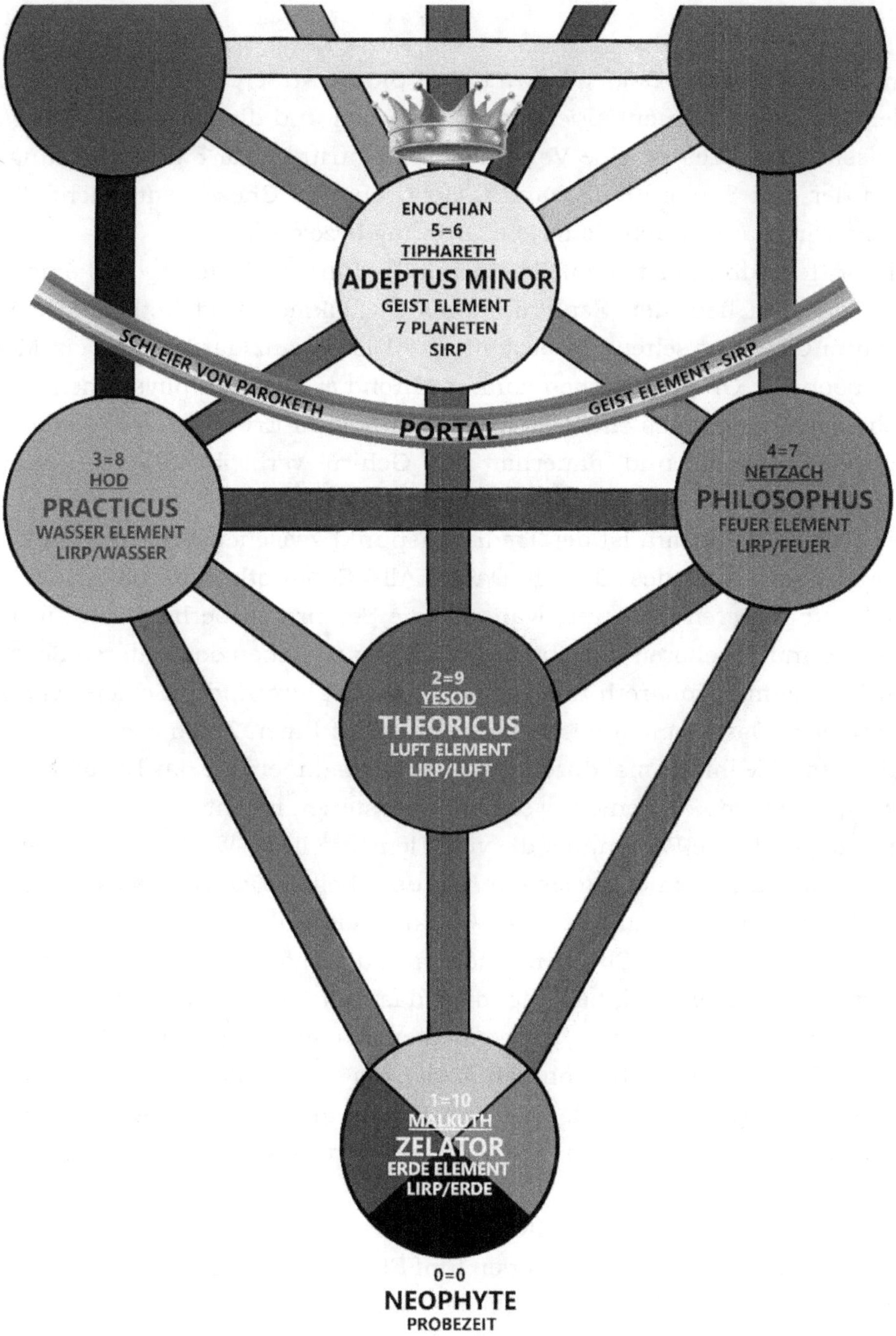

Abbildung 38: Das System des Aufstiegs in "The Magus"

***

An diesem Punkt im Golden Dawn haben Sie die Äußere Ordnung (Erste Ordnung), die den vier Elementen entspricht, abgeschlossen und die spirituelle Energie in Ihre Aura assimiliert. Dies ist eine Vorstufe zum Eintritt in die Zweite Ordnung, die den Graden der drei Sephiroth Tiphareth, Geburah und Chesed entspricht. Die Zweite Ordnung wird häufig auch als Innere Ordnung bezeichnet.

Die Dritte Ordnung ist ebenfalls ein Teil der Inneren Ordnung und entspricht den Graden der drei höchsten Sephiroth Binah, Chokmah und Kether. Das Erreichen dieser drei Grade ist selten. Es besteht eine Diskrepanz darüber, ob ein Mensch die beiden höchsten Grade erreichen kann, während er in einem physischen Körper lebt. Manche behaupten, dass ein vollständiges Kundalini-Erwachen, bei dem die Energie zur Krone aufsteigt und dauerhaft im Gehirn verbleibt, die einzige wirkliche Einweihung in die Dritte Ordnung ist.

Die Tiphareth-Sephira ist der Trennungspunkt zwischen dem Inneren Orden und dem Äußeren Orden des Golden Dawn. Alle Sephiroth unterhalb von Tiphareth gehören zur Äußeren Ordnung, während die Sephiroth oberhalb von Tiphareth zur Inneren Ordnung gehören. Es gibt einen Schleier zwischen den unteren Sephiroth des Lebensbaums mit Tiphareth und den höheren Sephiroth, der Schleier von Paroketh genannt wird. Das Element des Geistes verschafft Ihnen Zugang zu diesem Schleier, der Sie, wenn Sie ihn einmal durchdrungen haben (indem Sie das Element des Geistes anrufen), zu einem Adepten der westlichen Mysterien macht.

Ein Adept ist eine Person, die die vier Elemente ihres Wesens gemeistert hat und ausschließlich aus dem Geistelement heraus arbeitet. Das Bewusstsein des Adepten ist erhöht, da er aus den drei höheren Chakren Vissudhi, Ajna und Sahasrara heraus arbeitet. Da diese drei Chakren auch mit den göttlichen Welten oberhalb von Sahasrara verbunden sind, bedeutet dies, dass göttliche Wesen, die in diesen Welten leben, direkten Kontakt mit dem Adepten haben und durch Gnosis mit ihm kommunizieren können. Im Inneren Orden zu sein bedeutet, Kontakt mit diesen göttlichen Wesen zu haben, von denen einige als transzendente kosmische Autoritäten angesehen werden. Der Orden des Golden Dawn bezeichnet sie als die "Geheimen Oberhäupter".

Wenn Sie Ihre Arbeit mit der SIRP abgeschlossen haben, würde dies das Ende Ihres spirituellen Alchemieprozesses mit den fünf Elementen Erde, Luft, Wasser, Feuer und Geist bedeuten. In Wirklichkeit hat Ihre Reise als Magus jedoch gerade erst begonnen. Es gibt noch viel mehr Arbeit mit den Energien unseres Sonnensystems zu tun, damit Sie das Große Werk vollenden können (Abbildung 38).

Der gesamte Prozess der spirituellen Alchemie mit den fünf Elementen dauert knapp zwei Jahre. Sie müssen geduldig und entschlossen sein, es konsequent zu tun, was ein hohes Maß an Hingabe und Anstrengung erfordert, aber wie ich bereits sagte, ist es das sehr wohl wert. Sie werden als eine spirituell viel fortgeschrittenere Person hervorgehen und als jemand, der Kontrolle über seine Realität hat. Sie werden eine Ursache statt einer Wirkung sein, was Sie befähigt, Ihr innerstes Potenzial als spirituelles menschliches Wesen zu nutzen. Ihre persönliche Macht wird in einem unvorstellbaren Ausmaß zunehmen und Ihnen erlauben, das Leben zu manifestieren, von dem Sie immer geträumt haben.

Was ich Ihnen vorgestellt habe, ist das vorgeschriebene Programm der rituellen Magieübungen innerhalb des Golden Dawn Ordens, wie es mir vor vielen Jahren beigebracht wurde. Alle Orden des Golden Dawn praktizieren die Rituelle Magie auf diese Weise, einfach weil die Methode funktioniert. Sie hat in der Vergangenheit funktioniert und wird auch in der Zukunft immer funktionieren. Außerdem haben sich diese Sequenzen seit vielen Jahren bei vielen ehemaligen Golden Dawn-Schülern bewährt. Daher ist die Einhaltung des von mir vorgestellten Zeitplans der optimalste Weg, um den Prozess der Spirituellen Alchemie zu erfahren, da er die besten Ergebnisse bringt.

BESCHLEUNIGUNG DES PROGRAMMS SPIRITUELLE ALCHEMIE

Da einige meiner früheren Schüler Bedenken bezüglich des Zeitplans des Programms der Spirituellen Alchemie mit den Fünf Elementen geäußert haben, habe ich beschlossen, eine alternative, schnellere Version desselben Programms anzubieten. Wenn Sie sich entscheiden, dass diese zweite Version für Sie geeignet ist, folgen Sie ihr stattdessen.

Ich präsentiere eine alternative Version, weil viele Schüler das Gefühl hatten, dass sie für das nächste Element in der spirituellen Alchemie-Sequenz schon bereit waren. Meistens geschieht dies, wenn sie 80 % der vorgeschriebenen LIRPs mit einem Element abgeschlossen haben. Um die richtige Entscheidung zu treffen, würde ich den Ursprung ihrer Gefühle ermitteln und feststellen, ob es ihr Ego oder ihr Höheres Selbst ist, das sie projiziert. Das Ego könnte sich durch die Elemente überfordert fühlen und irreführende Informationen geben, um diese Herausforderungen zu vermeiden. Handelt es sich hingegen um das Höhere Selbst, teilt der Geist vielleicht etwas mit, auf das man hören und das man bis zu einem gewissen Grad sogar ehren sollte. Schließlich ist es eines der Ziele des Großen Werkes, zu lernen, auf unser Höheres Selbst zu hören.

In den meisten Fällen verlieben sich die Menschen von Anfang an in die Zeremonielle Magie und lassen sich auf den Prozess der Spirituellen Alchemie ein.

Folglich sind es in der Regel diese Menschen, die mit dieser Art von Dilemma zu mir kommen. Schließlich ist es normal, dass sich jeder darauf freut, zum nächsten Element in der Sequenz überzugehen, sobald deutlich wird, dass die Elemente eine positive Veränderung in seinem Leben bewirken. Es ist jedoch von entscheidender Bedeutung, sich zu vergewissern, dass das Höhere Selbst diesen Prozess steuert und die Veränderungen, die in Ihnen stattfinden, beaufsichtigt. Schließlich gibt es keinen besseren Lehrer oder spirituellen Führer als Ihr eigenes Höheres Selbst.

Oft kann es zu einer spirituellen Stagnation kommen, wenn die Lektionen mit einem Element früher als erwartet gelernt wurden - mit dem Ergebnis, dass das Höhere Selbst signalisiert, dass man bereit ist, weiterzugehen. Wenn das passiert, ist es richtig, zuzuhören. Schließlich ist es von größter Wichtigkeit, enthusiastisch und inspiriert zu bleiben, um diese Arbeit zu tun. Ich möchte nicht, dass Sie vom Weg abkommen und ganz aufgeben, wenn Sie nicht das bekommen, was Ihr Höheres Selbst von Ihnen verlangt.

Die Methode, die ich in diesem Fall vorschlage, besteht darin, dass Sie das nächste Element erst dann beginnen können, wenn 90 % der vorgeschriebenen LIRP eines Elements abgeschlossen sind. In diesem Fall müssen Sie nicht die Mindestzeit in einem Element verbringen, sondern sich nur darauf konzentrieren, wie viele LIRPs Sie abgeschlossen haben. Die vorgeschriebene Zeit, die Sie mit einem Element verbringen sollen, dient dazu, dass Sie die Lektionen dieses Elements integrieren können. Wenn Sie jedoch das Gefühl hast, dass Sie das bereits getan haben, dann ist nur die Anzahl der LIRPs für den Prozess der Spirituellen Alchemie wichtig.

Auch dies gilt nur für Schüler, deren Höheres Selbst ihnen diese Informationen mitteilt, nicht ihre Egos. Wenn Sie immer noch mit Herausforderungen zu tun haben und Lebenslektionen lernen, die Sie von dem Element, mit dem Sie arbeiten vermittelt werden, dann müssen Sie die vorgeschriebene Arbeit mit diesem Element beenden, bevor Sie weitermachen. Seien Sie ehrlich zu sich selbst, denn wenn Sie es nicht sind, schaden Sie sich nur selbst.

Anstatt zwanzig LIRPs auf der Erde zu machen, können Sie zum Beispiel achtzehn machen und zu Luft übergehen. Und in Luft können Sie vierundfünfzig statt sechzig LIRPs machen. Die Formel zur Beschleunigung des Prozesses ist, 90% der empfohlenen Elementaranrufungen zu machen, aber nicht eine Anrufung weniger als das. Das bedeutet, dass Sie, wenn Sie jeden Tag die LIRP eines Elements machen, Ihre Arbeit mit diesem Element viel schneller abschließen können, als wenn Sie normalerweise alle paar Tage eine Invokation machen und dabei der ersten Version desselben Programms folgen.

Wenn Sie weniger als 90% der Anrufungen machen und zum nächsten Element übergehen, gefährden Sie den gesamten Prozess der Spirituellen Alchemie. Die Methode der Spirituellen Alchemie muss respektiert werden, da wir es mit einer präzisen Wissenschaft des Hinzufügens und Abziehens von Energie für die persönliche Transformation in ein Wesen des Lichts zu tun haben.

Ich möchte, dass Sie den Schwung dieser Arbeit beibehalten, aber ich möchte auch, dass Sie die Vorteile des Prozesses der Spirituellen Alchemie genießen, wenn er vollständig abgeschlossen ist. Ich habe zu viele Eingeweihte gesehen, die vom Pfad abgefallen sind, weil sie das Gefühl hatten, spirituell zu stagnieren, und weil ihre Mentoren eine sehr starre Einstellung zu dieser Arbeit hatten. Ich habe auch gesehen, wie Eingeweihte viel früher zum nächsten Element übergegangen sind, als sie es hätten tun sollen, was sich oft als katastrophal für ihre magische Reise herausstellte. Ihr Ego übernimmt völlig die Kontrolle und übertönt ihr Höheres Selbst, was dazu führt, dass sie dieser Arbeit den Rücken kehren und ganz aufgeben.

Nehmen wir an, Sie stagnieren in einem Element und haben noch nicht 90 % der empfohlenen Beschwörungen durchgeführt. In diesem Fall steht es Ihnen frei, alle niedrigeren Elemente, die Sie bereits bearbeitet haben, erneut zu besuchen. Wenn Sie dann bereit sind, können Sie zurückkehren und die Arbeit beenden, die Sie in Ihrem aktuellen Element beendet haben. Es wird empfohlen, dies zu tun, um die Elemente wirklich in sich selbst zu meistern.

Sie werden feststellen, dass, wenn Sie Zugang zu einem höheren Element erhältst, sobald Sie in ein niedrigeres zurück fallen, neue Lebenslektionen für Sie auftauchen werden, aus denen Sie lernen können. Denken Sie immer daran, dass der Schlüssel darin liegt, die Chakren zu stimmen und zu heilen, negatives Karma zu beseitigen und ein Meister der Elemente in sich selbst zu werden. Jedes Element enthält viele Lektionen, die verschiedene Teile der Psyche ansprechen. Halten Sie also Ausschau danach, wie sich dies in Ihnen manifestiert.

Ich beschwöre Sie nochmals, entschlossen, beharrlich und konsequent diesen Prozess der spirituellen Alchemie durchzuführen. Nehmen Sie ihn sehr ernst. Sie brauchen nicht mehr als zehn Minuten pro Tag, um die rituellen Übungen durchzuführen (und wenn Sie gut darin werden, brauchen Sie sogar noch weniger Zeit), aber die Formel muss wie vorgegeben ohne Abweichungen befolgt werden. Dieser Prozess kann und wird sehr positiv sein und Spaß machen und wird sich am Ende für Sie auszahlen.

Wenn Sie den Prozess der Spirituellen Alchemie einmal begonnen haben, empfehle ich Ihnen, Zeit und Mühe darauf zu verwenden, ihn zu Ende zu führen. Wenn Sie vorzeitig aufgeben, hindern Sie sich selbst daran, sich spirituell weiterzuentwickeln und die Elemente in sich zu meistern, mit denen sie noch nicht gearbeitet haben. Denn wenn Sie ein Meister der Manifestation Ihrer Realität werden wollen, brauchen Sie alle notwendigen Zutaten, die Sie dazu befähigen, einer zu werden.

Stellen Sie sich vor, was passieren würde, wenn Sie Basketball spielen lernen wollten, aber aufgeben, bevor Sie gelernt haben, wie man einen Aufschlag macht. Ihr Spiel würde darunter leiden, bis Sie diese Fähigkeit erlernt hätten. Genauso würde es

Ihnen gehen, wenn Sie mit einigen Elementen arbeiten würden, aber nicht bis zu Wasser, Feuer oder Geist vordringen könnten, weil Ihnen diese entscheidenden Bestandteile in Ihrem Inneren fehlen würden. Deshalb empfehle ich Ihnen dringend, diesen Prozess der spirituellen Alchemie zu beenden, sobald Sie ihn begonnen haben. Es ist besser, eine Auszeit zu nehmen und die Reise zu einem späteren Zeitpunkt fortzusetzen, als ganz aufzuhören.

GRAD-ZEICHEN DER FÜNF ELEMENTE

Jedes der vier Elemente hat ein Gradzeichen (Abbildung 39), das am Ende eines LIRP verwendet werden soll. Das Geistelement hat ein dreistufiges Gradzeichen, das auf zwei Arten ausgeführt werden kann, je nachdem, ob man die SIRP oder die SBRP durchführt. Der Zweck der Grad-Zeichen ist es, die Herrschaft über das Elementarreich des angerufenen Elements zu übernehmen. Indem Sie ein Gradzeichen ausführen, verbünden Sie sich mit den Engeln des angerufenen Elements und stoßen die Dämonen ab, da jedes Element die Dichotomie von beiden enthält.

Ein Gradzeichen kann auch als Schlüssel verwendet werden, der es Ihnen ermöglicht, mit der Energie eines Elements in Kontakt zu treten, in der Hoffnung, dass Sie die vollständige Kontrolle über diese Energie erlangen können. Dies sind magische Gesten, die zu lebendigen Symbolen werden und dich, den Praktizierenden, zu einer Verkörperung der Kraft der rituellen Übung selbst machen.

Zeichen des Zelator

Dies ist das Zeichen des Erdelements, das mit der Sephira Malkuth und dem LIRP der Erde korrespondiert. Um das Zeichen des Zelators auszuführen, müssen Sie Ihren rechten Arm in einem Winkel von fünfundvierzig Grad vom Körper abheben, wobei die Hand flach gehalten wird und der Daumen in den Himmel über Ihnen zeigt. Der linke Fuß sollte nach vorne gerichtet sein, wie beim Zeichen des Eintretenden. Ihr Blick sollte nach vorne und nach oben zum Himmel gerichtet sein. Das Zeichen des Zelators spielt auf den aufstrebenden Magus an, und der linke Fuß nach vorne bedeutet, dass man sich auf das Licht zubewegt.

Zeichen des Theoricus

Dies ist das Zeichen des Luftelements, das mit der Sephira Yesod und dem LIRP der Luft korrespondiert. Um dieses Zeichen auszuführen, müssen Sie beide Arme an den Ellbogen anwinkeln, wobei die Handflächen nach oben zeigen, als ob Sie den Himmel darüber stützen würden. Die Füße sollten im rechten Winkel und schulterbreit auseinander stehen, während der Blick nach vorne und oben zum Himmel gerichtet ist. Das Zeichen des Theoricus spielt auf das Licht an, das vom Himmel auf den Praktiker herabsteigt. Dieses Zeichen ist ein Symbol für den Empfang der heilenden Kraft des Lichts.

Abbildung 39: Gradzeichen der vier Elemente

Zeichen des Practicus

Dies ist das Zeichen des Wasserelements, das mit dem Sephira Hod und dem LIRP des Wassers korrespondiert. Um dieses Zeichen auszuführen, formen Sie mit Daumen und Zeigefinger ein Dreieck (Spitze nach unten) und legen es über Ihren Solarplexus. Ihre Füße sollten im rechten Winkel und schulterbreit auseinander stehen, während Ihr Blick direkt nach vorne gerichtet ist. Das Zeichen des Practicus spielt auf die Kraft des Wassers der Schöpfung an.

Zeichen des Philosophus

Dies ist das Zeichen des Feuerelements, das mit der Sephira Netzach und dem LIRP des Feuers korrespondiert. Um dieses Zeichen auszuführen, müssen Sie mit Ihren Daumen und Zeigefingern ein Dreieck bilden (Spitze nach oben) und sie über Ihre Stirn legen. Ihre Füße sollten im rechten Winkel und schulterbreit auseinander stehen, während Ihr Blick direkt nach vorne gerichtet ist. Das Zeichen des Philosophus spielt auf die Kraft der Seelenfeuer an.

Öffnung des Schleiers

Dies ist das Zeichen des Geistelements, das mit dem Portalgrad und dem Schleier von Paroketh korrespondiert. Ein anderer Name für dieses Zeichen ist das Zerreißen des Schleiers. Dieses dreistufige Zeichen (Abbildung 40) beginnt damit, dass man beide Füße zusammen aufstellt und die Hände in einer Gebetshaltung zusammenlegt, wobei die Finger nach vorne statt nach oben zeigen (Stufe eins). Im zweiten Schritt bleiben die Hände an der gleichen Stelle, aber der linke Fuß wird wie beim Zeichen des Eintretenden nach vorne gebracht. In der dritten Stufe trennen Sie die Hände, als ob Sie einen Vorhang öffnen würden, während Sie den rechten Fuß nach vorne bringen und ihn neben den linken stellen.

Alle drei Schritte sollten in einer Bewegung ausgeführt werden und mit der Position des Tav-Kreuzes enden, wobei die Handflächen nach vorne zeigen. Der Schleier, den Sie mit diesem Zeichen öffnen, ist der Schleier von Paroketh, der das Ethische Dreieck von den unteren Sephiroth trennt. Die Öffnung des Schleiers ist ein Symbol dafür, dass Sie sich der Kraft ihres Höheren Selbst öffnen.

Das Schließen des Schleiers

Dies ist ein weiteres Zeichen des Geistelements, das dem Portalgrad und dem Schleier von Paroketh entspricht. Dieses Zeichen wird in denselben drei Schritten ausgeführt wie das Öffnen des Schleiers, jedoch in umgekehrter Reihenfolge. Während die Öffnung des Schleiers nach einer Geisterbeschwörung durchgeführt wird, wird die Schließung des Schleiers nach einer Geisterbannung durchgeführt. Es ist ein Symbol dafür, dass Sie sich vor dem Energiezufluss aus dem Geistigen Element verschließen, wodurch die Verbindung zu deinem Höheren Selbst vorerst unterbrochen wird.

Abbildung 40: Die drei Stufen der Portalgrad Zeichen

DAS MAGUS-EMBLEM

Das rote Kalvarienbergkreuz auf einem weißen Dreieck ist das Emblem der Tradition des Golden Dawn. Oft, aber nicht immer, werden das Kreuz und das Dreieck auf einem schwarzen Hintergrund dargestellt. Das weiße Dreieck steht für das göttliche Licht, das die Welt aus der Dunkelheit erschaffen hat. Es entspricht der himmlischen Triade, einer Manifestation des göttlichen Lichts und dem höchsten erreichbaren Bewusstseinszustand für den Menschen.

Das weiße Dreieck steht auch für die alchemistische Dreifaltigkeit und die christliche Heilige Dreifaltigkeit. Das Dreieck ist ein kraftvolles spirituelles und okkultes Symbol, weil es zwei gegensätzliche Kräfte und eine, die sie vereint, darstellt. Es verweist auf die Dualität der Welt der Materie, die durch die Nicht-Dualität der spirituellen Welt versöhnt wird.

Das rote Kalvarienberg-Kreuz steht für Tiphareth und die Selbstaufopferung, die notwendig ist, um den Prozess der Umwandlung vom Menschen in Gott zu durchlaufen. Da Tiphareth die Sphäre der Auferstehung ist, spielt das rote Kreuz außerdem auf die spirituelle Wiedergeburt an, die stattfinden muss, damit das Individuum sein Bewusstsein mit dem kosmischen Bewusstsein des Schöpfers vereinen kann. Zusammen stellen das weiße Dreieck und das rote Kreuz Licht und Leben dar.

Das Magus-Emblem ist eine Abwandlung des traditionellen Golden Dawn-Kreuzes und -Dreiecks, um die vielen Ideen in diesem Werk bestmöglich darzustellen (Abbildung 41). Schließlich ist es der Zweck von *The Magus, eine* Brücke zwischen dem östlichen spirituellen System und der westlichen Mysterientradition - der Kundalini und dem Golden Dawn - zu schlagen.

Das rote Kreuz im Magus-Emblem hat die Form des Rosenkreuzes, ein Symbol der Adeptenschaft und des Eintritts in den Zweiten Orden des Golden Dawn. Dieses Symbol steht für den Tiphareth-Grad, aber auch für den rosenkreuzerischen Einfluss im System des Golden Dawn.

Der Caduceus ist dem Roten Kreuz als westliches Symbol für die Kundalini-Energie überlagert. Hinter dem Kreuz befindet sich ein Lotosblumensymbol mit sieben Schichten von Blütenblättern. Sie steht für Sahasrara, das Kronenchakra, das die Gesamtheit der sieben Chakren in sich vereint. Auf dem Baum des Lebens entspricht Sahasrara Kether, der höchsten Sphäre. Jede Reihe von Blütenblättern hat die Farbe eines der Chakras, die den kosmischen Ebenen entsprechen. Die Reihen beginnen mit Rot an der Außenseite (Muladhara) und enden mit Sahasrara (violett), das dem Kreuz am nächsten ist.

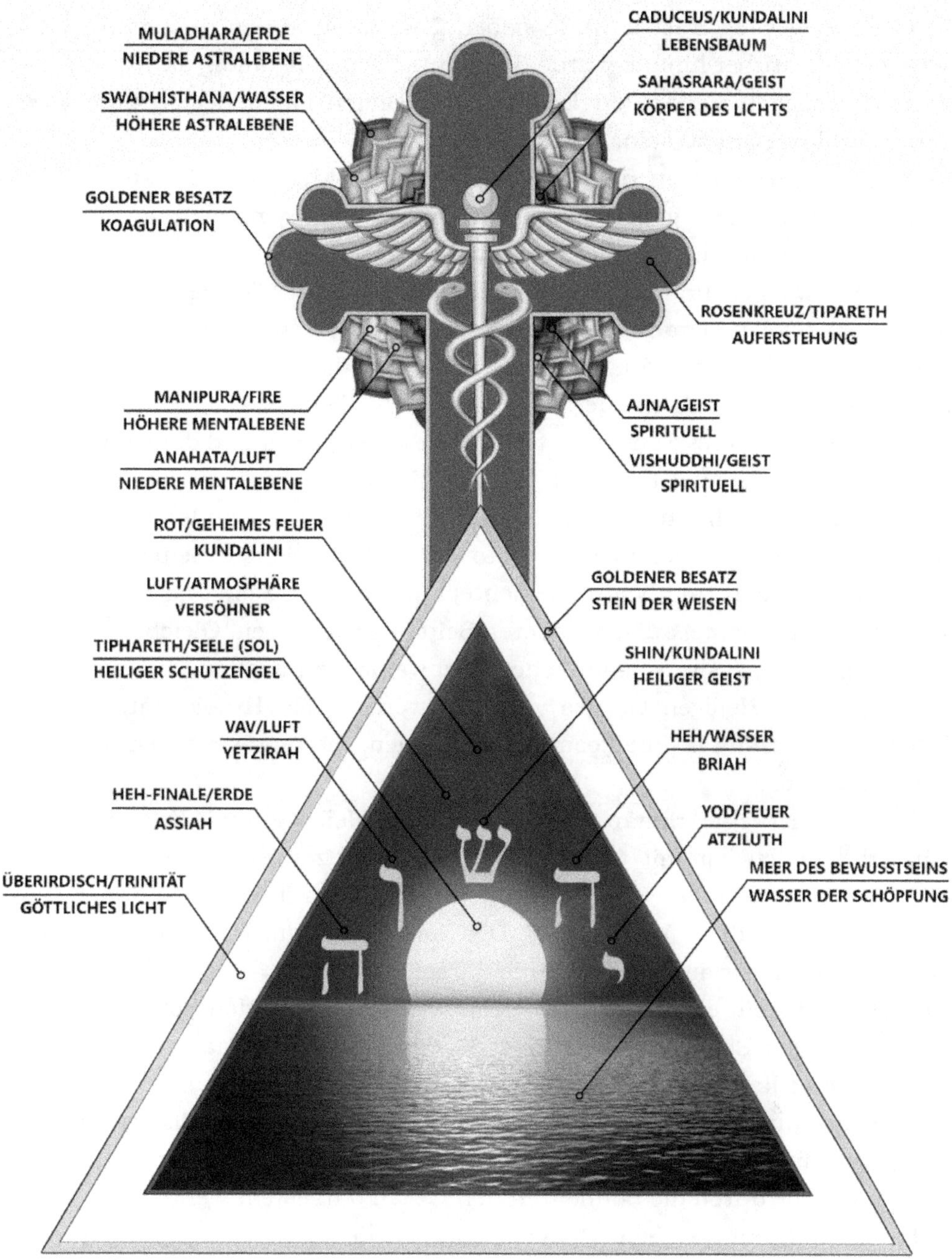

Abbildung 41: Emblem "The Magus"

Der Lotus ist offen und in voller Blüte, was bedeutet, dass die Kundalini-Energie zur Krone aufgestiegen ist und die sieben Chakren und den gesamten Lebensbaum erweckt hat. Darüber hinaus wurde der Lichtkörper vollständig aktiviert, was es dem Adepten ermöglicht, auf allen Ebenen und Dimensionen der Realität gleichzeitig bewusst und präsent zu sein.

Der Caduceus auf dem roten Kreuz steht auch für Jesus Christus, der sich am Kreuz der vier Elemente geopfert hat. Sein Opfer ist ein Symbol für das fünfte Element des Geistes. Wie in einer früheren Lektion erwähnt, ist Jesus ein Prototyp für das Kundalini-Erwachen und die Transformation. Auf dieses Mysterium wird durch die Buchstaben des Pentagrammatons innerhalb des Weißen Dreiecks weiter angespielt.

Der hebräische Buchstabe Shin, die dreifache Flamme der Seele, ist ein weiteres Symbol für das Kundalini-Feuer. Er erhebt sich über der aufgehenden Sonne, dem zentralen Stern unseres Sonnensystems, der die Seele (Sol) und die Tiphareth-Sephira repräsentiert. Die Sonne steht auch für den "Menschensohn" und das "Licht der Welt", was sich auf Jesus Christus in der *Heiligen Bibel* bezieht. Die anderen vier Buchstaben des Pentagrammatons befinden sich auf gegenüberliegenden Seiten der Sonne, mit Yod und Heh (Feuer- und Wasserelemente) auf der einen Seite und Vav und Heh-final (Luft- und Erdelemente) auf der anderen Seite. Es besteht ein Gleichgewicht zwischen den aktiven und passiven, männlichen und weiblichen Kräften, die durch den Shin-Buchstaben des Heiligen Geistes versöhnt werden. YHVH spielt auch auf die vier Welten der Qabalah an - die kosmischen Ebenen. Sie repräsentieren die Gesamtheit unserer Existenz.

Tiphareth ist eine Sphäre der spirituellen Heilung und Erleuchtung. Durch Tiphareth können wir mit unserem heiligen Schutzengel aus dem Überirdischen, oberhalb des Abgrunds, Kontakt aufnehmen. Die aufgehende Sonne im Weißen Dreieck steht für diese Verbindung. Die Sonne geht am Horizont auf, über einem Ozean, der das Meer des Bewusstseins darstellt.

Dieses Bild stellt ein perfektes Gleichgewicht zwischen den Feuern der Seele und den Wassern der Schöpfung dar. Es stellt das Hexagramm dar, ein Symbol für den spirituell vervollkommneten Menschen. Es spielt auch auf das hermetische Axiom "Wie oben, so unten" an. Das Element Luft ist in dem Bild ebenfalls präsent, und zwar als die Atmosphäre der Erde. Es dient als Versöhner zwischen den Elementen Feuer und Wasser, die durch die Sonne und den Ozean dargestellt werden.

Die gesamte im weißen Dreieck dargestellte Szene steht für die "Goldene Morgendämmerung" - die Abnahme der Dunkelheit und die Zunahme des Lichts. Sie symbolisiert die Essenz der Arbeit in *The Magus*, die darin besteht, die eigene spirituelle Entwicklung voranzutreiben. Die rote Farbe dominiert die Szene und weist darauf hin, dass, obwohl die drei Hauptelemente (Feuer, Wasser und Luft) im Weißen Dreieck vorhanden sind, das Feuer aufgrund des Einflusses des geheimen Feuers der Kundalini das dominierende Element ist.

Das rote Kreuz und das weiße Dreieck sind mit Gold umrandet und stellen den Stein der Weisen in seiner Vollendung dar. Gold wird in der Alchemie der Sonne zugeschrieben, die das letzte Stadium der Gerinnung symbolisiert. Symbolisch gesehen ist Malkuth zu Daath aufgestiegen, und Geist und Materie sind vereint und zu einer Einheit verschmolzen. Der Garten Eden ist wiederhergestellt worden. Der Eingeweihte funktioniert nun durch fortwährende Intuition, da sein Bewusstsein in das Überirdische erhoben wurde. Er ist ein erleuchteter Adept geworden und hat in diesem Leben das Nirvana erreicht.

Die Erleuchtung kommt nicht von heute auf morgen, sondern erfordert eine ständige Aufopferung des Egos und die Erhöhung der Seele. Man muss seine Chakren reinigen und weihen, um die Fünf Elemente zu beherrschen. Die Programme der spirituellen Alchemie, die in *The Magus* enthalten sind, wurden zu diesem Zweck entwickelt. Sobald der Körper zu einem lebendigen Tempel geworden ist, kann der Geist in das Selbst hinabsteigen und so das Bewusstsein transformieren. Es wird eine dauerhafte Verbindung mit dem Heiligen Schutzengel hergestellt, wodurch das Große Werk vollendet wird.

Wie Sie sehen können, ist *das* Magus-Emblem voll von relevanten symbolischen Bildern. Es enthält viele universelle Mysterien, die als Ganzes zusammenwirken. Seine Essenz ist der Kern der Schöpfung. Das Emblem kann als meditatives Symbol verwendet werden, und als solches sollte es oft herangezogen werden, um die verschiedenen Lektionen, die in *The Magus* enthalten sind, zu erleuchten und zu festigen.

DER NÄCHSTE SCHRITT IM GROßEN WERK

Wenn Sie das vorgeschriebene Programm der spirituellen Alchemie mit den fünf Elementen abgeschlossen haben und mit den rituellen Übungen der Zeremoniellen Magie weiterarbeiten möchten, haben Sie vier Möglichkeiten zur Auswahl. Die erste Möglichkeit besteht darin, dass Sie zum Element Erde zurückkehren und den gleichen Prozess wiederholen. Diesmal sind Sie nicht durch die Zeit oder die LIRPs begrenzt, die Sie für jedes Element durchführen müssen, sondern können selbst entscheiden, wie viel Zeit Sie für jedes Element benötigen.

Auch hier gilt die gleiche Reihenfolge wie zuvor: Sie beginnen mit der Erde und rufen dann Luft, Wasser und Feuer an. Und schließlich sollen Sie mit Geist enden, wenn Sie die Arbeit mit Feuer abgeschlossen haben. Auf diese Weise arbeiten Sie mit dem Prozess der spirituellen Alchemie, der sich seit langem bewährt hat und auf den Sie sich verlassen können, um optimale Ergebnisse zu erzielen. Die wiederholte

Durchführung dieser Sequenz wird Ihnen helfen, sich spirituell weiter zu entwickeln und bestimmte Chakren zu heilen, die zusätzliche Arbeit erfordern könnten.

Die zweite Möglichkeit besteht darin, das Element auszuwählen, an dem Sie arbeiten möchten, und so lange darin zu bleiben, wie Sie wollen. In diesem Fall ist es unnötig, die Elemente nacheinander durchzuarbeiten. Wählen Sie stattdessen das Element, das Sie interessiert, um weiter damit zu arbeiten und das/die entsprechenden Chakra(s) und Ausdrucksformen des Selbst zu optimieren. Sie können dies so lange tun, wie Sie wollen, und an jedem Element arbeiten, das Sie wünschen. Durch diesen Prozess werden Sie wahrhaftig zu einem Magus, indem Sie lernen, die Elemente Ihres Seins zu meistern.

Die dritte Möglichkeit ist, innerhalb des Gradsystems des Golden Dawn Ordens weiter aufzusteigen. Wenn Sie die Spirituelle Alchemie des Portalgrades abgeschlossen haben, ist Ihr nächster Schritt die Arbeit im Inneren Orden, beginnend mit der Arbeit mit den Energien der Sieben Alten Planeten. Der Zweck dieser Arbeit, einschließlich der Beschreibung der rituellen Übungen und des zu befolgenden Programms, wird im Kapitel "Fortgeschrittene Planetenmagie" im Anschluss an den Diskurs über Astrologie beschrieben. Planetenmagie wird im Golden Dawn erst angeboten, wenn der Eingeweihte den Adeptus Minor Grad erreicht hat.

Die vierte Option kann technisch gesehen vor der dritten durchgeführt werden, obwohl es empfohlen wird, zuerst mit Planetarischer Magie zu arbeiten. Die vierte Option ist die Arbeit mit henochischer Magie, die eine weitere Praxis des Inneren Ordens im Golden Dawn System der Magie ist. Diese Option ist die mächtigste und eine, auf die Sie wirklich vorbereitet sein müssen.

Im Golden Dawn wird die henochische Magie als Teil des Adeptus-Minor-Lehrplans erst gegeben, nachdem der Eingeweihte die vorgeschriebene Zeit mit planetarischer Magie gearbeitet hat. Die Arbeit mit planetarischer Magie wird Sie weiter auf die henochische Magie vorbereiten. Nach meiner persönlichen Erfahrung und der Erfahrung der meisten meiner Schüler war jedoch die vorherige Arbeit mit den Elementen ausreichend. Sie können also zuerst mit Henochischer Magie arbeiten und danach zur Planetarischen Magie übergehen; die Wahl liegt bei Ihnen. Als Faustregel gilt: Wenn Sie Schwierigkeiten bei der Arbeit mit den Elementen hatten, ist es empfehlenswert, zuerst mit Planetarischer Magie zu beginnen (da sie Ihnen eine noch stärkere Grundlage bietet), bevor Sie mit den potenten henochischen Schlüsseln arbeiten.

Es ist wichtig, die fünf Elemente Erde, Luft, Wasser, Feuer und Geist zu beherrschen, bevor man mit der henochischen Magie beginnt. Ein zu früher Einstieg kann Ihnen spirituellen Schaden zufügen, da Sie in den vorangegangenen rituellen Übungen eine gute Grundlage haben müssen, um die mächtigen Kräfte zu kontrollieren, die durch die henochischen Schlüssel beschworen werden. Sobald Sie jedoch bereit sind, wird die henochische Magie Ihren spirituellen Alchemieprozess auf die nächste Stufe heben.

Der Prozess der spirituellen Alchemie mit henochischer Magie wird mit einer ähnlichen Formel durchgeführt, wie sie bisher vorgestellt wurde. Im Abschnitt "Henochische Magie" im Anschluss an die hermetische Philosophie erfahren Sie mehr über die henochische Magie und finden das Programm zur Anwendung der henochischen Schlüssel.

Unabhängig davon, ob Sie sich dafür entscheiden, zuerst mit planetarischer oder henochischer Magie zu arbeiten, müssen Sie das vorgeschriebene Programm der von Ihnen gewählten Option beenden, bevor Sie mit der zweiten beginnen. Mit beiden gleichzeitig zu arbeiten oder von einem zum anderen zu wechseln, ohne es vollständig zu beenden, wird die beabsichtigte spirituelle Alchemie behindern. Daher rate ich Ihnen dringend davon ab, da dies Ihren spirituellen Entwicklungsprozess negativ beeinflussen und Sie sogar auf Ihrer Reise zurückwerfen kann.

EINE WARNUNG VOR HENOCHISCHER MAGIE

Die henochische Magie ist die höchste Form der Magie in den Orden der zeremoniellen Magie. Sie bietet eine ausgezeichnete spirituelle Alchemie, und meiner Erfahrung nach sind die henochischen Äthyre hervorragend für die Arbeit mit den Ida- und Pingala-Nadis (oder Strömen) bei Kundalini-Erweckten geeignet. Aufgrund ihrer Kraft und ihrer oft unbeständigen Natur ist die henochische Magie jedoch nur für fortgeschrittene Magiesuchende und Praktizierende geeignet, die auf dem spirituellen Weg schon weit fortgeschritten sind. Sie müssen eine gute Grundlage in den anderen bisher vorgestellten rituellen Übungen haben. Ich kann dies nicht genug betonen.

Das bloße Betrachten der henochischen Schlüssel oder das stille Vorlesen wird die Energie trotzdem hervorrufen. Wenn Sie also über henochische Magie lesen wollen und darüber, was sie ist, ist das in Ordnung. Aber überspringen Sie die henochischen Schlüssel und schauen Sie sie nicht einmal an, bis Sie bereit und zuversichtlich sind, dass Sie in diese Richtung gehen wollen. Beachten Sie die Warnung, die ich Ihnen gebe, denn diese henochischen Schlüssel sind hochwirksam. Ich werde mich in dieser Hinsicht immer wieder wiederholen, um sicherzustellen, dass Ihre Neugierde Sie nicht übermannt.

Ich habe die henochischen Schlüssel ganz hinten in das Buch aufgenommen, und sie sind nur für jene angehenden Magier gedacht, die das vorgeschriebene Programm mit den bisher vorgestellten rituellen Übungen abgeschlossen haben. Wenn Sie nicht über ein angemessenes mentales und emotionales Fundament verfügen und mit den henochischen Schlüsseln herumspielen (und damit meiner Warnung zuwiderhandeln), setzen Sie sich der Gefahr aus, Türen zu Ihrem Geist zu öffnen, die sich nicht mehr schließen lassen, wenn sie einmal geöffnet sind. Denken Sie nur daran, was in der Geschichte von der Büchse der Pandora geschah.

Bei unüberlegtem Gebrauch können die henochischen Schlüssel mentale und emotionale Probleme, ja sogar Manie, hervorrufen. Als ich dem Orden des Golden Dawn angehörte, hörte ich von Geschichten, in denen Einzelne sie rücksichtslos verwendeten und in eine psychiatrische Anstalt eingewiesen werden mussten. Ob das jemals passiert ist oder nur ein Mittel war, um Menschen davon abzuhalten, henochische Magie zu praktizieren, ohne darauf vorbereitet zu sein, wird ein Geheimnis bleiben. Ich kann Ihnen jedoch aus eigener Erfahrung sagen, dass Sie es mit einer geladenen Waffe zu tun haben. Wenn sie richtig eingesetzt wird, kann sie Ihr Leben retten. Wenn sie falsch eingesetzt wird, kann sie spirituellen Selbstmord bedeuten. Sie müssen in der Lage sein, die Kräfte, die Sie mit diesen Schlüsseln entfesseln, zu kontrollieren.

Damit will ich Sie nicht davon abhalten, die henochischen Schlüssel zu benutzen. Im Gegenteil, wenn Sie das Programm mit den anderen rituellen Übungen abgeschlossen haben, ist die henochische Magie der nächste Schritt auf Ihrer spirituell-alchemistischen Reise. Das System der Henochischen Magie steht für sich als etwas Einzigartiges und vom Rest Getrenntes, aber auch als Teil desselben. Es ist die krönende Errungenschaft, ein Magus zu werden, da Sie aus dieser Arbeit als ein viel höheres spirituelles Wesen hervorgehen werden, als Sie es waren, bevor Sie sie begonnen haben.

Die Arbeit mit der henochischen Magie wird für Sie ein aufregendes Unterfangen sein, bei dem Sie sich wie ein wahrer Mystiker und Weiser fühlen werden. Viele Menschen, denen ich die Kunst der zeremoniellen Magie, einschließlich der henochischen Magie, beigebracht habe, haben die henochische Magie am meisten genossen und sie schließlich zu ihrem Zuhause gemacht. Die henochischen Schlüssel bieten unglaubliche Bewusstseinszustände, die Sie anzapfen können, um mehr über sich selbst und das Universum um Sie herum zu erfahren. Ich selbst habe viel Zeit damit verbracht, die henochische Magie zu benutzen, und sie ist bis heute meine bevorzugte Arbeit mit zeremonieller Magie.

TEIL IV: ASTROLOGIE

ASTROLOGIE UND DER TIERKREIS

"Die Astrologie hat keine nützlichere Funktion als die, die innerste Natur eines Menschen zu entdecken und sie in sein Bewusstsein zu bringen, damit er sie gemäß dem Gesetz des Lichts erfüllen kann." - Aleister Crowley; Auszug aus "The Complete Astrological Writings"

Die Astrologie ist eine der ältesten Wissenschaften der Menschheit. Ihre Ursprünge lassen sich bis ins alte Sumer und sogar noch früher zurückverfolgen. Sie ist die Wissenschaft, die die Bewegungen und relativen Positionen der Himmelskörper (Planeten) und ihren Einfluss auf alle Menschen auf der Erde untersucht. Die Astrologie gibt uns die Möglichkeit, Informationen über unsere Angelegenheiten und über irdische Ereignisse zu erahnen. Sie wurde im Laufe der Geschichte überall auf der Welt anerkannt und praktiziert. Die Ägypter, Griechen, Römer, Chinesen, Hindus, Perser und die alten mesoamerikanischen Zivilisationen kannten alle die Bedeutung der Astrologie.

Es gibt zwölf astrologische Zeichen, von denen jedes zu einem bestimmten Element in einem seiner Zustände gehört. Diese Zustände lassen sich am besten als Unterelemente eines Elements beschreiben. Mit dieser Aufschlüsselung haben wir zwölf verschiedene, aber grundlegende Schwingungsfrequenzen der Energie. Diese unterschiedlichen energetischen Qualitäten bilden den Gesamteinfluss auf die Planetenpositionen zum Zeitpunkt unserer Geburt. Wie sich jedoch der Einfluss eines Planeten für uns manifestiert, hängt davon ab, in welches der zwölf Häuser er fällt. Die Blaupause dieser Energieeinflüsse bildet unser Horoskop, *das* auch als Geburtshoroskop oder Geburtshoroskop bezeichnet wird.

Astrologische Zeichen sind die zwölf 30-Grad-Sektoren der Ekliptik, beginnend mit der Frühlings-Tagundnachtgleiche, die einer der Schnittpunkte der Ekliptik mit dem Himmelsäquator ist. Die zwölf astrologischen Zeichen haben ihre Namen entsprechend den zwölf Sternbildern am Nachthimmel erhalten. Eine Konstellation ist eine Ansammlung von Sternen am Himmel, die in einem bestimmten Muster angeordnet sind. Die Alten gaben ihnen einen Namen nach dem sichtbaren Bild, das sie in ihrer Gruppierung bilden.

Das tropische Jahr, auch Sonnenjahr genannt, wird durch den Umlauf der Erde um die Sonne bestimmt, der etwa 365,25 Tage dauert. Das tropische Jahr bildet den Gregorianischen Kalender, der in unserer modernen Gesellschaft das Standardzeitmaß ist. Jeden Monat, wenn die Erde ihre Umlaufbahn um die Sonne fortsetzt, wechseln wir von einem Tierkreiszeichen zum nächsten.

Da mit der Frühlings-Tagundnachtgleiche das Sonnenjahr beginnt, nennen wir das Sternbild, in dem sich die Sonne befindet, Widder. Wenn wir zu dieser Zeit in den Nachthimmel schauen, können wir den Widder jedoch nicht sehen, sondern müssen einige Monate warten, bis sich die Sonne eine ausreichende Anzahl von Zeichen von ihm entfernt hat. Das Tierkreiszeichen, in dem sich die Sonne befindet, wäre das Sternbild, das sich direkt hinter ihr befindet, wenn wir eine gerade Linie von der Erde durch die Sonne projizieren (Abbildung 42). Wenn wir uns im Widder befinden, dann haben wir den besten Blick auf das gegenüberliegende Sternbild gemäß dem Tierkreisrad.

Neben den zwölf Sternbildern des Zodiakus gibt es noch weitere am Himmel. Diese Arbeit wird sich jedoch nur auf die zwölf konzentrieren, die den imaginären "Gürtel" oder die "Fahrbahn" am Himmel um unser Sonnensystem bilden.

In der westlichen Astrologie werden Tagundnachtgleiche und Sonnenwendepunkte gemessen, die sich auf die gleichen, längsten und kürzesten Tage des Sonnenjahres beziehen. Die Tagundnachtgleichen finden zweimal statt, im Frühjahr und im Herbst, und markieren die Zeit des Jahres, in der die Tageslänge der Nacht entspricht (zwölf Stunden).

Die Sonnenwenden finden ebenfalls zweimal im Jahr statt. Die Sommersonnenwende ist der Zeitpunkt, an dem der Tag am längsten ist, während die Wintersonnenwende den Zeitpunkt markiert, an dem die Nacht am längsten ist. Diese beiden Zeitpunkte stehen für den Beginn der Sommer- und Wintersaison, während die Tagundnachtgleichen den Beginn der Frühlings- und Herbstsaison markieren.

Die Tagundnachtgleiche und die Sonnenwende sind Zeiten im Jahr, in denen die Menschen der Antike bestimmte Rituale zur Erinnerung an das Sonnenjahr durchführten. Da sie die Zeit des Jahres darstellen, in der das Licht der Sonne auf der Erde am meisten und am wenigsten präsent ist, sind sie in allen magischen Arbeiten wichtig.

DAS HOROSKOP

Jeder Mensch wird karmisch von den Planeten und den Tierkreiszeichen beeinflusst, in denen er sich zum Zeitpunkt seiner Geburt befand. Nach der Astrologie stehen die himmlischen Phänomene in Beziehung zum menschlichen Handeln nach dem hermetischen Prinzip "Wie oben, so unten". Die Tierkreiszeichen stellen charakteristische Ausdrucksformen des Menschen dar. Die Alten lehren, dass die Vorlieben und Abneigungen der Persönlichkeit und die Bestrebungen des Charakters von den planetarischen Energien in unserem Sonnensystem beeinflusst werden.

Diese planetarischen Energien bilden unser gesamtes Selbst, auf dem unsere Lebenserfahrungen aufgebaut sind. Da wir an einem bestimmten Tag, zu einer bestimmten Stunde, in einer bestimmten Stadt geboren werden, haben wir einen bestimmten Einfluss der Tierkreisenergien, die unsere Planeten beeinflussen, oder Speicher innerer Kräfte, über die unser Selbst im Laufe unseres Lebens verfügen wird. Auf diese Weise wird jeder Mensch durch etwas anderes motiviert sein. In Verbindung mit den unterschiedlichen Lebenserfahrungen, die jeder Mensch während seines Heranwachsens gemacht hat, gleicht kein Mensch dem anderen. Wir sind alle einzigartig, und das macht uns in den Augen Gottes, des Schöpfers, zu etwas ganz Besonderem.

Die drei wichtigsten Zeichen des Horoskops sind das Sonnenzeichen, das Mondzeichen und das Aszendentenzeichen. Zusammen mit den Planeten werden diese Zeichen in ihrer Position zum Zeitpunkt der Geburt "eingefroren". Die Platzierung der einzelnen Planeten im Horoskop wird entsprechend dem Lebensbaum angegeben.

Der Aszendent (aufsteigendes Zeichen) ist das Tierkreiszeichen am östlichen Horizont zum Zeitpunkt unserer Geburt. Dieses Zeichen repräsentiert unser erstes Haus, welches den Anfang für die Zwölf Häuser setzt, ein separates System, das die Astrologie in irdischen Angelegenheiten verankert. Obwohl der Aszendent in allen Horoskopen der westlichen Astrologie angegeben wird, werden die übrigen Häuser und ihre planetarischen Einflüsse oft übersehen; daher werden sie nur bei fortgeschrittenen Deutungen berücksichtigt.

Das Sonnenzeichen ist unser Kern, unsere allgemeine Natur und unser Wille als Individuen. Dieser Einfluss beschreibt unsere höchsten Bestrebungen in diesem Leben. Unser Sonnenzeichen ist unser "wahres Gesicht", das wir der Welt täglich zeigen. Das Mondzeichen ist die emotionale Seite unserer Persönlichkeit, einschließlich der unmittelbaren emotionalen Reaktionen auf die Ereignisse des Lebens. Es ist das unterbewusste Selbst, so wie das Sonnenzeichen das bewusste Selbst ist. Das Mondzeichen drückt unsere Reaktionen aus, die durch frühere Konditionierungen, Erinnerungen und Gewohnheitsmuster geprägt sind. Der Aszendent oder das aufsteigende Zeichen zeigt an, wie wir das Leben sehen. Oft ist es der Eindruck, den die Menschen um uns herum von uns haben. Es ist die Person, die wir der Welt bewusst präsentieren.

Ich empfehle Ihnen, sich online ein kostenloses Geburtshoroskop zu besorgen. Dadurch erhalten Sie einen Überblick über Ihre Persönlichkeit, Ihren Charakter und die Energien, die Ihre Psyche seit Ihrer Geburt beeinflussen. Wie der antike griechische Aphorismus sagt: "Erkenne dich selbst". Wenn Sie Ihr Horoskop verstehen, können Sie sich selbst besser verstehen und akzeptieren. Es wird Sie in die Lage versetzen, die Herausforderungen zu erkennen, die Sie in sich selbst überwinden müssen, um Ihre spirituelle Entwicklung voranzutreiben. Erinnern Sie sich immer daran, dass Ihre natürlichen Eigenschaften als das Blatt betrachtet werden können, das Sie im Leben erhalten haben, aber wie Sie dieses Blatt ausspielen, liegt an Ihnen, da Sie einen freien Willen haben.

DIE VIER ELEMENTE DES TIERKREISES

Jedes der zwölf Tierkreiszeichen gehört zu einem der vier Elemente. Somit ist der Tierkreis in vier Dreiergruppen von Erde, Luft, Wasser und Feuer unterteilt. Diese Elemente repräsentieren die wesentliche Art von Energie, die jeden von uns beeinflusst. Bei den Erdzeichen haben wir Stier, Jungfrau und Steinbock. Bei den Luftzeichen sind es Zwillinge, Waage und Wassermann. Wasserzeichen sind Krebs, Skorpion und Fische. Und Feuerzeichen sind Widder, Löwe und Schütze.

Erdzeichen sind am meisten geerdet, konservativ und praktisch. Andererseits sind Luftzeichen phantasievoll, rational, kommunikativ und kreativ. Wasserzeichen sind dafür bekannt, dass sie emotional, sensibel, intuitiv und liebevoll sind. Und Feuerzeichen sind dynamisch, leidenschaftlich, energiegeladen und inspirierend.

Die zwölf Tierkreiszeichen werden in drei Vierergruppen eingeteilt, um besser zu verstehen, wie die Energien wirken. Dies sind die kardinalen, fixen und veränderlichen Zeichen. Die kardinalen Zeichen sind Widder, Krebs, Waage und Steinbock. Sie werden Kardinalzeichen genannt, weil sie den Wechsel der Jahreszeiten bestimmen. Außerdem haben alle kardinalen Zeichen das Element Feuer in ihrem Unterelement, was sie dazu bringt, sich nach bestimmten Richtlinien zu verhalten, die vom Feuer beeinflusst werden. Daher weisen alle Kardinalzeichen viele Eigenschaften des Feuers auf, auch wenn sie vielleicht kein Feuerzeichen sind.

Kardinale Zeichen werden mit Aktivität, Eigenmotivation, Einsicht und Ehrgeiz in Verbindung gebracht. Sie sind großartige Anführer und wissen, wie man Veränderungen herbeiführt. Andererseits können sie rechthaberisch, rücksichtslos und herrschsüchtig sein, da sie der Meinung sind, dass ihr Weg der beste ist, dem alle folgen müssen. Manchmal schaffen sie es auch nicht, angefangene Projekte zu Ende zu führen.

Zu den fixen Zeichen gehören Stier, Löwe, Skorpion und Wassermann. Sie werden als Fixe bezeichnet, weil sie den mittleren Monat jeder Jahreszeit regieren. Alle fixen Zeichen haben Luft als Unterelement, das sich als der Wunsch manifestiert, dass die Realität feststeht und so bleibt, wie sie ist. Sie sind stabil, entschlossen, ausdauernd und können sich gut konzentrieren. Ihre Ziele erreichen sie langsam, aber stetig. Sie haben eine hohe Wahrnehmungsfähigkeit und ein ausgezeichnetes Gedächtnis.

Fixe Zeichen sind darauf bedacht, etwas so zu erhalten, wie es ist, Dinge zu verändern, damit sie wieder so werden wie vorher, oder Faktoren zu stabilisieren, um ihren ursprünglichen Zustand zu erreichen. Zu den negativen Eigenschaften der fixen Zeichen gehört, dass sie egoistisch, stur und zu sehr in ihren Gewohnheiten und Meinungen verwurzelt sind.

Zu den veränderlichen Zeichen gehören Zwillinge, Jungfrau, Schütze und Fische. Diese Zeichen regieren den letzten Monat einer jeden Jahreszeit. Sie werden auch als gemeinschaftliche Zeichen bezeichnet, da sie den Abschluss der Arbeit einer Jahreszeit regeln. Sie haben alle Wasser als Unterelement, weshalb sie wandelbar und anpassungsfähig an alle Situationen sind. Veränderliche Zeichen sind zu sehr damit beschäftigt, Dinge in etwas anderes zu verwandeln, was keine Form der Transformation ist; stattdessen geht es darum, zum nächsten Punkt im Leben überzugehen.

Veränderliche Zeichen akzeptieren Veränderungen, während sich die fixen Zeichen ihnen um jeden Preis widersetzen. Veränderliche Zeichen passen sich an ihre Umgebung an, während die fixen Zeichen die Umstände an ihre Bedürfnisse, Wünsche und Ziele anpassen. Veränderliche Zeichen sind sehr vielseitig, wandelbar, flexibel, subtil, intuitiv und verständnisvoll. Zu ihren negativen Eigenschaften gehört, dass sie unzuverlässig, inkonsequent, trügerisch und gerissen sind.

Beachten Sie, dass jedes Tierkreiszeichen einen göttlichen Namen hat, der von einer Permutation des Tetragrammatons (YHVH) abgeleitet ist. Diese göttlichen Namen sind in magischen Operationen zu verwenden, die die Anrufung oder Verbannung der Energien der Tierkreiszeichen beinhalten. Diese Techniken werden im Kapitel "Fortgeschrittene planetarische Magie" vorgestellt.

Jetzt werde ich einen Überblick über jedes der zwölf Tierkreiszeichen geben und ihre Eigenschaften, Neigungen und einzigartigen Qualitäten beschreiben. Im Allgemeinen werden Sie feststellen, dass die Beschreibungen Sie und andere Menschen, die Sie kennen und die unter ein bestimmtes Sternzeichen fallen, genau wiedergeben.

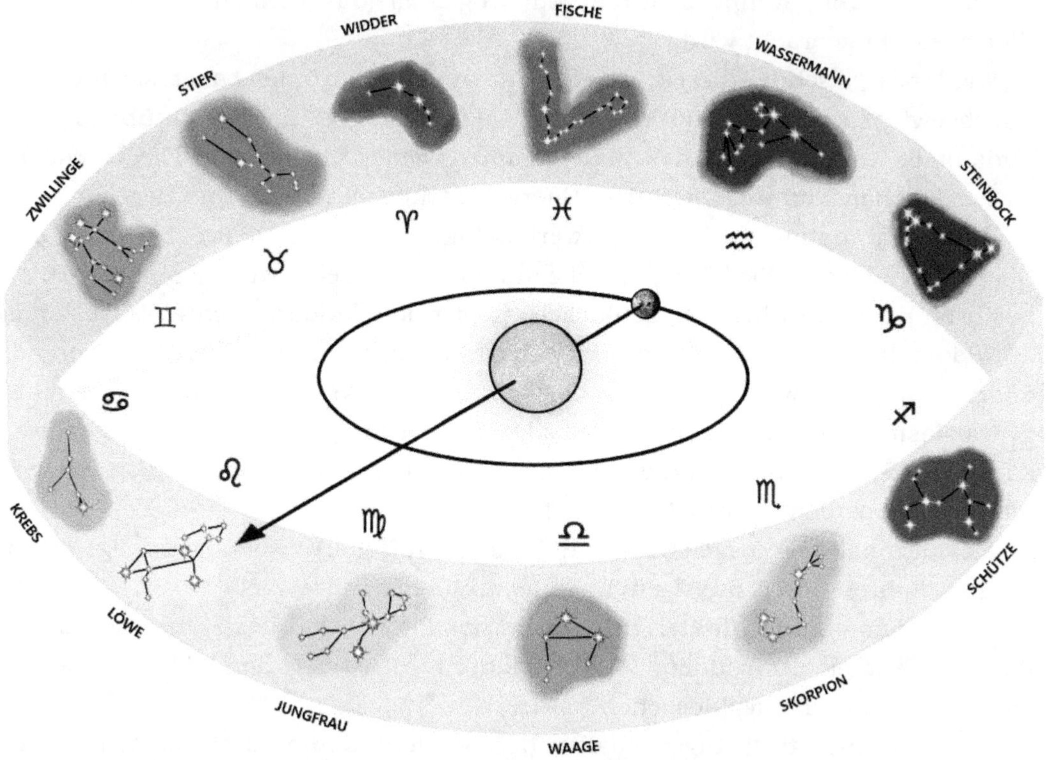

Abbildung 42: Die Zwölf des Tierkreises

WIDDER - DER RAMMBOCK

21. März - 19. April

Das erste Zeichen des Tierkreises ist der Widder, dessen Sternbild den 0-30. Grad himmlischer Länge überspannt. Da es das erste Zeichen ist, befasst sich der Widder mit Neuanfängen. Aufgrund seiner kraftvollen, feurigen Natur ist der Widder ein Beispiel für die Notwendigkeit eines energetischen Gleichgewichts. Es ist wichtig zu verstehen, dass die Hauptenergie eines Tierkreiszeichens immer mit der entgegengesetzten Energie ausgeglichen sein muss. Zum Beispiel braucht Feuer immer Wasser, um erfolgreich zu sein.

Jedes Tierkreiszeichen ist ein Nebenprodukt des Elements und des Unterelements, die es regieren. Der Widder zum Beispiel steht unter der Herrschaft von Mars und dem Element Feuer, mit dem Unterelement Feuer des Feuers. Aus diesem Grund ist es ein robustes und kraftvolles Feuer, das sich leicht in Tyrannei, Unterdrückung und Wut verwandeln kann, wenn es durch sein Gegenteil (das Element Wasser) aus dem Gleichgewicht gebracht wird.

Widder sind schnell bereit, neue Aktivitäten zu beginnen, aber sie müssen ein Gleichgewicht zwischen Konsequenz und Ausdauer bei der Durchführung finden. Andernfalls wird der Reiz des Neuen immer wieder nachlassen. Die Menschen in diesem Zeichen sind voller kreativer Energie, Tatkraft, Initiative und Begeisterung. Sie sind ehrlich, optimistisch, wettbewerbsfähig, eifrig und dafür bekannt, in der Gegenwart zu leben. Sie können jedoch auch impulsiv sein, was nicht immer zu einem positiven Ergebnis führt. Der Schlüsselsatz, der den Widder beschreibt, ist "Ich bin".

Widder haben viel Mut und eine scharfe Intuition und wirken inspirierend auf andere. Sie sind wachsam, entschlossen und direkt. Durch ihren übermäßigen Enthusiasmus motiviert, können sie es kaum erwarten, mit dem anzufangen, was sie zu tun gedenken. Sie übernehmen gerne Führungsaufgaben, treiben Sport und meistern körperliche Herausforderungen.

Als kardinales Feuerzeichen sind Widder typischerweise ungeduldig, wenn sie aufgrund ihrer überschüssigen Energie versuchen, ihre Ziele zu erreichen. Diese Eigenschaften sind Qualitäten des Feuers des Feuers und des Planeten Mars, da er die Grundenergie des Widders ist. Der Widder repräsentiert den Widder wegen seiner eigensinnigen und entschlossenen Natur.

Einige der negativen Eigenschaften des Widders können darin bestehen, dass er übermäßig rechthaberisch, egoistisch, voreilig, anmaßend, tollkühn, jähzornig, gewalttätig, intolerant und eifrig ist. Wenn das Ego überwiegt, wird der Widder andere oft nur für seine eigenen Interessen benutzen.

Im Tarot wird der Widder der Herrscherkarte zugeschrieben. Sie veranschaulicht die kraftvolle kreative Energie und die Herrschaft dieses Zeichens. Mit dem Widder assoziierte Edelsteine sind Blutstein, Karneol, Diamant, Granat, roter Jaspis und Rubin. Im Hinblick auf den physischen Körper regiert der Widder das Gesicht, das Gehirn und die Augen. Was die Romantik betrifft, so ist der Widder am besten mit den Sternzeichen Waage und Löwe vereinbar.

TAURUS - DER STIER

20. April – 20. Mai

Das zweite Tierkreiszeichen ist der Stier, dessen Konstellation sich über den 30.-60. Grad himmlischer Länge erstreckt. Stier wird von Venus im Element Erde regiert, mit dem Unterelement Luft der Erde. Stiere sind phantastische praktische Denker und Meister der physischen Dinge. Sie sind bekannt für ihre Entschlossenheit, Stabilität und Kraft. Aus diesem Grund repräsentiert der Stier ihr Zeichen. Da Stier

Luft der Erde ist, sind ihr Intellekt und ihre Gedanken dominant, obwohl sie auf irdische Angelegenheiten ausgerichtet sind. Der Schlüsselsatz des Zeichens Stier ist daher "Ich habe".

Da sie unter dem Planeten Venus geboren sind, genießen die Stiere Sinnlichkeit und Schönheit. Sie sind sensibel und loyal gegenüber ihren romantischen Partnern. Weitere Eigenschaften sind Großzügigkeit, Zuneigung, Ausgeglichenheit, Ruhe und Verständnis für ihre Mitmenschen. Sie sind Liebhaber von Vergnügen, Komfort und Zufriedenheit auf allen Ebenen. Taureaner sind als bodenständig, zuverlässig, konventionell und gründlich bekannt. Sie denken sehr praktisch, was sie produktiv und bereit macht, jede Aufgabe zu bewältigen.

Einige negative Eigenschaften der im Zeichen Stier Geborenen sind, dass sie ohne Grund stur sein können, sparsam, übermäßig emotional, zurückhaltend und zu sehr auf ihre Ansichten fixiert (kompromisslos). Da Stier ein fixes Zeichen ist, sind sie sehr darauf bedacht, ihren materiellen Reichtum zu bewahren - in dieser Hinsicht mögen sie keine Veränderungen. Stiere sind dafür bekannt, dass sie ihren Reichtum als Maßstab für die Qualität ihres Lebens nehmen. Wenn das Ego überwiegt, strebt ein Stier nach materiellen Belohnungen für seine Bemühungen. Sie können auch kurzatmig, egoistisch, gierig, übermäßig materialistisch und besitzergreifend sein.

Im Tarot wird der Stier der Karte Hierophant zugeordnet, die für die Stabilität und das klare Denken dieses Zeichens steht. Edelsteine, die dem Stier zugeordnet sind, sind Bernstein, Rosenquarz, Blutkoralle, Goldtopas, Smaragd, Saphir und Türkis. Was den physischen Körper betrifft, so regiert der Stier den Hals, den Nacken, die Schilddrüse und den Vokaltrakt. In Liebesangelegenheiten ist der Stier am besten mit den beiden Wasserzeichen Skorpion und Krebs vereinbar.

GEMINI - DIE ZWILLINGE

21. Mai - 21. Juni

Das dritte Tierkreiszeichen ist Zwillinge, dessen Konstellation sich über den 60.-90. Grad himmlischer Länge erstreckt. Vom Merkur beherrscht, gehören die Zwillinge zum Element Luft mit dem Unterelement Wasser der Luft. Aufgrund des Wasserelements in der Luft hat der Zwilling eine fast doppelte Persönlichkeit. Aus diesem Grund wird er von den Zwillingen repräsentiert.

Wasser steht für Gefühle und die fließende Natur des Denkens. Daher verleiht es den Zwillingen in Verbindung mit dem Element Luft (das für das Denken steht) den stärksten Intellekt aller Tierkreiszeichen. Für die Zwillinge sind die Intelligenz und die Geschwindigkeit des Denkens Ausdruck ihrer vorherrschenden Energie. Der Schlüsselsatz zur Beschreibung der Zwillinge ist "Ich denke".

Zwillinge sind dafür bekannt, dass sie nach Wissen dürsten, um ihren Intellekt ständig zu erweitern. Dieser Wunsch verleiht ihnen eine hohe Fähigkeit zu lernen und Informationen zu absorbieren. Sie sind exzellente Kommunikatoren, und die Verwendung des gesprochenen Wortes ist ihre außergewöhnlichste Fähigkeit. Wenn ihr Geist von einem Gedanken zum anderen springt, benutzen die Zwillinge Worte als Anker, um sie zu stabilisieren. Darüber hinaus besitzen sie einen ausgeprägten Sinn für Humor, sind fröhlich und hochintelligent.

Wie gesagt, regiert Merkur, der Planet der Kommunikation, den Zwilling. Merkur bezieht sich auf die Geschwindigkeit des Denkens, den Intellekt, die Logik und die Vernunft. Da er der Planet des Verstandes ist, unterstreicht dies die zerebrale Kraft der Zwillinge. Im Wesentlichen sind Zwillinge Denker, die die Kraft der Logik und der Vernunft nutzen, um schnell zu handeln. Sie sind geschickt darin, jeden ihrer Gedanken zu identifizieren und zu klassifizieren.

Die Zwillinge sind ein wandelbares Zeichen, das heißt, sie sind anpassungsfähig an alle Umstände, mit einer absoluten Vielseitigkeit, die nützlich ist, wenn man sich allen Herausforderungen des Lebens stellt. Die Zwillinge sind freundlich, einfallsreich, humorvoll, ausdrucksstark und analytisch. Sie sind transparent und objektiv in ihrem Denken und sind oft sehr unbeschwert.

Einige negative Eigenschaften der Zwillinge sind, dass sie übermäßig albern und unreif sein können. Sie können auch Plappermäuler sein (zu viel reden). Manchmal sind sie unempfindlich gegenüber den Gefühlen anderer, da sie sich in erster Linie mit der intellektuellen und nicht mit der emotionalen Fähigkeit beschäftigen. Ihre Betonung des Intellekts und ihr Mangel an emotionaler Ausgeglichenheit können sie kalt und unnahbar erscheinen lassen, da es ihnen an Empathie für andere fehlt.

Zwillinge können eine kurze Aufmerksamkeitsspanne haben, schusselig sein (einen unkonzentrierten Verstand haben) und hinterhältig. Außerdem sind Zwillinge eher emotionslos und manchmal doppelzüngig gegenüber anderen, weil sie nicht in der Lage sind, eine emotionale Verbindung einzugehen. Oft lügen sie, um sich unter die Leute zu mischen, auch wenn sie nicht meinen, was sie sagen.

Im Tarot werden die Zwillinge der Karte der Liebenden zugeordnet. Dies liegt daran, dass sie die Vereinigung von Gegensätzen veranschaulicht, vor allem der emotionalen und mentalen Natur, die häufig einander gegenüberstehen - daher die duale Natur dieses Zeichens.

Edelsteine, die den Zwillingen zugeordnet sind, sind Aquamarin, Achat, Chrysopras, Perle, Mondstein, Citrin und weißer Saphir. Die Zwillinge regieren die Arme, die Lunge, die Schultern, die Hände und das Nervensystem im physischen Körper. In Liebesangelegenheiten sind die Zwillinge am besten mit den Sternzeichen Schütze und Wassermann vereinbar.

KREBS - DIE KRABBE

22. Juni - 22. Juli

Das vierte Tierkreiszeichen ist der Krebs, dessen Sternbild sich über den 90.-120. Grad himmlischer Länge erstreckt. Der vom Mond beherrschte Krebs gehört zum Wasserelement mit dem Unterelement Feuer des Wassers. Das Feuer, das auf das Wasserelement einwirkt, formt den Krebs zu dem, was er ist. Krebse sind sehr hartnäckig und sehr sensibel für ihre Gefühle. Von allen Wasserzeichen ist der Krebs das stärkste. Der Schlüsselsatz, der einen Krebs beschreibt, ist "Ich fühle".

Für Krebse ist es eine ständige Herausforderung, zwischen Emotionen, die eine Projektion ihres Egos sind, und Gefühlen, die auf der Realität beruhen, zu unterscheiden - die illusorische Natur des Mondes wirkt immer auf sie ein. Emotionale Veränderungen sind eine Herausforderung, mit der Krebse oft konfrontiert sind. Da sie Kritik und Spott fürchten, wurde ihnen die schützende Schale des Krebses zugewiesen.

Krebse verstecken sich in ihrem Schneckenhaus, wo sie sicher sein können. Sie sind oft psychisch und physisch sehr verletzlich und etwas schüchtern. Diese Eigenschaften treiben sie dazu, oft die Einsamkeit zu suchen. Die vorherrschende Energie hier ist emotionale Sensibilität und Gefühle. Krebse besitzen aufgrund ihres Feuerelements einen ausgeprägten Schutz- und Verteidigungsinstinkt. Sie sind oft sehr mit häuslichen und hauswirtschaftlichen Pflichten beschäftigt.

Der Krebs ist ein kardinales Zeichen; aus diesem Grund sind sie große Initiatoren mit einem starken Willen, der ihnen hilft, ihre Ziele zu erreichen. Krebse sind anderen gegenüber sehr einfühlsam und bereit, sich um sie zu kümmern. Sie haben oft übersinnliche Fähigkeiten, sind sensibel und in der Lage, sich auf die Seelen anderer Menschen einzustimmen und direkt mit ihnen zu kommunizieren. Sie sind oft traditionell und verständnisvoll und haben ein ausgezeichnetes Gedächtnis. Krebse sind familienorientiert und bereit, ihre Familie um jeden Preis zu schützen. Im Haushalt ist die Energie, die sie für häusliche Zwecke einsetzen, beruhigend und ausgleichend.

Einige der negativen Eigenschaften des Krebses sind, dass er bei überwältigenden Emotionen hysterisch werden kann. Sie können egozentrisch, manipulativ, mürrisch, launisch, selbstmitleidig und übervorsichtig sein. Sie können auch unlogische, unbegründete Ängste haben und sehr egoistisch sein, wenn sie ihr Ego schützen wollen. Krebse können versnobt sein, und wenn sie sich in die Einsamkeit zurückziehen, können sie den Wünschen anderer gegenüber unnahbar werden.

Im Tarot wird der Krebs der Karte Wagen zugeordnet - er bedeutet Macht über die illusionäre Natur der Gedanken durch den bewussten Einsatz des Willens. Die dem Krebs zugeordneten Edelsteine sind Mondstein, Rubin, Smaragd und Perle. Im

Hinblick auf den physischen Körper regiert der Krebs die Brust, die Brüste, den Magen, den Verdauungskanal und das Lymphsystem. In romantischen Angelegenheiten ist der Krebs am besten mit den beiden stabilen Erdzeichen Steinbock und Stier vereinbar.

LEO - DER LÖWE

23. Juli - 22. August

Das fünfte Zeichen des Tierkreises ist Löwe, das mächtigste Zeichen und das einzige, das ausschließlich von der Sonne beherrscht wird. Es hat seinen Ursprung im Sternbild Löwe und erstreckt sich über den 120.-150. Grad himmlischer Länge. Löwe ist ein fixes Zeichen, und als solches müssen Löwen ihre persönliche Macht um jeden Preis erhalten, auch wenn das bedeutet, dass sie ihr Leben verändern müssen. Der Löwe gehört zum Element Feuer und zum Unterelement Luft des Feuers. Diese Elementkombination charakterisiert den Löwen als sehr ausdrucksstark, da die Luft auf das Feuer einwirkt und er dadurch sehr im Einklang mit seinen Gedanken steht. Der Schlüsselsatz des Löwen ist "Ich will".

Die Herausforderung für den Löwen besteht darin, sein Ego mit seinen höheren Zielen und Idealen in Einklang zu bringen und gleichzeitig darauf zu achten, dass er nicht seiner emotionalen Sensibilität und seinen hohen Erwartungen an andere zum Opfer fällt. Leos sind unternehmungslustig, dramatisch, charismatisch, stolz, ehrgeizig, selbstbewusst und angesehen. Darüber hinaus ist ihre vorherrschende Energie von Autorität, Macht und Vitalität geprägt.

Leos sind von Natur aus großzügig und edel. Sie sind stark und bereit, sich für andere einzusetzen, wenn es nötig ist. Sie reden gerne und sind gerne mit anderen zusammen, genießen aber auch die Einsamkeit, um ihre Gefühle zu untersuchen. Leos sind von Natur aus sehr emotional, vor allem, wenn sie das Gefühl haben, dass ihnen Unrecht getan wird. Dennoch wollen sie beeindruckend und kreativ sein und Beziehungen zu anderen pflegen.

Da Leos ihre Energie von der Sonne beziehen, sind sie vital und energiegeladen, was es ihnen ermöglicht, für andere emotional heilsam zu sein. Leos sind zärtlich, liebevoll, beschützend, aufrichtig, warm und von universeller Liebe inspiriert. Sie wollen immer ihre Würde bewahren. Wenn sie auf Meinungsverschiedenheiten stoßen, sind sie vorsichtig und diplomatisch, wenn sie ihre Meinung äußern. Der Löwe schützt seine Gefühle und gilt als der "König des Dschungels". "Aus diesem Grund wird der Löwe als Symbol für den Löwen verwendet.

Zu den negativen Eigenschaften des Löwen gehören Eitelkeit und Selbstsucht. Sie können auch lüstern, egoistisch und übermäßig mit ihrer eigenen Meinung beschäftigt sein. Außerdem können sie arrogant, diktatorisch, aufgeblasen, herrschsüchtig, kindisch, grausam und übermäßig statusbewusst sein. Da sie große Romantiker sind, fühlen sich Leos stark zum anderen Geschlecht hingezogen. Sie können manchmal ungeduldig werden, weil sie Wiederholungen verabscheuen und ständig neue Anreize brauchen.

Im Tarot wird der Löwe der Karte Stärke zugeordnet - er steht für die Einheit der Elemente Feuer und Wasser, für Willenskraft unter der Herrschaft der bedingungslosen Liebe. Leos nutzen Gedanken und das Luftelement, um ihre Emotionen zu rationalisieren und ein Gleichgewicht von Geist, Körper und Seele zu erreichen. Edelsteine, die dem Löwen zugeordnet sind, sind Bernstein, Turmalin, Karneol, Rubin, Sardonyx, Onyx und Goldtopas. Was den physischen Körper anbelangt, regiert der Löwe das Herz, die Brust, die Wirbelsäule und den oberen Rücken. In Liebesangelegenheiten ist der Löwe am besten mit den beiden Luftzeichen Wassermann und Zwillinge vereinbar.

VIRGO - DIE JUNGFRAU

23. August – 22. September

Die Jungfrau ist das sechste Zeichen des Tierkreisrades und das zweitgrößte Sternbild am Himmel, das sich über den 150.-180. Grad himmlischer Länge des Tierkreises erstreckt. Die Jungfrau gehört dem Element Erde an, mit dem Unterelement Wasser der Erde. Da der Geist der Jungfrau auf die materielle Welt ausgerichtet ist (weil sie ein Erdzeichen ist), ist sie sehr auf ihre Arbeit und den Dienst an anderen konzentriert. Da die Jungfrau außerdem die Jungfrau ist, repräsentiert sie die natürliche Liebe und Reinheit des Geistes.

Die dominante Energie der Jungfrau ist analytisch und differenzierend. Sie haben einen sehr analytischen Verstand und eignen sich hervorragend als Lehrer, da sie sowohl ruhig als auch selbstbewusst sind. Als Perfektionisten sind sie fleißig, was sie zu geschickten Forschern und Wissenschaftlern macht. Für die Jungfrau sind Weisheit und Wissen das Ergebnis harter Arbeit und Lebenserfahrung. Sie denken systematisch und sind sehr auf persönliches Wachstum ausgerichtet. Der Schlüsselsatz, der die Jungfrau beschreibt, lautet: "Ich analysiere."

Die vom Planeten Merkur beherrschten Jungfrauen sind auf der Suche nach Wissen. Sie haben einen sehr scharfen Blick für Details und sind dafür bekannt, dass sie bei all ihren Aktivitäten vorsichtig und effizient sind. Sie sind akribisch bei der Arbeit und beim Studium und bringen gerne Ordnung in das Durcheinander.

Die Jungfrau ist uneigennützig und sehr hilfsbereit gegenüber anderen Menschen. Im Allgemeinen ist ihre Perspektive positiv, und sie geben ihre Positivität an andere weiter. Die Jungfrau ist ein veränderliches Zeichen und nutzt ihre analytische und kritische Natur, um sich taktvoll von einer Sache zur anderen zu bewegen und sich mit Leichtigkeit an neue Umgebungen anzupassen.

Jungfrauen glauben, dass Veränderungen persönliches Wachstum mit sich bringen, und begrüßen sie daher stets. Sie sind Liebhaber von Reisen und neuen Lebenserfahrungen. Da Jungfrauen geheimnisvolle Themen und inneres Wachstum schätzen, fühlen sie sich oft zum Okkulten hingezogen. Als Nonkonformisten folgen Jungfrauen immer dem Takt ihrer eigenen Trommel.

Zu den negativen Aspekten der Jungfrau gehört, dass sie manchmal manipulativ ist, um zu bekommen, was sie will. Sie können egozentrisch, akribisch und versnobt sein, aber auch sehr geheimnisvoll und oberflächlich. Jungfrauen können sowohl anderen Menschen als auch sich selbst gegenüber übermäßig kritisch sein. Wenn sie ihre Unabhängigkeit nicht entwickeln können, werden sie schließlich von anderen abhängig und manipulieren sie oft zu ihrem Vorteil.

Im Tarot wird die Jungfrau der Karte des Eremiten zugeordnet. Der Einsiedler ist weise und empfänglich für die Welt um ihn herum, wie auch die Jungfrau. Edelsteine, die mit der Jungfrau assoziiert werden, sind Blauer Saphir, Rosa Jaspis, Karneol, Jade, Moosachat, Türkis und Zirkon. Im physischen Körper regiert die Jungfrau das Verdauungssystem, die Milz und die Därme. In romantischen Beziehungen ist die Jungfrau am besten mit den beiden Wasserzeichen Fische und Krebs vereinbar.

LIBRA - DIE WAAGE

23. September - 22. Oktober

Das siebte Zeichen des Tierkreises ist die Waage, deren Sternbild sich über den 180.-210. Grad des Tierkreises erstreckt. Die Waage gehört dem Element Luft an, mit dem Unterelement Feuer der Luft. Die vorherrschende Energie der Waage besteht darin, gegensätzliche Energien in sich selbst zu harmonisieren und auszugleichen. Das wichtigste Anliegen der Waage ist Gerechtigkeit und Fairness in allen Belangen.

Da die Waage ein Luftzeichen ist, ist sie ein starker Denker, aber im Gegensatz zu den Zwillingen, die sehr intellektuell sind, beschäftigt sich die Waage mehr mit den Angelegenheiten der Seele. Daher sind Integrität und Ethik für sie von wesentlicher Bedeutung, da sie mit den höheren Aspekten der Seele eines Menschen verbunden sind. Der Schlüsselsatz zur Beschreibung der Waage ist "Ich bin im Gleichgewicht".

Venus regiert das Zeichen Waage. Sie haben einen sehr ausgeglichenen Verstand, wie ihr Symbol, die Waage, zeigt. Sie sind charmant, anmutig und ausdrucksstark. Außerdem sind sie dafür bekannt, dass sie die Anerkennung anderer suchen und sich in Menschenmengen wohlfühlen. Obwohl sie gerne unter Menschen sind, genießen Waagen auch die Einsamkeit und die Zeit, in der sie mit ihren Gedanken allein sind.

Die Waage ist ein kardinales Zeichen; aus diesem Grund sind sie gut darin, aktiv zu werden und neue Aufgaben zu beginnen. Sie sind oft die Initiatoren von Aktivitäten und suchen die Zusammenarbeit mit anderen. Die Waage ist stolz und lässt sich nicht gerne kompromittieren. Anders als der Widder neigt die Waage dazu, sich durch Worte statt durch direkte Taten auszudrücken. Die Waage ist taktvoll, freundlich, überzeugend und diplomatisch. Da sie ein sehr geselliges Sternzeichen ist, braucht sie natürlich Gesellschaft und eignet sich aufgrund ihrer kooperativen und friedliebenden Natur hervorragend als Ehepartner. Waagen inspirieren Menschen im Allgemeinen dazu, ihr Bestes zu geben.

Einige negative Eigenschaften der Waage sind, dass sie oft unentschlossen sind und übermäßig vergnügungssüchtig sein können, da sie von der Venus beherrscht werden - dem Planeten der Sinnlichkeit und Schönheit. Außerdem können sie von anderen abhängig und in manchen Fällen manipulativ sein, was sie dazu veranlasst, auf autoritäre Weise Beziehungen zum persönlichen Vorteil zu suchen. Sie können manchmal mürrisch, inkonsequent, oberflächlich und hinterlistig sein. Waagen können auch zu wissbegierig und ambivalent sein und sich leicht von einer Aufgabe abbringen lassen.

Im Tarot wird die Waage der Gerechtigkeitskarte zugeordnet. Hier sehen wir einen direkten Hinweis auf die "Waage der Gerechtigkeit" und das bewusste Abwägen von Gegensätzen, um ein Gleichgewicht zu finden. Das Gleichgewicht ist der Schlüssel zu einem gesunden Leben. Edelsteine, die mit der Waage assoziiert werden, sind Lapislazuli, Opal, Diamant, Smaragd, Rosenquarz und Peridot. Die Waage regiert im physischen Körper die Nieren, die Haut, die Nebennieren, die Lendengegend und das Gesäß. In Liebesangelegenheiten ist die Waage am besten mit den beiden Feuerzeichen Widder und Schütze vereinbar.

SCORPIO - DER SKORPION

23. Oktober – 21. November

Das achte Tierkreiszeichen ist der Skorpion, eines der stärksten Zeichen. Es stammt aus dem gleichnamigen Sternbild und erstreckt sich über den 210.-240. himmlischen Längengrad. Skorpion ist ein Wasserzeichen mit dem Unterelement Luft des Wassers. Skorpion ist ein fixes Zeichen; als solches sind Skorpione relativ beständig in ihren emotionalen Reaktionen. Da Mars dieses Zeichen direkt regiert, ist seine vorherrschende Energie die der Regeneration und Transformation auf allen

Ebenen. Aus diesem Grund ist der Skorpion im Tarot der Todeskarte zugeordnet (der Tod als eine Form der Transformation). Ihr Schlüsselsatz lautet: "Ich erschaffe."

Das Symbol des Skorpions ist der Skorpion. So wie der Skorpion lieber sich selbst tötet als getötet zu werden, haben die in diesem Zeichen Geborenen die ultimative Kontrolle über ihr Schicksal. Skorpione setzen ihre Ziele durch und sorgen dafür, dass die Dinge vorankommen. Skorpione sind außerordentlich sexuell, haben einen ausgeprägten Sexualtrieb und ein großes Verlangen. Sie suchen um jeden Preis nach Gerechtigkeit und sind bereit, sie zu verteidigen.

Darüber hinaus sind Skorpione große Denker und Redner, die viele verschiedene Ideen über die Welt haben. Diejenigen, die unter diesem Zeichen geboren sind, haben große Willenskraft und intensive emotionale Sehnsüchte. Skorpione sind auch sehr einfallsreich. Eine ihrer Lebensherausforderungen ist es, ihre Willenskraft mit ihren Wünschen in Einklang zu bringen, da diese beiden Eigenschaften in ihnen sehr stark sind.

Skorpione sind denen, die sie lieben, gegenüber loyal. Sie sind neugierig und inspirierend, und da sie die Verbindung mit dem Geist suchen, fühlen sie sich zu den okkulten und esoterischen Künsten hingezogen. Emotionen sind eine dominante Eigenschaft des Skorpions, es sei denn, sie stehen im Gegensatz zu seiner Willenskraft. Skorpione können ziemlich intensiv, leidenschaftlich und tiefgründig sein. Sie haben Spaß daran, auf alle möglichen Arten etwas zu schaffen, wenn auch meist durch Wiederaufbau. Sie sind dafür bekannt, dass sie sich sicherer fühlen, wenn sie wissen, was andere fühlen.

Die negativen Eigenschaften der Skorpione sind, dass sie egoistisch und temperamentvoll sein können. Sie respektieren ihre Privatsphäre und sind dafür bekannt, dass sie Geheimnisse vor anderen haben. Skorpione können anderen Menschen misstrauen, bis ihr Vertrauen gewonnen ist. Manchmal benutzen sie andere für ihre Interessen und verlangen, dass andere Menschen die gleichen Überzeugungen und Gedanken teilen wie sie selbst.

Skorpione haben das Potenzial, unberechenbar zu sein und in jedem Moment vom Positiven ins Negative umzuschlagen. Aufgrund ihrer intensiven Emotionen können sie reizbar, intolerant, eifersüchtig, nachtragend und manchmal zerstörerisch gegenüber sich selbst und anderen sein. Sie neigen auch zu Gewalt. Ihre starken Emotionen mit Logik und Vernunft in Einklang zu bringen, ist eine ihrer Herausforderungen im Leben. Auf Gedeih und Verderb können Skorpione auch großartige Verführer sein.

Edelsteine, die dem Skorpion zugeordnet werden, sind Aquamarin, schwarzer Obsidian, Granat, Achat, Topas, Beryll, Apachentränen und Koralle. Im Hinblick auf den physischen Körper regiert der Skorpion das Fortpflanzungssystem, die Sexualorgane, den Darm und die Ausscheidungsorgane. In Liebesangelegenheiten ist der Skorpion am besten mit Stier und Krebs vereinbar.

SCHÜTZE - DER BOGENSCHÜTZE

22. November - 21. Dezember

Das neunte Zeichen des Tierkreises ist der Schütze, dessen Sternbild sich zwischen dem 240. und 270 Grad erstreckt. Da der herrschende Planet des Schützen Jupiter ist, lieben diese Menschen es, Überfluss zu genießen und sind ernsthaft um ihr eigenes Wohlbefinden und das der Menschen in ihrer Umgebung bemüht. Schütze ist ein Feuerzeichen mit dem Unterelement Wasser des Feuers. Ihre grundlegende Energie verleiht ihnen ein Gleichgewicht zwischen ihren Gefühlen und ihrer Willenskraft. Aus diesem Grund sind sie in der Regel aufrichtig und direkt im Umgang mit anderen.

Der Schütze ist der Schütze, der seine Pfeile abschießt, auch wenn es sich in diesem Fall um einen Zentauren handelt, der halb Mensch, halb Tier ist. Kentauren galten als die Intellektuellen der römischen Mythologie, und der Schütze ist ihr modernes Gegenstück. Sie sind klar denkende Menschen, die meist das große Ganze im Blick haben und stets nach Wissen streben.

Die vorherrschende Energie des Schützen ist die des Strebens und der Liebe zur Freiheit. In diesem Zeichen geht es vor allem um Unabhängigkeit, denn Schütze erforschen gerne alle Aspekte des Lebens. Sie sind philosophisch, wohltätig, ethisch und enthusiastisch. Es geht ihnen auch um die Wahrheit und sie können oft sehr religiös sein. Schützinnen und Schützen sind sehr energiegeladen und haben eine positive Perspektive und Lebenseinstellung. Sie lieben es, inspiriert zu werden, und sie lieben es, auch andere zu inspirieren. Der Schlüsselsatz des Schützen ist "Ich nehme wahr".

Da der Schütze ein veränderliches Zeichen ist, wechselt er von einer Sache zur nächsten und kann nicht zu lange bei einem Thema bleiben, was ihn sehr anpassungsfähig an jede Situation macht. Da sie das große Ganze sehen, können sie sich leicht in das Leben einfügen und sich an jede Situation anpassen.

Einige der negativen Eigenschaften des Schützen sind, dass er nicht immer in der Lage ist, Geist und Materie in Einklang zu bringen. Sie können oft übertreiben, wenn sie zu sehr auf ihre persönlichen Gefühle konzentriert sind. Sie können zu Großmäulern werden und manchmal Informationen preisgeben, die sie nicht preisgeben sollten. Sie können auch hitzköpfig, selbstherrlich, respektlos, ungeduldig, aufschiebend und aufdringlich sein. Sie sind oft unzufrieden, egal was in ihrem Leben passiert.

Im Tarot wird der Schütze der Karte der Mäßigung zugeordnet - er bedeutet, die Illusion zu durchbrechen, um zur Wahrheit zu gelangen. Edelsteine, die dem Schützen zugeordnet sind, sind Türkis, Topas, Saphir, Amethyst und Rubin. Was den physischen Körper betrifft, so regiert der Schütze die Hüften, die Oberschenkel, die

Leber und den Ischiasnerv. In romantischen Angelegenheiten ist der Schütze am besten mit Zwillingen und Widdern vereinbar.

STEINBOCK - DIE GEHÖRNTE ZIEGE

22. Dezember – 19. Januar

Das zehnte Tierkreiszeichen ist der Steinbock, dessen Sternbild sich über den 270.-300. Grad himmlischer Länge erstreckt. Die vom Planeten Saturn beherrschten Steinböcke haben eine ausgezeichnete Intuition. Der Steinbock ist ein Erdzeichen mit dem Unterelement des Feuers der Erde. Da sie ein Erdzeichen sind, sind wirtschaftliche Stabilität und Sicherheit für sie entscheidend. Der Steinbock ist ein Kardinalzeichen, und aus diesem Grund fangen sie gerne neue Dinge an, aber es kann ihnen an Ausdauer fehlen, sie zu Ende zu bringen.

Die vorherrschende Energie des Steinbocks ist die der Gewissenhaftigkeit und Organisation. Sie sind fleißig, umsichtig, pragmatisch und ernsthaft. Sie müssen immer motiviert sein, da sie eine alltägliche Aufgabe oder ein Ziel zu erreichen haben. Steinböcke sind praktisch veranlagt und versuchen immer, die Dinge zu vereinfachen. Sie sind viel glücklicher, wenn sie in Bewegung sind, als wenn sie stillstehen und stagnieren. Sie sehnen sich auch danach, in ihrem Leben unabhängig zu werden.

Da das Symbol für den Steinbock die Bergziege ist, symbolisiert sie die Fähigkeit und den Willen, die Spitze des Berges zu erklimmen. In gleicher Weise sind die in diesem Zeichen Geborenen harte Arbeiter und streben danach, in jedem Bereich an die Spitze zu gelangen, um die Früchte des Erfolgs zu ernten. Steinböcke lieben Ruhm, Prestige und Geld, wissen aber, dass es harte Arbeit erfordert, um diese Dinge zu erreichen. Der Schlüsselsatz zur Beschreibung des Steinbocks ist "Ich nutze. "

Steinböcke sind vertrauenswürdig und verfügen über ein tiefes spirituelles Verständnis, wobei sie sich der Bedürfnisse anderer Menschen bewusst sind. Sie sind loyal gegenüber denen, die sie lieben, und bereit, sich selbst zu opfern, wenn es nötig ist. Steinböcke sind ehrgeizig und immer bestrebt, die Dinge zu verbessern, wie sie sind.

Einige der negativen Eigenschaften von Steinböcken sind, dass sie erniedrigend, arrogant und diktatorisch sein können. Wenn sie in ihrem Ego sind, kann es ihnen an Mitgefühl für andere mangeln. Sie können auch unversöhnlich und starrköpfig sein. Darüber hinaus können sie auch übermäßig ehrgeizig sein und sich unrealistische Ziele setzen. Genau wie der Löwe kann auch der Steinbock sehr statusbewusst sein.

Im Tarot wird der Steinbock der Teufelskarte zugeordnet. Da der Teufel für die Bindung der Sinne an die Welt der Materie steht, wird diese Energie durch den Ehrgeiz und die Tatkraft des Steinbocks veranschaulicht, die auf das Erreichen von Zielen in der materiellen Realität ausgerichtet sind. Deshalb müssen Steinböcke einen Schritt zurücktreten und die Wichtigkeit ihrer Ziele und das, was sie zu tun bereit sind, um sie zu erreichen, neu bewerten - die spirituelle Realität sollte niemals hinter der materiellen zurückstehen.

Mit dem Steinbock assoziierte Edelsteine sind Rubin, schwarzer Onyx, Rauchquarz, Granat und Achat. Im Hinblick auf den physischen Körper regiert der Steinbock die Knie, die Gelenke und das Skelettsystem. In Liebesdingen ist der Steinbock am besten mit Stier und Krebs kompatibel.

WASSERMANN - DER WASSERTRÄGER

20. Januar – 18. Februar

Das elfte Zeichen des Tierkreises ist der Wassermann, dessen Konstellation sich über den 300.-330.Grad himmlischer Länge erstreckt. Der Wassermann wird von Saturn regiert und gehört zum Element Luft mit dem Unterelement Luft der Luft. Diese Kombination bringt höchste spirituelle Energie und sehr scharfe intuitive Fähigkeiten mit sich. Da sie auf einer tiefen Ebene mit dem Geistelement verbunden sind, haben Wassermänner ein ausgezeichnetes Wissen über alles, was um sie herum geschieht. Sie sind sehr scharfsinnig und weise und verbinden sich direkt mit der Wahrheit in allen Dingen. Der Schlüsselsatz zur Beschreibung des Wassermanns ist "Ich weiß".

Wassermänner sind die perfekten Vertreter des neuen Wassermannzeitalters. Die in diesem Zeichen Geborenen haben das nötige soziale Gewissen, um uns ins neue Jahrtausend zu tragen. Wassermänner sind Philanthropen, und die Welt zu einem besseren Ort zu machen, ist eine ihrer inneren Motivationen. Da das Symbol des Wassermanns der Wasserträger ist, der den Krug mit Wasser auf die Menschheit ausgießt, übergießen die Wassermänner die Welt mit innovativen Gedanken und Ideen.

Da sie sehr spirituell sind, fühlen sich Wassermänner zum Okkulten und zu den esoterischen Künsten hingezogen. Sie verstehen mühelos komplexe spirituelle Konzepte und Ideen und schätzen Wissen und Weisheit über alles. Sie sind allen Menschen gegenüber ehrenhaft und legen Wert darauf, die Wahrheit zu sagen. Im Allgemeinen sind sie schamlos in ihren Äußerungen und blicken in die Zukunft, anstatt in der Vergangenheit zu verweilen.

Die vorherrschende Energie des Wassermanns ist die Eigenschaft, ein Menschenfreund zu sein. Sie halten hohe ethische Ideale und große Hoffnungen für die Menschheit aufrecht, es sei denn, sie sind zu sehr in ihr Ego vertieft, wozu sie anfällig sind. Da der Wassermann ein fixes Zeichen ist, sind diese Menschen dafür bekannt, dass sie ihre Überzeugungen, insbesondere in Bezug auf die Menschheit, immer festhalten wollen. Wenn sie natürliche Revolutionäre sind, werden sie das bis zum Ende bleiben.

Wassermänner sind unabhängig, und ihre Ausdrucksformen sind einzigartig und originell. Sie schätzen Freundschaft und Romantik. Sie sind von Natur aus gesellig, sozial und haben einen großen Sinn für Humor. Ihre phantasievollen und kreativen Fähigkeiten streben stets nach Wohlwollen. Die in diesem Zeichen Geborenen sind im Allgemeinen sexuell ausdrucksstark und neigen zur Lust. Wassermänner können auch sehr fortschrittlich, verständnisvoll, wohlwollend und wissenschaftlich sein. Sie sind häufig exzentrisch, aber sehr zielstrebig, vor allem wenn sie mit ihrem Lebensziel übereinstimmen.

Einige der negativen Eigenschaften der Wassermänner sind, dass sie übermäßig gesprächig sein können und dazu neigen, ihre Überzeugungen und Ideen anderen aufzudrängen. Wenn sie aus ihrem Ego heraus agieren, können Wassermänner als kalt und unsympathisch gegenüber den Gefühlen anderer erscheinen. Sie können auch unberechenbar, temperamentvoll und extrem in ihrem Denken und Handeln sein. Einige ihrer Ideen können weit hergeholt, unpraktisch und unbegründet sein, was in der Natur des Luftelements liegt, das sie beherrscht. Obwohl sie normalerweise extrovertiert sind, können einige Wassermänner auch sehr schüchtern sein.

Im Tarot wird der Wassermann der Karte "Der Stern" zugeordnet. Da der Stern für Meditation und stille Kontemplation steht, um die spirituelle Realität wahrzunehmen, muss der Wassermann diese Dinge auch praktizieren, wenn er in Geist, Körper und Seele ausgeglichen bleiben will. Meditation fällt dem Wassermann leicht, wenn er lernt, das ständige Geplapper in seinem Kopf zu überwinden.

Edelsteine, die dem Wassermann zugeordnet sind, sind Granat, Sugilith, Amethyst, blauer Saphir, Moosachat und Opal. Darüber hinaus regiert der Wassermann die Knöchel und das Kreislaufsystem im physischen Körper. In Liebesangelegenheiten schließlich ist der Wassermann am besten mit den beiden Feuerzeichen Löwe und Schütze vereinbar.

PISCES - DIE FISCHE

19. Februar - 20. März

Das zwölfte und letzte Zeichen des Tierkreises sind die Fische, deren Sternbild sich zwischen dem 330.-360. Grad himmlischer Länge erstreckt. Das Element der Fische ist Wasser, mit dem Unterelement Wasser des Wassers. Ihre grundlegende Energie bringt tiefe Emotionen, die Erweiterung des Bewusstseins und mit der Evolution tiefe bedingungslose Liebe und Mitgefühl für alle Lebewesen. Die Fische werden von Jupiter regiert und durch den Fisch symbolisiert. Das Wasserelement macht die Fische übersinnlich und empathisch, empfänglich für alles, was in ihrer Umgebung geschieht.

Das Fischsymbol stellt zwei Fische dar, von denen einer flussaufwärts und einer flussabwärts schwimmt. Dieses Symbol impliziert eine starke Dualität in den Gefühlen. Die Fische können den positiven oder den negativen Standpunkt einnehmen und manchmal beides gleichzeitig. Ihre Herausforderung besteht darin, sich nicht von ihren Ängsten gefangen nehmen zu lassen, denn Wasserzeichen neigen zu Furcht und Unruhe. Der Schlüsselsatz zur Beschreibung des Fischmenschen ist "Ich glaube".

Menschen, die in diesem Zeichen geboren sind, sind empfänglich und sensibel für die Gedanken und Gefühle ihrer Mitmenschen. Unbewusst nehmen sie die geistigen Ansichten der Menschen, mit denen sie sich umgeben, auf. Die Herausforderung für Fische besteht darin, ihre Willenskraft zu entwickeln. Wegen des starken Einflusses des Wasserelements im Fische-Zeichen neigt das Feuer dazu, übertönt zu werden, wodurch die Willenskraft geschwächt wird. Daher lassen sie sich oft von anderen leiten und sind leicht zu beeinflussen.

Fische ist ein veränderliches Zeichen, was diese Menschen anpassungsfähig an ihre Umgebung macht. Sie sind sehr intuitiv und verstehen die Angelegenheiten der Seele, was sie mitfühlend für die Bedürfnisse und Wünsche anderer Menschen macht. Sie sind auch kreativ und innovativ und haben eine große Vorstellungskraft, was sie zu Musik und anderen künstlerischen Ausdrucksformen neigen lässt.

Fische neigen dazu, hohe Ideale anzustreben, und befassen sich oft mit Ethik und Moral in Bezug auf sich selbst und andere. Sie werden sich von denen lossagen, die sie als ungerecht empfinden. Sie sind verspielt, fröhlich und haben einen großen Sinn für Humor. Außerdem haben sie hohe spirituelle Ambitionen und fühlen sich zu okkulten und esoterischen Disziplinen hingezogen. Fische suchen jedoch um jeden Preis Frieden und emotionale Stabilität, da ihre Umgebung sie stark beeinflusst. Aus diesem Grund suchen sie oft die Einsamkeit. In sozialer Umgebung glänzen sie jedoch.

Einige der negativen Eigenschaften der Fische sind, dass sie versuchen, durch Geben zu kontrollieren und oft ihrem Ego zum Opfer fallen können. Sie sind dafür bekannt, dass sie viel reden, während sie sich manchmal emotional zurückhalten. Fische sind in jeder Hinsicht sinnlich veranlagt, was positiv oder negativ sein kann, je nachdem, ob ihr Ego oder ihr Höheres Selbst sie leitet. Sie haben wenig Kontrolle über ihre Gefühle, was egozentrisch und selbstsüchtig erscheinen kann. Oft fühlen sie sich von anderen missverstanden, was zu Melancholie führt.

Fische müssen mit beiden Beinen auf dem Boden bleiben, damit sie nicht in Paranoia, Angstzustände und sogar Halluzinationen verfallen. Infolgedessen kann es ihnen an Individualität mangeln und sie können pessimistisch, faul, aufschiebend und unrealistisch in ihrer Denkweise sein. Darüber hinaus sind Fische anfällig für schlechte Laune, wenn sie von negativen Gefühlen überwältigt werden. Es fällt ihnen oft schwer, sich zu beruhigen, ohne ihre Umgebung zu verändern.

Im Tarot werden die Fische der Mondkarte zugeordnet. Da die Mondkarte für die Ängste des Unterbewusstseins steht, werden die Fische aufgrund ihrer tiefgründigen wässrigen Natur durch dieselben herausgefordert. Eine gehörige Portion Logik und Vernunft, angetrieben durch den Willen, ist für die Fische notwendig, um diese emotionalen Herausforderungen zu überwinden.

Die den Fischen zugeordneten Edelsteine sind Amethyst, Jade, Aquamarin, Bergkristall, Blutstein, Diamant und Saphir. Fische regieren die Füße, Zehen, das Lymphsystem und das Fettgewebe im physischen Körper. In Liebesangelegenheiten sind die Fische am besten mit den beiden stabilen Erdzeichen Jungfrau und Stier vereinbar.

DIE ZWÖLF HÄUSER

Das Horoskop ist in zwölf Segmente oder Häuser unterteilt, die jeweils von einem der zwölf Tierkreiszeichen der Reihe nach regiert werden (Abbildung 43). Der Tierkreis beginnt mit dem ersten Haus (Widder) und verläuft gegen den Uhrzeigersinn bis zum zwölften Haus (Fische). Zum Zeitpunkt unserer Geburt besetzten die antiken Planeten (und die beiden Mondknoten) die Tierkreiszeichen und Häuser.

Die Zwölf Häuser sind jedoch nicht dasselbe wie die Zwölf des Tierkreises. Das Tierkreisrad basiert auf dem jährlichen Umlauf der Erde um die Sonne, während die Häuser die vierundzwanzigstündige Rotation der Erde um ihre Achse widerspiegeln. Daher werden die Zwölf Tierkreiszeichen als "Himmlische Häuser" bezeichnet, während die Zwölf Häuser als "Mundanische Häuser" bezeichnet werden.

Wenn Astrologen das Horoskop einer Person lesen, betrachten sie sowohl die himmlischen als auch die weltlichen Häuser, um eine optimale Interpretation zu erhalten. Da sich die Häuser alle zwei Stunden verschieben, ist der korrekte Geburtszeitpunkt von entscheidender Bedeutung. Die ersten sechs Häuser sind die "Persönlichen Häuser", während die letzten die "Zwischenmenschlichen Häuser" sind. Die energetischen Einflüsse der persönlichen Häuser spiegeln sich im weiteren Sinne in den zwischenmenschlichen Häusern wider - jedes persönliche Haus hat sein zwischenmenschliches Gegenstück, das ihm direkt gegenüberliegt. So sind das erste und das siebte Haus miteinander verbunden, ebenso wie das zweite und das achte, das dritte und das neunte, das vierte und das zehnte, das fünfte und das elfte sowie das sechste und das zwölfte.

Jedes der zwölf Häuser wird mit verschiedenen Eigenschaften im Leben eines Menschen in Verbindung gebracht, angefangen beim Selbst bis hin zur Gesellschaft und darüber hinaus. Die Häuser geben uns unschätzbare Einblicke in unsere Persönlichkeit und unseren Charakter und wie wir mit der Welt um uns herum zusammenleben. Sie bieten uns einen Fahrplan für das Verständnis unserer Vergangenheit, Gegenwart und Zukunft und einen Einblick in unsere mentalen und emotionalen Auslöser, der durch die Bewegung der Planeten erleichtert wird.

Achten Sie bei der Deutung Ihres Geburtshoroskops darauf, welche Häuser von Planeten besetzt sind. Da jeder Planet eine andere Art von Einfluss hat, energetisiert er die damit verbundenen Eigenschaften des Hauses, das er besucht. Anhand unseres Geburtshoroskops können wir erkennen, welcher Teil unseres Lebens Arbeit benötigt und wie wir dem Einfluss der Planeten auf uns entgegenwirken können, um ein Gleichgewicht zu erreichen. Da wir die zwölf Häuser von der Geburt bis zum Tod mit uns herumtragen, sind ihre Einflüsse in unserer Aura eingeprägt. Jedes Haus spiegelt einen Teil unserer Existenz wider und enthält eine bestimmte Lektion, die für unsere spirituelle Entwicklung wichtig ist.

1. Haus (Widder)

Das erste Haus steht am Anfang des Tierkreises und hat somit mit unserem Selbstverständnis zu tun. Es ist das wichtigste der zwölf Häuser, da es unseren Aszendenten (AC) bzw. unser aufsteigendes Zeichen repräsentiert. Der Aszendent repräsentiert das äußere Selbst, was den ersten Eindruck bestimmt, den wir auf andere Menschen machen. Dazu gehören unsere körperliche Erscheinung, unsere Eigenheiten und unsere allgemeine Veranlagung und unser Temperament. Im Wesentlichen steht das erste Haus für das, was wir in die Welt hinaus tragen. Es bezieht sich auch auf Neuanfänge, einschließlich Projekte, Ideen und Perspektiven.

2. Haus (Stier)

Das zweite Haus hat mit Geld, Sicherheit und materiellen Besitztümern zu tun. Es regelt unsere persönlichen Besitztümer, unser Einkommen und unsere finanziellen Aussichten, einschließlich unserer Fähigkeit, Reichtum anzuhäufen. Auch unser Selbstwertgefühl und unsere Selbstachtung werden im zweiten Haus lebendig.

3. Haus (Zwillinge)

Das dritte Haus regiert Kommunikation, Logik und Vernunft, Verkehr und Familienbande. Es beeinflusst unsere frühe Erziehung und unsere Fähigkeit zu lernen und zu studieren. Da es unsere Denkprozesse und kognitiven Funktionen regelt, beeinflusst das dritte Haus unseren Sprachstil. Es regiert auch die technischen Geräte, die wir für die Kommunikation mit anderen benutzen, und die Transportmittel für Reisen über kleine Entfernungen.

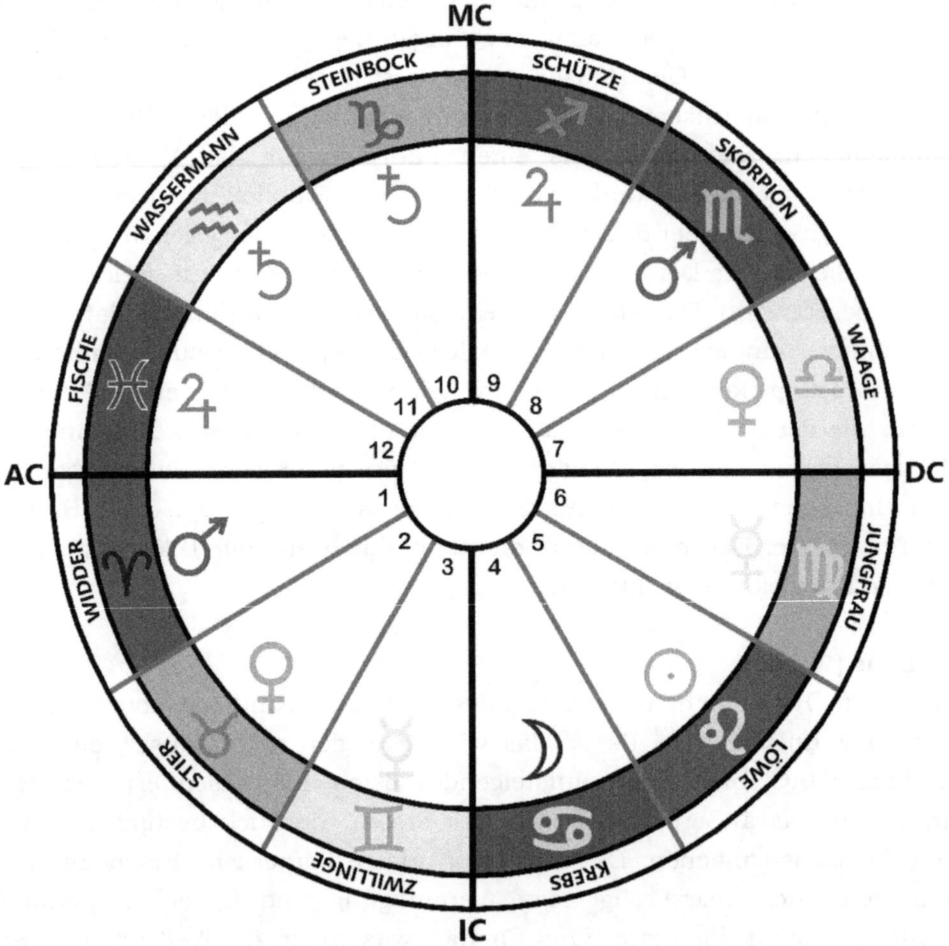

Abbildung 43: Die zwölf Häuser und ihre Korrespondenzen

4. Haus (Krebs)

Der Scheitelpunkt des vierten Hauses ist der Nadir oder Imum Coeli (IC), lateinisch für "tiefster Punkt", was seine Position am unteren Ende des Geburtshoroskops betrifft. Es repräsentiert unsere private Persönlichkeit, die sich an der tiefsten, dunkelsten, ruhigsten und persönlichsten Stelle unseres Geburtshoroskops befindet. Als solches ist das vierte Haus unser inneres Fundament - unser emotionales Fundament und unser Gefühl der Sicherheit, das unser Zuhause und unsere Familie bestimmt. Darüber hinaus zeigt das vierte Haus die Beziehung des Einzelnen zu seiner Mutter und seine Einstellung zur Häuslichkeit an.

5. Haus (Löwe)

Das fünfte Haus hat mit Kreativität, Freude und Sex zu tun. Es regiert den Selbstausdruck und alles, was wir zum Vergnügen und zur Unterhaltung tun. Das fünfte Haus ist unser inneres Kind, daher wird die Freude, die wir durch eigene Kinder erhalten, von diesem Haus bestimmt.

6. Haus (Jungfrau)

Das sechste Haus steht im Zusammenhang mit Dienstleistungen und Gesundheit, einschließlich Krankheiten. Es zeigt unser Bedürfnis an, anderen zu helfen und in der Gesellschaft nützlich zu sein. Es regelt die Beziehungen zu den Menschen, mit denen wir arbeiten, und unseren Gesundheitszustand, insbesondere geistiger und emotionaler Natur. Es regelt auch unsere Einstellung zu Routinen, Organisation und Zeitplänen.

7. Haus (Waage)

Das siebte Haus steht im Zusammenhang mit der Ehe und anderen Partnerschaften, einschließlich der Wirtschaft. Es umfasst rechtliche Verbindungen oder Verträge, die wir eingehen, und die Einstellung, die wir zu diesen Verbindungen haben. Das siebte Haus betrifft unsere Fähigkeit, mit anderen harmonisch zusammenzuarbeiten. Umgekehrt betrifft es auch unsere offenen Feinde oder Gegner im Geschäftsleben und in anderen Bereichen, in denen wir eine Partnerschaft eingegangen sind. Das siebte Haus befindet sich direkt gegenüber dem ersten Haus (Aszendent). Es wird als unser Deszendent (DC) betrachtet und repräsentiert die Person, die uns am nächsten und liebsten ist, hauptsächlich unseren Ehepartner.

8. Haus (Skorpion)

Das achte Haus steht im Zusammenhang mit Tod, Regeneration und finanziellen Mitteln, die wir von anderen Menschen erhalten. Da der Orgasmus als ein Mini-Tod angesehen wird, hat das achte Haus auch mit Sex zu tun. Das achte Haus wird oft als das Haus der spirituellen Transformation bezeichnet und hat mit unserem Glauben an das Leben nach dem Tod zu tun. Es regiert auch übersinnliche Kräfte und okkultes Wissen.

9. Haus (Schütze)

Das neunte Haus umfasst höhere Bildung, Lebensanschauungen und Philosophie sowie internationale Reisen und Fernreisen. Dieses Haus kann als erweitertes drittes Haus wahrgenommen werden, da geistige Aktivitäten, Reisen und Wissen auf eine höhere, spirituellere Ebene ausgedehnt werden.

10. Haus (Steinbock)

Das zehnte Haus regelt unsere Karriere, unser öffentliches Ansehen, unsere soziale Stellung und unsere Leistungen in der Gesellschaft. Es regelt unsere Beziehung zu Kontrollstrukturen, Autoritätspersonen und unsere Grenzen und Disziplin, um unsere Ziele zu erreichen. Als höchster Punkt des Geburtshoroskops wird der Scheitelpunkt des zehnten Hauses als Midheaven oder Medium Coeli (MC) bezeichnet, lateinisch für "Höchster Punkt", was den Höhepunkt unseres gesellschaftlichen Erfolgs bedeutet. Da er dem Nadir direkt gegenübersteht, repräsentiert der Mittelhimmel unsere öffentliche Persona.

11. Haus (Wassermann)

Das elfte Haus regiert unsere Hoffnungen, Wünsche, Freunde und den Sinn für Gemeinschaft. Es umfasst humanitäre Bestrebungen und revolutionäre Ideen, einschließlich Technologie und Innovation. Langfristige Träume und Ziele und Freuden des Intellekts sind ebenfalls im elften Haus enthalten.

12. Haus (Fische)

Das zwölfte Haus regiert Sorgen, Geheimnisse und Selbstzerstörung. Es ist das mystischste aller Häuser, da es Psychismus, Träume, Albträume und tiefe Gefühle umfasst. Da es sich auf das Unterbewusstsein bezieht, wirkt sich das zwölfte Haus auf die Beschränkungen aus, die wir uns durch selbstzerstörerisches Verhalten auferlegen. Als solches regelt dieses Haus unser Karma, da es die Belohnungen und Bestrafungen für unsere Handlungen enthält. Auf der weltlichen Ebene regiert das zwölfte Haus Gefängnisse, Irrenhäuser, Krankenhäuser und geheime Feinde.

***

Die Kenntnis des Tierkreises wäre nicht vollständig, wenn man nicht auch die astrologischen Zeitalter erwähnen würde. Astrologische Zeitalter stellen einen Zeitraum in der Astrologie dar, der mit bedeutenden Veränderungen in der Entwicklung der Menschheit einhergeht, insbesondere in Bezug auf Kultur, Politik und Gesellschaft im Allgemeinen. Astrologische Zeitalter entstehen aufgrund eines Phänomens, das als Präzession der Äquinoktien bekannt ist. Eine vollständige Präzessionsperiode wird als "Großes Jahr" oder platonisches Jahr bezeichnet und dauert etwa 25 920 Jahre.

Astrologen unterteilen das Große Jahr in zwölf astrologische Zeitalter. Diese sind jeweils ungefähr gleich lang, etwa 2160 Jahre pro Zeitalter. Wir leben derzeit im Zeitalter der Fische, das um die Zeit der Geburt von Jesus Christus begann. Jesus selbst gilt als der Archetyp des Fisch Sternzeichens, und die Geburt und der Aufstieg des Christentums waren eines der Schlüsselereignisse, die das Fischezeitalter kennzeichnen. Aus diesem Grund wird das Symbol der Fische, die Fische, oft von Christen verwendet.

Während das Zeitalter der Fische langsam zu Ende geht, treten wir in das Zeitalter des Wassermanns ein. Sie müssen jedoch verstehen, dass ein astrologisches Zeitalter nicht einfach an einem bestimmten Tag oder Jahr beginnt und endet; der Übergang ist ein allmählicher Prozess. Dieser Übergangszeitraum wird als "Scheitelpunkt" bezeichnet. Wir befinden uns also derzeit auf einem Scheitelpunkt, da wir Einflüsse von der Energie des Wassermannzeitalters empfangen.

Die Menschheit wird auf einer grundlegenden Ebene verändert, aber es wird einige Zeit dauern, bis sich diese Veränderungen nach außen hin manifestieren. Da der Wassermann das spirituellste aller Tierkreiszeichen ist, wird das Zeitalter des Wassermanns von der spirituellen Evolution der Menschheit geprägt sein. Aus diesem Grund wird das Zeitalter des Wassermanns oft als das Goldene Zeitalter bezeichnet.

Der Zweck von *The Magus* ist es, bei der Erreichung dieses Ziels zu helfen. Immer wieder ist die hermetische Wissenschaft aus dem Verborgenen ans Licht getreten. Ihr Ziel ist es, die Herzen und den Verstand der gesamten Menschheit zu erleuchten. Diejenigen, die bereit sind die Lippen der Weisheit zu empfangen, werden feststellen, dass diese hermetische Lehre die erhellendste ist, wenn es darum geht, sonst schwer zu verstehende Konzepte bezüglich der unsichtbaren Welt des Geistes, an der wir alle teilhaben, zu begreifen.

Während wir in das Zeitalter des Wassermanns eintreten, fordere ich euch auf, diese hermetische Wissenschaft anzunehmen und ihr zu erlauben, euren Geist, euren Körper und eure Seele zu transformieren, so wie es zahllosen Adepten und Weisen der Vergangenheit ergangen ist. Auf diese Weise können wir alle zu Wesen des Lichts werden und das kollektive Bewusstsein der Menschheit anheben. Schließlich sind die Früchte des Himmels unser angeborenes Geburtsrecht und unsere endgültige Bestimmung.

DIE PLANETEN UNSERES SONNENSYSTEMS

Die Planeten in der Astrologie haben eine andere Bedeutung als unser modernes astronomisches Verständnis von ihnen. In der Antike ging man davon aus, dass der Nachthimmel aus zwei sehr ähnlichen Komponenten besteht - den Fixsternen des Tierkreises, die sich nicht bewegen, und den wandernden Sternen oder "Planeten", die sich im Laufe des Jahres relativ zu den Fixsternen bewegen.

Die Gruppe der Planeten in unserem Sonnensystem bestand aus fünf, die mit bloßem Auge sichtbar waren, und schloss die Erde aus. Im Mittelalter wurde der Begriff "Planet" auf die Sonne und den Mond ausgedehnt, so dass es insgesamt sieben antike Planeten gab (Abbildung 44). In der Qabalah sind dies Saturn, Jupiter, Mars, Sonne, Venus, Merkur und der Mond. Die Erde ist ebenfalls ein Planet, wird aber von den Sieben Alten Planeten getrennt betrachtet, da sie unseren Erfahrungsbereich nie verlässt. Qabalistisch gesehen sind die Planeten direkte Vertreter der Sephiroth, während die Erde ein Synonym für Malkuth ist.

Die Planeten sind die Himmelskörper in unserem Sonnensystem. Im Zentrum unseres Sonnensystems steht die Sonne, unser Zentralgestirn, und die Planeten sind die Himmelskörper, die um sie kreisen. Die Sonne ist der sichtbare Lichtspender in unserem Sonnensystem und wird als der wichtigste angesehen. Daher wird sie in vielen alten Traditionen als die höchste Manifestation Gottes, des Schöpfers, im sichtbaren Universum verehrt.

Die Planeten werden durch die Gravitationswirkung der Sonne auf ihrer Umlaufbahn um die Sonne gehalten. Einige Planeten bewegen sich langsamer, andere schneller um die Sonne. Die Geschwindigkeit, mit der sie sich bewegen, und die Art der Energie, die jeder Planet in sich trägt, beeinflussen die Menschheit. Der Zweck der Astrologie ist es, diesen Einfluss zu untersuchen, um besser zu verstehen, wer wir sind.

Die Alten erkannten die Existenz der Gottheiten oder Götter und Göttinnen an, da sie zur Ordnung der Schöpfung gehörten. Die sieben alten Planeten im Rahmen der westlichen Esoterik repräsentieren mehrere dieser Gottheiten, die die Alten personifizierten, um ihre Energie und ihre Wirkung auf die Menschheit besser zu verstehen.

Nach Ansicht der Alten stellten die Planetengottheiten die höheren Kräfte und Aspekte der menschlichen Psyche dar. Ihr Wissen wurde zur Grundlage der Astrologie, die den Schlüssel zum Verständnis der menschlichen Psychologie enthält, einschließlich unserer höchsten Bestrebungen und anderer Ausdrucksformen unserer inneren Kräfte.

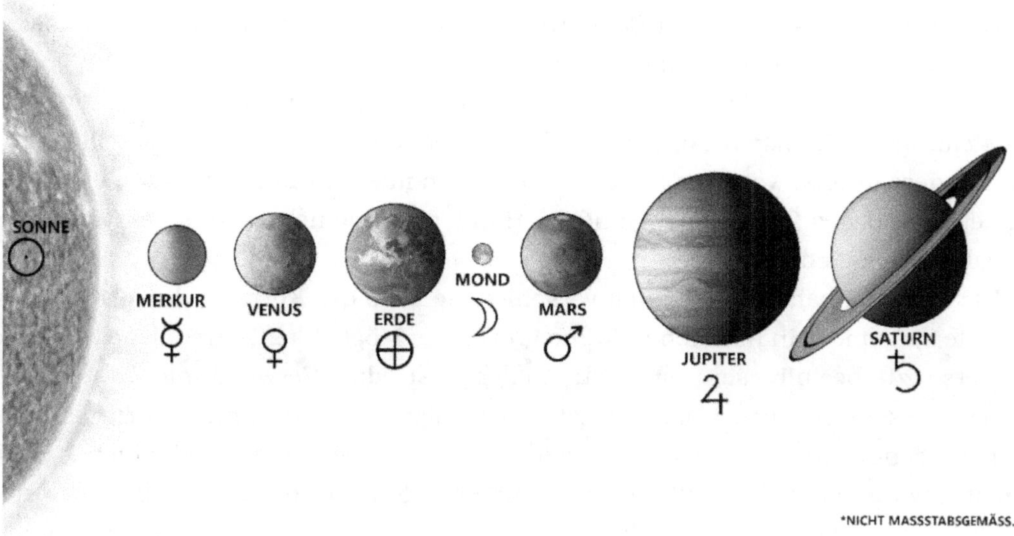

Abbildung 44: Die sieben antiken Planeten

Es ist wichtig zu wissen, dass die Existenz der Götter und ihre Beziehung zu den Planeten selbst, das Schicksal bestimmt - die Vorstellung, dass die Ereignisse im Leben außerhalb der Kontrolle des Menschen liegen und von einer übernatürlichen Macht bestimmt werden. Nach Ansicht vieler antiker Religionen und Philosophien ist diese übernatürliche Macht die Macht der Götter.

Schicksal und Bestimmung sind oft austauschbar, aber sie sind nicht dasselbe. Das Schicksal beruht auf der Vorstellung, dass es eine natürliche Ordnung im Universum gibt, die nicht geändert werden kann. Der freie Wille des Einzelnen hat mit anderen Worten keinen Einfluss auf das Schicksal. Die gängige Formulierung zur Beschreibung des Schicksals lautet: "Es ist der Wille der Götter" (oder Gottes). Das Schicksal hingegen ist Ihr Potenzial, das darauf wartet, zu geschehen. Hier gibt es ein Element der Wahl und des freien Willens, denn wir gestalten unser Schicksal, indem wir aktive und bewusste Entscheidungen in unserem Leben treffen. Da die Planeten den "Willen der Götter" repräsentieren, kann man sehen, wie sie die menschlichen Angelegenheiten direkt beeinflussen.

In der westlichen Astrologie stehen die Planeten für grundlegende Triebkraft im Unterbewusstsein, die man am besten als Regulatoren des Energieflusses bezeichnen kann. Diese Regulatoren formen den Charakter und die Persönlichkeit des Menschen, da sie sich mit unterschiedlichen Qualitäten in den zwölf Tierkreiszeichen ausdrücken. Die Bewegungsmuster der Planeten am Nachthimmel spiegeln die Ebbe und Flut der menschlichen Grundimpulse wider, da sie die fundamentalen Kräfte der Natur darstellen.

Da sie die Menschheit beeinflussen, ist das Studium der Planeten und des Tierkreises von entscheidender Bedeutung. Wenn wir die Energien des Tierkreises und der Planeten verstehen können, dann können wir auch unsere psychologische Verfassung verstehen. Die Energien beider beeinflussen unsere Gedanken, Gefühle, Vorstellungskraft, Inspiration, Willenskraft, Gedächtnis, Verlangen, Intelligenz und alles andere in uns, was uns zu einem Menschen macht. Daher geht die Kenntnis der Planeten und des Tierkreises Hand in Hand mit einem besseren Verständnis des Qabalistischen Lebensbaums.

Die Planeten beherrschen auch verschiedene Teile des Körpers, deren Kenntnis in der Alternativmedizin hilfreich ist. Eine großartige Möglichkeit, verschiedene Teile des Körpers zu beeinflussen und zu heilen, ist die Verwendung von rituellen Planetenbeschwörungen. Diese werden im folgenden Abschnitt "Fortgeschrittene planetarische Magie" vorgestellt. Indem wir einen bestimmten Planeten anrufen, arbeiten wir auch an der Heilung der entsprechenden Teile des menschlichen Körpers. Denken Sie jedoch daran, dass Sie die Planetenmagie erst anwenden sollten, wenn Sie das Programm der spirituellen Alchemie mit den fünf Elementen abgeschlossen haben.

SATURN

Saturn wird in der Qabalah der Sphäre von Binah zugeschrieben und hat eine Affinität zum Element Erde. Seine Energie ist mit der Erde der Luft vergleichbar, da er intuitives, auf die materielle Welt gerichtetes Denken anregt. Saturn ist der Planet des Karmas und der Zyklen der Zeit. Seine Affinität zu Binah impliziert die Verbindung zwischen der Zeit und der astralen Blaupause der materiellen Welt (die alle Formen der Existenz umfasst). Saturn ist auch bekannt als der Lehrer und der Aufgabensteller des Horoskops.

Saturn hat eine luftige Qualität, obwohl es eine geerdete Art von Luft ist, die sehr klar und tief ist. Die Energie von Saturn ist sowohl eine Energie der Verengung als auch der Kristallisation. Er ist der Planet des Glaubens und hat Einfluss darauf, wie sich eine Idee aus dem Geist manifestiert.

Saturn ist verantwortlich für den Lauf der Zeit und das Fortschreiten der Zeitalter. Im Hebräischen ist Saturn als die Sphäre von Shabbathai bekannt. Bei den Griechen ist Saturn als Chronos (oder Kronos) bekannt, im Volksmund "Vater Zeit" genannt, der die Sense schwingt, die alles abschneidet, was den Fortschritt behindert. Chronos war der Herrscher über die lineare, chronologische Zeit. Er war der Herrscher der Titanen und der Vater von Zeus.

Bei den Römern war Saturn der Gott der Landwirtschaft. Auf griechisch-römischen Mosaiken wurde er als ein Mann dargestellt, der das Rad des Tierkreises dreht. So wird der Lauf der Zeit mit der Bewegung der Erde durch die Sternbilder des Tierkreises in Verbindung gebracht.

Saturn war als "Großer Malefiz" bekannt, d. h. er ist ein Planet, von dem man annimmt, dass er denjenigen, die in seinem Umkreis geboren sind, Unglück und Unfrieden bringt. Das liegt daran, dass er eng mit der materiellen Welt verbunden ist, und wie wir wissen, verursacht jede Energie, die uns an die Welt der Materie bindet, auf lange Sicht Unglück und Kummer.

Zu den Gottheiten, die weltweit mit Saturn in Verbindung gebracht werden, gehören Isis, Ishtar, Brahma, Hera, Nephthys, Ptah, Ninurta und Harpokrates. In der Astrologie regiert Saturn die Sternzeichen Steinbock und Wassermann. Im Tarot wird Saturn der Karte Universum zugeordnet. Die Edelsteine des Saturn sind schwarzer Onyx, Diamanten und Rauchquarz. Das Metall, das dem Saturn zugeordnet ist, ist Blei, und der Wochentag, der dem Saturn zugeordnet ist, ist Samstag. Der hebräische göttliche Name, der mit Saturn assoziiert wird, ist YHVH Elohim.

Da Saturn die Zeit regiert, herrscht er auch über Wahrheit und Weisheit. Er wirkt sich auf die Geduld und die Beschränkungen im Leben aus und hält einen innerhalb der Grenzen der Menschheit. Saturns Qualitäten in Bezug auf andere Planeten zeigen an, wie eine Person die Fehler ihrer Vergangenheit berichtigen und Einsicht erlangen kann, um so die Fehler ihrer Natur zu erlösen. Saturn bedeutet, dass man über die Vergangenheit nachdenkt, um aus ihr zu lernen und spirituell voranzukommen.

Da Saturn ein Planet der Kontrolle und der Strukturen ist, ist es logisch, dass er unsere physische Struktur, unsere Knochen, beherrscht. Unsere Knochen sind der einzige Teil von uns, der dem Lauf der Zeit standhält, da sie die Grundlage unseres physischen Körpers sind. Saturn regiert auch die Zähne, Knorpel, Drüsen, Haare, Gelenke und die Milz. Ein befallener Saturn kann zu Lähmungen, schwachen Gelenken und anderen Knochenproblemen führen. Er kann auch zu Atemproblemen, Haarausfall, schnellem Gewichtsverlust, Verstopfung und sogar zu Erkältungen führen.

Die Eigenschaften von Saturn und das Haus, das er (in der Astrologie) regiert, zeigen die Fähigkeit einer Person zur Selbstdisziplin und wie sie ihr Leben strukturiert. Ohne den gut entwickelten Einfluss von Saturn kann eine Person im Leben nicht erfolgreich sein, weil es ihr an Disziplin fehlt. Jemand mit einem Saturnkonflikt kann egoistisch und stur sein, wenn es darum geht, seine Einstellung zu ändern. Dieses Verhalten kann eine Quelle von Problemen im sozialen Miteinander sein und zu vielen Unglücken und persönlichen Rückschlägen führen.

Saturn regiert über die eigenen Ziele und Karrieremöglichkeiten, aber auch über die eigenen Grenzen und den Konservatismus. Menschen mit einem starken Saturn-Einfluss in ihrem Horoskop sind von Natur aus ehrgeizig und zielstrebig, und die spirituelle Entwicklung ist für sie von größter Bedeutung. In der Astronomie ist Saturn der sechste Planet von der Sonne und nach Jupiter der zweitgrößte in unserem Sonnensystem.

JUPITER

Jupiter wird in der Qabalah der Sphäre des Chesed zugeschrieben. Er hat eine Affinität zum Element Wasser; seine Energie lässt sich jedoch am besten als Wasser des Feuers beschreiben, da er das Prinzip "Liebe unter Willen" stimuliert. Jupiter ist ein Name, den die Römer für den Gott des Himmels und des Donners wählten.

Im Hebräischen ist Jupiter als Tzedek bekannt. Bei den Griechen heißt Jupiter Zeus, der König der Götter des Olymps. In Bezug auf Größe und Macht ist Zeus der zweitgrößte Gott nach Saturn oder Chronos (Cronus). Jupiter war auch als "Großer Wohltäter" bekannt, was bedeutet, dass er ein Planet ist, der Wohlwollen und Glück bringt. Dieser Name wurde ihm gegeben, weil er mit der Energie der bedingungslosen Liebe und der spirituellen Realität assoziiert wird - alle Energien, in deren Mittelpunkt bedingungslose Liebe steht, führen zu positiven Ergebnissen.

Rund um den Globus werden dem Jupiter Gottheiten wie Maat, Marduk, Vishnu, Saraswati, Indra, Hapi des Nordens, Hapi des Südens und Dagda zugeordnet. In der Astrologie ist Jupiter der Herrscher von Fische und Schütze. Im Tarot wird Jupiter der Karte Rad des Schicksals zugeordnet. Die Edelsteine des Jupiter sind Saphir, Lapislazuli, Türkis und Aquamarin. Das Metall, das Jupiter zugeordnet ist, ist Zinn, und der Wochentag, der Jupiter zugeordnet ist, ist Donnerstag. Der hebräische göttliche Name, der mit Jupiter assoziiert wird, ist El.

Jupiter ist barmherzig und freigiebig, genau wie das Element Wasser. Er hat eine Affinität zum blauen Himmel und zu allen Gewässern. Jupiter hat eine Verantwortung gegenüber der gesamten Menschheit, ihr Wohlergehen zu unterstützen. Es ist bekannt, dass er eine sehr freundliche und wohlwollende Energie ist, die durch bedingungslose Liebe die menschliche Interaktion und Zusammenarbeit beeinflusst. So regiert Jupiter das Mitgefühl, den Schutzimpuls, die Moral und die Ethik. Jupiter hat einen starken Einfluss auf den Charakter und die Tugenden eines Menschen und ist in gewisser Weise sein Baumeister. Jupiter regiert auch die persönliche Entwicklung im Leben, denn der beste Weg, in der Gesellschaft zu wachsen, ist das Geben und Nehmen.

Jupiter hat einen Aspekt des Feuerelements, denn er ist dafür bekannt, dass er das, was er liebt und pflegt, beschützt. Die dem Jupiter zugrundeliegende Energie ist die Energie des Schenkens und der Expansion sowie des Optimismus. Er ist eine organisierende und majestätische Kraft. Jupiter ist der Gesetzgeber, der Richter und der Wohltäter der Menschheit.

Da Jupiter ein expansiver Planet ist, regiert er das physische Wachstum des Körpers. Jupiter regiert die Aufrechterhaltung der zellulären Entwicklung und Integration im menschlichen Körper. Die Erhaltung der Weichteile des Körpers sowie der Eingeweide steht unter der Herrschaft von Jupiter. Jupiter regiert auch die Leber, die Nieren, die Nebennieren, die Ischiasnerven und die Verdauungsprozesse. Er regelt die Ausscheidung und die Ausleitung von Giftstoffen. Schließlich regiert er die Hüften und Oberschenkel. Ein befallener Jupiter kann Herz- und Leberprobleme, Gewichtszunahme, Diabetes, Krampfadern, Leberprobleme und hohen Blutdruck verursachen.

Im Horoskop zeigt ein kränklicher Jupiter an, dass es der Person schwer fällt, zu geben und mit anderen in der Gesellschaft zu kooperieren. Jupiter ist auch der Herrscher über den höheren, abstrakten Verstand, die Erziehung, die Lebensphilosophie und das Glück. Jupiters Handeln ist effizient und geordnet und fördert das Wachstum. So stehen spirituelles Wachstum sowie religiöse und spirituelle Führung unter der Herrschaft von Jupiter. Auch Wohlstand und Überfluss stehen unter dem Einfluss von Jupiter, ebenso wie Freizeit, Genuss, Reichtum, Optimismus, Erfolg, Chancen und die Aufnahme von Gedanken und Ideen. In der Astronomie ist Jupiter der fünfte Planet von der Sonne und der größte in unserem Sonnensystem.

MARS

Mars ist in der Qabalah mit der Sphäre von Geburah verbunden. Er hat eine Affinität zum Element des Feuers. Seine Energie lässt sich am besten so beschreiben, dass sie sich wie die Erde des Feuers anfühlt, da sie trockenes, brennendes Feuer ist. Dieser Planet ist sehr kraftvoll, und da er das Feuerelement ist, werden ihm die Aspekte der Stärke und des Mutes von Körper und Geist zugeschrieben.

Mars ist dynamisch, energisch, initiativ und auf Aktion ausgerichtet. Entschlossenheit und Enthusiasmus sind ebenfalls Aspekte des Mars, ebenso wie die Leidenschaft. Mars ist sehr männlich, und zu viel von seiner Energie kann Zerstörung bringen, die für jede Erneuerung unerlässlich ist, da das Alte sterben muss, um das Neue zu gebären. Dieser Gedanke wird am besten durch die Tarotkarte Turm dargestellt, der Mars zugeordnet ist.

Mars kann auch tyrannisch und unterdrückerisch sein, wenn er nicht im Gleichgewicht mit der bedingungslosen Liebe und Barmherzigkeit von Jupiter steht. Armeen, Kriege und physische Kämpfe werden alle mit Mars in Verbindung gebracht. Sein archetypisches Bild ist das des Kriegers.

Mars ist die Sphäre der brüderlichen Gemeinschaft und der Stimme des Volkes. Er ist die Sphäre der Technik, da er mit Eisen und Stahl assoziiert ist. Mars verleiht die Fähigkeit, sich durch kraftvolle und dynamische Handlungen auszudrücken. Er kann aber auch dazu führen, dass eine Person impulsiv handelt, ohne die Konsequenzen ihres Handelns zu bedenken.

Mars, benannt nach dem römischen Kriegsgott, war bei den Alten als "kleineres Übel" bekannt, da er oft zerstörerisch sein kann. Im Griechischen wird Mars Ares genannt, wo er auch der Kriegsgott ist. Im Hebräischen ist Mars als Madim bekannt.

Auf der ganzen Welt werden dem Mars auch Horus, Sekhmet, Ninurta, Agni, Durga, Nergal und Shiva zugeschrieben. In der Astrologie ist Mars der Herrscher von Widder und Skorpion. Die Edelsteine des Mars sind Rubin, Granat, roter Achat, Blutstein und rote Koralle. Das Metall, das dem Mars zugeordnet ist, ist Eisen, und der Wochentag, der dem Mars zugeordnet ist, ist Dienstag. Der hebräische göttliche Name, der mit Mars assoziiert wird, lautet Elohim Gibor.

Die Energie des Mars ist mächtig, deshalb muss sie bewusst kanalisiert werden. Menschen mit einem befallenen Mars in ihrem Horoskop sind anfällig für schlechte Laune, Wutausbrüche und Gewaltanwendung. Wie Saturn hat Mars traditionell den Ruf, ein bösartiger Planet zu sein, der in Konflikt mit den anderen Planeten steht. Darüber hinaus regiert Mars auch unsere animalische Natur, Leistung, Wettbewerb, Streit, Belastung, Widrigkeiten und Arbeit. Sein Wirken ist oft störend und plötzlich, und er ist auch energisch. Die Energie des Mars kann mit Mut und Stärke oder mit Gewalt und Zerstörung eingesetzt werden.

Man kann sich großen Respekt und Ehre bei anderen verdienen, wenn man die Energie des Mars ausgewogen einsetzt. Wenn die anderen Planeten in einem ausgewogenen Verhältnis zueinander stehen, kann man seine Marsenergie konstruktiv nutzen. Zum Beispiel gibt Jupiter altruistische Inspiration, Merkur rationalisiert und Saturn gibt Disziplin. Diese drei Planeten können dem Mars besonders hilfreich sein.

Mars ist der rote Planet, und als solcher regiert er die roten Blutkörperchen und die natürliche Oxidation im Körper. Er regiert die Entwicklung und das Wohlbefinden der Gliedmaßen im Körper. Er regiert die äußeren Organe, wie Nase, Ohren, Augen, Mund und die gesamte Gesichtsregion. Er regiert auch das Ausscheidungssystem. Da Mars ein durchsetzungsfähiger Planet ist, regiert er die fortpflanzungsfähigen Aspekte des Körpers, wie die Funktion der Sexualorgane. Auch die motorischen Nerven und die Gallenblase werden von ihm beherrscht.

Ein befallener Mars kann zu blutbezogenen Krankheiten führen. Er kann Entzündungen im Körper, infektiöse und ansteckende Krankheiten, zufällige körperliche Verletzungen und Blutungen verursachen. Er kann auch zu hyperaktiven körperlichen oder geistigen Krankheiten führen. Ein befallener Mars kann auch zu einem Hormonüberschuss führen, der bei Männern zu Erektionsproblemen führt.

Mars ist mit Venus verwandt, da beide feurige Planeten sind. Im Wesentlichen regiert der Mars die männliche Sexualität, während die Venus die weibliche Sexualität regiert. Mars steht für die Willenskraft, während Venus das Verlangen repräsentiert. Diese beiden Planeten arbeiten zusammen, um beide Bedürfnisse zu erfüllen. Die meisten Menschen werden von ihren Ego-Wünschen angetrieben, aber wenn sie sich spirituell entwickelt haben, fällt ihre Willenskraft unter die Kontrolle ihrer Seele und ihres Höheren Selbst. Sie handeln dann von einem Ort der Ethik und Moral aus, nicht von ihrem Verlangen.

Um sich ausgewogen und proaktiv zu verhalten, braucht Mars mehr Intelligenz als persönliche Wünsche. Wenn Menschen sich an ihren Wünschen orientieren, es ihnen aber an Vernunft und Logik mangelt, ist die Wahrscheinlichkeit größer, dass sie die Energie des Mars zerstörerisch einsetzen. In der Astronomie ist der Mars der vierte Planet von der Sonne und nach Merkur der zweitkleinste Planet im Sonnensystem.

DIE SONNE (SOL)

Die Sonne ist in der Qabalah die Sphäre von Tiphareth, der Wohnsitz der Erlösergötter wie Jesus Christus, Mithras, Krishna, Dionysos, Tammuz und Osiris, dem "Auferstandenen". Da sie die Lichtquelle unseres Sonnensystems ist, ist die Sonne sehr spirituell. Sie beeinflusst das Wachstum und die Regeneration, sowohl geistig als auch seelisch. Sie ist der spirituellste aller alten Planeten, da sie die Sphäre von Kether widerspiegelt. Das Licht der Sonne manifestiert das Große Weiße Licht von Kether, die Quelle allen Lebens.

Die Sonne ist in der Tat die Nachkommenschaft des Lichts von Kether - sie ist sein Sohn. Für uns ist die Sonne die höchste Manifestation der Energie Gottes. Sie hat eine Affinität zum Element Luft. Ihre Energie kann jedoch am treffendsten als vergleichbar mit der Luft des Feuers beschrieben werden, da sie die Energie des kreativen und phantasievollen Denkens ist.

Sol ist der römische Name für die unbesiegbare Sonnengottheit. Er ist der Ursprung des Wortes "Solar". Da die Seelen aller Lebewesen von Sol oder der Sonne stammen, sind wir einfach Lichtwesen in materiellen Körpern, die uns als Vehikel in dieser dritten Dimension von Zeit und Raum dienen. Die Sonne ist verantwortlich für die Verteilung von Energie und Material für die Produktion.

Im Griechischen ist die Sonne als Helios bekannt, während sie im Hebräischen als Shemesh bezeichnet wird. Andere Gottheiten, die mit der Sonne in Verbindung gebracht werden, sind Amun Ra, Schamasch, Apollo und Surya. Im Tarot wird die Sonne der Sonnenkarte zugeordnet. Edelsteine, die der Energie der Sonne zugeordnet werden, sind Bernstein, Tigerauge, Goldtopas, Goldstein und Zirkon. Das Metall, das der Sonne zugeordnet ist, ist Gold, und der Wochentag, der der Sonne zugeordnet ist, ist der Sonntag. Der hebräische göttliche Name, der mit der Sonne verbunden ist, lautet YHVH Eloah ve-Daath.

In der Astrologie regiert die Sonne den Löwen und verleiht Vitalität, Mut, Kreativität, Dynamik, Ausgeglichenheit, gute Gesundheit, Inspiration, Führungsqualitäten und Vorstellungskraft. Die Sonne ist der grundlegende Ausdruck des Individuums und des inneren Selbst. Sie ist maßgebend. Die Sonne ist auch als Herrscherin über die eigene Erfüllung, Identität, Führung und Erlebnisfähigkeit bekannt. Da die Sonne der sichtbare Lichtspender für die Erde ist, hat sie tagsüber den größten Einfluss auf unser Leben, so wie der Mond den größten Einfluss in der Nacht hat.

In unserem Horoskop beeinflusst die Sonne unser wesentliches Selbst und unsere Identität, welche unsere Willenskraft bestimmen. Daher benötigt die Sonne die rohe Energie und Leidenschaft von Mars. Die Sonne ist unsere grundlegendste Energie, und eine starke Sonne in unserem Horoskop ist charakteristisch für Mut und Chancen im Leben. Die Sonne ist dafür bekannt, dass sie die Kräfte von Jupiter und Mars, zwei gegensätzlichen Energien, ausgleicht. Sie gleicht sie auf konstruktive und gesunde Weise aus. Die Energie der Sonne wird benötigt, um Gleichgewicht und Harmonie in allen Dingen zu erreichen.

Die Sonne regelt den allgemeinen Energiefluss im gesamten physischen Körper sowie in den verschiedenen subtilen Körpern innerhalb der Aura. Sie regiert die Erzeugung und Erhaltung der Lebensenergie (Prana, Chi, Mana, Ruach). Das Herz und die Augen sowie der obere Bereich des Rückens werden von der Sonne beherrscht. Da sie die Funktion des Herzens reguliert, regiert die Sonne auch den Blutkreislauf.

Unsere Vitalität wird im Allgemeinen von der Sonne bestimmt, ebenso wie die Verteilung aller lebenswichtigen Flüssigkeiten. Eine belastete Sonne kann Herzbeschwerden, Angina pectoris, Herzklopfen, Augenkrankheiten, Wirbelsäulen- und Milzbeschwerden sowie hohes Fieber hervorrufen. Eine kranke Sonne kann auch unsere Fähigkeit behindern, verschiedene Aspekte des physischen Körpers zu heilen.

Die Wärme und die positive Energie der Sonne sind entscheidend für unsere Freude und unser Glück im Leben. Wenn man sich an Orten aufhält, an denen das Licht der Sonne nur begrenzt vorhanden ist, ist es wahrscheinlicher, dass man Depressionen bekommt, als wenn man sich in Gebieten aufhält, in denen das Licht der Sonne im Überfluss vorhanden ist. Die Energie der Sonne ist auch heilend, da sie dem Luftelement und dem Licht angehört. Licht ist die heilende Energie für den Geist, den Körper und die Seele. Die Sonne ist auch ein Symbol für Freude und Glück. Sie aktiviert die Endorphine in unserem Gehirn und schenkt uns Vitamin D, das für Glück und eine positive Lebenseinstellung notwendig ist.

In der Astronomie ist die Sonne der Stern im Zentrum unseres Sonnensystems. Sie ist eine nahezu perfekte Kugel aus plasmatischer Energie, die Wärme und Licht ausstrahlt. Als solche ist sie eine wesentliche Energiequelle für alles Leben auf der Erde. Die Planeten in unserem Sonnensystem kreisen alle um die Sonne, die ein Gravitationsfeld ausübt, das sie zusammenhält. Die Umlaufbahn der Erde um die Sonne ist die Grundlage unseres Sonnenkalenders, mit dem wir die Zeit messen.

VENUS

Venus, benannt nach der römischen Göttin, ist der Planet der Liebe und des Verlangens. Dieser Planet wird in der Qabalah der Sphäre von Netzach zugeschrieben, mit einer Affinität zum Element Feuer. Seine Energie kann am besten als vergleichbar mit dem Wasser der Erde beschrieben werden, da sie eine passive, weibliche Energie mit feurigen Obertönen ist. Die Venus hat eine Affinität zum Planeten Mars, da sie beide feurige Planeten sind.

Die Antiker bezeichneten Venus als die "Kleine Wohltäterin". Im Griechischen heißt Venus Aphrodite, während sie im Hebräischen Nogah genannt wird. Der Venus zugeschriebene Gottheiten sind Hathor, Bast, Ishtar, Lakshmi, Chenrezi, Ushas und Sukra. Astrologisch gesehen regiert die Venus sowohl die Waage als auch den Stier. Im Tarot wird die Venus der Karte Herrscherin zugeordnet.

Edelsteine, die der Energie der Venus zugeordnet werden, sind Smaragd, Jade, Aventurin, Malachit, Rosenquarz, grüner Achat und Peridot. Das Metall, das der Venus zugeordnet ist, ist Kupfer oder Messing, und der Wochentag, der der Venus zugeordnet ist, ist Freitag. Der hebräische göttliche Name, der mit Venus assoziiert wird, lautet YHVH Tzabaoth.

Venus ist die Herrscherin über die Freundschaft und darüber, wie wir Schönheit und ihre Bedeutung für uns sehen. Sie ist ein fröhlicher und gütiger Planet, der Glück in Bezug auf unsere Finanzen und unser Liebesleben bringt. Venus regiert die Kreativität und die künstlerischen Ausdrucksformen wie die bildenden Künste, Tanz,

Drama, Poesie und Musik. Die Hochrenaissance war eine Zeit mit einem hohen Maß an Venus Energie. Künstler aus verschiedenen Bereichen schufen wunderschöne Kunstwerke, die den Test der Zeit überdauerten.

Da Venus ein Planet der Liebe ist, ist sie auch ein Planet der Lust. Daher kann das Verlangen nach Liebe und Lust unglaublich stark sein, wenn es nicht durch das Gegenstück der Venus, Merkur, ausgeglichen wird - den Planeten, der für Logik und Vernunft zuständig ist. Wenn das Verlangen unausgewogen ist, kann es für das Leben eines Menschen ziemlich zerstörerisch sein. Es braucht eine gehörige Portion Logik und Vernunft, um sich erfolgreich zu manifestieren. Venus beeinflusst unsere Fürsorge für die Menschen in unserem Leben. Die Vegetation und die natürliche Welt im Allgemeinen werden direkt von der Venus beeinflusst.

Die Venus wird häufig als "Morgenstern" bezeichnet, da ihre Position zur Sonne kurz vor Sonnenaufgang oder nach Sonnenuntergang als heller Morgen- oder Abendstern zu sehen ist. Jesus Christus bezeichnete sich in der *Heiligen Bibel* oft als "heller Morgenstern". Luzifer, der Lichtträger, ist eine oft missverstandene Figur, deren Name auf dem lateinischen Namen für den Morgenstern beruht. Die Venus wird auch mit dem Hundsstern Sirius in Verbindung gebracht, da sie die beiden hellsten Objekte am Nachthimmel sind. Beide wurden von den antiken Völkern auf der ganzen Welt für die Navigation genutzt.

Venus beeinflusst, wie wir Menschen in unser Leben ziehen. Wenn die Venus in unserem Horoskop beeinträchtigt ist, gibt es Konflikte mit unseren Fähigkeiten, uns in sozialen und intimen Situationen auszudrücken. Im Horoskop eines Mannes zeigt die Venus an, welche Art von Frau er begehrt, während sie im Horoskop einer Frau anzeigt, wie sie sich zu ihrem Partner verhalten wird.

Die Venus ist ein sehr taktiler Planet, daher ist es logisch, dass sie die Sinnesorgane regiert. Sie reguliert unseren Geschmack, die Zunge, die Schluckfunktion, den Mund, den Rachen und den Speichel. Da Venus der Planet der Begierde ist, regiert sie auch die inneren Sexualorgane und die Nieren. Außerdem reguliert sie das Lymphsystem und die Nerven im Allgemeinen. Da die Venus die Sinneswahrnehmung des Tastsinns beherrscht, steuert sie unsere Haut, insbesondere ihre Funktion bei der Atmung, der Aufnahme und der Ausscheidung. Venus reguliert auch unsere Muskeln in Bezug auf Tonus und Entspannung.

Eine befallene Venus kann zu Mandelentzündungen und anderen Beschwerden der oben genannten Geschmacksorgane führen. Außerdem verursacht sie Krankheiten, die die Nerven und unser Lymphsystem betreffen. Außerdem werden bestimmte Hautkrankheiten wie Dermatitis mit einer befallenen Venus in Verbindung gebracht, ebenso wie sexuelle Krankheiten und Nierenprobleme.

Im Horoskop eines Menschen zeigt Venus ein starkes Verlangen nach Gesellschaft an. Sie zeigt an, wie wir unsere Liebe zu anderen ausdrücken und in welchem Bereich unseres Lebens es uns leicht oder schwer fällt, Beziehungen einzugehen. Venus beeinflusst soziale, romantische und sexuelle Triebe und wie wir darauf reagieren und sie ausdrücken. Sie ist die Herrscherin der Sinnlichkeit, der Geselligkeit, der Interaktion und der Ehe.

Da die Venus für Freude und Harmonie steht, zeigt sie auch unsere Fähigkeit, materiellen Wohlstand und Schönheit in unserem Leben zu schaffen. In der Astronomie ist die Venus der zweite Planet von der Sonne und das zweithellste natürliche Objekt am Nachthimmel nach dem Mond.

MERKUR

Merkur wird in der Qabalah der Sphäre von Hod zugeordnet und hat eine Affinität zum Element Wasser. Seine Energie kann jedoch am treffendsten als vergleichbar mit dem Wasser der Luft beschrieben werden, da Merkur mit der Fließfähigkeit der Gedanken in Verbindung steht. Luft ist Denken, und Merkur steht in direktem Zusammenhang mit Denkprozessen. Merkur ist nach dem römischen Botengott benannt, der im Griechischen Hermes und im Hebräischen Kokab genannt wird. Merkur hat eine Affinität zu dem Planeten Jupiter.

Andere Gottheiten, die Merkur zugeordnet sind, sind Thoth, Anubis, Nabu, Budha, Quetzalcoatl, Viracocha und Kukulkan. Im Tarot wird Merkur der Karte des Magiers zugeordnet. Astrologisch gesehen ist Merkur der Herrscher von Zwillinge und Jungfrau, beides sehr kommunikative Zeichen.

Die dem Merkur zugeordneten Edelsteine sind Orangesaphir, Orangespinell, Turmalin, Imperialtopas, Citrin und Feueropal. Das Metall, das dem Merkur zugeordnet ist, ist Quecksilber, und der Wochentag, der ihm zugeordnet ist, ist Mittwoch. Der hebräische göttliche Name, der mit Merkur assoziiert wird, lautet Elohim Tzabaoth.

Von allen Planeten in unserem Sonnensystem bewegt sich Merkur am schnellsten um die Sonne. Diese schnelle physische Bewegung des Planeten entspricht den symbolischen Eigenschaften von Merkur oder Hermes. Er ist der Bote der Götter und das Medium der Kommunikation zwischen dem Oben (Himmel) und dem Unten (Erde). Da Merkur mit dem Denken verbunden ist, sind die Geschwindigkeit des Denkens und die Kanalisierung und Verarbeitung von Informationen unsere Verbindungsglieder zwischen Himmel und Erde. So werden Wissen und Weisheit vom Göttlichen durch den Planeten Merkur in die Menschheit kanalisiert. Auf diese Weise wird die Intelligenz in einer Person aufgebaut.

Merkur ist auch der Planet der Kommunikation. Im Horoskop einer Person beeinflusst Merkur die Art und Weise, wie eine Person denkt und die Eigenschaften ihres Geistes. Er ist Ausdruck der Wahrheit, daher seine dualistischen Eigenschaften, denn die Wahrheit erfordert, dass eine Person "beide Seiten der Medaille" sehen kann.

Merkur ist neutral in Bezug auf geistige Kommunikation, Argumentation, Gedächtnis und Wahrnehmung. Der Verstand und die Denkprozesse sind das organisierende Werkzeug oder die Linse, durch die alle anderen Fähigkeiten und Fertigkeiten fokussiert werden müssen. Daher kann man ohne einen gut entwickelten Merkur in seinem Horoskop keinen Erfolg haben. Merkur hat wie ein Betrüger eine gewisse ambivalente Qualität. Er stellt den Menschen auch Fallen, um ihnen ihre Dummheit zu zeigen. Merkur zwingt den Menschen dazu, alle seine Fähigkeiten mit voller Konzentration und Wachsamkeit einzusetzen.

Da Merkur die geistigen Funktionen regelt, beeinflusst er beide Gehirnhälften des Menschen. Als solcher regelt er den Intellekt und seine Klarheit sowie das kreative Denken. Er regelt auch strategische Berechnungen durch Deduktion und Argumentation.

Merkur regiert auch die automatischen Körperfunktionen wie Atmung und Blinzeln. Außerdem regiert er die Sprachorgane, die Ohren in Bezug auf das Hören, die Gesten in Bezug auf die Kommunikation sowie die nervliche und muskuläre Koordination. Die Arme, die Hände, die Zunge und die Lunge werden alle von ihm regiert. Auch die Eingeweide werden von Merkur beherrscht. Ein befallener Merkur kann zu Sprachstörungen, Darmproblemen, Bronchitis, Schilddrüsenproblemen, Nervenschwäche, Schlaflosigkeit, Gedächtnisverlust und Problemen mit Ohren, Mund, Armen und Händen führen.

Merkur ist direkt mit der Luft und dem Wind in der Erdatmosphäre verbunden. Da Merkur alle Gegensätze in sich vereinigt, ist er androgyn. Daher ist er unabhängig von einem polaren Gegenpol. Merkur wird auch mit sozialen Kontakten, Familie, Kindern, Geschwistern, täglichen Aktivitäten und Transport in Verbindung gebracht. Im Wesentlichen ist er der Planet der Intelligenz, der Logik und der Vernunft.

Merkur ist der Herrscher über Analyse, Lehren, Lernen, Berechnungen, Sprache, Mathematik und den höheren Verstand. Auch das Reisen wird von Merkur regiert, denn Reisen ist eine Möglichkeit, neue Umgebungen und Informationen zu erfahren, zu lernen und zu absorbieren. Merkur hilft einem, sich an einzigartige Umstände und Situationen anzupassen. In der Astronomie ist Merkur der kleinste Planet in unserem Sonnensystem und derjenige, der der Sonne am nächsten ist.

DER MOND (LUNA)

In der Qabalah wird der Mond der Sphäre von Yesod zugeschrieben, mit einer Affinität zum Element Luft. Seine Energie kann jedoch am besten als vergleichbar mit

Erde oder Wasser beschrieben werden, da sie eine passive, reflektierende Energie ist. Der Mond ist auch als Luna (lateinisch) bekannt und wird der römischen Göttin Diana zugeschrieben. Im Griechischen ist er als Selene bekannt, während er im Hebräischen Levanah heißt.

Andere Gottheiten, die weltweit mit dem Mond in Verbindung gebracht werden, sind Khonsu, Artemis, Hekate, Sin, Uma, Cybele, Astarte und Arianrhod. Im Tarot wird der Mond mit der Karte der Hohepriesterin in Verbindung gebracht. Edelsteine, die dem Mond zugeordnet werden, sind Mondstein, Perle und Beryll. Das Metall, das dem Mond zugeordnet ist, ist Silber, und der Wochentag, der dem Mond zugeordnet ist, ist Montag. Der hebräische göttliche Name, der dem Mond zugeordnet ist, lautet Shaddai El Chai.

Der Mond hat eine Affinität zur Sonne. Während die Sonne männlich ist, ist der Mond weiblich. Er ist wandelbar, reflektierend und pflegend und hat einen starken Einfluss auf Wachstum, Fruchtbarkeit und Empfängnis. So wie die Sonne den Tag regiert, regiert der Mond die Nacht. Der Mond beeinflusst unsere Träume, denn das, wovon wir träumen, ist repräsentativ für die potenziellen Realitäten unseres weltlichen, irdischen Lebens.

Der Mond ist illusorisch, weil er das Licht der Sonne reflektiert. Daher ist er eher mit dem gefüllt, was man für real hält, als mit dem, was wirklich real ist. Aus diesem Grund ist er der Herrscher des Unterbewusstseins, während die Sonne der Herrscher des Bewusstseins ist. Das Unterbewusstsein enthält viele Ängste, unterdrückte Gefühle und ursprüngliche Instinkte. Diese Eigenschaften des Geistes fallen alle unter die Herrschaft der illusorischen Energie des Mondes. Der Mond ist also der Herrscher über die unwillkürlichen Emotionen.

Astrologisch gesehen wird der Krebs vom Mond regiert. Die Energie des Mondes hat einen großen Einfluss auf die Intuition. Wenn wir mit dem Mond zu tun haben, müssen wir jedoch bewusst zwischen dem, was real ist, und dem, was nicht real ist, unterscheiden. Außerdem ist der Mond der Herrscher über Phasen, Gewohnheiten, Stimmungen, Gefühle und persönliche Interessen. Er kann kalt und schnell veränderlich, aber auch intensiv und leidenschaftlich sein.

Das Luftelement ist in der Mondenergie sehr präsent, und mit der Zeit entwickelt sich das Ego durch sie - denn das Ego ist lediglich ein Spiegelbild dessen, was wir zu sein glauben. Das momentane Vergnügen, auch als Laune bekannt, steht unter dem Einfluss des Mondes.

Der Mond beeinflusst die Spontaneität, den plötzlichen Ruf nach Abenteuern und die kindliche Neugierde und Verwunderung. Der Mond regiert auch die Fruchtbarkeit, die Zyklen der Frau und die schwankenden Gezeiten der Ozeane und Meere. Da über 70 % der Erde von Wasser bedeckt sind, ist der Einfluss des Mondes auf das Leben auf der Erde immens.

Die Anziehungskraft des Mondes auf die Erde erzeugt die pendelartige Bewegung des Wassers. Auf die gleiche Weise werden auch unsere Gefühle beeinflusst. Wir pendeln fast automatisch zwischen emotionalen Extremen hin und her, ohne dass wir uns bewusst darum bemühen. Der Mond ist mit den hermetischen Prinzipien der Polarität und des Rhythmus verbunden, da sie die Natur der Emotionen beschreiben, wie später im Abschnitt über die hermetische Philosophie im Detail erläutert wird.

So wie der Mond die Erde umkreist und die Gezeiten der Ozeane und Meere beeinflusst, so werden auch die Flüssigkeiten in unserem physischen Körper beeinflusst. Unser physische Körper besteht zu etwa 60 % aus Wasser. Gehirn und Herz bestehen zu über 70 % aus Wasser, die Lunge zu über 80 %. Der Mond regelt die Absonderung und Verwendung aller Flüssigkeiten, einschließlich Tränen, Speichel, Verdauungssäfte, sexuelle Flüssigkeiten usw. Er reguliert auch die flüssige Substanz in Gehirn, Herz, Lunge, Magen, Nase, Mund und Augäpfeln.

Der Mond regiert das sympathische Nervensystem und das lymphatische System im Allgemeinen. Seine Energie beeinflusst Wassereinlagerungen, Verdauungsbewegungen, Blutfluss und Zellfeuchtigkeit. Ein befallener Mond kann zu Störungen im Zusammenhang mit Ansammlungen von Körperflüssigkeiten, Abszessen, Frauenkrankheiten, Tumoren, Erkältungen, Husten, Allergien, Lungenentzündung, Magenproblemen, Asthma und Schlaflosigkeit führen.

Bei der Betrachtung des Horoskops einer Person verwendet der Astrologe oft den Nord- und den Südknoten des Mondes, Caput Draconis und Cauda Draconis, um genauere Informationen über das Leben einer Person zu erhalten. Die Aspekte des Nordknotens geben zum Beispiel Aufschluss über die Beziehungen einer Person und die allgemeinen gesellschaftlichen Tendenzen. Er ist auch dafür verantwortlich, die Einstellung zu den Aufstiegschancen zu beeinflussen, die sich im Leben eines Menschen ergeben können. Aus diesem Grund ist er mit dem Planeten Jupiter verbunden.

Umgekehrt sind Aspekte des Südknotens Indikatoren dafür, welche Gewohnheiten, die aus der Vergangenheit übernommen wurden, das gegenwärtige Verhalten einer Person beeinflussen können. Auf diese Weise zeigt der Südknoten die karmischen Auswirkungen der vergangenen Handlungen einer Person auf. In diesem Sinne haben wir einen Saturn-ähnlichen Einfluss und eine Konnotation, die mit dem Mond entsteht.

Der Mond ist von entscheidender Bedeutung für alle magischen Handlungen und wurde von Okkultisten aus allen alten Traditionen studiert und befolgt. Rituelle Anrufungen werden in der richtigen planetarischen Stunde und Zeit durchgeführt, die den Zyklen des Mondes folgen. Die meisten Beschwörungen werden bei zunehmendem Mond durchgeführt, d.h. wenn der Mond am Himmel immer deutlicher zu sehen ist, da er vom Neumond zum Vollmond übergeht. Verbannungen werden bei abnehmendem Mond durchgeführt, wenn er nach dem Vollmond an Größe verliert.

Ein dunkler Mond oder kein Mond ist normalerweise eine Zeit des inneren Wachstums, und zu dieser Zeit werden keine Rituale durchgeführt.

In der Astronomie ist der Mond der einzige permanente natürliche Satellit der Erde, der die Erde umkreist. Er dreht sich synchron mit der Erde und zeigt daher immer die gleiche Seite. Nach der Sonne ist der Mond das zweithellste sichtbare Himmelsobjekt am Himmel der Erde. Seine Anziehungskraft auf die Erde wirkt sich auf die Gezeiten der Gewässer aus, wodurch die Drehung der Erde um ihre Achse verlangsamt wird, wodurch die 24-Stunden-Uhr entsteht.

DIE ERDE

Der Planet Erde ist mit der Sphäre von Malkuth auf dem Lebensbaum verbunden, und natürlich hat er eine Affinität zum Element Erde. Sie ist als Gaia bekannt, personifiziert als eine der griechischen Urgottheiten. Gaia ist die Urmutter allen Lebens. Sie ist die Urmutter Erdgöttin. Die Erde ist im Lateinischen auch als "Terra Firma" bekannt, was so viel wie "feste Erde" bedeutet, da sie immerwährend unter unseren Füßen, hier und jetzt, präsent ist. Andere Gottheiten auf der ganzen Welt, die mit dem Planeten Erde verbunden sind, sind Geb, Demeter, Ceres, Cernunnos, Nerthus, Ganesha, Azaka und Ochosi.

Es gibt keine astrologischen oder Tarot-Korrespondenzen mit dem Planeten Erde. Die Edelsteine, die ihm zugeordnet werden, sind Schwarzer Turmalin, Obsidian und Hämatit. Der Planet Erde hat weder ein entsprechendes Metall noch einen Wochentag. Der ihm zugeordnete hebräische göttliche Name ist Adonai ha-Aretz.

Der Planet Erde wird nicht oft zusammen mit den anderen Planeten dargestellt, da er, wie bereits erwähnt, unseren Erfahrungsbereich nie verlässt. Er repräsentiert das physische Reich und alle weltlichen Angelegenheiten der materiellen Welt. Die Erde spielt auf den Lebenszweck und die Lebensaufgabe des Einzelnen an. "Realität" ist das Wort, das am besten geeignet ist, den Planeten Erde zu beschreiben. Ein anderes Wort, das die Erde am besten beschreibt, ist "Materie" und bezieht sich auf alles, was sich in der Erdatmosphäre befindet.

Die Erdatmosphäre ist eine Schicht aus Gasen, die allgemein als Luft bezeichnet wird, die den Planeten Erde umgibt und von der Schwerkraft der Erde zurückgehalten wird. Alles Leben auf dem Planeten Erde hängt von der Luft zum Atmen ab. Der Atem erhält und unterstützt alle Lebewesen. Die Erde ernährt uns auch und gibt uns Wasser zum Überleben. Unser Bewusstsein ist untrennbar mit dem Bewusstsein der Erde verbunden - wir leben in einer symbiotischen Beziehung mit ihr. Da der Planet Erde uns nährt, spielt er die Rolle einer Mutter für uns, ihre Kinder.

In der Astronomie ist die Erde der dritte Planet der Sonne und das einzige astronomische Objekt, von dem bekannt ist, dass es Leben beherbergt. Die Rotationsachse der Erde ist gegenüber ihrer Bahnebene geneigt, wodurch die Jahreszeiten entstehen. Wie bereits erwähnt, stabilisiert die Gravitationswechselwirkung zwischen dem Planeten Erde und dem Mond die Ausrichtung der Erde auf ihrer Achse und verlangsamt allmählich ihre Rotation, wodurch die 24-Stunden-Uhr entsteht. Die Erde umkreist die Sonne in 365 Tagen, ein Zeitraum, der als Erd- oder Sonnenjahr bezeichnet wird. Die Erde ist der dichteste Planet in unserem Sonnensystem.

DIE NEUEN PLANETEN - URANUS, NEPTUN, PLUTO

Seit der Erfindung des Fernrohrs im Jahr 1608 wurden drei neue Planeten entdeckt. Uranus wurde 1781 entdeckt, während Neptun 1846 entdeckt wurde. Der Pluto schließlich wurde 1930 entdeckt. Da sich die Bahnen dieser Planeten nur langsam bewegen, werden sie oft als Symbole für Epochen angesehen. Die Auswirkungen dieser Planeten sind in allen Generationen der Gesellschaft zu spüren.

Außerdem werden diese drei neuen Planeten als Transzendentale Planeten bezeichnet. Das liegt daran, dass sie nicht in das siebenfache Schema der verschiedenen Sephiroth des Lebensbaums passen. Da sie als "äußere" Planeten betrachtet werden, haben sie keine starke Position innerhalb der qabalistischen Lehren. Da sie jedoch in der modernen westlichen Astrologie enthalten sind, ist eine kurze Erwähnung von ihnen für diese Diskussion geeignet.

In der griechischen Mythologie ist Uranus der Gott des Himmels. Uranus, auch "Vater Himmel" genannt, war der Sohn und Ehemann von Gaia, der Mutter Erde, und einer der griechischen Urgötter. Derselbe Gott wird von den Römern Caelus genannt. Uranus wird nachgesagt, dass er Genie, humanitäre und fortschrittliche Ideale regiert. Er herrscht über Freiheit, Einfallsreichtum und Originalität, einschließlich unerwarteter Veränderungen.

Uranus regiert alle radikalen und unkonventionellen Ideen sowie Menschen und soll in der Vergangenheit revolutionäre Ereignisse beeinflusst haben, die etablierte Strukturen gestört haben. Uranus gilt als die höhere Oktave des Planeten Merkur und sein Wochentag ist der Mittwoch. In der modernen westlichen Astrologie gilt Uranus als Herrscher des Wassermanns. Der Einfluss von Cauda Draconis, dem Südknoten des Mondes, wird mit dem von Uranus verglichen.

Neptun ist der römische Gott des Meeres und wurde von den Griechen Poseidon genannt. Dieser Planet ist tiefblau und ähnelt dem Ozean, daher hat er seinen Namen. Neptun regiert Träume, Idealismus, Kunst und Einfühlungsvermögen. Da er mit dem

Wasserelement assoziiert ist, steht er in Verbindung mit Jupiter. Da er auch über Illusion und Unbestimmtheit herrscht, hat er auch eine Beziehung zum Mond.

Neptun befindet sich in der höheren Oktave des Planeten Venus; daher ist sein Wochentag der Freitag. In der modernen Astrologie gilt Neptun als Herrscher über die Fische, das tiefste und emotionalste der Wasserzeichen. Darüber hinaus ist der Einfluss des Caput Draconis, des Nordknotens des Mondes, dem des Neptuns ähnlich.

In der römischen Mythologie ist Pluto der Gott der Unterwelt, der Richter über die Toten. Als Gott der Unterwelt wird er mit dem ägyptischen Gott Osiris in Verbindung gebracht. Bei den Griechen wird Pluto Hades genannt. In der griechischen Kosmogonie erhielt Hades nach dem Sturz des Titanen Chronos (Kronos) die Herrschaft über die Unterwelt in einer Dreiteilung der Souveränität über die Welt. Seinem Bruder Zeus wurde der Himmel übertragen, während sein anderer Bruder Poseidon die Herrschaft über das Meer erhielt.

Pluto befasst sich mit Transformation auf allen Ebenen. Er repräsentiert den Teil des Individuums, der zerstört, um zu erneuern. Als solcher ist er mit der Todeskarte des Tarots verbunden. Pluto wird mit allen Unternehmungen in Verbindung gebracht, die es erfordern, unter der Oberfläche zu graben, um die Wahrheit ans Licht zu bringen. Er steht auch in Verbindung mit persönlicher Macht und der Beherrschung des eigenen Selbst. Das Große Werk ist eng mit Plutos Einfluss verbunden.

Pluto wird mit Mars assoziiert, da er in der Astrologie die höhere Oktave dieses Planeten darstellt. Sein Wochentag ist daher der Dienstag. In der modernen Astrologie wird gesagt, dass Pluto den Skorpion beherrscht, das Tierkreiszeichen, das mit der Transformation verbunden ist.

***

Das Wissen um die Elemente, die Planeten und den Tierkreis ist der Kern der hermetischen Qabalah. Folglich bilden diese Energien die Gesamtheit des Baumes des Lebens. Das Verständnis der in *The Magus* präsentierten Informationen wird Sie in die Lage versetzen, das "große Bild" zu sehen, wie das Sonnensystem, der Makrokosmos, funktioniert. Und wie das hermetische Axiom "Wie oben, so unten" besagt, findet der Makrokosmos sein Spiegelbild im Mikrokosmos. Genauso spiegelt sich das Sonnensystem im menschlichen Energiesystem (Aura) wider. Wenn Sie also etwas über die Energien des äußeren Universums lernen, lernen Sie auch etwas über die Kräfte, die Ihr inneres Selbst ausmachen.

Um Gnosis zu erlangen, müssen Sie dieses Wissen in Ihr Gedächtnis aufnehmen. Gnosis ist die direkte Kommunikation Ihres Höheren Genius mit der Seele und dem Ego. Sobald Sie eine Verbindung zu Ihrem Höheren Geist hergestellt haben, brauchen Sie keine äußeren Lehrer oder Bücher mehr, um daraus zu lernen. Stattdessen werden Sie Ihr eigener Lehrer sein. Daher ist Gnosis die optimalste Methode, um die Qabalah und den richtigen Weg zum spirituellen Wachstum zu erlernen. Die in diesem

Buch präsentierten Informationen sollen Ihnen das notwendige Wissen vermitteln, um dieses Ziel zu erreichen.

Sie müssen diese Informationen mehrmals lesen und wiederholen, um den größten Nutzen aus diesem Wissen zu ziehen. Jedes Mal, wenn Sie es lesen, werden Sie etwas Neues lernen. Und wenn Sie es einmal in Ihr Gedächtnis aufgenommen haben, wird Ihr Höherer Genius beginnen, mit Ihnen zu kommunizieren, um Ihnen durch Gnosis weiteres qabalistisches Wissen zu vermitteln.

Auf diese Weise wird wahre Weisheit aufgebaut. Und wenn Sie diese Weisheit erlangt haben, werden Sie unweigerlich auch Verständnis erlangen, denn das eine kann ohne das andere nicht existieren. Verstehen ist die höchste Funktion des menschlichen Selbst, die eine Verbindung mit dem höheren Genius - dem ewigen Selbst - herstellt. Durch Gnosis und die darauf folgende spirituelle Entwicklung können Sie den Garten Eden wiederherstellen und so Ihr angeborenes Geburtsrecht, das Ihnen von Ihrem Schöpfer gegeben wurde, zurückgewinnen.

FORTGESCHRITTENE PLANETARISCHE MAGIE

Die alten Babylonier, Griechen, Römer und viele andere Kulturen und Zivilisationen betrachteten die Planeten in unserem Sonnensystem als die Götter. Für sie waren die Planeten ein Symbol für die verschiedenen Kräfte Gottes, des Schöpfers, und repräsentierten diese Eigenschaften oder Attribute. Sie erkannten die Entsprechung zwischen den Planeten und unseren höheren Kräften, da wir nach dem Bild Gottes, des Schöpfers, geschaffen sind.

Da jeder Mensch ein Mikrokosmos des Makrokosmos ist (was bedeutet, dass wir die Energien des Sonnensystems in uns tragen), besteht der Zweck der Arbeit mit den planetarischen Energien darin, diese höheren Kräfte des Selbst einzustimmen und sie wirksam in unser Leben zu integrieren. Die Elemente, mit denen Sie bisher gearbeitet haben, dienten dazu, das höhere Selbst über das niedere Selbst - das Ego - zu erheben und die spirituelle Energie in Ihr Bewusstsein zu bringen. Der nächste Schritt im Großen Werk ist die Arbeit mit den planetarischen Kräften, die sich durch Ihr Bewusstsein ausdrücken.

Sie haben gelernt, wie die Sieben Alten Planeten mit dem Baum des Lebens und den Sephiroth zusammenhängen. In diesem Abschnitt werden Sie die Kräfte der Planeten nutzen, um sich spirituell weiterzuentwickeln und Ihr innerstes Potenzial zu erschließen. Die Pfade des Lebensbaums öffnen Türen nach innen, aber die Sephiroth stellen Kontakte mit dem grenzenlosen Geist des Schöpfers her. Die Arbeit mit den Sieben Alten Planeten ist von entscheidender Bedeutung, wenn es darum geht, Ihr Verständnis des Selbst und seiner vielen komplizierten Komponenten zu vertiefen. Denn wenn jeder Mensch im Kern seines Wesens Gott, der Schöpfer, ist, dann können wir durch die Anrufung der Planeten die verschiedenen Kräfte, die das Ganze ausmachen, isolieren und untersuchen.

Was ihren Einfluss auf die menschliche Psyche betrifft, so gehören die Planeten zur Welt von Atziluth - der Welt des reinen Geistes und der göttlichen Ebene, in der die Gedanken von Gott, dem Schöpfer, existieren. Diese Verbindung bedeutet, dass die Planeten archetypische Kräfte sind, die aus den höchsten Ebenen der göttlichen

Energie hervorgehen. Jetzt verstehen Sie, warum Sie mit den niederen Elementen und dem Geistelement arbeiten müssen, bevor Sie mit den Planeten arbeiten.

Diese planetarischen Kräfte dringen durch das Spirit/Äthyr-Element in Ihr Wesen ein. Daher war die Arbeit mit der SIRP eine Vorbereitung auf diese Aufgabe. Indem Sie einen Planeten anrufen, gehen Sie tief in sich hinein und erlangen die Fähigkeit zu verändern, wie sich seine Energie auf den entsprechenden Aspekt ihrer Psyche auswirkt. Die planetarischen Kräfte sind verantwortlich für unsere komplexen Verhaltensweisen, die dem Ausdruck unserer Seele in der Welt entsprechen.

Jeder Planet hat herrschende Kräfte (siehe Tabelle 4), die die höchsten unserer Bestrebungen, aber auch unsere Grenzen darstellen. Der Schlüssel zur Arbeit mit den Planeten liegt darin, das höhere Selbst über das Ego und seine Ausdrucksformen zu erheben.

Wie im vorigen Kapitel erwähnt, wurde uns von Gott, dem Schöpfer, in dem Moment, in dem wir geboren und in diese Welt gebracht wurden, eine Hand gereicht. Die makrokosmischen Energien, die zum Zeitpunkt Ihrer Geburt auf Sie einwirkten, wurden in Ihrem Bewusstsein verankert - Art und Qualität dieser Energien hängen von dem Ort ab, an dem Sie geboren wurden, und davon, durch welche Tierkreiszeichen sich Ihre Planeten ausdrückten. So sind Sie von Geburt an dazu prädestiniert, sich auf eine bestimmte Weise zu verhalten.

Diese planetarischen Energien sind tief in Ihrem Unterbewusstsein verankert und regulieren den Energiefluss in Ihren Chakren und Ihren verschiedenen feinstofflichen Körpern. Obwohl die sieben alten Planeten und die Tierkreiszeichen, die sie beherrschen, mit den sieben Chakren in Verbindung stehen, behalte ich mir die Erörterung dieses Themas für mein zweites Buch, *Serpent Rising: The Kundalini Compendium, vor,* da dieses Werk sich eingehender mit dem Chakrensystem im Allgemeinen befasst.

The Magus ist qabalistischer Natur, daher möchte ich mich nur auf die Korrespondenzen zwischen den Planeten und den Sephiroth konzentrieren. Sie haben in einer früheren Diskussion gesehen, dass die Beziehung zwischen den Sephiroth und den Chakren komplexer ist als die Zuordnung eines Chakras zu einer Sephira. Daher möchte ich keine Verwirrung in Bezug auf die Chakren stiften, wenn ich mit den Planeten durch Mittel der Zeremoniellen Magie arbeite.

Durch planetarische Anrufungen arbeiten Sie auch mit den verschiedenen Energien, die die Tugenden und Laster Ihres Charakters und Ihrer Persönlichkeit formen. Ihre Ethik, Ihre Moral und Ihre inneren Überzeugungen über die Welt, in der Sie leben, werden alle von den planetarischen Energien beeinflusst, die auf Sie einwirken. In erster Linie geht es bei dieser Arbeit darum, Ihre Laster und andere Einschränkungen zu überwinden, die Sie daran hindern, die bestmögliche Version von "Ihnen" zu sein.

TABELLE 4: Die sieben antiken Planeten und ihre Korrespondenzen

Planet	Sephira & Göttlicher Name	Assoziierte Gottheiten	Elementare Affinität	Tierkreiszeichen & Metall	Ausdrücke/ Befugnisse	Edelsteine
Saturn	Binah, YHVH Elohim	Chronos, Isis, Brahma, Hera, Nephthys, Ptah, Harpokrates, Ninurta	Erde; fühlt sich an wie Erde aus Luft	Steinbock & Wassermann, Blei	Karma, Wahrheit, Weisheit, Struktur, Disziplin, Intuition	Jet Black Onyx, Diamanten, Rauchquarz
Jupiter	Chesed, El	Zeus, Maat, Indra, Vishnu, Saraswati, Hapi, Dagda, Marduk	Wasser; fühlt sich an wie Wasser aus Feuer	Fische & Schütze, Zinn	Barmherzigkeit, Fülle, bedingungslose Liebe, Moral, Ethik	Saphir, Lapislazuli, Türkis, Aquamarin
Mars	Geburah, Elohim Gibor	Ares, Horus, Sekhmet, Ninurta, Agni, Durga, Nergal, Shiva	Feuer; fühlt sich an wie Erde aus Feuer	Widder & Skorpion, Eisen	Ehrgeiz, Antrieb, Erneuerung, Aktion, Überleben, Wettbewerb, Leidenschaft, Willenskraft	Rubin, Granat, roter Achat, Blutstein, rote Koralle
Sonne (Sol)	Tiphareth, YHVH Eloah ve-Daath	Helios, Jesus Christus, Osiris, Apollo, Dionysos, Mithras, Surya, Krishna, Tammuz, Shamash, Amun Ra	Luft; fühlt sich an wie die Luft des Feuers	Löwe, Gold	Heilung, Vitalität, Mut, Kreativität, Inspiration, Phantasie	Bernstein, Tigerauge, Goldtopas, Goldstein, Zirkon
Venus	Netzach, YHVH Tzabaoth	Aphrodite, Hathor, Bast, Ishtar, Lakshmi, Chenrezi, Ushas, Sukra	Feuer; fühlt sich an wie Wasser der Erde	Waage & Stier, Kupfer oder Messing	Sehnsucht, Kreative Ausdrucksformen, Romantische Liebe, Freundschaft, Sinnlichkeit	Smaragd, Jade, Aventurin, Malachit, Rosenquarz, Grüner Achat, Peridot
Merkur	Hod, Elohim Tzabaoth	Hermes, Thoth, Anubis, Nabu, Budha, Quetzalcoatl, Viracocha, Kukulkan	Wasser; fühlt sich an wie Wasser aus Luft	Zwillinge & Jungfrau, Quecksilber	Logik, Vernunft, Kommunikation, Intellekt, Lernen	Orangesaphir, Turmalin, Imperialtopas, Citrin, Feueropal
Mond (Luna)	Jaod, Schaddai El Chai	Diana, Selene, Khonsu, Artemis, Hekate, Uma, Sin, Cybele, Astarte, Arianrhod, Chandra	Luft; fühlt sich an wie Erde oder Wasser	Krebs, Silber	Gefühle, Emotionen, Illusionen, Launenhaftigkeit, Fruchtbarkeit, Hellseherei	Mondstein, Perle, Beryll
Erde	Malkuth, Adonai ha-Aretz	Gaia, Geb, Demeter, Ceres, Cernunnos, Nerthus, Ganesha, Azaka, Ochosi	Erde	-	Stabilität, Erdung, Praktikabilität	Schwarzer Turmalin, Obsidian, Hämatit

LESSER RITUAL OF THE HEXAGRAM

Das Lesser Ritual of the Hexagram (LRH) ist eine Beschwörung oder Verbannung der planetarischen Kräfte, die sich auf die vier Elemente Feuer, Erde, Luft und Wasser beziehen. Das Banishing Ritual of the Hexagram ist nur eines von vierzehn Lesser Ritual of the Hexagram, da jeder der Sieben Alten Planeten durch die vier Formen des Hexagramms entweder gebannt oder angerufen werden kann (Abbildungen 45-48).

Das Hexagramm ist ein Symbol für die Sonne, die große ausgleichende Kraft in unserem Sonnensystem und die Quelle der Materie in dieser dritten Dimension, in der wir leben. Die Sonnenenergie verdichtet sich in Stufen, um Materie zu bilden, und diese Stufen werden durch die vier Elemente Feuer, Luft, Wasser und Erde ausgedrückt. Hierin sehen wir die Beziehung zwischen dem Hexagramm und den Elementen.

Wie bereits erwähnt, stellen die vier Formen des Hexagramms die Positionen der Elemente im Tierkreis dar. Im Osten haben wir das Element Feuer, im Süden die Erde, im Westen die Luft und im Norden das Wasser. Das Erd-Hexagramm ist in der Magie von größter Bedeutung, da es im Greater Ritual of the Hexagram (GRH) verwendet wird. Diese Form des Hexagramms ist der Davidstern - das Symbol des Makrokosmos.

Das Hexagramm besteht aus den beiden Dreiecken der Elemente Feuer und Wasser in Verbindung miteinander. Aus diesem Grund wird es nicht wie das Pentagrammsymbol in einer durchgehenden Linie gezeichnet, sondern von jedem Dreieck einzeln. Alle beschwörenden Hexagramme folgen dem Verlauf der auf- und untergehenden Sonne, das heißt, sie werden von links nach rechts gezeichnet. Die bannenden Hexagramme werden von rechts nach links gezeichnet. Sie beginnen in demselben Winkel, aus dem sie beschworen werden, entgegen dem Lauf der Sonne.

Das Lesser Ritual of the Hexagram greift auf die Sonnenkraft in all ihren verschiedenen Erscheinungsformen zu. Diese Manifestationen sind die planetarischen Energien von Saturn, Jupiter, Mars, Venus, Merkur und dem Mond. Interessant ist, dass man, um die Kraft der Sonne anzurufen, alle sechs oben genannten Planeten in genau dieser Reihenfolge anrufen muss. Diese Methode bestätigt außerdem, dass jede der sechs Planetenkräfte im Grunde nur ein Teil des Ganzen ist, nämlich die Gesamtheit der Sonnenenergie der Sonne. Schließlich ist das Weiße Licht der Sonne die höchste Manifestation von Gott, dem Schöpfer, in unserem Sonnensystem. In ihm finden wir die sieben Strahlen, die den sieben Farben des Regenbogens entsprechen - entsprechend den sieben Chakren.

Da Sie bereits mit dem Banishing Ritual of the Hexagram vertraut sind (das Saturn verbannt), wird es für Sie relativ einfach sein, einen der anderen Planeten mit den vier Formen des Hexagramms anzurufen oder zu verbannen. Es kommt nur darauf an, wie

Sie die Dreiecke zeichnen (denn die Form ist dieselbe, aber die Richtung des Zeichnens ändert sich von Planet zu Planet).

Wie im BRH sollen Sie den Namen ARARITA in alle vier Himmelsrichtungen vibrieren, während Sie die vier Formen des Hexagramms nachzeichnen, wie sie angegeben sind. Außerdem sollen die Hexagramme in einer goldenen Farbe visualisiert werden, die sich entzündet, während man den göttlichen Namen ARARITA vibriert. Die Formel für das Lesser Ritual of the Hexagram ist also die gleiche wie die des BRH. Der kleine Unterschied besteht in der Änderung der Richtung, in die man die Hexagramme zeichnet.

Denken Sie daran, dass es nicht notwendig ist, die Kleinen Bannungshexagramme für einen der Planeten zu verwenden (außer im Fall des BRH), es sei denn, Sie haben Schwierigkeiten, die Energie des Planeten, den Sie angerufen haben, zu kontrollieren. Wenn Sie einen Planeten bannen geben Sie die von ihm beschworene Energie aus Ihrer Aura und jegliche natürliche Energie des Planeten vor seiner Beschwörung frei. Wie bei den Verbannungen der Elemente dauert es mindestens ein paar Stunden, bis sich die Planetenenergie in Ihrer Aura wieder aufgebaut hat. Obwohl das BRH unerwünschte Energien aller Planeten entfernt, ist es nicht so mächtig, die Energie eines einzelnen Planeten zu bannen, wie wenn Sie das Lesser Banishing Ritual of the Hexagram für diesen Planeten verwenden.

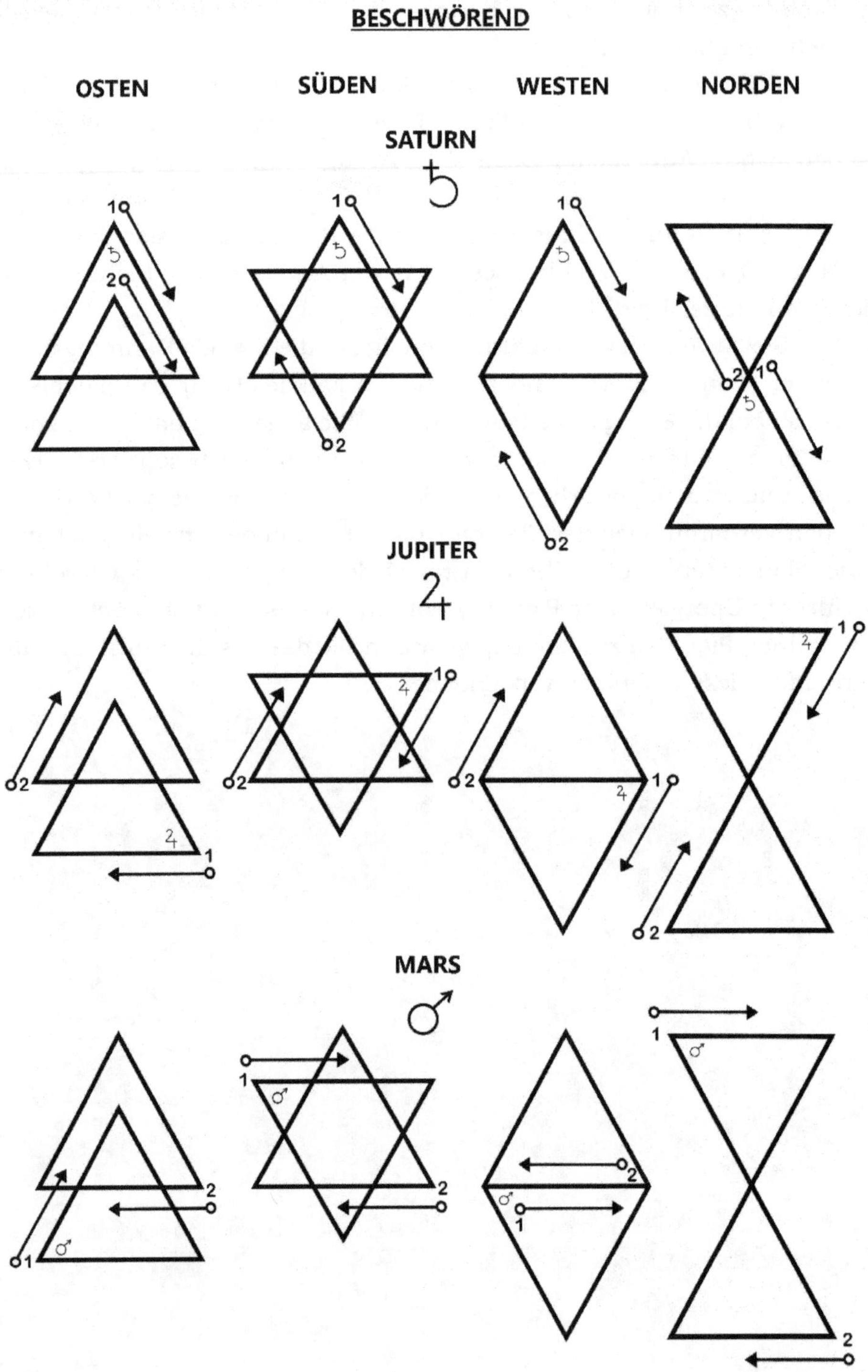

Abbildung 45: Lesser Invoking Hexagrams für Saturn, Jupiter, und Mars

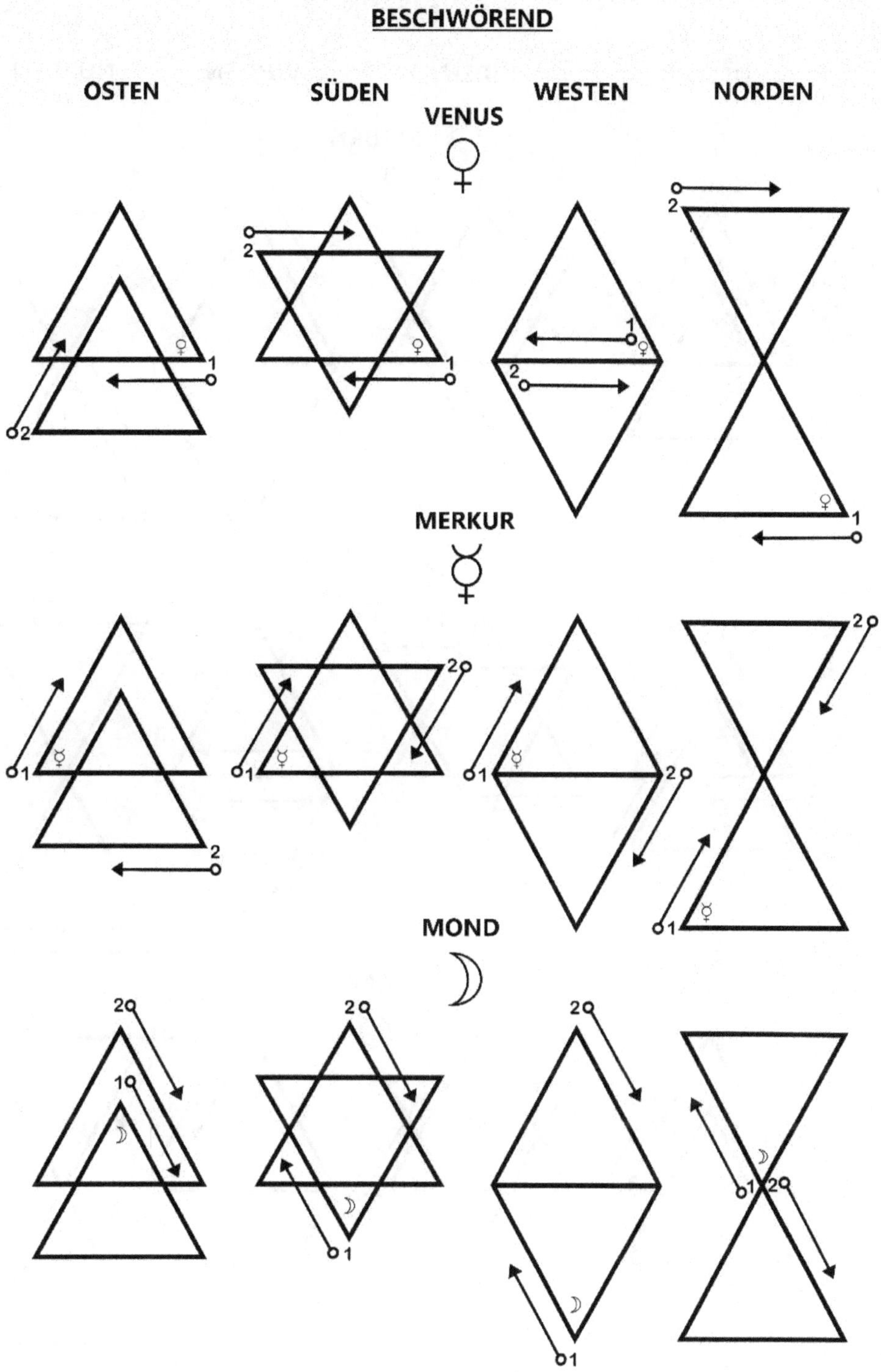

Abbildung 46: Lesser Invoking Hexagrams für Venus, Merkur, und Mond

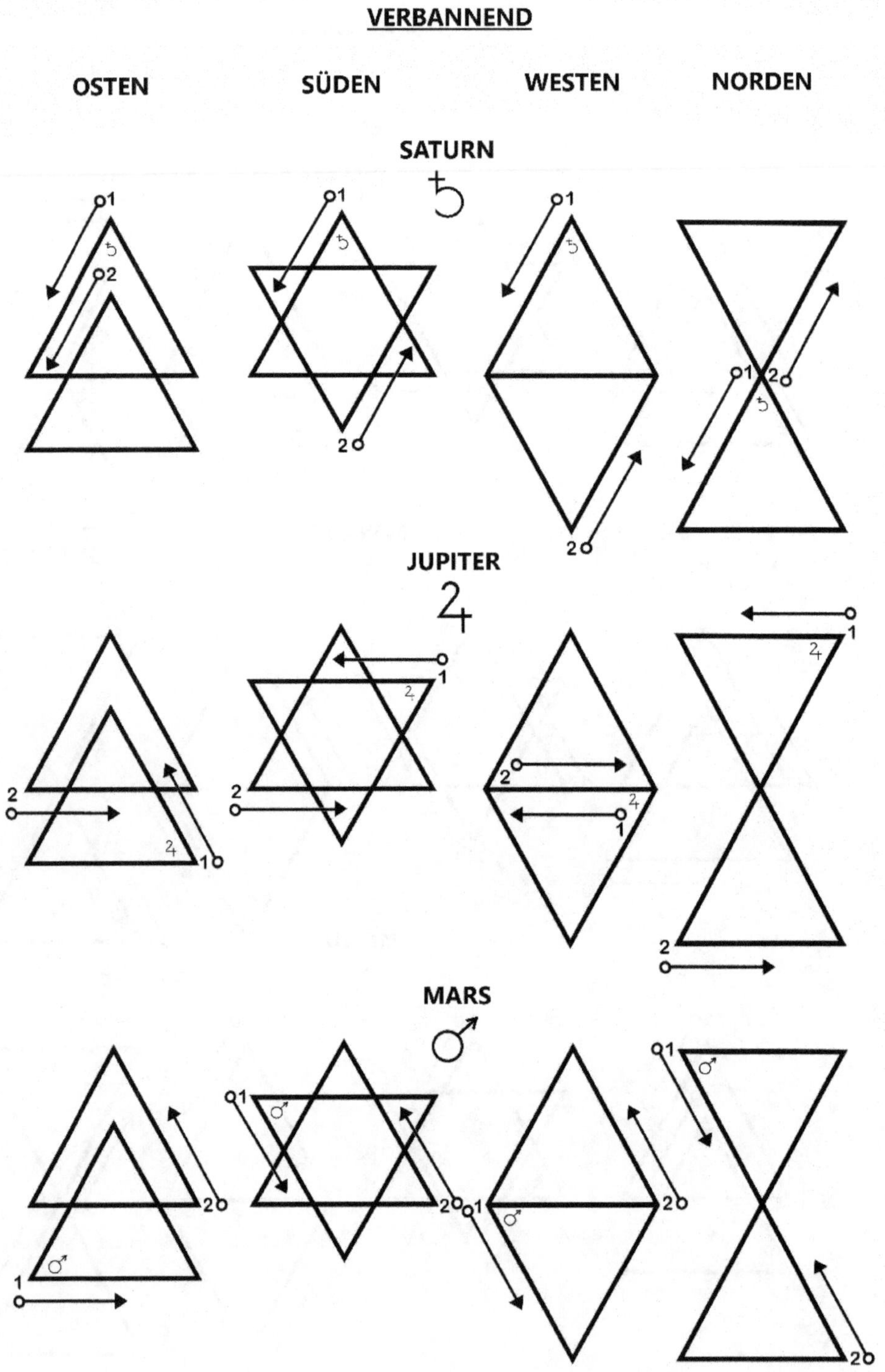

Abbildung 47: Lesser Banishing Hexagrams für Saturn, Jupiter, und Mars

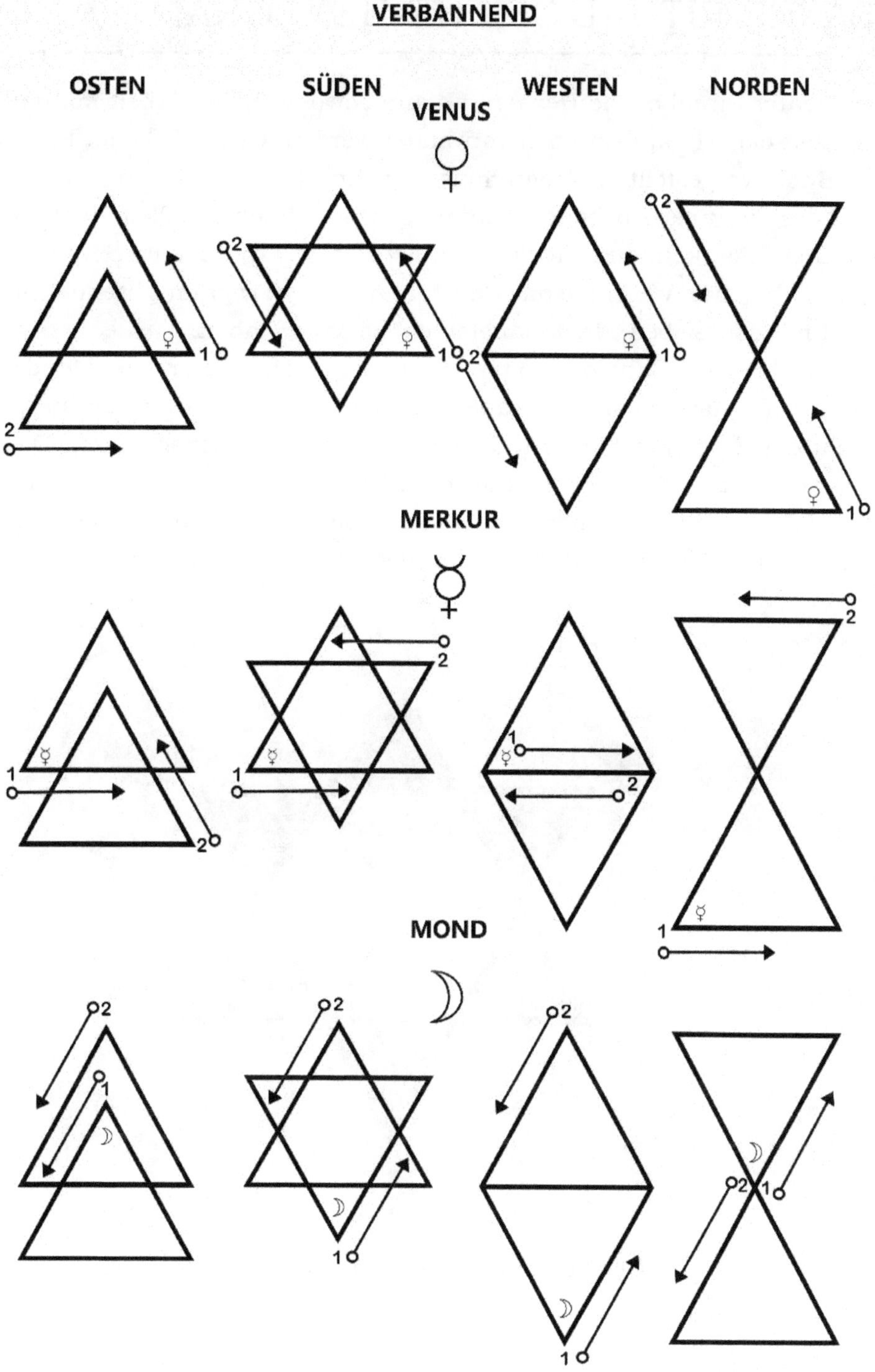

Abbildung 48: Lesser Banishing Hexagrams für Venus, Merkur, und Mond

GREATER RITUAL OF THE HEXAGRAM

Das Greater Ritual of the Hexagram kann sowohl für die Arbeit mit den Planeten als auch mit den Tierkreiszeichen verwendet werden. Obwohl Sie im Rahmen des in diesem Buch vorgestellten Programms der Spirituellen Alchemie nicht mit den Energien des Tierkreises arbeiten werden, gebe ich Ihnen trotzdem die Formel für die Ritualübung. Sie können mit ihrer Anwendung experimentieren, wenn Sie es wünschen, aber erst, wenn Sie das Spiritual Alchemy Program I beendet und sich für die Arbeit mit den Sieben Alten Planeten entschieden haben.

Die sechs Planeten Saturn, Jupiter, Mars, Venus, Merkur und der Mond sind jedem Winkel des Hexagramms zugeordnet (Abbildung 49). Die Farbe in jeder Ecke entspricht der Farbe der Sephira des Planeten auf dem Lebensbaum. Diese Farben befinden sich in der Briah-Skala. Saturn ist die einzige Ausnahme von dieser Regel. Seine Farbe ist Indigo, während der Mond violett, Jupiter blau, Mars scharlachrot (rot), Venus smaragdgrün und Merkur orange ist.

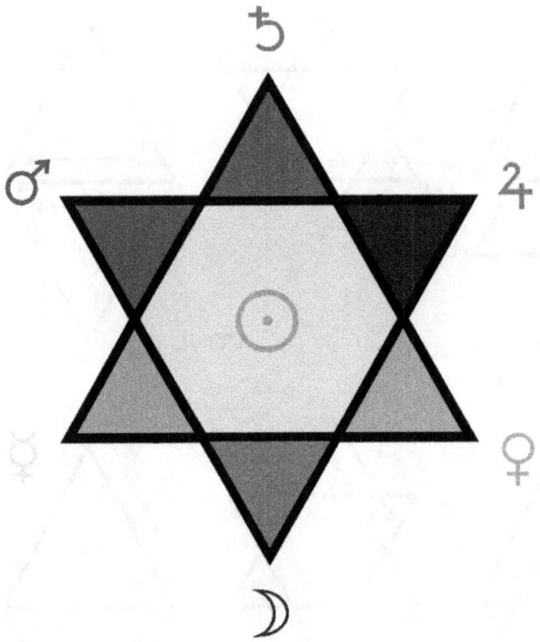

Abbildung 49: Greater Hexagram - Planetarische Zuschreibungen

Im Zentrum des Hexagramms steht die Sonne als die große versöhnende Kraft, deren Farbe goldgelb ist. Sie besitzt die Kraft aller Planeten in unserem Sonnensystem. Im Lesser Ritual of the Hexagram verwenden wir diese Form des Hexagramms in der Kardinalrichtung des Elements Erde.

Die Reihenfolge der Zuordnung jedes Winkels auf dem Symbol des Erd-Hexagramms basiert auf den Sephiroth, wenn man den Baum des Lebens hinabsteigt. Der oberste Winkel entspricht dem Saturn, aber auch dem Daath, während der unterste Winkel dem Yesod entspricht. Die anderen Winkel entsprechen den übrigen Sephiroth des Mikroprosopus. Aus dieser absteigenden Reihenfolge ergibt sich das Greater Ritual of the Hexagram (GRH).

Im GRH werden die göttlichen Namen der entsprechenden Sephiroth verwendet, einschließlich der Symbole der Planeten. Daher ist seine Kraft bedeutender als die Verwendung des Erdhexagramms im Lesser Ritual of the Hexagram, da es auch die entsprechende Sephira in der entsprechenden Farbe anruft.

Die Planeten werden in über- und untergeordnete Planeten eingeteilt. Zwischen jedem gegensätzlichen Paar besteht eine Sympathie, entsprechend ihrer Platzierung auf dem Hexagrammsymbol. Aus diesem Grund ändern sich die Dreiecke ihrer anrufenden und verbannenden Erdhexagramme gegenläufig. Die übergeordneten Planeten sind Saturn, Jupiter und Mars. Die untergeordneten Planeten sind Venus, Merkur und Luna. Der übergeordnete Saturn und der untergeordnete Mond sind sympathisch, ebenso Jupiter und Merkur sowie Mars und Venus. Inmitten der sechs Planeten befindet sich das Feuer der Sonne, die Quelle des Lichts und des Lebens in unserem Sonnensystem.

Bei der Durchführung des Großen Rituals des Hexagramms müssen Sie das Erdhexagramm eines Planeten verwenden und es in zwei Dreiecken nachzeichnen (Abbildungen 51-52). Das erste Dreieck wird vom Winkel des Planeten aus gezeichnet, während das zweite Dreieck von seinem sympathischen, ihm gegenüberliegenden Planeten aus gezeichnet wird.

Während man jedes Erdhexagramm des Planeten mit einer der im obigen Diagramm (Abbildung 49) angegebenen Farben nachzeichnet, sollte der göttliche Name ARARITA vibriert werden. Danach zeichnen Sie das Planetensymbol in der Mitte des Hexagramms. Vibrieren Sie dabei den göttlichen Namen der Sephira, die mit diesem Planeten verbunden ist.

Die Farbe des Planeten sollte der entsprechenden Farbe des Lebensbaums (Atziluth) entsprechen, wie in Tabelle 3 angegeben. Wenn Sie das Planetensymbol in der Mitte des Hexagramms aufzeichnen, machen Sie es so groß, dass es in das Innere des Hexagramms passt. Man zeichnet von links nach rechts und folgt dabei wieder dem Lauf der auf- und untergehenden Sonne.

Beenden Sie es, indem Sie das Hexagramm und das Planetensymbol mit dem Zeichen des Eingreifers und dem Zeichen der Stille entflammen. Beachten Sie, dass das Große Hexagramm des Saturn auch verwendet werden kann, um die Energien der Supernalen Triade von Kether, Chokmah und Binah anzurufen oder zu verbannen.

Die Sonne verwendet die Erd-Hexagramme aller sechs Planeten, die in ihrer absteigenden Planetenreihenfolge entsprechend ihrer Platzierung auf dem Baum des

Lebens nachgezeichnet werden sollten (Abbildungen 53-54). Während Sie jedes Hexagramm nachzeichnen, vibrieren Sie den göttlichen Namen ARARITA und visualisieren Sie ihn in Goldgelb. Dann zeichnen Sie das Symbol der Sonne in Orange in der Mitte des Hexagramms nach, während Sie den göttlichen Namen YHVH Eloah ve-Daath vibrieren.

Wiederholen Sie diesen Vorgang noch fünfmal, da es insgesamt sechs Sonnenhexagramme gibt. Beenden Sie den Vorgang, indem Sie die Hexagramme und die Sonnensymbole mit dem Zeichen des Eintretenden und dem Zeichen der Stille entflammen. Diese Formel ist sowohl bei der Anrufung als auch bei der Verbannung der Sonne zu verwenden.

Die optimale Methode zur Anwendung des GRH besteht darin, sich dem Himmelsviertel zuzuwenden, in dem sich der physische Planet befindet. Dazu müssen Sie ein Horoskop des Himmels zum Zeitpunkt des Rituals erstellen. Sie können ein Horoskop auch online erhalten. Dann positionieren Sie den Aszendenten im Osten auf dem Altar und suchen dann das dem gewünschten Planeten am nächsten liegende Viertel auf dem Kreis des Horoskops. Wenn Sie wissen, in welchem Viertel sich der physische Planet während Ihrer Operation befindet, können Sie das Große Hexagramm als Teil des Kleinen Rituals des Hexagramms einbeziehen, indem Sie es in seinem Viertel nachzeichnen, nachdem Sie seine vier Formen nachgezeichnet haben.

Abbildung 50: Symbole der Tierkreiszeichen

Um die Tierkreiszeichen anzurufen, verwenden Sie das Erd-Hexagramm des herrschenden Planeten, während Sie den göttlichen Namen ARARITA vibrieren. Die Farbe des Hexagramms muss die entsprechende Farbe des Lebensbaums Sephira (Briah) sein. In diesem Fall müssen Sie das Symbol des gewünschten Tierkreises in der Mitte des Hexagramms zeichnen, während Sie den entsprechenden göttlichen Namen gemäß der Permutation des Tetragrammatons vibrieren.

Auch hier sollte das Tierkreis-Symbol (Abbildung 50) im Uhrzeigersinn von links nach rechts gezeichnet werden, und zwar in der Größe, die dem Inneren des Hexagramms entspricht. Außerdem sollte die Farbe des Tierkreiszeichens der Farbe des Lebensbaums (Atziluth) entsprechen. Im Anhang finden Sie eine ergänzende Tabelle 9 mit allen Informationen, die Sie für die Beschwörung der Tierkreiszeichen benötigen.

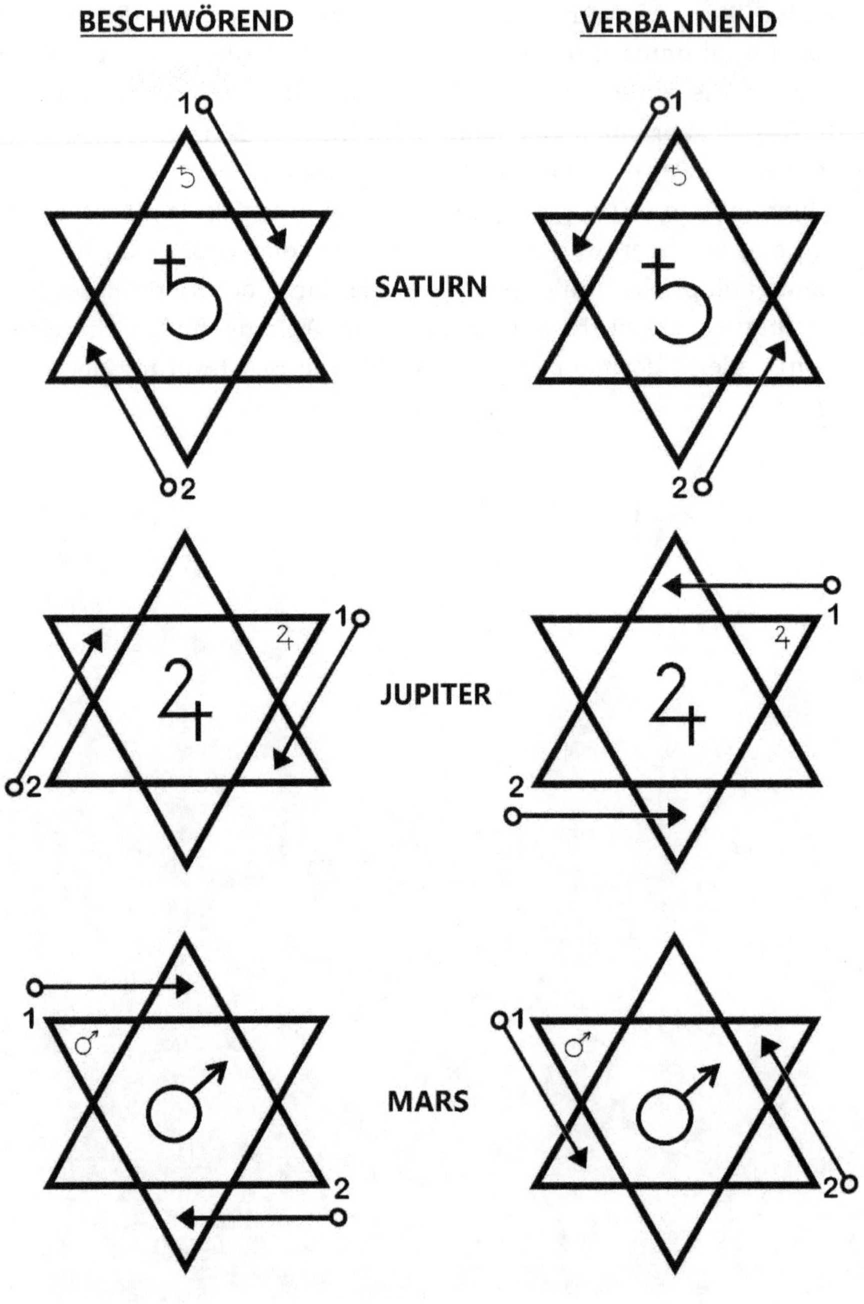

Abbildung 51: Greater Hexagrams für Saturn, Jupiter, und Mars

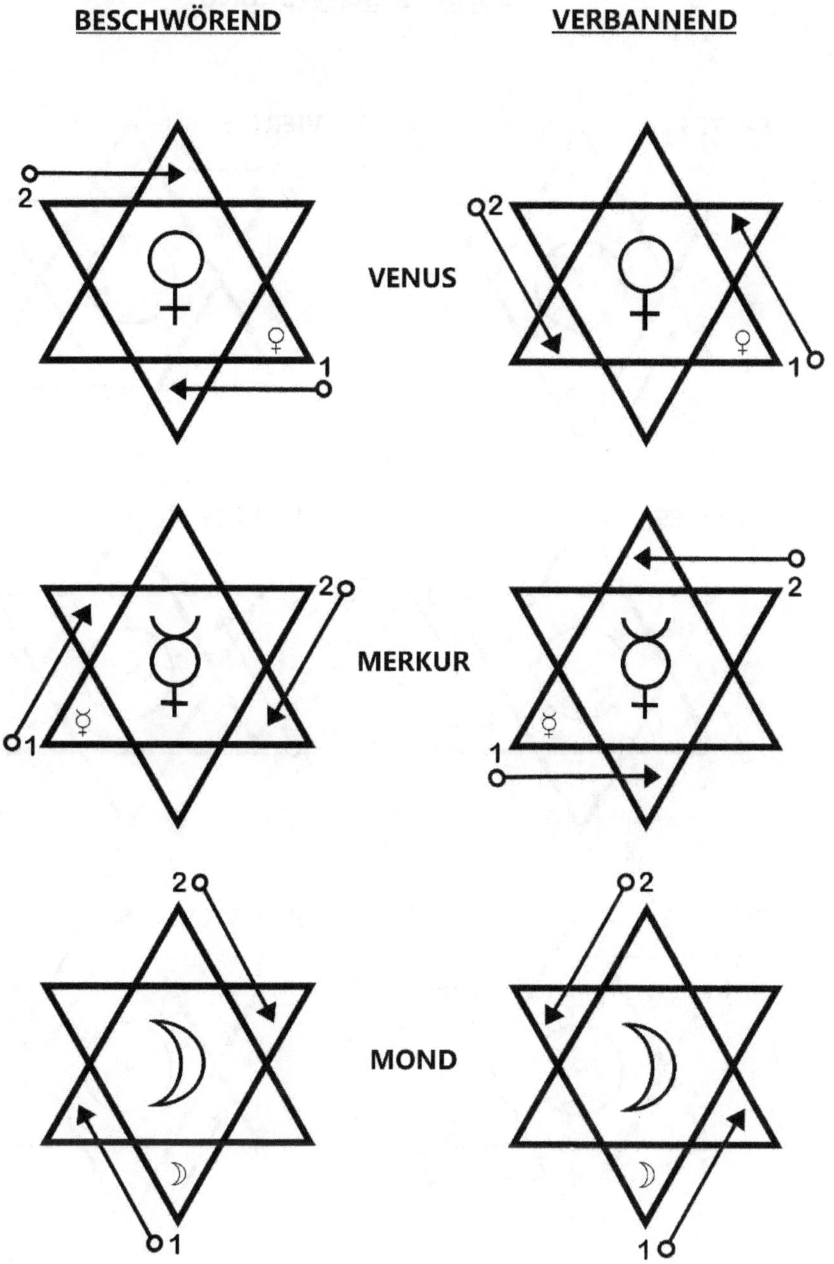

Abbildung 52: Greater Hexagrams für Venus, Merkur und Mond

SONNE BESCHWÖRUNG

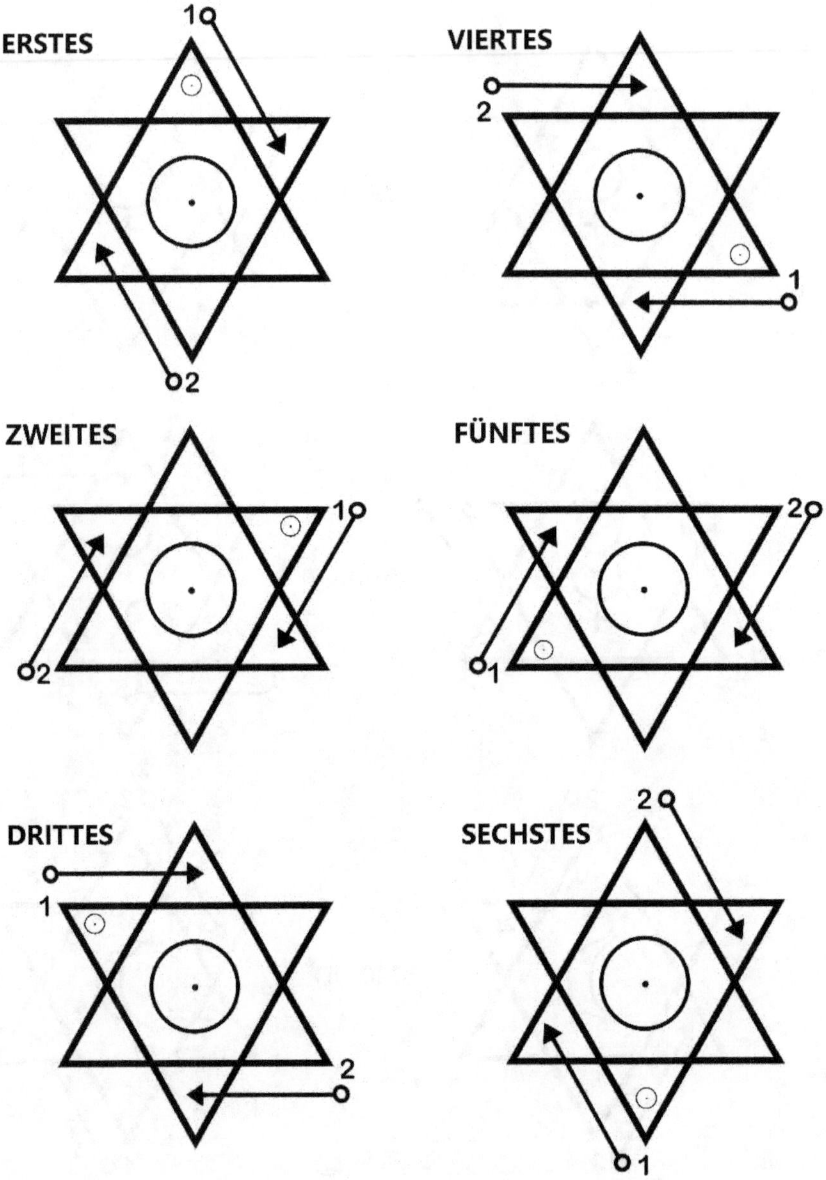

Abbildung 53: Greater Invoking Hexagrams für die Sonne

SONNENVERBAND

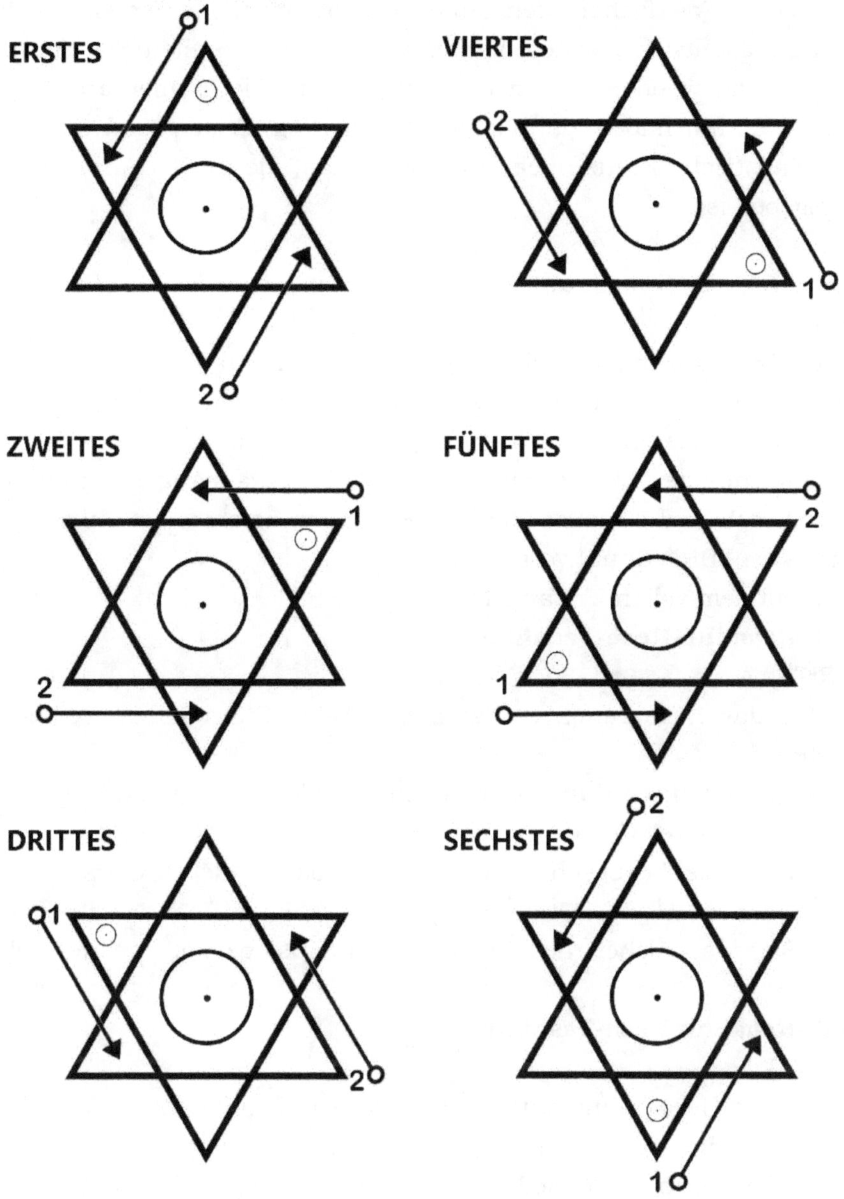

Abbildung 54: Greater Banishing Hexagrams für die Sonne

Ritual of the Hexagram (Lesser + Greater)

Formel 1: Das Qabalistische Kreuz

Führen Sie den Vierfachen Atem ein oder zwei Minuten lang aus, um sich in einen ruhigen, ausgeglichenen Geisteszustand zu versetzen. Stellen Sie sich in die Mitte Ihres Kreises und wenden sich nach Osten. Wenn Sie Elementaraltäre und (oder) einen zentralen Altar haben, dann stellen Sie sich hinter den zentralen Altar. Führen Sie das Qabalistische Kreuz nach der Formel aus, die in den Anweisungen für das LBRP angegeben ist.

Formel 2: Die vier Formen der kleinen Hexagramme in den vier Himmelsrichtungen nachzeichnen

Bewegen Sie sich nun nach Osten und zeichnen Sie das anrufende (oder verbannende) Feuerhexagramm (des Planeten, mit dem Sie arbeiten wollen) wie vorgegeben. Visualisieren Sie es in einer goldenen Flamme. Atmen Sie ein, während Sie die Energie aus der Sphäre von Kether über Ihnen ansaugen. Holen Sie das Licht aus Kether herab und strecken Sie Ihre Finger im Zeichen des Eingetretenen nach vorne, wie es im LBRP-Ritual vorgegeben ist.

Vibriere mit dem vollen Umfang deines Atems:

Aaahhh-Raaahhh-Reee-Taaahhh

(ARARITA)

Sehen Sie das Hexagramm entflammen. Enden Sie mit dem Zeichen der Stille (gemäß LBRP).

Stechen Sie mit Ihrer Hand oder einem rituellen Beschwörungswerkzeug in die Mitte des soeben gezeichneten Hexagramms und ziehen Sie eine weiße Linie nach Süden. Zeichnen Sie das beschwörende (oder verbannende) Hexagramm der Erde wie angegeben.

Führen Sie das Zeichen des Eingetretenen aus, gefolgt von der Vibration des Namens:

Aaahhh-Raaahhh-Reee-Taaahhh

(ARARITA)

Sehen Sie das Hexagramm entflammen. Enden Sie mit dem Zeichen der Stille.

Bewegen Sie die weiße Linie wie zuvor nach Westen und zeichnen Sie das Hexagramm der Beschwörung (oder Verbannung) der Luft wie angegeben.

Führen Sie das Zeichen des Eingetretenen aus, gefolgt von der Vibration des Namens:

Aaaahhh-Raaahhh-Reee-Taaahhh

(ARARITA)

Sehen Sie wieder das Hexagramm entflammen. Beenden Sie es mit dem Zeichen der Stille.

Bis jetzt haben Sie den halben magischen Kreis mit der weißen Linie gezeichnet und die Hexagramme im Osten, Süden und Westen miteinander verbunden. Bewegen Sie nun die weiße Linie auf die gleiche Weise wie zuvor nach Norden und zeichnen Sie das Hexagramm der Anrufung oder Bannung des Wassers.

Führen Sie das Zeichen des Eingetretenen aus, gefolgt von der Vibration des Namens:

Aaahhh-Raaahhh-Reee-Taaahhh

(ARARITA)

Sehen Sie das Hexagramm entflammen. Enden Sie mit dem Zeichen der Stille.

Verbinden Sie die weiße Linie von Norden nach Osten und schließen damit Ihren magischen Kreis. Während Sie im Osten stehen führen Sie das Zeichen des Eingetretenen und das Zeichen der Stille aus, um alle vier Hexagramme und die sie verbindende weiße Linie zu entflammen.

Kommen Sie zurück in die Mitte des magischen Kreises und schauen Sie nach Osten. Wenn Sie einen zentralen Altar haben, dann stellen Sie sich dahinter.

Formel 3: Das Große Hexagramm in seinem jeweiligen Viertel nachzeichnen

Wenn Sie zum Zeitpunkt der Arbeit eine Karte der Himmelskörper haben (indem Sie sie entweder selbst erstellen oder online finden), bestimmen Sie die Position des Planeten, den Sie bisher angerufen (oder verbannt) haben. Wenden Sie sich dann dem Viertel zu, in dem sich der physische Planet befindet, und führen Sie das Große Hexagramm der Anrufung (oder Verbannung) dieses Planeten aus. Sie können dies tun, indem Sie das Erd-Hexagramm des Planeten in seiner entsprechenden Farbe nachzeichnen, während Sie den göttlichen Namen ARARITA vibrieren.

Als nächstes zeichnen Sie das Planetensymbol in der Mitte des Hexagramms, während Sie den göttlichen Namen der zugehörigen Sephira vibrieren. Die Farbe des Planetensymbols muss mit der entsprechenden Farbe des Lebensbaums (Atziluth) übereinstimmen, die in Tabelle 3 des Abschnitts "Die Qabalah" zu finden ist. Wenn Sie nicht wissen, in welchem Viertel des Himmels sich der physische Planet befindet, zeichnen Sie das Planetensymbol direkt vor sich. Dabei sollten Sie in der Mitte Ihres Kreises stehen und nach Osten schauen. Entflammen Sie schließlich das Hexagramm und das Planetensymbol mit dem Zeichen des Eintretenden. Schließen Sie mit dem Zeichen der Stille ab.

Formel 4: Das Qabalistische Kreuz

Wiederholen Sie das Qabalistische Kreuz in der Mitte Ihres Kreises (mit Blick nach Osten).

Formel 5: Analyse des Schlüsselworts durchführen

Führen Sie die Analyse des Schlüsselworts gemäß den unten stehenden Anweisungen durch. Damit ist das Ritual of the Hexagram abgeschlossen.

ANALYSE DES SCHLÜSSELWORTS

Die Analyse des Schlüsselworts wird an diesem Punkt in Ihren spirituellen Alchemieprozess gegeben, um als Teil der rituellen Hexagrammübung oder einer henochischen Evokation verwendet zu werden. Ihr Zweck ist es, sich kurz mit den ägyptischen Gottheiten zu beschäftigen, die mit Tod und Auferstehung assoziiert sind, was eine Transmutation des inneren Selbst hervorruft. Dies beinhaltet die Umwandlung des aufstrebenden, aber unvollkommenen Pentagramms des Menschen in das vollendete und ausgeglichene Hexagramm, metaphorisch gesprochen.

Das Schlüsselwort selbst bezieht sich auf die Buchstaben I.N.R.I., die ein wesentliches Akronym in der Magie, aber auch im Christentum und Judentum sind. Die Buchstaben I.N.R.I. wurden über dem Kopf von Jesus Christus am Kreuz angebracht und stehen für "Jesus Nazarenus Rex Judecorum", was übersetzt "Jesus von Nazareth, König der Juden" bedeutet. I.N.R.I. ist somit gleichbedeutend mit der "Christus-Kraft", dem erlösenden Leben/Tod/Auferstehung-Archetyp im Universum. Im Kontext des Golden Dawn spielt das Schlüsselwort auch auf die Abfolge der Jahreszeiten an. Dazu gehören die Tagundnachtgleiche und die Sonnenwende.

Das Schlüsselwort ruft die vielen Namen und Bilder auf, die mit dieser Übung verbunden sind. Als Teil der Anrufung folgen auf die lateinischen Buchstaben I.N.R.I. ihre hebräischen Entsprechungen Yod, Nun, Resh und Yod. Aus den qabalistischen Zuordnungen dieser Buchstaben (Entsprechungen der Tarot-Pfade) ergeben sich Jungfrau (Yod), Skorpion (Nun) und Sol (Resh). Diese entsprechen einem Trio von ägyptischen Gottheiten - Isis, Apophis (Set) und Osiris. Diese drei Gottheiten sind die Schlüsselfiguren in der ägyptischen Legende vom sterbenden und wiederauferstehenden Gott. Die Anfangsbuchstaben dieser Götternamen bilden den Namen IAO, den gnostischen Namen Gottes. IAO steht für den natürlichen Prozess der Schöpfung, der Zerstörung und der Wiederauferstehung (Wiedergeburt).

Der Buchstabe "I" (in I.N.R.I.) ist das Zeichen der Jungfrau als Isis, der mächtigen Mutter - sie steht für die Erzeugung der Samen von Früchten auf der Erde, die dem Frühling und der generativen, kreativen Kraft der Natur entsprechen. Der Buchstabe "N" ist Skorpion als Apophis der Zerstörer - die zerstörerische Kraft der Natur, die für den Winter steht. Der Buchstabe "R" ist Sol, der sich auf den Sommer bezieht - die Zeit des Jahres, in der die Natur am fruchtbarsten und reichhaltigsten ist und die Vitalität aller Lebewesen ihr Optimum erreicht hat.

Das letzte "I" ist Osiris, der Erschlagene und Auferstandene, was sich auf den Herbst bezieht - die Zeit des Jahres, in der das Leben in der Natur den Prozess des langsamen Absterbens beginnt, nur um im Frühling des folgenden Jahres wiedergeboren zu werden. Indem du das Schlüsselwort aussprichst, rufst du die Kraft des Sonnenlichts, des Ernährers aller Lebewesen, in deine Aura.

Ein Teil der Analyse des Schlüsselworts sind magische Gesten, die das lateinische Wort "lux" oder LVX bilden, was "Licht" bedeutet. Wenn Sie diese magischen Gesten durchführen, während Sie die angegebenen Worte aussprechen, richten Sie Ihr Bewusstsein auf den Zyklus von Tod und Wiedergeburt der Sonne aus, einschließlich des Selbst in seinem Streben nach spiritueller Erleuchtung. Dieser Prozess ist ein Prozess der ständigen Erneuerung und Regeneration, um spirituelle Vollkommenheit zu erlangen. Diese magischen Gesten (im Golden Dawn LVX-Zeichen genannt) werden auch mit dem bereits erwähnten ägyptischen Göttertrio in Verbindung gebracht.

Die LVX-Zeichen sind die Zeichen, die im Adeptus Minor Grad gegeben werden. Auf dieser Stufe versuchen Sie, die Essenz von Tiphareth zu verkörpern, was die Aufopferung aller Ungleichgewichte und destruktiven Impulse einschließt, die notwendig sind, um mit dem Geistelement und dem Höheren Selbst vollständig eins zu werden.

Das innere Selbst muss in vollkommener Harmonie sein, bevor der Geist herabsteigen und die Seele transformieren kann. Durch die Verwendung der Gradzeichen, die mit den fünf Elementen verbunden sind, haben Sie mit der Kraft des Lichts in seinen verschiedenen Manifestationen gearbeitet. Mit den LVX-Zeichen transformieren Sie Ihr Bewusstsein vollständig und Sie werden eins mit ihrem heiligen Schutzengel, wie es der Natur der Arbeit im Adeptus Minor Grad entspricht.

Analyse des Schlüsselworts

Formel 1: Anrufung von I.N.R.I. und I.A.O.

Strecken Sie Ihre Arme in Form des Tav-Kreuzes aus, wobei die Handflächen nach vorne zeigen. Sagen Sie das folgende Akronym auf Englisch, indem Sie jeden Buchstaben mit Ehrfurcht aussprechen:

"I.N.R.I."

Dann vibrieren Sie:

Yooohd-Nooon-Rehhhsh-Yooohd

(Yod Nun Resh Yod)

Während Sie die hebräischen Buchstaben vibrieren, zeichnen Sie sie in der Luft vor sich (in Augenhöhe) von rechts nach links nach (Abbildung 55), mit der Hand oder einem rituellen Beschwörungswerkzeug. Die Buchstaben sollten in flammendem Blau sein, genau wie die Pentagramme.

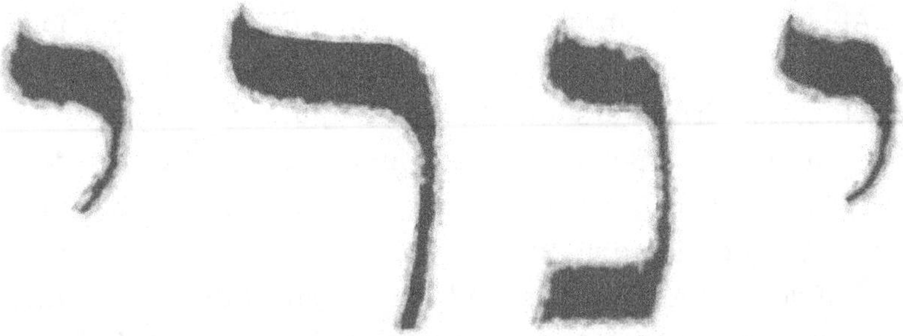

Abbildung 55: I.N.R.I. auf Hebräisch: Jod, Nun, Resh, Jod

Kehren Sie wieder in die Position des Tav-Kreuzes zurück und sagen Sie mit Ehrfurcht:

"Jungfrau, Isis, Mächtige Mutter!

Skorpion, Apophis, Zerstörer!

Sol, Osiris, erschlagen und auferstanden!

Isis, Apophis, Osiris!"

Heben Sie während dieser Rede langsam Ihre Arme und Ihren Kopf zum Himmel. Sobald Sie fertig sind, vibrieren Sie:

Eeeeee-Aaahhh-Ooohhh

(IAO)

Formel 2: Die L.V.X.-Zeichen (Abbildung 56)

Kehren Sie in die Position des Tav-Kreuzes zurück und sagen Sie:

"Das Zeichen des erschlagenen Osiris".

Während Sie diese magische Geste ausführen, denken Sie an die Kräfte der Tagundnachtgleiche, wenn das Licht der Sonne und die Dunkelheit gleich stark sind.

Heben Sie den rechten Arm gerade in die Luft, während Sie den linken Arm in der gleichen Position wie bei der vorherigen Geste halten. Die beiden Arme sollten einen Neunzig-Grad-Winkel bilden, wobei die offenen Handflächen nach vorne zeigen. Ihre Position sollte dem Buchstaben "L" ähneln. Sagen Sie nun mit Ehrfurcht:

"L, das Zeichen für die Trauer der Isis".

Während Sie diese Geste ausführen, denken Sie an die Sommersonnenwende, die Zeit des Jahres, in der das Licht der Sonne am stärksten ist. Diese Geste soll Sie mit der Lebenskraft von Osiris verbinden.

Heben Sie nun beide Arme über Kopf in einem Winkel von je sechzig Grad. Beide Arme sollten gerade sein, und die Handflächen sollten nach vorne gerichtet sein. Die Position der Arme sollte den Buchstaben "V" bilden. Bei dieser Geste sollte der Kopf leicht nach hinten gehen, während Sie nach vorne und nach oben zum Himmel blicken. Sagen Sie nun mit Ehrfurcht:

"V, das Zeichen von Typhon und Apophis".

Während Sie diese Geste ausführen, denken Sie an die Wintersonnenwende, die Zeit des Jahres, in der die Dunkelheit am stärksten ist.

Kreuzen Sie die Arme auf der Brust, wobei der rechte Arm über dem linken liegt und so den Buchstaben "X" bildet. Neigen Sie dabei den Kopf und sagen Sie:

"X, das Zeichen des auferstandenen Osiris".

Während Sie diese Geste ausführen, betrachten Sie die Kräfte der Tagundnachtgleiche und der Sonnenwende, da beide Energien hier präsent sind. Die Dualität von Licht und Dunkelheit und ihre Beziehung schaffen die Zyklen von Leben und Tod und die ständige, immerwährende Regeneration der Natur.

Wiederholen Sie nun die letzten drei magischen Gesten und buchstabieren Sie dabei jeden Buchstaben des Akronyms L.V.X., während Sie jede Geste ausführen. Sobald Sie mit dem Zeichen des auferstandenen Osiris enden, sagen Sie:

Luuuux

(LUX)

Bleiben Sie im Zeichen des erschlagenen Osiris (Tav-Kreuz-Position) und sagen Sie den folgenden Satz mit Ehrfurcht:

"Das Licht..." (Halten Sie die Arme in der Tav-Kreuz-Position, während Sie diesen Teil des Satzes sagen.)

".... vom Kreuz". (Während Sie diesen zweiten Teil des Satzes sagen, verschränken Sie die Arme vor der Brust im Zeichen des auferstandenen Osiris)

Abbildung 56: Die L.V.X.-Zeichen

***

Die Analyse des Schlüsselworts ist nun abgeschlossen. Nach der Durchführung dieser Übung wird ein starker solarer Energiestrom aus dem Astralreich in die Aura gerufen. Da diese rituelle Übung während einer planetarischen Invokation oder einer henochischen Evokation verwendet werden soll, fahren Sie mit dem nächsten Teil der Formel fort, egal welche Übung Sie gerade durchführen.

SPIRITUELLE ALCHEMIE PROGRAMM II - DIE SIEBEN ALTEN PLANETEN

Da die Planeten mit den Sephiroth korrespondieren, werden Sie systematisch mit jedem einzelnen arbeiten, beginnend mit Yesod und auf dem Baum des Lebens aufwärts bis zu Binah. Es ist von entscheidender Bedeutung, die Kräfte eines jeden Planeten zu integrieren, bevor man zum nächsten Planeten übergeht. Planetenmagie setzt die Arbeit fort, die bisher mit den vier Elementen Erde, Luft, Wasser und Feuer und dem fünften Element Geist gemacht wurde. Diesmal nähern Sie sich den archetypischen Kräften, die Ihre Psyche ausmachen, noch weiter an.

Die Anrufung eines bestimmten Planeten (zu der Stunde, in der sein Einfluss am größten ist) wird Sie mit seiner Energie in Einklang bringen. Wenn Sie mit der Energie eines Planeten in Einklang kommen, werden Sie in der Lage sein, von ihm zu lernen und seine Kraft produktiv in Ihrem eigenen Leben zu nutzen. Auf diese Weise werden Sie zu einem Meister Ihres Schicksals, wie es der Zweck der in *The Magus* vorgestellten Arbeit ist.

Die planetarischen Stunden sind nicht dasselbe wie die regulären täglichen Stunden. Die Art und Weise, wie Sie eine planetarische Stunde bestimmen können, besteht darin, die genaue Zeit zwischen Sonnenaufgang und Sonnenuntergang an einem bestimmten Tag zu finden (indem Sie im Internet nachsehen) und diese Zeit durch zwölf zu teilen. Auf diese Weise erhalten Sie die Länge der planetarischen Stunden des Tages. Um die Planetenstunden der Nacht zu ermitteln, teilen Sie die Zeit zwischen Sonnenuntergang und Sonnenaufgang durch zwölf. Die Stunden des Tages und der Nacht sind unterschiedlich lang, außer zu den Tagundnachtgleichen. Verwenden Sie die Tabellen 5 und 6, um die Planetenstunden des Tages und der Nacht zu ermitteln.

Was das Programm der Planetenanrufungen betrifft, so müssen Sie sich nur mit der Stunde befassen, der ein Planet entspricht. Denken Sie daran, dass eine Planetenanrufung am wirkungsvollsten ist, wenn ein Planet an dem Tag angerufen wird, der ihm zugeordnet ist, sowie zu der Stunde. Da Sie aber über einen längeren Zeitraum mit jeweils einem Planeten arbeiten werden, ist es nur wichtig, dass Sie ihn zu seiner entsprechenden Stunde anrufen.

Die Zeit, die du mit jedem Planeten arbeiten sollst, beträgt einen Monat. Mit anderen Worten: Sie können einen Planeten vier Wochen lang so oft Sie wollen in der Woche anrufen. Außerdem gilt die gleiche Regel wie bei den LIRPs und SIRP, bei denen Sie eine Planetenanrufung nicht öfter als einmal pro Tag durchführen dürfen. Die Bannungen (LBRP und BRH) und die Middle Pillar können mehrmals an einem Tag durchgeführt werden.

Das Programm der Spirituellen Alchemie, das bei der Arbeit mit den planetarischen Kräften zu befolgen ist, ist nicht so streng wie das, was Ihnen bisher mit den Elementen und SIRP vorgestellt wurde. Wenn Sie sich entscheiden, länger als einen Monat mit einem Planeten zu arbeiten, dann können Sie das tun. Um die Energie eines Planeten vollständig zu integrieren, sollten Sie jedoch nicht weniger als einen ganzen Monat mit ihm arbeiten.

Beginnen Sie mit dem Mond und rufen Sie ihn mindestens vier Wochen lang einmal täglich zu seiner entsprechenden Stunde an. Verwenden Sie das Ritual of the Hexagram (Lesser and Greater), um ihn anzurufen. Wenn Sie das geschafft haben, gehen Sie zur Anrufung des Merkurs über und führen die gleiche Formel einen Monat lang durch. Dann geht man zur Venus über, gefolgt von Sonne, Mars, Jupiter und Saturn. Das Programm der spirituellen Alchemie mit den Planeten sollte mindestens sieben Monate in Anspruch nehmen. Sobald Sie es abgeschlossen haben, können Sie zur Henochischen Magie übergehen, es sei denn, Sie haben deren Programm bereits abgeschlossen.

Denken Sie daran, dass Sie jetzt mit Ritualübungen auf der Adeptenebene arbeiten, die ausschließlich dem Inneren Orden des Golden Dawn im Rahmen des Adeptus Minor Lehrplans vorbehalten sind. Obwohl das SIRP in Wirklichkeit ein Ritual auf der Adeptenebene war, diente es in erster Linie dazu, Sie spirituell auf die Adeptenebene zu bringen, damit Sie bereit sind, mit planetarischer Magie und henochischer Magie zu arbeiten. Im Golden Dawn wird das SIRP als Teil der Arbeit des Portalgrades dargestellt - dem Kontaktpunkt zwischen dem Inneren und dem Äußeren Orden.

Nach Abschluss des Programms der spirituellen Alchemie mit der SIRP werden Sie die fünf Elemente in Ihr Wesen integriert haben und somit von einer höheren Bewusstseinsebene aus arbeiten. Seien Sie nicht überrascht, wenn Sie Informationen aus höheren Reichen channeln, während Sie mit den Planeten und der henochischen Magie arbeiten. Wenn dies geschieht, haben Sie Kontakt mit Ihrem Heiligen Schutzengel, Ihrem Höheren Selbst, dem ewigen inneren Führer und Lehrer, aufgenommen. Sie werden viel von Ihrem inneren Lehrer lernen, und Ihr Weg der Entdeckung der Mysterien des Universums hat erst richtig begonnen.

Viele Orden des Golden Dawn lehren ihre Adepten, die SIRP täglich als Teil einer größeren Invokation zu verwenden, z.B. einer planetarischen oder sogar einer henochischen. Diese Methode wird gelehrt, sobald der Eingeweihte den Grad des Adeptus Minor erreicht hat und offiziell ein Adept innerhalb des Ordens geworden ist. Die Idee hinter dieser Methode ist, dass die SIRP alle fünf Elemente anruft; daher ermöglicht sie dem Praktizierenden, sich in einem möglichst ausgeglichenen Zustand von Geist, Körper und Seele zu befinden, bevor er mit größeren rituellen Anrufungen beginnt. Außerdem dient die SIRP als Startrampe in das Astralreich, wo alle magischen Operationen stattfinden. Daher wird diese Methode es Ihnen ermöglichen, die Energie jeder größeren rituellen Anrufung so optimal wie möglich zu integrieren.

In meiner persönlichen Erfahrung habe ich festgestellt, dass die Verwendung der SIRP vor der Arbeit mit einem Planeten eine erleuchtende Erfahrung sein kann, aber auch meinen Geist vernebeln kann, so dass ich die Energie des Planeten nicht wie gewünscht spüre. Andererseits habe ich festgestellt, dass ich, wenn ich die SIRP ein- oder zweimal pro Woche benutze und mich auf die täglichen Planetenanrufungen konzentriere, am besten mit der Energie eines Planeten in Kontakt komme und von ihr lernen kann.

Sie können jedoch gerne mit beiden Methoden experimentieren und sehen, was für Sie am besten funktioniert. Wenn Sie mit einer der beiden Methoden nicht zurechtkommen, können Sie die SBRP oder die Verbannung eines Planeten durchführen, um die Auswirkungen seiner Energie zu mildern. Ein großer Teil des Magus-Seins besteht darin, zu wissen, wann man die gewünschte Energie hinzufügen oder abziehen muss, um optimal zu funktionieren und sein höchstes Potenzial den ganzen Tag über auszuschöpfen.

Der Diskurs über die Energiearbeit mit den Sieben Alten Planeten ist nun abgeschlossen. Unabhängig davon, ob Sie sich entschieden haben, zuerst mit der henochischen Magie oder mit den Planeten zu arbeiten, gehen Sie zur zweiten Option über, sobald Sie ihr vorgeschriebenes Programm der spirituellen Alchemie abgeschlossen haben. Sobald beide Optionen abgeschlossen sind, können Sie wieder mit jeder bisher vorgestellten Operation beginnen und entweder dem vorgeschriebenen Programm folgen oder mit verschiedenen täglichen Anrufungen experimentieren.

Ich habe auch zusätzliche magische Arbeit für den Adepten in den Anhang aufgenommen, die Energiearbeit mit den mächtigen Olympischen Planetengeistern enthält. Es wird empfohlen, das Programm der spirituellen Alchemie mit den sieben alten Planeten abzuschliessen, bevor Sie mit der Arbeit mit den olympischen Geistern beginnen. Dies wird Ihnen eine bessere Kontrolle über die planetarischen Energien geben, da die olympischen Geister blinde Kräfte sind, die sich positiv oder negativ manifestieren können, je nachdem, welchen Input Sie ihnen geben.

Verwenden Sie das zusätzliche Material im Anhang weise, mit Sorgfalt und Vorsicht. Denken Sie daran, dass Sie viele Jahre damit verbringen können, mit Zeremonialmagie zu arbeiten, da viele Jahre nötig sind, um ein erleuchtetes Wesen zu werden und das Große Werk zu vollenden.

TABELLE 5: Die planetarischen Stunden des Tages

Stunde	Sonntag	Montag	Dienstag	Mittwoch	Donnerstag	Freitag	Samstag
1	Sonne	Mond	Mars	Merkur	Jupiter	Venus	Saturn
2	Venus	Saturn	Sonne	Mond	Mars	Merkur	Jupiter
3	Merkur	Jupiter	Venus	Saturn	Sonne	Mond	Mars
4	Mond	Mars	Merkur	Jupiter	Venus	Saturn	Sonne
5	Saturn	Sonne	Mond	Mars	Merkur	Jupiter	Venus
6	Jupiter	Venus	Saturn	Sonne	Mond	Mars	Merkur
7	Mars	Merkur	Jupiter	Venus	Saturn	Sonne	Mond
8	Sonne	Mond	Mars	Merkur	Jupiter	Venus	Saturn
9	Venus	Saturn	Sonne	Mond	Mars	Merkur	Jupiter
10	Merkur	Jupiter	Venus	Saturn	Sonne	Mond	Mars
11	Mond	Mars	Merkur	Jupiter	Venus	Saturn	Sonne
12	Saturn	Sonne	Mond	Mars	Merkur	Jupiter	Venus

TABELLE 6: Die planetarischen Stunden der Nacht

Stunde	Sonntag	Montag	Dienstag	Mittwoch	Donnerstag	Freitag	Samstag
1	Jupiter	Venus	Saturn	Sonne	Mond	Mars	Merkur
2	Mars	Merkur	Jupiter	Venus	Saturn	Sonne	Mond
3	Sonne	Mond	Mars	Merkur	Jupiter	Venus	Saturn
4	Venus	Saturn	Sonne	Mond	Mars	Merkur	Jupiter
5	Merkur	Jupiter	Venus	Saturn	Sonne	Mond	Mars
6	Mond	Mars	Merkur	Jupiter	Venus	Saturn	Sonne
7	Saturn	Sonne	Mond	Mars	Merkur	Jupiter	Venus
8	Jupiter	Venus	Saturn	Sonne	Mond	Mars	Merkur
9	Mars	Merkur	Jupiter	Venus	Saturn	Sonne	Mond
10	Sonne	Mond	Mars	Merkur	Jupiter	Venus	Saturn
11	Venus	Saturn	Sonne	Mond	Mars	Merkur	Jupiter
12	Merkur	Jupiter	Venus	Saturn	Sonne	Mond	Mars

TEIL V: DIE KYBALION-HERMETISCHE PHILOSOPHIE

EINFÜHRUNG IN DAS KYBALION

Das Kybalion: Hermetic Philosophy wurde ursprünglich 1908 von der Yogi Publication Society von einer oder mehreren Personen unter dem Pseudonym der Drei Eingeweihten veröffentlicht. Die Seiten dieses Buches enthalten die Essenz der Lehren von Hermes Trismegistus über die Natur des Kosmos und die Gesetze, die ihn regieren. Die im *Kybalion* enthaltenen Ideen und Philosophien waren zu jener Zeit so tiefgreifend, dass sie zu einem der Grundpfeiler der New-Age-Bewegung in den frühen 1900er Jahren wurden.

Interessanterweise wurde *das Kybalion* etwa zur gleichen Zeit veröffentlicht, in der der ursprüngliche hermetische Orden des Golden Dawn praktizierte. Beide hatten einen tiefgreifenden Einfluss auf die Gesellschaft und die Spiritualität jener Zeit, dessen Auswirkungen bis heute zu spüren sind.

Im letzten Jahrhundert wurden viele Spekulationen über die Identität der Drei Eingeweihten angestellt, da sie es vorzogen, anonym zu bleiben. Die glaubwürdigste Theorie ist, dass *das Kybalion* von einem Mann, William Walker Atkinson, verfasst wurde, der unter vielen verschiedenen Pseudonymen schrieb. Viele seiner Werke wurden von der Yogi Publication Society veröffentlicht, deren Gründer er war.

Eine andere Theorie besagt, dass Atkinson *das Kybalion* zusammen mit Paul Foster Case geschrieben hat und dass Case ein Freimaurer war, da die Yogi Publication Society ihre Adresse als "Masonic Temple, Chicago IL" im Buch angibt. Schließlich gibt es viele Theorien über den dritten Mitautor; einige vermuten sogar, dass es sich um ein ehemaliges Mitglied des ursprünglichen Golden Dawn handeln könnte.

Ob William Walker Atkinson der alleinige Autor des *Kybalion* war oder es zusammen mit anderen verfasste, wird immer ein Geheimnis bleiben. Eines ist jedoch sicher: *Das Kybalion* war und wird für immer eines der wichtigsten und einflussreichsten okkulten und esoterischen Bücher aller Zeiten bleiben. Sein Wissen ist universell, weshalb sich die Menschen seit seiner Entstehung von Natur aus zu ihm hingezogen fühlen.

Unsere Gesellschaft braucht derzeit dringend das Wissen, das in den Seiten *des Kybalion* enthalten ist, denn es allein kann den Geist erleuchten wie keine andere Philosophie der Welt. Aus diesem Grund habe ich beschlossen, die wichtigsten Lehren des Kybalion vorzustellen und sie mit der Qabalah zu verbinden, da die beiden Philosophien Hand in Hand gehen.

Ich werde die Schöpfungsprinzipien *des Kybalion mit* neuen Ergänzungen und Kommentaren vorstellen und diese zeitlose hermetische Philosophie mit dem Lebensbaum und dem chakrischen System in Verbindung bringen. Meine Präsentation dieses Werkes ist sehr umfassend und modifiziert, um den Bedürfnissen, dem allgemeinen Verständnis und der Sprache der Menschen in der heutigen Welt zu entsprechen.

Wie in der Einleitung zu *The Magus* erwähnt, sind diese hermetischen Prinzipien so kraftvoll, dass ihre Anwendung mich vor siebzehn Jahren mit einem vollständigen Kundalini-Erwachen beglückte. Seitdem habe ich eine Berufung vom Göttlichen gespürt, mein Wissen und meine Erfahrung mit diesen Prinzipien der Öffentlichkeit zugänglich zu machen, damit andere den gleichen Nutzen daraus ziehen können.

Das Verstehen dieser Prinzipien ist von entscheidender Bedeutung, um zu verstehen, wie wir für unsere Realität verantwortlich sein können. Dies sind mentale Prinzipien, die auf der mentalen Ebene der Existenz wirken. Ihr Verstand ist das Bindeglied zwischen Geist und Materie, dem Oben und dem Unten. Dein Verstand ist auch der Muskel, der trainiert werden muss, da du durch ihn Zugang zu den inneren kosmischen Ebenen hast, die deine Realität formen. Indem Sie die inneren Funktionen Ihres Verstandes kontrollieren, können Sie ein Maß an Kontrolle über Ihre Realität ausüben, das Sie wahrscheinlich nie für möglich gehalten hätten.

Das Kybalion stellt diese mentalen Prinzipien vor, die bestimmen, wie wir als menschliche Wesen uns in unserer physischen Realität manifestieren. Im Wesentlichen ist *das Kybalion* das Handbuch für die Beherrschung der dritten Dimension der Realität, an der wir täglich teilhaben. Es ist ein Handbuch, das uns lehrt, wie wir unseren physischen Körper nutzen können, um Schwingungen in die Außenwelt zu projizieren, die es uns ermöglichen, eine Ursache statt einer Wirkung zu sein. Für uns Menschen ist es also ein Handbuch für das Leben selbst.

Diese Prinzipien geben Ihnen den Rahmen dafür, wie Aspekte Ihres inneren Selbst, wie Willenskraft, Vorstellungskraft, Gedächtnis, Inspiration, Emotion, Wunsch, Logik und Vernunft, zusammenwirken. Mit diesem Wissen können Sie ihre inneren Abläufe nutzen, um die Realität und die Menschen um Sie herum zu beeinflussen.

Viele Menschen wenden diese Prinzipien mehr oder weniger unbewusst an. Wenn Sie diese Prinzipien jedoch verstehen, können Sie sie bewusst und mit Absicht und Ziel einsetzen. Dieses Wissen geht Hand in Hand mit allem, was bisher über die Qabalah und den Baum des Lebens vorgestellt wurde, denn das gemeinsame Ziel ist es, Ihre persönliche Macht zu stärken und Sie zum Meister Ihres Schicksals zu machen.

Indem Sie diese Prinzipien der Schöpfung lernen und meistern, erlangen Sie unweigerlich die Herrschaft über Ihre Mentalität, was gleichbedeutend mit der Sephira Hod ist, da diese Sephira sich mit dem Verstand und seiner Macht beschäftigt. Es ist kein Wunder, dass Merkur oder Hermes der Sephira Hod zugeschrieben wird, denn er ist der römische und griechische Gott der Logik, der Vernunft und vor allem des Intellekts. *Das Kybalion* ist schließlich ein Werk über die hermetische Philosophie und die Beherrschung der mentalen Ebene der Realität.

Die physische Welt ist eine konkrete Version der Welt der reinen Energie, die als vierte Dimension, die Dimension der Schwingung, bezeichnet wird. Diese Prinzipien wirken in dieser Dimension der Schwingung und erklären, wie Sie Ihr Schwingungsniveau anheben können, um die Welt um Sie herum zu beeinflussen. Das Wissen um diese Prinzipien und ihre Anwendung ist das wahre "Zepter der Macht", wie es im *Kybalion* heißt.

DIE WEISHEIT DES HERMES TRISMEGISTOS

Hermes Trismegistus, auch bekannt als der "Schreiber der Götter", soll der Begründer *der* Kybalion-Prinzipien sein. Er lebte während der ältesten Dynastien Ägyptens, lange vor den Tagen von Moses, und wurde von der Welt als die "Große Zentralsonne des Okkultismus" betrachtet. "Seine Weisheit war über alle Maßen groß und brachte die zahllosen Lehren, die vor seiner Zeit entstanden waren, ans Licht.

Einige Gelehrte betrachten Hermes als Zeitgenossen Abrahams und behaupten, dass Abraham einen großen Teil seines mystischen Wissens von ihm erworben hat. Wieder andere behaupten eine Verbindung zwischen Hermes und Henoch und sagen, dass der eine eine Reinkarnation des anderen gewesen sein könnte.

Alle grundlegenden Lehren, die in allen esoterischen und religiösen Sekten zu finden sind, sollen auf Hermes Trismegistus zurückgeführt werden können. Der Legende nach reisten viele Weisen, Yogis und Adepten aus verschiedenen Teilen der Welt nach Ägypten. Ihre Mission war es, zu Füßen des Meisters Hermes zu sitzen, von dem sie glaubten, er könne ihnen den Meisterschlüssel geben, der ihre unterschiedlichen Ansichten über das Universum und das menschliche Leben in Einklang bringt. Auf diese Weise wurde die Geheimlehre des Kosmos fest etabliert.

Hermes wurde der "Meister der Meister" genannt und war der Vater der okkulten Weisheit. Er war der Begründer der Astrologie und der Entdecker der Alchemie. Sein Wissen und seine Weisheit waren so weit über dem Rest der Menschen in der Welt, dass die Ägypter ihn vergötterten und ihn zu einem ihrer Götter machten - Thoth, dem

Gott der Weisheit. Jahre später machten ihn die Griechen im ptolemäischen Königreich Ägyptens ebenfalls zu einem ihrer zwölf olympischen Götter und nannten ihn bei seinem richtigen Namen Hermes. Bald nach der Übernahme Ägyptens durch die Römer synkretisierten diese ihre Religion mit der griechischen und nannten Hermes Merkur (Abbildung 57).

Die Ägypter verehrten Hermes viele Jahrhunderte lang, da er mit seiner Weisheit alles Esoterische und Okkulte ans Licht brachte und seine Lampe in Bereiche leuchtete, die sonst unbekannt waren. Sie waren es, die ihm seinen antiken Titel Trismegistus gaben, was so viel bedeutet wie der "Dreifach-Große", der "Groß-Große" und der "Größte-Große". Der Name des Hermes Trismegistus wurde in allen Ländern verehrt; sein Name wurde zum Synonym für die "Quelle der Weisheit".

Abbildung 57: Die Formen des Hermes

Hermes galt als der außergewöhnlichste Weltlehrer, und einige Adepten, die nach ihm kamen, darunter Jesus Christus, werden von vielen Gelehrten als seine Reinkarnation angesehen. Sie glauben, dass der Geist von Hermes etwa alle 2000 Jahre als Weltlehrer inkarniert, um die Welt auf spirituellem, religiösem, philosophischem und psychologischem Gebiet zu erleuchten, indem er eine moderne Sprache hervorbringt, um über den Geist und Gott zu lehren und alle abweichenden Standpunkte zu versöhnen.

Studenten der vergleichenden Religionen werden den Einfluss der hermetischen Lehren in jeder Religion erkennen können, egal ob es sich um eine tote oder eine heute voll aktive handelt. Die hermetischen Lehren dienen als großer Versöhner für alle religiösen Gedanken und Überzeugungen. Sein Werk bestand jedoch darin, eine große Saat der Wahrheit zu etablieren, anstatt eine neue Religion zu schaffen. Er erkannte, dass Religion die Menschen spirituell oft in die Irre führt, da sie zu politischen Zwecken benutzt werden kann; daher versuchte er, seine Philosophie rein zu halten.

Weisheit war seine treibende Kraft, um Männern und Frauen die Schlüssel zu geben, ihre eigenen Lehrer und Meister zu sein. Seine großen Saaten der Wahrheit wurden von den verehrten Weisen der Zeit von "Mund zu Ohr" weitergegeben, und in jeder Generation gab es immer ein paar lebende Eingeweihte, die die heilige Flamme der hermetischen Lehren am Brennen hielten. Durch diese Methode wurde die hermetische Weisheit weitergegeben. Die Überlieferung besagt jedoch, dass diese "Perlen der Weisheit" nur wenigen Auserwählten vorbehalten waren, weil sie glaubten, dass Weisheit nur dann empfangen werden kann, wenn des Zuhörers Fähigkeit zu Verstehen zufriedenstellend gegeben ist.

Die alten Lehrer haben immer davor gewarnt, die Geheimlehre in ein Glaubensbekenntnis oder eine Religion zu kristallisieren, weil sie auf diese Weise ihr Leben, ihren Geist verlieren würde. Daher wurde die hermetische Weisheit, wann immer sie niedergeschrieben wurde, in Begriffen der Alchemie und Astrologie verschleiert, so dass nur diejenigen, die die Schlüssel besaßen, sie lesen konnten. Bis heute gibt es nicht viele Bücher über die hermetische Philosophie, aber sie ist der einzige Hauptschlüssel, der die Türen zu allen okkulten Lehren öffnet und alle Religionen miteinander versöhnt.

In den frühen Tagen gab es eine Zusammenstellung bestimmter grundlegender hermetischer Lehren, die von Lehrer zu Schüler weitergegeben wurden und als *Kybalion* bekannt sind. Die genaue Bedeutung des Wortes ist in der Antike verloren gegangen, aber viele Gelehrte sagen, dass es mit der Qabalah korreliert, da die beiden Wörter ähnlich klingen und die Essenz ihrer Philosophie darstellen. Diese Lehre ist von "Mund zu Ohr" überliefert und wurde nie gedruckt, so wie auch die wahre Qabalah gelehrt wurde.

Das Kybalion war einfach eine Sammlung von Maximen, Axiomen und Vorschriften, die für Außenstehende nicht verständlich waren, aber von den Schülern des Hermetismus leicht verstanden wurden. Diese Prinzipien bildeten die grundlegenden Prinzipien der Kunst der hermetischen Alchemie, die sich mit der Beherrschung der mentalen Kräfte und der Umwandlung von mentalen Schwingungen befasste.

Bei dieser Art von Alchemie ging es nicht darum, physisches Blei in Gold zu verwandeln. Sie war eine spirituelle, und das war das Geheimnis. Die Verwandlung von Metallen von einer Form in die andere war eine Allegorie, die für den Laien nicht erkennbar war, aber von den Eingeweihten der hermetischen Mysterien leicht verstanden wurde. Diese Legende wurde in alten Zeiten als die Suche nach dem "Stein der Weisen" bekannt.

The Magus zielt darauf ab, diese Maximen, Axiome und Regeln ans Licht zu bringen und Ihnen den Hauptschlüssel zu geben, der es Ihnen ermöglicht, die Weisheit und das Verständnis zu erlangen, die notwendig sind, um Ihren mentalen und emotionalen Zustand zu meistern. Indem Sie die Funktionsweise dieser universellen Prinzipien kennen, werden Sie zum Meister Ihres Schicksals und maximieren Ihre persönliche Macht.

"Die Lippen der Weisheit sind verschlossen, außer für die Ohren des Verstandes." - "Das Kybalion"

Auf dem Baum des Lebens bedeutet Chokmah "Weisheit", während Binah "Verständnis" bedeutet. Dies sind die beiden höchsten Aspekte der Dualität, an denen der Mensch teilhat. Sie sind unsere Supernale, die spirituelle Energie in uns, die nie geboren wurde und nie sterben wird. Sie sind mit dem Sahasrara Chakra verbunden, das mit der Kether Sephira korrespondiert und uns mit dem Reich der Nicht-Dualität verbindet, dem Großen Weißen Licht, das aller Existenz zugrunde liegt. Man kann keine Weisheit haben, ohne Verständnis zu haben und umgekehrt.

"Wo die Schritte des Meisters fallen, öffnen sich die Ohren derer, die für seine Lehre bereit sind." - "Das Kybalion"

Der Meister ist dein eigener heiliger Schutzengel. Er ist der Teil von dir, der Gott - der Schöpfer - ist. Die Weisheit des gesamten Universums ist in dir enthalten. Sobald du bereit bist, sie zu empfangen, wird der Meister sein Wissen aktivieren und in deine Seele leiten. Sie müssen die Ohren des Verstehens haben, um es zu empfangen, das heißt, Sie müssen Ihre spirituelle Entwicklung auf eine ausreichende Stufe bringen, bevor dies geschehen kann. Diese Methode des Lernens über die Mysterien des Universums entspricht dem folgenden Axiom aus dem *Kybalion:*

"Wenn die Ohren des Schülers bereit sind zu hören, dann kommen die Lippen, um sie mit Weisheit zu füllen." - "Das Kybalion"

Der gesamte Zweck unserer Existenz auf der Erde ist die spirituelle Evolution. Daher ist der Impuls, etwas über die Mysterien des Universums zu lernen, in unserer DNA verschlüsselt. Durch unsere DNA können wir uns mit unserem höheren Selbst verbinden, um spirituell voranzukommen. Unser unendliches Streben nach Unsterblichkeit entspricht unserem Streben nach Erleuchtung. Durch das eine erreichen wir das andere.

DIE SIEBEN PRINZIPIEN DER SCHÖPFUNG

"Die Prinzipien der Wahrheit sind sieben; wer sie kennt und versteht, besitzt den magischen Schlüssel, vor dessen Berührung sich alle Türen des Tempels öffnen. " - "Das Kybalion"

I. DAS PRINZIP DES MENTALISMUS

Das Prinzip des Mentalismus enthält die ultimative Wahrheit, dass "Das Alles", welche die substanzielle Realität ist die allem zugrunde liegt, was wir in der materiellen Welt auf der Erde (dem physischen Universum) sehen und wahrnehmen, in Wirklichkeit Geist ist. Qabalistisch gesehen ist Kether, das Weiße Licht, die spirituelle Energie, die Substanz, aus der Malkuth, die manifestierte Erde, besteht.

Dieser Geist ist für das menschliche Fassungsvermögen undefinierbar, kann aber als der unendliche, universelle, lebendige Geist betrachtet werden. Er ist ein von Gott, dem Schöpfer, projizierter Gedanke. Dieser Gedanke Gottes ist "Gottes Traumwelt", da er eine mentale Schöpfung ist, die in seinem Unendlichen Lebendigen Geist enthalten ist. Als solche unterliegt sie den Prinzipien der Schöpfung, die mentaler Natur sind, da das gesamte Universum ebenfalls eine mentale Schöpfung ist. Im Unendlichen Lebendigen Geist Gottes leben wir, bewegen wir uns und haben wir unser Sein.

"Das ALL ist GEIST, das Universum ist geistig. " - "Das Kybalion"

Sobald du das Prinzip des Mentalismus verstanden hast (dass alles mental ist), kannst du die mentalen Gesetze auf dein Wohlbefinden anwenden und ein Meister deines Schicksals und deines spirituellen Fortschritts werden. Einige Menschen werden ein vollständiges Kundalini-Erwachen erleben, sobald sie das Konzept "Alles ist Geist, das Universum ist mental" verstanden haben, denn es ist der Hauptschlüssel, der die Türen des Inneren Tempels und der inneren, kosmischen Ebenen öffnet. Das Verständnis der physischen Realität als etwas Mentales in Ihrem Kopf wird einen Teil von Ihnen stimulieren, der Sie von den Fesseln des Egos befreien kann und Ihrer Seele erlaubt, ungefedert ins Licht aufzusteigen.

Wenn Sie einmal begriffen haben, dass das Universum einfach eine geistige Schöpfung ist und Sie durch Gedanken erschaffen können, werden Sie in der Lage sein, das innere Geplapper des Egos auf ein Nichts zu reduzieren. Wir geben dem Ego Macht, indem wir auf seine Meinungen hören, die oft von unserem unwillkürlichen, unterbewussten Geist projiziert werden. Mit der Erkenntnis, dass Gedanken etwas sind, das kontrolliert und neu erschaffen werden kann, können wir auf unser Unterbewusstsein zugreifen, um unsere vergangenen Gedanken auszulöschen und unseren Verstand mit neuen Ideen, Konzepten und Überzeugungen zu erneuern. Wenn wir dies tun, wird das Ego abfallen und die Macht über das Bewusstsein verlieren. Sobald das Ego neutralisiert ist, wird sich das Bewusstsein ganz natürlich auf die höchste Ebene, die Ebene des Geistes, erheben.

Da uns die Fähigkeit zum Träumen gegeben wurde und wir nach dem Ebenbild des Schöpfers geschaffen sind, ist auch unser Wachleben nur ein Traum, der höher ist als unsere eigenen Träume, obwohl er aus der gleichen mentalen Substanz besteht. Dieses Konzept lässt sich am besten mit dem Prinzip der Schwingung und ihren verschiedenen Schwingungsgraden erklären, die alles im inneren und äußeren Universum ausmachen.

Alles, was existiert, besteht aus der gleichen Energie - dem Geist. Allerdings unterscheiden sich alle Dinge in ihren Schwingungsgraden, was uns viele sich gegenseitig durchdringende Realitäten beschert, die alle gleichzeitig existieren und den gleichen Raum einnehmen. So haben wir die verschiedenen inneren, kosmischen Ebenen und Ebenen des Seins, an denen wir als Menschen teilhaben.

Qabalistisch gesehen wurden die Sephiroth auf diese Weise in die Existenz manifestiert. Kether, das spirituelle Licht, befindet sich am einen Ende des Extrems, und Malkuth, das physische Universum, am anderen Ende. Dazwischen liegen die Sephiroth, die die verschiedenen Bewusstseinszustände repräsentieren, die alle mit unterschiedlichen Frequenzen schwingen, aber alle denselben Raum/Zeitraum durchdringen und einnehmen.

Als "Traum Gottes" ist die Materie nicht real, und wir können den Teil unserer Vorstellungskraft aktivieren, der ihre Illusion wahrnimmt, um uns von den Fesseln vergangener Konditionierungen zu befreien. Indem wir das tun, treten wir in das "Jetzt" ein - den gegenwärtigen Moment. Es besteht eine enge Beziehung zwischen dem Jetzt und der spirituellen Energie. Im Jetzt zu sein, ermöglicht es Ihnen, das Feld der reinen Potenzialität anzuzapfen, in dem alles möglich ist, und Sie können Ihre Träume manifestieren, indem Sie Ihr höchstes Potenzial als spirituelles menschliches Wesen entfesseln.

Unser Geist kann dann zum Vehikel werden, das unser spirituelles Gegenstück, unseren Lichtkörper, aktiviert, indem es die Kundalini-Energie zur Krone anhebt und uns zu unserer ultimativen Realität erweckt. Der Heilige Schutzengel, das Höhere Selbst, ist der Teil von dir, der mit der höchsten spirituellen Energiefrequenz in Resonanz ist. Mit einem Kundalini-Erwachen beginnt der Prozess der Ausrichtung auf diese Frequenz im Laufe der Zeit, wenn dein Geist auf seine erhabene Höhe angehoben wird. Sobald sich dein Bewusstsein vollständig auf den Geist einstellt, kannst du die Welt um dich herum als das wahrnehmen, was sie ist - reine Energie.

Da wir nach dem Ebenbild Gottes oder "des Alls" geschaffen wurden und wir zuerst etwas geistig erschaffen, bevor wir irgendwelche Handlungen ausführen und Ereignisse in der materiellen Welt hervorbringen, macht es dann nicht Sinn, dass "das All der Geist ist und das Universum geistig"? Halten Sie an dieser Stelle inne und meditieren Sie fünf bis zehn Minuten über dieses Konzept.

Beginnen Sie die Übung, indem Sie sich einfach umschauen und sich vorstellen, dass die physische Welt lediglich eine mentale Schöpfung ist, eine Manifestation von Gedanken. Anstatt etwas von Ihnen Getrenntes zu sein, ist sie ein Teil von Ihnen, eine Erweiterung Ihrer Mentalität. Wenn Sie nach außen in diese Realität blicken, schauen Sie in der Tat auf Ihren Hinterkopf, wo sich alle visuellen Bilder Ihres Geistes manifestieren. Die äußere Welt existiert jedoch in einem höheren Realitätsgrad als die Inhalte Ihres Verstandes, da sich das "Gedankengut" zu dem verfestigt hat, was wir Materie nennen.

Versuchen Sie, die Grenzen zwischen Ihrer Vorstellung und der physischen Welt zu verwischen. Es hilft, die Augen zu entspannen, so dass Sie mehr von Ihrer Umgebung wahrnehmen können als sonst, vor allem durch peripheres Sehen. Trotzdem sehen Sie alles als ein Bild, wie eine Postkarte, ohne sich auf die eine oder andere Sache zu konzentrieren.

Stellen Sie sich vor, Sie befänden sich in einem Videospiel oder in "The Matrix", wie würde diese Realität aussehen? Die äußere Welt wäre nicht mehr etwas Konkretes und Greifbares, sondern hätte eine "gedankliche" Komponente, die sie zerbrechlich, substanzlos und ätherisch erscheinen ließe.

Wenn Sie mit dieser Übung den Schleier der Maya durchdringen, wundern Sie sich nicht, wenn Sie beginnen, die holographische Natur des Universums zu sehen, die denjenigen, die sich auf diese Meditation einlassen können, digital erscheint. Kontempliere und halte diese Vision der physischen Realität, die nach hermetischer Definition nichts anderes ist als eine Gedankenprojektion eines unendlichen, allgegenwärtigen, göttlichen Wesens, das wir als Gott bezeichnen.

Als Nächstes fragen Sie sich, wer Sie sind, und erinnern Sie sich daran, dass Sie nicht real sind und dass die Welt um Sie herum nur ein Gedankentrick ist. Achten Sie darauf, wie Sie sich fühlen, wenn Sie dies tun. Es sollte ein Prozess des Loslassens in Ihnen stattfinden, bei dem das Ego beginnt, sich von dem zu lösen, was es zu sehen glaubt. Und wenn Sie diese Übung richtig machen, kann sie eine lebensverändernde Erfahrung sein.

Wie wir geschaffen wurden, so schaffen wir - geistig. Und wie wir denken, so sind wir GEDANKEN. Umgekehrt muss ein Mensch, bevor er eine Handlung in der physischen Welt ausführt, zuerst den Gedanken gehabt haben, diese Sache zu tun; andernfalls bleibt sein Körper unbeweglich in Raum/Zeit.

Menschen, die aufgrund von Trägheit des Geistes keine eigenen Gedanken entwickeln, verlassen sich darauf, dass andere für sie denken, oft unbewusst. Infolgedessen führen diese Menschen die Ideen anderer aus und halten sie für ihre eigenen. Deshalb müssen die Menschen die Verantwortung für ihre Realität übernehmen und ihre Willenskraft bewusst und absichtsvoll einsetzen, wenn sie die Kontrolle über ihr Leben haben wollen.

Wenn Sie diesen Abschnitt über das *Kybalion* weiter lesen, werde ich Ihnen die Schlüssel für ein Leben in einem Zustand des reinen Potenzials, dem Jetzt, vorstellen, der es Ihnen ermöglicht, jede von Ihnen gewünschte Realität zu erzeugen und so Herr Ihres Schicksals zu werden. Um Ihre persönliche Macht anzuzapfen, müssen Sie sich der Prinzipien bewusst sein und sie bewusst nutzen, anstatt von ihnen benutzt zu werden, indem Sie sich ihrer Existenz nicht bewusst sind.

Zu jedem Zeitpunkt können wir als Menschen denken und glauben, dass wir berühmte Schauspieler, Tänzer, Schriftsteller, Künstler oder wer auch immer und was auch immer wir jemals sein wollten, sind. Wenn wir die mentale Natur des Universums erkennen, kann diese Realität beginnen, sich zu verwirklichen.

Das Prinzip des Mentalismus ist der Schlüssel, um alles zu werden, was Sie in diesem Leben sein wollen. Die anderen Prinzipien werden nicht funktionieren, wenn Sie dieses wichtigste Prinzip nicht begreifen, denn es ist ihre Grundlage. Ein alter hermetischer Meister schrieb vor langer Zeit, dass man die mentale Natur des Universums verstehen muss, wenn man spirituell vorankommen will. Ohne diesen Hauptschlüssel ist Meisterschaft unmöglich, und der Schüler klopft vergeblich an die vielen Türen des Inneren Tempels.

"Wer die Wahrheit über die mentale Natur des Universums begreift, ist auf dem Pfad zur Meisterschaft weit fortgeschritten." - "Das Kybalion"

Geistige Transmutation

Die Hermetiker waren die ursprünglichen Alchemisten, Astrologen und Psychologen, wobei Hermes der Begründer dieser Denkschulen war. Aus der Astrologie ist die moderne Astronomie entstanden, aus der Alchemie die moderne Chemie und aus der mystischen Psychologie die moderne Psychologie. Aber ihr größter Wissensschatz war die Kunst der mentalen Transmutation. Dies ist ein wichtiges Thema, das wir näher betrachten sollten, denn es wird Ihnen den Schlüssel zur Beherrschung Ihres eigenen Lebens geben.

"Der Geist (ebenso wie Metalle und Elemente) kann von Zustand zu Zustand, von Grad zu Grad, von Pol zu Pol, von Schwingung zu Schwingung transmutiert werden. Wahre hermetische Transmutation ist eine geistige Kunst. " - "Das Kybalion"

Das Wort "transmutieren" bedeutet "von einer Natur, Form oder Substanz in eine andere umwandeln; umformen". Mentale Transmutation ist also die Kunst, mentale Zustände, Formen und Bedingungen zu verändern und in andere zu verwandeln. Sie ist der wichtigste Schlüssel, den ein Mensch haben kann, um Meister seines (ihres) Schicksals zu werden.

Das erste Prinzip des Mentalismus lautet: "Alles ist Geist, das Universum ist geistig", was bedeutet, dass die dem Universum zugrunde liegende Realität der Geist ist und das Universum selbst eine geistige Schöpfung. Mentale Transmutation ist also die Kunst, die Bedingungen des Universums entlang der Linien von Materie, Kraft und Geist zu verändern. Es ist die Magie, über die die Alten gesprochen, aber nur wenige Anweisungen gegeben haben.

Wenn "Das Alles" mental ist, dann bedeutet das, dass die mentale Transmutation das Werkzeug ist, mit dem der Meister mentale Zustände transmutieren und somit materielle Zustände kontrollieren kann. Meiner Erfahrung nach ist es möglich, dies zu tun, obwohl man dafür eine immense Menge an Willenskraft aufbringen müsste, was selbst für die meisten Meister ein fast unmögliches Unterfangen ist. Fast unmöglich, aber nicht unmöglich.

Die Geschichten von Jesus Christus, der Wasser in Wein verwandelt, Tote auferweckt und auf dem Wasser geht, sind Beispiele für Menschen, die übernatürliche

Leistungen vollbringen. Wie bereits erwähnt, muss man jedoch immense, scheinbar überirdische Willenskraft aufbringen, um materielle Bedingungen zu beeinflussen. Daher gab es im Altertum nur wenige Meister, die solche Leistungen vollbringen konnten. Den Schriften zufolge war Moses ein weiterer Adept mit unglaublichen geistigen Kräften, der materielle Bedingungen beeinflussen konnte.

Eine Gemeinsamkeit zwischen Jesus und Moses war, dass sie direkt mit Gott verbunden waren und regelmäßig einen Dialog mit dem Schöpfer führten. Vielleicht ist das der Grund, warum sie Wunder vollbringen konnten - ihre Willenskraft war auf die Gottes ausgerichtet. Wenn Sie also den Wunsch haben, die physische Realität zu beeinflussen, müssen Sie theoretisch Ihr Bewusstsein so weit anheben, dass Sie selbst zum "Gedanken Gottes" werden, der Sie in die Lage versetzt, eine Veränderung zu bewirken oder seine Manifestation, die Welt der Materie, zu verändern.

Für den Durchschnittsmenschen ist es besser, sich darauf zu konzentrieren, wie er seine mentalen Zustände und sich selbst meistern kann, anstatt zu versuchen, die Gesetze der Physik zu ändern. Die meisten Menschen wollen zum Beispiel fliegen, haben aber noch nicht einmal angefangen zu lernen, wie man läuft. Unabhängig davon wirkt dieses Prinzip auf allen Ebenen des Lebens. Sein Wissen gibt uns den Schlüssel zum Verständnis der Mechanismen, wie die übernatürlichen Taten, über die in den Schriften geschrieben wird, vollbracht wurden.

Ihr müsst verstehen, dass alles, was wir als psychische Phänomene, mentale Beeinflussung und mentale Wissenschaft bezeichnen, nach denselben allgemeinen Prinzipien funktioniert, da es sich um ein einziges Prinzip handelt, ganz gleich, wie die Phänomene genannt werden. Seien Sie jedoch vorsichtig, denn die mentale Transmutation kann zum Guten, aber auch zum Bösen eingesetzt werden, wie es das Prinzip der Polarität vorsieht.

Die karmischen Auswirkungen des Einsatzes dieser Macht für das Böse sind immer präsent und können nicht vermieden werden. Wenn du zum Beispiel geistige Transmutation für das Böse verwendest, wirst du zum Komplizen des Bösen und leidest als Folge dieser Handlung auf der Ebene des Seins, die dem Ort entspricht, an dem das Karma stattfand. Diese Macht ist die wahre Zauberei, von der man in Büchern liest und in Filmen sieht. Es hängt jedoch von der Qualität des Herzens und der Seele eines Menschen ab, ob er sie nutzt, um spirituell voranzukommen oder lediglich die unersättlichen Wünsche des Egos zu befriedigen.

"Der Besitz von Wissen, wenn er nicht von einer Manifestation und einem Ausdruck in Aktion begleitet wird, ist wie das Horten von Edelmetallen - eine eitle und törichte Sache. Wissen ist, wie Reichtum, zum Gebrauch

bestimmt. Das Gesetz des Gebrauchs ist universell, und wer es verletzt, leidet durch seinen Konflikt mit den natürlichen Kräften. " - "Das Kybalion"

Wenn Sie die geistigen Gesetze einmal gelernt haben, sind Sie über das Stadium der Unwissenheit hinaus, und es ist die Pflicht, die Sie sich selbst gegenüber schulden, sie anzuwenden. Wenn Sie dieses Wissen lernen und verstehen, es dann aber vernachlässigen und zu Ihren alten Gewohnheiten zurückkehren, werden Sie darunter leiden, denn diese Prinzipien sind dazu bestimmt, angewendet zu werden. Alles, was ihr auf eurer Lebensreise lernt und was positiv für euren spirituellen Fortschritt ist, müsst ihr respektieren und anwenden. Dieses Wissen ist real; dieses Wissen kann euer Leben verändern; und dieses Wissen kann euch aus der Sklaverei des Materialismus in die Adeptenschaft des Lichts erheben, wenn ihr euch die Zeit nehmt, diese Prinzipien zu lernen, zu integrieren und anzuwenden.

II. GRUNDSATZ DER KORRESPONDENZ

Das Prinzip der Korrespondenz besagt, dass zwischen den hermetischen Prinzipien und der Manifestation auf den verschiedenen kosmischen Ebenen des Seins eine Übereinstimmung besteht. Es gibt Ebenen, die jenseits unseres Wissens liegen, aber wenn wir das Prinzip der Entsprechung auf sie anwenden, können wir vieles verstehen, was wir sonst nicht wissen würden. Denken Sie immer daran, dass wir dieses Prinzip und andere Prinzipien durch den Verstand anwenden, denn er ist unser Vehikel ins Unbekannte. Dieses Prinzip wirkt auf allen Ebenen des materiellen, emotionalen, mentalen und spirituellen Universums. Es ist ein universelles Gesetz.

"Wie oben, so unten; wie unten, so oben". - "Das Kybalion"

Wie bereits erwähnt, gibt es viele Seinsebenen, die alle denselben Raum und dieselbe Zeit einnehmen, sich aber in ihrer Schwingung unterscheiden und einander überlappen. Die Ebenen des Seins sind gleichbedeutend mit den kosmischen Ebenen, die, wie bereits erwähnt, Bewusstseinszustände sind. Das Prinzip der Korrespondenz ermöglicht es uns, die Funktionsweise der inneren, kosmischen Ebenen durch die Korrespondenz mit unserer Ebene, der physischen Ebene der Materie, zu verstehen. Die Korrespondenz zwischen den Ebenen ist auf allen Schwingungsebenen immer in vollem Umfang wirksam.

Sie können jede Realität, die Sie sich wünschen, in Ihrem Geist manifestieren, indem Sie das Prinzip der Korrespondenz anwenden und die Erfahrung machen, dass sie so real ist wie Sie und ich. Die Methode besteht darin, sich alles vorzustellen, was Sie zu erleben wünschen, und indem Sie Ihre Glaubenskraft erhöhen, zapfen Sie die Welt des reinen Geistes an, die sich dann durch Ihre Vorstellungskraft auf die physische Realität überträgt. Was Sie sich also vorstellen, beginnen Sie als real zu erleben.

Sie können sich zum Beispiel vorstellen, dass Sie ein anderes organisches Wesen sind, sei es ein reales oder nur ein imaginäres, und indem Sie Ihre Glaubenskraft erhöhen, beginnen Sie, die Essenz dieses Wesens, seine Energie, zu verkörpern. Nun können Sie sich nicht vorstellen, dass Sie eine Schlange sind, sagen wir, und sich physisch in eine solche verwandeln, aber Sie können mit der Kraft des Glaubens den Geist der Schlange anzapfen und das, was sich anfühlt, eine Schlange zu sein, in Ihre eigene Erfahrung übertragen.

Durch die Anwendung dieser mentalen Gesetze können Sie die Gesetze der Physik nicht ändern und Ihre organische Form in eine andere verwandeln. Theoretisch ist es möglich, sobald ein ausreichend hoher Bewusstseinszustand erreicht ist, aber es wird Ihnen nichts nützen, sich im gegenwärtigen Moment auf dieses Ziel zu konzentrieren. Um die Kraft der hermetischen Prinzipien besser zu verstehen, bedeutet die Idee, sich etwas vorzustellen, seinen Geist zu fühlen und zu verkörpern. Da alles in der Natur aus spiritueller Energie besteht, verändern Sie den Zustand Ihrer Wahrnehmung der Realität, indem Sie sich etwas vorstellen und Ihre Emotionen mit diesem Bild anregen.

Das Wissen um die Prinzipien des Mentalismus und der Korrespondenz reduziert jede vergangene Konditionierung auf nichts anderes als eine Interpretation vergangener Ereignisse durch eine "Linse" oder eine Wahrnehmungsebene. Bis zu einem gewissen Grad sind vergangene Ereignisse ein Hirngespinst, wenn man bedenkt, dass Sie sich diese Ereignisse so vorgestellt haben, dass sie auf eine bestimmte Weise wahrgenommen werden. In Wirklichkeit gibt es viele Linsen, durch die wir die Realität betrachten können. Wir konditionieren unser Ego auf diese Weise, und mit der Zeit wird das Ego zu einer individuellen Intelligenz, die unser Bewusstsein steuert.

Selbst das Ego ist nicht real, sondern existiert aufgrund der Interpretation der Realität als Singularität. Zu jedem Zeitpunkt stehen viele verschiedene Linsen zur Verfügung, aus denen sich unzählige potenzielle Realitäten ergeben. Hierher kommt die Idee der parallelen Realitäten oder Universen. Für den Erfahrenden nehmen einige Linsen die Realität auf positive und andere auf negative Art und Weise wahr. Die Wahl liegt in jedem Augenblick bei uns. Auf diese Weise konditionieren wir unser Ego und seine Vorlieben und Abneigungen. Wenn Sie erkennen, dass der Geist die Macht hat, diese Begrenzungen zu überwinden, erhalten Sie den Schlüssel, um jede Realität zu manifestieren, die Sie sich wünschen, anstatt derjenigen, die Sie bisher erleben mussten.

"Wie oben, so unten" manifestiert sich auf allen Ebenen der Existenz. Die Natur der Realität ist, dass wir im Unendlichen Lebendigen Geist - dem Spirit - leben. Diese spirituelle Energie strömt durch die Sphäre von Kether, das Sahasrara Chakra, in die Aura als Licht ein und durchströmt alle inneren Ebenen oder Bewusstseinszustände durch die anderen acht Sephiroth des Baums des Lebens, bevor sie als Materie in Malkuth kulminiert.

Die vier Elemente, die weiter in die sieben planetarischen Energien und die zwölf zodiakalen Energien unterteilt werden können, sind also alle in der spirituellen Energie enthalten. Sie manifestieren sich physisch als unser Sonnensystem mit unserer Sonne im Zentrum und den Tierkreiskonstellationen am Nachthimmel als die Energien, die uns beeinflussen. Diese Energien umfassen die Kräfte der vier Elemente, mit dem vereinigenden Klebstoff - dem Geist. Die fünf Elemente Erde, Luft, Wasser, Feuer und Geist umfassen die gesamte Natur, die innere und die äußere kosmische Ebene. Aber es ist der Geist, der die Elemente manifestiert, da er ihre eigentliche Quelle ist. Und diese Quelle aller Dinge ist Gott, der Schöpfer.

"Wie oben, so unten" ist die wichtigste der okkulten Wahrheiten und hermetischen Axiome, denn sie ist das Mittel, mit dem wir auf einer Existenzebene Realitäten schaffen können, die sich wiederum auf die anderen Ebenen darunter auswirken. Auch diese verschiedenen Ebenen existieren alle im selben Raum und zur selben Zeit, wenn auch auf unterschiedlichen Schwingungsebenen oder -graden. Sie alle existieren in der vierten Dimension der Schwingung, auch "Dimension der Energie" genannt.

Die permanente Erweckung der Kundalini aktiviert den Lichtkörper vollständig, durch den wir Schwingungen aus der vierten Dimension empfangen und nach Belieben auf jede der inneren Ebenen zugreifen können. Aus diesem Grund sind Kundalini-Erweckte die höchste Stufe der Empathen und Telepathen. Sie beziehen sich auf die Welt durch Schwingungsfrequenzen der Energie. Als solche arbeiten sie ausschließlich mit Intuition. Es ist die Bestimmung der gesamten Menschheit, auf diese Weise zu funktionieren, und deshalb ist das Kundalini-Erwachen der nächste Schritt in der menschlichen Evolution.

Ich möchte noch einmal betonen, dass der Schlüssel zur Manifestation der hermetischen Prinzipien in der Kraft des Glaubens liegt. Wenn Sie sich selbst dazu bringen können, zu glauben, dass das, was gesagt wird, real ist, so real wie die Person, die Sie im Spiegel sehen, können Sie diese Prinzipien anzapfen und anfangen, sie zu nutzen. Wenn Sie jedoch nicht an diese Prinzipien glauben, werden Sie auch nichts mit ihnen erreichen können.

Das Ego hält uns davon ab, das reine Potenzial des Geistes anzuzapfen, indem es uns verwirrt, indem es uns glauben lässt, dass wir es und nur es sind. Doch die Macht des Glaubens ist der Schlüssel, um die Geheimnisse des Geistes zu entschlüsseln und jede gewünschte Realität zu manifestieren. Durch das Verstehen dieser Prinzipien und den Zugang zur Macht des Geistes werden Sie in der Lage sein, sich selbst neu zu konditionieren, um zu glauben, was immer Sie wollen, wer Sie sind, und zu fühlen, was immer Sie über das Leben wollen.

Umgekehrt, wenn Sie sich nicht dazu durchringen können, zu glauben, dass diese Prinzipien real sind, werden sie für Sie nichts als bloße Worte bleiben. Wenn es Ihnen also schwerfällt, darauf zu vertrauen, dass diese hermetischen Prinzipien authentisch sind und die Macht Ihres Geistes die Realität formt, dann verbringen Sie mehr Zeit damit, das große Ganze und seine verschiedenen Teile zu verstehen. Mit anderen Worten, lesen Sie die intellektuellen Komponenten von *The Magus* so lange, bis Sie es "verstanden" haben.

III. DAS PRINZIP DER VIBRATION

Das Prinzip der Vibration verkörpert Fakten, die von der modernen Wissenschaft bestätigt werden. In regelmäßigen Abständen gibt es neue wissenschaftliche Entdeckungen, die dieses Prinzip bestätigen. Die Quantenphysik besagt, dass Materie nichts anderes als leerer Raum ist. Wenn wir zum Beispiel ein materielles Objekt, das wir als "real" ansehen, in seine Moleküle hineinzoomen, stellen wir fest, dass es nichts anderes ist als Elektronen, Protonen und Neutronen, die von "etwas" in Schwingungsbewegung gehalten werden. "Dieses "Etwas", das das ganze Universum zum Schwingen bringt, ist das All oder Gott/Geist-Energie.

"Nichts ruht, alles bewegt sich, alles schwingt." - "Das Kybalion"

Alles schwingt und kann daher durch die Anwendung der hermetischen Prinzipien induziert oder beeinflusst werden. Darüber hinaus ist alles quantifizierbar und kann in eine Zahl zerlegt werden. Diese Zahl variiert je nach dem Subjekt, das die Zahl wahrnimmt. Die Quantenphysik besagt, dass nichts lange so bleibt, wie es ist, dass sich alles ständig verändert und dass wir ein Ding nicht betrachten können, ohne seine molekulare Struktur zu verändern.

Unser Geist verändert ständig die Natur des Universums um uns herum, ebenso wie andere Umweltfaktoren. Eine wichtige Erkenntnis daraus ist, dass alles in schwingender Bewegung ist und nichts statisch ist. Alles schwingt, bewegt sich und beeinflusst alles andere. Alles in der Natur ist im Wesentlichen Bewusstsein, und für die Menschheit ist unser Verstand das Vehikel für seine Erfahrung.

Das Prinzip der Schwingung besagt, dass der einzige Unterschied zwischen Materie und Geist in einer unterschiedlichen Schwingungsrate besteht und dass je höher die Schwingung von etwas ist, desto höher steht es auf der Skala. Die Schwingung des Geistes ist von so enormer Intensität und Geschwindigkeit, dass sie praktisch in Ruhe ist; daher ist sie für unsere Sinne unsichtbar. Eine Analogie zu diesem Konzept ist ein sich schnell bewegendes Rad, das unbeweglich zu sein scheint, es aber in Wirklichkeit nicht ist. Und am anderen Ende der Skala gibt es grobe Formen der Materie, deren Schwingungen so gering sind, dass sie zu ruhen scheinen. Aber zwischen diesen Polen gibt es Millionen und Abermillionen von unterschiedlichen Schwingungsgraden.

Für den Menschen werden diese verschiedenen Schwingungszustände in die kosmischen Hauptebenen und ihre Unterebenen unterteilt, die durch die Chakren ausgedrückt werden. Wie bereits erwähnt, gibt es sechs kosmische Ebenen des Seins: die physische, die niedere und die höhere astrale, die niedere und die höhere mentale und die spirituelle Ebene. Dann gibt es noch die göttlichen Ebenen jenseits der spirituellen Ebene. Diese Ebenen beeinflussen sich gegenseitig nach dem Prinzip der Korrespondenz und wirken aufeinander ein. Was sich zum Beispiel in der oberen Ebene manifestiert, filtert und beeinflusst die unteren Ebenen und umgekehrt.

Die höheren Ebenen werden jedoch weniger von den niederen Ebenen beeinflusst, und dieser Aspekt der universellen Gesetze wird genutzt, um die "Kunst der Neutralisierung" oder das "Aufsteigen auf den Ebenen" durchzuführen. Ich werde dieses Konzept im folgenden Prinzip der Polarität näher erläutern.

Unsere mentalen Zustände, einschließlich unserer Willenskraft und Emotionen, haben unterschiedliche Schwingungsgrade, die sich auf den inneren Ebenen manifestieren. Wenn Sie verstehen, wie das Prinzip der Schwingung funktioniert, erhalten Sie den Schlüssel zur Kontrolle Ihrer mentalen Schwingungen, einschließlich derer anderer. Diese Methode ist die Grundlage für die Kunst der mentalen Transmutation.

"Um deine Stimmung oder deinen Geisteszustand zu ändern, ändere deine Schwingung." - "Das Kybalion"

Sie verändern Ihre Schwingungen, indem Sie sich in einer Emotion oder einem Gedanken polarisieren und Ihre Aufmerksamkeit durch angewandte Willenskraft und Konzentration dort halten. Auf diese Weise neutralisieren Sie die Wirkung des Rhythmusprinzips und verändern seine Bewegung. Infolgedessen beginnt das Pendel in die entgegengesetzte Richtung zu jeder Emotion oder jedem Gedanken zurückzuschwingen, den Sie in sich selbst zu erschaffen oder wieder zu erschaffen versuchen. Es mag zunächst herausfordernd erscheinen, aber alles, was von Ihnen verlangt wird, ist, Ihre Aufmerksamkeit zu fokussieren und ununterbrochen das polare Gegenteil der Emotion oder des Gedankens, die Sie zu ändern versuchen, in Ihrem Geist zu halten.

Wenn Sie beispielsweise versuchen, das Gefühl (oder den Gedanken) des Hasses in Liebe zu verwandeln, müssen Sie sich auf die Idee der Liebe konzentrieren, indem Sie Ihre Willenskraft einsetzen. Durch die konzentrierte Willenskraft beginnt das Pendel rückwärts zu schwingen, bis Sie feststellen, dass die Emotion (oder der Gedanke) des Hasses zur Emotion (oder zum Gedanken) der Liebe geworden ist. Um dies erfolgreicher zu bewerkstelligen, wäre es hilfreich, vor Beginn dieses Prozesses mit sich selbst zu überlegen, warum man jemanden oder etwas lieben sollte, anstatt es zu hassen, und zuzulassen, dass dieser Grund Ihre Glaubenskraft erhöht, so dass Sie diese Methode effektiver anwenden können.

Interessanterweise wird das gewünschte Gefühl (oder der Gedanke) alle Menschen in Ihrer Umgebung beeinflussen, so dass sie es nun auch fühlen oder denken werden. Nehmen wir jedoch an, die Menschen haben bereits ihre eigenen starken Emotionen oder Gedanken zu einer Sache. In diesem Fall werden Sie nicht in der Lage sein, ihre Gefühle durch Energieinduktion vollständig zu verändern, obwohl Sie sie in hohem Maße beeinflussen werden.

Wir alle kommunizieren telepathisch, denn nur 7% der Kommunikation zwischen Menschen ist verbal. Die anderen 93% sind subtil, durch Körpersprache, die widerspiegelt, was der Verstand denkt und das Herz fühlt. Das Prinzip der Schwingung ist es, das die Phänomene der Telepathie, der mentalen Beeinflussung und andere Formen der Macht des Geistes über den Geist hervorbringt. Ich werde die Funktionsweise dieses Prozesses ausführlicher erörtern, wenn wir uns den anderen Prinzipien zuwenden. Aber für den Moment sollten Sie verstehen, dass diese Macht real ist und dass Sie sie mit dem Wissen, das Sie haben, auch nutzen können.

IV. DAS PRINZIP DER POLARITÄT

Das Prinzip der Polarität erklärt, dass alles in der Natur dual ist und zwei Pole oder Extreme hat. Diese extremen Pole sind unterschiedlich stark ausgeprägt, aber ihre Substanz, ihre Qualität, ist dieselbe. Alle subjektiven Standpunkte können miteinander in Einklang gebracht werden, da alles gleichzeitig ist und nicht ist.

Alles, was wir visuell wahrnehmen, hat eine archetypische Struktur, die uns das Thema vorgibt, auf das wir unsere vergangenen konditionierten Gedanken anwenden. Man kann zum Beispiel sagen, dass eine Tasse eine Tasse ist, aber wie zwei Menschen diese Tasse sehen, wird unterschiedlich sein. Der eine mag eine kleine Tasse sehen, der andere eine große Tasse. Ihre Bezugspunkte werden sich unterscheiden, aber beide Menschen werden sich einig sein, dass es eine Tasse ist.

Das Prinzip der Polarität besagt, dass wir über dieselbe Sache sprechen, aber dass unsere Wahrnehmung dieser Sache unterschiedlich sein wird. In qabalistischen Begriffen stimmen wir alle auf der Ebene der ersten Welt von Atziluth, der Welt des archetypischen Feuers, überein. Sobald dieser Archetyp jedoch nach unten durchsickert, übernimmt unsere Ego-Wahrnehmung die Oberhand, und wir entscheiden uns ganz natürlich für eine Seite des Extrems.

"Alles ist Dual; alles hat Pole; alles hat sein Paar von Gegensätzen; Gleiches und Ungleiches sind dasselbe; Gegensätze sind identisch in der Natur, aber verschieden im Grad; Extreme treffen aufeinander; alle Wahrheiten sind nur Halbwahrheiten; alle Paradoxe können versöhnt werden." - "Das Kybalion"

Das berühmte Sprichwort in der Gesellschaft lautet: "Alles hat zwei Seiten" oder "Zwei Seiten einer Medaille". Diese Aussagen sind beide wahr, denn alles in unserer physischen Welt ist eine Frage der Perspektive. Und diese Perspektive hängt von der vergangenen Konditionierung der Person ab, die die Beobachtung macht. Nur unkonditionierte Kinder sehen Dinge, die einander ähnlich sind, weil ihr Ego noch nicht entwickelt ist. Für sie wird alles mit unschuldigen Augen und Staunen wahrgenommen.

Die Wirkungsweise des Polaritätsprinzips zeigt sich auch in unseren mentalen und emotionalen Zuständen. Wenn wir zum Beispiel unsere grundlegendsten Emotionen von Liebe und Hass in Bezug auf andere Menschen betrachten, an welchem Punkt endet die Liebe und beginnt der Hass? Gibt es da eine feine Linie, oder gehen die Dinge ineinander über? Oft ertappen wir uns dabei, wie wir mehrmals am Tag von Liebe zu Hass und umgekehrt wechseln, wenn wir über jemanden oder etwas nachdenken.

Heiß und kalt ist ein weiteres einfaches Beispiel, um die mentale Wahrnehmung zu erklären. Für jemanden, der in Alaska geboren ist, könnte das kanadische Wetter als sehr warm empfunden werden, während jemand, der in Afrika geboren ist, das kanadische Wetter als eisig und unerträglich empfinden würde. Es ist alles nur eine Frage der Perspektive der beiden extremen Pole. Diese Pole manifestieren sich in allem, und wie wir sie erleben, ist immer eine Frage der Perspektive. Was für den einen eine positive Erfahrung ist, kann für den anderen eine negative Erfahrung sein.

Das Prinzip der Polarität ist wesentlich für das Verständnis der Wirkungsweise der universellen Gesetze. Alles, was wir als Menschen in der physischen Welt wahrnehmen, gehört zur Dualität. Daher sehen wir alles in dualen Begriffen, und das ist so, damit wir verschiedene Perspektiven haben können, was zu einer Vielfalt in der Menschheit führt. Mit einigen Ansichten sind wir einverstanden, mit anderen nicht. Ich spreche hier von den mentalen und emotionalen Interpretationen dieser polaren Extreme, aber das gleiche Prinzip manifestiert sich auf allen Ebenen.

Gibt es in der physischen Welt eine feine Linie, die Schwarz und Weiß, Scharf und Dumpf, Hart und Weich, Lärm und Stille oder Hoch und Tief trennt? Alle Paare von gegensätzlichen Standpunkten sind Manifestationen einer Idee mit unterschiedlichen Schwingungsgraden dazwischen. Und diese Perspektive gibt uns das mentale Konstrukt, um die Welt um uns herum zu interpretieren.

Was die mentalen Kräfte betrifft, so gibt uns das Wissen um die Funktionsweise dieses Prinzips die Fähigkeit, die Schwingungen einer Emotion oder eines Gedankens in unserem Geist in eine andere zu verwandeln, auch in den Geist anderer. Wir erreichen dies, indem wir konzentrierte Willenskraft einsetzen und das Prinzip der Polarität anwenden, das die Grundlage der Mentalalchemie bildet. Ich habe diese Methode im vorangegangenen Prinzip der Schwingung besprochen. Dieses Prinzip arbeitet mit dem Prinzip der Polarität, aber auch mit dem Prinzip des Rhythmus. Die Umwandlung von Gefühlen oder Gedanken in Gegensätze erfordert die Anwendung aller drei Prinzipien. Wenn Sie sich auf das Gefühl (oder den Gedanken) fokussieren, welches Sie in sich selbst (oder in einer anderen Person) hervorrufen wollen, Ihre Willenskraft und Aufmerksamkeit für eine kurze Zeit auf diese Idee richten, beginnen Sie zu spüren, wie sich das alte Gefühl (oder der alte Gedanke) in das neue verwandelt.

Eine weitere wichtige Anwendung des Polaritätsprinzips besteht darin, zu lernen, im Jetzt, im gegenwärtigen Moment, zu sein. Da alle Lebensereignisse als positiv oder negativ wahrgenommen werden können, liegt der Schlüssel zum Verweilen im Jetzt in der richtigen Anwendung des Prinzips der Polarität. Wir können nicht kontrollieren, was uns im Leben widerfährt, aber wir haben die Wahl, wie wir dieses Ereignis interpretieren wollen. Indem wir die Interpretation kontrollieren, ermöglichen wir uns, im Bereich des Nicht-Denkens zu bleiben, der der Bereich des reinen Potenzials ist - das Jetzt. Um dies zu erreichen, müssen Sie sich auf Ihr Höheres Selbst ausrichten und alles unter dem Gesichtspunkt des Lernens von Lektionen im Leben interpretieren. Wenn Sie alles, was im Leben geschieht, als Lernerfahrung für die Seele sehen können, können Sie Ego-Interpretationen vermeiden, was es Ihnen ermöglicht, im Jetzt zu bleiben und die Freude und den Rausch zu spüren, Ihr Leben in vollen Zügen zu leben.

In gewisser Weise kommen alle hermetischen Prinzipien der Schöpfung zusammen, um ein großes Prinzip zu bilden, das man einfach als das Gesetz der Dualität bezeichnen kann, aber in Wirklichkeit ist es so viel mehr. Wenn man sich alles in Begriffen wie Eins und Zwei vorstellt, entsteht ein mentales Konstrukt, das die Welt um einen herum wie eine Blume enträtselt und einen auf ungeahnte Weise für sie öffnet. Diese Denkweise ermöglicht es Ihnen, bei Bedarf gegensätzliche Standpunkte einzunehmen, so dass Sie nicht so lange in einem Extrem verharren, dass es zu einem Teil Ihrer bisherigen Konditionierung wird. Auf diese Weise werden Sie in der "Zone" sein, im Jetzt, und jede Welle reiten, die das Leben Ihnen vorsetzt.

Da sich unsere Essenz ständig in Schwingung befindet und den mentalen und emotionalen Zustand des anderen allein durch seine Anwesenheit beeinflusst, können wir diese Prinzipien auf uns selbst anwenden. Im Gegenzug werden auch die Menschen um uns herum von unseren neu entdeckten Gedanken und Emotionen beeinflusst, wenn wir unsere Schwingungen projizieren und ihre Auren beeinflussen. Das ganze Leben ist ein Spiel, ein Schauspiel. Die Grundlage des Spiels wird Energie genannt, und diese Energie ist Spirit - der unendliche lebende Geist.

V. DAS PRINZIP DES RHYTHMUS

Dieses hermetische Prinzip verkörpert die Wahrheit, dass es in allem eine gemessene Bewegung gibt, ein Hin- und Herpendeln (eine pendelartige Bewegung) zwischen den beiden Polen, die unter dem Prinzip der Polarität existieren. Auf jede Aktion folgt eine Reaktion, auf jeden Vorstoß ein Rückzug, auf jeden Aufstieg ein Absinken.

"Alles fließt aus und ein; alles hat seine Gezeiten; alle Dinge steigen und fallen; die Pendelschwingung manifestiert sich in allem; das Maß der Schwingung nach rechts ist das Maß der Schwingung nach links; der Rhythmus gleicht aus." - "Das Kybalion"

Dieses Prinzip wirkt auf allen Ebenen der Existenz - von der physischen bis zur astralen, mentalen und spirituellen Ebene. Dieses Gesetz manifestiert sich in der Erschaffung und Zerstörung von Zivilisationen und in der Geburt und dem Tod aller Lebewesen. Alles, was zwei Pole oder zwei Extreme hat, wird dieses Prinzip manifestieren. Alles, was einen Anfang hat, hat unweigerlich ein Ende.

Für Menschen, die auf der physischen Ebene des Materialismus leben, wird alles, was wir mit unseren fünf Sinnen erfahren können, dieses Prinzip manifestieren. Jemand, der ein hohes Maß an Freude hat, hat auch ein hohes Maß an Leid. Genauso ist jemand, der ein geringes Maß an Schmerz empfindet, in der Lage, ein geringes Maß an Freude zu erleben. Dieses Prinzip gilt auch für frühere Leben. Wenn Sie also in einem früheren Leben viel Schmerz empfunden haben, können Sie in Ihrem jetzigen Leben viel Freude empfinden oder umgekehrt.

Die Hermetiker beschäftigten sich am meisten mit der Anwendung dieses Prinzips in ihren mentalen und emotionalen Zuständen. Sie wandten das mentale Gesetz der Neutralisierung an, auch "Aufsteigen auf den Ebenen" genannt, um den Auswirkungen unerwünschter Zustände zu entgehen. Obwohl das Prinzip des Rhythmus nicht zerstört werden kann, kann es doch überwunden werden. Der Schlüssel dazu ist zu lernen, im Jetzt zu leben. Indem du im gegenwärtigen Moment lebst, trainierst du deinen Geist, sich kontinuierlich über die Ebene zu erheben, auf der sich das Prinzip des Rhythmus manifestiert. Das ist der Schlüssel.

Was die mentale und emotionale Ebene betrifft, so ist das Prinzip des Rhythmus eng mit den Wahrnehmungen des Egos verbunden. Das Erleben einer positiven Emotion zieht zum Beispiel negative Gedankensender (Dämonen) zum Ego, die sich des Bewusstseins bemächtigen und das Gefühl in ein negatives verwandeln können. Das Prinzip des Rhythmus wird sich immer manifestieren, aber seine Manifestation ist von der Zeit abhängig. Manche Dinge brauchen weniger Zeit, andere brauchen mehr Zeit, um ihren Zustand zu verändern. Aber unweigerlich verwandelt sich alles in sein Gegenteil.

Um es klar zu sagen: Das mentale Gesetz der Neutralisierung ist das "Aufsteigen auf den Ebenen", um die Auswirkungen des Prinzips des Rhythmus zu neutralisieren. Diese mentale Kunst unterscheidet sich von der absichtlichen Umwandlung einer Art von Emotion oder eines Gedankens in sein Gegenteil durch Anwendung des Prinzips der Schwingung. Diese zweite Kunst wird mentale Transmutation genannt. Beide mentalen Techniken nutzen jedoch Willenskraft, um ihr Ziel zu erreichen. Bei beiden wird auch das Prinzip des Rhythmus genutzt oder überwunden. Gefühle oder Gedanken können willentlich in ihr Gegenteil verwandelt werden, oder die Zeit kann der entscheidende Faktor sein, um dies auf natürliche Weise zu erreichen, da sich das Prinzip des Rhythmus immer manifestieren wird, egal was passiert.

Bei der mentalen Transmutation wird das Prinzip der Schwingung genutzt und ein mentaler oder emotionaler Zustand durch den Einsatz von Willenskraft in einen anderen umgewandelt. Alle Gedanken und Emotionen haben Schwingungsfrequenzen; daher nutzen wir die Willenskraft wie eine Stimmgabel, um Schwingungen in entgegengesetzte Frequenzen zu verwandeln. Da unser Bewusstsein immer nur auf die Schwingung einer der inneren kosmischen Ebenen eingestimmt sein kann, ist das Gesetz der Neutralisierung oder "Aufsteigen auf den Ebenen" die Kunst der willentlichen Aufmerksamkeit und Konzentration auf eine höhere Ebene, um das Bewusstsein auf diese Ebene anzuheben. Fokussierte Aufmerksamkeit und Konzentration erhöhen die Schwingung der Willenskraft, die dann magnetisiert wird und zu geistigen Höchstleistungen fähig ist.

Wie bereits erwähnt, bestimmen die Wahrnehmungen Ihres Egos, wie Sie die Realität interpretieren und welche der parallelen, unendlichen Realitäten es als Singularität akzeptieren will. Wenn Sie Ihren Geist trainieren, im Jetzt zu leben, werden Sie die Auswirkungen des Pendels des Rhythmus auf Ihren mentalen und emotionalen Zustand auf natürliche Weise neutralisieren. Die Ego-Wahrnehmungen und Emotionen, die es auslöst, sind in den meisten Fällen unfreiwillig, da Ihre vergangene Konditionierung wählt, welche der unendlichen Realitäten es als real akzeptieren möchte.

Die Konditionierung Ihres Egos ist eng mit Ihrer karmischen Energie verknüpft. Im Jetzt zu sein und ständig die Schönheit und Freude des Lebens im gegenwärtigen Moment zu spüren (der Zustand des reinen, unbegrenzten Potenzials) ist ein Weg, sich über die Auswirkungen des Karmas zu erheben. Karma und karmische Energie können als die treibende Kraft des Rhythmusprinzips in den mentalen und emotionalen Zuständen wahrgenommen werden. Karma funktioniert über das Unterbewusstsein; daher sind seine Auswirkungen unfreiwillig. Doch bewusste Anstrengung und der Einsatz von Willenskraft wirken sich auf das Unterbewusstsein aus, und wir können unser Bewusstsein erfolgreich auf höhere Ebenen heben, um den Auswirkungen des Karmas auf die niederen Ebenen zu entgehen.

Indem wir lernen, im gegenwärtigen Moment zu leben, erlauben wir unserem Bewusstsein, sich in einem ständigen Zustand des Werdens zu befinden, in dem unser Bewusstsein durch jeden wachen Moment erneuert wird. Um in diesem Zustand des ständigen Werdens zu sein, müssen Sie sich mit dem Feuerelement auf der höheren Mentalebene ausrichten, dem Bereich des Selbst, von dem aus Ihre Willenskraft wirkt. Auf diese Weise vermeiden Sie die Auswirkungen der darunter liegenden Ebenen. Aber auch die Höhere Mentalebene liegt unterhalb der Spirituellen Ebene, und deshalb fallen diejenigen, die nur auf sie ausgerichtet sind, dem spirituellen Stolz zum Opfer.

Um wirklich von diesem Leben befreit zu werden, müssen Sie Ihr Bewusstsein auf die spirituelle Ebene ausrichten. Dies kann nur durch Mitgefühl geschehen, durch Anwendung der Energie der bedingungslosen Liebe. Meiner Erfahrung nach sind nur wahrhaft spirituelle Menschen glücklich und unbeschwert, wo nichts sie zu stören scheint. Das liegt daran, dass sie sich ständig auf einer höheren Bewusstseinsebene befinden und nicht zulassen, dass die niederen Ebenen sie beeinflussen, da sie ständig die Energie der bedingungslosen Liebe kanalisieren und anwenden, die sie karmisch befreit.

Verstehn Sie jedoch, dass der Aufstieg über die karmische Energie nicht bedeutet, dass sich das Karma auf einer bestimmten Ebene nicht manifestiert, denn das tut es. Ich habe das schon einmal gesagt und werde es wiederholen: Das Rad des Karmas ist immer in Betrieb, und wie Sie sich verhalten bestimmt, ob Sie gutes oder schlechtes Karma auf Ihrem Weg bekommen. Aber durch die Anwendung des hermetischen Prinzips der Korrespondenz können Sie sich auf eine Ebene oberhalb der Ebene erheben, auf der sich diese bestimmte karmische Energie manifestiert, was Ihnen erlaubt, ihren mentalen Auswirkungen zu entgehen.

Karma manifestiert sich auf allen Ebenen des Seins, die unseren sieben Chakren und den fünf Elementen entsprechen. Daher ist ein wesentlicher Teil der in *The Magus* vorgestellten Arbeit die Arbeit mit karmischer Energie und deren Überwindung. Wir tun dies, indem wir mit den Elementen arbeiten und sie durch spirituelle Heilpraktiken wie zeremonielle Magie in uns selbst meistern.

Das Prinzip der Polarität manifestiert sich auf allen Ebenen der Existenz und arbeitet mit dem Prinzip des Rhythmus zusammen, da die beiden Prinzipien untrennbar miteinander verbunden sind. Aufgrund ihrer Anwesenheit und der Realität des Egos haben wir die Schöpfung karmischer Energie. Deshalb müssen wir unsere Willenskraft auf die spirituellen und göttlichen Ebenen der Existenz ausrichten. Auf diese Weise vermeiden wir es, negatives Karma zu erzeugen, da alle unsere Handlungen von der bedingungslosen Liebe beeinflusst werden, die die Grundenergie dieser höheren Ebenen ist.

Bedingungslose Liebe ist die einzige Energie, die kein negatives Karma hervorbringt, sondern sogar positives Karma. Das liegt daran, dass das Universum möchte, dass wir Liebe teilen, indem wir uns auf unser Höheres Selbst ausrichten, anstatt auf das Ego, das niedere Selbst. Das Ego kann niemals zerstört oder ausgelöscht werden, da es eng mit dem Überleben des physischen Körpers verbunden ist. Solange der physische Körper am Leben ist, ist auch das Ego am Leben. Aber wir können uns dafür entscheiden, nicht auf die Gedanken des Egos zu hören, um sicherzustellen, dass unsere Handlungen keine karmischen Konsequenzen nach sich ziehen.

Eine der größten Herausforderungen der Menschheit besteht darin, die Auswirkungen des Rhythmusprinzips zu überwinden. Ich spreche vor allem darüber, wie sich dieses Prinzip in den menschlichen Emotionen manifestiert. Leider zeigen die meisten Menschen nur sehr wenig Willenskraft und lassen ihre wechselhaften Emotionen bestimmen, wie sie sich fühlen und was sie denken sollen. Dadurch wird ihre gesamte Realität beeinträchtigt.

Da der Einfluss der Kontrollstrukturen in der Gesellschaft so stark ist, lassen die meisten Menschen ihr Denken von anderen erledigen. Ihre Willenskraft bleibt dann für den Tag ungenutzt, so dass sie sich bei ihren Lebensentscheidungen auf ihre Gefühle verlassen müssen. Dies führt zu einem enormen Chaos in ihrem Leben, da die Menschen keine allgemeine Kontrolle über ihre Realität haben.

Die Menschen auf der Erde haben nicht die Verantwortung für ihr eigenes Leben übernommen, wie es der Schöpfer vorgesehen hat, was wiederum das kollektive Bewusstsein der Menschheit auf einem niedrigen Niveau hält. Anstatt sich von spirituellen Prinzipien leiten zu lassen, werden die Menschen im Allgemeinen von Impulsen aus der materiellen Realität beherrscht, die ihre Gefühle beeinflussen und ihr Leben kontrollieren. Die Dinge werden so bleiben, wie sie sind, bis die Menschen zu ihrem inneren Potenzial erwachen und sich bewusst entscheiden, etwas zu ändern. Vergessen Sie nie, dass jeder von uns sein eigener Messias, sein persönlicher Erlöser sein muss und die vollständige Kontrolle über seine Realität übernehmen muss.

VI. DAS PRINZIP VON URSACHE UND WIRKUNG

Das Prinzip von Ursache und Wirkung gab es schon lange, bevor Isaac Newton sein drittes Bewegungsgesetz formulierte, das besagt: "Für jede Aktion gibt es eine gleiche und entgegengesetzte Reaktion." Nach Newtons drittem Gesetz hat alles, was in Bewegung oder in Aktion versetzt wird, eine entsprechende Wirkung auf die Sache, auf die die Aktion ausgeübt wird.

"Jede Ursache hat ihre Wirkung; jede Wirkung hat ihre Ursache; alles geschieht nach dem Gesetz; der Zufall ist nur ein Name für das nicht erkannte Gesetz; es gibt viele Ebenen der Verursachung, aber nichts entgeht dem Gesetz." - "Das Kybalion"

Das Prinzip von Ursache und Wirkung besagt hingegen, dass nichts einfach so geschieht. Hinter jeder Wirkung steht eine Ursache. So etwas wie Zufall gibt es nicht, da Zufall nur ein Begriff ist, der auf die Existenz einer Ursache hinweist, die unerkannt oder unbemerkt bleibt. Das Prinzip von Ursache und Wirkung und Newtons drittes Gesetz besagen, dass alle existierenden Dinge miteinander verbunden sind und Energie übertragen.

Das Verständnis dieses primären hermetischen Prinzips ist entscheidend, wenn Sie versuchen, Ihr Leben zu meistern. Sie müssen die Verantwortung für alles in Ihrem Leben übernehmen und erkennen, dass Sie die Dinge verursachen, die geschehen, und dass sie Ihnen nicht nur zufällig passieren. Außerdem wirkt sich alles, was Sie tun, auf die Welt um Sie herum aus, handeln Sie also nicht leichtfertig und ohne Rücksicht auf Ihr Handeln. Seien Sie achtsam mit dem, was Sie ins Universum aussenden, denn es wird beeinflussen, was Sie zurückbekommen.

Es gibt verschiedene Ebenen von Ursache und Wirkung, und die höhere dominiert immer die niedrigere. Zufall ist ein Wort, das keine Grundlage in der Realität hat. Es ist ein Wort, das die Unwissenden benutzen, um eine Entschuldigung für ihre Unwissenheit zu haben, mehr nicht. Das Schicksal, das sich als Ergebnis des Zufalls ereignet, ist ein Konzept, das der Laie entwickelt hat, um alles, was ihm passiert, als

Teil eines großen Plans zu akzeptieren, den der Schöpfer für ihn vorgesehen hat. In Wirklichkeit aber können wir als Menschen unsere Existenz in hohem Maße kontrollieren und unsere Wünsche in einem für die Durchschnittsperson unvorstellbaren Ausmaß verwirklichen.

Wir können unsere Realität nicht zu 100 % kontrollieren, weil Dinge außerhalb dessen, was wir als Ursache und Wirkung in unserem Leben verfolgen können, geschehen können und geschehen. Auch Umweltfaktoren beeinflussen unser Leben, die wir nicht vorhersehen können. Sehr oft sind die Dinge, die uns widerfahren, jedoch die Ursache für die Auswirkungen anderer Menschen und definitiv nicht nur Zufall. Alles, was sich bewegt, wurde von etwas bewegt. Auf alles, was sich bewegt, hat also irgendeine Kraft eingewirkt. Ursache statt Wirkung zu sein bedeutet, eine Kraft zu werden, die projiziert und nicht nur ein blinder Empfänger der Energien anderer Menschen.

Man kann sagen, dass es Zufall ist, dass eine Wirkung durch die Ursache eines anderen zu uns gekommen ist, aber nichts entgeht dem Gesetz und diesem Prinzip. Daher ist es die spirituelle Pflicht von uns Menschen, zumindest in unserem eigenen Leben zu Ursachen statt zu Wirkungen zu werden. Wir sind es unserem Schöpfer schuldig, dies zu tun. Denn wenn wir das nicht tun, fallen wir der Willenskraft derer zum Opfer, die geistig stärker sind als wir. Als Menschen können wir Herren unseres Schicksals werden und unsere Stimmungen und Kräfte sowie unser Umfeld beherrschen.

Wir müssen immer den universellen Gesetzen gehorchen. Dennoch haben wir ein so hohes Maß an Kontrolle, dass wir wirklich alles werden können, was wir uns jemals erträumt oder gewünscht haben, wenn wir es anzapfen und die Prinzipien respektieren, die Ursache und Wirkung in unserem Leben regieren.

Denken Sie immer daran, dass eine Ursache etwas ist, das etwas in Gang setzt, und eine Wirkung ist das Ergebnis dieses Anfangs. Seien Sie also die Ursache für eine Aktion, nicht eine Reaktion auf die Ursache eines anderen. Seien Sie eine Kraft des Wandels, nicht eine Manifestation des Wandels eines anderen. Sei die Sonne deines Sonnensystems und nicht nur der Mond der Sonne eines anderen. Mit anderen Worten: Bestimmen Sie Ihr Leben, lassen Sie es nicht von anderen bestimmen. Sie haben dieses gottgegebene Recht, aber wenn Sie den Gedanken und Überzeugungen anderer folgen, dann sind Sie nur die Wirkung ihrer Ursache, nicht mehr. Sie müssen sich selbst beherrschen und Ihre persönliche Macht bis zum Maximum ausschöpfen.

Was bedeutet es, in Ihrem Leben eine Ursache und nicht eine Wirkung zu sein? Wie können Sie dies erreichen? Zunächst einmal müssen Sie lernen, Ihre Willenskraft zur Steuerung all Ihrer täglichen Handlungen einzusetzen. Sie müssen sich über Ihre niederen Emotionen erheben und sich nicht von ihnen leiten lassen.

Die Willenskraft lässt sich größtenteils von Logik und Vernunft leiten, was bedeutet, dass Sie sich über die Gefühls- oder Astralebene in die Mentalebene erhoben haben. Die Willenskraft erhält ihre Motivation auch von der spirituellen Ebene, wo bedingungslose Liebe der Antrieb ist. Wenn sie nur von Logik und Vernunft motiviert wird, ohne Liebe, dient die Willenskraft dem Ego. Wenn sie durch bedingungslose Liebe motiviert ist, befriedigt sie das Höhere Selbst - den Geist.

Die niederen Emotionen sind zum größten Teil unwillkürlich und veränderbar. In vielen Fällen sind sie nicht einmal das Nebenprodukt des eigenen Verstandes und der eigenen Gedanken, sondern der anderer Menschen. Denken Sie daran, dass wir ständig telepathisch kommunizieren. Unsere niederen Emotionen werden durch Reaktionen des Egos auf äußere Faktoren und die Gedanken und Gefühle anderer Menschen ausgelöst. Wenn diese Auslöser eine Disharmonie in uns hervorrufen, zwingen sie uns oft zu einem Verhalten, das für uns selbst und andere negativ ist.

Die oben genannten niederen Emotionen werden in der Regel durch Gedanken der Angst und des Hasses motiviert, sei es uns selbst oder anderen gegenüber. Darüber hinaus lösen sie oft emotionale Reaktionen aus, die mit den sieben Todsünden zusammenhängen: Stolz, Gier, Lust, Neid, Völlerei, Zorn und Trägheit. Wenn wir diese Emotionen nicht unter Kontrolle haben, werden sie unsere Handlungen leiten, was auf lange Sicht zu Elend und Verzweiflung führt.

Unser eigenes negatives Karma ist es, das diese niederen Emotionen an unser Wesen bindet. Die Herausforderung, wenn sie auftreten, besteht darin, sich über die Astralebene zu erheben, in der sich diese Emotionen abspielen, und unsere Willenskraft die Oberhand gewinnen zu lassen. Das ist es, was es bedeutet, Ursache und nicht Wirkung zu sein. Ursache sein und seine Willenskraft einsetzen bedeutet, ein Mitschöpfer mit dem Schöpfer zu sein. Auf diese Weise manifestieren Sie Ihre gewünschte Realität und sind ein Katalysator für Veränderungen, anstatt nur ein blinder Automat zu sein.

Was das negative Karma betrifft, muss Ihre Willenskraft durch bedingungslose Liebe motiviert sein, um keine karmischen Konsequenzen zu tragen und stattdessen gutes Karma zu erhalten. Wie ich bereits sagte, erzeugt die Anwendung von bedingungsloser Liebe gutes Karma. Wenn Sie jedoch eine Ursache sind und Ihre Willenskraft einsetzen, aber von Ego-Wünschen motiviert sind, können Sie trotzdem negatives Karma erhalten.

Verstehen Sie, dass Ursache und nicht Wirkung zu sein bedeutet, der Schöpfer Ihrer Realität zu sein, aber es bedeutet nicht, dass Sie unbedingt negatives Karma überwinden. Wir können das Argument vorbringen, dass, wenn das Ego die Willenskraft anstelle des Höheren Selbst leitet, Sie immer noch unter dem Einfluss einer fremden Intelligenz stehen und eine Wirkung und keine Ursache sind. Das einzig wahre Selbst ist der Geist, das Höhere Selbst, die Ursache hinter allen Ursachen, die durch bedingungslose Liebe wirkt. Nichtsdestotrotz ist sogar das Ego, das die Willenskraft steuert und Ihre Handlungen kontrolliert, auf der Skala der Realität höher angesiedelt als die niederen Emotionen, die die Handlungen direkt steuern.

"Nichts entgeht dem Prinzip von Ursache und Wirkung, aber es gibt viele Ebenen der Verursachung, und man kann die Gesetze der höheren nutzen, um die Gesetze der niedrigeren zu überwinden." - "Das Kybalion"

Vergessen Sie nie, dass Sie zu jedem Zeitpunkt "in den Ebenen aufsteigen" und Ihr Bewusstsein auf eine höhere Ebene heben können. Der Schlüssel dazu ist, dass Sie mit Ihrer Willenskraft in Kontakt sind, denn nur Ihre Willenskraft kann Ihre gewünschte Realität kontrollieren und manifestieren. Wenn Sie jedoch Spirit über die Materie und das Ego stellen wollen, muss diese Willenskraft durch die Energie der bedingungslosen Liebe motiviert sein.

VII. GRUNDSATZ DES GESCHLECHTS

Das Prinzip des Geschlechts gilt für alle Ebenen der Existenz, einschließlich der physischen, astralen, mentalen und spirituellen Ebene. Auf der physischen Ebene manifestiert es sich im Geschlecht der Geschlechter, während es auf den Ebenen oberhalb der physischen Ebene verschiedene Formen annimmt. Keine Schöpfung ist ohne dieses Prinzip möglich.

"Das Geschlecht ist in allem; alles hat seine männlichen und weiblichen Prinzipien; das Geschlecht manifestiert sich auf allen Ebenen." - "Das Kybalion"

Das Prinzip der Geschlechter wirkt in Richtung Erzeugung, Regeneration und Schöpfung. Alles, was existiert, einschließlich jedes menschlichen Wesens, enthält die männlichen und weiblichen Energien in sich. Jedes männliche Wesen hat eine weibliche Komponente, und jedes weibliche Wesen hat einen männlichen Teil - Yin und Yang, positiv und negativ.

Das Prinzip der Geschlechter ist in allen Dingen enthalten, und sein Schlüssel ist das Gleichgewicht - die Balance der Gegensätze. Zu viel weibliche Energie ohne genügend männliche Energie führt zu unerwünschten Ergebnissen und umgekehrt. Wenn Sie als Mann geboren wurden, müssen Sie sich mit Ihrem weiblichen Gegenstück ins Gleichgewicht bringen, denn da Sie als ein Geschlecht geboren wurden, sind Sie in diesem dominant und müssen an seinem Gegenteil arbeiten, um ein Gleichgewicht herzustellen. Die gleiche Regel gilt, wenn Sie als Frau geboren wurden.

Um unser eigenes gewünschtes Schicksal zu gestalten, brauchen wir eine gehörige Portion Willenskraft und Vorstellungskraft. Dieses Prinzip des Geschlechts gilt für alle Ebenen der Existenz. Da wir uns jedoch hauptsächlich mit seiner Manifestation in den mentalen Kräften beschäftigen, müssen wir verstehen, dass wir uns immer im Gleichgewicht halten müssen. Wir müssen sowohl über Willenskraft als auch über Vorstellungskraft verfügen, um unsere Ziele zu erreichen und Mitschöpfer unserer Realität zu sein. Ein Mitschöpfer mit dem Schöpfer zu sein, ist ein natürlicher Prozess der Magie.

Mentales Geschlecht

Wie bereits erwähnt, hat der Mensch in sich selbst männliche und weibliche Energien. Auf der Mentalebene manifestieren sie sich als der duale Verstand - die "Ich" (englisch "I") - und die "Mir/Mich" (englisch "me") -Komponente. Das "Ich" ist männlich, objektiv, bewusst, freiwillig und eine Kraft, die projiziert. Das "Mir/Mich" ist weiblich, subjektiv, unterbewusst, unfreiwillig und passiv, da es Form empfängt. Die Willenskraft des Feuerelements der Seele projiziert sich in die Vorstellungskraft und schafft ein visuelles Bild, welches durch das Wasserelement ausgedrückt wird. Das Luftelement ist der Gedanke, der das Ausdrucksmittel der Willenskraft und der Kreativität ist.

Qabalistisch gesehen sind die männlichen und weiblichen Energien die beiden höchsten Vater-/Mutter-Komponenten auf dem Lebensbaum - Chokmah und Binah, Weisheit und Verstehen. In ihrer Gesamtheit stellen sie die weiße und die schwarze Säule des Lebensbaums dar - die eine projiziert, die andere empfängt. Beide existieren zur gleichen Zeit und sind Gegensätze. Sie nähren sich gegenseitig und können nur im Verhältnis zueinander verstanden werden. Diese geistigen "Zwillinge" unterscheiden sich in ihren Eigenschaften, aber jede Komponente existiert in der anderen als Gegenstück.

Der "Ich"-Aspekt ("I") kann außerhalb des Rahmens stehen und beobachten, was das "Mir/Mich" ("me") produziert. Er erkennt, dass diese Wahrnehmung nicht mehr ist als eine Momentaufnahme in der Zeit, die nur halb wahr ist. Diese Wahrnehmung kann durch den Einsatz von Willenskraft verändert werden, indem man sich auf einen beliebigen Pol eines gewünschten Geisteszustandes polarisiert.

Die Komponente "Mir/Mich" ist eine geistige Schöpfung, in der Gedanken, Ideen, Emotionen, Gefühle und andere geistige Zustände erzeugt werden. Sie ist wie eine geistige "Gebärmutter", die in der Lage ist, geistige Nachkommen zu erzeugen. Aber da es sich um eine Gebärmutter handelt, muss sie eine Form von Energie von ihrer "Ich"-Komponente (oder dem "Ich" eines anderen) erhalten, da sie keine eigenen Gedanken erzeugen kann.

Mit anderen Worten: Um einen Gedanken oder eine Idee zu haben, muss man sie erst einmal in die Tat umsetzen wollen. Das "Ich" ist der Aspekt des Seins, während das "Mir/Mich" der Aspekt des Werdens ist. Das "Ich" ist unveränderlich, während das "Mir/Mich" ständig Eindrücke aufnimmt und sie liest. Diese dualen Aspekte des Geistes geben Ihnen einen Meisterschlüssel, mit dem Sie Ihre eigenen mentalen Zustände meistern und sie sogar in den Geist anderer Menschen einbringen können.

Die Tendenz der weiblichen Energie geht immer in Richtung des Empfangens von Eindrücken, während die Neigung der männlichen Energie in Richtung des Abgebens oder Ausdrückens geht. Das liegt daran, dass die weibliche Energie die Arbeit der Erzeugung neuer Gedanken und Ideen, einschließlich der Vorstellungskraft, leitet, während die männliche Energie sich mit der Arbeit der Willenskraft begnügt. Ohne ein eigenes "Ich" sind Sie jedoch geneigt, geistige Bilder zu empfangen, die aus Eindrücken von außerhalb Ihrer selbst, einschließlich anderer Menschen, resultieren.

Das Ego ist ein Nebenprodukt Ihrer "Mir/Mich"-Komponente, da Ihre Emotionen es inspirieren. Die Seele hingegen ist Ihr wirkliches "Ich". Das Ego versucht jedoch, Sie zu verwirren, Sie davon zu überzeugen, dass es Ihr "Ich" ist, um das Bewusstsein zu übernehmen. In Wirklichkeit ist es das nicht. Das Ego benutzt die niederen Emotionen, um Urteile zu fällen, und so sind die meisten seiner Gedanken und Ideen angstbasiert. Es ist sehr wandelbar, während die Seele das nicht ist. Daher ist es ein Ergebnis deines Aspekts des "Werdens", während die Seele dein Element des "Seins" ist. Wenn du deinem Ego erlaubst, dich im Leben zu lenken, wird die Willenskraft der Seele untätig.

Sie müssen Ihre Vorstellungskraft ständig mit Ihrer Willenskraft ankurbeln, um die bestmögliche Realität für sich selbst zu manifestieren. Wenn Sie Ihre Realität nicht durch Ihr Wahres Selbst, Ihre Seele, erschaffen, dann nutzen Sie Ihre gottgegebenen Kräfte nicht, was immer zu unglücklichen Situationen in Ihrem Leben führt. Wenn Sie nicht in Kontakt mit Ihrem "Ich" sind, verlieren Sie Ihre Identität in dieser Welt. Es gibt keinen schnelleren Weg, sich selbst zu verlieren, als anderen Menschen die Kontrolle über Ihre Realität zu überlassen oder sich ausschließlich auf Ihr Ego zu verlassen.

Um wirklich glücklich zu sein, müssen Sie Ihrer Seele erlauben, Sie im Leben zu führen. Sie müssen Ihre Willenskraft in vollem Umfang nutzen und immer wieder Eindrücke in Ihrer Vorstellungskraft hinterlassen, um Ihre optimale Realität zu manifestieren. Das kann anfangs eine ziemliche Herausforderung sein, da Sie mit vielen Konfrontationen mit Menschen und Ihrem Ego zu tun haben werden, aber es ist entscheidend, diese Herausforderungen zu überwinden und diese Fähigkeit zu erlernen. Ihre Willenskraft ist wie ein Muskel, und da es anfangs schwierig sein kann, einen Muskel aufzubauen, wird es mit der Zeit leichter, bis es zur zweiten Natur wird. Denken Sie immer für sich selbst, wenn Sie ein glückliches und erfülltes Leben führen wollen, und erlauben Sie diesem Denken, von einem höheren Ort zu kommen.

Die psychischen Phänomene der Telepathie, der Gedankenübertragung, der mentalen Beeinflussung, der Suggestion und der Hypnose fallen alle unter die Manifestation dieses Geschlechtsprinzips. Schauspieler, Politiker, Redner, Prediger, Staatsmänner und andere Persönlichkeiten des öffentlichen Lebens machen sich dieses Prinzip zunutze, indem sie den weiblichen Aspekt des Geistes anderer Menschen mit ihrem eigenen "Ich" beeinflussen. Es ist das Geheimnis des persönlichen Magnetismus.

Wenn Sie lernen, das Prinzip des Geschlechts zu nutzen, werden Sie auch für das andere Geschlecht sehr attraktiv sein. Ihre Willenskraft (im Gegensatz zu Ihren Emotionen) zu nutzen, um Ihre Realität zu manifestieren, ist das Geheimnis, um Anziehung zu erzeugen. Menschen, die ihre Willenskraft in vollem Umfang nutzen, sind Alphas, während diejenigen, die sich ausschließlich von ihren Gefühlen leiten lassen, Betas sind.

Alphas sind charismatisch, charmant und haben einen großartigen Sinn für Humor. Sie sind ruhig und gefasst, d.h. sie arbeiten im Alpha-Zustand der Gehirnaktivität, was sie gelassener macht. Sie haben ein Ziel im Leben und folgen dem Takt ihrer Trommel. Sie sind von ihren Überzeugungen überzeugt und verfolgen ihre Träume. Dies sind alles wünschenswerte Eigenschaften für das andere Geschlecht. Alle Menschen erkennen sich in Alphas wieder und möchten tief in ihrem Inneren ihre eigenen Fähigkeiten nutzen, um genauso zu handeln. Diese besonderen Menschen ermöglichen es ihnen, dies zu tun. Wir alle fühlen uns von Natur aus zu Menschen hingezogen, die uns helfen können, unsere persönliche Kraft zu entwickeln und spirituell im Leben voranzukommen.

DER ALL-SPIRIT

Wenn Sie die Mentalen Gesetze besser verstehen wollen, müssen Sie die Natur des All-Geistes besser verstehen. Was ist er zum Beispiel, und wie stehen Sie in Beziehung zu ihm? Wenn Sie die wahre Natur des Alls verstehen können, dann können Sie auch verstehen, wer Sie sind, denn Sie sind seine Schöpfung. Darüber hinaus wird dieses Wissen Sie befähigen, Ihre Glaubenskraft zu erhöhen, so dass Sie sich auf den verschiedenen Ebenen der Existenz durch den Geist manifestieren können, da der Geist das Bindeglied zwischen Geist und Materie ist.

"Unter und hinter dem Universum von Zeit, Raum und Veränderung ist immer die substanzielle Wirklichkeit, die fundamentale Wahrheit zu finden." - "Das Kybalion"

Diese substanzielle Wirklichkeit ist das, was die Alten den Geist - den unendlichen lebendigen Geist - genannt haben. Substanziell bedeutet das wesentliche Element, die Grundlage, das, was immer existiert, in Bezug auf das Primum Mobile - die Quelle. Realität bedeutet den Zustand des Wirklichen, Echten, Beständigen, Feststehenden, Dauerhaften und Tatsächlichen.

Das All ist unveränderlich, ewig und unerkennbar. Hermetiker haben postuliert, dass das All oder der Geist alles sein muss, was existiert - nichts kann außerhalb von ihm existieren. Es ist unendlich, denn es gibt nichts anderes, was es definieren, begrenzen, binden, einschränken oder einschränken könnte. Es muss schon immer existiert haben und wurde niemals durch etwas außerhalb von ihm erschaffen. Es muss unendlich im Raum und außerhalb von Ursache und Wirkung sein. Es muss überall zur gleichen Zeit sein.

Seit Tausenden von Jahren haben viele Denker aus verschiedenen Ländern über diese substanzielle Realität gesprochen, weil sie das Gefühl hatten, dass etwas Größeres und Bedeutsameres existiert, begleitet von dem rationalen Gedanken, dass es einen Schöpfer geben muss, da wir geschaffen wurden. Sie haben diesem Schöpfer im Laufe der Zeit viele Namen gegeben, darunter, aber nicht nur, Gottheit, Energie, Materie und vor allem und am häufigsten - Gott.

Die Hermetiker nennen Gott das All. Deshalb sprechen wir von dieser Substanziellen Realität, wenn wir den Begriff Das Alles oder Gott verwenden. Die meisten Menschen sind sich einig über die intuitive Erkenntnis der Existenz des Alls und unserer Beziehung zu ihm, wobei sie verstehen, dass es uns für immer unbekannt bleiben wird, solange wir in diesen physischen Körpern sind.

"Im Kern seines Wesens ist das All unerkennbar. Aber die Äußerungen der Vernunft müssen willkommen geheißen und mit Achtung behandelt werden." - "Das Kybalion"

Das All muss in seiner Macht unendlich oder absolut sein, denn nichts kann es begrenzen, einschränken, zurückhalten, begrenzen, stören oder bedingen. Wenn wir hauptsächlich die Schöpfung von etwas sind, dann muss das bedeuten, dass der Schöpfer so weit über uns steht, dass es unmöglich wäre, zu behaupten, dass er irgendeiner anderen Macht unterworfen ist, da er allmächtig ist.

Das All muss unveränderlich sein, es darf sich in seiner grundlegenden Natur nicht verändern, denn es gibt nichts, was es verändern könnte, nichts, in das es sich verwandeln könnte oder aus dem es sich verändert haben könnte. Es kann weder hinzugefügt noch abgezogen werden, weder vermehrt noch vermindert, noch in irgendeiner Hinsicht größer oder kleiner werden. Es muss immer gewesen sein und für immer so bleiben, wie es jetzt ist, nämlich Das Alles.

Seit Tausenden von Jahren, durch alle Religionen, Philosophien und spirituellen Sekten hindurch, haben sich alle Menschen auf diese primären Eigenschaften des Alls geeinigt. *Das Kybalion* besagt, dass das All, welches geistige Energie ist, der unendliche lebende Verstand ist, der das Universum mental manifestiert. Durch unseren Verstand haben wir Zugang zu all seinen parallelen, sich gegenseitig durchdringenden kosmischen Ebenen oder Welten.

Der Geist enthält in sich den gesamten Baum des Lebens, der in die vier Elemente Feuer, Wasser, Luft und Erde unterteilt werden kann. Und unser chakrisches System enthält diese Energiewirbel, die im Einklang arbeiten, um uns die inneren Abläufe des Verstandes und des Herzens zu geben, die alle in diesem Unendlichen Lebendigen Geist, genannt der Geist, enthalten sind.

Der Geist ist Licht, und dieses Licht strömt durch das Sahasrara Chakra an der Krone ein und manifestiert sich durch die sieben Chakren, die den sieben Farben des sichtbaren Spektrums entsprechen: violett, indigo, blau, grün, gelb, orange und rot. Jedes der Chakren hat seine entsprechende Seinsebene, die wie Schichten einer

Zwiebel sind, sich gegenseitig durchdringen und das gesamte Energiefeld des Menschen - die Aura - bilden.

Der Geist manifestiert sich auch als Licht in der physischen Realität, wenn er durch den Stern unseres Sonnensystems, die Sonne, kanalisiert wird. Das sichtbare Licht der Sonne ist der Lebensspender für alle Lebewesen auf der Erde, denn es erhält uns alle. Das Licht wird zu jeder Zeit zu uns geleitet, auch wenn die Erde von der Sonne abgewandt ist. In diesem Fall reflektiert unser natürlicher Satellit, der Mond, das Licht der Sonne zu uns. Die Planeten, die vom Gravitationsfeld der Sonne auf ihrer Umlaufbahn gehalten werden, sind ebenfalls Teil der Schöpfung, und sie strahlen Energien aus, die das kollektive Bewusstsein und die individuellen Chakren der Menschen versorgen.

Da Geist und Materie aus der gleichen Substanz bestehen, aber an entgegengesetzten Enden des Spektrums liegen, muss alles, was dazwischen liegt, höher sein als das Niedrigste, nämlich die Materie, die physische Realität. Im chakrischen System folgen auf das Muladhara Chakra, das uns mit der Erde verbindet, Swadhisthana, Manipura und Anahata. Diese drei Elemente Wasser, Feuer und Luft sind für den Geist von höherer Qualität als die Elemente Erde und Materie. Nach Anahata befindet sich der Abgrund im Kehlchakra von Vishuddhi. Es dient als Tor für das Geistige Element und die beiden darüber liegenden Chakras Ajna und Sahasrara.

Qabalistisch gesehen ist es die Sphäre von Yesod oder der Pfad von Tav, die Universumskarte im Tarot, die uns den Zugang zur Gesamtheit des unendlichen lebendigen Geistes, des Spirits, eröffnet. *Das Kybalion* geht Hand in Hand mit dem Qabalistischen Baum des Lebens und dem Chakren-System. Wenn das All der Unendliche Lebendige Geist ist, dann ist das Wissen um die verschiedenen Bewusstseinszustände und die kosmischen Ebenen zwischen Geist und Materie entscheidend für das Verständnis, wie Sie Ihren Geist meistern und die Kontrolle über Ihre Realität übernehmen können.

Die hermetische Philosophie ist eher eine Wissenschaft, obwohl sie mit physikalischen Instrumenten nicht gemessen werden kann. Sie basiert auf Logik und Vernunft (Attribute von Merkur/Hermes), einschließlich der Untersuchung der Funktionsweise der natürlichen Welt in Bezug auf unser Sonnensystem. Die hermetische Philosophie versöhnt die Lehren des Ostens und des Westens, da sie die Essenz beider enthält. Obwohl ihre Philosophie theoretisch ist, untersucht sie die unsichtbare Welt der Energie und stellt ihre Funktionsweise in einer praktischen Weise dar, die für den Menschen nutzbar ist. Am wichtigsten ist, dass die hermetische Philosophie der Macht des Geistes und dem Prinzip des Mentalismus großen Glauben schenkt, der ihr Hauptschlüssel ist und alle anderen inneren Welten und Ebenen öffnet, an denen wir als Menschen teilhaben.

DAS MENTALE UNIVERSUM

Das Kybalion besagt, dass das All Geist ist - der Unendliche Lebendige Geist. Das All erschafft das Universum geistig und durchdringt seine Schöpfung, so wie wir alle es tun, wenn wir einen Gedanken oder eine Idee geistig konzeptualisieren. Nach dem *Buch Genesis* wurde Adam, der erste Mensch, nach dem Bild des Alls/Gottes erschaffen. Ebenso erschaffen die Menschen auf dieselbe Weise, wie Gott das All erschafft - durch den Verstand und sein primäres Ausdrucksmedium, die Gedanken.

Wie wir denken, so sind wir GEDANKEN. Unsere Gedanken sind lebendige Dinge, soweit es unsere geistige Realität betrifft. Unsere mentale Realität überträgt sich dann auf Gottes mentale Realität, die das physische Universum selbst ist. Auf diese Weise werden wir zu Mitschöpfern in der Schöpfung des Alls.

Genauso wie Sie in Ihrem Verstand ein imaginäres Universum erschaffen können, erschafft Das All in seinem Verstand Universen. Unser fiktives Universum ist jedoch ein mentales Konstrukt eines endlichen Verstandes, im Gegensatz zu den Universen, die sich Das All vorstellt und die die Schöpfung eines Unendlichen Verstandes sind. Die beiden sind sich in ihrer Art ähnlich, aber in ihrem Ausmaß sehr unterschiedlich.

"Das Universum ist mental - gehalten im Geist des ALLES." - "Das Kybalion"

Das Prinzip des Geschlechts manifestiert sich auf allen Ebenen des Lebens - materiell, emotional, mental und spirituell. Da es ein universelles Gesetz ist, finden wir dieses Prinzip in allem, was auf allen Ebenen erzeugt oder geschaffen wird. Diese Regel gilt sogar für die Erschaffung und Erzeugung von Universen.

Das All selbst steht jedoch über den Geschlechtern und allen anderen Unterscheidungen, einschließlich derer von Zeit und Raum. Das All ist das oberste Prinzip, von dem andere Prinzipien ausgehen, und ist ihnen nicht unterworfen. Das All wurde nicht erschaffen, sondern ist der Schöpfer aller Dinge. Daher fallen nur die Dinge, die geschaffen wurden, unter die Regeln der Schöpfungsprinzipien.

Folglich manifestiert Das All das Prinzip der Geschlechter in seinen männlichen und weiblichen Aspekten als Gott-Vater und Gott-Mutter. Dies sind die beiden Hauptaspekte aller seiner Schöpfungen. Die Gott-Vater-Komponente ist das "Ich" des Universums, und die "Mir/Mich"-Komponente ist die Mutter. Qabalistisch gesehen sind diese beiden die himmlische Dualität von Chokmah und Binah, Kraft und Form. Die hermetische Lehre impliziert jedoch keine grundlegende Dualität, da das All Eins ist - die beiden Komponenten sind lediglich die Hauptaspekte der Manifestation (Schöpfung).

Um dieses Konzept besser zu verstehen, wenden Sie das gleiche Prinzip auf Ihren Verstand an. Wir haben ein "Ich", das abseits steht und Zeuge der geistigen Schöpfungen der ""Mir/Mich"-Komponente in unserem Verstand ist. Sie unterscheiden sich deutlich voneinander, da das "Ich" der Zeuge ist, der die Gedanken, Ideen, Bilder und Formen des "Mir/Mich" untersuchen kann. Das "Ich" ist der männliche, bewusste Teil des Verstandes, die Willenskraft, während das "Mir/Mich" der weibliche, unbewusste Teil, die Vorstellungskraft, ist. Das "Ich" projiziert in das "Mir/Mich" und ist von diesem getrennt, aber an seiner Schöpfung beteiligt.

Die Hermetiker sagen, dass Das All auf dieselbe Weise erschafft und unzählige Universen geschaffen hat. Nach den hermetischen Lehren existieren Millionen und Abermillionen von Universen im unendlichen Geist des Alls, wobei unser eigenes Sonnensystem nur ein Teil davon ist. Und es gibt Regionen und Ebenen, die weit höher sind als unsere, mit höheren Wesen, die wir Menschen uns nicht einmal in unserer Vorstellung vorstellen können. Der Tod ist nicht real, nicht einmal im relativen Sinne, aber er ist die Geburt eines neuen Lebens, und die Seele geht weiter und weiter zu noch höheren Ebenen des Lebens für Äonen von Zeit, bis sie sich schließlich wieder mit dem All vereinigt.

"Die Geburt ist nicht der Beginn des Lebens, sondern nur eines individuellen Bewusstseins. Der Wechsel in einen anderen Zustand ist nicht der Tod - nur das Ende dieses Bewusstseins." - Hermes Trismegistus; Auszug aus "Hermetica: Das griechische Corpus Hermeticum und der lateinische Asklepios"

In der Tradition der Maya wünschte man dem Menschen vor seinem Tod eine sichere Reise in seine nächste Inkarnation. Viele andere Kulturen folgten diesem Beispiel, vor allem diejenigen, die in ihrem Kern sehr spirituell waren. Der Glaube an das Leben nach dem Tod war in der Vergangenheit ganz anders als heute. Sie akzeptierten die Unwirklichkeit oder Illusion der Welt der Materie, begleitet von der

Freude und Aufregung der Reinkarnation im nächsten Leben. Der Tod wurde nicht gefürchtet, sondern willkommen geheißen, da die Ideale der Menschen der Antike vor Tausenden von Jahren von viel höherer Qualität waren.

Unsere verworrenen Vorstellungen über das Leben nach dem Tod lassen uns das Unbekannte fürchten, anstatt es zu begrüßen. Das Konzept der Ehre ist in der modernen Gesellschaft längst in Vergessenheit geraten, während es in der Antike zur Lebensweise gehörte. Die Menschen von damals starben gerne für das, woran sie glaubten, und nahmen das nächste Leben in Kauf. Das waren die Tage, an denen die Helden der Vergangenheit lebten.

Das christliche Konzept, dass die Guten in den Himmel und die Bösen in die Hölle kommen, ist in jeder Hinsicht falsch. Himmel und Hölle sind geistige Konzepte und Ausdrucksformen des Lebens während des Lebens, nicht etwas, das im Jenseits existiert. Wir sind aus dem Geist geboren, und wir werden in den Geist zurückkehren. Nur unsere ältesten Religionen und Philosophien hatten die richtige Vorstellung vom Tod. Traurigerweise scheinen ihre Ansichten in der heutigen Zeit für die Antike fast verloren zu sein.

Ob wir nach dem Tod auf diesem Planeten reinkarnieren, wissen wir nicht und können wir auch nicht sagen. Es ist möglich, dass Sie, nachdem Sie die notwendigen Lektionen gelernt und sich auf dem Planeten Erde spirituell weiterentwickelt haben, auf einem anderen Planeten in einem anderen Sonnensystem reinkarnieren. Der Kundalini-Auslöser und -Mechanismus könnte der nächste Punkt der spirituellen Evolution und ein notwendiger Schritt zur Erweiterung des Bewusstseins sein, so dass Sie auf einem anderen Planeten inkarnieren und einen neuen Evolutionsprozess beginnen können.

Diese Ideen bleiben jedoch der Theorie und Spekulation überlassen. Eine genaue Antwort können Sie erst geben, wenn Sie Ihr nächstes Leben erlebt haben. Aber das Wissen und der Glaube daran, dass das Leben nach dem Tod keine düstere, schreckliche Sache ist, sondern der nächste Schritt auf der Reise Ihrer Seele durch das Universum, wird Ihnen die unnötige Angst vor dem Unbekannten nehmen. Und wenn Sie das tun, wird es Ihnen nur nützen, so viel wie möglich aus Ihrem Leben auf dem Planeten Erde herauszuholen.

"Im Vater-Mutter-Geist sind die sterblichen Kinder zu Hause. Es gibt niemanden im Universum, der vaterlos oder mutterlos ist." - "Das Kybalion"

Gemäß dem *Kybalion* haben wir nichts zu befürchten - wir sind sicher und geschützt durch die unendliche Macht des Vater-Mutter-Geistes. Menschen, die dies vollständig begreifen können, werden immerwährenden Frieden in ihrem Geist und Herzen haben.

DAS GÖTTLICHE PARADOXON

"Die Halbweisen, die die relative Unwirklichkeit des Universums erkennen, bilden sich ein, dass sie seinen Gesetzen trotzen können - das sind eitle und anmaßende Narren, und sie werden wegen ihrer Torheit an den Felsen zerbrochen und von den Elementen zerrissen. Die wahrhaft Weisen, die die Natur des Universums kennen, setzen das Gesetz gegen das Gesetz ein, das Höhere gegen das Niedere; und durch die Kunst der Alchemie verwandeln sie das Unerwünschte in das Würdige und triumphieren so. Die Meisterschaft besteht nicht in abnormen Träumen, Visionen und fantastischen Vorstellungen oder im Leben, sondern darin, die höheren Kräfte gegen die niederen einzusetzen - den Schmerzen der niederen Ebenen zu entgehen, indem man auf den höheren schwingt. Transmutation, nicht anmaßende Verleugnung, ist die Waffe des Meisters." - "Das Kybalion"

In dieser Aussage steckt wahre Weisheit. Wenn wir die Unwirklichkeit und Illusion des Universums akzeptieren, müssen wir auch seine Realität akzeptieren. Andernfalls fallen wir Halbwahrheiten zum Opfer. Schließlich sind wir in diesem Leben an unseren physischen Körper gebunden. Wir müssen diese Tatsache respektieren, auch wenn wir akzeptieren, dass das Universum um uns herum eine Illusion des Geistes ist.

Das göttliche Paradox besagt, dass das Universum zwar "nicht" ist, aber dennoch "ist". Diese beiden Pole existieren auf unserer Ebene, weil wir schließlich ein Teil der Schöpfung sind, und dieses Prinzip der Polarität manifestiert sich in allen geschaffenen Dingen. Nur in Das Alles selbst, das die Gesamtheit aller Gesetze ist, manifestiert es sich nicht. Daher enthält alles, was aus der Essenz des Alls erschaffen wurde, das göttliche Paradoxon in sich - die absolute und die relative Sichtweise, die eins sind.

Wir müssen alles aus entgegengesetzten Blickwinkeln gleichzeitig sehen. Indem wir dies tun, bleiben wir im Jetzt. Die Fähigkeit, alles aus zwei Blickwinkeln gleichzeitig zu sehen und zu interpretieren, ist eine Form des "Mentalen Yoga". Sobald wir eine Sichtweise akzeptieren, wird sie Teil unserer vergangenen Konditionierung und fügt sich in unser Rad des Karmas ein.

Das Ego denkt in Begriffen einer Singularität. Es ist aus dem Bewusstsein entstanden, das sich selbst als eine vom Rest der Welt getrennte Komponente wahrnimmt. Bevor man sich jedoch als separaten Bestandteil sah, war alles Eins - unser Bewusstsein tauchte in die Einheit des Geistes ein.

Indem wir den Körper als etwas von der äußeren Realität Getrenntes betrachteten (und unser Bewusstsein, das diesen Körper bewohnt), begannen wir, uns mit dem Ego zu verbinden und uns zu einer individuellen Einheit zu entwickeln. Mit dieser Entwicklung verloren wir die Einheit aus den Augen, deren Teil wir einst als Kinder waren. Wir haben unsere Unschuld verloren. Die Unschuld war das Wunder und die Schönheit des Aufgehobenseins im Geist. Das Ego reifte, und erst mit seiner Reifung verloren wir die Anmut, die einst Teil unseres Lebens war. Dieser Evolutionsprozess weckte in der Seele den angeborenen Wunsch, dass sich das Bewusstsein wieder in den Geist zurückentwickelt und sich mit der Quelle wieder vereint.

Unsere Seele ist unsterblich, denn sie ist ein Lichtfunke der Sonne. Sie ist in uns, ebenso wie die geistige Energie, unsere belebende Substanz. Wir haben die Seele und den Geist immer in uns gehabt, sonst wüssten wir nicht, wo wir suchen sollen. Die Seele ist die "Ich"-Komponente, die Willenskraft, das Heilige Feuer, das nicht von dieser physischen Welt ist und die Erinnerung daran enthält, dass wir einst Teil des Geistes waren. Sie ist unser Leuchtfeuer, unser Wegweiser auf unserer Suche, wieder mit dem Geist vereint zu werden. Die Seele und der Geist sind unterschiedliche Komponenten, die jedoch Seite an Seite arbeiten. Die Seele ist das Licht, das sich im menschlichen Körper manifestiert und dort verankert ist.

Der Geist ist die belebende Substanz des Universums, das grenzenlose Meer des Bewusstseins, die Komponente des Weißen Lichts von allem, was ist - der Erste Geist. Das Weiße Licht ist überall gleichzeitig und ist grenzenlos in Größe und Macht. Das physische Universum ist das Zweite Gemüt, die Manifestation des Ersten. In Wirklichkeit sind sowohl das Erste als auch das Zweite Gemüt eins, die beiden extremen Pole, die zusammenarbeiten, um die physische Welt und alle kosmischen Ebenen zwischen Geist und Materie zu manifestieren. Sie sind die höchste Manifestation des Geschlechterprinzips, des Vater-Mutter-Geistes.

Indem wir das Universum als halbwirklich anerkennen, können wir die andere Hälfte als die Wirklichkeit des Geistes akzeptieren, aus dem wir gekommen sind und in den wir zurückkehren müssen. Durch dieses Verständnis auf einer tiefen Ebene können wir die Ketten des Egos und des physischen Körpers lösen. Natürlich müssen wir immer die Halbwahrheit akzeptieren - wir sind für die Dauer unseres Lebens hier auf der Erde an unseren physischen Körper gebunden. Dennoch müssen wir nicht an das Ego und seine Bedürfnisse und Wünsche gekettet sein. Stattdessen können wir in diesem Leben befreit werden.

Im Grunde genommen ist der Mensch ein Funke des individuellen Bewusstseins (Lichtfunke), der für die Dauer seines Lebens hier auf dem Planeten Erde in einem physischen Körper lokalisiert ist. Wir erfahren die Welt durch die fünf Sinne des physischen Körpers und den sechsten Sinn durch das Geist-Auge-Chakra. Wenn wir den Verstand als Empfänger benutzen, können wir durch das Chakra des geistigen Auges Zugang zu den inneren, kosmischen Ebenen des Seins und zu verschiedenen Bewusstseinszuständen erhalten. Dieser gesamte Prozess findet im Inneren des Geistes, im menschlichen Gehirn statt.

Die Seele manifestiert sich bei der Geburt, wenn sie in den physischen Körper eintritt, und zwar in der Herzkammer. Während sich die Seele im Körper ansiedelt, manifestiert sich das Ego im Laufe der Zeit als eine Intelligenz, eine individuelle Entität, deren Hauptfunktion darin besteht, den Körper zu erhalten und zu pflegen. Wenn wir heranwachsen, übernimmt das Ego unser Bewusstsein und überzeugt uns davon, dass wir tatsächlich das Ego sind. Sobald dies geschieht, merken wir, dass etwas nicht stimmt, und wir beginnen, unsere ursprüngliche Unschuld wieder zu suchen, weil wir damals am glücklichsten waren.

Um das Ego zu überwinden und unseren ursprünglichen Zustand wiederzuerlangen, wenden wir uns an die Seele und das Licht in uns, um uns zu führen. Wir versuchen, unser Bewusstsein wieder in seinen ursprünglichen Zustand zu versetzen, als es Teil des kosmischen Bewusstseins und der spirituellen Energie war. Wir wünschen uns, den Garten Eden wieder zu betreten. Das ist die Essenz des spirituellen Evolutionsprozesses und die Herausforderung und Mission jedes einzelnen Menschen, der auf dem Planeten Erde lebt.

Der Körper und das Ego sind also nur die eine Hälfte der Wahrheit. Alles, was einen Anfang und ein Ende hat, muss in gewissem Sinne unwirklich und unwahr sein. Das Universum und unser physischer Körper fallen unter diese Kategorie. Vom absoluten Standpunkt aus betrachtet, ist für Das Alles nichts real, außer Das Alles selbst. Aber für die Menschen, die in diesem Kreislauf von Leben, Tod und Wiedergeburt leben, muss das Universum als real angesehen und akzeptiert werden, da wir hier leben, uns bewegen und unser Sein haben.

Absolute Wahrheit ist, wie der Verstand Gottes die Dinge sieht, und wir sind durch den Geist ein Teil davon. Relative Wahrheit ist so definiert, wie die höchste Vernunft der Menschheit die Dinge verstehen kann. Deshalb, ja, das Universum ist ein Traum Gottes, und es ist unwirklich aus Gottes Perspektive, aber da wir unsere physischen Körper bewohnen, müssen wir diese Tatsache respektieren und respektieren, dass das Universum für uns immer noch real ist, während wir hier sind.

Die Welt der Materie ist real und muss respektiert werden, ebenso wie die Gesetze der Physik, die diese Realität bestimmen. Auch die Dinge in unserem Geist sind für uns authentisch - unsere Gedanken, Gefühle und Ideen, die wir mit unserer Vorstellungskraft erzeugen. Die einzige Möglichkeit, das Universum als realer zu erkennen, als es ist, bestünde darin, dass wir das All selbst werden, was unmöglich ist, solange wir im physischen Körper leben. Aber je höher und höher wir auf der Skala des Lebens aufsteigen, indem wir uns in unseren Chakren und auf dem Baum des Lebens nach oben bewegen, erkennen wir zunehmend die Unwirklichkeit des Universums. Je mehr wir uns dem Geist des Schöpfers nähern, desto mehr erkennen wir, dass dieses Universum nur eine Illusion des Gehirns ist. Erst wenn wir wieder in "Das Alles" eingebettet sind, verschwindet die Vision der materiellen Welt.

Alle Dinge, die im Unendlichen Geist des Alls enthalten sind, sind in einem Maße real, das nur von der Realität der wahren Natur des Alls übertroffen wird. Dies wissend, lassen Sie all Ihre Ängste verschwinden und verstehen das Ego als das, was es ist - nur Ihre mentale Schöpfung, die durch vergangene Ereignisse im Laufe der Zeit aufgebaut und konditioniert wurde. Erfreuen Sie sich daran, lebendig zu sein, denn Sie sind fest im Unendlichen Geist des Alls verankert. Als solches gibt es keine Macht außerhalb des Alls, die Sie beeinflussen kann.

"Ruhig und friedlich werden wir schlafen, geschaukelt in der Wiege der Tiefe." - "Das Kybalion"

Ruhe und Gelassenheit sind vorhanden, wenn Sie die Philosophie des *Kybalion* verstehen. Das Verstehen der Wahrheiten über unsere Existenz bringt inneren Frieden hervor. Es ist die wahre Ursache des inneren Friedens - die Erkenntnis des Geistes in uns.

DAS ALLES IN ALLEM

"Während alles in DEM ALLEN ist, ist es ebenso wahr, dass DAS ALLES in allem ist. Derjenige, der diese Wahrheit wirklich versteht, hat großes Wissen erlangt." - *"Das Kybalion"*

Das obige Axiom liefert die höchste Wahrheit, den Eckpfeiler aller Religion, Philosophie und Wissenschaft. Es gibt die genaue Beziehung zwischen dem All und seiner mentalen Schöpfung - dem Universum - an. Die hermetische Lehre besagt, dass das All (der Geist) allem innewohnt, was es geschaffen hat. Für uns Menschen ist dies alles, was das Auge sehen, das Ohr hören, die Nase riechen, die Zunge schmecken und der Körper berühren kann. Dazu gehören die unzähligen Galaxien im Universum und unser eigenes Sonnensystem in der Milchstraßengalaxie.

Um zu verstehen, wie das All erschafft, wollen wir untersuchen, wie wir als Menschen erschaffen, und durch das Prinzip der Korrespondenz werden wir das All besser verstehen. Um die Übung zu beginnen, benutzen Sie Ihre Vorstellungskraft, um sich ein geistiges Bild einer Person zu machen, einer beliebigen Person, und geben Sie ihr geistig eine Form, indem Sie sie in Ihrem Geist manifestieren. Sie sehen, dass diese Person nun eine Realität in Ihrem Geist hat, aber sie ist auch Ihr Geist, Ihre Energie, die Ihre mentale Schöpfung durchdringt. Das Leben, das Sie dem Bild gegeben haben, entstammt Ihrem Geist. Welche Bilder Sie auch immer formen, sie repräsentieren die geistige und mentale Kraft von Ihnen als Schöpfer dieser Bilder.

Obwohl wir postulieren können, dass das erdachte Bild gleichbedeutend mit dem Schöpfer ist, der ihm Leben gab, ist das Bild nicht identisch mit dem Schöpfer. Der Geist des Schöpfers ist dem geistigen Bild inhärent, doch das Bild ist nicht der Geist als Ganzes, sondern enthält ihn in seiner Essenz. Auf dieselbe Weise sind wir nicht Das Alles oder Gott, und doch ist Das Alles in uns als Geist-Energie.

Wenn die Menschen die Existenz des Geistes in ihrem Inneren erkennen, der ihrem Wesen innewohnt, werden sie auf der spirituellen Skala des Lebens aufsteigen. Und das Beste daran ist, dass wir jederzeit zu dieser Erkenntnis kommen können, die uns für immer verändern wird. Das Bewusstsein ist nicht nur der Körper. Der physische Körper hat in sich ein Körper-Double, das aus der Geistigen Energie besteht, die den gleichen Raum/Zeitraum einnimmt. Sie ist in diesem Augenblick in Ihnen gegenwärtig, und sie ist es, die Sie beseelt und Ihnen Leben gibt, so wie Sie sich einen Menschen in Ihrem Geist vorstellen und ihn mit Leben erfüllen können.

Diese Erkenntnis kann zu einer sehr tiefgreifenden spirituellen Erfahrung führen. Das Erkennen des Geistes in mir vor siebzehn Jahren machte mich zum Empfänger einer vollständigen, dauerhaften Kundalini-Erweckung. Zugegeben, es gab auch andere Faktoren, die zu dieser lang ersehnten Erfahrung beitrugen. Dennoch war die Erkenntnis, dass der Geist in mir gegenwärtig ist, der dringend benötigte Katalysator, um meinen Geist und mein Herz für die Kraft aller Schöpfungsprinzipien *des Kybalion zu* öffnen.

Durch einen inneren Schöpfungswillen schuf das All das Universum. Es projizierte geistig seinen Aspekt des Seins auf seinen Aspekt des Werdens. Sein männliches Prinzip, seine Willenskraft, wurde in sein weibliches Prinzip, seine Vorstellungskraft, projiziert, um das Universum in Existenz zu denken. Mit diesem Akt begann der schöpferische Zyklus. Denken Sie daran, dass die Willenskraft und die Vorstellungskraft Gottes dieselben sind wie Ihre Willenskraft und Ihre Vorstellungskraft, wenn auch in sehr unterschiedlichem Maße. Das Prinzip des mentalen Geschlechts ist jedoch in allen Aspekten der Schöpfung präsent.

Nachdem es das Universum ins Dasein gerufen hatte, stand Das Alles abseits von seiner Schöpfung und wurde Zeuge der Absenkung der Schwingung, als sich reiner Geist in dichter Materie manifestierte. Nachdem die Materie erschaffen war, erwachte Das All aus seiner Aufmerksamkeit oder Meditation (dem Prozess des Beobachtens) und begann den Pfad der spirituellen Evolution, den Prozess des "Nach-Hause-Kommens". Der Prozess der Schöpfung des Universums wird als "Involution" bezeichnet, manchmal auch als "Ausgießen der göttlichen Energie", so wie die Evolutionsstufe als "Evolution" oder "Zurückziehen der göttlichen Energie" bezeichnet wird. Wissenschaftlich gesehen wird der Moment, in dem das Universum ins Leben gerufen wurde, als Urknall bezeichnet. Es ist der Moment, in dem alles im manifestierten Universum aus einer Singularität, einer Einheit, explodierte.

Die Prinzipien von Rhythmus und Polarität sind im Schöpfungsprozess manifestiert. Sobald die Materie erschaffen war (ein Ende des Extrems), begann das Pendel des Rhythmus in die entgegengesetzte Richtung zu schwingen, hin zum anderen Ende des Extrems - dem Geist. Aus diesem Prozess entstand das göttliche Verlangen, der Impuls, sich mit der Quelle (dem Geist) zu vereinen.

Der Evolutionsprozess, die Rückkehr zur geistigen Energie, beinhaltet die Anhebung der Schwingungen; deshalb wird das Prinzip der Schwingung angewandt. Der Einsatz von Willenskraft durch die Anwendung des Feuerelements hebt die Schwingung an. Es gibt eine Verbindung zwischen dem Feuerelement und der Quelle selbst - das Heilige Feuer ist eine direkte Manifestation der Geistenergie. Das Prinzip von Ursache und Wirkung ist auch im schöpferischen Prozess vorhanden, da die spirituelle Evolution die unmittelbare Wirkung der Ursache ist, die die ursprüngliche Schöpfung des Universums selbst ist.

Sie können sehen, wie alle hermetischen Prinzipien im schöpferischen Prozess vorhanden sind. Wenn wir das Prinzip der Korrespondenz anwenden, sehen wir, dass dieselben Prinzipien in gleicher Weise auf unseren schöpferischen Prozess zutreffen. Aus diesem Grund ist die hermetische Philosophie mehr als alles andere eine Wissenschaft. Indem wir etwas über das Universum lernen, lernen wir etwas über uns selbst und umgekehrt.

Wenn man einen Gegenstand aus der Welt der Materie nimmt, seine Schwingung erhöht und sie weiter steigert, wird er wieder in den Geist absorbiert, aus dem er stammt. Mit dieser Idee im Hinterkopf wurden wissenschaftliche Experimente durchgeführt und dokumentiert. Wissenschaftler erhöhten die Schwingung von Objekten mit technischen Geräten, bis sie sahen, wie diese Objekte direkt vor ihren Augen verschwanden. Sobald sie verschwunden waren, wurden sie nie wieder gefunden, höchstwahrscheinlich, weil sie wieder mit dem Quellgeist vereint wurden.

Unsere Aufgabe als Menschen ist es, unsere Schwingungen auf die gleiche Weise zu erhöhen, nur dass wir dabei unseren Verstand und nicht technische Instrumente benutzen. Indem Sie die in *The Magus* beschriebenen Methoden zur Schwingungserhöhung anwenden, können Sie Ihr Bewusstsein über die Ebene der Materie und des physischen Körpers erheben und sich spirituell weiterentwickeln. In der Zukunft, wenn die Menschheit auf einer kollektiven Ebene spirituell aufholt, werden wir alle wieder in Das All - unser Zuhause - aufgenommen werden.

Sie verändern und strukturieren Ihre DNA auf molekularer Ebene, indem Sie Ihre Schwingung erhöhen. Es ist wissenschaftlich erwiesen, dass die DNA direkt von Bewusstsein und Energie beeinflusst wird. Spirituelle Heilmethoden wie die rituellen Übungen und andere Techniken in diesem Buch erhöhen Ihre Bewusstseinsschwingung, optimieren so Ihre DNA und wecken Ihr verborgenes Potenzial.

Ein Kundalini-Erwachen ist ein Prozess, bei dem du die Schwingung deines Bewusstseins anhebst und dich im chakrischen System nach oben bewegst, über die unteren vier Elemente und in den Geist - die drei höchsten Chakren. Der Geist schwingt mit einer so hohen Intensität, dass er praktisch in Ruhe ist. Aber diese erhöhte Schwingung ist notwendig, um das individuelle Bewusstsein anzuheben und es wieder in das kosmische Bewusstsein aufzunehmen.

Ein Kundalini-Erwachen ist der nächste Schritt in der Evolution der Menschheit, da es die Seele vom physischen Körper befreit und damit das Ego überwindet. Hierin liegt die Bedeutung des spirituellen Konzepts der endgültigen "Heimkehr". Es gibt keine spirituelle Methode, die deine DNA schneller verändern kann als ein vollständiges Kundalini-Erwachen, denn es ist die größte aller spirituellen Einweihungen und Erfahrungen.

Zu Beginn der Schöpfung traten die schöpferischen Kräfte kompakt und als Ganzes auf. Doch seit dem Beginn der Evolutions- oder Entfaltungsstufe gab es das Gesetz der Individualisierung. Alles, was erschaffen wurde, wurde zu separaten Krafteinheiten, deren Zweck es war, als zahllose hochentwickelte Lebenseinheiten zu ihrer Quelle zurückzukehren, nachdem sie auf der Skala des Lebens durch physische, emotionale, mentale und spirituelle Evolution höher und höher gestiegen waren.

Das Gesetz der Individualisierung ist der Prozess, bei dem jedem Lebewesen im Universum ein Funke individuellen Bewusstseins und ein physischer Körper als Vehikel gegeben wurde. Ich spreche hier von organischen Lebewesen, obwohl es auch Lebewesen gibt, die keinen physischen Körper haben, sondern auf den verschiedenen kosmischen Ebenen des Universums existieren. Der Zweck des Lebens für jedes Lebewesen (ob physisch oder nicht) ist es, sich wieder mit dem Quellgeist zu vereinen und von ihm aufgenommen zu werden. Das göttliche Verlangen nach diesem Endziel ist in allen Lebewesen vorhanden. In der Tat ist es der primäre Antrieb für all unsere Handlungen. Wir sind alle persönlich dafür verantwortlich, das Große Werk zu vollenden, das begann, als Das All das Universum in die Existenz manifestierte.

Dieser ganze Prozess der Spirituellen Evolution nimmt Äonen über Äonen der Zeit der Menschheit in Anspruch, wobei jedes Äon unzählige Millionen von Jahren umfasst. Die Erleuchteten oder erleuchteten Meister, Adepten und Weisen informieren uns darüber, dass der gesamte Prozess der Schöpfung, einschließlich der Spirituellen Evolution des Universums, nicht mehr als ein "Augenzwinkern" für Das Alles ist. Das All ist schließlich jenseits von Zeit und Raum. Unsere eigene Lebenserfahrung ist nur eine Manifestation seiner göttlichen Prinzipien. Wir können uns nicht einmal vorstellen, was es bedeutet, Das Alles zu sein, aber wir müssen uns demütigen, um auch nur einen flüchtigen Eindruck von seiner göttlichen Macht zu bekommen.

Wenn wir das Prinzip der Korrespondenz anwenden, können wir verstehen, dass unsere spirituelle Entwicklung das Einzige ist, was für uns hier auf dem Planeten Erde zählt. Diese Tatsache würde erklären, warum spirituelle und religiöse Menschen seit Tausenden von Jahren ihr ganzes Leben dem spirituellen Fortschritt, der Evolution und dem Fortschreiten gewidmet haben. Es ist fast so, als ob wir dieses Prinzip der "Heimkehr" aktivieren, wenn wir den uns innewohnenden Geist in uns erkennen. Es scheint ganz natürlich, dass wir all unsere Energie darauf verwenden wollen, diesen Prozess voranzutreiben. Wir befreien uns von den Fesseln des Egos und beginnen unsere aufwärts gerichtete Reise nach Hause, zurück in den Geist. Diese menschliche Evolutionsmethode entspricht den hermetischen Prinzipien und Überzeugungen über das All, seine Natur, seine Geburt und den Prozess der Heimkehr.

Alles andere als geistiger Fortschritt scheint fast Zeitverschwendung zu sein. Fragen Sie sich, wie viele Menschen Sie kennen, die dieser Logik folgen. Wie viele verlassen die Gesellschaft und das weltliche Leben und gehen in Tempel und Kirchen, um zu beten, zu meditieren und in Abgeschiedenheit zu leben und ihr Leben ausschließlich Gott/Das All/Geist zu widmen? Und diejenigen, die dies tun, finden einen Sinn in ihrem Leben, der oft der einzige wirkliche Sinn ist, der ihnen je etwas bedeutet hat.

Die Erleuchteten berichten, dass der Geist einer jeden Seele nicht ausgelöscht wird, wenn dieser Evolutionsprozess abgeschlossen ist, sondern sich unendlich ausdehnt - das Geschaffene und der Schöpfer verschmelzen zu einem Ganzen. Hermetiker haben jahrhundertelang versucht zu erklären, warum Das All dies tun würde; Universen erschaffen, nur um dann den Prozess zu beginnen, sie wieder in sich selbst zurückzuziehen. Dennoch hat es nie eine plausible Antwort auf diese Frage gegeben. Streng genommen kann es überhaupt keinen Grund für das Handeln des Alls geben, denn ein Grund impliziert eine Ursache, und das All steht über Ursache und Wirkung.

Lassen Sie mich näher auf die Idee multipler Universen eingehen, abgesehen von dem physischen Universum der Materie, an dem wir teilhaben. Es gibt derzeit viele Theorien über parallele Universen, die den gleichen Raum/Zeitraum einnehmen und in anderen Dimensionen mit unterschiedlichen Schwingungsfrequenzen existieren. Es gibt jedoch keinen tatsächlichen Beweis dafür, dass dies eine Tatsache ist; es ist lediglich eine Theorie. Dennoch ist es nicht schwer zu glauben, dass dies wahr ist, dass es unzählige Universen gibt und dass wir in einem *Universum* leben, das im Volksmund als *Multiversum* bezeichnet wird. Schließlich ist die Macht des Alls grenzenlos und kann so etwas bewirken. Wie dem auch sei, die Hermetiker glauben, dass die Prinzipien der Schöpfung in allem, was sich manifestiert, vorhanden sind, was auch multiple, parallele Universen einschließen würde.

***

Jedes menschliche Wesen ist ein spiritueller Krieger in Ausbildung. Deine Mission und dein einziger Lebenszweck ist es, ein Abgesandter Gottes/Des Alls zu werden. Dein Geist ist die Grube, und das Licht leuchtet hell in deinem Herzen. Um jedoch aus der Dunkelheit aufzusteigen, musst du dich deinen Ängsten stellen und die andere Seite erreichen. Du musst schließlich nach Hause zurückkehren.

Wenn du jedoch den Abgrund überquert hast, musst du erst in die Unterwelt hinabsteigen, bevor du im Himmel König oder Königin werden kannst. So lautet das Gesetz. Nach seiner Kreuzigung verbrachte Jesus Christus drei Tage im Grab, der Grube der Finsternis, die seinen Abstieg in die Hölle symbolisiert, wo er die Herrschaft über diese Region erlangen musste, bevor er im Licht wieder auferstehen konnte.

Dieser Mythos spiegelt sich in der Geschichte des ägyptischen Osiris und anderer Leben-Tod-Wiedergeburt-Götter wie Tammuz und Dionysos wider.

Jetzt sind Sie es, der diesen Weg des Helden gehen muss. Ihre Prüfungen und Leiden dienen dazu, Sie auf die Früchte des Himmels vorzubereiten, die als nächstes kommen. Wenden Sie daher die hermetischen Prinzipien in Ihrem Leben an und gehen Sie auf Ihrer Reise der spirituellen Evolution voran. Nehmen Sie Ihr Schicksal an!

TEIL VI: HERMETISCHE ALCHEMIE

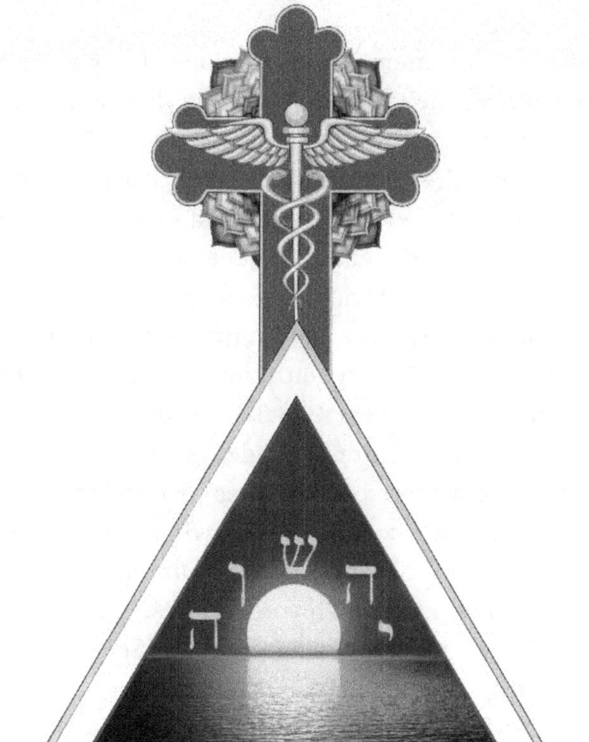

DIE SMARAGDTAFEL

Die Smaragdtafel, auch bekannt als "Tabula Smaragdina", soll eine Tafel aus Smaragd oder grünem Stein sein, auf der die Geheimnisse des Universums, nämlich der Schöpfungsprozess, eingemeißelt sind. Sie ist ein Teil der *Hermetica,* die auch das *Corpus Hermeticum* (in früheren Übersetzungen dieses Werks als *Göttlicher Pymander* bekannt) enthält. *Die Smaragdtafel* ist ein weiterer großer Pfeiler der hermetischen Philosophie, und es wird angenommen, dass alle drei Texte von keinem anderen als Hermes Trismegistus verfasst wurden.

Die Smaragdtafel wird allgemein als Grundlage der westlichen alchemistischen Philosophie und Praxis angesehen, da sie angeblich das Geheimnis der Prima Materia und ihrer Transmutation enthält. In der Alchemie ist die Prima Materia auch als die "Erste Materie", das Göttliche Prinzip und das Absolute bekannt. Sie ist die Ursprungsenergie, aus der alles hervorgegangen ist - der Geist. Sie ist auch als "Anima Mundi" bekannt - die Weltseele, die einzige Lebenskraft im Universum.

Um die Smaragdtafel ranken sich viele Legenden, da es viele Mythen über Hermes selbst gibt. Eine Legende besagt, dass die Smaragdtafel in einem ausgehöhlten Grab unter der Statue des Hermes in Tyana gefunden wurde, fest gehalten vom Leichnam des Hermes Trismegistus. Eine andere Geschichte besagt, dass Sarah, die Frau von Abraham, sie entdeckt hat. Eine dritte Legende besagt, dass Alexander der Große es gefunden hat, während eine weitere besagt, dass es Apollonius von Tyana war.

Welche Erzählung auch immer zutreffend ist, wir werden es vielleicht nie erfahren. Wie dem auch sei, eines ist klar - der Inhalt *der Smaragdtafel* enthält eine Perle antiker Weisheit, die dem Leser helfen kann, sich von den Fesseln der materiellen Existenz zu befreien und ihn spirituell zu transformieren. Große Persönlichkeiten wie Isaac Newton, Madame Blavatsky, Fulcanelli, Jabir ibn Hayyan und andere haben versucht, den Inhalt *der Smaragdtafel* zu übersetzen, da sie festgestellt haben, dass sie allein den Geist erleuchten kann wie keine andere Philosophie.

Der Inhalt der *Smaragdtafel wird* hier vorgestellt, gefolgt von einer Analyse der einzelnen Sätze (oder Abschnitte). Die Absicht ist, die Weisheit, die diese kryptische

Tafel zu vermitteln versucht, ans Licht zu bringen. Sie werden feststellen, dass das in der *Smaragdtafel* enthaltene Wissen eng mit dem *Kybalion* sowie der hermetischen Qabalah verbunden ist, da alle drei Zweige die Grundlage der hermetischen Lehren bilden und die Hauptthemen des Studiums in *The Magus* sind.

"Wahr, ohne Falschheit, sicher und wahrhaftig ist das, was oben ist, wie das, was unten ist, und das, was unten ist, wie das, was oben ist, um die Wunder der einen Sache zu vollbringen.
Und so wie alle Dinge durch die Vermittlung des Einen aus dem Einen kommen, so entstehen alle Dinge durch Anpassung aus diesem Einen Ding.
Die Sonne ist sein Vater, der Mond seine Mutter, der Wind trägt es in seinem Bauch, seine Amme ist die Erde.
Dies ist der Vater aller Vollkommenheit, oder die Vollendung der ganzen Welt. Seine Kraft ist integrierend, wenn sie in Erde verwandelt wird.
Du sollst die Erde vom Feuer trennen, das Feinstoffliche vom Grobstofflichen, sanft und mit großem Einfallsreichtum.
Sie steigt von der Erde zum Himmel auf und steigt wieder zur Erde herab und empfängt die Macht der Oberen und der Unteren. So hast du die Herrlichkeit der ganzen Welt; darum lass alle Dunkelheit vor dir fliehen.
Dies ist die stärkste Kraft aller Kräfte, die alles Subtile überwindet und alles Feste durchdringt. So wurde die Welt erschaffen. Daraus ergaben sich alle wunderbaren Anpassungen, von denen dies die Art und Weise ist.
Deshalb werde ich Hermes Trismegistus genannt, der die drei Teile der Philosophie der ganzen Welt besitzt. Was ich zu sagen habe, ist vollendet, was die Operation der Sonne betrifft. "Die Smaragdtafel"

ANALYSE DER *SMARAGDTAFEL*

Die Smaragdtafel enthält den Schlüssel zum Verständnis des Schöpfungsprozesses, aber ihre Sprache ist in Allegorien und Metaphern verschleiert. Jeder Satz in der *Smaragdtafel* hat viele verborgene Bedeutungen, die ich nun linear analysieren werde, indem ich einen Satz (oder ein Segment) nach dem anderen anspreche, aber mit einer zugrundeliegenden Einheit in dem, was mit den darin dargestellten Ideen gemeint ist.

"Wahr, ohne Falschheit, gewiss und höchst wahr, das, was oben ist, ist wie das, was unten ist, und das, was unten ist, ist wie das, was oben ist, um die Wunder des Einen Dings zu vollbringen. "Die Smaragdtafel"

In allen Religionen und spirituellen Philosophien gibt es ein Konzept über die innere und äußere Realität. Die äußere Realität ist einfach - sie ist die physische Welt, in der wir leben, uns bewegen und unser Sein haben. Wir sehen sie jedes Mal, wenn wir die Augen öffnen, unser materieller Körper ist ein Zeugnis dieser Realität. Die innere Realität ist jedoch etwas, dem wir alle zustimmen können, wenn wir uns entschließen, etwas Selbstbeobachtung zu betreiben. Wir denken und fühlen, haben Vorstellungskraft, erinnern uns, werden inspiriert, haben Wünsche, rationalisieren und bringen unseren Körper zum Handeln. Dies sind nur einige Beispiele für die Manifestation der Inneren Realität, obwohl es noch viele weitere gibt.

Wir verstehen, dass wir, um etwas so Einfaches wie Gehen zu tun, eine Kombination innerer Funktionen benötigen, die im Einklang miteinander arbeiten müssen. Es muss ein zugrunde liegender Gedanke oder eine Absicht vorhanden sein, bevor irgendetwas in dieser äußeren Realität geschieht. Mit anderen Worten, wir müssen zuerst in der Inneren Realität etwas denken oder wollen, das sich dann in der Äußeren Realität als eine Form von Handlung manifestiert.

Das Konzept des "Oben" und des "Unten", die zusammenarbeiten, um die "Wunder der einen Sache" zu vollbringen, wird deutlicher, wenn wir es genauer untersuchen. Zwei Realitäten arbeiten zusammen, um die eine Realität zu schaffen, und diese eine Realität ist das äußere Universum, in dem wir leben. Sie wissen, dass Sie lebendig und bewusst sind, weil Sie gerade diese Worte lesen. Und Sie nutzen Ihre innere Realität, um dies zu tun, was sich als Veränderung oder Wandel in der äußeren Realität manifestieren wird, sobald Sie die vielen Konzepte und Ideen, die in diesem Buch besprochen werden, erkennen und verstehen.

Hermes sagt, dass die beiden Realitäten einander ähnlich sind, was bedeutet, dass es eine Entsprechung in ihrer Qualität und Art gibt. Es gibt eine Innere Realität des Denkens, die den Kern von Vorstellungskraft, Gedächtnis, Willenskraft und anderen inneren Fähigkeiten bildet. Wenn wir diese Innere Realität durch unsere Gedanken erfahren, muss dies bedeuten, dass es auch eine gedankliche Komponente der Äußeren Realität gibt, da sie "wie" einander sind. Es muss ein Medium für die Erfahrung dieser einen Realität geben, das sowohl die innere als auch die äußere Realität real macht. Und das gibt es - es ist der Geist.

Der Verstand interpretiert die äußere und innere Realität als real. Wenn aber die innere Welt der Gedanken real ist und wir den Verstand benutzen, um sie zu erfahren, dann bedeutet das auch, dass die äußere Welt ebenfalls eine gedankliche Komponente haben muss, da der Verstand die Fähigkeit ist, mit der wir Gedanken interpretieren und erfahren.

Und das bringt uns zu einem wesentlichen Konzept der hermetischen Philosophie, das im *Kybalion* wie folgt formuliert ist: "Alles ist Geist, das Universum ist mental." Wenn das so ist, dann hat die Realität, die wir "Materie" nennen, eine "gedankliche" Komponente, die nicht greifbar und ätherisch ist und die die Alten als Astralwelt bezeichneten. Es handelt sich um eine reine Energiekomponente, eine exakte Blaupause und ein Doppel dieser Realität, die wir "Materie" nennen - und wir erleben sie durch den Verstand als real.

In der Qabalah wird die Blaupause der Welt der Materie durch die Sephira Yesod dargestellt. Sie enthält das astrale Duplikat, eine Replik aller existierenden Formen aus einer dünnen Substanz, die denselben Raum/Zeitraum einnimmt. Dies ist die Grundlage, auf der alle Formen aufgebaut sind. Sie steht in direkter Verbindung mit Binah, dem Meer des Bewusstseins und Urheber der Form, dem großen weiblichen Konzept des Universums.

Das Oben umfasst dann alle Sephiroth zwischen Binah und Yesod, die die verschiedenen inneren Funktionen enthalten, die durch den Verstand wirken und sich durch Gedanken ausdrücken. Sie bilden unsere innere Realität und kristallisieren sich in Yesod, der astralen oder "gedanklichen" Grundlage der gesamten Materie.

Um den Manifestationsprozess noch zu verstärken, werden alle Sephiroth zwischen Binah und Malkuth von Chokmah, der Kraft, dem großen männlichen Prinzip des Universums, projiziert. Jenseits von Chokmah haben wir die erste Sephira Kether, den Geist, die Quelle, aus der alles entstanden ist, in verschiedenen Graden und Bewusstseinszuständen.

Die physischen Augen können dieses astrale Doppel aus Gedankenenergie nicht sehen, da es nur durch den Verstand, das Bindeglied zwischen Geist und Materie, gesehen wird. Das Gehirn erfährt das astrale Doppel durch die Intuition, die durch das Chakra des Geistigen Auges wahrgenommen wird. Die Intuition gehört zur Sephira Binah und ist die höchste Wahrnehmungsebene der Menschheit, da sie

Energieabdrücke direkt liest. Diese Energie filtert nach unten in die anderen Sephiroth unterhalb von Binah und aktiviert unsere anderen inneren Funktionen. Auf diese Weise wird unsere innere Realität manifestiert.

Daher ist die Astralwelt (Yesod) das Oben und die Welt der Materie (Malkuth) das Unten. Gemeinsam vollbringen sie die Wunder des Einen Dinges. Was ist das Eine Ding? Der folgende Satz in der *Smaragdtafel* gibt uns weitere Anhaltspunkte.

"Und so wie alle Dinge aus einem sind, durch die Vermittlung des Einen, so haben alle Dinge ihre Geburt aus diesem Einen Ding durch Anpassung."
- "Die Smaragdtafel"

Die Eins ist die erste Zahl, die Zahl, die allen anderen Zahlen vorausgeht, und die Zahl, die alle anderen Zahlen in sich selbst enthält. In monotheistischen Religionen gibt es den wesentlichen Begriff des einen Gottes, und selbst in polytheistischen Religionen wird gesagt, dass die vielen Götter nur Aspekte oder Kräfte des einen Gottes darstellen. Einer ist also sowohl die Quelle als auch der Schöpfer selbst. Aus dem Einen kommen die Vielen.

Der Eine Gott, die Quelle der gesamten Schöpfung, ist der Geist. Der Geist ist die Quintessenz, die Substanz, in der alle anderen Elemente ihre Existenz finden. Er ist die höchste Vorstellung von Gott für die Menschheit, da er die Quelle von allem in der Welt ist. Das Eine Ding ist also der Geist - sie stellen dasselbe dar. Der Geist ist das Weiße Licht, die Sphäre von Kether in der Qabalah. Vom Geist gehen also alle anderen Dinge aus.

Nach der *Smaragdtafel* haben alle Dinge ihren Ursprung in dem Einen Ding, dem Geist. Wie bereits erwähnt, ist der Geist das belebende Prinzip aller existierenden Dinge. Durch die Vermittlung des Geistes passt sich alles, was ins Dasein gebracht wird, der äußeren Wirklichkeit an. Sie sind die manifestierten Sephiroth zwischen Geist und Materie, Kether und Malkuth, die unsere innere Realität und unsere inneren kognitiven Fähigkeiten oder Funktionen bilden. Die Innere Welt passt sich der Äußeren Welt der Materie an.

Der Verstand erlebt sowohl die innere als auch die äußere Realität als real und als eins. Wir alle leben in dieser Realität des Geistes (des Weißen Lichts) gerade jetzt in einer anderen Dimension von Raum/Zeit, aber weil wir die Realität durch unseren Verstand erfahren, glauben wir, dass das äußere Universum der Materie ebenfalls real ist. Wir haben uns in dem Moment an diese materielle Realität angepasst, als wir als Babys unsere Augen öffneten und die Welt zum ersten Mal sahen.

Da das physische Gehirn jedoch Informationen verarbeitet, sind viele Menschen in ihrem Verständnis der Realität als Ganzes eingeschränkt und denken, dass die materielle Welt das Einzige ist, was wirklich ist. Deshalb gibt es mehr Atheisten als je zuvor in der Welt. Der wissenschaftliche Fortschritt hat uns in vielen Bereichen enorm vorangebracht, aber er hat uns kollektiv von unserer innewohnenden Verbindung zur spirituellen Realität entfernt.

Da das Weiße Licht hier und jetzt existiert, berichten Menschen mit Nahtoderfahrungen, dass sie es gesehen haben und sogar für eine gewisse Zeit mit ihm vereint waren. Sie berichten, dass sie durch einen Tunnel gehen, um das Weiße Licht zu erfahren, was dem Portal oder Tunnel des Geistigen Auges entspricht, das in verschiedenen alten spirituellen Traditionen häufig erwähnt wird. Passenderweise verbindet uns dieser kreisförmige Tunnel, den wir mit geschlossenen Augen erleben, mit dem Sahasrara Chakra an der Krone, der Quelle des Weißen Lichts in unserem chakrischen System. Sie sehen also, wie sich durchdringende, parallele Realitäten hier und jetzt existieren, die zusammenarbeiten, um das Werk ("Wunder") des Einen Dings - des Geistes - zu vollbringen.

Der Geist wirkt auch als Vermittler zwischen dem Oben und dem Unten. Das Wort "Mediation" wird definiert als "Handeln zwischen zwei oder mehreren Parteien, um eine Vereinbarung oder Versöhnung zu erreichen". Es impliziert einen Prozess der Verhandlung in einer Beziehung, um Differenzen zu lösen. Der Geist handelt also als Schöpfer und Vermittler, der es dem Oben und dem Unten ermöglicht, in Harmonie zu koexistieren.

Interessant ist hier, dass der Geist in unserem täglichen Leben allgegenwärtig ist, denn seine Anwesenheit macht dieses Universum erst möglich. Unser Bewusstsein hat sowohl am Geist als auch an der Materie und allem, was dazwischen liegt, Anteil. Durch unseren Verstand passen wir uns an dieses komplexe Universum und seine Funktionsweisen an.

"Die Sonne ist sein Vater, der Mond seine Mutter, der Wind trägt es in seinem Bauch, seine Amme ist die Erde." - "Die Smaragdtafel"

Die Sonne ist der sichtbare Spender des Lichts in unserem Sonnensystem. Die Hermetik deckt nur unser eigenes Sonnensystem ab, nicht das Universum als Ganzes, da wir nicht viel über alles außerhalb unseres Sonnensystems wissen. Wir wissen, dass es Billionen anderer Sonnensysteme im sichtbaren Universum innerhalb der Milliarden von Galaxien gibt, die im Weltraum existieren. Da die Sonne das Licht spendet, ist sie auch die Wärmequelle für alle Lebewesen. Ohne unsere Sonne gäbe es kein Leben. So einfach ist das.

Die Sonne ist der Spender des Lichts und ein Medium für seine Übertragung. Das Licht ist ein Feuer (das männliche Prinzip), und die Sonne dient als Kanal für seine

Ausbreitung in unserem Sonnensystem. Aus diesem Grund wird sie der Vater genannt - die Seelenkomponente aller lebenden Dinge. Sie ist das belebende Prinzip aller Planeten in unserem Sonnensystem und des gesamten Lebens auf der Erde. Da es das belebende Prinzip ist, entspricht es dem Geist, dem Weißen Licht, obwohl es nicht der Geist in seiner Gesamtheit ist. Das Licht der Sonne ist jedoch die höchste sichtbare Manifestation des Schöpfers in der physischen Welt. Die Sonne ist die Lebenskraft (Prana, Chi, Mana, Ruach), die unser Bewusstsein und unseren physischen Körper aufrechterhält.

Der Mond ist der sichtbare Reflektor des Lichts der Sonne. Ohne den Mond würden wir uns nachts in reiner Dunkelheit befinden. Daher ist der Mond für die Aufrechterhaltung des nächtlichen Lebens von entscheidender Bedeutung, da er uns die Navigation ermöglicht, wenn uns das Licht der Sonne nicht direkt zur Verfügung steht. Da das Licht der Sonne für unsere Existenz verantwortlich ist (da es unser belebendes Prinzip ist), verhält sich der Mond in Anwendung des Prinzips der Korrespondenz genauso wie die Sonne, nur auf einer niedrigeren Ebene. Das Licht des Mondes belebt unsere Gedanken auf dieselbe Weise, wie das Licht der Sonne unserem Bewusstsein und unserem physischen Körper Vitalität und Lebensenergie verleiht.

Wenn wir das Kybalion-Prinzip "Alles ist Geist, das Universum ist geistig" anwenden, dann leben wir im Traum Gottes, und unsere physische Existenz ist für uns real, aber für Gott (unseren Schöpfer) sind wir nur ein Gedanke in seinem unendlichen Geist. Dieser Gedanke manifestiert sich jedoch durch das Licht der Sonne. Und so wie der Mond das Licht der Sonne reflektiert, treibt seine Reflexion unsere Gedanken in unserer inneren Realität an. In der Tat ist das Licht des Mondes für die Aufrechterhaltung unserer gesamten inneren Realität verantwortlich.

In der Qabalah entspricht der Mond der Sephira Yesod, dem astralen Bauplan der gesamten Existenz. Umgekehrt entspricht die Sonne der Sephira Tiphareth, der mittleren Sephira auf dem Baum des Lebens. Sie fungiert als Medium für die Übertragung von Energien zwischen allen anderen Sephiroth, da sie mit jeder von ihnen verbunden ist (außer Malkuth, der Erde).

Tiphareth hat eine direkte Verbindung zu Kether, dem Weißen Licht. Es ist die einzige Sephira unterhalb des Supernals, die eine direkte Verbindung zu Kether hat. In der Qabalah ist Kether der Vater, während Tiphareth der Sohn ist. Daher kanalisiert das Weiße Licht durch die Sonne, um uns das sichtbare Licht in unserem Sonnensystem zu geben. In der *Smaragdtafel* nimmt die Sonne die Rolle des Vaters ein, da sie den Samen (Kraft) trägt, der die physische Realität (Form) manifestiert.

Der Mond reguliert auch alle Wassermassen auf der Erde, einschließlich des Wassers in unserem physischen Körper. Wie bereits erwähnt, besteht unser Körper zu 60 % aus Wasser. Dieses Wasser spiegelt unsere Gedanken und Gefühle wider, da diese Energien in ihm enthalten sind. Emotionen sind passiv und unwillkürlich (die Natur des Wasserelements), während Willenskraft aktiv und freiwillig ist (die Qualität des Feuerelements). Der Mond ist also der weibliche, rezeptive Teil des Selbst, während die Sonne der männliche, aktive Teil ist. Zusammen sind sie die "Mir/Mich"- und "Ich"-Komponenten, die im *Kybalion* besprochen werden - *Bewusstsein* und Seele. Aus diesem Grund sagt *die Smaragdtafel*, dass die Sonne und der Mond (der Vater und die Mutter) zusammenarbeiten, um das Wunder des Lebens zu vollbringen.

Welche Rolle spielt der Wind, und warum heißt es *in der Smaragdtafel*, dass die Schöpfung im "Bauch" des Windes getragen wird? Einfach ausgedrückt ist der Wind das Luftelement, die Sonne ist das Feuerelement und der Mond ist das Wasserelement. Luft ist eine weitere Manifestation von Spirit, denn sie ist der Atem, der alles Leben auf der Erde erhält. Ohne Luft und Atem können wir nicht leben, da alle Lebewesen auf der Erde atmen müssen, um zu überleben. Wir können eine Zeit lang ohne Nahrung und Wasser überleben, aber ein paar Minuten oder länger ohne Atmung bringen uns um.

Der Wind ist also die Luft, die wir atmen, und sie ist in der Atmosphäre der Erde enthalten. Luft ist ein Gas, das Sauerstoff und Stickstoff enthält. Überall in der Erdatmosphäre gibt es Luft, auch im Boden und im Wasser der Erde. Sobald wir aus der Erdatmosphäre heraustreten, gibt es keine atembare Luft mehr und somit auch kein Leben. Der Bauch, von dem in der *Smaragdtafel die Rede ist*, ist also die Luft, die in der Erdatmosphäre enthalten ist. Sie erhält das gesamte Leben auf der Erde.

Luft ist eine weitere Manifestation des Geistes (das Große Weiße Licht), obwohl sie im Gegensatz zum Licht der Sonne eine unsichtbare Substanz ist. Die Luft ist eine noch höhere Form des Geistes als das Feuer; zum Beispiel steht das Luft-Chakra (Anahata) im chakrischen System über dem Feuer-Chakra (Manipura). Da sowohl das Luft- als auch das Feuerelement eine Manifestation des Geistes sind, wäre es falsch zu sagen, dass sie den Geist in seiner Gesamtheit darstellen. Der Geist ist die zugrunde liegende Essenz von allem, was ist. Er ist unerkennbar, unbeweglich und alles durchdringend und existiert auf einer höheren Frequenzschwingung als Luft und Feuer, die seine Derivate sind.

Das Element Wasser leitet sich ebenfalls vom Geist ab. Die physische Manifestation von Wasser ist das H2O-Molekül, das in sich selbst Sauerstoff (den Hauptbestandteil der Luft) und Wasserstoff enthält, ein sehr flüchtiges und starkes Molekül. Alle drei Elemente - Wasser, Luft und Feuer - sind mit der Quelle (dem Geist) verbunden, doch sie alle befinden sich auf einer niedrigeren Ebene als die des Weißen Lichts.

Die Erde ist also die Amme der Schöpfung, und zwar aufgrund der Verbindung aller Lebewesen mit dem Planeten Erde. Wenn wir an eine Amme denken, denken wir an Heilung und Fürsorge. Eine Mutter, die ein Kind stillt, erhält das Leben des Kindes mit der Milch ihrer Brüste. In ähnlicher Weise ist die Erde die Erhalterin allen physischen Lebens. Die Nahrung der Erde ist der Treibstoff für den physischen Körper. Ohne sie würden wir sterben. Auch das Wasser kommt von der Erde, ohne das wir ebenfalls sterben würden. Wir brauchen Nahrung, Wasser und Luft, um alle

Lebewesen auf der Erde zu erhalten, und die Erde ist die Amme, da sie alle drei liefert. Die Bäume auf der Erde reinigen die Luft und geben Sauerstoff ab, wenn die Energie des Sonnenlichts auf sie einwirkt.

Auch energetisch sind alle Lebewesen durch die Schwerkraft an die Erde gebunden. Der Mensch enthält Energielinien, die uns mit der Erde verbinden, ähnlich wie die Wurzeln eines Baumes. Diese Energielinien verbinden uns mit der Erde durch unser unterstes Chakra, Muladhara, das dem Erdelement zugeordnet ist. Unser Bewusstsein ist untrennbar mit dem Bewusstsein der Erde verwoben, um das Leben auf der Erde hervorzubringen und zu erhalten. Die Erde nährt unsere Körper, pflegt sie und heilt sie, wenn sie krank sind.

"Dies ist der Vater aller Vollkommenheit, oder die Vollendung der ganzen Welt. Seine Macht ist integrierend, wenn er in Erde verwandelt wird." - "Die Smaragdtafel"

Die Smaragdtafel befasst sich mit dem Prozess der Schöpfung, einschließlich des Lebens auf der Erde und allem, was der Mensch mit seinen Sinnen sehen und wahrnehmen kann. Die Schöpfung ist in gewissem Sinne vollkommen, da sie seit Anbeginn der Zeit existiert und bis zum Ende bestehen wird. Auch hier haben wir ein Konzept des Vaters, aber nicht den Vater als die Sonne in unserem Sonnensystem. Es ist der Vater als der Schöpfer selbst oder sich selbst, da der Vater in diesem Fall jenseits der Dualität ist.

Auf der Ebene der physischen Materie zeugt oder vervielfältigt sich ein Vater, indem er aus seiner Substanz Nachkommen schafft. In gleicher Weise zeugt der Schöpfer, indem er Formen aus seiner Essenz, der geistigen Energie, hervorbringt. So ist der Vater der Schöpfer aller Dinge und zugleich ihre Quelle. Auf dem Baum des Lebens ist die Kether-Sepheira die höchste Manifestation des Schöpfers. Sie entsteht, wenn sich das grenzenlose Licht von Ain Soph Aur durch den Prozess von Tzim Tzum zu einem zentralen Punkt zusammenzieht. Die Essenz dieses Weißen Lichts ist im Kether als rein schöpferische Energie enthalten.

Was die Vollendung betrifft, so ist dies ein entscheidender Begriff, den man sich einprägen muss - der Begriff der göttlichen Ehe. Die Ehe ist ohne einen Akt des Geschlechtsverkehrs nicht vollständig, denn nur dieser Geschlechtsverkehr schafft die Vollendung. Die Vorstellung, dass das Göttliche mit sich selbst Geschlechtsverkehr hat, ist in allen Religionen, Philosophien und Glaubensbekenntnissen präsent. Seine Manifestation auf einer niedrigeren Ebene ist der Geschlechtsverkehr, der das Mittel ist, mit dem sich das gesamte Leben fortpflanzt. Es ist die Idee, dass die beiden im Akt der Erfahrung eins werden. Diese

"Vollendung der ganzen Welt" ist das Vater- und Mutterprinzip, die zusammenarbeiten, um die gesamte Materie im Universum hervorzubringen. Es sind die Sephiroth Chokmah und Binah, die zusammenarbeiten, um das physische Universum als die Schöpferaspekte von Kraft und Form zu manifestieren.

Nachdem das Vater- und das Mutterprinzip das Sonnensystem, die Erde und alle Lebewesen hervorgebracht hatten, wurde die Kraft der Gesamtsumme der gemessenen Menge in der Schöpfung festgehalten. Dieses Konzept wurde im *Kybalion* erörtert, als es hieß, dass der Geist in allem gegenwärtig ist, da er das belebende Prinzip aller Dinge ist. Der Akt der Zeugung oder des Geschlechtsverkehrs durch die Vermählung von Gegensätzen bringt die Gesamtsumme der Kräfte aus allen Aspekten und Teilen der Schöpfung hervor. So sind Geist und Weißes Licht in allen Dingen des Daseins enthalten, da alles ein Abkömmling von Geist und Weißem Licht ist. Die Erde hat daher all diese Eigenschaften in sich, in einer inneren, unsichtbaren Realität, die genau hier und jetzt stattfindet, während Sie diese Worte lesen.

"Du sollst die Erde vom Feuer trennen, das Feinstoffliche vom Grobstofflichen, sanft und mit großem Einfallsreichtum." - "Die Smaragdtafel"

In dem obigen Satz bezieht sich Hermes auf das Konzept der Alchemie, nämlich der spirituellen Alchemie. Erinnern Sie sich immer daran, dass die Smaragdtafel die Quelle der Alchemie und ihre Methode der Praxis ist, die das Feinstoffliche vom Grobstofflichen, das Erdelement vom Feuerelement trennt. Das Grobe enthält das Feine, das heißt, die Erde enthält das Feuerelement. Durch spirituelle Alchemie trennen wir also ein Element vom anderen, und indem wir das tun, legen wir alte Teile des Selbst ab, die wir nicht mehr brauchen. Dieser Prozess der spirituellen Evolution beinhaltet die Anhebung der Bewusstseinsschwingung über die Ebene der physischen Materie.

Das Kundalini-Erwachen ist ein Prozess der Trennung des Feuers von der Erde, denn es ist das innere Feuer, das, wenn es freigesetzt wird, die Schlacken der Erde wegbrennt und das individuelle Bewusstsein über die Ebene des physischen Körpers erhebt. Das Ego wird in diesem Prozess unterdrückt und das innere Licht der Seele wird erhöht. Durch die Überwindung des Ego und die Erhöhung der Seele kann der Geist in das Selbst hinabsteigen. Auf diese Weise kann der Einzelne eine Verbindung zu seinem Höheren Selbst herstellen.

Die Vorstellung, das Feuer von der Erde "sanft" zu trennen, bedeutet, dies auf eine raffinierte und anmutige Weise zu tun, wie es bei den Alchemisten der Fall war. Spirituelle Alchemie, einschließlich der Arbeit mit der Energie der Elemente, ist ein sehr heikler Prozess. Er muss mit Anmut und Einfallsreichtum durchgeführt werden. Schon das Wort "Einfallsreichtum" setzt voraus, dass man klug und erfinderisch ist, denn die spirituelle Alchemie ist den Weisen vorbehalten.

"Sie steigt von der Erde zum Himmel auf und steigt wieder zur Erde herab und erhält die Macht der Oberen und der Unteren. So hast du die Herrlichkeit der ganzen Welt; darum lass alle Unklarheit vor dir fliehen." - "Die Smaragdtafel"

Es gibt einen kontinuierlichen Auf- und Abstiegsprozess zwischen Erde und Himmel (Materie und Geist), der augenblicklich stattfindet, um die Schöpfung zu manifestieren. Er geschieht beständig und kontinuierlich. Durch diesen Prozess wird die Gesamtkraft des Schöpfers erhalten. Alles, was sich zwischen Erde und Himmel befindet, wird erhalten und in sich selbst integriert.

Wir verstehen, dass alles auf der menschlichen Ebene eine gewisse Zeit braucht, um sich zu manifestieren, da aus unserer Sicht nichts in einem Augenblick geschieht. Der Prozess der Schöpfung jedoch, der von Gott, dem Schöpfer, ausgeführt wird, ist augenblicklich. Er manifestiert sich als die sichtbare, physische Welt der Materie, in der wir leben. Der Schöpfer hat einen kontinuierlichen Prozess des Auf- und Abstiegs zwischen den beiden extremen Polen der Manifestation (Materie und Geist) in Gang gesetzt, um seine Schöpfung zu erhalten.

Die Summum-Philosophie basiert auf dem *Kybalion*, wird aber in der Sprache der heutigen Zeit interpretiert. Auf seinen Seiten ist das Große Prinzip der Schöpfung enthalten. Eine kurze Erwähnung dieses Prinzips ist notwendig, um den Schöpfungsprozess besser zu verstehen. Dieses Prinzip bezieht sich auf das, worüber Hermes hier spricht.

"Das NICHTS und die MÖGLICHKEIT gehen in einem endlichen Moment unendlich oft ein und aus....und schaffen so eine Reihe von unendlichen EREIGNISSEN. Diese unendlichen EREIGNISSE, die in dem endlichen Moment der Singularität festgehalten werden, manifestieren sich als unendliche konzeptualisierte Energie, die dann durch phänomenale, unfassbare Projektionen, die in ihrer Anzahl grenzenlos sind, externalisiert wird. Unter diesen zahllosen Projektionen hat eine unser Universum durch eine extrem schnelle Ausdehnung hervorgebracht, die als BIG BANG - ein EVENT - bezeichnet wurde. Im Wesentlichen gibt es unendlich viele "Urknalle", die unendlich viele Universen erschaffen, deren Ursprung ein

ewiger, endlicher Moment unendlicher EREIGNISSE ist, die alle aus dem NICHTS und der MÖGLICHKEIT hervorgehen." - "Summum: Versiegelt, außer für den offenen Geist"

Der Geist, der alle Möglichkeiten der Realität in sich birgt, projiziert sich in die Leere des Raums, den negativen Pol der Existenz (No-Thing), um die Materie als Ereignis in Zeit und Raum zu manifestieren. Es wird angedeutet, dass die Materie nur ein Ereignis ist und die physische Welt ohne den objektiven Beobachter nicht existieren würde, da Lebewesen an der Schöpfung beteiligt sind.

Die Verbindung zwischen der Unendlichkeit und dem endlichen Moment bringt alle Formen der Existenz hervor. Die Unendlichkeit ist in der spirituellen Energie präsent, da sie der höchste Ausdruck des Schöpfers ist, der nie geboren wurde und nie sterben wird. Der endliche Augenblick ist Teil der mentalen Manifestation des Schöpfers und hat als solcher einen Anfang und ein unvermeidliches Ende. Als Teil seines Ausdrucks findet sich jedoch die spirituelle Energie, da sie in den schöpferischen Prozess integriert ist.

Es gab einen anfänglichen Moment, in dem das Universum durch den Manifestationsprozess geschaffen wurde, wissenschaftlich als Urknall bezeichnet. Der Urknall wird durch die hermetische Philosophie gut verstanden, wenn wir die mentale Natur der Gesetze des Universums anwenden. Denken Sie daran, dass dies aus der Perspektive des kosmischen Bewusstseins geschieht, dem Geist Gottes, wie *das Kybalion* es nennt. Es ist unser Makrokosmos.

Da die Lebewesen Teil der Schöpfung sind, spielt unsere Erfahrung, dass wir uns der Welt um uns herum bewusst sind, eine Rolle bei der Manifestation des Universums. Das Universum könnte überhaupt nicht existieren, wenn es keine Lebewesen in ihm gäbe, die es bezeugen. Dieser Gedanke steht im Zusammenhang mit dem, was ich als nächstes im Rahmen des Diskurses über die *Smaragdtafel* erörtern werde.

Um zu erklären, wie der schöpferische Prozess auf der Ebene der menschlichen Erfahrung, dem Mikrokosmos, funktioniert, müssen wir das hermetische Prinzip der Korrespondenz - wie oben, so unten - anwenden. Da wir nach dem Ebenbild unseres Schöpfers erschaffen wurden, muss dies bedeuten, dass sich unsere innere Realität auf die gleiche Weise manifestiert wie die äußere Realität, da sie ein komplexer Teil der Schöpfung als Ganzes ist.

Da der Mensch sowohl an Geist als auch an Materie teilhat, existiert das individuelle Bewusstsein als ein lokalisierter Punkt innerhalb einer der verschiedenen kosmischen Seinsebenen zwischen Geist und Materie. Wir sind ein einziger Punkt des Bewusstseins, der zwischen undifferenziertem Geist und dichter Materie oszilliert. Wir können jede der inneren kosmischen Ebenen des Seins sofort erreichen. Es hängt alles davon ab, woran wir denken und worauf wir unsere Aufmerksamkeit richten. Und indem wir das äußere Universum beobachten, verändern wir es in diesem Prozess.

Der individuelle freie Wille gibt jedem von uns die vollständige Kontrolle über unsere Realität und darüber, wie wir die Welt um uns herum erleben. In jedem Moment der Zeit haben wir die Wahl, auf welche der inneren kosmischen Ebenen sich unser Bewusstsein ausrichtet. Die Verbindung zwischen Geist und Materie bringt den Qabalistischen Lebensbaum als kosmische Ebenen und verschiedene Bewusstseinszustände hervor, die der Mensch erleben kann. Was sich im Äußeren manifestiert, manifestiert sich im Inneren des Menschen. Die kosmischen Ebenen manifestieren sich innerhalb und außerhalb von uns. Denken Sie daran, dass jeder Mensch ein Mini-Sonnensystem ist.

Wenn unser Bewusstsein im Laufe der Zeit zu sehr in der Materie und den niederen kosmischen Ebenen verankert ist, sind wir nicht mehr im Einklang mit den höheren Ebenen, und das Licht in unserer Seele wird schwächer. Das Konzept der spirituellen Evolution beinhaltet die Anhebung der Schwingung unseres Bewusstseins, um der Frequenz des Geistes so nahe wie möglich zu kommen. Auf diese Weise wirkt die hohe Schwingung des Geistes wie eine Stimmgabel, die unser Bewusstsein anzieht und dabei unsere DNA verändert. Das latente Potenzial in unserer DNA transformiert uns in Geist, Körper und Seele.

Durch die spirituelle Evolution wird das Licht in unseren Seelen vergrößert. Sobald unser Bewusstsein auf der Ebene des Geistes schwingt, verliert das Ego seinen Einfluss auf uns. Diese Erfahrung bringt absolute Freude und Glück in unser Leben. Unser Leben hat plötzlich einen neuen Sinn, und wir können Dinge erreichen, die wir vorher nicht erreichen konnten.

Somit ist der Mensch persönlich dafür verantwortlich, die Materie wieder auf die Ebene des Geistes zu heben. Der Integrationsprozess innerhalb des Geistes beendet die geistige Erzeugung des Universums durch den Schöpfer. Theoretisch ist es möglich, dass der Geist seine gesamte Schöpfung zurückzieht, sobald dies im großen Maßstab geschieht. Die einzelnen Seelen würden aufhören zu existieren, so wie sie sind, aber sie würden sich unendlich ausdehnen, da die vielen zu einem werden würden.

Die "Herrlichkeit der Welt" ist ein Konzept, das zum ersten Mal in der *Smaragdtafel* erwähnt wird, über das aber auch Jesus Christus, der danach kam, oft gesprochen hat. Mit diesem Konzept meinte Jesus das verzückte Gefühl, das man in seinem Herzen empfindet, wenn man sich spirituell entwickelt hat. Er nannte das geistige Reich das Himmelreich (oder Gott) und sagte, dass jeder Mensch ein König oder eine Königin seines Reiches wird, wenn er geistig auferstanden und wiedergeboren ist. Natürlich ist diese zweite Geburt eine Metapher für das Erreichen einer hohen Stufe der spirituellen Entwicklung und das Erleuchtetsein.

Sobald wir erleuchtet sind und unser Bewusstsein mit der Schwingung der spirituellen Energie in Resonanz ist, erhalten wir die Kräfte der niederen und höheren kosmischen Ebenen. Wir vergeistigen unser Ego und werden zu Mitschöpfern des Schöpfers. Unser Bewusstsein wird mit den universellen Gesetzen in Einklang gebracht.

Die Schöpfung ist ein wunderbarer Prozess, der dem Einzelnen geistige Reichtümer schenken soll, aber es liegt an uns, unser eigenes Himmelreich zu erreichen. Wenn wir dies erreicht haben, werden wir die Herrlichkeit der Welt gefunden haben, und die Illusion der Materie fällt weg. Wir können dann die Welt als das sehen, was sie ist - reiner Geist.

"Dies ist die stärkste Kraft aller Kräfte, die alles Subtile überwindet und alles Feste durchdringt. So wurde die Welt erschaffen. Daraus entstanden alle wunderbaren Anpassungen, von denen dies die Art und Weise ist."
"Die Smaragdtafel"

Das Kybalion sagt: "Wenn alles in ALLEM ist, dann ist es ebenso wahr, dass ALLES in ALLEM ist." Jedes greifbare Ding, das in der Welt der Materie existiert, und jedes feinstoffliche Ding in der Astralwelt hat ein geistiges Gegenstück, ein Körper-Double, das denselben Raum/dieselbe Zeit einnimmt. Alles, was wir mit unseren physischen Augen sehen, befindet sich im All, dem unendlichen lebendigen Geist des Schöpfers, der die Welt des Geistes ist.

Nach den hermetischen Lehren gilt gleichermaßen, dass der All-Geist in allem ist, was bedeutet, dass die Welt der Materie von geistiger Energie durchdrungen ist. Diese starke Kraft aller Kräfte (die Geistenergie) ist in jedem lebenden oder nicht lebenden Ding, das wir sehen oder nicht sehen, da sie das belebende Prinzip ist, das dieses Ding in die Existenz brachte. Der Geist ist also mit seiner Schöpfung verbunden.

Alles, was in der Welt der Materie geschaffen wurde, hat sich an diese Welt angepasst und wurde an sie gebunden. Dieses Konzept gilt insbesondere für den Menschen, aber es gilt für alles, ob es lebt oder nicht. Durch Ereignisse in der dritten Dimension von Raum/Zeit wurden wir an diese Welt der Materie gebunden, als das Bewusstsein in allen Dingen erwachte und begann, seine Schöpfung zu beobachten.

Das Bewusstsein ist mit dem Gewahrsein verwandt, da es in seine Schöpfung hineinsehen kann. Alles Bewusstsein braucht ein Vehikel, mit dem es sich selbst beobachten kann. Für die Menschheit ist dies der physische Körper mit seinen fünf Sinnen - Sehen, Hören, Riechen, Schmecken und Tasten. Das menschliche Bewusstsein nutzt den sechsten Sinn der Intuition, das Sehen durch das geistige Auge, um die Ebenen oberhalb des Physischen wahrzunehmen. Alles, was existiert, hat ein individuelles Bewusstsein, mit unterschiedlichen Sichtweisen, die das kosmische Bewusstsein in seiner Gesamtheit ausmachen. Bewusstsein ist der Prozess des Erlebens dieser verschiedenen Realitäten innerhalb der Schöpfung. Es ist das "Ereignis", von dem in *Summum die Rede ist*, wenn es um die unendliche Verbindung zwischen Nichts und Möglichkeit geht.

Durch die Ereignisse und die Erfahrung des Bewusstseins haben sich alle lebenden und nicht lebenden Dinge in der Welt der Materie an diese Realität angepasst und hier ihr Leben gefunden. Es ist der Prozess der Schöpfung selbst, der das Bewusstsein überhaupt erst manifestiert hat.

Warum entscheidet sich der Schöpfer für die Schöpfung? Diese alles entscheidende Frage hat den Verstand und die Herzen aller Philosophen, Spiritualisten und religiösen Menschen gleichermaßen verwirrt. Vielleicht ist es, um sich selbst zu erfahren, indem er bewusst ist. Der Schöpfer manifestiert sich als ein individueller Bewusstseinspunkt in jedem Lebewesen, um seine Schöpfung bewusst zu erleben. Das würde erklären, warum alle Religionen und spirituellen Philosophien sagen, dass wir in unserem Kern, unserem Fundament, alle Gott, der Schöpfer sind. Es gibt keine höhere Wahrheit als diese. Diejenigen, die Ohren des Verstehens haben - lasst sie hören.

"Deshalb werde ich Hermes Trismegistus genannt, der die drei Teile der Philosophie der ganzen Welt besitzt. Was ich zu sagen habe, ist vollendet, was die Operation der Sonne betrifft." "Die Smaragdtafel"

Die drei Teile der "Philosophie der ganzen Welt", die Hermes in diesem Abschnitt erwähnt, sind Alchemie, Astrologie und Theurgie. Hermes gilt als Vater und Begründer jedes dieser Bereiche. Manche sagen, dass er Trismegistus genannt wurde, was so viel bedeutet wie "der Dreifach-Große", weil er der größte Philosoph, der größte Priester und der größte König war - sein Königtum war natürlich eines des Himmels. Hermes gab der Menschheit die Schlüssel, mit denen sie ihre göttliche Natur erheben kann.

Alchemie ohne Theurgie ist unvollständig, ebenso wie sie ohne Astrologie unvollständig ist. Man muss die Sterne studieren, denn sie sind die eigentliche Schöpfung, die sich auf die Welt der Materie bezieht. Alchemie ist die eigentliche Praxis der Trennung des Feinstofflichen vom Grobstofflichen, des Geistes von der Materie und der Erhöhung des individuellen Bewusstseins. Dies muss jedoch mit dem Verständnis der Astrologie geschehen, da der Geist einen Plan davon haben muss, wie Energie funktioniert und uns beeinflusst. Theurgie ist die Praxis ritueller Übungen, die von Natur aus magisch sind, um Energie anzurufen oder hervorzurufen. Alle drei befassen sich mit Energie und deren Verständnis, Anrufung und Umwandlung, um die Schwingung des Bewusstseins zu erhöhen.

Zusammenfassend spricht Hermes über die gesamte Schöpfung, die uns Menschen betrifft, und nennt sie die "Operation der Sonne". Damit bezieht er sich auf unser Sonnensystem, das aus der Sonne und den sie umkreisenden Planeten besteht. Alle Planeten in unserem Sonnensystem sind Teil dieser Operation, und die Sonne ist der General oder derjenige, der für die Verteilung des Lichts an alles in unserem Sonnensystem verantwortlich ist. Diese Operation der Sonne ist die Gesamtheit der Hermetik. Sie ist die Gesamtheit allen Lebens, das die auf der Erde lebenden Menschen betrifft. Die Sonne ist der Sohn, der Nachkomme des ersten Vaters - des Geistes der Welt des Geistes. Das gesamte Sonnensystem befindet sich im Geist Gottes als seine Schöpfung.

Zusammenfassend lässt sich sagen, dass *die Smaragdtafel* von großer Bedeutung für die hermetische Philosophie und die spirituelle Entwicklung der gesamten Menschheit ist. Die in ihrem Inhalt enthaltene Weisheit ist beispiellos, da sie den Prozess der Schöpfung selbst beschreibt. Dieses Wissen geht Hand in Hand mit dem *Kybalion*, denn beide sind ein wesentlicher Bestandteil der hermetischen Philosophie. Da dieses Werk darauf abzielt, Ihnen die Schlüssel zu geben, um ein Magus (ein Adept in den westlichen Mysterien) zu werden, ist es wichtig zu sehen, wie jedes bisher vorgestellte Thema Teil des großen Ganzen ist.

Sobald Sie das Wissen über die Geheimnisse der Schöpfung erhalten haben, können Sie dieses Wissen nutzen, um Ihre spirituelle Entwicklung voranzutreiben. Auf diesem Pfad der Westlichen Mysterien geht es darum, das Beste aus diesem Leben herauszuholen und deine persönliche Kraft zu maximieren. Es geht darum, Ihr Bewusstsein auf das Höchste in Ihnen, den Geist, einzustimmen und Ihre wahre Natur zu erkennen. Vergissen Sie nie, dass Sie Gott sind, der Schöpfer, der das Leben eines Menschen lebt, um seine Schöpfung bewusst zu erleben. Hier liegt das große Geheimnis der Welt und die eigentliche Ursache für unsere Unsterblichkeit. Wir sind alle Gott, der Schöpfer.

DIE KUNST DER ALCHEMIE

"Für den Alchemisten ist derjenige, der in erster Linie der Erlösung bedarf, nicht der Mensch, sondern die Gottheit, die verloren ist und in der Materie schläft." - Carl Jung; Auszug aus "The Collected Works of C.G.Jung: Psychologie und Alchemie"

Die Alchemie ist einer der Zweige der hermetischen Lehren. Zusammen mit der Astrologie ist sie eine der ältesten und bedeutendsten Wissenschaften der Menschheit und der Vorläufer der modernen Chemie. Mit ihrer Grundlage in der Vermehrung und dem natürlichen Wachstumsphänomen der Natur ist es der Zweck der Alchemie, die Schöpfung selbst zu verbessern und zu steigern. Obwohl sie auf die gesamte Schöpfung angewendet werden kann, galt ihr Hauptaugenmerk immer dem Menschen. Seit Tausenden von Jahren wird die Alchemie eingesetzt, um die menschlichen Schwingungen zu erhöhen und sich spirituell weiterzuentwickeln.

Der genaue Ursprung des Wortes "Alchemie" ist bis heute ein Rätsel, aber die meisten Gelehrten sind sich einig, dass es von der Wortwurzel "khemi" *abstammt,* die vom koptischen Namen für die große Nation Ägypten - Khem - abgeleitet ist. Gelehrte glauben, dass Khem "schwarz" bedeutet, da Ägypten das "Schwarze Land" ist, aber es kann auch "weise" bedeuten.

Die ersten beiden Buchstaben, "Al", sind ein arabischer Artikel, der im Englischen "the" bedeutet. Aber "Al" kann sich auch auf Allah (Gott des Islam) beziehen oder dem hebräischen "El" für Gott entsprechen. Im wahrsten Sinne des Wortes bedeutet Alchemie "das, was zu Ägypten gehört". Die ägyptische Religion galt als Quelle vieler späterer Religionen, und die Alchemie war eine ihrer heiligsten Praktiken.

Ein weiterer möglicher Ursprung des Wortes "Alchemie" ist das griechische Wort "chemeia", das "Kunst des Metallgießens" bedeutet. Der dritte mögliche Ursprung ist ebenfalls griechisch, und zwar von dem Wort "chumeia", das die "Kunst der Extraktion von Saft oder medizinischen Eigenschaften von Pflanzen" bedeutet. Obwohl die Ägypter als die Begründer der Alchemie gelten, waren es die eindringenden griechischen und arabischen Gesellschaften, die diese höchst heilige Kunst bewahrten.

Viele spezialisierte Wissenschaften wie Medizin, Chemie, Naturwissenschaften und Kräuterkunde haben sich aus der Alchemie entwickelt. Diese Bereiche sind heute Zeugnisse für den wissenschaftlichen Beitrag und das Erbe der Ägypter.

Dem Volksglauben zufolge werden die Ursprünge der Alchemie Hermes Trismegistus zugeschrieben. Sein bedeutendstes Werk, die *Smaragdtafel*, enthält die ursprünglichen alchemistischen Lehren, auf denen alle anderen beruhen. Alchemisten bezeichnen sich oft als "Söhne des Hermes", da seine Weisheit die Quelle aller hermetischen Lehren ist.

Die Gelehrten sind sich nicht sicher, wer der erste Alchemist war, obwohl man glaubt, dass die erste Gruppe, die mit der Kunst der Alchemie arbeitete, Metallschmiede waren. Der bekannteste Alchemist der Vergangenheit ist Paracelsus. Er war der Meinung, dass das Hauptziel der Alchemie die Heilung von Krankheiten sei. Seine Arbeit revolutionierte sowohl die Medizin als auch die Alchemie und legte den Grundstein für die moderne Homöopathie.

Heutzutage wird der Begriff der Alchemie oft naiv so verstanden, als ginge es lediglich um das Bemühen, unedle Metalle in Gold zu verwandeln. Dieses Missverständnis ist im Laufe der Zeit entstanden, da die Kunst der Alchemie von Anfang an für das Profane verschleiert wurde, ebenso wie die wahre Bedeutung der Tarotkarten. Diese Lehrmethode wurde angewandt, um die Ausübenden dieser heiligen Künste vor Verfolgung zu schützen. Außerdem wollte man diejenigen aussondern, die ihrer wahren Lehren würdig waren. Bis zum heutigen Tag glauben die meisten Menschen, dass die Alchemie nur materielle Auswirkungen hat, doch das ist weit von der Wahrheit entfernt. Das wahre Potenzial der alchemistischen Prozesse ist magisch, mystisch und spirituell.

In Wirklichkeit dient die Idee, unedle Metalle in Gold zu verwandeln, als Metapher für den spirituellen Prozess, der die Umwandlung der spirituellen Entwicklungsstufe eines Menschen beinhaltet. Alchemie ist ein spiritueller Prozess, bei dem der Alchemist sich selbst in Gold verwandelt. Sie versuchen, ihr Bewusstsein zu transformieren und erleuchtet zu werden. Die Legende, die sich um diesen Prozess rankt, wird als "Suche oder Streben nach dem Stein der Weisen" bezeichnet."

Die Idee der Alchemie als Mittel zur Herstellung von Gold dient als Metapher, um die Qualitäten des Goldes in sich selbst zu manifestieren. Da unedle Metalle bekanntermaßen unrein sind, während Gold als rein und untrübbar gilt, ist die Idee der Transmutation die perfekte Metapher, um die Transformation eines unreinen Selbst in das spirituelle Selbst darzustellen.

Reines Gold steht für das Ziel des Alchemisten - Reinheit, Erleuchtung, Befreiung und Vollkommenheit. Die hermetische Alchemie umfasst dann das Große Werk, das die Grundlage dieses Buches ist. Sie umfasst auch die Beherrschung der geistigen Kräfte und die Umwandlung einer Art von geistigen Schwingungen in andere, wie im *Kybalion* erörtert.

Die alchemistische Bildsprache ist außerordentlich reich und voller Symbolik. Abgesehen vom Tarot (das aus der gleichen Tradition stammt) gibt es kein anderes esoterisches System, das mit so vielen Bildern und Symbolen gefüllt ist. Da der Zweck von Symbolen darin besteht, Archetypen in unserem Unterbewusstsein zu aktivieren, sind sie außerdem nützlich, um bestimmte Wahrheiten über das Universum und uns selbst zu vermitteln.

Oft kann die Wirkung eines Symbols oder Bildes subtile innere Effekte hervorrufen, die das Bewusstsein in höhere Ebenen des Seins anheben. Die Symbole der Alchemie lassen uns erkennen, dass wir nicht vom Universum getrennt sind, sondern dass die äußeren Prozesse des Universums mit unseren inneren Prozessen übereinstimmen - wie oben, so unten.

Viele der symbolischen Themen in der Alchemie betreffen die Kämpfe um Liebe und Trennung, Tod und schließlich Auferstehung. Diese Themen finden sich in vielen der alten und neuen Religionen der Welt. Dazu gehören die ägyptische und die hinduistische Religion ebenso wie das Christentum. Der Prozess der Alchemie ist universell und gilt für alle Menschen, unabhängig davon, welcher Religion oder Kultur sie entstammen. In diesem Sinne transzendiert die Alchemie alle Religionen und kann als der ultimative Zweck aller Religionen angesehen werden.

Die meisten spirituellen und religiösen Philosophien bieten bestimmte Arten von Praktiken an, um das Große Werk zu vollenden. Einige von ihnen stützen sich auf Gebete, andere auf Meditationspraktiken. Einige bieten sogar rituelle Übungen mit demselben Ziel an. Die Hermetische Alchemie gibt Ihnen eine tatsächliche wissenschaftliche Methode an die Hand, mit der Sie den höchsten Zustand der Spiritualität in diesem Leben erreichen und das Große Werk vollenden können. Die rituellen Übungen, die in *The Magus* vorgestellt werden, sind alle darauf ausgerichtet, dieses Ziel zu erreichen. Ihre systematische Praxis ist die Kunst der Alchemie, die auf die spirituelle Evolution ausgerichtet ist.

DER OUROBOROS

Der Anfang und das Ende des Großen Werkes bestehen darin, die Prima Materia zu finden. Dieses göttliche Prinzip ist die primäre Energie, auf der die Welt aufgebaut ist. Es ist das schöpferische Prinzip, das aus dem kosmischen Bewusstsein des

Universums wirkt. Es entstammt dem Absoluten - dem All. Der gebräuchlichste Name in der Gesellschaft für diese Primärenergie ist "Geist", und die Wiedervereinigung mit dem Geist ist das allgemeine Ziel des Alchemisten.

In der alchemistischen Symbolik ist die Darstellung des Göttlichen Prinzips der Ouroboros - die Schlange, die ihren Schwanz frisst. Es ist die Zahl "I" und die "O", welche den Anfang und das Ende des Großen Werkes bedeutet. Sie ist potenziell sowohl männlich als auch weiblich, aber auch keines von beiden, da sie jenseits der Dualität ist.

Der Ouroboros steht für die Quelle. Da die Zahl "I" keine Möglichkeit hatte, sich selbst zu begreifen, musste sie sich vermehren. Aber um sich zu vermehren, musste sie ihre ungeteilte Einheit opfern. Durch Meditation wurde die "I" zur "O", die kein "Nicht-Ding" ist, sondern eine Figur, die keine Menge definiert.

So wie alle Zahlen aus der "O" hervorgehen, gehen alle Dinge aus dem Schoß der Schöpfung hervor, die sie repräsentiert. Die "O" ist also das weibliche, passive, rezeptive Prinzip - die Große Mutter. Die "I" ist der Große Vater und das männliche, projektive Prinzip der Schöpfung.

Das All oder Gott, der Schöpfer, wird in der alchemistischen Symbolik als ein Ei dargestellt, um das sich eine Schlange fest gewunden hat. Es handelt sich um eine zweite Form des Ouroboros, auch Orphisches Ei genannt (Abbildung 58). In seiner visuellen Darstellung ist die "I" (die Schlange) um die "O" (das Ei) gewickelt, als Gott die Mutter, die bereit ist, das befruchtende Licht von Gott dem Vater zu empfangen. Diese Form des Ouroboros ist das Potenzial der Schöpfung vor ihrer Verwirklichung. Der Geschlechtsverkehr der Großen Mutter und des Großen Vaters stellt die göttliche Ehe dar, die stattfinden muss, um das Universum zu manifestieren.

Qabalistisch gesehen spaltet sich Kether in zwei Teile, um Chokmah und Binah zu bilden; Chokmah ist die Kraft hinter der gesamten Schöpfung und Binah ist die Mutter der Form. Die Projektion von Chokmah in Binah ist das, was das Universum erschafft. Das Universum materialisiert sich durch einen allmählichen Prozess der Manifestation der kosmischen Ebenen. Qabalistisch wird dieser Prozess als die Manifestation der Sephiroth beschrieben, die dem Pfad des Flammenden Schwertes folgen. Die Materialisierung wird in Malkuth, der Welt der Materie, vollendet, der greifbaren Welt, in der wir leben, uns bewegen und unsere physische Existenz haben.

Das ursprüngliche göttliche Opfer der undifferenzierten Einheit des Schöpfers schuf die erste Dualität im manifestierten Universum. Durch dieses Opfer wurde die "I" zum "ICH" und nahm damit einen Pol des Extrems in der Dualität, das männliche Prinzip, an. Es ist der Logos, das Wort Gottes, und der Samen, der das Ei befruchtet. Die göttliche Hochzeit hat zwischen Gott dem Vater und Gott der Mutter, Chokmah und Binah, stattgefunden. Das Ei ist befruchtet worden.

Die Sonne, der Stern unseres Sonnensystems und das Licht Gottes, ist aus dem Schoß der Schöpfung hervorgegangen. Das alchemistische Symbol für die Sonne ist das O mit einem Punkt in der Mitte, das Symbol für Gold und den höchsten erreichbaren spirituellen Zustand für die Menschheit. Aus diesem Grund sucht der Alchemist nach Gold in sich selbst, denn Gold (das Licht Gottes) ist die höchste Essenz, die in unserem Sonnensystem zu finden ist. Es ist unsere Verbindung zur Prima Materia, dem Geist - der ursprünglichen Quelle der gesamten Schöpfung.

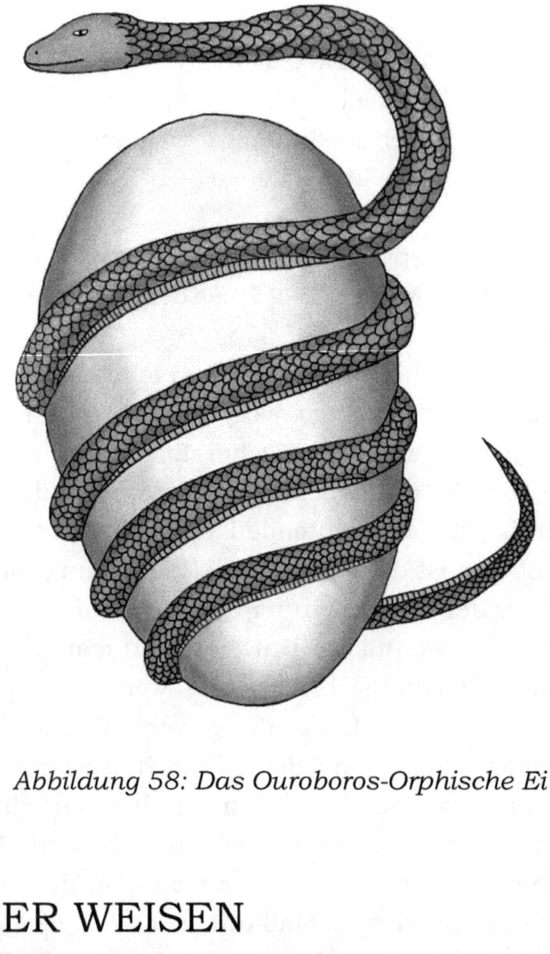

Abbildung 58: Das Ouroboros-Orphische Ei

DER STEIN DER WEISEN

Der Stein der Weisen ist eine legendäre alchemistische Substanz, die unedle Metalle (wie Quecksilber) in Gold oder Silber verwandeln kann. Er ist eine symbolische Darstellung für das Erreichen von Vollkommenheit durch spirituelle Alchemie und das Erreichen der Erleuchtung. Das Erreichen der Erleuchtung wird mit dem Heiligtum gleichgesetzt, der höchsten Berufung aller Religionen. Das Konzept der Erleuchtung entspricht den verschiedenen alchemistischen und kabbalistischen Begriffen, die sich auf den letzten Zweck und das Ziel aller spirituellen Praktiken beziehen. Dieses Ziel besteht darin, das Selbst mit dem Geist zu vereinen und das Große Werk zu vollenden.

Der Stein der Weisen ist ein weiterer Begriff, der für das erstrebenswerteste Ziel der Alchemie, die spirituelle Transformation, verwendet wird. Wenn man hört, dass ein Alchemist den Stein der Weisen gefunden hat, bedeutet das, dass er das Große Werk vollendet hat. Er hat sich energetisch verjüngt und Unsterblichkeit erlangt. Natürlich wird ihr physischer Körper sterben, denn das lässt sich nicht vermeiden, aber der Geist, mit dem sich ihr Bewusstsein nun in Einklang gebracht hat, wird ewig leben. Aus diesem Grund wird der Stein der Weisen häufig als "Elixier des Lebens" bezeichnet.

Alchemisten glauben, dass jedem Menschen eine innere Essenz innewohnt. Wir haben den Kontakt zu dieser Essenz verloren, als Adam und Eva aus dem Garten Eden vertrieben wurden. Diese Essenz ist natürlich die Prima Materia, der Geist. Ein anderer Name für sie ist Azoth, dessen Symbol der Caduceus ist. Es ist kein Wunder, dass der Caduceus (das Symbol der Kundalini-Energie im Westen) als die höchste spirituelle Einweihung und der nächste Schritt in der Evolution der Menschheit angesehen wird. Es ist die Bestimmung der Menschheit, ihr Bewusstsein zu erweitern, indem sie den Stein der Weisen erlangt.

Sie haben bereits gesehen, wie bedeutsam die qabalistische Perspektive der Geschichte des Gartens Eden für die spirituelle Evolution ist. Wenn wir versuchen, den Garten Eden wieder zu betreten, suchen wir hauptsächlich das Azoth, um es von den Bindungen der Materie zu befreien und zu reinigen. Das ist die große Arbeit des Alchemisten. Wenn Sie ein Kundalini-Erwachen erlebt haben, dann haben Sie bereits den Prozess der spirituellen Alchemie und Ihre Suche nach dem Azoth, dem Geist, begonnen.

Es gibt viele Zusammenhänge zwischen den verschiedenen alchemistischen Begriffen, die bisher vorgestellt wurden, und sie beziehen sich in vielen Fällen auf dieselbe Sache. Viele Wörter, die die spirituelle Energie bezeichnen, werden oft austauschbar verwendet, und das soll den Profanen verwirren, da nur die Menschen, die dieses Wissen suchen, die Wahrheit kennen würden. Lange Zeit in der Geschichte war es gefährlich, mit diesem esoterischen Wissen an die Öffentlichkeit zu gehen, da Alchemisten von der dominierenden Macht der letzten zwei Jahrtausende, der katholischen Kirche, als Ketzer betrachtet wurden.

Für Ihr Verständnis ist es gut zu sehen, wie diese verschiedenen Begriffe zusammenhängen, was Ihre unterschiedlichen Standpunkte über die spirituelle Realität in Einklang bringen wird. Alle Menschen sind gleich gebaut, und Rasse, Kultur und Religion unterscheiden uns nicht in Bezug auf den Prozess der spirituellen Alchemie. Die Suche nach dem Stein der Weisen ist eine Reise, die jeder von uns irgendwann in seinem Leben unternimmt, denn es ist die Pflicht, die wir unserem Schöpfer schulden, das Große Werk zu vollenden.

DUALITÄT UND DIE TRINITÄT IN DER ALCHEMIE

Die Alchemisten waren sich des göttlichen Ursprungs des Universums bewusst. Sie wussten, dass alle Aspekte der Schöpfung von einer göttlichen Quelle ausgehen, dass also alles eins und miteinander verbunden ist. Außerdem verstanden sie, dass die gesamte Schöpfung in Harmonie mit dem Prinzip der Polarität existiert. Das Prinzip der Polarität besagt, dass jeder Aspekt der Schöpfung in Beziehung zu seinem Gegenteil steht. Wie im *Kybalion* erwähnt, ist das Prinzip der Polarität das wichtigste Prinzip, das hinter allem im manifestierten Universum steht.

Im *Buch I* des *Corpus Hermeticum* berichtet Hermes von der Vision der Schöpfung, die ihm von Poimandres, dem *Nous* oder dem Geist Gottes, gegeben wurde. Hier sehen wir die erste Manifestation des hermetischen Prinzips der Polarität.

"Ich sah einen grenzenlosen Blick; alles war Licht geworden, ein sanftes und freudiges Licht, und ich war von Sehnsucht erfüllt, als ich es sah. Nach einer kleinen Weile hatte sich in einem Teil eine sich abwärts bewegende Dunkelheit gebildet, furchterregend und abscheulich, die ich als eine sich drehende und einhüllende Bewegung erlebte. So erschien es mir. Ich sah, wie sich das Wesen der Finsternis in eine wässrige Substanz verwandelte, die unbeschreiblich geschüttelt wurde und Rauch wie von Feuer ausstieß, der in einem unsagbaren und klagenden Echo gipfelte. Aus der wässrigen Substanz wurde ein lauter, unartikulierter Schrei ausgestoßen; der Klang war, wie ich glaubte, vom Licht." - "Corpus Hermeticum"

Dieser Auszug beschreibt den Prozess der Trennung des Einen Dinges, von dem in der *Smaragdtafel die Rede ist.* Das Göttliche Prinzip, das Alles, trennt sich in zwei Teile, um die Matrix zu bilden, den Schoß der Schöpfung, der alle Formen der Existenz hervorbringt. Das Göttliche Prinzip, das Weiße Licht (der Geist), gebar so die Dunkelheit des Raumes. Licht und Dunkelheit sind also die erste Dualität der Schöpfung. Die Zeit ist der verbindende Faktor zwischen beiden, denn sie ist linear, das heißt, sie hat einen Anfang und ein unvermeidliches Ende. Auf diese Weise entstand die Dualität, und die Gegensätze manifestierten sich in allem, was in Raum und Zeit existiert.

Die Dualität wird durch die Zahl Zwei dargestellt, da sie das Gesetz der Gegensätze und die dynamische Spannung des geschaffenen Universums veranschaulicht. Die Zwei steht für das Verlangen, denn alles, was in der Dualität geboren wird, sucht ganz natürlich seinen Partner, seine andere Hälfte. Diese Paare werden in der Alchemie durch Schwefel und Quecksilber repräsentiert - den roten König und die weiße Königin, symbolisiert durch Sonne und Mond. Aus diesem Grund enthält die Alchemie eine Fülle von Sonnen- und Mondsymbolik. Wie bereits erwähnt, ist die Sonne das Licht Gottes und der Große Vater (Schwefel), während der Mond in der Alchemie die Große Mutter (Merkur) darstellt. Diese männlichen und weiblichen Komponenten oder Prinzipien streben natürlich nach der Vereinigung miteinander, so wie alle Gegensätze in der Natur nach Einheit streben.

Schwefel wird auch der rote König genannt, während Quecksilber die weiße Königin ist. Sobald die göttliche Hochzeit zwischen dem roten König und der weißen Königin stattgefunden hat, wird eine dritte Substanz geschaffen - Salz. Schwefel, Quecksilber und Salz bilden in der Alchemie die Dreifaltigkeit, die mit der Heiligen Dreifaltigkeit des Christentums übereinstimmt - Gott, der Vater, Gott, die Mutter, und Gott, der Sohn, wie sie in der gesamten Schöpfung zu finden sind.

Schwefel ist die Seele, die in allen lebenden Dingen im Universum vorhanden ist. Er kommt von der Sonne als das Licht Gottes und ist das männliche Prinzip, der Große Vater. Quecksilber ist der Geist, die Prima Materia; obwohl er in Bezug auf die Dreifaltigkeit in einem Untermodus davon ist. Quecksilber befindet sich in der Polarität mit Schwefel und ist an diesen gebunden und wird definiert und spezifiziert. Es nimmt die Rolle des Weiblichen als die Große Mutter, das Prinzip des Bewusstseins, ein. Salz ist der Körper, die manifestierte Form von allem, was existiert. Salz ist die Materie selbst.

Denken Sie daran, dass Schwefel, Quecksilber und Salz philosophische Prinzipien in der Alchemie sind, nicht zu verwechseln mit den gleichnamigen physischen Substanzen. Diese drei Prinzipien sind in allem im manifestierten Universum vorhanden. Das Salz ist das Vehikel der materiellen Manifestation und die dritte Dimension von Zeit und Raum. Die beiden anderen Prinzipien sind feinstofflich, wirken auf einer inneren Ebene und sind im Salz enthalten. So können wir Schwefel und Quecksilber in unserem physischen Körper finden.

Quecksilber vereint das Schwefel- und das Salzprinzip, die durch eine natürliche, von unserer Prana-Energie erzeugte Wärme kontrolliert werden. Prana ist die Lebenskraft, die wir hauptsächlich durch die Aufnahme von Nahrung erhalten. Nahrung ist für unser Überleben unerlässlich. Der Konsum von Wasser mäßigt das Quecksilberprinzip, da das Wasser das Bewusstsein unterstützt. Die Dynamik zwischen den drei Prinzipien von Schwefel, Quecksilber und Salz ermöglicht die Existenz des manifestierten Universums. Diese drei Prinzipien sind auch der Grund für Hermes' Bezeichnung als "Dreifach-Großer", denn er ist der Meister hinter dem dreifachen Geheimnis der Schöpfung. Er ist der Überbringer dieses göttlichen Wissens, denn er hat es der Menschheit gebracht.

Die Alchemie hat viel mit der hinduistischen Yoga-Praxis gemeinsam. Das yogische Konzept der Kundalini und der verschiedenen Kanäle, oder Nadis, durch die die Kundalini-Energie fließt, entspricht den alchemistischen Prinzipien. Pingala, der männliche rote Kanal im hinduistischen System, wird häufig als Sonnenkanal bezeichnet, der mit Schwefel in Verbindung steht. Ida, der weibliche blaue Kanal, wird als Mondkanal bezeichnet - er entspricht dem Merkur. Sushumna, der zentrale Kanal, der durch das Rückenmark verläuft und mit dem Gehirn verbunden ist, ist der Brahma-Kanal. Er entspricht dem "Geheimen Feuer" in der Alchemie - dem, was die Alchemisten in sich selbst zu finden und damit zu arbeiten suchen.

Das Geheime Feuer entspricht dem hebräischen Buchstaben Shin, dem Versöhner zwischen den vier Elementen, als dem Heiligen Geist. Daher ist die Erweckung der Kundalini-Energie im Wesentlichen das Ziel der Alchemie, da sie die Freisetzung des Geheimen Feuers, des Heiligen Geistes, darstellt, dessen Zweck es ist, das Bewusstsein zu erweitern und das Individuum mit dem All-Gott zu vereinen.

ALCHEMISTISCHE STADIEN UND PROZESSE

In der Kunst der Alchemie gibt es verschiedene Stufen und Prozesse. Durch die Beobachtung der alchemistischen Prozesse in der Natur, wie z. B. das Phänomen der Verwandlung von Samen in ausgewachsene Pflanzen, sahen die ersten Alchemisten zur Natur als dem ursprünglichen Meister der Alchemie auf. Durch das Studium der Natur erkannten die Alchemisten, dass sich alles in ihr kontinuierlich auf einen vorbestimmten Zustand der Vollkommenheit zubewegt. Inspiriert davon wollten sie diese natürlichen Phänomene im wissenschaftlichen Labor nachbilden. Allerdings wollten sie ähnliche Ergebnisse in viel kürzerer Zeit erzielen. Um dies zu erreichen, beschleunigten sie in ihren Experimenten die Prozesse, die sie von der Natur kopierten.

Jede alchemistische Unternehmung, sei sie spirituell oder praktisch, muss drei grundlegende Prozesse beinhalten - Trennung, Reinigung und Kohobation (Rekombination). Diese drei grundlegenden Prozesse sind auch immer in den alchemistischen Phänomenen der Natur selbst vorhanden. In der Wissenschaft der Alchemie können alle physischen Manifestationen der Schöpfung entweder in mineralische, tierische oder pflanzliche Kategorien eingeteilt werden. Diese drei Kategorien sind als die Drei Reiche bekannt. Darüber hinaus besteht jede physische Manifestation innerhalb der Drei Reiche aus Geist, Körper und Seele. Zusammen bilden diese drei Komponenten die alchemistischen Prinzipien.

Eine der Absichten der Alchemie ist es, Unreinheiten und energetische Blockaden aus der Aura des Praktizierenden zu entfernen. Dadurch wird die Wahrheit über uns selbst und unsere Verbindung mit der göttlichen Quelle enthüllt. Dieses Buch befasst sich ausschließlich mit spiritueller Alchemie und nicht mit einer rein chemischen Kunst. Die alchemistischen Prozesse können theoretisch angewandt werden, um Metall in Gold zu verwandeln, aber das ist nie jemandem wirklich gelungen. Im Laufe der Geschichte haben es viele versucht, aber es gibt keinen wirklichen Beweis dafür, dass es jemandem gelungen ist.

In *The Magus* beginnt die Einweihung in die spirituelle Alchemie mit dem Lesser Banishing Ritual of the Pentagram (LBRP), dessen Zweck die Beseitigung aller negativen und positiven Energien des Erdelements ist. Der Prozess der Trennung und Reinigung beginnt also mit dem LBRP und dem BRH. Darauf folgt die Anrufung der Elemente in der Reihenfolge, in der sie gegeben werden. Die Middle Pillar wird als eine Licht induzierende Übung vorgestellt, deren alchemistischer Zweck es ist, den Schwefel - die Seele - zu stabilisieren.

Das Element Erde dient als Stabilisator der alchemistischen Trinität. Als Teil der alchemistischen Prozesse ist es das Salz der Unternehmung. Im Luftelement findet jedoch der Prozess der Trennung statt, der es Ihnen ermöglicht, zwischen den Unreinheiten des Körpers, des Geistes und der Seele zu unterscheiden, die Ihre Gedanken und Emotionen beeinflussen, was sich wiederum auf Ihr Verhalten auswirkt. Umgekehrt beinhaltet das Element Wasser den Prozess der Läuterung. Während dieses Prozesses müssen Sie die Aspekte des Selbst sublimieren, die mit der bedingungslosen Liebe der Seele in Verbindung stehen. Das Wasserelement ist fließend, ebenso wie das Merkur-Prinzip.

Das Element Feuer dient dazu, das System weiter von seinen Negativitäten zu reinigen und gleichzeitig die Willenskraft über die Emotionen hinaus zu erhöhen. Zusammen mit der Luft ist das Feuer die Schwefelstufe des alchemistischen Prozesses, obwohl diese Stufe mit der Einführung der Middle Pillar begann. Luft und Feuer sind beide Weißes Licht in unterschiedlichen Manifestationsgraden; daher haben beide eine Verbindung zur Sonne, der Repräsentantin des alchemistischen Prinzips des Schwefels.

Die Anrufung des fünften Elements, des Geistes, ist der Prozess der Kohobation oder Rekombination, bei dem die verschiedenen elementaren Komponenten des Energiesystems des Alchemisten zu einem verfeinerten Zustand der Ganzheit vereinigt werden. Zusammen mit dem Wasser ist der Geist die Merkurphase des alchemistischen Prozesses. In der alchemistischen Symbolik repräsentiert der Mond das Wasser- und das Geistelement, da beide mit dem Bewusstsein verbunden sind.

Der dreiteilige Prozess der Alchemie ist jedoch kein einmaliges Unterfangen. Sobald der Prozess verstanden wurde, muss der Alchemist ihn in sein tägliches Leben integrieren, um seine Unreinheiten kontinuierlich in spirituelles Gold umzuwandeln.

Jeder der vier Stufen des alchemistischen Prozesses ist eine Farbe zugeordnet. Schwarz steht für die Seele in ihrem anfänglichen, ursprünglichen Zustand vor jeglicher alchemistischer Arbeit. Zu Beginn der alchemistischen Praxis, nachdem die erste Transmutation stattgefunden hat, wird dieser nächsten Stufe Weiß oder Quecksilber zugeordnet. Auf diese Phase folgt eine Periode der Leidenschaft, die durch Schwefel dargestellt wird. Die Farbe Rot symbolisiert diese leidenschaftliche Phase. Die letzte Stufe der spirituellen Reinheit schließlich wird durch Gold dargestellt.

DIE DREI PRINZIPIEN IN DER NATUR

Die drei alchemistischen Prinzipien von Schwefel, Quecksilber und Salz sind die drei grundlegenden Substanzen, die in allen physischen Manifestationen der Schöpfung existieren (Abbildung 59). Sie entsprechen der Seele, dem Geist und dem Körper und werden zusammen als ein ungeteiltes Ganzes verstanden.

Der Zustand der Vereinigung dieser drei Substanzen ist nur vor dem Beginn des Prozesses der Alchemie vorhanden. Deshalb ist es Ihre Aufgabe als Alchemist, sich darin zu üben, zwischen den drei Substanzen in Ihrem Energiesystem zu unterscheiden, während Sie den Transformationsprozess der spirituellen Alchemie durchlaufen. Durch diesen Prozess werden Schwefel, Quecksilber und Salz zu einer höheren und wertvolleren Form rekombiniert - dem Geheimen Feuer oder Philosophischen Quecksilber. Diese Substanz wird benötigt, um den Stein der Weisen herzustellen.

Das Prinzip des Salzes

Als Teil der Essenz aller Metalle und aufgrund seiner Schwere und Trägheit ist Salz das Prinzip, das für Substanz und Form steht. Es ist der physische Körper. Schwefel und Quecksilber sind im Salz geerdet und fixiert, das ihnen als Träger oder Körper dient. Salz steht für die Kristallisation und Härtung aller drei Prinzipien zusammen. Die Salzstufe des spirituellen Alchemieprozesses ist die erste elementare Anrufung der Erde durch das LIRP der Erde.

Sie müssen die zugewiesene Zeit damit verbringen, diese Energie anzurufen, denn es muss eine Erdung der anderen drei Elemente in Ihnen stattfinden. Diese Erdung ist daher der erste Schritt im Alchemieprozess. Die Elemente werden sich zu einem kristallisierten Ganzen verfestigen. Sobald dies abgeschlossen ist, können Sie damit beginnen, Schwefel und Quecksilber hinzuzufügen und abzuziehen.

Das Prinzip des Schwefels

Der gesamte Prozess der alchemistischen Transmutation hängt vom Prinzip des Schwefels und seiner richtigen Anwendung ab. Im Feuerelement ist Schwefel das männliche, vibrierende, säurehaltige, aktive, dynamische Prinzip - der Seelenaspekt aller lebenden Dinge. Da er unseren Wunsch nach spiritueller Evolution und Wachstum repräsentiert, dient er als emotionaler Antrieb und Leidenschaft, die alles Leben bewegt und belebt. Schwefel dient der Stabilisierung des Quecksilbers, aus dem er extrahiert wird und in das er zurückkehrt. Schwefel ist auch die physische Manifestation der Inspiration, die von Merkur hervorgerufen wird.

Schwefel steht für die Seele und das Feuer der Sonne. In der zeremoniellen Magie wird Schwefel durch die Anrufung des Feuerelements durch das LIRP (Lesser Invoking Ritual of the Pentagram) des Feuers dargestellt. Die Schwefelphase beginnt jedoch mit dem LIRP der Luft, da das Luftelement Licht mit einer anderen Frequenz ist als das Feuerelement. Sowohl das Feuer- als auch das Luftelement repräsentieren dann die Schwefel-Stufe des spirituellen Alchemie-Prozesses.

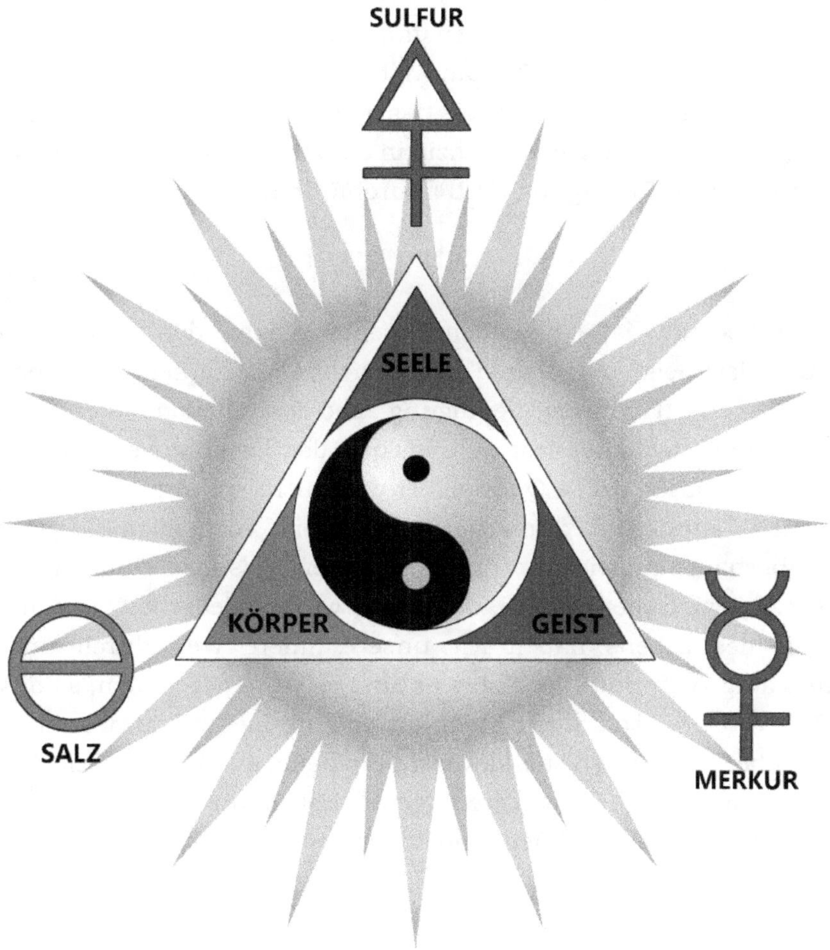

Abbildung 59: Die drei alchemistischen Prinzipien: Schwefel, Quecksilber, Salz

Prinzip des Quecksilbers

Innerhalb des alchemistischen Prozesses ist Quecksilber selbst die umwandelnde Substanz. Daher ist es das wichtigste der drei Prinzipien. Seine Aufgabe ist es, Gleichgewicht und Harmonie zwischen den beiden anderen, Schwefel und Salz, herzustellen. Das Quecksilberprinzip ist das schöpferische Prinzip, das den gesamten Prozess des alchemistischen Akts der Transmutation symbolisiert. Quecksilber durchdringt alle lebenden Formen und ist die Lebenskraft, der Geist, wenn auch in einer niedrigeren Form als der Geist als Prima Materia. In dieser Form nimmt Merkur das flüssige, weibliche Prinzip an, das symbolisch für den Begriff des Bewusstseins ist. Wir arbeiten mit Merkur in dieser ersten Phase, indem wir das LIRP des Wassers durchführen.

In der praktischen Alchemie existiert Quecksilber in zwei Zuständen, beide flüssig. Der erste Zustand ist flüchtig, bevor der Schwefel entfernt wurde. Er wird als Quecksilber bezeichnet. Der zweite Zustand ist fest, nachdem der Schwefel wieder zugeführt wurde. Dieser letzte Zustand ist als philosophisches oder "vorbereitetes" Quecksilber bekannt, auch bekannt als das geheime Feuer - das Ziel des Alchemisten. Wir arbeiten mit dem Quecksilber-Prinzip in der zweiten Stufe, wenn wir das Supreme Invoking Ritual of the Pentagram (SIRP) durchführen.

***

"*Solve Et Coagula*" ist ein alchemistisches Axiom, das bedeutet "den Körper auflösen und den Geist koagulieren". Es bezieht sich auf den gesamten Prozess der Alchemie, der aus Trennung, Reinigung und Kohobation (oder Rekombination) besteht. Das Flüchtige muss fest werden, und das Feste muss flüchtig werden. Der Geist oder das philosophische Quecksilber wird nicht im Körper wohnen, solange der Körper nicht so subtil und "dünn" wie der Geist ist. Alchemistisch gesehen müssen die Dinge abgebaut und wieder aufgebaut werden, was kein einmaliges Unterfangen ist, sondern ein zyklischer Prozess, der immer wieder wiederholt werden muss.

Im Laufe des Lebens haben wir unsere innere Welt durch unsere inneren Fähigkeiten aufgebaut und Blockaden in unserer Aura geschaffen, so dass der Geist, der ein Teil von uns war, nicht mehr durch uns fließt. Stattdessen ist er in uns vorhanden, aber wir müssen zuerst unsere Elemente auflösen und sie dann wieder zu einem größeren Ganzen zusammenfügen. Erst dann kann das philosophische Quecksilber wieder in uns wohnen, und unser Bewusstsein kann mit seinem höchsten Potenzial arbeiten.

DIE VIER ELEMENTE UND DIE QUINTESSENZ

Die vier philosophischen Elemente sind es, die alle physischen Aspekte der Schöpfung ausmachen. Sie sind Feuer, Wasser, Luft und Erde. Diese vier Elemente entstehen aus der Trinität der drei philosophischen Prinzipien Schwefel, Quecksilber und Salz (Seele, Geist und Körper). Die Trinität ist für die Belebung aller Aspekte der materiellen Welt verantwortlich, angefangen bei den vier Elementen. Diese Dreifaltigkeit wiederum geht aus der Dualität von Licht und Dunkelheit hervor. Und schließlich entspringt die Dualität aus der Einheit des All-Gottes.

In diesem Zusammenhang entsprechen die vier Elemente nicht den Elementen, die in der wissenschaftlichen Chemie beschrieben werden. Zum Beispiel ist das Feuerelement nicht nur Flamme und das Wasserelement nicht nur H2O. Stattdessen sind diese vier Elemente in unterschiedlichen Kombinationen in allen Aspekten der manifestierten Schöpfung zu finden.

Die vier Elemente verfügen über das Potenzial, sich in allen materiellen Formen zu verwandeln. Diese Dynamik hängt von der Tatsache ab, dass jedes Element seine Eigenschaften mit einem anderen teilt. Zum Beispiel sind Feuer und Luft die beiden männlichen Elemente, während Erde und Wasser die weiblichen Elemente sind. Das Feuer (heiß und trocken) ist das flüchtigste Element, während die Erde (kalt und trocken) das stabilste ist. In ähnlicher Weise ist Wasser kalt und feucht, während Luft heiß und feucht ist.

Jedes der Elemente kann in seiner materiellen Erscheinungsform umgewandelt werden. Zum Beispiel kann ein fester Stoff vom Typ Erde in eine Flüssigkeit vom Typ Wasser geschmolzen werden. Dann kann es in ein brennbares Gas umgewandelt werden, das wieder in eine flüssige Form kondensiert oder als Flamme verbrannt werden kann.

In den drei Grundsätzen der Alchemie findet sich die Vorstellung vom fünften Element - dem Element des Geistes. Das Element des Geistes wird auch als philosophisches Quecksilber, das geheime Feuer oder die Quintessenz bezeichnet. Die Quintessenz kann in den vier philosophischen Elementen selbst gefunden werden. Die Quintessenz ist kein Produkt der vier Elemente, da sie kein Aspekt der materiellen Schöpfung ist. Vielmehr geht die Quintessenz den vier Elementen voraus. Sie ist die Trinität der drei philosophischen Prinzipien als das Göttliche Prinzip und die Prima Materia. Der Geist ist die Substanz, die zur Erschaffung des Steins der Weisen verwendet wird. Das Symbol des Geistes oder der Quintessenz ist das Pentagramm selbst, daher seine Verwendung in der zeremoniellen Magie. In *The Magus* kann man die Quintessenz durch die SIRP-Übung erfahren.

WIE OBEN, SO UNTEN

Das hermetische Prinzip der Korrespondenz weist auf eine Beziehung zwischen den Sternen und Planeten in unserer Galaxie und allen physischen Manifestationen auf dem Planeten Erde hin. Wenn wir die Landkarte des Himmels verstehen, wissen wir, wie sich diese Komponenten auf der Erde widerspiegeln, insbesondere in der Beschaffenheit der Menschen. Aus dieser Vorstellung ergibt sich die Verbindung zwischen Astrologie und Alchemie. Alle alchemistischen Praktiken teilen ihre Aspekte in irgendeiner Weise mit astrologischen Erkenntnissen.

Wenn wir die Kräfte der verschiedenen Planeten in unserem Sonnensystem verstehen, erhalten wir ein umfassendes Wissen. Nach Ansicht der Alchemisten repräsentieren die Bewegungen und Qualitäten der Himmelskörper in unserem Sonnensystem die Entfaltung des Lebens auf der Erde. Dieses Wissen ist verbunden mit dem Verständnis der Energien der Sterne, die die verschiedenen Konstellationen bilden. Diese Energien bilden Teile der menschlichen Psyche, die unseren Charakter und unsere Persönlichkeit beeinflussen und formen. Sie müssen gereinigt und ihre Herausforderungen überwunden werden, wenn wir auf unserer spirituellen Reise vorankommen.

Unser Sonnensystem kann mit einem einzigen Körper verglichen werden. Qabalistisch gesehen, ist es Adam Kadmon. Genau wie der menschliche Körper enthält auch das Sonnensystem lebenswichtige Komponenten. Diese Komponenten korrelieren mit den Organen im menschlichen Körper und den archetypischen Aspekten der Psyche. In gleicher Weise enthalten sowohl das Sonnensystem als auch der menschliche Körper männliche und weibliche Energien. In unserem Sonnensystem repräsentiert die Sonne das männliche Prinzip (Schwefel), während der Mond das weibliche Prinzip (Quecksilber) repräsentiert.

So wie jeder Mensch ein einzigartiges Gleichgewicht der vier Elemente in sich trägt, so enthält auch jeder Mensch ein besonderes Gleichgewicht der verschiedenen Planetenqualitäten. Der große Alchemist Paracelsus vermittelte die Einsicht, dass diese Planetenqualitäten mit verschiedenen Krankheiten im menschlichen Körper sowie mit deren Heilmitteln korrespondieren. Wenn eine Person beispielsweise unter Gelenkschmerzen leidet, spiegelt dies ein Ungleichgewicht der Saturn-Energie in ihrem Körper wider. Alle Gesundheitsprobleme im Zusammenhang mit den Knochen sind auf eine Schwäche der Saturn-Energie zurückzuführen. Weitere Korrespondenzen der Planeten mit Krankheiten im Körper finden Sie im Kapitel "Die Planeten in unserem Sonnensystem".

Paracelsus betonte die Bedeutung der Arbeit mit astrologischen Erkenntnissen. Er betonte, dass diejenigen, die Alchemie praktizieren, die Natur der verschiedenen

Himmelskörper und ihre Eigenschaften verstehen sollten, so wie ein Arzt die verschiedenen Organe und Bestandteile des physischen Körpers verstehen muss.

Durch das Wissen, das bisher in *The Magus* vorgestellt wurde, einschließlich der planetarischen Korrespondenzen, können Sie planetarische Magie nutzen, um bei körperlichen, aber auch bei emotionalen und mentalen Beschwerden zu helfen. Um wahre Meisterschaft über das Selbst zu erlangen und Ihr höchstes Potenzial auszuschöpfen, müssen Sie mit den Planeten arbeiten, um Ihre höheren Kräfte und Bestrebungen zu integrieren. Wenn Sie das vorgeschriebene Programm der spirituellen Alchemie mit den fünf Elementen abgeschlossen haben, beinhaltet der nächste Schritt die Arbeit mit planetarischer Magie zum Zwecke der spirituellen Evolution oder zur Heilung körperlicher Beschwerden.

DIE ALCHEMISTISCHEN METALLE

Diejenigen, die Alchemie praktizieren, verstehen, dass Metalle zu einem der Drei Reiche gehören, nämlich zu den Mineralien. Mit dieser Sichtweise betrachten sie Metalle als lebende Substanzen, vergleichbar mit Tieren und Gemüse. Dies ist eine einzigartige Sichtweise im Vergleich zum modernen Geologen oder Metallurgen. Wie Pflanzen und Tiere tragen auch Metalle ihr Äquivalent eines Samens in sich, der das weitere Wachstum fördern soll.

Der Alchemist weiß, dass Metalle, wie alle anderen Aspekte der Natur, der Geburt, dem Wachstum und der Vermehrung unterliegen. Wenn die natürlichen Bedingungen richtig sind, können Metalle umgewandelt werden. Dies geschieht jedoch nur unter den richtigen natürlichen Bedingungen und nicht unter dem Einfluss der Bemühungen des Alchemisten. Aus diesem Grund wird man ermutigt, dem Prozess zu erlauben, sich in seinem eigenen Tempo und ohne Einmischung zu entfalten.

Jeder Himmelskörper wird aufgrund seiner Form und Eigenschaften mit einem bestimmten Metall in Verbindung gebracht. Der Mond wird mit Silber assoziiert. Jupiter wird mit Zinn assoziiert. Kupfer, oder Messing, wird der Venus zugeordnet. Eisen wird dem Mars zugeordnet. Blei ist das Metall des Saturns und Quecksilber ist das Metall des Merkurs. Gold schließlich ist das Metall, das der Sonne zugeordnet ist. Die Metalle sind die physische Manifestation der Planeten auf der Erde.

DIE STUFEN DER ALCHEMIE

Im Großen Werk wird die Leiter der Weisen, auch bekannt als "Jakobsleiter", verwendet, um die verschiedenen alchemistischen Stufen auf dem Weg zur spirituellen Vollkommenheit darzustellen. Bildlich wird die Jakobsleiter oft als eine Stufenleiter oder Treppe dargestellt, die von einem irdischen Tempel (der das Unten repräsentiert) zu einem Ort in den Wolken (der das Oben repräsentiert) führt. So ist die Leiter das Bindeglied zwischen Himmel und Erde, dem Oben und dem Unten.

Die Leiter der Weisen führt zum Inneren Tempel, von dem Jesus Christus in seinen Lehren oft gesprochen hat. Um ihn zu erreichen, müssen Sie die alchemistischen Prinzipien in sich selbst reinigen und weihen. Der Phönix, der aus der Asche aufersteht, ist ein Symbol für das neue Selbst, das aus dem alten Selbst hervorgeht. Erneuerung, Regeneration und Transformation sind der Kern aller alchemistischen Prozesse.

Das Große Werk umfasst sieben Stufen, die mit den Sieben Chakren korrelieren, obwohl eine Phase mehr als ein Chakra umfassen kann. Die Stufen entsprechen auch den sieben alten Planeten; einige Schritte können jedoch auch mehr als einem Planeten zugeordnet werden. Da sich *die Smaragdtafel* des Hermes Trismegistos mit dem Prozess der Alchemie befasst, entsprechen die sieben Stufen auch verschiedenen Teilen oder Sätzen der *Smaragdtafel*, wie noch erläutert wird.

In der alchemistischen Literatur werden diese sieben Stufen im jeweiligen Verarbeitungsprozess dargestellt, hauptsächlich durch Bilder. Der Zweck dieser Methode ist es, die wahre Bedeutung vor dem Profanen zu verbergen. Sie soll auch dazu beitragen, die Prozesse besser zu verstehen, indem sie eine symbolische Darstellung jeder Stufe liefert. Schließlich glaubten die meisten Menschen, dass es in der Legende vom Stein der Weisen darum ging, physisches Blei in Gold zu verwandeln.

Nach Ansicht der Alchemisten ist die Reihenfolge der Stufen auf der Leiter der Weisen für jeden Menschen unterschiedlich. Schließlich befinden wir uns alle auf unterschiedlichen Ebenen in unserem spirituellen Evolutionsprozess und benötigen spezifische innere Arbeit auf unserem Weg zur Erleuchtung. Darüber hinaus sind für manche Menschen bestimmte alchemistische Schritte vielleicht gar nicht notwendig, um das Große Werk zu vollenden und spirituelle Vollkommenheit zu erreichen.

Es ist wichtig, an dieser Stelle anzuerkennen, dass die Reihenfolge der Stufen und Prozesse des Großen Werkes von den großen Alchemisten nie ausdrücklich dargelegt wurde. Die genauen Details der Abfolge wurden nie schriftlich mitgeteilt. Diese Methode sollte diejenigen verwirren, die nur neugierig auf dieses Werk sind und nicht aufrichtig.

Bedenken Sie, dass die Alchemie hauptsächlich vor dem Aufkommen des Golden Dawn praktiziert wurde. Die Methode der spirituellen Alchemie, die von den Begründern des Golden Dawn vorgestellt wurde, hat sich im Laufe der Zeit bewährt. Ich habe ihr Verfahren als Teil des Diskurses über die alchemistischen Stufen aufgenommen, um ein optimales Verständnis dieses Themas zu gewährleisten. Auch die folgenden Beschreibungen der alchemistischen Stufen sind in der Reihenfolge dargestellt, die der Golden Dawn-Methode der spirituellen Alchemie am ähnlichsten ist. In diesem Sinne sind die sieben Stufen der Leiter der Weisen die folgenden.

KALZINIERUNG

"Alle unsere Läuterungen finden im Feuer, durch das Feuer und mit dem Feuer statt", sagte der Alchemist Fulcanelli im zwanzigsten Jahrhundert in *Das Geheimnis der Kathedralen.* Der Prozess der Kalzinierung steht für die Reinigung des Egos und die Zerstörung aller Teile der falschen Persönlichkeit. Symbolisch gesehen beinhaltet dieser Prozess die Verbrennung dessen, was wir mit Schwefel durch das Element Feuer transformieren wollen. Die Alchemisten schätzten das Feuer sehr, da sie glaubten, es sei das stärkste Mittel zur Transformation und für ihre Arbeit notwendig. Aus diesem Grund wurden sie oft die "Philosophen des Feuers" genannt.

Symbolisch wurde der Prozess der Kalzination als ein Löwe dargestellt, der eine Schlange verschlingt. Hier steht der Löwe für das mächtige Feuer der Seele (den Schwefel) und den Mut und das Verlangen, die notwendig sind, um die Dunkelheit zu überwinden. Die Schlange steht für das unverarbeitete Quecksilber der falschen Persönlichkeit - das Ego.

Die Kalzination beinhaltet die Anwendung von Wärme und des Feuerelements, das dem Manipura Chakra entspricht. Dieser Prozess beginnt im Wurzelchakra, Muladhara, da es sich um ein mildes, gleichmäßiges Feuer handelt, das man erhält, sobald die Energien in der Aura durch das LIRP der Erde geerdet sind. Die Kalzinationsstufe wird mit der Kraft des Saturn in Verbindung gebracht, da es eine feste mystische Verbindung zwischen Saturn und Erde gibt. Saturn repräsentiert Zeit und Raum, durch die das Ego geformt wurde.

Mit der Kalzination beginnt der Prozess des Abbaus des alten Selbst. Der Satz *der Smaragdtafel*, der dem Stadium der Kalzination entspricht, lautet: "Die Sonne ist ihr Vater". Er bezieht sich auf das männliche Prinzip, Schwefel, das Feuerelement der Transformation.

Während der Prozess der Verbrennung durchgeführt wird, ist die systematische Zerstörung des Egos im Gange und verzehrt die Anhaftungen an die materielle Welt. Nachdem man durch die Schwierigkeiten des Lebens herausgefordert wurde, ist der Prozess der Kalzination demütigend für den Suchenden, der sich dieser Reinigung unterzieht.

Die Kalzination wird durch das LIRP des Feuers und des Feuerelements fortgesetzt, da durch die Reinigung das alte Selbst verbrennt und nur Asche zurückbleibt. Das "Salz des Steins", die Ewige Seele, kann in der Asche gefunden werden. Denken Sie auch daran, dass bei der Arbeit mit dem LIRP des Feuers die unteren vier Chakren in den Prozess einbezogen werden, da das Feuer auch die Elemente Erde, Luft und Wasser reinigt.

Nach der Erweckung der Kundalini, sobald das Innere Feuer freigesetzt wurde, ist die Kalzination die erste Stufe des Transformationsprozesses. Sobald diese Phase begonnen hat, kann es Jahre dauern, bis die negativen Aspekte des Egos allmählich verbrannt sind, bevor das Höhere Selbst erhoben werden kann. Dieser erste Schritt mit der Anwendung des Feuers zielt darauf ab, das Ego aus der Bindung an die materielle Welt zu befreien. Der Prozess entfaltet sich auf diese Weise, da das Ego die niedrigste Form des Selbst ist. Wenn wir uns von unten nach oben erheben, muss der Transformationsprozess daher mit dem niedrigsten Aspekt der Manifestation beginnen - der physischen Grundlage.

AUFLÖSUNG

Im Zusammenhang mit "Solve Et Coagula" ist die Auflösung der "Solve"-Teil dieses alchemistischen Axioms. Die Auflösung des Körpers ist notwendig, damit der Geist ihn anschließend durchdringen kann. Nach der Kalzination ist die Auflösung die zweite Stufe des alchemistischen Umwandlungsprozesses.

Symbolisch gesehen steht ein grüner Löwe für die Komponente des Merkur in uns, die noch vervollkommnet werden muss, und für die Auflösung. Dieser grüne Löwe ist auch ein Symbol für den Eingeweihten, der die erste Stufe durchlaufen hat, die durch das Feuer der Erde geprüft wurde, und nun bereit ist, vom hellen Licht des Sonnenbewusstseins erleuchtet zu werden.

Nachdem die Eingeweihte die intensive Hitze der Kalzinierungsphase durchlaufen hat, muss sie abgekühlt werden. Diese Abkühlung bringt eine Zeit der Besinnung und der Weiblichkeit. Bevor die Seele umgewandelt werden kann, muss sie erst zum Empfänger der Gnade werden. In dieser Zeit erfährt der Eingeweihte das Wasserelement durch den LIRP des Wassers. Der grüne Löwe wird so dargestellt, dass er auf eine Wasserquelle zugeht und bereit ist, sie zu trinken. Nachdem er in der vorangegangenen Phase mit dem Feuer gearbeitet hat, möchte er sich abkühlen und regenerieren.

Während sich das Wasser durch das System bewegt, setzt es den Reinigungsprozess fort. Diese Phase, die Jupiter, dem Träger des Wassers, zugeschrieben wird, wird für den Eingeweihten zu einem Prozess des Schluchzens und der Tränen. In der *Smaragdtafel* bezieht sich der Satz "Der Mond ist seine Mutter" auf die Auflösungsstufe. Es ist ein Verweis auf das weibliche Prinzip der Schöpfung - Quecksilber, das Wasserelement.

Was das chakrische Energiesystem betrifft, so entspricht diese Stufe dem zweiten Chakra, Swadhisthana - dem Sakralchakra. Swadhisthana ist das Wasser-Chakra, das eng mit dem Unterbewusstsein verbunden ist, dem vergrabenen und oft abgelehnten Teil der Psyche. Während dieses Auflösungsprozesses wird der bewusste Verstand geöffnet, damit das zuvor unterdrückte Material und die Energie des Unterbewusstseins an die Oberfläche kommen und aufgelöst werden können.

TRENNUNG

In der vorangegangenen Phase der Auflösung kommt es zu einer tiefgreifenden Hingabe der Seele. Dieser Prozess kann zu einem Ungleichgewicht führen, so dass sich der Geist bedroht fühlt und mit der Willenskraft in Konflikt gerät. Während der Kalzinierungsphase wurden unerwünschte Aspekte der Psyche verbrannt, aber ihre Überreste können noch vorhanden sein. In der Trennungsphase müssen sie endgültig entfernt werden, um die Harmonie zwischen dem Geist und der Seele herzustellen.

Nach dem Feuer der Kalzinationsstufe und dem Wasser der Auflösungsstufe folgt das Element Luft in der Trennungsstufe. Wir durchlaufen den Prozess der Trennung, indem wir mit dem LIRP der Luft arbeiten. In der *Smaragdtafel* bezieht sich der Satz "Der Wind trägt sie in seinem Bauch" auf die Trennungsstufe.

Die Bilder, die zur Darstellung dieser Phase verwendet werden, sind recht interessant. Es zeigt einen Mann und eine Frau, die sich streiten, und einen jugendlichen Hermes, der zwischen sie tritt, um sie zu versöhnen. Auf der Seite des Mannes steht die Sonne, auf der Seite der Frau der Mond, der die gegensätzlichen männlichen und weiblichen Energien repräsentiert. Hermes hält in jeder Hand einen Caduceus, um dem Mann und der Frau anzuzeigen, dass sie ihre Gegensätze versöhnen müssen. Dieses Bild steht für den Zweck dieser alchemistischen Phase - die Versöhnung aller Dualitäten im Eingeweihten.

Wenn wir hier vorankommen, können wir beginnen, die Früchte des alchemistischen Prozesses zu ernten. Da die Menge des Luftelements, die durch das System fließt, zunimmt, wird der Intellekt (den der Geist benutzt, um die Welt zu verstehen) geschärft. Obwohl alle diese Prozesse herausfordernd sein können, kann insbesondere diese Phase ziemlich schmerzhaft sein. Es ist jedoch wichtig, geduldig, ruhig und phantasievoll zu bleiben, um neue Perspektiven zu finden, die es uns ermöglichen, voranzukommen.

Die Trennung ist ein bewusster Prozess, in dem wir alle verborgenen Aspekte des Selbst überprüfen und entscheiden, was wir ablegen und was wir in unsere verfeinerte Persönlichkeit wieder integrieren wollen. Es geht darum, die selbst auferlegten Beschränkungen unserer wahren Natur loszulassen, damit das Licht der Seele durchscheinen kann. Es geht um den Abbau von Gedanken und Gefühlen, einschließlich Glaubenssätzen, Vorurteilen, Neurosen und Phobien.

Obwohl das Luftelement mit dem Herz-Chakra, Anahata, assoziiert wird, wird der Trennungsprozess alchemistisch dem Planeten Mars und dem Feuer-Chakra, Manipura, zugeschrieben. Im Kontext des chakrischen Systems ist dies das dritte Chakra aufwärts, ausgehend von Muladhara. Mars ist der ultimative Zerstörer und Transformator des Egos und alter Funktionsweisen. Durch die Trennung befreien wir uns ein für alle Mal aus den Fängen des Egos.

Das Luftelement nährt das Wasser- und das Feuerchakra, die dem Quecksilber- und dem Schwefelprinzip zugeordnet sind. Die letzten Spuren des Egos müssen aus Geist und Seele, den beiden Gegensätzen, herausgelöst werden. Das Luftelement ist auch der Versöhner zwischen diesen beiden alchemistischen Prinzipien, die durch die Elemente Wasser und Feuer repräsentiert werden. Als solches umfasst der Trennungsprozess die drei Chakren Swadsthihaha, Manipura und Anahata.

KONJUNKTION

Die Stufe der Konjunktion (Verbindung) vollendet den Prozess der Versöhnung, der in der vorangegangenen Stufe der Trennung begann. Hier können die Seele und der Geist endlich zu einer harmonischen Einheit verschmelzen. In ähnlicher Weise werden die männlichen und weiblichen Komponenten des Eingeweihten, die Sonnen- und Mondenergien, harmonisiert und ausgeglichen.

Symbolisch gesehen werden der Mann und die Frau, die sich in der vorangegangenen Phase gestritten haben, nun von einem reiferen Hermes im heiligen Bund der Ehe zusammengeführt. Er wird mit einem Lächeln dargestellt, da er weiß, dass ihre Vereinigung ihren unvermeidlichen Tod bedeutet, der durch die folgende alchemistische Stufe dargestellt wird. Erde und Himmel mit einem Regenbogen, der sich über sie spannt, werden ebenfalls in der Bildsprache dieser Stufe dargestellt. Die sieben Regenbogenfarben stehen für die sieben antiken Planeten und die sieben Chakren im Gleichgewicht.

Der Prozess der Konjunktion nutzt die sexuelle Energie des Körpers, um diese Phase der alchemistischen Transformation voranzutreiben. Das wahre Gleichgewicht zwischen den männlichen (Sonne) und weiblichen (Mond) Energien wird im Herz-Chakra entdeckt. Erinnern Sie sich daran, dass die Elemente Wasser und Feuer unterhalb des Herz-Chakras liegen (sie werden dem Element Luft zugeordnet). Wenn sich das Bewusstsein des Eingeweihten allmählich auf das Anahata Chakra ausrichtet, werden die Wasser- und Feuerelemente durch das Luftelement ausgeglichen. Ein Gleichgewicht zwischen dem Ein- und Ausatmen wird erreicht, was dem Körper Kohärenz verleiht.

Die Formulierung *der Smaragdtafel* "Ihre Amme ist die Erde" bezieht sich auf die Stufe der Konjunktion. Der Planet, der dem Stadium der Konjunktion zugeordnet ist, ist Venus, der Planet der Liebe. Diese Zuschreibung ist passend, da die Liebe der wahre Versöhner aller Gegensätze und ihre vereinigende Energie ist - die Liebe ist der ultimative Transformator. Bedingungslose Liebe wird dem Herz-Chakra, Anahata, zugeschrieben, obwohl die Konjunktion erreicht ist, wenn alle vier unteren Chakren ausgeglichen und in Harmonie sind. Schließlich drücken sich die Energien von Sonne und Mond durch alle Chakren aus.

Das Stadium der Konjunktion beginnt, wenn der Eingeweihte alle Teile des Selbst durch das LIRP des Feuers ausreichend gereinigt hat. Dieses Stadium wird jedoch in Angriff genommen, wenn der Eingeweihte durch das SIRP mit dem Geistigen Element zu arbeiten beginnt. Das Stadium der Konjunktion ist der erste Teil des Integrationsprozesses, der stattfindet, sobald der Eingeweihte beginnt, den vereinigenden Klebstoff der Elemente - den Geist - einzubringen. Diese Phase dauert jedoch nicht lange, und die Konjunktion ist die Vorstufe zu etwas Magischem, das in der folgenden alchemistischen Phase stattfindet.

Der Prozess der Konjunktion führt zur Ermächtigung des eigenen wahren Selbst, da das männliche und das weibliche Prinzip (Schwefel und Merkur) Harmonie finden. Infolgedessen beginnt eine neue Arbeitsweise, die sich auf die intuitive Fähigkeit statt auf den Intellekt konzentriert. Das Bewusstsein des Eingeweihten ist nun in erheblichem Maße erweitert worden, so dass er über eine größere Macht verfügt als je zuvor. Die spirituelle Vollkommenheit ist jedoch noch nicht erreicht. Aus diesem Grund bezeichneten die Alchemisten diejenigen, die diese Stufe erreicht haben, als den "Stein der kleinen Weisen".

GÄRUNG

Das Stadium der Gärung, das auch als Fäulnis bekannt ist, markiert den Beginn des Abstiegs des Eingeweihten in die Dunkelheit, bis er schließlich einen alchemistischen Tod erfährt. Dieses Stadium ist als die dunkle Nacht der Seele bekannt. Nachdem Sonne und Mond im Stadium der Konjunktion Harmonie gefunden haben, sind sie nun verfinstert, da ihre Leidenschaft den nächsten Prozess einleitet - einen Prozess der Gärung, des Todes und der Verwesung. Dieser Gärungsprozess wird das Philosophische Quecksilber hervorbringen, die spirituelle Essenz, die den Körper transformieren wird, der die Energien von Sonne und Mond enthält. Als individuelle Qualitäten werden sie jeweils verändert, bevor sie vollständig miteinander verschmelzen und zu einer Essenz führen, die eine höhere Schwingung hat und transzendenter ist als je zuvor.

Der Gärungsprozess, die dunkle Nacht der Seele, ist gleichbedeutend mit den drei Tagen, die Jesus Christus vor seiner Auferstehung in der Hölle verbrachte. Er entspricht auch dem Aufenthalt von Osiris in der Unterwelt vor seiner Auferstehung. Alle Leben-Tod-Auferstehungs-Mythologien der Vergangenheit beinhalten denselben Prozess. In der Natur beinhaltet der Prozess der Gärung die Aufspaltung von Zucker in Äthylalkohol, wobei das entsteht, was wir "Geist" nennen. Alle spirituellen Vorgänge spiegeln sich in den Prozessen der Natur wider - wie oben, so unten.

Symbolisch wird das Stadium der Fermentation mit dem Bild eines Skeletts dargestellt, das über der verfinsterten Sonne und dem verfinsterten Mond steht, während eine Auferstehung oder Transformation stattfindet. Es ist kein physischer Tod, sondern ein metaphysischer, der ein neues Leben hervorbringt, da der philosophische Merkur den Eingeweihten verwandelt.

Die dunkle Nacht der Seele kann für den Eingeweihten eine unglaublich schmerzhafte, entsetzliche Erfahrung sein, und nur diejenigen, die ausgeglichen sind, werden dieses Stadium überwinden. Wenn es dem Eingeweihten an diesem Punkt an Ausgeglichenheit mangelt, wird er wahrscheinlich Opfer einer Reihe von mentalen Problemen, da der Geist während dieses Todesprozesses unruhig und unkontrollierbar wird. Willensstarke Menschen, die diese Phase durchstehen, werden jedoch mit der Unsterblichkeit ihrer Seele und einer Auferstehung im Geist belohnt. So wird die dunkle Nacht der Seele überwunden.

Für diejenigen, die ein Kundalini-Erwachen erleben, beginnt die dunkle Nacht der Seele typischerweise mit der Freisetzung des Inneren Feuers, das die negativen Aspekte der Persönlichkeit und des Egos verbrennt, die die Seele davon abhalten, Befreiung zu erlangen. Das Innere Feuer, das von den Alchemisten auch das Geheime Feuer genannt wird, entspricht der Sushumna Nadi. Nach vielen Jahren verwandelt sich das Geheime Feuer in eine kühlende, flüssige spirituelle Energie, die das gesamte

Kundalini-System des erwachten Eingeweihten versorgt. Die Integration dieser transzendentalen, gottähnlichen Energie signalisiert die Erlangung des Lebenselixiers. Sobald es erlangt ist, ist die letzte alchemistische Stufe der Koagulation erreicht.

Das Kehlchakra, Vishuddhi, wird dem Stadium der Fermentation zugeschrieben. Vishuddhi ist das erste der spirituellen Chakras, die Kluft, die die Trennung zwischen Geist und Materie darstellt. Da die Gärung die richtige Qualität von Hitze oder Feuer erfordert, wird hier nicht das flüchtige Feuer des Mars benötigt, sondern das ruhige Feuer des Merkur. Aus diesem Grund ist Merkur der Planet, der für diesen Prozess verantwortlich ist. In der *Smaragdtafel* bezieht sich die Zeile "Du sollst die Erde vom Feuer trennen, das Feinstoffliche vom Grobstofflichen, sanft und mit großem Einfallsreichtum" auf das Stadium der Gärung.

Die Fermentierung wird durch verschiedene Aktivitäten erreicht, die Inspiration aus höheren Sphären bringen und uns mit dem inneren Geist verbinden. Dazu gehören unter anderem rituelle Übungen, die das geistige Element anrufen, hingebungsvolles Gebet, transpersonale Therapie, transzendentale Meditation und psychedelische Drogen. Bei richtiger Anwendung kommt es zu einem leuchtenden Farbenspiel und bedeutungsvollen Visionen, die durch das geistige Auge wahrgenommen werden. Diese Phase des alchemistischen Prozesses wird "Pfauenschwanz" genannt.

Bei den rituellen Übungen, die in diesem Buch vorgestellt werden, ist die SIRP (Anrufung des Geistelements) der Prozess, der den Fermentationsprozess einleitet. Wie bereits erwähnt, ist der erste Schritt der Arbeit mit dem SIRP die Konjunktion, auf die bald darauf die Fermentation folgt. Der Eingeweihte muss mindestens neun Monate lang mit der SIRP als Teil des Programms der Spirituellen Alchemie arbeiten, da dieser Zeitraum der Zeit entspricht, die für die Geburt eines Neugeborenen benötigt wird. Diese Zeitspanne und die Praxis symbolisieren die Auferstehung der Seele und die Wiedergeburt im Geist. Für den Eingeweihten ist die Wiederauferstehung dieses Mal jedoch bedeutender denn je, da er die Lektionen des Lebens aus den vorangegangenen alchemistischen Phasen gelernt hat.

DESTILLATION

Der Prozess der Destillation, der auch als Sublimation bezeichnet wird, ist die Phase, in der das Stabile instabil wird und das Instabile stabil wird. Es ist der Prozess der Reinigung, der darin besteht, die flüchtigen Essenzen von ihren materiellen Bindungen zu befreien und sie dann zu rekondensieren. Durch die Zugabe von Feuer werden diese flüssigen flüchtigen Essenzen in Luft umgewandelt. Anschließend verflüssigen sie sich durch Kondensation wieder zu Wasser, nur dass sie jetzt gereinigt sind. Chemisch gesehen beinhaltet dieser Prozess das Sieden und Kondensieren der fermentierten Lösung, um ihre Reinheit zu erhöhen.

Zu den Bildern, die zur Darstellung dieser Stufe verwendet werden, gehört ein Destillationszug, der gewöhnlich die Form des Hermesstabes hat und dazu dient, das Aqua Vitae, das "Wasser des Lebens", zu destillieren. Durch die Destillation reinigt der Eingeweihte sowohl seine Seele als auch seinen Geist. Die Destillation erfordert einen ständigen Kreislauf und die Notwendigkeit, den Prozess immer wieder zu wiederholen. Durch die Destillation werden die Kräfte des Oben und des Unten im Eingeweihten zu einem zusammenhängenden Ganzen integriert. Die Zeile in der *Smaragdtafel*, die sich auf die Destillation bezieht, lautet: "Sie steigt von der Erde zum Himmel auf und steigt wieder zur Erde herab und empfängt die Kraft der Oberen und der Unteren."

Vor der folgenden und letzten Stufe der Alchemie muss die Psyche des Eingeweihten destilliert werden, um die Unreinheiten des Egos und der falschen Persönlichkeit noch weiter zu entfernen. Denken Sie daran, dass die karmischen Rückstände des Egos es erforderlich machen, dass der Eingeweihte den Prozess der spirituellen Alchemie noch viele Male wiederholt, indem er die niederen Elemente aufgreift und mit ihnen arbeitet.

Die Destillation ist eine Zeit der Introspektion, um die Psyche auf die höchstmögliche Stufe zu heben, völlig abgeschnitten von den Emotionen und allem, was mit dem Gefühl der persönlichen Identität zu tun hat. Wegen der inneren Reflexion, die zur Vollendung dieses Prozesses notwendig ist, wird der Mondplanet dem Stadium der Destillation zugeordnet. Da er das transpersonale Selbst hervorbringen soll, wird gesagt, dass die Destillation ihren Höhepunkt im Chakra des geistigen Auges auf der Ebene der Hypophyse und der Zirbeldrüse erreicht. Durch das Mind's Eye Chakra wird das Licht aus dem Sahasrara Chakra in den Eingeweihten gebracht.

KOAGULATION

Die Koagulation (in der Alchemie: Gerinnung - ein fluidaler oder ätherischer Stoff nimmt körperliche Dichtigkeit an) ist das letzte Stadium des Großen Werkes, das erreicht ist, wenn die vollständige alchemistische Transformation im Eingeweihten stattgefunden hat. Jetzt ist der Stein der Weisen vervollkommnet, er ist unveränderlich und unbestechlich, und der Eingeweihte hat ihn nun erlangt. Mit der Vollendung des Großen Werkes sind Geist und Materie vereint und zu einer Einheit geworden. Erde und Himmel sind jetzt für den Eingeweihten ein und dasselbe. Die

Wahrheit des alchemistischen Diktums "Wie oben, so unten" ist unmittelbar erfahren worden. Die Schlange und der Löwe sind eins.

Mit dieser Erfahrung ist der Eingeweihte nun der Adept, unsterblich, erleuchtet und jenseits der Dualität. Visuell wird diese Stufe durch den Baum des Lebens symbolisiert, dessen Früchte das Lebenselixier hervorbringen. Die Herrlichkeit des Makrokosmos des Himmels spiegelt sich im irdischen Paradies des Mikrokosmos wider. Malkuth ist zu Daath erhoben worden, und die Materie ist zu Geist geworden. Der Eingeweihte wirkt nun durch das Überirdische, wo Weisheit und Verständnis durch die immerwährende Intuition, die höchste der inneren Fähigkeiten, erlangt werden.

Im Kundalini-Erweckungsprozess beginnt die Koagulationssphase, wenn das Innere Feuer das Kronenchakra, Sahasrara, erreicht und den Lichtkörper vollständig aktiviert. Danach dauert es viele Jahre, bis sich das Bewusstsein auf den spirituellen Körper ausrichtet und sich das Höhere Selbst, der Heilige Schutzengel, als lebendige Präsenz manifestiert. Mit der Zeit erreicht der Kundalini-Eingeweihte sein Ziel und wird erleuchtet. Dieses Ziel zu erreichen ist die ultimative Bestimmung eines jeden Menschen, der ein vollständiges und dauerhaftes Kundalini-Erwachen erlebt.

Die Koagulation wird dem Sahasrara Chakra zugeordnet, dem höchsten der persönlichen Chakras. Mit der Koagulation kommt unerschütterliches Vertrauen und ein dauerhaft erhöhter Bewusstseinszustand, der sich in den höchsten Bestrebungen und Geisteszuständen ausdrückt.

Der Lichtkörper, gleichbedeutend mit dem Stein der Weisen, ist nun erreicht und vollständig aktiviert, was den Adepten befähigt, auf allen Ebenen und Dimensionen der Realität gleichzeitig präsent und bewusst zu sein. Durch ein vollständiges Kundalini-Erwachen wird mit der Zeit Ambrosia im Gehirn abgesondert, das als himmlische Nahrung für den Körper dient und die Zellen nährt und verjüngt. Dieses Ambrosia ist das Elixier des Lebens. Es wird erlangt, wenn das geheime Feuer der Prima Materia von seinen materiellen Bindungen befreit und im physischen Körper, dem Alembic, gereinigt worden ist. Die Koagulation führt schließlich zum Nirvana, einer völlig verzückten und ekstatischen Emotion, die im Herz-Chakra, Anahata, empfunden wird. Der Eingeweihte wird in die Lage versetzt, *Samadhi* nach Belieben zu praktizieren.

In der *Smaragdtafel* lautet die Zeile, die sich auf die Koagulation bezieht: "So hast du die Herrlichkeit der ganzen Welt; darum lass alle Unklarheit vor dir fliehen. Dies ist die starke Kraft aller Kräfte, die alles Subtile überwindet und alles Feste durchdringt."

Das Stadium der Koagulation wird der Sonne zugeschrieben, was passend ist, da der Alchemist in diesem Stadium sein Gold gefunden und den "Großen Stein der Weisen" erlangt hat. Die Koagulation bedeutet die Rückkehr in den Garten Eden; nur ist der Adept jetzt im Einklang mit dem kosmischen Bewusstsein und ist Teil der universellen Gesetze.

DIE FORMEL DER SPIRITUELLEN ALCHEMIE IN *THE MAGUS*

Die dreiteilige Formel von Trennung, Reinigung und Rekombination ist das, was wir befolgen müssen, wenn wir uns auf unsere innere Reise der spirituellen Alchemie mit den fünf Elementen begeben. Der alchemistische Prozess beginnt mit dem Element Erde, wo wir unsere Energie stabilisieren und erden müssen. Dies erreichen wir, indem wir eine bestimmte Zeit lang mit dem LIRP der Erde arbeiten. Die Anrufung des Erdelements markiert zunächst den Beginn der Kalzinierungsphase, in der eine milde, gleichmäßige Hitze entsteht, die das alte Selbst auflöst. Die Kalzinationsphase setzt sich im Feuerelement fort, da das Feuer das Element der Reinigung und Transformation ist.

In Anbetracht der Tatsache, dass Luft Licht ist und dass Licht der ultimative Heiler von Geist, Körper und Seele ist, ist das Element Luft der nächste Schritt nach der Erde, in den wir neue Wege des Denkens und der Vorstellungskraft einbringen sollen. Auch hier müssen wir eine gewisse Zeit mit dem Element Luft arbeiten, dieses Mal länger als mit dem Element Erde. Hier arbeiten wir am Ego und transformieren alle negativen Gedankensender, die im Unterbewusstsein vorhanden sind, da das Luftelement uns erlaubt, tief zu gehen und den Inhalt unserer innersten Gedanken zu untersuchen. Mit diesem Prozess beginnt die Phase der Trennung, die uns unsere Seele enthüllen wird. Die Auflösungsphase beginnt am Ende der Arbeit mit dem Luftelement und geht in die nächste Phase der Arbeit mit dem Wasserelement über.

Wenn das Wasserelement als nächstes eingebracht wird, markiert dies die Fortsetzung der Auflösungsphase, in der die Seele erhöht und das Ego unterworfen wird. Dieser Teil des Prozesses beinhaltet die Anwendung der Energie der bedingungslosen Liebe durch die "Wasser der Schöpfung". Hier werden der Geist und die Seele getrennt, um in der nächsten Stufe der Vereinigung wieder vereint zu werden.

Vor der Konjunktion ist jedoch eine Reinigung durch das Feuerelement notwendig. Das lodernde Feuer des Manipura Chakras verbrennt unproduktive Gedanken, Emotionen und Überzeugungen über das Selbst und die äußere Welt und erneuert und transformiert so das Selbst auf vielen Ebenen.

Die Vereinigung erfolgt, nachdem die Arbeit mit dem Feuerelement ausreichend abgeschlossen und das Selbst erneuert worden ist. Da das Feuerelement durch die

Elemente Erde, Wasser und Luft wirkt, findet eine Vereinigung dieser Teile des Selbst statt, sobald die Energien geerdet sind und in diesem Stadium des Großen Werkes keine weitere Reinigung mehr notwendig ist. Die Konjunktion wird fortgesetzt, sobald der Eingeweihte die männlichen und weiblichen Komponenten durch Anrufungen des Geist-Elements wieder zusammenführt, da Seele und Geist wieder vereint sind. Sie ist jedoch nur von kurzer Dauer, denn das folgende Stadium der Fermentation wird durch die fortgesetzte Anrufung des Geistigen Elements eingeleitet.

Alle diese Stufen der spirituellen Alchemie benötigen eine bestimmte Zeitspanne. Daher muss die für jede Stufe zugewiesene Zeit eingehalten werden, um Erfolg zu haben. Um dies richtig zu tun, müssen Sie viel länger mit dem Feuer arbeiten als mit den anderen drei Elementen davor, da Sie durch die Anrufung des Feuers auch die drei vorherigen Elemente reinigen.

Die Gärung folgt auf die Konjunktion und ist das Ergebnis der Wiedervereinigung von Seele und Geist durch die Energie der bedingungslosen Liebe. Mit der Gärung beginnt die dunkle Nacht der Seele, in der wir, bildlich gesprochen, wiedergeboren werden. Es ist die Phase der Rekombination, in der die gereinigten vier Elemente wieder zu einem noch größeren Ganzen zusammengefügt werden, nun unter dem Vorsitz des Geistes und des Höheren Selbst. Da es sich bei diesem Prozess um eine Rekombination handelt, die einige Zeit in Anspruch nimmt, soll der Geist noch länger als das Feuerelement angerufen werden.

Der nächste Schritt der Destillation ist die wiederholte Arbeit mit der alchemistischen Formel, um "den Stein zu vervollkommnen", wie die Alchemisten raten würden. Es reicht nicht aus, nur einmal mit den Elementen in der richtigen Reihenfolge zu arbeiten, sondern dieser Zyklus muss immer wieder wiederholt werden. Sie können ein Leben lang mit dieser alchemistischen Formel arbeiten, und jedes Mal werden Sie auf Ihrer Reise der spirituellen Evolution weiter vorankommen.

Der letzte Schritt der Koagulation ist das Erreichen des Steins der Weisen, wenn keine Arbeit mehr getan werden kann und das individuelle Bewusstsein mit dem kosmischen Bewusstsein vereint wurde. Sie haben das Elixier des Lebens gefunden. Diese Stufe markiert die Vollendung des Großen Werkes und die Erlangung der Erleuchtung. Es ist das Reich Gottes, das sich in diesem Leben manifestiert. Die Koagulation ist schwer zu erreichen, und viele werden ein Leben lang mit der Formel der Spirituellen Alchemie arbeiten, um sie zu erreichen.

Abbildung 60: Zeremonielle Magie des Golden Dawn

Denken Sie daran, dass alchemistische Autoren die genauen Prozesse der spirituellen Alchemie absichtlich durcheinander gebracht haben, weil die Reihenfolge der Schritte nicht immer der Reihe nach erfolgen muss. Nichtsdestotrotz hat sich die Formel der spirituellen Alchemie, der wir in *The Magus* folgen (mit den fünf Elementarbeschwörungen von Erde, Luft, Wasser, Feuer und Geist), seit über einem Jahrhundert bei Orden der zeremoniellen Magie wie dem Golden Dawn und dem Ordo Templi Orientis bewährt. Ich habe gesehen, wie diese Rituale in meinem Leben und im Leben zahlloser anderer, denen ich auf meiner spirituellen Reise begegnet bin, funktioniert haben. Aus diesem Grund habe ich das Programm der spirituellen Alchemie mit den fünf Elementen vorgestellt, die für optimale Ergebnisse genau in der angegebenen Reihenfolge befolgt werden müssen.

TEIL VII: HENOCHISCHE MAGIE

DAS HENOCHISCHE MAGISCHE SYSTEM

Die henochische Magie ist die höchste Form der zeremoniellen Magie, die es heute gibt, und ihre Macht und Effizienz bei der Förderung der spirituellen Entwicklung des Einzelnen ist immens. Da ein großer Teil eines jeden magischen Systems die Beseitigung von karmischen Blockaden in den Chakren ist, sollte man die folgende Analogie über die Macht der henochischen Magie in Betracht ziehen. Stellen Sie sich vor, dass karmische Blockaden ein riesiger Felsen am Meeresufer sind. Die rituellen Übungen, die im Abschnitt "Zeremonielle Magie" vorgestellt werden, können mit dem Wasser einer Flut verglichen werden, das kontinuierlich auf diesen Felsen einwirkt und ihn mit der Zeit abträgt. Henochische Magie wäre mit einer Abrissbirne zu vergleichen, die den Felsen zerschlägt.

Sie denken jetzt vielleicht, dass es eine gute Sache sein muss, karmische Blockaden auf dem schnellsten Weg zu beseitigen, aber das ist nicht immer der Fall. Der Geist muss bereit sein, diese neuen Energiezuflüsse zu empfangen, für die die Henochische Magie die Türen öffnet, denn wenn sie einmal offen sind, kann man sie nicht mehr schließen. Der Geist muss sich durch diese neuen Bewusstseinszustände arbeiten und sie sicher und effizient in die Psyche integrieren.

In der jüdischen Tradition ist es üblich, dass die Qabalah den Rabbinern nicht vor dem vierzigsten Lebensjahr vorgelegt wird, weil sie die Macht hat, die Türen des Geistes zu öffnen. Was denken Sie, kann man dann über die Magie sagen, insbesondere die henochische Magie? Diese henochischen Schlüssel sind sehr mächtig, und man muss diesen Weg vorsichtig beschreiten.

Aufgrund ihrer Macht sollte die henochische Magie erst praktiziert werden, wenn das Programm der spirituellen Alchemie mit den fünf Elementen abgeschlossen ist. Die henochische Magie bietet den angehenden Magiern eine neue Ebene der spirituellen Alchemie. Sie erlaubt es, noch tiefer in den Geist, den Körper und die Seele sowie in die Chakren einzudringen. Henochische Magie wird als "Schattenarbeit" bezeichnet, weil man durch ihre Anwendung mit den dunklen Aspekten des Selbst arbeitet und sie transformiert. Aus diesem Grund müssen Sie eine starke Grundlage in den fünf Elementen Ihres Wesens haben.

Die henochische Magie ist ein umfangreiches System mit vielen verschlungenen Teilen. Der Bereich der henochischen Magie, mit dem wir uns in dieser Arbeit befassen werden, sind die Neunzehn henochischen Schlüssel oder Rufe, die oft als Engelsschlüssel bezeichnet werden. Jeder Schlüssel dient als *Mantra*, das laut gesprochen und vibriert werden muss, um die gewünschte Wirkung zu erzielen. Diese Neunzehn Schlüssel sind unterteilt in zwei Geist-Schlüssel (aktiv und passiv), vier Elementar-Schlüssel und drei Sub-Elementar-Schlüssel für jedes der vier Elemente. Der letzte Neunzehnte Schlüssel, der sogenannte Äthyr-Schlüssel, ist eine Operation für sich. Dieser Schlüssel enthält die Dreißig Äthyre. Er bezieht sich auf die Schichten der Aura, die ähnlich wie die Schichten einer Zwiebel sind.

Bevor wir mit der Beschwörung der Schlüssel fortfahren, ist es wichtig, Ihnen einige Hintergrundinformationen über die henochische Magie zu geben, einschließlich ihrer Geschichte, ihrer verschiedenen Komponenten, ihrer Ziele und allem anderen, was Sie wissen müssen, um dieses Thema besser zu verstehen.

JOHN DEE UND EDWARD KELLEY

John Dee diente Königin Elisabeth I. als ihr Hofastrologe. Er war nicht nur ein gepriesener Astrologe, sondern auch ein Magier, der einen Großteil seines Lebens dem Studium der Alchemie, dem Wahrsagen und der hermetischen Philosophie widmete. Edward Kelley war Dees übersinnlicher Mitarbeiter und Partner zu dieser Zeit. Zusammen sind Dee und Kelley die Begründer der henochischen Magie.

Das System der henochischen Magie wurde Dee und Kelley von einer Gruppe von Engeln gechannelt, die sie über die Methode des Hellsehens (Scrying) kontaktierten. Diese Engelskontakte dauerten von 1582 bis 1589. Die Engel, mit denen Dee und Kelley Kontakt aufnahmen, offenbarten sich als Bewohner der subtilen Reiche, die als Wachtürme und Äthyre bezeichnet wurden. Dee und Kelley glaubten, dass ihre Visionen ihnen Zugang zu Geheimnissen verschafften, die im apokryphen und biblischen Text des *Buches Henoch* enthalten waren.

Channeln bedeutet, Informationen von jenseitigen Wesenheiten wie Erzengeln, Engeln, Dämonen oder anderen nicht-physischen Wesenheiten, die in den göttlichen Ebenen der Realität existieren, zu erhalten. Hellsehen (Scrying) bedeutet, in ein bestimmtes Medium (wie einen Kristall oder einen Schwarzen Spiegel) zu schauen, um bedeutungsvolle Botschaften, Einsichten oder Visionen aus den kosmischen Ebenen zu erhalten.

Kelley war für die Durchführung des Hellsehens und den Empfang der gechannelten Botschaften verantwortlich, während Dee für die Aufzeichnung der Informationen zuständig war. Kelleys Methode des Hellsehens und Kanalisierens war die Verwendung eines Shewstones (Sehstein). Dieser Shewstone war ein schwarzer Kristall, etwa so groß wie ein Ei, auch bekannt als Kristallkugel.

HENOCHISCHE (ENGELS-) SPRACHE

John Dee und Edward Kelley waren in der Lage, eine Reihe von Tafeln von den Engeln, mit denen sie in Verbindung standen, zu channeln. Diese rätselhaften Tafeln werden als die vier Wachttürme und die Tafel der Vereinigung bezeichnet. Sie bilden die Grundlage des henochischen Systems. Jede Tafel ist in Quadrate unterteilt, wobei jedes Quadrat eine einzigartige Rune (Symbol) enthält. Die Runen bilden das henochische Alphabet. Dee und Kelley brachten auch eine Reihe von magischen Siegeln und Talismanen hervor, die die henochischen Buchstaben darstellen. Die magische Arbeit damit ist den fortgeschrittenen Studenten der henochischen Magie vorbehalten.

Die henochische Sprache ist einmalig. Jeder Buchstabe entspricht einer spezifischen magischen Bedeutung und einer Gematria-Zahl. Mit der Kraft der göttlichen Namen kann man bestimmte Gottheiten aus den Wachttürmen heraufbeschwören. Göttliche Namen sind in diesem Fall verschiedene Sätze von henochischen Buchstaben, die auf der Grundlage der Bedeutung jedes Buchstabens zusammengesetzt werden.

Das henochische Alphabet enthält eine Fülle von Wissen. Es ist jedoch nicht notwendig, es im Rahmen dieser Arbeit zu lernen, da wir nur mit der phonetischen Aussprache der henochischen Schlüssel arbeiten werden. Die Verwendung der phonetischen Aussprache wird die Energie jedes Schlüssels hervorrufen. Es ist wichtig, jedes Wort so auszusprechen, wie es geschrieben wird, um den gewünschten Effekt zu erzielen, die Energie des Schlüssels zu evozieren.

Laut Dees Tagebüchern wurde die henochische Sprache als "engelhaft" beschrieben und oft als "Sprache der Engel" oder als "erste Sprache von Gott-Christus" bezeichnet. Er nannte die henochische Sprache sogar "adamisch", da diese Sprache laut den Engeln, die sie gechannelt hatten, von Adam im Garten Eden verwendet wurde. Der Name "Henochisch" wurde dieser Sprache schließlich gegeben, da nach Dees Behauptung Henoch (der biblische Patriarch) der letzte Mensch vor Dee und Kelley war, der diese Sprache kannte und sprach.

DIE VIER WACHTÜRME UND DIE TAFEL DER VEREINIGUNG

Die vier Wachtürme repräsentieren jeweils eines der vier Elemente Erde, Luft, Wasser und Feuer, während die Tafel der Einheit das fünfte Element, den Quintessenz-Geist, darstellt (Abbildung 61). Jeder der vier Wachtürme ist einer der vier Himmelsrichtungen zugeordnet, und zusammen mit der Tafel der Einheit umschließen sie unseren Planeten Erde.

"Ungeachtet ihres Ursprungs stellen diese Tafeln und das gesamte henochische System Realitäten der inneren Ebenen dar. Ihr Wert ist unzweifelhaft, wie nur ein wenig Studium und Anwendung beweisen. " - Israel Regardie; Auszug aus "The Golden Dawn"

Jedes Quadrat der Wachtturmtafeln steht für einen bestimmten Bereich der inneren, kosmischen Welten. Jeder Wachtturm steht unter der Kontrolle einer Hierarchie von göttlichen Wesenheiten. Diese göttlichen Wesen sind von unterschiedlicher Natur: einige sind Engel, andere sind Dämonen, wieder andere sind mit den Gottheiten des ägyptischen Pantheons verbunden. Zusammen gehören diese verschiedenen göttlichen Wesen zu den inneren Ebenen und sind eine Darstellung des hermetischen Prinzips der Korrespondenz.

Der Einfachheit halber werden wir nicht direkt mit den henochischen Tafeln arbeiten. Stattdessen werden wir nur mit den henochischen Schlüsseln arbeiten. Nichtsdestotrotz können Sie durch die Verwendung der Schlüssel eine Begegnung mit einigen dieser Gottheiten erleben.

Durch die vier Wachtturm-Tafeln und die Tafel der Vereinigung (zusammen mit der Unterstützung der Engel selbst) waren Dee und Kelley in der Lage, die neunundvierzig henochischen Schlüssel zu präsentieren. Diese Schlüssel wurden in der henochischen Sprache geschrieben, damit sie laut und phonetisch ausgesprochen werden können. Wie gesagt, das bedeutet, dass sie so gelesen werden müssen, wie sie geschrieben sind.

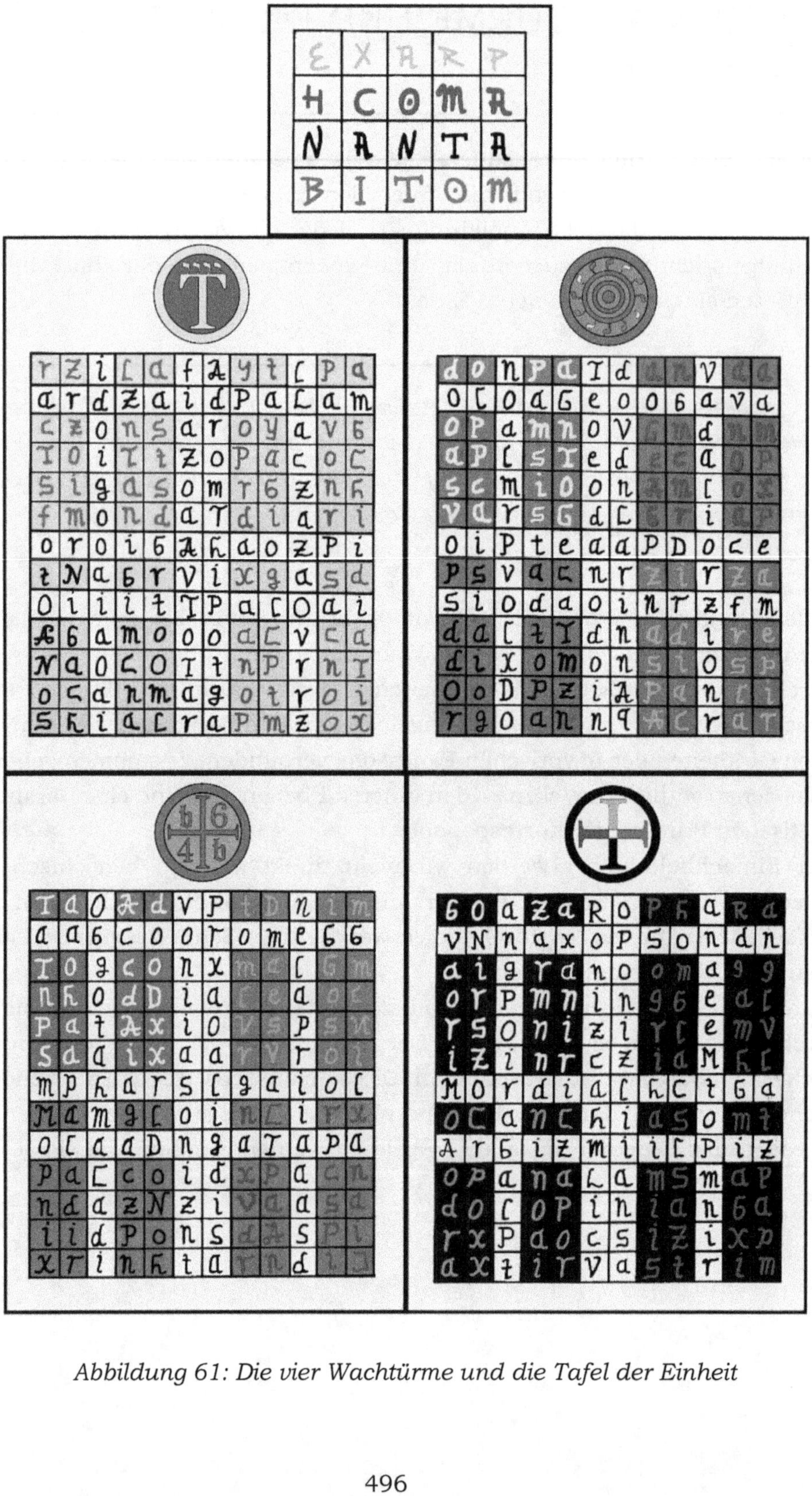

Abbildung 61: Die vier Wachtürme und die Tafel der Einheit

Um die Energie eines henochischen Schlüssels anzuzapfen, müssen Sie ihn nur phonetisch rezitieren. Zur Klarstellung: Die henochischen Schlüssel sind Evokationen (keine Anrufungen), was bedeutet, dass die energetischen Bewusstseinszustände, in die sie uns eintreten lassen, ein Teil von uns sind. Bei einer Evokation strömt die Energie nicht aus dem äußeren Universum in die Aura. Stattdessen öffnen wir ein Tor zu einem bestimmten Bewusstseinszustand in uns selbst. Sobald wir diesen Zustand betreten, zapfen wir die vorhandene engelhafte und (oder) dämonische Energie an. Aus diesem Grund wird die henochische Magie als "Schattenarbeit" betrachtet, da wir auf einen Teil von uns selbst (gut und schlecht) zugreifen und daraus lernen und uns weiterentwickeln.

Wie bei den Ritualen zur Anrufung des Pentagramms und des Hexagramms verbleibt die Energie, die wir durch die henochischen Schlüssel heraufbeschwören, den ganzen Tag über in der Aura, bis wir uns schlafen legen und unserem Bewusstsein erlauben, sich aus dem Zustand herauszuprojizieren, in dem es sich nach der Rezitation des henochischen Schlüssels befand. Bevor dies jedoch geschieht, wird eine Reihe von Visionen oder Träumen das Bewusstsein überfluten.

GOLDEN DAWN UND DIE HENOCHISCHE MAGIE

Nach dem Tod von Dee und Kelley geriet die henochische Magie in Vergessenheit. Dann wurde ihre Arbeit im späten neunzehnten Jahrhundert von einer esoterischen Bruderschaft von Adepten, dem Hermetic Order of the Golden Dawn, wiederentdeckt. Es war das erste Mal seit Hunderten von Jahren, dass der henochischen Magie Beachtung geschenkt wurde.

S.L. MacGregor Mathers, W. Wynn Westcott und Dr. W. Robert Woodman vom Golden Dawn waren für diese Wiederbelebung der henochischen Magie verantwortlich. Sie erkannten die Kraft der henochischen Magie, um die spirituelle Entwicklung zu fördern, und nahmen sie in ihr System der zeremoniellen Magie auf. Diese Männer setzten die Entwicklung der henochischen Magie fort, indem sie sie mit der Qabalah und dem Tarot in Verbindung brachten. Durch diese Beziehung konnten sie das System der henochischen Magie auf dem Baum des Lebens abbilden.

Innerhalb des Systems des spirituellen Fortschritts in den verschiedenen Orden des Golden Dawn von heute ist die henochische Magie ein Teil der Arbeit, sobald der Eingeweihte die Stufe des Adeptus Minor erreicht und den Äußeren Orden abgeschlossen hat. Der Eingeweihte wird zum ersten Mal mit den Energien der henochischen Magie durch den SIRP (Portalgrad) vertraut gemacht, der die henochische Tafel der Vereinigung benutzt, um das Geistelement anzurufen. Seit den Anfängen des Hermetischen Ordens des Golden Dawn bis heute gilt die Henochische

Magie als das Kronjuwel des Inneren Ordens in den vielen Mysterienschulen des Golden Dawn, die heute existieren.

Israel Regardie machte die henochische Magie erstmals in seinem einflussreichsten Werk, *The Golden Dawn,* einer breiten Öffentlichkeit bekannt. Jahre später hat ein anderes Mitglied des ursprünglichen Hermetic Order of the Golden Dawn, Aleister Crowley, jeden der dreißig Äthyre gependelt und seine Erfahrungen in seinem Buch *The Vision and the Voice* veröffentlicht, wodurch die Öffentlichkeit noch mehr mit der henochischen Magie vertraut gemacht wurde. Nach seinem Austritt aus dem Golden Dawn schloss sich Crowley dem Ordo Templi Orientis an, reorganisierte ihn und machte die henochische Magie ebenfalls zu einem Teil seines Systems.

DAS ZIEL DER HENOCHISCHEN MAGIE

Die wesentliche Lehre der henochischen Magie ist, dass der Ausdruck der Göttlichkeit systematisch ist. Alle Manifestationen der Schöpfung beginnen in der Geistigen Welt und drücken sich durch die kosmischen Ebenen aus, bis sie die Dimension von Raum und Zeit erreichen und dadurch die Physische Welt beeinflussen. Die Ebenen und Unterebenen zwischen der Geistigen Welt und der Physischen Welt können nicht mit den fünf physischen Sinnen erfahren werden. Stattdessen können sie nur durch das Chakra des Geistigen Auges erreicht werden.

Die fünf Hauptebenen im System der henochischen Magie entsprechen den fünf Elementen. Jede wird durch eine der vier Wachtturmtafeln und die Tafel der Vereinigung repräsentiert. Diese Ebenen werden von den dreißig Äthyrn durchdrungen. Sie gelten als die spirituellen Erfahrungen und Seelenlektionen der fünf Elemente und der kosmischen Ebenen, zu denen sie gehören. Wenn man die Beschwörungen der henochischen Schlüssel praktiziert, kann man über den Lichtkörper in der Aura auf jede dieser Ebenen zugreifen. Durch diese Praktiken hat der Eingeweihte Zugang zu unschätzbaren Lektionen und Wissen über das Universum und sich selbst. Dadurch kann er seine Reise der Bewusstseinserweiterung und spirituellen Evolution fortsetzen.

Die Absicht der henochischen Magie und dieser Praktiken ist es, dass der Eingeweihte seinen Mikrokosmos mit dem Makrokosmos verschmilzt - mit anderen Worten, dass er sein subjektives Selbst mit dem objektiven Universum als Ganzes vereint. Das ist das große, endgültige Ziel der henochischen Magie. Ein unmittelbareres und leichter erreichbares Ziel ist es jedoch, die Kontrolle über das eigene Leben zu erlangen.

Durch die fortschreitende Praxis und Erfahrung mit den Dreißig Äthyren können die Ziele der henochischen Magie verwirklicht werden. Auf dem Weg dorthin erhält der

Eingeweihte Zugang zu seinem Heiligen Schutzengel, seinem Höheren Selbst, um seine spirituelle Entwicklung voranzutreiben. Durch diese Arbeit läutern wir uns selbst, trennen uns von dem, was uns nicht mehr dient, und stärken gleichzeitig unsere wertvollen Qualitäten. So ist der Zweck der henochischen Magie die spirituelle Entwicklung mit der Erleuchtung als Endziel, wie es das Ziel aller nützlichen spirituellen Praktiken ist.

Die Dreißig Äthyre sind nacheinander angeordnet, und diejenigen, die sie nacheinander durchlaufen, können auf ihrer spirituellen Reise weiter voranschreiten und schließlich zur Wahrheit und Essenz der Realität gelangen. Der Weg selbst ist eine Reise durch die fünf Elemente und darüber hinaus. Es ist eine Reise zur Quelle der gesamten Schöpfung - zu Gott.

Beachten Sie, dass Ihre Arbeit mit den rituellen Elementarübungen, die durch das LIRP und das SIRP aufgerufen werden, Sie geistig und emotional auf diese Reise der Henochischen Magie vorbereiten wird. Wie bereits erwähnt, war die SIRP eine Einführung in die Energien der Henochischen Magie, da die Götternamen aus der Tafel der Vereinigung in jeder Himmelsrichtung verwendet werden.

Mit etwas Übung werden Sie auf der fortschreitenden Reise durch die Äthyre Unterscheidungsvermögen kultivieren und in der Lage sein, Illusionen zu durchschauen. Durch diesen Prozess werden Sie sich auf Ihren Wahren Willen ausrichten und Teile Ihres Selbst zurücklassen, die Ihnen nicht mehr dienen. Da Sie mit Ihrem Schattenselbst arbeiten, werden Sie sich den dunklen Aspekten Ihres Wesens direkt stellen und lernen müssen, sie zu überwinden.

Es ist wichtig zu verstehen, dass die henochische Magie ihre Grundlage im Gesetz des Karmas hat. Daher müssen diejenigen, die diese Magie aus anderen Gründen als der spirituellen Entwicklung praktizieren wollen, ihre Motive überdenken, sonst werden sie leiden müssen. Henochische Magie erweitert die Ziele der vorherigen rituellen Übungen, die in diesem Werk vorgestellt wurden. Zu diesen Zielen gehört die bewusste Kontrolle Ihrer Gedanken, Gefühle und Handlungen. Ihre äußeren Umstände (sowohl im Wach- als auch im Traumzustand) spiegeln Ihren inneren Zustand wider. So können Ihre Umstände bewusst durch Ihren inneren Willen gesteuert werden. Lebenslektionen wie diese werden auf dem Pfad der Magie ständig gelehrt.

DIE KOSMISCHEN EBENEN

Das Modell der kosmischen Ebenen ist im System der henochischen Magie enthalten, was seine Gültigkeit als umfassendes System, das die gesamte Schöpfung umfasst, bestätigt. Die physische Ebene ist die unterste in einer fortschreitenden

Reihe von kosmischen Ebenen, aus denen die gesamte Existenz besteht. Sie ist die dichteste von allen Ebenen. Es gibt mehrere unsichtbare Welten, die den Planeten Erde umgeben, parallele Realitäten, die gleichzeitig mit unserer physischen Realität existieren. Wie Hermes in der *Smaragdtafel* erklärt, funktionieren diese Welten im Einklang, um "die Wunder des Einen Dings zu vollbringen".

Nach der physischen Ebene folgt die untere Astralebene. Da sie der physischen Ebene sehr nahe ist, entspricht sie dem Erdelement, obwohl sie in Wirklichkeit ein ätherischeres Reich ist. Als solche wird sie oft die Ätherebene genannt. Das Erdelement entspricht dem Wurzelchakra, Muladhara, und enthält vier Unterelemente in sich. Diese Unterelemente sind Erde der Erde, Wasser der Erde, Luft der Erde und Feuer der Erde. Innerhalb des henochischen Systems sind die Schlüssel, die dem Element Erde entsprechen, der fünfte, dreizehnte, vierzehnte und fünfzehnte. Denken Sie daran, dass das Erdelement die untere Astralebene, aber auch die physische Ebene ausdrückt, da die beiden Ebenen ineinander übergehen.

Nach der unteren Astralebene folgt die höhere Astralebene, die mit dem Wasserelement verbunden ist. Sie wird oft als die emotionale Ebene bezeichnet. Das Wasserelement entspricht dem Sakralchakra, Swadhisthana, und enthält die Unterelemente Wasser des Wassers, Erde des Wassers, Luft des Wassers und Feuer des Wassers. Die henochischen Schlüssel, die dem Wasserelement entsprechen, sind der vierte, zehnte, elfte und zwölfte.

Nach der höheren Astralebene kommt die untere Mentalebene, die mit dem Luftelement verbunden ist. Sie entspricht dem Herz-Chakra, Anahata, und enthält die Unterelemente Luft von Luft, Erde von Luft, Wasser von Luft und Feuer von Luft in sich. Die henochischen Schlüssel, die dem Luftelement entsprechen, sind der dritte, siebte, achte und neunte.

Die nächste Ebene ist die höhere Mentalebene. Die elementare Entsprechung ist hier das Feuer, das mit dem Solarplexus-Chakra, Manipura, verbunden ist. Innerhalb des Feuerelements finden sich die Unterelemente Feuer des Feuers, Erde des Feuers, Wasser des Feuers und Luft des Feuers. Die henochischen Schlüssel, die mit dem Element Feuer verbunden sind, sind der sechste, sechzehnte, siebzehnte und achtzehnte Schlüssel.

Wenn wir weiter fortschreiten, kommen wir auf die spirituelle Ebene, die natürlich dem geistigen Element entspricht. Es gibt drei Chakren, die mit dem Geistigen Element verbunden sind. Sie sind die Kehle (Vishuddhi), das Auge des Geistes (Ajna) und die Krone (Sahasrara). Die henochischen Schlüssel, die dem Geistigen Element entsprechen, sind der Erste und der Zweite Schlüssel.

Jenseits der spirituellen Ebene gibt es Ebenen, die für den menschlichen Verstand unergründlich sind und alle Beschreibungen übersteigen. Dies sind die göttlichen Ebenen. Diese Ebenen sind mit den transpersonalen Chakren verbunden, die jenseits von Sahasrara existieren. Innerhalb des henochischen Systems hat der Äthyr von LIL das Potential, einen kleinen Einblick in diese Ebenen zu geben, aber nicht mehr als das. Es ist wichtig, die Existenz der göttlichen Ebenen zu erwähnen, da sie in der Tat echt sind, aber da wir sie nicht definieren können, werden wir sie alle in einer göttlichen Ebene zusammenfassen, um Klarheit und Verständnis zu schaffen.

Es gibt insgesamt sieben Daseinsebenen, einschließlich der physischen Ebene und der göttlichen Ebene. Die ersten fünf wurden bereits beschrieben, während die göttliche Ebene unbeschreiblich ist. Und vergessen Sie nicht, dass die göttliche Ebene im Plural steht, denn es gibt viele davon. Die fünf inneren Ebenen unterhalb der göttlichen Ebene sind für die Menschen zugänglich. Die meisten Menschen kennen jedoch nur die dichteste und niedrigste physische Ebene, die Ebene der Materie.

Die sechs kosmischen Ebenen umschließen unsere physische Welt. Wie die Schichten einer Zwiebel sind diese Ebenen konzentrisch, wobei jede Ebene die darunter liegenden Ebenen enthält. Die Grenzen jeder Ebene sind für ein Element unüberwindbar, das mit der vorangehenden Ebene verbunden ist.

DER KÖRPER DES LICHTS UND DIE FEINSTOFFLICHEN KÖRPER

So wie jeder Mensch einen physischen Körper hat, hat auch jeder von uns einen Lichtkörper oder Lichtkörper. Wir wurden mit ihm geboren, und er ist ein Teil von uns, solange unser physischer Körper am Leben ist. Vom Scheitel des Kopfes am physischen Körper geht eine nicht-physische Silberschnur aus, die mit dem Lichtkörper verbunden ist. Diese Verbindung bleibt unser ganzes Leben lang bestehen, bis sie im Moment des Todes getrennt wird. Nach dem Tod kehrt unser physischer Körper auf die Erde zurück, von der er gekommen ist, während der Lichtkörper seine Reise zur nächsten Inkarnation fortsetzt.

In unseren frühen Jahren als Kinder waren unsere Seelen frei, und durch diese Freiheit konnte unser Bewusstsein den Lichtkörper erfahren. Als unsere physischen Körper zu wachsen begannen, entwickelte sich das Ego als der Beschützer des physischen Körpers. Das Fahrzeug der Seele ist der Lichtkörper, während das Fahrzeug des Egos der physische Körper ist. Durch die Entwicklung des Egos begann unser individuelles Bewusstsein, sich auf natürliche Weise auf den physischen Körper und seine Bedürfnisse auszurichten. Dieser Prozess trennte unsere Verbindung mit der Seele und dem Lichtkörper.

Aus diesem Grund berichten viele Menschen, dass sie als Kinder außerkörperliche Erfahrungen gemacht haben, diese Fähigkeit dann aber mit dem Eintritt in das Jugend- und Erwachsenenalter verloren haben. Eines der Ziele der vollständigen und dauerhaften Erweckung der Kundalini ist es, den Lichtkörper vollständig zu aktivieren und dadurch all seine latenten Potentiale zu erwecken. Durch die Erweckung der Kundalini und ihre Erhebung zur Krone wird das individuelle Bewusstsein aus dem Griff des Egos und des physischen Körpers befreit, so dass es sich wieder mit der Seele und dem neu aktivierten Lichtkörper verbinden kann.

Wie in einem früheren Kapitel erwähnt, ist der Lichtkörper ein Synonym für den Regenbogenkörper. Verschiedene Frequenzen des Lichts bilden die verschiedenen Farben des Regenbogens. Diese Farben drücken sich durch das chakrische System aus, das ein integraler Bestandteil des Lichtkörpers ist. Wenn das Kundalini-Feuer den Lichtkörper während des Erweckungsprozesses belebt, beginnen die Chakren auf ihrem optimalen Niveau zu funktionieren. Das Bewusstsein kann dann die Gesamtheit aller Chakren erfahren, anstatt in dem einen oder anderen Chakra stecken zu bleiben.

Der Lichtkörper dient als Gefäß, als Fahrzeug, durch das die Seele die verschiedenen Ebenen der Existenz jenseits des Physischen durchqueren und erforschen kann. Durch die henochischen Schlüssel, zusammen mit konzentrierter Willenskraft und Vorstellungskraft, kann die Seele mit dem Lichtkörper durch diese verschiedenen kosmischen Ebenen und Unterebenen reisen. Diese Art des Reisens wird Astralreise oder "Reisen in der geistigen Vision" genannt. Es ist eine bewusst herbeigeführte außerkörperliche Erfahrung, im Gegensatz zu luziden Träumen, die unfreiwillige außerkörperliche Erfahrungen sind.

Es ist wichtig zu verstehen, dass Sie die Kundalini-Energie nicht erwecken müssen, um Ihren Lichtkörper zu nutzen. Erinnern Sie sich daran, dass Sie ihn bei der Geburt erhalten haben und dass er Sie Ihr ganzes Leben lang begleitet. Die Kundalini-Energie aktiviert alle latenten Potenziale im Lichtkörper und richtet Ihr Bewusstsein darauf aus. Aber auch ohne diese vollständige Aktivierung können Sie den Lichtkörper in hohem Maße nutzen.

Da Licht eine immaterielle Substanz ist, ist seine Form nicht festgelegt, was bedeutet, dass der Lichtkörper mit Ihrer Willenskraft und Ihrer Vorstellungskraft transformiert werden kann. Jede Visualisierungsübung, bei der Sie sich vorstellen, wie es ist, den Geist eines belebten oder unbelebten Objekts zu verkörpern, ist eine Übung zur Verwendung des Lichtkörpers.

Eine weitere häufige Übung in magischen Orden ist die Fähigkeit, die Gestalt verschiedener Götter oder Göttinnen aus verschiedenen spirituellen Pantheons anzunehmen. Dazu müssen Sie sich den Gott oder die Göttin Ihrer Wahl vorstellen und Ihre Willenskraft einsetzen, um in diese Form zu wechseln. Wenn Sie sich darauf konzentrieren und die Vision über einen kurzen Zeitraum in Ihrer Vorstellung festhalten, werden Sie die Gottesform annehmen. Sie werden die Gottesform spüren und einen Eindruck davon bekommen, wie es ist, dieser Gott oder diese Göttin zu sein.

Während die menschliche Aura den Mikrokosmos darstellt, ist die Außenwelt (insbesondere unser Sonnensystem) der Makrokosmos. Innerhalb der Aura kann sich der Lichtkörper in einen der feinstofflichen Körper verwandeln, die der Seele als Vehikel dienen, um die entsprechenden inneren kosmischen Ebenen zu erfahren (jeder feinstoffliche Körper entspricht einer inneren kosmischen Ebene). Die Aura ist also ein Spiegel, der die verschiedenen Energien des gesamten Sonnensystems im menschlichen System reflektiert und enthält.

Im Grunde genommen ist der Mensch ein Bewusstseinspunkt, der in einem physischen Körper lokalisiert ist, mit einem Zentrum, das nirgendwo ist, und einem Umfang, der überall ist. Unser Zentrum ist unser Mikrokosmos, während die Gesamtheit unseres Bewusstseins der Makrokosmos ist - einer reflektiert und enthält die Kraft des anderen. Das bekannte Universum ist eine Manifestation der kosmischen Ebenen, aus denen es besteht, und wir können das Universum erforschen, indem wir unser Bewusstsein einen der subtilen Körper einer der kosmischen Ebenen (oder Unterebenen) bewohnen lassen.

Es ist wichtig zu verstehen, dass diese kosmischen Ebenen alle dieselbe Zeit und denselben Raum einnehmen wie der physische Körper. Sie haben unterschiedliche Schwingungsgeschwindigkeiten oder -frequenzen, auf die sich das Bewusstsein einstellt, um sie zu erfahren. Sie existieren nicht irgendwo außerhalb von dir, sondern in dir. Die henochischen magischen Schlüssel dienen als Stimmgabeln, die uns auf diese verschiedenen Schwingungsfrequenzen einstimmen, die die kosmischen Ebenen und ihre Unterebenen sind.

Da der Lichtkörper für jede der kosmischen Ebenen der Existenz eine andere Form annimmt, können wir durch die Evokation eines henochischen Schlüssels die gewählte innere kosmische Ebene, die wir besuchen wollen, ansteuern und diese Ebene mit dem ihr entsprechenden feinstofflichen Körper erleben. Das System der henochischen Magie ist ein vollständiges System, das die Gesamtheit aller kosmischen Ebenen umfasst, und jeder henochische Schlüssel öffnet das Tor zu einer kosmischen Ebene (oder einer Unterebene), die man mit dem entsprechenden feinstofflichen Körper erkunden kann.

Um eine kosmische Ebene (oder Unterebene) zu erforschen, brauchen Sie keine Kundalini-Erweckung, um Ihren Lichtkörper vollständig zu aktivieren, sondern die Evokation eines entsprechenden henochischen Schlüssels. Dadurch wird Ihr Bewusstsein in den subtilen Körper dieser kosmischen Ebene versetzt. Diese Verschiebung findet statt, wenn Ihre Aura von der evozierten Energie des gewählten henochischen Schlüssels durchdrungen wird. Sobald die Evokation abgeschlossen ist, findet dieser Prozess auf natürliche Weise statt, mit oder ohne Ihre bewusste Beteiligung. Beachten Sie, dass ein feinstofflicher Körper mit einer kosmischen Ebene und ihren zahlreichen Unterebenen korrespondiert.

Der untere Astralkörper ist der erste feinstoffliche Körper, der direkt über der physischen Realität und dem physischen Körper liegt. Er wird oft als Ätherkörper bezeichnet (und in manchen spirituellen Kreisen auch als Astralkörper). Alles in der manifesten Schöpfung hat einen subtilen Ätherkörper. Die ätherische oder astrale Form ist Teil des vibrierenden, miteinander verbundenen Netzes von Energie, das die energetische Blaupause einer Person oder eines Objekts ausmacht. Da die Schwingung der unteren Astralebene höher ist als die der dichten physischen Ebene, befindet sich diese Ebene jenseits der fünf Sinne. Der untere Astralkörper ist mit dem Muladhara Chakra und dem Erdelement verbunden.

Der nächste feinstoffliche Körper ist der Höhere Astralkörper, mit dem wir auf der Astralebene reisen können. Im Höheren Astralkörper sind unsere Gefühle und Emotionen gespeichert, einschließlich ungeklärter Fragen aus unserer Vergangenheit und sogar aus früheren Inkarnationen. Diese Emotionen werden in Form von Erinnerungen und Gedankenmustern in unserem höheren Astralkörper gesammelt, wo sie als Reaktion auf Ereignisse, die wir in unserem täglichen Leben erleben, unwillkürlich an die Oberfläche kommen können. Swadhisthana ist das Chakra, das mit dem Höheren Astralkörper (Emotionalkörper) verbunden ist, dessen Element Wasser ist.

Als nächstes wird der untere Mentalkörper benutzt, um die untere Mentalebene zu durchqueren. Hier werden alle Gedankenmuster und psychologischen Prozesse festgehalten und übertragen. Es ist auch der Bereich der Vorstellungskraft und Kreativität. Dieser feinstoffliche Körper besteht aus dem Element Luft, das dem Anahata Chakra entspricht.

Der Höhere Mentalkörper folgt auf den Unteren Mentalkörper, mit dem wir in der höheren Mentalebene reisen. Dieser feinstoffliche Körper ist mit unserer Willenskraft verbunden. Er ist also eine Stufe höher als der vorangehende Emotionalkörper und der Untere Mentalkörper, da die Willenskraft Emotionen und Gedanken überwinden kann und auf der Schwingungsskala höher liegt. Der Höhere Mentalkörper ist mit dem Feuerelement und dem Manipura Chakra verbunden.

Der letzte feinstoffliche Körper ist der spirituelle Körper des geistigen Elements und der drei höheren spirituellen Chakren, Vishuddhi, Ajna und Sahasrara. Um auf der spirituellen Ebene zu reisen, nimmt der Lichtkörper die Form des spirituellen Körpers an. Jede der verschiedenen Ausdrucksformen des Lichtkörpers (feinstoffliche Körper), vom Ätherischen bis zum Spirituellen, ist einzigartig und notwendig für unser Bewusstsein, um die verschiedenen kosmischen Ebenen der Existenz zu erfahren.

DIE KOSMISCHEN ELEMENTE

Im System der henochischen Magie weisen die fünf Elemente auf die Dichte der verschiedenen Aspekte der Realität hin, nämlich die Ebenen und die feinstofflichen Körper. Da die physische Materie am dichtesten ist und ihre Schwingung fast im Ruhezustand ist, können wir sie mit unseren Sinnen wahrnehmen. Die höheren kosmischen Elemente sind jedoch für unsere Sinne unsichtbar, obwohl sie durch Ajna, das Chakra des Geistigen Auges, wahrgenommen werden können. Das liegt daran, dass die Energien der Elemente mit den inneren kosmischen Ebenen der Existenz korrespondieren.

Emotionen werden mit unseren Astralkörpern (niedere und höhere) in der Astralebene erlebt und gefühlt. Gefühle, die aus dem Wasserelement bestehen, sind greifbar. In ähnlicher Weise sind auch Gedanken greifbar, da sie aus dem Luftelement bestehen. Wir können unsere Gedanken durch die Mentalkörper (Niedere und Höhere) in den Mentalebenen der Existenz erfahren. Die geistige Ebene können wir durch unseren geistigen Körper und das Geistelement erfahren. Die Erfahrungen der spirituellen Ebene sind archetypisch, sie werden als greifbare Bilder dargestellt, die wir fühlen oder sehen können, oft nur intuitiv.

Unabhängig davon, auf welcher kosmischen Ebene eine Erfahrung stattfindet, werden Emotionen und Gedanken immer beeinflusst. Wenn zum Beispiel eine Erfahrung auf der Mentalebene stattfindet, wird sie die Astralebene beeinflussen und andersherum. Wenn etwas auf einer Ebene geschieht, wirkt es sich bis zu einem gewissen Grad auch auf die anderen Ebenen aus, da das Prinzip der Korrespondenz zu jeder Zeit in vollem Umfang wirksam ist.

Bedenken Sie jedoch, wie *das Kybalion* sagt, dass der schöpferische Impuls die Tendenz hat, dass die höheren Ebenen die niederen Ebenen dominieren. Daher werden die höheren Ebenen weniger von den niederen beeinflusst. Aus diesem Grund findet die wirkliche, dauerhafte Veränderung des Bewusstseins statt, wenn Sie hauptsächlich mit den höheren Ebenen arbeiten.

Wenn Sie henochische Magie praktizieren, werden Sie Ihre eigenen einzigartigen Erfahrungen mit den Schlüsseln machen. Jeder henochische Schlüssel und seine Evokation zapft eine einzelne Existenzebene an, die zu einem Wachturm, der Tafel der Vereinigung oder einem einzelnen Äthyr gehört. Sie können nicht mehrere Ebenen gleichzeitig erleben. Außerdem erleben keine zwei Magier eine der subtilen Ebenen auf dieselbe Weise. Bestimmte Wegweiser innerhalb jeder Ebene sind einheitlich, so wie die Symbole selbst einheitlich sind, die jeder erfahren kann. Darüber hinaus wird jedoch jeder die Energie jeder Evokation auf einzigartige Weise erfahren. Wie sich Ihre Erfahrung entfaltet, hängt von Ihrer vergangenen Konditionierung und Ihrem Karma ab.

Unabhängig davon, welchem henochischen Schlüssel, welcher Ebene oder welchem feinstofflichen Körper Sie in Ihrer Praxis begegnen, werden Sie durch direkte Erfahrung zu begreifen beginnen, dass das Universum um Sie herum ein Spiegel ist, der die Gedanken und Gefühle in Ihnen reflektiert. Außerdem werden Sie lernen, dass Ihre Gedanken und Gefühle das Ergebnis Ihrer Konditionierung sind, die von den Menschen um Sie herum beeinflusst wird. Sie werden genau sehen, wie Sie von Ihrer äußeren Umgebung beeinflusst und motiviert werden und wie Sie persönliche Macht erlangen können, indem Sie die Interpretation Ihrer Umstände aktiv steuern. Mit diesen Methoden werden Sie in der Lage sein, die Kraft anzuzapfen, die in Ihnen liegt und oft übersehen wird. Dieses Verständnis wird sich einstellen, wenn Sie direkt mit den henochischen Schlüsseln arbeiten.

Die henochische Magie ist eine der besten Praktiken oder Werkzeuge für die innere Erforschung, die mir je begegnet sind, wenn nicht sogar die beste. Auch der Grad der Kontrolle, den man über sein eigenes Leben erlangen kann, ist außergewöhnlich. Wenn Sie mit den henochischen Schlüsseln arbeiten, gehen Sie den wahren Weg des Magus. Sie müssen die Elemente in sich selbst meistern und vollständige Kontrolle über Ihr Leben erlangen, indem Sie Ihre Willenskraft in vollem Umfang ausüben. Solange Sie das nicht tun, werden Sie Ihr höchstes Potenzial als spiritueller Mensch nicht ausschöpfen.

HENOCHISCHE MAGIE UND TRÄUME

Durch die Beschwörungen der henochischen Schlüssel werden Ihre Erfahrungen mit den Wachttürmen und den Äthyren der Erfahrung ähneln, einen Film zu sehen, komplett mit Symbolen, Metaphern, einzigartigen Charakteren und Ereignissen. Sie werden jedoch nicht nur einen Film sehen, sondern sich selbst als Regisseur und Star des Films erleben. Die Erfahrungen werden alle eine Manifestation der kosmischen Ebene sein, die Sie gerade besuchen. Diese Erfahrungen können, wie jeder gute Film, sowohl intensiv als auch aufschlussreich sein. Erwarten Sie, dass Ihnen tiefgreifende Gnosis über sich selbst und Ihre Realität zuteil wird.

Normalerweise spüren Sie nach der Rezitation eines Schlüssels, wie eine Welle seiner Energie Ihre Aura durchdringt. Diese Energiewelle bleibt so lange präsent, bis sie einen Weg findet, durch die Vier Welten zu filtern und sich als Gedanke oder Gefühl zu manifestieren, so dass Sie sie erfahren, daraus lernen und sich weiterentwickeln können. Infolgedessen werden Sie feststellen, dass Sie im Laufe des Tages von Gedanken und Emotionen eingeholt werden, die sich manchmal fremd anfühlen, obwohl sie Projektionen Ihres inneren Bewusstseins sind.

Diese Emotionen oder Gedanken bilden und beeinflussen, wie Sie denken, fühlen und mit der Welt um Sie herum umgehen. Sie beeinflussen Ihre Handlungen und Reaktionen auf Menschen und Ereignisse, die Sie im Laufe des Tages erleben. Am Ende des Tages fühlen Sie sich häufig müde und wünschen sich eine gute Nachtruhe. Hier können Sie am meisten mit Ihren Gedanken und Emotionen in Berührung kommen und in diesen verschiedenen Ebenen reisen, indem Sie einen Ihrer verschiedenen subtilen Körper benutzen. Erinnern Sie sich immer daran, dass die Energie, die Sie anrufen (oder hervorrufen), einen Weg finden muss, um durch die Vier Welten in Ihrer Aura zu gelangen, und bis das geschehen ist, wird sie in ihr präsent sein.

Wenn Sie die Qualitäten Ihrer Träume verstehen, können Sie mehr über Ihr Bewusstsein erfahren und darüber, wohin es im Schlaf geht. Während wir schlafen, verlässt unser Bewusstsein den physischen Körper und tritt in einen der subtilen Körper ein.

Wenn ein Traum eine sehr emotionale Qualität hat, ist Ihr Bewusstsein wahrscheinlich in Ihren Lichtkörper eingetreten, der die Form des Höheren Astralkörpers in der Höheren Astralebene angenommen hat, wo das Wasserelement vorherrscht. Ähnlich verhält es sich, wenn ein Traum keine Emotionen enthält, aber eine sehr intellektuelle Erfahrung beinhaltet, dann erleben Sie wahrscheinlich den Unteren Mentalkörper in der Unteren Mentalebene, im Luftelement.

Wenn Sie sich in einem tiefen, traumlosen Schlaf befinden, hat Ihr Lichtkörper wahrscheinlich die Form des Höheren Mentalkörpers in der Höheren Mentalebene angenommen, wo das Feuerelement vorherrscht. Wenn Sie einen luziden Traum erleben, in dem Sie den Inhalt bewusst kontrollieren und beeinflussen können, befinden Sie sich wahrscheinlich in der spirituellen Ebene und haben die Form des spirituellen Körpers angenommen. Wenn sich die Qualität Ihrer Träume göttlich anfühlt, vielleicht mit der Anwesenheit von göttlichen Wesen an wunderschönen, vorher nicht gesehenen Orten (ob in einem luziden Traum oder nicht), hatten Sie wahrscheinlich das Glück, die göttlichen Ebenen zu erleben. Unabhängig von der Qualität Ihres Schlafes und Ihrer Träume, einschließlich des traumlosen Schlafes, wird Ihr Bewusstsein in Ihren physischen Körper zurückkehren, wenn Sie erwachen.

Mit der gleichen Methode wie bei den anderen rituellen Übungen, die in *The Magus* vorgestellt werden, wird empfohlen, dass Sie ein magisches Tagebuch führen, in dem Sie Ihre Träume und Erfahrungen aufschreiben können, während Sie mit diesen henochischen Beschwörungen arbeiten. Wenn Sie mit Henochischer Magie arbeiten, werden Sie lebendigere Träume als je zuvor haben, mit Themen, die wie aus einem Hollywood-Film wirken. Die henochische Magie ist sehr theatralisch. Auf diese Weise ist sie auch erheiternd und unterhaltsam und wird einen bleibenden Eindruck in Ihrem Bewusstsein hinterlassen.

ASTRALREISEN

Sobald Sie einen der henochischen Schlüssel in Lautschrift rezitiert haben, können Sie auch die Astralreisetechnik anwenden. Wie bereits erwähnt, muss die heraufbeschworene Energie die vier Welten durchdringen, bevor sie Ihre Aura endgültig verlässt. Sie können zulassen, dass sie den ganzen Tag über bei Ihnen bleibt und Sie während des Schlafs im Traumzustand durchdringt. Oder Sie können bewusst versuchen, auf eine dieser kosmischen Ebenen zuzugreifen, indem Sie bewusst in die entsprechende Ebene (oder Unterebene) eintreten, zu der der evozierte Schlüssel gehört. Die Mechanik ist dieselbe wie beim Betreten dieser Ebene im Schlaf, nur dass Sie es in diesem Fall bewusst tun.

Es erfordert, dass Sie Ihr Bewusstsein in irgendeiner Weise auf die gewünschte kosmische Ebene verschieben. Um dies zu erreichen, müssen Sie sich in einem Zustand der Meditation befinden. Der Geist muss vom normalen Wachbewusstsein mit geistiger Aktivität (im *Beta-Zustand* der Gehirnaktivität) in einen tieferen Zustand, den Alpha-Zustand, übergehen. Wenn dies geschieht, verlässt Ihr Bewusstsein Ihren Körper und tritt in die kosmische Ebene ein, zu der die evozierte Energie gehört.

Um einen meditativen Zustand herbeizuführen, führen Sie den Vierfachen Atem entweder im Liegen oder im Lotussitz aus. Ihr physischer Körper muss sich in seinem entspanntesten Zustand befinden, wenn Sie vorhaben, Ihr Bewusstsein in eine der kosmischen Ebenen zu übertragen. Wenn Sie einen Zustand des Wohlbefindens in Ihrem physischen Körper erreichen und den Vierfachen Atem benutzen, um in einen meditativen Alpha-Zustand einzutreten, sollten Sie in der Lage sein, Ihr Bewusstsein nach innen zu projizieren, indem Sie diese Erfahrung einfach geschehen lassen.

Es gibt einen Schleier zwischen dem Wachbewusstsein und den inneren kosmischen Ebenen. Der Wechsel des Bewusstseins von der einen in die andere Ebene und das Gleiten durch diesen Schleier geschieht fast augenblicklich. Wie bereits erwähnt, ist dies derselbe Mechanismus wie das Eintreten in einen Traumzustand während des Schlafes, nur dass Sie es in diesem Fall bewusst und mit Absicht tun.

Sobald Sie dies erreicht haben, können Sie eine der kosmischen Ebenen bewusst erleben, indem Sie den entsprechenden feinstofflichen Körper benutzen und die Lektionen dieser speziellen Ebene lernen. Da Sie diese Energie direkt anzapfen, werden Sie einen Teil davon aus Ihrer Aura freisetzen. Ein Teil der Energie wird jedoch noch den ganzen Tag über in Ihnen präsent bleiben, bis Sie eine Nacht durchgeschlafen haben und sie Ihre Aura vollständig verlässt.

HENOCH UND HERMES

Henoch ist einer der biblischen Patriarchen und das Thema vieler jüdischer und christlicher Schriften. Er ist der Urgroßvater von Noah und gilt als Autor des *Buches Henoch.* Der erste Teil dieses Buches beschreibt die Wächter, während der zweite Teil Henochs Besuche im Himmel in Form von Reisen, Visionen, Träumen und Offenbarungen schildert.

Die Heilige Bibel sagt, dass Henoch 365 Jahre lang lebte, bevor er von Gott "genommen" wurde. In 1. Mose 5,24 heißt es: "Und Henoch wandelte mit Gott; und er war nicht, denn Gott nahm ihn." Viele Christen interpretieren dies so, dass Henoch lebendig in den Himmel kam und aufhörte, in physischer Form zu existieren, was unmöglich ist, da man dies nur tun kann, wenn der physische Körper stirbt.

Die alten Astronautentheoretiker, die glauben, dass die Wächter Außerirdische waren, glauben, dass Henoch von ihnen vom Planeten entführt wurde. Welche Interpretation näher an der Wahrheit liegt, ist umstritten. Wenn Henoch jedoch tatsächlich 365 Jahre gelebt hat, wie es in der Heiligen Schrift heißt (und wir diese Bedeutung wörtlich nehmen), dann besteht eine große Wahrscheinlichkeit, dass er selbst außerirdischen Ursprungs war. Diese Theorien sind unorthodox, aber sie sind es wert, untersucht zu werden, da Henoch in mehr Geheimnisse und Interpretationen gehüllt ist als jede andere prominente Figur in *der Heiligen Bibel.* Außerdem gibt es viele glaubwürdige Gelehrte, die Außerirdische mit seiner Geschichte in Verbindung bringen.

Die vielleicht plausibelste Theorie ist jedoch (wenn man gegen die Existenz von Außerirdischen ist), dass Henoch und Hermes/Thoth ein und dasselbe Wesen (oder die Reinkarnation eines solchen) gewesen sein könnten. Alle drei waren verehrte Figuren, die mit der Erfindung der Schrift und der Verbreitung heiliger Bücher und Inschriften in Verbindung gebracht wurden. Alle drei hatten auch astrologische Verbindungen, denn Hermes soll 36.525 Bücher geschrieben haben. Wenn man bedenkt, dass Henoch älter als Hermes/Thoth und antideluvianisch (vor der Sintflut) ist, bedeutet dies, dass der Geist Henochs immer wieder als Weltlehrer reinkarniert, um die Menschheit darüber zu unterrichten, wer sie ist und woher sie kommt.

Nach John Dee war Henoch der letzte Mensch, der die henochische Sprache sprach, bevor diese Sprache in Vergessenheit geriet. Die hier vorgestellten henochischen Schlüssel sind also vom Geist des Weltenlehrers, da ihr Zweck darin besteht, die spirituelle Entwicklung der Menschheit zu fördern (wie es auch der Zweck von Henochs Werk und dem von Hermes/Thoth war). Die henochische Sprache kann sehr wohl von höchster Authentizität und Autorität sein. Schließlich wurde Henoch als die höchste Quelle spiritueller Weisheit und spirituellen Wissens angesehen, die nur von seinem Nachfolger Hermes Trismegistus übertroffen wurde.

Es ist sogar möglich, dass die henochische Sprache die Sprache der außerirdischen Wesenheiten, der Wächter, aus dem *Buch Henoch* ist. Es kann kein Zufall sein, dass die Elemente in der henochischen Magie durch die Wachtürme dargestellt werden, die von enochischen und dämonischen Geistern geleitet werden. Einige Zeremonialmagier glauben, dass die Geister der henochischen Magie die Wächter (Engel) und die Nephilim sind, die gefallenen Engel (Dämonen) aus dem *Buch Henoch*. Wenn Sie die henochischen Schlüssel praktizieren, werden Sie ihre Macht kennenlernen und erkennen, dass Sie es mit etwas ganz Besonderem zu tun haben.

HENOCHISCHE ARMEEN DER ENGEL

Als ich vor vielen Jahren begann, mit henochischer Magie zu arbeiten, hatte ich gleich in der ersten Nacht eine Vision von einer Armee von Engeln auf Pferden. Es war keine moderne Armee mit Gewehren und Panzern, sondern eine, die an das Mittelalter erinnerte. Vielleicht liegt das an der Zeit, in der Dee und Kelley die henochische Magie kanalisierten. Diese Armee trug Schwerter, Bögen und andere mittelalterliche Waffen und stapfte mit Gewalt durch ein karges Land. Bevor ich diese Vision hatte, führte ich früher am Tag die Evokation des Ersten und Zweiten Schlüssels (Spirit Aktiv und Passiv) durch. Obwohl ich unmittelbar nach der Evokation eine kühlende spirituelle Energie in meinem Herzchakra spürte, wurde diese Energie erst in der Nacht, als ich in den Schlaf abdriftete, in visueller Form personifiziert.

Der eindrucksvollste Teil dieser Vision war der Armeegeneral, ein Mann mit einem weißen Kaninchenkopf, anspruchsvoll und grimmig. Er hatte eine Metallplatte im Gesicht wie Kano aus Mortal Kombat und trug die Sense des Saturn in einer futuristischen Form und Gestaltung. Unter der Führung des Generals stieß die Armee auf eine Göttergestalt von Horus, die damals meine Ego-Persönlichkeit verkörperte. Als der General Horus erblickte, stieg er von seinem Pferd ab und erschlug ihn mit seiner Sense. Nachdem er ihn mit der Sense aufgeschlitzt hatte, sagte er: "Ich habe diesen Kerl immer gehasst."

Interessanterweise mochte ich nicht, wer ich war und geworden war, bevor ich diese Vision hatte. Ich glaube, dass der General eine Manifestation meines Höheren Selbst war, da das weiße Kaninchen ein Haustier war, das ich besaß und zu dem ich zu der Zeit eine Beziehung hatte. Eine weitere prominente Verbindung zum Kaninchen war die erste Straße, in der ich in Kanada lebte, die Lappin Avenue, "lapin", was auf Französisch, der zweiten Sprache Kanadas, "Kaninchen" bedeutet.

Die Sense des Saturn, die der General trug, ist ein Werkzeug, das der Sensenmann benutzt, um Tod und Verwandlung über alles zu bringen, was er schneidet. Nach dieser Erfahrung vergingen Wochen, und die Armeen der Engel manifestierten sich fast jede Nacht in meinen Träumen. Schließlich erkannte ich, dass ihr Zweck darin bestand, alles Alte in mir zu zerstören, das meinem Höheren Selbst nicht diente. Auf diese Weise versuchten die Armeen der Engel, mich völlig neu zu erschaffen.

Diese Armeen sind mächtig, und ich sah sie weiterhin in meinen Träumen und Visionen während der Zeit, in der ich die Elementaren und Sub-Elementaren Schlüssel praktizierte. Darüber hinaus stellte ich fest, dass die Elementaren und Sub-Elementaren Schlüssel (nummeriert von eins bis achtzehn) kämpferische, kriegerische Energie tragen. Aus diesem Grund sah ich oft Armeen von Engeln.

Wie sich die Energie der henochischen Schlüssel der Elemente und Unterelemente bei Ihnen manifestieren wird, hängt von der Personifizierung Ihrer *Ahnenenergie* ab. Es kann zum Beispiel sein, dass Sie überhaupt keine Armeen von Engeln sehen, sondern etwas ganz anderes. Aber viele Menschen, die ich in der Vergangenheit in Henochischer Magie unterrichtet habe, haben von fesselnden Visionen mit Themen wie Eroberung und Krieg berichtet. Halten Sie also Ausschau nach deren Manifestation in Ihren Träumen, wenn Sie mit den Schlüsseln zu arbeiten beginnen.

Interessanterweise habe ich festgestellt, dass die Art und Weise, wie sich die Schlüssel manifestierten, bei der Arbeit mit den Elementaren und Sub-Elementaren Henochischen Schlüsseln in der Regel gleich blieb. Die Energien der Dreißig Äthyre hingegen manifestierten sich unterschiedlich. Denken Sie daran, dass die Energie der Henochischen Schlüssel darauf abzielt, Sie zu transformieren und alte Teile Ihres Selbst abzulegen, die Ihnen nicht mehr dienen. Habt also keine Angst vor Ihren Erfahrungen, wenn Sie mit Henochischer Magie arbeiten.

ENGEL UND DÄMONEN IN DER HENOCHISCHEN MAGIE

Viele Praktizierende der henochischen Magie haben gesagt, dass die spirituellen Wesenheiten, denen sie in ihren Träumen und Visionen begegnet sind, dämonisch sind. Um das klarzustellen: Die henochische Magie enthält sowohl enochische als auch dämonische Geister, da es an uns liegt, zu lernen, beide Teile des Selbst zu beherrschen. Als solche sind diese engelhaften oder dämonischen Geister Personifikationen von Kräften in uns. Jetzt verstehen Sie, warum es so wichtig war, das Programm der spirituellen Alchemie mit den fünf Elementen abzuschließen, bevor Sie mit der henochischen Magie beginnen. Wenn Sie sich in diese Materie stürzen, bevor Sie eine angemessene Grundlage haben, könnten die dämonischen Energien Sie leicht geistig und emotional zerreißen.

Die dämonischen Anteile des Selbst sind die gefallenen Engel. Es liegt an uns, ihnen metaphorisch gesprochen, ihre Flügel zurückzugeben. Wir müssen lernen, unsere Dämonen zu beherrschen und für das Gute einzusetzen, anstatt von ihnen benutzt und missbraucht zu werden. Durch henochische Magie lernen Sie, Ihren Geburah-Aspekt zu kontrollieren, das innere Feuer des Selbst, das auch den Teil von Ihnen enthält, der oft als dämonisch bezeichnet wird. Dämonisch bedeutet aber nicht unbedingt böse, denn wir haben einen freien Willen. Es liegt an uns, zwischen positiven, liebevollen Handlungen im Leben und negativen, bösen Handlungen zu unterscheiden.

Aufgrund dieser Dichotomie von Engeln und Dämonen erreicht die henochische Magie die tiefsten Teile des Selbst, wo sie beide anzapft. Die Erfahrung der vorangegangenen rituellen Übungen, die in *The Magus* vorgestellt werden, nämlich die LIRPs der Elemente und das SIRP, wird Ihnen die notwendige Beherrschung Ihrer Elemente geben, so dass Sie, wenn Ihre persönlichen Dämonen Sie konfrontieren, wissen werden, wie Sie ihnen begegnen können.

Lassen Sie sich dadurch jedoch nicht verwirren oder von der Arbeit mit henochischer Magie abhalten. Nachdem Sie das Programm der spirituellen Alchemie mit den fünf Elementen abgeschlossen haben, ist dies der nächste Schritt in Ihrer Entwicklung der rituellen Magie. Diese Methode wird seit über 120 Jahren in den verschiedenen Orden des Golden Dawn praktiziert. Zu lernen, die Dichotomie von engelhafter und dämonischer Energie zu meistern, ist Teil des Menschseins, da wir in einer Welt der Dualität leben. Stärke des Geistes und des Herzens kann nur erreicht werden, wenn man lernt, beide Aspekte zu beherrschen, da dies der Weg zu wahrer Selbstbeherrschung ist.

DÄMONEN IN IHREN TRÄUMEN BESIEGEN

Da Sie in Ihren Träumen und Visionen engelhaften und dämonischen Geistern begegnen, müssen Sie vielleicht auch gelegentlich einen Dämon überwinden, um auf Ihrer spirituellen Reise weiterzukommen. Oft versperren dämonische Geister den Weg zu einer nachfolgenden elementaren oder sub-elementaren Ebene oder zu Äthyr. Sobald Sie einen Dämon besiegt haben, kann Ihr Bewusstsein auf natürliche Weise in eine höhere Ebene aufsteigen. Seien Sie nicht beunruhigt, denn in Ihren Träumen werden Ihnen Anleitungen gegeben, wie Sie dies erreichen können. Sehr oft erhalten Sie in dem Moment, in dem Sie mit einem Dämon konfrontiert werden, das Wissen, wie Sie ihn besiegen könnten.

Nach meiner persönlichen Erfahrung geht es beim Besiegen von Dämonen in der Regel darum, Licht und Liebe einzusetzen und diese Energie in den Dämon zu projizieren, bis er zerstört (oder genauer gesagt, transformiert) ist. Manchmal besteht die Technik darin, den Dämon mit einem Schwert oder einer anderen symbolischen Waffe zu "erschlagen". Andere Methoden beinhalten Werkzeuge und Utensilien wie ein Kreuz, eine Bibel, den Namen Jesus Christus, ein Pentagramm, ein Hexagramm oder einen anderen symbolischen Gegenstand oder ein Symbol, das die Kraft des Lichts und der Liebe repräsentiert. Die in Hollywood-Filmen verbreiteten Methoden zur Durchführung eines Exorzismus funktionieren auch im wirklichen Leben. Das Banner des Westens wird auch oft von zeremoniellen Magiern verwendet, um Dämonen zu bannen, da sein Bild die Herrschaft über die Dunkelheit darstellt.

In Ihren Träumen kann der Dämon sogar zu einem Vampir werden. Um ihn zu fangen, müssen Sie Knoblauch verwenden, und um ihn zu besiegen, müssen Sie ihm einen Pflock ins Herz treiben. Diese Darstellung eines Dämons ist nicht unüblich. Ihre Vorstellungskraft wird personifizieren, wie Ihnen der Dämon erscheint und wie Sie ihn besiegen können. Das personifizierte Bild wird auf Ihrer vergangenen Konditionierung basieren und darauf, womit Ihre Seele vertraut ist. Denken Sie daran, dass Ihre Seele nie über das hinaus geprüft wird, was sie bewältigen kann.

Halten Sie in Ihren Träumen und Visionen Ausschau, und wenn Sie einem Dämon begegnen, müssen Sie ihn zunächst einmal nicht fürchten. Dieser Teil ist entscheidend. Indem Sie sie fürchten, geben Sie ihnen Energie, denn es ist Ihre Angst, die sie gegen Sie zu verwenden versuchen, denn sie verleiht ihnen Macht über Sie. Vergessen Sie nicht, dass persönliche Dämonen nur eine Projektion Ihres Geistes und Ihrer inneren Ängste sind. Daher ist ihre Überwindung ein symbolisches Ereignis der Beherrschung dieses Teils von Ihnen.

Oft genügt es, sich dem Dämon zu stellen, anstatt vor ihm wegzulaufen. Wenn Sie Mut zeigen, indem Sie sich ihm stellen, können Sie seine Energie in Ihr Herzchakra integrieren und ihn in Liebe und Licht auflösen. Auf diese Weise wird sich ihr Zustand dauerhaft verändern. Was immer sie in der Vergangenheit an Macht über Sie hatten, werden Sie jetzt über sie haben.

Heißen Sie diese Erfahrungen als positive Erfahrungen in Ihrem Leben willkommen, denn durch die Überwindung eines Dämons stärken Sie Ihre persönliche Kraft. Einen Dämon zu besiegen bedeutet, etwas in Ihnen zu überwinden, das Ihnen Angst im Leben macht. Erinnern Sie sich immer daran, dass Licht Liebe ist und jedes Wesen in den inneren kosmischen Ebenen sich vor der Liebe verneigt. Wenn Sie sich also auf diese Reise der Henochischen Magie begeben, ist Ihr Glaube an das Göttliche und die Macht der Liebe ein wesentliches Werkzeug, das Ihnen zur Verfügung steht.

DIE HENOCHISCHEN ELEMENTAR- UND SUB-ELEMENTAR-SCHLÜSSEL

Im folgenden Kapitel werden die ersten bis achtzehn henochischen Schlüssel vorgestellt. Diese Schlüssel werden sich ähnlich anfühlen wie die LIRP-Energie, mit der Sie bisher gearbeitet haben, aber mit einem theatralischeren Element in Ihren Visionen, das typisch für die henochische Magie ist. Die Energie wird sich so anfühlen, als ob sie Ihr Wesen mehr durchdrungen hätte als die LIRP. Henochische Magie erreicht die tiefsten Ebenen des Unterbewusstseins und aktiviert die dämonischen Teile des Selbst. Diese dämonischen Teile des Selbst ruhen in Ihrem Unterbewusstsein als Teile des Selbst, die Sie weggeworfen haben, weil Sie sie nicht beherrschen konnten. Die Angst, die Sie vor ihnen haben, ist die Angst vor der fehlenden Fähigkeit, sie zu kontrollieren.

Die Verwendung dieser Schlüssel wird Ihnen sehr ungewöhnliche und herausfordernde Träume bescheren. Die Energie, die durch sie heraufbeschworen wird, wird Ihre Seele testen, indem sie Ihre innersten Wünsche zum Vorschein bringt - die guten, die schlechten und die hässlichen. Sie werden jede Facette von sich selbst sehen und sich ihr stellen müssen. Die henochischen Energien werden durch Symbole mit Ihnen kommunizieren. Sie werden versuchen, Ihre Schwächen gegen Sie zu verwenden. Fürchten Sie sich nicht, denn sie bringen nur das an die Oberfläche, was in Ihrem Unterbewusstsein vergraben liegt. Alle Ihre Ängste und Geheimnisse werden Ihnen durch diese Arbeit offenbart.

Diese Teile des Selbst werden durch die henochische Energie aktiviert, die sich zuweilen heiß und feurig anfühlt, auch wenn es sich um eine Energie handelt, die ihr Gegenteil ist. Beschwörungen der henochischen Schlüssel zapfen eine der Welten der Vier Wachtürme der Elemente oder die Tafel der Vereinigung an. Als solches benutzt man den feinstofflichen Körper, der sich auf das Element oder Unterelement bezieht, das man anruft, um auf der entsprechenden inneren Ebene zu "surfen".

Die Unterelemente haben die zugrundeliegende Energie des Hauptelements, zu dem sie gehören, mit dem Zusatz eines anderen Elements in einem geringeren Energiegrad. Diese Unterelemente und Elemente korrespondieren bis zu einem gewissen Grad mit den planetarischen und zodiakalen Energien.

Die Umgebung jedes Elements und Unterelements ist eine Verkörperung seiner Gesamtenergie. Die Luft des Luft-Schlüssels kann ein hoher Berggipfel sein oder ein Ort, der über dem Boden liegt, wo Sie die kühle Brise der Luft um sich herum spüren können. Der Wasser-Schlüssel kann an oder in der Nähe eines Sees, eines Ozeans oder eines Gewässers liegen, wo Sie das Wasser spüren können. Der Schlüssel Feuer der Erde könnte ein ausbrechender Vulkan sein, bei dem Sie das Feuer spüren, das auf die Erde wirkt. Das Wasser des Luft-Schlüssels könnte sich als Nebel manifestieren, wo Sie das Wasserelement im Luftelement spüren können.

Dies sind nur ein paar Beispiele, aber es ist wichtig zu beachten, dass diese Manifestationen in Ihren Visionen für jeden völlig unterschiedlich sein können. Je nachdem, was Ihre Ahnenenergie ist, wird sie von den henochischen Engeln und Dämonen angetrieben. Die henochische Magie soll Sie sowohl mental als auch emotional stark machen. Betrachten Sie daher alles, was Sie sehen und erleben, als einen Test. Wenn Sie durchhalten und sich dieser Prüfung ohne Angst in Ihrem Herzen stellen, werden Sie Erfolg haben.

DIE ACHTZEHN HENOCHISCHEN SCHLÜSSEL

WENN SIE DAS VORGESCHRIEBENE SPIRITUELLE ALCHEMIE-PROGRAMM MIT DEN FÜNF ELEMENTEN NICHT ABGESCHLOSSEN HABEN, VERWENDEN SIE DIE HENOCHISCHEN SCHLÜSSEL NICHT! WENN SIE DIES OHNE DIE RICHTIGE GRUNDLAGE TUN, KANN DIES IHREM SPIRITUELLEN, MENTALEN UND EMOTIONALEN WOHLBEFINDEN SCHADEN.

Auch wenn Sie im Moment vielleicht nicht verstehen, warum ich Sie warne, müssen Sie meine Warnung beherzigen. Es gibt einen Grund, warum ich die henochische Magie an den allerletzten Abschnitt dieses Buches gesetzt habe. Überfliegen Sie daher nicht die unten aufgeführten henochischen Schlüssel, sondern überspringen Sie diesen Abschnitt ganz, wenn Sie weiter über henochische Magie lesen wollen. Dies ist mein letztes Wort der Warnung zu diesem Thema. Sie müssen auf diese Arbeit mit Geist, Körper und Seele vorbereitet sein, bevor Sie sie in Angriff nehmen.

Diejenigen, die bereit sind, mit dieser Arbeit zu beginnen, werden mit den henochischen phonetischen Übersetzungen arbeiten, die sie einzeln mit äußerster Sorgfalt und Ernsthaftigkeit rezitieren sollen. Jeder, der diese Schlüssel mit einem unreinen Verstand und Herzen verspottet, wird sich selbst schweren körperlichen und geistigen Schaden zufügen. Denken Sie daran, dass die phonetische Übersetzung so ausgesprochen werden soll, wie sie geschrieben steht, und dass sie mit Ihren Stimmbändern in einem projektiven, energetisierenden Ton vibriert.

Diese achtzehn Schlüssel sind der Tafel der Vereinigung und den vier Wachtturmtafeln zugeordnet. Der erste und der zweite Schlüssel sind der Tafel der Vereinigung zugeordnet und beziehen sich auf die geistige Ebene.

Der dritte, siebte, achte und neunte Schlüssel sind den vier Quadranten des Wachturms der Luft in der unteren Mentalebene zugeordnet. Der dritte Schlüssel kann für den Wachturm der Lufttafel als Ganzes verwendet werden und ist repräsentativ für das Element Luft.

Der vierte, zehnte, elfte und zwölfte Schlüssel sind den vier Quadranten des Wachturms des Wassers in der höheren Astralebene zugeordnet. Der vierte Schlüssel kann auch für die Wachtturm-Wassertafel als Ganzes verwendet werden und ist repräsentativ für das Wasserelement.

Der fünfte, dreizehnte, vierzehnte und fünfzehnte Schlüssel sind den vier Quadranten des Wachturms der Erde in der unteren Astralebene zugeordnet. Der fünfte Schlüssel steht für die Wachtturm-Erdtafel als Ganzes und ist repräsentativ für das Erdelement.

Der sechste, sechzehnte, siebzehnte und achtzehnte Schlüssel sind den vier Quadranten des Wachturms des Feuers in der höheren Mentalebene zugeordnet. Der Sechste Schlüssel kann für die Wachtturm-Feuertafel als Ganzes verwendet werden und repräsentiert das Element Feuer.

Viele Anhänger der henochischen Magie glauben, dass es auch einen Nullschlüssel gibt, der zur Gottheit gehört und daher nicht ausgedrückt werden kann. Wenn Sie jedoch die gesamte Operation der Achtzehn henochischen Schlüssel zusammen mit der Operation der Dreißig Äthyre abgeschlossen haben, kann sich Ihnen der Nullschlüssel als eine greifbare Energiequelle offenbaren. Viele erfahrene Praktizierende der henochischen Magie glauben, dass dies der Fall ist, und einige berichten, dass sie es sogar erlebt haben. Wenn Sie also das Privileg haben, den Nullschlüssel zu erfahren, während Sie mit dem henochischen System arbeiten, betrachten Sie es als den höchsten Segen des Göttlichen.

S.L. MacGregor Mathers und Aleister Crowley studierten die von John Dee und Edward Kelley hinterlassenen Dokumente über henochische Magie. Jeder von ihnen entwickelte Übersetzungen der henochischen Schlüssel, einschließlich der phonetischen Aussprache jedes Schlüssels. Beide Versionen unterscheiden sich leicht voneinander. Crowleys Interpretationen sind mehr auf die thelemische Energieströmung abgestimmt, während Mathers' Interpretationen sich an den Golden Dawn orientieren. Ich habe festgestellt, dass Crowleys Version der Schlüssel dieselbe Energie hervorruft, aber auf eine geerdete, weniger aetherische Weise, was es schwieriger macht, die Energie jedes Schlüssels zu ergründen.

Nachdem ich mehrmals mit beiden Übersetzungen gearbeitet habe und da *The Magus* sich an die Lehren des Golden Dawn hält, habe ich mich entschieden, Mathers' Enochian Keys als Teil dieser Arbeit zu verwenden. Es ist die vollständige Version aus seinem Manuskript mit dem Titel *The 48 Angelical Keys of Calls* von G.H. Frater D.D.C.F. (S.L. MacGregor Mathers).

Ich füge die henochische, die deutsche und die henochische (phonetische) Version jedes Schlüssels bei, die ich so bearbeitet habe, dass alle drei Teile übereinstimmen. Die henochische Version ist der eigentliche Schlüssel, wie er Dee und Kelley von den Engeln gechannelt wurde. Die deutsche Version stellt die Bedeutung hinter jedem Schlüssel dar, während die henochische (phonetische) Version die rituelle Übungsbeschwörung, die Mantras, darstellt, die die Energie jedes Schlüssels hervorrufen.

In dem Diagramm, das den henochischen Schlüsseln folgt (Abbildung 62), habe ich Ihnen auch die allgemeinen Assoziationen der Tierkreis- und Planetenenergien zu den Energien der Elemente und Unterelemente der Schlüssel gegeben. Sie werden feststellen, dass dies eine sehr genaue Darstellung der Energie jedes Tierkreises ist, und sie wird hier präsentiert, um Ihr Verständnis für dieses Thema zu fördern. Darüber hinaus werden diese Assoziationen mit allen anderen Erfahrungen, die Sie mit den Tierkreis- und Planetenenergien durch andere magische rituelle Anrufungs- und Evokationstechniken gemacht haben, übereinstimmen.

1. Schlüssel-Geist (Aktiv)

Henochisch:

Ol Sonf Vorsag Goho lad Bait, Lonsh Calz Vonpho Sobra Z-OL.
Ror I Ta Nazps, Od Graa Ta Maiprg:
Ds Hol-Q Qaa Nothoa Zimz Od Commah Ta Nobioh Zien;
Soba Thu Gnonp Prge Aldi Ds Vrbs Oboleh G Rsam;
Casarm Ohorela Taba Pir; Ds Zonrensg Cab Erm Iadnah.
Pilah Farzm Znrza Adna Gono Iadpil Ds Hom Od To h;
Soba Ipam Lu Ipamis;
Ds Loholo Vep Zomd Poamal, Od Bogpa Aai Ta Piap Piamol Od Vaoan.
Zacare Eca Od Zamran. Odo Cicle Qaa! Zorge Lap Zirdo Noco Mad, Hoath Iaida.

Deutsch:

Ich herrsche über dich, spricht der Gott der Gerechtigkeit. Mit einer Macht, die über das Firmament des Zorns erhaben ist.

In dessen Händen die Sonne wie ein Schwert und der Mond wie ein durchdringendes Feuer ist:

der eure Kleider inmitten meiner Gewänder abgemessen und euch zusammengebunden hat wie die Handflächen meiner Hände:

Deren Sitze ich mit dem Feuer des Sammelns garniert habe:

Der deine Kleider mit Bewunderung verschönert hat:

Dem ich ein Gesetz gab, um die Heiligen zu regieren: Der dir einen Stab mit der Arche des Wissens übergab.

Und ihr habt eure Stimmen erhoben und dem, der lebt und siegt, Gehorsam und Glauben geschworen:

dessen Anfang nicht ist und dessen Ende nicht sein kann, der wie eine Flamme inmitten eurer Paläste leuchtet und unter euch regiert als das Gleichgewicht der Gerechtigkeit und Wahrheit.

Bewegt euch also und zeigt euch. Öffnet die Geheimnisse eurer Schöpfung! Seid freundlich zu mir. Denn ich bin der Diener desselben, deines Gottes, der wahre Verehrer des Höchsten.

Henochisch (phonetisch):

Oh-el Soh-noof Vay-oh-air-sahjee Goh-hoh Ee-ah-dah Bahl-tah, Elon-shee Kahi-zoad Von-pay-hoh:

Soh-bay-rah Zoad-oh-lah.

Roh-ray Ee Tah Nan-zoad-pay-ess, Oh-dah Jee-rah-ah Tah Mahi- peer-jee:

Dah-ess Hoh-el-koh Kah-ah No-thoh-ah Zoad-ee-mah-zoad Oh-dah Koh-mah-mahhay Tah Noh-bloh-hay Zoad-ee-aynoo;

So-bah Tah-heelah Jee-noh-noo-pay Peer-jee Ahi-dee; Dah-ess Ur-bass Oh-boh-lay Jee Rah-sah-may;

Cahs-armay Oh-hor-raylah Tah-bah Peer; Dah-es Zoad-oh-noo-ray-noo-sah-jee Kahbah Air-may Ee-ad-nah.

Peelah-hay Far-zoad-mee Zoad-noo-ray-zoad-ah Ahd-nah Goh-noh Ee-ah-dah-pee-ayl Dah-ess Hoh-may Oh-dah Toh hay;

Soh-bay Ee-pah-may Loo Ee-pah-mees; Dah-ess Loh-hoh-loh Vay-pay Zoad-oh-Maydah Po-ah-may-ell, Oh-dah Boh-jee-pay Ah-ah-ee Tay-ah Pee-ah-pay Pee-ah-moh-ayl Oh-dah Vay-oh-ah-noo.

Zoad-a-kah-ray Ay-kah Oh-dah Zoad-a-mer-ahnoo. Oh-dah Kee-klay kah-ah! Zoadorjee Lah-pay Zoad-eer-raydoh Noh-koh Mahdah, Hoh-ah-tah-hay Ee-ah-ee-dah.

2. Schlüssel-Geist (Passiv)

Henochisch:

Adgt Vpaah Zong Om Faaip Sald, Vi-I-V L, Sobam Ial-Prg I-Za-Zaz Pi-Adph;

Casarma Abrang Ta Talho Paracleda, Q Ta Lorslq Turbs Ooge Baltoh.

Givi Chis Lusd Orri Od Micaip Chis Bia Ozongon.

Lap Noan Trof Cors Ta Ge O Q Manin la-Idon.

Torzu Gohe L. Zacar Eca C Noqod. Zamran Micaizo Od Ozazm Vrelp, Lap Zir Io-Iad.

Deutsch:

Können die Flügel der Winde deine Stimmen der Verwunderung verstehen. Oh du, der Zweite des Ersten, den die brennenden Flammen in der Tiefe meines Kiefers umrahmt haben:

Die ich zubereitet habe wie Becher für eine Hochzeit oder wie die Blumen in ihrer Schönheit für die Kammer der Gerechten.

Stärker sind deine Füße als der unfruchtbare Stein und mächtiger sind deine Stimmen als die vielfältigen Winde.

Denn ihr seid zu einem Bauwerk geworden, wie es der Allmächtige nicht für möglich hält.

Steh auf, spricht der Erste. So rede nun zu deinen Dienern. Zeigt euch in Macht und macht mich zu einem starken Seher der Dinge, denn ich bin von dem, der ewig lebt.

Henochisch (phonetisch):

Ahd-gee-tay Oo-pah-hay Zoad-oh-noo-jee Oh-mah Fah-ah-ee-pay Saldah, Vee-ee-vee Ayl, S oh-bah-may Ee-ahl-peer-jee Ee-zoad-ah-zoad-ah-zoad Pee-ahd-pay-hay;

Cah-sarmah Ah-brahn-jee Tah-hoh Paraclaydah, Koh Tah Lor-es-sel-koh Toor-bay-ess Oh-oh-jee Bahi-toha.

Jee-vee Kah-hee-sah Loos-dah Ohr-ree Oh-dah Mee-cal-pah Kah-hees-ah Bee-ah Oh-zoad-oh-noo-goh-noo.

Lah-pay Noh-ah-noo Troh-eff Corsay Tah Jee Oh Koh Mah-nee-no Ee-ah-ee-doh-noo.

Tohr-zoad-oo Goh-hay Ayl. Zoad-a-kar-ray Ay-Kah Kah Noh-Kwoh-dah. Zoad-amerah-noo. Me-kah-el-zoad-oh Oh-dah Oh-zoad-ah-zoad-may Oo-rel-pay, Lah-pay Zoadee-ray Ee-oh Ee-ah-dah.

3. Schlüssel-Luft der Luft

Henochisch:

Micma! Goho Mad. Zir Comselha Zien Biah Os Londoh. Norz Chis Othil Gigipah, Vnd-L Chis ta Pu-Im Q Mospleh Teloch, Qui-I-N Toltorg Chis I Chis-Ge In Ozien, Ds T Brgdo Od Torzul.

I Li E Ol Balzarg Od Aala, Thiln Os Netaab, Dluga Vonsarg Lonsa Cap-Mi Ali Vors CLA, Homil Cocasb; Fafen Izizop Od Miinoag De Gnetaab Vaun Na-Na-E-El; Panpir Malpirg Pild Caosg.

Noan Vnaiah Bait Od Vaoan.

Do-O-I-A p Mad; Goholor Gohus Amiran. Micma Iehusoz Ca-Cacom Od Do-O-A-In Noar Mica-Olz A-Ai-Om, Casarmg Gohia; Zacar Vnigiag Od Im-Va-Mar Pugo, Piapii Ananael Qa-A-An.

Deutsch:

Siehe, so spricht dein Gott. Ich bin ein Kreis, auf dessen Händen zwölf Königreiche stehen. Sechs sind die Sitze des lebendigen Atems, die übrigen sind wie scharfe Sicheln oder die Hörner des Todes, in denen die Geschöpfe der Erde sind und nicht sind, außer meinen eigenen Händen, die auch schlafen und aufstehen werden.

Zuerst machte ich euch zu Verwaltern und setzte euch auf die zwölf Regierungssitze, indem ich jedem von euch nacheinander die Macht über vier, fünf und sechs, die wahren Zeitalter der Zeit, gab, damit ihr von den höchsten Gefäßen und den Ecken eurer Regierungen aus meine Macht wirken könnt: Ihr gießt die Feuer des Lebens und der Vermehrung unaufhörlich auf die Erde herab.

So werdet ihr zu den Röcken der Gerechtigkeit und der Wahrheit.

Im Namen desselben, eures Gottes, erhebt euch, ich sage euch. Siehe, seine Barmherzigkeit blüht, und sein Name ist mächtig geworden unter uns, in dem wir sagen: Bewegt euch, steigt herab und wendet euch uns zu, wie den Teilhabern an der geheimen Weisheit eurer Schöpfung.

Henochisch (phonetisch):

Meek-mah! Goh-hoh Mah-dah. Zoad-eeray Kohm-sayl-hah Zoad-ee-ay-noo Be-ahhay Oh-ess Lon-doh-hah. Nohr -zoad Kah-heesah Otheeiah Jee-jee-pay-hay, Oon-dah-iah Kah-heesah Tah Poo-eem Kwo-Mohs-piay Tayiohk-hay, kwee-eenoo Tohl-torjee, Kahees Ee Kah-hees-jee Ee-noo Oh-zoad-ee-ay-noo, Day-ess Tay Bray-jee-dah Oh-dah Tor-zoad-oo-lah.

Ee-Lee Ay Oh-Lah Bahl-zoad-ahr-jee Oh-dah Ah-ah-iah, Tay-heeinoo Oh-ess Nay-tahah-bay, Dah-loo-gahr Vohn-sahrjee Lohn-sah Cahpeemee-ahiee Vor-sah Cah Ayl Ah, Hoh-meei Koh-kahs-bay; Fah-faynoo Ee-zoad-ee-zoad-oh-pay Oh Dah Mee-ee-noh-ahjee Day Jee-nay-tah-ah-bah Vah-oo-noo Nah-nah-ay-ayl; Pahn-peer Mahi-peerjee Pee-el-dah Kah-ohs-gah.

Noh-ah-noo Oo-nah-iah Baitah Oh-dah Vay-oh-ah-noo.

Doo-oh-ee-ah-pay Mah-dah, Goh-hoh-ior Goh-hoos Ah-mee-rah-noo. Meek-mah Yehhoo-soh-zoad Kah-Kah-komah Oh-dah Doh-oh-ah-ee-noo Noh-ahr Mee-kah-ohl-zoad Ah-ah-ee-oh-mah, Kah-sarmjee Goh-hee-ah;

Zoadah-kah-ray Oo-nee-giah-jee Oh-dah Eem-vah-mar Poojoh, Plahplee Ah-nah-nahayl Kah-ah-noo.

4. Schlüssel-Wasser des Wassers

Henochisch:

Othil Lusdi Babage Od Dorpha Gohol:

G-Chis-Gee Avavago Cormp P D Ds Sonf Vi-vi-Iv Casarmi Oali MAPM Soham Ag Cormpo Crp L:

Casarmg Cro-Od-Zi Chis Od Vgeg, Ds T Capmiali Chis Capimaon, Od Lonshin Chis Ta L-O CLA.

Torzu Nor-Quasahi, Od F Caosga; Bagle Zire Mad Ds I Od Apila.

Do-O-A-Ip Qaal, Zacar Od Zamran Obelisong, Rest-El-Aaf Nor-Molap.

Deutsch:

Ich habe meine Füße in den Süden gesetzt und mich umgeschaut und gesagt: "Ich bin hier:

Sind die Donner der Erhöhung nicht dreiunddreißig an der Zahl, die im zweiten Winkel herrschen?

Unter Ihn habe Ich Neun Sechs Drei Neun gestellt, die noch niemand gezählt hat als Einer:

In Ihm ist der zweite Anfang der Dinge und wird stark, die auch nacheinander die Zahlen der Zeit sind, und ihre Kräfte sind wie die ersten.

Steht auf, ihr Söhne des Vergnügens, und besucht die Erde: Denn ich bin der Herr, euer Gott, der da ist und der ewig lebt.

Im Namen des Schöpfers, bewegt euch und zeigt euch als angenehme Befreier, damit ihr Ihn unter den Söhnen der Menschen preisen könnt.

Henochisch (phonetisch):

Oh-thee-iah Loos-dee Bah-bah-jee Oh-dah Dor-pay-hah Goh-hoh-lah:

Jee-kah-hees-jee Ah-vah-vah-goh Kohr-em-pay Pay-Dah Dah-ess Sohnoof Vee-vee-eevah Kas-ahrm-ee Oh-ah-lee Em-Ah-Pay-Em Soh-bah-mah Ah-gee Kohr-em-poh Kah-arpay Ayl:

Kah-sahrmjee Kroh-oh-dah-zoadee Kah-heesah Ohdah Vah-jeejee, Dah-ess Tay Kahpee-mah-lee Kah-heesah Kapee-mah-ohnoo, Oh-dah Lon-sheenoo Kah-heesah Tay-ah Aylo-oh Kay-El-Ah.

Tor-zoad-oo Nohr-kwah-sahee, Oh-dah Eff Kah-ohs-gah; Bah-glay Zoad-eeray Mahdah Dah-ess Ee Ohdah Ahpeelah.

Doo-ah-ee-pay Kah-ah-lah, Zoad-a karah Oh-dah Zoadamerahnoo Oh-bayleesonjee, Raystellah Ah-ah-eff Nohr-moh-lahpay.

5. Schlüssel-Erde der Erde

Henochisch:

Sapah Zimii DUIY od noas ta quanis Adroch, Dorphal Caosg od faonts Piripsol Ta blior.

Casarm am-ipzi nazarth AF od dlugar zizop zlida Caosgi toltorgi:

Od z chis e siasch L ta Vi-u od Iaod thild ds Hubar PEOAL,

Sobo-Cormfa chis Ta LA, Vls od Q Cocasb. Eca niis, od darbs.

Qaas F etharzi od bliora. Ia-Ial ednas cicles. Bagle? Ge-Iad I L.

Deutsch:

Die mächtigen Töne sind in den dritten Winkel eingetreten und sind wie Ölbäume auf dem Ölberg geworden, sie schauen mit Freude auf die Erde und wohnen in der Helligkeit des Himmels als ständige Tröster.

An ihm befestigte ich 19 Säulen der Freude und gab ihm Gefäße, um die Erde mit all ihren Geschöpfen zu bewässern:

Und sie sind die Brüder des Ersten und des Zweiten und der Anfang ihrer eigenen Sitze, die mit 69636 beständig brennenden Lampen geschmückt sind, deren Zahlen so sind wie der Erste, die Enden und der Inhalt der Zeit.

Darum kommt und gehorcht eurer Schöpfung. Besucht uns in Frieden und Trost.

Schließe uns Empfänger deiner Geheimnisse ein, denn warum? Unser Herr und Meister ist der All-Eine.

Henochisch (phonetisch):

Sah-pah-hay Zoad-ee-mee-ee Doo-ee-vay, Oh-dah Noh-ahs Tay-ah Kah-nees Ah-drohkay, Dohr-pay-hal Kah-ohs-gah Oh-dah Fah-ohn-tay-ess Pee-reep-sohl Tay-ah Blee-ohr.

Kah-sarmay Ah-mee-eep-zoad-ee Nah-zoad-arth Ah-eff Oh-dah Dahloo-gahr Zoad-eezoad-oh-pay Zoad-leedah Kah-ohs-jee Tohi -torjee;

Oh-dah Zoad Kah-heesah Ay-See-ahs-kay Ayl Tah vee-oo-Oh-dah Ee-ah-ohdah Tayheeldah Dah-ess Hoobar Pay Ay Oh Ah Ayl.

Soh-bah Kohr-em-fah Kah-heesah Tay-ah El-ah Vah-less Oh-dah Koh-Koh-Kahs-bay. Ag-kah Nee-ee-sah Oh-dah Dahr-bay-ess.

Kah-ah-sah Eff Aythar-zoadee Oh-dah Blee-ohr-ah. Ee-ah-ee -ah-ayl. Ayd-nahss Keeklay-sah. Bah-glay? Jee-Ee-Ahdah Ee-el!

6. Schlüssel - Feuer des Feuers

Henochisch:

Gah S diu chis Em, micalzo pilzin; Sobam El harg mir Babalon od obloc Samvelg:

Dlugar malprg Ar Caosgi, Od ACAM Canal sobol zar fbliard Caosgi, od chisa Netaab od Miam ta VIV od D.

Darsar Solpeth bi-en. Brita od zacam g-micalza sobol ath trian lu-Ia he od ecrin Mad Qaaon.

Deutsch:

Die Geister des vierten Winkels sind Neun, mächtig am Firmament der Wasser: Der Erste hat den Bösen eine Qual und den Gerechten einen Kranz gepflanzt:

Sie gaben ihnen feurige Pfeile, um die Erde zu verwüsten, und 7699 beständige Arbeiter, deren Gänge die Erde mit Trost besuchen und die in der Regierung und im Fortbestand sind wie der zweite und der dritte.

Darum höre auf meine Stimme. Ich habe von dir geredet, und ich bewege dich in Kraft und Gegenwart, dessen Werke ein Lied der Ehre und des Lobes deines Gottes in deiner Schöpfung sein werden.

Henochisch (phonetisch):

Gah-hay Ess Dee-oo Kah-heesah AY-Em, Mee-kahl-zoadoh Peel-zoadeenoo; Soh-bah may Ayl Harjee Meer Bah-bah-lohnoo Oh-dah Oh-bloh-kah Sahm-vay-lanjee:

Dah-loogar Mah-lah-peerjee Ahray Kah-ohsjee, Oh-dah Ah Kah Ah Em Kah-nahl So-bolah Zoad-ah-ray Eff Blee-ahr-dah Kah-ohs-jee, Oh-dah Kah-heesay Naytah-ah-bay Oh-dah Mee-ah may Tay-ah Vee-ee-vah Oh-dah Dah.

Dahr-sahr Sohi-pet-hay Bee-aynoo. Bay-reetah Oh-dah Zoad-ah-kahmay Jee-meekahel-zoadah So-boh-lah Aht-hay Tre-ah-noo Loo -EE-ah Hay Oh-dah Aykreenoo Mahdah Kah-ah-ohnoo.

7. Schlüssel-Wasser der Luft

Henochisch:

Raas i salman paradiz, oecrimi aao Ialpirgah, quiin Enay Butmon od I Noas NI Paradial casarmg vgear chirlan od zonac Luciftian cors ta vaul zirn tolhami.

Sobol londoh od miam chis ta I od ES vmadea od pibliar, Othil Rit od miam.

C noqol rit, Zacar zamran oecrimi Qaada! od O micaolz aaiom! Bagle papnor i dlugam lonshi od vmplif vgegi Bigl IAD!

Deutsch:

Der Osten ist ein Haus von Jungfrauen, die in den Flammen der ersten Herrlichkeit Loblieder singen, in denen der Herr seinen Mund geöffnet hat, und sie sind zu 28 lebendigen Wohnungen geworden, in denen sich die Kraft des Menschen freut, und sie sind mit Ornamenten des Glanzes bekleidet, die Wunder auf alle Geschöpfe wirken.

Dessen Reiche und Bestand sind wie das Dritte und Vierte, starke Türme und Orte des Trostes, der Sitz der Barmherzigkeit und des Fortbestands.

O ihr Diener der Barmherzigkeit, bewegt euch, erscheint, lobt den Schöpfer! Und seid mächtig unter uns! Denn diesem Gedenken ist Kraft gegeben, und unsere Stärke wird stark in unserem Tröster!

Henochisch (phonetisch):

Rah-ahs Ee Salmahnoo Pahr-ahdeezoad, Oh-ay Kah-reemee Ah-ah-oh Ee-ahl-peergah, Kwee-ee-ee-noo Ayn-ah-yee Boot-mohnah Oh-dah Ee Noh-ah-sah Nee Pahr-ah-deeahlah Kah-sahr-emjee Vay-jee-ahr Kah-heer-lahnoo Oh-dah Zoad-oh-nah-kah Loo-keeftee-ahnoo Kohr-say Tay-ah Vah-oo-lah Zoad-ee-raynoo Tohl-hahmee.

Soh-boh-lah Lohn-d-do-hah Oh-dah Mee-ahmay Kah-heesah Tay-ah Dah-Oh-dah Ay-ess, Oomah-day-ah Oh-dah Pee-blee-ahray Otheelah, Reetah Oh-dah Mee-ahmay.

Kah-noh-kolah Reetah, Zoadakahray Mee-kah-ohl-zoad Ah -ah-ee-ohm! Bahglay Pahp-nohr ee Day-loo-gahm Lon-shee On-dah Oomplee-fah Oo-gay-jee Beeglah Eeah-dah.

8. Schlüssel-Erde der Luft

Henochisch:

Bazm ELO, i ta Piripson oln Nazavabh OX, casarmg vran chis vgeg, ds abramg baltoha goho Iad,

Soba mian trian ta lolcis Abaivovin od Aziagiar nor.

Irgil chis da ds paaox busd caosgo, ds chis, od ipuran teloch cacrg oi salman loncho od voviva carbaf.

Niiso! Bagle avavago gohon!

Niiso! Bagle momao siaion od mabza IAD OI as Momar Poilp.

Niis! Zamran ciaofi caosgo od bliors, od corsi ta abramig.

Deutsch:

Der Mittag, der erste, ist wie der dritte Himmel aus hyazinthischen Säulen 26, in denen die Ältesten stark geworden sind, die ich für meine eigene Gerechtigkeit zubereitet habe, spricht der Herr.

Deren langes Fortbestehen dem sich bückenden Drachen wie Schnallen und wie die Ernte einer Witwe sein wird.

Wie viele sind es, die in der Herrlichkeit der Erde bleiben, die sind und den Tod nicht sehen werden, bis dieses Haus fällt und der Drache untergeht?

Kommt weg! Denn die Donnerer haben gesprochen!

Komm weg! Denn die Krone des Tempels und das Gewand dessen, der ist, der war und der gekrönt werden soll, sind geteilt.

Kommt! Erscheine zum Schrecken der Erde und zu unserem Trost und dem derer, die bereit sind.

Henochisch (phonetisch):

Bah-zoad-em Ayloh, Eetah Peeripsohnoo Ohlnoo Noh-zoad-ah-vah-bay-hay Oh-Ex, Cah-sarm-jee Oo-rahnoo Kah-heesah Vah-jeejee, Dah-ess Ah-brahmjee Bahi-toha Goho Ee-ah-dah, Soh-bah Mee-ahnoo Tree-ahnoo Tay-ah Lohl-kees Ah-bah-ee-voh-veenoo Oh-dah Ah-zoadee-ahjee-ahr Ree-ohray.

Eer-jeelah Kah-heesah Day-ah Dah-ess Pa-ah-Oh-Ex Boos-dah Kah-ohs-goh, Dah-ess Kah-heesah, Oh-dah Ee-poor-ahnoo Tay-lohk-ah Kah-karjee Oh-ee Sahl-mahnoo Lohnkah-hoh Oh-dah Voh-vee-nah Kar-bahfay.

Nee-eesoh! Bahglay Ah-vah-vah-goh Goh-hoh-noo.

Nee-ee-soh! Bahglay Moh-mah-oh See-ah-see-ohnoo Oh-dah Mahb zoad-ah Ee-ah-dah Oh Ee Ahsah Moh-maray Poh eelahpay.

Nee-ee-sah, zoadamerahnoo Kee-ah-oh-fee Kah-ohs-goh Oh-dah Blee-ohr-sah, Oh-dab Kor-see Tay-ah Ah-brah-meejee.

9. Schlüssel-Feuer der Luft

Henochisch:

Micaolz bransg prgel napea lalpor, ds brin P Efafage Vonpho olani od obza, sobol vpeah chis tatan od tranan balie, alar lusda soboin od chis holq c Noquodi CIAL.

Unal alson Mom Caosgo ta las ollor gnay limlal.

Amma chis sobca madrid z chis. Ooanoan chis aviny drilpi caosgin, od butmoni parm zumvi cnila.

Dazis ethamza childao, od mire ozol.

Chis pidiai collal.

Vicinina sobam vcim. Bagle? IAD Baltoh chirlan.

Par. Niiso! Od ip efafafe bagle a cocasb i cors ta vnig blior.

Deutsch:

Eine mächtige Feuerwache mit zweischneidigen Schwertern in Flammen, die acht Schalen des Zorns für zwei Zeiten und eine Hälfte haben, deren Flügel aus Wermut und aus dem Mark des Salzes sind, haben ihre Füße in den Westen gesetzt und werden mit ihren 9996 Ministern gemessen.

Diese sammeln das Moos der Erde wie der Reiche seine Schätze.

Verflucht sind die, deren Missetaten sie sind. In ihren Augen sind Mühlsteine, größer als die Erde, und aus ihren Mündern fließen Meere von Blut.

Ihre Köpfe sind mit Diamanten bedeckt und ihre Hände tragen Marmorhülsen.

Glücklich ist der, über den sie nicht die Stirn runzeln! Denn warum? Der Gott der Gerechtigkeit freut sich über sie. Geht weg! Und nicht eure Schalen, denn die Zeit ist so, dass man sich trösten muss.

Henochisch (phonetisch):

Mee-kah-ohl-zoad Brahn-sahjee Peer-jee-lah Nah-pay-tah Ee-ahl-poh-ray, Dah-ess Bree-noo Pay Ay-fah-fah-fay Vohn-pay-ho Oh-lah-nee Oh-dab Ohb-zoad-ah, Soh-bohlah Oopah-ah Kah-heesah Tah-tahnoo Oh-dah Trah-nah-noo Bah-lee-ay, Ah-laray Loosdah Soh -bohlnoo Od-dah Kah-heesah Hohi-kew Kah Noh-koh-dee Kah-ee -ah-lah.

Oo-nahl Ahl-dohnoo Moh-mah Kah-ohs-goh Tay-ah Lah-sah Ohi-loray Jee-nayoh Lee-may-lah-lah.

Ahm-mah Kah-heesah Soh-bay-kah Mah-dreedah Zoad Kah-heesah. Oo-ah-nohahnoo Kah-heesah Ah-veenee Dree-lahpee Kah-ohs-jeenoo, Oh-dab Boot-mohnee Parmay Zoad-oomvee Kah-neelah.

Dah-zoad-eesah Ayt-hahm-zoadah Kah-hil-dah-oh Oh-dah Meer-kah Oh-zoad-ohlah

Kah-hees-ah Pee-dee-ah-ee Kohl-lah-lah.

Vahl-kee-neenah Soh-bahmay Ookeemay. Bahglay? Ee-ah-dah Bahi-toha Kar-heerlahnoo.

Pahray. Nee-ee-soh! Oh-dah Ee-pay Ay-fah-fah-fay Bahglay Ah Koh-Kahs-bay Ee Korsay Tay-ah Oo-neegay Blee-ohrah.

10. Schlüssel-Luft des Wassers

Henochisch:

Coraxo chis cormp od blans lucal aziazor paeb sobol ilonon chis OP virq eophan od raclir, maasi bagle caosgi, di ialpon dosig od basgim;

Od oxex dazis siatris od saibrox, cinxir faboan.

Unal chis const ds DAOX cocasg ol oanio yorb voh m gizyax, od math cocasg plosi molvi ds page ip, larag om dron matorb cocasb emna.

L Patralx yolci matb, nomig monons olora gnay angelard.

Ohio! Ohio! Ohio! Ohio! Ohio! Ohio! Noib Ohio! Casgon, bagle madrid i zir, od chiso drilpa.

Niiso! Crip ip Nidali.

Deutsch:

Die Donner des Gerichts und des Zorns sind gezählt und werden im Norden beherbergt in Gestalt einer Eiche, in deren Zweigen 22 Nester des Jammers und des Weinens für die Erde angelegt sind, die Tag und Nacht brennen.

und spucken die Köpfe von Skorpionen und lebendigen Schwefel, vermischt mit Gift. Das sind die Donner, die 5678 Mal (im 24. Teil eines Augenblicks) brüllen mit hundert mächtigen Erdbeben und tausendmal so vielen Wogen, die nicht ruhen und keine Zeit des Nachhalls kennen.

Ein Stein bringt tausend hervor, so wie das Herz des Menschen seine Gedanken hat.

Wehe! Wehe! Wehe! Wehe! Wehe! Wehe! Ja, wehe! Wehe der Erde, denn ihre Missetat ist, war und wird groß sein.

Komm weg! Aber nicht deine mächtigen Töne.

Henochisch (phonetisch):

Koh-rahx-oh Kah-heesah Kohr-em-pay Oh-dah Blah-noos Loo-kahlah Ah-zoad-ee-ahzoad-ohra Pah-ay-bah Soh-bohlah Eeloh-nohnoo Kah-heesah Oh-pay Veer-kwoh Ay-ohfahnoo Oh-dah Rah-cleerah, Mah-ahsee Bahglay Kah-ohs-jee, Dah-ess Ee-ah-la-pohnoo Doh-seejee Oh-dah Bahs-jeemee.

Oh-dah Oh Ex-Ex Dah-zoadeesah See-ah-treesah Oh-dah Sahlbrox, Keenoo-tseerah Fah-boh-ahnoo.

Oo-nah-lah Kah-heesah Koh-noo-stah Dah-ess Dah-Ox Koh-kasjee Oh-eli Oh-ah-nee oh Yohr-bay Voh-heemah Jee-zoad-ee-ax, Oh-day Ay-orsah Koh-kasjee Pay-loh-see Mohi-vee Dah-ess Pah-jay Ee-pay, Lah-rah-gee Oh-em Dah-rohl-noo Mah-tor-bay Kohkasjee Em-nah.

Eli Pah-trah-laxa Yohi-kee Maht-bay, Noh-meegee Moh-noh-noos Oh-loh-rah Jeenah-yee Ahn-jee-lar-dah.

Oh-hee-oh! Oh-hee-oh! Oh-hee-oh! Oh-hee-oh! Oh-hee-oh! Oh-hee-oh! Noh-eebay Ohhee-oh! Kah-ohs-gohnoo, Bah-glay Mah-dree-dah Ee, Zoadeerah, Oh-dah Kah-heesoh Dah-reel-pah.

Nee-eesoh! Kah-ahr-pay Ee-pay Nee-dah-lee.

11. Schlüssel - Erde des Wassers

Henochisch:

Oxyiayal holdo, od zirom O coraxo dis zildar Raasy, od Vabzir camliax, od bahal.

Niiso! Salman teloch, casarman hoiq, od t i ta Z soba cormf I GA.

Niiso! Bagle abrang noncp.

Zacar ece od zamran. Odo cicle qaa! Zorge lap zirdo noco Mad, hoath Iaida.

Deutsch:

Der mächtige Sitz stöhnte laut auf, und es gab fünf Donner, die in den Osten flogen, und der Adler redete und schrie mit lauter Stimme.

Komm weg! Und sie versammelten sich und wurden das Haus des Todes, von dem es gemessen wird, und es ist 31.

Kommt weg! Denn ich habe dir eine Stätte bereitet.

Bewegt euch also und zeigt euch. Öffnet die Geheimnisse eurer Schöpfung! Seid freundlich zu mir, denn ich bin der Diener desselben eures Gottes, der wahre Anbeter des Höchsten.

Henochisch (phonetisch):

Ohx-ee-ah-yah-iah Hol-doh, Oh-dah Zoad-eer-oh-mah Oy Kohr-ahxo Dah-ess Zoad-eeldar Rah-ahs-ee, Oh-dah Vahb-zoad-eer Kahm -lee-ahx Oh-Dah Bah-hahi.

Nee-ee-soh! Sahi-mah-noo Tay-ioh-kah, Kah-sahr-mahnoo Hohei-koh, Oh-dah Tay Ee Tay-ah Zoad Soh-bah Kohr-em-fah Ee Gee-ah.

Nee-ee-soh! Bah-glay Ah-brahn-jee noh-noo-kah-pay.

Zoad-akarah Ay-kah Oh-dah Zoadamerahnoo. Oh-doh Kee-klay Kah-ah! Zoad-orjee Lah-pay Zoadeereedoh Noh-koh Mahdah, Hoh-ah-tah-hay Ee-ah-ee dah.

12. Schlüssel - Feuer des Wassers

Henochisch:

Nonci ds sonf babage, od chis OB Hubardo tibibp, allar atraah od ef!

Drix fafen MIAN, ar Enay ovof, sobol ooain vonph.

Zacar gohus od zamran. Odo cicle qaa!

Zorge lap zirdo noco Mad, hoath Iaida.

Deutsch:

O ihr, die ihr im Süden regiert und die 28 Laternen des Leids seid, bindet eure Gürtel und besucht uns.

Bringt euren Zug 3663 zu Fall, damit der Herr, dessen Name unter euch Zorn ist, groß gemacht wird.

Bewegt euch, sage ich, und zeigt euch. Öffnet die Geheimnisse eurer Schöpfung!

Seid freundlich zu mir! Denn ich bin der Diener desselben, deines Gottes, des wahren Anbeters des Höchsten.

Henochisch (phonetisch):

Noh-noo-kee Dah-ess Soh-noof Bah-bah-jee, Oh-dah Kah-heesah Oh-bay Hoo-bardoh fee-bee-bee-pay, Ah-lah-lahr Ah-trah-ah-hay Oh-day Ay-eff!

Dah-reex Fah-fah-aynoo Meeah-noo, Ah-ray Ay-nah-ee Oh-voh-fah, Soh-oh-lah Doo-ah-ee-noo Ah-ah Von-payhoh.

Zoad-ah-kahray Goh-hoo-sah Oh-dah Zoad-ah-mer-ahnoo. Oh-doh Kee-klay Kahah!

Zoadorjee Lahpay Zoadeereedoh Noh-koh Mah-dah, Hoh-ah-tah-hay Ee-ah-ee-dah.

13. Schlüssel-Luft der Erde

Henochisch:

Napeai babage ds brin VX ooaona iring vonph doalim: eolis ollog orsba, ds chis affa.

Micma Isro Mad od Lonshi Tox, ds i vmd aai Grosb!

Zacar od zamran. Odo cicle qaa!

Zorge lap zirdo noco Mad, hoath Iaida.

Deutsch:

O ihr Schwerter des Südens, die ihr 42 Augen habt, um den Zorn der Sünde zu schüren, und die Menschen trunken macht, die leer sind.

Seht die Verheißung Gottes und seine Macht, die unter euch ein bitterer Stachel genannt wird!

Bewegt euch und zeigt euch. Öffnet die Geheimnisse eurer Schöpfung!

Seid freundlich zu mir! Denn ich bin der Diener desselben, deines Gottes, des wahren Anbeters des Höchsten.

Henochisch (phonetisch):

Nah-pay-ah-ee Bah-bah-jee Dah-ess Bay-ree-noo Vee Ex Oo-ah-oh-nah Lah-reen-gee Vohn-pay-hay Doh-ah-Ieem: Ay-oh-leesah Oh-loh-jee Ohrs-bah, Dah-ess Kah-heesah Ahf-fah.

Meek-mah Ees-roh Mahdah Oh-dah Lohn-shee Toh-tza, Dah-ess Ee-Vah-mee-dah Ah-ah-ee Grohs-bay!

Zoad-a-kah-rah Oh-dah Zoad-a-mer-ahnoo. Oh-doh Kee-klay Kah-ah!

Zoad-orjee Lah-pay Zoad-eer-eedoh Noh-koh Mah-dah, Hoh-ah-tah-hay Ee-aa-ee-dah.

14. Schlüssel-Wasser der Erde

Henochisch:

Noromi baghie, pashs O Iad, ds trint mirc OL thil, dods tol hami caosgi homin, ds brin oroch QUAR.

Micma bialo Iad! Isro tox ds I vmd aai Baltim.

Zacar od zamran. Odo cicle qaa!

Zorge lap zirdo noco Mad, hoath Iaida.

Deutsch:

O ihr Söhne des Zorns, ihr Kinder des Gerechten, die ihr auf 24 Sitzen sitzt und alle Geschöpfe der Erde mit Alter quält, die ihr 1636 unter euch habt.

Seht die Stimme Gottes! Die Verheißung dessen, der unter euch Zorn oder äußerste Gerechtigkeit genannt wird.

Bewegt euch also und zeigt euch. Öffnet die Geheimnisse eurer Schöpfung! Seid freundlich zu mir, denn ich bin der Diener desselben eures Gottes, der wahre Anbeter des Höchsten.

Henochisch (phonetisch):

Noh-roh-mee Bahg-hee-ay, Pahs-hay-sah Oh-ee-ah-dah, Dah-ess Tree-ndo-tay Meerkay Oh-el Tah-heelah, Doh-dah-sah Tol-hah-mee Kah-ohs-jee Hoh-mee-noo, Dah-ess Bay-ree-noo Oh-roh-chah Kwah-ah-ray.

Meek-mah Bee-ah-loh Ee-ah-dah! Ees-roh Tohx Dah-ess Ee Va-mee-dah Ah-ah-ee Bahl-tee-mah.

Zoad-a-kah-rah Oh-dah Zoad-a-mer-ahnoo. Oh-doh Kee-klay Kah-ah!

Zoad-orjee Lah-pay Zoad-eer-eedoh Noh-koh Mah-dah, Hoh-ah-tah-hay Ee-aa-ee-dah.

15. Schlüssel-Feuer der Erde

Henochisch:

Ils tabaan L Ialpirt, casarman vpaachi chis DARG ds oado caosgi orscor:
Ds oman baeouib od emetgis Iaiadix!
Zacar od zamran. Odo cicle qaa!
Zorge lap zirdo noco Mad, hoath laida.

Deutsch:

O Du, der Herrscher der Ersten Flamme, unter dessen Flügeln 6739 die Erde mit Trockenheit umspannen;
Der du den großen Namen Gerechtigkeit und das Siegel der Ehre kennst!
Bewegt euch und zeigt euch. Öffnet die Geheimnisse eurer Schöpfung!
Seid freundlich zu mir, denn ich bin der Diener desselben, eures Gottes, des wahren Anbeters des Höchsten.

Henochisch (phonetisch):

Ee-lah- sah Tah-bah-ah-noo Ayl Ee-ahl-peer-tah, Kas-ahr-mah-noo Oo-pah-ah-chee Kah-heesah Dahr-jee Dah-ess Oh-ah-doh Kah-ohs-jee Ohrs-koh-ray:
Dah-ess Oh-Mahnu Bah-ay-oh-oo-ee-bay Oh-dah Ay-mayt-gees Ee-ah-ee-ah-dix!
Zoad-a-kah-rah Oh-dah Zoad-a-mer-ahnoo. Oh-doh Kee-klay Kah-ah!
Zoad-orjee Lah-pay Zoad-eer-eedoh Noh-koh Mah-dah, H oh-ah-tah-hay Ee-aa-ee-dah.

16. Schlüssel-Luft des Feuers

Henochisch:

Ils viv Iaiprt, Salman Bait, ds a croodzi busd, od bliorax Balit, ds insi caosgi iusdan EMOD, ds om od tiiob.
Drilpa geh us Mad Zilodarp.
Zacar od zamran. Odo cicle qaa!
Zorge lap zirdo noco Mad, hoath Iaida.

Deutsch:

O Du der zweiten Flamme, des Hauses der Gerechtigkeit, der Du Deinen Anfang in der Herrlichkeit hast und die Gerechten trösten wirst, der Du auf der Erde wandelst mit 8763 Füßen, die die Geschöpfe verstehen und trennen.
Groß bist du, der Gott der Eroberung.
Bewegt euch also und zeigt euch. Öffnet die Geheimnisse eurer Schöpfung! Seid freundlich zu mir, denn ich bin der Diener desselben eures Gottes, der wahre Anbeter des Höchsten.

Henochisch (phonetisch):

Ee-lah-sah Vee-ee-vee Ee-ahl-peert, Sahi-mahn-oo Bal-toh, Dah-ess Ah Cro-oh-dahzoad-ee Boosdah, Oh-Dah Blee-ohr-ahx Bah-lee-tah, Dah-ess Ee-noo-see Kah-ohs-jee Loos-dah-noo Ah-Em-Oh-Day, Dah-ess Oh-Em Oh-dah Tah-lee-oh-bah.

Dah-reei-pah Gay-hah Ee-lah-sah Mah-dah Zoad-ee-loh dahr-pay.

Zoad-a-kah-rah Oh-dah Zoad-a-mer-ahnoo. Oh-doh Kee-klay Kah-ah!

Zoad-orjee Lah-pay Zoad-eer-eedoh Noh-koh Mah-dah, Hoh-ah-tah-hay Ee-aa-ee-dah.

17. Schlüssel-Wasser des Feuers

Henochisch:

Ils D Ialpirt, soba vpaah chis nanba zixiay dodseh, od ds brint TAXS Hubardo tastax ilsi.

Soba Iad i vonpho vonph.

Aldon dax il od toatar.

Zacar od zamran. Odo cicle qaa!

Zorge lap zirdo noco Mad, hoath Iaida.

Deutsch:

O du dritte Flamme, deren Flügel Dornen sind, um den Zorn zu schüren.

Und der 7336 lebendige Lampen hat, die vor Dir hergehen.

Dessen Gott Zorn im Zorn ist.

Gürte deine Lenden und höre zu.

Bewegt euch also und zeigt euch. Öffnet die Geheimnisse eurer Schöpfung! Seid freundlich zu mir, denn ich bin der Diener desselben eures Gottes, der wahre Anbeter des Höchsten.

Henochisch (phonetisch):

Ee-loh-sah Dah Ee-ahl-peer-tah, Soh-boh Oo-pah-ah-hay Kah- Heesah Nah-noo-bah Zoad-eex-lah-yoh Dohd-say-hah, Oh-dah Dah-ess Bay-reen-tah Tah-ah-ex-sah Hoo-bahr-doh Tahs-tax Ee-lah-see.

Soh-bah Es-ah-dah Ee Von-pay-hoh Oon-pay-hoh.

Ahl-doh-noo Dahx Eelah Oh-dah Toh-ah-tahray.

Zoad-a-kah-rah Oh-dah Zoad-a-mer-ahnoo. Oh-doh Kee-klay Kah-ah!

Zoad-orjee Lah-pay Zoad-eer-eedoh Noh-koh Mah-dah, Hoh-ah-tah-hay Ee-aa-ee-dah.

18. Schlüssel-Erde des Feuers

Henochisch:

Ils micaolz Olprt od Ialprt, bliors ds odo Busdir O Iad ovoars caosgo, casarmg ERAN la Iad brints cafafam, ds I vmd Aglo Adohi Moz od Maoffas.

Bolp como bliort pambt.

Zacar od zamran. Odo cicle qaa!

Zorge Iap zirdo noco Mad, hoath Iaida.

Deutsch:

O du mächtiges Licht und brennende Flamme des Trostes, die du die Herrlichkeit Gottes bis zum Mittelpunkt der Erde öffnest.

In dem die 6332 Geheimnisse der Wahrheit ihren Aufenthalt haben, der in Deinem Reich Freude heißt und nicht zu messen ist.

Sei Du ein Fenster des Trostes für mich.

Bewegt euch also und zeigt euch. Öffnet die Geheimnisse eurer Schöpfung! Seid freundlich zu mir, denn ich bin der Diener desselben, eures Gottes, der wahre Anbeter des Höchsten.

Henochisch (phonetisch):

Ee-loh-sah Mee-kah-ohl-zoad Ohl-peertah Oh-dah Ee-ahl-peertah, Blee-ohr-sah Dah-ess Oh-doh Boos-dee-rah Oh-ee-ah-day Oh-voh-ahrsah Kah-ohs-goh, Kass-armjee Ay-rahnoo Lah ee-andah Breen-tas Kah-fah-fay-may, Dah-ess EE Ooo-may-day Ahk-loh Ah-doh-hee Moh-zoad Oh-dah Mah-oh-fah-fah-sah.

Boh-lah-pay Koh-moh Blee-ohrta Pahm-bay-tay.

Zoad-a-kah-rah Oh-dah Zoad-a-mer-ahnoo. Oh-doh Kee-klay Kah-ah!

Zoad-orjee Lah-pay Zoad-eer-eedoh Noh-koh Mah-dah, Hoh-ah-tah-hay Ee-aa-ee-dah.

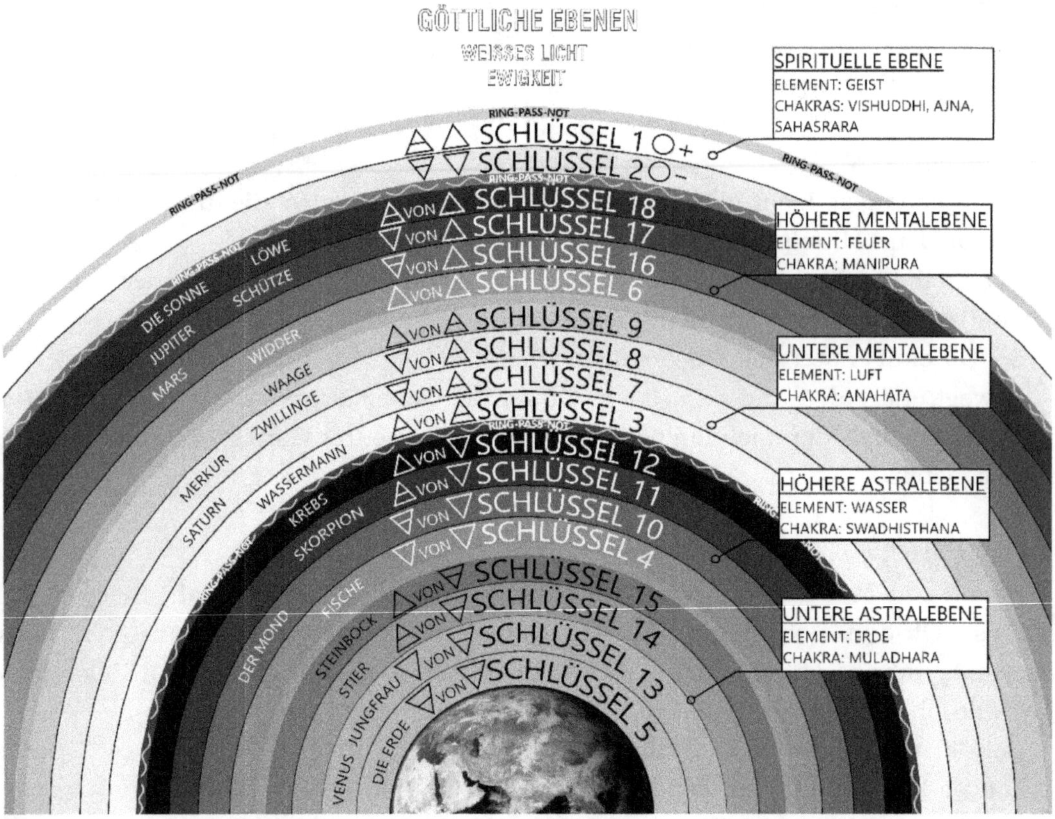

Abbildung 62: Die achtzehn henochischen Schlüssel

DIE DREISSIG ÄTHYRE (19. HENOCHISCHER SCHLÜSSEL)

Die Dreißig Äthyre, auch bekannt als die "Aires", bilden die Schichten der Aura. Die Äthyre unterscheiden sich von den Elementen in den Elementarebenen, sind aber gleichzeitig ein Teil von ihnen. Am besten lassen sich die Äthyre als die spirituellen Erfahrungen und Seelenlektionen der Elemente und Unterelemente in den henochischen Wachtürmen beschreiben. Die unterste der aetherischen Schichten ist die Erde. Die anderen Äthyre existieren in einer nach außen gerichteten Progression, beginnend mit der Erde, wobei jede in ihrer Dichte niedriger und in ihrer spirituellen Erfahrung höher ist als die unter ihr liegende.

Wie die Schichten einer Zwiebel bilden die Äthyre konzentrische Kreise, die sich gegenseitig überlagern. Als solche müssen die Äthyre systematisch und schrittweise evoziert und erfahren werden. Sie müssen mit dem untersten Äthyr beginnen, demjenigen, der der Erde am nächsten ist, und sich einen nach dem anderen nach oben bewegen, bis Sie den höchsten erreichen. Diese Reihenfolge muss eingehalten werden, um die Operation der Dreißig Äthyre korrekt auszuführen.

Denken Sie daran, dass diese Äthyre in verschiedenen Schwingungsfrequenzen existieren und den gleichen Raum und die gleiche Zeit wie Ihr physischer Körper einnehmen. Indem Sie Ihr Bewusstsein auf die gewünschte Schwingungsfrequenz anheben, stimmen Sie sich auf diese Ebene oder Unterebene der Realität ein.

Die Henochischen Äthyre und der Qabalistische Lebensbaum stellen die systematische Struktur der kosmischen Ebenen und Unterebenen der Existenz dar, die jenseits unserer physischen Sinne liegen. Sie sind subtil, aber in der Tat sehr real. Jeder Äthyr repräsentiert eine dieser verschiedenen Ebenen, mit einzigartigen Qualitäten und Energien. Einige Äthyre sind intelligent, sie existieren getrennt und außerhalb von uns selbst. Andere wiederum existieren nur als eine Projektion des Selbst. Alle Äthyre können jedoch von unserem Bewusstsein angezapft und erfahren werden.

Die Äthyre sind vergleichbar mit den Sephiroth des Lebensbaums und den Tarot-Pfaden, wenn auch nicht völlig identisch. Man könnte sagen, dass die Äthyre die subjektiven Erfahrungen der Sephiroth des Lebensbaums sind, wenn auch nicht die Sephiroth an sich. Die einzige vollständige Korrelation zwischen den Äthyrn und dem Lebensbaum ist der zehnte Äthyr, ZAX, der den Abgrund der elften Sephira, Daath, repräsentiert.

Die Äthyre korrespondieren vollständig mit den Chakren und den kosmischen Ebenen. Die Sephiroth hingegen sind in ihrer Funktion komplexer, da in den meisten Fällen eine Sephira durch mehrere Chakren wirkt. Nichtsdestotrotz gibt es eine große Ähnlichkeit zwischen den Äthyren und dem Lebensbaum, da jeder Äthyr einen Bewusstseinszustand verkörpert, der der spirituellen Erfahrung einer bestimmten Sephira oder eines bestimmten Tarot-Pfades entspricht.

Die Durchführung der Dreißig-Äthyr-Operation ist von der Erfahrung her vergleichbar mit dem Aufsteigen auf dem Lebensbaum, indem man dem Pfad des Flammenden Schwertes in umgekehrter Richtung folgt. Die mittleren und höheren Sephiroth stellen Bewusstseinszustände dar, die weiter fortgeschritten sind als die unteren Sephiroth. Daher erfordern sie, dass wir mehrere Äthyre erleben, um die ihnen zugedachten Lektionen zu lernen und ihre Einweihungen zu erfahren.

Wie bereits in einem früheren Kapitel erwähnt, umgeben die Äthyre unseren physischen Planeten, die Erde. Der dichteste und materiellste ist der Äthyr von TEX, während der höchste und spirituellste LIL ist. Die Reihenfolge der Äthyre muss beachtet werden, da jeder Äthyr als Einweihung in den nächsten dient. Ähnlich wie die rituellen Übungen, denen Sie bisher begegnet sind, dazu dienten, Sie in diese besonderen Energien einzuweihen, dienen auch die Äthyre als Einweihungen in diese verschiedenen Aspekte und Ebenen des Selbst.

Wenn Sie mit bestimmten Äthyren arbeiten, werden Sie wahrscheinlich spirituellen Wesenheiten begegnen. Diese Wesenheiten sind Manifestationen der verschiedenen Teile des Selbst. Sie können engelhaft, aber auch dämonisch sein. Im letzteren Fall können sie dich herausfordern und den Weg zum nächsten Äthyr blockieren, bis sie überwunden sind. Wenn Sie diese Herausforderungen überwinden, werden Sie in den nächsten Äthyr eingeweiht. Gleichzeitig können Sie sich auch den Aspekten von sich selbst stellen, die oft übersehen werden. Nachdem Sie diese Aspekte entdeckt und überwunden haben, können Sie mehr von Ihrer persönlichen Kraft nutzen.

Während Sie sich schrittweise und systematisch durch die Äthyre bewegen, wird Ihre Erfahrung immer weniger dicht und gleichzeitig immer freudiger. Natürlich sind wahres Glück und Freude eine Folge der Spirituellen Evolution. Im letzten und höchsten Äthyr, LIL, verschmilzt man mit der Nicht-Dualität von Gott, dem Schöpfer. Diese Erfahrung ist eine reine Glückseligkeit. Sie ist das ultimative Ziel des Nirwana, der Befreiung der Seele. An diesem Punkt ist das Große Werk vollendet.

Wenn Sie unter dem Einfluss der Energie eines Äthyr stehen, können Sie häufig Informationen über das Universum und das Leben herunterladen, während Sie sich in einem Traumzustand oder während einer Vision befinden. Meistens geschieht dies im Hintergrund, während Sie einen Traum oder eine Vision erleben. Vielleicht bemerken Sie sogar Ihre innere Stimme, die zu Ihnen spricht, und andere, unbekannte Stimmen. Da diese Arbeit darauf abzielt, Sie auf Ihren Heiligen Schutzengel einzustimmen, ermöglicht sie auch anderen höheren spirituellen Wesenheiten, Ihnen Informationen zu übermitteln. Diese Arbeit führt zu reiner Gnosis und erweitert Ihre Fähigkeit, die höhere Weisheit über unseren Kosmos zu verstehen und wahrzunehmen. Es ist ein wahres Geschenk des Göttlichen.

Die Operation der Dreißig Äthyre ist ein sehr schamanischer Aspekt der henochischen Magie, da jeder Äthyr einzigartige Visionen und mystische Erfahrungen bietet. Sie werden auch die Erfahrung machen, dass sich Ihnen verborgene Teile Ihres Selbst offenbaren, während die entsprechenden Chakren vollständig gestärkt werden. Sie werden vielleicht Bewegungen verschiedener Energien in sich spüren, und einige von Ihnen werden durch die Arbeit mit den Äthyren sogar ein vollständiges Kundalini-Erwachen erleben.

SEXUELLE ENERGIESTRÖME IN DEN ÄTHYRN

Jeder der dreißig Äthyre trägt einen bestimmten sexuellen Energiestrom in sich. Einige Äthyre enthalten eine Kombination aus männlichen (+) und weiblichen (-) sexuellen Strömen, während andere nur aus einem bestehen, in unterschiedlicher Intensität und Ausprägung. Die vorherrschende Qualität der männlichen sexuellen Strömung ist Bewusstsein oder Bewusstheit, ohne Emotionen oder Gefühle, mit einer Betonung auf Willenskraft. Die männliche Komponente des eigenen Wesens ist darauf ausgerichtet, zu handeln und den Intellekt zu stärken.

Die vorherrschende Qualität der weiblichen sexuellen Strömung ist dagegen blinde Emotion zusammen mit Glückseligkeit, ohne Intelligenz. Der weibliche Teil des Wesens ist in erster Linie auf Gefühle und Emotionen ausgerichtet. Während der männliche Anteil manchmal als gefühllos, rein logisch und intellektuell angesehen werden kann, kann der weibliche Anteil manchmal irrational und übermäßig emotional erscheinen.

Die Qualitäten der männlichen und weiblichen sexuellen Energieströme werden sich verschieben und verändern, während Sie durch die Äthyre fortschreiten, jeden einzelnen direkt erleben und sich dabei entwickeln. Wenn es darum geht, die Äthyre zu erfahren, die nur männlich oder nur weiblich sind, besteht das Ziel darin, die entgegengesetzte sexuelle Energie zu nutzen, um sie in sich selbst hervorzurufen und die Erfahrung auszugleichen. Diese Methode wiederum wird Ihr inneres Selbst in Harmonie bringen.

Die verschiedenen Kombinationen der männlichen und weiblichen Energien, die in den Äthyren anzutreffen sind, sind eine Folge der Teilung der *Monade*. Die Monade ist der Aspekt von uns selbst, der nicht-dual ist. Dieser Bereich der Nicht-Dualität ist gleichbedeutend mit der Energie, die Sie durch den ersten Äthyr, LIL, erfahren können. Die direkte Erfahrung von LIL ist vergleichbar mit der Erfahrung der transpersonalen Chakras, die jenseits von Sahasrara existieren. Sowohl LIL als auch diese Chakras sind nicht-dual.

Die männlichen und weiblichen sexuellen Energieströme innerhalb der henochischen Magie beziehen sich auch auf die Ida und Pingala Nadis des Kundalini-Systems. Wenn Sie eine erweckte Kundalini haben, werden Sie Fortschritte in den Ida- und Pingala-Nadis erleben, wenn Sie mit den Äthyren arbeiten. Einige Äthyre setzen enorme sexuelle Energie frei, sobald sie erweckt sind. Da ein direkter Zusammenhang zwischen der sexuellen Energie und der Kundalini besteht, werden erwachte Menschen bei der Arbeit mit den Äthyren viele Kundalini-bezogene Erfahrungen machen.

Während Sie durch die Äthyre gehen, werden Sie feststellen, dass Sie immer mehr inspiriert werden. Diese Inspiration korreliert mit dem Grad der sexuellen Energie und Strömung, die jeder Äthyr in sich trägt. Die höchsten Äthyre sind so inspirierend, dass Sie vielleicht verborgene Fähigkeiten in sich selbst freilegen, wie z.B. kreative Ausdrucksformen oder erhöhte Weisheit, von der Sie vielleicht nicht wussten, dass sie in Ihnen existiert.

Nach den Beschreibungen der einzelnen Äthyre gebe ich Ihnen die Aussprache der einzelnen Äthyre und den Neunzehnten Henochischen Schlüssel - den Ruf der Dreißig Äthyre. Sie sollen den Ruf phonetisch aussprechen und vibrieren, so wie er geschrieben ist, während Sie den einzelnen Äthyr, den Sie besuchen wollen, in den Ruf einfügen.

BABALON IN DER HENOCHISCHEN MAGIE

Babalon ist eine Göttin aus der mystischen Philosophie von *Thelema*. Aleister Crowley gründete Thelema, dessen grundlegende Überzeugungen und Prinzipien auf dem *Buch des Gesetzes beruhen*. Babalon ist die Große Mutter von Thelema, auch bekannt als die scharlachrote Frau. Sie repräsentiert die befreite Frau und den weiblichen Sexualtrieb. Sie wird mit Mutter Erde und der Sephira Binah identifiziert, da sie die Materie und das Meer des Bewusstseins repräsentiert.

Babalon ist die Hauptgöttin der henochischen Magie. Dee und Kelley haben sie in ihrer Kommunikation mit den henochischen Engeln gechannelt. Viele ihrer Formen finden sich in den henochischen Äthyren. Wie bereits erwähnt, enthalten die henochischen Äthyre starke sexuelle Strömungen. Babalon wird in bestimmten Äthyren anzutreffen sein, da sich ihre Macht allmählich offenbaren wird.

Babalons Hauptsymbol ist der Kelch oder Gral, auch bekannt als "Sangraal" oder der *Heilige Gral.* Als Eingeweihte des Lichts sollen wir unser Blut (metaphorisch gesprochen) in ihren Kelch gießen, als eine Form des Opfers und Sakraments, um uns spirituell weiterzuentwickeln und ewiges Leben zu erlangen. Auf diese Weise werden wir Mitgefühl und bedingungslose Liebe erlangen.

Babalons Gefährte ist Chaos, der Vater des Lebens und der männliche Aspekt des schöpferischen Prinzips. Babalon selbst ist der Kosmos. Während Chaos die Kraft repräsentiert, steht Kosmos für die Form. Babalon wird oft als Reiter der Bestie beschrieben, mit der sich Aleister Crowley persönlich sein ganzes Leben lang identifizierte.

Bei der Arbeit mit den Dreißig Äthyrn steht Babalon symbolisch für die Befreiung deiner sexuellen Energie. Diese sexuelle Energie bewegt sich durch verschiedene Teile deines Wesens. Auf der anderen Seite ist die Bestie dein niederes Selbst und dein ungezähmtes Bewusstsein, das keinen Spirit hat. Die Idee ist, Spirit in dein Unteres Selbst einzuflößen und es zu erhöhen, wodurch die Schwingung deines Bewusstseins angehoben wird. Auf diese Weise machst du dich zu einem Kanal für die Energie des Höheren Selbst oder des Heiligen Schutzengels. Auf diese Weise findet eine Verklärung statt, und dein Bewusstsein wandelt sich dauerhaft.

Sexuelle Energie ist transformative Energie des Bewusstseins, wie alle Kundalini-Erweckten wissen. Die Visionen von Babalon in den Beschreibungen der Äthyre sollen Ihnen helfen zu verstehen, wie Ihre sexuelle Energie sich Ihnen offenbart und wie sie Teile von Ihnen und Ihrem Bewusstsein beeinflusst.

Wenn Ihr Bewusstsein auf eine Religion oder ein spirituelles Pantheon ausgerichtet ist, ist es möglich, dass Sie Visionen von Babalon haben, die von einer Göttin Ihres Glaubens verkörpert werden. Babalon ist schließlich eine Darstellung der Göttin, und die Göttin hat viele Formen. Unabhängig davon, wie sie sich Ihnen präsentiert, ist es von entscheidender Bedeutung, dass Sie die Idee hinter der Vision, die Ihnen begegnet, und die Qualität des sexuellen Stroms, der dem Äthyr, mit dem Sie arbeiten, eigen ist, verstehen. Ein korrektes Verständnis der Erfahrung von Babalon wird dem Zweck der Operation selbst dienen, nämlich der Transformation des individuellen Bewusstseins und der spirituellen Evolution.

BESCHREIBUNGEN DER HENOCHISCHEN ÄTHYRE

Da die Magie Zahlen und Symbole verwendet, um sich Ihnen mitzuteilen (archetypische Ideen), werden sie sich durch Ihre unterbewussten Gedanken und Gefühle manifestieren. Seien Sie sich der Bilder in Ihren Visionen bewusst, die Personifikationen dieser Ideen sind, um zu verstehen, was die Energie versucht, Ihnen mitzuteilen. Archetypische Ideen sind das Ergebnis der Energie des Äthyre, die für jeden, der diesen Äthyr besucht, gleich ist. Ihre frühere Konditionierung und Ihr im Leben erworbenes Wissen verkörpern diese Kräfte durch Bilder, die Ihnen und nur Ihnen eigen sind. Auf diese Weise können wir unterschiedliche Visionen desselben Äthyre sehen, aber die Botschaft wird für alle dieselbe sein.

Ich bringe hier meine persönlichen Erfahrungen mit den Dreißig Äthyren ein, die ich bei der dritten Dreißig-Tage-Operation gemacht habe. Ich beziehe die dritte Operation mit ein, weil ich zu diesem Zeitpunkt offiziell den Abgrund überquerte. Aufgrund meines Kundalini-Erwachens, bevor ich in die Magie einstieg, war mein Bewusstsein bereits auf einem hohen Niveau. Dennoch musste ich zuerst meine feinstofflichen Körper der unteren Elemente ausrichten und reinigen, bevor ich den Abgrund erfolgreich überqueren konnte. Meine Erfahrungen mit den Äthyre boten dann energetische Transformationen, bei denen sich die Kundalini-Energie in meinem Lichtkörper ausrichtete, was schließlich dazu führte, dass mein Bewusstsein den Abgrund überquerte und sich mit dem kosmischen Bewusstsein verband. Diese Energietransformationen geschahen durch die sieben Chakren und die drei primären Nadis von Ida, Pingala und Sushumna.

Wie bereits erwähnt, trägt jeder Äthyr archetypische Energie, aber die Visionen, die jeder bekommt, werden unterschiedlich sein. Unabhängig davon ist es hilfreich, die symbolischen Ideen und die Energie hinter jedem Äthyr zu kennen, wenn Sie ihn besuchen. Diese Informationen geben Ihnen einen Fahrplan, um das Wissen und die Lektion, die ein Äthyr Ihnen vermitteln soll, zu verinnerlichen.

Meine Erfahrungen mit den Äthyr-Energien kamen mit einem direkten intuitiven Gefühl, das es mir ermöglichte, die Energie als quantifizierbare Essenz in meinem Herzchakra zu spüren und sie durch Intuition und Logik in Worte zu fassen. Abhängig von der sexuellen Strömung und ihrer Kraft in jedem Äthyr, konnte es mir transformatorische Erfahrungen mit der Kundalini-Energie bieten oder auch nicht, da diese Transformationen davon abhingen, zu welcher Ebene der Äthyr gehörte und ob ich Energieausrichtungen in diesem Bereich brauchte.

In meinen folgenden Beschreibungen der einzelnen Äthyre habe ich mich nicht auf ausführliche Beschreibungen von Visionen konzentriert, da diese, wie bereits erwähnt, für jeden anders sind. Stattdessen habe ich mich darauf konzentriert, das

Gefühl zu beschreiben, das durch die Energie jedes Äthyre erzeugt wird, und wie es sich auf meinen Geist, meinen Körper und meine Seele auswirkt.

Ich wäre nachlässig, wenn ich nicht die beiden großen Adepten der henochischen Magie, Gerald und Betty Schueler, erwähnen würde, deren Arbeit meine Arbeit in diesem Bereich stark beeinflusst hat. Da die henochische Magie außerhalb der magischen Orden nicht weit verbreitet ist, gibt es leider nicht viele Bücher oder Informationen darüber, besonders wenn es um die Arbeit mit den henochischen Schlüsseln geht.

Die Arbeit der Shuelers, vor allem an der Operation der Dreißig Äthyre, hat mir vor vielen Jahren, als ich diese henochischen Schlüssel erforschte, den Weg geebnet. Daher sind meine Visionen und Erfahrungen mit den Äthyren durch ihre Beschreibungen derselben beeinflusst. Da mein Hauptziel bei der Arbeit mit den Dreißig Äthyren darin bestand, meinen Kundalini-Erweckungsprozess voranzutreiben, habe ich die Komponente des intuitiven Fühlens der Energie hinzugefügt und ihr erlaubt, mit meinem Kundalini-System zu arbeiten.

30. Äthyr-TEX

Die englische Übersetzung von TEX ist "der Äthyr, der in vier Teilen ist". Als der niedrigste der Äthyre befindet er sich im unteren Teil der unteren Astralebene innerhalb des Elements Erde, entsprechend dem Wurzelchakra Muladhara. TEX ist der Äthyr, der unserer eigenen physischen Erde am nächsten ist. Dieser Äthyr oszilliert natürlich zwischen der physischen Welt der Materie und der unteren Astralebene. Die beiden sind untrennbar miteinander verbunden und verflochten.

Ich spürte in diesem Äthyr ein starkes karmisches Gefühl in Bezug auf die Begrenzungen meiner Selbstwahrnehmung. Ich erlebte diese Begrenzungen in meinen Handlungen den ganzen Tag über, und mein Wunsch, ein Mitschöpfer in meiner Realität zu sein, nahm ab. Ich spürte auch ein Gefühl der Stille in meinem Geist und eine Einschränkung meiner kognitiven Fähigkeiten. Da die evozierte Energie relativ dicht war, fühlte ich einen Mangel an Fähigkeit, mich in diesem Äthyr vollständig auszudrücken, und ein Gefühl von Fegefeuer oder Vorhölle des Selbst. TEX trägt beide sexuellen Energieströme in sich und wird mit der Erfahrung von Malkuth auf dem Baum des Lebens verglichen. Aufgrund der insgesamt dichten Energie und der milden sexuellen Strömung hatte ich in diesem Äthyr keine signifikante transformative Erfahrung.

29. Äthyr-RII

Die englische Übersetzung von RII ist "der Äthyr der Barmherzigkeit des Himmels". Er befindet sich im höchsten Teil der unteren Astralebene innerhalb des Elements Erde. Wie im TEX benutzen wir unseren unteren Astralkörper, um in RII zu reisen. Außerdem ist RII mit dem Muladhara Chakra verwandt, demselben wie TEX, da beide dem Erdelement angehören. RII und TEX sind eng miteinander verwandt, aber voneinander getrennt. RII ist die Region, die die Himmel und Höllen der Weltreligionen enthält, und als solche ist es der Bereich der Inneren Ebenen, der erfunden ist und auf falschem Denken beruht.

In diesem Äthyr gab es ein Gefühl des karmischen Urteils. Ähnlich wie bei TEX hatte ich das Gefühl, dass meine kognitiven Fähigkeiten vermindert waren. Dieser Äthyr hat ein intensives Tagtraumgefühl. Manchmal fühlte es sich luftig an, obwohl meine Gedanken eher im passiven Modus zu sein schienen. Mir wurde klar, dass ich manchmal während des Tages unbewusst in RII eintrete, wenn ich eine geistige Pause von dem brauche, was ich gerade tue. Sowohl männliche als auch weibliche sexuelle Energieströme sind in RII vorhanden. Dieser Äthyr ist vergleichbar mit dem höchsten Teil von Malkuth auf dem Lebensbaum, der an den Eintritt in Yesod grenzt. Wie in TEX habe ich auch hier keine signifikante Transformation mit der Kundalini-Energie erlebt. Ich glaube, das liegt an der Dichte der Äthyr-Energie und dem relativ milden sexuellen Strom.

28. Äthyr-BAG

Die englische Übersetzung von BAG ist "der Äthyr des Zweifels". Dieser Äthyr befindet sich in der untersten Unterebene der Höheren Astralebene innerhalb des Wasserelements, in Verbindung mit dem Sakralchakra, Swadhisthana. Der Höhere Astralkörper wird oft als Emotionalkörper bezeichnet. Wir benutzen unseren höheren Astralkörper, um in dieser Ebene zu reisen. Da physisches Wasser 60% unseres Körpers ausmacht, trägt es Erinnerungen und Emotionen in sich.

Das Ego existiert aufgrund der Art und Weise, wie wir diese vergangenen Ereignisse in unserem Leben verarbeitet haben. Als solches hat es Angst, Zweifel und Schuldgefühle in Bezug auf das, was es zu sein glaubt, weil seine Existenz auf fehlerhaftem Denken beruht. Hier müssen Sie den Teil des Egos konfrontieren, der Angst in die Welt projiziert.

Die sexuelle Strömung, die in BAG vorhanden war, war eine rein männliche. Bei einer Kundalini erweckten Person arbeitet dieser Äthyr mit dem Pingala Nadi. Es ist vergleichbar mit dem Eintritt in die Sphäre von Yesod auf dem Baum des Lebens.

Ich spürte hier ein Gefühl des reinigenden Leidens. Die Emotionalität dieses Äthyrs war stark. Ich musste mich den Komplexen in meinem Unterbewusstsein stellen, die mir im Laufe des Tages präsentiert wurden. Der hier anwesende Teil des Egos ist der Spiegel der Seele (Abbildung 63). Er ist ihr Spiegelbild, aber nicht die Seele an sich. Auf diese Weise wurde dieser emotionale Teil des Ichs erschaffen, da ich es bin, der ihm Leben eingehaucht und ihn in diesem Bereich manifestiert hat. In der BAG musste ich mich diesem Teil von mir stellen und ihn überwinden.

Abbildung 63: Das Ego als Spiegelbild der Seele in der BAG

Ich spürte, dass meine Selbstzweifel und negativen Erinnerungen mich daran hinderten, meine persönliche Kraft zu maximieren. Diese Einschränkung war mit Leid verbunden, da die Identifizierung eines Teils von mir mit dem Ego bedeutete, dass ich mich nicht mit der Seele identifizierte. Diese Handlung schränkte meine Seele ein, nahm ihr die Freude und hinderte ihr Licht daran, in seiner vollen Kapazität zu strahlen.

Als ich diesem Teil des Egos begegnete, konnte ich ihn als das erkennen, was er ist - eine Illusion des Verstandes. Es zeigte sich mir nicht in einer Vision, sondern eher als ein intuitives Gefühl in meinem Herzchakra. Ich merkte sofort, wie ich mich selbst betrachtete und wusste, womit ich es zu tun hatte. Mein Ego versuchte, mich mit einer Angsttaktik zu erschrecken, aber ich blieb fest in der inneren Stille, die ich in mir selbst erzeugte. An diesem Abend gab es keine Transformationen durch die Kundalini-Energie. Ich lernte jedoch, meinen Geist zu beruhigen, während ich die Emotion der Angst erlebte, als eine Methode, die Angst zu neutralisieren und zu überwinden.

27. Äthyr-ZAA

Die englische Übersetzung von ZAA ist "der Äthyr der Einsamkeit". Es gab ein durchdringendes Gefühl der Einsamkeit in diesem Äthyr. ZAA befindet sich im unteren Teil der höheren Astralebene innerhalb des Wasserelements und entspricht dem Sakralchakra, Swadhisthana. Hier hatte ich das Gefühl, allein mit mir selbst zu sein, ohne Emotionen und Gefühle. Dieses Gefühl ist natürlich, begleitet von der Entwicklung des Egos.

Da jeder von uns ein individuelles Wesen ist, das im Universum existiert, sind wir für immer allein mit unserer geistigen Realität und uns selbst. Die Vorstellung, eine vom Universum getrennte Entität zu sein, bringt dieses Gefühl der Einsamkeit mit sich. Es ist eine Illusion, aber in diesem Äthyr werden alle anderen Teile des Selbst abgestreift, um mit dieser Realität fertig zu werden. Ich musste mental Mitgefühl kultivieren und das, was mit mir geschah, mit den mir zur Verfügung stehenden kognitiven Fähigkeiten rationalisieren.

Dieser Äthyr hat einen mondähnlichen Charakter, und ich spürte, wie sich meine mentalen Komponenten leicht öffneten, während meine emotionale Kapazität völlig gedämpft wurde. ZAA hat ein sehr mondartiges Gefühl, ähnlich wie die Anrufung des Luftelements oder des Mondplaneten, aber ohne greifbare kognitive Fähigkeiten, die ich nutzen kann. Das Bewusstsein von ZAA kann mit Yesod auf dem Baum des Lebens verglichen werden, da es die Fortsetzung der Überwindung des Egos ist, die ihren Ursprung in BAG hat. In diesem Fall hat das Identitätsgefühl des Egos dieses Gefühl des Alleinseins mit sich selbst erzeugt.

ZAA isoliert das Gefühl des Alleinseins mit sich selbst und abseits des Universums, so dass Sie mit dieser Vorstellung umgehen und sie überwinden können. Wir alle haben dieses Gefühl des Alleinseins irgendwann einmal in unserem Leben gespürt. Indem wir es im Laufe unseres Lebens immer wieder erlebt haben, ist dieses Gefühl gewachsen und stärker geworden. In ZAA muss dieses Gefühl direkt konfrontiert werden.

Das Gefühl der Einsamkeit in ZAA resultiert aus verzerrtem Denken, weil wir Individuen sind; wir sind jedoch nicht allein, sondern ein Teil des Universums. Die Leere der Emotionen und die Einsamkeit in ZAA bringen auch das Gefühl der Fülle des Raums hervor. Ich konnte den Raum um mich herum als eine Form von grenzenloser Dunkelheit spüren. In diesem Sinne konnte ich Yesods Verbindung zu Binah, dem Urheber von Raum und Form, spüren.

Der sexuelle Energiestrom in ZAA ist weiblich. Bei einer Kundalini erweckten Person arbeitet dieser Äthyr mit der Ida Nadi. Aufgrund des milden sexuellen Stroms gab es keine Kundalini-Transformation. Bei den letzten beiden Malen, bei denen ich die Dreißig-Äthyr-Operation durchgeführt habe, habe ich festgestellt, dass die Stärke des sexuellen Energiestroms mein Inspirationsniveau beeinflusst, was wiederum die Kraft der Kundalini-Energie beeinflusst. Diese unteren Äthyre enthalten wenig Freude, und die Kundalini braucht inneres Glück, um voll aktiv zu sein, damit sie mit ihrer vollen Kapazität arbeiten kann.

26. Äthyr-DES

Die englische Übersetzung von DES ist "der Äthyr, der das, was ist, akzeptiert". Nach der Einsamkeit von ZAA war ich darauf vorbereitet, die Grenzen des Verstandes und seiner kognitiven Fähigkeiten zu verstehen. Dieser Äthyr ist auf Logik und Vernunft ausgerichtet, aber er hat keine Intuition. Er befindet sich in der oberen Region der höheren Astralebene innerhalb des Wasserelements und entspricht dem Sakralchakra, Swadhisthana. Das Ego ist hier präsent, wie es bei allen Arbeiten auf der Astralebene präsent ist.

Die Dualität ist in diesem Äthyr aufgrund seiner logischen Natur präsent. Das Ego existiert aufgrund der Interpretation von Lebensereignissen durch die Linse der Dualität. Alle Erfahrungen im Leben werden in gute und schlechte Komponenten eingeteilt und in einem Aktenschrank, dem menschlichen Verstand, abgelegt. Die Intelligenz, das Ego, hat die vollständige Kontrolle über die unteren Äthyre, greift aber nicht in die höheren Äthyre ein.

Die Wahrheit kann nicht allein durch Logik und Vernunft wahrgenommen werden, und hier konnte ich diese Grenzen erkennen und spüren. In diesem Äthyr gibt es eine Menge Unterscheidungsvermögen, und wegen der intellektuellen Komponente wird das Leben sehr ernst genommen. Auf dem Lebensbaum ist dieser Äthyr mit dem Eintritt in die Sphäre von Hod vergleichbar. Daher ist er sehr merkurial. Ich musste lernen, Logik und Vernunft zu überwinden und mich über sie zu erheben, damit ich versuchen konnte, durch Intuition wahrzunehmen. Das war die größte Herausforderung in diesem Äthyr.

Die Intuition ist das, was das Höhere Selbst zur Kommunikation nutzt. Sie ist unsere Verbindung mit dem Höheren Selbst. Der angeborene Wunsch, der im Selbst entsteht, durch Intuition wahrzunehmen, ermöglicht es Ihnen, diesen Äthyr zu überwinden. Das menschliche Leben ist lediglich ein göttliches Spiel, und der Verstand kann sich über Logik und Vernunft erheben und allein durch Intuition funktionieren.

Der sexuelle Energiestrom in diesem Äthyr ist männlich. Bei einer Kundalini erweckten Person arbeitet dieser Äthyr mit der Pingala Nadi. In DES habe ich keine energetischen Kundalini-Transformationen erlebt.

Diese niederen Äthyre sind die notwendige Vorbereitung für die höheren Äthyre, weil sie den Geist in einen Zustand versetzen, in dem kognitive Begrenzungen erfahren werden. Sobald diese Begrenzungen beseitigt sind, kann dies zu einer kraftvollen spirituellen Erfahrung in den höheren Äthyren führen. Auf dem Weg durch die Äthyre nehmen Freude und Inspiration zu, zusammen mit einem stärkeren sexuellen Energiestrom, die alle die Kundalini-Energie bewegen und antreiben.

25. Äthyr-VTI

Die englische Übersetzung von VTI ist "der Äthyr des Wandels". Es befindet sich in der oberen Region der höheren Astralebene innerhalb des Wasserelements und entspricht dem Sakralchakra, Swadhisthana. VTI ist gekennzeichnet durch das Gefühl einer Veränderung der kognitiven Fähigkeiten. Ein neu entdeckter Sinn für Intuition ersetzte die Logik und Vernunft des Intellekts. Es war das erste Mal, seit ich mit der Dreißig-Äthyr-Operation begonnen hatte, dass ich Zugang zu meiner Intuition hatte, die ich nutzte, um auf die Realität um mich herum zu schließen. Wir können die Wahrheit direkt wahrnehmen, aber die Intuition, die in der VTI vorhanden ist, ist ziemlich widerspenstig und undiszipliniert, weil sie einen Bewusstseinszustand knapp oberhalb des Egos darstellt.

Diese Region ist die erste Stufe dessen, was Crowley die "Bestie" nannte. Geistiger Stolz ist in diesem Äthyr vorhanden, weil das Bewusstsein auf dieser Ebene noch mit der niederen Persönlichkeit und dem physischen Körper verbunden ist. Die Arbeit der höheren Äthyre besteht darin, diesen Bewusstseinszustand zu reinigen und das Höhere Selbst zu erheben. In diesem Sinne wird die Bestie in uns wachsen und reifen. In den niederen Äthyrn müssen wir unsere niedere Natur verfeinern und Erfahrungen sammeln, um diese Aufgabe zu erfüllen.

VTI kann auch als Spiegelbild meines heiligen Schutzengels gesehen werden, obwohl ich ihm erst in den höheren Äthyren begegnen sollte. Der sexuelle Energiestrom in diesem Äthyr ist weiblich. Eine Kundalini erweckte Person arbeitet in diesem Äthyr mit der Ida Nadi. Der Bewusstseinszustand von VTI wird mit dem Eintritt in Netzach auf dem Lebensbaum verglichen, da der Intellekt von Hod zurückgelassen und durch Intuition ersetzt wird.

Die Atmosphäre dieses Äthyre befindet sich immer noch in der Astralebene, beginnt aber jetzt höher zu reichen als das Wasserelement allein. Hier hatte die Intuition eine anhaltende, luftige Qualität. Ich habe in VTI keine Kundalini-Transformationen erlebt, da die Energie hier noch zu dicht ist. Alle sexuellen Energieströme sind bisher sehr mild gewesen.

24. Äthyr-NIA

Die englische Übersetzung von NIA ist "der Äthyr des Reisens". Er befindet sich an der Spitze der höheren Astralebene und grenzt an die untere Mentalebene. Es ist eine Region der Einweihung in das Reisen im Lichtkörper. NIA enthält den Einfluss der darüber liegenden Mentalebene, und da die Emotionen und Gedanken des Egos den Lichtkörper nicht belasten, befindet er sich im Flugmodus. Dieser Äthyr ist die Vorbereitung für die darüber liegenden Äthyre, die eine höhere Schwingungsfrequenz haben als die darunter liegenden.

Ich erlebte eine vollständige emotionale Befreiung in diesem Äthyr. Ich fühlte, dass mein Bewusstsein befreit war, um die Grenzenlosigkeit des Raumes zu erfahren. Als sich dieses Gefühl einstellte, fühlte ich mich völlig losgelöst vom Ego. Es gibt ein Gefühl der Freude im NIA-Äthyr, das eine Hauptkomponente der spirituellen Entwicklung ist.

In NIA bin ich auf den ersten Ring-Pass-Not gestoßen, der eine klare Trennung zwischen den Äthyren darunter und denen darüber herstellt. Der Ring-Pass-Not ist ein von Madame Blavatsky in der *Geheimlehre* geprägter Begriff, der sich auf Phasen oder Zustände des Bewusstseins bezieht. Er ist ein Synonym für den qabalistischen Begriff "Schleier", der sich auf die verschiedenen Schleier auf dem Baum des Lebens bezieht. Es ist eine Trennlinie zwischen einem Bewusstseinszustand und einem anderen. Er bedeutet, dass das, was sich in einem niedrigeren Bewusstseinszustand befindet, nicht in einen höheren Bewusstseinszustand übergehen kann. Der Ring-Pass-Not ist die Grenze, die bestimmte Bewusstseinszustände voneinander trennt. Der Ring-Pass-Not in NIA entspricht dem Schleier von Paroketh auf dem Baum des Lebens.

In der henochischen Magie trennt der Ring-Pass-Not die verschiedenen Ebenen des Seins voneinander ab. Was die niedere und die höhere Astralebene betrifft, so sind sie unteilbar und werden als eine Ebene betrachtet. Das Gleiche gilt für die niedere und die höhere Mentalebene.

In gewissem Sinne ist NIA eine Zusammenfassung der darunter liegenden Äthyre, die die besten Eigenschaften der einzelnen Äthyre vereint. Es trägt sowohl männliche als auch weibliche sexuelle Energieströme in sich. Qabalistisch gesehen ähnelt es der höheren Region von Netzach auf dem Lebensbaum, die an den Schleier von Paroketh grenzt.

Die Äthyre über NIA fühlen sich wie ein Geschenk des Göttlichen an, mit einer wesentlich höheren Ebene spiritueller Freude, die in jedem von ihnen vorhanden ist. Das Gewicht der Emotionen des Egos durchdringt die Äthyre oberhalb von NIA nicht, da sie auf das Wasserelement beschränkt sind.

In der Nacht, in der ich mit NIA gearbeitet habe, hatte ich luzide Träume, in denen ich geflogen bin. Ich erlebte hier jedoch nichts Transformatives. Nachdem ich die Dreißig-Äthyr-Operationen bereits zweimal absolviert hatte, wusste ich, dass die transformativen Erfahrungen in den mittleren Äthyre begannen, in die ich mich nun begab.

23. Äthyr-TOR

Die englische Übersetzung von TOR ist "der Äthyr, der das Universum aufrechterhält". Es ist der erste Äthyr der unteren Mentalebene im Luftelement, der mit dem Herzchakra, Anahata, korrespondiert. Der Ring-Pass-Not in der Region, die TOR und NIA trennt, soll verhindern, dass der Astralkörper in die Mentalebene eindringt. In TOR nahm ich zum ersten Mal meinen Mentalkörper an. In TOR ist eine aktive Erdenergie vorhanden, und der gesamte Äthyr hat ein Thema von Arbeit oder körperlicher Arbeit. Ich hatte das Gefühl, dass Arbeit (auf verschiedenen Ebenen) genau das ist, was das Universum erhält.

Die Atmosphäre in TOR war schwer und dunkel. Es ist die Arbeit, die Stabilität schafft, die ihrerseits den Wandel beeinflusst. Der Mensch und das Universum sind die Auswirkungen der Arbeit einer unendlichen Anzahl von Komponenten, die alle zusammenarbeiten, um Veränderungen zu schaffen und sich zu entwickeln. Wenn sich die Materie aus dem Geist entwickelt, bleibt sie nicht stehen, sondern setzt den Prozess der Involution fort. Der Prozess der Bewegung und Veränderung ist hier gegenwärtig und unendlich.

Der sexuelle Energiestrom ist männlich, da das Konzept der Kraft in diesem Äthyr allgegenwärtig ist. Das Bewusstsein von TOR ähnelt einem erdigen Aspekt von Tiphareth. Ich erlebte einen Zustrom verschiedener Kräfte, die in Tiphareth auf dem Baum des Lebens zusammenlaufen.

Die Energie des Äthyrs erinnerte mich an die Tierkreis-Energie des Stiers, der das Unterelement der Luft der Erde ist. Während ich die geerdete Energie von TOR verkörperte, war ich standhaft und vollendete alle Ziele, die ich mir an diesem Tag gesetzt hatte. Da ich mich jetzt auf der unteren Mentalebene befand, konnte ich sowohl meinen Intellekt als auch meine Intuition in hohem Maße nutzen. Ich erlebte keinen nennenswerten Sog des sexuellen Energiestroms, dem ich begegnete, und die Anhäufung sexueller Energie war relativ gering. Ich spürte jedoch, wie sich mehr meiner geistigen und mentalen Fähigkeiten langsam öffneten und mir zur Verfügung standen, was erfrischend war.

22. Äthyr-LIN

Die englische Übersetzung von LIN ist "the Äthyr of the Void". Es ist der zweite Äthyr in der unteren Mentalebene innerhalb des Luftelements, entsprechend dem Herzchakra, Anahata. Dieser Äthyr ist die erste direkte Erfahrung von Spiritualität, da mein Bewusstsein beim Besuch der Äthyre nach oben gestiegen ist. Ich erlebte hier einen Hauch von Samadhi, dem mystischen und meditativen Bewusstsein.

In LIN trifft die Form auf das Formlose. Die Idee des Formlosen wird in den Äthyren oberhalb von LIN deutlicher. Das Formlose ist der Beginn der Nicht-Dualität. Es ist eine unendliche Leere, von der der Äthyr seinen Namen hat. Andererseits kann die Form als eine Ausdehnung im Raum in der endlosen Leere betrachtet werden. Als solche ist die Mentalebene grenzenlos.

LIN versetzte mein Bewusstsein in einen natürlichen meditativen Zustand. Das Hören von Musik fühlte sich transzendenter an als je zuvor, während ich in diesem Äthyr war. Es gab Momente, in denen ich mich völlig in Zeit und Raum verlor und in jede Tätigkeit vertieft war, die ich gerade ausübte. Die unermessliche Weite der Leere fühlte sich an, als würde sie sich endlos in alle Richtungen erstrecken.

Der sexuelle Energiestrom, der diesen Äthyr durchdringt, ist weiblich. Für Kundalini-Erweckte ermöglicht LIN, die Ida Nadi in ihrem natürlichen passiven, rezeptiven Zustand zu erleben. Dieser Äthyr bringt ein kühlendes Gefühl mit sich und eine Verbindung mit der spirituellen Komponente des Luftelements.

Die Energie von LIN erinnerte mich an das Tierkreiszeichen Wassermann oder den Sternenpfad des Tarot. Das Bewusstsein von LIN war einem luftigen Aspekt von Tiphareth ähnlich. Da ich Wassermann bin, fühlte sich dieser Äthyr wie ein Zuhause an. Ich konnte den ganzen Tag über die kalte Luft auf meiner Haut spüren. Am Abend spürte ich eine Energieausrichtung im Kundalini-System, als ich in einen Traumzustand geriet. Der sexuelle Energiestrom wurde im Vergleich zu den niedrigeren Äthyren merklich stärker.

21. Äthyr-ASP

Die englische Übersetzung von ASP ist "der Äthyr der Verursachung". Es ist der dritte Äthyr in der unteren Mentalebene innerhalb des Luftelements, das mit dem Herz-Chakra, Anahata, korrespondiert.

ASP ist der Äthyr des rekarnierenden Egos. Es ist der Teil von uns, der die Manifestation in den niederen Bereichen der Existenz übernimmt, um sich durch Zeit, Raum und Form auszudrücken. Es reinkarniert von einem Leben ins nächste und lernt Lektionen aus einer langen Reihe von Lebenserfahrungen. Während das persönliche Ego ein Ausdruck des Selbst ist, der in diesem Leben mit dem physischen Körper verbunden ist, ist das reinkarnierende Ego das höhere Ego, der unpersönliche Sinn des Ichs auf der Seelenebene.

In meinen Visionen von diesem Äthyr sah ich flüchtige Eindrücke von dem, was meine früheren Leben gewesen sein könnten. Ich war an Orten in der Welt, an denen ich noch nie gewesen war, und habe Aktivitäten ausgeübt, an die ich mich in diesem Leben nicht erinnern kann.

Das reinkarnierende Ego kann nicht in die Äthyre über ASP sehen, sondern manifestiert sich nur durch die Äthyre unter ihm. Es ist die Reflexion des Höheren Selbst und des Universellen Bewusstseins, das in uns vorhanden ist. Das Reinkarnierende Ego ist die verzerrte Version unserer wahren spirituellen Natur, die durch die Mentalebene projiziert wird. Es ist das, was den physischen Körper belebt, aus dem im Laufe der Zeit das persönliche Ego entsteht.

Es gibt sehr wenig Freude in diesem Äthyr, denn es herrscht ein durchdringendes Gefühl der Trostlosigkeit, das sich wie die Fortsetzung der Einsamkeit in ZAA anfühlt. Es ist ein Ergebnis der Identifikation mit unserem persönlichen Ego. Die Herausforderung besteht hier darin, die Identität vom persönlichen Ego auf das reinkarnierende Ego zu verlagern, das viele Lebenszeiten hat. Wenn Sie dies tun, werden Sie ein Gefühl der Befreiung und Freiheit verspüren, da Sie wissen, dass Ihre Seele nach Ihrem Tod ihre Reise in das nächste Leben fortsetzen wird.

ASP ist ein dichter Äthyr im Vergleich zu den höheren Äthyren der Mentalebene. Der sexuelle Energiestrom ist männlich. Für die Kundalini-Erweckten entspricht dieser Äthyr der Pingala-Strömung. Das Bewusstsein von ASP ähnelt einem feurigen Aspekt von Tiphareth, da das reinkarnierende Ego durch Inkarnationen mit der Identität der Seele verbunden ist. Das Reinkarnierende Ego steigt von Kether nach Tiphareth herab und drückt sich als das männliche Prinzip dieser Sphäre aus. Ich spürte an diesem Abend eine Energieausrichtung in meinem Herzchakra, als ich in meinem Bett lag und versuchte, einzuschlafen. Sie fühlte sich dicht an und war von solarer Qualität, genau wie das allgemeine Gefühl des Äthyre.

20. Äthyr-KHR

Die englische Übersetzung von KHR ist "der Äthyr des Rades". Es ist der vierte Äthyr in der unteren Mentalebene innerhalb des Luftelements und entspricht dem Herz-Chakra, Anahata. Dieser Äthyr ist ein Ausdruck der Zyklen, die Teil des Lebens sind. Als solches ist es eng mit dem Pfad des Rad des Schicksalss im Tarot verbunden.

In meinen Visionen sah ich immer ein Symbol eines Rades. Dieses Rad bezieht sich auf die Zyklen der Zeit und auch auf Karma. KHR bezieht sich auf die Chesed Sephira, da die männliche Energie von Jupiter durch die weibliche Energie von Juno (Frau von Jupiter) gemildert wird.

Alle religiösen und spirituellen Traditionen haben die Idee des Rades und der Zyklen als Teil ihrer allgemeinen Philosophie. Dieses sich drehende Rad ist unser Universum. Es lehrt uns die Lektionen des Lebens, während wir durch die vielen Perioden gehen, insbesondere die Sonnen- und Mondzyklen. In diesem Äthyr ist ein

Überschuss des Wasserelements vorhanden, was ich sofort bemerkte, als ich ihn betrat. Die Energie war jedoch ausgeglichen, da sich alle vier Elemente im KHR befinden und einen Teil des Rades bilden. Mit einem Zustrom von Energie aus Chesed ist das Bewusstsein von KHR mit einem wässrigen Aspekt von Tiphareth vergleichbar.

Die Idee des Schicksals und der Vorsehung ist in KHR präsent, die Atmosphäre ist sowohl freudig als auch melancholisch - es ist eine Dualität vorhanden. Der sexuelle Energiestrom ist sowohl männlich als auch weiblich. Ich spürte eine starke Verbindung zur Grenzenlosigkeit des Bewusstseins. Die Energie fühlte sich emotional und geistig ziemlich schwer an; daher erlebte ich an diesem Abend keine Energietransformationen.

19. Äthyr-POP

Die englische Übersetzung von POP ist "der Äthyr der Teilung". Er befindet sich in der Mitte der unteren Mentalebene innerhalb des Luftelements und entspricht dem Herz-Chakra, Anahata. Die Energie dieses Äthyrs ähnelt in Qualität und Art dem Pfad der Hohepriesterin im Tarot. POP kanalisiert das weiße Licht von Kether vom Kronenchakra in das Herzchakra. Qabalistisch gesehen ist dein Bewusstsein so, als ob du dich noch in Tiphareth befindest und die vielen Lektionen und Einweihungen durcharbeitest, die diese Sphäre umgeben.

POP verkörpert den Ausdruck der "Priesterin des Silbersterns". Sie wird von den Ägyptern Isis und von den Christen Maria genannt. Sie ist auch die Shekinah der hebräischen Tradition. Sie verkörpert den spirituellen Impuls in seinem weiblichen Aspekt. Als solche ist POP ein Äthyr der Einweihung in den weiblichen spirituellen Strom, der direkt von der Gottheit kommt. Wenn Sie ein Mann sind, der Magie praktiziert, wird die Einweihung in POP eine große sein, so wie sie für mich war. Die drei Elemente Wasser, Luft und Geist sind in diesem Äthyr präsent.

POP vermittelt dem Geist, dass die Dualität von Gut und Böse ein Teil der menschlichen Existenz ist. Im POP gibt es einen Kampf zwischen Leben und Tod. Spiritualität ist ein Weg, sich über diese Dualität zu erheben und das Einssein des Geistes zu erfahren. Dieser Äthyr gehört zur weiblichen sexuellen Strömung und dient für die erweckte Kundalini dazu, die Ida Nadi zu reinigen und alle Blockaden zu entfernen, die ihren Fluss behindern. In diesem Äthyr herrscht Stille in den Gedanken und Emotionen, da der Geist völlig passiv wird und bereit ist, die Einweihung der spirituellen weiblichen Strömung zu empfangen.

Als ich am Abend der Evokation in meinem Bett lag, spürte ich, wie sich die Energie in meinem Kopf und meinem Herzen regte. Das führte zu der tiefgreifendsten transformatorischen Kundalini-Erfahrung, die ich bisher mit den Äthyren gemacht habe. Das gleiche Ereignis ereignete sich in POP bei den ersten beiden Malen, als ich die gesamte Dreißig-Äthyr-Operation durchführte.

Dieser Äthyr hat sich für mich als zutiefst transformierend erwiesen. In allen drei Fällen spürte ich, wie der Ida-Kanal mit Prana-Energie gesättigt wurde und sich schließlich mit seinem Austrittspunkt am oberen Ende des Kopfes ausrichtete. So wurde die Verbindung zwischen meinem Herzen und meinem Kopf ausgerichtet, und eine kühlende spirituelle Energie durchdrang die linke Seite meines Körpers und trat in mein physisches Herz ein. Es war berauschend und versetzte mich in einen ruhigen Geisteszustand wie nie zuvor.

Die Einweihung dieses Äthyrs steht für den Akt des Annehmens und Empfangens des weiblichen spirituellen Stroms. Jedes Mal, wenn ich in der Zukunft auf POP gestoßen bin, hat diese Ausrichtung mein Bewusstsein weiter erweitert.

18. Äthyr-ZEN

Die englische Übersetzung von ZEN ist "der Äthyr des Opfers". Dieser Äthyr befindet sich in der zweiten Hälfte der unteren Mentalebene innerhalb des Luftelements und entspricht dem Herz-Chakra, Anahata. So wie POP die Einweihung in die weibliche spirituelle Strömung war, ist ZEN die Einweihung in die männliche spirituelle Strömung. Es hat die esoterische Bedeutung der "Einweihung in die Kreuzigung".

Als ich in diesen Äthyr eintrat, bemerkte ich, dass meine Denk- und Gefühlsfähigkeiten völlig gedämpft waren. Es herrschte eine Stille in mir, die sich wie eine Aufopferung für meine Seele anfühlte. Die meiste Zeit des Tages verbrachte ich allein in einem meditativen Zustand und brachte mein Inneres zur Ruhe. Die Gedanken, die ich wählte, um zu kontemplieren, waren mitfühlende Gedanken, die auf das persönliche Opfer hinweisen, das notwendig ist, um mich in den männlichen spirituellen Strom des ZEN einzuweihen. Ich ließ die Vergangenheit los, einschließlich aller Bedauern oder Anhaftungen, und war bereit, diese äußerst wichtige Einweihung zu empfangen.

Die Einweihungen von ZEN und POP sind notwendig, um die darüber liegenden Äthyre zu verstehen und zu assimilieren, da sie immer spiritueller werden, je weiter man nach oben geht. Die Vision in diesem Äthyr ist eine Kreuzigung, die ein zweistufiger Prozess ist. Der erste Schritt ist die Opferung Jesu am Kreuz der vier Elemente, symbolisiert durch die Karte des Gehängten im Tarot. Es beinhaltet das innere Mitgefühl und die bedingungslose Liebe, die du kontemplieren musst, um alle Teile deines Selbst loszulassen, die dir nicht mehr dienen.

Der zweite Schritt ist das Opfergrab der Königskammer (mit Bezug auf die Große Pyramide in Ägypten) und die Stille des Geistes, die durch diese Erfahrung herbeigeführt werden muss (Abbildung 64). Diese beiden Schritte sollen das Bewusstsein vom Körper befreien und es mit dem kosmischen Bewusstsein vereinen.

Abbildung 64: Die Königskammer Einweihung des ZEN

Es geht darum, das alte Selbst zu opfern, um in dem neuen geistigen Selbst wiedergeboren zu werden. Das Kreuz ist die willentliche Handlung, das Selbst im Namen des Geistes zu opfern. Die Gruft ist die Zeit in Dunkelheit und Stille, die dazu dient, die körperlichen Sinne zurückzuziehen und das Bewusstsein zu befreien. Diese beiden Methoden bewirken eine Transmutation und Transformation der niederen Teile des Selbst in die höheren spirituellen Teile.

Das neue spirituelle Selbst, das aus dieser Erfahrung hervorgeht, nimmt das Leiden der Menschheit an und setzt sich dafür ein, ihnen um jeden Preis zu helfen. Die bedingungslose Liebe im Selbst erwacht schließlich, wenn dieser Prozess abgeschlossen ist.

ZEN prägt der Seele und dem Geist ein, dass das Leben eine Reihe von Opfern ist. Das Alte muss immer bereit sein zu sterben, damit eine Evolution in den Gedanken und Gefühlen stattfinden kann. Durch Selbstaufopferung und die Anwendung der Energie der bedingungslosen Liebe ist der Wandel allgegenwärtig, ebenso wie eine Transformation in etwas Besseres und Höheres auf der Skala des Lebens.

Im Orden des Golden Dawn steht das ZEN für die *Adeptengruft,* in der der Eingeweihte drei Tage und drei Nächte liegen muss, was den Tod Jesu Christi symbolisiert, der ebenso lange in einem Grab lag, bevor er wieder auferstand. Man muss einige Zeit im Kokon verbringen, bevor man sich - metaphorisch gesprochen - in einen wunderschönen Schmetterling verwandelt.

Sie sollten die Energie dieses Äthyre umarmen, anstatt vor ihr wegzulaufen. Natürlich werden Ihre alten kognitiven Fähigkeiten abfallen, was zunächst beängstigend erscheinen mag. Doch wenn Sie geduldig bleiben, werden Sie die männliche geistige Strömung integrieren und über diesen Äthyr hinauswachsen.

Qabalistisch gesehen steht der Äthyr von ZEN in direktem Zusammenhang mit der Karte des Gehängten im Tarot, die von Hod nach Geburah führt. Wenn Sie also die Einweihungen von POP und ZEN erfolgreich integriert haben, sind Sie endgültig über den Bewusstseinszustand von Tiphareth hinausgewachsen und bereit, die folgende Sphäre, Geburah, zu erkunden.

POP initiierte mich weiter in den Ida Nadi (Wasser) Energiestrom, während ZEN die Einweihung in den Pingala Nadi (Feuer) Energiestrom war. Während POP die weibliche sexuelle Energie war, war ZEN die männliche. Ich spürte, wie Ida aktiv war und sich auf der linken Seite meines Körpers, in der Nähe meines physischen Herzens, ausrichtete, während Pingala sich auf der rechten Seite ausrichtete. Das Ergebnis war eine weitere Aktivierung des *spirituellen Herzens,* auf der gegenüberliegenden Seite des physischen Herzens, neben der rechten Brust. Nach den Einweihungen dieser beiden Äthyre, POP und ZEN, fühlte ich mich in jeder Hinsicht erneuert, und meine Kundalini funktionierte auf einer viel höheren Ebene.

17. Äthyr-TAN

Die englische Übersetzung von TAN ist "der Äthyr des eigenen Gleichgewichts". Es befindet sich auf der höchsten Unterebene der unteren Mentalebene innerhalb des Luftelements und entspricht dem Herz-Chakra, Anahata. TAN repräsentiert die harmonisierenden Kräfte des Karmas, die immer auf die Erhaltung der Gerechtigkeit in der Welt hinarbeiten. Die Vision dieses Äthyrs wird ein Symbol sein, das für Gleichgewicht und Dualität steht. Als solches steht dieser Äthyr in Verbindung mit dem Pfad der Gerechtigkeit im Tarot, der Tiphareth und Geburah verbindet.

Das Hauptsymbol der Gerechtigkeitskarte ist die Waage, eine Anspielung auf das Tierkreiszeichen Waage, die repräsentative Energie dieses Pfades. Bevor Sie die Geburah-Sphäre erleben können, muss Ihre karmische Last gewogen und Ihnen vollständig bekannt gemacht werden. Vielleicht sehen Sie sogar die ägyptische Waage in der Halle der Maat, auch bekannt als die "Halle der zwei Wahrheiten". Dieser symbolische Gegenstand wog das Herz des Eingeweihten gegen die Feder der Maat ab. Anubis bediente die Waage, während Thoth die Ergebnisse aufzeichnete, woraufhin Horus den Eingeweihten zu Osiris brachte, um ihn zu richten.

Konzepte von Moral und Ethik spielen in TAN eine wichtige Rolle, da durch die Verkörperung der höheren Tugenden gutes Karma erlangt und schlechtes Karma vermieden wird. Karma ist ein natürliches Gesetz oder Prinzip, das auf allen kosmischen Ebenen wirkt. Alle gegensätzlichen Kräfte der Dualität unterhalb des Äthyr LIL enthalten Karma in sich, da Karma im Wesentlichen das Nebenprodukt der Dualität ist. Alles Denken in Begriffen von Gegensätzen erzeugt Karma. Das Akzeptieren jeder dualen Idee, ohne ihr Gegenteil in Betracht zu ziehen, erzeugt Karma, je nach der Wahrnehmung dieses Ereignisses. Nur die Einheit in allen Dingen schafft nicht-karmische Ereignisse.

Während meiner Zeit bei TAN habe ich über die Konzepte von Gut und Böse, Richtig und Falsch nachgedacht. Ich verstand, dass ich immer von einer moralischen und ethischen Einstellung kontrolliert werden muss, bei der alle meine Handlungen dem Wohl des Ganzen dienen und nicht nur mir. Andernfalls werde ich verurteilt, und negatives Karma wird an mein Karmarad angehängt, das ständig in Betrieb ist, da ich in einer Welt der Dualität lebe. Durch den Verstand interpretieren wir diese Ereignisse in einem relativen Sinn. Die Dinge sind nur in Bezug auf das Bewusstsein, das sie erlebt, wirklich. Deshalb werden alle Ungleichgewichte in diesem Äthyr als böse angesehen, und die Waage der Gerechtigkeit versucht, sie auszugleichen.

Das dritte Newtonsche Gesetz besagt: "Für jede Aktion (Kraft) in der Natur gibt es eine gleiche und entgegengesetzte Reaktion." Karma ist das Nebenprodukt dieses Gesetzes, wenn es auf den Kontext menschlicher Handlungen angewendet wird. Wir müssen jedes Unrecht korrigieren, wenn wir es sehen, sonst werden wir zu Komplizen des Bösen. Als Menschen müssen wir lernen, unsere Barmherzigkeit und unsere Strenge einzusetzen - die beiden gegensätzlichen Säulen am Baum des Lebens. Wenn wir sie nicht richtig anwenden, entsteht schädliches oder schlechtes Karma. Wird es erfolgreich eingesetzt, entsteht positives oder gutes Karma, das mehr Positives in unserem Leben hervorbringt, da das Universum ethische und moralische Handlungen belohnt.

Schlechtes Karma heftet sich an unser Karmarad und wird in der Zukunft wiederholt, bis die Handlung korrigiert und ein Gleichgewicht hergestellt ist. Da in diesem Äthyr gleich viel Dual-Energie vorhanden ist, sind sowohl männliche als auch weibliche sexuelle Energieströme vorhanden. TAN soll das Gleichgewicht auf der unteren Mentalebene herstellen, bevor man weitergeht, da es der letzte Äthyr des Luftelements ist. Ich habe in diesem Äthyr keine energetischen Kundalini-Transformationen erlebt.

16. Äthyr-LEA

Die englische Übersetzung von LEA ist "der erste Äthyr des Höheren Selbst". LEA ist der erste Äthyr der höheren Mentalebene, der dem Feuerelement entspricht. Als solches habe ich meinen Höheren Mentalkörper angenommen, um diesen Äthyr zu erfahren. Das entsprechende Chakra ist das Solarplexus-Chakra, Manipura.

In LEA begann ich, mich als spirituelles menschliches Wesen zu identifizieren. Das Feuerelement ist das höchste, das ich bisher in der Dreißig-Äthyre-Operation erfahren habe, da es dem Geist am nächsten ist. Ich konnte die Feuer-Energie in meinem Herzen als eine greifbare Substanz spüren. LEA resultiert aus den Einweihungen in POP und ZEN der männlichen und weiblichen spirituellen Strömungen. In diesem Äthyr verbinden Sie sich mit dem Feuer Ihrer Seele, was der nächste Schritt ist, nachdem die beiden gegensätzlichen Energieströme integriert wurden.

Dieser Äthyr ist von einer verführerischen Energie durchdrungen, und ich konnte spüren, wie mein Bewusstsein in alle Richtungen gezogen wurde, wie ein widerspenstiges Tier, das diszipliniert werden muss. Daher ist das Thema dieses Äthyrs "Babalon und die Bestie". Das Bewusstsein von LEA ist mit der Sphäre von Geburah verwandt, obwohl es mich aufgrund des starken Zustroms sexueller Energie an die Stärkekarte des Tarots erinnerte. Crowleys Interpretation dieses Pfades wird wegen der intensiven sexuellen Strömung "Lust" genannt. Er beschreibt die Energie des Äthyr als die der Großen Göttin Babalon, die auf einem Tier reitet, das häufig als Löwe oder Stier dargestellt wird.

Die Dualität steht hier für die objektive und subjektive Natur des Universums und die Anziehungskraft zwischen ihnen. Babalon steht für die Objektivität, die das reale Universum um uns herum ist. Die Bestie ist das Bewusstsein, das für denjenigen, der das Universum wahrnimmt, subjektiv ist. Weil das Universum verführerisch und schön ist, wird das Bewusstsein in alle Richtungen bewegt und versucht, alles zu erfassen und zu umarmen, was das Universum zu bieten hat, wie ein Kind, das die Welt zum ersten Mal mit Staunen betrachtet. Die Seele ist diejenige, die die Kontrolle über das Bewusstsein übernehmen, es bändigen und es in Einklang mit seinem Wahren Willen bringen muss - das ist die Herausforderung dieses Äthyrs.

LEA bietet auch eine Einweihung an, nämlich die Einweihung in das Feuer der Seele. Da Sie sich jetzt auf der höheren Mentalebene des Feuerelements befinden, müssen Sie die Energie der Geburah annehmen und in sich integrieren.

Das Thema von Leben und Tod ist in LEA offensichtlich, und seine Energie erinnerte mich oft an den Weg des Turms im Tarot. Schließlich ist Mars der Turmkarte zugeordnet, die mit Geburah korrespondiert. In LEA gibt es einen Zustrom von Feuer, begleitet von der Zerstörung alter Glaubenssätze und Denkweisen. Veränderung ist die einzige Konstante im Universum, und sie erfordert den Tod des alten Selbst, damit das neue Selbst in jedem wachen Moment wiedergeboren werden kann. Das Leben ist eine Reihe von kleinen Tode und Veränderungen, die sich auf allen Ebenen des Lebens manifestieren.

Die Umgebung in LEA ist sehr verlockend. Die Lust, die man empfindet, ist ein Ergebnis der Stärke der vorhandenen sexuellen Strömung, die weiblich ist. Da wir es jetzt mit Willenskraft zu tun haben, einem Aspekt von Geburah und dem Feuerelement, ist es außerdem eine Stufe höher als die anderen Ebenen der Gefühle und Gedanken.

LEA ist das erste Äthyr des Höheren Selbst; es zu betreten, bot eine kraftvolle Transformationserfahrung. Ein Strom von Kundalini-Energie stieg von Muladhara in mein Solarplexus-Chakra, Manipura, auf. Danach verstärkte sich meine Verbindung mit dem Feuerelement, das ich durch mein Herz-Chakra, Anahata, spüren konnte.

LEA ließ mich erkennen, dass die sexuelle Energie dazu dient, die innere und die äußere Welt zu einem zusammenhängenden Ganzen zu vereinen. Es ist die sexuelle Energie, die uns begeistert, in der Welt zu leben, und die uns veranlasst, sie als verlockend und schön anzusehen. In LEA können Personen, die nicht zur Kundalini erweckt wurden, eine Kundalini-Erweckung des Inneren Feuers durch die Sushumna in das Manipura Chakra erleben, weil die sexuelle Energie so stark ist.

15. Äthyr-OXO

Die englische Übersetzung von OXO ist "der Äthyr des Tanzes". Es befindet sich in der unteren Region der höheren Mentalebene innerhalb des Feuerelements und entspricht dem Solarplexus-Chakra, Manipura. Die gemeinsame Vision in diesem Äthyr ist die des Tanzes als Ausdruck der ekstatischen Freude, spirituelles Bewusstsein zu erlangen. Der Zweck des Lebens ist zu leben, und das ist an und für sich eine freudige Aktivität.

Die Proportionen der Bewegungen der Planeten wurden von den Alten als "Musik der Sphären" bezeichnet. Im Mechanismus des Sonnensystems liegt Schönheit, und die Freude und das Glück in OXO sind der kreative Ausdruck dieser Idee.

In diesem Äthyr fühlte ich die Integration der niederen Einweihungen von POP, ZEN und LEA. Als ich durch diese Einweihungen einen höheren Bewusstseinszustand erreichte, war meine Seele überglücklich. Jetzt, in OXO, konnte ich an der Harmonie des Universums in seinem kreativen Ausdruck teilhaben. Indem ich ein höheres spirituelles Bewusstsein in LEA erlangte, fühlte ich Glückseligkeit in OXO. Spirituell zu werden und die Schwingung des Bewusstseins zu erhöhen, ist ein Weg, um echtes und dauerhaftes Glück in Ihrem Leben zu erreichen.

In diesem Äthyr wird das Leben als ein göttlicher Tanz gesehen, das "Lila" des Hinduismus. Das Leben auf dem Planeten Erde ist ein freudiges Spiel, da die Materie aufgrund ihrer schöpferischen göttlichen Natur vom Geist und wieder zurück fließt. Das Leben ist ein endloser zyklischer Ausdruck in Zeit und Raum, bei dem der ultimative Zweck darin besteht, lebendig zu sein und Teil davon zu sein. Die Energie dieses Äthyre brachte mich mit der Schönheit der Musik in Berührung, und ich verbrachte den größten Teil des Tages damit, alle Lieder zu hören, die mich emotional berührten. Sie klangen sogar noch epischer, während ich in der Energie dieses Äthyrs surfte.

Die erfolgreiche Erfahrung von OXO kann zu einer weiteren Einweihung führen, die die Einheit der männlichen und weiblichen spirituellen Strömungen als Eins ist. Innerhalb des Golden Dawn wird diese Erfahrung durch das Rosenkreuz symbolisiert. Es bezieht sich auf das Herzchakra, wo die gegensätzlichen spirituellen Strömungen verschmelzen und sich vereinigen. Dieses Symbol steht für die Vereinigung von Gegensätzen und den Dualismus in der Natur.

Da LEA eine Einweihung des Seelenfeuers war, ist die männliche Strömung in OXO noch vorhanden. Die Glückseligkeit von OXO ist jedoch ein Ergebnis der weiblichen sexuellen Strömung, die die Grundenergie dieses Äthyre charakterisiert. Wenn das Ego gebändigt ist und sich nicht gegen die Glückseligkeit auflehnt, die durch das Erlangen des spirituellen Bewusstseins in LEA erfahren wird, können Sie diese Einweihung von OXO erreichen. Spirituelles Bewusstsein transzendiert die Zeit und steht über Logik und Vernunft, den Ausdrucksformen des Egos.

Das Bewusstsein von OXO ist mit Geburah verwandt, mit einem kraftvollen Einströmen der weiblichen sexuellen Strömung. Die nächsten Äthyre bereiten dich auf den Eintritt in Chesed vor, indem sie die notwendigen Energien in deine Seele einfließen lassen. Das Ego ist an diesem Punkt entfernt worden, obwohl Sie immer noch alle Begierden abschaffen und die wesentlichen ethischen und moralischen Ansichten einflößen müssen, um Ihr Höheres Selbst gründlich zu erhöhen. Während Geburah sich mit Ihrer Willenskraft befasst, befasst sich Chesed mit bedingungsloser Liebe und Mitgefühl.

An diesem Abend, in dem glückseligen Zustand, in dem ich mich befand, umarmte ich den weiblichen sexuellen Strom von OXO. Ich hatte eine weitere transformative Erfahrung mit der Kundalini-Energie, bei der Freude und Glückseligkeit mein physisches Herz durchdrangen. Ich reinigte mein Herzchakra und entfernte auch alle Überreste von Ego-Wünschen, die mich letztendlich auf die Integration der Energie des Mitgefühls und der bedingungslosen Liebe vorbereiten würden.

14. Äthyr-VTA

Die englische Übersetzung von VTA ist "der Äthyr der Andeutungen". Dieser Äthyr befindet sich in der unteren Region der Höheren Mentalen Ebene innerhalb des Feuerelements, entsprechend dem Solarplexus-Chakra, Manipura. In diesem Äthyr herrscht ein Gefühl der Dunkelheit, einschließlich strenger Nachdenklichkeit und Ernsthaftigkeit. Das Feuerelement ist in VTA im Überfluss vorhanden und kann stark gespürt werden, sobald man es betritt. Die durchdringende Dunkelheit, die sich wie ein Ozean anfühlt, ist darauf zurückzuführen, dass sich VTA in unmittelbarer Nähe zu Binah befindet.

In diesem Äthyr sind keine Begierden vorhanden, und der sexuelle Energiestrom ist rein männlich. Kundalini-Erweckte arbeiten mit höheren Aspekten des Pingala Nadi in VTA. Die Willenskraft wird gestärkt, ebenso wie die Fähigkeit, Logik und Vernunft zu folgen, frei von Emotionen und Gefühlen.

Die Vision, die du hier haben könntest, ist die der "Stadt der Pyramiden", in der Adepten leben, die das Verlangen und die Lust am Leben abgeschafft haben, um die Feierlichkeit zu erlangen. Die Pyramiden galten als Einweihungskammern, die der Eingeweihte betritt, um alle persönlichen Neigungen auszulöschen und sich spirituell weiterzuentwickeln.

Es gibt ein starkes Gefühl des Todes in der Dunkelheit, die VTA durchdringt. Das Bewusstsein von VTA ist mit dem Feuer von Geburah verwandt, obwohl man auch die Dunkelheit von Binah und Daath spüren kann. Dieser Äthyr wird aufgrund seiner dunklen Natur am besten nachts besucht. Er hat eine Verbindung zum ZEN-Äthyr und seiner Energie, nur mit mehr Feuerelement, das alle Wünsche und Gefühle/Emotionen wegbrennt. Daher ist die Einweihung in VTA eine der Abschaffung des Verlangens. Da dieser Äthyr jedoch frei von Gefühlen ist, ist er auch frei von Mitgefühl, was der notwendige Aspekt ist, den man erwerben muss, um sich im Bewusstsein über VTA zu erheben. Und da diesem Äthyr die Empathie fehlt, ist das Ego immer noch präsent. Nur durch Mitgefühl und Einfühlungsvermögen kann das Ego vollständig überwunden werden.

Aufgrund des unglaublich mystischen Gefühls, das in VTA herrscht, habe ich es genossen, in diesem Äthyr zu sein, obwohl es keine Kundalini-Energie-Transformationen bot. Es gibt keine Freude am Leben; stattdessen sind die Feierlichkeit des Todes und die Dunkelheit allgegenwärtig. Dennoch war das mystische Element so stark, dass ich diesen Äthyr in der Zukunft oft wieder besuchte.

13. Äthyr-ZIM

Die englische Übersetzung von ZIM ist "der Äthyr der Anwendung oder Praxis". Dieser Äthyr befindet sich in der mittleren Region der höheren Mentalebene innerhalb des Feuerelements, entsprechend dem Solarplexus-Chakra, Manipura. Die Vision hier kann die eines Aufgestiegenen Meisters sein, eines stillen Wächters der Menschheit. Die Aufgabe des Aufgestiegenen Meisters ist es, anderen Menschen zu helfen, ihr spirituelles Potenzial zu verwirklichen. Sie sind Adepten, die eine Reihe von Einweihungen durchlaufen haben und Gott dienen, indem sie den Geist der Liebe, des guten Willens und des Mitgefühls gegenüber allen Lebewesen lebendig halten.

ZIM folgt ganz natürlich auf VTA, weil die Adepten in VTA allen Begierden entsagt haben, ihnen aber das Mitgefühl fehlt, die wichtigste Zutat für den Zugang zu allen darüber liegenden Äthyren. Hier in ZIM ist das Mitgefühl vorhanden, wie auch alle anderen Eigenschaften, die in den unteren Äthyren erworben und gelernt wurden. Dieses Mitgefühl fühlt sich ziemlich schwer auf dem Herzen an, da die Energie der bedingungslosen Liebe in diesem Äthyr erhöht ist, um uns einige höhere spirituelle Wahrheiten zu vermitteln. So ist das Bewusstsein von ZIM mit dem Eintritt in die Chesed-Sphäre vergleichbar. Die Energie ließ mich erkennen, dass es eine heilige Pflicht ist, anderen zu helfen, da wir uns alle spirituell weiterentwickeln und unser Bewusstsein erweitern müssen. Solange wir das nicht alle tun, wird das kollektive Bewusstsein der Menschheit so bleiben, wie es ist.

Die Lektion in diesem Äthyr ist der Dienst an anderen als heilige Pflicht gegenüber unserem Schöpfer. Wir sind alle persönlich verantwortlich für unsere spirituelle Evolution, aber auch für die kollektive Evolution der gesamten Menschheit. Wenn du einmal den Gipfel des Berges erklommen hast, ist es daher deine Pflicht, den Weg für all jene Menschen zu ebnen, die selbst den Berg erklimmen - der Schüler muss zum Lehrer werden, so lautet das Gesetz.

Der sexuelle Energiestrom in diesem Äthyr ist sowohl männlich als auch weiblich. Ich hatte keine transformative Erfahrung mit der Kundalini. Unabhängig davon wusste ich, dass ich nun, da ich begann, die höheren Ausdrücke der bedingungslosen Liebe zu verkörpern, auf eine größere Einweihung in einen höheren Äthyr vorbereitet wurde. Sobald man Zugang zum Bewusstsein von Chesed hat, besteht der nächste Schritt darin, den Abgrund zu überwinden und in das Überirdische einzutreten. Bevor man jedoch dorthin gelangt, müssen die Lektionen von Chesed vollständig integriert werden.

12. Äthyr-LOE

Die englische Übersetzung von LOE ist "der erste Äthyr der Herrlichkeit". Dieser Äthyr befindet sich in der oberen Region der Höheren Mentalen Ebene innerhalb des Feuerelements, entsprechend dem Solarplexus-Chakra, Manipura. Die Vision von "Babalon und der Bestie", die wir in LEA gesehen haben, ist auch hier präsent, wenn auch in verstärkter Form. Die Verbindung mit dem Feuer der Seele ist ebenfalls vorhanden.

LOE ist der Äthyr des "Kelches von Babalon", Sangraal, dem Heiligen Gral. Dieser Kelch ist mit Wein gefüllt, der symbolisch für das Blut Jesu Christi steht, da er bedingungslose Liebe und Aufopferung repräsentiert. In LOE hat man auf die Anhaftung an das Verlangen verzichtet (wie in der Lektion in VTA). Dadurch wird das Element des Mitgefühls und der Empathie verstärkt.

Das Bewusstsein von LOE ist mit der Sephira Chesed verwandt, mit einem Einfluss von Binah über den Abgrund hinaus. Schließlich ist Binah das Meer der Liebe und des Mitgefühls, der große weibliche Aspekt der Göttlichkeit. In LOE musste ich das letzte Stückchen meines Egos abwerfen, bevor ich zu den beiden folgenden Äthyren im Feuerwachturm gehen konnte. Die Einweihung, die hier stattfindet, besteht darin, symbolisch gesprochen, sein Blut in den Kelch von Babalon zu vergießen und das Verständnis der Göttlichkeit zu erlangen.

Diejenigen, die sich an ihr Ego klammern, werden sich hier versammeln und nicht in der Lage sein, höher aufzusteigen. Um vollständig in diesen Strom eingeweiht zu werden, müssen Sie alle persönlichen Wünsche opfern, um aufrichtiges Mitgefühl zu erlangen. Da es sich um den Äthyr der Herrlichkeit handelt, fühlt man hier die Herrlichkeit Gottes, von der Jesus Christus spricht, wenn er sich auf einen Zustand des Seins bezieht, den man erreicht, wenn man allen Wünschen entsagt und sein Ego der bedingungslosen Liebe und dem Mitgefühl überlassen hat. Um diesen Zustand zu erreichen, muss man jedoch ein gesundes Gleichgewicht zwischen Barmherzigkeit und Strenge, Chesed und Geburah erreichen.

Die Bestie ist das individuelle Bewusstsein, das nun in der Lage ist, das Mysterium Babalons als das zu erkennen, was es wirklich ist: Universelle Liebe. In diesem Äthyr werden das Mitgefühl und die Liebe für andere als heilige Pflicht, als heiliges Vertrauen angesehen. Das Gefühl, das im vorhergehenden Äthyr, ZIM, vorhanden war, hat das zusätzliche Gefühl der Herrlichkeit, das zur emotionalen Belohnung für die Annahme der heiligen Pflicht wird, anderen auf ihrem spirituellen Weg zu helfen. Das spirituelle Bewusstsein, das in LEA erlangt wurde, hat nun seine primäre Ausdrucksform erhalten, das Mitgefühl. Die Aufopferung des Selbst und des Egos ist notwendig, um Mitgefühl zu aktivieren und die Herrlichkeit Gottes zu spüren.

Dieser Äthyr fördert die Idee, ein spiritueller Krieger zu sein, der im Namen von Gott, dem Schöpfer, kämpft. Wir sind alle Brüder und Schwestern, da wir alle von demselben Schöpfer abstammen. Dieser Äthyr unterstreicht den Wert guter Taten, die Freundlichkeit gegenüber anderen und die Bereitschaft, sich für das Allgemeinwohl aufzuopfern. Wenn du siehst, dass deinen Brüdern und Schwestern Unrecht getan wird, musst du dich für sie einsetzen und sie schützen und verteidigen. In den Augen unseres Schöpfers sind wir alle gleich, unabhängig von unserer Rasse, Religion oder unserem Glaubensbekenntnis.

Der sexuelle Energiestrom in LOE ist weiblich, und diejenigen, die Kundalini erweckt sind, arbeiten mit der Ida Nadi in ihrem höchsten Aspekt der bedingungslosen Liebe. Aufgrund meiner Verbindung zu diesem Äthyr und der starken sexuellen Strömung hatte ich an diesem Abend eine transformative Erfahrung, in der die Energie des Mitgefühls noch tiefer in mir verankert wurde. Ich weinte einen großen Teil des Abends, während ich Mitgefühl und Liebe für die ganze Menschheit empfand und erkannte, dass wir alle Eins sind.

LOE ist ein kraftvoller Äthyr, der Ihnen den Wert des Mitgefühls näher bringt. Aufgrund meiner Erfahrung mit diesem Äthyr bin ich insgesamt ein spirituellerer Mensch geworden, der in der Lage ist, alle Menschen gleichermaßen zu lieben.

11. Äthyr-IKH

Die englische Übersetzung von IKH ist "der Äthyr der Spannung". Er liegt in der oberen Region der höheren Mentalebene innerhalb des Feuerelements und entspricht dem Solarplexus-Chakra, Manipura. Die Spannung in IKH ist das Ergebnis davon, dass er sich am Abgrund des Abgrunds befindet, der der nächste Äthyr darüber ist. IKH ist der höchste Äthyr, den der menschliche Geist erreichen kann, da das Überschreiten des Abgrunds bedeutet, sich über die mentale Ebene der Dualität in die spirituelle Ebene der Einheit zu erheben. Das Bewusstsein von IKH ist mit dem höchsten Teil von Chesed verwandt und grenzt an Daath.

Die kognitiven Fähigkeiten müssen aufgegeben werden, beginnend in diesem und dem darüber liegenden Äthyr, um zu lernen, ganz nach der Intuition zu funktionieren. Logik und Vernunft sind Fähigkeiten des Verstandes, und sie finden ihre letzte Wirkungsweise hier im IKH, obwohl sie aufgrund des angespannten Gefühls in diesem Äthyr relativ gedämpft sein werden. IKH ist die letzte Grenze des menschlichen Bewusstseins, und die gefühlte Spannung wird vom Ego erzeugt, das weiß, dass es bald sterben und sich im nächsten Äthyr, ZAX, vollständig auflösen wird.

Der große Abgrund des Verstandes befindet sich unmittelbar über diesem Äthyr, ebenso wie der *Erzdämon* Khoronzon, die Personifikation des Teufels selbst. Der Teufel ist dein Ego und die Quelle der Dualität des menschlichen Geistes, durch die er funktioniert. Khoronzon ist der Meister der Dämonen, die die Verkörperung Ihrer negativen Aspekte der Persönlichkeit und des Charakters sind. Sie sind Ihre negativen Gedanken, die von Angst, dem Gegenteil von Liebe, genährt werden.

Da es hier Spannungen gibt, gibt es auch Angst. Es ist die Angst vor dem Unbekannten und die Angst vor dem Tod/der Verwandlung des Egos. In diesem Äthyr (und dem nächsthöheren Äthyr, ZAX) verbrachte ich viel Zeit in Kontemplation und fern von anderen Menschen. Im IKH lernte ich, den Geist zu beruhigen, um den Abgrund erfolgreich zu überqueren. Die beiden vorangegangenen Dreißig-Äthyr-Operationen halfen mir, weil ich wusste, was mich erwartete, aber ich glaube, dass ich den Abgrund bei diesen Operationen nicht erfolgreich überquert hatte. Ich hatte bis zu diesem Zeitpunkt daran gearbeitet, meinen Geist zum Schweigen zu bringen und mich weiter auf ZAX vorzubereiten.

Was uns auf der anderen Seite des Abgrunds erwartet, ist Nicht-Dualität und die Fähigkeit, den Geist nach Belieben zum Schweigen zu bringen. Das Bewusstsein wird vollständig in der spirituellen Ebene lokalisiert, wenn der Abgrund erfolgreich durchquert wurde. Diese Erfahrung bedeutet das Ende der emotionalen Beeinflussung durch Furcht und Angst.

Der sexuelle Energiestrom, der in diesem Äthyr vorhanden ist, ist männlich. Kundalini-Erweckte arbeiten mit der Pingala Nadi in ihrem Aspekt der Mentalität und der Ego-Dualität. Ich habe in diesem Äthyr keine Transformationen mit der Kundalini-Energie erlebt.

10. Äthyr-ZAX

Die englische Übersetzung von ZAX ist "der Äthyr des Einen mit einem großen Namen". Er liegt auf der Sub-Ebene des Großen Äußeren Abgrunds. Qabalistisch gesehen ist ZAX die elfte Sephira, Daath, der Schleier des Abgrunds. Er trennt die Supernalen von den unteren Teilen des Lebensbaums. Es ist der Abgrund des Geistes, der Teil von dir, der der Ewige Geist ist, getrennt von dem Teil von dir, der das Ego und der physische Körper ist. Der sexuelle Energiestrom in ZAX ist sowohl männlich als auch weiblich.

Der Abgrund trennt die Welt des Geistes von der Welt der Materie. Er fungiert als Brücke zwischen dem Oben und dem Unten. Das Ego wird durch den menschlichen Verstand durch eine singuläre Wahrnehmung der Dualität gebildet. Sich über das Ego zu erheben, bedeutet, es im Abgrund auszulöschen. Was danach bleibt, ist ein erhöhter Zustand eines höheren Bewusstseins, das von Natur aus spirituell ist und ausschließlich durch Intuition funktioniert.

Der Große Erzdämon Khoronzon ist eine Personifikation des Egos, und man wird ihm in ZAX begegnen, da dies der Wohnsitz und die Quelle des Egos ist. Er birgt in sich die Kräfte der Zerstreuung und Vernichtung der Gedanken und Ideen des Egos. Deshalb dürfen Sie nicht auf sein Geschwätz hören. Stattdessen müssen Sie Ihren Geist beruhigen, um Ihr Bewusstsein in die spirituelle Ebene zu erheben.

Es gibt einen Ring-Pass-Not zwischen ZAX und den höheren Äthyren in der Großen Geistigen Ebene. Der Höhere Mentalkörper muss zurückgelassen werden, wenn du den spirituellen Körper als Fahrzeug in den folgenden zehn Äthyren annimmst. ZAX ist der letzte Äthyr der Höheren Mentalen Ebene und entspricht dem Solarplexus-Chakra, Manipura. Die sexuelle Strömung, die hier zu finden ist, ist sowohl männlich als auch weiblich. Die Äthyre oberhalb von ZAX gehören alle zu den drei höchsten Chakren Vishuddhi, Ajna und Sahasrara.

Wenn Sie die Äthyre vor ZAX erfolgreich durchlaufen haben, sollten Sie für diese entscheidende Einweihung bereit sein. Ihr gesamtes Karma aus den vorangegangenen

Äthyren muss überwunden werden, während Sie Ihren Geist in einem meditativen Zustand von Samadhi zur Ruhe bringen. Sie können weder Logik und Vernunft noch Mitgefühl gegen Khoronzon einsetzen. Die Stille des Geistes ist die einzige Möglichkeit, diesen Äthyr erfolgreich zu durchlaufen.

Die Kräfte in diesem Äthyr werden chaotisch erscheinen. Die Einstimmung des Teils des Selbst, der die Wahrheit in der Stille begreift, wird Ihnen helfen, sich mit dem Höheren Selbst zu verbinden, um diesen Äthyr zu durchschreiten. Es ist hilfreich, den ägyptischen Kindgott Hoor-Paar-Kraat anzurufen, auch bekannt als Harpocrates, der der Gott der Stille ist. Kontemplieren Sie seine Energie und Bedeutung und nutzen Sie ihn, um Ihren Geist zu beruhigen.

Überreste der Persönlichkeit aus den niederen feinstofflichen Körpern werden dazu neigen, sich zu äußern, aber wenn Sie Ihr Schweigen gegenüber allen Kräften, die in diesem Äthyr anwesend sind, festhalten, sollten Sie sicher durch den Abyss gelangen. Außerdem ist es am besten, jegliche Angst innerhalb der Äthyre vor ZAX auszumerzen, denn Khoronzon wird Ihre Angst gegen Sie verwenden und sie in einem unvorstellbaren Ausmaß verstärken.

Der sichere Durchgang dieses Äthyre wird es Ihnen ermöglichen, vollständigen Kontakt mit Ihrem Heiligen Schutzengel zu haben und mit ihm (ihr) zu sprechen. Der HGA ist der Teil des Selbst, der durch die Stille des Verstandes zu Ihnen spricht. Er kanalisiert Informationen aus der spirituellen Ebene durch Ihre Intuition. Er oder sie (je nach Polarität Ihrer Seele) gibt Ihnen die Weisheit und das Verständnis, um spirituelle Wahrheiten über Sie selbst und das Universum zu verstehen. Um diese Aufgabe zu erfüllen, muss Ihr Identitätsgefühl ausgelöscht werden, da das Höhere Selbst als Monade in der Einheit aller Dinge existiert.

Sobald sich das Ego im Abgrund aufgelöst hat und Khoronzon besiegt wurde, werden Sie eine dauerhafte Verbindung mit Ihrem Heiligen Schutzengel herstellen. Indem Sie dies tun, werden Sie alle anderen Lehrer außer ihm (ihr) aufgeben, denn Sie werden vollständig sowohl der Schüler als auch der Lehrer als Eins werden. An diesem Punkt wird Ihnen die wahre Gnosis über die Mysterien des Universums vermittelt werden.

Als ich diesen Äthyr betrat, hörte ich, wie mir viele Gedanken auf einmal kamen, ohne dass ein Zusammenhang zwischen ihnen erkennbar war. Mein Geist war völlig durcheinander, was ein unglaubliches Chaos in meinem Inneren verursachte. Ich konzentrierte mich darauf, meinen Geist zur Ruhe zu bringen und nicht zuzulassen, dass diese zufälligen Gedanken von meinem Bewusstsein Besitz ergreifen. Das erforderte ein hohes Maß an Konzentration und Einsatz meiner Willenskraft. Ich musste mich selbst in Einklang und jeden Gedanken oder jede Idee, die auftauchte, zur Ruhe bringen. Wenn ich versuchte, diese Gedanken zu rationalisieren, scheiterte ich. Ich konnte also keine Zeit damit verbringen, meine Gedanken zu untersuchen, sondern musste von einem Moment auf den anderen zur Ruhe kommen.

Es war offensichtlich, dass Khoronzon versuchte, die Energie der Angst zu nutzen, um mein Bewusstsein an das zu binden, was er auf mich projizieren wollte. Alles, was mit meinem Ego zu tun hatte, seine Vorlieben und Abneigungen, seine Erfahrungen im Leben, wurde gegen mich verwendet. Die einzige Möglichkeit, der Angst nicht zu erlauben, die Oberhand zu gewinnen, bestand darin, den Geist zum Schweigen zu bringen.

Ich fand heraus, dass die beste Methode, um eine unerschütterliche Stille des Geistes zu erreichen, mein Glaube an Gott, den Schöpfer, ist. Khoronzon versuchte, mich zu täuschen, indem er ängstliche Gedanken projizierte, die einer rationalen Erklärung bedurften, aber ich war standhaft und überwand sie durch den Glauben an das, was ich zu erreichen suchte. Khoronzon versuchte um jeden Preis, mich davon zu überzeugen, dass ich es bin und nicht das Höhere Selbst, das in der Stille existiert, aber ich entschied mich, nicht auf ihn zu hören und blieb fest in meiner Aufgabe.

An diesem Abend, als ich eine unnachgiebige Stille in meinem Geist herbeigeführt hatte, lag ich still in meinem Bett und konzentrierte mich voll und ganz auf mein Herzchakra, von dem die Quelle meiner inneren Stille ausging. Nach ein paar Minuten spürte ich ein Ziehen in meinem Bewusstsein, als ein Energiestrom nach oben in meinen Kopf stieg. Nachdem er meinen Gehirnbereich mit einer kühlenden spirituellen Energie gefüllt hatte, trat er aus meinem Kronenchakra und dem Bindu-Chakra am oberen Hinterkopf aus. Es schien, dass eine Energieausrichtung stattgefunden hatte und ich den Abgrund erfolgreich überquert hatte.

Nachdem dieser Prozess abgeschlossen war, bemerkte ich sofort, dass das Geplapper des Egos auf ein Minimum reduziert war und ein glückseliges Gefühl mein Herzchakra durchdrang. Negative Gedanken beeinflussten mich emotional nicht mehr, da ich spürte, dass mein Bewusstsein jetzt an einem höheren Ort war. Ich hatte einen Seelenfrieden erlangt, den ich nie zuvor erlebt hatte.

Nach dieser Erfahrung begann ich, allein auf der Grundlage meiner Intuition zu arbeiten, und Logik und Vernunft hatten keinen emotionalen Einfluss mehr auf mich. Ich würde mich nicht mehr im Geschwätz des Egos verfangen, da ich nach Belieben Stille herbeiführen könnte. Denken Sie daran, dass Sie das Ego nicht auslöschen können, während Sie im physischen Körper leben, aber Sie können lernen, nach Belieben Stille zu erzeugen und es zu überwinden - Sie können sein Meister werden, anstatt sein Sklave zu sein.

Jedes Mal, wenn ich die Äthyre besuchte und durch ZAX ging, induzierte ich Stille und mehr von meinem Bewusstsein wurde durch das Kronenchakra nach oben gezogen, wodurch es sich mit dem Bindu Chakra ausrichtete, was zu einem noch glückseligeren Zustand führte. Da ich nun in meinen täglichen Aktivitäten durch Intuition funktioniere, auch in meinen Interaktionen mit anderen, entwickelte ich mit der Zeit größere empathische und telepathische Fähigkeiten. Indem ich einfach auf die Energie hörte und ihr erlaubte, zu meinem Herzen zu sprechen, konnte ich mich mehr auf das konzentrieren, was im Leben wichtig ist. Es half mir, meine Tugenden zu fördern und meine Laster abzulegen.

Die Überquerung des Abgrunds verband mich mit meinem eigenen heiligen Schutzengel, der für den Rest meines Lebens mein spiritueller Lehrer wurde. Bis zum heutigen Tag lehrt er mich durch reine Gnosis, die nun ein fester Bestandteil meines Lebens ist. Er kommuniziert mit mir, wenn ich seine Hilfe brauche oder bewusst darum bitte. Er spricht durch Weisheit und Verständnis und vermittelt mir Wissen über das Universum, um mir zu helfen, spirituell voranzukommen. Mein Heiliger Schutzengel ist der Teil von mir, der Gott, das Göttliche ist. Der Hauptteil der Arbeit an *The Magus* sowie meine anderen schriftstellerischen Werke wurden mir von meinem Heiligen Schutzengel gechannelt. Diese Verbindung mit ihm war der größte Segen in meinem Leben.

9. Äthyr-ZIP

Die englische Übersetzung von ZIP ist "der Äthyr für diejenigen, die frei von Ego sind". Dieser Äthyr befindet sich direkt über dem Abgrund, in der untersten Unterebene der spirituellen Ebene innerhalb des Geistelements. Das Geistige Element entspricht den drei höchsten Chakren Vishuddhi, Ajna und Sahasrara. In ZIP, wie auch in allen darüber liegenden Äthyre, werden Sie Ihren spirituellen Körper zum Reisen benutzen. Dieser Äthyr wird sehr schön erscheinen, wenn man ihn betritt, da die Spannungen der beiden vorherigen Äthyre überwunden und zurückgelassen werden. Als die Energie von ZIP von mir Besitz ergriff, durchdrang ein glückseliges Gefühl mein Herzchakra, das sich im Laufe des Tages noch verstärkte.

In diesem Äthyr strömt eine starke weibliche sexuelle Energie. Sie ließ mich die Welt um mich herum als eine Illusion wahrnehmen, während meine innere und spirituelle Realität das einzig Wesentliche und Reale war. Wenn ich meine Augen schloss, sah ich flüchtige Blicke einer schönen Frau, die ich nie zuvor gesehen hatte. Diese schöne Frau ist nichts anderes als die Shakti oder die Kundalini-Energie selbst in ihrem weiblichen Aspekt. Als solche trägt die Energie dieses Äthyrs die verschiedenen Elemente der Großen Göttin und der weiblichen Energie im Allgemeinen.

ZIP ist eine Region von großer Harmonie, Frieden und Schönheit. Qabalistisch gesehen ist dieser Äthyr vergleichbar mit dem Eintritt in Binah auf dem Baum des Lebens. Hier gab es keine Einweihungen oder Energietransformationen, aber ich fühlte ein großes Gefühl der Vollendung, solch erhabene Höhen der Göttlichkeit erreicht zu haben. ZIP fühlte sich wie die Belohnung für die Überwindung aller vorherigen Äthyre an. Kundalini-Erweckte werden die Herrlichkeit und Schönheit der Ida Nadi in ihrer elegantesten Essenz erblicken.

8. Äthyr-ZID

Die englische Übersetzung von ZID ist "der Äthyr des eigenen inneren Gottes". Dieser Äthyr liegt in der unteren Region der spirituellen Ebene innerhalb des Geistelements, das den Chakras Vishuddhi, Ajna und Sahasrara zugeordnet ist. Das Bewusstsein des ZID ist vergleichbar mit dem Eintritt in Chokmah auf dem Baum des Lebens. Es ist die Region des Heiligen Schutzengels, der Ausdruck des Höheren Selbst. Die Wahrheit Ihrer spirituellen Natur wird hier direkt konfrontiert werden.

Die Äthyre der spirituellen Ebene funktionieren anders als das, was wir bisher gesehen haben, denn sie scheinen größtenteils zwischen Binah und Chokmah hin und her zu pendeln, um Ihnen die Lektionen der Überirdischen zu vermitteln. Die Kraft kann nicht ohne die Form existieren, um ihre Ideen zu registrieren, und die Form braucht die Kraft, um ihr Gedanken einzuimpfen. Die Pfade, die diese beiden überirdischen Sephiroth miteinander verbinden, sind auch von Bedeutung, wenn man die Äthyre der geistigen Ebene besucht.

Chokmah und Binah sind die höchsten Ausprägungen des männlichen und weiblichen (Vater- und Mutter-) Prinzips im Selbst. Äthyre, die mit Binah verbunden sind, kanalisieren die Energie der Liebe, während diejenigen, die mit Chokmah verbunden sind, Weisheit und Wissen vermitteln. Äthyre, die zwei der Supernale miteinander verbinden, tragen eine Kombination von Energien, die sich auf Liebe, Wahrheit und Weisheit beziehen, die höchsten Ausdrucksformen der Spiritualität.

So wie Sie im vorhergehenden Äthyr, ZIP, der Göttin Shakti begegnet sind, offenbart dieser nächste Äthyr Ihre höchste männliche Komponente, Ihren Heiligen Schutzengel. Indem Sie sich mit Ihrem Höheren Selbst in Einklang bringen, wird Ihnen Ihr Wahrer Wille offenbart. Auf diese Weise können Sie Ihre wahre Bestimmung in diesem Leben entdecken. Interessanterweise ist Ihr Lebenszweck nicht etwas, das Sie erschaffen haben, sondern etwas, das Sie an sich selbst entdecken müssen. Sobald Sie ihn gefunden haben, werden Sie Ihren Wahren Willen als die wesentliche leitende Kraft in Ihrem Leben annehmen.

Dieser Äthyr ist das direkte Gegenteil des vorhergehenden Äthyre; die sexuelle Energie ist also männlich. Die Konfrontation mit Ihrem Höheren Selbst oder Höheren Genius verleiht Ihnen Autorität über alle Teile Ihres Seins. Indem Sie sich auf Ihren Wahren Willen ausrichten, werden Sie Kontrolle über die vier Elemente Ihres Seins haben und ihr Meister werden. Ihr Bewusstsein wird eine kontinuierliche Bewusstheit erfahren, in der Sie sowohl Ihre bewussten als auch Ihre unterbewussten Gedanken gleichzeitig sehen und beide manipulieren können, um Ihren Wahren Willen auszuführen.

Als ich den ZID betrat, spürte ich sofort, wie die Glückseligkeit vom Vortag verschwand und eine nüchterne, aber spirituell sehr erhabene Einstellung an ihre Stelle trat. Ich beschloss zu meditieren und mich auf die Stille einzustimmen, die ich erlangt hatte (da ich sie nun nach dem erfolgreichen Durchqueren von ZAX nach

Belieben herbeiführen konnte). Als ich meine Sinne abschaltete und meinen Geist zur Ruhe brachte, hörte ich die Stimme meines Heiligen Schutzengels, die meine eigene Stimme war, aber nicht von meinem Ego gesprochen wurde, sondern von einem anderen, höheren Teil von mir.

Die Verbindung zu meinem Höheren Selbst weckte in mir den Wunsch, diesen Äthyr in Zukunft weiter zu erforschen, was ich auch tat. Ich fühlte, dass ich einen neuen Höhepunkt in meiner spirituellen Entwicklung erreicht hatte. Im ZID gab es für mich keine Kundalini-Energie-Transformationen. Stattdessen erhielt ich Informationen über meinen Wahren Willen und meinen Lebenszweck, der darin besteht, andere Menschen zu führen und zu lehren, insbesondere diejenigen, die sich auf dem Kundalini-Pfad befinden und nach Antworten suchen, so wie ich es getan habe, als ich vor vielen Jahren ein Kundalini-Erwachen hatte. Ich fühlte auch starkes Mitgefühl für die gesamte Menschheit, was seltsam war, da die Strömung ausschließlich männlich ist. Nichtsdestotrotz brachte mich das Mitgefühl dazu, mich auf die spirituellen Bedürfnisse anderer einzustimmen, was meine Mission und meinen Lebenszweck unterstützte.

7. Äthyr-DEO

Die englische Übersetzung von DEO ist "der Äthyr der spirituellen Selbstsucht". Dieser Äthyr liegt in der unteren Region der spirituellen Ebene innerhalb des Geistelements und entspricht den drei höchsten Chakren Vishuddhi, Ajna und Sahasrara. Als ich DEO betrat, spürte ich, dass Liebe das vorherrschende Gefühl war - die Liebe zu mir selbst und zu anderen Menschen.

Die Liebe zum Selbst ist keine egoistische Liebe, sondern eine, die auf einem Missverständnis der Wahrnehmung der Welt um sich herum beruht. Wenn Sie die Welt als Maya, als bloße Illusion betrachten, wird es Ihnen an Mitgefühl mangeln und Sie werden andere ebenfalls als Illusion betrachten. Wenn Sie jedoch Mitgefühl haben, werden Sie die Seelen der anderen als etwas Reales ansehen, das geehrt und respektiert werden muss. Die Welt der Materie mag eine Illusion des Verstandes sein, aber die Seele und der Geist sind real und ewig. Sie befinden sich oberhalb des Abgrunds und gehören nicht zur Dualität. Als solche wurden sie nie geboren und werden nie sterben.

Es ist Venus oder Aphrodite, die Göttin der Liebe, die in diesem Äthyr gegenwärtig ist, und sie kann viele Formen in deinen Visionen annehmen. Sie ist auch Shakti, die weibliche Energie der Kundalini. Die Kraft der Liebe in diesem Äthyr ist extrem, ebenso wie die kreative Komponente, die mit ihr einhergeht. Ich habe mich den ganzen Tag über zum Malen inspirieren lassen.

DEO war der kreativste Äthyr, dem ich bisher begegnet bin. Das spirituelle Feuer, das ich in diesem Äthyr spürte, war außergewöhnlich. Es schien meine natürliche Kundalini-Energie in hohem Maße zu verstärken. Weil der Liebesstrom so stark war, fühlte ich mich inspiriert, den Menschen in meinem Leben Zuneigung zu zeigen, besonders denen, die mir am nächsten stehen. Qabalistisch gesehen ist das Bewusstsein von DEO mit dem Pfad der Herrscherin im Tarot verwandt.

Die Lektion, die es in diesem Äthyr zu lernen gilt, besteht darin, Mitgefühl als Ihre Art der Kommunikation mit anderen Menschen zu integrieren, was Sie in die Lage versetzen wird, in die darüber liegenden Äthyre aufzusteigen. Andernfalls werden Sie der spirituellen Selbstsucht zum Opfer fallen, wenn Sie zwar die Lektionen des Geistes und der Seele integriert haben, aber nicht den nächsten Schritt getan haben, um Mitgefühl gegenüber anderen zu kultivieren.

Mitgefühl, das eine Reaktion auf bedingungslose Liebe ist, verbindet uns alle. Es ist die entscheidende Komponente eines wahren Adepten oder Weisen. Alle Propheten und Heiligen der Vergangenheit waren mitfühlend gegenüber ihren Mitmenschen und versuchten, ihnen zu helfen, ihr Bewusstsein zu erweitern und sich spirituell zu entwickeln. Altruismus und Nächstenliebe sind die Tugenden, die in diesem Äthyr erlernt werden müssen, bevor man weiter voranschreitet.

Die sexuelle Energie, die hier fließt, ist weiblich, und Kundalini-Erweckte arbeiten mit der Ida Nadi. Dieser Äthyr bot nichts in Bezug auf Energietransformationen an, aber es war eine absolute schöpferische Freude, den ganzen Tag an seiner Energie teilzuhaben, während er anwesend war.

6. Äthyr-MAZ

Die englische Übersetzung von MAZ ist "der Äthyr der Erscheinungen". Dieser Äthyr befindet sich in der Nähe der Mitte der spirituellen Ebene innerhalb des Geistelements. Da ZIP und ZID Gegensätze sind, kann MAZ als das Gegenteil des vorhergehenden Äthyre, DEO, gesehen werden. Während DEO die schöpferische weibliche Energie enthält, liefert MAZ die schöpferische männliche Energie. Das Bewusstsein von MAZ kann mit einem Aspekt der Chokmah-Sphäre auf dem Baum des Lebens verglichen werden.

Ich fühlte eine Erweiterung des Bewusstseins, als ich in die Energie dieses Äthyrs eintrat. Es war die richtige Kombination von spirituellen Fähigkeiten vorhanden und gleichzeitig verfügbar. Die Glückseligkeit war nicht vorhanden, es sei denn, ich konzentrierte mich auf eine glückselige Idee oder einen Gedanken. Wenn ich mich auf etwas Negatives konzentrierte, wurde dieses Gefühl stattdessen noch verstärkt.

MAZ hatte eine karmische Komponente, ähnlich wie die beiden vorherigen Äthyre, KHR und TAN. MAZ kann als eine Erweiterung dieser Äthyre angesehen werden, mit einem zutiefst höheren Sinn für spirituelles Bewusstsein. Es ist der letzte Äthyr, der sich mit dem persönlichen Karma beschäftigt. Aus diesem Grund fühlte sich dieser Äthyr manchmal schwer an. Die Wasser- und Feuerenergien waren in diesem Äthyr ausgeglichen, gefiltert durch das geistige Element.

Alle Äthyre in der großen spirituellen Ebene haben ein viel höheres spirituelles Bewusstsein als alles unter ihnen. Das bedeutet, dass sie einen Sinn für Mystik und Transzendenz haben. Die Dinge bewegen sich in ihnen langsamer, die Musik klingt intensiver, und die moralischen und ethischen Charakterkomponenten sind verstärkt. Für mich gab es in diesem Äthyr keine Kundalini-Energietransformation.

5. Äthyr-LIT

Die englische Übersetzung von LIT ist "der Äthyr, der ohne ein höchstes Wesen ist". Er befindet sich in der Mitte der spirituellen Ebene innerhalb des Geistelements und entspricht den Vishuddhi-, Ajna- und Sahasrara-Chakras. Dieser Äthyr ist von einem starken Gefühl der Ewigkeit und Unendlichkeit durchdrungen, ebenso wie von dem Konzept der Freiheit und vor allem der Wahrheit. Die Energie dieses Äthyrs ist weiblich, obwohl es nicht das Feuer der Liebe ist, das hier präsent ist, sondern die Nüchternheit der Wahrheit. Das Bewusstsein von LIT ist mit einem Aspekt der Binah-Sphäre verwandt, der Quelle der Intuition - der direkten Erfahrung der Wahrheit in der Realität.

LIT fühlte sich wie eine Befreiung und Erleichterung an, nachdem man MAZ betreten hatte, da es sich leichter und ätherischer anfühlte. Das Luftelement war vorherrschend. Es gab ein gesteigertes Gefühl von Ehre und Ruhm in der Idee der Wahrheit. Die Sonnenenergie war ebenfalls präsent, aber sie war transzendent. Ich sah eine Vision der Feder der Maat, die die Wahrheit symbolisiert. Diese Vision fasste für mich die Energie des gesamten Äthyr zusammen - die Kraft und Schönheit der Wahrheit.

"Die Wahrheit ist wie ein Löwe. Du brauchst sie nicht zu verteidigen. Lass sie frei und sie wird sich selbst verteidigen." - Anonym

---

In diesem Sinne ist die Wahrheit mit dem König des Dschungels, dem Löwen, vergleichbar. Wie sich alle Tiere vor ihrem König verneigen, so verneigen sich alle Dinge des Lebens vor der Wahrheit. Die Wahrheit ist objektiv, und wenn wir sie aussprechen, schließen sich alle, die sie hören, ihr natürlich an. Sie müssen sie nicht akzeptieren, aber jeder muss sie respektieren. Auf diese Weise ist die Wahrheit ein führendes Licht in unserem Leben. Diejenigen, die sich an ihr orientieren, werden ihre Vertreter.

"Gott ist ein Geist, und wer ihn anbeten will, muss ihn im Geist und in der Wahrheit anbeten." - Die Heilige Bibel" (Johannes 4:24)

Die Heilige Bibel ist voll von Zitaten über die Wahrheit und ihre Bedeutung für unser Leben. Die höchste Gottheit ist der Menschheit unbekannt, aber wir richten uns durch die Wahrheit auf sie aus. Indem wir uns selbst und anderen gegenüber immer wahrhaftig sind, wandeln wir im Licht und verkörpern den Geist. Das ist alles, was es braucht. Die Wahrheit, das Licht und der Geist sind korrespondierende Ideen, die sich gegenseitig bedingen. Wenn wir uns auf eine von ihnen ausrichten, richten wir uns auf alle drei aus. Und auch wenn Licht und Geist relativ schwer fassbar sind, ist die Wahrheit den ganzen Tag über leicht zugänglich.

"Ich bin der Weg, die Wahrheit und das Leben; niemand kommt zum Vater denn durch mich." - "Die Heilige Bibel" (Johannes 14:6)

Ich fühlte mich in diesem Äthyr sehr inspiriert, aber nicht auf eine kreative Weise. Ich wurde motiviert, meinen Charakter weiter zu entwickeln, um ein Leuchtfeuer des Lichts für andere zu sein. Da ich mein ganzes Leben lang ein wahrheitsliebender Mensch gewesen bin, stimmte dieser Äthyr sehr gut mit meinen persönlichen Überzeugungen überein und fühlte sich wie ein Zuhause an. Das Schöne an der Wahrheit ist, dass sie es einem erlaubt, jede Nacht mit einem reinen Gewissen zu schlafen und immer man selbst zu sein. Sie ermöglicht es dir, ständig im Jetzt zu leben, da du nicht im gegenwärtigen Moment sein kannst, wenn du nicht mit der Wahrheit im Einklang bist.

Da ich mich beim Erleben dieses Äthyrs sehr im Moment befand, wurden die Geräusche um mich herum verstärkt, ebenso wie meine innere Stille. Auch meine Interaktionen mit anderen Menschen waren inspirierend und erhellend. Mein Geisteszustand schien andere Menschen um mich herum zu inspirieren, die sich ebenfalls inspirierter fühlten, sie selbst zu sein und ehrlich zu sein.

Es gibt eine große Kraft, die man gewinnt, wenn man in der Wahrheit lebt und wandelt, und ich integrierte die Lektionen dieses Äthyre weiter in meine Persönlichkeit und meinen Charakter. An diesem Abend spürte ich einen Sog im Bewusstsein und eine Ausrichtung entlang des Ida-Kanals. Dieser Äthyr ermöglicht es Ihnen, die Lichtenergie in sich zu integrieren, wenn Sie es zulassen. Der sexuelle Energiestrom in diesem Äthyr ist weiblich, und Kundalini-Erweckte arbeiten mit der Ida Nadi.

4. Äthyr-PAZ

Die englische Übersetzung von PAZ ist "der Äthyr des bevorstehenden Ausdrucks". Es befindet sich in den oberen Regionen der spirituellen Ebene innerhalb des spirituellen Elements und entspricht den Vishuddhi-, Ajna- und Sahasrara-Chakras. Dieser Äthyr vereint die weiblichen und männlichen Sexualkräfte und kann als deren Quelle angesehen werden.

PAZ enthält die beiden Aspekte des Lebens, die alles im Gleichgewicht halten - den weiblichen Aspekt der Liebe und das männliche Element des Willens. In diesem Sinne wird Aleister Crowleys magisches Axiom "Liebe ist das Gesetz, Liebe unter dem Willen" in diesem Äthyr veranschaulicht. Diese beiden Gegensätze finden sich in den unteren Äthyre in unterschiedlichen Ausdrucksformen.

Die Liebe ist ein Ausdruck von Babalon in der Form des Kosmos. Die Liebe repräsentiert auch den Raum und ist der Baumeister der Form im Universum. Der Wille ist die Kraft, ihre entgegengesetzte Komponente, die sich in der Zeit ausdrückt. Der Wille repräsentiert auch das Chaos, die formlose Materie, die vor der Erschaffung des Universums existiert haben soll. Zusammen sind sie Chokmah und Binah, Zeit und Raum, Kraft und Form - Chaos und Kosmos. Die Anziehungskraft zwischen diesen beiden Gegensätzen führt schließlich zu ihrer Vereinigung, die die Grundenergie ist, die diesen Äthyr durchdringt.

PAZ stellt die ursprüngliche Trennung der polaren Kräfte der Dualität und ihre endgültige Wiedervereinigung dar. Als ich in diesen Äthyr eintrat, spürte ich eine kraftvolle Energie, einschließlich eines Gleichgewichts zwischen den Elementen Feuer und Wasser. Ich konnte mich anderen gegenüber gründlich ausdrücken und fühlte eine Verbindung zu allen Dingen.

Dieser Äthyr schien wie eine Zusammenstellung der besten Eigenschaften der spirituellen Äthyre. Hier herrschte ein erhöhtes Bewusstsein. Ich fand, dass ich aufgrund der Fülle der Feuer- und Wasserenergien manchmal in beide Richtungen gleichzeitig bewegt wurde, und oft schienen meine Ansichten gegensätzlich zu sein. Ich spürte auch, dass die Energie von PAZ mich manchmal aggressiv machte. Daher versuchte ich, nicht zu viel zu denken, während ich mich in diesem Äthyr befand, und konzentrierte mich auf die hohe Bewusstseinsebene, die hier vorhanden war.

Qabalistisch gesehen liegt dieser Äthyr irgendwo zwischen Chokmah und Binah, aber weit höher als die Herrscherin-Karte des Tarot. Der sexuelle Energiestrom ist, wie bereits erwähnt, sowohl männlich als auch weiblich. Kundalini-Erweckte arbeiten sowohl mit der Ida- als auch mit der Pingala-Nadis. Aufgrund der Schwere der vorhandenen Energie hatte ich an diesem Abend keine Kundalini-Energie-Transformationen.

3. Äthyr-ZOM

Die englische Übersetzung von ZOM ist "der Äthyr der Selbsterkenntnis". Dieser Äthyr befindet sich in den oberen Regionen der spirituellen Ebene innerhalb des spirituellen Elements, entsprechend den Vishuddhi, Ajna und Sahasrara Chakras. Qabalistisch gesehen ist das Bewusstsein von ZOM so, als befände man sich irgendwo auf dem Pfad des Magiers im Tarot. Wenn Sie also den richtigen Zugang zu diesem Äthyr gefunden haben, werden Sie zum "Meister der Elemente", auch bekannt als "der Magus".

Die Lektion in diesem Äthyr ist, dass die gesamte objektive Realität damit zusammenhängt, wie Sie die Welt durch Ihr subjektives Selbst wahrnehmen. Unser Bewusstsein, unsere Essenz, ist wie ein Kreis, dessen Zentrum nirgendwo ist und dessen Umfang überall ist. Da Sie Ihren Wahren Willen im ZID, im ZOM, gelernt haben, ist Ihnen die Fähigkeit gegeben, ihn auszuführen. Es ist die Aufgabe des Magus, seinen Wahren Willen auszuführen, weshalb er auch "Meister der Elemente" genannt wird. Sie führen Ihren Wahren Willen mit Hilfe Ihrer eigenen vier Elemente des Seins aus, da Sie nun wissen, wie Sie Ihre Elemente effizient nutzen können.

Sie lernen auch, Samen in den Geist anderer zu pflanzen, indem Sie Ihre Elemente und die *Kybalion*-Prinzipien, insbesondere das Prinzip des geistigen Geschlechts, benutzen. Wenn Sie auf Ihren Wahren Willen eingestimmt sind, ist seine Schwingungsrate sehr hoch, da er dem Element Geist angehört. Wenn Sie also Ihre Gedanken in den Geist anderer projizieren, werden sie scheinbar mühelos mit Ihrem Wahren Willen übereinstimmen. Indem Sie auf Ihren Wahren Willen eingestimmt sind, sind Sie bewusst kreativ und können jede geistige Realität erschaffen, die Sie sich wünschen.

Alle Menschen der Vergangenheit, die in der Politik oder auf andere Weise an der Spitze der Menschheit standen, waren ebenfalls Magier, ob sie nun bewusst oder unbewusst ihre Magie einsetzten. Diese Männer und Frauen waren Adepten, ob Adepten des Lichts, wie Mahatma Gandhi und Mutter Theresa, oder Adepten der Dunkelheit, wie Adolf Hitler und Napoleon. All diese Menschen setzten ihre Lichtenergie schöpferisch ein, indem sie ihre eigenen vier Elemente des Seins kontrollierten, unabhängig davon, ob ihre Absicht gut oder böse war. Sie nutzten ihren Wahren Willen durch den bewussten Ausdruck der ihnen innewohnenden Qualitäten und Eigenschaften, die sich durch die feinstofflichen Ebenen und die Äthyre manifestierten.

In ZOM wird die Welt als eine Projektion des Selbst betrachtet und steht daher unter seiner direkten Kontrolle. Hier haben Sie die Macht, jede Illusion zu durchbrechen, um zur Wahrheit zu gelangen, und mental Realitäten zu erschaffen und andere Menschen dazu zu bringen, Ihre mentalen Realitäten als die ihren zu übernehmen.

Der sexuelle Energiestrom dieses Äthyrs ist männlich, und die Kundalini-Erweckten arbeiten mit der Pingala Nadi. Ich hatte keine Kundalini-Energie-Transformationen in diesem Äthyr. Trotzdem besuchte ich ZOM oft, weil es so stark war, meinen Wahren Willen zu manifestieren.

2. Äthyr-ARN

Die englische Übersetzung von ARN ist "der Äthyr der Erfüllung". Dieser Äthyr befindet sich in der höheren Region der spirituellen Ebene innerhalb des Geistelements und entspricht den Chakren Vishuddhi, Ajna und Sahasrara. ARN ist die Heimat von Babalon, und in diesem Äthyr offenbart sich dir die Gesamtheit ihrer Energie. Sie wurde zuerst in LEA gesehen, dann wieder in LOE, und schließlich wurde ihre Tochter in ZIP gesehen. All dies waren Manifestationen der Gesamtenergie von Babalon, die in diesem Äthyr zu finden ist.

ARN ist die höchste Ebene der weiblichen sexuellen Energie aller Äthyre. Babalon ist die Personifizierung der mächtigen Anziehungskraft zwischen dem subjektiven Selbst und dem objektiven Nicht-Selbst. Sie wird sich für Sie als Anziehung zum Klang manifestieren, denn die wahre Schönheit des Klangs wird Ihnen in diesem Äthyr enthüllt werden. Deshalb empfehle ich Ihnen dringend, einige Zeit damit zu verbringen, Musik zu hören, die Ihnen gefällt, denn Sie werden feststellen, dass Ihr ganzes Wesen dazu tanzt, während Sie sich in diesem Äthyr befinden.

In diesem Äthyr ist eine intensive Glückseligkeit vorhanden. Wenn Sie die Programme der Spirituellen Alchemie bis zu dieser Stufe durchgeführt haben, wird ARN das herausragendste Hoch sein, das Sie jemals bei der Ausübung von Zeremonialmagie erlebt haben. Die Schönheit der Nicht-Dualität wird sich Ihnen offenbaren, auch wenn die tatsächliche Erfahrung sich nicht offenbart, bis Sie den nächsten Äthyr, LIL, betreten.

ARN repräsentiert die ultimative Dualität, da alle anderen Äthyre unter ihm Ausdruck dieser Dualität sind. Der Kampf, den Sie in PAZ zwischen dem subjektiven Selbst und dem objektiven Nicht-Selbst gefühlt haben, ist jetzt ein sanftes und liebevolles Teilen zwischen Kosmos und Chaos. ARN ist der höchste Ausdruck von Binah und Chokmah als die Quelle aller Dualität auf dem Baum des Lebens. Es befindet sich irgendwo zwischen diesen beiden Sphären, weit über der Herrscherin-Karte und PAZ Äthyr.

In diesem Äthyr sind enorme Begierden und Ekstase vorhanden, welche Sie unglaublich stark sexuell erregen können. Die bloße sexuelle Erregung in diesem Äthyr kann eine Kundalini-Erweckung auslösen, wenn Sie nicht schon eine hatten. Bei Kundalini-Erweckten zapfen Sie die höchste Essenz der Energie an, die in der Ida Nadi vorhanden ist. Die kreativen Kräfte dieses Äthyre sind in der Tat stark.

ARN steht für die Glückseligkeit, die das spirituelle Bewusstsein begleitet. An diesem Abend erwartete mich keine Kundalini-Energietransformation, möglicherweise weil ich diesem hohen Niveau sexueller Energie bereits bei meinem ersten Erwachen vor vielen Jahren ausgesetzt gewesen war. Ich kehrte jedoch oft zu diesem Äthyr zurück, weil er eine so intensive, glückselige Energie enthielt. Ich fand, dass es meine Kundalini-Energie stark verstärkte.

1. Äthyr-LIL

Die englische Übersetzung von LIL ist "der erste Äthyr". Er befindet sich in der höchsten Region der geistigen Ebene im Geistelement. Direkt darüber befindet sich ein Ring-Pass-Not, was bedeutet, dass der Geistige Körper nicht über diesen Äthyr hinausgehen kann. Dieser Ring-Pass-Not trennt die spirituelle Ebene von der darüber liegenden göttlichen Ebene.

LIL ist der erste Äthyr der Nicht-Dualität. Jeder Gedanke und jedes Gefühl wird durch die im Äthyr vorhandene Energie sofort mit seinem Gegenteil versöhnt. Der Einfluss der Energie von Kether bewirkt diesen unglaublichen transzendentalen Geisteszustand. Das Ego ist in dieser Region überhaupt nicht präsent. Durch diesen Versöhnungsprozess, der von Augenblick zu Augenblick stattfindet, fühlen Sie sich in einer noch nie dagewesenen Weise eins mit dem Universum. Da es keine Unterscheidung von Gedanken und Gefühlen gibt, herrscht in diesem Äthyr eine innere Stille. Und durch diese Stille wird alle Wahrheit vermittelt.

Die Vision dieses Äthyrs sowie sein repräsentatives Symbol ist Horus, das Kind, Hoor-Paar-Kraat, die Verkörperung von Unschuld und Reinheit. Er ist die verwandelte Bestie. In den niederen Äthyren als widerspenstig und wild angesehen, ist er wieder zum Kind geworden.

Hoor-Paar-Kraat zu werden ist der Höhepunkt und die Vollendung des Großen Werkes. Wenn wir geboren werden und unser Ego sich im Laufe der Zeit in unseren Teenagerjahren entwickelt und von unserem Bewusstsein Besitz ergreift, ist es unsere Pflicht, den Zyklus umzukehren und wieder das unschuldige Kind zu werden. Nur dieses Mal haben wir die Weisheit und das Wissen, das wir auf unserem Weg gewonnen haben. Aus dem Narren ist der Magier geworden, qabalistisch gesprochen.

Jenseits von LIL befindet sich die göttliche Ebene der Existenz, über die nicht viel gesagt werden kann, da sie für den menschlichen Verstand unverständlich ist. LIL ist die höchste Stufe des menschlichen Geistes und der vollkommene Zustand, der für das Bewusstsein vorstellbar ist. Da es der einzige Äthyr der Nicht-Dualität ist, werden Sie sich wirklich eins mit der Welt fühlen. Die sexuelle Energie, die in LIL fließt, ist männlich. Kundalini-Erweckte arbeiten mit der Pingala Nadi. Obwohl dieser Äthyr nicht-dual ist, ist die Energie der Ida Nadi ebenfalls vorhanden, in einem Zustand der Einheit mit Pingala.

Qabalistisch gesehen ist dieser Äthyr mit dem Pfad der Narrenkarte des Tarots vergleichbar, obwohl man vollständigen Zugang zu Kether hat, sobald der Verstand still wird. Und wenn Sie lange genug in diesem Äthyr verweilen und lernen, den

Verstand vollständig zum Schweigen zu bringen, erhalten Sie sogar Einblicke und Visionen der göttlichen Ebene. Somit ist dieser Äthyr der mystischste und transzendentalste aller Äthyre. Samadhi ist beim Verweilen in diesem Äthyr leicht zu erreichen.

Die Namen der dreißig Äthyre und ihre phonetische Aussprache

30. TEX (Teh-etz) - Der Äthyr, der aus vier Teilen besteht.
29. RII (Ree-ee) - Der Äthyr der Barmherzigkeit des Himmels.
28. BAG (Bah-geh) - Der Äthyr des Zweifels.
27. ZAA (Zodah-ah)- Der Äthyr der Einsamkeit.
26. DES (Dess) - Der Äthyr, der das annimmt, was ist.
25. VTI (Veh-tee) - Der Äthyr der Veränderung.
24. NIA (En-ee-ah) - Der Äthyr des Reisens.
23. TOR (Tor-rah) - Der Äthyr, der das Universum aufrechterhält.
22. LIN (El-ee-en) - Der Äthyr der Leere.
21. ASP (Ahs-peh) - Der Äthyr der Verursachung.
20. KHR (Keh-har) - Der Äthyr des Rades.
19. POP (Poh-peh) - Der Äthyr der Teilung.
18. ZEN (Zod-en) - Der Äthyr des Opfers.
17. TAN (Tah-en) - Der Äthyr des eigenen Gleichgewichts.
16. LEA (Eleh-ah) - Der erste Äthyr des Höheren Selbst.
15. OXO (Oh-tzoh) - Der Äthyr des Tanzes.
14. VTA (Veh-tah) - Der Äthyr der Semantiken.
13. ZIM (Zodee-meh) - Der Äthyr der Anwendung oder Praxis.
12. LOE (El-oh-eh) - Der erste Äthyr der Herrlichkeit.
11. IKH (Ee-keh) - Der Äthyr der Spannung.
10. ZAX (Zod-ahtz) - Der Äthyr des Einen mit dem großen Namen.
9. ZIP (Zodee-peh) - Der Äthyr derjenigen, die frei von Ego sind.
8. ZID (Zodee-deh) - Der Äthyr des eigenen inneren Gottes.
7. DEO (Deh-oh) - Der Äthyr der geistigen Selbstsucht.
6. MAZ (Em-ah-zod oder Mah-zod) - Der Äthyr der Erscheinungen.
5. LIT (Lee-teh oder El-ee-teh) - Der Äthyr, der ohne ein höchstes Wesen ist.
4. PAZ (Pah-zod) - Der Äthyr des bevorstehenden Ausdrucks.
3. ZOM (Zod-oh-em) - Der Äthyr der Selbsterkenntnis.
2. ARN (Ar-en) - Der Äthyr der Erfüllung.
1. LIL (El-ee-el oder Lee-el) - Der erste Äthyr.

DER RUF DER ÄTHYRE (19. SCHLÜSSEL)

Henochisch:

Madriaax ds praf (NAME DES ÄTHYR) chis micaolz saanir caosgo od fisis balzizras Iaida!

Nonca gohulim: Micma adoian Mad, Iaod bliorb, soba ooaona chis Lucifitias Piripsol, ds abraassa noncf netaaib caosgi od tilb adphaht damploz, tooatnoncfg Micalz Oma Irasd tol glo marb Yarry Idoigo od torzulp Iaodaf gohol:

Caosga tabaord saanir od christeos yrpoil tiobi busdir tilb noaln paid orsba od dodrmni zylna.

Elzap tub parm gi Piripsax, od ta qurist booapis.

L nibm ovcho symp od christeos ag toltorn mirc q tiobi I el. Tol paomd dilzmo as pian od christeos ag L toltorn parach asymp.

Cordziz, dodpal od fifalz L smnad; od fargt bams omaoas.

Conisbra od avavox, tonug. Orsca tbl noasmi tabges levithmong. Unchi omp tibi ors.

Bagle? Modoah ol cordziz. L capimao izomaxip, od cacocasb gosaa. Baglem pii tianta a babalond, od faorgt teloc vovim.

Madriiax, torzu! Oadriax orocho aboapri! Tabaori priaz ar tabas. Adrpan cors ta dobix. lolcam priazi ar coazior, od Quasb Qting.

Ripir paoxt sa la cor. Vml od prdzar cacrg aoiveae cormpt.

Torzu! Zacar! Od zamran aspt sibsi butmona, ds surzas tia balta.

Odo cicle qaa, Od ozozma plapli Iadnamad.

Deutsch:

Die Himmel, die im (NAME DES ÄTHYR) wohnen, sind mächtig in den Teilen der Erde und vollstrecken das Urteil des Höchsten!

Zu euch wird gesagt: Seht das Antlitz eures Gottes, den Anfang des Trostes, dessen Augen der Glanz des Himmels sind, der euch die Regierung der Erde und ihrer unaussprechlichen Mannigfaltigkeit gegeben hat, der euch mit der Kraft des Verstandes ausgestattet hat, um alle Dinge nach der Vorsehung dessen zu ordnen, der auf dem heiligen Thron sitzt und sich im Anfang erhob und sprach:

Die Erde, lasst sie von ihren Teilen regiert werden und lasst in ihr Spaltung herrschen, damit ihre Herrlichkeit immer trunken und in sich selbst verärgert ist.

Ihre Bahn, sie soll mit dem Himmel kreisen (oder laufen), und als Magd soll sie ihm dienen.

Eine Jahreszeit soll die andere verwechseln, und kein Geschöpf soll auf ihr oder in ihr ein und dasselbe sein. Alle ihre Glieder seien verschieden in ihren Eigenschaften, und kein Geschöpf sei einem anderen gleich.

Die vernunftbegabten Geschöpfe der Erde oder des Menschen sollen sich gegenseitig ärgern und ausrotten, und ihre Behausungen sollen ihre Namen vergessen.

Das Werk des Menschen und sein Prunk, sie sollen verunstaltet werden. Seine Gebäude, sie sollen zu Höhlen für die Tiere des Feldes werden! Verwirre ihren Verstand mit der Finsternis.

Denn warum? Es reut mich, dass ich den Menschen gemacht habe.

Die einen kennen sie, die anderen sind ihr fremd. Denn sie ist das Bett einer Hure und die Wohnung dessen, der gefallen ist.

O ihr Himmel, erhebt euch! Die unteren Himmel unter euch, lasst sie euch dienen! Regiert die, die regieren. Stürzt die, die fallen. Bringt die hervor, die sich vermehren, und vernichtet die Faule.

Kein Ort, lass es bei einer Zahl bleiben. Hinzufügen und Verringern, bis die Sterne gezählt sind.

Aufstehen! Bewegt euch! Und erscheine vor dem Bund Seines Mundes, den Er uns in Seiner Gerechtigkeit geschworen hat. Öffne die Geheimnisse deiner Schöpfung und mache uns teilhaftig an dem unbefleckten Wissen.

Henochisch (phonetisch):

Mah-dree-ahx dah-ess pay-rah-fay (NAME ÄTHYR) Kah-hees mee-kah-ohl-zoad sah-ah-neer kah-ohs-goh oh-dah fee-see-sah bahl-zoad-ee-zoad-rah-sah Ee-ah-ee-dah!

Noh-nooh-kah goh-hoo-leem: mee-kah-mah ah-doh-ee-ah-noo Mah-dah, Ee-ah-oh-dah blee-ohr-bay, soh-bah oo-ah-oh-nah kah-hees Loo-kif-tee-ahs Pee-rip-sohlah, dah-ess ah-brah-ahs-sah noh-noo-kah-fay nay-tah-ah-ee-bay kah-ohs-jee oh-dah teelah-bay ahd-phah-hay-tah dah-mah-ploh-zoad, too-ah-tah noh-noo-kah-fay jee meekahl-zoad oh-mah ayl-rah-sahd toh-lah jee-loh-hah em-ah-bay yah-ree Ee-doh-ee-goh oh-dah tor-zoad-ool-pay Ee-ah-oh-dah-eff goh-hol:

Kah-ohs-gah tah-bah-ohr-dah sah-ah-neer oh-dah krees-tee-ohs eer-poh-eelah tee-ohbe boos-deer teel-bay noh-ahl-noo pah-ee-dah ohrs-bah oh-dah doh-dahr-mee-nee zoad-ee-lah-nah.

Ayl-zoad-ah-pay teel-bay pahr-mayjee Pee-reep-sax, oh-dah tah kew-rel-saht boo-ah-pees.

Ayl nee-bah-may oh-vah-choh see-mah-pay oh-dah krees-tee-ohs ah-jee tohl-tor-noo mee-rah-kah goh tee-oh-bel Ayl ay-lah. Toh-ah pah-ohm-dah deel-zoad-moh Ah-ess peeah-noo oh-dah krees-tee-ohs ab-jee Ayl tol-tornoo pah-rah-chah ah-seem-pah.

Kohr-dah-zoad-ee-zoad, doh-dah-pah-lay oh-dah fee-fahl-zoad Ayl ess-mah-noo-ahd; oh-dah fahr-gee-tah bah-em-sah ohm-ah -oh-ah-sah.

Koh-nees-brah oh-dah ah-vah-vah-ohtza, toh-noo-gee. Ohrs-kah tee-bay-ayl noh-ahsmee tah-bay-jee-sah lev-ee-thah-moh-noo-jee. Oo-noo-chee oh-may-pay tee-bay-ayl ohr-sah.

Bah-glay? Moh-doh-ah oh-el kohr-dah-zoad. Ayl kah-pee-mah-oh ee-zoad-ee mahx-eepay, oh-dah kah-koh-kahs-bay goh-sah-ah. Bah-glay-noo pee-ee tee-ahnoo-tah ah bahbah-loh-noo-dah, oh-dah fah-ohr-jee-tay tay-lohk-voh-veem.

Mah-dree-ahx, tor-zoad-oo! Oh-ah-dree-ahx ohr-ochoh ah-boh-ah-pree! Tah-bahohree pree-ah-zoad ah-ray tah-bah-sah. Ahd-ray-pahnoo Kohr-sah tay-ah doh-beex. Eeohl-kah-mah pree-ah-zoad-ee-ah-ray koh-ah-zoad-ee-ohr-ray, oh-dah kew-ahs-bah kewtee -noo-gah.

Ree-pee-rah pah-ohx-tay essah ayl-ahkohr. Oo-may-lah pray-dah-zoad-ah-ray kahkahr-jee ah-oh-ee-vay-ah-ay koh-em-pay-toh.

Tohr-zoad-oo! Zoad-ah-kah-ray! Oh-dah zoad-ah-mer-ah-noo ahs-pay-tah see-bay-see boot-moh-nah, dah-ess soo-ray-zoad-ahs tee-ah bahl-toh-noo.

Oh-doh kee-klay kah-ah, Oh-dah Oh-zoad-oh-zoad-mah plah-plee Ee-ahd-nah-mah-dah.

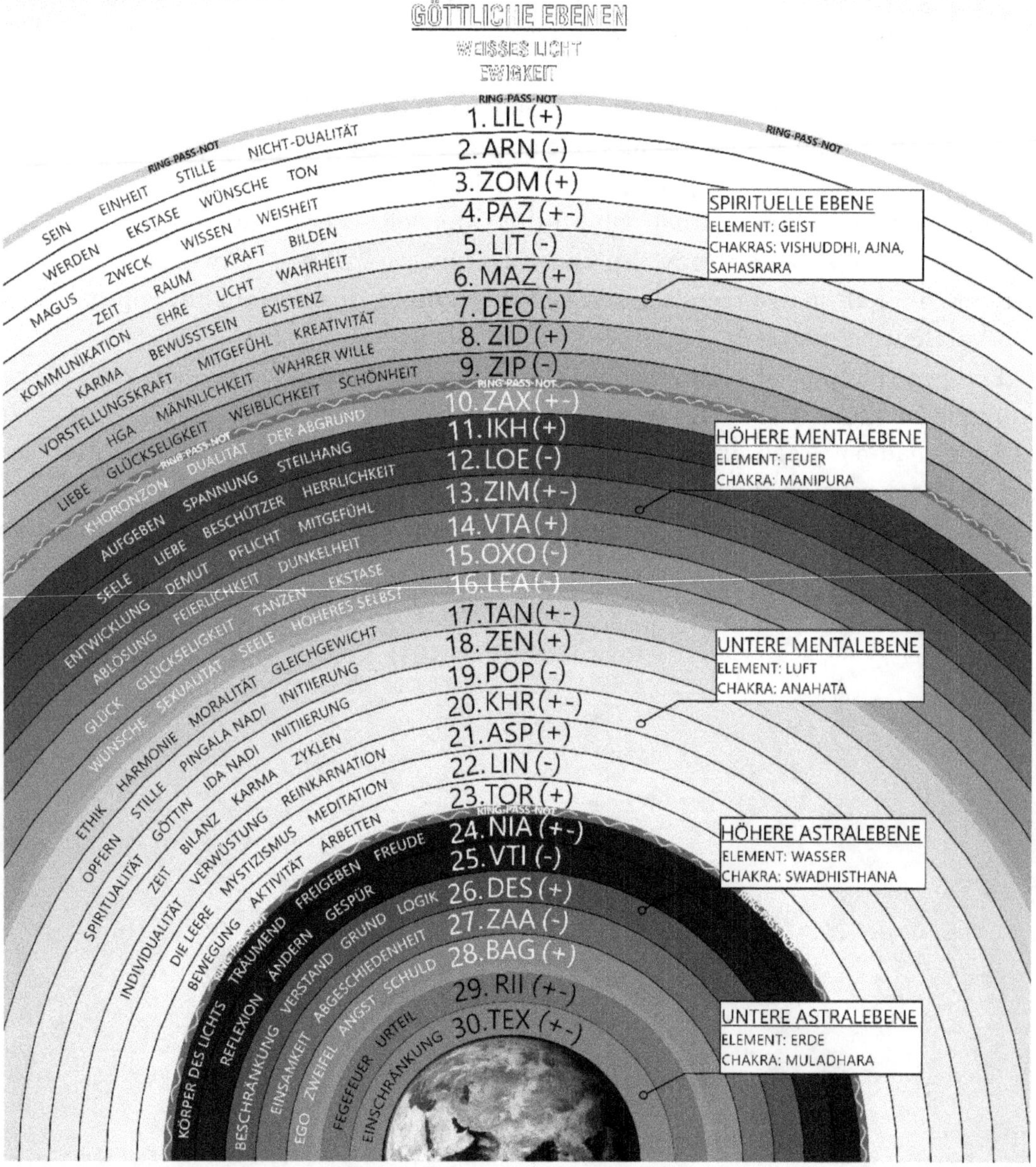

Abbildung 65: Die dreißig henochischen Äthyre

ARBEIT MIT DEN HENOCHISCHEN SCHLÜSSELN

Die spirituelle Alchemie-Formel für die Arbeit mit den henochischen Schlüsseln folgt der gleichen systematischen Progression durch die Elemente wie die, mit der Sie zuvor mit den LIRPs und SIRP gearbeitet haben. Sie beginnen mit dem Erdelement und arbeiten mit seinen Unterelementen, gefolgt von Wasser, Luft, Feuer und Geist. Sobald die beiden Geist-Schlüssel abgeschlossen sind, beginnen Sie mit den henochischen Äthyren in umgekehrter Reihenfolge, beginnend mit dem dreißigsten, TEX, und arbeiten sich bis zum ersten Äthyr, LIL, vor.

Sie werden feststellen, dass Sie nach der Erde nicht mit dem Luftelement arbeiten, sondern mit dem Wasser. Die Höhere Astralebene des Wassers folgt in der Reihenfolge auf die Untere Astralebene der Erde. Die Untere Mentalebene und die Höhere Mentalebene der Luft- und Feuerelemente sind die nächsten. Der Verlauf der Progression in der Henochischen Magie unterscheidet sich also ein wenig von dem, wenn wir mit dem Qabalistischen Lebensbaum durch die LIRPs und SIRP arbeiten.

In der henochischen Magie arbeiten wir schrittweise mit den Chakren, die den Schichten der Aura entsprechen. Wenn wir jedoch mit den LIRPS und SIRP arbeiten, steigen wir den Lebensbaum hinauf, indem wir der Sequenz des Pfades des Flammenden Schwertes in umgekehrter Reihenfolge folgen.

Wie bereits erwähnt, haben die Bewusstseinszustände der Sephiroth einen Bezug zu den Chakren. Allerdings sind sie in ihrer Funktionsweise ausgefeilter, da sich eine Sephira in vielen Fällen durch mehrere Chakren ausdrückt. Das östliche und das westliche System stimmen vollständig mit den Elementen überein, was der verbindende Faktor zwischen beiden ist. Wenn Sie immer noch im Unklaren darüber sind, wie das funktioniert, empfehle ich Ihnen dringend, einige frühere Vorträge in *The Magus* noch einmal zu lesen.

Die gesamte henochische Operation wird achtundvierzig Tage in Anspruch nehmen. Sie umfasst die beiden Geist-Schlüssel, die sechzehn Schlüssel der Elemente und ihrer Unterelemente sowie die dreißig Äthyre. Während der Arbeit mit den Schlüsseln ist es empfehlenswert, mehr Zeit in Meditation zu verbringen. Es wäre auch von Vorteil, an einigen Hellsichtigkeitstechniken (Scrying) zu arbeiten, um Visionen zu erhalten. Die henochische Magie ist sehr mystisch, und jeder Schlüssel hat seine Vision von der Welt oder der Ebene des Seins, die man betritt. Deshalb ist es wichtig, sich im Alpha-Zustand zu befinden, in welchem man klar genug ist, um Bilder im Chakra des geistigen Auges zu empfangen und zu sehen.

DIE SCHLÜSSEL UND DIE ÄTHYRE WAHRNEHMEN

Der beste Weg, um in den Alpha-Zustand zu gelangen, sind meditative Atemtechniken (Pranayamas), während Sie Ihren Körper entspannen. Um dies zu erreichen, sollten Sie im Lotussitz sitzen oder auf dem Rücken liegen. Der Vierfache Atem wurde entwickelt, um Sie in den richtigen Geisteszustand für rituelle Übungen zu versetzen; daher sollten Sie ihn auch hier anwenden.

Ein Wahrsagungskristall eignet sich am besten, um Visionen der henochischen Ebenen, Unterebenen und Äthyre zu erhalten. Ein Schwarzer Spiegel eignet sich ebenfalls für diesen Zweck. Diese beiden Gegenstände sind so konzipiert, dass sie Ihr Bewusstsein anziehen, so dass Sie Visionen auf ihrer Oberfläche sehen können. Ohne ihre Verwendung würden diese Visionen irgendwo in Ihrem Hinterkopf stattfinden. Daher sind sie schwer zu sehen, wenn man nicht entsprechend trainiert ist.

Bei einem Naturstein (Kristall) muss er groß genug sein, um Ihre Energie anzuziehen. Quarzkristalle werden am häufigsten für diesen Zweck verwendet, aber viele andere Kristalle funktionieren auch. Etwas mit einem Durchmesser von mindestens 4 bis 5 Zentimeter würde gut funktionieren. Manche Menschen entscheiden sich für größere Kristalle, auch bekannt als Kristallkugeln. Ich bin sicher, dass Sie ein Beispiel dafür in Filmen gesehen haben oder wenn Sie jemals eine Lesung von einem spirituellen Medium erhalten haben.

Sie müssen den Kristall in der Hand halten, oder Sie können ihn vor sich auf einer Tischoberfläche haben. Wenn Sie ihn in der Hand halten, ziehen Sie direkt Energie von ihm ab, was Ihre natürliche Energie verstärken wird. Um Visionen zu empfangen, ist es hilfreich, wenn Sie leicht nach unten auf den Kristall schauen. Allerdings nicht so, dass Sie Ihren Kopf zu stark nach unten neigen müssen.

Blicken Sie auf den Kristall, während Sie den Vierfachen Atem ausführen, um sich in einem meditativen Zustand zu halten. Während Sie den Blick auf den Kristall richten, lösen Sie den Fokus Ihrer Augen, so dass Sie nicht direkt auf den Kristall schauen, sondern irgendwo direkt dahinter. Auf diese Weise wird der Kristall in Ihr Bewusstsein gezogen. Nach ein oder zwei Minuten sollten Sie beginnen, Visionen oder

Bilder auf der Oberfläche des Kristalls zu sehen. Diese Methode, Kristalle zu beschwören, ist optimal und führt zu den besten Ergebnissen.

Ein Schwarzer Spiegel hat eine reflektierende schwarze Oberfläche, auf der Sie sich vage sehen können. Wenn Sie Ihre Augen nicht mehr fokussieren und mit der gleichen Methode wie bei einem Kristall direkt dahinter schauen, wird Ihr Bewusstsein hineingezogen und Sie werden beginnen, Visionen zu empfangen und Bilder im Spiegel zu sehen.

Ein Schwarzer Spiegel funktioniert am besten, wenn Sie von Natur aus zu Visionen neigen. Da die Kristallkugel jedoch eine große Menge an Energie ausstrahlt, ist sie vielleicht ein beliebteres Medium, da diese Energie dazu dient, Ihre Schwingung zu verändern und Sie in einen veränderten Bewusstseinszustand zu versetzen. Manche Menschen brauchen diesen zusätzlichen Energieschub, um aus dem normalen Wachbewusstsein herauszutreten und in sich zu gehen.

Ein Schwarzer Spiegel funktioniert gut, wenn Sie bereits eine Menge Energie aufgebaut haben, die Ihr Bewusstsein auf natürliche Weise zwischen dem bewussten und dem unterbewussten Verstand oszillieren lässt. Wie ich es getan habe, können Kundalini-Erweckte mit einem Schwarzen Spiegel sogar bessere Ergebnisse erzielen als mit einem Kristall. Da bereits so viel Energie durch die Kundalini aufgebaut wurde, ist vielleicht nicht mehr Energie nötig, um nach innen zu gehen und Visionen zu sehen.

SPIRITUELLE ALCHEMIE PROGRAMM III - DIE HENOCHISCHEN SCHLÜSSEL

Sobald Sie die notwendige Arbeit mit der SIRP oder die Arbeit mit der planetarischen Magie abgeschlossen haben und sich für die henochische Magie bereit fühlen, sollten Sie dem hier beschriebenen Programm folgen. Denken Sie jedoch daran, dass Sie nicht sofort mit der Henochischen Magie beginnen müssen, nachdem Sie das Programm mit den LIRPs und SIRP abgeschlossen haben. Stattdessen können Sie eine der drei anderen Optionen wählen, die im Kapitel "Der nächste Schritt im Großen Werk" im Abschnitt "Zeremonielle Magie" vorgestellt werden.

Die Arbeit mit den anderen beiden Möglichkeiten, die LIRPs und SIRP, wieder aufzunehmen, können Sie in Ihrem Leben so oft wiederholen, wie Sie wollen, und Sie werden immer etwas Neues lernen und sich spirituell weiterentwickeln. Oder nehmen wir an, Sie haben sich entschieden, zuerst mit planetarischer Magie zu arbeiten. In diesem Fall werden Sie Ihr mentales und emotionales Fundament noch mehr stärken, was Ihnen helfen wird, die mächtigen henochischen Energiekräfte zu kontrollieren.

Wie bei allen magischen Handlungen müssen Sie die Ritualsequenz beginnen, indem Sie einige Minuten lang den Vierfachen Atem ausführen, um sich in einen meditativen Zustand zu versetzen. Der nächste Schritt ist die Reinigung des Raums, des magischen Kreises, mit dem LBRP, gefolgt von dem BRH. Danach haben Sie die Möglichkeit, das Middle Pillar Exercise zu machen oder nicht. Wenn Sie das tun, rufen Sie Licht in Ihre Aura, was von Vorteil sein kann, da es den folgenden Prozess des Hellsehens besser und einfacher macht. Denken Sie jedoch daran, dass Sie die Methode des Hellsehens nicht durchführen müssen, aber sie ist eine Option, da sie Ihnen hilft, klarer mit Ihren Visionen in Kontakt zu kommen.

Wenn Sie das Middle Pillar Exercise gemacht haben (oder wenn Sie beschlossen haben, sie zu überspringen), sind Sie bereit für die Evokation, das Vorlesen eines der henochischen Schlüssel in Lautschrift. Jeder Schlüssel darf nur einmal gelesen werden, nicht öfter. Mit nur einer Lesung wird genügend Energie evoziert. Mehrmaliges Lesen kann dazu führen, dass zu viel Energie beschworen wird, und davon wird dringend abgeraten. Da es sich bei der henochischen Magie um eine Adeptenstufe handelt, müssen Sie die Ritualsequenz mit der Analyse des Schlüsselworts beenden. Bei der Arbeit mit den henochischen Schlüsseln muss die Reihenfolge der Beschwörungen strikt eingehalten werden. Dieser Teil ist wesentlich.

Henochische Schlüssel: 1 bis 18

Untere Astralebene - Erde/Muladhara:
Tag 1-Schlüssel 5 (Erde der Erde)
Tag 2-Schlüssel 14 (Wasser der Erde)
Tag 3-Schlüssel 13 (Luft der Erde)
Tag 4-Schlüssel 15 (Feuer der Erde)

Höhere Astralebene - Wasser/Swadhisthana:
Tag 5-Schlüssel 4 (Wasser des Wassers)
Tag 6-Schlüssel 11 (Erde des Wassers)
Tag 7-Schlüssel 10 (Luft des Wassers)
Tag 8-Schlüssel 12 (Feuer des Wassers)

Untere Mentalebene - Luft/Anahata:
Tag 9-Schlüssel 3 (Luft der Luft)
Tag 10-Schlüssel 8 (Erde der Luft)
Tag 11-Schlüssel 7 (Wasser der Luft)
Tag 12-Schlüssel 9 (Feuer der Luft)

Höhere Mentalebene - Feuer/Manipura:
Tag 13-Schlüssel 6 (Feuer des Feuers)
Tag 14-Schlüssel 18 (Erde des Feuers)
Tag 15-Schlüssel 17 (Wasser des Feuers)
Tag 16-Schlüssel 16 (Luft des Feuers)

Spirituelle Ebene - Geist/Vishuddhi, Ajna, Sahasrara:
Tag 17-Schlüssel 2 (Geist-Passiv)
Tag 18-Schlüssel 1 (Geist-Aktiv)

Sobald Sie das Programm mit den henochischen Schlüsseln der Elemente und Unterelemente abgeschlossen haben, beginnen Sie mit den henochischen Äthyren (dem neunzehnten Schlüssel). Um einen Äthyr zu evozieren, fügen Sie seine phonetische Aussprache in den Neunzehnten Schlüssel ein, der ebenfalls phonetisch rezitiert werden muss. Die Äthyre sind wiederum mit der Formel aufzusuchen, mit der man die Schichten der Aura vom Unteren Astralraum zum Höheren Astralraum, dann zum Unteren Mentalraum, zum Höheren Mentalraum und schließlich zur Spirituellen Ebene betritt. Sie werden feststellen, dass die Äthyre in Bezug auf die spirituelle Ebene viel mehr zu bieten haben, mit dem Sie arbeiten können. Aufgrund der starken sexuellen Energieströme und der transformativen Kraft sind die Dreißig Äthyre eine der besten Formen der Magie für die spirituelle Entwicklung. Kundalini-Erweckte werden die Dreißig Äthyre besonders mögen und ihre Verwendung in ihrem Transformationsprozess als sehr nützlich empfinden.

Henochischer Schlüssel 19 (Dreißig Äthyre)

Untere Astralebene - Erde/Muladhara:
Tag 19-TEX (30. Äthyr)
Tag 20-RII (29. Äthyr)

Höhere Astralebene - Wasser/Swadhisthana:
Tag 21-BAG (28. Äthyr)
Tag 22-ZAA (27. Äthyr)
Tag 23-DES (26. Äthyr)
Tag 24-VTI (25. Äthyr)
Tag 25-NIA (24. Äthyr)

Untere Mentalebene - Luft/Anahata:
Tag 26-TOR (23. Äthyr)
Tag 27-LIN (22. Äthyr)
Tag 28-ASP (21. Äthyr)

Tag 29-KHR (20. Äthyr)
Tag 30-POP (19. Äthyr)
Tag 31-ZEN (18. Äthyr)
Tag 32-TAN (17. Äthyr)

Höhere Mentalebene-Feuer/Manipura:
Tag 33-LEA (16. Äthyr)
Tag 34-OXO (15. Äthyr)
Tag 35-VTA (14. Äthyr)
Tag 36-ZIM (13. Äthyr)
Tag 37-LOE (12. Äthyr)
Tag 38-IKH (11. Äthyr)
Tag 39-ZAX (10. Äthyr)

Spirituelle Ebene - Geist/Vishuddhi, Ajna, Sahasrara:
Tag 40-ZIP (9. Äthyr)
Tag 41-ZID (8. Äthyr)
Tag 42-DEO (7. Äthyr)
Tag 43-MAZ (6. Äthyr)
Tag 44-LIT (5. Äthyr)
Tag 45-PAZ (4. Äthyr)
Tag 46-ZOM (3. Äthyr)
Tag 47-ARN (2. Äthyr)
Tag 48-LIL (1. Äthyr)

Wenn Sie den achtundvierzigsten Tag vollendet haben, werden Sie eine direkte Kommunikationslinie mit den Reichen jenseits der spirituellen Ebene, nämlich den göttlichen Reichen, geschaffen haben. Es ist möglich und wurde von zahlreichen Praktizierenden der henochischen Magie berichtet, dass Sie Zugang zu den göttlichen Ebenen erhalten und Visionen und Erfahrungen von diesen haben werden.

Der erste Äthyr, LIL, ist der einzig wahre Äthyr der Nicht-Dualität und der Bewusstseinszustände, die an die Göttlichen Ebenen der Existenz erinnern. Wenn Sie durch systematische Evokation der Äthyre eine Verbindung mit der Gottheit herstellen, können Sie erleben, wie ein Energiestrom von einer göttlichen Ebene in Ihr Wesen eintritt. Wenn dies geschieht, begrüßen Sie dieses Ereignis, denn es kann die außergewöhnlichste spirituelle Erfahrung Ihres Lebens sein.

Für die Kundalini-Erweckten wird das systematische Durchlaufen der henochischen Schlüssel von Grund auf die Kanäle (Nadis) und Bahnen des Kundalini-Lichts optimieren, indem alle Blockaden beseitigt werden, die eine Stagnation des Lichts verursachen könnten. Sobald Tag 48 abgeschlossen ist, können Sie beschließen, die henochischen Schlüssel, einschließlich der Elemente und

Unterelemente, sowie die Äthyre erneut zu besuchen und zu überdenken. Ich empfehle Ihnen, dies zu tun.

In meiner Erfahrung habe ich die Dreißig Äthyre als sehr mystisch und transzendental empfunden, und ihre Verwendung hat mir geholfen, mich spirituell immens weiterzuentwickeln. Außerdem war es inspirierend und machte Spaß, mit ihnen zu arbeiten. Ich habe viele Monate damit verbracht, die Äthyre zu besuchen und wieder zu besuchen, manchmal systematisch von den niedrigsten zu den höchsten, und manchmal nur die, von denen ich das Gefühl hatte, dass ich mehr erfahren wollte. Bis heute sind mir keine Magick-Rituale (in welcher Form auch immer) begegnet, die kraftvoller, unterhaltsamer und aufregender sind als die Dreißig Äthyre.

EPILOG

Der Zweck dieser Arbeit ist es, Ihnen die Schlüssel zur Maximierung Ihres wahren Potenzials als spirituelles menschliches Wesen zu geben. Da jeder von uns einen göttlichen Lichtfunken in sich trägt, verlieren viele von uns den Kontakt zu diesem inneren Licht, wenn sich das Ego entwickelt. Und wir können nicht vermeiden, ein Ego zu haben, da es sich entwickelt, wenn wir heranwachsen und unser Bewusstsein sich an unseren neu geformten physischen Körper anpasst.

Die Aufgabe des Egos ist es, den physischen Körper zu schützen und uns zu helfen, Gefahren zu vermeiden. Es ist jedoch eine von der Seele getrennte Intelligenz, die im Laufe der Jahre zu deren Widersacher wird. Denn wenn man sich zu sehr um seinen physischen Körper kümmert, richtet sich das Bewusstsein auf ihn aus und verliert den Kontakt zur Seele.

Wenn das Ego die Herrschaft über das individuelle Bewusstsein übernimmt, erlaubt es auch der Angst, in unser Energiesystem einzudringen. Die kindliche Unschuld und das Staunen, mit denen wir geboren wurden, gehen verloren. Bald stellt sich Traurigkeit ein, ebenso wie Verwirrung darüber, wer wir im Laufe der Jahre geworden sind.

Aber selbst wenn das Ego das Bewusstsein eines Menschen vollständig übernommen hat, kann das innere Licht nie ganz ausgelöscht werden. Stattdessen beginnt es, in der Stille mit uns zu kommunizieren, um uns wissen zu lassen, dass es unsere Heimat ist und wer wir sind. Daher ist es für jeden einzelnen Menschen unvermeidlich, dass er sich danach sehnt, sein Bewusstsein wieder mit seinem inneren Licht zu vereinen. Die Herausforderung für uns alle ist die Überwindung unseres Egos und der Dunkelheit, die wir während unseres Heranwachsens erworben haben. Das Ego und die Seele sind ein Teil von uns, solange wir auf der Erde leben, aber wir können unser Bewusstsein nur mit einem von beiden wirklich in Einklang bringen.

Wir wurden als Wesen des Lichts geboren, und es ist unsere Bestimmung, unsere heilige Pflicht, unsere Unschuld wiederzuerlangen. Wenn wir Energie aus dem Geist schöpfen wollen, müssen wir zuerst mit unserer Seele in Kontakt treten. Sobald wir die Verbindung mit der Seele wiederhergestellt haben, können wir der Energie des Geistes erlauben, in uns herabzusteigen und uns dauerhaft zu transformieren. Durch diesen Prozess können wir das ewige Glück finden, das wir alle suchen.

Im Wesentlichen ist dies der Prozess des Großen Werks und das Mittel, um erleuchtet zu werden. Um dies zu erreichen, müssen wir jedoch in den Elementarenergien baden, wobei wir auf der niedrigsten Ebene, der Erde, beginnen und uns durch die inneren kosmischen Ebenen immer weiter nach oben bewegen. Der Prozess der spirituellen Alchemie ist systematisch. Der Zweck der in *The Magus* vorgestellten Arbeit ist darauf ausgerichtet, Sie diesem Ziel näher zu bringen. Jede Lektion und rituelle Übung ist ein Teil des Puzzles, das Sie brauchen, um das Große Werk zu vollenden.

Ich hoffe, dass Sie die Schlüssel, die ich Ihnen in *The Magus* gegeben habe, auf Ihr eigenes Leben anwenden können. Dieses Werk soll ein Handbuch für die westlichen Mysterien sein, mit der zusätzlichen Komponente eines Querverweises auf das östliche Chakrensystem. Es ist ein Handbuch für zeremonielle Magie und die Reinigung der Chakren, während Sie Ihre Aura mit Licht entflammen. Denn wenn Sie Ihre persönliche Macht maximieren wollen, müssen Sie die karmische Energie entfernen, die Sie daran hindert, auf Ihrem optimalen Niveau zu arbeiten. Auf diese Weise überwinden Sie die Impulse Ihres Egos und bringen Ihr Bewusstsein mit Ihrer Seele und Ihrem Geist in Einklang.

Dieses Werk ist nicht dazu gedacht, nur einmal gelesen und danach für immer weggelegt zu werden. Vielmehr ist es ein "Arbeits"-Handbuch, das als Nachschlagewerk für die verschiedenen behandelten Themen dienen soll. Ich habe mir zum Ziel gesetzt, Sie zu einem Sucher des Lichts und der Mysterien des Universums zu machen, so dass Sie diese Themen auf eigene Faust weiter erforschen können, indem Sie nach weiterem Wissen darüber suchen. Und indem Sie sich durch dieses Werk mit Ihrem Heiligen Schutzengel verbinden, erhalten Sie direkten Zugang zu Führung und Weisheit, die Sie brauchen, um immer auf dem Pfad des Lichts zu bleiben.

Wenn Sie das Programm der Spirituellen Alchemie mit den Fünf Elementen begonnen haben, sind Sie auf dem besten Weg, das Große Werk zu vollenden. Aber wenn Sie dieses Programm abgeschlossen haben, bleiben Sie nicht stehen, sondern machen Sie weiter. Es gibt viel zu gewinnen, wenn Sie mit den Alten Planeten und insbesondere mit den henochischen Schlüsseln arbeiten. Und als Adept in den westlichen Mysterien vergessen Sie nicht, das zusätzliche Material im Anhang zu nutzen, einschließlich der einschlägigen Arbeit mit den olympischen planetarischen Geistern.

Wenn Sie bis hierher gelesen haben, aber noch keine der rituellen Übungen ausprobiert haben, bitte ich Sie, sie zu versuchen. Sie werden von den Ergebnissen nicht enttäuscht sein. Das intellektuelle Wissen, das in diesem Werk enthalten ist, ist erhellend, aber die wahre Essenz sind die rituellen Übungen. Der Intellekt ist schließlich nur die dritte Sephira (Hod) auf dem Lebensbaum, und es gibt noch sieben höhere Sphären, die Sie in sich selbst erschließen müssen.

Vielen Dank, dass Sie mir Ihre Zeit schenken, um die Weisheit, das Wissen und die Erfahrung zu teilen, die ich auf meiner spirituellen Reise durch die westliche Mysterientradition erworben habe. Wenn Sie ein Kundalini-Erweckter sind, hoffe ich, dass die Zeremonielle Magie Ihnen auf Ihrer Reise gut dient, so wie sie es für mich auf meiner getan hat.

Abschließend möchte ich sagen, dass jeder von uns ein angehender Magus ist. Unsere Lebensaufgabe ist es, uns spirituell weiterzuentwickeln und unser innerstes Potenzial zu erschließen. Es ist unsere Bestimmung, die Kontrolle über die Elemente unseres Seins zu erlangen und Meister über unsere Realitäten zu werden. Indem wir dies tun, dienen wir Gott, dem Schöpfer, denn wir sind dazu bestimmt, Mitschöpfer unserer Realitäten zu sein. Wir sind dazu bestimmt, in den Garten Eden zurückzukehren; das ist unser angeborenes Geburtsrecht. Bleiben Sie also immer mit den Füßen auf dem Boden, aber mit dem Kopf in den Wolken. Arbeiten Sie hart daran, sich jeden Tag zu verbessern. Streben Sie stets nach Wachstum und Weisheit. Und vor allem: Bleiben Sie immer inspiriert. Und mit der Zeit werden auch Sie der Magus werden.

APPENDIX

ZUSÄTZLICHES ADEPTMATERIAL

ERGÄNZENDE TABELLEN

Anmerkung: Die folgenden Tabellen dienen als allgemeine Information oder zur Verwendung in der magischen Arbeit. Jeder der göttlichen Namen steht für bestimmte Gottheiten oder Kräfte, die durch das Vibrieren ihrer Namen angerufen oder beschworen werden können. Die magische Arbeit mit diesen Tabellen ist auf der Adeptenebene angesiedelt; sie sollte erst nach Abschluss des spirituellen Alchemieprogramms mit den fünf Elementen durchgeführt werden.

TABELLE 7: Göttlichen Namen der sieben antiken Planeten

* Die olympischen Planetengeister erfordern die Verwendung ihrer Siegel.

Name des Planeten	Name des Planeten (hebräisch)	Engel	Intelligenz	Geist	Olympische Planetarische Geister *
Saturn	Schabbathai	Cassiel	Agiel	Zazel	Arathor
Jupiter	Tzedek	Sachiel	Iophiel	Hismael	Bethor
Mars	Madim	Zamael	Graphiel	Bartzabel	Phalegh
Sonne (Sol)	Shemesh	Michael	Nakhiel	Sorath	Och
Venus	Nogah	Hanael	Hagiel	Kedemel	Hagith
Quecksilber	Kokab	Raphael	Tiriel	Taphthartharath	Ophiel
Mond (Luna)	Levanah	Gabriel	Malkah be Tarshisim ve-ad Ruachoth Schechalim	Schad Barshemoth ha-Schartathan	Phul

TABELLE 8: Den Sephiroth zugeschriebene göttliche Namen

Sephira	Göttlicher Name (Atziluth)	Göttlicher Name Bedeutung	Name des Erzengels (Briah)	Erzengel Name Bedeutung	Chor der Engel (Yetzirah)	Chor der Engel Bedeutung
Kether	Eheieh	Ich bin	Metatron	Engel der Gegenwart	Chayoth ha-Qadesh	Heilige lebende Kreaturen
Chokmah	Yah	Herr	Raziel	Das Geheimnis Gottes	Auphanim	Die Räder
Binah	YHVH Elohim	Der Herrgott	Tzaphqiel	Kontemplation über Gott	Aralim	Die Throne, oder Mächtigen
Chesed	El	Gott	Tzadqiel	Rechtschaffenheit oder Gerechtigkeit Gottes	Chashmalim	Die Leuchtenden
Geburah	Elohim Gibor	Gott der Macht	Kamael	Die Strenge Gottes	Seraphim	Flammende Einsen
Tiphareth	YHVH Eloah ve-Daath	Herr, Gott des Wissens	Raphael	Der Heiler Gottes	Melekim	Die Könige
Netzach	YHVH Tzabaoth	Herr der Heerscharen	Haniel	Gnade oder Liebe Gottes	Elohim	Die Götter
Hod	Elohim Tzabaoth	Gott der Heerscharen	Michael	Derjenige, der wie Gott ist	Beni Elohim	Söhne der Götter
Jaod	Schaddai El Chai	Allmächtiger, lebendiger Gott	Gabriel	Die Kraft Gottes	Kerubim	Die Engel, oder die Starken
Malkuth	Adonai ha-Aretz	Herr der Erde	Sandalphon	Mitbruder (bezogen auf seinen Zwillingsbruder Metatron)	Ashim	Die Flammen oder Seelen des Feuers

TABELLE 9: Anrufung der Kräfte der Tierkreiszeichen

Tierkreiszeichen	Permutation von YHVH	Stamm Israel	Engel	Farbe (Atziluth)
Widder	YHVH	Gad	Melchidael	Scharlachrot (Rot)
Stier	YHHV	Ephraim	Asmodel	Rot-Orange
Zwillinge	YVHH	Manasse	Ambriel	Orange
Krebs	HVHY	Issachar	Muriel	Bernstein
Löwe	HVYH	Juda	Verchiel	Grünlich-gelb
Jungfrau	HHVY	Naphtali	Hamaliel	Gelblich grün
Waage	VHYH	Asshur	Zuriel	Smaragd
Skorpion	VHHY	Dan	Barchiel	Grün-Blau
Schütze	VYHH	Benjamin	Advachiel	Blau
Steinbock	HYHV	Sebulon	Hanael	Indigo
Wassermann	HYVH	Reuben	Cambriel	Violett
Fische	HHYV	Simeon	Amnitziel	Karminrot

OLYMPISCHE PLANETARISCHE GEISTER

Die olympischen Planetengeister wurden erstmals im *Arbatel der Magie* erwähnt - *einem* lateinischen Grimoire der zeremoniellen Magie der Renaissance, das 1575 in der Schweiz von einem anonymen Autor veröffentlicht wurde. *Das Arbatel der Magie* ist christlich geprägt und befasst sich mit der Beziehung zwischen der Menschheit und den himmlischen Hierarchien. Dieses Werk hatte großen Einfluss auf die damalige okkulte Gemeinschaft, und viele inspirierende Persönlichkeiten, darunter John Dee, erwähnten es in ihren Werken.

Die olympischen Planetengeister fanden ihren Weg in das System der Magie des Hermetischen Orden des Golden Dawn. Obwohl die Schüler des Golden Dawn schon früh mit ihnen bekannt gemacht wurden, war die eigentliche Arbeit mit den olympischen Geistern dem Adepten vorbehalten, wie auch die Arbeit mit planetarischen Energien oder spirituellen Intelligenzen.

Es gibt sieben olympische planetarische Geister, einen für jeden der sieben antiken Planeten. Auf den ersten Blick werden Sie in ihrem Namen eine Verbindung zu den olympischen Göttern aus dem griechischen Pantheon erkennen. Obwohl es keine eindeutige Entsprechung zwischen den beiden gibt, glauben einige Magier, dass die sieben olympischen Geister die sieben griechischen Hauptgötter sind, die über die sieben antiken Planeten herrschen. Diese sind Chronos, Zeus, Ares, Apollo, Aphrodite, Hermes und Selene. Es handelt sich dabei natürlich nur um eine Theorie, denn es gibt keine wirklichen Beweise für diese Annahme.

Die olympischen Planetengeister werden traditionell als blinde Kräfte betrachtet, die flüchtig sind und sich negativ manifestieren können, wenn der Praktizierende nicht auf ihre Macht vorbereitet ist. Daher müssen Sie die Kontrolle über die Elemente Ihres Wesens haben, damit Sie fest in Ihrer Absicht bleiben und Ihre Willenskraft nutzen können, um diese mächtigen Kräfte zu lenken. Willkürliche Experimente mit den olympischen Geistern können in Ihrem Bewusstsein Chaos verursachen; deshalb rate ich Ihnen dringend davon ab. Halten Sie sich stattdessen an die hier vorgestellte Beschwörungsformel.

Da die olympischen Geister blinde Kräfte sind, hängen ihre Energien von der positiven oder negativen Natur des jeweiligen Planeten ab. Aus diesem Grund sollten Sie das Programm der Spirituellen Alchemie mit den Sieben Alten Planeten abschließen, bevor Sie die Arbeit mit den Olympischen Geistern aufnehmen. Dadurch werden Sie mit den einzelnen planetarischen Energien vertrauter, was hilfreich ist, wenn Sie bei dieser Arbeit auf irgendwelche Fallstricke stoßen.

Traditionell wird dem Praktizierenden geraten, die göttliche Namenshierarchie der mit dem Olympischen Geist verbundenen Sephira zu beschwören, einschließlich der Intelligenz des Planeten. Auf diese Weise erhält man eine bessere Kontrolle über die

Energie des Olympischen Geistes. Die Tabellen 7 und 8 enthalten alle notwendigen Informationen für diese Aufgabe. Die planetarischen Intelligenzen werden (der Tradition nach) als gut angesehen, während die olympischen Geister als böse gelten. Dieser Standpunkt ist meiner Meinung nach subjektiv, aber ich möchte, dass Sie trotzdem auf der Seite der Vorsicht sind.

Meiner Erfahrung nach habe ich nichts Negatives an der Verwendung der olympischen Geister gefunden und ich habe die mystischen Bewusstseinszustände genossen, die sie bewirkten. Ich fand die planetarische Energie weitaus transzendenter als bei der Anrufung mit planetarischen Hexagrammen. Viele erleuchtende Visionen folgten aus dieser Arbeit, ähnlich wie bei den henochischen Schlüsseln, wenn auch klarer. Wie bei allen rituellen Übungen, die in *The Magus* vorgestellt werden, blieb die heraufbeschworene Energie den ganzen Tag über bei mir. Sie verflüchtigte sich während des Schlafs aus meiner Aura, gewöhnlich begleitet von aufregenden und aufschlussreichen Träumen.

Die olympischen Geister sind einfach zu handhaben und bieten etwas Neues für den angehenden Magus, da es das erste Mal ist, dass Sie direkt mit spirituellen Wesenheiten arbeiten. Ihre Verwendung wird Ihr Wissen über planetarische Energien, aber auch über Alchemie erweitern. Da es kein offizielles Programm für spirituelle Alchemie gibt, das bei der Arbeit mit den olympischen planetarischen Geistern befolgt werden muss, ist dies eine ausgezeichnete Gelegenheit, Ihrem Höheren Selbst zu erlauben, die Führung zu übernehmen und Sie bei dieser Arbeit zu leiten. Schließlich besteht ein großer Teil des Werdens zum Magus darin, sich auf Ihr Höheres Selbst, Ihren Heiligen Schutzengel, einzustimmen und ihm/ihr zu erlauben, "die Show zu leiten".

Die Beschwörung der olympischen Planetengeister ist einfach und leicht. Alles, was Sie für diese Aufgabe benötigen, finden Sie im Anhang. Jeder olympische Geist hat sein Siegel (Abbildung 66), das als Tor oder Pforte zu seiner Energie dient. Wenn Sie mit einem olympischen Geist arbeiten, müssen Sie sein Siegel zur Hand haben, da Sie ihn beschwören werden, um Zugang zu seinen Energien zu erhalten.

Zu diesem Zeitpunkt sollten Sie bereits mit dem System der planetarischen Stunden vertraut sein. Wie bei der Anrufung durch das Planetenhexagramm sollten Sie einen bestimmten olympischen Geist während der ihm zugeordneten Planetenstunde anrufen, vorzugsweise in der ersten Stunde des Tages, obwohl er auch nachts angerufen werden kann. Diese Informationen finden Sie in den Tabellen 5 und 6. Die besten Ergebnisse erzielt man, wenn man einen Olympischen Geist an dem Tag anruft, der seinem Planeten entspricht.

Wie bei allen größeren Beschwörungen oder Evokationen sollten Sie nur mit einem Olympischen Geist pro Tag arbeiten, damit Sie sich auf ihn konzentrieren und von seiner Energie lernen können. Um die Evokation zu beginnen, führen Sie die LBRP und BRH durch, um sich auszubalancieren und Ihre Aura von unausgeglichenen

Energien zu reinigen. Wenn Sie eine Middle Pillar machen möchten, können Sie das tun. Setzen oder stellen Sie sich anschließend bequem hinter Ihren zentralen Altar (mit Blick nach Osten) und führen Sie den Vierfachen Atem durch, um Ihren Geist in den Alpha-Zustand zu versetzen.

Wenn Sie bereit sind, vibrieren Sie die göttlichen Namen der Sephira und des Planeten, die mit dem olympischen Geist verbunden sind, den Sie beschwören wollen. Wenn Sie zum Beispiel mit Och arbeiten, müssen Sie die göttlichen Namen vibrieren, die mit Tiphareth und dem Sonnenplaneten verbunden sind. Die Reihenfolge ist: Göttlicher (Gottes-) Name, Erzengel, Engelschor und Planetarische Intelligenz. Sie dürfen jeden dieser Namen nur einmal schwingen. Der Planetarische Engel und der Geist sind nicht notwendig, da der Olympische Geist ihre Funktionen ersetzt.

Nehmen Sie sich einen Moment Zeit und lesen Sie das folgende Gebet aus dem *Arbatel der Magie* laut vor. Das Gebet ist leicht abgewandelt, damit es am besten in den Kontext von *The Magus* passt. Vibrieren Sie den Namen des Geistes einmal, während Sie ihn in das Gebet einfügen.

"O ewiger und allmächtiger Gott, der Du die ganze Schöpfung zu Deinem Lob und Ruhm und zum Heil der Menschen bestimmt hast, ich bitte Dich, Deinen Geist (NAME DES GEISTES) der Sonnenordnung zu senden, der mich unterrichten und lehren wird, was ich von ihm erbitten werde. Doch nicht mein Wille geschehe, sondern der Deine, durch Jesus Christus. Amen."

Nehmen Sie das Siegel des olympischen Geistes in die Hand und halten Sie es vor sich, etwa in der gleichen Entfernung, in der Sie in einen Kristall schauen würden. Blicken Sie auf das Siegel, während Sie sich in das Bild vertiefen. Während Sie dies tun, beginnen Sie, den Namen des Geistes wiederholt zu vibrieren. Denken Sie daran, die Schwingungen feierlich auszuführen und Ihren Geist dabei klar zu halten. Die Wirkung ist quantitativ, d.h. je länger Sie das Siegel betrachten, während Sie den Namen des Geistes vibrieren, desto mehr Energie wird in Ihrer Aura hervorgerufen. Normalerweise braucht man nicht mehr als ein oder zwei Minuten, um die richtige Menge an Energie zu erzeugen. Gehen Sie nach eigenem Ermessen vor.

Sobald die Energie Ihre Aura durchdrungen hat, führen Sie die Mind's Eye Meditation aus dem Abschnitt "Rituelle Übungen der zeremoniellen Magie" durch. Es ist hilfreich, dabei zu sitzen oder zu liegen. Bringen Sie Ihren Geist zum Schweigen und erlauben Sie der heraufbeschworenen Energie, sich Ihnen mitzuteilen, entweder durch Visionen oder indem sie direkt mit Ihnen spricht. Seien Sie nicht überrascht, wenn Sie den Klang Ihrer eigenen Stimme in Ihrem Kopf hören, die Ihnen in einem inspirierten Ton neues Wissen offenbart. Schließlich ist der olympische Geist die blinde Energie, die Ihr Geist verkörpert, wenn Sie ihn aufrufen.

Meistens wird der olympische Geist Sie darüber informieren, was Ihre Seele wissen muss, um spirituell weiterzukommen. Daher ist es nicht angebracht, direkt Fragen zu stellen, sondern sich nur mit einem offenen Geist und Herzen auf die Energie des Geistes einzustimmen. Obwohl Sie Fragen stellen können, falls Sie es wünschen, wird der bloße Akt, Ihren Geist zum Schweigen zu bringen, den Olympischen Geist zu Ihrer Seele sprechen lassen.

Die olympischen Geister sprechen zu uns durch die Welt von Atziluth, daher wird der olympische Geist alles ansprechen, was von Ihrer Seele und Ihrem wahren Willen kommt, während das, was durch Ihr Ego kommt, normalerweise ignoriert wird. Erinnern Sie sich auch daran, dass die Natur der olympischen Geister der Essenz ihrer assoziierten Planeten eigen ist, ebenso wie das Wissen und die Weisheit, die aus der Arbeit mit ihnen gewonnen werden.

Wenn Sie das Gefühl haben, dass Sie keine Kommunikation vom olympischen Geist erhalten, sollten Sie versuchen, mit Hilfe eines Hellsehkristalls oder eines schwarzen Spiegels Hellsehtechniken anzuwenden. Diese Techniken werden Ihnen helfen, die Kommunikation aus Ihrem Unterbewusstsein in Ihr Bewusstsein zu bringen. Sie finden die Hellsehen-Techniken (Scrying) in der Sektion Henochische Magie. Nachdem Sie das Gespräch mit dem olympischen Geist beendet haben und mit den Ergebnissen zufrieden sind, müssen Sie das folgende Gebet sprechen: die Erlaubnis zum Aufbruch.

"Denn so oft du in Frieden und Ruhe gekommen bist und auf meine Bitten geantwortet hast, danke ich Gott, in dessen Namen du gekommen bist. Und nun magst du in Frieden zu deinen Aufträgen gehen und zu mir zurückkehren, wenn ich dich bei deinem Namen oder bei deinem Auftrag oder bei deinem Amt, das dir vom Schöpfer verliehen ist, rufen werde. Amen"

Beenden Sie Ihre Sitzung mit einem LBRP und BRH. Auch wenn Sie die Kommunikation mit dem Geist offiziell beendet haben, wird noch etwas von seiner Energie in Ihrer Aura verweilen. Wenn Sie zu irgendeinem Zeitpunkt des Tages Schwierigkeiten haben, mit dieser Energie umzugehen, können Sie die LBRP und BRH durchführen. Sie können die Energie eines olympischen Geistes nicht verbannen, wenn Sie sie einmal heraufbeschworen haben, also sollten Sie die göttlichen Namen aus den Tabellen 7 und 8 verwenden, um sie zu lenken.

Das *Arbatel der Magie* listet die olympischen Planetengeister und ihre Kräfte auf. Diesem Werk zufolge war der Himmel einst in insgesamt 196 Provinzen oder Bezirke unterteilt, die von den sieben Planetarischen Engeln regiert wurden. Die sieben planetarischen Engel sind in der Tat die olympischen planetarischen Geister. Jeder olympische Geist hatte ein Siegel, das die alten Weisen auf Talismanen oder Amuletten anbrachten, die sie bei ihren magischen Handlungen verwendeten.

Das *Arbatel der Magie* informiert uns auch darüber, dass die olympischen Planetengeister für ganze Epochen der Geschichte verantwortlich sind, da jeder Geist jeweils 490 Jahre lang regiert. Bethor herrschte von 60 v. Chr. bis 430 n. Chr., Phaleg regierte bis 920, gefolgt von Och bis 1410, und dann Hagith bis 1900. Der aktuelle Herrscher ist also Ophiel, was Sinn macht, wenn wir den gewaltigen technologischen Sprung des letzten Jahrhunderts betrachten.

Außerdem hat jeder olympische Geist das Kommando über Legionen kleinerer Geister in einem hierarchischen System, das der Natur des Planeten entspricht, über den er herrscht. Die Siegel und die damit verbundenen Kräfte der olympischen planetarischen Geister sind unten angegeben. Denken Sie daran, dass einige der obskuren Kräfte der olympischen Geister offensichtliche alchemistische Blendungen sind.

Arathor

Der olympische Geist des Saturn, der über 49 Provinzen herrscht. Zu Arathors Kräften gehört es, jeden lebenden Organismus in Stein zu verwandeln, das Geheimnis der Unsichtbarkeit zu vermitteln, langes Leben zu schenken und Unfruchtbare fruchtbar zu machen. Arathor ist der Lehrer der Alchemie, der Magie und der Medizin. Er kann auch Kohle in Schätze und Schätze in Kohle verwandeln, Vertraute verleihen und unterirdische Geister mit den Menschen versöhnen.

Bethor

Der olympische Geist des Jupiter, der über 42 Provinzen herrscht. Zu Bethors Kräften gehört es, die Geister der Luft mit den Menschen zu versöhnen, damit sie wahrhaftig sind, Edelsteine von Ort zu Ort zu transportieren und Medikamente mit wundersamer Wirkung zu komponieren. Bethor kann das Leben auf 700 Jahre verlängern (vorbehaltlich des Willens Gottes) und Vertraute des Firmaments schenken. Außerdem kann er Königen und einflussreichen Menschen Reichtum und Freundschaft schenken.

Phalegh

Regiert alles, was dem Mars zugeschrieben wird, und beherrscht 35 Provinzen. Phalegh, der auch als "Friedensfürst" bekannt ist, kann einem in militärischen Angelegenheiten große Ehre verleihen. Er kann auch die Herrschaft über andere und den Sieg im Krieg verleihen.

Och

Der olympische Geist der Sonne, der über 28 Provinzen herrscht. Zu Ochs Kräften gehört es, große Weisheit zu vermitteln und alles in Gold und Edelsteine zu verwandeln. Er verleiht auch ausgezeichnete vertraute Geister, lehrt perfekte Medizin und bietet 600 Jahre perfekte Gesundheit. Wer seinen Charakter besitzt, wird von den Königen der Welt wie ein Gott verehrt.

Hagith

Regiert alle Angelegenheiten, die der Venus zugeschrieben werden, und beherrscht 21 Provinzen. Zu seinen Kräften gehört die Verwandlung von Kupfer in Gold und von Gold in Kupfer im Handumdrehen. Hagith schenkt treue Geister. Wer seinen Charakter besitzt, wird sich durch Schönheit auszeichnen. Sie werden reich an Liebe und Freundschaften sein.

Ophiel

Der olympische Geist des Merkur, der über 14 Provinzen herrscht. Zu Ophiels Befugnissen gehört es, alle Künste zu lehren und vertraute Geister zu beherbergen. Er ermöglicht es dem Besitzer seiner Figur, Quecksilber sofort in den Stein der Weisen zu verwandeln.

Phul

Regiert 7 Provinzen und alle Dinge, die vom Mond regiert werden. Zu Phuls Kräften gehören die Verwandlung aller Metalle in Silber und die Heilung von Wassersucht. Er verleiht Geister des Wassers, die den Menschen in körperlicher und sichtbarer Form dienen. Er vernichtet böse Geister des Wassers und verlängert das Leben auf 300 Jahre.

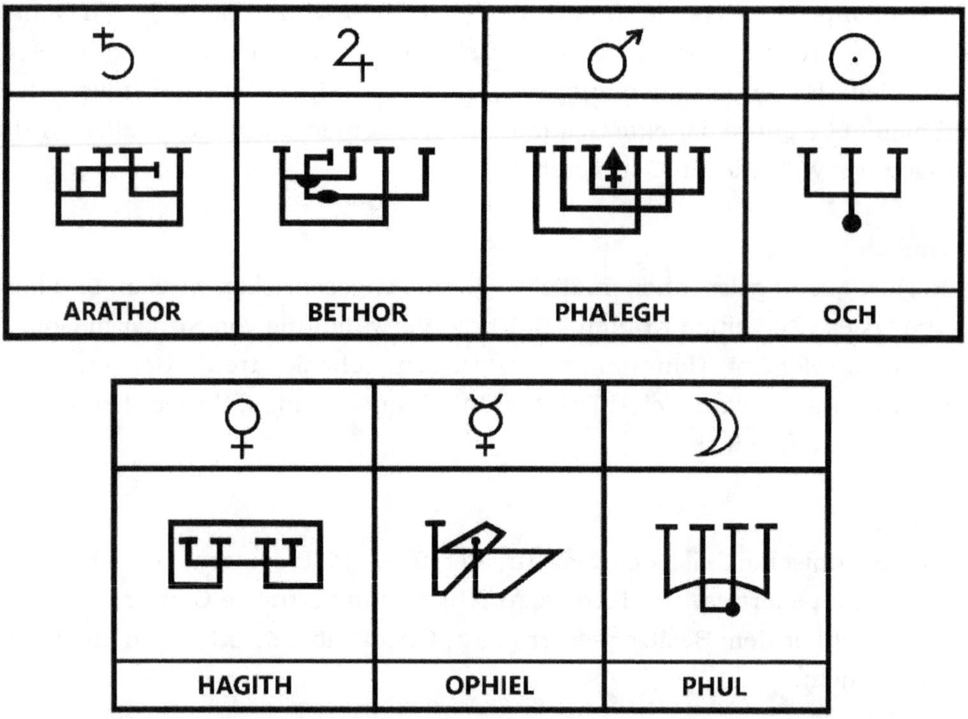

Abbildung 66: Die olympischen Geister des Planeten

KUNDALINI ERWECKUNG ARTIKEL DES AUTORS

Hinweis: Die folgenden Artikel geben Ihnen einen Einblick in die bedeutenden inneren Veränderungen, die ich nach der Erweckung der Kundalini durchgemacht habe, und in die spirituellen Gaben, die sich während meiner langwierigen Transformation entfaltet haben. Wenn Sie daran interessiert sind, mehr zu lesen, besorgen Sie sich ein Exemplar meines zweiten Buches, "Serpent Rising: The Kundalini Compendium".

DIE NATUR DER KUNDALINI

Ursprünglich veröffentlicht von The Kundalini Consortium-October 26, 2016.

Wir leben in einem holografischen Universum, das dieselbe Zeit und denselben Raum einnimmt wie andere, unendliche, parallele Universen. Die menschliche Seele entscheidet, in welche Richtung unsere Realität von einem Moment zum nächsten gehen soll. Um sich jedoch mit der Seele in Einklang zu bringen, muss man lernen, im Jetzt, im gegenwärtigen Moment zu leben und sein Ego zu umgehen. Dieser Zustand des Seins wird für uns alle natürlich sein, wenn wir uns spirituell weiterentwickeln.

Als die Energie während meines anfänglichen Kundalini-Erwachens meine Wirbelsäule hinaufstieg, sah ich die holografische Welt um mich herum mit meinen physischen Augen, sobald die Kundalini-Energie in mein Gehirn eintrat. Dort angekommen, stieg sie weiter an, bis sie das Sahasrara Chakra aufsprengte und den Tausendblättrigen Lotus erweckte. Aber die Erfahrung war noch nicht zu Ende.

Als Nächstes knackte die Kundalini das kosmische Ei ganz oben auf dem Kopf und setzte eine flüssige Ambrosia frei, die sich von oben nach unten über meinen Körper ergoss und die 72 000 Nadis meines Lichtkörpers aktivierte (Abbildung 67). Aufgrund der Intensität dieser Erfahrung schoss ich in meinem Bett hoch und öffnete meine Augen. Zu meinem Erstaunen sah ich den Raum um mich herum als eine holographische Blaupause des Raumes, in dem ich mich wenige Minuten zuvor befunden hatte.

Um das klarzustellen: Dies war keine innere Vision meines geistigen Auges, sondern ich sah es mit meinen beiden physischen Augen. Nachdem ich das Gemälde über meinem Bett in der Luft schweben sah, blickte ich nach unten und sah meine Hände und Arme als reines, goldenes Licht. In diesem Moment wusste ich, dass die Natur des Universums um uns herum einfach leerer Raum ist, nichts weiter. Und ich erkannte unsere reine Form als Wesen des Lichts.

Der durchschnittliche, alltägliche Mensch kann das holografische Universum nicht mit seinen physischen Augen wahrnehmen. Schließlich schwingt die materielle Welt auf einer viel niedrigeren Frequenz als unsere spirituelle Energie und unsere biologischen Gehirne bestehen aus Materie. Nichtsdestotrotz kristallisiert unser Bewusstsein unsere Erfahrung der Realität, und als solche akzeptieren wir sie als real.

Als Säuglinge sahen wir die Welt als das, was sie ist - ein Hologramm -, bis sich unser Ego und unser Gedächtnis zu bilden begannen (was sich auf unser Bewusstsein auswirkte und uns in Zeit und Raum lokalisierte). Diese Theorie würde das Wesen eines Kindes erklären, wie es mit unschuldigen, unvoreingenommenen Augen in die Welt hinausblickt und dessen Bewusstsein ständig von reinem Staunen und Vorstellungskraft durchströmt wird. Aber leider können wir ein Kind nicht fragen, was es sieht und erlebt, und wenn es älter wird, vergisst es natürlich die ersten Jahre seines Lebens.

Das Ego hat sich als Abwehrmechanismus des Körpers entwickelt, der uns vor den Elementen der Natur schützen soll. Das Reptiliengehirn ließ das Ego entstehen. Sobald sich das Ego als eine Intelligenz des Körpers gebildet hatte, verloren wir unsere Unschuld und unser Bewusstsein, das vollständig im physischen Körper lokalisiert war. Die spirituelle Wiedergeburt zielt darauf ab, den Prozess umzukehren und uns in den unschuldigen Zustand zurückzubringen, in dem wir uns als Kinder befanden. Nur dass wir dieses Mal alle unsere kognitiven Fähigkeiten zur Verfügung haben, um sie zu nutzen.

Das Ablegen des Egos löst einen Anstieg des Bewusstseins hin zum Geist und weg vom physischen Körper aus. Das Ego und der Geist sind beide Punkte des Bewusstseins im Spektrum des Bewusstseins, aber sie funktionieren auf zwei entgegengesetzten Schwingungsebenen.

Bewusstsein ist Gewahrsein im Jetzt des inneren Prozesses. Sobald es durch eine Kundalini-Erweckung vom Körper befreit ist, wandert das Bewusstsein als Gewahrsein in den Geist. Dieser Anstieg des Bewusstseins wird durch das Astrallicht hervorgerufen, das sich im Lichtkörper des Kundalini-Erweckten aufbaut. Prana-

Energie aus Nahrung und Wasser und unsere sexuelle Energie sublimieren/transformieren sich in Astrallicht, das den Lichtkörper nährt. Wenn das Licht innerhalb des Lichtkörpers "wächst" und sich das Bewusstsein mit der Zeit auf den spirituellen Körper einstellt, beginnen wir, uns "in uns selbst zu verlieren" und Zeit und Raum zu transzendieren, um das Reich der Ewigkeit zu erfahren - das spirituelle Reich.

Dieser mystische Zustand ist das Ziel und die Inspiration eines jeden Yogi, Weisen, Magiers, Adepten, Schamanen und Spiritualisten. Die Synthese des Lichts im Körper des Lichts findet kontinuierlich statt, wenn der Kundalini-Erwachte nahrhafte Nahrung zu sich nimmt und gleichzeitig seinen Samen speichert, indem er die Ejakulation zurückhält, damit sich die sexuelle Energie aufbaut. Aus diesem Grund dauert es selbst nach dem anfänglichen Erwachen etwa zwei bis drei Monate, bis die Person beginnt, metaphysische, transzendentale Erfahrungen zu machen. Diese treten auf, wenn sich das Astrallicht im Energiesystem aufbaut, die Chakren mit Energie versorgt und das Bewusstsein erweitert.

In diesem Kundalini-Transformationsprozess beginnt das Ego, sich selbst zu verlieren, was im Unterbewusstsein Ängste hervorruft, da dies die Domäne des Egos ist. Das Ego weiß, dass es stirbt, also fürchtet es diese Metamorphose und sucht nach jeder Möglichkeit, das Bewusstsein auf seine Seite zu ziehen und sich von der Seele und dem Geist abzuwenden. Denken Sie daran, dass das Ego an den physischen Körper gebunden ist. Daher zieht jede Art von spiritueller Praxis, die das Ego reinigt, auch das Bewusstsein vom physischen Körper weg.

Der Schleier zwischen dem bewussten und dem unterbewussten Geist beginnt sich mit der Zeit aufzulösen, und der Mensch wird auf das Einssein der gesamten Existenz und die universellen Gesetze eingestimmt. Eines dieser Gesetze ist das Gesetz der Manifestation, denn der Mensch hat die angeborene Fähigkeit, jede Realität zu manifestieren, die er sich wünscht, vorausgesetzt, sie steht im Einklang mit seinem Wahren Willen. Der Wahre Wille unterscheidet sich vom Ego (dem niederen Willen), da er danach strebt, den Geist im Reich der Ewigkeit zu befriedigen, anstatt sich nur um die Bedürfnisse des physischen Körpers zu kümmern.

In dem Maße, in dem das Astrallicht wächst und sich ausdehnt, werden erwachte Individuen empfänglicher für die Luft um sie herum, da sie ein Vakuum schaffen, in dem das Ego nicht mehr wirken kann. Die 72.000 Nadis, die mit Baumzweigen verglichen werden, da sie das flüssige Ambrosia im Inneren des Lichtkörpers tragen, werden optimiert und werden zu Antennen für äußere Schwingungen. Diese Schwingungen nutzen die Luft um uns herum als Übertragungsmedium, das das Bewusstsein durch Psychismus aufnimmt. Sie werden auf die gleiche Weise empfangen wie Radiosignale, nur dass wir Gedanken, Emotionen und Willenskraftimpulse von Lebewesen um uns herum aufnehmen.

Bevor man jedoch diesen Zustand erreichen kann, muss man zunächst seine Chakren von jeglicher dunklen, karmischen Energie reinigen, die sein inneres Licht trübt. Wenn das Licht hell erstrahlen kann, kann sich das individuelle Bewusstsein vollständig integrieren und mit dem Lichtkörper in Einklang bringen. In den meisten Fällen dauert es viele Jahre, bis dies nach der Erweckung der Kundalini erreicht ist.

Bei einer vollständigen und dauerhaften Kundalini-Erweckung steigt die Energie den Sushumna-Kanal hinauf und erweckt auf ihrem Weg alle Chakras, einschließlich Sahasrara, der Krone. Je nach der Intensität ihres Aufstiegs endet die Kundalini dort jedoch nicht. Stattdessen steigt sie weiter in Richtung Himmel auf. Bei diesem Ereignis verliert der Mensch das volle Bewusstsein seines physischen Körpers, was zu der Erfahrung führt, vorübergehend mit dem Weißen Licht vereint zu sein. Die Erfahrung des Weißen Lichts in einer außerkörperlichen Erfahrung ist vergleichbar mit dem Einssein mit dem Geist Gottes. Da diese spirituelle Erfahrung jedoch nicht während des Lebens aufrechterhalten werden kann, tritt das individuelle Bewusstsein bald darauf wieder in den physischen Körper ein.

Das vollständige und dauerhafte Kundalini-Erwachen hat zwei eindeutige Symptome, die dauerhaft werden, sobald sich die Energie im Gehirn lokalisiert hat: das ständige Summen in den Ohren und die ständige Präsenz von Astrallicht im Kopf (Abbildung 67). Letzteres überträgt sich auf die physische Realität, so dass die Person das Licht in allen Dingen mit ihren physischen Augen sieht. Die Vibration oder das innere Brummen im Kopf hingegen resultiert aus der Kundalini-Energie, die sich permanent im Gehirn befindet.

Bei einer teilweisen Erweckung steigt die Kundalini die Wirbelsäule hinauf, erreicht aber nicht den Scheitel des Kopfes. In den meisten Fällen versucht sie, das Ajna Chakra aufzusprengen, ist aber aufgrund von Blockaden oder unsachgemäßen Meditationsmethoden nicht in der Lage, dies zu tun. Da sie das Gehirn nicht ganz erreichen kann, geht sie wieder nach unten und wickelt sich dreieinhalb Mal wie eine Schlange um das Muladhara Chakra. Oft fällt sie zum Herzzentrum, dem Anahata Chakra, zurück und ermöglicht es der Person, Herzenserweiterungen zu erfahren und die Natur echter Empathie gegenüber allen Lebewesen in der Welt zu spüren.

Wenn die Kundalini sich ihren Weg zum Herz-Chakra bahnt, erweitert sie die Fähigkeit des Menschen, bedingungslose Liebe zu erfahren, was das individuelle Bewusstsein allmählich vom Ego befreit. Die Kundalini zielt jedoch immer darauf ab, den Erweckungsprozess zu beenden, indem sie zum Sahasrara Chakra aufsteigt, das im tantrischen System als das weibliche Shakti-Prinzip dargestellt wird, das sich erhebt, um das männliche Shiva-Prinzip an der Krone zu treffen, wodurch man zum kosmischen Bewusstsein erwacht. Einmal erreicht, tritt die Kundalini in den Bereich des dritten Ventrikels des Gehirns ein, der als "Höhle von Brahma" bezeichnet wird und die Optimierung der Zirbeldrüse und der Hypophyse sowie des Thalamus und des Hypothalamus ermöglicht.

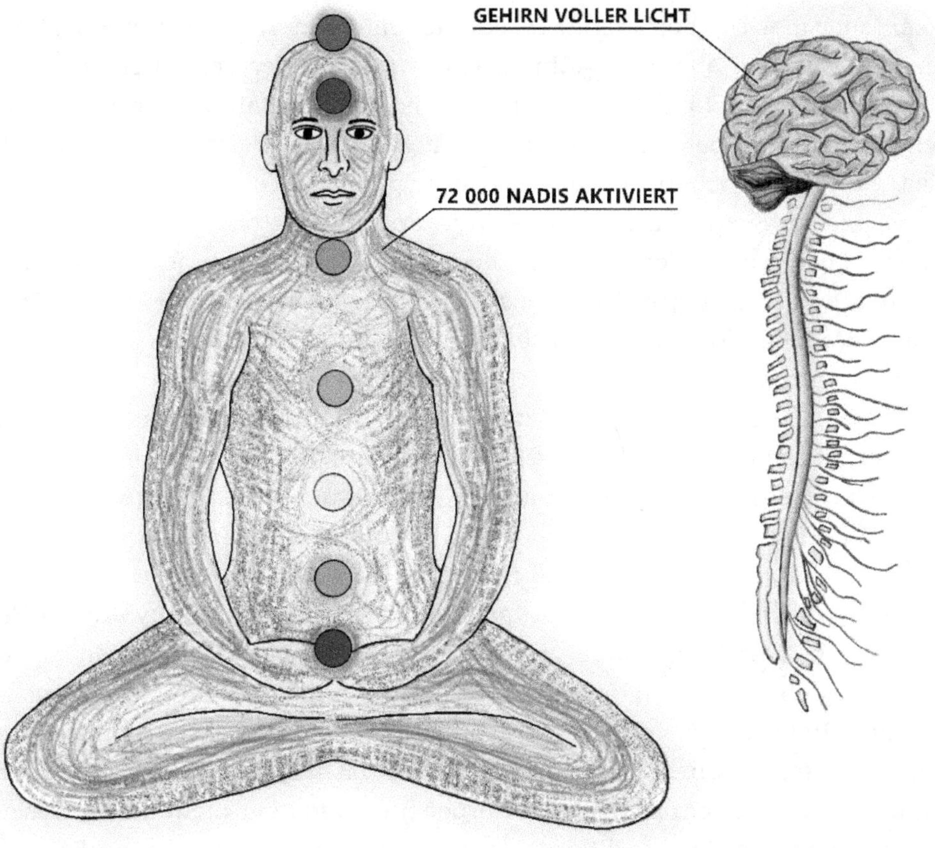

Abbildung 67: Ein dauerhaftes Kundalini-Erwachen

Ein teilweiser Kundalini-Aufstieg kann auftreten, wenn das Ego zu fest an sich hält und Angst induziert, die die Energie wieder nach unten zieht und sie daran hindert, das Ajna Chakra zu öffnen. Stattdessen tritt die Kundalini-Energie in das Herz-Chakra ein, um das Wissen um das Wahre Selbst zu erweitern und das Ego mit der Zeit zu zerstreuen.

Alle Kundalini-Aufstiege tragen sublimierte Prana- und Sexualenergie die Wirbelsäule hinauf, was ihre ursprüngliche, nicht verfeinerte Form darstellt. Die Kundalini verwandelt sich jedoch mit der Zeit in eine feine Geist-Energie, welches die Ursache für die Transzendenz ist, die über die spirituelle Ebene, die mit dem Sahasrara Chakra korrespondiert, erreicht wird. Sobald die Kundalini in das Herz-Chakra zurückfällt, hinterlässt sie eine anhaltende Wirkung, die den Menschen oft in eine inspirierte oder außerkörperliche Erfahrung stürzt, bis sich das sublimierte Prana vollständig auflöst.

Einige Kundalini-Eingeweihte führen Kriyas durch, sprechen in Zungen oder schreiben oder malen inspirierend. Diese Zustände dauern jedoch in der Regel zehn bis fünfzehn Minuten, bis die erhöhte kreative Energie der Person erschöpft ist. Bei einer vollständig erwachten Person hingegen ist die Kundalini-Energie rund um die Uhr einsatzbereit und steht ihr zur Verfügung. Diese Person kanalisiert ihre Kreativität ununterbrochen und bringt den inspirierten Zustand kontinuierlich zum Ausdruck. Sie verlieren sich buchstäblich in Raum und Zeit, da Aktivitäten wie das Hören von Musik oder der Anblick einer schönen Landschaft sie in eine völlig transzendente oder metaphysische Realität versetzen. Diese höhere Realität ist für jemanden, der keine Erfahrung mit ihr hat, unverständlich, so wie man jemandem, der blind geboren wurde, das Licht nicht wirklich erklären kann.

Wenn die Kundalini im Energiesystem dauerhaft aktiv ist, verändert sie auch die Art, wie wir träumen. Da die Gehirnwellen ständig auf der Alpha-Frequenz schwingen, ist das Bewusstsein immer relativ klar, d.h. es ist wach, auch während des Schlafs. Dieses erhöhte Bewusstsein führt zu luziden Träumen, die sich dadurch auszeichnen, dass sich der Traum real anfühlt und man die Erfahrung kontrolliert.

Luzide Träume fühlen sich ähnlich an wie die Erfahrung der physischen Realität, wenn auch in gewissem Maße weniger. Vielleicht liegt das daran, dass das Bewusstsein mehr an den physischen Körper als an den Lichtkörper gewöhnt ist, obwohl das Individuum in beiden Erfahrungen völlig wach und bewusst ist. Ungeachtet dessen können wir durch unseren Lichtkörper sehen, berühren und fühlen, wie wir es mit dem physischen Körper tun, sind aber nicht an die Gesetze der Physik gebunden, da die Objekte in den inneren kosmischen Ebenen keine Dichte haben - alles ist aus Licht gemacht, das eine dünne Substanz ist. Deshalb können wir fliegen, durch Wände gehen, Gegenstände mit unserem Geist schweben lassen und uns ganz allgemein an jeden beliebigen Ort teleportieren, indem wir es einfach wollen.

Der Lichtkörper ist das Reisefahrzeug der Seele beim Surfen auf den inneren kosmischen Ebenen. Die göttlichen Ebenen des Bewusstseins werden oft als seltsame und schöne Länder jenseits aller Beschreibungen und unübertroffen in ihrem Wunder und ihrer Ehrfurcht beschrieben. Sie zu erleben, bestätigte mir, dass ich unseren Planeten durch das Bewusstsein verlassen habe. Einfach nur in der Lage zu sein, die Energie dieser anderen Welten zu erreichen und daran teilzuhaben, war eines der größten Geschenke des Kundalini-Erwachens.

KUNDALINI-TRANSFORMATION - TEIL I

Ursprünglich veröffentlicht von The Kundalini Consortium - März 28, 2017.

Seit meinem Kundalini-Erwachen im Jahr 2004 haben sich viele Veränderungen in Geist, Körper und Seele ergeben. Die bemerkenswerteste Veränderung fand jedoch statt, als ich im siebten Jahr meinen Kundalini-Kreislauf optimierte. Infolgedessen begann mein Bewusstsein durch das Bindu Chakra am oberen Hinterkopf zu "tröpfeln".

Der Schlüssel liegt nicht nur darin, die Kundalini zu erwecken, sondern sich mental und emotional über das Karma der Chakras hinaus zu entwickeln, bis zu dem Punkt, an dem das Bewusstsein frei und unbeeinträchtigt von Angst ist. Nur dann kann der Kundalini-Kreislauf vollständig werden, so dass die Energie aus dem Bindu-Punkt am oberen Hinterkopf ausströmen und ohne Unterbrechung im ganzen Körper zirkulieren kann. Ich verwende das Wort "Trichter", weil es den Prozess darstellt, bei dem eine Substanz durch eine kleine Öffnung bewegt wird. In diesem Fall ist diese Bewegung kontinuierlich und erleichtert die Zirkulation der sublimierten Kundalini-Energie im Körper.

Der Schlüssel zu diesem Prozess ist das Bindu Chakra, denn es ist der Punkt der Nicht-Dualität, in den die Gedanken und Emotionen des Verstandes abgeleitet werden, wodurch die Verbindung mit der Angstenergie unterbrochen wird. Und indem es von der Angst abgeschnitten wird, verliert das Ego seinen Einfluss auf das Bewusstsein, da die Angstenergie das ist, was es aufrechterhält.

An diesem Punkt wird der Kundalini-Kreislauf vollständig (Abbildung 68) und existiert in einem selbsterhaltenden Modus. Der Verstand wird umgangen, da wir durch den Verstand die Dualität erfahren, was zu einer Erhöhung der Bewusstseinsschwingung führt. Jetzt wird nahrhafte Nahrung in Prana-Kraftstoff umgewandelt, der das gesamte System auf eine neue Art und Weise antreibt, die es uns ermöglicht, die spirituelle Ebene jede Sekunde des Tages zu erleben.

Die spirituelle Ebene repräsentiert den höchsten Zustand der Entrückung und das ultimative Gefühl, glücklich und lebendig zu sein. Das Konzept des Himmelreichs von Jesus Christus wird manifest, ein weitaus glücklicherer Zustand als der Besitz von Millionen von Dollar. Geld kann die emotionale Verzückung, die diese spirituelle Erfahrung auslöst, nicht kaufen.

Meine Erfahrung der ewigen Liebe und Freude ist für die meisten Menschen, die sich nicht in diesem Zustand befinden, unvorstellbar. Der bloße Akt des Musikhörens ist ein transzendentales Ereignis, ähnlich wie Kokain, Ecstasy oder andere "Wohlfühl"-Drogen, die oft eine solche Verzückung in meinem Herzen hervorrufen, dass ich vor lauter Euphorie die Zähne zusammenbeißen muss.

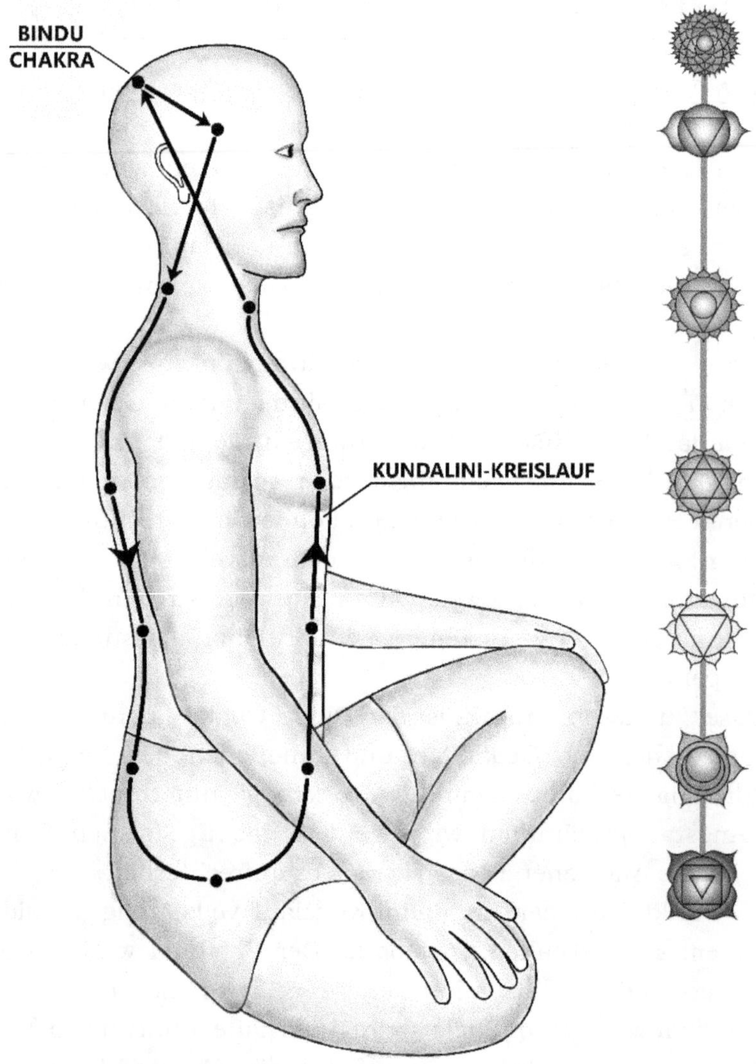

Abbildung 68: Die Bindu und der Kundalini-Kreislauf

Sobald der gesamte Kundalini-Kreislauf optimiert war, begann ich das Bewusstsein für meinen physischen Körper zu verlieren. Es fühlte sich an, als ob mein ganzer Körper eine Spritze mit Novocain, einem Betäubungsmittel, erhalten hätte. Ich erhob mich im Wesentlichen über den physischen Körper, während ich mich noch in ihm befand, ähnlich wie bei einer außerkörperlichen Erfahrung, nur dauerhaft. Wenn ich mich schneide oder quetsche, spüre ich den Schmerz nicht mehr bewusst. Stattdessen habe ich ihn transzendiert. Da mein Bewusstsein irgendwo außerhalb von mir ist, während ich gleichzeitig präsent bin, fühle ich den Schmerz des Menschseins nicht mehr wie vor dem Erwachen. So lebe ich jetzt, und dieses lebenslange Abenteuer begann im siebten Jahr meines Kundalini-Erwachens.

Auf mentaler Ebene funktioniere ich ausschließlich auf der Grundlage von Intuition. Ich kann immer noch alle meine inneren Funktionen nutzen, wie Logik und Vernunft, aber ich tue dies auf eine losgelöste Art und Weise, bei der ich nach innen gehe, wenn ich es brauche, aber dann komme ich sofort wieder heraus, um weiterhin den immerwährenden gegenwärtigen Moment, das Jetzt, zu erleben. Ich beziehe mich auf die Welt durch Intuition, da ich direkt mit der Vierten Dimension der Schwingung/Energie verbunden bin. Um jedoch an diesen Punkt meiner Kundalini-Transformation zu gelangen, habe ich viele Jahre der Reinigung und Vorbereitung meines Bewusstseins gebraucht. Es war geistig und emotional quälend, da ich mich völlig verlieren musste, um mein Wahres Selbst zu finden. Jetzt bin ich in einem Zustand, in dem vergangene Ereignisse keinen Einfluss mehr auf mich haben, und ich kann negative Erinnerungen abtun, als wäre ich es nicht gewesen, dem sie widerfahren sind. Das neue Ich versteht die Unwirklichkeit der Welt und nimmt die Dinge nicht zu ernst.

Ich habe gelernt, dass die Vergangenheit mich daran hindert, im Jetzt zu sein, wenn ich mich an eine Erwartung dessen klammere, was in der Zukunft passieren könnte. Aber das passiert nur, wenn ich in Begriffen der Vergangenheit und der Zukunft denke, was meine alte Funktionsweise war, bevor die Kundalini-Transformation mich auf diese hohe Bewusstseinsebene brachte. Durch das Bindu Chakra löst sich das Konzept von Vergangenheit und Zukunft im Nichts auf. Im Nichts findet man sein Gegenteil - die reine Möglichkeit, repräsentiert durch das Jetzt, den gegenwärtigen Moment.

Im Laufe der Jahre habe ich auch massive Veränderungen in meinem Charakter erfahren. Zum einen bin ich gezwungen, immer die Wahrheit zu sagen. Lügen ist zu einem Fremdwort geworden, das mein Bewusstsein klar und frei hält, obwohl die Menschen um mich herum mich oft für naiv halten, als würde ich zu viel preisgeben. Menschen, die nicht in meinen Schuhen stecken, haben den Eindruck, dass Lügen zum Leben dazugehört und dass es keine andere Möglichkeit gibt, zu leben, als die Wahrheit zu frisieren, um zu bekommen, was man will. Das ist jedoch auf so vielen Ebenen falsch. Wenn ich in der Wahrheit lebe, kann ich auf jede Lebenssituation so gut wie möglich eingehen, wenn sie eintritt. Ich brauche das Langzeitgedächtnis nicht mehr in der gleichen Weise wie früher. Mein Verstand gibt mir das, was ich brauche, in dem Moment, in dem ich es brauche.

Dies sind die natürlichen Ausdrucksformen der Stufe der Kundalini-Progression, auf der ich mich jetzt befinde. Es war ein siebzehnjähriger Prozess, der jedes Jahr mehr Veränderungen mit sich brachte. Nach einer Weile bemerkte ich, dass mein Gedächtnis anfing, sich selbst zu löschen und abzuschütteln. Wenn ich die Augen schließe, sehe ich vergangene Ereignisse nur noch als flüchtige Erinnerungen, die mich nicht mehr in ihren Bann ziehen. Ihr emotionaler und geistiger Schmerz hat sich aufgelöst, da ich von einem permanenten Zustand der Inspiration ausgehe.

Dieser Prozess hat den Einfluss des Egos auf mich geschwächt, da das Ego aufgrund der Erinnerungen, die es an den physischen Körper binden, überlebt hat. Wenn Erinnerungen keinen Einfluss auf das Bewusstsein haben, hat das Ego nichts, woran es sich festhalten kann, und die Person kann rund um die Uhr im Jetzt sein und das Leben in vollen Zügen genießen. Deshalb bedauere ich keine Dinge, die vergehen, und betrachte das Leben als eine vergängliche Erfahrung, die nur für den Augenblick existiert und sonst nichts. Ein spirituelles menschliches Wesen ist dazu bestimmt, im Jetzt zu sein.

Ich will damit nicht sagen, dass ich dem Ego nicht zum Opfer falle; das tue ich. Ich bin kein Heiliger, und das Ego kann nicht ausgelöscht werden, während man lebt, da man physisch sterben muss, um es zu zerstören. Ich genieße größtenteils die gleichen Dinge im Leben wie alle anderen, aber mein Verständnis von bedingungsloser Liebe, Ethik und Moral ist ausgeprägter. Und am wichtigsten ist, dass ich ständig in der "Zone", im Jetzt bin.

Es dauert viele Jahre, bis sich das Ego unterwirft, das Höhere Selbst sich erhebt und Geist, Körper und Seele sich darauf einstellen, in einer Welt der reinen Energie zu leben. Dies ist bei weitem kein kurzfristiger Prozess. Für die meisten Kundalini-Erweckten dauert es bis zu zwei Dutzend Jahre, bis sie sich an ihr neues Selbst angepasst haben. Selbst dann ist der Transformationsprozess noch nicht abgeschlossen, da sich das Bewusstsein weiterhin exponentiell ausdehnt, was bedeutet, dass ständig neue Lektionen integriert werden müssen.

Durch diese Transformation hat sich auch mein Sehvermögen verändert, denn ich sehe jetzt Licht in allen Dingen. Es erscheint als silbriges Glühen in allen Objekten, die ich mit meinen physischen Augen wahrnehme. Meine visuelle Erfahrung der Welt ist vergleichbar mit dem Wechsel von einer PlayStation 2, meinem alten Selbst, zu PlayStation 5, meinem neuen Selbst. Es gab einen beträchtlichen Sprung und Fortschritt in der Grafik und der gesamten Engine, die das Spielsystem antreibt, eine Analogie für mein neu erweitertes Bewusstsein. Wenn mein Bioenergiefeld oder meine Aura vor dem Erwachen wie eine Batterie war, die mit 100 Volt funktionierte, hat sich ihre Kapazität bildlich gesprochen auf 100 000 Volt erhöht.

Die Kundalini als wissenschaftliches Forschungsgebiet ist relativ neu. Dennoch kann man mit Sicherheit davon ausgehen, dass die Zunahme der Kundalini-Erweckungen eine dramatische Wende in der menschlichen Evolution bedeuten könnte. Natürlich spreche ich in erster Linie aus persönlicher Erfahrung und Beobachtung auf der Grundlage meiner Kundalini-Reise. Dennoch scheint das derzeitige Interesse an Kundalini von dem angetrieben zu werden, was Gopi Krishna den "evolutionären Impuls" nannte. "

Viele Kundalini-Erweckte werden nicht verstehen, wovon ich spreche, da sie die gleichen Veränderungen noch nicht erlebt haben. Andere werden jedoch genau wissen, was ich beschreibe. Kundalini-Erweckungen variieren in ihrer Intensität, dem gesamten Transformationsprozess und der Art und Weise, wie die Entwicklung des Bewusstseins beeinflusst wird. Es dauert, wie gesagt, viele Jahre, bis es abgeschlossen ist. Die Erweckung der Kundalini ist nur der Ausgangspunkt der Transformationsreise.

Der Planet Erde ist dazu bestimmt, mit einer erweckten Kundalini erlebt zu werden, denn es ist eine Tatsache, dass die materielle Welt lebendig ist und aus reiner Energie besteht. Sogar die Wissenschaft bestätigt dies, aber unsere alten Vorfahren wussten dies schon immer. Und in meinem Fall kann ich dies jeden wachen Moment meines Lebens mit meinen physischen Augen sehen, was mich bis heute erstaunt.

So wie jemand die Welt auf LSD oder Magic Mushrooms sieht, sehe ich sie ohne Drogen in meinem Körper. Es ist jetzt ein fester Bestandteil meines Lebens. Wie ich schon oft beschrieben habe, gibt es eine holografische Blaupause aus reiner Energie, ein Doppel der materiellen Welt, die gleichzeitig existiert und denselben Raum einnimmt. Da unsere Gehirne jedoch aus Materie bestehen, können die Menschen nicht über die physische Realität hinaus wahrnehmen, ohne dass die Schwingung ihres Bewusstseins irgendwie angehoben wird.

Meine Veränderung in der Art und Weise, wie ich die physische Realität wahrnehme, ist teilweise auf die Infusion von Licht in meinem Kopf zurückzuführen, die immer präsent ist. Dieses Licht überträgt sich auf alle Dinge, die ich betrachte, daher das silbrige Glühen in allem. Es entmaterialisiert Objekte vor meinen Augen, wenn ich meine Aufmerksamkeit für eine Weile auf sie richte.

Ein weiterer Grund, warum ich die Dinge so sehe, wie ich sie sehe, ist die Erweiterung meines geistigen Auges, die es mir ermöglicht, die äußere Realität aus einer viel höheren Quelle zu betrachten. Wenn ich zum Beispiel in der Stadt bin und die Gebäude um mich herum betrachte, ermöglicht mir meine Vision, dieselbe Stadt als architektonisches Modell zu sehen, als ob ich in den Wolken darüber stünde. Es ist schwierig, dieses Phänomen genau zu beschreiben, da man es selbst erleben muss, um wirklich zu verstehen, was ich meine.

Jedes Mal, wenn ich meine Aufmerksamkeit auf ein äußeres Objekt richte, bin ich so sehr darin vertieft, dass ich meinen Körper in dem Moment verlasse, in dem es geschieht. Das Einssein aller Existenz, von dem die alten Weisen gesprochen haben, ist für mich jetzt weit mehr als nur ein Konzept. Ich kann sie jeden Tag leben, und es bedarf keiner Anstrengung meinerseits, um sie zu manifestieren.

Ich kann alles, was ich mit meinen physischen Augen sehe, so erfassen, als ob ich es aus der Vogelperspektive in der dritten Person betrachte. Ich glaube, dass dies möglich ist, weil sich mein Geistiges Auge exponentiell vergrößert hat, als die Kundalini-Energie es während meines ersten Kundalini-Erwachens mit intensiver

Kraft durchdrang. Infolgedessen hat sich das typische Portal des Geistigen Auges in Form und Größe eines Donuts auf die Größe eines Autoreifens erweitert, bildlich gesprochen.

Diese Transformation ermöglicht es mir, aus mir selbst herauszutreten, sobald ich etwas außerhalb meines physischen Körpers sehe. Und wenn ich aus mir selbst heraustrete, kann ich mich in der dritten Person sehen - ich sehe mein Gesicht und meinen Körper über mein geistiges Auge, und ich kann die Schwingungen kontrollieren, die ich durch meine Körpersprache an andere aussende. Ich vergleiche dies damit, gleichzeitig Regisseur und Schauspieler zu sein und das Stück des Lebens selbst zu gestalten.

Sie können sich vorstellen, wie viel Spaß es mir macht, neue Städte zu besuchen. Als ich den New Yorker Times Square zum ersten Mal bei Nacht sah, war das wie Alice im Wunderland. Reisen in antike und moderne Städte sind zu einer meiner Lieblingsbeschäftigungen geworden, da sie viele metaphysische Erfahrungen mit sich bringen. Ich fühle mich so gesegnet, mit diesen inneren Veränderungen zu leben, dass ich oft zu Tränen gerührt bin und alles dafür geben würde, diese persönliche Lebenserfahrung mit anderen zu teilen.

Nachts ist es am wundersamsten, weil alle Lichter verstärkt werden, vor allem LED-Beschilderungen, Verkehrs- und Autoampeln sowie die Beleuchtung in Häusern und Gebäuden. Die Nacht verändert auch die Oberfläche vieler Objekte, die wie Samt zu glänzen beginnen, und ihre Kanten erscheinen schärfer und klarer. Diese ganze Vision ist mit einem Gefühl der Verwunderung verbunden, so wie man sich fühlen würde, wenn man auf einen anderen Planeten in einer anderen Galaxie transportiert würde und diese Welt zum ersten Mal sehen würde. Wie ich die äußere Welt jetzt sehe, lässt sich am besten mit dem Wort "intergalaktisch" beschreiben, denn sie ist völlig außerhalb dieser Welt und existiert doch hier und jetzt zur gleichen Zeit, in der Sie, der Leser, diese Worte lesen.

KUNDALINI-TRANSFORMATION - TEIL II

Ursprünglich veröffentlicht von The Kundalini Consortium - April 26, 2017.

Während meiner siebzehnjährigen Kundalini-Transformation hat sich meine Verbindung zum Klang erweitert. Wenn ich meine Geistestätigkeit zum Stillstand bringe, werden die verschiedenen Klänge, die ich aus meiner Umgebung aufnehme, von Bildern in meinem geistigen Auge begleitet, die wellenförmig durch mein Bewusstsein strömen, wie Wellen im Ozean.

Hinter jedem Klang steckt ein Gedanke, und wenn du dein inneres Geschwätz verlangsamst und absolute Stille herbeiführst, kannst du dich mit diesem Gedanken verbinden und ihn als visuelles Bild sehen. Der Klang bewegt sich in Wellen, die von den psychischen Sinnen wahrgenommen werden können, wenn man spirituell ausreichend entwickelt ist.

Nach dieser Veränderung in der Art und Weise, wie ich Klangschwingungen verarbeite, habe ich das Gefühl, gleichzeitig im Himmel und auf der Erde zu sein. Die Stille in mir ermöglicht es mir, die Schwingungen um mich herum wie ein Radioempfänger aufzufangen. Es fühlt sich ätherisch an, fast als würde ich auf Wolken gehen. Hollywood-Filme stellen den Himmel nicht umsonst als einen Ort in den Wolken dar. Dieser Zustand des Seins wird von völliger innerer Stille begleitet, denn nur wenn der Geist still ist, kann das Bewusstsein hoch genug aufsteigen, um die Ewigkeit zu erfahren.

Ich erinnere mich daran, wie ich die Welt vor der Kundalini-Transformation erlebt habe, und ich kann mit Sicherheit sagen, dass dies der Planet Erde 2.0 ist. Wenn ich diese Phänomene mit meinem neuen Sehsinn kombiniere, ist es fast so, als hätte man mir ein permanentes Virtual-Reality-Headset gegeben, das ich 24/7 tragen muss. Ich lebe in derselben Welt wie alle anderen, aber ich sehe und erlebe sie ganz anders.

Die Erweiterung meines physischen Sehvermögens erfolgte fünf Monate nach meinem Erwachen im Jahr 2004. Es war eine der ersten Gaben des Kundalini-Erwachens. Inzwischen habe ich mich völlig daran gewöhnt, aber ich werde oft daran erinnert, wie großartig es ist, wenn ich neue Landschaften sehe oder neue Städte besuche. Das erste, was ich immer tue, ist ein Spaziergang durch die Innenstadt, um die hellen Lichter und die Architektur der Stadt zu erleben.

Es gibt Momente, in denen ich so sehr in meine visuelle Erfahrung eingetaucht und aus meinem Körper herausgetreten bin, dass ich beginne, die äußere Welt als einen zweidimensionalen Lichtstrahl zu sehen, der von der Sonne kommt. Ich kann in diese Vision hineinspähen und parallele Universen sehen, die hier und jetzt existieren, aber für das normale menschliche Auge unsichtbar sind. Diese ganze Erfahrung ist eine Form der Verzückung, da mein Bewusstsein in diese Vision hineingesogen wird. Es kommt über mich wie eine Welle, und ich werde zu reinem Bewusstsein, das es umarmt. Diese Visionen versetzen mich aus irgendeinem Grund oft ins Mittelalter, nur in einem viel kleineren Maßstab als die moderne Welt. Ich glaube, dass Parallelwelten hier und jetzt innerhalb des Lichts existieren, und wenn man in der Lage ist, seine Schwingung zu verändern, kann man sie wahrnehmen.

Durch die Erweiterung meines geistigen Auges beginne ich, wenn ich mich etwa zehn Sekunden lang auf einen Menschen konzentriere, aus mir selbst herauszugleiten und die Farben der Energie dieser Person zu sehen. Wenn ich diese Vision weiterführe, beginne ich, die Bewusstseinszustände zu verändern und sehe die Person aus der Perspektive eines kleineren Lebewesens, wie einer Ameise, oder eines größeren, wie einer Giraffe. Je länger ich sie im Fokus behalte, desto mehr verändert sich meine visuelle Sicht. Ich kann sogar Tiere und verschiedene Wesen sehen, die sich über die Gesichter der Menschen legen. Oft sehen diese Wesen humanoid aus, aber nicht ganz menschlich.

Jedes lebende Wesen im Kosmos besteht aus Licht und reinem Bewusstsein. Da ein Kundalini-Erwachen die Evolution des Bewusstseins und des Lichts ist, ermöglicht es mir, mehr vom Universum zu sehen als das, worauf ich durch meine physischen Sinne beschränkt bin.

Kurz nach dem ersten Erwachen erlebte ich einmal eine Veränderung meiner Schwingungsfrequenz, die den Zustand des physischen Universums direkt vor meinen Augen veränderte. Normalerweise höre ich die Kundalini in meinen Ohren als das ständige Summen eines Bienenschwarms oder als den Klang von Strahlung (elektromagnetisches Rauschen), der seine Tonhöhe ändert, wenn ich Nahrung zu mir nehme. Einmal war ich in der Lage, die Quelle der Schwingung anzuzapfen und ihre Tonhöhe in ein tiefes Brummen zu ändern, wie der Motor eines Mustangs. Als dies geschah, sah ich die Welt vor mir als Hologramm mit transparenten Wänden und im Raum schwebenden Objekten. Diese Vision dauerte etwa zehn Sekunden, bis mein Ego die Kontrolle übernahm und die Vibration wieder zu ihrem gewohnten Klang zurückkehrte und mein Bewusstsein auf die Ebene der Materie zurückführte.

Nochmals, diese Visionen und Erfahrungen, die ich beschreibe, sehe ich nicht in meinem Kopf, wenn ich die Augen schließe. Das wäre nicht einzigartig, denn dann würde ich nur meine Vorstellungskraft benutzen. Stattdessen treten diese Visionen durch physisches Sehen auf. Und sie geschehen oft, wenn ein äußeres Objekt meine Aufmerksamkeit erregt und ich mich darin vertiefe. Sofort entfaltet sich ein innerer Entzückungsprozess, der ein visuelles Phänomen entstehen lässt.

Eine weitere wesentliche Lebensveränderung, die ich in einem früheren Artikel beschrieben habe, war das luzide Träumen, eine nächtliche Version der Astralreise. Nachdem sich die Lichtenergie in mir mit der Zeit aufgebaut hatte, begann ich, regelmäßig luzide zu träumen. Da die Schwerkraft in der Astralwelt keine Rolle spielt, ist reines Bewusstsein das Gesetz, das sie regiert. Wie bereits erwähnt, kann man fliegen, durch Wände gehen, sich sofort an jeden beliebigen Ort der Erde transportieren, Telekinese betreiben und sich jeden Wunsch erfüllen, den man im wirklichen Leben nicht erfüllen kann.

Das Beste daran ist, dass das Bewusstsein in einem luziden Traum genauso wach und bewusst ist wie im physischen Wachleben. Der Unterschied ist nur eine Frage des Grades, aber das Konzept und die Erfahrung sind dieselben. Es ist reine Vorstellungskraft und Verlangen, das sich durch seine Erfahrungen nährt. Die Quelle unserer Seelen ist die Vorstellungskraft und das Licht.

Bei Astralreisen, die während luzider Träume stattfinden, habe ich atemberaubende und komplizierte Welten besucht, die wunderschön anzusehen sind.

Ich reiste in verschiedene Galaxien, sprach mit außerirdischen Wesen und erhielt Informationen über mich selbst, die Welt und unsere Zukunft als menschliche Rasse. Oft waren meine luziden Träume so stark, dass ich nicht mehr aus ihnen erwachen konnte. Ich musste bis zu zwölf oder sechzehn Stunden am Stück in einem Zustand der "Schlaflähmung" schlafen, bis mein Bewusstsein genug hatte. Wenn ich versuchte, während dieser Zeit aufzuwachen, war die Kraft des Traums manchmal so stark, dass er mich einfach wieder auf das Kissen warf.

Ich habe Stunden damit verbracht, Informationen von jenseitigen Wesen, aufgestiegenen Meistern und Gottheiten herunterzuladen, ähnlich wie Neo in der Matrix Computerprogramme herunterlädt. In einer Stunde hatte ich das Privileg, Informationen im Wert von zwanzig Büchern herunterzuladen. Durch diese Downloads habe ich gewisse Wahrheiten über die Menschheit und die Welt, in der wir leben, erhalten, die ich sonst nicht hätte erlangen können.

Mit der Zeit habe ich auch die Fähigkeit entwickelt, mein geistiges Augenportal wie ein Kameraobjektiv in einem luziden Traum zu verwenden. Ich kann die Blende verändern, um in eine Realität zu gelangen, die ich als Hyperbewusstsein bezeichne, einen erhöhten Zustand jenseits des menschlichen Bewusstseins, einschließlich Traumzuständen. Dieser Zustand ähnelt einem DMT- oder Peyote-Trip, ist aber anders, weil er ein futuristisches, steampunkartiges Gefühl vermittelt.

Dies sind einige der Geschenke, die sich nach der Erweckung der Kundalini entfalten. Wir leben wirklich in der Matrix, in der dein Potenzial für Lebenserfahrungen so unglaublich ist, dass du es dir nicht einmal vorstellen kannst, bis es dir passiert. Alles um uns herum ist Bewusstsein und Licht. Sobald du die Kundalini erweckst, die Licht und Liebe ist, beginnst du, das Universum um dich herum so zu sehen, wie es wirklich ist.

Das innere Licht enthält viele verschiedene Bewusstseinszustände mit unterschiedlichen Erfahrungsgraden. Diese Entrückung ist für jeden gedacht, sobald wir uns verlieren und über das Ego hinausgehen können. Unerweckten Menschen kann dies manchmal während der Meditation passieren, die in meinem Fall zu einem Dauerzustand geworden ist, da jede Handlung, bei der ich meine Aufmerksamkeit auf etwas richte, zu einer Form der Meditation geworden ist.

Viele Menschen haben Kundalini-Erweckungen erlebt, aber nur wenige haben von solchen Erfahrungen berichtet, wie ich sie bei ihrer allgemeinen Transformation gemacht habe. Was die Art von Kundalini-Erweckung, die ich hatte, von einer spontanen Erweckung oder einem Shaktipat (einer Übertragung spiritueller Energie auf eine Person durch eine andere) unterscheidet, ist, dass man während der anfänglichen Erweckung genug Prana aufbringen muss, um das Geistige Auge zu öffnen und auszudehnen, wie ich es getan habe. Die sexuelle Energie, die eine Visualisierungsmeditation erzeugen kann, ist der Schlüssel zu diesem Erfolg. Das ist der Grund, warum die meisten erwachten Menschen die Welt nicht so erleben wie ich oder Gopi Krishna.

Gopi Krishna ist einer der wenigen Menschen, über die ich gelesen habe, der nach seinem Erwachen in der gleichen neuen Welt lebte wie ich. Die Lektüre seines Werkes hat mir an den Spitzenpunkten meines Transformationsprozesses wirklich geholfen. Ich habe siebzehn Jahre lang ausgiebig über Kundalini geforscht, mit über zweihundert Menschen in den sozialen Medien oder persönlich gesprochen und nur eine Handvoll gefunden, die dasselbe berichten wie ich. Ich sage das nicht, um zu prahlen, denn ich habe nie darum gebeten, aber ich erwähne es, um die unterschiedlichen Kundalini-Erfahrungen zu erklären. Ich glaube, dass Sie durch meine Schilderung eine gute Vorstellung vom allgemeinen Zweck der Kundalini bekommen können, was alle falschen Informationen, die Sie zuvor zu diesem Thema erhalten haben, ausräumen kann.

Das Zerbrechen des kosmischen Eies an der Spitze des Kronenchakras durch die Kundalini führt zu einem "Stromschlag"-Effekt, da die 72 000 Nadis mit Lichtenergie durchdrungen werden und der Lichtkörper vollständig aktiviert wird. Darüber hinaus erweitert und optimiert die Infusion des Lichts in die Chakren das toroidale Energiefeld (Torus) des Menschen, dessen geometrische Darstellung die Merkaba ist (Abbildung 69). Sie besteht aus zwei sich gegenläufig drehenden Tetraedern, deren schnelle Drehung eine Lichtkugel um den physischen Körper bildet, die es der Seele (ebenfalls kugelförmig) ermöglicht, den Körper nach Belieben zu verlassen. Die Merkaba ist eine Ergänzung zum Lichtkörper, da beide eine wichtige Funktion erfüllen, indem sie der Seele ein Fahrzeug zur Verfügung stellen, mit dem sie durch das Universum und andere Dimensionen von Raum und Zeit durch das Bewusstsein reisen kann. (Für eine vollständige Abhandlung über den Torus und die Merkaba, siehe *Serpent Rising: The Kundalini Compendium.*)

Das Zerbrechen des Kosmischen Eies kann geschehen, wenn du absichtlich versuchst, die Kundalini zu erwecken, während eines spontanen Erwachens oder durch Shaktipat. Um jedoch das Geistige Auge zu erwecken und es während des anfänglichen Kundalini-Aufstiegs zu erweitern, musst du eine bewährte Technik der Energiekultivierung anwenden, um genügend Prana zu erzeugen, verbunden mit einer Visualisierungsmeditation, um das Ajna Chakra zu öffnen.

Obwohl wir Prana-Energie von der Sonne erhalten, bekommen wir sie auch durch die Aufnahme von Sauerstoff. Aus diesem Grund atmen alle Lebewesen Luft, um zu überleben. Luft ist eine Manifestation von Spirit, wenn auch auf einer niedrigeren Ebene als das Weiße Licht, das aller Existenz zugrunde liegt. Prana kann auf viele Arten stimuliert werden, unter anderem durch die yogische Praxis des Pranayama (Atemkontrolle), und dadurch auf ein größeres Quantum gesteigert werden.

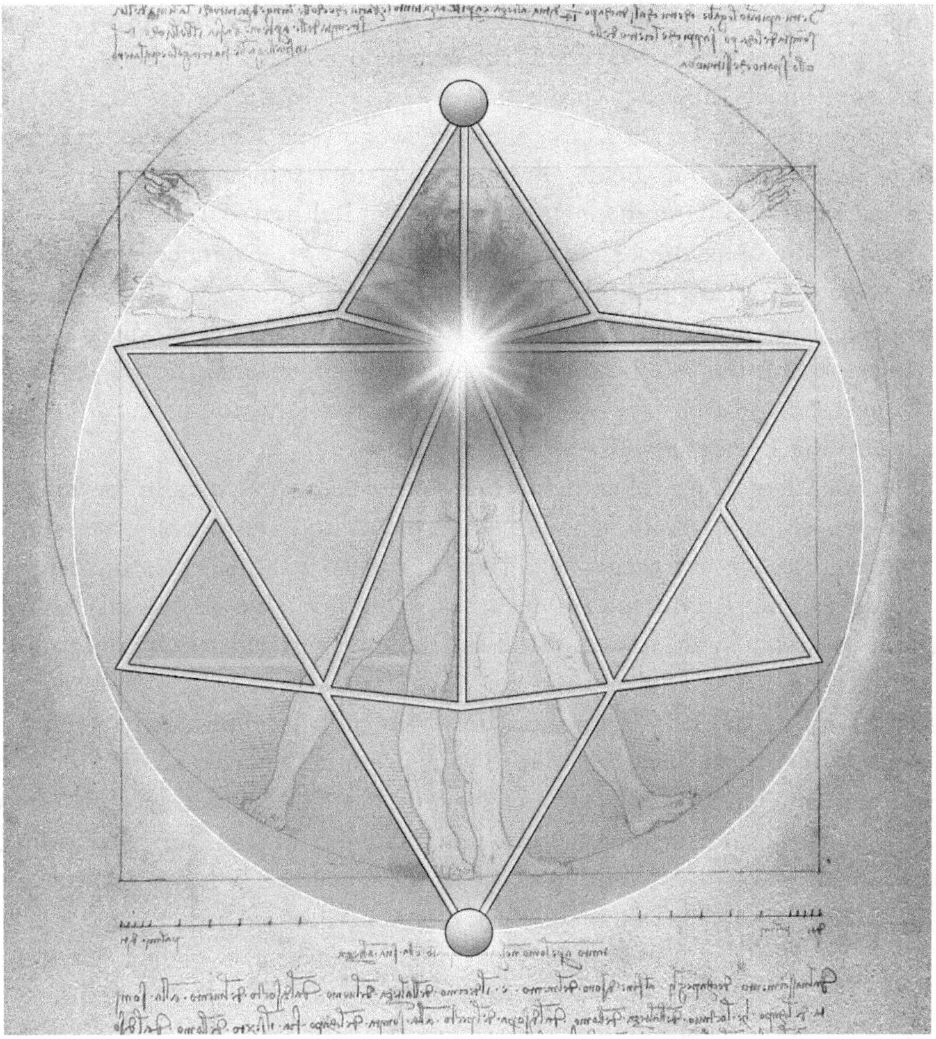

Abbildung 69: Die Merkaba - Optimierter Torus

Visualisierungsmeditationen mit einer sexuellen Komponente können bewusst Prana erzeugen, und wenn dies zu einem Kundalini-Erwachen führt, kann es sehr kraftvoll sein. In meinem Fall habe ich eine Form von tantrischer Sexualpraxis praktiziert, indem ich mir eine sexuelle Erfahrung vorstellte, die so stark war, dass sie kontinuierliche innere Orgasmen auslöste, deren Ekstase der Emotionen meine Kundalini erweckte. Die Intensität, mit der die Kundalini alle meine Chakren öffnete, war unglaublich und gipfelte darin, dass ich mich kurzzeitig mit dem Weißen Licht vereinigte.

Die Kundalini-Wissenschaft ist eine Realität. Leider haben die Naturwissenschaften keine anderen Möglichkeiten, sie zu messen oder zu untersuchen, als die vielen anekdotischen Berichte weltweit zu hören und möglicherweise zusammenzustellen. Der Wendepunkt für die Wissenschaft ist immer eine kritische Masse. Es muss genügend Berichte geben, die die gleichen Auslöser und Auswirkungen haben. Leider gibt es im Moment zu viele Variationen und Variablen.

Einige Variablen sind gleich, andere sind unterschiedlich. Zum Beispiel sind unsere biologische Zusammensetzung und die Bahnen der Kundalini, die Nadis (Kanäle), für alle Menschen gleich. Doch obwohl unser Energiesystem dasselbe ist, sind die Auslöser, Auswirkungen, Erfahrungen von Aufstiegen und Manifestationen nicht gleich. Da aber der Kern aller Kundalini-Erfahrungen die Evolution des Bewusstseins und die vollständige Befreiung vom physischen Körper ist, wird es, je mehr Menschen durch diesen Prozess erleuchtet werden, ein einheitlicheres Verständnis der Kundalini-Wissenschaft geben.

Sobald sich mehr Menschen des vollen Potenzials der Kundalini bewusst werden, kann sie den Respekt bekommen, den sie verdient, und Teil des Mainstreams werden, was uns erlaubt, sie mit wissenschaftlichen Mitteln zu studieren, um die Intensität und das Niveau der Erfahrung zu messen. Doch obwohl die Kundalini das Wichtigste auf unserem Planeten ist, wissen die meisten Menschen leider immer noch nichts von ihr oder denken, sie sei nur eine Art von Yoga.

Stattdessen ist die Kundalini die Quelle des individuellen Bewusstseins und der Schlüssel, um uns zum kosmischen Bewusstsein zu erwecken. Wie von den Alten vorhergesagt, stehen wir vielleicht am Abgrund der Menschheitsgeschichte, wenn die Menschen massenhaft erwachen und den Planeten in das lang ersehnte Goldene Zeitalter führen werden. Wenn dies geschieht, werden wir die Antworten darauf haben, wer wir sind und welchen Zweck das Leben auf diesem Planeten mit diesem eingebetteten, aber derzeit schlafenden Kundalini-Mechanismus hat. Wir stehen noch am Anfang unserer Bestimmung als spirituelle menschliche Wesen im Kosmos. Und das ist in der Tat sehr aufregend.

ZEREMONIELLE MAGIE ZEUGNISSE

Hinweis: Die folgenden Erfahrungsberichte stammen von fünf Personen, die ich in der Vergangenheit betreut habe. Sie alle haben von der Zeremoniellen Magie, insbesondere von der Arbeit mit den Fünf Elementen, erheblich profitiert; daher habe ich sie gebeten, ihre Erfahrungen zu beschreiben.

"Als ich zum ersten Mal in einen Orden des Golden Dawn eingeweiht wurde, war ich in erster Linie daran interessiert, all die mystischen Geheimnisse kennen zu lernen und meine außersinnlichen Fähigkeiten weiter zu entwickeln. Ich stellte jedoch fest, dass es die Arbeit mit der Elementarmagie war, die meine Wahrnehmung tiefgreifend veränderte, und ich würde sogar so weit gehen, ihr zuzuschreiben, dass sie meinem Leben eine neue Richtung gegeben hat. Ich würde diese Arbeit jedem empfehlen, der ein aufrichtiges Interesse daran hat, authentischer zu leben. Die rituellen Übungen sind ermächtigend, und wenn man sie in Verbindung mit der Meditationsarbeit anwendet, gibt es keine Grenzen für das, was man damit erreichen kann."

VH Soror LIA (HOGD Adept)

"Das System des Golden Dawn ist ein sicherer, bewährter und wahrer Pfad der Erforschung, der dazu dient, Ihr theoretisches und praktisches Wissen über Magie zu erweitern. Es ist so aufgebaut, dass der Praktizierende durch die verschiedenen Elementargrade fortschreiten kann und dabei die damit verbundenen Aspekte der Persönlichkeit durch die Integration spiritueller Praktiken und Erfahrungen verbessert. Die Bann-, Beschwörungs- und Meditationsübungen, die systematisch auf den verschiedenen Stufen der Verwirklichung vorgestellt werden, sind transformativ und bieten eine solide Grundlage für fortgeschrittenere magische Praktiken, wie z.B.

die henochische Magie. Ich würde das Golden Dawn System jedem ernsthaften Studenten oder Ausübenden der westlichen Esoterik empfehlen."

Angela Seraphim / VH Soror VLM (HOGD Adept)

"Das Leben gibt dir viele Gelegenheiten zum Wachstum, aber es liegt an dir, zu erkennen, wann sich diese Gelegenheiten bieten, und sie in vollem Umfang zu nutzen. Nachdem ich mich geistig und emotional vorbereitet hatte (mit Hilfe von LIRP und SIRP), begann ich ernsthaft mit den henochischen Schlüsseln zu arbeiten. Für diese Aufgabe isolierte ich mich zwei Monate lang auf dem Lande auf der Insel Granada in der Karibik.

Meine Erfahrungen mit henochischer Magie begannen mit Träumen und Visionen, die Prüfungen für meinen Geist, meinen Körper und meine Seele waren. Mir wurden viele Einsichten über meine innere Natur und die universellen Mysterien offenbart, die mich täglich demütigten. Meine spirituelle Entwicklung war unmittelbar und ausgeprägt. Doch wie alles, was von echtem Wert ist, hatte auch diese Entwicklung ihren Preis. Mein Ego wurde zerrissen, während ich mich täglich häutete und mit jedem henochischen Schlüssel mehr erneuert wurde. Dieser Prozess war oft erschreckend, aber gleichzeitig auch erhellend.

Die henochische Magie stellt die Seele und den Geist auf eine harte Probe. Ich kämpfte mit inneren und äußeren Dämonen, um alle Teile meines Selbst zu meistern. Nachdem ich mich mit ganzem Herzen dem Abschluss des spirituellen Alchemieprogramms mit den henochischen Schlüsseln gewidmet hatte, kann ich mit Sicherheit sagen, dass ich auf der anderen Seite als eine spirituell viel weiter entwickelte Person herauskam. Ich empfehle die henochische Magie all jenen Menschen, die bereit sind, im Namen ihrer spirituellen Entwicklung und Evolution alles zu opfern."

Prometheus

"Seit ich mit dem LBRP und BRH arbeite, hat sich mein Leben dramatisch verbessert. Hatten Sie jemals das Gefühl, dass eine negative Kraft Sie daran hindert, ein erfülltes und befriedigendes Leben zu führen? Nun, so fühlte ich mich, bevor ich diese rituellen Übungen praktizierte. Als ich damit anfing, begannen sich die Dinge für mich in eine sehr positive Richtung zu verändern.

Die negative Kraft und Trägheit begann sich aufzulösen. Dazu gehörten auch verwirrende und zwanghafte Gedanken. Oft konnte ich spüren, wie sich die negative Energie auflöste und zerstreute. Das verschaffte mir innere Ruhe und die Möglichkeit, in allen Bereichen meines Lebens Fortschritte zu machen.

Ich mache diese Übungen seit über einem Jahrzehnt, und ich kann Ihnen sagen, dass dies ein unverzichtbares Werkzeug ist, das ich in eine Routine zur Bekämpfung dieser negativen Kräfte integriert habe. Ich benutze diese rituellen Übungen auch, um den Raum um mich herum, einschließlich meiner Aura, von allen negativen spirituellen Wesenheiten und Energien zu befreien. Das schafft einen heiligen Raum, in dem ich meine spirituelle Arbeit tun kann. Ich kann mir mein Leben nicht mehr vorstellen, ohne diese Übungen zu machen.

Was die Middle Pillar betrifft, so füllt diese Übung meine Aura mit einer Menge nützlicher Energie. Sie gibt mir die richtige Grundlage für die Arbeit an den anderen rituellen Übungen, damit ich das Beste aus meinem Tag herausholen kann.

Wir werden alle stark von den Energien anderer Menschen beeinflusst, die ständig in unsere Auren eindringen. Diese magischen Rituale vertreiben all diese negativen und unerwünschten Energien. Dies verhindert ein Ausbrennen und hilft uns, ein glückliches und konstruktives Leben zu führen.

Was die rituellen LIRP-Übungen der Elemente betrifft, so haben sie meine Aura mit dem Element, mit dem ich gearbeitet habe, sicher und effizient durchdrungen. Ich erlebte einige Veränderungen und Fluktuationen in meinem mentalen und emotionalen Leben, wahrscheinlich weil ich dieses Element in mir ausbalancierte und integrierte. Man muss sich daran gewöhnen, aber keine Sorge, man wird siegreich daraus hervorgehen, so wie ich es getan habe."

Sam Benchimol/ Frater AC (EOGD-Initiator)

"Nachdem ich nur über zeremonielle Magie und das Golden Dawn gelesen hatte, beschloss ich, die rituellen Übungen selbst zu praktizieren. Mit Nevens Hilfe und Anleitung, begleitet von dem Programm der Spirituellen Alchemie, das er mir gab, begann ich, die täglichen Bannungen (LBRP und BRH) zusammen mit dem Middle Pillar Exercise durchzuführen. Ich bemerkte, dass die Bannungen und die Middle Pillar mich sofort in einen ausgeglichenen Geisteszustand versetzten, was mir half, mich besser auf meine Schularbeiten zu konzentrieren.

Ich sah sofort, dass an diesem ganzen Magick-Zeug etwas dran ist, und ich war begeistert, mit den Elementen zu arbeiten. Ich begann, mit dem LIRP der Erde zu arbeiten, und wie ein Uhrwerk begannen die Manifestationen einzutreten. In der ersten Woche, in der ich mit der Erdenergie arbeitete, bekam ich eine neue Freundin und einen neuen Job.

Nachdem ich das vorgeschriebene Programm mit der Erde beendet hatte, begann ich mit den LIRPs der Luft zu arbeiten. Nach dem zweiten Tag der Luft-Beschwörung fühlte ich mich sehr kreativ und inspiriert, und so begann ich zu schreiben. Ich schloss mich in meinem Zimmer ein und schrieb zwei Wochen lang Tag und Nacht, wie besessen. Ich war erstaunt, wie viel Kreativität aus mir heraussprudelte, und ich wollte das alles nutzen. Die Verbindung, die ich zu meinen Gedanken hatte, war unwirklich. Während dieser zwei Wochen hatte ich auch meinen allerersten luziden Traum. Es war eine der erstaunlichsten Erfahrungen, die ich nie vergessen werde. Diese luzide Traumerfahrung wiederholte sich in den nächsten Monaten noch 3-4 Mal.

Ich beendete das vorgeschriebene Programm mit dem Luftelement und begann dann mit der Anrufung des Wassers. Als ich es zum ersten Mal mit dem LIRP anrief, fühlte ich einen intensiven Ansturm von Wasserenergie in meinem Herzen. Es fühlte sich an wie eine Welle, die mich überrollte. Mich überkam ein so starkes Gefühl von Liebe und Glückseligkeit, dass ich auf die Knie fiel. Ich konnte nicht glauben, dass ich mich als Ergebnis einer magischen Übung so gut fühlte. In dieser Nacht und in vielen anderen Nächten, in denen ich das Wasserelement anrief, lag ich mit Tränen in den Augen in meinem Bett und dachte darüber nach, wie viel Liebe ich für die Menschen in meinem Leben empfand. Ich erkannte, dass die Tränen ein Prozess waren, der meine Gefühle reinigte und läuterte.

Während das Luft-Element es mir ermöglichte, mich gegenüber den Menschen in meinem Leben besser auszudrücken, stärkte das Wasser-Element meine Beziehungen zu ihnen, da es mir erlaubte, mich mit meinen Gefühlen zu verbinden, insbesondere mit dem Gefühl des Mitgefühls. Ich rief das Wasserelement so lange an, bis ich das vorgeschriebene Programm mit ihm abgeschlossen hatte, und wechselte dann zum Feuerelement.

Als ich begann, mit dem LIRP des Feuers zu arbeiten, spürte ich eine sofortige Veränderung meiner Energie. Der Rausch des Wassers war verschwunden und wurde durch eine starke Feuerenergie ersetzt, die ich in meinem Herzen spürte. Diese Feuer-Energie gab mir sofort mehr Vitalität und rohe Kraft, um alle meine täglichen Aufgaben zu erledigen. Mein Ehrgeiz und meine Tatkraft haben sich verzehnfacht. Während ich an der Entwicklung meiner Willenskraft arbeitete, wurde ich auch von meinem Ärger herausgefordert. Ich erkannte, dass meine Wut das Ergebnis davon ist, dass ich meine Willenskraft nicht voll ausschöpfe, also versuchte ich, mich darauf zu konzentrieren, selbstbewusster zu sein, was meine Wut größtenteils eindämmte.

Ich habe viele Monate damit verbracht, das Feuer zu beschwören, und ich habe viele Lektionen darüber gelernt, wie ich mich am besten ausdrücken kann. Die Manifestationen des Feuerelements erinnerten mich sehr an die der Luft, nur viel intensiver. Nachdem ich das vorgeschriebene Programm mit dem Feuer beendet hatte, war ich bereit, mit der Anrufung des Geistelements zu beginnen.

In der ersten Nacht, in der ich das SIRP benutzte, fühlte ich, wie mich die friedliche und doch transzendente Energie des Geistes überkam. Es war mystisch und sehr stark. Es veranlasste mich, ein paar Stunden lang auf mein Mind's Eye Chakra zu meditieren, was ich danach jeden Tag wiederholte.

Nach etwa einer Woche, in der ich das Spirit-Element anrief und täglich meditierte, hatte ich einen Durchbruch. Die Kundalini-Energie stieg von der Unterseite meiner

Wirbelsäule bis in mein Herz-Chakra, wo ich eine Ausdehnung spürte. Ich wurde von einem so starken Gefühl der Glückseligkeit übermannt, dass ich für etwa fünf Minuten das Bewusstsein verlor. Während dieser fünf Minuten, als ich in den Ozean des Bewusstseins eintauchte, fühlte ich die Einheit mit allen Dingen der Existenz. Nach dieser Erfahrung war ich nie wieder derselbe, und die Glückseligkeit wurde zu einem dauerhaften Teil meiner Existenz. Ich arbeitete mit der SIRP für den vorgeschriebenen Zeitraum und lernte, wie ich die verschiedenen Lektionen aus den vorherigen Elementen in mein Leben integrieren konnte.

Ich bin Neven sehr dankbar, dass er mich dazu gedrängt hat, das Programm der Spirituellen Alchemie mit den Fünf Elementen zu beginnen und zu beenden. Es war eine transformierende Erfahrung auf allen Ebenen und eine, die ich für den Rest meines Lebens in Ehren halten werde. Ich hatte nur über die Kundalini gelesen, bis ich anfing, mit den Elementen zu arbeiten, und ich fühle mich sehr gesegnet, einen Kundalini-Aufstieg und die Erweckung meines Herz-Chakras erlebt zu haben. Ich empfehle dieses Programm der spirituellen Alchemie jedem, der sich weiterentwickeln und ewiges Glück in seinem Leben finden möchte, so wie ich es getan habe. "

Lucias

GLOSSAR AUSGEWÄHLTER BEGRIFFE

Hinweis: Im Folgenden finden Sie eine Auswahl von Begriffen, die entweder im Originaltext nicht definiert sind oder einer weiteren Definition bedürfen. Nutzen Sie diesen Abschnitt, um Ihr Wissen über die angegebenen Themen zu erweitern.

Äthyr, der: In der Physik ist der Äthyr ein formloses und unsichtbares Medium oder eine Substanz, die den Kosmos durchdringt. Es ist ein Übertragungsmedium für Informationen. Im Kontext von *The Magus* ist der Äthyr gleichbedeutend mit dem Geistelement. Im henochischen System sind die Dreißig Äthyre einander durchdringende Kreise oder Schichten der Aura, die sich auf die spirituellen Erfahrungen der kosmischen Ebenen beziehen.

Adept, der: Ein spirituell entwickeltes Individuum, das ein Meister der Elemente seines Seins ist. Ein Adept ist in seinem Wissen über die heiligen Mysterien der Schöpfung sehr bewandert. Sein Bewusstsein arbeitet von den drei höheren Chakren Vishuddhi, Ajna und Sahasrara des geistigen Elements aus. Ein Adept empfängt Gnosis aus den göttlichen Reichen, und er dient Gott, dem Schöpfer. Sie stehen in direkter Kommunikation mit ihrem heiligen Schutzengel. Zu den Adepten der Geschichte gehören unter anderem Jesus Christus und der Buddha.

Alpha-Zustand, der: Ein entspannter Geisteszustand, der es Ihnen ermöglicht, offener, empfänglicher und kreativer zu sein. Dieser Zustand wird erreicht, wenn sich die Gehirnwellen auf 8 bis 12 Hz verlangsamen, was am häufigsten bei Tagträumen und im Schlaf geschieht. Der Alpha-Zustand kann durch Meditation bewusst herbeigeführt werden. Wenn Sie sich in diesem Zustand befinden, werden Ihr Erinnerungsvermögen und Ihre Intuition gestärkt, während gleichzeitig Ängste abgebaut werden. Der Alpha-Zustand der Gehirnaktivität liegt zwischen dem Wachsein mit geistiger Aktivität (Beta-Zustand) und dem Schlaf (Theta-Zustand). Der Alpha-Zustand wird in den späteren Phasen des Schlafs erreicht, wenn Körper und

Gehirn ausgeruht sind. Diese Erfahrung führt zu dem unwillkürlichen Phänomen des luziden Träumens. Der Alpha-Zustand ist der Kontaktpunkt zwischen dem Magieausübenden und den inneren kosmischen Ebenen. Wenn Sie sich während des normalen Wachbewusstseins im Alphazustand befinden, haben Sie die Kontrolle über Ihre Realität, da Ihre Verbindung zu Ihrem Höheren Selbst stärker ist. So können Sie die universellen Gesetze bewusst und mit Absicht anwenden.

Energie der Vorfahren, die: Ein Vorfahre ist jede Person, von der ein Individuum abstammt. Jeder Mensch ist durch seine DNA mit seinen Vorfahren verbunden. Je nach Rasse und ethnischer Zugehörigkeit Ihrer Vorfahren sind Sie zu bestimmten Eigenschaften prädisponiert, die Ihre Persönlichkeit und Charakterentwicklung beeinflussen. Der freie Wille hat jedoch Vorrang vor allen DNA-Prädispositionen der Ahnenenergie.

Ankh, das: Ein altägyptisches Hieroglyphensymbol, das einem Kreuz ähnelt, aber anstelle des oberen Arms eine Schlaufe hat. Die Ägypter verwendeten es in Schrift und Kunst, um das Wort für "Leben" oder "Lebensatem" darzustellen. Da die Ägypter glaubten, dass die irdische Existenz nur ein Teil des ewigen Lebens der Seele und des Geistes ist, symbolisiert das Ankh sowohl das sterbliche Leben als auch das Leben nach dem Tod. Nach dem Untergang der ägyptischen polytheistischen Religion übernahm die christliche koptische Kirche das Ankh-Symbol als eine Form des Kreuzes und nannte es "crux ansata", was übersetzt "Kreuz mit einem Griff" bedeutet.

Erzengel, der: Dieses Wort ist vom griechischen "Arkhangelos" abgeleitet, was "oberster Engel" bedeutet. Ein Erzengel ist ein geistiges Wesen von hohem Rang in der himmlischen Hierarchie. Die bekanntesten Erzengel im Judentum und Christentum sind Raphael, Gabriel und Michael. Zusammen mit Auriel sind diese vier Erzengel die Wächter der vier Himmelsrichtungen im Rahmen der rituellen Übungen der Zeremonialmagie. Jeder von ihnen repräsentiert die Energie eines der vier Elemente Erde, Luft, Feuer und Wasser. Zu diesen vier gesellt sich der Erzengel Metatron, der oft als der "höchste der Engel" bezeichnet wird, weil er der Erzengel der Kether-Sephira und des Geistelements ist.

Erzdämon, der: Ein geistiges Wesen von hohem Rang in der höllischen Hierarchie. Ein Erzdämon wird von den anderen dämonischen Wesenheiten als Führungsfigur betrachtet. Im Grunde genommen sind Erzdämonen die bösen Gegenstücke der Erzengel. Genau wie die Dämonen gelten sie als gefallene Engel oder Engel, die von Gottes Gnade gefallen sind. Die bekanntesten Erzdämonen im Judentum und Christentum sind Luzifer, Beelzebub und Satan. In diesem Werk wird der Erzdämon Khoronzon erwähnt, der die Personifizierung des Teufels als Ego des Menschen ist.

Banner des Ostens und des Westens, die: Zwei Banner, die an gegenüberliegenden Seiten (Osten und Westen) eines traditionellen Golden Dawn Tempels hängen. Das Banner des Ostens steht für das Licht und den Aufgang der Sonne und wird in der südöstlichen Ecke des Tempels angebracht. Das Banner des

Westens steht für die Dunkelheit und den Untergang der Sonne und befindet sich in der nordwestlichen Ecke. Diese beiden Banner stehen für die Dualität, genau wie die Säulen des Lichts und der Dunkelheit (Jachin und Boas), die ebenfalls in einem traditionellen Golden Dawn-Tempel verwendet werden.

Werden, das: Das Konzept des "Werdens" hat seinen Ursprung im antiken Griechenland bei dem Philosophen Heraklit von Ephesus, der sagte, dass nichts in dieser Welt konstant ist außer dem Wandel und dem Prozess des "Werdens". Das Werden bezieht sich auf die individuelle und kollektive Entwicklung. Das bedeutet, dass das Individuum oder der kollektive Zustand der Menschheit in jedem Augenblick weiter entwickelt ist als im Augenblick zuvor. Die Evolution umfasst nicht nur lebende Dinge, sondern auch Planeten, Sonnensysteme und Galaxien. Das Gegenteil von Werden ist "Sein". Der Akt des Seins ist ein Ausdruck des Feuerelements, da es ewig und fest in seinen Wegen ist. Auf der anderen Seite ist der Prozess des Werdens ein Ausdruck des Wasserelements, da er veränderlich ist und sich ständig wandelt. Das eine ist die Seele, das andere das Bewusstsein.

Beta-Zustand, der: Ein Bewusstseinszustand, der mit normalem Wachbewusstsein und erhöhter Wachsamkeit, kritischem Denken und logischem Denken einhergeht. Wenn die Gehirnwellen zwischen 12,5 und 30 Hz liegen, ist dieser Zustand erreicht. Das Ego nutzt den Beta-Zustand, um seine Existenz zu rationalisieren. Im Beta-Zustand der Gehirnaktivität ist das individuelle Bewusstsein anfällig für emotionale und mentale Turbulenzen. Um Ängste zu lindern, ist es daher unerlässlich, die Gehirnaktivität zu verlangsamen und den Alpha-Zustand zu erreichen.

Körper des Lichts, der: Synonym für den Lichtkörper und den Regenbogenkörper. Er ist ein Vehikel, durch das wir die inneren kosmischen Ebenen erfahren können. Die Erhöhung der Kundalini-Energie zur Krone wird das kosmische Ei zerbrechen und den Lichtkörper vollständig aktivieren, wodurch sein gesamtes latentes Potenzial geweckt wird. Das Ziel eines jeden Menschen ist es, seine Kundalini im Laufe seines Lebens zu erhöhen. Dies wird die Seele vom physischen Körper befreien und das individuelle Bewusstsein mit dem kosmischen Bewusstsein vereinen.

Kosmisches Bewusstsein: Synonym für das Gottesbewusstsein, das sich auf unser Sonnensystem bezieht. Es ist der höchste erreichbare Bewusstseinszustand für Menschen, da es das kollektive Bewusstsein der menschlichen Rasse ist. Es macht uns eins mit dem Universum. Das kosmische Bewusstsein wird als eine höhere Bewusstseinsebene beschrieben, die durch Einheit alle Dinge gleichzeitig wahrnehmen kann. Hellsichtigkeit und andere übersinnliche Fähigkeiten werden durch es möglich. In der Qabalah gehört das kosmische Bewusstsein zur Kether Sephira und zum Sahasrara Chakra. Ob sich das kosmische Bewusstsein über unser Sonnensystem hinaus erstreckt oder auf dieses beschränkt ist, ist umstritten. Alle Eingeweihten des Lichts streben danach, ihr individuelles Bewusstsein mit dem kosmischen Bewusstsein zu vereinen. Durch diese Vereinheitlichung wird die Erleuchtung erreicht.

Kosmisches Ei, das: Ein Energiebehälter, der sich oben im Kopf, in der Mitte befindet. Wenn es von der Kundalini-Energie auf ihrem Aufstieg durch die Wirbelsäule und das Gehirn durchstoßen wird, setzt es flüssiges Ambrosia frei, das den Körper des Lichts vollständig aktiviert und dadurch die zweiundsiebzigtausend Nadis mit Lichtenergie durchdringt. Während dieses Prozesses fühlt es sich zunächst so an, als hätte jemand ein riesiges Ei über dem Kopf aufgeschlagen, gefolgt von dem Gefühl, einen leichten Stromschlag zu bekommen, während sich das Ambrosia von oben, aus der Mitte des Kopfes, nach unten ergießt.

Cherubim, die: Ein hebräisches Wort aus dem Alten Testament, das für ein Engelswesen steht, das Gott direkt zur Seite steht. Die Cherubim haben viele Rollen, obwohl ihre Hauptaufgabe darin bestand, den Garten Eden zu beschützen. In *The Magus* repräsentieren die Cherubim die vier Elemente als Mensch (Luft), Adler (Wasser), Stier (Erde) und Löwe (Feuer). Sie sind die wachsamen Beschützer und Vertreter dieser Elemente in der Tarotkarte Das Universum.

Christus-Bewusstsein: Das Wort "Christus" geht auf die griechische Übersetzung des Wortes "Messias" zurück. "Messianische Gestalten werden in der Geschichte als lebende Gottheiten und Verkörperungen der Gott-Geist-Energie betrachtet. So wurde Jesus von Nazareth der Titel "Christus" gegeben, um seine Gottheit zu bezeichnen. Das Christus-Bewusstsein stellt einen Zustand des Bewusstseins unserer wahren Natur als Söhne oder Töchter Gottes, des Schöpfers, dar. Dieser Zustand impliziert die Integration von Geist in die Materie und das Gleichgewicht zwischen beiden. In der Qabalah repräsentiert das Christus-Bewusstsein den Bewusstseinszustand der Tiphareth Sephira. Die spirituelle Energie wird durch den Pfad der Hohepriesterin im Tarot hereingebracht, da sie unsere Verbindung zur Kether-Sephira ist. Das Christus-Bewusstsein ist der Bewusstseinszustand des Individuums, sobald eine Beziehung zum kosmischen Bewusstsein erreicht wurde. Es impliziert das Einströmen von bedingungsloser Liebe in Anahata, dem Herz-Chakra, da das Individuum in diesem Zustand von dort aus agiert.

Schöpfung, die: Der Prozess oder die Handlung, etwas ins Leben zu rufen. Im Kontext von *"The Magus"* bezieht er sich auf den Prozess, in dem Gott, die Quelle, das physische Universum ins Dasein ruft. Da es sich bei diesem Werk um ein hermetisches Werk handelt, bezieht sich dieser Begriff oft auf den Baum des Lebens als die Blaupause der gesamten Schöpfung.

Dunkle Nacht der Seele, die: Eine Periode der Trostlosigkeit, die ein Individuum durchläuft, wenn es sich spirituell schnell weiterentwickelt. Während der dunklen Nacht der Seele wird jegliches Gefühl des Trostes beseitigt, was vorerst eine Art existenzielle Krise verursacht. Der Einzelne muss sich der dunklen Seite voll und ganz stellen und den mentalen und emotionalen Aufruhr in Kauf nehmen, bevor er sich spirituell transformiert. Es ist nicht ungewöhnlich, dass sich der Einzelne während dieser Zeit von anderen Menschen isoliert und viele Tränen vergießt, während er alte Emotionen loswird. Nach dieser Zeit haben sich die Umklammerungen des niederen Selbst gelockert, und der Mensch ist stärker auf sein höheres Selbst ausgerichtet. Die dunkle Nacht der Seele ist eine notwendige Phase des Leidens auf dem Weg zur Erleuchtung. Sie ist jedoch kein einmaliger Prozess, sondern kann auf dem Weg der spirituellen Evolution immer wieder auftreten.

Dimension der Schwingung, die: Die vierte Dimension, oder Dimension der Energie. Da alle Dinge in der Existenz in einer Schwingungsbewegung gehalten werden, ist diese Dimension der Bereich, in dem jedes Objekt, jeder Gedanke oder jedes Gefühl eine quantifizierbare Essenz (Energie) hat. Sie kann mit dem geistigen Auge und der intuitiven Fähigkeit des Menschen wahrgenommen werden.

Göttliche Namen der Macht, die: In diesem Werk bezieht sich dieser Begriff auf die vielen göttlichen Namen von Gott, Erzengeln, Engeln und anderen heiligen Namen, die verwendet werden, um göttliche Energie anzurufen oder zu beschwören. Indem der Praktizierende einen göttlichen Namen vibriert, verbindet er sich durch die Frequenz des Klangs mit seiner Kraft und erhält dadurch durch Synergie die vollständige Kontrolle über diesen Energiestrom. So durchdringt die Energie eines göttlichen Namens die Aura des Praktizierenden, und je öfter ein göttlicher Name vibriert wird, desto mehr Energie wird hineingebracht. Die Schwingungen haben eine kumulative Wirkung auf die Menge der zugeführten Energie. In *The Magus* beschäftigen wir uns hauptsächlich mit den hebräischen und henochischen göttlichen Namen. Die hebräischen göttlichen Namen sind aus dem kabbalistischen System abgeleitet, während John Dee und Edward Kelley die henochischen göttlichen Namen direkt kanalisierten. Die Macht der göttlichen Namen erstreckt sich auch auf dämonische Wesenheiten, wie die Goetia. Indem der Praktizierende die Namen einer dieser Wesenheiten vibriert, erhält er Autorität über sie und kann ihnen befehlen, seinen Willen zu erfüllen.

Esoterischer Orden des Golden Dawn, der: Eine westliche Mysterienschule, die auf den Lehren des ursprünglichen Hermetic Order of the Golden Dawn basiert. Kürzlich umbenannt in *Golden Dawn Ancient Mystery School*. Imperator General ist G.H. Frater P.D.R. (Robert Zink).

Gefallene Engel, die: Synonym für Dämonen. Religionswissenschaftler glauben, dass es sich um Engel handelt, die aus dem Himmel vertrieben wurden, weil sie gegen Gott gesündigt haben. Satan gilt als ihr Anführer, der das Gegenteil von Gott ist. Die Idee hinter dem Begriff "Gefallene Engel" stammt aus dem apokryphen *Buch Henoch*. Darin wird erwähnt, dass die Nachkommen der gefallenen Engel, die Nephilim oder "Riesen", in der Sintflut ertränkt wurden, weil sie das Überleben der menschlichen Rasse gefährdeten. Einige Religionswissenschaftler glauben, dass die körperlosen Geister der Nephilim noch immer auf der Erde umherwandern. Diese "bösen" Geister suchen nach Menschen, deren freien Willen sie übernehmen können, um sie dazu zu bringen, nach ihrer Pfeife zu tanzen. Für diese Gelehrten ist dies die Ursache für die gegenwärtige Dichotomie zwischen Engeln und Dämonen in der modernen Welt. Ihr Krieg wird in den inneren kosmischen Ebenen geführt, durch die sie die Macht haben, das menschliche Denken und Handeln zu beeinflussen. Der spirituelle Fortschritt der gesamten Menschheit ist eine direkte Folge ihres Krieges. Sein Ausgang wird darüber entscheiden, ob wir tiefer in den Materialismus fallen oder kollektiv spirituell angehoben werden und damit in das lang erwartete Goldene Zeitalter eintreten.

Gaia: Entspricht der Sephira Malkuth als die Personifikation des Planeten Erde. Gaia ist die ursprüngliche Mutter Erdgöttin, die Urmutter aller Lebewesen. In der griechischen Mythologie ist Gaia eine der griechischen Urgötter, aus deren sexueller Vereinigung mit Uranus (dem Himmel) die Titanen und die Giganten (nicht zu verwechseln mit den Nephilim) hervorgingen. Aus der sexuellen Vereinigung Gaias mit dem Pontus (dem Meer) entstanden die ursprünglichen Meeresgötter.

Geomantie, die: Eine Praxis des Wahrsagens, bei der die Zeichen der Erde gelesen werden, oder besser gesagt, eine Methode, bei der sechzehn Zahlen, die aus einer Reihe von Punkten bestehen, miteinander in Beziehung gesetzt werden. Diese sechzehn Zahlen haben verschiedene Bedeutungen und werden mit Tierkreiszeichen, Planeten, Elementen und mehr in Verbindung gebracht. Aus diesen Bedeutungen kann der Wahrsager eine Weissagung ableiten.

Herrlichkeit Gottes, die: Das Wort "Herrlichkeit" kommt vom lateinischen "Gloria", was "Ruhm, Ansehen" bedeutet. Den Hebräern und Christen zufolge wird dieses Wort verwendet, um die Manifestation von Gottes Gegenwart im Menschen zu beschreiben. Da der Mensch nach dem Bilde Gottes geschaffen ist, können wir nach dem *Buch Genesis* die Herrlichkeit Gottes als einen erreichbaren Bewusstseinszustand erfahren, während wir im physischen Körper leben. Die Herrlichkeit Gottes ist ein ekstatisches Gefühl im Herzen, das den Schmerz und das Leiden des Lebens in dieser Welt der Dualität transzendiert. Sie zu erfahren bedeutet, dass wir uns mit unserem Höheren Selbst in Einklang gebracht haben und das Ego transzendiert haben. Die Herrlichkeit Gottes ist die Frucht von Gottes Königreich (Himmelreich), und alle, die die von Jesus Christus gelehrten Lebensprinzipien verkörpern, können sie erfahren. Zu diesen Grundsätzen gehört es, in Wahrheit zu leben, rechtschaffen zu sein, eine moralische und ethische Haltung zu bewahren und Mitgefühl für alle Lebewesen zu zeigen.

Gottheit, die: Synonym für Gott als Quelle der gesamten Schöpfung. Alle Religionen und Philosophien betrachten Gott als allgegenwärtig und allwissend. Die Geistenergie ist das Ausdrucksmittel Gottes. Die Gottheit ist die ungeteilte Einheit Gottes, die das Ain Soph Aur - das grenzenlose Licht - ist. Sie ist das substantielle unpersönliche Wesen Gottes, das die Gesamtheit der christlichen Trinität (Supernale) des Vaters (Kether), des Sohnes (Chokhmah) und des Heiligen Geistes (Binah) ist. Das kosmische Bewusstsein ist Teil der Gottheit.

Sensenmann, der: Eine Skelettfigur, die in ein schwarzes Gewand mit Kapuze gehüllt ist und eine Sense trägt. Diese Figur ist die Personifizierung des Todes. Der Sensenmann tauchte erstmals im vierzehnten Jahrhundert in Europa auf, als ein Drittel der gesamten Bevölkerung an der Schwarzen Pest starb. Das Skelett steht symbolisch für den Tod, und das schwarze Gewand erinnert an die Kleidung, die religiöse Figuren zu jener Zeit bei Begräbnisfeiern trugen. Die Sense spielt auf die Sense des Saturn an, die in diesem Fall zur Ernte der menschlichen Seelen eingesetzt wird.

Der Himmel: Das spirituelle Reich, in dem Erzengel und Engel wohnen sollen. Traditionell wird dieser Ort im Himmel, oben in den Wolken, dargestellt. Der Himmel ist nicht nur als Zustand des Seins nach dem Tod, sondern auch während des Lebens erreichbar. Er stellt den transzendentalen Zustand des erweiterten Bewusstseins und der Vereinigung von Geist und Materie dar. Wenn dies der Fall ist, hat der Mensch die Erleuchtung erreicht, und sein Kopf befindet sich in den Wolken, während seine Füße auf der festen Erde stehen. Die alten Völker verwendeten den Begriff "Himmel" oder "Heavens", um das Himmelsgewölbe zu bezeichnen. Dazu gehören die Sterne oben und die Sonne, der Mond und die Planeten. Dies ist die ursprüngliche und älteste Verwendung des Begriffs.

Die Hölle: Das dämonische Reich, in dem Erzdämonen und Dämonen hausen sollen. In religiösen Traditionen und in der Folklore ist die Hölle ein Ort nach dem Tod, der oft einen Ort der Strafe und der Qualen darstellt. In einigen Religionen wird die Hölle als ewiges Ziel dargestellt, während sie in anderen nur eine Zwischenstation zwischen den Inkarnationen ist. In der christlichen Theologie ist die Hölle ein Synonym für die Unterwelt. Die Vorstellungen und Bedeutungen, die mit beiden Begriffen verbunden sind, sind also dieselben. Im Kontext von *The Magus* ist die Hölle ein Zustand des Geistes. Außerhalb des Gehirns gibt es die Hölle nicht.

Hermetismus, der: Eine philosophische, religiöse und esoterische Tradition, die in erster Linie auf den Werken von Hermes Trismegistus beruht. Die Hermetik ist eine unsichtbare Wissenschaft, die sich mit den Energien unseres Sonnensystems und ihrer Beziehung zum Menschen befasst. Die hermetischen Schriften haben die westliche esoterische Tradition, insbesondere den Orden des Golden Dawn, stark beeinflusst.

Höheres Selbst, das: Ihr Gott-Selbst, das aus dem geistigen Element besteht. Das Höhere Selbst wird oft mit dem Heiligen Schutzengel verwechselt, obwohl Letzterer der Ausdruck des Ersteren ist. Das Höhere Selbst befindet sich in der Kether Sephira, die dem Sahasrara Chakra entspricht. In qabalistischen Begriffen ist das Höhere Selbst die Yechidah. Sein Gegenteil ist das Niedere Selbst - das Nephesh und das Ego.

Heiliger Gral, der: Auch Sangraal genannt. Das Wort "Gral" stammt aus dem Altfranzösischen und bedeutet "ein Becher oder eine Schale aus Erde, Holz oder Metall". Der Heilige Gral ist ein Schatz, der in den Artus-Sagen und im Christentum ein wesentliches Motiv darstellt. In den Artuslegenden wird der Heilige Gral als ein Becher, eine Schale oder ein Stein mit Wunderkräften beschrieben, die ewiges Leben, Glück und unendlichen Reichtum schenken. Die Christen glauben, dass der Heilige Gral das Gefäß war, das Jesus Christus beim letzten Abendmahl zum Servieren von Wein verwendete. Daraus zu trinken bedeutet, mit Jesus Christus eins zu werden, da er beim letzten Abendmahl den Wein als sein Blut bezeichnete. Der Heilige Gral hat im Laufe der Zeit eine symbolische Bedeutung erlangt, als ein schwer fassbares Ziel, das man anstrebt, weil es einem das ewige Leben geben kann. Die Tatsache, dass er "heilig" ist, bedeutet, dass er eine göttliche Quelle hat. Aus dem Heiligen Gral zu trinken bedeutet daher, an der Fülle und Herrlichkeit von Gottes ewiger, göttlicher Energie teilzuhaben. Wir alle sind im Grunde auf der Suche nach dem Heiligen Gral, was bedeutet, dass wir alle versuchen, uns spirituell weiterzuentwickeln und mit unserem Höheren Selbst in Einklang zu bringen (das nie geboren wurde und nie sterben wird, da es aus dem Geist kommt). Wenn wir das tun, werden wir vom Heiligen Gral getrunken haben und - symbolisch gesprochen - ewiges Leben erlangen.

Heiliger Schutzengel, der: Er ist der Ausdruck des Höheren Selbst oder Gott-Selbst. Der Heilige Schutzengel ist männlicher Natur und steht mit der Chokmah Sephira in Verbindung, da er der Kraftaspekt des Weißen Lichtprinzips ist, das die Gottheit-Kether ist. Der Heilige Schutzengel kommuniziert mit uns durch Gnosis, d.h. die direkte Vermittlung von Wissen, das uns sonst unbekannt ist; er ist also unser innerer Lehrer. Aus diesem Grund wird er oft als der Höhere Genius bezeichnet. Jeder Mensch hat einen Heiligen Schutzengel, und es ist das Ziel eines jeden Menschen, eine Verbindung mit ihm herzustellen, um seinen Wahren Willen und seine Lebensaufgabe zu erfahren.

Heiliger Geist, der: Im Judentum ist der Heilige Geist ein Synonym für den "Geist Gottes", was die Einheit Gottes impliziert. Im Christentum hingegen ist der Heilige Geist eine Persönlichkeit Gottes in der Dreifaltigkeit. Er wird als "Geist Christi" bezeichnet und als Taube dargestellt. Im Stoizismus ist der Heilige Geist die Anima Mundi (Weltseele), die alle Menschen eint. In der Qabalah hingegen manifestiert sich der Heilige Geist als das Große Weibliche Prinzip durch die Sephira Binah. Und in der Alchemie schließlich ist der Heilige Geist das Geheime Feuer - die Kundalini-Energie, die erweckt wurde und zum Kronenchakra aufgestiegen ist.

Königreich Gottes, das: Synonym für das Himmelreich. Das Reich Gottes ist eines der entscheidenden Elemente in den Lehren von Jesus Christus. Es ist ein Geisteszustand, der mit dem Christus-Bewusstsein verwandt ist, in dem der Geist in die Materie herabgestiegen ist und beide nun eins sind. In der christlichen Lehre muss man, metaphorisch gesprochen, auferstehen, um in das Reich Gottes zu gelangen.

Das Reich Gottes bedeutet, dass man ein König oder eine Königin der eigenen Realität ist und die volle Souveränität über die Elemente seines Seins hat. Die "Früchte" des Reiches Gottes sind die ekstatische Transzendenz und die Freude, die man im Herzchakra spürt, wenn man diesen Zustand erreicht hat. In diesem Buch wird der Begriff "Reich Gottes" verwendet, um den erhabenen Zustand des höheren Bewusstseins zu beschreiben, der erreicht wird, wenn die Kundalini-Energie zur Krone aufgestiegen ist und der Lichtkörper im Selbst vollständig aktiviert wurde. In diesem Fall hat das Individuum seinen Kopf im Himmel und seine Füße auf der Erde. Er hat sein Bewusstsein mit seinem Höheren Selbst in Einklang gebracht.

Lichtträger, der: Jede Gottheit oder jeder Mensch, der der Menschheit hilft, indem er ihr heiliges Wissen, Weisheit und Technologie bringt, um ihr bei der Entwicklung zu helfen. Zu den Lichtträgern in verschiedenen Traditionen gehören Luzifer, Prometheus, Enki, Henoch, Hermes, Jesus Christus und Buddha. Im Tarot ist der Eremit der Lichtträger, denn er repräsentiert das "Wort Gottes", die Botschaft des höheren Selbst.

Logos, der: Ein griechisches Wort mit der Bedeutung "Wort", "Grund", "Plan". Das englische Wort "logic" ist von "logos" abgeleitet. Logos ist die dem Kosmos innewohnende göttliche Vernunft, die durch die Wahrheit seiner Natur zum Ausdruck kommt. Er ist der Ausdruck der universellen Gesetze, die den Kosmos regieren. Logos findet sich auch in der Menschheit in ihrem Intellekt, ausgedrückt durch Logik und Vernunft. In der *Heiligen Bibel* ist der Logos das "Wort Gottes". Jesus Christus kam, um den Menschen das "Wort Gottes" zu verkünden, und war im Grunde genommen die Verkörperung des Wortes.

Niederes Selbst, das: Im Qabalismus ist das Untere Selbst das tierische Selbst, das Nephesh genannt wird. Es ist der unterbewusste Verstand, das "Schattenselbst" und die dunkle Seite der Persönlichkeit. Das Ego wird in *The Magus* oft als das Untere Selbst bezeichnet, da die Pflege des Nephesh eine seiner Hauptfunktionen ist. Der Gegenspieler des Egos ist die Seele, da das Hauptziel der Seele darin besteht, das individuelle Bewusstsein mit dem höheren Selbst zu vereinen.

Luzide Träume: Erhöhter Traumzustand, in dem das Individuum seinen Lichtkörper benutzt, um in den höheren, inneren kosmischen Ebenen zu reisen. Ein luzider Traum ist eine außerkörperliche Erfahrung (OBE). Er ist vergleichbar mit Astralreisen, obwohl er nicht bewusst herbeigeführt wird, da der Einzelne meist scheinbar zufällig in einen luziden Traum eintritt. Sie sind sich bewusst, dass sie träumen und haben ein hohes Maß an Kontrolle über ihre Traumwelt. Da der Körper in einem luziden Traum schwerelos erscheint, kann man mühelos fliegen.

Macroprosopus, der: Auch bekannt als das "Weite Antlitz" oder "Arik Anpin". Er ist Gott im Himmel, im Gegensatz zum Mikroprosopus, der Gott auf Erden ist. Der Makroprosopus ist die Kether-Sephira, der große Architekt des Universums. Oft enthält er die folgenden zwei Sephira mit sich, Chokmah und Binah, obwohl der Makroprosopus jenseits der Dualität ist.

Mantra, das: Ein Wort aus dem Sanskrit, das "ein Werkzeug des Geistes" oder "ein Instrument der Gedanken" bedeutet. Dieses Wort wird verwendet, um alle Gedanken, Lieder, Äußerungen oder andere Sequenzen von Wörtern oder Klängen zu beschreiben, die eine spirituelle Wirkung auf den emotionalen oder mentalen Seinszustand eines Menschen haben. Ein Mantra ist ein "Werkzeug" für rituelle Übungen, das Energie in der Aura hervorrufen (und anrufen) kann, ähnlich wie die rituellen Übungen Pentagramm und Hexagramm. Mantras sind nicht spezifisch für eine bestimmte Religion oder spirituelle Tradition.

Materie, die: Eine physische Substanz, die Raum einnimmt und Masse besitzt, im Unterschied zu Verstand, Geist und Energie. Im Kontext von *The Magus* bezieht sich die Materie auf die physische Welt, einschließlich all dessen, was wir mit unseren physischen Sinnen wahrnehmen. Die Quantenphysik besagt, dass die Natur der Materie auf molekularer Ebene leerer Raum ist. In der Qabalah bezieht sich die Welt der Materie auf die Sephira Malkuth.

Maya: ein Wort in der hinduistischen Kultur, das wörtlich "Illusion" bedeutet. Es ist ein spiritueller Begriff, der das bezeichnet, was zwar existiert, sich aber ständig verändert und somit in einem spirituellen Sinne unwirklich ist. Maya impliziert das Prinzip oder die Kraft, die den wahren Charakter der spirituellen Realität verbirgt, die das Fundament ist, auf dem die Welt der Materie aufgebaut ist.

Microprosopus, der: Auch bekannt als "Kleines Antlitz", "Zeir Anpin" oder "Kleines Gesicht". Er ist Gott auf der Erde, im Gegensatz zum Makroprosopus, der Gott im Himmel ist. Der Mikroprosopus setzt sich aus den Sephiroth Chesed, Geburah, Tiphareth, Netzach und Hod zusammen. Er bezieht sich auf die inneren Funktionen, die einen Menschen ausmachen.

Monade, die: Aus dem Griechischen "monas", was "Einzigartigkeit" oder "allein" bedeutet. In der Kosmogonie bezieht sich dieser Begriff auf das Höchste Wesen Gottes, den Schöpfer. Die Pythagoräer prägten diesen Begriff, der sich auf eine einzige Quelle bezieht, die erste Ursache hinter allen Ursachen und Wirkungen. Die Monade bezieht sich auch auf das nicht-doppelte Selbst. Es ist der Teil eines jeden Menschen, der zur Gottheit gehört.

Multiversum: Auch bekannt als Omniversum, Maniverse, Megaverse, Metaverse und Meta-Universum. Es handelt sich um ein theoretisches Konzept, das besagt, dass es innerhalb des bekannten Universums der Materie mehrere parallele Universen mit unterschiedlichen Schwingungsfrequenzen in anderen Dimensionen gibt, die jedoch denselben Raum und dieselbe Zeit einnehmen. Das Multiversum ist eher ein philosophischer Begriff als eine wissenschaftliche Hypothese, da es weder empirisch verifiziert noch falsifiziert werden kann.

Nadi, das: Singular für Nadis. Das Sanskrit-Wurzelwort ist "and" und bedeutet "Kanal", "Strom" oder "Fluss". Nadis sind Bahnen für die Verteilung der Prana-Energie. Auf das Kundalini-Systemmodell angewandt, beziehen sich Nadis meist auf die drei primären Nadis Ida, Pingala und Sushumna.

Nirwana, das: Ein östlicher Begriff, der üblicherweise mit Jainismus und Buddhismus in Verbindung gebracht wird. Nirvana ist ein transzendenter Zustand des Seins, in dem es kein Leiden, kein Verlangen und kein Gefühl des Selbst gibt, das vom Rest der Welt getrennt ist. Es ist die Befreiung von den Auswirkungen des Karmas und dem Kreislauf von Tod und Wiedergeburt. Als das letzte Ziel des Buddhismus bedeutet Nirvana die Angleichung des individuellen Bewusstseins an das kosmische Bewusstsein. Wenn jemand den Zustand des Nirvana erreicht hat, ist er aufgestiegen und hat die volle Aktivierung des Lichtkörpers erreicht. Er hat sich mit seinem Höheren Selbst vereinigt und die spirituelle Energie wieder integriert. Nirvana bedeutet, dass man die Erleuchtung erreicht hat. Als solches ist es mit zwei anderen östlichen Begriffen vergleichbar - Satori und Samadhi.

Nicht-Dualität, die: Ein Zustand des Seins, der für Gott, den Schöpfer, und die Geistenergie charakteristisch ist. Da Gott-der-Schöpfer als allgegenwärtig und allwissend definiert wird, impliziert Nicht-Dualität, dass alles innerhalb dieses Seinszustandes in undifferenzierter Einheit lebt. In *The Magus* wird dieser Begriff oft in Bezug auf mentale und emotionale Zustände verwendet, die beide gegensätzlichen dualen Sichtweisen gleichzeitig als real akzeptieren. Im nicht-dualen Geisteszustand wird jeder Gedanke oder jede Emotion in jedem beliebigen Moment durch sein Gegenteil versöhnt. Somit ist der Zustand der Nicht-Dualität ein Zustand der Transzendenz des Geistes. Sobald der Verstand transzendiert ist, kann das spirituelle Reich der Einheit erreicht werden.

Nous, der: Nous ist gleichbedeutend mit dem Geist Gottes, der den Logos oder das Wort Gottes hervorbringt. Das Wort Gottes ist die Vernunft. Nous und Vernunft sind eins, und ihre Vereinigung ist das Leben. Nous ist der Vater des Wortes, aus dem der Gedanke Gottes hervorgeht, gleichbedeutend mit Thoth, dem ägyptischen Gott der Weisheit und des Wissens. Im Buch I des *Corpus Hermeticum* ist Nous ein anderer Name für Poimander, den Großen Drachen oder den Ewigen Lehrer, der Hermes Trismegistus die Mysterien und Geheimnisse der Schöpfung Gottes lehrte. Nous ist die Ursache der gesamten Existenz und ist gleichbedeutend mit dem höchsten Gut. Nach der hermetischen Lehre werden alle Männer und Frauen mit Nous geboren, aber nicht alle sterben mit ihm, da Nous nur zu frommen und religiösen Menschen kommt. Kreaturen der Erde, die niedriger sind als der Mensch, besitzen nach hermetischer Lehre keinen Nous.

Jetzt, das: Der gegenwärtige Moment. Das Feld des reinen Potentials innerhalb des kosmischen Bewusstseins. Dieser Geisteszustand kann erreicht werden, wenn man das Gedankengeschwätz des Egos zur Ruhe gebracht hat und über die Wahrnehmung durch die Dualität hinausgewachsen ist. Indem du in das Jetzt eintrittst, begibst du dich in die Frequenz der spirituellen Energie. Im Jetzt zu sein, bringt daher die meiste Freude und die größte Aufregung des Lebens mit sich.

Osiris Onnofris: Gott der Unterwelt in der ägyptischen Tradition, sowie einer der Pharaonen. Auch bekannt als der Gott des Lebens, des Todes und der Wiedergeburt. Daher ähnelt sein Mythos der Geschichte von Jesus Christus. Im Fall von Osiris war es seine Frau und Schwester Isis, die ihn wieder auferstehen ließ, nachdem sein böser Bruder Set ihn getötet hatte, um seinen Platz als Pharao von Ägypten einzunehmen. Sein Titel "Onnofris" leitet sich von "Onnofri" ab, was "das vollkommene oder vollständige Wesen" bedeutet. Dieser Titel hat eine ähnliche Bedeutung wie der Titel "Christus".

Regenbogenkörper, der: Im tibetischen Buddhismus ist der Regenbogenkörper eine Ebene der Verwirklichung. Er ist gleichbedeutend mit der vollständigen Aktivierung des Lichtkörpers oder des Lichtkörpers. Es wird berichtet, dass das Phänomen des Regenbogenkörpers die tatsächliche Verwandlung des physischen Körpers in einen Regenbogenkörper ist.

Reiki: Eine beliebte japanische Energieheiltechnik. Das Wort "rei" bedeutet Seele, Geist, während das Wort "ki" "Lebensenergie" bedeutet. Reiki beinhaltet "Handauflegen", wobei die universelle Energie (Lebenskraft) durch die Handflächen des Heilpraktikers auf den Patienten übertragen wird. Mit dieser Heilmethode kann der Praktiker auf den physischen Körper des Patienten oder seine Chakren einwirken, um die mentale, emotionale und spirituelle Heilung zu fördern. Die qabalistische Version der Handheilung, die mit Reiki vergleichbar ist, wird Ruach-Heilung genannt. Der Hauptunterschied zwischen den beiden besteht darin, dass der Praktizierende beim Ruach Healing keinen physischen Kontakt mit dem Patienten hat.

Samadhi: Ein östlicher Begriff, der häufig mit Buddhismus, Hinduismus, Jainismus und Sikhismus in Verbindung gebracht wird. Samadhi bezieht sich auf einen Zustand meditativen Bewusstseins, in dem Subjekt und Objekt eins werden. Er wird durch die Verschmelzung des individuellen Bewusstseins mit dem nicht-dualen kosmischen Bewusstsein gekennzeichnet. Das Geschwätz des Egos wird transzendiert, wenn das Individuum in das Feld der reinen Potentialität der spirituellen Energie eintritt. Samadhi erzeugt ein ekstatisches Gefühl im Herzchakra durch die glückselige Energie, die es in das Selbst zieht. Samadhi ist die Vorstufe zum Erreichen des Nirvana. Es begleitet die Erweiterung des Bewusstseins, nachdem man die Kundalini erweckt und zur Krone aufgestiegen ist. In diesem hohen Zustand muss das Individuum einem äußeren Objekt nur für kurze Zeit Aufmerksamkeit schenken, bevor es in ihm aufgeht und in Samadhi eintritt.

Satori: Ein japanischer buddhistischer Begriff für "Erwachen", "Begreifen" und "Verstehen". Im Zen-Buddhismus bezieht sich Satori auf die Erfahrung von "Kensho", also das Erkennen der eigenen wahren Natur. Sowohl "Kensho" als auch Satori werden gemeinhin mit Erleuchtung übersetzt, was die Verwirklichung des spirituellen Selbst bedeutet. Satori kann jedoch von kurzer Dauer sein, da Verwirklichung etwas bedeutet, das in einem Augenblick geschieht. Nirvana ist das gleiche Konzept, aber es steht für einen dauerhaften Bewusstseins- oder Seinszustand.

Zweiundsiebzigtausend Nadis, die: Energiekanäle oder Meridiane im Lichtkörper, die Prana oder die Lebensenergie transportieren. Der Lichtkörper enthält ein Netzwerk von Energiekanälen, die einem Baum ähneln. Die Zweiundsiebzigtausend Nadis sind wie Äste, die vom zentralen Stamm des Baumes (der chakrischen Säule) ausgehen, insbesondere von der Herz- und Nabelregion. Die sieben Chakren wiederum werden von den Nadis Ida, Pingala und Sushumna gespeist, die als Hauptverteiler von Prana im Lichtkörper dienen.

Sense des Saturn, die: Ein symbolisches Werkzeug des römischen Gottes Saturn (griechisch Chronos), das die Natur der Zeitzyklen darstellt. Es symbolisiert auch die Vergänglichkeit aller Lebewesen und ihren Zyklus von Leben, Tod und Wiedergeburt. Der Tod ist eine Notwendigkeit für die Erneuerung des Lebens und ist ein natürlicher Teil des Zeitablaufs. Die Sense des Saturn steht auch für die Ernte, da dieses Werkzeug zum Abschneiden von Pflanzen verwendet wird, die Tiere und Menschen ernähren. Die Glyphe, die den Planeten Saturn in der Astrologie darstellt, ähnelt einer Sense. Sie hat ein Kreuz auf der Oberseite und einen Halbkreis auf der Unterseite.

Shakti: Die Gefährtin von Lord Shiva. Shakti wird als die weibliche, göttliche Energie Shivas betrachtet. Im Hinduismus ist Shivas Shakti die Göttin Parvati. Im Zusammenhang mit der Kundalini wird Shakti Kundalini Shakti genannt. Sie steigt die Sushumna Nadi hinauf, um Shiva am Scheitelpunkt des Kopfes zu treffen. Ihre Vereinigung ist eine göttliche Hochzeit, die die Vereinigung des individuellen Bewusstseins mit dem kosmischen Bewusstsein darstellt. Ihre Vereinigung signalisiert auch die Befreiung der Seele aus dem physischen Körper. Es folgt die vollständige Aktivierung des Lichtkörpers.

Shemhamphorash, der: Der zweiundsiebzigfache Name Gottes in Verbindung mit dem Tetragrammaton (YHVH). Jeder der zweiundsiebzig Namen ist ein Engel mit bestimmten Kräften. Nach den Legenden der Qabalah können die Shemhamphorash-Engel Dämonen austreiben, Kranke heilen, Naturkatastrophen verhindern und sogar Feinde töten. Angeblich benutzte Moses die Shemhamphorash, um das Rote Meer zu durchqueren. Sie sind die ausgleichenden und entgegenwirkenden Kräfte zu den zweiundsiebzig Dämonen der Goetia. Die Shemhamphorash wurden auch von S. L. MacGregor Mathers in seinen Werken für den Hermetic Order of the Golden Dawn verwendet und wurden Teil des Gesamtsystems.

Shiva: Auch bekannt als Lord Shiva, ist ein Gott im hinduistischen Pantheon. Shiva ist der Gefährte von Parvati, Shivas weiblicher Energie, oder Shakti. Im Zusammenhang mit der Kundalini repräsentiert Shiva das ultimative Gott-

Bewusstsein, das sogenannte kosmische Bewusstsein. Er repräsentiert auch das Einssein und die spirituelle Energie.

Spirituelles Herz, das: Während die Ida Nadi das physische Herz auf der linken Seite des Körpers durchquert, durchquert die Pingala Nadi das spirituelle Herz auf der rechten Seite des Körpers. Das spirituelle Herz fühlt sich wie eine Energietasche an, direkt gegenüber dem physischen Herzen, neben der rechten Brust. Es enthält eine beruhigende Flamme, da die Pingala Nadi mit dem Feuerelement der Seele verbunden ist. So wie das physische Herz die Blutzirkulation im physischen Körper reguliert, regelt das spirituelle Herz den Fluss der Prana-Energie im Lichtkörper. Das spirituelle Herz ist transzendental und reguliert Gedanken und Emotionen, die eine nicht-duale Qualität haben. Es ist erst dann voll erweckt, wenn der Mensch die spirituelle Energie in sich integriert hat. Das spirituelle Herz ist mit dem Bindu Chakra am Hinterkopf verbunden.

Thelema: Eine neue religiöse Philosophie/Bewegung, die in den frühen 1900er Jahren von Aleister Crowley entwickelt wurde. Sie ist Teil der westlichen esoterischen Mysterien. Thelema ist das Ergebnis einer angeblichen Kontaktaufnahme Crowleys mit einem nicht körperlichen Wesen in Kairo, Ägypten, im Jahr 1904, das ihm *das Buch des Gesetzes* diktierte, in dem die Grundsätze von Thelema dargelegt sind. Der fundamentale Grundsatz von Thelema wird als "Gesetz von Thelema" bezeichnet, das besagt: "Tu, was du willst, das ist das ganze Gesetz". Das Wort "Thelema" ist eine englische Transliteration des koin-griechischen Substantivs für "Wille". Der primäre Glaube der Thelemiten ist, dass sie ihrem Wahren Willen im Leben folgen und ihre Bestimmung finden müssen. Die rituelle Magie wird als Mittel zur Erreichung dieses Ziels hervorgehoben. Da Crowleys magische Karriere beim Hermetic Order of the Golden Dawn begann, reformierte er deren magische Praktiken und integrierte sie in Thelema. Er nahm auch verschiedene östliche Methoden in den Lehrplan auf. Wie das Golden Dawn entstammen auch die wichtigsten Götter und Göttinnen von Thelema der altägyptischen Religion. Thelema wurde von Crowley in den Ordo Templi Orientis integriert, wo es bis heute praktiziert wird.

Turm von Babel, der: Eine der Geschichten oder Mythen aus dem *Buch Genesis*, die erklären soll, warum die Menschen auf der Welt verschiedene Sprachen sprechen. Der Geschichte zufolge lebten die Menschen nach der Sintflut in einem zentralen Gebiet und sprachen alle dieselbe Sprache. Sie bauten eine Stadt und in ihrer Mitte einen hohen Turm, um den Himmel zu erreichen. Gott, der Herr, beobachtete, was die Menschen taten, und betrachtete den Turmbau als einen anmaßenden Akt des Trotzes. Er zerstörte den Turm, damit die Menschen dieses zentrale Gebiet verließen und sich in alle Welt zerstreuten, so dass die eine Sprache im Laufe der Zeit mutierte und zu vielen wurde. Aus diesem Grund sprechen die Menschen auf der Welt der Geschichte zufolge viele verschiedene Sprachen.

Transpersonales Selbst, das: Synonym für das Höhere Selbst der spirituellen Energie. Dieser Teil des Selbst reicht über das Ego und jedes persönliche Gefühl von Identität oder Individualität hinaus und umfasst umfassendere Aspekte der Menschheit, des Lebens und des Kosmos. Das Transpersonale Selbst ist unsere Verbindung zur göttlichen Quelle der gesamten Schöpfung. Es wird durch das Sahasrara Chakra erfahren, erstreckt sich aber darüber hinaus auf die Transpersonalen Chakren über dem Kopf. Es ist unser Gott-Selbst.

Unterwelt, die: Die Welt der Toten in verschiedenen religiösen Traditionen. Die Unterwelt wird als ein Ort unterhalb der Welt der Lebenden dargestellt. Daher wird sie oft als unter der Erde liegend dargestellt. In der christlichen Theologie wird sie als Hölle bezeichnet, die auch das dämonische Reich oder Königreich ist. Nach seinem Tod bei der Kreuzigung stieg Jesus Christus in die Hölle hinab, um allen rechtschaffenen Menschen, die seit der Entstehung der Welt umgekommen sind, das Heil zu bringen. In der christlichen Theologie wird dieses Ereignis als "Höllenfahrt" oder "Abstieg Christi in die Hölle" bezeichnet. Indem er drei Tage in der Hölle verbrachte (symbolisiert durch den dreitägigen Aufenthalt im Grab), musste Jesus seine Herrschaft über das dämonische Reich etablieren und dort zum König werden, bevor er wieder auferstand und zum König im Himmel wurde. In der ägyptischen Tradition durchlief Osiris nach seinem Tod einen ähnlichen Prozess. Er musste erst in die Unterwelt hinabsteigen, bevor er von seiner Frau Isis wieder auferweckt wurde.

Universelle Gesetze, die: Die spirituellen Gesetze, die den Kosmos (das Universum) regieren und erhalten. Da es sich um einen singulären Begriff (das Gesetz) handelt, bezieht er sich auf das geistige Gesetz, das alle Dinge in Harmonie zusammenhält. Dieses Gesetz kann als das Gesetz der göttlichen Einheit bezeichnet werden, was bedeutet, dass alle Dinge aus der gleichen Quelle - Gott - stammen und von der geistigen Energie regiert werden. Die Prinzipien der Schöpfung im *Kybalion* sind universelle Gesetze, wie das Gesetz der göttlichen Einheit, das Gesetz des Karmas, das Gesetz des Lichts und der Liebe und das Gesetz der Anziehung, um nur einige zu nennen. Es wäre unmöglich, alle spirituellen Gesetze, die das Universum regieren, zu verstehen, denn dazu müsste man Gott werden, der Schöpfer selbst, was nicht möglich ist, solange man in physischer Form existiert.

Gewölbe der Adepti, das: Ein siebeneckiger Raum, der für die Einweihung in den Inneren Orden im System des Golden Dawn verwendet wird. Er ist Teil des Adeptus Minor Rituals, bei dem der Kandidat in die Tiphareth Sephira des Zweiten Ordens eingeweiht wird. Die gesamte Einrichtung des Raumes ist symbolisch und enthält symbolische Bilder und Glyphen auf den Oberflächen der Möbel, des Bodens, der Decke und der Wände.

Schleier, der : Eine Grenze, die verschiedene Bewusstseinszustände voneinander trennt. Gleichbedeutend mit dem Ring-Pass-Not aus dem Modell der henochischen Magie. Da der Lebensbaum verschiedene Bewusstseinszustände darstellt, werden bestimmte Zustände durch einen Schleier voneinander getrennt. Erstens gibt es die drei Schleier der negativen Existenz: das Ain, das Ain Soph und das Ain Soph Aur. Diese drei Schleier befinden sich außerhalb des Lebensbaums, direkt über der Kether-Sephira. Als nächstes folgt der Schleier des Abgrunds, der die Supernalen von den unteren Teilen des Lebensbaums trennt. Es folgt der Schleier von Paroketh, der das ethische Dreieck und alles darüber von den unteren Teilen des Lebensbaums trennt.

Westliche esoterische Mysterien, die: Ein Begriff, der ein breites Spektrum verwandter Ideen innerhalb von Bewegungen umfasst, die sich in der westlichen Gesellschaft, insbesondere in Europa, entwickelt haben. Der Begriff "esoterisch" bezieht sich auf Wissen über die Mysterien des Kosmos, das von Wissenschaft und Religion abgelehnt wurde. Die frühesten esoterischen Traditionen entstanden in der Spätantike, darunter Hermetik, Gnosis und Neuplatonismus. Die jüdische Mystik und die christliche Theosophie erlebten während der Renaissance in Europa einen Aufschwung. Rosenkreuzertum und Freimaurerei folgten im 17. Jahrhundert, und im 18. Jahrhundert entstanden neue Formen esoterischen Denkens. Im neunzehnten Jahrhundert entstanden neue Strömungen, die unter dem Begriff "Okkultismus" bekannt wurden. Prominente Gruppen wie die Theosophische Gesellschaft und der Hermetische Orden des Golden Dawn fallen unter die Bezeichnung Okkultismus. Innerhalb des Okkultismus entwickelten sich religiöse Bewegungen, zu denen Wicca und Thelema gehörten. In den 1970er Jahren schließlich entstand das Phänomen des New Age.

Weißes Licht, das: Reine spirituelle Energie, die das gesamte manifestierte Universum durchdringt. Weißes Licht ist das erste manifestierte Prinzip, das von Gott, dem Schöpfer, ausgeht. Es ist die Grundlage aller existierenden Dinge und ihr belebendes Prinzip. In der Qabalistik bezieht sich das Weiße Licht auf die Sephira Kether und das Licht, das aus dem Ain Soph Aur durch den Prozess des Tzim Tzum eingebracht wird. Im chakrischen System bezieht es sich auf das Licht, das durch das Sahasrara Chakra eingebracht wird.

Yang: In der chinesischen Philosophie ist Yang das männliche, aktive Prinzip des Universums. Es ist der helle Wirbel im Yin-Yang-Symbol. Darüber hinaus enthält es einen Punkt in der entgegengesetzten Farbe, was symbolisiert, dass in jedem männlichen Prinzip das weibliche steckt und umgekehrt.

Yin: In der chinesischen Philosophie ist Yin das weibliche, passive Prinzip des Universums. Es ist der dunkle Wirbel im Yin-Yang-Symbol. Darüber hinaus enthält es einen Punkt in der entgegengesetzten Farbe, was symbolisiert, dass in jedem weiblichen Prinzip das männliche steckt und umgekehrt.

BIBLIOGRAPHIE

Hinweis: Nachfolgend finden Sie eine Liste von Büchern aus meiner persönlichen Bibliothek, die als Quellen und Inspiration für das vorliegende Werk dienten. Es wurden alle Anstrengungen unternommen, um alle Urheberrechtsinhaber der in dieser Ausgabe enthaltenen Materialien ausfindig zu machen, seien es Unternehmen oder Einzelpersonen. Jegliche Auslassung ist unbeabsichtigt, und ich bin gerne bereit, etwaige Fehler in zukünftigen Ausgaben dieses Buches zu korrigieren.

DER GOLDEN DAWN

Cicero, Chic und Sandra Tabatha (2019). *Golden Dawn Magic: A Complete Guide to the High Magical Arts.* Woodbury, Minnesota: Llewellyn Publications

Cicero, Chic und Sandra Tabatha (2012). *Selbsteinweihung in die Tradition des Golden Dawn.* Woodbury, Minnesota: Llewellyn Publications

Cicero, Chic und Sandra Tabatha (2004). *The Essential Golden Dawn: An Introduction to High Magic.* St. Paul, Minnesota: Llewellyn Veröffentlichungen

Cicero, Chic und Sandra Tabatha (1998). *Die magischen Pantheons: Das Golden Dawn Journal - Buch IV.* St. Paul, Minnesota: Llewellyn Veröffentlichungen

Cicero, Chic und Sandra Tabatha (1999). *The Magician's Craft: Magische Werkzeuge schaffen.* St. Paul, Minnesota: Llewellyn Publications

Cicero, Chic und Sandra Tabatha (2000). Die *Kunst des Magiers: Ritueller Gebrauch magischer Werkzeuge.* St. Paul, Minnesota: Llewellyn Publications

König, Francis (1997). *Rituelle Magie des Golden Dawn.* Werke von S.L. MacGregor Mathers und anderen. Rochester, Vermont: Destiny Books

Mead, George Robert (2011). *Die chaldäischen Orakel.* London, Great Britain: Aziloth Books

Regardie, Israel (1971). *Die Goldene Morgenröte.* St. Paul, Minnesota: Llewellyn Publications

Unbekannt (2003). *Esoteric Order of the Golden Dawn: 0=0 Neophyt bis 4=7 Philosophus*. Grad-Handbücher. Ergänzt von G.H. Frater P.D.R. Los Angeles, Kalifornien: H.O.M.S.I.

Unbekannt (Unbekannt). *Roseae Rubeae Et Aureae Crucis: 5=6 Zelator Adeptus Minor*. Kostenloses Online-PDF. Geschrieben von G.H. Frater P.C.A.

Zalewski, Pat (2006). *Inner Order Teachings of the Golden Dawn*. Loughborough, Leicestershire: Thoth Publications

Zalewski, Pat (2002). *Talismane und Beschwörungen des Golden Dawn*. Loughborough, Leicestershire: Thoth Publications

Zink, Robert (2006). *Den Adepten in sich freisetzen*. Audio. Robert A. Zink (G.H. Frater P.D.R.)

DIE QABALAH

Ashcroft-Nowicki, Dolores (1997). *Die Leuchtenden Pfade: Eine Erfahrungsreise durch den Baum des Lebens*. Loughborough, Leicestershire: Thoth Publications

Bardon, Franz (2002). *Der Schlüssel zur wahren Kabbala*. Salt Lake City, Utah: Merkur Publishing, Inc.

Bonner, John (2002). *Qabalah: Eine magische Fibel*. Boston, Massachusetts: Red Wheel/Weiser, LLC

Fortune, Dion (2000). *Die mystische Qabalah*. Boston, Massachusetts: Red Wheel/Weiser, LLC

Grant, Kenneth (1995). *Die Nachtseite von Eden*. London, England. Skoob Books Pub Ltd.

Hall, Manly P. (2018). *Die Qabalah, die Geheimlehre Israels*. CreateSpace Independent Publishing Platform

Levi, Eliphas (2000). Die *Geheimnisse der Qabalah: Oder Okkulte Übereinstimmungen der beiden Testamente*. York Beach, Maine: Samuel Weiser, Inc.

Mathers, S.L. MacGregor (2002). *Die entschleierte Kabbala*. Boston, Massachusetts: Red Wheel/Weiser, LLC

Matt, Daniel C. (1983). *Die wesentliche Kabbala: Das Herz der jüdischen Mystik*. New York, New York: Harper-Collins Publishers

Regardie, Israel (1980). *Der Baum des Lebens: Eine Studie über die Magie*. New York, New York: Samuel Weiser, Inc.

Regardie, Israel (2004). *Ein Garten voller Granatäpfel: Skrying on the Tree of Life*. Herausgegeben und kommentiert mit neuem Material von Chic Cicero und Sandra Tabatha Cicero. St. Paul, Minnesota: Llewellyn Publications

Seidman, Richard (2001). *Das Orakel der Kabbala: Mystische Lehren der hebräischen Buchstaben*. New York, New York: Thomas Dunne Bücher

Zink, Robert (2006). *Die Macht des Q*. Audio Series. Robert A. Zink

MAGIE UND OKKULTISMUS

Agrippa, Henry Cornelius (1992). *Drei Bücher der okkulten Philosophie.* St. Paul, Minnesota: Llewellyn Publications

Alvarado, Luis (1991). *Psychologie, Astrologie und westliche Magie.* St. Paul, Minnesota: Llewellyn Publications

Barret, Francis (2013). *Der Magus oder die himmlischen Intelligenzen: Books 1&2 Combined.* CreateSpace Independent Publishing Platform

Craig, Donald Michael (2010). *Moderne Magie: Zwölf Lektionen in den hohen magischen Künsten.* Woodbury, Minnesota: Llewellyn Publications

Crowley, Aleister (1986). *777 und andere qabalistische Schriften von Aleister Crowley.* Herausgegeben mit einer Einführung von Israel Regardie. Boston, Massachusetts: Red Wheel/Weiser, LLC

Crowley, Aleister (2004). *Aleister Crowleys illustrierte Goetia.* Tempe, Arizona: New Falcon Publications

Crowley, Aleister (1995). *Magick in Theorie und Praxis.* New York, New York: Castle Books

Crowley, Aleister (2000). *Mondkind.* York Beach, Maine: Samuel Weister, Inc.

Crowley, Aleister (1981). *Das Buch der Lügen.* San Francisco, Kalifornien: Red Wheel/Weiser, LLC

Crowley, Aleister (1976). *Das Buch des Gesetzes.* Boston, Massachusetts: Red Wheel/Weiser, LLC

Crowley, Aleister (2003). *Das Buch der Weisheit und der Torheit.* Boston, Massachusetts: Red Wheel/ Weiser, LLC

DuQuette, Lon Milo (2003). *Die Magie von Aleister Crowley: Ein Handbuch der Rituale des Thelema.* San Francisco, Kalifornien: Red Wheel/Weiser, LLC

Fortune, Dion (2000). *Angewandte Magie.* York Beach, Maine: Samuel Weister Inc.

Fortune, Dion (1955). *Die Ausbildung und Arbeit eines Eingeweihten.* London, England: The Aquarian Press

Grant, Kenneth (2010). *Die magische Wiedergeburt.* London, England: Starfire Publishing

Hulse, David Allen (2004). *Die Östlichen Mysterien: The Key of it All, Buch I.* St. Paul, Minnesota: Llewellyn Veröffentlichungen

Hulse, David Allen (2000). *Die westlichen Mysterien: The Key of it All, Buch II.* St. Paul, Minnesota: Llewellyn Veröffentlichungen

Klein, Victor C. (1997). *Hermes und Christus: Das Okkulte entschleiert.* Metairie, Louisiana: Lycanthrope Press

Kynes, Sandra (2013). *Llewellyn's Complete Book of Correspondences.* Woodbury, Minnesota: Llewellyn Publications

Levi, Eliphas (2018). *Die kabbalistische und okkulte Philosophie von Eliphas Levi - Band 1: Briefe an Studenten.* Printed in United States: Daath Gnostic Publishing

Levi, Eliphas (1990). *Transzendentale Magie: Ihre Doktrin und ihr Ritual.* York Beach, Maine: Samuel Weiser, Inc.

Mathers, S. L. MacGregor (1975). *Das Buch der heiligen Magie von Abramelin dem Magier.* Mineola, New York: Dover Publications

Mathers, S.L. MacGregor (1997). *Die Goetia: Der Kleine Schlüssel Salomos des Königs.* San Francisco, Kalifornien: Red Wheel/Weiser, LLC

Mathers, S.L. MacGregor (2000). *Der Schlüssel des Königs Salomo (Clavicula Solomonis).* Boston, Massachusetts: Red Wheel/Weiser, LLC

Peterson, Joseph (2001). *Arbatel: Über die Magie der Antiker.* Ein Nachdruck des ursprünglichen Arbatel der Magie. Lake Worth, Florida: Ibid Press

Regardie, Israel (2013). *Die mittlere Säule: Das Gleichgewicht zwischen Geist und Magie.* Herausgegeben und kommentiert mit neuem Material von Chic Cicero und Sandra Tabatha Cicero. St. Paul, Minnesota: Llewellyn Publications

Regardie, Israel (2013). *Der Stein der Weisen: Spirituelle Alchemie, Psychologie und rituelle Magie.* Herausgegeben und kommentiert mit neuem Material von Chic Cicero und Sandra Tabatha Cicero. Woodbury, Minnesota: Llewellyn Publications

Waite, A.E. (2011). *The Book of Ceremonial Magic.* Eastford, Connecticut: Martino Fine Books

Zink, Robert (2005). *Persönliche Magie.* Audio-Serie. Robert A. Zink (G.H. Frater P.D.R.)

HERMETISCHE PHILOSOPHIE

Amen Ra, Summum Bonum (1975). *Summum: Versiegelt außer für den offenen Geist.* Salt Lake City, Utah: Summum

Anonym (1997). *Hermetischer Triumph und der antike Krieg der Ritter.* Whitefish, Montana: Kessinger Verlag

Anonym (2005) *Die Smaragdtafel des Hermes.* Mit mehreren Übersetzungen. Whitefish, Montana: Kessinger Verlag

Bardon, Franz (1971). *Einweihung in die Hermetik.* Wuppertal, Westdeutschland: Dieter Ruggeberg

Benoist, Luc (2003). *Der esoterische Pfad.* Hillsdale, New York: Sophia Perennis

Chandler, Wayne B. (1999). *Ancient Future: Die Lehren und die prophetische Weisheit der sieben hermetischen Gesetze des alten Ägypten.* Atlanta, Georgia: Black Classic Press

Copenhaver, Brian P. (2000) *Hermetica: Das griechische Corpus Hermeticum und der lateinische Asklepios in einer neuen englischen Übersetzung, mit Anmerkungen und Einleitung.* New York, New York: Cambridge University Press

Deslippe, Philip (2011). *Das Kybalion: The Definitive Edition.* William Walker Atkinson zugeschrieben, geschrieben als Three Initiates. New York, New York: Jeremy P. Tarcher/Penguin

Doreal, M. (Unbekannt). *Die Smaragdtafeln von Thoth dem Antlanteaner.* Nashville, Tennessee: Source Books

Everard, John (2019). *The Divine Pymander.* Whithorn, Schottland: Anodos Books

Faivre, Antoine (1995). *Der ewige Hermes: Vom griechischen Gott zum alchemistischen Magus.* Grand Rapids, Michigan: Phanes Press

Hall, Manly P. (2007). *Die Geheimlehren aller Zeitalter.* Quellentext für "Poimandres, die Vision des Hermes". Radford, Virginia: Wilder Publications

Kingsford, Anna B., und Edward Maitland (2005). *Jungfrau der Welt des Hermes Mercurius Trismegistus.* Whitefish, Montana: Kessinger Publishing

Jung, Carl Gustav (1968). *Die Gesammelten Werke von C. G. Jung: Psychologie und Alchemie.* Princeton, New Jersey: Princeton University Press

Levi, Eliphas (2013). *Der Schlüssel der Geheimnisse.* Eastford, Connecticut: Martino Fine Books

Melville, Francis (2002). *Das Buch der Alchemie.* Hauppauge, New York: Barron's Educational Series, Inc.

Newcomb, Jason Augustus (2004). *Die neue Hermetik.* Boston, Massachusetts: Red Wheel/Weiser, LLC

Paracelsus (1983). *Hermetische Astronomie.* Gedruckt in den Vereinigten Staaten: Holmes Pub Group Llc

Raleigh, A. S. (2005). *Enthüllte hermetische Fundamente.* Whitefish, Montana: Kessinger Verlag

Roob, Alexander (2015). *Das Hermetische Museum: Alchemie & Mystik.* Hohenzollernring, Köln, Deutschland: Taschen

Salaman, Clemens (2004). *Der Weg des Hermes: Neue Übersetzungen des Corpus Hermeticum und der Definitionen von Hermes Trismegistus bis Asklepios.* Weitere Übersetzer sind Dorine Van Oyen, William D. Wharton und Jean-Pierre Mahe. Rochester, Vermont: Innere Traditionen International

Drei Eingeweihte (1940). *Das Kybalion: Hermetische Philosophie.* Chicago, Illinois: Yogi Publication Society

Walter, William W. (2005). *Hermetische Philosophie Vol. II.* Whitefish, Montana: Kessinger Verlag

DER TAROT

Anonym (2002). *Meditationen über das Tarot.* Übersetzt von Robert Powell. New York, New York: Jeremy P. Tarcher/ Putnam

Cicero, Sandra Tabatha und Chic (2001). *Golden Dawn Magisches Tarot.* Tarot-Karten. St. Paul, Minnesota: Llewellyn Veröffentlichungen

Cicero, Chic und Sandra Tabatha (1996). *Das neue Golden Dawn Ritual Tarot: Schlüssel zu Ritualen, Symbolik, Magie und Weissagung.* St. Paul, Minnesota: Llewellyn Publications

Cicero, Chic und Sandra Tabatha (1994). *Das Golden Dawn Journal: Buch I - Weissagung.* St. Paul, Minnesota: Llewellyn Veröffentlichungen

Crowley, Aleister, und Lady Frieda Harris (2006). *Aleister Crowleys Thoth Tarot Deck.* Tarot-Karten. Stamford, Connecticut: U.S. Games Systems, Inc.

Crowley, Aleister (1986). *Das Buch von Thoth: Eine kurze Abhandlung über das Tarot der Ägypter.* York Beach, Maine: Samuel Weiser, Inc.

Duquette, Lon Milo (1995). *Tarot der zeremoniellen Magie.* York Beach, Maine: Samuel Weiser, Inc.

Louis, Anthony (2016). *The Complete Book of Tarot: A Comprehensive Guide.* Woodbury, Minnesota: Llewellyn Publications

Martinie, Louis, und Sallie Ann Glassman (1992). Das *New Orleans Voodoo Tarot.* Tarotkarten und Buch. Rochester, Vermont: Destiny Books

Schueler, Gerald und Betty, und Sallie Ann Glassman (2000). *Das henochische Tarot.* Tarot-Karten. St. Paul, Minnesota: Llewellyn Publications

Schueler, Gerald und Betty (1992). *Das henochische Tarot.* St. Paul, Minnesota: Llewellyn Publications

Wang, Robert (1989). *Eine Einführung in das Golden Dawn Tarot.* York Beach, Maine: Samuel Weiser, Inc.

Wang, Robert (1978). *Das Golden Dawn Tarot.* Tarot-Karten. Illustriert unter der Leitung von Israel Regardie. Stamford, Connecticut: U.S. Games Systems, Inc.

Waite, Arthur Edward (1911). *The Pictorial Key to the Tarot.* Illustrationen von Pamela Colman Smith. London, England: W. Rider

HENOCHISCHE MAGIE

Crowley, Aleister (1972). *Die Vision und die Stimme.* Boston, Massachusetts: Red Wheel/Weiser, LLC

Laycock, Donald C. (1994). *Das vollständige henochische Wörterbuch.* York Beach, Maine: Samuel Weiser, Inc.

Schueler, Gerald J. (1988). *Ein fortgeschrittener Leitfaden für henochische Magie.* St. Paul, Minnesota: Llewellyn Publications

Schueler, Gerald J. (1987). *Henochische Magie: Ein praktisches Handbuch.* St. Paul, Minnesota: Llewellyn Publications

Schueler, Gerald J. (1988). *Henochische Physik: Die Struktur des magischen Universums.* St. Paul, Minnesota: Llewellyn Veröffentlichungen

Schueler, Gerald und Betty (1990). *Enochian Yoga: Die Vereinigung von Menschlichkeit und Göttlichkeit.* St. Paul, Minnesota: Llewellyn Veröffentlichungen

Schueler, Gerald und Betty (1996) *The Angels' Message to Humanity: Der Aufstieg zur göttlichen Vereinigung.* St. Paul, Minnesota: Llewellyn Veröffentlichungen

Tyson, Donald (1997). *Henochische Magie für Anfänger: Das ursprüngliche System der Engelsmagie.* St. Paul, Minnesota: Llewellyn Publications

Zalewski, Pat (1990). *Golden Dawn Enochian Magic.* St. Paul, Minnesota: Llewellyn Publications

KUNDALINI UND ENERGIE

Butler, W.E. (1987). *Wie man die Aura liest, Psychometrie, Telepathie und Hellseherei praktiziert.* Rochester, Vermont: Destiny Books

Jung, Carl Gustav (1996). *Die Psychologie des Kundalini Yoga: Aufzeichnungen des Seminars von C. G. Jung aus dem Jahr 1932.* Princeton, New Jersey: Princeton University Press

Leadbeater, Charles W. (1987). *Die Chakren.* Wheaton, Illinois: Theosophical Publishing House

Lembo, Margaret Ann (2017). *The Essential Guide to Crystals, Minerals and Stones.* Woodbury, Minnesota: Llewellyn Publications

Ostrom, Joseph (2000). *Auren: Was sie sind und wie man sie liest.* Hammersmith, London: Thorsons

Paulson, Genevieve Lewis (2003). *Kundalini und die Chakren.* St. Paul, Minnesota: Llewellyn Publications

Saraswati, Swami Satyananda (2007). *Kundalini Tantra.* Munger, Bihar, Indien: Yoga Publications Trust

McKusick, Eileen Day (2014). *Tuning the Human Biofield: Healing with Vibrational Sound Therapy.* Rochester, Vermont: Healing Arts Press

Permutt, Philip (2016). *Der Kristallheiler: Crystal Prescriptions That Will Change Your Life Forever.* London, England: Cico Books

Powell, Arthur E. (1987). *Das ätherische Doppel: And Allied Phenomena.* London, England: Theosophical Publishing House

WISSENSCHAFT UND PHILOSOPHIE DES NEUEN ZEITALTERS

Atkinson, William Walker (2016). *Geist und Körper.* San Bernardino, Kalifornien: Amazon's Timeless Wisdom Collection

Atkinson, William Walker (2010). *Mind-Power: Das Geheimnis der Mentalmagie.* Hollister, Missouri: Yogebooks by Roger L. Cole

Atkinson, William Walker (2016). *Mystisches Christentum.* San Bernardino, Kalifornien: Amazon's Timeless Wisdom Collection

Atkinson, William Walker (2016). *Reinkarnation und das Gesetz des Karmas.* San Bernardino, Kalifornien: Amazon's Timeless Wisdom Collection

Atkinson, William Walker (2016). *Die arkanen Formeln: Or Mental Alchemy.* San Bernardino, Kalifornien: Amazon's Timeless Wisdom Collection

Atkinson, William Walker (2016). *Die Astralwelt.* San Bernardino, Kalifornien: Amazon's Timeless Wisdom Collection

Atkinson, William Walker (2010). *Das Geheimnis des Erfolgs*. Hollister, Missouri: Yogebooks by Roger L. Cole

Atkinson, William Walker (1996). *Gedankenschwingung oder das Gesetz der Anziehung in der Gedankenwelt*. Whitefish, Montana: Kessinger Verlag

Bucke, Richard Maurice (1991). *Kosmisches Bewußtsein: Eine Studie über die Evolution des menschlichen Geistes*. New York, New York: Penguin Books

Da Vinci, Leondardo (2008). *Leonardo Da Vinci Notizbücher*. Herausgegeben von Thereza Wells. New York, New York: Oxford University Press

Levi (2001). *Das Wasserevangelium von Jesus dem Christus*. Marina del Rey, Kalifornien: DeVorss & Company

Narby, Jeremy (1999). *Die kosmische Schlange: DNA und die Ursprünge des Wissens*. New York, New York: Jeremy P. Tarcher/Putnam

Ramacharaka, Yogi (1907). *Eine Reihe von Lektionen in Gnani Yoga (Der Yoga der Weisheit)*. London, Großbritannien: Yogi Publication Society

Tolle, Eckhart (2016). *Eine neue Erde: Awakening to Your Life's Purpose*. New York, New York: Penguin Books

Zukav, Gary (1980). *Die tanzenden Wu Li Meister*. New York, New York: Bantam Books, Inc.

WESTLICHE ESOTERIK

Achad, Frater (1971). *Ancient Mystical White Brotherhood*. Lakemont, Georgia: CSA Press

Aivanhov, Omraam Mikhael (1982). *Der Mensch, Herr seines Schicksals*. Sammlung Izvor Nr. 202. Laval, Quebec: Prosveta Inc.

Aivanhov, Omraam Mikhael (1982). *Sexuelle Kraft oder der geflügelte Drache*. Sammlung Izvor Nr. 205. Laval, Quebec: Prosveta Inc.

Aivanhov, Omraam Mikhael (1992). *Die Saat des Glücks*. Sammlung Izvor Nr. 231. Laval, Quebec: Prosveta Inc.

Aivanhov, Omraam Mikhael (1985). *Die wahre Bedeutung der Lehren Christi*. Sammlung Izvor Nr. 215. Laval, Quebec: Prosveta Inc.

Aivanhov, Omraam Mikhael (1986). *Auf dem Weg zu einer solaren Zivilisation*. Sammlung Izvor Nr. 201. Laval, Quebec: Prosveta Inc.

Blavatsky, H. P. (1972). *Der Schlüssel zur Theosophie*. Wheaton, Illinois: Theosophical Publishing House

Blavatsky, H. P. (1999). *Die Geheimlehre: Die Synthese von Wissenschaft, Religion und Philosophie*, Kalifornien: Theosophical University Press

RELIGIÖSE TEXTE

Ashlag, Rav Yehuda (2007). *Der Zohar*. Kommentiert von Rav Michael Laitman PhD. Toronto, Ontario: Laitman Kabbalah Publishers

Berg, Philip S. (1974). *Ein Eingang zum Zohar.* Zuschreibung an Rabbi Yehuda Ashlag. Die alte Stadt, Jerusalem: Forschungszentrum für die Kabbala

Charles, R.H. (2018). *The Book of Jubilees.* South Carolina, Vereinigte Staaten: The Best Books Publishing

Faulkner, R. O. (1985). *Das altägyptische Totenbuch.* Austin, Texas: University of Texas Press

Lawrence, Richard (1995). *Das Buch von Henoch dem Propheten.* San Diego, Kalifornien: Wizards Bookshelf

Mose (1967). *Die Thora: Die fünf Bücher Mose* (auch bekannt als das Alte Testament*)*. Philadelphia, Pennsylvania: The Jewish Publication Society of America

Rosenroth, Knorr von (2005). *Das Aesch Mezareph: Or Purifying Fire.* Herausgegeben von W. Wynn Westcott. Whitefish, Montana: Kessinger Pub Co.

Westcott, W. Wynn (1893). *Sepher Yetzirah: the Book of Formation, and the Thirty-Two Paths of Wisdom.* London, England: The Theosophical Publishing Society

Der heilige Johannes vom Kreuz (2003). Die *dunkle Nacht der Seele.* General Editor Paul Negri. Mineola, New York: Dover Publications, Inc.

Verschiedene (2002). *Die Heilige Bibel: King James Version* (enthält das Alte und das Neue Testament*)*. Grand Rapids, Michigan: Zondervan

ASTROLOGIE

Anrias, David (1980). *Der Mensch und der Zodiakus.* New York, New York: Samuel Weiser, Inc.

Burgoyne, Thomas H. (2013). *Das Licht von Ägypten: Die Wissenschaft der Seele und der Sterne.* Mansfield Centre, Connecticut: Martino Publishing

Butler, Hiram E. (1943). *Sonnenbiologie.* Applegate, Kalifornien: Esoteric Fraternity Publishers

Crowley, Aleister (1974). *The Complete Astrological Writings.* London, England: Gerald Duckworth & Co. Ltd.

Howell, Alice O. (1991). *Jungsche Symbologie in der Astrologie.* Wheaton, Illinois: Theosophical Publishing House

Kent, April Elliot (2011). The *Essential Guide to Practical Astrology.* San Diego, California: Two Moons Publishing

Lewis, James R. (1994). *Die Enzyklopädie der Astrologie.* Detroit, Michigan: Visible Ink Press

Phillips, Osborne und Denning, Melita (1989). *Planetarische Magie: Das Herz der westlichen Magie.* St. Paul, Minnesota: Llewellyn Veröffentlichungen

Riske, Kris Brandt (2007). *Llewellyn's Vollständiges Buch der Astrologie: Der einfache Weg, Astrologie zu lernen.* Woodbury, Minnesota: Llewellyn Veröffentlichungen

Riske, Kris Brandt (2011). *Llewellyn's Complete Book of Predictive Astrology: The Easy Way to Predict Your Future.* Woodbury, Minnesota: Llewellyn Publications

Spiller, Jan (1997). *Astrologie für die Seele.* New York, New York: Bantam Books

Woolfolk, Joanna Martine (2008). *The Only Astrology Book You'll Ever Need.* Plymouth, Vereinigtes Königreich: Taylor Trade Publishing

ONLINE-RESSOURCEN

Astrolabe - Kostenloses Horoskop und Astrologiebericht (www.alabe.com)

Biddy Tarot - Referenzseite für Tarotkarten (www.biddytarot.com)

Chakra Anatomie - Referenzseite für die Chakren, Auren und Reiki (www.chakra-anatomy.com)

Encyclopedia Britannica - Referenzseite und Kompendium für alle Wissensgebiete (www.britannica.com)

Esoteric Order of the Golden Dawn - Die offizielle Website des Esoteric Order of the Golden Dawn (www.goldendawnancientmysteryschool.com)

Hermetic Order of the Golden Dawn - Die offizielle Website des Hermetic Order of the Golden Dawn (Heimat der Autoren Chic und Sandra Tabatha Cicero) (www.hermeticgoldendawn.org)

Hermetics Resource Site - Eine Bibliothek mit Online-Büchern zur westlichen Esoterik (www.hermetics.org/library.html)

Internet Sacred Texts Archive - Eine Sammlung von Büchern über Religion, Mythologie, Folklore und die esoterischen Künste (www.sacred-texts.com)

Raven's Tarot Site - Referenzseite für das Tarot und andere hermetische Lehren (www.corax.com/tarot)

The Kundalini Consortium - Artikel über die Kundalini und das menschliche Energiepotential (www.kundaliniconsortium.org)

Wikipedia - Die freie Enzyklopädie - Nachschlagewerk und Kompendium für alle Wissenszweige (www.wikipedia.org)

Vibrational Energy Medicine - Referenzseite für Chakren, Aura und Energietherapien (www.energyandvibration.com)

www.ingramcontent.com/pod-product-compliance
Lightning Source LLC
Chambersburg PA
CBHW060501300426
44112CB00017B/2518